Alfred Heuß · Römische Geschichte

ALFRED HEUSS

RÖMISCHE GESCHICHTE

7. Auflage

Herausgegeben, eingeleitet und mit einem neuen Forschungsteil
versehen von

Jochen Bleicken, Werner Dahlheim und Hans-Joachim Gehrke

Ferdinand Schöningh
Paderborn · München · Wien · Zürich

Der Autor:

Alfred Heuß (1909-1995), Studium der Geschichte, Klass. Philologie und Jurisprudenz in Leipzig, Promotion (1932) und Habilitation (1936) ebd. Priv. Doz. in Königsberg (1939), o. Prof. f. Alte Geschichte in Breslau (1941), Köln (1946), Kiel (1948) und Göttingen (1954 bis zu seiner Emeritierung 1977).
Alfred Heuß hat in seinem umfangreichen Werk alle Bereiche der Alten Geschichte behandelt, von der griechischen und römischen Staatengeschichte über Probleme der Politik- und Sozialgeschichte bis zu Epochenanalysen und eindringlichen wissenschaftshistorischen Abhandlungen (Mommsen, Niebuhr).

Die Herausgeber:

Jochen Bleicken, geb. 1926, o. Prof. f. Alte Geschichte in Hamburg (1962), Frankfurt/M. (1967), und als Alfred Heuß' Nachfolger in Göttingen (1977 bis zu seiner Emeritierung 1991).

Werner Dahlheim, geb. 1938, o. Prof. f. Alte Geschichte an der TU Berlin seit 1972.

Hans-Joachim Gehrke, geb. 1945, o. Prof. f. Alte Geschichte in Würzburg (1982), Berlin (FU, 1984) und Freiburg/Br. (seit 1984).

Titelbild: Römischer Aristokrat in Toga und „Senatorenschuhen" mit den Bildern seiner Ahnen. Rom, Konservatorenpalast. Photo Anderson.

Die Deutsche Bibliothek – CIP-Einheitsaufnahme

Römische Geschichte / Alfred Heuß. – 7. Aufl. / hrsg., eingeleitet und mit einem neuen Forschungsteil vers. von Jochen Bleicken ...
Paderborn; München; Wien; Zürich: Schöningh, 2000
Früher u.d.T.: Heuß, Alfred: Römische Geschichte
ISBN 3-506-73927-1

Umschlaggestaltung: INNOVA GmbH, D-33178 Borchen

Gedruckt auf umweltfreundlichem, chlorfei gebleichtem und alterungsbeständigem Papier ♾ ISO 9706

7. Auflage 2000. Unveränderter Neudruck der 6. Auflage 1998 (im Text [Kap. I-XII] unveränderter Nachdruck der 4., ergänzten Aufl., Georg Westermann, Braunschweig 1976)

Printed in Germany. Herstellung: Ferdinand Schöningh, Paderborn.

ISBN 3-506-73927-1

Inhaltsverzeichnis

VI. Die Begründung des römischen Kaisertums durch Augustus

VII. Die Entwicklung des Prinzipates

VIII. Die politische, soziale und geistige Verfassung des römischen Kaiserreiches in den ersten zwei Jahrhunderten

IX. Der Zusammenbruch des Reiches und seine Wiederaufrichtung durch den spätantiken Zwangsstaat

Vorwort der Herausgeber

Die „Römische Geschichte“ von Alfred Heuß, zuerst 1960 erschienen, wurde nach mehrmaligen Auflagen zuletzt 1983 nachgedruckt. Noch zu Lebzeiten hat der Autor an eine Neuauflage gedacht, dann jedoch die Arbeit daran hinausgezögert und erst kurz vor seinem Tode durch die Bitte an die drei Unterzeichnenden wieder aufgenommen, ihn bei der Zusammenstellung der nach ca. 30 Jahren unentbehrlich gewordenen Nachträge zur neueren Sekundärliteratur zu unterstützen. Sein Tod verhinderte zunächst, den Plan weiter zu verfolgen, doch erschien nicht nur die gegenüber seiner Person eingegangene Verpflichtung seine Verwirklichung zu fordern, sondern vor allem auch der Nutzen, der damit für das von Alfred Heuß vertretene Fach Alte Geschichte verbunden sein würde.

Das Werk ist eine Sache sui generis, bis heute nicht ersetzt und auch in Zukunft schwerlich zu ersetzen. Auf der Grundlage empirischer Quellenanalysen erarbeitet, sucht es unter Verzicht auf die Entfaltung von Gelehrsamkeit die großen Linien des Geschehens – „die bloße Tektonik der römischen Geschichte“, wie Heuß es in seinem Vorwort (XVIII) nennt – herauszuarbeiten und so die großen Zusammenhänge, die Ursachenverknüpfungen und Entwicklungslinien schärfer sichtbar zu machen. Heuß enthielt sich dabei jeder erzählerischen Ausschmückung oder Dramaturgisierung des Geschehens, reduzierte den Bericht auf das Wesentliche und fühlte sich auch nicht einem besonderen Bemühen um Objektivität verpflichtet. Letzteres wies er angesichts mancher neueren Versuche sogar ausdrücklich mit der Bemerkung von sich, daß der Historiker gegenüber seinem Gegenstand keine Wahrheit schaffen dürfe, sondern sie – über die kritisch überprüfte Überlieferung – hinzunehmen habe (Vorwort XVII). Die Nüchternheit der Darstellung hat denn auch seine Leser nicht nur überzeugt, sondern gerade deswegen angezogen, weil sie durch ihre Klarheit und das zugleich mit der Darlegung des Geschehens verbundene Räsonnement ein unmittelbares Verstehen und einen selbständigen Zugriff ermöglichte. Geschichte erscheint hier als Medium der Reflexion, der Analyse und Deutung, und sie ist darum wie kaum etwas geeignet, nicht nur den angehenden Historiker, sondern auch jedem um ein Begreifen unserer Welt bemühten Bürger eine Orientierungshilfe zu geben. Den Zugang zu Heuß’ Gedanken hat seine Fähigkeit erleichtert, den Gegenstand in einer ihm angemessenen Form und in einer klaren, kraftvollen Sprache vorzutragen.

Die „Römische Geschichte“ von Alfred Heuß entstand nicht als die Summe eines Gelehrtenlebens, das nach einem langen und fruchtbaren Schaffen die Ernte einfährt und sie dem Fach präsentiert; sie wendet sich nicht einmal in erster Linie an ein Fachpublikum; als gelehrte Gesamtdarstellung richtet sie sich an alle, für die Geschichte mehr ist als bloße Erbauung. Sie ist aber nicht nur kein Alterswerk, sondern in ihrer Konzeption sogar mit den Anfängen des jungen Wissenschaftlers verbunden, denn die

Bedeutung der Geschichte für die ganze Gesellschaft wuchs Alfred Heuß aus der Erfahrung mit unserer jüngeren Vergangenheit zu. Der Alten Geschichte wandte er sich in den Jahren nach dem Ende des Ersten Weltkrieges zu, schloß seine wissenschaftliche Ausbildung in der Zeit des NS-Regimes ab, erhielt aber erst nach dem Krieg Gelegenheit, seine Wissenschaft vor einem breiteren Publikum zu vertreten. Sowohl die Großen des Fachs, vor allem Barthold Georg Niebuhr und Theodor Mommsen, deren Bedeutung als Historiker in ihrer Zeit er in zahlreichen, teils umfangreichen Abhandlungen herausstellte, als auch der Traditionsbruch nach Nazi-Herrschaft und Zusammenbruch hatten seinen historischen Sensus ebenso wie sein Verantwortungsgefühl gegenüber der Gemeinschaft geschärft. Der ungebrochene Optimismus, mit dem sich die Gelehrten des 19. Jahrhunderts über die historischen Archive gebeugt hatten, war verflogen, der Enthusiasmus aufgezehrt; an die Stelle einer mehr oder weniger unreflektierten Begegnung mit der Geschichte war als Folge ihres Mißbrauchs zu politischem Zwecke Mißtrauen getreten und das bis dahin so wache historische Bewußtsein hatte sich soweit verflüchtigt, daß man von einer Abwendung der Gesellschaft selbst von ihrer fernen Vergangenheit sprechen mußte.

Heuß hat dies wie kaum ein anderer Historiker gespürt. Er fürchtete um die Geschichte als Handlungs- und Lebenshilfe, die sie auch immer war und ist, um die politische Bildung, die nun dem freien Zugriff eines jeden verfügbar erschien, um den Verlust des geschichtlichen Wissens, das „bei den Musen und in der Bedrängnis der Welt“ zugleich beheimatet ist (A.H., Ges. Schr. III 2127). Seinem klaren Verstand entging auch nicht, daß die Geschichtswissenschaft selbst schon seit den Anfängen des 19. Jahrhunderts an der Auslöschung historischen Bewußtseins arbeitete, indem sie den unreflektierten Umgang mit der Tradition durch die Verwissenschaftlichung des historischen Gegenstandes ersetzte und den Suchenden auf die Bibliotheken verwies, in denen nun die Wahrheit zu finden sei. Aus ihnen war nach seiner Meinung die Geschichte wieder herauszuholen und den historisch Interessierten – und das waren in seinen Augen alle Bürger – anzubieten. Darin sah er die erste und vornehmste Aufgabe des Historikers. Der Vortrag bzw., an der Universität, die Vorlesung, und zwar nicht die Spezialvorlesung, für die er das Seminar zuständig sah, sondern die große Überblicksvorlesung, standen daher im Mittelpunkt seiner Lehrtätigkeit, und die Belehrung auch des breiteren Publikums erschien ihm um so wichtiger, als die Geschichte durch ihre Verwissenschaftlichung einer besonderen Schulung bedurfte. So hat er denn in seiner Darstellung der römischen Geschichte ebenso wie in der von ihm zusammen mit Golo Mann herausgegebenen Propyläen-Weltgeschichte, in der er große Teile der sein Fachgebiet betreffenden Abschnitte selbst übernahm, keine Handbücher zur Vergegenwärtigung von Detailwissen, schon gar nicht große Literatur gesehen (vgl. Vorwort XIV), sondern eine Hilfe zur Gewinnung eines selbständigen, gegen Mißbrauch gefeiten verstehenden Wissens von Vergangenheit, die auch als Antike für ihn ein Stück menschlichen Selbstverständnisses darstellte.

Alfred Heuß hatte seine „Römische Geschichte“ mit einem breiten Forschungsteil versehen. Dieser war und ist als Ergänzung zum Text unentbehrlich und durch die Lebendigkeit, mit der die modernen Schriften in Zustimmung und Kritik von ihm besprochen werden, zugleich Ausdruck seiner Person als Gelehrter, als Lehrer und als Mensch – und eine Kostbarkeit gelehrter Literaturkritik. Für die Neuauflage stand eine umfangreichere Ergänzung an, doch haben die Unterzeichnenden davon Abstand genommen, sie in den Text von Alfred Heuß einzuarbeiten. Das verbot die besondere, unnachahmliche Diktion des Autors, die gerade erhalten, nicht zerstört werden sollte. Aus demselben Grund verzichteten sie darauf, in den Text der Darstellung selbst berichtigend oder ergänzend einzugreifen, zumal es hier – anders als im Forschungsteil – auch durchaus nicht nötig war. Die notwendigen Nachträge zur Literatur (im Anschluß an Kapitel XII, S. 613 ff.) sind umfangreich, doch wurde auf eine Vollständigkeit, die für ein wissenschaftliches, nur dem Fachmann dienendes Handbuch angemessen ist, verzichtet, die Auswahl dabei indes so gehalten, daß nicht nur der Laie, der weitergeführt werden will, sondern auch der werdende Historiker, der wissenschaftliche Orientierung sucht, Hilfe findet.

Im Juni 1998 Jochen Bleicken Werner Dahlheim Hans-Joachim Gehrke

Vorwort zur 1. Auflage

Eine Römische Geschichte bedarf an sich auf dem deutschen Büchermarkt keiner Rechtfertigung. Jeder Sachkundige weiß, daß wir an solchen keinen Überfluß haben, und dies nicht erst seit gestern und heute. Es läge also nahe, gleichsam die Lücke für dieses Buch ausgespart zu sehen. Der Verfasser legt jedoch, wie ihm wohl zu betonen erlaubt ist, Wert darauf, nicht in den Verdacht der naiven Selbsttäuschung kommen zu wollen, es könnte einem statistisch nachweisbaren Mangelzustand mit den Kräften eines einzelnen abgeholfen werden. Doch hiervon auch abgesehen, unterfängt sich die vorliegende Römische Geschichte nicht, in irgendwelche Konkurrenz mit bewährten Unternehmungen des gleichen Namens zu treten.

Zur Vermeidung von Mißverständnissen sei gleich bemerkt, daß diese Römische Geschichte verschiedenes nicht will, was ihr vielleicht traditionsgemäß zugeschrieben werden könnte. Sie will vor allem kein sogenanntes Handbuch sein. Davon gibt es genug, wenn die betreffenden Werke auch nicht gerade deutsch geschrieben sind, was aber für den internen Wissenschaftsbetrieb, der hier allein Kunde ist, nicht ins Gewicht fällt. Man sollte ihre Zahl ohnehin nicht vermehren, ohne vorher über ihre zweckmäßige Gestaltung gründlich nachgedacht zu haben.

Diese Römische Geschichte will aber auch keine „Darstellung" in dem — in Deutschland wenigstens — üblichen Sinn sein. Was heute unter dieser Bezeichnung geht, ist seiner Struktur nach nur von ungefähr zu bestimmen. Es läuft mancherlei in dieser Gattung zusammen: vage Erinnerung daran, daß einmal geschichtliches Begreifen sich in ihr manifestierte, die stille Absicht, durch schriftstellerischen Glanz das Publikum zu fesseln und, wie die antiken Ahnen der Historiographie, „Literatur" zu sein, beides in Vorstellung und Ausführung sehr vieldeutig, und dann vor allem der Gedanke, anderswo, nämlich in der Wissenschaft, gewonnene Erkenntnisse einem breiteren Leserkreis zu vermitteln, worin das versteckte Zugeständnis liegt, daß es mit der genuinen Wissenschaftlichkeit solcher Unternehmungen nicht so ganz weit her sei.

Man macht sich da sehr leicht Illusionen über den Leser historischer Werke und rechnet optimistisch mit jemandem, den es in Wirklichkeit kaum mehr gibt. Der gebildete „Geschichtsfreund" des neunzehnten Jahrhunderts gehört als feste Größe der Vergangenheit an. Geschichtliche Bildung läßt sich nicht mehr aus den unmittelbaren Lebensbedürfnissen, in gefälliger Ausstattung eines vorhandenen Vorstellungsraumes, heraus entwickeln. Ohne intellektuelle Schulung und fundierte Begriffe geht es hier, wie in vielen anderen Bereichen des Geistes, nicht mehr ab. Auch Geschichte will „gelernt" sein, und gerade wenn man sich eingesteht, daß sich ihre Kenntnis nicht einfach kraft Gedächtnisrezeption einstellt, sondern nur in Akten geistiger Spontaneität zu erwerben ist, wird man die Aufgabe, ihr in der heutigen Gesellschaft zur Existenz zu verhelfen, ganz anders ernst nehmen als bei der Berufung auf mehr oder weniger imaginäre Voraussetzungen ihres Daseins. Wir brauchen ein zielstrebiges und sachgemäßes Bemühen um die Geschichte, eine spezifische Energie des Denkens und des Wissens, eine ursprüngliche Gespanntheit auf die Menschheit in ihrer historischen Dimension, und nur da, wo solche Aufmerksamkeit entgegenkommt, ist sinnvolle Berührung mit dem historischen Buch gewährleistet. Und ausschließlich nach der hierin eingeschlossenen Forderung bemißt sich auch die Brauchbarkeit eines solchen.

Sein Adressat ist gleichwohl nicht der zünftige Fachgenosse, oder zum mindesten dieser nicht ausschließlich. Es wäre schlimm um die Geschichte bestellt, wenn sie zum Monopol des kleinen Kreises der Geschichtsforscher würde. Wir hätten sie dann nur noch als eine Summe von Spezialkenntnissen und wären danach kaum mehr berechtigt, von *der* Geschichte als einer tektonischen Einheit zu sprechen. Es gibt aber glücklicherweise wenigstens noch die Idee des Historikers, der an der Geschichte überhaupt teilhat, auch jenseits seiner engeren Fachkompetenz, es gibt die Ausbildung dieses Historikers für unser Höheres Schulwesen, und es gibt schließlich die Notwendigkeit, von den wissenschaftlichen Bedürfnissen anderer Disziplinen her sich einen Weg zur Geschichte zu bahnen. Alle diese Bedürfnisse konvergieren darin, daß sie ihren Ursprung in einem geschulten bzw. zu schulenden geschichtlichen Apperzeptionsvermögen haben und diesem entsprechend auf das unmittelbare Erfassen der wesentlichen Sachzusammenhänge aus sind. Sie sind infolgedessen weder auf die Psychagogie besonderer farbiger Aufzäumung angewiesen noch wird ihre Befriedigung durch Erklärung der internen sich aus dem Quellenmaterial ergebenden Problematik gefördert.

Ein Modell für geschichtliche Mitteilung dieser Art ist noch nicht ausgebildet, und es ist auch nicht zu sehen, daß dergleichen versucht würde, am allerwenigsten in Deutschland, wo die esoterische Selbstgenügsamkeit der Geschichtswissenschaft es am weitesten gebracht hat. Die wenigen Bemühungen gelten und galten da ausschließlich der deutschen Geschichte. Die sogenannten „Handbücher für den Geschichtslehrer“, die am ehesten solcher Zielsetzung entsprachen, blieben bezeichnenderweise ein Torso. Das Unternehmen des Georg Westermann Verlages, in dessen Zusammenhang diese Römische Geschichte erscheint, ist ein neuer Versuch in dieser Richtung, und der Verfasser bekennt gerne, daß damals, als die Anfrage ihn erreichte, seine persönlichen Überzeugungen sich mit der äußeren Anregung trafen. Aber dies ändert nichts an der Tatsache, daß die Ausführung ganz auf sich gestellt ist und jeglicher instruktiver Vorbilder ermangelt. Andere Wissenschaften sind bedeutend besser daran und befinden sich im Besitz seit alters erprobter Literaturgattungen. Sie kennen das „Handbuch“, und sie kennen den „Grundriß“, und sie kennen die „Einleitung“ und vielleicht noch manches andere Schema. Die Geschichte macht wohl dann und wann von dieser Terminologie Gebrauch, hat aber die Sache bzw. eine ihren Anforderungen entsprechende Konzeption keineswegs bei sich ausgebildet.

Diese Situation muß diesem Buch nun notwendig die Stellung eines bescheidenen Versuches zuweisen. Seine höchste Anerkennung fände es, wenn andere das gleiche Ziel mit besseren Kräften und größerem Erfolg angingen. Es könnte dann immerhin sich darin genügen, ein Anfang zu sein. Nur sei mit aller Bescheidenheit vermerkt, daß es auch auf diesem Wege ohne einen gewissen Aufwand an geistiger Anstrengung nicht abgeht, und diese sich nicht darin erschöpft, lediglich feststehende Erkenntnisse in verkleinertem Maßstabe zu reproduzieren und nebeneinanderzustellen. „Synthese" ist ein sehr ungenauer Begriff und kann sowohl mechanisch als auch in einem selbständigeren Sinn verstanden werden, eine Alternative, bei der die Entscheidung nicht problematisch sein dürfte, sowenig auch damit die Aufgabe schon gelöst ist.

Doch ist es viel nötiger, den Leser mit der Unvermeidlichkeit gewisser Abstriche von dem, was er nach der üblichen historiographischen Tradition zu erwarten berechtigt ist, vertraut zu machen. Eine Menge Dinge, die gewohnheitsmäßig oder wegen irgendwelcher Prätentionen „gebracht" werden, sind in dieser Darstellung nicht zu finden.

Um gleich mit dem Eintritt in die römische Geschichte zu beginnen, so ist die für gewöhnlich an dieser Stelle angesetzte italische Vorgeschichte hier radikal eliminiert. Es ist ohnehin mißlich, zu „den Müttern" zu steigen. Wenn dieser geheimnisvolle Bereich dann aber lediglich den Blick auf eine Summe prähistorischer Funde und im besten Fall auf einen nach den Möglichkeiten nur andeutungsweise historisch artikulierten bronzezeitlichen und neolithischen „Horizont" freigibt, dann ist das abwegiger, als die Anfänge der deutschen Geschichte bei Arminius und den Germanen des Tacitus zu suchen. Nichts gegen italische Vorgeschichte, aber ihre Aussagekraft gewinnt sie in anderen historischen Zusammenhängen. Als Vorspann der römischen Geschichte ist sie denkbar ungeeignet.

Ebenso ist heute eine Römische Geschichte nicht mehr der Ort, um sich von ihr über römische Kunst, Literatur und Religion aufklären zu lassen. Die Zeiten, wo man diese Kulturgebiete der geschichtlichen Betrachtung erobern mußte, liegen weit hinter uns. Es erübrigt sich heute, diesen Stand unseres historischen Bewußtseins durch notwendigerweise nur ungenügende in eine Römische Geschichte hineingesetzte Kompilationen zu dokumentieren. Hierfür sind andere Informationsquellen zuständig. Der Historiker hat lediglich die Stellen anzudeuten, an denen die betreffenden Phänomene innerhalb der Geschichte zu stehen kommen. Alles weitere bedarf einer besonderen sachlogischen Einstellung, welche sich nicht ohne weiteres aus der historischen i. e. S. entwickeln läßt. Die „gegenseitige Erhellung der Kulturgebiete" ist eine sehr voraussetzungsvolle Theorie und hat im Grunde die Dinge mehr verdunkelt als geklärt. Man darf ihrer mit gutem Gewissen entraten.

Wohl aber gibt es Konstellationen, in denen der „Geist" (im Sinne der sogenannten Geistesgeschichte) zum politischen und sozialen Geschehen ein besonderes Nahverhältnis hat und innerhalb dieses Bereiches bedeutende Funktionen ausübt. Die wichtigste ist die dynamische Kraft von konkreten Ideen. Sie sind ein genuiner Bestandteil der Geschichte als Handlungsablauf und finden sich infolgedessen in ihm auch von selbst vor. Aber das ist keineswegs ein „Normalfall", am wenigsten innerhalb der antiken Geschichte, und seine Eigentümlichkeit tritt deshalb am klarsten zutage, wenn sie nicht durch die unechte Anreicherung des geschichtlichen Wirkungszusammenhanges mit irgendwelcher „Idealität" verstellt wird.

Und dieser schließlich selbst. Auch er hat sich Reduktionen gefallen lassen müssen. Es handelt sich dabei allerdings nicht um Eliminierungen, sondern um Abbreviaturen. Das historische Geschehen hat seine Eigentümlichkeiten, aber auch seine Konventionalitäten. Das heißt nicht, daß letztere unwichtig wären. Aber sie bedürfen, weil sie durch eine typische Chiffrierung genügend verdeutlicht sind, keiner Beschreibung. Der häufigste Fall sind die gewalthaften Aktionen, zumeist also die kriegerischen Unternehmungen. Sie sind ja nun wirklich Handlung, sogar mitunter potenzierte Handlung, aber historisch relevant ist nur ihr Ergebnis, nicht das Wie und Wieso (es sei denn, man betriebe Militärgeschichte). Im Grunde ist das ja eine Selbstverständlichkeit, und man brauchte wirklich nicht davon zu sprechen, wenn in der antiken Geschichte nicht noch immer der anachronistische Zopf in Mode stände, mit Beschreibungen von Feldzügen und Schlachten die Seiten zu füllen. Wer sich dafür interessiert (und warum sollte er auch nicht?), dem stehen genug andere Orientierungsmittel zu Gebote. An eine Geschichte von diesem Grundriß kann er keine Ansprüche stellen.

Zum Verzicht mußte der Verfasser sich überhaupt verstehen, wenn er den Zweck dieses Buches nicht aus den Augen verlieren wollte. Obgleich diese Römische Geschichte nicht gerade ein Taschenbuch wurde, war der ihr zur Verfügung stehende Raum im Vergleich zum Umfang des Themas doch sehr beschränkt und gebot deshalb zwingend, jedes Detail zu unterdrücken. Detail heißt in diesem Sinne jegliche Einzelheit, der kein selbständiger Aussagewert zukommt und welche statt dessen die Aufgabe hätte, zu illustrieren und die Plastizität des Eindruckes zu erhöhen. Das bedeutungsvolle oder anmutige „Fabulieren", die Verwendung von bunten Farben, das kunstvolle Dramatisieren der Ereignisse, all das, wozu der Historiker unter Umständen Neigung empfindet und was seinem Handwerk Reiz verleihen könnte, all das, wozu bei sachgemäßer und sachgebundener Verwendung möglicherweise auch eine gewisse Legitimität bestände, all dies mußte in diesem Rahmen unterbleiben und damit der Nachteil in Kauf genommen werden, daß anstatt eines Gemäldes eher so etwas wie eine Zeichnung mit sparsamen Linien und Schattierungen entstand.

Mit solcher Begrenzung ist zugleich auch ein Verzicht auf „Originalität" ausgesprochen. Allerdings hat es mit dieser ohnehin seine eigene Bewandtnis. Der Historiker unterhält zu ihr ein recht zwiespältiges Verhältnis. Sowohl als „Schriftsteller" wie als „Forscher" glaubt er, sie nicht entbehren zu können und seine Tüchtigkeit durch sie erweisen zu müssen. Aber er vermag dabei nicht zu vergessen, daß er nicht nur an die Wahrheit gebunden, sondern die Wahrheit der Geschichte vom einzelnen weniger zu schaffen als hinzunehmen ist. Allzu selbständiger Umgang mit ihr hat der Geschichte im allgemeinen noch wenig genützt, und wer die emsige Produktion der Geschichtswissenschaft, welche unsere Kultur seit hundert Jahren kennzeichnet, ein wenig kennt, dem ist wohl bekannt, wie viele „originelle" Erkenntnisse nicht mehr als halbdurchdachte Einfälle waren, wie oft es sich um ein bloßes Windei handelte und daß im besten Fall, sofern man die billige Draperie wegnahm, eine Banalität herauskam. Geschichte ist ihrer Funktion nach nun einmal in primärer Hinsicht Überlieferung und läßt damit dem Historiker nicht allzuviel Spielraum, ihr ein besonderes Gesicht aufzusetzen. Er spürt das nirgends stärker als dort, wo ihm die relative Freiheit begrenzter Untersuchung fehlt und er einen Weg einschlagen muß, den vor ihm schon viele gegangen sind. Kein Wunder, daß ihn bisweilen Zweifel ankommen, ob sich eine Arbeit, die nur entfernt den Kategorien der Wissenschaft i. e. S. untersteht, auch lohnt, ob der Verzicht auf eigene Initiative nicht ein Opfer ist, dessen Sinn klarer und überzeugender sein sollte, als er sich im allgemeinen darstellt.

Angesichts so mannigfacher Abstriche vom Möglichen und je nach dem Wünschenswerten braucht nicht verschwiegen zu werden, daß die hier vollzogene Einstellung auf die bloße Tektonik der römischen Geschichte auch einen unbestreitbaren Vorzug hat: sie erlaubt in verhältnismäßig hohem Grad, eine gewisse Homogenität der Darstellung zu erreichen. Die Quellen der antiken und damit auch der römischen Geschichte stellen bekanntlich in höchst ungleicher Weise die Voraussetzung für eingehende Schilderung zur Verfügung. Es gibt mehr als eine Periode, von der wir auf Grund exakter Indizien wissen, daß ihr eine Fülle von wichtigen Ereignissen und grundlegenden Auseinandersetzungen innewohnen, ohne daß wir deren Kenntnis besäßen. Hier ist dann im besten Fall erlaubt, das nackte Gerüst aufzuzeigen. Im Zusammenhang einer ausführlichen Erzählung wirken solche „Ausfälle" begreiflicherweise sehr störend. Eine Sehweise, welche sich von vornherein auf gewisse Abblendungen einläßt und auch da sparsam verfährt, wo sie es in Ansehung der Quellen nicht nötig hätte, ist in dieser Hinsicht weniger empfindlich.

Umgekehrt bemüht sich diese Darstellung, deswegen nicht das Gesetz der historischen Logik zu verletzen und nimmt sich darum an den geschichtlichen Knotenpunkten die Freiheit zu derjenigen (relativen) Ausführlichkeit, welche vom Gewicht der Sache und ihrem Verständnis gefordert wird. Sie nimmt hierbei sogar den Nachteil in Kauf, bestimmte Tatsachen von Bedeutung jeweils an den verschiedenen Orten ihres Auftretens hervorzuheben, um durch solche, formal wahrscheinlich anstößigen Wiederholungen die Geschlossenheit und Zugänglichkeit des einzelnen Abschnittes zu erhöhen. Gerade die Beobachtung der inneren Proportionen darf als eines der Hauptanliegen einer Konzeption gelten, wie sie dieser Römischen Geschichte zugrunde liegt. Es dürfte dabei klar sein, daß sie keineswegs immer Hand in Hand zu gehen braucht mit der Akzentuierung, welche die Forschung von ihren Gegebenheiten und Einstellungen aus jeweils vornimmt. Es gehört nicht zuletzt zu den Aufgaben eines historischen Berichterstatters, sich gegenüber zeitgebundenen Strömungen der wissenschaftlichen Arbeit seine Unabhängigkeit zu bewahren.

Der Zuschnitt dieses Buches verbietet so (u. a.) jeden näheren Hinweis auf Heuristik und jegliche Verquickung des geschichtlichen Gegenstandes mit seiner internen und damit unvermeidlich auf die Quellen zurückführenden Diskussion. Diese Römische Geschichte soll es ausschließlich mit der Sache zu tun haben und sich ihren Gang lediglich von dieser vorschreiben lassen. Sie soll weder wissenschaftliche Instruktion im üblichen Sinn betreiben noch sich mit dem Schein von Erkenntnis durch Ausweichen in die Aporie des Erkenntnisganges schmücken. Sie will mit der ganzen esoterischen Gelehrsamkeit, die dem Fachmann gut zu Gesicht steht, aber dem wirklichen historischen Interesse alles andere als förderlich ist, nichts zu tun haben. Den wissenschaftlich gebildeten Humanismus, auf den man vielleicht vor einem halben Jahrhundert noch zurückgreifen konnte, gibt es heute allenfalls als Fiktion. Und eine Einleitung in die Altertumswissenschaft auf dem Gebiete der römischen Geschichte, an sich ein denkbares Unternehmen, nur angesichts der Frequenz der heute dafür in Betracht kommenden so überflüssig wie nur möglich, ist mit diesem Buche am allerwenigsten beabsichtigt. Es geht hier allein um die Momente, die einer ursprünglichen historischen Aufmerksamkeit entsprechen und welche in Verbindung mit Fragen anderer Provenienz nur allzukurz zu kommen pflegen.

Von der Beigabe wissenschaftlicher Anmerkungen der gewohnten Art ist deshalb abgesehen worden. Den „Laien“ pflegen sie nicht zu belehren, sondern zu irritieren, und dem Fachgenossen sagen sie im besten Fall nichts Neues. Zumeist wird er sie für ungenügend halten. Dagegen hat der Verfasser versucht, auf eine andere, dem Leser verständliche Weise die Verbindung mit der Wissenschaft herzustellen. Ein ganzes Kapitel ist zum Schluß diesem Zweck gewidmet. Es nimmt zugleich die Stelle des üblichen Literaturverzeichnisses ein, von dem man in der Regel ja auch nicht sagen kann, für wen es eigentlich gedacht ist. Von den Adressaten des Textes dürfte es nicht allzuoft benützt werden, schon deshalb, weil sie einem Haufen von zumeist „wissenschaftlicher“ Literatur gegenüber notwendigerweise ganz wehrlos sind. In dieser Römischen Geschichte ist das Bemühen maßgebend, von den Dingen, mit denen der Leser bekannt gemacht wird, auf dem Hintergrund der Wissenschaft so zu sprechen, daß er tatsächlich einen Eindruck davon gewinnt, wie sie in der Forschung lokalisiert sind. Daraus ergab sich von selbst, daß von dieser als Rahmen eine Skizze entworfen wurde, um den einzelnen Bemühungen ihren Ort zuzuweisen. Die dieser Aufgabe dienenden Ausführungen sind deshalb primär deskriptiv gehalten und üben nicht den Zwang aus, sich darüber hinaus mit ihnen zu beschäftigen. Andererseits sollen sie nicht nur Gelegenheit geben, sondern sogar die stillschweigende Aufforderung andeuten, wichtigen Problemen nachzugehen. Etwa vorhandenen oder gar geweckten Energien, um mit der römischen Geschichte näheren Umgang zu pflegen, mögen dadurch gewisse „Einstiegsmöglichkeiten“ geboten werden. Den Betreffenden darüber hinaus weiter auf diesem Weg zu begleiten, ist selbstverständlich nicht beabsichtigt und auch gar nicht möglich. Für dergleichen gibt es nun einmal kein Kursbuch, und ein solches wäre auch nicht wünschenswert. Individuelle Initiative und unsere akademischen Lehreinrichtungen sind da zuständig.

Die — unvermeidliche — Auswahl der Literatur ist nicht ganz einheitlich. Ursprünglich war geplant, mit Rücksicht auf den Leserkreis nur solches Schrifttum zu nennen, das auch einem nicht altertumswissenschaftlich gebildeten Publikum zugänglich ist. Aber das ließ sich begreiflicherweise dann doch nicht durchführen, und eine Erweiterung war unumgänglich. Sie hatte, ohne Rücksicht auf Allgemeinverständlichkeit, wenigstens diejenigen Werke zu erfassen, die für den Gang der Forschung in bezug auf die wesentlichen Themen wichtig geworden sind. Aber auch eine solche Beschränkung war nicht überall konsequent aufrechtzuerhalten. Wo das individuelle Verdienst in der Forschung gegenüber dem „kollektiven“ zurücktritt, konnte dieses nur durch aufzählende Hinweise veranschaulicht werden; natürlich ohne jeden Anspruch auf Vollständigkeit, sondern nur zur Vermittlung eines repräsentativen Querschnittes. Dabei geht es aber bekanntlich ohne eine gewisse (legitime) Beliebigkeit nicht ab. Wenn also dieser oder jener Titel fehlt, dann mag das gegebenenfalls reiner Zufall sein, für den der Verfasser um Nachsicht bittet, dies um so mehr, als er nicht zu den Optimisten gehört, welche den sog. „Stand der Wissenschaft“ immer in der jüngsten Publikation abgebildet sehen. —

Dieses Buch hat eine etwas verwickelte Genesis hinter sich. Seine Fertigstellung ist für längere Zeit wegen anderer Arbeiten des Verfassers unterbrochen gewesen. Als es vor über zwei Jahren dann schließlich fertig war (bis auf einen Teil des Anhanges), konnte der Verlag es nicht so schnell herausbringen, wie er ursprünglich wohl gesonnen war. Begonnen hatte die Arbeit an ihm unter der Voraussetzung des ursprünglichen Planes, das gesamte Altertum für die Zwecke dieser Reihe zu bearbeiten. Das erste Drittel des der griechischen Geschichte gewidmeten Textes war schon geschrieben, als der römische Part vorgezogen wurde und sich dann sehr bald herausstellte, daß die Konzeption einer in einem Band zusammengefaßten Altertumsgeschichte nicht durchzuführen war. Angesichts der augenblicklichen Bedarfssituation fiel die Entscheidung, welcher der beiden Hälften der Vorzug zu geben sei, nicht schwer.

Die ersten Überlegungen hatten schon in einer Zeit stattgefunden, als es überhaupt noch keine Bücher (bzw. keine mehr) in Deutschland gab und in einem Vakuum Hilfe geschaffen werden sollte. Inzwischen hat sich das Leben schneller als damals jemand gedacht hatte wieder „normalisiert“ und damit auch manche der Erwartungen in sich begraben, die sein Mangelzustand einst entbunden hatte. Der Verfasser ist sich nicht ganz im klaren, ob bei Voraussehung dieser Entwicklung das Vorhaben für ihn seinen Sinn behalten hätte. Entgegen seinem Naturell ist er jedoch bei der Stange geblieben und hat nun angesichts der ihm abgehenden Behendigkeit mit Argwohn zu bedenken, was für Versäumnisse an anderer Stelle er sich damit hat zuschulden kommen lassen.

Um so mehr hat er jetzt Grund zu der Erklärung, daß die ziemlich zähflüssige Arbeit an dem Buch nicht völlig versiegte dank ihm zuteil gewordener Unterstützung, in erster Linie seitens Frau Alice Pollakowsky (Köln), welche, wie schon manchmal in den vergangenen zwölf Jahren, aus den für Dritte völlig unleserlichen Manuskriptbogen eine für den Setzer brauchbare Vorlage machte. Sodann ist dem Buch der Beistand zweier Fachgenossen, dem Verfasser ebenfalls in Freundschaft verbunden, zugute gekommen. Hans Rudolph (Hamburg) hat nicht nur die Korrekturen mitgelesen, sondern auch durch manche kritische Bemerkung dem Inhalt genützt. Jochen Bleicken (Göttingen) hat zu solcher auch von ihm geleisteten Hilfe noch die selbstloseste Mühe bei der Fertigstellung des Anhanges mit seinen zahlreichen Titelverweisen hinzugefügt. Ihnen allen sei auch an dieser Stelle herzlichst gedankt.

Göttingen, 9. April 1960 *Alfred Heuß*

I.

Die Anfänge Roms

1. Die Indogermanisierung Italiens. — 2. Die Siedlung Rom. — 3. Griechen und Etrusker in Italien. — 4. Die Etrusker. — 5. Die etruskische Expansion. — 6. Gründung Roms und seine älteste Verfassung. — 7. Die fiktive Frühgeschichte Roms. — 8. Etruskischer Einfluß auf Rom. — 9. Die Machtstellung des „etruskischen" Rom.

1. Die Indogermanisierung Italiens

Die Ursprünge Roms erscheinen auf einem breiten prähistorischen Hintergrund und könnten deshalb den Historiker veranlassen, die Schichtenfolge der altitalischen Bevölkerung in die römische Vorgeschichte hereinzunehmen. Gegenüber einer solchen von der römischen Geschichte nur wegführenden Versuchung empfiehlt es sich jedoch, aus diesem Zusammenhang lediglich das für die Geschichte wichtigste Ereignis heranzuziehen: Die Indogermanisierung Italiens. Durch sie wird die römische Geschichte mittelbar verknüpft mit einem welthistorischen Vorgang, welcher weit über Italien hinausgreifend in der Geschichte des Mittelmeerraumes die Voraussetzungen für die abendländische Geschichte schuf. Denn auch die griechische Geschichte hat ihre Wurzeln in dem Einbruch indogermanischer Völker in das mediterrane Gebiet, d. h. in diesem Fall in die Balkanhalbinsel und nach Kleinasien. Griechenland und Rom, in ihrer späteren Entwicklung zu so folgenschwerer Partnerschaft bestimmt, weisen also in ihren Voraussetzungen auf ein und dasselbe Ereignis zurück.

Allerdings weichen Art und Weise, nach denen sich dieser Akt der Geschichte jeweils in Szene setzte, doch sehr voneinander ab.

So war schon einmal der Intensitätsgrad der Indogermanisierung sehr verschieden. Griechenland ist von zwei starken Strömen, Anfang und Ende des zweiten vorchristlichen Jahrtausends, erfaßt und auf diese Weise sehr tief und in weiter Ausdehnung von dem indogermanischen Element durchdrungen worden. Italien hat auch zwei, und zwar die gleichen Bewegungen aufgenommen, aber die erste, bronzezeitliche (in der ersten Hälfte des zweiten Jahrtausends), hat Italien lediglich in seinem nördlichen Teil berührt und da nur zu Einsickerungen des indogermanischen Elementes geführt (die sog. Terramarekultur), und erst die zweite am Ausgang der Bronzezeit und Beginn der Eisenzeit (Ende des zweiten Jahrtausends) und damit ein Glied der hauptsächlich in der Ägäis sich abspielenden Großen Wanderung hat Italien seine indogermanische Struktur aufgeprägt. Es hat also keine zweifache Imprägnierung wie in Griechenland stattgefunden, und die Folge blieb auch nicht aus: die nichtindogermanischen Rückstände der mediterranen Schicht waren nicht unerheblich. Bedeutende Stücke der Apenninenhalbinsel blieben ausgespart und wurden erst später, im Lichte der römischen Geschichte, in das Indogermanentum hereingenommen.

Der andere Unterschied liegt in der Uneinheitlichkeit der indogermanischen Überlagerung. Um mindestens drei sehr verschiedene Gruppen handelt es sich bei diesen sog. Italikern. Nimmt man noch dazu, daß auch das mediterrane Substrat keineswegs gleichartig war, und bedenkt man ferner, daß nach Abschluß der großen Völkerverschiebung nochmals eine dreifache Invasion erfolgte (Etrusker, Griechen und einige Jahrhunderte später die Kelten), dann ist soviel klar, daß Italien zu Anfang seiner Geschichte im Gegensatz zu Griechenland eine geradezu verwirrende Mannigfaltigkeit von ethnischen Individualitäten aufwies. Seine Geschichte im Altertum besteht denn auch nicht zum wenigsten in der Einebnung der vielen Unterschiede. Der hauptsächliche Träger dieser Entwicklung war Rom. Die uns heute selbstverständliche Volkseinheit Italiens ist ein römisches Werk.

Vorher war Italien ein rein geographischer Begriff und erfaßte als solcher erst die Südspitze, bis es sich allmählich immer weiter nach Norden ausdehnte. Der Name heißt „Kälberland" und ist wohl von dem wahrscheinlich der mediterranen Urbevölkerung heiligen Rind genommen.

Mit dem Eintritt in die historische Zeit und dem Abschluß der italischen Vorgeschichte sah das Bild der ethnischen Ablagerung ungefähr folgendermaßen aus: Das alte Bewohnersubstrat lag noch offen zutage im Nordwesten der Halbinsel, in der Gegend des heutigen Genua und im Hinterland bis zu den Alpen. Hier saßen die Ligurer als Ausläufer einer breiten Schicht, die sich über Frankreich bis nach Spanien erstreckte. Die Urbevölkerung hatte sich weiterhin an einigen Stellen der adriatischen Küste, in Picenum, der Halbinsel des Monte Gargano, teilweise noch in Apulien gehalten. Dasselbe traf zu für das fruchtbare Kampanien, wo die Opiker saßen, und weiter für das eigentliche Süditalien (d. h. die heutige Landschaft Kalabrien und das nördlich anschließende Lukanien), dessen Bevölkerung in naher Beziehung zu den Sikanern Siziliens stand.

Von Norditalien aus, wo in der Gegend von Bologna der Fundort Villanova die Typik für die betreffende archäologische Hinterlassenschaft bezeichnet (Villanova-Kultur), erstreckte sich den Apennin entlang das Gebiet der neuen Einwanderer. Man unterscheidet gewöhnlich zwei Gruppen, die Umbro-Sabeller und die Latino-Falisker; aber diese Einteilung ist nicht unmißverständlich; denn erstens ist die Verwandtschaft zwischen den umbrischen und sabellischen (oder auch sabellisch-oskischen) Stämmen nicht sehr nahe, und zweitens könnte der Eindruck erweckt werden, als ob die beiden Teile sich kräftemäßig die Waage gehalten hätten. Das war ganz und gar nicht der Fall. Gegenüber den Umbro-Sabellern waren die Latino-Falisker eine bescheidene Minderheit, welche nicht viel mehr besaß als die weitere Umgebung Roms, nördlich vom Tiber als Falisker, südlich als die Bewohner Latiums, welche dem Landstrich den Namen gaben. Dazu kommt wahrscheinlich, daran im Süden anschließend, der kleine Stamm der Herniker. Die Latino-Falisker scheinen Italien um zwei Jahrhunderte früher erreicht zu haben als die Umbro-Sabeller. Während der Wanderung abgesplitterte Teile der Latino-Falisker haben sich in der südalpinen Val Camonica (nö. von Bergamo) gehalten. Umbrien weist noch heute auf seine alten Bewohner hin. Die Latium und

Kampanien parallellaufenden Gebirgsabschnitte des Apennin waren das Gebiet der sabellischen Stämme. Unter ihnen wurde der stärkste und bedeutsamste der der südlichen Samniten. Die dritte Gruppe indogermanischer Zuwanderer waren Illyrer. Sie hatten sich an verschiedenen Stellen der adriatischen Küste festgesetzt, vor allem im Norden in der Gegend von Venedig (es trägt noch heute den Namen der illyrischen Veneter) und dann im äußersten Süden, auf der Sallentinischen Halbinsel (Daunier, Peukrer, Messapier). Wahrscheinlich waren sie unmittelbar über das Meer gekommen. Drüben in Jugoslawien und Albanien bildeten sie ein großes und starkes Volk und hatten im Gange ihrer gewaltigen Ausbreitung zu der Großen Wanderung überhaupt den Anstoß gegeben. Sie verbanden sich infolgedessen in einzelnen Scharen mit zahlreichen fremden, von ihnen in Bewegung gesetzten Stämmen, und man findet deshalb ihre sprachlichen Spuren ebenso in Griechenland wie mitten in Italien.

Von der Eigenart dieser Bevölkerung eine Vorstellung zu gewinnen, ist heute so gut wie ausgeschlossen. Sie ist nur in bescheidenen archäologischen Relikten zu fassen und gibt da nicht viel mehr zu erkennen, als daß sie den Gebrauch des Eisens gekannt hat. Das entspricht etwa der „Höhe" der Germanen Caesars und des Tacitus, nur daß wir über die Germanen auf Grund der antiken Beobachtung mehr wissen. Obgleich die Griechen zu Italien in nahe Beziehungen getreten sind, fehlt uns für ihre westlichen Nachbarn ein Herodot. In der Totenbehandlung, welche gewisse Rückschlüsse auf transzendente Vorstellungen gestattet, waren Bestattung wie Verbrennung bekannt. Früher unterschied man die zwei scharf artikulierten Gruppen der „verbrennenden" und der „bestattenden" Italiker. Das läßt sich heute in dieser Weise nicht mehr aufrechterhalten; doch heben sich in Mittelitalien, in der Gegend von Rom, die Latino-Falisker durch ihren Verbrennungsritus (nachweisbar in den sog. Aschengräbern = Pozzo-Gräber) von den begrabenden Sabellern (Fossa-Gräbern) ab. Aber die Umbro-Sabeller werden nicht durchgängig durch die Bestattung charakterisiert.

Die Zukunft Italiens gehörte den indogermanischen Stämmen, und auf Grund des ursprünglichen Kräfteverhältnisses sprach alle Wahrscheinlichkeit dafür, daß hierbei die Umbro-Sabeller, d. h. vor allem die südlichen Sabeller, die Führung haben würden. Diese Bergbevölkerung war stark und gesund, kriegerisch tüchtig und verfügte über einen großen Bevölkerungsüberschuß. Im ver sacrum, einem als Weihung an die Götter aufgefaßten Ritual, sandten sie immer wieder Scharen von Jungmannschaft in die Fremde, und in der Tat wurden so große Gebiete des südlichen Italiens im Laufe der Zeit von ihnen dazugewonnen.

Trotzdem hat die Geschichte diesen Kurs nicht eingeschlagen, und eben dies bezeichnet den eigenartigen, keineswegs „von Natur" gegebenen Einsatz, der sich in der spezifisch römischen Entwicklung darstellte. Die Sozialverfassung der Italiker war verhältnismäßig unausgebildet. Sie entbehrte eines starken politischen Rückhaltes. Es gab viele nebeneinanderstehende Volkschaften (populi), welche in Gaue (pagi) und Dörfer (vici) zerfielen und sich wohl nur in Zeiten der Gefahr in ihren Fluchtburgen (oppida) vereinigten. Diese rein ländlich-bürgerliche Lebensform war nicht geeignet, von sich aus eine höhere Bildung hervorzubringen. Es hat aber anscheinend auch an den inneren Voraussetzungen für eine freie Entfaltung des Geistes gefehlt. Die Anregungen, die Italien von außen erreichten, wurden nur zögernd und dann eigentlich in recht bescheidenem Umfang aufgegriffen und fortgebildet. Man kommt um die Feststellung nicht herum, daß das Kulturgefälle von der griechischen zur italischen Welt gewaltig war. Eine der Hauptursachen bestand freilich darin, daß es eben nicht die geringsten Ansätze zu einem einheitlichen Volkstum gab. Italien war zerklüftet in eine Vielzahl von Völkern, und selbst zwischen den indogermanischen Gruppen war das Trennende stärker als das Verbindende. Tiefe Sprachgrenzen verliefen zwischen ihnen. Die italischen „Dialekte" bedeuteten praktisch eigene Sprachen, zwischen denen es keine Verständigungsmöglichkeiten gab.

2. Die Siedlung Rom

Rom hat damals, als sich das Ergebnis der indogermanischen Völkerwanderungen in der Aufteilung des italischen Bodens niedergeschlagen hatte, noch nicht die geringste Bedeutung besessen. Eigentlich hat es überhaupt noch nicht existiert. Jedenfalls war eine Stadt mit dem Namen Rom unbekannt. Es gab lediglich Bewohner des hügeligen Geländes, auf dem sich später die Stadt Rom erhob: Bauern und Hirten, wie sie anderswo auch vorkamen. Geographisch war der Ort nur von lokalem Gewicht und zeichnete sich auf der Landkarte Italiens durch keinen besonderen Vorzug aus. Von einem solchen könnte allenfalls in bezug auf die äußere Umgebung gesprochen werden: Am Fuße der römischen Hügel gewährte eine Flußinsel einen bequemen Übergang über den Tiber, und von den Salinen an der Tibermündung führte eine Salzstraße unweit der römischen Siedlung in das Hinterland. Zwischen den verschiedenen Siedlungen gab es nur lose, aus der Nachbarschaft sich ergebende Zusammenhänge, in der Art etwa, daß gemeinsame Feste gefeiert wurden wie die noch aus späterer Zeit bekannten Feiern des Septimontium. Sie erfaßten allerdings nicht sämtliche Bewohner. Unter den zahlreichen Dörfern heben sich die des Palatin und des Quirinal als Exponenten verschiedenen Ursprungs hervor. Auf dem Quirinal saßen Ausläufer der sabellischen Bevölkerung des mittelitalischen Berglandes, während der Palatin die Hauptstätte der latinischen Bevölkerung war. Der Quirinal stand auch außerhalb des Septimontiums. In der Niederung des späteren Forums setzte man die Toten bei, und zwar jeweils nach dem gewohnten Ritus, die einen (die Latiner) in Aschengräbern, die anderen in Bestattungsgräbern. Über die örtliche Nähe hinaus wies der latinische Stammeszusammenhang. Er tat sich in einem sakralen Verband, dem „nomen Latinum" kund und äußerte sich in der gemeinsamen Veranstaltung von religiösen Feiern.

Für eine zielbewußte Tätigkeit, d. h. zu dem, was wir als „Politik" bezeichnen, fehlten alle Voraussetzungen, nicht nur hier in Latium, sondern ebenso im übrigen Italien. Der Keim hierzu wurde erst durch einen besonderen Anstoß gelegt, und dieser Anstoß kam bezeichnenderweise von außen. Italien wurde nicht lange, nachdem es sich in solcher Weise konsolidiert hatte, von massiven Ausstrahlungen der ägäischen Zivilisation getroffen. Sie bestanden in der Einwanderung der Etrusker und Griechen.

3. Griechen und Etrusker in Italien

Die Griechen kamen im Gefolge der großen Kolonisationsbewegung nach Italien. Ihre früheste Gründung ist Kyme (Cumae), etwas nördlich von Neapel (etwa 750 v. Chr.). Das war auch der nördlichste Punkt, den sie erreichten. Fühler in der Form von flüchtigen kaufmännischen Niederlassungen hatten sie schon vorher ausgestreckt. Im Verlauf von mehreren Generationen besetzten sie dann die wichtigsten Küstenpunkte des südlichen Italien. Sie stießen überall auf die altitalische Bevölkerung und fanden keinen erheblichen Widerstand. Als ihre Ausdehnung auf das westliche Mittelmeer begann, waren in der gleichen Richtung die Etrusker unterwegs. Wir wissen leider nicht genau, woher sie kamen. In der Ägäis gab es sowohl auf den Inseln (etwa Lemnos) wie auf dem kleinasiatischen Festland viele Strecken, wo sich die einheimische vorgriechische Bevölkerung gehalten hatte. Zu ihr gehörten die Etrusker. Sie waren infolgedessen keine Indogermanen, sondern gehörten der mediterranen Bevölkerungsschicht an. Aber schon lange befanden sie sich in unmittelbarer Nachbarschaft der Griechen und hatten sich deshalb mit ihrer künstlerischen und handwerklichen Formensprache vertraut gemacht. Auch die Kenntnis der Schrift hatten sie auf diese Weise durch Vermittlung der Griechen erworben, vielleicht sogar auf der Grundlage des ältesten griechischen Alphabetes, das sich unmittelbar nach der Entlehnung aus dem Phoenikischen und vor der Entwicklung der einzelnen Alphabettypen gebildet hat. Auf jeden Fall waren die Etrusker von Anfang an Träger griechischen Kulturgutes und verloren auch nach ihrer Niederlassung keineswegs den Kontakt mit den Griechen. Es sieht sogar so aus, als ob sie sich bei ihrer Auswanderung nach Italien den griechischen Unternehmungen angepaßt hätten und daher von vornherein jeder Gefahr eines Zusammenstoßes in dem fremden Land aus dem Wege gingen. Ihr Ziel war der nördliche Teil der italienischen Westküste — dazwischen blieb eine beträchtliche Strecke, welche auch die Küste Latiums einschloß, von beiden Völkern frei —, und so kamen sie nach der Landschaft, der sie bis heute den Namen gaben (Toscana von Tusci = Etrusker).

Die Folgen dieser doppelten Invasion waren sehr verschieden. Die Griechen gründeten einen Kranz echter griechischer Städte, die sich in nichts von ihren Urbildern im Mutterland unterschieden. Sie lagen fast ohne Ausnahme an der Küste, erfaßten an territorialem Besitz so viel, wie sie zur Nahrung brauchten, waren aber in erster Linie dem Meer und dem Seehandel zugekehrt. Eine organisatorische Verbindung zwischen ihnen fehlte, da keinerlei Absicht bestand, das Hinterland zu unterwerfen. Insofern man sich ausdehnte, beschränkte man sich auf die Gründung neuer Tochterstädte des gleichen Küstentypus. Im übrigen war man es zufrieden, daß sich von seiten der Ansässigen kein Widerstand erhob, und überließ sie deshalb sich selbst. Inwieweit diese unter den griechischen Einfluß gerieten, war Sache des friedlichen Verkehrs. Das Ergebnis war zunächst nicht sehr imponierend; der Abstand der Lebensformen war zu groß. Mit der Zeit fand bei den Italikern des Südens (den Oskern) die griechische Volksposse als sog. Atellana Eingang.

Ganz anders die Rückwirkung der Etrusker auf Italien. Sie können zahlenmäßig nicht stärker als die Griechen gewesen sein. Die Wahrscheinlichkeit spricht eher dagegen; aber anders als diese suchten und fanden sie nicht nur neuen Siedlungsraum, sondern einen echten Herrschaftsbereich. Sie begnügten sich nicht mit der Besetzung einzelner Landstrecken, sondern unterwarfen sich die einheimische umbrische Bevölkerung. Sie bildeten eine — nicht allzu dichte — Herrenschicht über ihr und vervielfältigten damit das Maß ihrer politischen Kraft. Die Voraussetzung hiervon war, daß die einheimische Bevölkerung die Überlegenheit der Eroberer nicht nur notgedrungen ertrug, sondern auch anerkannte und damit sich der Formkraft einer völlig fremden Kultur willig erschloß. Sie war kein bloßer Firnis, der sich nur kraft einer besonderen politischen Konstellation halten konnte. Noch lange nachdem die etruskische Macht unter den Schlägen des emporstrebenden Rom zusammengebrochen war, erhielt sich in der Toscana eine Gesittung von eigenem Gepräge (bis zum zweiten und ersten vorchristl. Jahrhundert). Die etruskische Substanz muß sich demnach ziemlich tief in das italische Erdreich eingelassen haben. So entstand also mitten in Italien eine gänzlich neue Zivilisation, und der äußere Niveauunterschied zwischen Ost und West war so wenigstens zu einem Teil, in bezug auf das etruskische Element Italiens, etwas ausgeglichen.

4. Die Etrusker

Die Etrusker trieben ihre Domäne von der Küste aus ziemlich weit ins Binnenland vor, bis Perugia und Florenz. Im Norden war das Mündungsgebiet des Arno etruskisch, im Süden war Cerveteri (das antike Caere), dreißig Meilen nördlich von der Tibermündung, eine berühmte etruskische Stadt. Als Erben ihrer mediterranen Herkunft brachten die Etrusker einen ausgebildeten religiösen Ritualismus mit genauen Vorschriften über die Befragung des göttlichen Willens auf Grund der Himmelsbeobachtung (Auguraldisziplin) und der Eingeweideschau (Haruspizin) mit. Sie betrieben einen intensiven Totenkult und errichteten ganze Gräberstädte (Nekropolen). Natürlich mußte dieser auf die leibhaftige Gegenwart des Toten abzielenden Einstellung die ihn mehr aus dem Gesichtskreis der Lebenden verbannende Totenverbrennung weichen. Sie wurde erst später wieder aufgenommen. Ferner spielte verständlicherweise der Dämonenglaube eine große Rolle. Die Etrusker trafen keine Schriftsprache an und konnten deshalb die ihrige leicht bei den Untertanen durchsetzen. Ebenso nahmen sie auch manches von dort her auf. Die Etruskisierung der Toscana war nicht nur ein einseitiger Vorgang. Es fand auch ein wechselseitiger Tausch statt. Die einheimische italische Götterwelt wurde in wichtigen Gottheiten rezipiert (Juno = Uni; Minerva = Manerva; Saturnus = Satre). Die Etrusker öffneten sich gern fremden Einflüssen und verdankten gerade dieser Willigkeit zur Anpassung ihr historisches Gewicht. Auf diese Weise wurden sie in den Stand gesetzt, sich die stilistischen Prinzipien der griechischen Kunst in einem erstaunlich hohen Maße anzueignen und damit Etrurien beinahe zu einer griechischen Kulturprovinz zu machen. Die archaische Kunst Griechenlands hatte dort eine Art von Spiegelbild. Es gab selbstverständlich auch Spuren anderer Herkunft (etwa phoenikischer), aber die alles beherrschende Dominante war griechisch. Die Etrusker konnten deshalb auf dem Gebiet der ästhetischen Lebensgestaltung beinahe als ein griechischer Vorposten gelten. Italien hat durch ihre Vermittlung vom Griechentum in der Zeit vor der römischen Herrschaft wahrscheinlich mehr zu spüren bekommen als auf dem Wege des geradlinigen Austausches.

Am wichtigsten aber wurden die Etrusker für Italien dadurch, daß sie es mit der für antike Verhältnisse höchsten politischen Organisationsform, dem Stadtstaat, bekannt machten. Die Griechen gründeten zwar auch Städte; aber die Etrusker lehrten die Italiker, in ihnen zu leben. Die Besitznahme der Toscana bestand nicht zuletzt darin, daß ihren Einwohnern die Stadt aufgezwungen wurde und sie sich in diese Art des sozialen Daseins fügten. Des näheren muß der Typus, entsprechend den etruskischen Bedürfnissen, streng aristokratisch gewesen sein. Die etruskische Oberschicht garantierte sich so die Herrschaft mit Erfolg, denn in den oberen Kreisen konnte sich ein üppiger Luxus mit viel Prunk und freien Sitten, welche auch die Frauen im geselligen Leben zur Geltung kommen ließen, entwickeln. An der Spitze stand ein König (etr. lucumo); aber sein Übergewicht über den Adel kann nicht bedeutend gewesen sein, denn das hätte notgedrungen eine Schwächung des etruskischen Elementes zur Folge gehabt. Auch hätte ein strenges Regime in den einzelnen Städten unvermeidlich scharfe Gegensätze zwischen ihnen aufgerissen. Eine straffe Monopolisierung der Macht bleibt nie auf die Innenpolitik beschränkt. Rivalitäten zwischen den Städten haben selbstverständlich nicht gefehlt; aber das gemeinsame Interesse war stärker, und so ließ sich auf der Grundlage einer gesellschaftlichen, über die verschiedenen Stadtgrenzen hinweg verlaufenden Solidarität eine Art Föderalismus (Zwölfstädtebund) aufrechterhalten und eine gleichmäßige Steuerung der politischen Energien erzielen.

5. Die etruskische Expansion

Der Erfolg blieb nicht aus: Im sechsten Jahrhundert griffen die Etrusker in kräftigen Stößen weit über die Toscana hinaus und bauten sich eine Herrschaft auf, die nahezu die Hälfte der Apenninenhalbinsel erfaßte. Vor allem wurde der Norden Italiens von ihrem Imperialismus getroffen. Im Norden und Nordosten ging es über den Apennin, die Adria wurde erreicht, der Po überquert. Ravenna, Rimini, Modena, Parma, Piacenza, Mantua sind etruskische Namen. Bei Bologna erhob sich eine bedeutende Stadt, Felsina. Im Süden gab die Küste die Richtung an. Damit war der Pfeil über Latium weg gegen die Griechen gerichtet. Ihrer Festsetzung auf Korsika wurde durch eine Entente mit den Karthagern ein Ende bereitet. Bei Alalia fand die Seeschlacht statt, welche den verwegenen Versuch der Phokäer, im etruskischen Machtbereich Fuß zu fassen, vereitelte (ca. 540 v. Chr.). Der etruskische Gegenstoß ging bis hinunter nach Kampanien. Die Griechen hatten nur die Küste in ihren Händen. So konnte in der fruchtbaren kampanischen Ebene Capua von den Etruskern gegründet werden, eine Stadt, die bald unter die ersten Italiens zu stehen kam. Nola war vielleicht auch eine etruskische Gründung. Wenn die Etrusker die Griechen auch noch zur See angriffen, dann war es um die nördlichen Punkte der griechischen Kolonisation in Italien geschehen. Es sah beinahe so aus, als wenn die Unterwerfung Italiens unter die etruskische Herrschaft in der geschichtlichen Entwicklung angelegt wäre. Auch die freien Italiker beugten sich ihrem zivilisatorischen Einfluß und übernahmen von ihnen die einschneidende Gewohnheit, sich nicht nur mit dem Individualnamen zu nennen, sondern auch die Familie mit dem Geschlechtsnamen anzugeben.

Die den Etruskern nach Süden zunächst benachbarte Landschaft ist Latium. Dicht an der südlichen Grenze Etruriens waren zwei bedeutende Städte, Caere und Veii, jenes fünfzig, dieses dreißig Kilometer von Rom entfernt. Die politische Expansion der Etrusker mußte in Latium ihren zivilisatorischen Niederschlag finden. Praeneste und Tusculum verdanken ihm ihre Entstehung als Stadt. Am wichtigsten wurde jedoch die Gründung von Rom.

6. Gründung Roms und seine älteste Verfassung

Der Eintritt Roms in die Geschichte ist eine Tat der Etrusker. Sie haben aus den dörflichen Siedlungen der römischen Hügel eine Stadt gemacht und ihr einen etruskischen Namen gegeben. Roma = Ruma ist ein etruskisches Wort, wahrscheinlich ein Familienname, und würde dann auf den uns unbekannten etruskischen Adligen zurückweisen, der die Stadtgründung durchgeführt hat. Das ist vielleicht im achten oder Anfang des siebenten Jahrhunderts gewesen. Das Entscheidende bei der Stadtwerdung Roms war die Entstehung einer einzigen politischen Gemeinde und die Aufgabe des politischen Sonderdaseins der verschiedenen Siedlungen. Bei der räumlichen Nähe der Wohnstätten brauchte eine lokale Verschiebung nicht stattzufinden (nach der griechischen Terminologie sog. staatsrechtlicher Synoikismos). Nach außen gekennzeichnet wurde die Vereinheitlichung durch die Anlage eines um die neue Stadt gehenden Walles bzw. einer Mauer. Sie wurde selbstverständlich nach etruskischem Ritus gezogen, indem ihre Linie durch eine Ackerfurche vorgezeichnet wurde (sog. pomerium), wohl eine magische Prozedur mit dem Zweck, die bösen Geister vom Stadtgebiet zu trennen. Die Toten hatten ihren Platz außerhalb, und deshalb mußte die alte Begräbnisstätte in der Forumniederung aufgegeben werden. Sie lag jetzt innerhalb des Stadtbezirkes, wurde durch eine Kanalisation (cloaca maxima) entwässert und erhielt als Mittelpunkt der neuen Gemeinde eine neue Aufgabe. Neben dem Palatin befand sich der Felsen des Kapitols. Er wurde zur Burg und später zum Sitz des wichtigen Staatskultes. Das Stadtgebiet zerfiel in vier Quartiere (regiones) mit Namen Suburana, Palatina, Esquilina, Collina. Die früheren Siedlungen hatten politisch keinerlei Bedeutung. Lediglich im Kultus hielt sich die Erinnerung an sie. So gab es auf dem Palatin und auf dem Quirinal von alters her je eine sakrale Genossenschaft, welche für den Kriegsgott Mars kultische Kriegsläufe aufführte, die Salii (eigentlich Springer). Sie blieben unter der Bezeichnung Salii Palatini und Salii Collini bestehen. Die Einwohner der neuen Gemeinde hießen nach der Stadt Roma „Romani". Aber von den Leuten auf dem Quirinal hatte sich eine alte Bezeichnung erhalten: Quirites. Sie konnte in bestimmten Fällen und Formeln von nun an die Gesamtbürgerschaft bezeichnen: populus Romanus Quiritium.

Obgleich Rom also eine etruskische Gründung war, wurde es doch keineswegs in dem Sinne etruskisiert, daß das angestammte Volkstum verschwunden wäre. Es mögen wohl ein paar etruskische Geschlechter eingezogen sein; aber der Grundstock der Bevölkerung blieb latinisch. Es sind in Rom auffallend wenig archäologische Relikte etruskischer Herkunft zutage getreten. Den Etruskern lag entsprechend ihrem eigenen sozialen Gefüge auch die Aufrichtung einer Zwingherrschaft über Rom fern. Ihr Unternehmen konnte nur dann Bestand haben, wenn es sich den vorhandenen Verhältnissen und ihren innewohnenden Tendenzen anpaßte. So stimmten hier die inneren und äußeren Voraussetzungen zusammen, und es ergab sich eigentlich zwanglos die Lösung, das eigene, auf der Herrschaft einer Aristokratie beruhende Sozialsystem auf Rom zu übertragen. In welchem Umfang hierfür die bodenständige Entwicklung vorgearbeitet hatte, ist nicht im geringsten auszumachen. Daß es im wesentlichen der Fall war, läßt sich nicht ausschließen. Wahrscheinlich brauchte der Drang zu gesellschaftlicher Differenzierung nur aufgegriffen und fortgeführt zu werden. Es gab jedenfalls jetzt adlige Geschlechter (gentes), in der römischen Terminologie „Patrizier" oder, nach der Art, wie sie ihre Kriegsdienste leisteten, „Ritter" (celeres, später equites). Sie hatten die politischen Schlüsselpositionen in der Hand, nämlich den Ältestenrat (den Senat), zu dem sie sich den Zugang vorbehielten, und Körperschaften, welche die gesamte Bevölkerung erfaßten. Es waren das nicht etwa die lokalen Stadtbezirke, sondern ein Zusammenhang von Verbänden, zu denen die Zugehörigkeit erblich war und sich deshalb an die Person knüpfte. Das führende und bestimmende Element darin war der Adel. Die oberste Gliederung bestand in den drei Tribus der Ramnes, Tities, Luceres. Diese Bezeichnungen waren etruskisch und leiten sich wohl von Eigennamen her. Zu jeder Tribus gehörten zehn Curien (curiae), und unter ihnen kamen dann die einzelnen Sippen (gentes) und Familien. Diese Einteilung ist sehr schematisch und weist sich deshalb als das Ergebnis eines besonderen Stiftungsaktes aus. Sie hatte auch einen militärischen Zweck; denn das adlige Reiterkorps bestand aus dreihundert Rittern und das Fußvolk (der sog. populus) aus dreitausend Mann. Natürlich umfaßte der neue Staat nicht nur die Stadt; es gehörte zu ihm auch die ländliche Umgebung. Sein Gesamtgebiet war für damalige Verhältnisse nicht unbeträchtlich, etwa 13 km im Durchmesser und ca. 150 km^2 in der Fläche.

An der Spitze des neuen Gemeinwesens stand ein König (rex). Er war zugleich dessen oberster Priester. Sein Einfluß und seine Herrschaft bemaßen sich nach dem Raum, den ihm der Adel übrigließ, und waren infolgedessen auch von der jeweils regierenden Persönlichkeit abhängig. Ein sehr starkes Königtum ist das nicht gewesen. Es hat nicht einmal vermocht, die Erblichkeit durchzusetzen. Die Römer hatten für den Fall der Thronvakanz eine merkwürdige Einrichtung, das sog. interregnum. Es beruhte auf dem Rechtssatz, daß dann die Herrschaft an die Mitglieder des Senates, die patres, „zurückging", bis ein neuer König von da bestimmt war. Das Urbild für diese beschränkte Königsgewalt wird der etruskische König, der lucumo, abgegeben haben.

7. Die fiktive Frühgeschichte Roms

Von ihrer Königszeit haben die späteren Römer so gut wie nichts gewußt. Das Vakuum wurde dann durch völlig ungeschichtliches Fabulieren ausgefüllt, welches sich um die Persönlichkeit von sieben Königen rankte. Aber es ist nicht einmal wahrscheinlich, daß die Zahl dieser sieben Könige zutrifft; noch weniger gilt das für ihre Namen und ganz und gar nicht für ihre Taten. Allenfalls könnte die Gestalt des letzten Königs, Tarquinius Superbus, eines Etruskers, in bescheidenem Umfang echte historische Erinnerung bewahrt haben. Wir können auch nicht sagen, wie die Tradition über die Königszeit entstanden ist. Einiges ist durchsichtig, so die Konstruktion des Stadtgründers Romulus, dessen Name aus dem von Rom und dem eines römischen Geschlechtes mit dem etruskischen Namen der Romilii herausgesponnen ist. Sein Zwist mit dem Bruder Remus entspricht einem verbreiteten Sagenmotiv, ebenso die Legende, daß er als Findelkind aufgewachsen ist. Im übrigen ist das Bestreben vorherrschend, im Zusammenhang mit der Geschichte der Könige den Grundriß des späteren römischen Staates aufzuzeichnen, eine Absicht, die in ihren Motiven ebenso verständlich ist, wie sie den historischen Wert der Aussage von vornherein in Frage stellt.

Die berühmte Vorgeschichte Roms, welche über den flüchtigen Aeneas eine Brücke zum Trojanischen Krieg schlägt, ist eine reine Erfindung der Griechen. Ihre für uns erkennbaren Wurzeln liegen bereits im siebenten Jahrhundert (Hesiod), wo allerdings die Verbindung zu Troja noch durch den herumirrenden Odysseus hergestellt wird. Im sechsten Jahrhundert kommt Aeneas dazu (Stesichoros), und später verdrängt er Odysseus und tritt selbst speziell zu Rom in Beziehung, während es sich früher bloß um den Westen und Latium gehandelt hatte (Hellanikos in der zweiten Hälfte des fünften Jahrhunderts). Nicht lange später (Wende vom fünften zum vierten Jahrhundert) lernten die Griechen die römische, auf Romulus abgestellte Gründungssage kennen und verbanden sie mit ihrer Erzählung von Aeneas als dem Ahnherrn Roms. Die Römer haben sich diese Verquickung und die Erweiterung ihres Ursprungsmythos gern gefallen lassen und setzten durch die Anerkennung der griechischen Geschichtsphantasie später Vergil instand, auf dieser Grundlage in der Aeneis das römische Nationalepos zu schaffen. Den Römern ist so eine Geschichte zugewachsen, die einen völlig fiktiven Charakter hat. Man hat mit ihr später ganz wissenschaftlich gearbeitet und sich bemüht, das Datum der Gründung Roms zu berechnen. Unter den verschiedenen Ergebnissen dieser Bemühungen hat sich das des großen römischen Gelehrten Varro (zur Zeit Caesars) mit dem Jahre 753 v. Chr. durchgesetzt. Aus der Verknüpfung des Aeneas mit Romulus ergab sich eine weitere Folge. Da die Chronologie des Aeneas durch das Datum der Eroberung Trojas feststand (1184/1183 v. Chr.), mußte ein Zeitraum von vierhundertdreißig Jahren bis zur Gründung Roms durch Romulus ausgefüllt werden. Man schob in ihn die Geschichte Alba Longas, von der man gerade den Namen der Stadt wußte, hinein und machte sich für sie eine Reihe von dreizehn Königen zurecht. Sehr lange hat diese erdichtete Geschichte autoritative Geltung genossen, bis sich in Auseinandersetzung mit ihr die moderne Methode historischer Tatsachenkritik entwickelte.

8. Etruskischer Einfluß auf Rom

Der neu entstandene römische Staat ist überhaupt, wie sich das eigentlich von selbst versteht, bei den Etruskern in die Schule gegangen. Bei der Ausbildung des römischen Sozialsystems konnte es sich nur um eine Fortentwicklung und Realisierung vorhandener Möglichkeiten handeln. Aber es gab Bereiche, wo unmittelbaren Entlehnungen nichts im Wege stand. Das war vor allem im religiösen Ritual der Fall. Die Etrusker hatten zur Feststellung des göttlichen Willens und zum Zweck der Abstimmung der menschlichen auf die göttlichen Verhältnisse die Augural- und Haruspizintechnik und damit eine Art von theologischer Kasuistik ausgebaut. Die Römer übernahmen sie als einen integrierenden Bestandteil ihres Staatswesens. Solange sie zum etruskischen Machtsystem gehörten, kann das nicht verwundern. Sie blieben aber auch später, nachdem diese Voraussetzung weggefallen war, dieser Erwerbung treu und fuhren weiterhin fort, die jungen Adepten dieser Kunst in Etrurien ausbilden zu lassen. Mit anderem verhält es sich ebenso: Auch das politische Ritual der Römer, wie es sich bis in die späteste Zeit erhalten hat, stammt aus Etrurien. Der Stuhl der politischen Hoheitsträger, die sella curulis, ist von dem etruskischen Wagenstuhl des Königs, aufgesetzt auf einen vierrädrigen Karren, abgeleitet. Die Rutenbündel und das Beil sind politische Inventarstücke der Etrusker. Die Doppelaxt stammt aus dem mediterranen Bereich der Ägäis und ist da häufig belegt. Die Römer verstanden sie später als Zeichen des Blutbannes, aber das war, wahrscheinlich auch bei den Etruskern, nicht der ursprüngliche Sinn. Er ist vielmehr in kultisch-religiöser Richtung zu suchen. Auch der Triumph, gefeiert vom siegreichen Feldherrn in einem festlichen Zug, währenddessen er in ein purpurfarbenes Gewand gekleidet und das Gesicht mit roter Farbe bemalt auf einem (zweirädrigen) Wagen durch die Stadt auf das Kapitol fährt, gehört nach Etrurien und war da wie im königlichen Rom ein Vorrecht des Königs. Das reicht zurück in eine Zeit, wo der Streitwagen noch üblich war, was für Rom kaum mehr in Betracht kommt, aber in der frühen etruskischen Geschichte seinen Platz findet.

Rom ist ferner durch Etrurien mit den höheren Formen der zivilisatorischen Technik vertraut gemacht worden. Dabei waren die Etrusker vielfach nur Vermittler griechischen Kulturgutes. So wurde in Rom nicht nur der Mauerbau, sondern die Errichtung von steinernen Gotteshäusern, also Tempeln, und damit die Verehrung von Götterstandbildern, heimisch. Die Italiker und damit die Latiner errichteten gewöhnlich nur Altäre im Freien. Das königliche Rom war durch eine rege Bautätigkeit ausgezeichnet. Die gewaltigste Leistung war der Bau des kapitolinischen Jupitertempels, genauer der kapitolinischen Trias Juppiter, Juno, Minerva. Das waren keine etruskischen Gottheiten, aber die Etrusker hatten sie sich von den Italikern angeeignet. Ein Etrusker aus Veii soll die Standbilder verfertigt haben, aber der hielt sich wieder an griechische Vorbilder. Rom trat so mittelbar mit Griechenland in Berührung. Die etruskischen Städte hatten direkten Kontakt mit ihm. Das Rom benachbarte Caere besaß ein Schatzhaus in Delphi.

Es war nur ein kleiner Schritt, daß Rom von sich aus einen Zugang zur griechischen Welt gewann. Die Einrichtung von Wettspielen im Rahmen religiöser Feiern war eine griechische Sitte und von den Etruskern nachgeahmt worden. Mit dem Bau des kapitolinischen Tempels entstanden entsprechende Spiele in Rom, die ludi Romani (oder Magni). Aus Griechenland fand auch der zwölfmonatige Kalender (an Stelle des altrömischen zehnmonatigen) in Verbindung mit dem neuen Tempel in Rom Eingang. Hierbei mögen überall die Etrusker noch Pate gestanden haben. Ein paar Jahre später (493 v. Chr.) wurde ein Tempel für eine Götterdreiheit (Ceres, Liber, Libera) geweiht, die auf geradem Wege von den Griechen nach Rom gelangt war. An diesem Bau arbeiteten zwei griechische Künstler (Gorgasos und Damophilos).

Rom war also durch die etruskische Herrschaft in den Ausstrahlungsbereich der griechischen Kultur hineingestellt worden. Zur gleichen Zeit hatte es für entsprechende Aufnahme griechischer Gottheiten ein ständiges, offizielles Organ erhalten: die Sibyllinischen Bücher und die mit ihrer Verwaltung beauftragte Priesterschaft (ein mehrgliedriges, zuletzt aus fünfzehn Männern bestehendes Kollegium [XV viri sacris faciundis]). Diese Bücher waren eine griechische, aus Cumae stammende und griechisch geschriebene Orakelsammlung. Angeblich auf die mündlichen Aussprüche einer Sibylla, d. h. Prophetin, zurückgehend, erhielt sie die Voraussage von irgendwelchen Unheilszeichen und die Verkündung, was zu ihrer Beschwörung geschehen solle. Zu diesen Maßnahmen gehörte aber vorzugsweise die Einführung griechischer Gottheiten.

9. Die Machtstellung des „etruskischen" Rom

Rom hat durch den Erwerb der Staatlichkeit und die damit verbundene Einordnung in das etruskische Machtsystem einen jähen Aufstieg aus den Niederungen völliger Belanglosigkeit erfahren. Es übertraf binnen kurzer Zeit bedeutendere Städte (wie Praeneste), die einen ähnlichen etruskischen Ursprung gehabt haben müssen. Gegenüber den umliegenden latinischen Landgemeinden, in deren Kreis es selbst früher gestanden hatte, wirkte sich seine Blüte als Herrschaft aus. Am schwersten betroffen wurden die nächstbenachbarten. Sie verloren ihre Selbständigkeit und wurden zum römischen Landgebiet geschlagen. Dieses erfuhr dadurch eine fünf- bis sechsfache Vergrößerung (von 150 auf 822 km^2). Die weiter abliegenden latinischen Städtchen mußten sich — wahrscheinlich später — der römischen Hegemonie bequemen. In welcher Form sie begründet wurde, ist nicht auszumachen. Da es eine sakrale Vereinigung der latinischen Städte gab, kann sie auf diese aufgepfropft worden sein. Durch die Zerstörung und Eingemeindung von Alba Longa war Rom ohnehin Herrin des auf dem Mons Albanus liegenden, dem Juppiter Latiaris geweihten Bundesheiligtums geworden und hatte dort, gleichzeitig mit dem kapitolinischen, einen Tempel gebaut. Es gab aber noch andere Bundesheiligtümer, etwa das der Diana bei Aricia. Ein konkurrierendes, der gleichen Göttin gewidmetes, entstand auf Veranlassung von Rom auf dem unmittelbar an das Stadtgebiet angrenzenden Aventin. Doch damit war die Grenze der römischen Vormacht noch nicht erreicht. Der römische Einfluß erstreckte sich weit über das engere latinische Stammesgebiet, die Küste über hundert Kilometer nach Süden entlang bis Tarracina. Wir wissen das deshalb, weil in einem Vertrag Roms mit Karthago, dessen Wortlaut wir auf Grund besonderer Umstände kennen, Karthago dieses römische Interessengebiet anerkennt. Die Etrusker standen zu Karthago in regen und freundlichen Beziehungen, und Rom als „etruskischer" Staat hat offenbar von der Gunst dieser außenpolitischen Lage auch profitiert. So war diese „etruskische" Königszeit, mit der Rom seinen Einzug in die Geschichte vollzog, in jeder Hinsicht eine glänzende und ruhmvolle Periode.

II.
Ursprung und Ausbau der Republik

§ 1. Die Begründung der Republik

1. Roms Befreiung von der etruskischen Herrschaft. — 2. Außenpolitische Rückwirkung. — 3. Die Verfassung nach der Beseitigung des Königtums. — 4. Der Ursprung des Ständekampfes. — 5. Die Rechtskodifikation. — 6. Die Zenturienordnung. — 7. Die Tribusordnung.

1. Roms Befreiung von der etruskischen Herrschaft

Der junge römische Staat, der sich unter der Herrschaft seiner Könige so kräftig nach außen regte, wuchs auch im Innern zu einem starken Wesen heran. Es war, als ob durch die Staatwerdung Energiequellen, die sich auf dem Boden des römischen Volkstums lange vorbereitet hatten, erschlossen worden wären. Dieser Auftrieb war durch die Etrusker ausgelöst worden, aber das hieß nun freilich nicht, daß die Etrusker dadurch ihre Herrschaft besonders tief in die römische Gesellschaft eingelassen hätten. Im Gegenteil: Als das neu geformte einheimische Element seine Kräfte entwickelte, bildete es zugleich ein eigenes Selbstbewußtsein aus, das sich an der etruskischen Vormachtstellung stieß. Dieser Vorgang spielte sich, wie natürlich, vorzugsweise im Kreise der führenden Schicht ab, ungeachtet der Tatsache, daß gerade sie am meisten durch die Entstehung des Stadtstaates Rom gefördert worden war. Der Adel, herangewachsen zu einem stolzen Patriziat, trug sowohl schwer an der Hegemonie des fremden Volkes wie an seiner Unterstellung unter einen monarchischen Willen. Das Ergebnis dieser mit fortschreitender Zeit immer intensiver werdenden Spannung war die Abschaffung des Königtums und die „nationale" Befreiung.

Die entscheidende Wendung geschah wohl in den ersten Jahrzehnten des fünften Jahrhunderts. Das kanonische Datum 510 v. Chr. für die Vertreibung des letzten Königs Tarquinius Superbus ist eine antike Konstruktion und genauso unhistorisch wie die dramatischen Umstände, unter denen der Sturz des Königtums angeblich vor sich gegangen ist. Es soll eine „Tyrannenbefreiung" stattgefunden haben, die Tarquinius durch sein despotisches Gebaren willkürlich hervorgerufen hätte. Danach — und hierin steckt vielleicht ein historischer Kern — habe er sich um die Zurückgewinnung der Herrschaft bemüht und dabei die Unterstützung eines etruskischen Fürsten, des Lars Porsenna von Clusium, gefunden. Kein Wunder, denn das lag durchaus im Interesse der Etrusker, und man kann sich höchstens wundern, daß von ihrer Seite nicht allgemeinere Anstrengungen unternommen wurden. Aber die etruskische Macht besaß keine durchgehende zentrale Leitung. Obendrein war der Verlust Roms ein Glied in einer allgemeinen rückläufigen Bewegung. 474 v. Chr. wurden die Etrusker bei Cumae in einer Seeschlacht von Hieron von Syrakus geschlagen. Die oskischen Bergstämme drängten in die fruchtbare Ebene. Die Etrusker verloren so ihre kampanischen und latinischen Außenposten. Ihr weiter Vorstoß nach Süden wurde rückgängig gemacht. Der Höhepunkt der etruskischen Macht war überschritten.

2. Außenpolitische Rückwirkung

Rom hatte von der politischen Wendung Gewinn und Nachteil zugleich. Seine bisherige Doppelstellung als etruskisch-latinischer Staat tut sich darin kund. Es wurde auf der einen Seite die Etrusker los; aber es ging damit auch der Vorteile von deren Macht verlustig. Seine glänzende Stellung in Latium war dahin. Dafür regten sich die italischen Stämme (die Äquer, Volsker, Aurunker), die bis dahin durch die etruskische Macht in Schach gehalten worden waren, und stießen in der Richtung auf die Küste vor. Mit ihrer Beherrschung durch Rom war es deshalb vorbei. Tarracina wurde eine volskische Stadt (Anxur). Bis weit in das latinische Gebiet trieben die Volsker fernerhin ihren Keil vor. Velitrae, rund dreißig Kilometer von Rom entfernt, war hinfort ein vorgeschobener volskischer Posten, wo oskisch gesprochen wurde. Rom war in die Defensive gedrängt. Es ging vorerst nicht einmal mehr um Wiedergewinn des Verlorenen. Vielmehr mußte Rom sehen, daß es bei dem Zusammenbruch der etruskischen Macht nicht gänzlich untergepflügt wurde. Es hatte sich lediglich seiner Haut zu wehren. Viel hing jetzt davon ab, ob es sich im engeren Kreise des latinischen Volkstums politisch behauptete. Wenn sich auch das noch gegen Rom kehrte, mußte der Stoß tödlich sein. Doch mit dieser Lebensfrage wurde die römische Politik fertig. Roms Hegemonie wurde befestigt, angeblich durch einen (493 v. Chr.) von Spurius Cassius geschlossenen Vertrag, was allerdings sehr zweifelhaft ist. In der Sage von der Schlacht am See Regillus, in der die Dioskuren Castor und Pollux eingegriffen haben sollen, hat sich eine trübe Erinnerung an einen latinischen Aufstand erhalten. Das kann im einzelnen alles auf sich beruhen. Entscheidend war, daß Römer und Latiner zusammenhielten. Es entsprach im Grunde auch ihrem politischen Interesse. Die Ausbreitung der sabellisch-oskischen Bergstämme bedrohte beide in gleicher Weise. Als nach der Abwehr dieser Angriffe, Ende des fünften und Anfang des vierten Jahrhunderts, zum Gegenstoß ausgeholt werden konnte, wurde von ihnen im südlichen Latium gemeinsam kolonisiert und so dem latinischen Volksboden große Gebiete hinzugewonnen (die Kolonien Pometia, Cora, Signia, Norba, Ardea, Circei, Setia).

Die andere Front, wo Rom auf der Wacht stehen mußte, war die Grenze gegen die Etrusker. Sie verlief in der nächsten Nähe der Stadt. In der Hauptsache war der Kampf dort gegen Caere, Veii, Fidenae und das weiter entfernte Falerii zu führen. Auch hier brachte erst das Ende des fünften Jahrhunderts eine Wendung zugunsten Roms. Fidenae wurde (etwa 426 v. Chr.) erobert. Dann richteten sich alle Kräfte gegen Veii. Der Kampf war hart und erbittert und zog sich durch Jahre hin. 396 v. Chr. war er entschieden. Veii wurde zerstört. Marcus Furius Camillus soll das Hauptverdienst daran gehabt haben. Er ist der erste Römer, dessen geschichtliche Bedeutung wir durch eine dichte Legendenschicht hindurch noch erkennen können.

3. Die Verfassung nach der Beseitigung des Königtums

Die Abschaffung des Königtums war das Werk des erstarkten patrizischen Adels. Infolgedessen fiel die Herrschaft jetzt an ihn. Das Rom der frühen Republik ist das, was es bis dahin unter dem König auch schon gewesen war, der patrizische Geschlechterstaat, doch jetzt ohne monarchische Spitze. Die Grundlage des sozialen Lebens waren die adligen Sippen (gentes) und Familien so wie bisher. In den drei Tribus und den dreißig Curien hatten sie ihre staatliche Organisation. Die Curien fanden sich in den comitia curiata zusammen, einer Versammlung aller Curienangehörigen. Sie bildeten das unterste politische Organ, von dem etwa die militärische Kommandogewalt durch einen sakralrechtlichen Akt (lex curiata de imperio) abgeleitet wurde. Ihre Hauptaufgabe lag jedoch auf dem Gebiet des sozialen Lebens. Außerordentliche soziale Aushilfsleistungen wie die Annahme an Sohnes Statt (adrogatio), wenn kein männlicher Leibeserbe vorhanden war, und die Einsetzung eines gewillkürten Erben im Falle, daß die normale Erbfolge (Intestaterbfolge) der Kinder nicht stattfinden konnte, wurden durch ihre Ermächtigung durchgeführt (testamentum comitiis calatis).

Die römische Gesellschaft war von jeher dadurch charakterisiert, daß sie dem staatlichen Zugriff nicht viel Spielraum gewährte. Ursprünglich genossen die Sippen, dann die Familien eine weitgehende innere Autonomie. Die römische Familie war als Erbe der Sippe, deren Kompetenzen geschwunden waren und sich nur noch in einem Erbrecht der Sippenangehörigen (gentiles) erhalten hatten, ein auffallend starker und eigenmächtiger Sozialkörper. Sie umfaßte, solange das männliche Familienoberhaupt (pater familias) lebte, auch die erwachsenen Söhne samt deren Familiengemeinschaften, war also eine Art Großfamilie. Der pater familias genoß in diesem Kreis eine grundsätzlich unbeschränkte Macht und war zu selbstherrlicher Ahndung jedes Verbrechens ermächtigt. Er hatte dazu lediglich den Rat der erwachsenen männlichen Familienangehörigen einzuholen (sog. „Hausgericht“ = iudicium domesticum). Soweit in dieser Hinsicht übergeordnete Bindungen bestanden, waren sie nicht unmittelbar politischer, sondern sakralrechtlicher Natur. Aber die sakralrechtliche Autorität war wieder eng verbunden mit den politischen Instanzen und stand damit in engem Zusammenhang mit der gesellschaftlichen Hierarchie. Das wichtigste für das Sakralrecht zuständige Gremium war das Kollegium der Pontifices, zu dem selbstverständlich nur Patrizier Zugang hatten. Hier war das höchste Wissen um Kultus und Recht lokalisiert und damit auch für das Familienrecht eine oberste Stelle geschaffen. Die Einberufung der Curiatcomitien zur Adrogation und testamentarischen Erbeinsetzung erfolgte durch den Vorsteher der Pontifices, den pontifex maximus. Aber eine staatliche Verwaltung, die von ober her gesteuert war, bestand kaum in den Ansätzen, nicht einmal im Rechtswesen. Konflikte zwischen den Familien wurden durch Fehde und Schiedsgericht ausgetragen. Es war schon viel, daß für die Verfolgung arglistigen Mordes (parricidium) und Hochverrats (perduellio) eine besondere Behörde eingerichtet wurde (quaestores parricidii, duoviri perduellionis).

Souverän der Gemeinde und damit die höchste politische Entscheidungsinstanz war der Adelsrat (Senat). Er war es, der den eigentlichen Gewinn von der Königsvertreibung hatte. Es gab jetzt niemanden, der ihm übergeordnet war. Das Votum seiner Mitglieder, der patres, gab den Beschlüssen der Curiatcomitien erst die Gültigkeit (patrum auctoritas). Ein übergeordnetes Exekutivorgan fehlte. Lediglich für die Zwecke der Kriegführung und des militärischen Kommandos ließ es sich nicht umgehen. In welcher Weise man sich darin beholfen hat, ist nicht mehr genau festzustellen. Später standen an dieser Stelle die zwei Konsuln. Es läßt sich heute, und leider keineswegs zweifelsfrei, nur vermuten, daß diese Regelung zu Anfang noch nicht bestand und man wahrscheinlich mit mehreren Heerführern (praetores = Herzögen) wechselnder Anzahl zu rechnen hat. Vielleicht waren es deren drei, entsprechend den nach den drei Tribus ausgehobenen Tausendschaften. Ihre technisch genaue Bezeichnung wäre danach tribunus (von tribus) militum gewesen. Die Kommandogewalt, zu deren Bezeichnung die Römer das Wort imperium mit einem präzisen staatsrechtlichen Sinn ausstatteten, war, wie in den antiken Stadtrepubliken üblich, jeweils auf ein Jahr beschränkt (Prinzip der Annuität). Ernannt wurden die Heerführer zu Anfang wahrscheinlich in den Curiatcomitien. Praktisch hieß das, daß an dieser wichtigen Stelle nur Männer standen, die das Vertrauen ihrer adligen Standesgenossen besaßen.

Die gefährdete außenpolitische Situation, welche eine ständige militärische Bereitschaft erforderlich machte und zu häufigen Feldzügen, in der üblichen Art der kurzfristigen, im Rahmen der Grenzfehden sich bewegenden Sommerfeldzüge, führte, verlieh dem Feldherrnamt sehr bald ein überragendes Gewicht und damit der jungen römischen Republik jenen Zug militärischer Härte und Disziplin, der seither als eines ihrer besonderen Charakteristika gelten sollte.

4. Der Ursprung des Ständekampfes

Es wäre falsch und auch der historischen Wahrscheinlichkeit wenig angemessen, wollte man sich das Rom unmittelbar nach der Abschaffung des Königtums als ein fertiges Staatswesen vorstellen. Das konnte schon auf Grund seiner verhältnismäßigen Jugend und der Entwicklungsträchtigkeit seiner außenpolitschen Lage nicht der Fall sein. Vorwärtsgetrieben wurde Rom aber ebenso durch die Ungeklärtheit seines innerpolitischen Zustandes. Wenn dieser auch durch die ungebrochene Herrschaft des patrizischen Blutsadels bestimmt wurde und der Übergang von der Monarchie zur Republik sie noch nachdrücklich bestätigt hatte, so hieß das freilich nicht, daß Rom die — nicht nur für die Antike — typische Auseinandersetzung zwischen dem Adel und den nichtadligen Schichten erspart bleiben sollte. In Griechenland hatte dieses Problem schon seit dem siebenten Jahrhundert der Geschichte die Richtung vorgeschrieben. Wie es damit bei den Etruskern stand, ist uns gänzlich unbekannt. Rom trat gerade jetzt, im fünften Jahrhundert, in das Stadium ein, wo diese Frage brennend wurde. Vorbereitet war sie längst. Wandlungen der Militärverfassung hatten, wie auch anderswo, den Ausgangspunkt gebildet. Man kam im Kriege mit den Kräften des Adels allein nicht mehr aus. Der ritterliche Einzelkampf zu Wagen und dann zu Pferde, den die Römer bei den Etruskern noch kennengelernt haben mochten, bildete nicht mehr die Grundlage der Kriegstechnik. Schon die Etrusker waren, wahrscheinlich nach griechischem Vorbild, zur Aufstellung geschlossener infanteristischer Formationen, der sog. Phalanx, übergegangen, und von da muß sie bereits im Rom der Könige üblich gewesen sein. Die Massenwirkung, welche das Wesen dieser neuen Kriegstechnik ausmachte, ließ sich nur unter Heranziehung einer größeren Zahl von Kämpfern erzielen, und diese mußte man deshalb dorther nehmen, wo sie vorhanden waren. Der kriegerische Einsatz hörte auf, ein Standesprivileg zu sein. Neben den ritterlichen Kämpfer kam der „gemeine" Mann in der Schlacht zu stehen.

Das Volk außerhalb des Adels war freilich soziologisch keine einheitliche Größe. Es wurde nur zu einer solchen durch den gemeinsamen Ausschluß vom politischen Regiment und durch die einheitliche Bezeichnung „Plebs", welche es wahrscheinlich von der oberen regierenden Klasse erhalten hatte. Plebs leitet sich von ple-o = „fülle" ab und heißt soviel wie die „Menge". Es gab aber in ihr verschiedene Elemente. Da waren vor allem die freien Grundbesitzer mit einem ansehnlichen Vermögen. Da ursprünglich die Beschaffung der militärischen Ausrüstung dem einzelnen überlassen war und die schwere Infanterierüstung sehr viel kostete, waren sie die hauptsächlichen Träger der römischen Wehrmacht, soweit sie nicht auf den adligen Rittern beruhte. Daneben gab es die Gewerbetreibenden und Handwerker und schließlich die unselbständigen Bauern, welche als sog. Klienten zu einzelnen patrizischen Familien in Abhängigkeit standen. Was dieses Verhältnis genau besagte, ist mit Sicherheit nicht mehr festzustellen. Es scheint, daß die Klienten ursprünglich ein unfreier Bestandteil des adligen Gentilverbandes waren. Aber der hatte sich mittlerweile gelockert, und damit war auch die Stellung der Klienten selbständiger geworden. Jedoch scheinen sie noch immer in dem Sinne kein volles Eigentum an ihrem Boden besessen zu haben, daß ihr „Herr", der sog. patronus, in bestimmten Fällen (wenn die nächststehenden Intestaterben ausfielen) ein Erbrecht daran besaß. Vorhergegangen sein mag eine Stufe, wo der Besitz in der Form des bloßen „Bittbesitzes" (precarium) als widerrufbar galt. Auch die Fähigkeit, aus eigenem Recht seine Ansprüche sowohl dem Patron als dritten gegenüber zu verfolgen, war beschränkt. Der Klient war da auf dessen guten Willen bzw. seinen „Anstand" (fides) angewiesen, konnte dabei allerdings bei dem starken Gewicht, welches die sittlichen und gesellschaftlichen Normen in Rom besaßen, ziemlich sichergehen. Auf jeden Fall war die Entwicklung zugunsten der persönlichen Stellung des Klienten schon beträchtlich fortgeschritten. Er besaß genug Bewegungsfreiheit, um mit den anderen Gliedern der Plebs eine gemeinsame politische Front zu bilden.

Der „Ständekampf" zwischen Plebs und Patriziat setzte unmittelbar mit der Begründung der Republik ein. Entsprechend der beherrschenden Rolle, welche die sozial am meisten avancierte Schicht der Plebs auf Grund ihrer militärischen Leistung bei ihm spielte, ging es um ihre politische Gleichstellung mit dem Adel. Soziale Motive haben gewiß nicht gefehlt; doch sind nicht etwa aus der Reihe der Klienten besondere Vorstöße zum Zwecke einer Besserstellung gegenüber dem Patron unternommen worden. Auf dem Gebiet waren wohl keine wesentlichen Hindernisse aus dem Wege zu räumen. Soweit wirtschaftliche Fragen hineinspielten, handelte es sich um die Schuldknechtschaft, in die jeder ökonomisch Schwächere gegenüber dem Stärkeren geraten konnte. Der Nerv der Auseinandersetzung lag in dem Streben der Plebs, am Regiment beteiligt zu werden und die Vormacht des Adels im Staate zu brechen. Der Austrag dieses keineswegs spezifischen Gegensatzes war in Rom außerordentlich hart. Die Herrschaft des Patriziates war nicht leicht zu erschüttern. Die Abschaffung des Königtums hatte ihm einen bedeutenden Machtzuwachs verschafft. Sein dadurch erhöhtes Prestige erlaubte ihm, sich streng von der Plebs abzukapseln und die Heirat zwischen Angehörigen beider Stände zu verbieten. Dabei war der Adel ursprünglich keineswegs exklusiv gewesen und hatte den Kreis der patrizischen Familie verschiedentlich erweitert. Sehr berühmte Geschlechter waren von auswärts nach Rom gekommen und hatten als ebenbürtig Anerkennung gefunden. Zu den jüngsten dieser Vorgänge gehört die Aufnahme der Claudier, welche unter ihrem Geschlechtshaupt Atta Claudius aus dem Sabinerland eingewandert waren. Das Eheverbot widersprach dieser bisherigen liberalen Gesinnung auf das schroffste. Das Patriziat wußte die Macht, die es besaß, rücksichtslos einzusetzen. Eine ihrer wesentlichen Quellen war das militärische Kommando und die sich in ihm verkörpernden Ansätze zu einer durchgreifenden militärischen Exekutive.

Die Antwort der Plebs fiel entsprechend aus. Sie baute gegenüber der politischen Opposition des Staates von unten her eine eigene Kampforganisation der Plebs auf, und zwar nach den vom Gegner entliehenen militärischen Grundsätzen. In ihren Tribunen, den tribuni plebis, wählte sie sich in Analogie zu den ebenfalls Tribunen heißenden militärischen Kommandanten eigene Anführer. Ihre Befehlsgewalt beruhte auf einem Akt freier Vereinbarung der Plebejer, die in einem Schwur (lex sacrata) sich zu einer Genossenschaft verbanden und sich zu strikter Hilfeleistung und Gehorsam gegenüber ihren Tribunen verpflichteten. Damit besaßen sie in diesen ein wirkungskräftiges Organ und konnten mit ihm eine Durchbrechung der staatlichen Gewalt ertrotzen. Der Tribun berief die Plebs zu Versammlungen zusammen (concilia plebis) und ließ durch sie Beschlüsse fassen (plebiscita). Wollte der patrizische Beamte einen Plebejer verhaften, so konnte ihn der Volkstribun durch seine Hilfe befreien. Geschah sonst irgendeine feindliche Maßnahme gegen die Plebs, so verfügte der Volkstribun über die Macht, einzuschreiten. Durch ständige Übung erwarb sich mit der Zeit diese in einem revolutionären Vorgang usurpierte Gewalt eine Art von Anerkennung, und man sprach schließlich davon, daß der Tribun das „Recht" zur Hilfeleistung (ius auxilii) und zum Einschreiten (ius intercedendi) besitze. Das stärkste Mittel der Plebs war der „Ausstand" oder der politische Streik. Er spielte sich in Form eines Auszuges der Plebs aus Rom ab und legte natürlich dadurch nicht nur den ganzen römischen Sozialkörper, sondern vor allem auch das militärische Aufgebot lahm (sog. secessio). Das lokale Zentrum der Plebs war der Tempel der Ceres auf dem Aventin. Seine Beamten, die Ädilen (aediles von aedes = Tempel), mögen schon vor dem Auftreten der Tribunen als plebejische Funktionäre gegolten haben. Sie führten zugleich die Aufsicht über die (von den Plebejern) beschickten Märkte und übten deshalb eine Art Polizeigewalt aus.

5. Die Rechtskodifikation

Der eine wichtige Erfolg der Plebs bestand darin, daß sie die Aufzeichnung des geltenden Rechtes erzwang. Seine Kenntnis war ein Privileg der patrizischen Priester. Mit seiner Publizierung wurde es über diesen engeren Kreis hinaus zugänglich, und damit war eine wichtige Bresche in ein adliges Standesmonopol geschlagen. Der Vorgang ist durchaus typisch und hat seine Analogie in der griechischen Rechtskodifikation des siebenten und sechsten Jahrhunderts. In Rom geschah dieser Schritt in den berühmten Zwölf Tafeln (XII tabulae), die von einer mit erforderlichen Vollmachten bekleideten Kommission von Zehn Männern (decemviri legibus scribundis) verfaßt wurden (450 v. Chr.). Es lag nahe, sich aus Gründen der Gesetzestechnik bei den Griechen umzusehen, und tatsächlich wird die Tradition, die dieses berichtet, durch den uns fragmentarisch bekannten Wortlaut dieser Gesetze bestätigt (z. B. Gebrauch des griechischen Fremdwortes poena für Buße). Die Zwölf Tafeln sollten materiell kein neues Recht schaffen und erkannten deshalb auch das patrizisch-plebejische Eheverbot noch an. Wenige Jahre später aber (445 v. Chr.) wurde es durch eine lex Canuleia aufgehoben.

Die Zwölf Tafeln konnten unmöglich eine erschöpfende Kodifikation des römischen Landrechtes darstellen; aber da die Entwicklung des römischen Rechtes nicht den Weg einer fortschreitenden gesetzlichen Festlegung gegangen ist, wurde sie nicht mehr durch etwas Neues ersetzt und galt deshalb späterhin in Rom für die Quelle allen Rechtes (fons omnis publici privatique iuris, Livius). Obendrein genossen sie schon als frühestes literarisches Zeugnis des römischen Geistes eine exemplarische Hochschätzung. Noch in der Zeit Ciceros lernte die Schuljugend sie auswendig.

Die Auseinandersetzung zwischen Plebs und Patriziat hatte also hier für die römische Geschichte und den römischen Staat ein dauerndes und hinfort unverlierbares Ergebnis gezeitigt. Von der gleichen Art ist die andere Errungenschaft, die die Plebs durchsetzte. Sie lag dem politischen Anliegen ihrer Bestrebungen sogar noch näher als die Rechtskodifikation und betraf den Umbau der politischen Verfassung.

6. Die Zenturienordnung

Vielleicht schon vor den Zwölf Tafeln war es der Plebs gelungen, dem Tatbestand, der in der Heeresverfassung zum Ausdruck kam, für die politische Ordnung Geltung zu verschaffen. Das römische Heer, das aus Patriziern und Plebejern gemischt war, wurde zu einer Körperschaft mit politischer Entscheidungsgewalt erhoben, und zwar in der wichtigsten Frage, der Entscheidung über Krieg und Frieden und der Wahl der obersten, vorzugsweise militärischen Beamten.

Sehr bald war aber die Gleichsetzung von Heer und Abstimmungskörper nicht mehr aufrechtzuerhalten. Die verschiedenen Bedürfnisse, hier die militärisch-technischen, dort die politischen, schrieben den beiden jeweils einen eigenen Weg vor. Aber die politische Ordnung behielt trotzdem die militärischen Bezeichnungen bei und gab damit auch ferner das Prinzip zu erkennen, dem sie ihren Ursprung verdankte.

Da nämlich die einzelnen Kader des Heeres die Zenturien (Hundertschaften) waren, das Heer selbst in die beiden größeren Abteilungen der berittenen Ritterschaft, d. h. der equites, und der Phalanx des Fußvolkes, classis, zerfiel, wurden centuria, classis, equites auch die Grundbegriffe der neuen politischen Zenturienordnung, welche im Hinblick auf ihren in die Vergangenheit zurückversetzten fiktiven Gründer, den König Servius Tullius, auch die Bezeichnung Servianische Verfassung trug, und gingen die hierdurch geschaffenen neuen Abstimmungskörperschaften unter dem Namen comitia centuriata in die römische Verfassung ein.

Was sich unter dieser Bezeichnung nun verbirgt, ist ein ziemlich komplizierter Mechanismus, der sich jedoch erst langsam zu der uns bekannten Form entwickelt hat und nicht vor dem dritten Jahrhundert fertig geworden ist.

Gezählt wurden lediglich die Stimmen der Zenturien, deren es schließlich 193 gab. Die Zahl der jeweils in den einzelnen Zenturien stimmenden Männer war verschieden und hatte mit ‚hundert‘ nicht mehr das geringste zu tun. Sie hingen vielmehr von einer Vermögensqualifikation ab, und diese fand wiederum ihr Spiegelbild in einer bestimmten Rangordnung der Zenturien. 18 Zenturien waren der höchsten Vermögensklasse, den Rittern, vorbehalten. Darunter kamen 80 Zenturien der ersten classis zu stehen. Die nächsten drei classis (zweite bis vierte) hatten je 20 Zenturien, die fünfte 30 Zenturien, und den Schluß bildeten 5 Zenturien, welche nicht mehr als classis galten und für die kein Vermögenssatz mehr vorgeschrieben war. Sie waren deshalb infra classem, d. h. unterhalb der classis und wurden mit dem militärischen Ausdruck für Nichtuniformierte oder Nichtkämpfer als accensi velati bezeichnet. Die vermögendsten Leute saßen also in den 98 Zenturien der equites und der ersten classis und hatten gegenüber den 95 anderen die unbestrittene Majorität. Nach der Zahl ihrer Köpfe mußten sie natürlich eine Minorität sein, woraus sich ergibt, daß das individuelle Stimmrecht je nach der Vermögensqualifikation verschiedenen Wert besaß und in den höchsten Stufen ein Vielfaches im Vergleich zu den niederen betragen konnte.

Dieses Stimmrecht, von der Schätzung des Vermögens abhängig, war also timokratisch (timé gr. = Schätzung). Es war deshalb für die Bemessung der politischen Rechte von hoher Bedeutung, wie die Einstufung vorgenommen wurde. Alle fünf Jahre geschah sie und wurde eigenen, mit einem besonderen Vertrauen ausgestatteten Beamten, den Zensoren (von censēre = schätzen) übertragen. Da der Zensor nach freiem Ermessen vorging, besaß er eine ungeheure Autorität, die ihn befähigte, seine Stellung weiter auszubauen, die Ergänzungen des Senates vorzunehmen, das unwürdige Mitglied auszustoßen (gesetzlich erst durch die lex Ovinia zwischen 367 und 312 bestimmt) und überhaupt über die römische Bürgerschaft eine strenge Sittenpolizei auszuüben.

7. Tribus-ordnung

Die Einrichtung der comitia centuriata bewirkte mittelbar eine Entwertung der comitia curiata. Auf ihnen hatte der Einfluß des Patriziates auf die Plebs nicht zuletzt beruht. Das fünfte Jahrhundert führte noch einen anderen Stoß gegen die patrizische Vorzugsstellung innerhalb der politisch-gesellschaftlichen Ordnung aus. Er kam von der Seite des flachen Landes her. Seine Ordnung basierte auf den herkömmlichen Dörfern (vici) und Gauen (pagi), die jeweils einzelnen Curien und damit nun den drei (gentilizischen) Tribus angehörten. Man lebte da abseits von dem politischen Treiben der Stadt und hatte darauf keinen Einfluß. Das Verhältnis war umgekehrt: Die Stadt dominierte über das Land, und der Patrizier, der sowohl in der Stadt lebte wie auf dem Lande seine Besitzungen hatte, der in den Curien den Ton angab, hatte so auch die Landbewohner in seiner Führung. Dagegen erhob sich das Bestreben, durch eine neue Verwaltungseinteilung die alten Bindungen loszuwerden und nach einem einheitlichen Prinzip eine übersichtliche Ordnung zu schaffen. Das geschah, indem man regionale Einheiten einrichtete, die klar voneinander geschieden waren und sich gleichmäßig über das gesamte römische Staatsgebiet erstreckten (nur der staatliche Landbesitz, der sog. ager publicus, blieb außerhalb, spielte aber damals noch gar keine Rolle). Innerhalb dieser Bezirke wurden die Aushebungen und die Schätzung des Grundbesitzes durchgeführt und vor allem auch die Personenstandsregister geführt. Letzteres war von alters her in den Curien geschehen. Diese neue Administration machte mit einem Schlag die alte Curien- und Tribuseinteilung überflüssig. Man schaffte sie jedoch nicht förmlich ab — dergleichen tat man in Rom ohnehin selten —, sondern entzog ihnen durch die Umlagerung der Funktionen einfach das Leben, so daß sie von selbst verdorrten und nur noch eine schattenhafte Existenz führten. Daß man sie für ersetzt betrachtete, tat man jedoch eindeutig kund, indem man die alte mit der Geschlechterherrschaft in den gentilizischen Tribus und Curien verknüpfte Tribusbezeichnung auf die neuen Bezirke anwandte, ohne Bedenken zu haben, diese mit jenen zu verwechseln. Es entstanden so zwanzig Tribus des neuen Stils (später waren es fünfunddreißig), vier in der Stadt (die tribus urbanae) und sechzehn auf dem Land (die tribus rusticae). Jene müssen in den vier Wohnquartieren bereits vorgebildet gewesen sein und erhielten deshalb auch von ihnen den Namen; diese wurden nach dem Namen einzelner Adelsgeschlechter, wahrscheinlich derjenigen, die in der betreffenden Gegend den meisten Grundbesitz hatten, bezeichnet. Das war gewiß ein Ausdruck des noch bestehenden ökonomischen und sozialen Übergewichts des Adels, besagte aber nicht, daß die Landtribus etwa adlige Domänen gewesen wären. Vielmehr kam das Tribussystem den organisatorischen Bedürfnissen der Plebs sehr entgegen. Wir wissen nicht, nach welchem Prinzip die Volkstribunen bisher die Plebs versammelten. Es wäre denkbar, daß sie sich von Anfang an an die Stadtquartiere gehalten hätten. Jedenfalls griffen sie jetzt auf die neuen Tribus zurück und riefen die Plebs nach ihnen zusammen; damit hätten sie dann nur die von Anfang an eingeschlagene Richtung weiterverfolgt. Auf dem Wege, Abstimmungskörper zu werden, waren die Tribus ohnehin; denn auch die staatlichen Beamten gewöhnten sich daran, von ihnen Beschlüsse einzuholen und schließlich auch Wahlen vornehmen zu lassen. Damit besaß dann Rom eine dritte Art von Comitien, die comitia tributa. So erhielt der römische Staat allmählich einen anderen Grundriß. Neue Kräfte waren in ihn eingeflossen und machten sich ans Werk, sein Gefüge umzubauen.

§ 2. Der Ausgleich der Stände und die Anfänge des „klassischen" römischen Freistaates

1. Fortdauer des Gegensatzes von Patriziat und Plebs. — 2. Der Keltensturm. — 3. Außenpolitische Rückwirkung des Keltensturmes. — 4. Eindringen der Plebs in den Senat. — 5. Die Plebs und die staatliche Exekutive. — 6. Neuorganisation des Heeres. — 7. Die Einrichtung der Prätur als Gerichtsamt. — 8. Leges Liciniae Sextiae. — 9. Fortschreitender Ausgleich der Stände. — 10. Appius Claudius Caecus. — 11. Der Abschluß des Ständekampfes. — 12. Die Nobilität. — 13. Strukturwandel von Plebiszit und Volkstribunat. — 14. Charakter der künftigen Verfassung. — 15. Die römische Rechtswissenschaft. — 16. Die Religion. — 17. Der Senat.

1. Fortdauer des Gegensatzes von Patriziat und Plebs

Trotz der Erfolge, welche die Plebs für sich verzeichnen konnte, war der Gegensatz zwischen Patriziat und Plebs am Ende des fünften Jahrhunderts keineswegs behoben. Es bedurfte dazu einer Entwicklung von noch mehr als hundert Jahren. Weder konnte man bereits von einer Beteiligung der Plebs an der Regierung sprechen, noch waren die in den breiteren Schichten der Plebs empfundenen Gebrechen der sozialen Lage behoben. Verschuldung des Armen an den Reichen gab es selbstverständlich noch immer, und ebenso bestand nach wie vor das Bedürfnis, bei dem Landgewinn, den die

Ausbreitung der römischen Macht mit sich brachte, in gleicher Weise wie die patrizischen Herren berücksichtigt zu werden. In dieser Hinsicht mußte sich das gegenseitige Verhältnis mit Fortschreiten der Zeit überhaupt eher verschärfen. In den Jahrzehnten nach der Einrichtung der Republik konnte ja von wesentlichem Landzuwachs kaum gesprochen werden, und es entfiel damit auch jede Voraussetzung zu sozialer Begehrlichkeit. Aber mit der Wende vom fünften zum vierten Jahrhundert war die römische Außenpolitik allmählich über den toten Punkt hinweggekommen. Die Kämpfe gegen Veii und Fidenae hatten zu beachtlichen Erfolgen geführt. Deshalb wurde in den Kreisen der Bauern die Forderung laut, daß ihre zahlreichen Kinder bei der Aufteilung des eroberten Bodens gebührende Berücksichtigung fänden. Obendrein bedeutete die Last der Kriege, welche ja in erster Linie von den plebejischen Soldaten getragen wurde, eine verständliche Rechtfertigung für jede Forderung der Plebs. Ein zähes Ringen zwischen den beiden Parteien erfüllte den innerpolitischen Raum der jungen Republik. Die straffe Organisation der Plebs verlieh dieser eine beinahe ebenbürtige Macht. Es scheint, daß das in den Zwölf Tafeln zum Ausdruck kommende Zugeständnis des Patriziates dazu dienen sollte, diese Stoßkraft aufzufangen und, wenn möglich, dem politischen Instrument der Plebs die Axt an die Wurzeln zu legen. Die Volkstribunen besaßen nämlich kraft ihrer Verfügung über die Fäuste der Plebs die Möglichkeit, ihre patrizischen Gegner vor die Plebsversammlung zu zitieren und dort ein revolutionäres Gerichtsverfahren gegen sie in Form eines ad hoc gefaßten Beschlusses durchzuführen. Wenn sich dergleichen öfters wiederholte, war selbstredend der offene Bürgerkrieg ausgebrochen. Das war jedoch auch nicht im Sinne der Plebs, und deshalb wurde im Einverständnis mit ihr in die Zwölf Tafeln der Verzicht auf dieses „Recht" des Volkstribunen aufgenommen, womit sich das Tribunat auf seine ursprüngliche Verteidigungsaufgabe wieder zurückzog. Aber zu dieser bedurfte es der — bis dahin lediglich praktisch durchgesetzten — Unverletzlichkeit der Person des Volkstribunen. Es ist möglich, daß im Tausch gegen die eine Konzession dieselbe von der patrizischen Regierung förmlich anerkannt wurde und sich seitdem im allgemeinen Rechtsbewußtsein der Begriff der tribunizischen Unverletzlichkeit (Sacrosanctizität) bildete. Immerhin, den eigentlichen Gewinn bei diesem Handel hätten die Patrizier gehabt, und daher ließe es sich in Übereinstimmung mit der (sonst wertlosen) Tradition vorstellen, daß man nach den Dezemvirn, welche während ihres Auftrages zusammen mit allen Beamten auch die der Plebs verdrängt hatten, daran dachte, das Tribunat nicht mehr aufkommen zu lassen und damit auszulöschen. Der Protest wäre dann der politische Streik von 449, die sog. zweite secessio, gewesen mit dem Erfolg, daß der abwegige Versuch aufgegeben wurde.

Die wirklichen politischen Fortschritte wurden von der Plebs nicht in der unmittelbaren Auseinandersetzung erzielt. Sie stellten sich von selbst ein, als die Anforderungen an die Gesamtbürgerschaft und damit vor allem auch an die Plebs von seiten der Außenpolitik wuchsen und zugleich mit der Ausdehnung des römischen Staates die Bevölkerung anstieg. Die siegreichen Kämpfe gegen Fidenae und Veii, welche mit der Einverleibung von ihren Markungen geendet hatten, erbrachten eine beträchtliche Vergrößerung des römischen Staatsgebietes. Die Tribus, bis dahin zwanzig, erreichten die Zahl fünfundzwanzig. Räumlich kam diese Erweiterung aber nahezu einer Verdoppelung des römischen Gebietes gleich. Es umfaßte jetzt statt 820 km^2 1500 km^2.

Getroffen waren dadurch die Etrusker. Einige ihrer Städte (Capena, Falerii) waren Veii zu Hilfe gekommen, und Rom fand sie deshalb unter seinen Gegnern. Aber sie mußten sich zum Frieden verstehen, ohne an der Lage etwas ändern zu können.

2. Der Keltensturm

Da trat ein unerwarteter Umschwung ein. Er erfolgte nicht auf Grund der bestehenden Machtverhältnisse Italiens, sondern griff von außen in die Apenninenhalbinsel ein. Schon längst hatten die Kelten (lat. Galli = Gallier) von ihren ursprünglichen Sitzen in Mitteleuropa (Süddeutschland, Österreich) aus den Westen Europas, d. h. Frankreich, Teile Spaniens und England, in Besitz genommen. Um die Wende vom fünften zum vierten Jahrhundert beginnt bei ihnen eine neue Wanderungsperiode, welche einzelne Stämme von ihnen nach dem Süden und anschließend nach dem Südosten (Balkanhalbinsel und Kleinasien) brachte. So wurde auch Italien ihr Opfer. In seinem nördlichen Teile, der Poebene, wurden sie seßhaft und räumten die dort ohnehin nicht festgefügte etruskische Herrschaft aus. Die Etrusker waren nicht imstande, das zu verhindern. Sie konnten auch nicht einmal Mittelitalien vor ihrer Invasion schützen. Zum Verhängnis wurde das Versagen für die Römer. Eine keltische Schar unter Brennus erreichte Rom. Bei dem kleinen Flüßchen Allia stellte sich ihnen das römische Heer entgegen und wurde vernichtet (387 v. Chr.). Ein panischer Schrecken war die Folge. Die Stadt, welche wahrscheinlich schlecht befestigt war, konnte nicht gehalten werden und fiel nach Evakuierung der Einwohner dem Feind in die Hände. Nur die Burg, das Kapitol, wurde nicht genommen.

Ganz so schlimm, wie es auf den ersten Blick aussah, war dieser Schlag allerdings nicht; sich in Rom niederzulassen, Hunderte von Kilometern von ihren oberitalischen Sitzen getrennt, daran konnten die Kelten nicht denken. Es war von ihnen auch gar nicht beabsichtigt, auch wenn sie nicht durch einen Angriff der Veneter nach Oberitalien zurückgerufen worden wären. Nachdem sie die Stadt hatten in Flammen aufgehen lassen, zogen sie wieder ab, wie man erzählte, unter Mitnahme eines ungeheuren Lösegeldes. Die Römer bauten die Stadt wieder auf und umgaben sie mit einer starken Mauer.

3. Außenpolitische Rückwirkungen des Keltensturmes

Trotzdem war die Einnahme Roms eine Katastrophe. Der Tag an der Allia, der dies Alliensis, prägte sich als dies ater tief in die Erinnerung ein, wurde genau kalendarisch festgehalten (16. Juli) und schuf jenes Trauma, welches die Römer hinfort in eine mörderische Angst vor jedem nordländischen Angriff versetzte. Für den Augenblick brachte das Unglück nicht nur einen Stillstand in die gerade flottwerdende politische Entwicklung, sondern wirkte sich als äußerst schmerzhafter Rückschlag aus. Der territoriale Zuwachs blieb zwar erhalten. Widerstandszentren waren durch die Aufhebung der dortigen Gemeinden beseitigt. Aber die Basis der römischen Machtstellung, die Hegemonie über die Latiner, geriet ins Wanken. Gegenüber einem geschwächten und schmählich geschlagenen Rom fühlten die Latiner keine Verpflichtung mehr und kündigten deshalb das alte Verhältnis auf. Nur allmählich gewann Rom den verlorenen Boden zurück und auch dann nur, indem es das Zugeständnis eines freieren Bundesverhältnisses machte. Desgleichen mußten die Verbindungen zu den Hernikern neu geknüpft und schließlich gegenüber den Volskern die alte Überlegenheit wiederhergestellt werden. Letzteres führte zu einem Vorstoß. Auf Kosten ihres Gebietes wurde in der Nähe der Pontinischen Sümpfe die tribus Pomptina eingerichtet (358 v. Chr.) und der römische Einfluß bis Tarracina und das Cap Circei erstreckt. Schließlich wurde sogar ein erfolgreicher Vorstoß in das Aurunkerland unternommen. An der etruskischen Front kam es ebenfalls zu Reibereien, die aber trotz einer römischen Niederlage (gegen Tarquinii 356 v. Chr.) mit der Aufrechterhaltung des Status quo endeten. So hatte also Rom in dem Menschenalter nach der Alliakatastrophe alles daranzusetzen, die alte Position wiederzuerringen. Der Erfolg bedeutete dann natürlich eine zusätzliche Stärkung. Zustande kommen konnte sie aber nur, wenn in die römische Kriegführung die gesamten Kräfte des Volkes einflossen.

4. Eindringen der Plebs in den Senat

Unter diesen Umständen verbot es sich für die römische Regierung von selbst, gegen die Plebs einen Kampf bis aufs Messer zu führen. Da man sie brauchte, war man eher geneigt, unter Umgehung der grundsätzlichen Entzweiung ihr von Fall zu Fall gewisse Zugeständnisse zu machen. Das eigentliche Regierungsgremium war der Senat der Väter (patres). Nur Patrizier hatten darin einen Platz. Aber es ließ sich immerhin einrichten, daß man sozial ausgezeichneten Angehörigen der Plebs den Zugang zu den Sitzungen eröffnete und sie als nicht stimmberechtigte Beisassen (conscripti, eigentlich die „Dazugeschriebenen") behandelte. Bei der echten Herrschaftsfunktion (der patrum auctoritas), wo es um die Genehmigung von Wahlen und Volksbeschlüssen ging, konnten sie freilich nicht mitstimmen; aber es gab auch Beratungen im Senat, und hierbei war es von großem Wert, wenn die Plebejer das Wort ergriffen und ihren Standpunkt zu den politischen Tagesproblemen erklärten. Darin lag eine Möglichkeit, die Gegensätze zeitweilig auszugleichen und wenigstens das Räderwerk der anfallenden Geschäfte von Sandkörnern freizuhalten. Nichts ist für die Politik gefährlicher, als wenn die gesamte Atmosphäre durch Mißtrauen vergiftet wird. Einer Versteifung der Gegensätze vorzubeugen ist immer ein Gewinn, nicht nur für den einen Teil, sondern für die Gesamtheit. Das römische Patriziat scheint hierin mit gesundem politischen Instinkt auch sein eigenes Interesse erkannt zu haben. Obendrein hatten die Beratungen des Senates für die Exekutive mit dem Anwachsen der allgemein politischen Aufgaben ein immer größeres Gewicht erhalten. Später sind aus seinen Diskussionen für die Beamten verbindliche Richtlinien, genau formulierte „Ratschläge", sog. senatus consulta, entstanden. So weit wird die Entwicklung damals noch nicht gewesen sein; aber im Ansatz war sie vorhanden, und deshalb bedeutete es nicht wenig, daß in sie das plebejische Element schon in der ersten Phase des Beginnes eingeschlossen war.

5. Die Plebs und die staatliche Exekutive

Aber die Plebs drang sogar in die Exekutive, welche in dieser Zeit noch vorwiegend militärisch war, ein. Die Voraussetzung war in gewissem Sinne schon damals gegeben, als aus dem patrizisch-plebejischen Heer eine politische Körperschaft des Gesamtvolkes herausgebildet war, zu deren vorzüglichsten Aufgaben die Wahl der militärischen Führer und der mit ihnen identischen obersten Staatsbeamten gehörte. Zwar besaß damit die Plebs nicht das passive Wahlrecht; aber der Besitz des aktiven war doch ein Schritt näher zu dem Ziel, auch jenes zu erreichen. Zudem befand sich die Heeresverfassung und die ihr entsprechende Zenturienordnung von nun an in dauerndem Fluß. Mit den ursprünglichen dreitausend Mann Infanterie, die den drei alten gentilizischen Tribus entsprach, war es längst nicht mehr getan. Das Aufgebot wurde größer. Die Politik stellte auch höhere Anforderungen und brachte eine vielseitigere Inanspruchnahme. Mit der festen Zahl der ursprünglich wohl drei Oberkommandanten kam man nicht mehr in jedem Fall zuwege. Seit der Mitte des fünften Jahrhunderts, also nachdem die neue Heeresordnung eingeführt war, beginnt ihre Zahl zu schwanken. Es waren manchmal weniger, zwei, aber mit dem Fortschreiten der Zeit, genauer mit dem letzten Viertel des fünften Jahrhunderts, viel öfter mehr, vier, sechs und sogar acht, und dies in offenbarem Zusammenhang mit den kriegerischen Anstrengungen seit den Kämpfen gegen Veii und der Alliakatastrophe. In den Jahrzehnten nach der Jahrhundertwende waren es fast immer sechs. In der offiziellen Tradition hießen sie Konsulartribunen, tribuni consulari potestate, doch ist das schwerlich ihre echte Bezeichnung gewesen. Sie werden einfach tribuni oder auch praetores genannt worden sein.

Bei diesem elastischen Zustand lag es für die Plebs nahe, ihre Ansprüche auf das Kommando energischer anzumelden. Sie hatte damit freilich nicht viel Glück; aber ein paarmal, vor allem während des Krieges gegen Veii, ist ihr ein vorübergehender Vorstoß gelungen. Sie brach in das patrizische Reservat ein und stellte auch aus ihren Reihen einige der Heerführer. Weniger schwierig war es, in die Adjutantenposten des Oberamtes, in die Quästur, einzudringen. Im Jahre 409 traten da zum erstenmal Plebejer auf. In dieser untergeordneten Funktion wird sich die Plebs auch hinfort gehalten haben. Dieser Erfolg machte natürlich nicht bescheiden, und so spitzte sich allmählich die Lage zu. Die Schwäche nach dem Gallierunglück bot einen guten Nährboden für die plebejischen Anstrengungen. Ein angesehener Patrizier, Marcus Manlius Capitolinus, unterstützte sie und versuchte einen Staatsstreich (385/384). Er mißlang, und Manlius mußte den Umsturz mit dem Leben bezahlen. Zehn Jahre später wurde dasselbe noch einmal versucht. Es kamen keine regulären Wahlen zustande. Ein revolutionäres Regime muß am Ruder gewesen sein. Die Überlieferung weiß nur ganz allgemein von einer „Anarchie" zu berichten. Wer die Führung gehabt hat, wird verschwiegen. Es spricht einiges dafür, daß dies der durch seine Befriedung der Latiner berühmt gewordene Spurius Cassius war. Aber auch er hätte dann geendet wie Manlius Capitolinus. Diese zweite Gewaltanwendung führte ebenfalls zu keinem sichtbaren Erfolg. Trotzdem war man weitergekommen. Nach einigen Jahren lenkte das Patriziat von selbst ein. Der Sohn (Publius) des gescheiterten Manlius Capitolinus wurde zum Schutz gegen die revolutionäre Gärung zum Diktator ernannt. Seine erste Tat war eine symbolische Geste: Er berief zu seinem Gehilfen einen Plebejer, indem er, was vorher nie geschehen war, einen plebejischen Reiterführer ernannte (368)[1]. Damit war der Frieden eingeleitet und endlich die Grundlage für eine dauernde Verständigung zwischen den beiden Widersachern gefunden.

6. Neuorganisation des Heeres

Der Entschluß hierzu war nicht nur durch den Zwang der politischen Entwicklung eingegeben. Es machte sich auch sonst die Notwendigkeit einer organisatorischen Neuordnung bemerkbar. Die militärische Kommandogewalt war durch die Vermehrung der obersten Offiziersstellen viel zu sehr auseinandergewachsen, und infolgedessen hatten auch die Truppenkörper eine Aufspaltung erfahren, die sich mit der militärischen Zweckmäßigkeit nicht mehr vertrug. Die Absicht ging deshalb dahin, größere und festere Truppeneinheiten zu bilden und damit ihre Führer so unabhängig zu stellen, daß sie jeweils ein selbständiges Heer kommandierten. Die Lösung dieses Problems bestand nun darin, die Masse der Truppen in zwei gleichgroße Kader aufzu-

[1] Zur Diktatur siehe unten S. 543.

teilen. Da jene an diesem Zeitpunkt sechstausend Mann zu Fuß (60 Zenturien) und sechshundert zu Pferd (6 Zenturien) betrug, erhielt also jede Einheit die Hälfte, d. h. dreitausend Infanteristen und dreihundert Reiter (wozu dann noch eine beträchtliche Schar Leichtbewaffneter kam; es waren später 1200 velites). Da jedoch die neue Formation, welche die Bezeichnung legio (Legion) erhielt, ihrem Aufbau und der Operationsfähigkeit nach soviel bedeuten sollte wie früher das Gesamtaufgebot, behielt sie die gleiche Zahl von Zenturien (60) wie früher das Gesamtaufgebot von sechstausend Mann, natürlich mit der Konsequenz, daß die Zenturie jetzt fünfzig statt der ehemaligen hundert Infanteristen zählte. Auch die Zahl von sechs Tribunen blieb der neuen Legion erhalten und wahrscheinlich ebenfalls deren von dem ehemaligen Oberkommando herrührende Eigenschaft, durch die Zenturiatcomitien gewählt zu werden. Allerdings war es mit der alten Funktion aus. Sie wurden jetzt hohe Stabsoffiziere der beiden Legionskommandanten, der Konsuln. Ihre Bezeichnung (von con-salire = zusammenspringen) scheint die Tatsache auszudrücken, daß die militärische Leitung und damit natürlich auch die politische an ein Zweigespann von Männern kam und hinfort auch bei ihm zu bleiben hatte.

Wenn diese Ordnung jedoch Bestand haben sollte, durfte sie nicht zum Streitobjekt zwischen Plebs und Patriziat werden, und deshalb war mit ihr das schlechthin entscheidende Zugeständnis verbunden, daß das neue Konsulat auch hinfort der Plebs offenstünde. Gemeint war damit die grundsätzliche Möglichkeit, das neue Amt paritätisch zu besetzen, d. h., während die eine Stelle den Patriziern verblieb, sollte die andere Bewerbern der Plebs offengehalten werden. Dieses Ergebnis besagte, daß jetzt die Herrschaft des Patriziats gebrochen war. Sie durch die der Plebs zu ersetzen war vorher nie angestrebt worden und brauchte deshalb jetzt auch nicht erreicht zu sein.

7. Die Einrichtung der Prätur als Gerichtsamt

Diese Reform hatte also neben der aktuell politischen Seite auch eine verwaltungstechnische. Sie zeigt sich noch in einer anderen verfassungsrechtlichen Folgerung. Die römischen Oberfeldherren waren schon lange nicht mehr ausschließlich militärische Beamte. Die militärische Gewalt betraf wohl ihre älteste Zuständigkeit, und deshalb behielt ihre Amtsbefugnis auch dauernd die militärische Bezeichnung „imperium“ (Befehlsmacht). Aber schon lange war sie in den inneren Staatsbereich hineingewachsen und verkörperte darin schlechthin die höchste staatliche Obrigkeit. Sie umfaßte da etwa das Recht zur politischen Initiative, wie sie in der Einberufung der Zenturiat- und Tributcomitien und auch der des Senates sich zeigte; sie schloß in sich die höchste Polizeigewalt (coercitio), und vor allem hatte sie wichtige Funktionen bei der Rechtspflege in sich aufgenommen. Die ganze Organisation des zivilen Rechtsganges war ein Ausfluß ihrer Macht. Sie waren zwar selbst keine Richter, aber sie sorgten dafür, daß die streitenden Parteien einen Richter bekamen, indem sie einen Privatmann, dessen Name in einer Geschworenenliste stand und den daraus die Parteien wählten, dafür anwiesen. Vorher mußten die beiden Gegner vor dem Beamten ihren Streit in bestimmt formulierter Weise ansagen (sog. Streitbefestigung bzw. -bezeugung = litiscontestatio). Desgleichen kam (mit der Zeit) auch die Vollstreckung, genauer die Ermächtigung dazu (sie lag an sich bei der obsiegenden Partei), in ihre Hände. So waren die von Hause aus politisch-militärischen Magistrate zur Achse des bürgerlichen Prozesses geworden. Eine Unmenge von Geschäften lag auf ihren Schultern. Indem man nun ihre Zahl verringerte, bedeutete das nichts anderes als eine Konzentration der obrigkeitlichen Tätigkeit und damit zugleich der Beamtenmacht. Doch ließ sich diese nicht über einen gewissen Punkt hinaustreiben. Für die Rechtspflege hatten die zwei Konsuln weder Zeit noch Kraft.

Man behielt sie deshalb einem dritten Oberbeamten der gleichen Art vor, der also auch im Besitz des Imperiums war, befreite ihn aber praktisch von seinen sonstigen Obliegenheiten, genau wie man dies hinsichtlich der juristischen Aufgaben bei den Konsuln tat. Wenn freilich aus irgendeinem Grund (beispielsweise bei Abwesenheit der Konsuln) das Bedürfnis nach Übernahme der anderen Funktionen eintrat, war er jederzeit in der Lage, sie zu übernehmen. Am deutlichsten kam das in seiner Amtsbezeichnung zum Ausdruck; charakteristischerweise hieß er nämlich „praetor" und bezeichnete mit diesem Namen nichts anderes als den traditionellen Heerführer. Der „Prätor" als spezifischer Gerichtsträger ist demzufolge das Ergebnis einer ziemlich komplizierten Entwicklung und hat in seinem Titel immer zu erkennen gegeben, was er einst war und was er jederzeit wieder werden konnte. Wenn man es richtig bedenkt, führte die Reform danach zu drei Oberbeamten; aber die betreffenden Spezifikationen hoben Konsuln und Prätor doch wieder voneinander ab und wiesen diesem bei grundsätzlicher Gleichartigkeit dennoch einen etwas niedereren Rang als jenen zu. Anfangs wurde der Unterschied vielleicht gar nicht so scharf empfunden; denn die Prätur wurde sehr oft erst nach dem Konsulat bekleidet, womit sich — wenigstens nach der späteren Beurteilung — eine besonders hohe Schätzung ausdrückte. Vor allem, man hielt sie unmittelbar nach ihrer Einrichtung für wertvoll genug, sie ausdrücklich den Plebejern vorzuenthalten und damit die in der Behandlung des Konsulates proklamierte Gleichberechtigung der zwei Stände einzuschränken.

8. Leges Liciniae Sextiae

Doch für die weitere Entwicklung war das ohne Bedeutung. Es gab kein Aufhalten mehr. Mit dem Jahre 367/366 war der historische Scheitelpunkt erreicht. Von da an ging alles von selbst seinen Gang, wie sich eine Kugel kraft ihrer eigenen Schwere abwärts bewegt. In der römischen Tradition wird die bedeutsame Entscheidung dieser Jahre auf zwei Plebiszite, die sog. leges Liciniae Sextiae von 367, festgelegt. Wahrscheinlich sind sie, wie das ganze Drum und Dran, das von der Überlieferung in geradezu romanhafter Aufmachung geboten wird, reine Erfindung und ist deshalb auch die dort angeführte Betonung wirtschaftlicher Triebkräfte ohne historischen Wert. Worum es damals ging, war der Sieg der Plebs in der Auseinandersetzung um ihre politische Stellung. Daß soziale Motive, so wie sonst, nicht gefehlt haben, ist anzunehmen. Nur hatten sie offenbar nicht die Führung, und schon deshalb ist das berühmte andere Gesetz von 367, welches für die Inbesitznahme des ager occupatorius ein Höchstmaß von 500 iugera (Morgen) vorgeschrieben haben soll, ein Anachronismus, ganz abgesehen davon, daß die Größenverhältnisse, mit denen hier gearbeitet wird, bei dem damaligen Stand der römischen Expansion ein Nonsens sind.

Die politische Seite der patrizisch-plebejischen Auseinandersetzung bildete, wenn vielleicht auch nicht von Anfang an, so doch mit Fortschreiten der Entwicklung, immer mehr die Dominante. Die Beständigkeit, mit der sie durchgehalten wurde, und die Zähigkeit, mit der durch Generationen hindurch Schritt für Schritt dem

Gegner das Terrain abgewonnen wurde, lassen eine umsichtige Führung erkennen. Sie lag in den Händen der reichen Plebejer, von größeren Grundbesitzern, welche sich an Umfang ihrer materiellen Mittel und auch hinsichtlich des Einflusses auf eine politische Klientel mit ihren patrizischen Gegnern durchaus messen konnten und ihre Stellung mit fortschreitender Zeit immer weiter ausbauten. Die Plebs war in ihrer sozialen Struktur keine homogene Größe. Ihr Gros bildeten die „kleinen Leute“, welche in erster Linie an den sozialen Forderungen, wie Schuldennachlaß und Bodenzuweisungen, interessiert waren und keine Chance besaßen, in die politischen Ämter aufzusteigen. Die politische Kunst der plebejischen Führungsschicht tat sich darin kund, die divergierenden Anliegen zu koordinieren und die Stoßkraft der Massen den eigenen Zielen nutzbar zu machen.

Für den Ausgleich der verschiedenen Gesichtspunkte traf es sich nun allerdings sehr glücklich, daß die soziale Komponente der Auseinandersetzung sich nie verselbständigen und in eine offene Revolution umschlagen konnte, oder besser: es nie mußte. Als es mit der römischen Außenpolitik aufwärtsging, ließ sich der Landhunger der römischen Bauern ohne Umsturz, einfach auf Kosten der auswärtigen Feinde, befriedigen. Zumal als die Phase der großen italischen Eroberungen (von 340 an) eintrat, war der römische Staatskörper in dieser Hinsicht geradezu immun geworden, und es konnten sich infolgedessen ohne Schwierigkeit die Anstrengungen der plebejischen Elite darauf konzentrieren, das „politische“ Thema zu Ende zu führen. Ihr Hauptziel, den Zugang zum Konsulat, hatten sie bereits erreicht. Der Kreis der hierfür in Betracht kommenden plebejischen Anwärter war anfangs jedoch nicht sehr groß. Während einiger Jahre (zwischen 356 und 343 v. Chr.) waren die Plebejer verschiedentlich nicht imstande, von ihrem Recht Gebrauch zu machen und einen geeigneten Kandidaten zu stellen. In diesen (übrigens nicht allzu häufigen) Fällen bekleideten die Patrizier wieder das ganze Konsulat. Aber sonst regten die Plebejer sich kräftig. Es gab unter ihnen tüchtige Männer, welche viermal und noch öfter Konsuln waren. Einer von ihnen (Quintus Publilius Philo) gab einer neu eingerichteten Tribus den Namen. Die Patrizier bekamen es zu spüren; einzelne ihrer berühmtesten Geschlechter, die bis dahin tonangebend gewesen waren, mußten den Platz räumen und kamen im Gegensatz zu früher nur noch selten zum Konsulat. In den Annalen der römischen Kriegsgeschichte erschienen jetzt plebejische Namen, und manche umgab ein heller Schein.

9. Fortschreitender Ausgleich der Stände

Der weitere Weg ist gekennzeichnet durch den Ausbau des Ergebnisses von 367. Es kam darauf an, die noch bestehenden, aber nach der grundsätzlichen Entscheidung überständigen Diskriminierungen der Plebs allmählich aus dem Wege zu räumen. Ihr Ziel ist im Laufe der beiden folgenden Generationen auch erreicht worden. In direktem Zusammenhang mit der epochalen Wende steht die Verdoppelung der Ädilität. Sie war ein plebejisches Amt und ursprünglich auf die Bedürfnisse der Plebs abgestimmt. Aber Marktpolizei und Veranstaltung öffentlicher Schaustellungen waren längst eine allgemeine Angelegenheit geworden, und die zwei Ädilen reichten dafür auch nicht aus. Bei der Vermehrung ihrer Stellen um zwei weitere ging man aber so vor, daß man die neuen als staatliche (sog. kurulische) einrichtete, welche sowohl den Plebejern wie den Patriziern zugänglich wurden (im Turnus sollte abgewechselt werden). Das entsprach der Annäherung der beiden Standpunkte. Auch bei der Prätur gab man sehr bald das patrizische Reservat auf (337 v. Chr.) und ließ auch Plebejer sie bekleiden. Dasselbe war für die Zensur spätestens 351 v. Chr. geschehen. In die Diktatur bzw. das Reiterführeramt war die Plebs auf revolutionärem Wege schon 368 v. Chr. eingebrochen[1]. Anerkennung verschaffte sich hier ihre Gleichberechtigung seit 314 v. Chr.

Bei den wichtigen Priesterkollegien wurde entsprechend verfahren. Maßgebend war dabei das Bestreben, die alten patrizischen Rechte nicht unmittelbar zu verkürzen. Man ließ deshalb im allgemeinen die alten patrizischen Stellen bestehen und richtete zur Beteiligung der Plebejer neue ein (also wie man bei der Ädilität zugunsten der Patrizier vorgegangen war). Schon 368 wurde das Kollegium der Orakelbewahrer von zwei auf zehn vergrößert (aus den duoviri sacris faciundis wurden decemviri s. f., zuletzt waren es XV viri) mit der Maßgabe, daß die Hälfte Plebejer sein sollten. Dieses Gremium besaß für die staatliche „Religionspolitik" große Bedeutung. Mit Hilfe der von ihm verwalteten Orakelsammlung regulierte es den Zuzug fremder, vor allem griechischer Gottheiten, indem es ihre Einführung durch göttlichen Ausspruch (Orakel) autorisierte. Ähnlich wurde es mit zwei anderen sakralen Kollegien, den Pontifices und den Auguren, gehalten. Ihre Mitglieder waren ein geschlossener Kreis von Theologen, deren Hauptaufgabe in der Bewahrung und Fortbildung heiligen Wissens bestand. Am universalsten waren die Pontifices. Sie waren nicht nur die maßgebliche Instanz für alle Fragen von Religion und Kultus, sondern auch für den Kalender, d. h. die Festsetzung der Feiertage, und vor allem für alle Rechtsformalitäten zuständig. Die Auguren waren ein Spezialkollegium für die sog. Auguraldisziplin und deshalb eine gutachtende Instanz für die zahlreichen Auguralakte, mit denen jede staatliche Handlung eröffnet wurde. Natürlich hatten sowohl die Pontifices wie vor allem auch die Auguren mit praktischen Aufgaben der Kultusverwaltung zu tun, aber ihre allgemeine Bedeutung lag in ihrer Sachkenntnis und in dem Umstande, daß sie ihnen keine Macht im Staate streitig machte. Es gab daneben Priester, sog. flamines, welche in der Vollziehung von Ritualen völlig aufgingen und wahrscheinlich auf eine längere Vergangenheit als die beiden anderen Kollegien zurückblicken konnten, aber sie waren den Plebejern gleichgültig und blieben deshalb patrizisch. Worauf es den Plebejern ankam, das war der viel wichtigere Einfluß bei den Pontifices und Auguren. Sie erlangten ihn im Jahre 300 durch eine lex Ogulnia, welche die Stellen vermehrte und dadurch für die Plebejer Platz schuf. Die Zusammensetzung blieb nach wie vor dem Kollegium selbst im Wege der Selbstergänzung (Kooptation) vorbehalten. Erst später, im Laufe des dritten und zweiten vorchristlichen Jahrhunderts, kam es zu einem eingeschränkten Wahlrecht des Volkes.

Die Plebs war jedoch nicht nur an der Beseitigung der ständischen Exklusivität in der staatlichen Kultusverwaltung interessiert, sondern wurde auch der Schrittmacher einer Entwicklung, welche auf eine Zurückdrängung des Einflusses der Priester auf das soziale Leben zielte. Genau gesagt, handelte es sich um die Entlassung des juristischen Wissens aus der Alleinherrschaft der Pontifices. Ein Anfang war mit der Kodifizierung des materiellen Rechtes durch die Zwölf Tafeln längst gemacht. Aber die Prozeßformeln, d. h. die Handhabe, wie der einzelne sein Recht gegenüber dem anderen durchsetzte, waren noch immer in der Verwahrung des Pontifikalkollegiums, welches damit auch mit ihrer Fortbildung betraut war.

[1] Zur Diktatur siehe unten S. 543.

Mit diesem Zustand wurde im Jahre 304 v. Chr. gebrochen. Die Prozeßformeln, welche bis dahin von Fall zu Fall von den Pontifices zu erbitten waren, erschienen zusammen mit einem Kalender der Gerichtstage in einer privaten Buchpublikation und waren damit jedermann zugänglich gemacht. Als Verfasser zeichnete ein einfacher Mann, der Sohn eines Freigelassenen, ein gewisser Gnaeus Flavius, der Sekretär des berühmten Patriziers Appius Claudius Caecus war und damit eine derartige Popularität gewann, daß er zum kurulischen Ädil und zum Volkstribunen gewählt wurde. Natürlich war Flavius bei seiner sozialen Stellung gar nicht in der Lage, eine derartig einschneidende Maßnahme aus eigener Kraft und eigener Initiative vorzunehmen. Hinter ihm stand die Persönlichkeit seines Patrons, des Appius Claudius, zu dessen politischer Vorurteilslosigkeit dies Unterfangen durchaus paßt. Flavius war nur der Strohmann, der für die literarische Verbreitung mit seinem Namen zeichnete. Er erhielt dadurch in der römischen Rechtsgeschichte eine persönlich wohl kaum verdiente Bedeutung. Unter dem Namen des ius Flavianum ist diese erste individuelle rechtswissenschaftliche Aufzeichnung in sie eingegangen. Damit wurde sie zugleich der Ausgangspunkt für die römische Jurisprudenz und bezeichnet also auch in dieser Hinsicht einen Markstein.

Auch der Senat wurde selbstverständlich von dem Siege der Plebs erfaßt. Noch immer war er patrizisch und als solcher befugt, Volksbeschlüsse durch die patrum auctoritas bzw. ihre Verweigerung zu kassieren. Mit den neuen Verhältnissen vertrug sich dieses eindeutige Zeichen der ehemaligen patrizischen Herrschaft nicht mehr. Deshalb mußte es fallen. Abgeschafft wurde die patrum auctoritas zwar nicht, aber 339 wurde sie (durch eine lex Publilia) wesentlich gekürzt. Die Möglichkeit, gefallene Entscheidungen zurückzunehmen, wurde dadurch beseitigt, daß die Zustimmung der patres vor der Abstimmung abgegeben werden mußte und demnach nur mehr gegenüber den Anträgen bzw. Wahlvorschlägen vorgebracht werden durfte. Da die Einrichtung von jeher als Verfassungsschutz und in dieser Eigenschaft nur als Möglichkeit zum Einspruch gegen formelle Mängel gedacht war, ließ sich jetzt sagen, daß sie ihrem alten Zweck zurückgegeben und das Bedürfnis, sie als einseitige Waffe in einem politischen Interessenkonflikt zu gebrauchen, weggefallen sei. Der Ständekampf neigte sich also seinem Ende zu. Das führte denn auch dazu, daß der im Laufe der Zeit immer unmöglicher werdende Zustand eines patrizisch-plebejisch zweigeteilten Senats (von patres und conscripti) mit verschiedenen Befugnissen aufgehoben wurde. Die plebejischen „Beisitzer“ konnten, nachdem sie zu den höchsten Ämtern gelangt waren, wohl beanspruchen, ordentliche Senatsmitglieder zu werden. Man erreichte das durch die Bestimmung, daß die Senatsergänzung an die Zensoren verwiesen wurde mit der Angabe, sie aus beiden Ständen nach der Würdigkeit vorzunehmen (lex Ovinia, vor 312). Das Formular, welches von patres und conscripti sprach, um den Senat (in der offiziellen Anrede) zu bezeichnen, blieb indessen bestehen. Ganz unrichtig war das auch nicht, denn das Privileg des interregnum und der patrum auctoritas blieb — unter der angegebenen Modifizierung — dem patrizischen Teil des Senates erhalten.

Der Umbau des römischen Staates, der notgedrungen durch den Sieg der Plebs ausgelöst wurde, führte also zwangsläufig zu den verschiedensten Konsequenzen. Zu ihnen gehörte etwa auch die Eingliederung der nichtgrundsässigen Einwohner in die Bürgerschaft. Eine Rolle haben sie zwar nicht gespielt. Auch das — übrigens nicht sehr entwickelte — Gewerbe war meistens mit wenigstens etwas Grundbesitz verknüpft; aber da und dort gab es doch Elemente, welche ohne Ahr und Halm waren, sehr oft wohl Freigelassene. Im Jahre 312 wurden sie von dem Zensor Appius Claudius Caecus in die von ihnen jeweils gewünschte Tribus eingeschrieben. Aber dagegen erhob sich ein Widerspruch auch bei den Bauern der Plebs. Sie wollten nicht mit diesen Leuten zusammenstehen. Politisch begründet war der Protest schwerlich; denn an dem Stimmverhältnis der Tributcomitien hätten sie kaum etwas geändert. Aber diese reine Gefühlsregung führte bei dem nächsten Zensustermin (304 v. Chr.) dazu, daß man ihr Rechnung trug. Grundsätzlich rückgängig machen konnte man die einmal getroffene Regelung nicht; dazu war sie zu sehr durch das allgemeine Gefälle der Entwicklung motiviert, aber man entriß ihr den vermeintlichen Giftzahn und schrieb die Angehörigen dieser Klasse, gleichgültig, wo ihr Wohnsitz war, in die vier städtischen Tribus ein. Dort konnten sie ruhig die Oberhand gewinnen, sie blieben dabei auf vier Stimmen von damals etwa dreißig beschränkt. Natürlich fielen damit die städtischen Tribus im Ansehen, und man wies deshalb ihren Grundbesitzern den Platz in den Landtribus an. Wenn schon die Einrichtung der städtischen Tribus bedeutet hatte, daß — wenigstens der Idee nach — das Übergewicht der Stadt über das Land beseitigt werden sollte, so war mit dieser Degradierung der städtischen Tribus eine solche Bestrebung — freilich auch wieder nur dem Prinzip nach — auf die Spitze getrieben. Übrigens verstieß die Regelung gegen die nächstliegendsten Verwaltungsbedürfnisse, und es kann daher nicht verwundern, daß sie im Lauf der Zeit nur unvollkommen durchgeführt wurde, und es von Fall zu Fall immer wieder nötig wurde, die Nichtansässigen aus den Landtribus in die städtischen zurückzuverweisen.

10. Appius Claudius Caecus

Appius Claudius, der den Vorstoß unternommen hatte und später den entscheidenden Anstoß zur Modernisierung der Rechtspflege gab, war übrigens eine sehr bemerkenswerte Erscheinung der römischen Geschichte dieser Zeit: Ein Mann, wie man sieht, ohne jedes Vorurteil, ein Mensch mit einem Blick für die Anforderungen der Gegenwart und ein Kopf, dem etwas einfiel und der genügend Energie besaß, es durchzuführen. Seinen patrizischen Standesgenossen war er deshalb nicht bequem; aber er hat sich bei ihnen durchgesetzt und sogar die reichste Anerkennung gefunden. Neben seiner Zensur ist er zweimal Konsul und einmal Prätor gewesen. Er war als der erste Römer literarisch tätig und gab eine Sammlung von Aphorismen zur Lebensweisheit heraus. Vor allem aber öffnete er dem Staat die Augen für bis dahin unbekannte Verwaltungsaufgaben. In seiner Zensur baute er die (nach ihm genannte) Claudische Wasserleitung und die Appische (Fern-)Straße, jene, um mit öffentlichen Mitteln einem sozialen Bedürfnis abzuhelfen, diese, um dem römischen Soldaten der immer weiter ausgreifenden römischen Macht eine technische Hilfe zu verschaffen. Appius Claudius hat sich damit nicht nur ein bis heute bleibendes Denkmal errichtet, sondern der römischen Verwaltung einen Weg gewiesen, auf dem sie zu den für Rom charakteristischsten Monumentalzeugnissen fortschreiten sollte.

11. Der Abschluß des Ständekampfes

Der Abschluß des Ständekampfes wurde in zwei Fundamentalgesetzen der republikanischen Verfassung erreicht. Eine lex Valeria von 300 v. Chr. formulierte das berühmte römische Provokationsrecht. Sie besagte, daß der römische Bürger gegen einen

Gewaltakt des militärischen Magistrats, den dieser kraft seines Imperiums im inneren Stadtbereich (intra pomerium) gegen ihn vornimmt, geschützt ist, sofern er sich gegen sein Leben richtet oder eine hohe Vermögensbuße über ihn verhängt. Dieser Sachverhalt war so ausgedrückt, daß in einem solchen Fall der Betroffene die Möglichkeit hatte, den Spruch des Magistrates von sich aus zu kassieren, indem er die Sache vor das Volk brachte (provocare). Der Sinn dabei war allerdings, daß es praktisch gar nicht hierzu kam und der Magistrat im Hinblick auf die in solchen Fällen immer wahrscheinliche Diskreditierung seiner Macht sich solcher Maßnahmen von vornherein enthielt. So ist es in der Tat auch gewesen. Eine Provokation in der Art, wie sie hier als Gegenhilfe des Bürgers vorgestellt wurde, hat (nach unserer Kenntnis) kein einziges Mal stattgefunden.

Daß dieser Schritt gerade jetzt erfolgte, hatte seinen guten Grund. Er besagte nämlich keineswegs, daß bis dahin der römische Bürger der Staatsmacht schutzlos preisgegeben war. Schließlich hatte die Plebs ja doch lange genug und mit Erfolg um die Sicherstellung ihrer Angehörigen gegenüber den Übergriffen der Obrigkeit gekämpft. Aber gerade daran tut sich der besondere Sachverhalt auf. Man hatte die Plebejer durch die Tribunen geschützt, indem man ihre Gewalt der des Magistrates entgegensetzte. Die Sicherheit des Plebejers war also durch ein Mittel gewährleistet, das unmittelbar an die Situation des Ständekampfes erinnerte. Jetzt, wo dieser beigelegt werden sollte, war im Grunde diese Art der Garantie nicht mehr angebracht. Sie wurde ersetzt durch die des neuen Provokationsgesetzes. Man brauchte deshalb die Befugnisse der Tribunen keineswegs aufzuheben — sie sind tatsächlich auch geblieben —, aber man machte ihren Gebrauch für die schwersten Fälle überflüssig. Die tribunizischen Rechte blieben wie das ganze Tribunat erhalten, aber in dem alten Sinne wurden sie neutralisiert.

Darin lag noch ein weiterer Gewinn beschlossen. Wenn die Provokation auch ein Ergebnis des Ständekampfes war, so bedeutete sie doch keineswegs, daß man hinfort gegen irgendwelche Reaktion eine Vorkehrung treffen wollte. Die Plebs war kein Angriffsobjekt des Patriziats mehr und bedurfte im Grunde, seitdem die Regierung sich aus beiden Ständen zusammensetzte, keines spezifischen Schutzes. Dahin wies wenigstens die Zukunft. Infolgedessen war das Gesetz aber auch mehr als ein plebejisches Panier. Es galt für jeden Römer, wer er auch immer war, also auch für den Patrizier, sofern er sich Übergriffen der Obrigkeit ausgesetzt sah. Die eigenen Bedürfnisse der Plebs und die Anliegen der allgemeinen Verfassungsentwicklung verschmolzen also miteinander. Die Plebs wurde zur Vollstreckerin grundsätzlicher Rechtsnotwendigkeiten und schuf damit schlechthin die Freiheitscharta der römischen Republik. Während ihrer ganzen Dauer sahen die Römer in der Provokation ein Grundgesetz ihres Staates, eines der Fundamente ihres Daseins, und es ist deshalb begreiflich, daß man sie bis in die Geburtsstunde des Freistaates zurückdatierte. Römisches Bürgerrecht und persönliche Unantastbarkeit gegenüber Grenzüberschreitungen der Exekutive wurden eines. Als mit der Zeit neben den römischen Bürger der römische Untertan trat, hob sich jener von diesem dadurch deutlich ab. Das „civis Romanus sum" wurde zum Palladium seiner Freiheit und seines Vorrechtes.

Das andere Gesetz, die lex Hortensia von 287 v. Chr., zeigte die gleiche Auflösung plebejischer Ziele in allgemein römisches Verfassungsrecht. Der historische Vorgang selbst war anscheinend vielfältig und uneinheitlich. Wegen privater Überschuldungen kam es zu Unruhen und sogar zu einer Sezession der Plebs. In diesem Moment nun müssen sich die Häupter der Plebs und des Patriziates über diese vorübergehende Tagesaufregung hinweg im Sinne einer letzten Generalbereinigung der ganzen Vergangenheit geeinigt haben. Die Absicht ging dahin, sichtbar und ausdrücklich zu dokumentieren, daß es fürder auch nicht mehr einen Schatten der alten Front des Patriziates gegen die Plebs gäbe. Das Resultat erscheint auf den ersten Blick überraschend. Es wurde beschlossen, daß in Zukunft die Beschlüsse der Plebs für alle Römer zu gelten hätten, mit anderen Worten, daß Plebiszite den Rang von allgemeinen Volksbeschlüssen hätten. Wenn man das unvermittelt hört, erscheint es einem wie die sanktionierte Herrschaft der Plebs über den Staat. Das Gegenteil jedoch trifft zu. In diesem Augenblicke, wo die Plebs aufhörte, nur für sich Resolutionen zu beschließen, verabschiedete sie sich als im Kampf stehende Klasse. Sie wurde damit stellvertretend für die Gesamtheit und verzichtete auf die Vertretung eigener Interessen. Der Brand war erloschen. Es gab kein Feuer mehr, an dem sich die Leidenschaften hätten erhitzen können. Man legte das Schwert weg, weil es um nichts mehr zu kämpfen gab.

Die Hintergründe dieser Einigung sind freilich mit der Tatsache ihres Zustandekommens noch nicht aufgeklärt. Wenn man feststellt, daß sie stattgefunden und sich in bestimmten Maßnahmen vollzogen hat, ist damit noch nicht zum Ausdruck gebracht, wie sie eigentlich möglich gewesen ist. Hier muß man also weiterfragen.

12. Die Nobilität

Jedesmal, wenn der Ständekampf sich zuspitzte, wurde er von seiner politischen Seite her gekappt. Seine verschiedenen Stadien sind allesamt gekennzeichnet durch Kompromisse über die Verteilung der politischen Rechte zwischen Plebs und Patriziat. Was der Ständekampf an sozialen Problemen aufwarf, ist wohl versuchsweise auch in den Griff bewußter Auseinandersetzungen genommen worden, aber ihre Lösung wurde nicht das Resultat solcher Bestrebungen. Das Wesentliche dazu hat die erfolgreiche römische Außenpolitik beigetragen. Das vitale Interesse des plebejischen Bauern war auf die Versorgung seiner männlichen Kinder, der jungen Männer ohne Grundbesitz, der proles oder der proletarii (Nachkommenschaft), gerichtet. Diese auf Kosten der patrizischen Grundbesitzer durchzusetzen, hätte zu einem schwer lösbaren Konflikt geführt. Aber wenn man das Land des Feindes zur Verfügung hatte, konnten die binnenrömischen Widerstände nicht groß sein; im Gegenteil: die dauernde Bewältigung des Gegners ließ sich nur mit dem Bauern durchführen, im Frieden nicht weniger als im Kriege. Auf diese Weise wurden die elementaren Energien der Macht nicht in die revolutionäre Auseinandersetzung hineingezogen oder wenigstens nur in dem Maße, daß sie, unfähig für sich Entscheidendes auszurichten, gerade dazu ausreichten, die politischen Anliegen zu fördern und ihnen zum Siege zu verhelfen. Der Ständekampf brachte keine soziale Revolution und daher auch keine soziale Umlagerung. Er verlief in diesem Sektor ausgesprochen konservativ. Das gesellschaftliche Gefüge Roms blieb erhalten. Seine Struktur blieb unverändert. Es gab nach wie vor die bürgerliche breite Schicht und eine Aristokratie.

Aber diese Aristokratie war nicht mehr die ausschließlich patrizische. Ihre Stellung hatte — abgesehen von dem selbstverständlichen ökonomischen Übergewicht, das eine Voraussetzung jeder ursprünglichen Bildung einer herrschenden Klasse ist — auf den politischen Privilegien beruht. Jetzt, wo diese wegfielen und sie ihre Stellung mit den

Plebejern teilte, konnte es beim Fehlen einer sozialen Revolution nur die eine Folge geben, daß der Kreis des Adels sich um die arrivierten Plebejer erweiterte. Es war klar, daß in der Regel nur die reichen Plebejer die Lasten der Ämterlaufbahn (Besoldung war natürlich unbekannt) auf sich nehmen konnten, und ebenso konnte es nicht ausbleiben, daß sich, zumal für die oberen, mit wenig Stellen ausgestatteten Ämter, eine personale Tradition herausbildete.

Eine solche hatte es schon unter den patrizischen Beamten gegeben. Auch unter formell gleichen Bedingungen kam selbstverständlich nicht jeder mit der gleichen Wahrscheinlichkeit zum Zuge. Es kam auf das Maß seiner sozialen Geltung und seines gesellschaftlichen Einflusses an. Von seinen persönlichen Eigenschaften allein hing das aber nicht ab, nicht anders als in jeder Gesellschaft. Entscheidend war vielmehr, worauf einer sich stützen konnte, und das richtete sich wiederum nach den familiären Verbindungen. Da es keine zum Zweck politischer Einflußgewinnung besonders geschaffenen Kollektive (wie etwa die modernen Parteien) gab, konnten nur die Familien und Geschlechter die Sozialkörper sein, welche das politische Spiel bestimmten. Die — für Rom charakteristische — weitgespannte Familienorganisation, der immer noch enge Zusammenhalt der Familie in den Geschlechtern und die moralische Abhängigkeit der Klienten von ihrem Patron taten das ihrige, um in diesen „natürlichen" Gruppen das politische Gewicht zu lokalisieren.

Die Plebejer, welche jetzt mit an die Macht gelangten, vertraten den gleichen Typus. Auch sie waren Angehörige von vermögenden Familien, deren Einkommen wie das der Patrizier in erster Linie aus der Landwirtschaft floß. Handel und Gewerbe spielten um die Wende vom vierten zum dritten Jahrhundert noch eine recht untergeordnete Rolle. Staatlich anerkanntes Geld war unbekannt. Erst 289 v. Chr. wurden genormte Kupferbarren mit staatlichem Stempel versehen, und wirkliche Münzen wurden erst 269 v. Chr. geprägt. Auch hielten diese Plebejer sich an die gleichen Gewohnheiten wie die Patrizier und betrachteten als die Quelle ihrer Geltung nicht mehr die politische Organisation der Plebs — sie hatte mit der Beilegung des Ständekampfes aufgehört, ein politischer Kader zu sein —, sondern das Ansehen, das sich aus dem Rang von Familie und Geschlecht ergab. Genau wie die Patrizier pflegten sie die Erinnerung an die Vorfahren, hängten ihre Totenmasken (imagines) in den Häusern auf und trugen sie bei Beerdigungen in feierlicher Prozession herum. So entstand die homogene Schicht eines neuen patrizisch-plebejischen Adels oder die sog. Nobilität, welche an die Stelle des exklusiven Patriziates trat. Ihre Entstehung war das eigentliche Ergebnis des Ständekampfes, wobei freilich der Prozeß ihrer endgültigen Konsolidierung sich über dessen Ende noch hinaus erstreckte und noch ziemlich das ganze dritte Jahrhundert gedauert hat.

Im Gegensatz zum Patriziat beruhte die Stellung der Nobilität nicht auf juristisch festgelegten Privilegien, sondern auf der tatsächlichen Macht und der Fähigkeit, sich die Anerkennung als herrschende Klasse bei den mittleren und unteren Schichten zu erwerben. Es war deshalb möglich, ohne Formalität in ihrem Kreis Aufnahme zu finden. Der Weg ging über die Bekleidung der höheren Ämter (Prätur, Zensur, Konsulat). Aber insofern die Nobilität kraft ihrer gesellschaftlichen Stellung auf die Wahlen einen maßgebenden Einfluß ausübte, kam, von Ausnahmefällen abgesehen, nur mit ihrer Zustimmung ein Neuer (homo novus) in ihren Kreis hinein. Wegen des Zusammenhanges von „Amt" und Nobilitierung spricht man auch (nicht ganz glücklich) von dem Amtsadel der römischen Republik oder (besser), da praktisch mit den angegebenen Ämtern, wozu noch die Ädilität zu setzen wäre, ein nachfolgender Sitz im Senat verbunden war, vom Senatsadel.

Im strengen Sinne wurde allerdings die Nobilität nur von der obersten Stufe dieses Adels dargestellt, den nobiles, und damit wurden von ihr nur diejenigen Familien erfaßt, von denen ein Angehöriger zum höchsten Amt, dem Konsulat, gelangt war. Doch ist es unmöglich, diese besondere Gruppe als den alleinigen Repräsentanten des neuen römischen Adelsstandes anzusprechen. Das Wesen dieser neuen Größe besteht eben darin, daß sie auf der einen Seite soziologisch differenziert ist und auf der anderen es in ihr elastische Übergänge gibt.

Die Plebejer fanden sich mit ihren patrizischen Standesgenossen alsbald in der Erkenntnis zusammen, daß irgendwelche Initiative im Staat nur von ihnen auszugehen hätte und daß der demokratische Unterbau, wie er sich während des Ständekampfes in den verschiedenen Wahlkörperschaften ausgebildet hatte, nicht im Sinne eines selbständigen Willensträgers verstanden werden dürfe. Es hatte schon vorher kein eigenes Antragsrecht für die Teilnehmer an den Comitien gegeben. Nur der Beamte, der die Versammlung leitete, besaß es. Daran wurde jetzt natürlich erst recht nicht gerüttelt. Man war deshalb aus naheliegenden Gründen auch gar nicht daran interessiert, daß die Comitien gut besucht wurden. Die Teilnehmer kamen meistens vom Lande und hatten einen beschwerlichen Weg nach Rom zurückzulegen. Zum Markte fanden sich aber verhältnismäßig viele ein. Da traf man besondere Vorkehrungen dagegen, daß sie bei dieser Gelegenheit politisch tätig werden konnten. Ein bezeichnendes und eben zum Schluß des Ständekampfes erlassenes Gesetz, möglicherweise sogar die lex Hortensia von 287, verbot, an diesen Tagen Comitien und Volksversammlungen abzuhalten. Früher waren Volksversammlungen gerade für die Markttage vorgesehen gewesen. Jetzt, nachdem sie ihre politische Kampffunktion verloren hatten, wurden sie so dem (mittelbaren) Aufsichtsrecht der Regierung unterworfen. Es kam nun auch das Mittel gegen sie in Anwendung, sie je nach Bedürfnis durch beliebige Festsetzung von Feiertagen (feriae) zu verhindern. Die Kalenderregelung war Sache der Pontifices und bedeutete, wie man hieraus sieht, ein unter Umständen eminent politisches Geschäft. Früher war es geleitet durch die Interessen der Patrizier, jetzt, seitdem die Plebejer zu dem Kollegium Zutritt hatten, nicht etwa durch die der Plebs, sondern durch die der Nobilität. Seitdem die Plebs ihre Köpfe an die neue Aristokratie verloren hatte, hörte sie eben auf, ein echter politischer Verband zu sein. Plebejer zu sein, bedeutete nicht mehr die Zugehörigkeit zu einer sozialen Gruppe mit einem festumrissenen Standort, sondern war nicht mehr als eine formale Eigenschaft, welche etwa zur Bekleidung des Volkstribunates und der plebejischen Ädilität befähigte und umgekehrt von dem Zugang zu den wenigen, politisch bedeutungslosen patrizischen Reservaten, wie einigen Priestertümern, ausschloß.

13. Strukturwandel von Plebiszit und Volkstribunat

Der Übergang vom römischen Staat des Ständekampfes zur Republik der Nobilität vollzieht sich deshalb in einer strukturellen Verwandlung aller Einrichtungen, die einst einen klassenkämpferischen Zweck verfolgt hatten. Sie finden jetzt allesamt eine neue Funktion in der Aufgabe, als Hebel für die Staatsführung des neuen Adels zu dienen. Die Versetzung der Plebiszite unter die allgemeinen Volksbeschlüsse war nur ein Ausschnitt aus diesem umfassenden Prozeß gewesen, besaß dafür allerdings die Bedeutung eines Gelenkstückes, in das die anderen Glieder, mehr oder weniger vermittelt, eingehängt waren. Das praktische Gewicht des neuen Gesetzesmechanismus war schon insofern ungeheuer, als die römischen Regierungskreise, wenn sie die Festlegung durch einen Volksbeschluß benötigten, aus technischen Gründen den Plebisziten vor den Gesetzen der Zenturienversammlung hinfort den Vorzug gaben. Die Volksversammlung war durch ihre Formlosigkeit und ihre Rekrutierung aus den (schließlich) fünfunddreißig Tribus leichter einzuberufen als die vielen (193) Zenturien mit ihren verschiedenen classis, ihrem umständlichen Zeremoniell und ihrem schwerfälligen Abstimmungsmodus (die classis mußten nacheinander ihre Stimme abgeben). Deshalb waren die meisten Gesetze der Republik in Wirklichkeit auch Plebiszite.

Ihre Brauchbarkeit im Sinne des Gesamtstaates hing aber von der Zuverlässigkeit der Beamten ab, welche die Plebs einberiefen und die Gesetze vorlegten, den Volkstribunen. Wenn die Entscheidungen der Plebs Rechtsakte des ganzen Volkes waren, mußten die Tribunen zu Organen des Gesamtstaates werden, und das sind sie in der Tat auch geworden. Da die römische Ämterhierarchie keine von oben nach unten gehende positive Weisungsbefugnis kannte, bedurfte es auch in diesem Falle keiner Unterstellung der Tribunen unter die Staatsexekutive. Es genügte, wenn die Tribunen ihr Initiativrecht im Sinne der politischen Leitung ausübten. Mitunter gab der Senat seine Zustimmung besonders zu erkennen (ex auctoritate senatus handelte dann der Tribun). Gegen Mißbrauch der tribunizischen Initiative war man durch die Interzession der Kollegen geschützt. Unter zehn Tribunen war immer einer zu finden, der unwillkommenen Unternehmungen sein Veto entgegensetzte. Und gerade dieses absolute Vetorecht der Volkstribunen wurde überhaupt zu einer bequemen Handhabe, nicht nur die anderen Tribunen, sondern den gesamten Staatsapparat zu kontrollieren. Da die Volkstribunen infolge ihrer Residenzpflicht immer in Rom anwesend waren, standen sie auch stets, wenn sich einmal keine andere Möglichkeit zum Einschreiten bot, zur Verfügung. Doch war das nur eine Aushilfe.

Dagegen wurden sie als regelrechte Instanz für die gerichtliche Verfolgung öffentlicher Vergehen (Hoch- und Landesverrat, Amtsvergehen) eingesetzt. Der Tribun eröffnete dann als eine Art Staatsanwalt vor der Volksversammlung einen Prozeß. Mußte dieser wegen der Schwere des Falles vor den Zenturiatcomitien stattfinden, dann hatten sie sogar auch zu ihnen Zutritt kraft einer Ermächtigung der für sie zuständigen Magistrate (sie holten dann von ihnen die sog. Auspizien, d. h. die sakralen Vollmachten ein).

Auch zur Tätigkeit des römischen Senates wurden sie in ein geregeltes Verhältnis gebracht. Zur Wahrnehmung ihrer Interzession gegen Senatsbeschlüsse hatten die Tribune schon längst einen dauernden Sitz vor dem Tagungslokal in Anspruch genommen. Das war jetzt, wo sie zu Trägern positiver Staatsfunktionen wurden, nicht mehr genug: In Zukunft übertrug man ihnen fallweise sogar die Einberufung des Senates und damit das Recht, von sich aus in ihm einen Beschluß herbeizuführen, stellte sie also in diesem Punkt sogar den oberen Beamten gleich. Die tribunizischen Rechte, wenn man sie als eine Reihe von Zuständigkeiten faßt, waren in ihrem Bestand also nicht nur erhalten geblieben, sondern hatten sogar im Zeichen ihrer veränderten Aufgaben eine Erweiterung erfahren.

14. Charakter der künftigen Verfassung

Die römische Verfassung, die sich in dieser Weise aus dem Ständekampf heraus entwickelt hat, war ihrem Normen- und Kompetenzbestand nach ein sehr merkwürdiges Gebilde. Gestellt war sie, abgesehen von den beschlußfassenden Versammlungen des Volkes (sog. comitia), auf die Beamten, römisch gesprochen, die Magistratur, welcher dem Volke gegenüber insofern ein Vorrang zukam, als sie allein zur Einberufung der Volksversammlungen und damit zur Beschlußinitiative berechtigt war. Ihr eigenes Gestaltungsprinzip lag in der Mehrzahl der Amtsstellen und ihrer jährlichen Ablösung (Annuität). Hierbei war der Gesichtspunkt maßgebend, einen Mißbrauch der staatlichen Macht zu verhindern. Die begrenzte Dauer des Amtes ließ keinen persönlichen Amtsbesitz aufkommen, und die Mehrzahl auch gleicher Amtsträger schloß den Grundsatz ein, daß individuelle Amtshandlungen nur dann gültig wurden, wenn sie als von der Gesamtheit der betreffenden Beamten vollzogen angesehen werden konnten. Praktisch war dies daran zu erkennen, daß von seiten eines Kollegen kein Widerspruch erhoben wurde, und umgekehrt war die Folge unvermeidlich, daß jeder Einspruch von dieser Seite jegliche Amtshandlung zu Fall brachte. Das Verbot war immer stärker als das Gebot. Derselbe Grundsatz galt im allgemeinen auch für das Verhältnis der höheren Magistrate zu den niedrigeren, insofern als es hier keine positive Weisungsbefugnis gab, d. h. die Vorstellung eines Instanzenzuges völlig fehlte, und diese jenen nur dann zu weichen hatten, wenn sie auf einen Widerspruch stießen.

Bedenkt man ferner, daß die Volkstribunen innerhalb der Stadt ein durchgängiges Veto gegen jeden Beamten besaßen und obendrein ein dichtes Netzwerk von Kautelen des Sakralrechtes bestand, dann scheinen die äußeren Verfassungsbedingungen lediglich den einen Zug zum Ausdruck zu bringen, einheitliche Aktionen von vornherein lahmzulegen, wenn nicht gar diese Negation zu einer grundsätzlichen Anarchie zu treiben. Die Wirklichkeit straft jedoch diesen Eindruck Lügen. Die römische Republik hat in ihrer guten Zeit eine wohlgefügte Ordnung besessen. Wie war das unter solchen formellen Voraussetzungen möglich?

Es ist klar, daß hierfür der „Buchstabe" der Verfassung nicht ausreichte. Er besagte, für sich genommen, eher das Gegenteil. Also mußte hinter ihm eine ordnende und ausrichtende Kraft stehen, welche einem unsichtbaren Gesetz gehorchte und den „richtigen" Gebrauch der an sich höchst unvollkommenen äußeren Verfassungsapparatur gewährleistete. Dem war in der Tat so, und das „Geheimnis" der römischen Größe beruht ausschließlich auf diesem inneren Element, keinesfalls auf der technischen Zubereitung des Staates. Es war das nichts anderes als der Organismus des sozialen Lebens in Rom, kurz gesagt, die römische Gesellchaft mit dem ihr innewohnenden Regulationsvermögen. Aus dem Ständekampf war sie als ein durch und durch gesunder Körper, der die Maße seines Daseins in sich trug, hervorgegangen, wohlgefügt und in natürlichem Ebenmaß sich von unten nach oben aufbauend. Ihre Spitze genoß so viel Ansehen und Vertrauen, daß diese sich ohne Umständlichkeit in Herrschaft und Führung umsetzte. Und bei den Angehörigen der oberen Schicht war genug Korpsgeist vorhanden, um persönliche Gegensätze in einem ausbalancierten Zusammenspiel aufzuheben. Die Spielregel, auf die man sich in erster Linie berief, war das Herkommen, die Tradition oder römisch: der mos maiorum. Von hier aus wurde alles Auseinanderstrebende und alles die schwache Hülle der Verfassung Sprengende zusammengehalten, allen auf Schritt und Tritt sich darbietenden Verlockungen widerstanden. Auf dem lebendigen Bewußtsein, was man von selbst zu tun hatte, beruhte die Ordnung des römischen Lebens. Der Geist einer strengen Zucht durchdrang das ganze Dasein. Gegen etwaige Unregelmäßigkeiten war im schlimmsten Fall die korrigierende Instanz der Sittenaufsicht der Zensoren angesetzt. In diesem merkwürdigen Amte verkörperte sich die Strenge der römischen Gesittung, und wen ihre Rüge traf, der war weithin sichtbar gebrandmarkt. Handfeste Folgen konnten sich einstellen und die Angehörigen der höheren Kreise aus dem Senat und den Ritterzenturien, die der niederen aus den Tribus gestrichen werden. Wirksamer war natürlich, daß sich die allgemeine Moral entlang dem sozialen Gefälle mitteilte und vor allem der streng hierarchische Aufbau der römischen Großfamilie mit ihren Klientelschaften innerliche Bande menschlicher Abhängigkeit schuf. Was sich im Vordergrund als Tätigkeit des römischen Staates abspielte, war unmittelbar an den Nervenstrang der römischen Gesellschaft mit ihrer Reaktionsfähigkeit geknüpft.

15. Die römische Rechtswissenschaft

Nirgends wurde das deutlicher als beim Zustandekommen der bedeutendsten und originalsten Objektivation des römischen Wesens, dem römischen Recht. Es ist keine Schöpfung des römischen Staates und der römischen Beamten. Diese waren nur das Auffangorgan für eine Tätigkeit, deren Träger Privatleute, römische Honoratioren waren, die sich dem Studium des Rechtes von sich aus widmeten. Der zuständige Gerichtsbeamte war der Prätor. Er hatte nicht zu richten, sondern lediglich den Prozeß einzuleiten, indem er ihm bestimmte Klageformeln, welche den materiellen Inhalt des verfolgten Anspruches enthielten, zugrunde legte. Da er hierbei nicht einfach auf ein geschlossenes Repertoire zurückgreifen konnte, sondern die Formeln den Bedürfnissen, wie sie auftraten, anzupassen waren, konnte er ohne juristische Kenntnisse und Fähigkeiten nicht auskommen. Er selbst besaß sie nur in seltenen Fällen. Daher mußte er sich an einen Kreis bewährter Kenner wenden (sog. consilium), und damit gewannen diese Einfluß auf die Rechtspraxis. Was einmal formuliert war, blieb natürlich als Modell zum abermaligen Gebrauch und je nachdem zur Modifizierung bestehen. Auf diese Weise entwickelte sich eine Masse von streng durchdachten Rechtsfiguren. Die Juristen, ohne offiziellen Auftrag wie sie waren, standen auch Parteien für Rechtsgutachten und für das Aufsetzen von Formularen zur Verfügung, eine Tätigkeit, die nicht weniger als die Beihilfe, welche sie dem Prätor liehen, die römische Rechtskultur schuf. Früher machten das die Pontifices, also ein behördlich geschlossener und dazu sehr enger Kreis von Priestern. Der Ständekampf hatte mit der Beseitigung dieses Privileges den Weg für eine freie Entfaltung der geistigen Kräfte geöffnet. Bezeichnenderweise war ein Plebejer, Tiberius Coruncanius (Konsul von 280), der erste „weltliche" Jurist.

16. Die Religion

Die römische Religion hat dagegen weder geistige Energien freigesetzt noch zur Dynamik der römischen Geschichte einen wesentlichen Beitrag geliefert. Das Leben der römischen Gesellschaft war von ihr natürlich durchwirkt, und das Dasein des

Einzelnen wie das des Staates barg in sich einen reichen Schatz religiöser Alltagspraxis. Sie war urwüchsig, mit viel Formalismus ausgestattet und verriet allenthalben die Existenz religiöser Elementarvorstellungen. Virulent waren sie allerdings zumeist nicht mehr, sondern wie sonst auch in der Welt in die Versteinerung ihrem eigentlichen Sinn nach nicht mehr verstandener Riten übergegangen. Nichtsdestoweniger nahm man sie sehr ernst und hielt nicht nur auf ihre korrekte Beobachtung, sondern widmete sich auch den durch sie aufgeworfenen Problemen. Die oberste Instanz für solche Fragen war das Kollegium der Pontifices (mit dem Pontifex Maximus an der Spitze), und diese waren denn auch in Rom die frühesten Vertreter intellektueller Tätigkeit. Freilich waren sie weit davon entfernt, sie in einem autonomen Sinn zu verstehen. „Es sind großenteils Denkformen primitiver Zeit, die in der Pontifikalreligion bis in ihre letzten Konsequenzen hinein durchgeführt werden" (Latte). Die Pontifices wollten den Geist nicht stimulieren und noch weniger den Blick auf unbekannte Landschaften öffnen. Sie waren Verwalter alten Traditionsgutes und erprobten an ihm lediglich ihre Fähigkeit kasuistischer Analyse. Dabei folgten sie ganz pragmatisch den Zwecken, welche die Praxis mit ihren dann und wann auftretenden Unklarheiten setzte. Beherrschend waren das Bedürfnis nach Ordnung und die Absicht, die Menschen von den Skrupeln, die ihnen im Verkehr mit der religiösen Formsprache begegneten, zu befreien. Und eine „Befreiung" war merkwürdigerweise die Religion überhaupt, wenn man sie im Zusammenhang des seelisch-geistigen Haushalts Roms betrachtet. Die Festlegung auf ausgesprochen „primitive" Probleme schuf die Möglichkeit, den Kopf freizuhalten für Dinge, die darüberlagen. Die Pontifices waren zwar Fachleute, aber deswegen keineswegs eine Zunft mit spezifischen Interessen. Auch ihre Betätigung war Honoratiorenbeschäftigung, vertrug sich daher durchaus mit den Lebensgewohnheiten eines Nobilitätsmitgliedes und legte dessen politischen Ehrgeiz auch kein Hindernis in den Weg.

Der von dem Pontifikalkollegium gesteuerte Ritualismus beschränkte sich zudem konsequent auf Kult, Opfer, Feste und dergleichen, d. h. auf die Sphäre, in dem die Götter dem Menschen als Kraftwesen begegnen. Außerhalb dieses Bereiches ihn irgendwelchem göttlichen Gebot zu unterwerfen und ihn in seiner Lebenspraxis in Führung zu nehmen, lag den Pontifices wie überhaupt der römischen Religion fern. Zudem hatten die Religionsbeamten — es gab neben dem Pontifikalkollegium noch andere Kollegien und dann verschiedene Priestertümer — keineswegs das Monopol für den staatlichen Verkehr mit der Gottheit. Zum Wesen des Oberbeamten gehörte, daß er mit den sogenannten Auspizien, einem Pendant zum Imperium, die Vertretungsbefugnis der Gemeinde gegenüber den göttlichen Mächten besaß und sich mit ihnen ganz selbständig ins Benehmen setzte. Das kam vor allem bei der Deutung des göttlichen Willens im Verhältnis zu den profanen Geschäften der Politik zum Ausdruck. Mit Billigung und Unterstützung der Religionsexperten, d. h. der Pontifices, der Auguren und der Haruspices, entwickelte die römische Nobilität da eine sehr gewandte Routine, welche der Politik nicht nur nichts nahm, was ihre Autonomie schmälerte, sondern ihr obendrein das Bewußtsein schenkte, sie erfreue sich in allem der göttlichen Zustimmung. Das „gute Gewissen", von dem sich hierin die römische Politik getragen fühlte, das sie vor allem auch im völkerrechtlichen Verkehr empfand, war zweifellos eine Quelle ihrer Kraft, und wenn schon der alte Cato das berühmte Wort prägte, er wundere sich, daß ein Haruspex nicht lache, wenn er einen anderen Haruspex sähe (gewöhnlich als „Augurenlächeln“ zitiert), so zeigt der Ausspruch, daß den Römern sogar ein helles Bewußtsein von dieser Harmonie zwischen Religion und Profanität eignete und sie keinen Zweifel hatten, auf welcher Seite die stärkeren Triebkräfte lagen.

17. Der Senat

Die Plattform, auf der die politischen Kräfte der römischen Gesellschaft sich zusammenfanden, war der Senat. Er war deshalb die wirkliche Mitte des römischen Staates, Organ der politischen Willensbildung und der höchsten politischen Erziehung in einem. Sein Umfang betrug dreihundert Mitglieder. Patrizier und Plebejer bildeten ihn als Angehörige der neuen Aristokratie und stellten damit zugleich deren Repräsentation dar. Die meisten hatten ein kurulisches Amt bekleidet. Es gab auch Senatoren, die lediglich durch freie Wahl der Zensoren (d. h. ohne daß diese auf ehemalige Beamte zurückgriffen) zu der Ehre gekommen waren. Die höchste Rangstufe im Senat hatten die ehemaligen Konsuln (consulares).

Abgesehen von den speziellen Befugnissen der patrizischen Senatoren konnte in strengem Sinne von solchen des Senats ursprünglich nicht gesprochen werden. Er hatte lediglich nach einer strengen Geschäftsordnung zu diskutieren und die Beamtenexekutive zu beraten. Nach römischer Anschauung war es ausgeschlossen, ohne seine Ratschläge (senatus consulta) auszukommen. Deshalb gewannen sie aber für die Beamten mit der Zeit den Wert verbindlicher Beschlüsse. Die Zugehörigkeit zum Senat war lebenslänglich. Die Dauer eines Amtes betrug ein Jahr. Alle höheren Amtsträger waren vor und nach ihrer Amtszeit Senatoren.

Es entspricht nur einem soziologischen Gesetz, daß unter solchen Umständen kein Beamter in wichtigen Dingen gegen den Senat handelte. Infolgedessen war alles, was im römischen Staate geschah — auch die Wahlen, die durch die Beamten vorgenommen wurden —, letztlich Wille des Senates. Der Senat war der Sache, nicht der Form nach, der Souverän des römischen Staates. Eine Auflehnung gegen ihn wäre gleichbedeutend mit Revolution gewesen. Er war aber auch soviel wie eine römische Regierung. Die Anlehnung der Magistrate an ihn war so stark, daß ihnen echte Regierungsgewalt nicht zugesprochen werden kann. Natürlich „regierte“ nicht der ganze Senat, sondern stets eine wechselnde aktive Minderheit, welche die Mehrheit hinter sich brachte. Die höheren Senatoren konnten sich der Möglichkeit nach stets als regierende Macht betrachten. Es kam nur auf die Konstellation an. Natürlich heißt das nicht, daß die Konsuln nichts als Strohmänner des Senates gewesen wären. Aber wenn einer sich im Senat durchsetzte, dann tat er das nicht auf Grund seiner Amtsbefugnis, sondern kraft seiner persönlichen Fähigkeit und seines Ansehens, also mit den gleichen Mitteln, mit denen einer oder mehrere Senatoren sich Geltung verschafften. Die jüngeren Mitglieder des Senates hatten infolge der Geschäftsordnung, welche immer erst die älteren zu Wort kommen ließ, gar keine Möglichkeit, in den Bereich von Regierungsentscheidungen zu gelangen. Für sie boten die Verhandlungen in erster Linie politischen Anschauungsunterricht Bei der Abstimmung schlossen sie sich einer der während der Verhandlungen hervorgetretenen Gruppen an.

Vorbereitet wurde der Prozeß der Willensbildung natürlich vor den Sitzungen. Senator sein hieß, so viel Abkömmlichkeit haben, um den ganzen Tag für private politische Unterhandlungen und Besprechungen zur Verfügung zu stehen. Wer sich dem entzog, hatte für die Entscheidungen kein Gewicht. Die anderen aber brachten den größeren Teil ihres Lebens in einer Atmosphäre steter Auseinandersetzung und Anspannung zu, so daß ihr Wesen davon seine innere Prägung erhielt und das berühmte griechische Wort verständlich wird, der römische Senat sei eine Versammlung von Königen gewesen.

III.

Die Unterwerfung Italiens

§ 3. Die römische Expansion in Italien

1. Umriß der römischen Expansion in Italien. — 2. Die Keltengefahr. — 3. Rom und Latium. — 4. Rom und Etrurien. — 5. Der römische Gegenstoß. — 6. Die oskischen Völker. — 7. Der Samnitische Bund. — 8. Der Latinerkrieg. — 9. Die Samnitenkriege. — 10. Römische Offensive in Zentralitalien. — 11. Römisch-lukanisches Bündnis. — 12. Dritte Phase des Kampfes gegen Samnium. — 13. Rom in der Defensive gegen Norden. — 14. Die vierte (letzte) Phase des Kampfes gegen die Samniten (Pyrrhoskrieg). — 15. Ergebnis des Pyrrhoskrieges. — 16. Das römische Heer und seine Wandlungen. — 17. Persönlichkeiten dieser Epoche.

1. Umriß der römischen Expansion in Italien

Die Errichtung der römischen Herrschaft über Italien ist bekanntlich die Voraussetzung des späteren Weltreiches und kann deshalb besondere Aufmerksamkeit beanspruchen. Um so mehr ist der Historiker gehalten, von vornherein darauf hinzuweisen, daß er in keiner Weise imstande ist, den Erwartungen, welche ihm gerade an dieser Stelle von dem historischen Interesse entgegengebracht werden, nur im entferntesten zu entsprechen. Was die Wissenschaft auf Grund des Quellenstandes geben kann, ist nur ein ungefährer Umriß der Ereignisse. Alles andere, der gesamte innere Motivzusammenhang und vor allem die sozialen, geistigen und personalen Quellen, aus denen eine fast drei Generationen andauernde Anstrengung gespeist wurde, ist für uns verschüttet und mit keinen Mitteln mehr an das Tageslicht einer konkreten Erkenntnis zu bringen. Man kann nur einige ganz rohe Tatsachen hervorheben.

Die Unterwerfung Italiens ist, wie alles in der römischen Geschichte, kein einmaliger und schneller Wurf. Sie hat sich in einem langsamen und fortwährenden Bemühen vollzogen. Man kann es nahezu mit der Dauer der bisherigen römischen Geschichte in eins setzen. Seit den Tagen des „etruskischen“ Rom gibt es im Grunde einen römischen „Imperialismus“. Trotzdem drängt sich der Prozeß doch wieder auf einen verhältnismäßig begrenzten Zeitraum zusammen und erstreckt sich auf nicht mehr als die zwei bis drei Generationen zwischen etwa 330 v. Chr. und 270 v. Chr. Es ist nicht zu verkennen, daß in ihm sich eine besondere Konzentration der Kräfte und eine außerordentliche Beharrlichkeit des Wollens kundtut, die auch in der römischen Geschichte nicht alltäglich waren. Die italische Phase des römischen Imperialismus ist genau wie die spätere weltpolitische der Ausdruck eines ersten „In-Form-Seins“ des römischen Volkes.

Möglich geworden ist diese politische Höhenlage nur durch den glücklichen Umstand, daß Rom in der vorangehenden Generation sein inneres Gleichgewicht gewonnen hatte. Der Ständekampf war da eben zu seinem grundsätzlichen Austrag gekommen. Er war noch nicht beendet, aber nach der Entscheidung von 367 doch entgiftet. Worauf es ankam, das war erreicht: Zwischen Volk und regierender Schicht gab es kein Mißtrauen, das die nach außen gewandten Energien hätte lähmen können. Umgekehrt kam die römische Expansion der politischen Festigung zu Hilfe. Das Vorhandensein großer außenpolitischer Aufgaben zog die Kräfte des römischen Volkes in ihren Bann und verlieh ihnen eine eindeutige Richtung, in der sich die Gegensätze vereinigen konnten. Zudem entlastete der stetige Neuerwerb von Siedlungsland den sozialen Druck im Innern.

Die Unterwerfung Italiens ist ferner das erste große Werk, um das Patrizier und Plebejer zusammen sich bemüht haben. Die neue Regierungschicht der Nobilität hat sich bei ihr nicht nur bewährt, sondern in diesem erfolgreichen Ringen erst eigentlich zusammengefunden. Das Gefüge des römischen Staates und der römischen Gesellschaft war nicht nur die Voraussetzung für den Sieg, der Sieg war vielmehr ebenso der wesentlichste Beitrag zum Wachstumsprozeß der inneren römischen Form. Die „Größe“ Roms liegt also in einem doppelten Sinn in der Leistung jener zwei bis drei Generationen beschlossen.

2. Die Keltengefahr

Vorbereitet wurde der römische Aufstieg durch die politische Meisterung der außenpolitischen Situation, die durch die Gallierkatastrophe von 387 entstanden war. Sie nahm etwa vier bis fünf Jahrzehnte in Anspruch (387 bis 340 v. Chr.). Schon für die Innenpolitik bedeutete jenes Unglück einen Stachel, der die Dinge vorwärtstrieb. Erst recht mußte jene Gefährdung Energien auf dem außenpolitischen Gebiet erwecken. Die Stärkung der römischen Macht erfolgte also aus einem Bewußtsein der Bedrohung und der Schwächung heraus. Die Galliergefahr war durch den Abzug des Brennus aus Rom keineswegs gebannt. Zu den möglichen Feinden, mit denen Rom zu rechnen hatte, gehörten bis in die Zeit des Hannibalkrieges hinfort die Kelten Oberitaliens. Mindestens dreimal unternahmen sie zwischen 387 und 340 Vorstöße, welche sie zum Teil in die unmittelbare Umgebung Roms brachten. In jene Zeit hat die Tradition die berühmte Geschichte vom römischen „David und Goliath“ gelegt, wonach ein junger Patrizier, Titus Manlius Imperiosus, auf die Herausforderung eines gallischen Hünen sich zum Zweikampfe stellte und den Gegner erschlug. Von der erbeuteten Trophäe, dem gallischen Schmuck (torques), habe er den in der Familie fortan erblichen Beinamen Torquatus erhalten. Es gelang den Römern zwar immer, die Gallier zurückzuschlagen, aber das Übel war keineswegs an der Wurzel gepackt und konnte deshalb jederzeit wieder in Erscheinung treten.

3. Rom und Latium

In der damaligen Zeit waren indes die mittelbaren Folgen der keltischen Invasion für Rom in erster Linie wichtig. Sie machten sich, allgemein gesehen, in einer Erschütterung der römischen Stellung in Italien bemerkbar. Von Norden sowohl wie von Süden, also an den beiden Fronten, an denen Rom bisher aktiv gewesen war, gingen feindliche Gegenstöße aus. Am peinlichsten war, daß die latinischen Städte, über die Rom eine Art Hegemonie besaß, sich jetzt der römischen Führung entzogen und damit eine Spaltung der latinischen Macht herbeiführten. Den Gewinn davon hatten die Volsker; sie drangen wie früher in südwestlicher Richtung gegen das Meer vor und zerstörten dabei eine latinische Stadt (Pometia). Nicht nur für Rom, sondern auch für die Latiner hing deshalb alles davon ab, daß das Einvernehmen wiederhergestellt wurde. Daß dies gelang, war für den Fortgang der römische Geschichte schlechthin entscheidend. In welcher Form es geschah, ist leider zweifelsfrei nicht mehr festzustellen. Es spricht sehr viel dafür, daß der Bündnisvertrag des Spurius Cassius, den man in Rom späterhin stets als das Grundstatut des römisch-latinischen Verhältnisses betrachtete, in jene Zeit (zwischen 387 und 371) gehört. Er setzt voraus, daß die Latiner sich zu einem eigenen Bund ohne Rom zusammengeschlossen hatten. Rom war in seiner bedrängten Lage weitsichtig genug, ihn anzuerkennen, und drang nur darauf, daß er sich Rom gegenüber zu Frieden und Bündnis, natürlich auf der Grundlage der Gegenseitigkeit, verpflichtete. Von irgendwelcher römischen Führung wurde mit keinem Wort gesprochen. Eine Generation lang hat diese Verständigung Bestand gehabt, obgleich die beiden mächtigsten Latinerstaaten, Tibur und Praeneste (Tivoli, Palestrina), keineswegs zuverlässig waren und sich vorübergehend in den fünfziger Jahren von der römisch-latinischen Sache trennten. Sie trieben Politik auf eigene Faust, und Tibur verband sich sogar mit den Galliern (357 v. Chr.). Aber das blieb Episode. Rom gelang es, die beiden Abtrünnigen wieder in den Latinischen Bund zurückzuzwingen (354 v. Chr.).

4. Rom und Etrurien

In der gleichen Zeit spitzten sich die Spannungen zwischen Rom und seinen nördlichen Nachbarn in Etrurien zu. Unmittelbar nach der Alliaschlacht scheint von ihrer Seite nichts Bedeutsames unternommen worden zu sein. Sie waren selbst durch die keltische Invasion getroffen, viel mehr als die Römer; denn die Festsetzung der Kelten in Oberitalien war ja in erster Linie auf ihre Kosten erfolgt. Inzwischen hatten sie sich jedoch der neuen Lage angepaßt und wandten ihre Aktivität wieder ihrer südlichen Grenze, den Römern, zu. Der Angriff wurde von den Rom am nächsten liegenden Staaten, von Caere, Falerii und Tarquinii, vorgetragen. Rom mußte eine schwere Niederlage einstecken (gegenüber Falerii und Tarquinii), gelangte aber dann zu einem vorteilhaften Frieden (353 u. 351 v. Chr.) und zur Anerkennung seiner Überlegenheit.

5. Der römische Gegenstoß

Für die weitere Entwicklung war nun allerdings nicht bloß die Behauptung Roms gegenüber diesen Bedrohungen wichtig. In die Zukunft wies die Tatsache, daß die Römer in beiden Richtungen aus der Verteidigung unmittelbaren Gewinn zogen und den Bereich ihres Einflusses über die bisherigen Grenzen hinaus erweiterten. Im Norden wurde das am nächsten liegende Caere durch ein besonders enges Band an Rom angeschlossen. Falerii hatte sein feindliches Verhalten mit großen Gebietsabtretungen büßen müssen, welche die Markung für latinische Kolonien (Nepet, Sutrium) abgaben. Vor allem aber wurde im Süden die römische Macht ausgebaut. Da standen zunächst Römer und Latiner Schulter an Schulter gegen die Volsker. Der Erfolg war gewaltig. Ein für allemal wurde der volskische Sperriegel, der sich noch immer quer durch das südliche Latium bis zum Meere erstreckte, weggesprengt und das gesamte Küstengebiet bis Tarracina mit dem anschließenden Hinterland in den römisch-latinischen Bereich einbezogen. Das gewonnene Land wurde zu einem erheblichen Teil von den Siegern annektiert und entweder zum römischen Gebiet geschlagen (Einrichtung der tribus Pomptina und Publilia) oder zur Gründung latinischer Kolonien verwandt (Setia und Circei). Was übrigblieb, behielten die Besiegten; sie mußten sich jedoch zu einem Bündnis mit Rom bequemen.

Damit war Rom mit der Mitte des vierten Jahrhunderts über den Stand hinausgelangt, den es, gestützt auf den etruskischen Rückhalt, einst am Ende der Königszeit eingenommen hatte. In der Mitte Italiens lag es als ein Kraftzentrum, das sich mit jeder Macht in Italien messen konnte. Seine Wiedererstarkung nach der Gallierkatastrophe hatte es mächtiger gemacht, als es zuvor gewesen war. Das Entwicklungsstadium, in dem Rom durch die nächste Umgebung der Stadt bestimmt wurde, war von ihm durchschritten. Es war hineingewachsen in den weiteren Raum Italiens und damit eingedrungen in den Kreis der politischen Elemente, von deren Verhältnis zueinander die Geschichte Italiens abhing. Wahrscheinlich ist diese Tatsache außerhalb Roms früher ins Bewußtsein getreten, als man in Rom selbst sich auf die neue Konstellation einstellen konnte. Die nächsten Ereignisse lehren jedenfalls, daß die erste Reaktion von seiten des Auslandes erfolgte.

6. Die oskischen Völker

Freilich hatte in dieser Zeit nicht nur die römische Geschichte die politische Landkarte Italiens verändert. Eben damals, als die Wiedererstarkung Roms nach der Alliaschlacht erfolgte, war auf der südlichen Hälfte der Apenninenhalbinsel eine bedeutende Macht heraufgekommen, welche — wie die römische — in der Mitte des Jahrhunderts offen sichtbar wurde: Der Samnitische Bund.

Die Samniten waren ein Teil der oskisch-sabellischen Stämme, welche mit den verwandten Umbrern zusammen die weitaus stärkste Völkergruppe Italiens bildeten. Diese oskisch-sabellischen Stämme bestanden aus den Gebirgsbauern des Apennin, waren tapfer und vital, besaßen jedoch keine besonders hochentwickelte politische Organisation. Sie lebten in Dörfern verstreut und kannten allenfalls als höhere Einheit kleinere Kantone mit einem „Volksrichter“ (meddix tuticus) an der Spitze. In ihrer Ursprünglichkeit und damit auch in ihrer Fremdheit gegenüber städtischen Lebensformen waren sie eigentlich bestimmt, den geschichtlichen Gegenspieler gegenüber dem ägäischen Element, den Etruskern und auch den Griechen, abzugeben. In gewisser Hinsicht war es auch so: Als die etruskische Macht in Mittel- und Süditalien zusammenbrach, da waren es die Osko-Sabeller, welche den unmittelbaren Vorteil davon hatten. Der Weg zur Küste wurde für sie frei. So drängten sie in die latinische und kampanische Ebene. In jener stießen sie auf die Römer und Latiner und setzten so eigentlich (in der Gestalt der Volsker und Äquer) deren Geschichte in Bewegung; in dieser trafen sie mit den Griechen (im fünften Jahrhundert) zusammen und brachten dort ihre Geschichte beinahe zum Erlöschen. Sie ergriffen von den kampanischen Städten (bis auf Neapel, das sich gehalten hat) Besitz und nahmen in dieser Gegend, so gut es ging, selbst die Lebensformen der Griechen an. Im südlichsten Italien kam es nicht ganz so weit. Die Osko-Sabeller wurden zwar auch da zu einer Plage für die Griechen und setzten ihnen nachhaltig zu, aber eliminieren konnten sie sie nicht, obgleich das Hinterland der zahlreichen Griechenstädte allmählich in ihre Hände überging und die Lukaner und Bruttier, die nach Süden vordringende oskisch-sabellische Volksgruppe, nicht mehr aufhörten, eine ständige Bedrohung für sie zu sein, und die griechische Stadt Poseidonia (Paestum) Anfang des vierten Jahrhunderts ein Opfer lukanischer Angriffe wurde.

Die Geschichte schien es somit darauf angelegt zu haben, die Osko-Sabeller zum Schicksal Italiens werden zu lassen. Ihre seit hundert Jahren überströmende Volkskraft enthielt hierfür eine wesentliche Voraussetzung.

Wenn aus solchen Möglichkeiten nun doch nichts wurde und statt dessen das lateinische Element unter Führung der Römer von einer ursprünglich viel schmaleren Basis aus sich in Italien durchsetzte, so lag das ausschließlich an der fehlenden Festigkeit des politischen Verbandes bei den Osko-Sabellern. Den Stadtstaat hatten sie nur in ihren Randbezirken sich angeeignet (in Kampanien und in Latium), herrschend blieb die Stammesverfassung und auch die nur in einer sehr dezentralisierten Form. Ansätze zur Monarchie und zum Feudalismus, welche allein zur Ausschöpfung ihres sozialen Potentiales hätten führen können, haben ihnen anscheinend gefehlt oder sind, wie überall in der abendländischen Antike, nicht entwickelt worden.

7. Der Samnitische Bund

Indessen ist die Geschichte nicht so geradlinig verlaufen, wie es der Anlage zu entsprechen schien. Der stärkste oskisch-sabellische Stamm, die Samniten, unternahm doch den Versuch einer Konzentration der politischen Kräfte. In einer Bundesorganisation mit einer Tagsatzung, zu der die Abgeordneten der verschiedenen Kantone erschienen, schufen sie eine Art von zentraler Leitung. Sie war vor allem im Krieg, wenn ein Generalissimus gewählt wurde, effektiv, wies sich jedoch auch im Frieden durch die Konzeption politischer Richtlinien und Pläne aus. Dieser Bund umfaßte mehrere Stämme, die Pentrer, Hirpiner und Kaudiner. Der Erfolg zeigte sich sehr schnell; denn auch dieses geringe Maß an Ausrichtung der politischen Energien erhöhte die Macht der Samniten in einem so überraschenden Umfang, daß sie ihre Herrschaft beträchtlich über das Stammesgebiet ausdehnten und sich im Nordosten nicht nur Teile der apulischen Ebene aneigneten, sondern einen breiten Saum der adriatischen Küste (vom Monte Gargano an nördlich) mit Beschlag belegten. In der entgegengesetzten Richtung erreichten sie, freilich nur auf der verhältnismäßig schmalen Strecke des Golfes von Salerno, das Tyrrhenische Meer. Die weitere Zielsetzung ergab sich von hier aus von selbst. Nichts war verständlicher, als daß sie auf die anschließende kampanische Ebene übergriffen, jenes Land, das nicht nur durch seine einzigartige Fruchtbarkeit einen unwiderstehlichen Reiz ausüben mußte, sondern zudem alter oskischer Kolonisationsboden war.

An diesem Punkt verknüpften sich nun die römische und die samnitische Geschichte. Die samnitischen Stammverwandten in Kampanien, in erster Linie das reiche Capua, hatten, ebensowenig wie die nördlich angrenzenden oskischen Aurunker, Lust, ihre Selbständigkeit den rauhen Gebirgsleuten zu opfern. Sie sahen sich zu ihrem Schutz nach einem Rückhalt um und fanden ihn bei der aufstrebenden römisch-latinischen Macht. So kam es, daß am Ende der vierziger Jahre auf einer Strecke von hundert bis hundertundfünfzig Kilometer — das war so viel wie die Längenausdehnung des von Rom im Verlauf von mehr als hundert Jahren allmählich unter seinen Einfluß gebrachten Gebietes! — die Bewohner Italiens sich an Rom freiwillig anschlossen, von Tarracina bis etwa zur Mitte von Kampanien. Im Inneren erstreckte sich das Gebiet bis an die Grenze von Samnium und erfaßte so auch die binnenländischen Sidiciner. Mit einem Schlag hatte Rom ohne einen Schwertstreich seinen Einflußbereich gewaltig vergrößert und war damit in unmittelbare Nachbarschaft zu den Samniten getreten. Bis dahin hatte keine Veranlassung zu irgendwelcher Auseinandersetzung mit ihnen bestanden; gegen die Gallier sollen die beiden sogar einmal gemeinsame Sache gemacht haben. Aber dieser römische Vorstoß kam einer Herausforderung gleich, und es ist sehr begreiflich, daß er zu einem Waffengang führte (sog. Erster Samnitischer Krieg 343—341), und nur verwunderlich, daß er keine wesentlichen Kriegshandlungen erbrachte.

8. Der Latinerkrieg

Die Erklärung dafür lieferten die folgenden Jahre. Sie brachten Rom eine schwere Krise und schienen nochmals den gesamten Gewinn seiner bisherigen Geschichte aufs Spiel zu setzen. Seine latinischen Bundesgenossen, auf deren Mitarbeit die ganze römische Macht beruhte, empörten sich. Die Gründe für diesen Aufstand, den sog. Latinischen Krieg (340—338), sind natürlich nicht überliefert, leider aber auch nicht ganz eindeutig zu erraten. Man kann sie eigentlich nur in der Beunruhigung der latinischen Bundesgenossen über die Entwicklung des beiderseitigen Einflusses auf die gemeinsamen Angelegenheiten sehen. Bei der kürzlichen Erneuerung des Bundesverhältnisses hatte man sich auf strenge Parität geeinigt, und dem hätte entsprochen, daß der Aufstieg Roms nach der Gallierkatastrophe in Wirklichkeit zu dem Aufbau einer zu gleichen Teilen sowohl römischen wie latinischen Macht geführt hätte. Daß dem nach der tatsächlichen Gestaltung der Verhältnisse nicht so war und in Wahrheit Rom zu bestimmen hatte, läßt sich leicht vorstellen. Wie hätten auch die Latiner, die ja doch nur über ganz ungenügende Organe verfügten, bei einer Politik, die immer mehr die einer Großmacht wurde, mit den Römern Schritt halten können. Je größer das römisch-latinische Einflußgebiet wurde, um so unvermeidbarer mußte die römische Suprematie werden. Diese Entwicklung war nun keineswegs im Sinne der Latiner; sie befremdete jedoch auch die anderen Staaten, die in die römisch-latinische Bundesgenossenschaft eingetreten waren. Gerade jetzt, wo man sah, wie bei den Samniten eine echt föderative Organisation Erfolg hatte, konnte eigentlich der Gedanke nicht ausbleiben, daß dergleichen auch auf der Grundlage des Latinischen Bundes möglich sein müßte. Deshalb hatten sich gerade auch die eben erst aus Furcht vor den Samniten auf die römische Seite getretenen neuen Bündner den Latinern angeschlossen.

Der Krieg endete indessen mit einer totalen Niederlage der Aufständischen. In der militärischen Entscheidung wurde ihnen bewiesen, daß ihre Ziele gegen das Gefälle der Zeit standen. Gegenüber der zusammengefaßten Macht eines zähen und vielfältig erfahrenen Stadtstaates verflüchtigte sich der Traum einer Großmachtpolitik auf föderativer Grundlage. Diese Lehre mußte teuer bezahlt werden. Den Latinern brachte der Krieg das Schlimmste, was sich damals für sie denken ließ: die radikale Vernichtung ihrer politischen Existenz. Nicht nur, daß — selbstverständlich — ihr Bund aufgelöst und jegliche Verbindung, auch privatrechtlicher Art, unter seinen ehemaligen Angehörigen aufgehoben wurde, der größte Teil der alten latinischen Gemeinden, d. h. der Herzstücke des latinischen Stammes, wurde von der politischen Landkarte gestrichen, die Staaten wurden kurzerhand aufgehoben und Rom einverleibt. Diesem Schicksal entgingen nur die beiden größeren Staaten Tibur und Praeneste — vielleicht gehörten sie dem engeren Kreis der Latiner noch nicht von alters her an — und die latinischen Neugründungen, also die latinischen Kolonien oder Städte wie Ardea, welche als solche galten.

Damit war zum Ausdruck gebracht, daß Rom mit der Beseitigung der altansässigen Latiner keineswegs auch das Ende des kolonialen Latinertums bezweckte. Es sollte auch weiterhin seine wichtige Aufgabe bei der Ausbreitung der römischen Herrschaft behalten. Daß es gegenüber Rom eigene Ansprüche vertrat, war von ihm nicht zu erwarten.

Die Verbündeten der Latiner erlitten entweder das gleiche Schicksal und wurden Rom zugeschlagen (Antium, Satricum u. a.) oder wurden unter Wahrung ihrer eigenen Verwaltung Rom angegliedert (etwa Fundi, Formiae, Capua), soweit nicht, was allerdings selten vorkam (z. B. bei den Sidicinern), das frühere Bundesverhältnis erneuert wurde. Aber auch bei diesen schonenden Verfahren ging es ohne beträchtliche Landabtretungen nicht ab: Im latinisch-volskischen Grenzgebiet konnten einige Jahre danach zwei neue römische Landbezirke (tribus) eingerichtet werden. Capua mußte auf die fruchtbare Falernische Mark (den ager Falernus) verzichten.

Begreiflicherweise wirkte sich der römische Sieg auch auf die am Krieg nicht Beteiligten aus und zwang in dem anschließenden Jahr noch manchen neuen Staat in die Reihe der römischen Bundesgenossen. Es waren das nicht zufällig alles Gemeinden, welche an der Grenze von Samnium oder auf dem Wege dahin lagen (Privernum, Fabrateria, Frusino).

Sollten die Samniten also von dem Latinischen Krieg ein Schwächung Roms erhofft haben, so war gerade das Gegenteil eingetreten. Anstatt daß sich die römische Macht auflöste, hatte das römische Staatsgebiet ungefähr seinen Umfang verdoppelt, war der Kreis der römischen Bündner erweitert und das Band zwischen ihnen und Rom enger geknüpft worden. Der Konflikt zwischen den beiden bedeutendsten Mächten Italiens war jetzt unvermeidlich.

9. Die Samnitenkriege

Gleichwohl hat der Krieg noch einige Zeit auf sich warten lassen. Die Römer konnten in aller Ruhe ihren südlichen Machtbereich ausbauen, ohne von den Samniten gestört zu werden. Erst als im Jahr 327 auch das griechische Neapel und wahrscheinlich auch Nuceria in ihn einbezogen wurde, ging der Kampf los, welcher — mit einigen Unterbrechungen — bis zum Jahre 272 v. Chr. dauern sollte. Traditionsgemäß spricht man freilich nur vom Zweiten und Dritten Samnitenkrieg (326—304; 298—291), aber diese sehr äußerliche Charakterisierung ist im Grunde nicht zutreffend. In Wirklichkeit handelte es sich um vier Abschnitte, nur wird der letzte, eigentlich erst entscheidende Akt durch seine Zugehörigkeit zum Pyrrhos-Krieg (282—272) verdeckt.

Die erste Phase (326—321) endete mit einer schweren römischen Niederlage. Die Römer wollten den Gegner ins Herz treffen und deshalb in Samnium eindringen. Dabei wurden sie durch die überlegene samnitische Führung in einen Hinterhalt bei Kaudium gelockt und mußten sich mit dem gesamten Heer ergeben und Frieden schließen. Zum Erweis ihrer vernichtenden Niederlage wurde den römischen Soldaten auferlegt, ohne Waffen unter einer von den Samniten aus drei Speeren gebildeten rituellen Pforte, dem berühmten „Kaudinischen Joch" hindurchzugehen. Obgleich die Samniten durchaus

Maß hielten und nur den Status quo anerkannt wissen wollten, empfanden die Römer in späterer Zeit diesen Frieden als derartig schmachvoll, daß sie durch alle möglichen Verfälschungen und Umdeutungen ihn seines Charakters als eines definitiven Vertrages zu entkleiden suchten und deshalb diese ersten Jahre nicht als selbständigen Krieg gelten ließen. In Wahrheit hat der Frieden aber fünf Jahre gehalten und bedeutet der Wiedereinsatz des Kampfes einen völlig neuen Anfang.

Die Initiative kam wie das letzte Mal von dritter Seite. Damals war es Neapel gewesen, das den römischen Arm herbeizog; diesmal waren es die fernliegenden Apuler. Sie waren seit langem samnitischem Druck ausgesetzt und suchten durch ein Bündnis mit der starken Tiberstadt Entlastung. Die Römer wiesen diese Gelegenheit, die Samniten zu provozieren, nicht von sich, schlossen das Bündnis ab (317 v. Chr.) und entzündeten damit einen neuen Krieg (316—304). Sein Verlauf war außerordentlich wechselvoll und verriet nicht die geringste Spur von einer einseitigen Überlegenheit der Römer. Wozu die Römer schon beim ersten Waffengang nicht fähig waren, dazu zeigten sie sich auch jetzt außerstande, nämlich den Gegner in seinem eigenen Gebiet mit Erfolg anzugreifen, ihm das Gesetz des Handelns vorzuschreiben und ihn damit zu vernichten. Statt dessen war es zeitweise umgekehrt. Die Samniten griffen die Römer an. Gleich im Jahre 315 brachten sie ihnen in den Pässen von Lautulae, da, wo der Übergang von Mittelitalien nach Kampanien ist, eine schwere Niederlage bei. Sie konnten darauf bis nach Latium vordringen und sogar eine Stadt wie Satricum, nur etwa fünfzig Kilometer von Rom entfernt, zum Abfall bringen. Erst recht mußte dann weiter südlich die römische Herrschaft zusammenbrechen, bei den Aurunkern und in Kampanien.

Den römischen Gegenanstrengungen war damit die Aufgabe vorgeschrieben: Zurückeroberung dieser Gebiete und stärkere Befestigung durch eine Reihe neuer Kolonien (Fregellae, Suessa, Saticula, Pontia 313; Interamna am Liris 312). So spielte sich der Krieg überhaupt meistens außerhalb Samniums ab. Ein wichtiger Kriegsschauplatz war Apulien. Infolge der loyalen Haltung der zentralitalischen Stämme hatten die Römer dahin den Weg frei. Auf diese Weise wurde schon 315/314 Luceria erobert und mit Kolonisten besiedelt. Nach einigen Jahren (307) gelang den Samniten an einer anderen Stelle (im südwestlichen Zwischengebiet von Latium und Samnium) nochmals ein Einbruch in das römische Herrschaftsgebiet, und wiederum waren die römischen Anstrengungen auf die Heilung dieses Schadens festgelegt. Der 304 geschlossene Friede konnte deshalb keine wesentliche Verschiebung des gegenseitigen Machtverhältnisses bringen. Rom mußte froh sein, daß es ihn erhielt, und hatte das Glück nur der überraschenden Fügung zu verdanken, daß im Jahre 305 einem Konsul ein Einfall in das Innere Samniums gelungen war, und seiner eigenen Klugheit, welche es in diesem Augenblick den Bogen nicht überspannen ließ.

Die Atempause, welche die Samniten Rom gönnten, kam ihm sehr zustatten. Die folgenden Jahrzehnte veränderten das politische Bild nämlich sehr zu seinen Ungunsten. Bis jetzt hatte es im allgemeinen gegen die Samniten allein gekämpft. Hinfort jedoch gab es noch andere Feinde, mit denen es fertig zu werden hatte. Die Fronten verdoppelten und verdreifachten sich. Manchmal sah es so aus, als ob sich ganz Italien gegen Rom verschworen hätte. Neben den Samniten standen zentralitalische Stämme auf, wie die Sabiner, sodann die Etrusker; dann wurden sehr gefährlich die Gallier, welche von Norden her öfters bis Mittelitalien vordrangen, und im Süden kamen schließlich die Lukaner dazu. Manchmal erhoben sich einige von ihnen zu gleicher Zeit oder verbanden sich gar miteinander zu gemeinsamen Unternehmungen. Zum Glück für Rom kam das, was vielleicht hätte verhängnisvoll werden können, eine wirkliche Koalition aller gegen die künftige Herrin Italiens, doch nicht zustande. Es lag wohl auch nicht im Bereich der damaligen Möglichkeiten.

10. Römische Offensive in Zentralitalien

Im selben Jahr, in dem der Friede mit Samnium geschlossen wurde, ging der Krieg in den Abruzzen gegen die Äquer und gegen die Sabiner los. Das Verhältnis zu ihnen war in früheren Zeiten nie sehr gut gewesen; aber nachdem die Vorstöße dieser Stämme auf Latium von Rom zurückgeschlagen worden waren (im fünften Jahrhundert), hatten sich die Reibungsflächen vermindert und sich die Möglichkeit ergeben, einander aus dem Wege zu gehen. Inzwischen hatte jedoch der Samnitenkrieg gezeigt, wie viel auf die Haltung der Nachbarn ankam und daß dort ein schwankendes politisches Erdreich leicht die Gefahren in einem Krieg erhöhen konnte. Jedenfalls sah man in Rom die Zeit für gekommen an, die labilen Verhältnisse zu festigen und in diesen Gebieten die römische Herrschaft fest zu begründen. Da die Samniten während dieser Jahre stillhielten, konnte Rom seine ganze Kraft auf diesen Plan richten. Äquer wie Sabiner mußten sich zu großen Gebietsabtretungen, welche später den Boden für neue latinische Kolonien (Carsioli, Alba Fucens) abgaben, bequemen und die römische Herrschaft anerkennen. Der Widerstand der Sabiner war deshalb freilich noch nicht gebrochen, aber doch immerhin eine beträchtliche Schwächung ihrer Kraft erreicht. Das energische Vorgehen der Römer hat dann anscheinend die anderen Stämme des Zentralapennin (die Marser, Paeligner, Marruciner, Frentaner) dazu gebracht, sich ohne wesentlichen Widerstand, entsprechend ihrem loyalen Verhalten während des Samnitenkrieges, in die römische Bundesgenossenschaft zu begeben.

11. Römisch-lukanisches Bündnis

Die römische Politik hatte mit der Mobilisierung der italischen Staaten Schritt gehalten und dadurch ihre Aktivität erhöht. Auf diese Weise kam sie mit den südlichen Nachbarn der Samniten, den Lukanern, in Berührung, ähnlich wie das vor 316 v. Chr. bei Apulien geschehen war. Die Lukaner fühlten sich durch die Samniten in gleicher Weise bedroht. Der unmittelbare Anlaß für die römische Intervention in Süditalien war zwar im Augenblick ein anderer. Die Lukaner brauchten Hilfe gegen die Griechenstadt Tarent, welche den spartanischen König Kleonymos aus Griechenland zu ihrem Schutz herbeigerufen hatte. Die Lage verbesserte sich dadurch für Tarent entscheidend, und die Lukaner mit ihren römischen Bundesgenossen mußten sich zum Frieden entschließen (302 v. Chr.). Unter den Bedingungen fand sich der Artikel, daß die römischen Schiffe nicht über das Lacinische Vorgebirge hinaus, d. h. nicht in den Golf von Tarent, fahren dürften. So etwas war damals für Rom ohne Interesse, sollte jedoch zwanzig Jahre später eine große Rolle spielen. Im Augenblick wirkte sich die römisch-lukanische Verbindung auf das Verhältnis Roms zu Samnium aus. Die Samniten wandten sich gegen die Lukaner; diese riefen die Römer zu Hilfe; die Römer mischten sich in die lukanischen Verhältnisse ein, denn anscheinend gab es bei ihnen zwei Parteien, eine römische und eine samnitische, und der „Dritte Samnitenkrieg“ brach los (298 v. Chr.).

Dieser Krieg weitete sich zwangsläufig zu einem Austrag der verschiedenen Konflikte aus, in die Rom während der letzten Jahre verwickelt war. Samnium wurde abermals nur in seinen Randgebieten Kriegsschauplatz, wobei keine durchschlagenden Entscheidungen fielen. Mehr als Einfälle von vorübergehendem Erfolg konnten die Römer nicht bewerkstelligen. Umgekehrt griffen die Samniten die Römer im römischen Herrschaftsraume an und hatten dabei auch Erfolg, einmal im nördlichen Kampanien (ager Falernus, 296), das andere Mal in Apulien (294). Das Schwergewicht der Kriegshandlungen lag jedoch in Mittelitalien. Kein Wunder, da der Widerstand gegen Rom von drei benachbarten Gegnern auf einmal getragen wurde, den Sabinern, den Etruskern und vor allem den Kelten. Damit rückte das Kampfgebiet in Gegenden, welche bis dahin noch keine römischen Soldaten gesehen hatten. In Etrurien erfaßte der Krieg nördlichere Städte, welche nicht mehr zu den unmittelbaren Nachbarn Roms zählten, Volsinii (Bolsena), Arretium (Arezzo), Perusia (Perugia). Die Umbrer wurden in ihn hineingezogen — sie scheinen auf römischer Seite gestanden zu haben —, und die berühmte Schlacht von Sentinum (295 v. Chr.), in der die Römer ein großes Heer der Kelten und ihrer italischen Bundesgenossen, angeblich der Samniten, besiegten, wurde auf umbrischem Boden geschlagen. Sie brachte einen glänzenden römischen Sieg. Da in dieser Schlacht vor allem die Kelten aufs Haupt geschlagen wurden und die Angst vor ihnen auch die griechische Kulturwelt beherrschte, erregte diese Tat auch über Italien hinaus großes Aufsehen. Der bekannte griechische Historiker Duris hat sie behandelt. Der gewaltige Eindruck spiegelte sich in phantastischen Übertreibungen der gefallenen Feinde aus. Es sollen hunderttausend gewesen sein; die Römer machten dann daraus eine ganze Million.

12. Dritte Phase des Kampfes gegen Samnium

Den Samnitenkrieg konnte aber dieser Sieg nicht entscheiden. Dazu bedurfte es einer nachdrücklicheren Kriegführung im Süden. 293/292 wurde von beiden Seiten mit wechselndem Erfolg gekämpft. Bei Aquilonia siegten die Römer, obgleich sich die Samniten verzweifelt wehrten und eine den Göttern geweihte Schar in den Tod schickten; das Jahr darauf wurden die Römer besiegt. Aber dann wurde an der Grenze zwischen Samnium, Apulien und Lukanien Venusia erobert und gleich als latinische Kolonie mit einer geradezu gigantischen Belegung von 20 000 Siedlern zu einem römischen Stützpunkt gemacht. Daraufhin verstanden sich die Samniten zum Frieden. Es blieb im großen ganzen alles beim alten. Wesentlichen Territorialgewinn hatten die Römer im Kriege nicht zu verzeichnen gehabt; also konnten sie auch keinen beanspruchen. Abermals wurde der Status quo vertraglich festgesetzt und nun bereits das dritte Mal bestätigt. Für Rom war dieses Ergebnis allerdings eine Erhärtung seines Standpunktes, während es für die Samniten, welche auf Beseitigung der römischen Machtstellung ausgegangen waren, Verzicht und Schwächung bedeutete (291 v. Chr.).

13. Rom in der Defensive gegen Norden

In Mittelitalien waren die Dinge noch nicht zur Ruhe gekommen. Zwar war mit mehreren etruskischen Städten schon 294 Frieden geschlossen worden; aber die Befriedung der Sabiner erfolgte erst 290. Sie verloren ihre Selbständigkeit. Dasselbe geschah mit den ihnen wohl zuletzt verbündeten Prätuttiern, die den größten Teil ihres Bodens für römische Koloniegründung (Hadria, Castrum novum) abtreten mußten (290 v. Chr.). Eine wirkliche Stabilisierung der Verhältnisse war dadurch freilich nicht eingetreten.

Wenn die nächsten Jahre den Anschein erweckten, als ob kein Krieg mehr geführt wurde, dann ist dieser Eindruck viel eher einer Lücke in unserer Überlieferung als den tatsächlichen Verhältnissen zuzuschreiben. Jedenfalls befand sich in der Mitte der achtziger Jahre Rom wieder in einer flagranten Kriegsphase. Ausgegangen ist sie wohl von einer der etruskischen Städte (Volsinii), die demnach den Frieden von 294 gebrochen haben muß; richtig in Gang kam sie durch die Kelten, die zu einer Revanche für Sentinum ausholten. Sie wurde ihnen auch zuteil, denn bei Arretium (Arezzo) wurden die Römer geradezu vernichtend geschlagen. Der römische Konsul fiel, und vom römischen Heere sollen 13 000 Mann getötet worden sein, was nahezu dem Verlust der ganzen Mannschaft gleichkam. Seit der Alliaschlacht hatte Rom kein solches Unglück getroffen. Für das folgende Jahr (283) gab der Sieg den Kelten den Weg frei zu einer großangelegten Offensive. Dazu traten weitere Etruskerstaaten auf die keltische Seite. Der Stoß sollte ins Herz der römischen Macht, unmittelbar gegen Rom, geführt werden. Die römische Situation sah beängstigend aus. Etwa sechzig Kilometer war der Feind schon an die Stadt herangerückt; da traten ihm die Römer entgegen, an einem kleinen See (dem Vadimonischen See), und vernichteten den Gegner. Die Kelten mußten für ihren Angriff schwer büßen. Der betreffende Stamm, die Senonen, wurde in seinem Gebiet an der Adria aufgesucht und von dort vertrieben. Als das Jahr darauf ein anderer Stamm, die Boier, einfielen, wurde er ohne Mühe zurückgeschlagen. Nicht ganz so schnell beruhigte sich Etrurien; aber bis zum Jahre 280 war die Befriedung durchgeführt. Sie erfaßte jetzt, entsprechend dem antirömischen Verhalten der Etrusker, beinahe alle etruskischen Staaten. Die Behandlung selbst war verhältnismäßig großzügig. Im allgemeinen begnügte sich Rom mit der Angliederung durch ein Bündnis und verzichtete auf die strengen Maßnahmen, die es gegenüber den zentralitalischen Gemeinwesen durchgeführt hatte.

14. Die vierte (letzte) Phase des Kampfes gegen die Samniten (Pyrrhoskrieg)

Wie im Norden hatten auch im Süden die Verhältnisse der römischen Politik den Weg vorgezeichnet. Mit der Beilegung des Dritten Samnitenkrieges waren wohl die Beziehungen zu Samnium friedlich geworden, aber keineswegs die Gärstoffe aus dem politischen Erdreich entfernt. Rom hatte den Krieg gegen die Samniten nur dadurch führen können, daß es im Süden Italiens aktiv wurde. Entscheidend für den Kampf war schon im Zweiten Samnitenkrieg die Gründung der Kolonie Luceria gewesen. Im Dritten Samnitenkrieg war vorzugsweise von Süden her versucht worden, Samnium aufzubrechen, und der Abschluß war ja gewesen, daß gerade an dieser Flanke die Festung Venusia von Rom erobert und für seine Zwecke zur Kolonie gemacht worden war. Dieses römische Vordringen mußte sich auf das Verhältnis zu den südlichen Stämmen auswirken, in erster Linie auf die Lukaner. Solange die Samniten stark waren, konnten sie eine Schwächung ihrer mächtigen Nachbarn begrüßen. Entsprechend war auch die Konstellation gewesen, aus der heraus jene Verständigung zwischen Rom und den Lukanern gegen Kleonymos zustande gekommen war. Aber spätestens mit dem Frieden von 291 änderte sich diese Voraussetzung. Rom erschien jetzt auf der politischen Bühne Italiens als der Gegenspieler der Lukaner und der verwandten Bruttier und wurde als solcher auch von deren Feinden eingeschätzt. Von alters her zählten zu ihnen die Griechenstädte. Einige von ihnen begrüßten deshalb in Rom einen natürlichen Bundesgenossen und Helfer. Zu ihnen gehörte in erster Linie Thurioi, dann auch Rhegion und Lokroi. Zwischen Rom und Thurioi kam deshalb schon 285 oder sogar etwas früher ein Bündnis zustande.

Nicht folgte diesem Kurs Tarent, die damals mächtigste und wohlhabendste Griechenstadt Süditaliens. Es nahm seit etwa hundert Jahren eine Sonderstellung unter den italischen Griechen ein und erhob unter ihnen den Anspruch auf eine führende oder zum mindesten selbständige Rolle. Infolgedessen machte es die Wendung von Thurioi nicht mit und schloß sich den Römern nicht an. In dieser Entscheidung lag die weitere und sehr folgenschwere Entwicklung der folgenden zehn Jahre beschlossen. Sie führte nämlich dazu, daß Tarent zwangsläufig in die Front der römischen Gegner rückte und, da dies im Augenblick besonders die Lukaner waren, mit seinen alten Widersachern und dem Erbfeinde der italischen Griechen überhaupt zusammen an ein und demselben Tauende zog.

Diese groteske Konstellation konnte zu nichts Gutem führen. Als 282 die Römer, nachdem sie durch den Sieg über die Kelten die Hände wieder frei bekommen hatten, ihre Bundesverpflichtung gegenüber Thurioi erfüllten und die Lukaner und Bruttier — mit Erfolg — bekriegten, gerieten sie in einen Konflikt mit Tarent. Formal waren die Römer im Unrecht. Sie hatten sich zu Wasser nach dem südlichen Kriegsschauplatz Nachschub kommen lassen und waren dadurch entgegen dem Vertrag von 302 v. Chr. mit ein paar Schiffen in den Golf von Tarent eingefahren. Der Tragweite dieser Verfehlung waren sie sich schwerlich bewußt; denn in aller Arglosigkeit ließen sie die kleine Flottille sogar vor dem tarentinischen Hafen Anker werfen und waren deshalb sehr erstaunt, als die Tarentiner mit einem äußerst starken Akt der Selbsthilfe antworteten und eine Anzahl Schiffe kurzerhand versenkten. Das war so gut wie eine Kriegserklärung. Tarent tat denn auch gleich den nächsten Schritt und zwang durch eine militärische Demarche die Römer, sich aus Thurioi zurückzuziehen (281 v. Chr.). Der römische Versuch, den Streit auf diplomatischem Wege beizulegen, führte zu nichts, machte im Gegenteil die Sache noch schlimmer (die römischen Gesandten wurden in Tarent schamlos insultiert). Inzwischen hatte dieser Zusammenstoß auch schon weitere Kreise gezogen. Die Samniten fielen von Rom ab und traten in den Krieg ein. Die Fronten eines samnitisch-lukanisch-tarentinischen Krieges waren abgesteckt.

Wie die Dinge bis jetzt lagen, hielten sie sich durchaus noch im Rahmen der italischen Politik der vergangenen Jahrzehnte. Das Schwergewicht der Kämpfe war nur noch etwas weiter nach Süden gerückt. Es war wenig wahrscheinlich, daß den Römern hieraus größere Schwierigkeiten erwachsen würden, als sie bisher gemeistert hatten. Im Gegenteil, nachdem sie bis jetzt mit ihnen immer fertig geworden waren, bestand alle Aussicht auf eine rasche und glückliche Bereinigung. Sie ist dann auch erfolgt, aber unter außerordentlichen Umständen, die mit der Geschichte Italiens nicht das mindeste zu tun hatten.

Der Fortgang der Ereignisse wurde nämlich durch eine zweite, nicht minder folgenschwere und im Grunde kurzsichtige Entscheidung Tarents bestimmt. Seit etwa einem halben Jahrhundert griff der tarentinische Staat in Fällen besonderer militärischer Beanspruchung zu dem Aushilfsmittel, aus dem griechischen Mutterland einen Kondottiere mit eigenen Truppen anzuwerben. Das war schon dreimal geschehen. Es war jeweils einer aus der Mutterstadt Sparta und einer aus dem kleinen, gleich jenseits des Ionischen Meeres liegenden Epirus gewesen. Obgleich sich dieses System eigentlich noch nie recht bewährt hatte und es vor allem immer zu Mißhelligkeiten mit den Feldherren gekommen war, die sich mit der Rolle eines militärischen Handlangers nicht zufrieden geben wollten, griff man jetzt nochmals dazu. Ausersehen wurde der epirotische König Pyrrhos. Er war ein anerkannter militärischer Fachmann und ein großer Feldherr — das Altertum hat ihn wohl mit Recht zu seinen größten gerechnet —, aber wer ihn aus seiner bisherigen Geschichte nur ein bißchen kannte, dem mußte von vornherein klar sein, daß er mit der Übernahme eines solchen Geschäftes ganz andere Vorstellungen verband als seine Auftraggeber. Pyrrhos hatte von frühester Jugend die Luft der gewalttätigen Diadochenzeit eingeatmet und da erlebt, wie allein durch persönliche Tatkraft die mächtigsten Reiche errichtet und gestürzt wurden. Das tarentinische Gesuch war für ihn deshalb nichts anderes als ein Angebot des Schicksals, dergleichen im Westen, gestützt auf die dortigen Griechen, zu versuchen. Was Pyrrhos in sich verkörperte, war ein echtes Stück hellenistischer Geschichte und ergab so die merkwürdige Fügung, daß der von ihm geführte Krieg auf der einen Seite Italien und Rom angehört, auf der anderen aber, und zwar der für Pyrrhos wesentlichen, im Zusammenhang des hellenistischen Griechentums gesehen werden muß.

Man hat Pyrrhos wegen seiner politischen Konzeption getadelt und sie als in höchstem Grade unrealistisch verurteilt. So sehr der Erfolg und auch das äußere Erscheinungsbild seiner politischen Laufbahn diesem Eindruck recht zu geben scheinen, ist diese Aussetzung doch nicht zutreffend, weil sie — entgegen den Maßstäben, die für jede wertende historische Aussage unerläßlich sind — von den besonderen subjektiven Bedingungen des Erkennens und Handelns absieht. Pyrrhos hat gewiß viele und große Fehler während seiner politischen Laufbahn begangen; aber bei seinem tarentinischen Unternehmen ist es unmöglich, ihm einen Rechenfehler im Rahmen der damals verbindlichen politischen Arithmetik nachzuweisen. Warum sollte er den Westen des Mittelmeeres anders einschätzen als die gesamte damals erreichbare Welt? Nur deshalb, weil sich Rom zu einer Großmacht zu entwickeln schien und die Grundlagen seiner zukünftigen Größe bereits vorhanden waren? Aber das sind alles Tatsachen, die sich als solche erst dem rückschauenden Blick enthüllten. Das Auge der damaligen Zeitgenossen konnte in dieser Hinsicht nicht anders als blind sein. Schließlich hat Hannibal zwei Menschenalter später unter wesentlich günstigeren Erkenntnisbedingungen die Situation ähnlich wie Pyrrhos angesehen, und keiner wird behaupten, daß Hannibal oberflächlich urteilte.

Allerdings fehlte Pyrrhos die Zähigkeit und Folgerichtigkeit Hannibals. Was man ihm deshalb allenfalls zum Vorwurf machen kann, ist weniger die Planung als ihre Durchführung. Von der militärisch-technischen Seite her hatte er freilich nichts zu befürchten. Der entwickelten hellenistischen Kriegskunst waren die Römer nicht gewachsen. Schon die erste Schlacht (bei Herakleia am Siris in Unteritalien, 280 v. Chr.) bewies das. Trotz zahlenmäßiger Überlegenheit verloren die Römer sie. Damit war auch ihre Absicht, Pyrrhos von seinen Bundesgenossen zu trennen, vereitelt. Die Lukaner, Bruttier und Samniten stießen jetzt zu ihm. Eine griechische Stadt (Lokroi), welche eine römische Besatzung beherbergte, lieferte diese an Pyrrhos aus und trat auf seine Seite über. Pyrrhos konnte bis nach Mittelitalien (Anagnia), also unmittelbar in das Kerngebiet der römischen Macht, wenige Kilometer von Rom entfernt, vorstoßen, freilich ohne damit ein politisches Ergebnis zu erzielen. Er fand keine Abtrünnigen und mußte sich deshalb für den Winter wieder nach Süditalien zurückziehen. Seine Forderungen, welche auf Verzicht der römischen Herrschaft über die Samniten und die anderen süditalischen Stämme gingen, wurden von Rom nach kurzem Schwanken abgelehnt.

Das nächste Jahr (279) brachte ihm (bei Ausculum in Apulien) abermals einen Sieg; aber an seiner Ausnutzung hinderte ihn diesmal die weltpolitische Situation. Seine Heimat Epirus war durch die Kelten bedroht, und in Sizilien waren die Karthager wieder einmal dabei, die Griechen zu unterwerfen. Wenn beides gelang, hing sein italisches Unternehmen in der Luft. Zudem war eine Herrschaft in Süditalien ohne die Griechen Siziliens sinnlos. Pyrrhos war also ganz im Recht, als er sich, nachdem Epirus von den Kelten verschont blieb, Sizilien zuwandte und dem griechischen Hilfsgesuch, das ihn von da erreichte, Folge leistete. Es lag ihm verständlicherweise daran, daß während seiner sizilischen Operation der Krieg in Italien ruhte.

Er war deshalb bereit, den Römern entgegenzukommen und unter loyalen Bedingungen, wahrscheinlich auf der Grundlage des Status quo von 280, einen Frieden abzuschließen. Die Römer wären dadurch den Krieg, der ihnen bis jetzt nur Niederlagen und Verluste gebracht hatte, auf billige Weise losgeworden, und es ist deshalb verständlich, daß sie anfangs auf das Angebot eingingen und der Konsul einen entsprechenden Präliminarvertrag abschloß. Freilich wäre dieser Entschluß auf die Zukunft besehen recht kurzsichtig gewesen. Als die Situation sich ein wenig änderte, wurde er deshalb, vor der endgültigen Ratifizierung, umgestoßen. Diese entscheidende Wendung wurde durch ein — im Hinblick auf die spätere Geschichte — merkwürdiges Ereignis ausgelöst. Die Karthager, welche durch Pyrrhos in Sizilien bedroht waren, forderten Rom zur Fortsetzung des Krieges an ihrer Seite auf und versprachen ihm dafür die Unterstützung ihrer Flotte und finanzielle Subsidien. Rom ging darauf ein und schloß ein Bündnis mit Karthago.

Es hing nun der weitere Verlauf von dem Gang des sizilischen Krieges ab. Er ließ sich anfangs für Pyrrhos günstig an; aber dann überwarf er sich mit seinen griechischen Bundesgenossen. In Italien hatten seine Bündner sich unterdessen allein gegen die Römer zu wehren gehabt und waren dabei stets ins Hintertreffen geraten. Pyrrhos mußte ihnen, ohne in Sizilien etwas erreicht zu haben, helfen. Bei der militärischen Auseinandersetzung (Schlacht bei Maleventum, später Beneventum genannt, 275) hielt er zwar nochmals den Römern stand — in der römischen Überlieferung ist daraus zu Unrecht ein römischer Sieg geworden —, aber politische Früchte erwuchsen ihm daraus so wenig wie aus den früheren Schlachten. Der zähe Widerstand der Römer brachte ihm jedesmal ungeheure Verluste, und er stand jetzt, nach fünf Jahren, eigentlich noch genau an derselben Stelle wie bei seiner Ankunft in Italien. Es hätte alles wieder von vorn beginnen müssen. Angesichts dieser entmutigenden Situation verschob er den Austrag des Kampfes auf später und ließ sich durch die Hoffnung verlocken, auf leichtere Weise etwas in Griechenland und Makedonien zu erreichen. Einen Teil seines Heeres ließ er in Italien zurück, und Tarent blieb mit einer Besatzung sein Brückenkopf. In Wirklichkeit hatte er sich aber damit für den Verzicht entschieden, nach dem Mißerfolg in Sizilien vielleicht eine unvermeidliche Folgerung. Als er wenige Jahre später (272) in Griechenland fiel, war nicht nur sein italischer Krieg nach Abzug der fremden Besatzung aus Tarent in aller Form zu Ende gegangen, sondern das ganze Unternehmen für die griechische Geschichte zu einer fruchtlosen Episode geworden.

15. Ergebnis des Pyrrhoskrieges

Nicht so für die römische Geschichte: Der Pyrrhoskrieg hat zwar an sich der römischen Politik keine neue Bahn gewiesen — die Begegnung mit dem politischen Hellenismus war für sie genauso ergebnislos und vorübergehend wie umgekehrt —, aber er hat den bereits angelegten Prozeß der Unterwerfung Süditaliens, der den Umständen nach ganz unvermeidlich war, ungemein beschleunigt. Die griechischen Städte Unteritaliens traten jetzt als römische Bündner ohne Ausnahme unter römische Herrschaft. Dasselbe galt für die Bruttier und die Lukaner. Am schwersten hatte der Krieg jedoch die Samniten getroffen. Ihnen wurde das Schicksal vieler anderer italischer Völker zuteil, dem sie bis jetzt trotz aller Niederlagen doch immer wieder entgangen waren: sie verloren die Unversehrtheit ihres Volkskörpers und wurden in ihrem territorialen Bestand dezimiert. Im Norden wie im Süden wurden mitten aus dem samnitischen Staatsgebiet je ein gewaltiges Areal, zusammen etwa ein Drittel der gesamten samnitischen Mark, von den Römern herausgerissen und darauf wenige Jahre später zwei Kolonien gegründet (Beneventum 268, Aesernia 263). Der große Stammesverband wurde aufgelöst und der Frieden jeweils mit den einzelnen Stämmen geschlossen. Ein leichtes Aufflackern des Brandes ließ sich 269 ohne Mühe im nördlichen Samnium unterdrücken. Die Adriaküste war jetzt auch fest in römischen Händen. Südlich von Ancona wurden die Picenter (268 v. Chr.) und anschließend der südöstliche Ausläufer der Apenninenhalbinsel, der Sitz der Sallentiner, unterworfen.

Dort wurde in Brundisium eine Kolonie gegründet (267/266). Die Apenninenhalbinsel bis zum nördlichen Apennin, also ohne das heutige Oberitalien, d. h. Italien nach der damals üblichen Umgrenzung, war damit bezwungen. Ein Aufstand des Volkes gegen den Adel in dem etruskischen Volsinii (265) machte zum Schluß noch einen Krieg gegen diese verbündete Stadt nötig, war aber für die Gesamtlage Italiens ohne Bedeutung.

16. Das römische Heer und seine Wandlungen

Seitdem der Kampf um Italien mit dem Zweiten Samnitenkrieg im Jahre 326 v. Chr. begonnen hatte, hatte das römische Volk sechzig Jahre lang, also zwei Generationen hindurch, so ziemlich jedes Jahr im Felde gestanden. Ein erstaunliches Maß von Energie war auf den Krieg und das Kriegshandwerk gewandt worden, und es verstand sich eigentlich von selbst, daß das römische Heer als das Instrument dieser Kriege durch die ständige Beanspruchung eine besondere Vervollkommnung erfuhr.

Nun war allerdings das römische Heer ein Milizheer, und die Kämpfe, die es während dieser Phase seiner Geschichte bestand, hatte es als Milizheer ausgefochten. Immer noch erlaubte die Nähe eines auf Italien beschränkten Kriegsschauplatzes dem Bürger, nach jedem Feldzug die Uniform auszuziehen und sich seinen beruflichen Geschäften zu widmen. Etwas anderes war auch bei der damaligen Struktur der römischen Gesellschaft nicht möglich. Ein eigener Soldatenstand hätte in sie ein fremdes Element von einer gefährlichen Sprengkraft hineingebracht, und dies zu einer Zeit, wo die innere Entwicklung Roms auf den Abbau alter Gegensätze und den Aufbau eines in sich ausgeglichenen Sozialkörpers eingestellt war. Andrerseits waren die langwierigen Kriege ohne Vervollkommnung und Anpassung der Kriegstechnik an die angespannten Forderungen gar nicht durchzustehen. Das römische Heerwesen hat deshalb in jenen Jahren entscheidende Wandlungen durchgemacht und dabei in den Grundzügen die Gestalt gewonnen, welche es fortan, solange es auf dem Standpunkt des Milizheeres verharrte, also bis in das erste vorchristliche Jahrhundert hinein, behalten sollte.

In die Republik war Rom mit einem in der Hauptsache infanteristischen Heer eingetreten, das eine in Reih und Glied aufgestellte, aber sonst ungegliederte Masse bildete. Über die Etrusker war dieser Typ von den Griechen zu den Römern gekommen; es war das Heer der sog. Phalanx (Schlachtreihe). Der taktische Zweck war, durch die Wucht des Vorgehens die Front des Feindes zu zertrümmern. Innerhalb dieses Truppenkörpers besaß der einzelne Mann keinerlei Bewegungsfreiheit. Mit der Lanze in der Hand stürmte er in geschlossener Linie vor. Als die Römer aber in den Bergen Samniums zu kämpfen hatten, stellte sich heraus, daß diese Taktik den dortigen Verhältnissen nicht genügte. Die Samniten formierten sich als Bergvolk in leicht beweglichen Haufen (Manipeln), gingen auf den Gegner mit dem Wurfspieß, der sich aus der Wurfkeule (pilum) entwickelt hatte, los und stellten sich zum Nahkampf mit dem Schwert. Die starre römische Formation war dem gegenüber in einer ungünstigen Lage. Die Römer zogen daraus richtige Folgerungen: auf der einen Seite die Übernahme des Wurfspeeres, auf der anderen die Aufteilung der Phalanx in einzelne, aber im Verband der Schlachtreihe verbleibende Haufen (Manipeln).

Zuerst trainierte man in der neuen Wurftechnik nur die Kernmannschaft (im Alter von 24 bis 30 Jahren), welche das erste Treffen ausmachte und deshalb principes hieß. Die hintere Reihe behielt als hastati (hasta = Stoßlanze) die Stoßlanze. Schließlich aber wurde das ganze Heer darauf umgestellt, und dementsprechend rückten die jüngeren Soldaten, die hastati, in das erste Treffen, und die principes bildeten das zweite Treffen. Das dritte wurde nach wie vor durch die älteren Jahrgänge, die sog. triarii, dargestellt. Die Stoßlanze war jetzt abgeschafft. Die Entscheidung war damit auf den ersten Schock durch die Wurflanze und das anschließende Nahgefecht gestellt.

Die Römer hatten damit aus der Phalanx einen originellen eigenen Typus entwickelt. Wie die Kämpfe mit Pyrrhos bewiesen, war er anfangs der modernsten Form der Phalanx, der griechisch-makedonischen, noch nicht unbedingt gewachsen, aber er enthielt innere Entfaltungsmöglichkeiten, entsprechend der taktischen Durchbildung der Soldaten (welche zuerst natürlich noch nicht vollkommen war) und damit die — später tatsächlich verwirklichte — Chance, die griechische Phalanx zu übertreffen. Wenn Rom Ende des dritten Jahrhunderts in der Lage war, der zunächst überlegenen Taktik des Hannibalischen Heeres allmählich mit einem gleichwertigen Kriegsinstrument zu begegnen, so waren die Voraussetzungen zu dieser elastischen Anpassung an das Niveau des Feindes damals geschaffen worden.

Der Erhöhung der qualitativen Leistungsfähigkeit des römischen Heeres entsprach eine quantitative Vermehrung des Auszuges. Die Neuordnung der römischen Regierungs- und Kommandogewalt von 367 hatte ihn auf je eine Legion für den einzelnen Konsul gebracht und damals wahrscheinlich auch erst die Legion als eine solche konsularische Einheit geschaffen. Den gesteigerten Ansprüchen der darauf folgenden politischen Entwicklung genügte dieser Umfang jedoch nicht mehr. Deshalb wurde das konsularische Heer auf je zwei Legionen erhöht. Die Stärke einer Legion betrug im dritten Jahrhundert 4200 Mann zu Fuß und 300 Reiter.

17. Persönlichkeiten dieser Epoche

Wenn Rom drei Generationen hindurch immer am Feind geblieben war und sich zäh durch alle Schwierigkeiten und Fährnisse hindurchgekämpft hatte, so war das zweifellos in erster Linie eine Leistung des römischen Volkes gewesen und bedeutete einen Prozeß, der durch keinerlei individuelle Genialität beschleunigt oder gar in einem Zug durchgeführt worden wäre. In jener Zeit hat sich ja gerade jenes „klassische" Rom der Republik ausgebildet, dessen Kraftquellen nicht in dem Können einiger weniger, sondern in der breiten Niveauhöhe des Ganzen und der Festigkeit einer sozialen und politischen Verfassung lagen. Trotzdem war das Maß der Beteiligung an dem großen Werk unter den vielen, die an ihm gearbeitet haben, selbstverständlich nicht schematisch gleich, sondern nach der Tüchtigkeit und Bewährung einzelner verschieden. Es würde für den Historiker zu den reizvollsten Beschäftigungen gehören, im Rahmen des großen Gemeinschaftswerkes den Kreis der römischen Politiker, deren Mut und Takraft die große Aufgabe anvertraut war, bei der Arbeit zu beobachten. Leider ist uns dieser Einblick infolge völligen Mangels an Quellenmaterial verschlossen. Da Rom zu jener Zeit noch keine Historiker besaß, fehlen uns die echten Zeugen des Geschehens. Nur ganz vage und sehr getrübte Erinnerungen haben sich davon erhalten, und von einem Schatz vielfältiger Ereignisse ist nur ein Abglanz in dem Bewußtsein übriggeblieben, daß Rom damals seine große Heldenzeit gehabt hat. Was sich davon heute noch feststellen läßt, sind gerade ein paar Namen, die nicht mehr als schemenhaften Umriß besitzen.

Die Generation der vorbereitenden Phase, d. h. der Zeit vor und unmittelbar nach dem Latinerkrieg, ist durch zwei anscheinend überragende Patrizier, den Gaius Sulpicius Peticus und den Marcus Valerius Corvus, vertreten, von denen jener fünf, dieser vier Konsulate bekleidet hat. Beide haben sich vor allem in den Kämpfen gegen die Gallier ausgezeichnet, als diese nach der auf die Alliaschlacht folgenden Pause Rom wieder beunruhigten. Marcus Valerius Corvus war der römische Heerführer im Ersten Samnitenkrieg und brachte durch seinen energischen Einsatz die erste, vorläufige Begegnung zu einer Entscheidung. Sulpicius war etwas älter als Valerius Corvus und innenpolitisch offenbar kein Freund des neuen plebejerfreundlichen Kurses. Unter den Konsulaten nach 367, welche, entgegen dem Geist des getroffenen Kompromisses, wieder mit zwei Patriziern besetzt waren, hatte er selbst zwei dicht aufeinanderfolgende inne (355 und 353 v. Chr.). Valerius Corvus scheint in diesen Dingen fortschrittlicher gedacht zu haben und wird in der Überlieferung als volksfreundlich gezeichnet. Er soll 343/342 die friedliche Beilegung einer Soldatenmeuterei erwirkt haben.

Unter den plebejischen Konsuln dieser Zeit ragt Marcus Popilius Laenas mit vier Konsulaten hervor. Er hat sich ebenfalls gegen die Gallier ausgezeichnet. Bedeutender war sein jüngerer Zeitgenosse Quintus Publilius Philo, ebenfalls viermal Konsul. Er war der erste plebejische Prätor (336 v. Chr.) und im Jahre 332 Zensor und hat sich in der römischen Verfassungsgeschichte durch die lex Publilia unsterblich gemacht (339 v. Chr.)[1].

Außenpolitisch ragt Publilius Philo in den Zweiten Samnitenkrieg hinein. An seinem Ausbruch war er maßgebend beteiligt, denn er war der römische Feldherr, der den Krieg gegen Neapel geführt (327 v. Chr.) und damit den Anstoß zum samnitischen

[1] Siehe oben S. 30.

Angriff auf Rom gegeben hatte. Und bei dem Vorstoß nach Apulien in den Rücken der Samniten, als der Krieg nach Kaudium wieder ausbrach, war er auch dabei (315 v. Chr.).

Repräsentativ für die römische Kriegführung gegen die Samniten wurden allerdings zwei andere Männer: Lucius Papirius Cursor und der etwas jüngere Quintus Fabius Maximus Rullianus, beides Angehörige berühmter Patriziergeschlechter. Keiner der vielen römischen Heerführer dieser Zeit ist von einem ähnlich hellen Glanz kriegerischen Ruhmes umgeben wie diese zwei. Papirius trat bezeichnenderweise mit seinem ersten Konsulat an die Spitze des römischen Staates im Jahr des Ausbruches des großen (Zweiten) Samnitenkrieges (326 v. Chr.). Als es nach dem Kaudinischen Frieden galt, den künftigen Waffengang vorzubereiten, war er zweimal hintereinander Konsul (320/319 v. Chr.), und als dann zum Schlag selbst ausgeholt wurde, führte er, zusammen mit Publilius Philo, den Oberbefehl in Apulien. Immer, wenn es zu handeln galt, stand er an leitender Stelle. So auch in seinem fünften Konsulat, als Rom die Niederlage von Lautulae mit ihren verheerenden Folgen ausgleichen mußte (313 v. Chr.). Schließlich hat er drei Jahre später, wohl kurz vor seinem Tode, nochmals herhalten müssen. Papirius war durch und durch Soldat. Körperliche Robustheit ließ kein Gefühl der Schwäche aufkommen. Er verlangte von sich viel, stand aber auch nicht an, an seine Untergebenen die strengsten Forderungen zu stellen. Seine unerbittliche Strenge war berühmt, und es gingen über sie die mannigfachsten Anekdoten um. Als später die Römer mit den Griechen in engere Berührung traten und ihnen von diesen der überragende Kriegsruhm Alexanders des Großen entgegengehalten wurde, beriefen sie sich auf Papirius Cursor als denjenigen von Alexanders Zeitgenossen, der ihm allein hätte Halt gebieten können. — Quintus Fabius Rullianus gehörte der vornehmsten römischen Familie an und besaß infolgedessen von Anfang an einen großen öffentlichen Kredit. Er trat ungefähr zur gleichen Zeit wie Papirius hervor (325 v. Chr.), d. h. unmittelbar nach dem Beginn des Zweiten Samnitenkrieges, und wurde auch gleich mit Beginn seiner zweiten Phase an einen wichtigen und verantwortungsvollen Posten gestellt. Er sollte die gegen Latium vorgehenden Samniten zurückschlagen. Da trat das große Unglück von Lautulae ein. Jeder andere wäre danach ein gelieferter Mann gewesen; ihm trug man das Versagen nicht nach. Während des ganzen Krieges ist er immer wieder mit wichtigen Aufgaben betraut worden. Vor allem stand er auch im Dritten Samnitenkrieg an vorderster Stelle. In der großen Schlacht von Sentinum war er einer der römischen Befehlshaber (295 v. Chr.). Papirius wie Fabius ebneten durch ihre Verdienste auch ihren Söhnen den Weg. Sowohl Lucius Papirius Cursor der Sohn wie Quintus Fabius Maximus Gurges spielten im Dritten Samnitenkrieg und den anschließenden Kämpfen eine bedeutende Rolle. Der junge Fabius fiel in dem Jahr, als die Unterwerfung Italiens definitiv abgeschlossen wurde (265 v. Chr.), im Kampfe gegen Volsinii. Seinen Beinamen Maximus hatte er von seinem Vater erhalten und vererbte ihn der weiteren Geschlechterfolge. Sein Enkel war der berühmte Fabius Maximus Cunctator, der Held des Hannibalkrieges.

Quintus Fabius Rullianus hat auch in der römischen Innenpolitik, durch seine Zensur 304 v. Chr., eine Rolle gespielt[1]. Er wurde da der Gegenspieler eines anderen Römers, der in dieser Periode einen hervorragenden Platz einnahm, des Appius Claudius Caecus. Des Appius Schwergewicht lag in der Innenpolitik; aber daß er mitten im

[1] Siehe oben S. 31.

Zweiten Samnitenkrieg die berühmte Appische Straße zur Verbindung mit dem kampanischen Kriegsschauplatz schuf, war eine kriegstechnische Neuerung von großem militärischem Nutzen. Eine große Stunde hatte er in hohem Alter nochmals, als er sich 279 an die Spitze der Opposition gegen das Friedensangebot des Pyrrhos setzte. Sein Ausspruch, er wolle zu dem Verlust des Augenlichtes (caecus heißt: blind) auch noch das Gehör einbüßen, um die Schmach eines solchen Vertrages nicht wahrzunehmen, ist berühmt geworden. Nachdem Italien unterworfen war, hat man ihn wegen seiner unbeugsamen Haltung damals auch zum Träger eines berühmten Wortes gemacht, in dem sich der römische Herrschaftsanspruch auf Italien in kristallklarer Weise zum Ausdruck brachte: solange Pyrrhos auf italischem Boden stände, sei an Verhandlung mit ihm überhaupt nicht zu denken.

Neben diesem patrizischen Dreigestirn steht eine Trias plebejischer Heerführer, zum Teil aus bisher unbekannten Geschlechtern, also Geschöpfe des damaligen Gesellschaftsumbaus und deutlicher Ausdruck eines auch von den Plebejern getragenen Imperialismus: Publius Decius Mus, Manius Curius Dentatus, Gaius Fabricius Luscinus. Noch mehr als bei Fabius und Papirius hat sich ihre Individualität völlig in einen Typus verwandelt. Ihre Familien spielten später keine Rolle mehr, und deshalb gönnte man diesen Persönlichkeiten einen besonderen Ruhm, den man Angehörigen zeitgenössischer Geschlechter leicht vorenthalten hätte. Man ließ sie zu Idealbildern altrömischen Wesens werden. Vor allem Curius Dentatus und Gaius Fabricius wurden derartig schematisiert, daß sich ihre Zeichnung zum Verwechseln ähnlich sieht. Ihr hervorstechendster Zug wäre demnach ihre Bedürfnislosigkeit und Einfachheit gewesen. Obwohl zeitweise an der höchsten Spitze eines werdenden Großstaates stehend und versehen mit allen Möglichkeiten der Macht, hätten sie der Versuchung widerstanden und sich ihren schlichten Sinn bewahrt. Die römische Neigung zum Moralisieren schuf in ihnen exemplarische Gestalten sittlicher Tüchtigkeit, welche in der Folgezeit zum ständigen Inventar politisch-moralischer Argumentation gehörten. Vor allem hat sich der alte Cato gern auf sie berufen und auch selbst wesentlich zu ihrer Standardisierung beigetragen.

Curius Dentatus hat als Konsul 290 den Krieg gegen die Sabiner zu Ende geführt und ist dann bei der Gallierkrise der achtziger Jahre für einen gefallenen Feldherrn eingesprungen. Auf dem Höhepunkt seiner Laufbahn stand er, als er die letzte Schlacht gegen Pyrrhos schlug (275 v. Chr.). Nach römischer Anschauung war sie ein Sieg, und daher wurde dem Feldherrn auch ein Triumph gewährt und er in Anerkennung seiner Verdienste gleich nochmals für das folgende Jahr zum Konsul gewählt. — Fabricius war ganz und gar ein Mann des Pyrrhoskrieges und ist vorher nicht in Erscheinung getreten. Schon an dem Ausbruch des Krieges war er maßgebend beteiligt. Er war der Konsul, unter dem die Römer in den Krieg zwischen Thurioi und den Lukanern eingriffen und damit Tarent zum Anschluß an die antirömische Koalition veranlaßten. Während des Krieges vertrat er — etwa im Gegensatz zu Appius Claudius — den Standpunkt einer Verständigung mit Pyrrhos und übte in seinem zweiten Konsulat 278 v. Chr. entscheidenden Einfluß auf die Friedensverhandlungen mit ihm aus. Obwohl sein politischer Kurs sich nicht durchsetzte, erfreute er sich trotzdem der größten Achtung in Rom und gelangte 275 v. Chr. zur Zensur, während der er den Patrizier Publius Cornelius Rufinus wegen des Besitzes von 10 Pfund silbernen Tafelgeschirres aus dem Senat stieß. Nach seinem Tode erhielt er ganz außerordentliche Ehren (Bestattung innerhalb der Stadt, Ausstattung der Tochter mit einer Mitgift auf Staatskosten). Ohne Zweifel muß es mit diesem Mann eine besondere Bewandtnis gehabt haben, die sich aus seinen Taten allein nicht erklären läßt. — Die Persönlichkeit des Publius Decius Mus hat sich völlig verflüchtigt zu einem Sinnbild politischer Tugend. Decius Mus ist derjenige Name der römischen Geschichte, der wie kein anderer als Begriff völliger persönlicher Selbstaufgabe für den Staat dasteht. Es handelt sich dabei um einen bestimmten religiösen Akt, die sog. devotio, welche darin bestand, daß der Feldherr sich den unterirdischen Göttern weihte, den Tod in der Schlacht suchend fiel und damit den Untergang über das feindliche Heer herbeizog. Dieser Vorgang wurde von drei Deciern erzählt, vom Vater für das Jahr 340 (Schlacht am Veseris am Fuße des Vesuv im Latinerkrieg), vom Sohn für das Jahr 295 (Schlacht bei Sentinum gegen die Kelten) und für 279 (Schlacht bei Ausculum gegen Pyrrhos) vom Enkel, hier allerdings mit der Variante, daß der Konsul seinen Plan aufgab, als er hörte, daß der Feind davon Kunde bekommen hätte. Historisch gewesen ist natürlich nur eine devotio. Im allgemeinen nimmt man an, es sei die von 295 gewesen. Über allen Zweifel erhaben ist das freilich nicht, kann aber hier auf sich beruhen. Jedenfalls gehört die Gestalt des Decius Mus als bezeichnender Zug in das Kolorit jener Zeit.

Aus der frühesten Epoche der römischen Republik fehlen große Namen zwar auch nicht; während aber da wirklich alles in einem undurchdringlichen Dunkel untertaucht, steht hinter den Männern der großen Epoche der Samnitenkriege trotz aller Verschwommenheit als Kern eine geschichtliche Wirklichkeit, die sich aus einem umfassenden Zusammenhang heraus verstehen läßt.

§ 4. Die Organisation Italiens

1. Charakter der Organisation. — 2. Der unbefristete Bundesvertrag. — 3. Die sog. Halbbürgergemeinden. — 4. Die Inkorporation. — 5. Die römischen Kolonien. — 6. Die latinischen Kolonien.

1. Charakter der Organisation

Von einer Organisation der römischen Herrschaft über Italien läßt sich nach dem heutigen Sprachgebrauch nur in einem uneigentlichen Sinne sprechen; denn das, was man nach der uns geläufigen Vorstellung darunter zu verstehen hätte, eine von oben das ganze Land erfassende Verwaltung, war den Römern nicht nur unbekannt, sondern stand auch nicht im Bereich ihrer Möglichkeiten. Rom als Stadtstaat wäre gar nicht in der Lage gewesen, die hierfür nötigen Beamten zu stellen, und dies nicht nur aus Mangel an genügend geeigneten Kräften, sondern vielmehr schon deshalb, weil die dazu unumgängliche Freistellung von persönlichen Herrschaftsträgern das Gefüge des gerade in seine Form gewachsenen Staates erschüttert hätte. Aber auch vom Gesichtspunkt politischer Zweckmäßigkeit wäre die unmittelbare Beherrschung eines einheitlichen Untertanenverbandes alles andere als glücklich gewesen. Ein direkt auf eine kompakte Schicht ausgeübter Druck hätte einen entsprechenden Gegendruck hervorgerufen und die ganze römische Kraft durch die Fesselung der widerstrebenden Gegner gebunden. Der römische Erfolg bestand aber gerade darin, daß Rom durch die Ausübung seiner Herrschaft nicht nur nicht überanstrengt wurde, sondern im Gegenteil ihm aus ihr neue Kräfte zuflossen.

Für das gegenseitige Kräfteverhältnis von Rom und Italien und die Möglichkeit eines Gleichgewichtes war die Tatsache entscheidend, daß der Prozeß der Unterwerfung Italiens sich nicht von heute auf morgen vollzogen und Rom also nicht einfach in schnellem Zugriff seine Gegner zu Boden geschlagen hatte, sondern es sich hier um ein über Generationen sich hinziehendes Niederkämpfen handelte. Die politische Schwächung der italischen Völker, ohne die die römische Herrschaft ein Abenteuer gewesen wäre, wurde in der Hauptsache während dieser kriegerischen Periode herbeigeführt. Mit jedem Mal, das der Feind in die Schranken trat und besiegt wurde, verlor er einen Teil seiner inneren und äußeren Widerstandsfähigkeit.

Rom war freilich im entscheidenden Moment auch nicht verlegen um die Mittel, mit denen es gleichsam nachfaßte und dem zeitweiligen Erfolg Dauer verlieh. Am schwersten wurden die Unterlegenen durch die gewaltsame Minderung ihrer sozialen Existenz getroffen: Ein beträchtlicher Teil des italischen Bodens wurde von Rom einfach konfisziert und seinen ursprünglichen Herren geraubt. Das bedeutete für die Betroffenen einen Verlust an Land und Menschen, berührte aber zugleich den ganzen Organismus des Gemeinwesens. Stammesverbände ließen sich bei solcher Verunstaltung nur schwer aufrechterhalten; wenn sie es trotzdem fertigbrachten, sorgte die römische Politik dafür, daß die alte politische Organisation, auf der die Kraft des Gegners beruht hatte, zertrümmert wurde. Schematisch jedoch sind die Römer hierbei nie verfahren. So haben sie z. B. in Süditalien von dieser Methode abgesehen. Aber Mittelitalien und der große Verband der Samniten sind auf diese Weise dezimiert worden. Eine sehr späte, wahrscheinlich nicht einmal antike Ausdrucksweise, brachte diese Methode auf die bekannte Formel des „divide et impera". Sie darf Geltung in erster Linie für die italische Phase des römischen Imperialismus beanspruchen.

Im übrigen war die Art und Weise, nach der man den politischen Status der unterworfenen Staaten in Italien festsetzte, dem Prinzip nach sehr einfach. Er wurde in immer wiederkehrender Form durch das Schema einer engeren oder loseren Angliederung an Rom bestimmt.

2. Der unbefristete Bundesvertrag

Bei der loseren Form handelte es sich um einen ewigen Bundesvertrag, der durch seine Unauflöslichkeit von vornherein einen Dauerzustand begründete und dadurch für den römischen Vertragspartner unverträglich war mit irgendeiner vertraglichen Bindung an einen anderen Staat. Das Ergebnis davon war eine offenbare Schmälerung, wenn nicht sogar Aufhebung, der tatsächlichen Souveränität. Demgegenüber fiel es nicht mehr stark ins Gewicht, ob der Bundesvertrag auf der Basis formaler Gegenseitigkeit als foedus aequum abgeschlossen wurde oder ob man nur die einseitige Verpflichtung des Bündners Rom gegenüber mit Hinzusetzung der Majestätsklausel, in der noch ausdrücklich der Vorrang des römischen Vertragsteilnehmers anerkannt wurde, festlegte (sog. foedus iniquum). Der Inhalt der Verpflichtung bestand in der Stellung eines Truppenkontingentes. Sein Umfang war entsprechend der Leistungsfähigkeit des Bündners von Rom bzw. durch Vereinbarung beider Seiten bestimmt.

Auf diese sog. formula konnte dann jederzeit zurückgegriffen werden. Die innere Verwaltung des Militärs, also Aushebung und damit Auslese der Wehrpflichtigen, blieb Angelegenheit des Bundesgenossen. Übermäßig groß war übrigens die Belastung nicht. Das römische Heer bestand zur Hälfte aus Römern, zur anderen Hälfte aus Bundesgenossen. Der Hauptteil der Kriegslast wurde also von Rom getragen, denn zahlenmäßig waren die Bündner natürlich bedeutend stärker als Rom.

Auf diesen sehr einfachen Verhältnissen beruhte die römische Herrschaft über den größten Teil Italiens. Im Hinblick auf den Bundesvertragscharakter dieser Beziehungen ist man versucht, sie als „föderativ" anzusprechen, und tatsächlich hat sich in der modernen Wissenschaft dementsprechend auch der Terminus „Italischer Bund" eingebürgert (die Römer nannten ihre Bundesgenossen socii). Man tut aber gut, sich dadurch nicht beirren zu lassen. Ein echter Föderalismus in modernem Sinn trat hierbei ganz und gar nicht in Erscheinung. Die wesentlichste Voraussetzung dafür, die Bildung eines Bundeswillens, der korporativ im Kreise der Bundesgenossen entsteht, war hier nicht einmal spurweise vorhanden. Eher trifft das Gegenteil zu und war von Rom her eigentlich alles getan, um ihn nicht aufkommen zu lassen. Eine Bundesversammlung oder eine ähnliche Einrichtung hat es nie gegeben.

3. Die sog. Halbbürgergemeinden

Der engere Anschluß an Rom bestand darin, daß, durch Vertrag oder meist recht einseitiges Diktat, dem fremden Staat die Militärhoheit ganz oder zum Teil genommen wurde. Die Soldaten traten dann in die römischen Legionen ein und wurden auch von Rom aus ausgehoben; das schloß die Notwendigkeit in sich, die hierfür nötigen Unterlagen, also vor allem die Zensuslisten, in Rom zu führen. Die betreffenden Soldaten trugen demnach im Verband mit den römischen Bürgern die Hauptlast, welche dem einzelnen vom Staat aufgebürdet werden konnte, sie waren im wirklichsten Sinn römische municipes (munus-capere) geworden und wurden in bestimmter Hinsicht genau wie römische Bürger behandelt. Das System ist freilich nicht immer genau gleich angewandt worden und vertrug mancherlei Variationen. Seine praktische Bedeutung war im Anfang der italischen Expansion eminent. Den ersten Gebrauch von ihm machte man in der Mitte des vierten Jahrhunderts bei dem in der Nähe Roms gelegenen etruskischen Caere. Dann wurden von ihm die volskischen Städte Latiums, das Gebiet der Aurunker und Herniker, die Kampaner und die zentralitalischen Stämme wie die Sabiner erfaßt. Es handelte sich bei diesen allen um römische Untertanen, welche Rom verhältnismäßig nahe lagen und für die sich damit die Möglichkeit und der Vorteil eines festeren Zugriffs ergab. Terminologisch wurde später, schon von den Römern selbst, dieses Verhältnis wegen der Annäherung der Stellung dieser fremden Gemeindeangehörigen an die der römischen Bürger als eine Art von zurückgesetztem römischen Bürgerrecht, als „Bürgerrecht ohne (römisches) Stimmrecht", „civitas sine suffragio", nach dem heute herrschenden wissenschaftlichen Sprachgebrauch sog. „Halbbürgergemeinden", aufgefaßt.

4. Die Inkorporation

Wenn zweifellos das römische Verfahren bei den Halbbürgergemeinden im Grunde sehr rigoros war und selbst von der (formalen) Souveränität des fremden Staates nicht mehr viel übrigließ, so war es, von dem betroffenen Staat aus gesehen, doch ein gewaltiger Fortschritt gegenüber dem Verfahren, von dem Rom vorher im Verhältnis zu seinen besiegten Gegnern Gebrauch gemacht hatte. Am nächsten lag Rom nämlich die völlige Aufhebung der fremden Gemeinde, die Einbeziehung des fremden Territoriums in das römische Land, den ager Romanus, und die Überführung der Bevölkerung, soweit sie den Krieg überdauert hatte, nach Rom und in die römische Bürgerschaft. Man war so etwa gegen Veii und Fidenä verfahren. Demgegenüber war das Schicksal der Halbbürgergemeinde Caere von völlig anderer Art. Bei ihr war für Rom der Gesichtspunkt maßgebend, daß eine Inkorporation, welche die Ausländer zu römischen Bürgern machte, gegenüber einem breiten Kreis von fremdsprachigen Elementen unmöglich war. Zudem waren der Methode der physischen Vernichtung der fremden Siedlung verhältnismäßig enge Grenzen gesetzt. So entstand gewissermaßen die Frage, ob man mit der Ausbreitung des römischen Herrschaftsbereiches diese elementare Inkorporation grundsätzlich durch die Halbbürgergemeinde bzw. durch die bloße Föderation ablösen sollte oder ob sich noch eine andere Möglichkeit finden ließe. Daß diese Antwort im letzteren Sinne ausfiel, wurde für die Organisation Italiens entscheidend.

Den Ausweg bot eine wesentliche Veränderung der Eingliederungsmethode, indem sie hinfort nicht mehr die Auslöschung des fremden Gemeinwesens als eines eigenen Siedlungsverbandes nötig machte, sondern denselben bestehen ließ, ihm jedoch den Charakter eines eigenen Staates nahm. Die Einwohner wurden römische Bürger und damit stimm- und wahlberechtigt in Rom, blieben aber in ihrer alten Stadt wohnen. Was sie von ihr behielten oder für sie gewannen, d. h. für sie von Rom zugestanden bekamen, waren kommunale Rechte von allerdings bescheidenem Umfang und eine Anzahl von ihnen selbst gewählter Lokalbeamten; sie wurden ein sog. municipium (der Ausdruck ist wahrscheinlich von der Halbbürgergemeinde hergenommen). Die Wurzeln für die Munizipalverwaltung waren damit gelegt. Für die Verhältnisse eines antiken Stadtstaates war diese uns heute nicht eben originell erscheinende Regelung eine gewaltige „Erfindung". Dem griechischen Städtewesen ist sie fremd geblieben. Für Rom bildete sie das Strukturprinzip, welches es möglich machte, daß der Stadtstaat Rom über die „normalen" Maße eines solchen hinauswuchs und schließlich die Möglichkeit zum Übergang in einen Territorialstaat erhielt.

Angewandt wurde das neue Prinzip zum erstenmal nach dem Latinerkrieg. Die inkorporierten Gemeinden lagen alle in nicht allzuweiter Entfernung von Rom, und vor allem, sie hatten eine lateinisch sprechende Bevölkerung; denn der Besitz des römischen Bürgerrechtes setzte natürlich voraus, daß die Neubürger die Sprache des römischen Volkes sprechen konnten. Danach ist Schritt für Schritt auf dieser Bahn fortgeschritten worden, allemal da, wo diese Voraussetzungen gegeben waren. Sie stellten sich am schnellsten ein bei den Halbbürgergemeinden; denn von allen fremden Staaten standen diese im innigsten Kontakt mit Rom und wurden dadurch in einen sehr raschen Assimilationsprozeß hineingezogen. Auf solche Weise wurde die Halbbürgergemeinde zur Vorstufe des römischen Munizipalrechtes und verschwand infolgedessen mit der Zeit wieder von der politischen Landkarte Italiens.

5. Die römischen Kolonien

Das so geschaffene Munizipalwesen wurde also ein Mittel, die Annexionen dem römischen Staat unmittelbar nutzbar zu machen und für seinen Körper aus der unterworfenen Bevölkerung neue Zellen zu gewinnen. Die verwaltungsrechtliche Voraussetzung hierfür hatte in der Entdeckung der Möglichkeit bestanden, mit Hilfe des Munizipalwesens das römische Bürgerrecht auf die Bewohner selbständiger Siedlungen zu erstrecken. Zu einer ähnlichen Lösung gelangte man noch auf einem anderen Weg. Das praktische Bedürfnis war hier durch die Notwendigkeit bestimmt, in einzelnen, nicht sehr großen Gruppen römische Bürger aus militärischen Gründen fern von Rom festzuhalten. Nach ihrem Gründungsvorgang waren diese Siedlungen im technischen Sinne zwar keine Munizipien, sondern neue Pflanzstädte, d. h. römische Kolonien; aber sie bildeten durchaus eine Entsprechung zu den Munizipien und besaßen wie diese innerhalb des römischen Staates eine Art lokaler, wenn auch nicht sehr großer Autonomie. Zu Anfang verfolgte man mit dieser Koloniegründung den Zweck, das römische Staatsgebiet an der Küste zu schützen, indem man an wichtigen Plätzen Seestützpunkte einrichtete; deshalb waren die ersten römischen Kolonien allesamt sog. Seekolonien (Ostia, Antium, Tarracina, Sena Gallica u. a.).

6. Die latinischen Kolonien

Die Masse des annektierten Landes war indes bedeutend größer als der tatsächlich eingetretene Zuwachs des römischen Staatsgebietes auswies. Der wichtigste Teil des dem Feinde weggenommenen Bodens war ohne unmittelbaren Zusammenhang mit dem römischen Staatsgebiet, ließ sich infolgedessen auch nicht darin einbeziehen. Maßgebend blieb anfangs nämlich die Auffassung, der ager Romanus habe trotz seiner lokalen Selbstverwaltung als Bestandteil der Markung der Stadt Rom einen zusammenhängenden Komplex zu bilden. Wie sollte man also die Gebietsabtretungen außerhalb seiner Reichweite nutzen? Die Möglichkeit dazu ergab sich aus einer Verbindung des föderativen Prinzips mit der Gründung von Kolonien. In diesem Zusammenhang wurde die Kolonie ein eigenes Staatswesen und trat damit in die Reihe der römischen Bundesgenossen. Im Grunde entsprach diese Verselbständigung der Kolonie einer höchst geläufigen und nicht nur Rom, sondern ebenso den griechischen oder den phoenikischen Stadtstaaten vertrauten Vorstellung. Sie bildete deshalb in Rom auch den Normalfall und ist entwicklungsgeschichtlich älter als die römische Kolonie auf römischem Staatsgebiet.

Ihr erstes Auftreten fällt noch in die Zeit des Latinischen Bundes. Damals wurde eine solche Kolonisation von Rom und den stammesverwandten Latinern gemeinsam ausgeführt und auf diese Weise das latinische Stammesgebiet vergrößert. Nach der politischen Vernichtung des alten Latinertums war es damit vorbei; aber wie man damals die latinischen Kolonien bestehen ließ, so behielt man trotz der Aufhebung des Latinischen Bundes in Zukunft die Einrichtung der latinischen Kolonien bei und gründete nach ihrem Vorbild die hinfort von Rom allein ins Leben gerufenen Kolonien in der Fremde. Der Bürger einer solchen Kolonie wurde mit dem Verlassen Roms Latiner, oder besser, er war, da ja Rom schließlich auch eine latinische Stadt war, nur noch Latiner und kein Römer mehr und erhielt das Bürgerrecht der neuen Gemeinde. Wer sich in Rom in dieser Weise zur Aufgabe seiner Heimat verstand, gehörte natürlich zu den ärmeren Schichten. Mit solchen Leuten zusammen konnten sich an der Gründung auch Angehörige von latinischen Städten und Kolonien beteiligen. Das auf seinem Ursprungsboden von Rom zum größten Teil aufgesogene Latinertum lebte also in Form des kolonialen Latinertums weiter. Wie bei den alten Latinern, so bestand auch bei den neuen ein inniges Verhältnis zu Rom, etwa in der Form einer Rechts- und Verkehrsgemeinschaft (conubium et commercium). Dazu kam das besondere Privileg, daß ein solcher Latiner bei seiner Übersiedlung nach Rom das römische Bürgerrecht erhielt, bzw. daß bei der Rücksiedlung eines ehemaligen Römers sein altes Bürgerrecht wieder auflebte, ihm also im Grunde mit der Auswanderung nichts verlorenging. Voraussetzung dafür war allerdings, daß er einen Sohn in der Kolonie zurückließ und diese so keine Einbuße an ihrer Einwohnerschaft erlitt. Völkerrechtlich gesehen standen die latinischen Kolonisten in der Reihe der Bundesgenossen — Romani socii nominisve Latini hieß die Formel für den römischen Herrschaftsverband (nomen Latinum war der Terminus für den alten Latinischen Bund) —; in politischer Hinsicht aber waren diese latinischen Bundesgenossen, welche ja auf Kosten der geschädigten Bündner lebten, eine Kategorie für sich. Ihr vitalstes Interesse band sie an Rom, und deshalb waren sie die eigentlichen Garanten der römischen Herrschaft in Italien, oder, nach einem römischen Ausdruck, ihre „Bollwerke" (propugnacula).

Das Schwergewicht der italischen Organisation konnte infolge der eigentümlichen Stellung der latinischen Kolonien durchaus auf dem bundesgenössischen Element liegen. Es verteilte sich auf $^5/_6$ des italischen Bodens, 130 000 qkm gegenüber von 24 000 qkm des römischen Staatsgebietes. Nicht ganz in dem gleichen Verhältnis gingen die Bevölkerungszahlen auseinander. Rom mag am Ende unserer Epoche (265/264) etwa 900 000 Köpfe gezählt und 2 175 000 Nichtbürgern gegenübergestanden haben.

Dieser vielfältige Aufbau der römischen Herrschaft war von Rom als politisches Instrument gedacht, ging aber in seinen Auswirkungen über diesen Zweck weit hinaus. Durch die mannigfachen Kontaktstellen, welche er zwischen Rom und Italien schuf, wurde er vor allem ein Mittel der Romanisierung Italiens. Rom brachte mit seiner Hilfe nicht nur seinen politischen Einfluß zur Geltung, sondern durchdrang auch mit seinem Wesen die fremden Staaten. Vor allem waren es gerade die latinischen Kolonien, welche hier die Rolle eines Vermittlers spielen konnten. Die Folgen zeigten sich sehr bald. Mit der Zeit schwand bei den Italikern die Erinnerung an die Tage der Unterwerfung, und an ihre Stelle trat ein Gefühl der Zusammengehörigkeit mit Rom. Togamänner (togati) wurde ein immer geläufigerer Ausdruck für die verbündeten Italiker. Schließlich paßte sich auch die staatliche Organisation der Bundesstaaten dem römischen Vorbild an. Allenthalben wurden Elemente des römischen Ämterwesens übernommen; bei den Oskern gab es Zensoren, Ädilen, Prätoren, Quästoren, bei den Etruskern Prätoren. Dieser Prozeß ist freilich — wie das meiste, was Italien betrifft — dem Blick des Historikers so gut wie völlig entzogen; aber der Ausfall der Erkenntnis enthebt nicht von der Pflicht, hinter den äußeren Vorgängen und Einrichtungen eine neue Wirklichkeit anzusetzen, deren Bedeutsamkeit durch den Fortgang der Geschichte zur Genüge erwiesen ist. Italien ist das erste romanisierte Land der Romania, und die römische Herrschaft war wohl dafür die äußere Voraussetzung, ihre Organisation aber der Weg zu diesem Resultat.

IV.

Der Aufstieg zur Weltherrschaft (264-133 v. Chr.)

§ 5. Die Erringung der Vorherrschaft im westlichen Mittelmeer

1. Die Bedeutung des Ersten Punischen Krieges. — 2. Karthago. — 3. Rom und Karthago. — 4. Der messanische Konflikt. — 5. Der Ausbruch des Krieges. — 6. Der Erste Punische Krieg. — 7. Das Ergebnis des Ersten Punischen Krieges. — 8. Beschränkung der römischen Außenpolitik auf den italischen Raum. — 9. Das römisch-karthagische Verhältnis. — 10. Die Karthager in Spanien. — 11. Die Vorgeschichte des Zweiten Punischen Krieges. — 12. Rom am Vorabend des Zweiten Punischen Krieges. — 13. Gaius Flaminius. — 14. Hannibal gegen Sagunt. — 15. Der Ausbruch des Zweiten Punischen Krieges. — 16. Hannibals strategisch-politische Erfolge. — 17. Gründe für Hannibals Scheitern. — 18. Die römische Situation. — 19. Äußere Gliederung des Kriegsverlaufes. — 20. Der Ausgang des Krieges: Scipio Africanus. — 21. Der Frieden von 201 v. Chr. — 22. Die Beilegung des Kampfes in Italien. — 23. Die Kriegsfolgen für Norditalien und Spanien. — 24. Die Bedeutung des Zweiten Punischen Krieges.

1. Die Bedeutung des Ersten Punischen Krieges

Ein anstrengender Kampf von rund einem dreiviertel Jahrhundert hatte Rom zur Herrschaft über Italien geführt. Der Pyrrhoskrieg war der Abschluß dieser Entwicklung gewesen. Was hätte ungeachtet aller ferneren Überlegungen nähergelegen, als den neu erworbenen Besitzstand zu sichern und sich von innen her zu eigen zu machen? Die außenpolitischen Folgerungen mochten dann die Sorgen späterer Geschlechter sein. Vom Standpunkt solcher nur allzu begreiflichen Erwartungen aus ist es deshalb eins der im wahrsten Sinne merkwürdigen Ereignisse der Weltgeschichte, daß die Entwicklung ganz und gar nicht in diesem durch die Umstände nahegelegten Sinne verlief und Rom bereits mit dem Jahre 264, also kaum zehn Jahre nach der Beendigung des Pyrrhoskrieges und während es sich noch inmitten des Ausbaues seiner italischen Herrschaft (Gründung wichtiger Kolonien, Abrundung des römischen Gebietes an der Adria, ager Picenus und Kalabrien) befand, auf der Grundlage seiner neuen Machtstellung den Eintritt in die Weltpolitik vollzog. Darin besteht die Bedeutung des sog. Ersten Punischen Krieges (264—241), der langwierigsten und verdrießlichsten Auseinandersetzung, welche Rom in der Epoche seiner Ausdehnung durchzustehen hatte.

Man hat deshalb allen Grund, sich zu überlegen, wie es zu dieser für die damaligen Umstände überraschenden Wendung kam. Nach der ganzen Lage drängt sich von vornherein die Vermutung auf, daß Rom hier wie auch sonst in seiner Geschichte weniger der Treibende als der Getriebene war und die folgenschwere Entscheidung kaum einem klaren Entschluß entsprang, sondern durch die Verknüpfung unvorhergesehener Umstände Rom aufgedrängt wurde. In der Tat verhielt es sich auch so.

2. Karthago

Nachdem die Herrschaft über die Apenninenhalbinsel Rom zu einer Großmachtstellung im westlichen Mittelmeer verholfen hatte, war, gleichgültig ob die römischen Politiker es wollten oder nicht, die Frage nach dem Verhältnis zu der anderen in diesem Raum maßgeblichen Großmacht, Karthago, aufgeworfen. Als Kolonie des phönikischen Tyros 814 v. Chr. im heutigen Tunis gegründet, war es nicht wesentlich älter als Rom. In der Weltpolitik trat es allerdings bedeutend früher hervor. Bei seiner günstigen geographischen Situation mußte es sich nicht erst unter schwierigen Umständen den Raum in seiner nächsten Umgebung freikämpfen. Im Hinterland hatte es nur mit den ihm zivilisatorisch weit unterlegenen Berberstämmen zu tun. Gleichwertige Partner in seiner Nachbarschaft waren nur die anderen phönikischen Kolonialstädte wie etwa Utika und Hadrumetum, aber mit ihnen verband es ein gemeinsames Interesse. Als es sie überflügelte, unterstellten sie sich ihm ohne eigentlichen Widerstand. Expansive Neigungen verspürte Karthago von Hause aus nicht. Ihm wie den anderen phönikischen Gründungen war es genug, wenn es in seinem Hauptinteresse, dem Handel zwischen dem Osten und dem Westen des Mittelmeeres, nicht gestört wurde. Das wurde erst im 6. Jahrhundert anders, als es galt, vor der kolonialen Ausdehnung des Griechentums auf der Hut zu sein. Karthago sicherte damals seine Handelsroute militärisch ab, besetzte Malta, die Pityusen und die Balearen, und faßte auf der Westspitze Siziliens und in Sardinien Fuß. Zu kriegerischen Konflikten mit den Griechen kam es jedoch nur selten. Einer, der im Bund mit den Etruskern gegen die Phokäer in dem korsischen Alalia unternommene Kampf, machte Epoche und öffnete auch Korsika den Karthagern. Viel später (vielleicht Ende des 4. Jahrhunderts) gewann es in Südspanien durch Einfluß auf das ebenfalls phönikische Gades (Cadiz) und an der Ostküste bis Malaga hinauf eine feste Position.

Diese in erster Linie durch die Umstände erzwungene Umorientierung Karthagos hatte einen wichtigen Strukturwandel zur Folge. Der friedlich-ökonomische Charakter der karthagischen Gesellschaft zeitigte einen Seitentrieb mit der Begründung einer militärischen Tradition. Sie wurde in bestimmten Familien heimisch, fand aber bei der Gesamtheit der Kaufmannsaristokratie keinen ungeteilten Beifall. Eher wurde sie mit Mißtrauen betrachtet, denn da die karthagischen Feldherren zumeist auf auswärtigen Kriegsschauplätzen beschäftigt waren und zu ihrer Verfügung ein aus landfremden Söldnern bestehendes Heer hatten, gewannen sie nicht nur persönlich eine starke Machtstellung, sondern waren in ihr auch der unmittelbaren Beobachtung durch die städtische Gesellschaft entzogen. Als Gegengewicht hiergegen wurde während des 5. Jahrhunderts ein besonderes Kontrollorgan der karthagischen Verfassung eingefügt, der Staatsgerichtshof der „Hundertundvier", vor dem jeder General bei seiner Rückkehr Rechenschaft abzulegen hatte und oft genug in ein hochpeinliches Prozeßverfahren verwickelt wurde. So kam in den karthagischen Staat ein Antagonismus hinein, der schwerer wog als der Gegensatz zwischen Adel und Volk. Dieser hatte einen Ausgleich gefunden, offenbar auf einer ähnlichen Grundlage wie in Rom, indem eine formale Demokratisierung durch das gesellschaftliche Übergewicht der Wohlhabenden kompensiert wurde und die niederen Schichten sich ihre Einflußlosigkeit wegen der Nutznießung der Vorteile des Handelsreiches gefallen ließen. Kritisch wurde es nur, wenn die Militärkreise diese Balance störten und sich mit dem Volk verbanden. Die Vorbeugung gegen eine solche Konstellation war eines der Hauptthemen karthagischer Politik.

Die Gefahr eines dynamischen karthagischen Imperialismus war deshalb schon von innen her gebändigt. Ein Ausgreifen über den verhältnismäßig engen Rahmen seiner deutlich fixierten Interessen war bei Karthago nicht zu befürchten. Den klaren Beweis liefert die Geschichte des sizilischen Griechentums. Dreihundert Jahre herrschte dort ein Gleichgewichtszustand, seitdem Griechen und Karthager auf der Insel Nachbarn geworden waren. Verschiedentlich wurde er — von beiden Seiten — gestört. Doch das waren im Grunde immer nur vorübergehende Episoden. Ende des 5. Jahrhunderts, als Athen in der Rolle der stärksten Seemacht des Mittelmeeres nicht mehr zu fürchten war und Syrakus, der stärkste griechische Staat auf Sizilien, in eine innere Krise geriet, gelang es Karthago, sein sizilisches Einflußgebiet etwas nach Osten auszudehnen. Mehr erreichte es jedoch nicht, ebensowenig wie den verschiedenen griechischen Gegenstößen der Erfolg beschieden war, Karthago aus Sizilien zu verdrängen. Dieses war im Grunde verwunderlicher als jenes, denn bei entsprechender Organisation wären die Kräfte der sizilischen Griechen Karthago überlegen gewesen, jedenfalls auf dem ihnen nahe gelegenen Kriegsschauplatz der Insel. Doch die Karthager hatten das Glück, daß dieser Fall niemals eintrat und dem griechischen Sizilien stabile Verhältnisse dauernd unbekannt blieben.

So ging es zwischen den beiden Seiten immer ohne Entscheidung hin und her. Nach dem Scheitern des Pyrrhos war gerade wieder einmal eine für Karthago günstige Wendung eingetreten und hatte sich sein Einfluß etwas weiter nach dem Osten der Insel vorgeschoben. Außerhalb Siziliens (etwa auf Sardinien und Korsika) war es von Griechen gänzlich ungestört. Karthago befand sich im Besitz einer von alters her erworbenen Stellung.

3. Rom und Karthago

Den Römern als einem von Hause aus nicht seefahrenden Volk lag es fern, den Karthagern Schwierigkeiten zu machen. Eher hätte dieser Gedanke den Etruskern kommen können, aber mit denen hatte Karthago sich geeinigt, in gemeinsamer Gegnerschaft gegen die Griechen, und später hatte die römische Expansion in Italien dafür gesorgt, daß die Etrusker Karthago nicht gefährlich werden konnten. Rom, am Ende der Königszeit unter etruskischer Herrschaft stehend, hatte sich diesen Kurs des friedlichen Einvernehmens zu eigen gemacht. Ein römisch-karthagischer Vertrag von 509, durch den griechischen Historiker des römischen Imperialismus, Polybios, überliefert, gibt davon Zeugnis. Auch nach der Befreiung von den Etruskern blieben die Römer bei dieser politischen Linie, wie ein weiteres von Polybios überliefertes Vertragswerk beweist. Ein Vorstoß nach Sardinien, unternommen (378 v. Chr.) während eines vorübergehenden karthagischen Schwächeanfalles, hatte keine grundsätzliche Bedeutung und blieb ohne dauernden Erfolg. Die Beziehungen Roms zu Karthago waren friedlich und führten sogar während des Pyrrhoskrieges zu einer antigriechischen Allianz der beiden Mächte.

4. Der messanische Konflikt

Da trat im Jahre 264 ein im Grunde geringfügiger Konflikt ein. Die Stadt Messana, damals ein oskischer Staat, welcher auf Sizilien in den vergangenen Jahrzehnten eine mächtige Stellung eingenommen hatte, aber bei den Griechen als fremder Eindringling und Friedensstörer — es handelte sich in der Hauptsache um ehemalige kampanische Söldner, welche, vor allem durch den syrakusanischen Tyrannen ins Land gezogen, die ursprünglich griechische Gemeinde Messana besetzt hatten — sich außerordentlich verhaßt gemacht hatte, war infolge der Konsolidierung des großen Syrakus unter der neuen Monarchie des Königs Hieron in Bedrängnis geraten und schaute sich nach Hilfe um. Das Gegebene war, sich an Karthago, die traditionelle Gegenspielerin der Griechen, zu wenden, und entsprechend verfuhr man auch. Aber kurz danach änderte man den Entschluß und schickte nach Rom eine Gesandtschaft. Rom war ja jetzt die Vormacht Italiens und damit auch der kampanischen Heimat der Messaner. In Rom war die Stimmung geteilt. Ein Bedürfnis, über die italische Halbinsel, welche eben gerade unterworfen war, hinauszugreifen, bestand nicht. Es hätte sich nur darum handeln können, den Griechen auf Sizilien durch Übernahme des Schutzes von Messana eine leichte Schlappe beizubringen und von einem kurzen Feldzug im reichen Sizilien mit vollen Taschen heimzukehren. Allerdings stellten sich dieser einfachen Entscheidung, bei der irgendwelche Rücksichten auf Karthago keine Rolle zu spielen brauchten, Bedenken des politischen Anstandes entgegen. Für einen Räuberstaat wie Messana zu den Waffen zu greifen, zumal wenn keine vitalen Interessen im Spiel waren, machte sich nicht gerade sehr gut und vertrug sich obendrein wenig mit dem starken römischen Bedürfnis nach Korrektheit der außenpolitischen Formen. Zudem war Rom selbst kurz zuvor gegen das politische Freibeutertum kampanischer Söldner auf italischem Boden, in Rhegion, also unmittelbar gegenüber Messana, eingeschritten und drohte dadurch in Widerspruch zu seinem eigenen Verhalten zu geraten.

5. Der Ausbruch des Krieges

Schließlich gewannen die Verlockungen eines leichten Triumphes aber doch die Oberhand, und Messana erhielt die militärische Hilfe. Sie war gegen Syrakus ausgeschickt; aber als das römische Heer eintraf, sah es sich den Karthagern gegenüber, welche ihrerseits — gemäß dem ersten Beschluß Messanas — die Schutzherrschaft über Messana beanspruchten. An die Stelle einer kurzen Expedition gegen die Griechen schob sich sehr bald eine langwierige kriegerische Verwicklung mit Karthago. Hieron von Syrakus zog sich zurück und wurde neutral. Wahrscheinlich tat er damit das für seinen Staat einzig Mögliche, indem er ihm auf diese Weise den Frieden erhielt und für ein halbes Jahrhundert Syrakus wenigstens das Glück einer materiellen Wohlfahrt verschaffte. Es hatte für ihn keinen Sinn, auf der einen oder der anderen Seite sich einzusetzen, da jeder Sieg, der karthagische wie der römische, sein Nachteil sein mußte. Worauf er hoffen konnte, war der Abbruch des Kampfes und die Wiederherstellung des Status quo. In dieser Erwartung wurde er freilich getäuscht. Aus einem beiläufigen Vorfall wurde ein weltgeschichtliches Ereignis.

6. Der Erste Punische Krieg

Der Krieg, in den Rom auf diese Weise hineingeglitten war, wurde der eigenartigste seiner von kriegerischen Auseinandersetzungen so reichen Geschichte. Er endete schließlich mit der Verdrängung der Karthager von Sizilien und der Unterwerfung dieser Insel unter die römische Herrschaft. Man nennt ihn daher auch den Kampf um Sizilien. Aber verglichen mit den Anstrengungen, welche Rom dieser Krieg kostete, war der Erfolg im Grunde geringfügig und stand in keinem rechten Verhältnis zu dem durch ihn verursachten Aufwand. Trotzdem hat Rom zur Erreichung eines an sich geringfügigen territorialen Erwerbes sich den größten Mühen unterzogen und ohne offenbare Lebensnotwendigkeit bis zum letzten seine Kräfte ausgeschöpft. Der Erste Punische Krieg war alles andere als ein glänzender Siegeszug. Sieg und Niederlage hielten sich bei ihm die Waage, und der Rückschläge gab es so viele und so schwere, daß der römische Staat mehr als einmal an die Grenzen seiner Leistungsfähigkeit geriet. Rom hat im Verlauf dieses Krieges, der ausschließlich auf dem fernen Sizilien ausgefochten wurde und in der Hauptsache den Gewinn der einzelnen Städte zum Gegenstand hatte, große militärische und politische Fehler begangen und war seiner Heeresverfassung nach sehr wenig gerüstet für einen durch viele Jahre sich hinziehenden Kampf auf einem fernen Kriegsschauplatz. Der alljährliche Wechsel im Kommando wirkte sich auf die Bewältigung der technischen Aufgaben äußerst nachteilig aus. Dies vor allem auch deswegen, weil die Römer sich sehr bald einem völlig neuen, ihnen bisher unbekannten Problem gegenübergestellt sahen. Karthagos Stärke beruhte auf seiner Überlegenheit zur See. Es zögerte nicht lange, sie die Römer spüren zu lassen, und führte Überfälle auf die schutzlos preisgegebenen Küsten Italiens aus.

Rom mußte sich auf dem dem Gegner von alters her vertrauten Element stellen, wenn es den Krieg durchführen wollte. So schritt es zum Bau einer stattlichen Flotte, gleichsam aus dem Nichts, wobei es die Schiffe der römischen Eignung für den Landkampf entsprechend mit besonderen Enterbrücken zur infanteristischen Bewältigung der feindlichen Flottenmannschaft versah. Die erste Erprobung der neuen Waffe wurde zu einem glänzenden Triumph des römischen Unternehmungsgeistes. Im Jahre 260 besiegte der römische Konsul Gaius Duilius an der Ostspitze von Sizilien, bei Mylae, die karthagische Flotte. Rom war in den Stand gesetzt, nach Sardinien und Korsika überzugreifen. Eine spätere Erinnerung hat von diesen römischen Leistungen zur See aus ein verklärendes Licht über den Ersten Punischen Krieg ausgeschüttet und ihn als die große Bewährungsprobe Roms in dem ihm von Natur fremden Seekrieg gefeiert. Das römische historische Epos, die wichtigste Leistung der römischen Poesie, erhielt in dem „Punischen Krieg" des Dichters Naevius seinen Anstoß. Durch den Flottenbau bekam Rom sogar die Möglichkeit zu dem außerordentlichen Unternehmen eines militärischen Übergriffes auf Afrika und der unmittelbaren Bedrohung der Stadt Karthago durch den Konsul Regulus (256/255). Trotzdem schlugen diese und andere Unternehmungen nicht durch. Der Seekrieg brachte auch schwere Katastrophen. Seemännische Erfahrungen ließen sich nicht allein durch Energie ersetzen. Mehr als einmal wurden die römischen Schiffe ein Opfer nautischen Ungeschicks. Innerhalb von fünf Jahren gingen vier römische Flotten verloren.

249 war Rom deshalb so weit, den offensiven Seekrieg, den man einst so verheißungsvoll begonnen hatte, wieder aufzugeben. Man war überhaupt auf römischer Seite am Ende seiner Kräfte. Der Krieg schleppte sich durch mehrere Jahre hin. Der einzige Vorteil bestand darin, daß Karthago auch schon schwer gelitten hatte und in gleicher Weise die Zügel fahren ließ. Das wurde ihm zum Verhängnis. Als die Römer plötzlich 242 sich zum Bau einer neuen großen Flotte von 200 Schiffen aufrafften — die Mittel dazu waren durch private Beihilfen aufgebracht worden —, hatten die Karthager keine Reserven im Hintergrund. Die Niederlage von Drepanum (Westküste

Siziliens nahe den Ägatischen Inseln) 241 raubte ihnen die einzige Waffe, mit der sie sich der Römer erwehren konnten, und zwang sie damit zum Friedensschluß. Er kostete sie, abgesehen von einer schweren Kontribution, ihre Besitzungen auf Sizilien.

7. Das Ergebnis des Ersten Punischen Krieges

So war den Römern in einem einzigen Krieg die Vertreibung der Karthager von Sizilien, um die sich die Griechen jahrhundertelang vergebens bemüht hatten, gelungen. Hätten sich die Römer auf die politische Psychologie der Griechen damals schon verstanden, der Ruhm, die Befreiung der Griechen von der karthagischen Herrschaft erwirkt zu haben, wäre ihnen schwerlich vorenthalten worden. Aber eine derartig günstige Konstellation der Gefühle ergab sich nicht. Die Römer, welche als Helfer der verhaßten Messanier gekommen waren, hatten sich keineswegs beliebt gemacht; die wirkliche Situation, daß an die Stelle der labilen Vorherrschaft der Karthager in Sizilien eine festgegründete römische Fremdherrschaft getreten war, trat offen in das griechische Gesichtsfeld, obgleich Rom anfangs noch keinen wirklichen Herrschaftssprengel in Sizilien einrichtete und Syrakus als selbständiger Staat in alter Form anerkannt blieb. Erst im Jahre 227 wurde nach Sizilien ein römischer Obermagistrat, ein Prätor, geschickt und damit eine sog. „Provinz" eingerichtet, d. h. die unmittelbare Zuständigkeit eines bestimmten römischen Herrschaftsträgers für ein Untertanengebiet begründet. Doch blieb Syrakus auch damals ausgenommen.

Trotz des, von Rom aus gesehen, an sich bescheidenen Gewinnes kommt dem Ersten Punischen Krieg für die römische Entwicklung ein großes Gewicht zu. Nicht nur, daß Rom zum ersten Mal einen schwierigen Waffengang außerhalb des italischen Festlandes siegreich bestand und eine der damaligen Großmächte demütigte; es hatte damit zugleich unter offenen Beweis gestellt, daß es selbst eine Großmacht war und die kurz vorher beendete Unterwerfung Italiens zu diesem Ergebnis geführt hatte. Wahrscheinlich ist von den römischen Politikern instinktiv empfunden worden, daß in diesem Krieg es zuvorderst auf die Erhärtung dieser Tatsache ankam und es in ihm weniger um eine Zukunft ging, deren Umrisse noch kein Mensch voraussehen konnte, sondern ein Titel zu verteidigen war, den man in den Jahren zuvor erworben hatte. Hätte der Krieg mit einem römischen Mißerfolg geendet, so wären peinliche Rückschläge auf die römische Machtstellung in Italien kaum ausgeblieben, und der römische Anspruch auf die italische Hegemonie hätte wesentlich an Überzeugungskraft eingebüßt. Nun aber war den römischen Untertanen in Italien gezeigt, daß Rom nicht nur in der Lage war, Italien zu unterwerfen, sondern ebenso mit den neugewonnenen Kräften einen erfolgreichen Einsatz wagen konnte und damit seinen Feinden von gestern einen Weg zeigte, der ihnen eine heute und morgen fruchtbare und früher verschlossene Möglichkeit der politischen Entfaltung eröffnete.

8. Beschränkung der römischen Außenpolitik auf den italischen Raum

Der Erste Punische Krieg stellte sich auch in der unmittelbaren Folgezeit, entsprechend den Umständen, die zu seiner Entstehung geführt hatten, als ein Vorgriff auf eine spätere Zukunft dar. Rom sah sich nach seinem Abschluß keineswegs veranlaßt, den Weg in eine mediterrane Weltpolitik geradewegs fortzusetzen. Die hellenistische Staatenwelt, mit ihren eigenen Sorgen beschäftigt, hatte von der karthagisch-römischen Auseinandersetzung kaum Kenntnis genommen. Einzig die Ptolemäer in Ägypten, welche nach dem Pyrrhoskrieg diplomatische Beziehungen rein formeller

Art mit Rom aufgenommen hatten, bezogen ausdrücklich Stellung, bekannten sich jedoch dabei zu einer strengen Neutralität und verweigerten aus diesem Grunde Karthago eine Anleihe. Nach dem Krieg revanchierten sich die Römer durch die freundliche Geste, daß sie dem damaligen ägyptischen König (Ptolemäus III. Euergetes) für seinen Krieg gegen den seleukidischen Gegner irgendwelche, vielleicht durch die römische Abrüstung freigewordene Hilfsmittel anboten, die jener jedoch mit Dank ablehnte. Von Makedonien, dem zunächstliegenden Nachbarn, sind nicht die leisesten Äußerungen bekannt. Rom selbst wurde nach dem Friedensschluß auf Fragen verwiesen, die einen lokal begrenzten Aspekt besaßen und den weltpolitischen Horizont gleichsam abblendeten. Seine Hauptaufmerksamkeit galt dem Norden der Apenninenhalbinsel. Ein Vorstoß nach Ligurien, ausgeführt während einer Reihe von Jahren (238—230), brachte die benachbarten Kelten der Poebene in Bewegung. Eine große Koalition, welche auch auf jenseits der Alpen wohnende keltische Stämme übergriff, entstand unter ihnen. Sie wurde zwar durch römische Verbindungen mit einzelnen keltischen Gruppen (wie den Cenomanen) teilweise paralysiert, aber als die Römer in das keltische Gebiet südlich von Ariminum (Rimini), den ager Gallicus der Senonen, Kolonisten schickten, holten die Kelten zu einem großen Gegenstoß aus und drangen in das mittlere Italien ein. Ein panischer Schrecken ergriff Rom, wie immer, wenn die Nordvölker sich in Marsch setzten. Die Spannung entlud sich in einem Krieg, der zur Vernichtung der keltischen Armee bei Telamon (südlich von Pisa) führte und die Befriedung des nördlichen Italien der römischen Politik zur Notwendigkeit machte. Sie wurde in den folgenden Jahren durchgeführt (Einnahme von Mailand 222 v. Chr.) und durch die Gründung großer latinischer Kolonien wie Placentia und Cremona (218 v. Chr.) abgeschlossen.

Die Unterwerfung der Apenninenhalbinsel hatte die Adria zu einer politischen Kontaktzone Roms gemacht. Es selbst war freilich auf diese Ausweitung seiner politischen Aufmerksamkeit sehr wenig erpicht und hatte infolgedessen diesem Gebiet jahrzehntelang keine Beachtung geschenkt. Aber in den Jahren nach dem Ersten Punischen Krieg hatte sich an der dalmatinischen Küste unter den dortigen illyrischen Bewohnern ein Korsarenstaat gebildet, welcher die Handelsschiffahrt auf das unangenehmste gefährdete. Die Hauptbetroffenen waren die Griechen an der Westseite der Balkanhalbinsel (wie Epidamnus und Korkyra); aber die handeltreibenden Städte Italiens und darunter auch römische Kaufleute wurden desgleichen in Mitleidenschaft gezogen. So lange es ging, stellte sich die römische Regierung ihren Vorstellungen gegenüber taub. Schließlich ließ sich eine Intervention nicht mehr vermeiden. Sie hatte rein diplomatischen Charakter, aber unglücklicherweise wurde Rom hierbei in der schärfsten Weise provoziert. Einer der römischen Gesandten wurde durch Agenten der Königinwitwe Teuta, dem damaligen Oberhaupt des Seeräuberstaates, getötet. Rom mußte jetzt zum Kriege schreiten (sog. Erster Illyrischer Krieg, 229 v. Chr.). Es räumte sehr schnell und gründlich mit dem Unwesen auf. Teutas Macht wurde zur Bedeutungslosigkeit herabgedrückt. Ihr Vasall Demetrios von Pharos, der sich rechtzeitig auf die römische Seite geschlagen hatte, wurde der Nutznießer ihrer Niederlage. Die so von der illyrischen Bedrückung befreiten griechischen Städte und Inseln ließen sich gern den römischen Schutz gefallen. Rom war mit dieser Aktion, ohne daß dies beabsichtigt gewesen wäre, in ein Einflußgebiet des makedonischen Königreiches eingedrungen. Zwischen dem verstorbenen Gemahl Teutas mit Namen Agron und Demetrios von Makedonien hatten freundschaftliche Beziehungen bestanden. Aber zur Zeit des Krieges war Makedonien — es war inzwischen ein Thronwechsel erfolgt — außerstande, diesen Dingen Beachtung zu schenken. Die Griechen betrachteten das römische Einschreiten, das im Grunde Sache der makedonischen Monarchie gewesen wäre, mit verständlicher Sympathie, und die Römer besaßen genug Selbstgefälligkeit, um durch die Entsendung einer Gesandtschaft nach Griechenland, zu den Ätolern, Achäern und Athenern, den Beifall der hellenischen Öffentlichkeit in Empfang zu nehmen. In Korinth erhielten sie die förmliche Zulassung zu den Isthmischen Spielen. Jedoch war das alles nur das angenehme Nachspiel eines der römischen Politik im Grunde lästigen Unternehmens; der Gedanke, aus diesen flüchtigen Berührungen mit der griechischen Staatenwelt irgendwelches politisches Kapital zu schlagen, lag Rom fern.

9. Das römisch-karthagische Verhältnis

Soweit die römischen Politiker nach dem Ersten Punischen Krieg sich von weltpolitischen Fragen gefangennehmen ließen, war ihre Richtung verständlicherweise durch den karthagischen Gegenspieler vorgezeichnet. Das lange, erbitterte Ringen hatte in den Römern die Vorstellung entstehen lassen, daß Karthago so etwas wie der römische Erbfeind wäre. Sie hat Rom während seiner ganzen künftigen Geschichte nicht mehr verlassen. Freilich war fürs erste von Karthago nichts zu befürchten. Die Niederlage löste dort eine schwere innere Krise aus. Sie hing hauptsächlich mit der karthagischen, auf Söldnern beruhenden Heeresverfassung zusammen. Die finanzielle Erschöpfung setzte Karthago außerstande, den Truppen bei der Demobilisation den noch ausstehenden Sold zu bezahlen. Der Protest der Veteranen spitzte sich sehr bald zu einer Meuterei zu, und die karthagische Regierung war nicht entschieden genug, um sie im Keim zu ersticken. Der Mangel an einheitlicher Entschlußkraft war nach dem unglücklichen Kriegsausgang nicht unverständlich. Die Vertreter eines unbeugsamen Durchhaltens waren von der politischen Bühne abgetreten, darunter derjenige Mann, welcher während der letzten Jahre die Seele des Widerstandes gewesen war, Hamilkar Barkas (der „Blitz“). Sein militärisches Talent und die moralische Kraft, welche von ihm ausgegangen war, hatten es den Römern unmöglich gemacht, Sizilien regelrecht zu erobern. Als die Entscheidung zur See fiel, behauptete sich Hamilkar, noch immer unbesiegt, auf dem Abhang des Berges Eryx, der sich an der Westküste Siziliens steil über Drepanum erhebt. Erst der Friedensschluß zwang ihn zum Abzug und zur Entlassung seiner Soldaten. Der Aufstand konnte sich weiter ausbreiten und auf die libyschen Untertanen und sogar die phoenikischen Städte, wie z. B. Utica, überspringen. Karthago schien an den Rand des Abgrundes geraten zu sein. Sein ganzes Reich, auch die Insel Sardinien, wo die dortigen Söldner sich mit ihren Kameraden in Afrika solidarisch erklärten, stand in Flammen. In dieser verzweifelten Notlage war es selbstverständlich ausgeschlossen, die innerpolitische Spannung aufrechtzuerhalten. Hamilkar, dessen Fähigkeiten man nicht entraten konnte, und sein politischer Anhang gelangten wieder zu Einfluß, und so glückte schließlich nach mehr als drei Jahren die Niederwerfung des Aufstandes.

Er kam die Karthager aber teuer zu stehen; denn Rom benutzte die tödliche Gefährdung des Gegners zu einer schamlosen Erpressung. Nachdem es sich anfangs in dem Kampf neutral verhalten und die Aufforderung der Aufständischen, sie zu unterstützen, abgewiesen hatte, präsentierte es zum Schluß die Rechnung: Sie lautete auf Abtretung von Sardinien und Korsika, entsprechend einem der Kriegsziele, wie man sie während des Ersten Punischen Krieges zeitweilig gefaßt hatte. Da die Römer nicht vor einem Kriege zurückgeschreckt wären, mußte das nun erst recht völlig erschöpfte Karthago nachgeben (237 v. Chr.). Es war damit eindeutig seiner maritimen Vorherrschaft auf dem westlichen Mittelmeer verlustig gegangen und hatte so die Grundlage seiner jahrhundertealten Machtstellung eingebüßt.

Nach solchen Demütigungen stand Karthago vor einer leicht begreiflichen Alternative. Es konnte entweder den neuen Zustand anerkennen und versuchen, sein Leben innerhalb der noch verbliebenen Grenzen einzurichten. Das hätte die Zurückschraubung auf einen nordafrikanischen Mittelstaat und den grundsätzlichen Verzicht auf jede Großmachtstellung bedeutet. Die konservativen Elemente der karthagischen Aristokratie neigten in diese Richtung. Oder aber Karthago setzte alle Kraft an die Wiederherstellung der früheren politischen Position. Das entsprach der Meinung der durch das Militär und den Offiziersdienst geprägten Kreise. Zwischen beiden bestand in Karthago ein altes Spannungsverhältnis. Es erhielt jetzt ein Gewicht von weltgeschichtlichem Ausmaß und wurde nicht nur für Karthago, sondern überhaupt für den Gang der allgemeinen Geschichte von durchschlagender Bedeutung. In Hamilkar Barkas und seinem Schwiegersohn Hasdrubal hatte die aktivistische Gruppe hervorragende Vertreter von großem Ansehen und gewaltiger Energie. So konnte sie der widerstrebenden Gegner Herr werden, möglicherweise, indem sie sie von unten, von dem „Volk" her, unter Druck setzte. Ungeachtet gewisser Schwankungen wurde in den folgenden Jahrzehnten die karthagische Politik von dieser Seite her bestimmt. Das Programm war einfach und überzeugend. Es galt zuerst Ersatz für die verlorengegangenen auswärtigen Besitzungen zu schaffen. Dafür bot sich die Iberische Halbinsel in willkommener Weise an. Sie war den Karthagern nicht unbekannt. Ihre besten Soldaten stammten von dort. Einst hatte man einen großen Teil der spanischen Mittelmeerküste beherrscht. Noch jetzt war im Süden Gades (Cadiz) fest in karthagischen Händen. Die Edelmetallschätze im Inneren versprachen neuen Reichtum, den man nach den Aderlässen der vergangenen Jahre bitter nötig hatte. Es kam nur darauf an, daß jemand da war, der einem solchen großen Eroberungsplan zur Wirklichkeit verhalf. In Hamilkar Barkas war er zur Stelle. Wenn es gelang, Spanien zur karthagischen Domäne zu machen, dann hatte die Geschichte mit einem Mal wieder ein anderes Gesicht erhalten; es bedeutete dann keine Utopie, wenn man an eine Korrektur der durch den Ersten Punischen Krieg geschaffenen Verhältnisse dachte. Die Revanche, welche zuvorderst als eine Wiederherstellung des alten Kräfteverhältnisses gedacht war, konnte dann leicht in eine unmittelbare Zurückführung des alten Besitzstandes übergehen. Natürlich war letzteres Zukunftsmusik; es wäre illusorisch gewesen, sich von vornherein auf den zweiten Schritt festzulegen, bevor der erste getan war. Aber gleichgültig, wie weit man in den ausdrücklichen Formulierungen ging, die Entwicklung, welche man mit dem Übergreifen auf Spanien vorwärtstrieb, trug von einem bestimmten Punkt ihrer Ausreifung an eine eigene Dynamik in sich. Es ist nicht zu bezweifeln, daß sie, wie auch immer die Verhältnisse sich im einzelnen gestalteten, zu einem neuen Konflikt mit Rom führen mußte. Unvermeidlich wurde das römisch-karthagische Verhältnis hierdurch denn auch in den folgenden zwei Jahrzehnten gestaltet.

10. Die Karthager in Spanien

Hamilkar baute die karthagische Herrschaft, von Gades ausgehend, methodisch auf. Die Bezwingung der unbeugsamen Iberer und später der in Spanien sitzenden Kelten, der sog. Keltiberer, war ein hartes Stück Arbeit. Die spätere römische Geschichte hat bewiesen, daß die Begründung einer dauerhaften Herrschaft die Anstrengung mehrerer Generationen erforderte. Es will deshalb etwas heißen, daß die Karthager in der verhältnismäßig kurzen Zeit von zwei Jahrzehnten die Unterwerfung so weit brachten, daß schließlich der Süden, die Mitte und der Osten der Iberischen Halbinsel ihrem Wort gehorchten und sie die reichen Mittel des Landes zu ihrer Verfügung hatten. Hamilkars Werk war die Eroberung von Andalusien und, von da nordöstlich weitergehend, Murcias und des südlichen Valencia. An der Küste gründete er das heutige Alicante (lat. Lucentum). Als er 229 fiel, wurde Nachfolger sein Schwiegersohn Hasdrubal, bisher sein wichtiger politischer und militärischer Helfer, eine Wahl, die ebenso von dem Feldheer wie von der Regierung bzw. der Volksversammlung in Karthago getroffen wurde. Zweifellos bedeutete das spanische Unternehmen zugleich die Entstehung einer Familienhausmacht der Barkiden; aber angesichts der sichtbaren Erfolge ihrer Politik konnten innerpolitische Bedenken gegen eine solche Entwicklung sich kein wirksames Gehör verschaffen. Hasdrubals fruchtbare Idee bestand darin, die karthagische Herrschaft vor allem mit diplomatischen Mitteln auszubreiten, und er besaß auch die Fähigkeiten, auf diesem Wege zum Ziele zu gelangen. Kraft seines persönlichen Ansehens gewann er die Tochter eines spanischen Fürsten zur Frau, und auch sonst machte er den karthagischen Einfluß durch seine persönlichen Verbindungen geltend. So erkannten die Iberer seine Herrschaft sogar freiwillig an, indem sie ihn zu ihrem Fürsten wählten. Der sich allmählich fester gründenden karthagischen Herrschaft verlieh er in einer an günstigster Stelle am Meere angelegten Stadt, Neu-Karthago, dem späteren Cartagena, einen festen und fast uneinnehmbaren Mittelpunkt.

221 v. Chr. fiel Hasdrubal einem Meuchelmord zum Opfer. Auf die gleiche Weise wie er gelangte jetzt an die Sitze der karthagischen Macht in Spanien Hannibal, der älteste Sohn Hamilkars. Seit seinem neunten Lebensjahr war er immer beim Heere gewesen. Das Kriegs- und Soldatenwesen hatte ihn also von Kindheit an durchdrungen. Als er im Alter von fünfundzwanzig Jahren das Kommando übernahm, war deshalb seine Autorität bereits unbestritten. Als das militärische Genie, dessen Erweis er bald erbringen sollte, wandte er sich wieder der raschen Methode kriegerischer Unterwerfung zu. Innerhalb von zwei bis drei Jahren bezwang er auf diese Weise das ganze übrige Spanien bis zu den Pyrenäen.

Daß Rom diese erstaunliche Entwicklung mit Unbehagen verfolgte, ist eine Selbstverständlichkeit. Aber von da war es noch ein weiter Weg bis zum Fassen eines festen Entschlusses. Auch außerhalb Roms hat es nicht an Leuten gefehlt, welche aus eigenstem Interesse die bedrohlichen Möglichkeiten karthagischer Expansion unterstrichen und in diesem Sinne in Rom vorstellig wurden. Der griechischen Stadt Massilia (Marseille) vor allem war die Veränderung der politischen Verhältnisse in ihrer Umgebung ein schwerer Anstoß. Schon 231 besuchte deshalb eine römische Gesandtschaft Hamilkar, fand aber keinen Anlaß zum Einschreiten. Was damals in Spanien vor sich ging, lag noch weit ab von Rom und entbehrte noch aller festen Formen. Dazu bekamen die Gesandten die freundlich-ironische Auskunft, wenn die Römer ihre Kontributionen haben wollten, müßten sie Karthago auf die Mittel und Wege sinnen lassen, die Gelder hierfür zu beschaffen. Einige Jahre später (226) ging auch zu Hasdrubal eine römische Gesandtschaft. Diese wurde angesichts der gewachsenen Konsolidierung der karthagischen Herrschaft doch etwas betroffen. Aber Hasdrubal war nicht der Mann, um eine Verstimmung aufkommen zu lassen. Er gab den Römern zur Beruhigung das vertragliche Versprechen, nicht mit Waffengewalt den Ebro zu überschreiten; das konnte er gut tun, denn der Ebro lag für ihn noch in weiter Ferne, und die Anwendung offener Waffengewalt war ohnehin nicht seine Sache. Daß man damit einen sicheren Wechsel für alle Zukunft in der Hand gehabt hätte, war gewiß nicht die Überzeugung der Römer. Aber im Augenblick war man recht froh, daß die Begegnung in so versöhnlichem Ton vonstatten gegangen war; denn die römische Sorge waren damals die Kelten. Man stand gerade vor ihrem großen Angriff. Ein Zerwürfnis mit Karthago konnte man deshalb ganz und gar nicht brauchen. Auf der anderen Seite war Rom in dem sog. Hasdrubalvertrag ängstlich auf der Hut gewesen, sich die Hände zu binden, was praktisch Hasdrubal ja eigentlich auch nicht getan hatte. Rom hatte deshalb mit Absicht vermieden, die dem Wortlaut nach naheliegende Folgerung auszusprechen, Hasdrubal besäße für die andere Seite des Ebro die Garantie römischer Nichteinmischung. Im Gegenteil, als zu jener Zeit (das genaue Jahr ist leider nicht bekannt) eine iberische Stadt, Sagunt, Anschluß an Rom suchte, nahm man sie bereitwilligst auf. Hasdrubal, dem das nicht verborgen geblieben sein wird, nahm daran keinen sichtbaren Anstoß. Er selbst war gesonnen, von sich aus jeden Zusammenstoß mit Rom zu vermeiden. Das wurde nun mit einemmal alles ganz anders, als Hannibal in Spanien ans Ruder kam.

Hannibal sah allerdings so wenig wie Hamilkar und Hasdrubal seine Aufgabe darin, so bald wie möglich einen römisch-karthagischen Krieg zu entfesseln. Er war deswegen, nicht anders als seine beiden Vorgänger, kein Freund der Römer. Die Barkiden waren keine Verzichtpolitiker und waren sich alle genau bewußt, daß ein karthagisches Spanien nur so lange von Rom geduldet werden würde, als es in seinen Augen noch keine entscheidende Veränderung des gegenseitigen Kräfteverhältnisses darstellte, oder Rom außerstande wäre, etwas dagegen zu unternehmen. Ohne diese Berechnung wäre die barkidische Politik illusionär gewesen. Es war im Grunde ebenso klar, wenn auch viel weniger aktuell, daß ein wiedererstarktes Karthago, auch wenn es nicht von Rom angegriffen würde, auf eine Wiederherstellung der territorialen Verluste dringen müßte. Hannibal erzählte viele Jahre später, sein Vater habe ihm als neunjährigem Knaben einen geheimen Eid abgenommen, nie an die Römer einen freundlichen Gedanken zu wenden. Wenn diese Geschichte nicht von Hannibal nachträglich erfunden ist, dann beweist sie, daß der Traum einer karthagisch-römischen Versöhnung den Barkiden gänzlich fremd war.

Trotzdem ist es kein Zufall, wenn Hamilkar und Hasdrubal den Krieg vermieden und er unter Hannibal ausbrach. Der Grund liegt offen zutage: Unter ihm als dem dritten und letzten Eroberer erreichte der Ausbau der karthagischen Machtstellung in Spanien die außenpolitische Gefahrenzone. Damit war seine Stellung von vornherein bedeutend ungünstiger. Dazu trat das Entscheidende: In einer Lage, wo besondere Vorsicht und Behutsamkeit geboten gewesen wäre, war er viel weniger als seine beiden Vorgänger dazu veranlagt, diese Eigenschaften aufzubringen. Als Mann des raschen Handelns traute er es sich zu, vollendete Tatsachen zu schaffen, ehe noch irgendwelche

Gegenmaßnahmen möglich waren. So verließ er schnell die schonende und diplomatische Taktik Hasdrubals und gab durch kühne und durchgreifende Kriegszüge schon den spanischen Völkerschaften zu verstehen, daß ein anderer Wind wehte. In den ersten zwei Jahren (221/220) brachten ihn seine Kriegszüge weit nach dem Norden bis an den mittleren Duero. Es war abzusehen, daß seinem militärischen Talent sehr bald die bedingungslose Unterwerfung ganz Spaniens gelingen würde.

11. Die Vorgeschichte des Zweiten Punischen Krieges

Unter dem Eindruck dieses kraftvollen Vorgehens wuchsen die Sorgen des noch von der karthagischen Herrschaft freien Sagunt. Es war dort, wahrscheinlich mit der Übernahme des Oberbefehls durch Hannibal, eine Gruppe karthagischer Parteigänger aufgetreten und hatten auf den Bruch mit Rom oder besser den friedlichen Anschluß an Karthago gedrängt. Rom griff auf Ersuchen der Sagunter Regierung in den Streit vermittelnd ein und bereitete den Gegnern der romfreundlichen Politik damit den Untergang. Danach gingen Gesandtschaften Sagunts mit alarmierenden Nachrichten über die neue Lage auf der Iberischen Halbinsel zu wiederholten Malen nach Rom. Der Senat schickte darauf, mehr widerwillig als gern, eine Gesandtschaft zu Hannibal (Ende 220 oder Anfang 219), so wie dies unter den früheren Kommandanten geschehen war. Hannibal hatte bis dahin nichts unternommen, was zu einer römischen Klage Berechtigung gegeben hätte; aber die römische Kommission hielt es doch für angebracht, ihn ausdrücklich auf den Kurs festzulegen, den Hasdrubal Rom gegenüber eingehalten hatte. Deshalb verlangten sie die Zusicherung, daß der Ebro nicht von Hannibal überschritten würde und Sagunt kein Schaden widerführe. Zur Frage des Ebro äußerte sich Hannibal nicht; bei Sagunt begehrte er offen auf, indem er den Römern Übergriffe der Saguntiner vorhielt, welche diese sich gegenüber einem benachbarten und unter karthagischer Herrschaft stehendem iberischen Stamm erlaubt hatten. Als die römische Gesandtschaft nach Karthago weiterging, trafen dort auch von Hannibal Boten ein. Rom erhielt da ebenfalls keine beruhigenden Zusicherungen. Vielmehr ließ jetzt Hannibal und mit ihm die Regierung in Karthago die bisherige Rücksicht auf Rom fallen. Sagunt wurde im Frühjahr 219 belagert. Die Frage war, ob sich Rom das gefallen lassen würde. Hannibal rechnete damit. Und überraschenderweise verrechnete er sich nicht. An der Schwelle zum Zweiten Punischen Krieg, dem schwersten und gefährlichsten Kampf, den es jemals auszustehen hatte, war Rom weder ein kriegsfreudiger noch kriegsgerüsteter Staat.

12. Rom am Vorabend des Zweiten Punischen Krieges

Der Zustand, in dem der Hannibalische Krieg Rom überraschte, war ein notwendiges und begreifliches Ergebnis der inneren und auch der äußeren Entwicklung, welche es in den letzten beiden Generationen durchgemacht hatte. Die außenpolitischen Veränderungen dieser Zeit, zumal wenn man sie mit der Unterwerfung der südlichen Apenninenhalbinsel durch den Pyrrhoskrieg zusammenhält, bedeuteten für den politischen Organismus Roms einen gewaltigen und sehr raschen Wachstumsprozeß.

Der Regierungsapparat, hierdurch vor größere Aufgaben gestellt, paßte sich ihm, wie hinfort immer in der Geschichte der römischen Republik, nur zögernd an. Bisher war sehr wenig geschehen: Für die Bedürfnisse der römischen Seekriegführung waren außerhalb Roms vier Stellen für Flottenbevollmächtigte (quaestores classici) eingerichtet worden, von denen einer auch außerhalb Italiens, in Sizilien (Lilybaeum), residierte. Danach erfolgte ein grundsätzlicherer Schritt in der Vermehrung der regierenden Beamten, der sog. Imperiumsträger. Man erhöhte die Zahl der Prätoren von eins auf vier. Die zweite Stelle war für Italien gedacht und hatte die Aufgabe, den ersten Prätor vor allem in der Rechtsprechung zu entlasten. Ihm wurden die infolge der römischen Machtausdehnung immer häufiger werdenden Prozesse zwischen fremden Staatsangehörigen zugewiesen (nach 242). Er hieß deshalb praetor peregrinus im Gegensatz zu seinem älteren Kollegen, der nun die Bezeichnung praetor urbanus (Stadtprätor) erhielt. Die zwei weiteren Stellen wurden eingerichtet, um die römische Regierungsgewalt außerhalb des italischen Festlandes zu vertreten (227 v. Chr.). Der eine hatte zu seinem Amtssprengel (provincia) Sizilien, der andere Sardinien und Korsika. Von dieser seitdem für den auswärtigen Prätor üblichen Begrenzung seines Aufgabenbereiches leitete sich dann der Gebrauch des Wortes provincia als Herrschafts- und Regierungsbereich ab, wie er noch heute üblich ist. Für die römische Vorstellung verband sich damit immer die Anschauung, daß es sich um ein von Rom beherrschtes Gebiet außerhalb Italiens handelte, welches nicht oder zum mindesten nur zum geringsten Teil (auf Sizilien gab es einige wenige Gemeinden, welche föderiert waren) nach den Regeln des italischen Besitzsystems beherrscht wurde.

Von größerer Bedeutung für den Fortgang der römischen Geschichte wurde in jener Zeit die Entfaltung politischer Kräfte im Innern und damit der soziale Ausbau des römischen Staatskörpers. Die Befestigung Italiens durch weitere Kolonialstädte wurde fortgesetzt. Allein sechs Latinerkolonien wurden gegründet; Spoleto, Brindisi, Piacenza und Cremona gehen hierauf zurück. Eine (geringere) Anzahl Bürgerkolonien entstand desgleichen. Doch das war schließlich nur das Verfolgen eines längst beschrittenen Weges. Weniger festgelegt war die Art und Weise, nach der die patrizisch-plebejische Staatsgewalt, das Ergebnis des Ständekampfes, ihre politische Lebensform gewinnen sollte. War die Bahn auch formell frei für die Plebs, so galt es doch jetzt, auf dem Boden eines ausgesprochen hierarchischen Gesellschaftssystems, das nur verhältnismäßig wenige zur tatsächlichen Regierung zuließ, dem nichtpatrizischen Element Zugang und festen Anteil an der Führungsschicht zu verschaffen. Dieser Prozeß war in der zweiten Hälfte des dritten Jahrhunderts, bis zum Hannibalischen Krieg, noch durchaus im Fluß. Man kann heute noch aus dem Verzeichnis der Konsuln ablesen, wie die mannigfachsten Geschlechter um den Eintritt in den Amtsadel gekämpft haben und er dem einen gelungen, dem anderen mißlungen ist. Sich in dem dichten Netz von weitverzweigten Beziehungen und vielfachen Abhängigkeitsverhältnissen durchzusetzen, war keine leichte Sache. Manch einem glückte es für seine Person, kraft besonderer Bewährung; aber seine Familie konnte den Platz nicht halten. Anderen ebneten verwandtschaftliche und sonstige Bande mit anerkannten Nobilitätsgeschlechtern den Weg. Es gab vornehme Familien, welche von auswärts kamen und sich kraft des gesellschaftlichen Prestiges, das sie mitbrachten, bald durchsetzten. So herrschte ein ständiges Ringen um Anerkennung und Einfluß bei dem Volk, welches die Wahl vollzog.

Unter diesen Umständen wurde es wichtig, daß das Gefälle der Sympathie nicht zu einseitig von dem eingesessenen Adel bestimmt wurde und der Spielraum für den Neuerwerb politischer Geltung nicht auf eine enge und bereits in ihren Entscheidungen festgelegte Gruppierung von Wählern begrenzt blieb. Diese Gefahr bestand, wenn praktisch die Wahl durch die in der Stadt Rom Ansässigen ausgeübt wurde. Dazu konnte es aber gerade bei den wichtigsten Abstimmungsversammlungen kommen, den Zenturiatcomitien, welche die höchsten Regierungsbeamten (Konsuln, Prätoren) wählten. Die Zugehörigkeit zu den verschiedenen Abstimmungskörpern, den centuriae, hing ursprünglich allein von dem Zensus, d. h. dem Vermögen, ab. Woher die Abstimmungsberechtigten kamen, war, im Prinzip, gleichgültig, und es ließ sich deshalb denken, daß sie faktisch sich nur aus Einwohnern von Rom und seiner nächsten Umgebung rekrutierten. An diesem Punkt hat deshalb eine wichtige Reform eingesetzt, die sog. Zenturienreform. Es wurde eine feste Verkoppelung der centuriae mit den Wohnbezirken, den Tribus, vorgenommen, deren Zweck es war, auch in den Zenturien gleichmäßig alle Bürger des römischen Staatsgebietes zur Geltung kommen zu lassen. Es sollte also die Gewähr gegeben sein, daß, wenn etwa eine Klasse abstimmte, dann Angehörige sämtlicher Tribus versammelt waren. Wie dies technisch erreicht wurde, ist in diesem Zusammenhang gleichgültig, und seine Ausführung gehört in die Verfassungsgeschichte. Nur die eine, historisch bedeutsame Folge verdient Erwähnung. Wenn Tribus und Zenturie in ein festes Verhältnis zueinander traten, war es hinfort unmöglich, die Tribuszahl zu vergrößern. Die Entwicklung blieb deshalb bei der durch die damalige Ausdehnung des römischen Staatsgebietes erreichten Zahl 35 stehen. Daran wäre nichts Besonderes, wenn sich künftig das Staatsgebiet nicht weiter ausgedehnt hätte. Dies war aber keineswegs der Fall, und so ist hinfort die Fläche gewachsen, die Zahl der Bezirke aber nicht. Es ergab sich damit die Notwendigkeit, neu hinzukommende Gebiete zu bereits bestehenden Tribus zu schlagen und damit, im Laufe der Zeit, die einzelnen Tribus ihrer räumlichen Einheit zu entkleiden[1].

Vom Standpunkt der Wähler betrachtet, war diese Vorkehrung ein offener Appell an das Selbstbewußtsein der draußen im Land sitzenden römischen Bauern. Das entsprach auch der Absicht der nach oben strebenden plebejischen Geschlechter. Eine Chance, mit den alten patrizischen Geschlechtern erfolgreich zu konkurrieren, besaßen sie nur bei den Kreisen, welche dem moralischen und ökonomischen Einfluß der Stadtaristokratie bislang weniger ausgesetzt gewesen waren. Die plebejische Gentry konnte auch mit einem gewissen Recht behaupten, sie stehe dem Bauerntum draußen näher als die Patrizier in Rom. Auf diese Weise ist auch zu verstehen, daß man den Einfluß eines sozialen Elementes, auf das die herrschende Nobilität leicht ihre Macht stützen konnte und das in der gesellschaftlichen Achtung bei der römischen Bauernschaft nicht besonders hoch stand, nämlich den Einfluß der Freigelassenen, im Zusammenhang mit der Wahlreform energisch beschnitt. Ihr Stimmrecht wurde dadurch, daß man sie nicht mehr auf alle Tribus gleichmäßig verteilte, sondern sie allein in den vier städtischen Tribus einschrieb, stark entwertet. Hinfort hatten sie also in den einunddreißig anderen Tribus keinen Platz mehr und bedeuteten bei der Verkoppelung von Tribus- und Zenturienordnung infolgedessen auch für die Zenturiatcomitien nichts mehr. Eine ähnliche Bestimmung, im Hinblick auf die Grundbesitzlosen formuliert, zu denen freilich auch die meisten Freigelassenen zählten, war schon 304 v. Chr. erlassen, inzwischen aber wohl durch laxe Handhabung verdunkelt worden[2].

13. Gaius Flaminius

Der Mann, welcher unter Einsatz seiner ganzen Kräfte am zielbewußtesten in dieser Richtung einer Ausweitung der römischen regierenden Klasse arbeitete, war Gaius

[1] Siehe auch unter S. 133. — [2] Siehe oben S. 30 f.

Flaminius. In dem Jahrzehnt vor Ausbruch des Hannibalischen Krieges schürte er seit seinem Volkstribunat im Jahre 232 die längst vorhandene Entwicklung zu einem offenen politischen Kampf. Er legte sich rücksichtslos ins Zeug, unbeschadet aller Rankünen, welche ihm von seinen aristokratischen Gegnern zuteil wurden. Deren Führer war der Patrizier Quintus Fabius Maximus Verrucosus (im Hannibalischen Krieg als der „Zauderer", Cunctator, bekannt), das Haupt eines der berühmtesten römischen Adelsgeschlechter und einer der mächtigsten und einflußreichsten Aristokraten in Rom. Aber Flaminius ließ in dem zäh und verbissen geführten Kampf nicht locker und hatte auch Erfolg. Seine politische Laufbahn führte ihn über das Volkstribunat (232) zur Prätur (227), zweimal zum Konsulat (223, 217) und sogar zur Zensur (220). Während der Zeit seines Wirkens mehrten sich die Fälle, wo Angehörige bisher nicht regierender Geschlechter, sog. homines novi, zur Bekleidung des Konsulats gelangten.

Eingesetzt hat Flaminius mit einem Programm, das einem am lebendigsten empfundenen Interesse der bäuerlichen Wähler entsprach. Es betraf ein Siedlungsvorhaben. Nun war an sich Kolonisation nichts Neues und durchaus nichts Revolutionäres; aber der Gedanke, den Flaminius dabei verfolgte, deckte sich nicht mit den früher damit verbundenen Ideen. Diese hatten in erster Linie die militärische Sicherung zum Ziel gehabt. Flaminius' Absichten bei dem Siedlungsplan aber waren jetzt rein soziale. Das Land, das er zur Kolonisation ausersah, der sog. ager Gallicus, südlich von Rimini, einst den Senonen bis zu ihrer Vernichtung 283 v. Chr. gehörend, sollte keine neue Stadt tragen, sondern einzeln (d. h. nicht an einen geschlossenen Kreis städtischer Kolonisten) abgegeben werden (sog. viritane Assignation) und lediglich der Gründung neuer Bauernstellen dienen (232 bis 228).

Der Widerstand der Nobilität, den er hierbei brach — Flaminius drang durch —, hatte ebensowenig einen grundsätzlichen Charakter, wie der ganze Kampf keineswegs auf Umgestaltung des römischen Staates oder gar seine Demokratisierung im Sinne einer Massenherrschaft gerichtet war. Flaminius ging es lediglich um den Anteil weiterer Kräfte im Rahmen des bisherigen politischen Systems, und wenn man an die Einstellung der Leute denkt, deren Beifall er hatte, so war seine Haltung eher konservativ als „fortschrittlich", entsprechend der Gesinnung, wie sie gewöhnlich bäuerlichen Kreisen eigen ist. Daß Rom einer aristokratischen Führung bedurfte, wurde schwerlich von Flaminius und in seiner Umgebung und noch viel weniger bei den römischen Bauern bestritten; wogegen man aber damals und später immer wieder anging, das war ihre Entartung zu einer exklusiven Clique, der bedenkenlose Gebrauch der sozialen Macht zur Monopolisierung der Regierungsgewalt in den Händen von ganz wenigen und nicht zuletzt die Plutokratisierung des Lebensstiles.

Zweifellos gab es nicht wenige Angehörige unter der Nobilität, die im Prinzip den gleichen Standpunkt einnahmen. Nur so kann man begreifen, daß im Jahre 218 v. Chr. ein Gesetz durchging, das für die künftige innere Entwicklung Roms schlechthin fundamentale Bedeutung gewinnen sollte. Es verbot den Senatoren den Besitz von Schiffsraum, der über ein mittleres Maß hinausging, genug, um ihnen den Transport der eigenen Landerzeugnisse zu gewährleisten (lex Claudia). Der Zweck war also, ihnen den Handel als selbständigen Erwerbszweig zu verschließen. Es bestanden demnach Tendenzen zu einer Kommerzialisierung des Senatorenstandes. Gegen sie wurde hier

Front gemacht und damit tatsächlich erreicht, daß hinfort die regierende Klasse in Rom das blieb, was sie auch früher war, eine Schicht von Agrariern, und daß sie den Charakter eines traditionsgebundenen Adels behielt. Eine derartig gewichtige Bestimmung wäre natürlich nie durchzuführen gewesen, wenn ihr nicht starke Strömungen im Kreis der von ihr Betroffenen entsprochen hätten[1].

Es beweist den Weitblick des Flaminius und seine Fremdheit gegenüber revolutionären Gedanken, daß er sich hierfür eingesetzt hat. Freilich wurde ihm das nicht gedankt. Er stand nun einmal in einer Kampfsituation, und obgleich ihm der damalige Sieg das Konsulat für 217 einbrachte, blieb er in den führenden Kreisen der Nobilität einer der bestgehaßten Männer, und sein Andenken hat von daher eine Verdunklung erhalten, die es heute noch fast unmöglich macht, die Wahrheit über den gewiß bedeutenden Mann zu erkennen.

14. Hannibal gegen Sagunt

Dies war der innerpolitische Hintergrund, vor dem die außenpolitische Entwicklung nun seit dem Kommandoantritt Hannibals immer gefährlichere Formen annahm. Was das römische Interesse grundsätzlich forderte, war der römischen Regierung hinlänglich bewußt. Die Kontrolle der Ausbreitung der karthagischen Herrschaft in Spanien gehörte nicht erst seit Hannibal zu den selbstverständlichen Aufgaben der römischen Politik, und es war klar, daß man sich, falls die andere Seite keine Rücksicht mehr auf Rom nahm, eines Tages mit Einsatz der Waffen dem entgegenstellen mußte. Im Jahre 220 hatte man sich auch ausdrücklich festgelegt: Casus belli sollte der Angriff auf Sagunt sein und die Überschreitung des Ebro durch Hannibal. Aber als es soweit war, wurde der Weg vom Entwurf zur Ausführung doch schwieriger, als man gedacht hatte. Es war, wie es in solchen Situationen leicht zu gehen pflegt: Die ernsten römischen Vorstellungen von 220 enthielten nicht nur den Plan für das künftige römische Verhalten; sie waren ebenso und wahrscheinlich in höherem Maße gedacht als Mittel der moralischen Beeindruckung des Gegners. Da das bei Hannibal nicht verfing, war man in Rom gewissermaßen das Opfer seines eigenen Bluffes. Sollte man wegen Sagunt allein gleich den Krieg beginnen und sich nach mancherlei kriegerischen Strapazen in den vorangegangenen Jahren in ein neues Unternehmen stürzen, das völlig unübersehbar war und das sich, wenn vielleicht auch nicht vermeiden, dann doch wenigstens aufschieben ließ? War man dazu innerlich und äußerlich gerüstet? So wenig es auch den geläufigen Vorstellungen von römischem Machtstreben entspricht, die Entscheidung fiel tatsächlich negativ aus. Rom gab nach langen Erörterungen im Senat Sagunt auf. Sagunt hatte sich gegen Hannibal beinahe dreiviertel Jahr (vom Frühjahr bis zum Winter 219) gehalten. Vergeblich, denn die Hilfe Roms blieb trotz der langen Zeit aus.

Statt dessen führte Rom einen kleinen und unbedeutenden Feldzug in der Adria, der schon seit mehreren Jahren anhängig war und für den man jetzt endlich die Zeit für gekommen ansah. Der in Illyrien von Rom 229 eingesetzte Dynast Demetrios von Pharos hatte des längeren den damaligen Vertrag verletzt, und die illyrischen Kaperboote waren wieder zum Mißvergnügen der griechischen, unter römischem Schutz stehenden Städte jenseits der Sperrzone aufgetaucht. Dazu war Demetrios ein Bündnis mit Makedonien eingegangen und damit zu einem makedonischen Außenposten geworden. Es war unvermeidlich, hier einzugreifen. Der untreue Dynast wurde schnell

[1] Siehe auch unten S. 134.

geschlagen und abgesetzt (er floh nach Makedonien); aber einen ernsthaften Hinderungsgrund, in Spanien einzugreifen, bot er nicht. Dieser sog. Zweite Illyrische Krieg war ohnehin mehr ein Polizeiunternehmen als eine politische Aktion. Man war also in Rom entschlossen, gegenüber Karthago den Frieden zu wahren, unter Opferung von Sagunt und bei beträchtlicher Einbuße an Prestige.

Das hatte seine sofortige Rückwirkung auf Hannibal. Er wußte natürlich, daß Rom in der letzten Zeit viel zuviel engagiert gewesen war, um bereitwilligst jetzt mit ihm einen Krieg zu beginnen. Die Probe auf das Exempel war Sagunt gewesen. Es schien ihm deshalb verlockend, die Atempause, welche Rom sich offenbar gönnte, auszunutzen und sein Programm einer festeren Begründung der karthagischen Herrschaft in Spanien zu Ende zu führen. Der nächste und dringendste Schritt dazu war der Vorstoß bis zu den Pyrenäen, der natürlichen Grenze Spaniens. Wenn auch das ohne römischen Widerstand hinging — und warum sollte es nicht, da Sagunt ja doch eine viel schlimmere Kompromittierung Roms bedeutet hatte? —, dann hatte Karthago Spanien in den Händen und war auch gegen künftige Einsprüche von außen ganz anders geschützt als bisher. So ging Hannibal mit einem großen Heer im Frühling 218 über den Ebro, um mit raschen und wuchtigen Schlägen das nördliche Spanien zu unterwerfen und damit möglichst schnell ein fait accompli zu schaffen.

15. Der Ausbruch des Zweiten Punischen Krieges

In Rom muß die Nachricht hiervon wie eine Bombe eingeschlagen haben. Kaum hatte man sich mit der einen Herausforderung abgefunden, so trat schon die andere ein. Wer jetzt noch von der Erhaltung des Friedens sprach, hatte Einsicht und Ehrgefühl gegen sich. Es wurde in Fiebereile gerüstet. Noch bevor der Gegner Vorbereitungen treffen konnte, sollte er sich an seinen beiden tödlich verwundbaren Punkten, in Afrika und in Spanien, angegriffen sehen. In dieser Weise war die Aufgabe auf die beiden Konsuln des Jahres 218 verteilt. Der eine sammelte die Flotte in Sizilien, der andere hatte den Seeweg nach Südfrankreich einzuschlagen, um von dort, wo Massilia für Rom ein wichtiger Stützpunkt war, gegen Spanien vorzugehen. In Rom wurden Stimmen laut, man solle den Krieg ohne weitere Formalitäten beginnen; aber durch drang der Standpunkt der Mäßigung. Er befand sich in Übereinstimmung mit den römischen Traditionen, welche vorschrieben, daß einem Krieg eine klare ultimative Forderung (die rerum repetitio) vorausgehen mußte. Die römische Gesandtschaft, welche (Mai/Juni 218) nach Karthago ging, forderte jetzt natürlich Wiedergutmachung für Sagunt und für die Verletzung des Ebrovertrages. Da es sich nach römischer Anschauung hierbei um Völkerrechtsbrüche handelte, hielt man Karthago nur den einen Weg, von dem Unrecht loszukommen, frei: die Auslieferung der Schuldigen, in erster Linie also Hannibals (noxae datio). Es konnte für Karthago hierauf nur eine ablehnende Antwort geben, und der Anführer der römischen Kommission tat recht daran, wenn er allem Parlamentieren mit der brüsken Frage, ob Karthago den Krieg oder den Frieden wolle, den Boden entzog. Karthago konnte nur noch den Krieg „wählen". Die Würfel waren längst gefallen.

Die Lage, in der sich Hannibal befand, war nicht beneidenswert. Der Krieg, von dem er dachte, er könne ihn in diesem Stadium noch überlisten, war nun doch plötzlich über ihn hereingebrochen. Die strategische und politische Offensive lag bei seinem Gegner. Zu umfassenden Rüstungen hatte Karthago keine Zeit mehr. Wenn Hannibal sie sich nahm, machte er voraussichtlich Spanien und Afrika zum Kriegsschauplatz, und der Krieg war für Karthago zur Hälfte schon verloren, bevor er recht begonnen hatte. Selbstverständlich durfte Hannibal sich zutrauen, Spanien mit Erfolg zu verteidigen. Aber was geschah dann in Afrika? So blieb nur das schier Unmögliche, das Verhältnis in das Gegenteil zu kehren und Rom durch einen Angriff in das Herz der römischen Macht an der Verfolgung seines Kriegsplanes zu hindern.

Hier war der Punkt, an dem die Genialität Hannibals in ihrer Verbindung von klarster Einsicht und übermenschlicher Energie sich zum erstenmal enthüllte. Hannibal brach den Feldzug zwischen Ebro und den Pyrenäen ab, ließ den größeren Teil des Heeres zurück und ging nur mit den Elitetruppen (50 000—60 000 Mann) in Gewaltmärschen weiter. Unversehens erschien er in Südfrankreich. Die erste Erwartung der Römer, ihn in Spanien festzuhalten, war so zuschanden geworden. Sie mußten jetzt versuchen, ihn wenigstens in Gallien zu stellen. Auch das mißglückte. Durch ein geschicktes Manövrieren erzwang er sich den Übergang über die Rhône. Und nun kam das Phantastischste, die Bezwingung der Alpen (die Küstenstraße war ihm durch Massilia und die Römer gesperrt). In schon vorgerückter Jahreszeit (Ende September/Anfang Oktober) überschritt er sie auf einem der westlichen Pässe und traf mit seinem auf die Hälfte zusammengeschmolzenen Heer im Herbst in Oberitalien ein. Die Römer mußten den Konsul mit einem Teil seiner Truppen aus Gallien zurückrufen und natürlich ebenso die Expedition nach Afrika abblasen. Die Rollen waren ausgetauscht: statt anzugreifen, waren sie die Angegriffenen. Hannibal hatte sein Ziel erreicht und die römische Strategie völlig verwirrt.

Das war jedoch nur die erste Hälfte seiner Konzeption. Sieg oder Niederlage hingen für ihn ebenso von dem Fortgang seines weiteren Entwurfes ab. Er enthält sowohl die politische wie die militärische Idee des Krieges. Beide Seiten sind in diesem Falle nicht zu trennen. Man kann von Hannibal als Feldherrn nicht sprechen, ohne an Hannibal den Politiker zu denken, und ebensowenig umgekehrt. Daß Hannibal jemals geplant hat, Rom zu vernichten und aus der Reihe der Staaten zu streichen, diese Vorstellung ist ein längst von der Wissenschaft erkannter Irrtum und verdankt ihre Entstehung dem Haß seiner römischen Gegner. Hannibal konnte verständlicherweise nur ein einziges Ziel haben: Rom zu besiegen und seinen Widerstand zu brechen. War das erreicht, dann ergab sich alles Weitere von selbst.

Was dies praktisch hieß, schrieb die militärische Notwendigkeit vor. Rom ließ sich nur auf die eine Weise besiegen, daß man seine Kraftquellen zum Versiegen brachte. Seine Stärke beruhte auf dem Italischen Bund. Also mußte der sich auflösen, so weit es irgendwie ging. Brachte Hannibal aber seine Mitglieder zum Abfall, dann konnte er sie bei Friedensschluß unmöglich wieder der römischen Rache ausliefern. Also stellte sich von selbst als Kriegsziel die Zertrümmerung der römischen Machtstellung in Italien heraus. Das hieß freilich nicht, daß Rom wieder in die Tage des Romulus zurückgeworfen werden sollte. Es genügte, wenn Süditalien, wie es seit dem Latinerkrieg Schritt für Schritt in römische Abhängigkeit geraten war, wieder frei wurde. Ein auf Mittelitalien beschränktes Rom war für Karthago keine Gefahr mehr. Wie Hannibal richtig erkannte, wäre eine Herstellung des Standes von 264 v. Chr. zu wenig gewesen. Es mußte vielmehr darüber hinaus Vorkehrung getroffen werden, eine Wiederholung des Ersten Punischen Krieges ein für allemal unmöglich zu machen.

Um dieses Ziel zu erreichen, tat Hannibal alles, was in seiner Macht stand. Man kann nicht sagen, daß er nur das Geringste versäumt hätte. Sein erster und fundamentalster Einsatz in dem Spiel war seine militärisch-strategische Überlegenheit. Ohne sie wäre sein ganzes Vorhaben reiner Wahnsinn gewesen. Hannibal leistete die Gewähr, daß diese Größe in der Rechnung fest und zuverlässig war. Er ist, solange er in Italien stand, nie besiegt worden, auch hierin Pyrrhos vergleichbar, mit dessen Feldzug sein Unternehmen viel Verwandtes hat.

Die einzelnen Elemente seines überragenden Vermögens waren auch so klar zu fassen, daß Hannibal von Anfang an nie an dem Vorsprung, den er in dieser Hinsicht vor den Römern hatte, zweifelte. Er war ein Soldat vom Scheitel bis zur Sohle; er wußte, daß seine Macht über Soldaten unbegrenzt war, und er war mit Recht überzeugt, daß ein Berufsheer wie das seinige, von einem großen Willen durchpulst und von Verehrung für einen großen Kommandanten beseelt, einem Milizheer, und sei es auch das berühmte römische, überlegen war. Hannibal stand auf der Höhe der damaligen Kriegswissenschaft. Hellenistisch gebildet wie er war — es befanden sich ständig Griechen in seiner Umgebung —, war ihm die militärische Theorie der Griechen vertraut. Was damals technisch überhaupt geleistet werden konnte, strategisch-taktisch, es war klar, sein Heer und seine Führung waren darin nicht zu übertreffen.

16. Hannibals strategisch-politische Erfolge

Den ersten Beweis lieferte er noch in dem Herbst, der ihn über die Alpen kommen sah. Mit seinen strapazierten Truppen schlug er an der Trebia (Oberitalien) ein großes doppelkonsularisches Heer (218). Im folgenden Jahr bereitete er dem Gegner die Katastrophe am Trasimenischen See und erzwang sich damit den Zugang nach Mittel- und Süditalien (217). Und im Jahr darauf, als die Römer ihre zahlenmäßige Überlegenheit gegen ihn ausspielen wollten und ihm ein Heer von achtzigtausend Mann entgegenstellten, zermalmte er diese für die damaligen Verhältnisse gewaltige Streitmacht bei Cannae (216). Freund und Feind mußten die Überzeugung gewinnen, er sei im Felde unüberwindbar. In kürzester Zeit hatte er diesen Eindruck erreicht. Er mußte seine Wirkung tun. Hannibal verkündete offen, er sei als der Befreier Italiens gekommen. Die Gefangenen der italischen Bundesstädte schickte er ohne Lösegeld nach Hause. Die Kelten Oberitaliens, in den Jahren zuvor von Rom unterworfen, traten sofort als seine Verbündeten auf und bildeten einen wichtigen Teil seines Heeres. Wo er eroberte, ließ er Milde walten. Alle moralischen Argumente hatte er für sich. Und nach Cannae konnte er seinen Freunden und allen denen, die er gewinnen wollte, zeigen, daß man als Gegner Roms nicht allein in der Welt stehe. Der Hannibalkrieg wurde zu einem Koalitionskrieg, und damit schien einer der Gründe, warum der Erste Punische Krieg für Karthago verlorengegangen war, beseitigt. Makedonien, eines der drei hellenistischen Großreiche unter seinem jungen und unternehmenden Herrscher Philipp V., schloß mit Hannibal einen Bundesvertrag (215). Syrakus, seit vierzig Jahren ein loyaler Freund Roms, trat nach dem Tode des greisen Königs Hieron zum Feind über (ebenfalls 215).

17. Gründe für Hannibals Scheitern

Wenn Hannibal und Karthago den Krieg trotzdem verloren haben, so lag das in erster Linie daran, daß die Voraussetzung, auf der Hannibals ganze militärische und politische Berechnung beruhte, einen Grundirrtum bedeutete. Die Annahme, der römischen Herrschaft in Italien strebten starke zentrifugale Kräfte entgegen, war falsch. Hannibal hat in diesem Punkt den Gegner unterschätzt. Es war nicht so, daß seine Siege bei den italischen Verbündeten Roms eine Massenreaktion des Abfalls auslösten. Hannibal hat zwar Süditalien gewonnen; die beiden wichtigsten Städte, Capua, die Hauptgemeinde Kampaniens, und Tarent, der bedeutendste griechische Staat Großgriechenlands, wurden von ihm gewonnen; jenes trat bald nach Cannae im Winter 216/215 auf seine Seite, dieses wurde, nachdem es eine Zeit lang Widerstand geleistet hatte, 213 von Hannibal durch einen Handstreich genommen (bis auf die Burg, welche in römischen Händen blieb). Auch viele andere Orte öffneten ihm die Tore. Aber echte Energien, moralische wie materielle, wurden durch diese Einbrüche in das römische Machtsystem für die karthagische Sache nicht frei. Der Übertritt war sehr oft nicht freiwillig, sondern erfolgte unter dem Eindruck von Hannibals militärischer Stärke. Sofern die Bundesgenossen Roms Sache preisgaben, taten sie es eher, weil sie dafür keine Opfer bringen wollten als um ihrer eigenen „Freiheit" willen. Die Zeit von zwei Generationen hatte ihr Werk getan; das Italien des Pyrrhos ließ sich nicht mehr zum Leben erwecken. Die Samniten, damals der gefährlichste Feind Roms in Italien, blieben, mit Ausnahme des südlichsten Stammes der Hirpiner und Pentrier, treu. Vor allem aber wankten die latinischen Bündner, d. h. die latinischen Kolonien, die eigentlichen Garanten der römischen Herrschaft, keinen Schritt. Im Jahre 209 erklärte zwar ein erheblicher Teil (zwölf von dreißig) sich außerstande, die Bundeslasten weiter zu tragen; aber deswegen kam es keinem in den Sinn, Rom zu verraten und zum Feinde überzugehen.

Es wäre freilich unrichtig, Hannibal die falsche Einschätzung des Gegners als Oberflächlichkeit anzurechnen. Bei jedem anderen Herrschaftskörper der damaligen antiken Welt, nicht zuletzt bei Karthago selbst, hätte er recht gehabt. Rom war eine Größe sui generis; aber dies zu erkennen, ist allenfalls die rückschauende Betrachtung in der Lage; den Zeitgenossen des damaligen Geschehens mußte diese Einsicht verschlossen sein.

Wie Rom so gleichsam die durchschnittlichen Erwartungen übertraf, enttäuschte sie sein Gegner Karthago. Rom war in der vorangegangenen Zeit gewachsen, an äußerem Maß und in der Festigkeit des inneren Gefüges; Karthago war zwar auch nicht mehr der Staat von 264, aber es war trotz der Leistungen der Barkiden nicht stärker, sondern schwächer geworden. Der Geist, der die große Aufbauarbeit der Barkiden beseelte, hatte von Karthago selbst nicht Besitz ergriffen. Wenn es auch mit Hannibal zusammen kämpfte und während des Krieges viele Opfer brachte, so blieb der Krieg doch in erster Linie der Krieg Hannibals; vor allem war er als solcher ausgebrochen, und infolgedessen war Karthago selbst im Jahre 218 sehr wenig gerüstet.

Das eigentliche Verhängnis war dabei der Rückgang der Flotte, einst die karthagische Hauptwaffe. Als der Krieg ausbrach, beherrschte Rom das Meer und nicht Karthago; deshalb mußte Hannibal seinen abenteuerlichen Marsch über die Alpen unternehmen. Es wurde auch während des Krieges nicht anders, und das Naheliegendste, eine ständige Verbindung zur See zwischen Hannibal und Karthago, mußte unterbleiben. Hannibal, der in Italien Rom zertrümmern wollte, war dort die ganze Zeit durch die römische Flotte blockiert. Ein einziges Mal erreichte ihn ein Konvoy (215). Das Bündnis mit Philipp verlor seinen Wert, weil Karthago seinen Übergang von Griechenland nach Italien nicht sicherstellte. Kein makedonischer Soldat hat italischen

Boden gesehen. Rom dagegen konnte sich dank seiner Flotte während der schlimmen Jahre (217—207), wo weite Strecken in Italien verwüstet lagen, durch die Einfuhr überseeischen Getreides (aus Sizilien, Sardinien, einmal auch aus Ägypten) über Wasser halten.

Und, was nicht weniger verhängnisvoll war: Der kriegerische Einsatz, den Karthago selbst leistete, war überdies falsch disponiert und unterstand nicht der Planung Hannibals. Hannibal und die Regierung in Karthago führten den Krieg auf weite Strecken nebeneinander her, ohne daß die maßgebenden Männer in Karthago viel von der leitenden Idee Hannibals verstanden hätten. Ihm ging es um Italien; Karthago heftete seinen Blick, beschränkt und ohne großen Zug, auf die Wiedergewinnung der durch den Ersten Punischen Krieg verlorengegangenen Inseln und verschwendete so an einen erfolglosen Krieg in Sardinien und vor allem auf Sizilien eine Menge Mittel, die in den sachkundigen Händen Hannibals hätten Bedeutung haben können.

Der Krieg nahm überhaupt einen anderen Verlauf, als es der ursprünglichen Planung Hannibals entsprach. Kam es ihm darauf an, den Krieg nach Italien zu tragen, um dort den Feind, wenn nicht gleich zu schlagen, so doch zu fesseln, so war ihm auch das nur zur Hälfte gelungen. Den von Rom in Aussicht genommenen Feldzug in Afrika hat er vereitelt; aber nicht hindern konnte er Rom an einem Angriff auf Spanien, und damit war die Kraftquelle, welche die Barkiden für Karthago geschaffen hatten, gedrosselt. Schon 218 war ein römischer Feldherr, Gnaeus Cornelius Scipio, mit einem Teil des dem Hannibal nach Gallien entgegengeschickten Heeres über die Pyrenäen gegangen; im folgenden Jahr stieß sein Bruder, Publius Cornelius Scipio, zu ihm. Die ihnen gestellte Aufgabe lösten sie glänzend. Spanien wurde für die folgenden zehn Jahre von Hannibal abgeriegelt. Als im Jahre 215 Hasdrubal, der Bruder Hannibals, den Versuch unternahm, mit einem Heere durchzubrechen, wurde er geschlagen.

Auch sonst setzten sich an den italischen Kriegsschauplatz eine Reihe von Nebenkriegsschauplätzen an. Der Abfall von Syrakus im Jahre 215 brachte in Sizilien einen blutigen Krieg ins Rollen. Die Einnahme von Syrakus (212) stellte dann wieder die römische Überlegenheit her.

Philipp V. von Makedonien, unfähig, selbst in den italischen Krieg einzugreifen, zog durch sein karthagisches Bündnis und den Angriff auf Illyrien, um das es ihm vor allem ging, die Römer unmittelbar auf sich. Sie gingen über das Meer, schlossen mit den Ätolern ein Bündnis und führten gegen Philipp Krieg (sog. Erster Makedonischer Krieg 212—205). Große Erfolge brachte er den Römern zwar nicht, zumal die römisch-ätolische Koalition sich vorzeitig infolge eines Separatfriedens der Ätoler mit Philipp löste (206), aber den Gewinn, Philipps Kräfte zu binden und an einer wirksamen Offensive zu hindern, konnte Rom eindeutig für sich buchen.

Das alles bedeutete gewiß für Rom eine zusätzliche Belastung; aber zugleich stellte dieses dezentralisierte Geschehen eine Entlastung dar. Der Gürtel von Kriegsschauplätzen, der sich so um Italien herumlegte, verhinderte den massierten Kräfteeinsatz des Feindes in Italien, d. h. da, wo die Entscheidung allein fallen konnte.

18. Die römische Situation

Daß das Ringen in Italien zugunsten Roms endete, erscheint heute dem rückschauenden Blick als seine größte geschichtliche Bewährung. Rund fünfzehn Jahre (218—203) saß Hannibal den Römern im Nacken. Während der entscheidenden Phasen dieser

Auseinandersetzung hatten sie keinen Feldherrn, den sie seinem Genie hätten entgegenstellen können. Diese harte Tatsache, welche man sich nach Cannae nicht mehr verhehlen konnte, zwang die Römer zur Anwendung einer Methode, welche in der modernen Terminologie „Ermattungsstrategie" heißt. Hannibal war, ebenfalls modern gesprochen, „Vernichtungsstratege". Beiden Parteien war durch die Umstände jeweils der betreffende Kurs vorgeschrieben; aber da die Voraussetzungen sowohl für die eine wie für die andere Richtung in Ordnung waren, d. h., weil Rom sich auf Grund seiner allgemeinen Verfassung die Ermattungsstrategie leisten konnte, erwies sie in diesem Falle ihre Überlegenheit und gewann Rom letztlich den Krieg. Aber das ging nur durch Zusammenraffen aller physischen und moralischen Energien. Eine Kriegführung, welche der offenen Entscheidung aus dem Wege geht und den Menschen ein jahrelanges Aushalten von Entbehrungen und Anstrengungen zumutet, ist nie populär. Sie war es auch damals in Rom nicht; sie war es um so weniger, als der Krieg über ein Rom hereinbrach, das sich in einer inneren Krise befand. Die inneren und äußeren Spannungen konnten sich leicht verbinden und mußten dann den Bestand des Staates bedrohen. Hier war eine Gefahrenzone, welche hart am Abgrund entlanglief. Es ist nicht der kleinste Ruhmestitel der römischen Politik und ein Zeichen für die Stabilität und Gesundheit der römischen Gesellschaft, daß sich den unvermeidlichen Unstimmigkeiten kein Unheil entwand.

Nicht zufälligerweise war unter den beiden ersten Konsuln, die man im Zeichen des ausgebrochenen Krieges wählte, Flaminius, der markante und erfolgreiche Vertreter einer dynamischen und auch volkstümlichen Politik. Am Trasimenischen See geriet er in den Hinterhalt und fand in dem Kampf den Tod. Die militärische Niederlage war zugleich eine Niederlage für die politische Richtung, welche er vertrat. Sein Gegner Quintus Fabius Maximus gewann dadurch Oberwasser und wurde Diktator[1], aber sein Reiteroberst (magister equitum) wurde Marcus Minucius, ein Mann von der politischen Farbe des Flaminius. Zwischen beiden kam es zu Zerwürfnissen, so daß der einheitliche Oberbefehl des Diktators gesprengt wurde. Damit hatte also die innerpolitische Auseinandersetzung bereits auf das Verfassungsrecht übergegriffen. Der Entschluß, Hannibal mit Übermacht entgegenzutreten und damit eine schnelle Entscheidung herbeizuführen, wurde im Widerspruch zu Fabius gefaßt und entsprang der oppositionellen Richtung. Als man in diesem Sinne die Konsulwahlen für 216 vollzog, war deshalb der eine (plebejische) Konsul Gaius Terentius Varro, auch ein Anhänger des Flaminius, ein homo novus, kein Angehöriger der regierenden Nobilität. Der „Erfolg" dieses innerpolitischen Sieges war die Katastrophe von Cannae. Unglücklicherweise war Varro nicht nur am Tage der Schlacht für das Kommando verantwortlich, sondern hatte auch noch das Mißgeschick, die Niederlage zu überleben, während sein patrizischer Kollege (Aemilius Paullus) gefallen war. Wenn irgendwann, so war jetzt eigentlich alles darauf angelegt, daß hinter dem Schrecken über den außenpolitischen Schlag die begreifliche Wut über den innerpolitischen Gegner hervortrat und die Verzweiflung sich in Rache an Varro als dem Sündenbock verwandelte. Aber als der geschlagene Feldherr mit den wenigen Resten des aufgelösten Heeres zurückkehrte, ging der Senat ihm entgegen und dankte ihm, daß er nicht am Heil des Vaterlandes verzweifelt sei. Varro ergriff gleich darauf die nötigen

[1] Zur Diktatur siehe unten S. 543.

Maßnahmen und fand auch in der folgenden Zeit weitere Verwendung. Der politische Sinn der Römer hat sich nie in einer größeren Bewährungsprobe erwiesen als in diesem Augenblick.

Natürlich bekamen die konservativen Kreise das Ruder jetzt fest in die Hand. Die Strategie des Fabius war glänzend legitimiert. In den beiden folgenden Jahren war er hintereinander Konsul. Auch die Heerführer, welche in den kommenden Jahren den Ruhm der römischen Waffen wiederherstellten und in der römischen Kriegsgeschichte sich einen ehrenvollen Namen schufen, Männer wie Marcus Claudius Marcellus, Quintus Fulvius Flaccus, Marcus Livius Salinator, Gaius Claudius Nero hielten seine Linie ein.

An innerpolitischen Reibereien hat es zwar während dieser Zeit nicht gefehlt. Mit dem Fortschreiten der Jahre sammelte sich allmählich wieder ein gewisser Unmut über die hinhaltende Kriegführung der Nobilität und machte sich sogar gegenüber dem berühmten Marcellus Luft, dessen durch die Eroberung von Syrakus erworbener Glanz nicht verhindern konnte, daß ihm das Fehlen durchschlagender Erfolge Hannibal gegenüber sogar eine Anklage einbrachte und selbst seine Kriegführung in Sizilien (wegen ihrer Härte) offenen Tadel fand, beide Male allerdings ohne nachteilige Folgen für ihn. Es gab auch sonst innere Diskussionen und kleinere Konflikte, insbesondere über Fragen des Verfassungsrechtes, das sich in Anbetracht der außergewöhnlichen Umstände allerhand Ausdehnungen gefallen lassen mußte. Aber dergleichen Unstimmigkeiten ließen sich immer beheben und wuchsen sich zu keinem wirklichen Gefahrenherde aus.

Im Gegenteil: Die Anpassung an die Verhältnisse, welche der römische Staat in diesen Jahren fertigbrachte, ist im Hinblick auf den römischen Konservativismus bemerkenswert. Es galt vor allem, in der Strategie eine größere personelle Kontinuität, als sie der jährliche Ämterwechsel gestattete, herbeizuführen. Deshalb verstand man sich etwa dazu, das Konsulat zweimal hintereinander bekleiden zu lassen; meistens griff man zu dem Ausweg, die Amtsgewalt (das imperium) zu verlängern (prorogare), was schon angesichts der vielen verschiedenen Kampfhandlungen ganz unvermeidlich war. So viele Feldherrn, wie man durchschnittlich brauchte, verließen die alljährlichen Wahlcomitien gar nicht, ganz zu schweigen von der Unmöglichkeit, immer wieder von neuem qualifizierte Kräfte zu finden. Manchmal kam man auch damit nicht durch: Es konnte geschehen, daß man das Talent eines Mannes brauchte, der im Augenblick nicht amtierte und den man aus irgendwelchem Grunde nicht zu einem Amt bringen konnte. In diesem Falle übertrug man die Kommandogewalt (das imperium), d. h. die Beamtenqualität, ohne die Wahl zu einem bestimmten Beamten vorzunehmen.

In einer Zeit, in der man zu so vielen Aushilfen greifen mußte, wurde aus verständlichen Gründen auch von der Diktatur ausgiebiger Gebrauch gemacht, meistens der Konsulwahlen wegen, die der im Feld stehende Konsul nicht selbst abhalten konnte. Auch die allgemeine Diktatur (rei gerundae causa), die umfassende Vollmacht, an die wir heute gewöhnlich bei dem Begriff Diktatur denken, wurde wieder aus dem Arsenal der schon ein wenig antiquierten Staatseinrichtungen hervorgeholt, allerdings mit der Einschränkung, daß das Volk den Diktator wählte, nicht, wie bisher, der Konsul ihn ernannte. Da sie sich in der kritischen Situation nach dem Trasimenischen See nicht bewährt hatte und es im Zusammenhang mit dem Zerwürfnis zwischen

Fabius und Minucius sogar zur Wahl eines zweiten Diktators kam (des Minucius), griff man nach dem Kriege auf sie nicht mehr zurück. Der Hannibalische Krieg ist die letzte Phase im Leben dieses altehrwürdigen Amtes.

Die physischen Anstrengungen, die Rom während des Krieges auf sich nahm, waren enorm. Sie lassen sich nur vergleichen mit der Ausschöpfung aller Reserven durch den „totalen" Krieg im Zeitalter der Weltkriege. Mitunter standen fünfundzwanzig römische Legionen unter Waffen (etwa 200 000 Mann), wozu dann noch das Aufgebot für die Flotte, schwankend zwischen 50 000 und 100 000 Mann, zuzuzählen ist. Das kommt einer Mobilisierung von etwa zehn Prozent der Gesamtbevölkerung gleich. Da jedoch die Sklaven, welche etwa ein Viertel ausmachten, als grundsätzlich nicht wehrfähige Schicht in Abzug zu bringen sind, war die Beanspruchung prozentual noch höher. Nach Cannae hat man sich zur außergewöhnlichen Verwendung von Sklaven (8000) und Strafgefangenen verstehen müssen. Die Belastung traf alle Schichten gleichmäßig. Es fehlte nicht an höchsten Heerführern, die im offenen Kampf das Leben verloren, und der Senat war durch Cannae derartig gelichtet, daß man ihn in beträchtlicher Anzahl durch Männer ergänzen mußte, die nach der hergebrachten Übung für ihn nicht qualifiziert waren (durch Leute, welche kein kurulisches Amt bekleidet hatten). Die Ermattungsstrategie, welche nach Cannae sich durchgesetzt hatte und für mehr als zehn Jahre die Kriegführung bestimmte, brachte für das südliche Italien immer wieder erneute Verwüstungen, Vernichtung der Ernten und Verbrennen der Gehöfte mit sich. Nicht nur Hannibal versuchte dadurch den Gegner auf die Knie zu zwingen; auch Rom sah sich mitunter gezwungen, auf die gleiche Weise den Feind der Nahrungsgrundlage zu berauben.

Der Hannibalkrieg wurde deshalb für Rom — abgesehen von seinen materiellen Schäden und dem hohen Blutzoll, den er kostete — eine ungeheure Nervenbelastung. Es kann nicht verwundern, daß dadurch die menschlichen Elementarkräfte in Bewegung gesetzt wurden, sogar Formen religiöser Erregung sich zeigten. In dem allgemeinen Unglück tat sich offenbar der Zorn der Götter kund. Es wurde deshalb wichtig, durch besondere Anstrengungen das gestörte Verhältnis zur göttlichen Welt wiederherzustellen. Die außergewöhnliche Lage erforderte außergewöhnliche Leistungen, und man griff in seiner Not auf altertümliche religiöse Bräuche wie das ver sacrum und sogar auf barbarische Sühnemittel, die eigentlich der Vergangenheit angehörten, zurück und führte Menschenopfer (ausgeführt an gallischen und griechischen Gefangenen) durch. In alten Prophezeiungen, deren Zahl sich dem erhöhten Bedürfnis entsprechend vermehrte, suchte man nach Hinweisen, was man tun solle, und fand, daß für die Götter, zumal die fremden, mehr zu geschehen habe. Man schickte nach Delphi und richtete neue religiöse Festspiele (ludi Magni, ludi Apollinares) ein. Schließlich wandte man sich sogar an eine kleinasiatische Gottheit, die Magna Mater, und holte eigens ihren Fetisch (einen Stein) aus Pessinus und gab ihrem orgiastischen und den Römern im Grunde unsympathischen Kult eine Statt. Dergleichen war teilweise schon im Ersten Punischen Krieg vorgekommen, aber nicht entfernt in dem Ausmaße wie jetzt. Diese religiösen Spiegelungen des politischen Geschehens verraten auf ihre Weise, daß Rom einen schlimmen Existenzkampf durchfocht. Es war der letzte in der Geschichte der Republik.

Der äußere Kriegsverlauf, in eine Unzahl von einzelnen Aktionen sich aufteilend, ist in seinen Phasen doch ziemlich klar gegliedert. Auf Hannibals siegreichen Einbruch in Italien (218—216) folgte in den anschließenden Jahren der Abfall zahlreicher römischer Bundesgenossen in der südlichen Hälfte von Italien, ein Stadium, das die Früchte seiner Kriegführung zu zeigen schien, aber in der Begrenzung ihrer Erfolge doch sehr bald die Bewegung des Krieges auffing und ihn stationär werden ließ (216—213; Übertritt Capuas 216; Abfall von Syrakus 215; Einnahme Tarents 213). Daraufhin setzte ein zähes Ringen der Römer um Zurückgewinnung der verlorenen Positionen ein (212—207). Es führte zu den großen-Erfolgen der Eroberung von Syrakus (212; Tod des berühmten Mathematikers Archimedes), von Capua (211), mit dem mißglückten Versuch Hannibals, das römische Belagerungsheer durch seinen Marsch gegen Rom (Hannibal ante portas) abzuziehen, und der Eroberung Tarents (209). Als sich so offenbar die Schale zugunsten Roms zu neigen begann, setzte auf seiten Hannibals eine rückläufige Abfallbewegung ein, so daß er immer mehr an Bewegungsfreiheit verlor. Um den Krieg wieder in Fluß zu bringen, bedurfte Hannibal wesentlicher Verstärkung. Sie ihm zu bringen und damit eine grundsätzliche Wendung herbeizuführen, hatte sein Bruder Hasdrubal sich von den römischen Gegnern in Spanien gelöst, war damit also von dort gleichsam ausgebrochen und über die Alpen nach Italien gelangt. Aber bevor er sich mit Hannibal vereinigen konnte, wurde er am Metaurus, nicht weit von Sena Gallica (an der Adria), von den Römern gestellt und vernichtend geschlagen (207). Er selbst kam dabei ums Leben. **19. Äußere Gliederung des Kriegsverlaufs**

Damit war im Grunde die Niederlage Hannibals unausbleiblich und die letzte Kriegsphase gekommen (206—202). Neue Hilfe konnte er nicht mehr erwarten; denn inzwischen war Spanien fest in römischen Händen, und die Karthager waren gänzlich aus der Iberischen Halbinsel vertrieben. Als schließlich Hannibals anderer Bruder Mago sogar Gades, d. h. karthagischen Altbesitz, aufgab und mit dem Rest der Truppen zur See nach Italien fuhr (was infolge römischer Unaufmerksamkeit auch gelang), war das nur ein Versuch, mit den Karthago in Spanien noch verbliebenen Mitteln etwas anzufangen (vielleicht war Truppenwerbung bei den Ligurern und Kelten beabsichtigt); für den weiteren Verlauf des Krieges war dies Unternehmen jedoch ohne Bedeutung (206/205).

Inzwischen war die Stunde für die letzte Entscheidung gekommen. Der Krieg glich einem zu Ende gehenden Brand; aber sein Feuer war noch nicht ausgetreten. Wo es sich unter gewöhnlichen Verhältnissen nur um den Vollzug eines bereits gefällten Urteils gehandelt hätte, türmten sich hier, wo diese Aufgabe in dem Sieg über Hannibal bestand, mit einem Mal nochmals Schwierigkeiten auf. Wer sollte diesen Abschlußkampf führen, und wie hatte das zu geschehen? Auf die bewährten Vertreter der bisher angewandten Strategie war da nicht zu zählen; auch waren die meisten von ihnen zu alt oder schon tot. Aber glücklicherweise bestand diese Verlegenheit in Wirklichkeit gar nicht. Seit einigen Jahren war ein hell leuchtendes Gestirn, das längst die Phantasie der Menschen in Erregung versetzt hatte, aufgegangen, ein verhältnismäßig noch junger Mann, einer anderen Generation angehörend als die bisherige Elite der römischen Feldherrn und, im Gegensatz zu ihnen, ein Mensch von ganz eigenem Wuchs: Publius Cornelius Scipio. **20. Der Ausgang des Krieges: Scipio Africanus**

Scipio hatte sich in den vergangenen fünf Jahren in Spanien einen Namen von märchenhaftem Glanz errungen. Die Kriegführung in Spanien war mit Beginn des Krieges zwei Brüdern, Publius und Gnaeus Cornelius Scipio (jener der Vater des jungen Scipio), anvertraut worden, und die beiden hatten dort auch sehr Tüchtiges geleistet und ihren Auftrag, Spanien als karthagische Basis auszuschalten, zur allgemeinen Zufriedenheit ausgeführt. Im Jahre 211 jedoch wurden sie Opfer eines karthagischen Gegenstoßes, sie brachten dabei Rom um die bisherigen Erfolge in Spanien und fielen in der Schlacht (212/211). Nach einer unbefriedigenden Zwischenlösung wurde der junge Scipio, damals etwa fünfundzwanzig Jahre alt, zur Übernahme des spanischen Kommandos vom Volk gewählt (211), obwohl er irgendwelche Erfahrungen in der Heerführung noch nicht aufzuweisen hatte. Ausschlaggebend waren die verwandtschaftlichen Beziehungen zu den vorangegangenen Scipionen. Man hatte in Rom begriffen, daß der persönliche Name bei den spanischen Stämmen etwas galt und maß dem jungen Scipio als Sohn und Neffen der beiden früheren Kommandanten deshalb ein besonderes Ansehen zu. In der Tat war die Rechnung nicht falsch. Die Spanier sahen in der Scipionenfamilie so etwas wie Nachfolger der Barkiden und brachten Scipio eine ähnliche Anhänglichkeit entgegen wie einst Hamilkars Schwiegersohn Hasdrubal. Er soll wie dieser sogar von ihnen als König begrüßt worden sein. Das war nicht unverdient; denn Scipio besaß eine natürliche Würde, eine freie Großzügigkeit und den Zauber einer edlen Liebenswürdigkeit. Er war aber auch in seinen Leistungen ein Mann von außerordentlichem Zuschnitt.

Gleich zu Anfang seines Wirkens gelang ihm eine Tat, welche die Welt in Erstaunen setzte: die Einnahme des stark befestigten Carthago Nova. Er nutzte dazu das Zurücktreten des Meeres während der Ebbe aus; die Einbildungskraft seiner Zeitgenossen ließ dies als ein übernatürliches Unternehmen erscheinen. Sie umgab Scipio seitdem mit einem mirakulösen Schimmer, der sich im Lauf der Zeit zu einer ganzen Reihe von Legenden verdichtete und unter der Einwirkung griechischer Tradition aus Scipio eine Art von göttlichem Helden machte. Für Karthago war der Verlust seiner spanischen Hauptstadt ein schwerer Schlag: Nicht nur fielen damit die wichtigen Silberminen in römische Hände; auch die Geiseln, welche die Ergebenheit der spanischen Stämme Karthago gegenüber verbürgten, gingen verloren. Scipio trug den römischen Angriff bis in den Süden der Halbinsel, wo er in ein oder zwei Siegen der karthagischen Herrschaft über Spanien den Todesstoß versetzte.

In diesen Kämpfen, welche von einem ausgesprochen offensiven Geist getragen waren, hat Scipio für das römische Heerwesen eine Entwicklung zum Abschluß gebracht, die sich unvermeidbar aus dem jahrelangen Unterwaffenstehen der römischen Milizsoldaten ergeben mußte: Es war die Entstehung einer Truppe, welche den Berufssoldaten des Feindes allmählich ebenbürtig wurde. Scipios Verdienst bestand darin, daß er hierzu bestimmte technische Neuerungen traf und die bisherige starre römische Phalanx auflockerte, indem er den einzelnen Haufen (Manipeln) eine eigene Manövrierfähigkeit verlieh und dadurch der Strategie die Voraussetzung zu selbständiger Entfaltung schuf.

Scipio war also der Mann, den Rom als seinen berühmtesten Feldherrn durch die Wahl zum Konsul 205 v. Chr. Hannibal entgegenstellte. Aber wenn man erwartete, er würde Hannibal nun gleich zum Endkampf zwingen, so hatte man sich geirrt. Auch für Scipio erschien der Austrag des Krieges auf diese Weise ein starkes Risiko zu laufen. Er zog vor, es zu vermeiden und doch zum gleichen Ziel zu gelangen. Sein Plan war, nach Afrika überzusetzen und durch einen direkten Angriff auf Karthago den Feind zum Frieden zu zwingen. Wenn das gelang, dann blieb Hannibal ohnehin nichts anderes übrig, als Italien zu räumen. In Rom war man mit dieser Idee nicht überall einverstanden, und sie entsprach wahrscheinlich auch nicht den Erwartungen, die man in Scipio gesetzt hatte. Es kam zwischen ihm und dem Senat zu richtigen Mißstimmungen; aber schließlich setzte er sich durch. Im Frühjahr 204 landete er in Afrika. Obgleich die Lage hier doch schwieriger war, als Scipio sich das vorgestellt hatte, war er nach einem Jahr so weit, daß Karthago einen Waffenstillstand schloß und Friedensverhandlungen eröffnet wurden. Die präliminaren Bedingungen setzte Scipio im Einvernehmen mit Karthago fest. Es war nur noch die Frage, ob sie in Rom angenommen würden. Doch auch das war der Fall. Der Senat ließ gleich die Ratifizierung vornehmen und schickte Gesandte nach Karthago, um dort die analoge Schwurhandlung durchzuführen, nach dem Stand der Dinge eine reine Formsache.

Inzwischen war jedoch auf Grund der Verhandlungen zwischen Scipio und Karthago Hannibal von Italien zurückgerufen worden. Angesichts seiner Ankunft schlug die Stimmung in Karthago um. Mit einemmal stand die Stadt Karthago unter dem Schutze des größten Feldherrn, dessen Unbesiegbarkeit eine sichere Größe bildete und auf jeden Fall eine Verbesserung der Friedensbedingungen erreichen konnte. Die Karthager annullierten deshalb den Friedensvertrag, und der Krieg ging weiter. Er führte 202 zur Schlacht von Zama (nach der modernen Lokalisierung Naraggara). Aber Hannibal unterlag, möglicherweise nur deshalb, weil seine zum Teil neuen Truppen noch nicht seine Schule durchgemacht hatten und es ihnen infolgedessen an Disziplin gebrach. Andererseits bewies der Sieger Scipio, daß er sich mit den Grundsätzen der hannibalischen Strategie vertraut gemacht hatte und mit Erfolg gegen Hannibal dessen eigene Waffen zu kehren wußte.

Scipio wurde damit der erste Römer, der kraft seiner Persönlichkeit eine welthistorische Bedeutung gewann. Sein Ruhm verbreitete sich über Roms Grenzen hinaus und der Beiname Africanus, den er dem Sieg über Hannibal verdankte, zeichnete ihn unter allen seinen Mitbürgern aus.

21. Der Frieden von 201 v. Chr.

Der Frieden, den Karthago nach Zama schließen mußte und dessen Bedingungen im wesentlichen Scipio bestimmt hat, beließ ihm zwar die eigenstaatliche Existenz, legte aber seiner Souveränität beträchtliche Fesseln an. Es durfte außerhalb Afrikas überhaupt keinen Krieg führen und in Afrika selbst nur mit Genehmigung Roms. Es waren dies die wesentlichen Verschlechterungen, welche ihm die Zurückweisung des ersten Friedens gebracht hatte. Im übrigen mußte es in die Zahlung einer, gegenüber dem ersten Entwurf ebenfalls erhöhten Kriegskontribution (10 000 Talente Silber), der Auslieferung sämtlicher Kriegselefanten und der Kriegsschiffe (bis auf zehn) und in territoriale Abtretungen einwilligen. Bei diesen verstand sich der Verzicht auf Spanien von selbst. Bedeutend empfindlicher waren die Beschneidungen, die Karthago sogar in Afrika hinnehmen mußte. Sie hingen damit zusammen, daß Rom, Hannibals Verfahren in Italien entsprechend, sich von Anfang an der Hilfe der von Karthago abhängigen Numider zu versichern getrachtet hatte. Viel war dabei während der meisten

Zeit allerdings nicht herausgekommen. Der numidische Fürst Syphax, ein Vasall Karthagos, hatte immer eine schwankende Haltung eingenommen; aber nach der römischen Invasion in Afrika war ihm in Masinissa ein Rivale erwachsen, der nichts zu verlieren hatte und deshalb alles auf die römische Karte setzte. Zu seinen Gunsten wurden die bisher unter karthagischer Klientel stehenden Numider von Rom für frei erklärt und von diesem Gebiet ein großer Teil Masinissa zugewiesen. Seither gab es in Afrika neben Karthago noch eine zweite politische Größe. Im Gegensatz zu Karthago konnte sie auf das römische Wohlwollen rechnen. Wie die Folgezeit lehrte, lag hierin für Karthago das schlimmste Moment der Wendung, welche der Ausgang des Hannibalkrieges bedeutete. Ohne diese Einführung der Numider in das römische Spiel wäre Karthago auf dem Stand von 241 festgehalten worden und hätte auch der Verzicht auf eine aktive Außenpolitik außerhalb Afrikas nicht mehr besagt als die schon nach dem Ersten Punischen Krieg angelegte Degradierung Karthagos zu einem nordafrikanischen Mittelstaat. Nun aber war mit dem Verlust der karthagischen Herrschaftsstellung in Afrika selbst nicht nur der mittelstaatliche Status preisgegeben, sondern auch die Möglichkeit für Verwicklungen geschaffen, deren Tragweite auf die Dauer nicht abzusehen war.

22. Die Beilegung des Kampfes in Italien

Durch den Friedensvertrag von 201 war der Hannibalkrieg für Rom erst zu einer Hälfte liquidiert. Was durch ihn noch völlig offengelassen war, betraf die Aufräumungsarbeit in Italien. Wie der Pyrrhoskrieg hatte der Zweite Punische sowohl einen weltpolitischen wie einen inneritalischen Horizont (nur daß das Gewicht diesmal eindeutig auf der „weltpolitischen" Seite lag), und so erhielt er folgerichtig auch seinen Platz in der Geschichte des römisch-italischen Verhältnisses. So wenig es der römischen Politik hierbei schematisch um die Zerstörung der italischen Volkstümer zu tun war, so sehr sie vielmehr darauf bedacht war, die römische Herrschaft mit einem möglichst geringen Kraftaufwand durchzusetzen, so bedeutete doch jeder Gegenstoß von seiten der unterworfenen Italiker eine zwangsläufige Verstärkung des römischen Druckes und vor allem, von Rom aus gesehen, die Notwendigkeit, wirksame Vorkehrungen zu treffen, daß ähnliches in Zukunft sich nicht wiederholen konnte. Mißlungene Erhebungen führten deshalb für die Besiegten nicht nur zu einer Verschlechterung der politischen Bedingungen (etwa Ersetzung des foedus aequum durch ein foedus iniquum), sondern vor allem zu einer Verringerung der materiellen Widerstandskraft. Durch die Methode der Dezimierung des betr. Staatsgebietes und den damit verbundenen Verlust an Land und Leuten wurden die italischen Gemeinwesen in ihrer sozialen Substanz gekürzt, und das Kräfteverhältnis erfuhr damit von selbst eine Verlagerung zugunsten Roms.

Es war klar, daß sich gerade nach dem Hannibalkrieg dieses „Gesetz" in seiner ganzen Unerbittlichkeit erweisen mußte. Am schwersten betroffen wurde Capua, bis dahin in Italien neben Rom wohl die bedeutendste Stadt, seit rund hundert Jahren eng mit ihm verbunden und durch eine Politik persönlicher Nahbeziehungen verflochten mit der römischen Vormacht. Sein Abfall hatte für Rom eine schwere Enttäuschung dargestellt: Die Aristokratie Capuas war versippt gewesen mit dem römischen Adel und damit mittelbar Nutznießer des römischen Aufstieges geworden, und Capuas Wohlstand war infolge der römischen Freundschaft beträchtlich gewachsen. Und doch waren es gerade die Vornehmen gewesen, die hier — im Gegensatz zu den anderen Städten — den Ausschlag gegeben und die, hier und sonst, vorhandene Neigung der unteren Schicht zu Hannibal sich zunutze gemacht und damit die Verantwortung für den Abfall übernommen hatten, und das unmittelbar nach Cannae, als man in Rom gerade auf die reichen kampanischen Bundesgenossen Hoffnungen gesetzt hatte! Der Erfolg dieser Kurzsichtigkeit war fürchterlich: Die abtrünnigen Aristokraten wurden nach der Einnahme der Stadt hingerichtet und Capua als eigenes Gemeinwesen aufgehoben. Der gesamte Grund und Boden wurde eingezogen als römische Staatsdomäne, von den Bewohnern ein Teil umgesiedelt, ein Rest als Pächter belassen. Die einstigen Capuaner wurden auf diese Weise „staatenlos" und entbehrten deshalb eine Zeitlang sogar des Rechtes, eine legitime Ehe einzugehen. Später ist Capua als Siedlung ohne Stadtrecht wieder zu einigem Wohlstand gelangt. Da andere Gemeinden Kampaniens auch ihre Markung verloren, wurde das fruchtbarste Gebiet Italiens römisches Staatsland (der sog. ager Campanus).

Tarent, die größte der Griechenstädte Italiens, blieb wenigstens als Staat bestehen, büßte aber seine ganze ehemalige Bedeutung ein. Das große Territorium wurde von Rom annektiert; ein beträchtlicher Teil der Einwohnerschaft hatte bei der Eroberung der Stadt (209) in die Sklaverei wandern müssen, und der Reichtum dieser alten Gemeinde wurde das Opfer einer schonungslosen Plünderung. Seine Erbschaft als Hafen- und Umschlagplatz trat die latinische Kolonie Brundisium (Brindisi) an.

Desgleichen ist auch Syrakus durch den Hannibalkrieg aus der Reihe der antiken Großstädte gestrichen worden. Es mußte ebenfalls eine harte Plünderung über sich ergehen lassen und wurde samt dem Landgebiet, dem einstigen Königreich Hierons, der römischen Provinz Sicilia zugeschlagen.

Für Italien als den Raum der römischen Volkstumsausbreitung wurde jedoch am wichtigsten der Zugriff, den sich die süditalischen Stämme, die Bruttier, die Lukaner und die Bewohner Apuliens, gefallen lassen mußten. Sie waren nach dem Pyrrhoskrieg verhältnismäßig unversehrt unter die römische Hegemonie getreten, und römisches Staats- oder latinisches Kolonisationsgebiet war deshalb bis dahin in den dortigen Bezirken kaum vorhanden gewesen. Das wurde jetzt anders. Überall wurden beträchtliche Stücke aus der heimischen Markung herausgeschnitten und zur römischen Domäne gemacht. Auf diese Weise wurde es möglich, den römischen Veteranen des Hannibalkrieges, vor allem den Soldaten Scipios, die unter dem Druck der Verhältnisse auch aus den nichtgrundbesitzenden Kreisen hatten genommen werden müssen, neues Siedlungsland in Italien zu geben und in den Jahren nach dem Krieg zahlreiche Kolonien in Süditalien zu gründen.

23. Die Kriegsfolgen für Norditalien und Spanien

In Norditalien, diesseits und jenseits des Pos, hatte der Krieg gerade den Prozeß der allmählichen Ausbreitung und Festigung der römischen Herrschaft gekreuzt. Die keltischen Stämme dort hatten zum Teil zu den treuesten Verbündeten Hannibals gehört, und auch die Ligurer (in der Gegend von Genua) standen der römischen Herrschaft so fern, daß Mago, der Bruder Hannibals, noch gegen Ende des Krieges auf ihre Unterstützung rechnen durfte. Bei den keltischen Insubrern und Boiern hat sich noch nach Kriegsende ein karthagischer Offizier aufgehalten. Während des Krieges konnte sich Rom um diese Angelegenheiten natürlich wenig kümmern. Es war genug, daß die gerade noch 218 gegründeten Kolonien Placentia und Cremona sich inmitten einer feindlichen Umgebung hielten. Aber nach dem Krieg gingen die Kämpfe weiter oder entbrannten in ganz frischer Heftigkeit (Placentia ging in Flammen auf). Es war daher für Rom eine Menge in Ordnung zu bringen, von dem Ligurischen Meer bis hinunter zur Adria, zu den illyrischen Venetern. Placentia und Cremona wurden neu gegründet, und eine Reihe anderer Kolonien traten hinzu. Die wichtigsten waren: Bononia-Bologna 189 (lat.), Pisaurum-Pésaro 189 (röm.), Parma und Mutina-Modena 183 (röm.), Aquileia 181 (lat.), Luca 180 (lat.).

Das gleiche traf für Spanien zu. Seine Besitzergreifung durch Scipio hatte — inmitten des Krieges vorgenommen — einen provisorischen Charakter. Im Zentrum vor allem, bei den wilden Keltiberern, war noch alles zu tun. 197 wurden zwei Provinzen (Hispania ulterior und citerior) eingerichtet; aber das bedeutete ebensowenig wie 237 in Sardinien eine wirkliche Befriedung. Die Kämpfe zogen sich über zwei Menschenalter (bis 133 v. Chr.) hin und machten verschiedene Stadien durch. 195 mußte man eigens einen Konsul hinschicken. Es war Marcus Porcius Cato.

24. Die Bedeutung des Zweiten Punischen Krieges

Der Zweite Punische Krieg nimmt in der römischen Geschichte eine derart hervorgehobene Stellung ein, daß es nicht genügt, ihn lediglich zu beschreiben. Er fordert dazu auf, sich seiner Bedeutung auch im Rückblick zu vergewissern.

Über Rom gekommen als eine vitale Bedrohung seiner politischen Existenz war er in erster Linie ein Verteidigungskampf. Als solcher hat er gewiß seinesgleichen, da sich Verteidigung und Angriff ohnehin in fast jedem kriegerischen Ereignisablauf verquicken und das Gefühl, angegriffen zu sein, gerade in Rom meistens stärker war als das Bewußtsein ausgreifender Unternehmungslust, aber wohl niemals sah sich Rom für eine so lange Zeit wie während des Hannibalkrieges ausschließlich auf diese Situation festgelegt. Die Folge war, daß unter dem Eindruck dieser Tatsache dem römischen Staat und der römischen Gesellschaft das Höchste an Anstrengungen abverlangt wurde unter dem Zwang der Alternative, entweder zu bestehen oder alles zu verlieren. Dies bedingt den vorherrschenden Eindruck des Krieges, der eine physische und moralische Kraftleistung bedeutet, wie sie Rom ungeachtet seiner an Belastungen reichen Geschichte in derselben Weise weder vor- noch nachher jemals erbracht hat und erbringen mußte. Der Hannibalkrieg ist der Brennspiegel, in dem die da und dort in der Geschichte auftretenden Einzelzüge von Roms politischem Wesen sich sammelten und verdichteten und damit ihren plastischsten Ausdruck fanden. Unter diesem Gesichtspunkt darf man möglicherweise den Zweiten Punischen Krieg als den Höhepunkt der römischen Geschichte betrachten. Wer auf die „Größe Roms" reflektiert, ein Thema, das immer wieder historisch-politische Besinnung angezogen hat, wird in diesem Krieg seinen Gegenstand in besonderer Weise durchleuchtet finden und in ihm vereinigt sehen, was über einen weiten Zeitraum verteilt die römische Geschichte heraufgeführt hat: Gediegenheit des in der Vergangenheit Erreichten, Zähigkeit und Nüchternheit in der Bewältigung der Gegenwart, Begrenzung der Phantasie im Blick auf die Zukunft.

Das Ergebnis des Hannibalkrieges ist deshalb in erster Linie Erhärtung des Bestehenden. Der Krieg war von Hannibal in der Absicht begonnen worden, Rom in seinem vorhandenen Stand zu treffen. Das Verfehlen dieses Zieles mußte jenen bekräftigen. Darin lag also der erste und eigentliche Erfolg: Weder war der Gewinn des Ersten Punischen Krieges verlorengegangen, noch war die Herrschaft über Italien zerbrochen. Sowohl die Geschichte des italischen Imperialismus wie die erste Phase der Weltpolitik fanden so ihre Bestätigung. Sie war von jetzt an nicht mehr zurückzunehmen. Die Folgezeit lehrte, daß Rom damit über ein Kräftepotential verfügte, das im Raum seiner näheren und ferneren Nachbarn nichts Vergleichbares hatte.

Sich behaupten in Krisen ist immer zugleich Fortschritt. Dieser Fundamentalsatz jeder Politik erhob sich im Hannibalkrieg zu evidenter Wahrheit. Indem jenes Karthago mißlang, mußte es selbst fallen und seine eigene Schwäche anerkennen. Seine Niederlage führte notwendig in dem durch den Krieg erwiesenen Machtverhältnis zum unbestreitbaren Vorrang Roms im westlichen Mittelmeer.

Dieses Ergebnis wäre kaum anders gewesen, wenn Rom nach dem Kriege auf eine sichtbare Korrektur der politischen Ordnung verzichtet hätte. Die karthagische Herrschaft über Spanien war schon während des Krieges zusammengebrochen und bedurfte deshalb keiner ausdrücklichen Beseitigung mehr. In den Friedensartikeln war deshalb von ihr auch keine Rede. Mit Recht galt das karthagische Spanien bereits vorher als verloren, als zu seiner Behauptung Karthago die Kraft fehlte. Es hätte eines ganz neuen Anlaufes bedurft, um den früheren Status wiederherzustellen, aber dazu war nach der jetzigen Lage keine Möglichkeit mehr. Die Tage des Hamilkar Barkas konnten nicht wiederkommen, auch wenn Rom durch seine Okkupation Spaniens nicht ein für allemal einen Riegel davor geschoben und damit eine sichtbare Garantie für den jetzt erreichten Zustand geschaffen hätte. Die Knebelung Karthagos in Afrika war so die einzige Konsequenz, welche sich aus dem Friedensvertrag ergab. Sie war eine Sicherungsmaßnahme, weniger dazu bestimmt, die von nun an gültige Rangordnung der beiden einstigen Rivalen ins Leben zu rufen, als daß sie sie voraussetzte. Diese war vielmehr das unmittelbare Ergebnis des römischen Sieges und der karthagischen Niederlage.

Die Bedeutung des Hannibalkrieges ist jedoch noch in einer anderen Richtung zu suchen. Man hat hierbei daran zu denken, daß er Rom in einer innerpolitischen Krise überrascht hatte und von dieser ja sogar auf die Kriegführung wichtige Einwirkungen ausgegangen waren. Cannae war auch zur Katastrophe derjenigen politischen Bestrebungen geworden, welche die Auseinandersetzung auf dem inneren Forum heraufgeführt hatten. Es ging damals um den Einfluß der noch außerhalb der Nobilität stehenden wohlhabenden Grundbesitzer auf die römische Politik, also um das Programm, welches Flaminius im Namen der Gentry vertreten hatte. Die Kompromittierung dieser Politik auf den Schlachtfeldern des Krieges und die militärische Bewährung ihrer Gegner mußte zwangsläufig den Abbruch dieser Linie bewirken. Der Ausgang des Kampfes gegen Hannibal hatte dem auf Exklusivität drängenden älteren senatorischen Adel Recht gegeben. Er hatte auch sonst gewonnenes Spiel. Eine Wiederaufnahme der Agrarpolitik des Flaminius, zu welcher gerade der Krieg wegen der jetzt besonders legitimen Ansprüche breiter und um das Durchhalten verdienter Bevölkerungskreise hätte Auftrieb geben müssen, erübrigte sich nach den zahlreichen Landabtretungen der bestraften Bundesgenossen und machte einen Rückgriff auf staatlichen Altbesitz, der früheren Interessenten vorbehalten sein konnte, überflüssig. So durften sich die Inhaber der politischen Macht nach dem Kriege in jeder Hinsicht als bestätigt betrachten und sich nun recht fest in den Sattel setzen. Ihr Führungsanspruch war geradezu glänzend durch den Gang der großen Politik bekräftigt. Mit dem Hannibalkrieg erreichte deshalb die Herrschaft der Nobilität ihre für mehr als zwei Generationen unerschütterte Festigkeit.

Die Mittel, mit denen sie sich ins Werk setzte, seit dem Ausgang des Ständekampfes angelegt, erfahren deshalb jetzt ihre letzte und höchste Durchbildung. Neben der Autorität, welche auf das in den Comitien abstimmende Volk von seiten des Adels ausgeübt wird und durch den Ausschluß jedes Außenseiters monopolartigen Charakter gewinnt, gehört zu ihnen vor allem der durch das Volkstribunat repräsentierte Regierungsmechanismus. Die Volkstribune gehen nun in der Funktion nahezu völlig auf, zu der ihnen die lex Hortensia vom Jahre 287 v. Chr. den Weg gewiesen hatte, und stellen ihre formellen Kompetenzen der Interzession, der öffentlichen Anklage und besonders des Gesetzesantrages beinahe uneingeschränkt in den Dienst adliger Auftraggeber. Es entspricht dieser Entwicklung, daß ihnen mit dem Hannibalkrieg sogar eine neue Befugnis hinzuwächst, nämlich das Recht, im Senat einen Antrag zu stellen, ein Recht, das seinem Sinn nach folgerichtig nie anders als Vollmacht zu einer Auftragshandlung verstanden wurde. Der römische Staat der Nobilität, durch den Abschluß des Ständekampfes aus der Taufe gehoben, durch seine größte Leistungsprüfung im Zweiten Punischen Krieg in den Besitz der weltgeschichtlichen Legitimierung gelangt, verschafft sich mit gutem Grund jetzt die Vervollkommnung seines Herrschaftsmechanismus und wird damit in den Stand gesetzt, die römische Politik in steilem Aufstieg binnen kurzer Zeit auf die Höhen der Weltherrschaft zu führen.

§ 6. Die Erringung der Vorherrschaft im östlichen Mittelmeer

1. Der hellenistische Osten und Rom. — 2. Wandlungen des Kräfteverhältnisses. — 3. Der römische Entschluß zur Intervention. — 4. Der Krieg gegen Philipp V. von Makedonien (sog. Zweiter Makedonischer Krieg). — 5. Der Friedensschluß. — 6. Die „Befreiung“ Griechenlands. — 7. Verhältnis Roms zu Antiochos dem Großen. — 8. Der Krieg zwischen Rom und Antiochos. — 9. Der Friede von Apameia.

1. Der hellenistische Osten

Nach Abschluß des Hannibalkrieges hätte man erwarten sollen, daß Rom den dringenden Wunsch hatte, sich von den Entbehrungen und Zerstörungen des Krieges zu erholen, und sich deshalb eine Atempause gönnen würde. Daß dem gerade nicht so war und ein Jahr nach dem Friedensschluß mit Karthago bereits die Kämpfe begannen, in deren Gefolge Rom zur maßgebenden Macht auch in der östlichen Mittelmeerhälfte wurde, gehört nicht weniger als die zeitliche Stellung des Ersten Punischen Krieges zu den merkwürdigen Tatsachen der römischen Geschichte. Es läge nahe, diesen Sachverhalt als klaren Ausdruck eines expansiven Imperialismus zu beurteilen und die Römer demnach für ein von Herrschaftsgier getriebenes Volk zu halten. In der Forschung ist deshalb auch lange Zeit die Auffassung vertreten worden, Rom habe schon früher den Schritt nach dem Osten vorbereitet oder sich zum mindesten auf ihn eingestellt und daher die erste Gelegenheit benutzt, um ihn auszuführen. Gegenüber dieser wenig befriedigenden Erklärung stellen sich heute die Dinge bedeutend hintergründiger dar.

Der hellenistische Osten, politisch ein System von sich im Gleichgewicht haltenden Staaten, war an dem Geschehen des Westens so wenig interessiert gewesen, daß er die Kräfteverlagerung im westlichen Mittelmeer ohne Protest und Intervention hingenommen und damit gegen seine Absicht einen entscheidenden Beitrag zum römischen Siege im Westen geliefert hatte. Die Beteiligung Makedoniens am Hannibalkrieg hat demgegenüber wenig zu besagen, da sie auf den Ablauf des hauptsächlichen Geschehens ohne Einwirkung blieb. Von den hellenistischen Großmächten ist nie der Versuch unternommen worden, sich solidarisch für Aufrechterhaltung des Status quo im Westen zu erklären und den tiefen Fall Karthagos zu verhindern. Sie sind in der Folge ebensowenig in der Lage gewesen, sich gegen einen nach Osten gerichteten Angriff Roms gemeinsam zur Wehr zu setzen. Dieser auffällige Mangel an Zusammenhalt war im Hellenismus von jeher deutlich spürbar; aber in der Phase der römischen Ostinvasion trat er in einer geradezu selbstmörderischen Form zutage.

Der politische Hellenismus war damals eine verhältnismäßig junge geschichtliche Größe. Er bedeutete das Fazit aus der spektakulären Vernichtung des persischen Weltreiches durch Alexander den Großen und war infolgedessen im Jahre 200 v. Chr., als die Römer in seinen Raum vorstießen, rund 120 Jahre alt. Genaugenommen war er jedoch wesentlich jünger. Bis sich aus dem nach dem Tode seines Gründers auseinanderbrechenden Alexanderreich eine haltbare politische Ordnung herauskristallisiert hatte, bedurfte es erst ungefähr 50 Jahre dramatischer Kämpfe zwischen den verschiedenen Generälen (Diadochen) des großen Königs. Ihr Ergebnis waren drei Großstaaten: der Staat der Ptolemäer in Ägypten, das Reich der Seleukiden mit seinem Mittelpunkt in Nordsyrien und der makedonische Staat. Am frühesten hatte ihre Form die ptolemäische Macht erhalten, dank des politischen Geschicks ihres Gründers Ptolemaios I. Soter, der schon unmittelbar nach Alexanders Tod sich Ägyptens bemächtigte (322 v. Chr.) und von da durch seine Rivalen nicht mehr zu verjagen war. Dazu hatte er das Glück, in Ägypten ein reiches Land mit uralter Herrschafts- und Verwaltungstradition zu gewinnen, dessen Regierung, wenn man sie besonnen handhabte, keine Schwierigkeiten machte. Eine homogene Größe war von Hause aus auch Makedonien. Aus verschiedenen Gründen dauerte es dort jedoch am längsten (bis 272 v. Chr.), bis sich die Verhältnisse konsolidiert hatten. Als es dann schließlich soweit war, hatte das Land viel Schlimmes durchgemacht, war seiner angestammten Dynastie, der Familie Philipps und Alexanders des Großen, welche in den Wirren mit Stumpf und Stiel ausgerottet worden war, beraubt und stand unter der Herrschaft eines wenig beliebten jüngeren Mannes, des Antigonos Gonatas, welcher der Enkel des glänzendsten Diadochen Antigonos des Einäugigen war und in der Folge einer langen Reihe von höchst merkwürdigen Umständen an diese Stelle gelangt war. Ihm allein ist es zu verdanken, daß aus Makedonien wieder ein politischer Faktor von Bedeutung wurde. Diesen beiden Staaten gegenüber war das Seleukidenreich sehr uneinheitlich. Es war am ehesten darauf angelegt, die Erinnerung an das Alexanderreich zu erwecken. 281 v. Chr. durfte sich für einen Augenblich tatsächlich sein Gründer

Seleukos Nikator als Herr von dessen gesamten asiatischen Kernstück betrachten, d. h. der Ländermassen vom Marmarameer bis zum Hindukusch. Aber diese Größe war zugleich seine Schwäche. Länder und Völker von solchem Umfang konnten nur unter besonderen Bedingungen zusammengehalten werden. Sie waren nur teilweise gegeben. Es war ein Wunder, daß sich ein solches Ungetüm nicht sofort auflöste. Natürlich war jedoch der überdimensionale Besitzstand nicht unversehrt zu erhalten. Dazu gab es seit der Mitte des 3. Jahrhunderts bei den Seleukiden tiefgreifende Thronfolgekrisen, welche schon von sich aus geeignet gewesen wären, den Staat zu sprengen. Trotzdem hielt er sich und konnte in gewissem Sinn sogar als der Prototyp hellenistischer Staatlichkeit gelten. Nirgendwo sonst war nämlich der hellenistische Staat in demselben Grade identisch mit dem Herrscher und seiner Familie. An ihm hing alles. Und nirgendwo sonst war in gleichem Maße der Hellenismus Fremdherrschaft und darauf angewiesen, sich auf die verstreuten Kolonialgriechen seines Bereiches zu stützen. Die Ptolemäer konnten sich bis zu einem gewissen Grade an das ägyptische Erbe anpassen (und taten es auch, indem sie mit griechischen Kräften die alte Regierungs- und Verwaltungstradition fortsetzten), Makedonien war ohnehin eine geschichtliche Einheit, die Seleukiden hingegen existierten nur durch die Griechen, die sich ihnen zur Verfügung stellten, und kraft der Tatsache, daß Griechen seit alters her außerhalb ihres Mutterlandes gesiedelt hatten und auch ferner dies zu tun bereit waren.

Bei den Seleukiden gab es infolgedessen kein „außen" und „innen". Die Dimension ihrer Herrschaft war einförmig. Das ptolemäische Ägypten wie das Makedonien der Antigoniden hatten Außenbesitzungen. Für Makedonien waren dies Thrakien und Thessalien sowie der meistens allerdings sehr problematische Anspruch auf Griechenland. Die Ptolemäer hatten im Raum der gesamten Ägäis ihre Außenposten. Von dem benachbarten Syrien beherrschten sie mindestens die südliche Hälfte (darunter das Land der Juden).

Neben den drei Großstaaten gab es zahlreiche Mittel- und Kleinstaaten. Die meisten hatten sich auf Kosten der Seleukiden in Kleinasien gebildet, unter ihnen in erster Linie Pergamon unter der Dynastie der Attaliden. Eine bedeutende Rolle spielte auch die Handelsrepublik Rhodos, die seit Alexander keinen Herrn mehr über sich kannte. In Griechenland selbst waren die Verhältnisse sehr wechselnd. Makedonien, zivilisatorisch ein verhältnismäßig rückständiger Staat, war nicht imstande, Griechenland in sich aufzunehmen. Andererseits jedoch hatten die politischen Größen der klassischen Zeit, Athen und Sparta, abgedankt. Sie spielten keine zentrale Rolle mehr, und mit ihnen manche andere klassische „Berühmtheit" (wie etwa Korinth oder Theben) auch. Statt dessen waren andere Landschaften hochgekommen, von denen man früher wenig gehört hatte. Im Nordwesten des korinthischen Golfes hatten sich die Ätoler zum Ätolischen Bund formiert, zu einem engen Zusammenschluß verschiedener Städte, die sich erst spät aus dem Stammesverband herausgebildet hatten; im Süden davon war auf ähnlicher Grundlage der Achäische Bund (mit dem Zentrum im alten Arkadien) zustande gekommen. Die Entstehung dieser beiden Bundesstaaten war wesentlich daran schuld, daß Makedonien mit dem griechischen Mutterland nicht fertig wurde.

Dieser politische Hellenismus war im Grunde, als die Römer kamen, ein noch unfertiges Gebilde. Abgesehen von Ägypten konnten die Probleme nirgends als gelöst gelten. Ende des 3. Jahrhunderts wurde hierzu nun ein neuer Anlauf unternommen mit den frischen Kräften zweier junger Monarchen, Philipps V. in Makedonien und Antiochos III. bei den Seleukiden. Im Ptolemäerreich herrschte dagegen Lethargie. Nach einer glänzenden Ära unter Ptolemaios II. Philadelphos (283—246) und Ptolemaios III. Euergetes (246—222) ging es unter dem jungen und unfähigen Ptolemaios Philopator (221—205) rapide bergab. Das war bedenklich, weil der Ptolemäerstaat bislang das stabilste Element des Hellenismus gewesen war. Die Rivalen des ägyptischen Königs waren aus anderem Holz geschnitzt. Sie wollten in einem Zuge das, was in der Vergangenheit versäumt worden zu sein schien, aufheben und der Geschichte des politischen Hellenismus neue Impulse und eine neue Richtung geben. Am Ende waren sie freilich zu seinen Totengräbern geworden. Sie unterschätzten die Schwierigkeit der Aufgabe, und zwar nicht zuletzt deswegen, weil sie von den Römern keine richtige Vorstellung besaßen und sich nicht klarmachten, mit welchem Potential sie es bei ihnen zu tun hatten. Schlimm war allerdings auch, daß sie nicht das Grundgesetz ihrer eigenen Welt begriffen hatten und nicht wußten, daß sie bei allem Antagonismus der hellenistischen Großstaaten untereinander nur durch Beobachtung einer gewissen Solidarität bestehen konnten. Freilich muß man ihnen zugute halten, daß nicht nur die beiden persönlich noch ganz unerfahren waren, sondern auch die hellenistische Politik, die es ja kaum drei Generationen gab, noch keinen eigenen Stil ausgebildet haben konnte. Mit der politischen Verfassung des griechischen Ostens verhielt es sich also ganz anders als mit der geistigen. Diese hatte ein weit in die Vergangenheit sich erstreckendes Wurzelwerk. Die älteren politischen Traditionen des Griechentums waren dagegen mit Alexander dem Großen abgebrochen, und was dann gekommen war, befand sich eigentlich noch im Stadium des Experimentes. Seine geschichtlichen Chancen sind nicht mehr zu erhellen, da die Intervention Roms die Entwicklung jäh unterbrach und die hellenistische Geschichte hinfort sich unter dem herrschenden römischen Einfluß abspielte. Über die Hälfte der Zeit hin, die seiner Existenz überhaupt beschieden war.

Philipp V. (221—179) steckte sich das Ziel, das griechische Festland enger an Makedonien zu binden und eine feste Hegemonie des makedonischen Königtums dort zu begründen. Er versuchte das gegen die Ätoler im Verein mit anderen Griechen, unter diesen vor allem den Achäern, welche mit den Ätolern verfeindet waren, im sogenannten Bundesgenossenkrieg (220—217), durchzusetzen. Auf die Nachricht von den überraschenden Siegen Hannibals in Italien brach er jedoch den Kampf ab und schloß mit den Ätolern einen Frieden, der keine Gewähr der Dauer bot. Sein Engagement im Westen wurde dann zu einer der verschiedenen Szenerien des 2. Punischen Krieges (sog. 1. Makedonischer Krieg 212—205) und wurde von den Ätolern zur Revanche für den Bundesgenossenkrieg benutzt (s. o. S. 85, 87). Antiochos III. (223—187), der sich zuerst gegen die Rivalen im eigenen Haus durchsetzen mußte, verfolgte den alten Plan, den Ptolemäern das südliche Syrien wegzunehmen und die seleukidische Herrschaft in Iran, welche zum größten Teil nur noch auf dem Papier stand, wieder in die Wirklichkeit zu erheben. Der Anschlag auf Syrien (221—217) führte überraschenderweise vorerst zu einem Mißerfolg (217); in Iran kam Antiochos weiter und führte einen faszinierenden Kriegszug in den fernen und entlegendsten Gebieten durch (212—205), der ihm einen alexanderähnlichen Nimbus und den Beinamen des „Großen" verschaffte. Es war danach kein Wunder, daß er sich auch fürder zu Großem berufen fühlte und davon träumte, wieder Herr in Kleinasien wie einst sein Ahne Seleukos, der Begründer der Dynastie, zu werden. Vorher jedoch bedurfte die syrische Frage ihrer Erledigung.

2. Wandlungen des Kräfteverhältnisses

Die Gelegenheit hierzu schien sich durch einen plötzlichen Regierungswechsel in Alexandrien und die Thronbesteigung eines unmündigen Kindes (Ptolemaios V. Epiphanes 205/204?) zu bieten. Sie war auch für Philipp V. ein Zeichen zu neuer Aktivität, nachdem seine bisherigen Anläufe ihn in seinen Erwartungen nur enttäuscht haben konnten. Ihn lockten als Kampfpreis jetzt die ptolemäischen Besitzungen in der Ägäis. In einem geheimen Vertrag, wie man damals wenigstens glaubte, verständigten Antiochos und Philipp sich über den Abbau des handlungsunfähigen Ptolemäerreiches.

In der Tat herrschte am ptolemäischen Hof zunächst die größte Verwirrung. Der Kampf zwischen den verschiedenen Gruppen um die Vormundschaft ließ keine energische Außenpolitik aufkommen und untergrub vor allem die militärische Schlagkraft. So konnte Antiochos die Zeit für gekommen ansehen, den Versuch, der ihm zu Anfang seiner Regierung mißglückt war, zu erneuern und endlich das alte Ziel seleukidischer Politik, die Annexion des südlichen Syriens, zu erreichen. Dieses Mal gelang nun das Unternehmen. Eine siegreiche Schlacht (im Jordanquellgebiet bei Paneion i. J. 201 v. Chr.) öffnete Antiochos den Weg zur militärischen Besetzung des Landes. Der Ptolemäerstaat war außerstande, den Verlust wieder rückgängig zu machen. Nach ein paar Jahren (195 v. Chr.) erkannte er ihn nicht nur in einem förmlichen Vertrag an, sondern schloß sogar mit dem Gegner Freundschaft, indem der junge König eine Tochter des Antiochos zur Frau nahm. Jene Grenzverschiebung war innerhalb der hellenistischen Geschichte ein bemerkenswerter Vorgang. Weltgeschichtliche Bedeutung erhielt er jedoch im Licht der späteren Ereignisse. Unter den bisherigen ptolemäischen Untertanen, die auf diese Weise unter seleukidische Herrschaft kamen, waren nämlich auch die Juden, und der interessante Gang ihrer Geschichte in den nächsten zwei Jahrhunderten bis zum Auftreten Jesu wurde nicht unwesentlich durch die Tatsache bestimmt, daß ihnen am Anfang dieser Periode der politische Hellenismus in einer anderen Gestalt begegnete als bisher.

Durch die Lähmung Ägyptens war aber nicht nur das Verhältnis zwischen den drei Großmächten gestört, sondern ebenso geriet die Existenz zahlreicher Klein- und Mittelstaaten ins Wanken. Gerade auf deren Kosten, mehr noch als auf die des Ptolemäerreiches, gedachte Philipp V. die Ausdehnung seines Reiches zu bewerkstelligen. Mit brutaler Gewalt ging er von der Propontis (Marmara-Meer) und von den Dardanellen (Hellespont) auf Gallipoli (thrakische Chersones) zu und sprang dann auf die Kykladen und Karien (in Kleinasien) über. Eine Gegenbewegung konnte nicht ausbleiben. Sie kam von den beiden Mittelstaaten Rhodos und Pergamon. Diese waren sich untereinander nicht sehr freundlich gesonnen, aber hier führte sie die gemeinsame Bedrohung zusammen. Vor allem war für sie, zumal für den Handelsstaat Rhodos, die Freiheit der Meerengen eine Lebensfrage. Aus dem Konflikt ergab sich so ein regelrechter Krieg, der zunächst zur See ausgefochten wurde und bewies, daß Philipp V. seit dem Hannibalkrieg Fortschritte gemacht hatte und jetzt im Besitz einer Flotte war. Aber die Seeherrschaft konnte er doch nicht erringen; sie war auch für seine

Pläne in der Nordägäis gar nicht nötig. Deshalb wurde die Lage seiner Gegner trotz des Erfolges, den sie in einer Seeschlacht (bei Chios 201 v. Chr.) errungen hatten, peinlich. Wahrscheinlich ist zu dieser Zeit auch das Geheimabkommen zwischen Philipp und Antiochos bekanntgeworden. Danach mußte man damit rechnen, daß Antiochos bei der nächsten Gelegenheit Philipp unterstützen oder auf eigene Rechnung in Kleinasien aktiv werden würde. Bei der Unmöglichkeit, am Ptolemäerreich einen Rückhalt zu finden, war es um die Selbständigkeit aller Staaten in der Ägäis geschehen, wenn in dieser Weise eine Zusammenarbeit beider Großmächte eintrat. Die Folgezeit hat freilich gelehrt, daß diese Befürchtungen nicht berechtigt waren und die Beziehungen zwischen Philipp und Antiochos sich nicht derartig eng gestalteten, ja allem Anschein nach schon damals sich lockerten. Doch kam es hierauf weniger an als auf den subjektiven Eindruck von der Lage, und dieser muß in der Tat sehr düster gewesen sein, denn Rhodos und Attalos von Pergamon unternahmen einen Schritt, zu dem sie sich nur mit starkem Bedenken entschlossen haben können und der nun auch wirklich der gesamten griechischen Welt zum Verhängnis wurde: Sie wandten sich nach Rom um Hilfe (Sommer 201).

3. Der römische Entschluß zur Intervention

In Rom hatte man von den Unternehmungen Philipps schon Kunde. Es war übrigens erst vier Jahre her, daß man die unmittelbare Berührung mit ihm verloren und (205) Frieden geschlossen hatte. Der Hannibalkrieg war jetzt gerade zu Ende. Ein Jahr vorher (202) war schon eine Gesandtschaft der Ätoler im gleichen Sinne wie nun Rhodos und Attalos vorstellig geworden. Die Ätoler hatten auf Gallipoli Mitglieder ihres Bundes und waren deshalb durch Philipps Annexionen dort (Lysimacheia) geschädigt worden. Daher hatten sie eine Erneuerung der alten Kampfgemeinschaft des Hannibalkrieges (des sog. Ersten Makedonischen Krieges) erstrebt. Aber Rom hatte damals davon nichts wissen wollen und unter Hinweis auf den Separatfrieden von 206 die ätolischen Boten sehr barsch zurückgewiesen. Jetzt war die römische Haltung ganz anders. Rom entschloß sich, in den Krieg gegen Philipp einzugreifen. Die Ausführungen der pergamenischen und rhodischen Gesandten hatten überzeugend gewirkt.

Wodurch war das geschehen? Man kann den Zusammenhang leider nur vermuten und hat anzunehmen, daß die griechische Mission die eigenen Befürchtungen über die Folgen der makedonisch-seleukidischen Entente dem römischen Senat suggerierte und ihm bewies, daß aus ihr sich nicht nur der Untergang der noch freien Griechenstaaten ergeben würde, sondern sich darin zugleich eine Zusammenballung von Machtmitteln vollziehe, die Rom gefährlich werden müsse. Diese Befürchtung war gewiß noch unberechtigter als die Angst von Rhodos und Attalos; aber auf die Richtigkeit des Urteils kam es für den Fortgang der Ereignisse weniger an als auf die Wirksamkeit der Überzeugung. So war es dieser „Irrtum“, der die Römer in Bewegung setzte. Der Hannibalkrieg hatte sie über die Gefahren eines nicht frühzeitig im Keim erstickten Kriegsbrandes belehrt. Es galt, die Verfestigung der noch im Fluß befindlichen östlichen Entwicklung nicht erst abzuwarten, sondern zu intervenieren, solange es mit geringem Kraftaufwand möglich war und man auf die Hilfe der freien Griechenstaaten rechnen durfte.

Die Konsulwahlen für 200 wurden im Hinblick auf den bevorstehenden Krieg vorgenommen. Der eine Konsul, Publius Sulpicius Galba, war ein Kenner der griechischen Verhältnisse und hatte von 211—206 während des Zweiten Punischen Krieges als römischer Oberkommandierender in der Balkanhalbinsel gestanden. Philipp machte die Römer um einen Vorwand für die Einmischung nicht verlegen, indem er im Jahr 200 in seiner Expansion ruhig fortfuhr, die ptolemäischen Besitzungen an der thrakischen Küste aufrollte und schließlich auf den kleinasiatischen Brückenkopf der Dardanellen, Abydos, übergriff.

Rom war es in dem diplomatischen Vorspiel insbesondere darum zu tun, in Griechenland Verbündete zu gewinnen. Das gelang indes nur unvollkommen. Obgleich die römische Gesandtschaft, welche im Jahre 200 Griechenland besuchte, sich auf den Schutz der griechischen Unabhängigkeit als Ziel der römischen Politik berief, war das Echo sehr schwach. Man hatte die unbarmherzige Kriegführung während des Hannibalkrieges, wo die Römer im Bunde mit den rohen Ätolern in Griechenland aufgetreten waren, noch nicht vergessen und hatte zu Rom kein Vertrauen. Lediglich in Athen bereitete man der römischen Kommission einen warmen Empfang. Das hatte aber seine besonderen Gründe. Athen wurde gerade von einem General Philipps angegriffen als Repressalie für einen angeblichen athenischen Übergriff gegen einige Angehörige der mit Philipp verbündeten Akarnanen. Ferner stand Athen auch in enger Verbindung zu Attalos, der eben damals in der Stadt enthusiastisch gefeiert wurde, und Attalos lag natürlich daran, daß die Römer durch die Gleichgültigkeit der Griechen nicht abgeschreckt wurden. Von Athen aus wurde Philipps General eine römische Note überreicht, welche von ihm Verzicht auf seine Expansionspoltik und Schadenersatz für Attalos forderte. Das war selbstverständlich auch eine Demonstration für die griechische Öffentlichkeit. Inzwischen gediehen in Rom die Dinge bis zum Kriegsbeschluß der Comitien. Das Volk hatte aber nach dem Frieden mit Karthago keine Lust zu dem neuen Unternehmen und lehnte zuerst den Antrag ab. Es mußte nochmals bearbeitet werden, bis es in einer zweiten Abstimmung den vom Senat gewünschten Entschluß faßte. Das eigentliche, die Kriegserklärung in sich schließende Ultimatum Roms erhielt Philipp vor Abydos. Die römischen Forderungen waren noch schärfer geworden und nahmen jetzt auch Bezug auf die inzwischen von Philipp gemachte Eroberung der ptolemäischen Besitzungen an der thrakischen Küste. Danach fuhr die römische Gesandtschaft weiter nach Syrien zu Antiochos und trat dort bedeutend verbindlicher auf. Antiochos sollte damit zu einer neutralen Haltung während des Krieges mit Philipp bewogen werden. In Alexandrien konnte deshalb die römische Kommission von ihrem Besuch bei dem Seleukiden wenig Tröstliches für die Ptolemäer berichten.

4. Der Krieg gegen Philipp V. von Makedonien (sog. Zweiter Makedonischer Krieg)

Über den ausgedehnten diplomatischen Bemühungen war der größte Teil der guten Jahreszeit des Jahres 200 vergangen, so daß für die Kriegführung nicht mehr zu erreichen war, als daß das Heer über das Ionische Meer gesetzt wurde. Aber auch in den folgenden Jahren ist die Kriegführung ausnehmend durch politische Gesichtspunkte bestimmt worden. Rom verfolgte zwei Absichten: erstens, den Krieg von einer Einmischung des Antiochos freizuhalten und ihn deshalb nicht zu langwierig werden zu lassen, und zweitens, unter den griechischen Staaten auf dem Festland eine Koalition gegen Philipp zusammenzubringen. Bis dahin hatten lediglich die Athener Philipp den Krieg erklärt. Rom brauchte aber die anderen, auch aus strategischen Gründen, da eine Eroberung Makedoniens von Westen her eine ziemlich aussichtslose Angelegenheit war.

Daß Rom beide Ziele erreichte, war im wesentlichen dem Geschick und der Persönlichkeit des Titus Quinctius Flamininus zu verdanken, der von 198 an fünf Jahre lang den maßgebenden Einfluß auf das römische Vorgehen in Griechenland ausübte. Flamininus war ein hervorragender Vertreter der jungen römischen Adelsgeneration und hatte eine unglaublich rasche politische Karriere hinter sich, als er mit noch nicht ganz dreißig Jahren vom niedrigsten Amt, der Quästur, weg zum Konsul (198) gewählt wurde. Neben bedeutenden militärischen Fähigkeiten eignete ihm die Gabe der Menschenbehandlung. Dazu gehörte er zu denjenigen, von jetzt an immer häufiger werdenden Römern, welche dem griechischen Wesen mit Verehrung und Begeisterung begegneten. Beides zusammen verschaffte ihm bei den Griechen denjenigen Kredit, den die römische Sache damals brauchte. Zu den Ätolern, welche schon 199, nach den ersten militärischen Erfolgen, auf die römische Seite getreten waren, gewann er (198) die Achäer dazu, welche nicht nur mit den Ätolern verfeindet, sondern auch mit Philipp verbündet waren. Damit war nun endlich eine von den Griechen getragene antimakedonische Bewegung in Fluß gekommen. Aus ihr heraus wurden gegen Philipp die radikalsten Forderungen (bis zur Austilgung des makedonischen Königshauses gehend) erhoben. Bei den diplomatischen Verhandlungen, welche zwischendurch — in Nikaia (Mittelgriechenland) — stattfanden, gaben die Griechen und nicht die Römer den Ton an; ebenso war es, als nach dem entscheidenden Sieg bei Kynoskephalai (Thessalien) im Jahre 197 Philipp sich zum Friedensschluß bereitfand.
Philipp mußte die Tatsache anerkennen, daß während der beiden letzten Jahre sich infolge der erfolgreichen römischen Politik in Griechenland die Basis vom Jahre 200 verschoben hatte und die Forderungen gewachsen waren: Es ging jetzt nicht mehr um Verzicht auf Philipps eigene Eroberungen, sondern alles, was seit Philipp II., dem Vater Alexanders d. Gr., dem makedonischen Staat an griechischen Gemeinden zugefallen war, mußte aufgegeben werden. Damit wurde Makedonien, wenigstens in Hinsicht auf seine Grenzen zu den Griechen, auf die Maße des unbedeutenden Agrarstaates zur Zeit des Peloponnesischen Krieges zurückgeworfen. Lediglich die Chalkidike, welche mit Makedonien fest verschmolzen war, blieb makedonisch.

5. Der Friedensschluß

Die Verhandlungen gestalteten sich schwierig, nicht Philipps wegen, sondern weil die Griechen mit ihren einzelnen Anliegen hervortraten und gleich die verwickelte Frage aufwarfen, was unter diesen völlig verwandelten Verhältnissen in Griechenland mit den befreiten Gebieten zu geschehen habe. Flamininus war eine Verzögerung des Abschlusses sehr unlieb, aus verschiedenen Gründen, vor allem aber, weil er den Frieden unter Dach und Fach bekommen wollte, bevor sich Antiochos einmengte. Deshalb verlegte er die Verhandlungen nach Rom mit dem baldigen Ergebnis, daß nun lediglich zwischen Philipp und Rom der Frieden geschlossen wurde und Philipp klipp und klar seinen Verzicht auf alle griechischen Gemeinden in Europa und in Asien erklärte.

6. Die „Befreiung" Griechenlands

Auf dieses summarische Verfahren hin, das die Bundesgenossen einfach ignorierte, erhob sich in Griechenland der Verdacht, dahinter verberge sich ein Manöver, die Römer stillschweigend an die Stelle der Makedonen treten zu lassen und zu Herren der ehemals makedonischen Griechen zu machen. Als deshalb Flamininus 196 bei den Isthmischen Spielen in Korinth vor der gesamten griechischen Öffentlichkeit die Freiheit der ehemals makedonisch beherrschten Griechen unter namentlicher Aufführung der einzelnen Landschaften feierlich verkündete, atmete man erleichtert auf. Die in Korinth versammelte Menge brach in einen Begeisterungssturm von geradezu ekstatischen Formen aus. Alles Interesse für die Athleten war wie weggeblasen. Die Menschen fielen sich gegenseitig um den Hals und stammelten undeutliche Worte. Flamininus umgab ein göttlicher Schein; alles drängte sich an ihn, um die Hand des „Heilandes" (sotér) zu fassen und seine übernatürliche Kraft persönlich zu spüren. An manchen Orten wurde ihm sogar ein Kult eingerichtet. Man begegnete ihm in Formen, wie sie sich im Verkehr mit den hellenistischen Königen herausgebildet hatten. Aber wenn man sich an vergleichbare Ereignisse erinnern wollte, mußte man schon über hundert Jahre zurückgehen und an die fernen Zeiten der ersten Diadochen, eines Polyperchon, des gewaltigen Antigonos (Monophthalmós) und seines Sohnes Demetrios (Poliorkétes) denken. Für einen Augenblick sah es deshalb aus, als wenn die griechische Geschichte einen neuen Anfang erhalten hätte und die makedonischen Schatten, welche seit anderthalb Jahrhunderten auf sie fielen, verscheucht wären.

Wenn solche Vorstellungen reine Illusionen waren, so war das zum wenigsten Schuld der Römer und lag bestimmt nicht in ihrer Absicht. Ein geschwächtes Makedonien und ein „freies" Griechenland als Gegengewicht entsprachen durchaus dem damaligen römischen Interesse, dem es um nichts mehr als um stabile Verhältnisse und die Verhinderung gefährlicher Machtansammlungen im Osten zu tun war. Aber die „Freiheit" organisiert sich nicht von selbst. Unzählige Fragen standen offen. Wie sollten sich die neuen von der makedonischen Herrschaft befreiten Gemeinwesen konstituieren? Wie sollte man zwischen den verschiedenen auseinandergehenden inneren Strömungen entscheiden? Und vor allem: Wo sollten die Grenzen gezogen werden? Es gab unzählige Ansprüche, vor allem von seiten der Ätoler, und dann war da ein altes Geschwür, das Verhältnis von Sparta zu den Achäern. Seit Jahrzehnten waren die zwei zu Tode verfeindet. Als die Achäer mit Philipp befreundet waren, war Sparta (unter einem „Tyrannen" Nabis) der Favorit der Römer gewesen. Inzwischen aber war der Achäische Bund auf die römische Seite übergetreten. Zudem war Sparta allgemein verhaßt, nicht nur wegen seines an sich begreiflichen Strebens, wenigstens etwas von seiner alten Geltung wiederzuerlangen und sich zum Ersatz für die verlorene Bedeutung auf dem griechischen Festland eine Seemacht, d. h. praktisch eine Piratenflotte zu schaffen, sondern auch als sozialer Unruheherd und politisches Zentrum für sozialrevolutionäre Bewegungen. Rom mußte deshalb Nabis fallen lassen und es dulden, daß gegen ihn ein förmlicher Krieg geführt wurde, an dem sich neben Rom fast ganz Griechenland beteiligte. Die Auseinandersetzung endete natürlich mit der völligen Niederlage Spartas, das auf das in erster Linie umstrittene Argos und die Städte der lakonischen Küste verzichten mußte. Unter solchen Wirren und den unvermeidlichen militärischen Lasten — jahrelang stand so noch das römische Heer in Griechenland mit seinen Kontributionen und Konfiskationen — verrauchte die

Begeisterung allmählich; aber die Römer wichen von ihrer Linie nicht ab. Im Jahre 194 verließen sie das befreite Griechenland mit allen Soldaten und gaben damit auch die großen ehemals makedonischen Festungen Chalkis, Demetrias und Akrokorinth auf, die sog. „Fesseln“ Griechenlands und die strategischen Schlüsselpositionen zu seiner Beherrschung. Die Römer waren damit ihrem Programm treu geblieben und hatten dabei nicht die geringste Rücksicht auf die außenpolitische Zweckmäßigkeit genommen, wie sie seit etwa dem Jahre 197 schon immer klarer wurde.

7. Verhältnis Roms zu Antiochos dem Großen

Von Anfang an hatte Rom bei seiner Politik in Griechenland Antiochos im Auge gehabt und deshalb durch schnelle Beendigung des Makedonischen Krieges ihn von einer Intervention abzuhalten gesucht. Es ist das auch tatsächlich gelungen; aber das eigentliche Verdienst daran hatte nicht nur die römische Diplomatie, sondern mindestens ebenso Antiochos selbst infolge seines völligen Mangels an politischem Augenmaß. Er war Zeit seines Lebens nur von einer einzigen Idee besessen gewesen, der Schaffung eines seleukidischen Großreiches, wie es für kurze Zeit der Dynastiegründer, der große Diadoche Seleukos, verwirklicht hatte (281 v. Chr.). Dieses Mammutgebilde, im Grunde als Wiederherstellung des Alexanderreiches entworfen und deshalb einer immer weiteren Vergrößerung zustrebend, war schon damals ein Anachronismus und deswegen ohne eigentliche Wirklichkeit gewesen. Es mit ihm rund hundert Jahre später nochmals zu versuchen, nachdem überall besondere Staaten sich ausgebildet hatten, war eigentlich absurd und ist nur von einer bestimmten Berechnung des Antiochos her zu begreifen. In dem Niedergang des Ptolemäerreiches hatte er die eine Chance für sein Ziel gesehen, und nachdem der erste Versuch zu Anfang seiner Regierung fehlgeschlagen war, hatte ihm um die Jahrhundertwende, nach dem Tode des Ptolemaios Philopator, die Geschichte scheinbar recht gegeben. In dem Frieden, der (195?) zustande kam, verzichtete der Ptolemäer auf alle Außenbesitzungen seines Reiches in Syrien, Asien und Europa (ohne Kypros). Antiochos hatte zwar früher mit Philipp das für die Geschichte so folgenschwere Geheimabkommen geschlossen, aber wirkungskräftig war das nie geworden, von Antiochos aus gesehen, aus begreiflichem Grund, denn seinem romantischen Ideal stand ein starkes Makedonien selbstverständlich ebenso im Wege, wie es ein starkes Ägypten getan hätte. Wahrscheinlich hat deswegen auch Antiochos Philipp allein gegen Rom kämpfen lassen. In seiner Vorstellung besorgten die Römer gleichsam seine Geschäfte. Und sie befleißigten sich ja auch der größten Loyalität ihm gegenüber. In seinem Sinn war es deshalb durchaus folgerichtig, wenn er nach der Ausschaltung Makedoniens auf den Plan trat und die Hand auf all das legte, was im Rahmen seiner politischen Konzeption lag und durch die makedonische Niederlage frei geworden war, frei für seinen Zugriff, und zwar sowohl in Europa, d. h. Thrakien, als auch in Asien, wo es sich um die ptolemäischen und philippischen Besitzungen, aber natürlich ebenso um all das handelte, dessen er ohne besondere Anstrengung auch sonst habhaft werden konnte. Denn in Wirklichkeit hatte er ja unter Berufung auf Seleukos in Kleinasien einen „Anspruch“ auf noch viel mehr. Seine guten Beziehungen zu Rom legte er sich so aus, daß es mit dieser seiner Ausnutzung des römischen Sieges zufrieden zu sein hätte. Diese grenzenlose Naivität wurde die Ursache seiner Katastrophe und zwang die Römer schließlich, gegen ihn Krieg zu führen. Sie hätten es gerne vermieden; aber durch des

Antiochos völligen Mangel an Einstellungsvermögen, eine Art Monomanie, gerieten sie von einer Schwierigkeit in die andere.

Die Verlegenheit begann noch während des Krieges mit Philipp. In der gleichen Zeit, als Rom den makedonischen Gegner durch den Sieg von Kynoskephalai und die anschließenden Verhandlungen zur Annahme des griechischen Autonomieprinzipes zwang und er sich dem römischen Friedensdiktat über die Freiheit der Griechen in Europa wie in Asien beugte, war Antiochos von Syrien nach Kleinasien gezogen, hatte von zahlreichen makedonischen und ptolemäischen Städten Besitz ergriffen und schickte sich an, von Abydos aus über die Meerengen nach Europa hinüberzugehen, um nun noch Thrakien mit der Halbinsel Gallipoli sich anzueignen.

Dadurch war eine für das römische Ansehen außerordentlich peinliche Lage entstanden. Die von Rom vertretene Unabhängigkeit der griechischen Staaten drohte zu einer lächerlichen Phrase zu werden. Antiochos hätte es am liebsten gesehen, wenn Rom gleich bei seinen Abmachungen mit Philipp und vor allem bei dem großen Akt in Korinth auf diese Veränderung Rücksicht genommen hätte. Aber obwohl Rom nicht in der Lage und auch nicht geneigt war, ihm mit Gewalt entgegenzutreten, tat es ihm diesen Gefallen nicht und brachte wenigstens eine eindeutige Klärung der völkerrechtlichen Situation zustande. Als in Korinth Gesandte des Antiochos eintrafen (196), kamen sie zu spät, um auf die römischen Verlautbarungen Einfluß zu nehmen. Sie bezogen statt dessen eine klare Zurechtweisung, indem Antiochos klipp und klar jedes Recht auf die Gemeinden Kleinasiens und in Europa bestritten wurde und er die Aufforderung erhielt, sie, so weit er sie schon besetzt hatte, zu räumen. Einige freie Städte Kleinasiens (Lampsakos, Smyrna, Alexandreia Troas) leisteten dem Druck des Antiochos Widerstand und hatten schon an die Römer appelliert. Sie boten dem römischen Standpunkt eine willkommene moralische Unterstützung.

In Wirklichkeit hatte Rom jedoch gegen Antiochos nichts ausgerichtet. Er ging nach Europa hinüber, setzte sich in Lysimacheia fest, und den Römern blieb nur der Ausweg einer leeren Demonstration (196). Antiochos war offenbar der Überlegene und setzte die Römer zu allem hin nun auch noch in Alexandrien matt. Die Ptolemäer gehörten ja auch zu denjenigen, welche das römische Eingreifen im Osten legitimierten. Nun konnte Antiochos den Römern mitteilen, er habe sich mit Ptolemaios Epiphanes verständigt, und das neue Einvernehmen sei durch eine Heirat einer seiner Töchter mit Ptolemaios Epiphanes besiegelt. Der ptolemäisch-seleukidische Friedensvertrag enthielt die Abtretung der ptolemäischen Besitzungen in Asien und Europa (s. o. S. 102). Damit war es in der Tat fraglich geworden, ob Rom ohne Verletzung der seleukidischen Rechte seinen Standpunkt im alten Umfange aufrechterhalten konnte. Das Verhältnis versteifte sich immer mehr. Jede der beiden Parteien suchte durch zähes Beharren ihren Standpunkt durchzusetzen. Rom war schließlich geneigt, Antiochos in Kleinasien freie Hand zu lassen, bestand dann aber um so mehr auf seinem Verzicht auf Europa. Antiochos wollte aber den Römern auch diese Besitzungen abtrotzen und blieb nach wie vor des Glaubens, er könne durch persönliche Versicherungen sie von seiner Ungefährlichkeit überzeugen und ihnen durch Antrag eines Bündnisses dafür ein Unterpfand liefern. An einen kriegerischen Austrag des Konfliktes wurde wohl auf beiden Seiten noch nicht ernsthaft gedacht, obgleich nicht abzusehen war, wie sich bei der Unnachgiebigkeit des Seleukiden die Fronten lockern sollten. Ein in

Europa stehender Antiochos war für Rom untragbar. Der Prospekt war dadurch auch nicht friedlicher geworden, daß Hannibal, der seiner Vaterstadt hatte den Rücken kehren müssen, am Hof des Antiochos aufgenommen wurde und dort selbstverständlich ein gewichtiges Wort sprach (195).

8. Der Krieg zwischen Rom und Antiochos

Der Umschlag der politischen Spannung in den kriegerischen Austrag erfolgte dann auf einmal sehr unerwartet, indem ausgerechnet aus der Mitte des eben „befreiten" Griechenland der Funke in das Pulverfaß fiel.

Die Ätoler waren von Anfang an mit den römischen Maßnahmen unzufrieden gewesen. Als die ältesten römischen Bundesgenossen hatten sie auf einen territorialen Zuwachs gehofft, der ihnen die Vorherrschaft in Griechenland verschaffen sollte. Rom war ihnen hierbei entgegengetreten. Jetzt setzten sie auf Antiochos als den kommenden Mann. Auch anderswo in Griechenland gärte es, so selbstverständlich in Sparta. Die Ätoler begünstigten solche Bewegungen. Sie sollten eine Art politischer Explosion in Griechenland herbeiführen und dadurch Antiochos zum Eingreifen zwingen (193/192). Als der schnelle Erfolg ausblieb, schritten die Ätoler selbst zur Aktion und führten einen erfolgreichen Handstreich auf Demetrias, einen der wichtigsten strategischen Punkte in Griechenland, aus. Jetzt blieb Antiochos nichts anderes mehr übrig als loszuschlagen, obgleich er noch gar nicht gerüstet war. Im Herbst 192 drang er mit einer geringen Streitmacht in Griechenland ein. Infolge der vollständigen Evakuierung von 194 stand dort kein römischer Soldat mehr. Des Antiochos Aufgabe hatte aber vorerst politischen Charakter. Er mußte versuchen, Griechenland zu einem antirömischen Widerstandszentrum zu machen. Die Ätoler trugen zur Erhöhung seines Prestiges bei, soweit sie konnten, und machten ihn zu ihrem obersten Bundesfeldherren (strategós autokrátor). Antiochos ließ sich im Sinne der griechischen Freiheit vernehmen, um die Feinde Roms unter ihrem eigenen Panier zu sammeln. Hier und dort gewann er auch Bundesgenossen; aber im ganzen war der Versuch einer politischen Umorientierung Griechenlands ein Mißerfolg. Die Hauptursache dafür war die feste Haltung der Achäer und Philipps von Makedonien. Die Römer hatten sich seiner schon ein paar Jahre zuvor durch ein Bündnis zu versichern gesucht. Philipp hatte nach seinen früheren Erfahrungen verständlicherweise wenig Zutrauen zu einem Bundesgenossen wie Antiochos.

Der eigentliche Krieg begann im folgenden Jahr (191), als das römische Heer nach Apollonia übersetzte, und endete sehr bald mit der völligen Niederlage des Antiochos. Noch im gleichen Jahre wurde dieser bei den Thermopylen geschlagen. Das folgende Jahr sah die Römer bereits den Übergang nach Asien bewerkstelligen. Als Antiochos die Unmöglichkeit sah, ihn zu verhindern, hätte er gern eingelenkt. Dazu war es jetzt aber zu spät. Bei Magnesia am Sipylos kam es noch 190 zur Entscheidungsschlacht. Die Römer waren in der Minderzahl, aber qualitativ dem aus sehr verschiedenen Elementen zusammengesetzten feindlichen Heere überlegen. Dazu standen sie strategisch unter dem Kommando des großen Scipio (er führte als Legat seines Bruders, des nominellen Feldherrn, die militärischen und politischen Geschäfte).

9. Der Friede von Apameia

Der Friede (ratifiziert erst 188 in Apameia in Phrygien) machte nicht nur den politischen Träumen des Antiochos ein Ende, sondern verschloß dem Ehrgeiz der seleukidischen Politik ein für allemal den Raum der Ägäis und das gesamte kleinasiatische Festland diesseits des Taurus-Gebirges. Antiochos hatte sich aus diesem Gebiet zurückzuziehen, so daß ihm in Kleinasien nur noch Kilikien blieb. Das war praktisch der Verlust der am stärksten hellenisierten Gebiete seines Reiches. Der Besitz einer starken Flotte wurde ihm untersagt, ebenso der von Kriegselefanten, und außerhalb der seleukidischen Küsten des Mittelmeeres durfte sich nach Westen kein seleukidisches Kriegsschiff blicken lassen. Ferner lastete auf ihm eine schwere Kriegskontribution, welche den Staat finanziell ruinierte. Das seleukidische Reich hatte zwar noch einen sehr achtbaren Umfang und barg noch einige Möglichkeiten in sich; aber nach dem Ausweis der späteren Geschichte war der schwere Schlag von 188 der Anfang vom Ende.

Der Frieden von Apameia war nur ein Teil einer umfassenden Neuordnung der östlichen Welt. Im Jahre 189 waren Gesandte von allen möglichen griechischen Staaten in Rom zusammengeströmt, um ihre Wünsche zu äußern und ihren Gegnern und Rivalen bei der römischen Regierung den Rang abzulaufen. Es entfaltete sich ein kongreßähnliches Treiben. Währenddem war in Ätolien der Kriegszustand noch nicht beigelegt; in Asien suchte der Kommandonachfolger der Scipionen (Gnaeus Manlius Vulso) auf eigene Faust Lorbeeren in einer Expedition gegen die kleinasiatischen Kelten und unternahm unter dem Beifall der Griechen, die von ihnen viel zu leiden gehabt hatten, einen großen Raub- und Beutezug. Das Ergebnis der römischen Beratungen, die dann an Ort und Stelle durch eine Senatskommission im einzelnen durchgeführt wurden, war in erster Linie eine politische Rangerhöhung des Attalidenreiches. Es wurde der eigentliche Erbe der Seleukiden in den von ihnen geräumten kleinasiatischen Gebieten und übernahm auch ihren jüngst erworbenen Besitz in Thrakien, d. h. vor allem die thrakische Halbinsel Gallipoli. Rhodos erhielt eine bedeutende Erweiterung seiner terra ferma, welche dadurch ganz Lykien und einen Teil von Karien umfaßte. Schwierigkeiten machte das Schicksal der vielen griechischen Gemeinden, über die Rom durch die Aufhebung der seleukidischen Herrschaft die Verfügung bekommen hatte. Es hätte den alten römischen Grundsätzen entsprochen, sie allesamt für frei zu erklären; aber das würde für den pergamenischen König einen schweren Schaden bedeutet haben. Nicht nur wäre ihm von dem seleukidischen Zuwachs ein wertvoller Teil verlorengegangen; eine schematische Durchführung des Autonomieprinzips hätte sich auch auf die alte attalidische Stadtherrschaft gefährlich ausgewirkt, indem sie die Neigung zum Abfall unter den attalidischen Städten geweckt hätte. Infolgedessen wurde von Rom ein differenzierendes System angewandt, das es ermöglichte, sowohl eine große Anzahl für frei zu erklären als auch einen beträchtlichen Teil der ehemals seleukidischen Gemeinden dem pergamenischen König zu unterstellen. Auch der Besitzstand des bithynischen und des kappadokischen Königreiches und der bekriegten Galater wurde im Zusammenhang mit der Regulierung der kleinasiatischen Verhältnisse berührt. In Europa erhielten der Achäische Bund und Philipp von Makedonien einigen Zuwachs; die Ätoler mußten in Abtretungen und ein sog. foedus iniquum, das ihnen u. a. die formelle Anerkennung der römischen Superiorität auferlegte, einwilligen, blieben aber nach wie vor der umfangreichste Staat in Griechenland.

Die Ordnung des Ostens durch die Römer unterliegt, so sehr sie aus unzähligen und jeweils verschiedenen Bedürfnissen gehorchenden Einzelverfügungen bestand, trotzdem einem bestimmten Prinzip. Es verrät sich in ihrem evidenten Ergebnis: Während es früher neben einer Anzahl Klein- und Mittelstaaten drei hellenistische Großstaaten gab, findet man jetzt nur Staaten mittlerer Größe und Mächtigkeit. Das Ptolemäerreich hatte durch seinen Kräfteverfall schon selbst den wesentlichen Beitrag zu dieser Entwicklung gegeben. Die Folge war der Verlust seiner Außenbesitzungen auf dem asiatischen Festland. Rom hat nicht daran gedacht, ihn wieder rückgängig zu machen. Makedonien und der Seleukidenstaat wurden durch die beiden Kriege mit Rom auf dieses Niveau herabgedrückt. Anderen Staaten wie dem Attalidenreich ist durch Rom zu einer Annäherung an diesen Rang verholfen worden; andere wiederum wie die Ätoler und Achäer bewahrten im großen und ganzen ihr Potential und erschienen damit gegenüber dem verkleinerten Makedonien als halbwegs gleichwertige Partner. So konnte Rom den Eindruck erhalten, der Osten sei in dem Sinne geordnet, daß von keinem Staat mehr ihm eine Gefahr erwachsen würde. Rom verließ den östlichen Kriegsschauplatz 188, ohne einen Fußbreit eigene territoriale Erwerbung gemacht zu haben. In der neuen Kräfteverteilung sah es die Bürgschaft für seine Sicherheit und damit zugleich die Grundlage seiner Vorherrschaft. Durch das Schema, das hierbei seine Durchführung gefunden hatte, war zwischen den verschiedenen Staaten ein Gleichgewichtszustand herbeigeführt und damit — nach der römischen Erwartung — für den Frieden gesorgt. Es war ein politischer Mechanismus ins Leben getreten, der sich selbst in der Balance halten konnte. Es kam jetzt nur darauf an, daß er auch wirklich funktionierte und dem Gesetz folgte, nach dem er konstruiert war. Die nächsten zwei Jahrzehnte gaben auf diese Frage die Antwort.

§ 7. Die Krise des römischen Imperialismus

1. Der römische Primat im Osten. — 2. Schwierigkeiten bei der Durchführung der römischen Politik. — 3. Antirömischer Kurs Makedoniens. — 4. Der Krieg gegen Perseus von Makedonien. — 5. Der Wandel der römischen Politik. — 6. Der Krieg in Spanien. — 7. Makedonien und Griechenland. — 8. Das Ende Karthagos. — 9. Die politische Selbstaufgabe des griechischen Ostens.

1. Der römische Primat im Osten

Der Osten gliederte sich nach 188 in eine Vielheit gleichwertiger Staaten. In Europa gab es drei Mächte: die makedonische Monarchie und die beiden Bünde der Achäer und der Ätoler. Der außereuropäische Osten zerfiel in sieben Staaten: Bithynien, Pontos, Kappadokien, Pergamon, Rhodos, den Seleukiden- und den Ptolemäerstaat. Zehn Staaten bildeten also die Glieder des durch das römische Eingreifen entstandenen Systems. Dazu kamen noch zahlreiche Kleinstaaten, einzelne selbständige Städte wie z. B. Athen und Byzanz. Genau gleichwertig waren die zehn im einzelnen natürlich nicht; aber ihre Größenordnung, d. h. das jeweilige Machtpotential, entsprach doch ungefähr derselben Kategorie. Bei den Seleukiden und den Ptolemäern erscheint diese Behauptung auf den ersten Blick gewagt, denn trotz ihrer Territorialverluste (die Ptolemäer hatten ihre kleinasiatischen und syrischen Besitzungen verloren; die Seleukiden waren durch die Abtretungen von Apameia geschädigt) besaßen sie noch die Grundlagen ihrer früheren Macht, die Ptolemäer das reiche Ägypten und die Seleukiden Syrien (gegenüber früheren Tagen vergrößert) und Mesopotamien. Das Seleukidenreich litt jedoch unter der Niederlage und hatte an den Kriegslasten schwer zu tragen. Seit der Mitte des Jahrhunderts wurde es auch von Osten her durch das Vordringen der Parther eingeschnürt. Die Ptolemäer befanden sich seit über einer Generation in einem fortwährenden Prozeß inneren Kräfteverfalles. So war eigentlich alle Gewähr gegeben, daß sich in diesem Kreis kein neues Angriffszentrum gegen Rom bildete. Dergleichen wäre höchstens durch eine große Koalition denkbar gewesen; aber bei dem staatlichen Pluralismus war diese Gefahr jeder Zeit durch die dann notwendigerweise eintretenden Gegenkoalitionen gebannt. Für Rom konnte der Frieden also als gesichert gelten.

Nicht gesichert war der Frieden zwischen den vielen Staaten. Das hatten die Römer auch nicht erwartet. Wichtig war nur, daß durch solche Auseinandersetzungen keine wesentlichen Kräfteverschiebungen eintraten, welche das ganze internationale Gefüge erschüttert hätten. Aber darüber konnten die Staaten selbst wachen. Die Berechnung war auch nicht falsch. Ein großer Krieg, der fast ganz Kleinasien erfaßte (Eumenes von Pergamon, Ariarathes von Kappadokien und Prusias von Bithynien gegen Pharnakes von Pontos) wurde unter den Beteiligten ohne jedes umstürzende Ereignis durchgefochten (182—179). Erleichtern ließ sich ferner der Ausgleich der internationalen Spannungen durch die diplomatische Intervention Roms. Die römische Regierung ist in dieser Hinsicht überaus tätig gewesen. So hat sie in den Krieg zwischen Prusias (I.) von Bithynien und Eumenes von Pergamon (187/183 [?]) eingriffen.

Mit der genauen Beobachtung dieser Verhältnisse durch Rom hängt übrigens das Ende Hannibals zusammen (182). Er hatte, nachdem ihm der seleukidische König keinen Schutz mehr gewähren konnte, bei dem Herrscher von Bithynien Zuflucht gefunden und war in dessen Diensten während jenes Krieges hervorgetreten. Der römische Geschäftsträger Flamininus, welcher den Frieden vermittelte, verlangte seine Auslieferung. Als Hannibal sah, daß der bithynische Herrscher sie zugestand, verübte er Selbstmord.

Rom brauchte sich in die diplomatischen Verhältnisse des Ostens nicht einzudrängen. Seine Vermittlung wurde meistens von den streitenden Parteien selbst angerufen. Sie bildete einen Grundbestandteil der internationalen Politik und wurde eigentlich von jedem ihrer Teilnehmer von vornherein in die Rechnung einbezogen. Alles in allem genommen stand sich die Gesamtheit der Staaten dabei nicht schlecht, so sehr auch der einzelne sich vielleicht einmal benachteiligt vorkommen konnte. Man durfte füglich auch erwarten, daß sich die Beziehungen zwischen Rom und den ehemaligen Feindstaaten entspannten. Das makedonische wie das seleukidische Königshaus hatten als Unterpfand ihrer Loyalität einen Prinzen, und zwar den voraussichtlichen Thronfolger, als Geisel stellen müssen. Diese Maßnahme verfolgte einen zusätzlichen Zweck. Der künftige Herrscher sollte in Rom heimisch werden und als Freund der neuen Weltmacht nach Hause zurückkehren. Das Ziel ist auch insofern erreicht worden, als die drei Königssöhne, die in den Jahren nach 188 auf diese Weise mit den römischen

Verhältnissen vertraut wurden, sich in Rom persönliche Freunde erwarben und die Erinnerung an eine bittere Vergangenheit durch die Anerkennung einer erträglichen Gegenwart auslöschten. Einer von diesen Geiseln, der spätere Seleukidenkönig Antiochos IV., wurde durch einen beinahe vierzehnjährigen Aufenthalt in Rom sogar ein enthusiastischer Verehrer des römischen Staates.

2. Schwierigkeiten bei der Durchführung der römischen Politik

Trotzdem scheiterte diese ihrer Konzeption nach großzügige römische Politik. Im Verlauf der zwanzig Jahre nach Apameia (188) stellte es sich heraus, daß das anerkennenswerte Ziel, für die hellenistischen Staaten ein Höchstmaß außenpolitischer Freiheit mit der römischen Vorherrschaft zu vereinigen, nicht zu erreichen war. Es war am Ende so, daß beide Seiten, Rom sowohl wie der Osten, schwer enttäuscht waren und aus dem Verhältnis Roms zu seiner Umwelt jene Versöhnlichkeit und Gelassenheit verschwand, mit der die römische Politik doch bei aller Konsequenz ihren Primat begründet hatte.

Daß es hierzu kam, lag nicht nur an den Fehlern der römischen Regierung. Die hauptsächliche Ursache war vielmehr, daß es den hellenistischen Staaten, nachdem sie durch das römische Eingreifen einen neuen Zuschnitt ihrer Lebensbedingungen erhalten hatten, an innerer Stabilität gebrach. Dies galt nicht nur für die durch Rom geschädigten, sondern bezeichnenderweise auch für die von ihm geförderten Mächte. In Kleinasien etwa für Rhodos. Seine terra ferma auf dem kleinasiatischen Festland war bedeutend erweitert worden. Dabei gerieten auch die in Lykien liegenden Städte unter die Hoheit der reichen Handelsrepublik. Aber zwischen beiden gab es Mißhelligkeiten. Die Rhodier hatten wohl die Zügel zu scharf angezogen. Die Lykier wandten sich an Rom, das zu ihren Gunsten entschied. Zurück blieb bei Rhodos eine deutliche Verstimmung.

Der eigentliche Herd der inneren Spannungen war jedoch Griechenland. Dort hatte sich schon vor dem Hinzutreten der Römer der Gegensatz zwischen den oberen und den unteren sozialen Schichten zugespitzt. Die römische Einmischung in die griechischen Verhältnisse hatte keinen Ausgleich gebracht, sondern durch die eindeutige Parteinahme Roms für das wohlhabende Bürgertum die Kluft zwischen beiden Gruppen eher vertieft. Es war deshalb zu verstehen, wenn die Gegner des herrschenden innerpolitischen Kurses nicht nur ihre an der Macht befindlichen Landsleute, sondern ebenso die Römer für das soziale Elend verantwortlich machten und sich in diesen Kreisen allmählich die innerpolitische Verärgerung mit einer Art von nationalistischem Ressentiment verband. Das zeigte sich vor allem in den mittelgriechischen Landschaften, bei den Ätolern, Thessalern und Böotern.

Bei den Achäern kamen noch besondere Verwicklungen hinzu. Sie hatten aus den römischen Siegen scheinbar den größten Gewinn gezogen, indem sich jetzt ihr Territorium so ziemlich über die ganze Peloponnes erstreckte. Damit war aber auch Sparta, der hauptsächlichste soziale Unruheherd, unter ihre Herrschaft gekommen. Sie hatten davon nichts als Schwierigkeiten. Das spartanische Königtum war zuletzt ein eifriger Verfechter der sozialrevolutionären Bestrebungen gewesen. Der Verlust der staatlichen Selbständigkeit fiel deshalb für Sparta mit der Niederlage der sozialen Revolution zusammen; umgekehrt bedeutete jede Rückwendung auf die spartanische Unabhängigkeit eine Aktivierung jener Tendenzen. Die Achäer hatten es mit zähen Gegnern zu tun.

Die Frage, an der sich der Gegensatz immer wieder entzündete, war die Rückführung und Rehabilitierung der spartanischen Verbannten, also der Opfer des einstigen sozialen Umsturzes. Es war klar, daß die Achäer diese betreiben mußten, und sie haben sie auch durchgesetzt. Aber eine Veränderung der Lage zu ihren Gunsten trat deswegen nicht ein. Die Emigranten hätten eigentlich eine Stärkung der achäischen Herrschaft bedeuten müssen; aber in Wirklichkeit hielten sie die Wunde fortwährend offen. Sie waren unter sich selbst uneinig und obendrein patriotisch genug gesonnen, um ihrerseits das Programm der spartanischen Unabhängigkeit zu vertreten. So wurden die achäischen Regierungskreise mit dem Problem nie fertig. Die Spartaner benutzten die Verlegenheit ihrer Gegner, um die nicht gelösten Schwierigkeiten in Rom zur Sprache zu bringen. Die Römer verschlossen sich ihrer Beschwerde nicht und suchten deshalb fortwährend bei den Achäern zu vermitteln. Begreiflicherweise tat das nicht nur der Selbständigkeit des achäischen Staatswesens Abbruch, sondern brachte auch in die Politik der Achäer ein Element der Unsicherheit hinein. Auf diese Weise hatten es die achäischen Staatsmänner schwer, einen klaren Kurs durchzuhalten, obwohl während dieser Jahre den maßgebenden Einfluß zwei Männer ausübten, welche einen klaren Blick und ein Bewußtsein von der Würde eines selbständigen Staates besaßen: Philopoimen (bis 182 v. Chr.) und Lykortas (bis 168 v. Chr.). Aber ihre Gegner vertraten den Standpunkt, man müsse sich rückhaltlos in das Schlepptau der römischen Politik begeben. Dergleichen wurde in Rom nicht ungern gehört, und infolgedessen stärkte man dort diesen Leuten den Rücken und ließ ihnen die moralische Unterstützung Roms zukommen. Daß unter solchen Umständen nicht gerade das beste politische Klima bei den Achäern entstand, liegt auf der Hand.

Wenn also auf der einen Seite die römische Politik sich auf den Gedanken gründete, daß die römische Vormachtstellung auf der Selbständigkeit der Mittelstaaten beruhte, so wirkte sich das Übergewicht der römischen Macht auf ihr Funktionieren doch höchst nachteilig aus. Das tatsächliche Ergebnis war, daß den griechischen Staaten gerade durch die römische Vorherrschaft die Lebenskräfte entzogen wurden, welche eigentlich das römische Interesse zu fördern bestimmt waren. Die Folge war, daß sich im griechischen Osten ein tiefes Unbehagen verbreitete und die Wendung, welche sein politisches Schicksal durch das römische Vordringen genommen hatte, in einem höchst zweideutigen Licht erschien.

3. Antirömischer Kurs Makedoniens

Wahrscheinlich wäre dieser zwiespältige Zustand jedoch in Ermangelung wirklich zielgerichteter Energien ohne Gewicht für die geschichtliche Entwicklung geblieben, wenn er nicht in den Bannkreis einer ausgesprochen explosiven Kraft getreten wäre. Es war dies die makedonische Monarchie oder genauer, der damalige König Philipp V.

Philipp hatte seit den Tagen, da er als junger Mann an die Regierung gekommen war, das Ziel verfolgt, Makedonien zu der machtpolitischen Stellung zu verhelfen, die ihm als der ältesten der hellenistischen Großmächte und gleichsam als deren Wiege nach seiner Überzeugung zukam. Als diese Politik zur Demütigung durch Rom geführt hatte, versuchte er sich umzustellen und mit Hilfe des siegreichen Rom aus dem Zusammenbruch zu retten, was sich von der alten Größe des Staates noch erhalten ließ. Er war deshalb nach dem (Zweiten Makedonischen) Krieg ein Bündnis mit Rom eingegangen und hatte vor allem im Antiochoskrieg auf römischer Seite mitgekämpft, ungeachtet der naheliegenden und auch von Antiochos ausgesprochenen Verlockung, diesen Waffengang zur Revanche zu benutzen. Aber vom Erfolg dieser Rom erwiesenen Loyalität war er enttäuscht. Die territorialen Erwerbungen, welche er anschließend an den Krieg gemacht hatte, verblieben ihm nur zu einem geringen Teil. Rom hörte auf die Stimme des pergamenischen Königs Eumenes, und dieser fürchtete die Rivalität eines wieder erstarkten Makedoniens. So gewann ein tief sitzender Groll gegen Rom in Makedonien Raum, und der Weg gegenseitiger Verständigung wurde verlassen. Philipp betrieb von da an eine Art Autarkiepolitik und suchte durch ein strenges Säbelregiment, welches sich vor allem gegen die griechischen Bewohner des Landes richtete, die innere Kraft Makedoniens zu heben. Diese „nationalistische" Wendung richtete sich auch gegen die philhellenische Konzeption der römischen Ostpolitik. Einen makedonischen Vertreter hatte diese in Philipps Sohn Demetrios. Er war als makedonische Geisel fünf bis sechs Jahre in Rom gewesen und hatte sich dort große Sympathien erworben. Rom hätte es gerne gesehen, wenn Demetrios Nachfolger seines Vaters geworden wäre und damit einer wärmeren Atmosphäre in den makedonisch-römischen Beziehungen Eingang verschafft hätte. Aber gerade diese römischen Absichten wurden Demetrios zum Verhängnis. Sie riefen erst recht den Widerstand der Gegner Roms auf den Plan. In dem Thronfolger Perseus, einem älteren Bruder des Demetrios, der jedoch einer illegitimen Ehe entsprossen war und deshalb kein unangefochtenes Erbrecht besaß, fanden sie einen Mittelpunkt. 181 kam es zur Entscheidung. Demetrios unterlag und wurde mit Zustimmung seines Vaters ermordet.

Perseus, der Sieger in dieser innermakedonischen Auseinandersetzung, welcher 179 v. Chr. nach dem Tode Philipps V. die Regierung antrat, war so in seinem Kurs von vornherein festgelegt. Man hatte von ihm die Fortsetzung der politischen Linie seines Vaters zu erwarten. Was ihn von diesem unterschied, war die Übereinstimmung seiner Haltung mit dem allgemeinen politischen Gefälle, wie es in jenen Jahren im griechischen Osten zutage trat. Makedonien war ja jetzt nicht mehr die einzige Macht, welche mit Rom unzufrieden war, und deshalb konnte es allmählich aus seiner Isolierung heraustreten. Perseus wurde für die verdeckten, auf Absonderung von Rom gerichteten Neigungen ein Kristallisationspunkt. Dem neuen Makedonenkönig wandten sich Sympathien zu, deren sein Vorgänger zu seinem Schaden hatte meistens entbehren müssen. Er gewann eine seleukidische Prinzessin zur Gemahlin, und die Rhodier rechneten es sich zur Ehre an, die Braut auf ihren Schiffen dem makedonischen König zuzuführen. Seinerseits beseitigte Perseus die Hemmungen, welche von seinem Vater her dem Ansehen Makedoniens bei den Griechen entgegenstanden: die Verurteilungen und Konfiskationen, die dieser in großer Zahl verhängt hatte, wurden in aller Form aufgehoben und dieses Freiheitsprogramm an den Zentren des griechischen Lebens, in Delphi und in Delos, feierlich verkündet. Perseus führte eine systematische Bearbeitung der öffentlichen Meinung Griechenlands ins Werk und gab sich unverhüllt als Vertreter der romfeindlichen Strömung zu erkennen. Diese trat jetzt offen zutage und führte teilweise innerhalb einzelner griechischer Staaten, wie in Ätolien und Thessalien, zu blutigen Unruhen. Die Böoter schlossen sich in einem Bündnis Perseus sogar regelrecht an. So bereitete sich allmählich ein Sturm vor, und man konnte den Eindruck bekommen, daß eines Tages im Osten eine breite Front Rom gegenübertreten würde.

Wahrscheinlich war eine derartige, aufs äußerste abgestellte Befürchtung unberechtigt. Aber die Überzeugung, von der sich die römische Politik leiten ließ, ging in diese Richtung, und das war für den Gang der Ereignisse das Entscheidende. Ein Gegner des Perseus, wie der pergamenische König Eumenes, tat alles, um Rom in dieser Einstellung zu bestärken. Als er 172 v. Chr. persönlich vor dem Senat auftrat, bauschte er alles zu gewaltigen Verleumdungen auf. Die Römer machten sie sich gerne zu eigen und streuten bei der diplomatischen Vorbereitung des Waffenganges die unglaublichsten Greuelmärchen aus. Die stärkste und absurdeste Behauptung ging dahin, Perseus habe Anstalten getroffen, den römischen Senat zu vergiften.

4. Der Krieg gegen Perseus von Makedonien (Dritter Makedonischer Krieg)

Dem Krieg, den Perseus so heraufbeschworen hatte, war er in keiner Weise gewachsen. Nach den langen Friedensjahren und den Bemühungen einer sorgsamen Staatswirtschaft verfügte Makedonien über eine gefüllte Kriegskasse, über gut ausgestattete Arsenale und über ein stattliches und ausgezeichnet geschultes Heer. Wenn Perseus überhaupt Erfolgsaussichten hatte, so kam es darauf an, dieses Kapital produktiv zu nutzen und mit seiner Hilfe die hoffnungslos schmale Basis, welche Makedonien gegenüber der römischen Weltmacht darstellte, durch eine kräftige Offensive zu verbreitern und damit all die antirömischen Kräfte, welche im Anstand lagen, in Bewegung zu setzen. Die Umstände, wie sie die römische Kriegführung darbot, waren einem solchen Vorgehen nicht ungünstig. Die Römer befanden sich, wie so oft in ihrer Geschichte, zu Anfang keineswegs im Besitz ihres militärischen Vermögens und betrieben den Krieg ohne die nötige Energie.

Aber Perseus war zu jeder großzügigen Aktion unfähig, stellte sich auf bloße Defensive ein und hätte, wie seine wiederholten Friedensangebote bewiesen, den Krieg am liebsten wieder abgeblasen. So gingen ihm alle Vorteile seiner politischen Ausgangssituation verloren, und es war umsonst, daß sich in Griechenland allenthalben Bundesgenossen zu Worte meldeten und die Stimmung sich unter dem Eindruck der schlechten römischen Kriegführung immer mehr gegen die Römer kehrte. Perseus verharrte in seiner abwartenden Haltung und wurde so schließlich (168) innerhalb seines Reiches bei Pydna von einem römischen Angriffsstoß erfaßt, der für ihn zur Katastrophe wurde. Sein Gegner Lucius Aemilius Paullus, ein schon in früheren Kriegen erprobter Heerführer, der erst kürzlich das Kommando in Makedonien übernommen hatte, erhärtete in dieser letzten der berühmten Schlachten der klassischen Republik die Tatsache, daß die altehrwürdige Phalanx der Makedonen, welche einst unter Alexander ein neues Zeitalter heraufgeführt hatte, ihren Platz der elastischeren und manövrierfähigeren Legion geräumt hatte. Es war aber zugleich das Ende des makedonischen Staates gekommen. Perseus, der vom Schlachtfeld geflohen war, geriet nach einigen Irrfahrten in römische Gefangenschaft, wurde mitsamt seiner Familie nach Italien übergeführt und ist dort unter kläglichen Umständen umgekommen.

5. Der Wandel der römischen Ostpolitik

Für die Entwicklung der römischen Politik war der Krieg gegen Perseus ein Wendepunkt. Schon die schmähliche Behandlung des unterlegenen Gegners bewies, daß Rom in dem Waffengang mehr erblickte als einen auswärtigen Krieg. Man war früher weder gegen Philipp noch gegen Antiochos III. so verfahren. Perseus war in den römischen Augen nicht nur ein Feind, er war ein Rebell; und was er gestört hatte, waren nicht nur die bisherigen römisch-makedonischen Beziehungen, sondern das ganze Herrschaftssystem, daß nach 188 im Osten durch Rom aufgebaut worden war. Die epochale Wirkung dieses Krieges bestand denn auch darin, daß diese Ordnung auch nach den römischen Vorstellungen ins Wanken geraten war. Rom war durch den Perseuskrieg in eine fatale Verlegenheit geraten und mußte sich sagen, daß die bisherige Methode der Politik sich offenbar nicht bewährt hatte. Die Verlegenheit war um so größer, als sie im Grund ausweglos war und sich zum Ersatz kein neuer Plan darbot. An der Praxis einer im ganzen schonenden Behandlung des besiegten Feindes, welche ihm seine politische Selbständigkeit beließ, war man irre geworden, wußte aber noch nichts an ihre Stelle zu setzen. Die Folge war ein tiefes Mißtrauen gegenüber allen den Staaten, auf deren „guten Willen" man geglaubt hatte sich verlassen zu können, eine argwöhnische Beobachtung aller ihrer Unternehmungen und eine geradezu heimtückische Art, sie auf alle erdenkliche Weise zu schwächen und ihnen bei jeder Gelegenheit Schwierigkeiten zu bereiten. Von da war es nur ein Schritt zur Anwendung brutaler Gewalt und zur physischen Vernichtung nicht nur des offenen Gegners, sondern auch eines möglichen Widersachers oder eines solchen, den man — mit Recht oder Unrecht — dafür hielt.

Der Zusammenbruch der bisherigen, auf die Existenz gesunder Mittelstaaten gegründeten Politik tat sich gleich in der Behandlung Makedoniens kund, indem dieser Staat nicht nur seiner bisherigen Dynastie beraubt, sondern überhaupt aus der Reihe der hellenistischen Staaten gestrichen wurde. Er wurde aufgeteilt in die vier Kantone, aus denen er einst zusammengewachsen war — jeglichem Versuch, die alte Integrität wiederherzustellen, wurde durch Aufhebung des gegenseitigen privaten Verkehrs vorgebeugt —, und hörte damit auf zu existieren. Seine Führungsschicht wurde durch zahlreiche Verpflanzungen nach Italien geschwächt. Griechenland wurde ähnlich bis ins Mark getroffen, obwohl in seinem politischen Status vorerst noch keine grundlegenden Veränderungen vorgenommen wurden, abgesehen von einigen territorialen Verschiebungen, welche vor allem die Ätoler (zu ihrem Nachteil) und Athen (zu seinem Vorteil) betrafen. Infolge der furchtsamen Politik des Perseus war während des Krieges im allgemeinen ein offener Abfall von Rom unterblieben. Aber die Römer hatten allenthalben erkannt, daß innerhalb der einzelnen Staaten starke romfeindliche Kräfte am Werk waren; bei den verschiedenen Verhandlungen, die sie in diesen Kriegsjahren zu führen hatten, kam es deshalb zu unangenehmen Reibereien, welche das römische Ansehen in gefährlicher Weise bloßstellten. Soweit sie selbst mit ihren Gegnern nicht unmittelbar in Berührung kamen, erhielten sie durch zahlreiche Denunziationen ihrer politischen Freunde Kunde. Die Spannungen zwischen der „makedonischen" und der „römischen" Gruppe trieben immer dicht am Rande eines offenen Bürgerkrieges entlang. Sowohl Rom wie seine Gewährsleute hatten die größten Befürchtungen für die Zukunft, wenn die römischen Soldaten sich wiederum zurückgezogen hatten. Wie sollte dann die politische Zuverlässigkeit Griechenlands garantiert sein? Solche Überlegungen führten zu dem Entschluß, die hervorragendsten Köpfe der wirklichen und angeblichen Gegner Roms nach Italien zu deportieren und durch diesen Aderlaß an der politischen Substanz der griechischen Gesellschaft eine loyale Haltung gegenüber Rom zu gewährleisten. Von dieser Aktion sind allein bei den Achäern tausend Männer (darunter der Historiker Polybios) betroffen worden. Im ganzen mögen es etwa zweitausend gewesen sein. Epirus hatte seinen Abfall — er war offen zu Perseus übergetreten und hatte die Römer aus seinen Grenzen vertrieben — mit der Versklavung von 150 000 Einwohnern zu büßen. Wie die Folgezeit lehrte, hatte diese grausame Maßnahme nicht den gewünschten Erfolg. Mit derartigen Doktor-Eisenbart-Kuren wurde die Wurzel des griechischen Problems, die soziale Verelendung, natürlich nicht erreicht; und so hinterließen die Römer bei ihrem Abzug Griechenland in einem Zustand, der dem inneren Chaos zusteuerte.

Auch in Asien führte der Perseuskrieg zu einem unangenehmen Rückschlag für die griechische Welt. Man hatte dort natürlich erst recht nicht daran gedacht, den unfähigen Perseus zu unterstützen. Aber Rom gewann den nicht unberechtigten Eindruck, daß seine „Freunde" eine römische Niederlage oder wenigstens einen unentschiedenen Ausgang des Kampfes nicht gerade zu den schlimmsten Ereignissen gezählt hätten. Es vermißte das offene Vertrauen in die römische Überlegenheit, und die römische Kriegführung in den ersten Jahren konnte ja auch gewisse Zweifel daran aufkommen lassen. Rhodos hatte sich „neutral" verhalten, sogar gewisse Sympathien für Perseus gezeigt und einmal sogar seine diplomatische Vermittlung angeboten. Selbst Eumenes schien schwankend geworden zu sein. Rom war über die Tragfähigkeit seiner Herrschaftsfundamente sehr enttäuscht. In seiner Verärgerung wollte es blind dreinschlagen und Rhodos den Krieg erklären. Es bedurfte großer Anstrengungen, um diesen unbedachten Entschluß zu vereiteln — der ältere Cato hat sich in dieser Hinsicht energisch eingesetzt (ein Teil seiner im Senat gehaltenen Rede ist zufällig noch erhalten) —; aber Rhodos hatte seine Eigenwilligkeit trotzdem zu büßen: neben territorialen Verlusten auf der terra ferma war der schwerste Schlag die Erklärung von Delos zum Freihafen, wodurch Rhodos als Handelszentrale unermeßlichen Schaden zugefügt wurde (Delos war mit einigen anderen Inseln Athen zugewiesen worden). Eumenes ließ man die römische Ungnade in seinem Krieg gegen die Galater spüren und durch einige andere Unfreundlichkeiten (u. a. durch Aufstachelung seines Bruders, gegen ihn als Prätendent aufzutreten, was dieser dann übrigens nicht tat).

Auf den Seleukidenstaat übte der Perseuskrieg eine vielfältige Rückwirkung aus. Der damalige König Antiochos IV., der vor seiner Thronbesteigung lange in Rom als Geisel gelebt hatte und ein begeisterter Verehrer römischen Wesens war, hielt sich zwar von dem Krieg gegen Makedonien fern und gab in dieser Hinsicht keinen Anlaß zu römischem Argwohn; aber auf seine Weise wußte er den Umstand, daß die römische Aufmerksamkeit durch Perseus gefesselt war, sehr wohl zu nützen. Als die ptolemäische Regierung so unbedacht war, einen Krieg wegen Südsyrien vom Zaune zu brechen, drehte er den Spieß um und griff nicht nur Ägypten an, sondern drang sogar in das Innere des Landes ein. Seine Absicht ging auf eine kaum verschleierte Annexion des ptolemäischen Staates und war durch den Wunsch, den schweren Aderlaß der Niederlage von 188 auszugleichen, gut motiviert. Daß sich ein derartiges Vorgehen mit der römischen Auffassung nicht vertrug, war klar, und insofern enthielt das Vorgehen des Seleukiden ebenfalls eine Spekulation auf die auch sonst erwartete Schwächung der römischen Position im Osten. Die Schlacht von Pydna kam aber früh genug, um den Römern die Anerkennung des fait accompli zu ersparen. Eine römische

Abordnung erreichte den König gerade, als er in Alexandrien eindringen wollte (168), und Antiochos war klug genug, der ultimativen Forderung, Ägypten wieder zu räumen, widerstandslos nachzugeben. Die eindrucksvolle Szene, wie der Konsular Popilius Laenas, ein persönlicher Freund des Königs, diesen an Ort und Stelle, ohne alle Diskussion und Bedenkzeit, zur Annahme der römischen Forderung zwang, ist von jeher als einer der sichtbarsten Beweise der römischen Machtstellung betrachtet worden.

Diese Demütigung war ein böser Stoß gegen die Regierungsbemühungen der seleukidischen Macht. Antiochos versuchte darauf, auf innerpolitischem Wege die politische Kraft seines Staates zu erhöhen. Das brachte ihn auf den Plan, die Juden zu hellenisieren, und führte ihn in den schlimmen Konflikt mit dem jüdischen Nationalismus. Die Römer, von jetzt an durch die durchgängige Absicht geleitet, jede Handhabe zur Schwächung der Seleukiden zu ergreifen, steiften den Juden den Rücken und trugen so ihren Teil zum Scheitern des seleukidischen Vorgehens bei. Den Regierungswechsel 163/162 benutzte Rom, um den auf den Frieden von 188 gegründeten Anspruch auf Beschränkung der seleukidischen Wehrmacht neu einzuschärfen. Das maliziöse Vorgehen der römischen Kommission, welche auf Verbrennen der überzähligen Schiffe und Desarmierung der Kriegselefanten (durch Zerschneiden der Fußsehnen) drang, löste eine Bewegung antirömischen Hasses aus. Der römische Gesandte Octavius wurde ermordet. Dem König Demetrios, einem Usurpator, der unter Duldung römischer Kreise aus Italien, wo er als Geisel interniert war, geflohen war, gelang es zwar, die Römer von kriegerischen Gegenmaßnahmen abzuhalten; aber die inneren und äußeren Widerstände, welche der neue Herrscher fand, wurden von Rom durchgehend gefördert. Damit wurde in der Tat erreicht, daß das Seleukidenreich nicht mehr gesundete. Bald war es dann so weit, daß man es seinem Niedergangsprozeß — er wurde im wesentlichen durch das Erstarken der Parther in Gang gehalten — überlassen konnte. Das Seleukidenreich hörte auf, ein lebensfähiger Staat zu sein und siechte dahin, bis Rom unter ganz anderen Herrschaftsvorstellungen diesem quälenden Zustand im Jahre 63 v. Chr. ein Ende bereitete. Bei den Ptolemäern bedurfte es der römischen Mitwirkung nicht; sie waren ohnehin gelähmt. Soziale Zersetzung verband sich da mit der Unfähigkeit, eine einheitliche Regierungsgewalt aufrechtzuerhalten. Thronstreitigkeiten, welche zeitweise zur Aufteilung des Reiches unter verschiedene Fürsten führten, begleiteten mit nur geringen Unterbrechungen den Niedergang.

Nach dem Überschreiten der Jahrhundertmitte ging die destruktive Außenpolitik Roms an einzelnen Stellen in brutale Vernichtung über. Ein Verfahren, das nur Haß säen konnte, war nicht geeignet, der römischen Weltmacht das Bewußtsein der Sicherheit und eines stetigen Fortschrittes zu verschaffen. In den Regierungskreisen Roms führte deshalb die Ratlosigkeit und der Mangel eines konstruktiven Programms zu einem — objektiv kaum verständlichen — Gefühl der Bedrohung und dem Bedürfnis, sich diesem durch raschen Zugriff und durch die Beseitigung jedes wirklichen oder vermeintlichen Gefahrenherdes zu entziehen. Die Empfindung eines gewissen inneren Unvermögens wurde durch die schlechten Erfahrungen, die man mit den eigenen militärischen Leistungen auf den verschiedensten Kriegsschauplätzen machte, verstärkt. Schon der Krieg gegen Perseus hatte sich infolge des Versagens von Führung und Truppe länger hingezogen, als man nach den gegenseitigen Kräfteverhältnissen eigentlich zu erwarten gehabt hatte.

6. Der Krieg in Spanien

Am niederdrückendsten war in diesem Zusammenhang der große spanische Krieg oder vielmehr eine lange Kette von Feldzügen, welche Rom während zweier Jahrzehnte (153—133) in Spanien beschäftigten. Fünfundzwanzig Jahre war in dieser Gegend Ruhe gewesen, seitdem nach der Tätigkeit des älteren Cato und des Lucius Aemilius Paullus Tiberius Sempronius Gracchus (der Vater der beiden berühmten Volkstribunen) einen haltbaren und für beide Teile erträglichen Frieden herbeigeführt hatte (179 v. Chr.). Aber die Widerstandskraft der eingeborenen Stämme, zumal der Keltiberer und Lusitaner, war nicht gebrochen; und da sie in Viriathus einen fähigen Führer fanden, der mit unermüdlicher Zähigkeit immer wieder gegen Rom eine Kampffront zustande brachte, kamen in dieser zweiten bzw. dritten (sofern man den Hannibalkrieg als die erste mitzählt) Phase der Unterwerfung die Römer überhaupt nicht mehr zur Ruhe. Schuld daran waren nicht nur die Schwierigkeiten des Geländes, die Technik des iberischen Kleinkrieges und die Elastizität des Gegners, sondern nicht minder die strategischen und politischen Fehler der Römer. Obgleich jede Einsicht dagegen sprach, wollte man in Rom den Feind bis zur Vernichtung treffen und sich auf friedliche Verständigung, womit man früher doch Erfolg gehabt hatte, nicht einlassen. Wenn die römischen Feldherrn an Ort und Stelle und veranlaßt durch den Zwang der Gegebenheiten diesen Weg einschlugen, wurden sie oft genug desavouiert und ihre Abmachungen aufgehoben. Andere wiederum machten schon selbst diese Verachtung von Treu und Glauben zu ihrem persönlichen Grundsatz und hintergingen ihre Kontrahenten aufs schmählichste. Dadurch steigerten sich begreiflicherweise die Roheit und Unbarmherzigkeit der Kriegführung für beide Teile. Der spanische Kriegsdienst wurde zum Schrecken des römischen Soldaten. Es machte Schwierigkeiten, die Aushebung durchzuführen, und die Blutverluste bei diesem Kriege waren gewaltig. Es wurde deshalb — ganz im Mißverhältnis zu der politischen Tragweite des Kampfes — für eine große Ruhmestat angesehen, daß der jüngere Scipio (Aemilianus), Enkel des Siegers von Zama, durch eine umsichtig angelegte Eroberung des Widerstandszentrums Numantia dem leidigen Ringen ein Ende bereitete (133 v. Chr.).

7. Makedonien und Griechenland

Die spanischen Kriege waren der Ausdruck eines militärischen und politischen Versagens. Das Nachlassen des politischen Vermögens tat sich bei Karthago und in Griechenland auf erschreckende Weise kund. Dabei bot die Lage in Griechenland allerdings sehr schwierige Probleme insofern, als sich sowohl die alten Mißbildungen des sozialen Zustandes wie die Folgen der oberflächlichen Aufräumungsversuche Roms nach dem Perseuskrieg bemerkbar machten. Rom war damals lediglich in der Form brutaler Polizeimaßnahmen verfahren und hatte die unzuverlässigen Elemente einfach ausgerottet. Aber der innere Krankheitsherd war deshalb keineswegs behoben. Es zeigte sich sehr bald, daß die überall zur Herrschaft gelangten Romfreunde bei ihren Landsleuten zusehends an Kredit verloren und in deren Augen nichts anderes waren als eine geringe Minorität von Vaterlandsverrätern. Immer fester wurde das Band zwischen der sozialen Verzweiflung der Armen und den nationalistischen

Masseninstinkten. Im Grunde war es nur eine Bestätigung dieser hoffnungslosen Verfassung, wenn es auf diesem vulkanischen Boden eines Tages zu einer Eruption kam.

Ihre Auslösung entsprach ganz der unter solchen Verhältnissen unvermeidlichen Verquerung allen gesunden Urteils und Empfindens. Ein Hochstapler Andriskos gab sich auf Grund einer gewissen Ähnlichkeit mit Perseus als dessen Sohn aus (unter dem Namen Philippos, daher seine historische Bezeichnung „Pseudo-Philipp") und gewann schließlich in Makedonien durch den Einsatz thrakischer Hilfstruppen und entgegen der Neigung der Makedonen auch an Boden (149 v. Chr.). Als die Römer mit dieser politischen Maskerade nicht gleich auf den ersten Anlauf fertig wurden, sprang der Funken auf Griechenland über. Gegen die romhörige Regierung der Achäer brach eine Revolution aus. Die Römer benutzten die Gelegenheit, daß wieder einmal die spartanische Frage vor ihr Forum gebracht wurde, dazu, um durch einen Machtspruch, der das achäische Bundesgebiet wesentlich verkleinerte und u. a. auch die Unabhängigkeit Spartas erklärte, ihr Mißfallen mit dieser Entwicklung zum Ausdruck zu bringen, und gaben damit das Zeichen zum kriegerischen Aufruhr gegen Rom. Die Wogen durch diplomatische Interventionen zu glätten gelang nicht mehr. Der römische Gesandte wurde auf der Bundesversammlung in Korinth ausgepfiffen. Die Waffen mußten sprechen. Korinth, damals die reichste Stadt des griechischen Festlandes, wurde erobert und weitgehend zerstört, die Kunstschätze wurden nach Italien gebracht und die Einwohner in die Sklaverei geführt. Der Achäische Bund hörte auf zu existieren. Er wurde, ähnlich wie Makedonien nach dem Perseuskrieg, in seine Bestandteile aufgelöst und auch für künftig wurden alle Verkehrsbande zwischen ihnen durchschnitten (146 v. Chr.).

In Makedonien führte die Revolte des Andriskos, die offenbar bewiesen hatte, daß selbst die Atomisierung eines Staates keine untrügliche Gewähr für Ruhe und Sicherheit bot, zur Einrichtung einer Provinz Makedonien (146 v. Chr.). Es war die erste Provinz des Ostens, und obgleich durch diese Form der unmittelbaren Herrschaft der letzte Schein einer formalen Freiheit verschwand, war diese Übernahme der direkten Verantwortung bei dem hoffnungslosen Stand der Dinge doch ein Fortschritt. Mit diesem Vorgehen zog Rom endlich die praktische Folgerung aus der Unmöglichkeit, das auf die politische Selbständigkeit der unterworfenen Staaten gegründete Herrschaftssystem aufrechtzuerhalten.

8. Das Ende Karthagos

Bei Karthago wurde schließlich das gleiche Ergebnis erzielt, obgleich hierzu jede drängende Not fehlte und offenbar nur Mißtrauen und Angst, die Früchte jener auf allen Linien unzulänglichen römischen Außenpolitik, die treibende Feder waren. Trotz angestrengter Bemühungen der modernen Wissenschaft ist es bis heute noch nicht gelungen, in überzeugender Weise für das römische Vorgehen gegen Karthago „rationale" Motive ausfindig zu machen. Die Regierung in Karthago dachte an alles andere, nur nicht an einen hoffnungslosen Widerstand gegen Rom. Seitdem Hannibal hatte gehen (195) und auch die Pläne für eine demokratische Staatsreform hatte mitnehmen müssen, war das Verhältnis Karthagos zu Rom durchgehend loyal gewesen. Die Bundeshilfe zu den verschiedenen Kriegen wurde zuverlässig geleistet, und auch die Kriegskontribution hatte man pünktlich abgetragen. In seiner Bewegungsfreiheit war

Karthago nicht nur durch die Bestimmungen des Friedensvertrages gefesselt, sondern ebenso durch die Aktivität des neugegründeten numidischen Staates. Rom hatte ihn sich als jeden möglichen Aufschwung Karthagos neutralisierende Kraft gedacht, und der tatkräftige und geschickte König Masinissa hat diese Erwartungen nicht enttäuscht. Er betrieb eine eifrige Ausdehnungspolitik, zumeist auf Kosten Karthagos; und bei den sich hieraus ergebenden Differenzen stand Rom immer auf seiner Seite. Aber diese dauernde Schwächung Karthagos genügte Rom nicht. Es hatte genauso wie im Osten das Zutrauen zu seiner ehemaligen Politik, die es auf ein sich selbst regulierendes Gleichgewicht zwischen den auswärtigen Staaten gestellt hatte, verloren und fürchtete, daß der bald zu erwartende Tod des 90jährigen Masinissa einen völligen Umschlag der politischen Lage zugunsten Karthagos herbeiführen würde. Das war nicht ganz aus der Luft gegriffen, denn eine römische Gesandtschaft im Jahre 152 mußte in Karthago feststellen, daß die romfreundlichen Regierungskreise einem starken demokratischen, antirömischen Druck ausgesetzt waren, eine Reaktion auf die dauernde Begünstigung Masinissas und die Ignorierung des karthagischen Rechtes durch Rom. Dazu erhöhte der unglückliche Auftakt des spanischen Krieges das Gefühl der Unsicherheit bei den Römern. Seit jener Gesandtschaft warf sich der alte Cato, eines ihrer Mitglieder, zum Wortführer einer Politik auf, welche keinen andern Ausweg aus dem Dilemma mehr kannte als die Vernichtung Karthagos. Sein ceterum censeo Carthaginem esse delendam, das er immer am Schluß von jedem seiner Diskussionsbeiträge, was für ein Thema sie auch immer betrafen, anbrachte, wurde später zu einem klassischen Zitat. Cato war das Sprachrohr der herrschenden Stimmung in Rom. Meinungsverschiedenheit gab es nur über die Frage, ob man einen Vorwand (iusta causa) für das Vorgehen abwarten oder ohne jede Umständlichkeit zur Tat schreiten sollte. Cato war für die unverblümte Methode; der vornehme Scipio Nasica wollte das Decorum juristischer Korrektheit gewahrt wissen. Als Karthago unter dem Druck der Volksleidenschaft sich in einen offenen Krieg mit Masinissa verwickeln ließ, war der casus belli gegeben. Der Friede von 201 hatte Karthago jede Kriegführung ohne Roms Zustimmung verboten.

Als Rom auf diese Bagatelle hin in den offenen Krieg eintrat, entschloß sich Karthago zur Kapitulation (deditio). Die Römer nahmen sie an. Die Karthager durften auf Grund der sonst befolgten Gewohnheit darauf zählen, daß sie in ihrer staatlichen Existenz ungeschoren blieben, zumal nachdem der Senat ihnen „Freiheit, Gesetze, Land und Eigentum" zugebilligt hatte. Aber die Hauptsache erfuhren sie erst im Angesicht des in Afrika stehenden römischen Heeres: den Befehl, die Stadt für die Zerstörung zu räumen und sich im Binnenland neu anzusiedeln.

Bei der Elastizität des Völkerrechtes und zumal der formell schrankenlosen Willkür, welche das römische Kriegsrecht kannte, war das Verfahren juristisch wohl einwandfrei, bedeutete aber nach Art und Ziel des Vorgehens eine der größten Ruchlosigkeiten, deren sich die römische Politik jemals schuldig gemacht hat. Die schwierige Eroberung der sich jetzt verzweifelt wehrenden Stadt wurde nach dem Versagen der römischen Kriegführung dem jungen Scipio Aemilianus übertragen, der durch die erfolgreiche Erledigung des militärischen Auftrages ein berühmter Mann wurde. Die Stadt wurde von Grund auf zerstört und durfte nicht mehr aufgebaut werden. Ihr Territorium wurde zur Provinz Africa gemacht.

9. Die politische Selbstaufgabe des griechischen Ostens

Sehr zögernd hatte Rom also damit begonnen, seine Herrschaft allmählich durch eine eigene Verwaltung und eine unmittelbar ausgeübte Regierungsgewalt auszubauen. Diese Änderung der politischen Praxis war aber zunächst nichts als ein Notbehelf, der unvermeidlich wurde, als das bisherige System der indirekten Beeinflussung sich durch die für beide Seiten verderbliche Art und Weise seiner Handhabung ad absurdum geführt hatte. Das zuvörderst ins Auge fallende Ergebnis des römischen Vorgehens war eine tiefe Demoralisation der hellenistischen Staatenwelt, welche in ihrer Hoffnungslosigkeit der Verzweiflung und Würdelosigkeit verfiel. Schon zur Zeit des Perseuskrieges hatte sich der König Prusias II. von Bithynien das Stück geleistet, einer römischen Gesandtschaft in der Tracht des römischen Freigelassenen, mit weißem Hut und geschorenen Haaren, entgegenzugehen und sie mit dem Ruf „ich bin euer Freigelassener“ zu begrüßen. Als er danach im Senat auftrat, küßte er die Schwelle und pries die Senatoren als göttliche Helfer. In dem Streit mit seinem Bruder (Ptolemaios VI. Philometor) vermachte der Ptolemäer Euergetes II. sein Land, die Cyrenaica, schon 162 v. Chr. testamentarisch den Römern, um durch diesen Akt der politischen Selbstaufgabe seinen politischen Rivalen zu überspielen. Der Erbfall wurde damals freilich noch nicht aktuell. Der letzte Attalide, Attalos III., sah in der damaligen Situation und unter dem Eindruck innerer Schwierigkeiten auch keine Hoffnung mehr für einen eigenen Staat und setzte deshalb ebenfalls die Römer zu Erben ein. Sein Tod (133 v. Chr.) führte hier tatsächlich zum Antritt der Erbschaft durch Rom und hatte schließlich, nach der Niederwerfung eines Prätendenten Aristonikos, die Einrichtung einer neuen Provinz („Asia“) zur Folge. Ähnliche Vorkommen politischer Selbstaufgabe traten später mehrmals ein. Erst mit dem Übergang zur Kaiserzeit setzte sich in Rom — unter schweren Geburtswehen — eine neue Auffassung von der Außen- und Reichspolitik durch.

§ 8. Rückwirkung der östlichen Expansion auf die geistige Entwicklung Roms

1. Religiöse Einflüsse. — 2. Literarische Entlehnungen. — 3. Die Geschichtsschreibung. — 4. Römische Abwehrreaktionen. — 5. Der Scipionenkreis. — 6. Polybios.

1. Religiöse Einflüsse

Seit den frühesten Zeiten war für Rom wie für Italien überhaupt die Nähe Griechenlands von fundamentaler Bedeutung gewesen. Aber der politische Vorstoß Roms in den griechischen Raum verdichtete die bis dahin vorhandenen Beziehungen in besonderer Art und schuf Verhältnisse, welche in viel innigerer Weise und in größerer Breite als früher die römische Gesittung berührten. Zudem führte die politische Entwicklung mit ihrer Verkehrung aller bisherigen Gegebenheiten nicht nur zu einer größeren Bereitschaft, sich fremdem Einfluß zu öffnen, sondern versetzte das innerhalb weniger Generationen zum Großstaat und anschließend gleich zur Weltmacht herangewachsene Rom bei seinem notorischen Mangel an originalen geistigen Ansätzen auch in die Notwendigkeit, sein Leben mit einer reicheren Ausstattung zu versehen, als sie ihm auf Grund seiner eigenen Voraussetzungen zur Verfügung stand.

Einer alten Tradition entsprach die Angleichung der römischen Götterwelt an das griechische Pantheon. Dieser Prozeß hatte mit der Wende vom vierten zum dritten Jahrhundert einen gewissen Abschluß erhalten. Die religiöse Infiltration, die nunmehr erfolgte, ging von den modernen Elementen des griechischen Lebens aus und war ein Einbruch der hellenistischen Religiosität. Schon die Übernahme des Heilgottes Asklepios aus Epidaurus 293, unmittelbar von seinem Hauptkultort Epidaurus, hatte in diese Richtung gewiesen. Aber die Aufnahme der Großen Mutter, einer ursprünglich kleinasiatischen Gottheit, welche bei den Griechen der Ostägäis ein großes Ansehen besaß, war ein offener Versuch, an aktuelle Formen des religiösen Lebens Anschluß zu gewinnen (204 v. Chr.). Er war denn auch mit allen Zeichen des Exotischen behaftet. Kultgegenstand war ein eigens aus Kleinasien herangeschaffter Fetisch, ein Meteorstein; der Kult selbst mußte von Verschnittenen (galli) ausgeübt werden und war deshalb römischen Bürgern verschlossen. Immerhin war dieser Vorgang noch durch die Autorität der römischen Regierung gedeckt. Auf Anordnung des Senates war er geschehen; das Heiligtum der Großen Mutter wurde Staatstempel, und die Feier, die ludi Megalenses, zählten zu den römischen Staatsfesten.

Was sich sonst in Rom hinfort Eingang verschaffte, kam auf leiseren Sohlen und trug den Charakter privater Veranstaltung, drang aber nur um so tiefer in die römische Gesellschaft ein. Die römische und die italische Bevölkerung wurde auf diese Weise mit dem „chaldäischen" Weissagerwesen und -unwesen vertraut, das auf die babylonische Astrologie zurückging und sich im Hellenismus ein Heimatrecht erworben hatte. Beträchtlich früher — denn hierfür war Unteritalien das Zentrum — wurde man mit den pythagoräischen Spekulationen über das Jenseits und die Seelenwanderung bekannt bzw. mit den Anschauungen, die sich als solche ausgaben. Am lebhaftesten pulsierte die hellenistische Frömmigkeit in den Sekten der Mysterienreligionen. Anfang des zweiten Jahrhunderts war in Italien die Vereinigung der Dionysosanhänger weit verbreitet. Auch Angehörige einer jüdischen Sekte aus Kleinasien, Verehrer des mit Jahve gleichgesetzten Zeus Sabazios, traten auf. Sie waren Vorläufer des hundert Jahre später in Italien wie auch sonst häufig werdenden echten Diasporajudentums. Außerdem gab es noch viele andere Gruppen, vor allem Gläubige der hellenisierten Isis. Ihr Erscheinen war nicht nur ein Ausdruck einer westlichen Anpassung an östliche Vorstellungen, sondern ebenso ein Zeichen der östlichen Unterwanderung der italischen Bevölkerung, wie sie unter den neuen Verhältnisssen nur zu begreiflich war. Der römische Weltstaat wurde von der hellenistischen Weltzivilisation erfaßt, und das gedemütigte Griechentum begann seinen Siegeszug über seinen politischen Überwinder. „Graecia capta ferum victorem cepit", wie am Abschluß dieser Entwicklung der Römer Horaz sagte.

2. Literarische Entlehnungen

Es wurde wichtig, daß der griechische Geist bei den Römern meistens auf einen Hohlraum stieß. Bei ihnen gab es, abgesehen von der Rechtswissenschaft, nichts, was sich mit der griechischen kulturellen Tradition an innerem Reichtum und äußerer Formkraft messen konnte. Vor allem in der Literatur war man über gewisse primitive Kunstübungen nicht hinausgekommen. Noch bevor diesem kümmerlichen Erdreich eine eigenwüchsige Dichtung entwachsen konnte, war bereits durch die Berührung mit dem süditalischen Griechentum in der Generation nach dem Pyrrhoskrieg der

Geschmack und das Gefallen an der literarischen Kultur der Griechen geweckt worden und meldete sich der Wunsch an, das, was man bei ihnen kennengelernt hatte, auch selbst zu besitzen. Ein Tarentiner, der als Sklave nach Rom gekommen war und durch die Freilassung den römischen Namen Livius (Andronicus) erhalten hatte (242 v. Chr.), stellte sich als erster in den Dienst dieses Bedürfnisses und übersetzte — bezeichnenderweise auf öffentlichen Auftrag hin — dramatische Werke der Griechen ins Lateinische. Mit dem griechischen Epos machte er das römische Publikum durch eine Übersetzung der Odyssee bekannt. Damit war, so merkwürdig es klingt, der Grundstein für eine lateinische Literatur gelegt. Auf dem von Livius erschlossenen Grund erstanden — unter zahlreichen anderen, heute verschollenen Talenten — sehr bald so bedeutende Dichter wie Plautus (ca. 251—184 v. Chr.) und Terenz (ca. 190—159 v. Chr.), deren reiche Hinterlassenschaft dem Blick der modernen Philologie nicht nur die Gewandtheit einer geschickten Übersetzungskunst, sondern ebenso das Vermögen zu eigener Gestaltung verrät.

Nachdem den Römern durch die Griechen das Werkzeug zum dichterischen Schaffen gereicht war, wurde ihnen die Zunge gelöst. Sie waren jetzt in den Stand gesetzt, eigene Anliegen aufzugreifen. Das zeigte sich nirgends deutlicher als im Epos. Das erste lateinische Epos, noch wie die Odyssee des Livius im heimischen Versmaß des Saturniers geschrieben, behandelte den Ersten Punischen Krieg (Bellum Punicum des Naevius) und hatte einen Mitkämpfer des besungenen Geschehens zum Verfasser. Beides, die Wahl sowohl eines historischen wie eines beinahe zeitgenössischen Stoffes war im Griechischen ohne Vorbild und verriet eine original römische Einstellung zur dichterischen Erzählung. Quintus Ennius (239—169 v. Chr.), der größte Epiker vor Vergil, gehörte bereits der nächsten Generation an und schenkte in seinen Annales Rom nicht nur das „nationale" Epos, sondern auch die erste Gesamtdarstellung der römischen Geschichte in lateinischer Sprache, ungeachtet dessen, daß er in der Form sich Homer durch die Annahme des Hexameters und sonstiger Ausdrucksmittel noch mehr näherte als seine Vorgänger. Sein Zeitgenosse Cato der Ältere wurde als Verfasser mehrerer Werke der Begründer der lateinischen literarischen Prosa.

3. Die Geschichtsschreibung

Die Geschichtsschreibung war die einzige Literaturgattung, deren Pflege sich mit dem Standesbewußtsein des römischen Adels vertrug, während die Dichtkunst wohl seine äußere Förderung genoß, aber infolge ihrer nahen Beziehung zum Schauspielergewerbe von einem Aristokraten nicht ausgeübt werden konnte. Die Geschichtsschreibung lag aber auch dem Lebensnerv der herrschenden Klasse Roms besonders nahe; denn sie gehorchte nicht nur politischen Impulsen, eine auch sonstwo geläufige Erscheinung, sondern war bei ihrem Aufgang in Rom geradezu ein Stück praktischer Politik. Ein Angehöriger eines der vornehmsten Geschlechter, Quintius Fabius Pictor, wurde der erste römische Historiker. Dieser römische Senator, welcher den Zweiten Punischen Krieg und die politische Verflechtung mit dem Osten miterlebt hatte, empfand die Notwendigkeit, die griechische Öffentlichkeit über das römische Wesen und die römische Geschichte aufzuklären und schrieb deshalb sein Geschichtswerk in griechischer Sprache, wobei diese Tatsache nicht minder bezeichnend ist als ihre Voraussetzung, die Beherrschung des Griechischen seitens eines Römers. Für die obere Schicht der römischen Gesellschaft wurde der Gebrauch der griechischen Sprache eine unentbehrliche Selbstverständlichkeit, und daran hat sich danach bis zu den großen Umwälzungen der Spätantike nichts mehr geändert.

4. Römische Abwehrreaktionen

Die Veränderungen, welche sich binnen kurzer Zeit im geistigen Gefüge Roms vollzogen, standen der Umwälzung, welche die römische Politik im Verlauf von wenigen Jahrzehnten herbeigeführt hatte, an Bedeutung nicht nach. Sie führten durch ihre unvermittelte Plötzlichkeit nicht minder zu einer kritischen Phase. Die römische Gesellschaft wurde nicht nur mit der literarischen Kultur der Griechen vertraut, sondern lernte auch ihre differenzierten Lebensgewohnheiten kennen. Von der Schlichtheit der römischen Sitten stachen diese beträchtlich ab, und wenn es nach der Seite der „objektiven" Kultur und der ästhetischen Formenwelt auch gewiß nicht viel zu verdrängen gab, die Tatsache, daß so vieles anders wurde und allenthaltben fremde Einflüsse zutage traten, mußte in das allgemeine Bewußtsein treten. Das Echo war nicht hell und froh. Moralisten, die die Römer waren, sahen sie in der Lockerung der Lebensweise, in der Aufnahme der ausländischen Anschauungen und geistigen Interessen in erster Linie Symptome einer um sich greifenden Sittenverderbnis. Sodann fühlte sich der römische Nationalstolz durch die in dieser Entwicklung immer stärker werdende Abhängigkeit von der griechischen Kultur gekränkt. Diesem Ressentiment entsprangen verständliche Abwehrreaktionen. Die harmloseste war, die Griechen in Rom, welche dort in abhängiger Stellung die griechische Bildung verbreiteten, verächtlich zu machen, indem man sie etwa Graeculi (Griechlein) nannte oder „eine Nacht durchzechen" als pergraecari diffamierte.

Natürlich war gegen das Übergewicht der griechischen Zivilisation im Ergebnis wenig auszurichten. Für das schnell aufwachsende römische Weltreich war eine hermetische Abschließung ein Ding der Unmöglichkeit. Es kann daher nicht verwundern, wenn die einzelnen, übrigens nicht sehr zahlreichen Gegenmaßnahmen notgedrungen eine ausgesprochene Hilflosigkeit verraten und im Grunde nicht mehr waren als Polizeiaktionen. Die größte fand im Jahre 186 v. Chr. gegen die Dionysosmysterien statt (senatusconsultum de Bacchanalibus) und erfaßte ganz Italien, ungeachtet seiner föderativen Struktur und der rechtlichen Unzuständigkeit der römischen Exekutive für die inneren Angelegenheiten der italischen Bundesstädte. Anscheinend hatte sich die römische Regierung von einer Massenpsychose, welche das fremdartige und exklusive Treiben dieser Sekte erregt hatte, anstecken lassen und schlug deshalb blind dazwischen. Es kam zu unzähligen Verhaftungen und vielen Todesurteilen. Zu dergleichen Maßlosigkeiten verstand man sich später nicht mehr. Es genügte z. B., wenn die mißliebigen griechischen Literaten einfach aus Rom ausgewiesen wurden (161 v. Chr.).

Aber das „Gift" war damit nicht beseitigt. Es lag auch viel weniger in seinen griechischen Vermittlern als in dem Gefallen, das die römische Aristokratie an der griechischen Bildung fand. Wenige Jahre später (156/155 v. Chr.) führte das Auftreten einer athenischen Gesandtschaft in Rom zu einer Sensation. Ihre Mitglieder gehörten zu den bekanntesten Philosophen der Zeit. Sie hielten in Rom öffentliche Vorträge, und das Publikum war fasziniert. Dabei bekamen die Römer ziemlich kräftige Proben von der Unbekümmertheit der theoretischen Vernunft zu spüren. Karneades belehrte seine römischen Zuhörer, daß die römische Expansion nach den moralischen

Axiomen keineswegs zu rechtfertigen sei und daß die Römer, sofern sie sich wirklich an sie gehalten hätten (davon waren sie in der Ungebrochenheit ihres Denkens überzeugt), noch immer nicht aus den Hütten des Romulus herausgekommen wären.

In der vordersten Reihe derjenigen, welche von jeher das größte Mißfallen an dem Eindringen des griechischen Wesens gefunden hatten, stand der alte Cato. Er trat auch damals gegen die Philosophengesandtschaft auf und wurde im Senat dafür vorstellig, sie endlich heimzuschicken, damit sie sich mit der griechischen Jugend abgäben und der römischen nicht die Achtung vor den Gesetzen und den Magistraten nähmen. Aber selbst Cato kam ohne das Griechische nicht mehr aus und hat sich seine Kenntnis noch in fortgeschrittenem Alter angeeignet.

5. Der Scipionenkreis

Das römische Interesse an der griechischen Lebensart war jeweils, wie das nicht anders sein kann, von sehr verschiedenen Quellen gespeist. Es war sicherlich von ehrlicher Freude an der Vielfalt und dem Glanz der griechischen Kultur getragen; es mischte sich eine aufrichtige Bewunderung der griechischen Geistestradition mit dem Wunsch nach unbekannten Erfahrungen; es war aber auch die Macht der „Mode" sehr stark im Spiel, das Wohlgefallen an den niederen zivilisatorischen Genüssen, die Sucht, die eigene Person mit einer fremden und aufsehenerregenden Pracht zu erhöhen, die Neigung zu prunken und der Snobismus einer zu ungeahnter Macht aufgestiegenen Herrenschicht. Deshalb war es etwas Besonderes, als die Verehrung des Griechentums in solchen Kreisen Platz griff, welche den vielfach äußerlichen Betrieb ablehnten und sich bewußt zu einer einfachen und damit altrömischen Gewohnheiten folgenden Lebensführung bekannten. Durch eine glückliche Konstellation erwuchs aus dieser Voraussetzung eine sehr fruchtbare und bedeutsame Begegnung von Griechen und Römern. Der Anstoß ging von Lucius Aemilius Paullus, dem Sieger von Pydna, aus. Er gehörte trotz seiner hervorragenden Stellung in der römischen Gesellschaft zu den Verächtern des lärmigen Unwesens und verbreitete in seinem Haus eine Atmosphäre der Gediegenheit und Lauterkeit. Seinen Kindern ließ er nicht nur eine äußerst sorgfältige Erziehung, die er in die Hände mehrerer griechischer Lehrer gelegt hatte, zukommen, sondern kümmerte sich auch persönlich um ihren Bildungsgang. Der Samen, den er so gelegt hatte, entwickelte sich zur schönen und ebenmäßigen Frucht. Sein Sohn Publius, nach der Adoption durch einen Sohn des Scipio Africanus nun Scipio Aemilianus genannt, wurde nach Geist und Sinnesart ein Ebenbild seines Vaters. Er war aber ein junger Mensch und empfand als solcher auch die Last eines derartigen Einzelgängertums. Das führte ihn mit dem Mann zusammen, der so nicht nur für ihn, sondern überhaupt für die innere Formung römischen Wesens entscheidende Bedeutung gewinnen sollte: mit dem Griechen Polybios. Er war etwa zwölf Jahre älter als Scipio Aemilianus, lebte als einer der achäischen Internierten in Rom und gab in einer innigen Freundschaft, die das ganze Leben halten sollte, dem vereinsamten jungen Mann den geistigen Rückhalt, dessen er bedurfte. Polybios zeigte ihm den Weg, das alte Ethos der römischen Aristokratie, zu dem sein Zögling sich aufrichtig bekannte, mit den Elementen einer philosophisch durchdrungenen griechischen Bildung zu verbinden. Die Substanz, durch die er diese neue Einheit herstellte, war die männliche Menschlichkeit des Stoizismus.

Zu den zweien stießen dann noch manche andere junge Römer von gleicher Art und Neigung, unter ihnen einer aus der um das Jahr 100 v. Chr. durch ihre Rechtskenntnis berühmten Familie der Mucii Scaevolae (Quintus Mucius Scaevola „Augur"). Am wichtigsten wurde jedoch, daß das berühmte Schulhaupt der mittleren Stoa, Panaitios, für ein paar Jahre (144—141) in diesem Kreise lebte. Damit war der Stoizismus zur römischen Welt, zumal der des römischen Adels, in ein dauerndes Verhältnis getreten, aus dem er sowohl für sich wie für seine Partner wichtige Auftriebe zu erfahren hatte. In jener Begegnung lagen überhaupt die Keime einer höheren römischen Geistigkeit von eigenem Fühlen und Empfinden und wurde die Prägung einer besonderen, durch das Griechische befruchteten Gesittung vollzogen. Römer und Griechen haben damals in der humanitas (Humanität) einen Leitbegriff hervorgebracht, der neue Leuchtkraft über Jahrtausende hinweg bis auf unsere Tage behalten hat.

Schon in dieser Generation bekam sogar das Ausland zu spüren, daß sich ein neuer Typus römischer Art formte. In den Jahren 141 bis 139 v. Chr. unternahm Scipio Aemilianus, damals bereits — nach der Zerstörung Karthagos — ein berühmter Mann, an der Spitze einer Gruppe von gleichgesinnten Männern (Panaitios war auch unter ihnen) eine diplomatische Reise in den Orient, welche alle wichtigen Länder berührte und bis nach Babylon und Ekbatana führte. Ihr Auftreten erregte überall starke Verwunderung. Trotz großer Vollmachten und des politischen Gewichtes der römischen Weltmacht war da nichts von der Hoffart und dem Aufwand, deren man sich sonst von römischen Geschäftsträgern zu versehen hatte, zu bemerken. Scipio gab sich betont einfach und, was noch mehr auffiel, ließ ohne jede Auffälligkeit ein innerliches und gesammeltes Wesen erkennen, das nicht mit prächtigen Zerstreuungen und Lustbarkeiten zu beeindrucken war. Anstatt die ihnen dargereichten billigen Vergnügen entgegenzunehmen, waren diese Männer bestrebt, in den fernen Ländern sich wesentliche Eindrücke zu verschaffen und durch selbständiges Aufmerken und Beobachten wirkliche Welterfahrung zu gewinnen.

6. Polybios

Der geistige Kristallisationsprozeß, der sich im Kreise des Scipio Aemilianus vollzog, hatte noch eine besondere Auswirkung: Die römische Geschichte und ihre Kräfte traten durch diesen intimen Kontakt in das Bewußtsein des hellen griechischen Verstandes. Das kam durch eben den Polybios (198—117 v. Chr.), welcher die Anregung zu jenem Bildungsvorgang gegeben hatte. In ihm fanden sich die äußeren und inneren Voraussetzungen zusammen zu dem großen Unternehmen einer wissenschaftlichen Erkenntnis der römischen Weltmachtentwicklung. Polybios war kraft seiner Herkunft (sein Vater Lykortas war ein berühmter achäischer Staatsmann gewesen) ein politisch wie theoretisch gebildeter Mensch und hatte von Kind an die römische Ostpolitik aus nächster Nähe miterlebt. Als Angehöriger der führenden achäischen Kreise wurde er ein Opfer der Deportationen von 167. Aber dies schwere Schicksal wurde für ihn zum Glück. Er lernte nun die Römer von ihrer besten Seite kennen. Die Freundschaft mit Scipio Aemilianus verschaffte ihm Eingang in die römische Aristokratie und machte ihn persönlich bekannt mit Vertretern der Elite, in deren Händen die römische Politik lag. Er schaute so in ihr Getriebe hinein und sah sie von einem Blickpunkt aus, der seinen griechischen Zeitgenossen allesamt unzugänglich war. Diese stellten den römischen Aufstieg lediglich fest, mit Verwunderung und Mißmut, und hatten zur

Erklärung dieser Tatsache, welche ihr Selbstgefühl kränkte, die einfache, aber durch das Empfinden der Zeit gut motivierte Lösung zur Hand, daß das alles nur das Werk der Tyche (des Zufalls oder des Schicksals) sei und die Römer sich darauf ebensowenig etwas zugute halten dürften, wie die Griechen darin einen Beweis ihrer Unterlegenheit zu sehen hätten. Polybios hat mit dieser Auffassung radikal gebrochen und in einem gewaltigen Geschichtswerk auseinandergesetzt, daß erstens die geschichtlichen Ereignisse seiner Zeit nicht von ungefähr wären, sondern einen grundlegenden Fortschritt der Weltgeschichte, nämlich die Entstehung einer römischen Weltherrschaft, darstellten, und daß die Voraussetzungen für das erstaunliche Übergewicht des römischen Volkes in der eigentümlichen Struktur seines politischen Körpers beschlossen läge. Polybios ist damit der erste geworden, der die bis heute noch nicht erledigte Frage nach den „Ursachen der Größe Roms" gestellt hat. Als ein Grieche sah er sie in der glücklichen Konstellation einer sog. „gemischten Verfassung", die weder ausschließlich Aristokratie noch Demokratie, noch Monarchie war. Für die wirkliche Erkenntnis der römischen Geschichte wurde freilich wichtiger als diese Theorie seine empirische Kenntnis der Tatsachen. Auf Grund seiner persönlichen Beziehungen stand er ihnen außergewöhnlich nahe, gleichgültig, ob sie vergangen waren und ihm durch den Zugang zu den Archiven erschlossen wurden oder ob das gegenwärtige Geschehen ihm in der persönlichen Berührung mit den Hauptbeteiligten unmittelbar entgegentrat. Nach Beendigung seiner Internierung (150 v. Chr.), welche ihn auf Rom und Latium beschränkte, gewann er nicht nur die Möglichkeit freier Bewegung, sondern genoß auch den Vorzug, daß seine Beziehungen zur römischen Aristokratie ihm die Wege zu großen Reisen über die ganze damalige „Welt", d. h. den römisch gewordenen „Erdkreis" (orbis terrarum) ebneten. Auch war er in seiner Heimat auf höheren römischen Auftrag tätig und hat so nicht unwesentlich zur Linderung der nach der Katastrophe von 146 v. Chr. eingetretenen Leiden beitragen können. Obwohl er, wie seine Verhaftung beweist, von Hause aus kein Anhänger einer unbedingt romhörigen Politik gewesen war, glaubte er nach den Erfahrungen dieser Jahre nicht mehr an ein aus eigener Kraft lebendes Griechenland. Auf griechischer Seite ist Polybios der erste große Repräsentant der hinfort die Weltgeschichte bis zum Ende des Altertums bestimmenden Symbiose von Griechen und Römern.

V.

Die römische Revolution (133-30 v. Chr.)

§ 9. Bedeutung und Charakter der römischen Revolution, ihre Voraussetzungen und Ergebnisse

1. Umriß des Zeitalters. — 2. Entstehung eines römischen Kapitalismus. — 3. Die Befestigung des aristokratischen Regimentes. — 4. Reformen. — 5. Erfolglosigkeit der Reformen. — 6. Das „italische" Problem. — 7. Die soziale Krise. — 8. Die Agrarkrise.

1. Umriß des Zeitalters

Die Entwicklung des römischen Imperialismus hatte zu dem erstaunlichen Ergebnis geführt, daß in der kurzen Zeit von etwa zwei Generationen, seit der Besiegung Hannibals, die römische Vorherrschaft im gesamten Mittelmeerraum begründet war. Es gab weit und breit keinen Staat mehr, der die Kraft besaß, diesen Prozeß rückgängig zu machen. Die römische Macht war befestigt, und die Außenpolitik hörte deshalb auf, der römischen Geschichte ihre Bahn vorzuschreiben. Aber in demselben Moment, wo diese Periode zu Ende ging, stellte es sich heraus, daß der römische Staat im Innern voller ungelöster Probleme und Spannungen war. Ihren Austrag brachte die römische Revolution, welche einen Zeitraum von rund hundert Jahren (133—30 v. Chr.) ausfüllte. In dieser Periode ist die staatliche Ordnung Roms bis in die Grundmauern erschüttert worden. Immer wieder erbebte sie unter den Stößen von Reform und Umsturz, immer wieder wurde versucht, den Zusammenbruch aufzufangen und das politische Gefüge zu stabilisieren; aber je weiter die Zeit fortschritt, um so schwerer wurde die Zerrüttung. Bei einer Einzelfrage hatte sie begonnen; aber kaum war einmal das Tuch angerissen, da zeigte es sich, daß es an unzähligen Stellen brüchig war. Jeder Anlauf, einen Riß zu flicken, ließ einen anderen aufbrechen. Schließlich war das Ganze völlig zerfetzt, und es blieb nur der Ausweg, etwas Neues zu schaffen: der Untergang der römischen Republik und die Geburt der Monarchie waren gekommen.

Die Ereignisse, deren Zielpunkt der Nachwelt in recht klarem Licht erscheint und die man wohl auch gern als unvermeidlich beurteilt, sind nicht geradlinig diesem Ergebnis zugestrebt. Es gab viele Umwege, und vor allem: es fehlte im Grunde an der politischen Vernunft, welche die Entwicklungstendenz richtig erfaßt und das schließliche Ende als politisches Programm aufgestellt hätte. Die alte Ordnung war außerordentlich zählebig, und inmitten aller Zersetzung hörte sie nie auf, als eigentlich legitim zu gelten. So kam es, daß die Lösung der Krise durch die Monarchie sich nur sehr langsam und unter großen Schwierigkeiten einstellte und daß das Kaisertum, als es schließlich da war, vom Baum fiel wie eine Frucht, deren allmähliches Reifen sich der unmittelbaren Wahrnehmung entzogen hatte.

Da Rom ein Weltreich war, blieben die Kämpfe nicht auf den inneren Raum des Staates beschränkt. Schon während des ersten Jahrzehntes führten sie zu wichtigen Auswirkungen für die römischen Untertanen. Im letzten Abschnitt der Revolution stand nicht nur Rom, sondern das ganze Reich in Flammen und war jedem Reichsbewohner ein Platz in dem politischen Spiel zugewiesen. War er auch nicht ohne weiteres berufen, den Gewinn aus einem Siege selbst zu ziehen, die Last der Niederlage wie schließlich auch die Kosten der Kriege hatte er auf jeden Fall zu tragen. Die römische Revolution ist deshalb ein Stück Weltgeschichte wie nur je eine historische Phase.

Die Vorherrschaft der innerpolitischen Problematik bedeutete indessen keineswegs, daß die Außenpolitik aufgehoben war. Das Gegenteil trifft vielmehr zu. Die römische Geschichte hat weder zuvor noch später großzügigere Unternehmungen auf diesem Gebiet erlebt. Es wurde aber von grundlegender Bedeutung, daß beim Eintritt in die Revolution die Zone echter außenpolitischer Gefahren für Rom durchschritten war. Zeitweilige Verdüsterungen des Horizontes, von den Zeitgenossen auf das lebhafteste empfunden, konnten daran nichts ändern. Inmitten der schrecklichen inneren Beanspruchungen hat der römische Staat immer wieder die Kraft gefunden, binnen kurzer Zeit mit jeder Bedrohung von außen fertig zu werden. Es gibt keinen deutlicheren Beweis für die Überlegenheit der römischen Macht als diese unbestreitbare Tatsache.

Die römische Revolution war deshalb in den Stand gesetzt, nach ihrem eigenen Gesetz sich zu entwickeln und wie ein Krater bis zum letzten auszubrennen. Es gab keinen äußeren Feind, der vor ihr hätte Dämme aufrichten oder ihren Lauf bestimmen können. Die Außenpolitik war keine selbständige Größe, die mit ihr konkurrieren konnte.

Wohl aber hat sich die Außenpolitik als ein Bestandteil der Reichspolitik in die Revolution eingemischt. Wenn sie keinen ernsthaften Gefahrenherd schuf, so war sie doch eines der wesentlichsten Elemente des römischen Staates wie der römischen Gesellschaft, besaß ihre eigenen Anliegen und Aufgaben und warf diese in die politische Diskussion. Vor allem aber bot sie den Akteuren des inneren Forums ein Arsenal von Machtmitteln, wie es der römische Staat in seinem Binnenraum nicht besaß.

Das Zeitalter der römischen Revolution hat wie jede Revolution die Menschen aufgewühlt und Kräfte entfesselt und ins Leben gerufen, von denen die römische Geschichte bis dahin noch nichts verraten hatte. Die Zeugen ihres Geschehens waren zwar geneigt, an dem revolutionären Vorgang vor allem die Zersetzung des Alten und in dem Ganzen nichts als eine Dekadenz zu erkennen, und die bedeutendsten Gestalten der neueren Historiographie (Montesquieu, Niebuhr) sind ihnen darin gefolgt. Aber unbeschadet der Möglichkeit einer solchen Feststellung bleibt die Tatsache bestehen, daß die römische Geschichte niemals so viele Talente und Individualitäten hervorgebracht hat wie während dieses Jahrhunderts. Zu seinen Kindern zählt nicht nur das einzige römische Naturgenie, Caesar, sondern ebenso der größte Staatsmann seiner Geschichte, Augustus, und daneben steht eine Fülle von kraftvollen Persönlichkeiten, ohne die für uns die römische Geschichte kaum denkbar wäre.

Die geistige Produktivität Roms ist nie so groß gewesen wie während der drei Generationen von den Gracchen bis Augustus. Ohne sie wären wir schwerlich imstande, von einer römischen Kultur als einem Zusammenhang intellektueller und künstlerischer Leistungen eigenen Gepräges zu sprechen. Die glänzendsten Namen der römischen Geistesgeschichte: Lucilius, Cicero, Varro, Sallust, Lukrez, Catull, Horaz, Vergil, Livius usw. gehören hierher. Andere und heute weniger bekannte Männer schieben sich davor und dazwischen als Bereiter des Erdreiches, dessen reife Früchte jene verkörpern. Die Römer haben sich damals nicht nur weiter mit griechischem Geist durchdrungen — in Verfolgung eines längst beschrittenen Weges —, sondern erreichten jetzt den Stand, in dem Kreis der von den Griechen geschaffenen Weltkultur Gehör zu finden und während dieses Zeitraumes als eigentlich schöpferische Kraft ihr weniger nur anzugehören als sie förmlich zu repräsentieren. Im Verlauf des letzten vorchristlichen Jahrhunderts lag nicht nur das politische Schwergewicht der Welt in Italien, sondern auch das geistige schien sich dahin verlagert zu haben. Die politische Beredsamkeit, welche längst im griechischen Osten sich zu einer akademisch betriebenen Rhetorik zurückgebildet hatte, erlebte in der Hauptstadt Rom eine Blüte, welche ihresgleichen vorher nur im klassischen Athen gefunden hatte. Die römische Geschichtsschreibung erreichte zwar nicht das Niveau, das die Griechen noch in hellenistischer Zeit gehalten hatten, war jedoch ihren zeitgenössischen Leistungen beträchtlich überlegen und getragen von einer politischen Leidenschaft, welche längst aus den Büchern der Griechen geschwunden war; der römischen Dichtung gelang es seit der Mitte des Jahrhunderts, durch Rückgriff auf den reichen Formen- und Motivschatz der großen griechischen Dichtung einen neuen Höhepunkt der antiken Poesie herbeizuführen.

2. Entstehung eines römischen Kapitalismus

Die wesentlichsten Veränderungen, welche die römische Gesellschaft vor dem Ausbruch der Revolution erfahren hatte, waren ein Ergebnis der imperialistischen Entwicklung des vorangegangenen Jahrhunderts. Unter ihnen war wiederum der wirtschaftliche Ausschlag dieser Veränderung am wichtigsten. Kraft der politischen Vormacht Roms war es dahin gekommen, daß seit dem Hannibalkrieg große Teile des damaligen Weltreichtums in Rom zusammenflossen. Die Kanäle, auf denen sie dorthin geleitet wurden, waren die großen Kriegskontributionen, sodann die unermeßlichen Massen an Beute, gewonnen durch Requisitionen oder „Versilberung" der Gefangenen, und nicht zuletzt die Kapitalien, welche bei der Verwaltung der — an sich nicht sehr zahlreichen — Provinzen und bei dem jetzt allmählich sich ausbildenden überseeischen Handel abfielen. Die Römer waren bis dahin alles andere als ein kapitalistisches Volk gewesen. Ihr ökonomischer Stand befand sich weit unter dem Karthagos und dem der griechischen Staaten. Es konnte deshalb gar nicht ausbleiben, daß die bisherigen sozialen Lebensformen unter stärksten Druck gesetzt wurden und eine allseitige Umstrukturierung des gesellschaftlichen Gefüges eintrat. Es kam viel darauf an, welche Bahnen sie einschlug und inwieweit man von römischer Seite bewußt auf sie antwortete.

Die erste allgemeine Folge war nicht nur eine beträchtliche und schnell eintretende Erhöhung des „nationalen" Reichtums, sondern zugleich eine erhebliche Vergrößerung der wohlhabenden Schichten. In ihren Händen hatte bis dahin die politische Führung

Roms gelegen. Sollte nun die Erweiterung dieses Kreises dazu führen, daß selbstläufig nun auch alle diejenigen zum Regiment gelangten, welche in jüngster Zeit reich geworden waren? Das war eine der Fragen, welche die römische Innenpolitik am intensivsten seit dem Ende des dritten Jahrhunderts beschäftigten. Es war zugleich diejenige, welche am entschiedensten und eindeutigsten beantwortet wurde. Mit aller nur denkbaren Energie setzten sich die römischen Aristokraten gegen eine Verwandlung der Nobilität, d. h. der römischen Führungsschicht, zur Wehr. Ein reicher Bürger sollte allein kraft seines Vermögens in ihren Reihen nichts zu suchen haben. Wenn bis dahin eine Korrelation von Zensus und politisch-sozialer Rangordnung bestanden hatte, so mußte sie dann eben unter dem Eindruck der neuen Lage fortfallen und damit ausgeschlossen werden, daß die Abstufung der Vermögensklassen in den Zenturien zu einer politischen Bewertung des mobilen Kapitals führte. Schon im Jahre 241, also bereits nach dem Ersten Punischen Kriege, hatte man deshalb eine — ziemlich komplizierte (und hier im einzelnen nicht zu beschreibende) — Zenturienreform durchgeführt, deren Hauptzweck darin bestanden zu haben scheint, das landwirtschaftliche Vermögen der außerstädtischen Bezirke (tribus) entgegen dem städtischen Kapital zu erhöhter Geltung zu bringen[1].

Wichtiger war eine Neuerung des zweiten Jahrhunderts, welche überhaupt den politischen Zusammenhang zwischen Zenturienordnung und regierender Klasse aufhob. Man sollte diese Schicht künftig nicht mehr wie bisher in den nach dem höchsten Vermögen veranschlagten Ritterzenturien finden können, da in sie eben zahlreiche Elemente des neuen Reichtums eingetreten waren, und bestimmte deshalb, daß ein Senator aus ihnen auszutreten, technisch „das Ritterpferd abzugeben", hätte. Damit hörte also ein Angehöriger des Senates, d. h. der regierenden Körperschaft Roms, auf, ein „Ritter" zu sein, und umgekehrt war das Gros der Ritter negativ dahin abgegrenzt, daß ihnen nur mehr die vermögenden Leute ohne politische Führungsfunktion angehörten (denn mit der Bekleidung eines Amtes trat man in den Senat).

Damit war die Anerkennung eines besonderen oberen Standes, des sog. Ritterstandes, vollzogen. Obgleich er eigentlich durch einen Affront gegen den Senatorenstand ins Leben getreten war, zeigte er keinerlei Ressentiment gegen deren Angehörige. Anscheinend sah man in der Scheidung den Vorzug einer indirekten Anerkennung und die Auszeichnung, als besondere und höhere soziale Klasse gewürdigt zu werden. Seine Interessen waren überhaupt — und darauf kam das meiste an — weniger politisch als ökonomisch, und in dieser Hinsicht kam ihm der Staat in der großzügigsten Weise entgegen. Bereitwillig stellte er ihm diejenigen Einnahmequellen zur Verfügung, bei denen er ohne den Besitz echter Hoheitsbefugnisse sein Kapital spielen lassen und gewinnbringend investieren konnte, so etwa bei der Vergebung von Heereslieferungen, Zöllen und Steuern (zur Einziehung bei Entrichtung einer Pauschale), öffentlichen Bauten usw.

Das geschah nicht von ungefähr. Inzwischen war nämlich längst eine andere Entscheidung gefallen. Geld- und Handelsgeschäfte sollten ohnehin für die Ritter monopolisiert und umgekehrt einem Senator verschlossen sein. Nachdem der römische Staat seine vorwiegend agrarische Struktur eingebüßt hatte, ließ sich zwar der alte Zustand, daß die größeren Vermögen ausschließlich in Grund und Boden bestanden,

[1] Siehe oben S. 80.

nicht mehr aufrechterhalten; aber um so energischer wurde darauf gesehen, daß die römische Aristokratie die bisherigen Lebensformen beibehielt und eine Gesellschaft von Grundbesitzern blieb. Den gesetzlichen Ausdruck fand diese bedeutsame Stellungnahme in einer lex Claudia von 218 v. Chr., welche einem Senator oder Sohn eines Senators verbot, sich ein größeres Schiff als von dreihundert Amphoren Inhalt zu halten, d. h. lediglich eins, das groß genug war, um die eigenen Produkte zu verfrachten; damit war einem Senatsangehörigen jede auf Kauffahrtei und Reederei zielende Tätigkeit untersagt[1].

3. Die Befestigung des aristokratischen Regimentes

Wenn also das römische Volk unvermeidlich von einer sozialen Umschichtung erfaßt wurde, so hat sich der römische Adel diesem Prozeß, soweit er seinen Stand anging, zu entziehen versucht. Man darf hinzusetzen: mit dem besten Erfolg. Wie immer in der Geschichte zeigte sich auch hier, daß die siegreiche Behauptung einer Stellung nicht nur Beharrung, sondern viel mehr als das, nämlich eine Kräftigung und Konsolidierung bedeutet. Die römische Aristokratie als die Gruppe der faktisch regierenden Familien ist nie so stark und geschlossen gewesen wie während der zwei Generationen vor 133 v. Chr., und nie ist der Einfluß der sog. Nobilität, d. h. des höchsten Kreises dieses patrizisch-plebejischen Adels, mehr zur Geltung gekommen als während dieses Zeitraumes. Die statistische Streuung in der Bekleidung der oberen Ämter (Prätur und Konsulat) läßt noch heute erkennen, daß zu ihnen nicht nur eine begrenzte Zahl von Familien gelangte und, aufs Ganze gesehen, eine durchaus homogene Schicht die politische Leitung des Staates repräsentierte, sondern auch, daß innerhalb dieses Kreises bestimmte Familien deutliche Spitzenstellungen einnahmen. So verteilen sich die zweihundert Konsulate zwischen 233 und 133 zwar immerhin auf 58 Familien, aber über die Hälfte davon, 113 Konsulate, liegen in der Hand von nur 13 Familien, und davon sind ungefähr die Hälfte, nämlich 62 Konsulate, wieder von 5 Familien besetzt. Andererseits war es niemals so schwer wie gerade jetzt, von unten her in diese politische Elite einzudringen. Während das dritte Jahrhundert den Außenseiter im Konsulate als nicht ungewöhnliche Erscheinung gekannt hatte, wurde er nun zur auffälligen Ausnahme: zwischen 200 und 146, also bei 108 Konsulaten, sind nur vier homines novi zu diesem höchsten Amte gelangt.

Von einer Gefahr der Auflösung des römischen Adels durch Eindringen fremder Elemente konnte also keine Rede sein. Die Aristokratie saß so fest im Sattel wie je zuvor. Es war bezeichnenderweise Anfang des zweiten Jahrhunderts, um 194, daß man die Angehörigen des Senates im Anblick des ganzen übrigen Volkes durch besondere Plätze bei den öffentlichen Spielen auszeichnete. Das Volk erkannte das soziale System, welches die politische Autorität fest in die Hände dieser Aristokratie legte, ohne Widerstreben an und folgte bei den Wahlen willig den Parolen, welche es von „oben" erhielt. Sie waren in der Regel das Ergebnis von Geschäften und Auseinandersetzungen zwischen den einzelnen Gruppen der Aristokratie, und wenn eine Entscheidung zu fällen war, ging es in der Hauptsache nur darum, ob diese oder jene Clique jeweils zum Zuge kam. Kein Mensch dachte daran, den politischen Mechanismus selbst in Frage zu stellen. Er war nicht nur durch die moralische und gesellschaftliche Abhängigkeit des einfachen Mannes vom Adel, wie sie in dem Klientel- und Patronatswesen

---

[1] Siehe oben S. 81.

zum Ausdruck kam, garantiert, sondern auch durch den tief eingewurzelten Sinn der Römer für das alte Herkommen, den mos maiorum, geheiligt.

Wenn der gegenwärtige Zustand bedenkliche Anzeichen verriet, lagen sie in einer ganz anderen Richtung. Die Tendenz zu einer Überhöhung des persönlichen Ansehens einzelner Aristokraten und Aristokratengruppen war im Gang dieser Entwicklung so stark geworden, daß sie den elementaren Grundsatz der republikanischen Gleichheit und durchschnittlichen Gleichgewichtigkeit der einzelnen Adelsangehörigen und Adelsgruppen, ohne den kein aristokratisches Regime existieren kann, zu gefährden drohte. Das stete Bemühen der römischen Regierungskreise war vor 133 deshalb in erster Linie darauf gerichtet, innerhalb der Aristokratie diesen Grundsatz der Gleichheit zu gewährleisten und einer individuellen Privilegierung bei den politischen Chancen einen Riegel vorzuschieben.

Der natürliche Exponent der bekämpften Entwicklung war der Besieger Hannibals, der ältere Scipio Africanus, gewesen. Noch kein Römer zuvor hatte wie er im Mittelpunkt der römischen Geschichte gestanden und mit einem vergleichbaren Glanz das römische Volk beeindruckt. Durch dieses Prestige war er in die Lage versetzt, alle seine Standesgenossen zu übertrumpfen. Er hat von dieser Möglichkeit zwar keinen Gebrauch gemacht; aber der Argwohn und die Gegnerschaft bewußter Republikaner war trotzdem wachgerufen, und seine Gegner setzten deshalb alles daran, sein Ansehen zu erschüttern. Die treibende Kraft unter ihnen war der ältere Cato. Seine durch mehrere Jahre betriebenen Anstrengungen, den Ruf Scipios durch große Prozesse gegen seine Leute zu untergraben, führten dazu, daß Scipio 184 von der politischen Bühne abtrat und Rom verließ, um sich auf sein Gut in Kampanien zurückzuziehen, wo er im folgenden Jahr starb.

4. Reformen

Aber damit war das Problem als solches natürlich nicht erledigt. Es kam darauf an, daß die Wege, öffentliches Ansehen zu gewinnen, stärker kontrolliert und vor allem derartig auffällige Karrieren, wie die, durch welche Scipio schon in jungen Jahren auf den Gipfel der Popularität geführt worden war, unterbunden wurden. Die lex Villia annalis des Jahres 180 trug dafür Sorge, indem sie erst einmal den jungen Mann zehn Jahre — bis zum 27. Jahr — im Kriegsdienst festhielt und dann ein Mindestalter für die der Reihe nach zu bekleidenden politischen Ämter festlegte (der sog. suus annus), nach dem man frühestens mit 37 Jahren Ädil, mit 40 Prätor, mit 43 Konsul werden konnte und zwischen zwei Ämtern jeweils ein amtsloser Zwischenraum von zwei Jahren zu liegen hatte (sog. biennium). Aber auch das war noch nicht genug. Es war schon sehr früh (im vierten Jahrhundert) eine wiederholte Bekleidung des Konsulates durch Bestimmung eines zehnjährigen Zwischenraumes erschwert worden. Im Jahre 151 wurde sie überhaupt verboten, was freilich nicht verhinderte, daß das Gesetz in Fällen besonderen Bedürfnisses durchbrochen wurde, so gleich bei dem zweiten Konsulat des jüngeren Scipio 134, nachdem schon sein erstes Konsulat 147, das ohne vorhergehende Prätur und Ädilität von ihm angetreten war, ein Verstoß gegen die lex Villia gewesen war.

Der Leitgedanke eines solidarisch ausgeübten Zwanges, welcher die Spielregeln des politischen Kampfes im Sinne dieser gleichmäßigen Bemessung der Chancen festlegte, wurde ferner auf die Durchführung des Wahlkampfes erstreckt. Mehrere Gesetze gegen sog. ambitus wollten im zweiten Jahrhundert dafür Sorge tragen, daß bei der an sich notwendigen und durchaus legitimen Wahlbeeinflussung nicht hemmungslos von allen möglichen Methoden, wie etwa Verteilung von Geld an die Wähler, Gebrauch gemacht wurde. Von dem gleichen Bedürfnis geleitet, gelangte man zur geheimen Abstimmung, die bis dahin in Rom wie in allen konservativen Verhältnissen nicht bekannt gewesen war und die vor einer Terrorisierung der Wähler durch besonders skrupellose Kandidaten und ihren vornehmen Anhang schützen sollte.

Die Erkenntnis, daß die Herrschaft eines Standes nur so lange dauert, wie er innerlich in Ordnung ist, durchzieht die Innenpolitik der vorrevolutionären Epoche. Es entsprach alter und im Grunde selbstverständlicher Übung, daß man auch für die private Lebensführung einzustehen hatte und daß es einen inneren Zusammenhalt nur bei einem gewissen Gleichmaß von Lebensgewohnheiten gab und nichts so sehr ihn gefährdete, als wenn man der Willkür bei dem Gebrauch des Vermögens freien Lauf ließ. Ein Augenmerk auf diesen Punkt war nie so sehr angebracht wie in einer Zeit der Vermehrung des privaten Reichtums. In einer stattlichen Zahl von Luxusgesetzen (leges sumptuariae) wurde dem persönlichen Aufwand (bei Gastereien, beim weiblichen Schmuckbedürfnis) gesteuert und die Möglichkeit, Frauen auf dem Wege von Schenkungen und Erbschaften zu Geld kommen zu lassen, beschränkt.

Daß es um die innere, autonome Zucht der regierenden Klasse nicht mehr zum besten bestellt war, hatte man leider auch sonst allenthalben zu spüren, nicht zuletzt da, wo sie im Besitz der staatlichen Macht war und diese in den auswärtigen Beziehungen Roms betätigte. Die Annalen der römischen Verwaltung haben im zweiten Jahrhundert fortwährend von Ausschreitungen zu berichten, sei es, daß es sich um Erpressungen der Untertanen, sei es um Völkerrechtsbrüche und andere Gemeinheiten handelte. Dagegen wurde nachträglich freilich eingeschritten; aber ob dabei eine nachdrückliche Bestrafung herauskam, stand durchaus dahin. Gerichtsverfahren waren sehr umständlich und mußten vor dem Volk eingeleitet werden, was zu unerfreulichen Auftritten und Quertreibereien Anlaß gab und oft damit endete, daß die Einsetzung der angestrebten Untersuchungskommission unterblieb. Nachdem in der Mitte des Jahrhunderts wieder einmal ein derartiges Verfahren im Sande verlaufen war, wurde durch die lex Calpurnia eine ständige, aus Senatoren gebildete Untersuchungskommission (quaestio perpetua) eingerichtet (149 v. Chr.), die für jede hinfort anfallende Erpressungsanklage gleich zur Verfügung stand und das Urteil zu sprechen hatte. Es war der bezeichnende Versuch einer Selbstkontrolle der Aristokratie zum Schutze gegen die Auswüchse in den eigenen Reihen, bedeutsam ebenso durch das Bestreben, das sie verfolgte, wie durch die Notwendigkeit, welche sie dokumentierte.

5. Erfolglosigkeit der Reformen

In Wirklichkeit waren diese Versuche, der neuen Entwicklung Herr zu werden, erfolglos, zumal als sie während der Revolutionszeit in das Getriebe der Tagespolitik gezogen wurden. Korrekturen haben wenig Zweck, wenn sie nicht an die Wurzel rühren. Hier war durch den römischen Imperialismus ein neuer Menschentyp zutage getreten, der nicht nur der Versuchung bestimmter Übergriffe erlag, sondern der auch durch den Besitz persönlicher Macht, wie sie die Statthalterposten im Ausland mit sich brachten, in sich Wesenszüge einer bisher nicht bekannten Selbstherrlichkeit ausbilden mußte. In Rom stand auch die obere Gesellschaft ursprünglich unter der

Herrschaft strenger sozialer Normen und sorgten Brauch und Sitte, in der Zensur sogar mit einem besonderen Exekutivorgan ausgestattet, für eine von innen her gebändigte Lebenshaltung. Männer dagegen, die jahrelang sich draußen im Gebiete der Untertanen aufhielten, im Grunde ohne jede Aufsicht, und die dort im Gefolge einer im griechischen Osten heimischen Tradition wie Könige und Herrscher verehrt wurden, durch Aufstellung von Standbildern, Errichtung von Altären und allen den Formen einer mehr oder weniger ausgesprochenen göttlichen Verehrung, welche der hellenistische Glaube an die Epiphanie übermenschlicher Größe hervorgebracht hatte, waren verständlicherweise der Zucht und Ordnung ihrer Heimat damit entwachsen und nicht mehr imstande, den gesellschaftlichen Standard in der alten Weise aufrechtzuerhalten. Es war schwer zu sagen, wie solchen tiefgreifenden Rückwirkungen des römischen Imperialismus zu entgehen war. Die römische Aristokratie war in das Stadium einer gefährlichen Desintegration getreten, und als durch die Revolution das innere Leben Roms in Aufruhr geriet, mußten von hier ungehemmt die Kräfte individueller Eigenwilligkeit und Insubordination einströmen. Das soziale Gefüge Roms beruhte stärker als jedes andere auf der freiwilligen Anerkennung bestimmter Spielregeln, und es mußte in heillose Verwirrung geraten, wenn die Selbstverständlichkeit ihrer Beobachtung fraglich wurde.

Die ständigen Geschworenenhöfe, die in der Folgezeit eine starke Vermehrung erfahren sollten, hatten, ungeachtet des prozessualen Fortschritts, den sie darstellten, doch in erster Linie eine andere, nicht geahnte Auswirkung: Sie machten genau wie in Griechenland, woher man ihre Form übrigens entlehnt hatte, die Kriminaljustiz zum Forum des politischen Kampfes. Da man hierbei keine Offizialankläger kannte, mußte die Anklage von Privatleuten vertreten werden. Es stellte sich mit der Zeit heraus, daß dieses Geschäft vorzüglich dazu taugte, populär zu werden und sich einen Namen zu schaffen, und damit war es, seiner sachlichen Funktion entkleidet, zum Feld politischer Leidenschaft und politischen Ehrgeizes geworden. Der römische Staat hatte statt eines Heilmittels für gewisse Gebrechen sich einen Sprengstoff von manchmal peinlicher Wirksamkeit einverleibt.

6. Das „italische" Problem

Ein zweites Spannungsfeld bildete die politische Verfassung Italiens. Sie beruhte nach der alten Ordnung auf der Hegemonie Roms über eine große Zahl von Staaten, die, wenn sie auch echter Souveränität ermangelten, doch immerhin eine eigene Staatlichkeit besaßen und den Willen, diese zu wahren. Dieser Zustand hatte sich als notwendig aus der binnen kurzer Zeit durchgeführten Unterwerfung ergeben. Seitdem waren über hundert Jahre vergangen. Italien hatte an Roms Seite den Aufschwung zur Weltmacht mitgetragen, eine große Geschichte war beider gemeinsames Schicksal geworden, die sozialen Verflechtungen mit Rom hatten sich unvermeidlich verdichtet. Im Ausland machte man kaum mehr einen Unterschied zwischen ihnen. Beide galten in der oberflächlichen Beurteilung und Wertschätzung als Angehörige eines und desselben Staatsverbandes. Es konnte nicht ausbleiben, daß sich dieses Bewußtsein auch allmählich unter den Italikern selbst ausbreitete. Aber es waren auch sehr reale Faktoren, die diesen Vorgang förderten. Der wichtigste war die veränderte soziale Stellung der Hauptstadt Rom. Einst war Rom eine, wenn auch bedeutende Stadt Italiens gewesen. Inzwischen war es zur Weltstadt herangewachsen und wirkte auf die Bevölkerung Italiens wie ein Magnet. Die Verdienstmöglichkeiten, die es bot, der Reichtum, der sich in ihm ansammelte, das politische Getriebe internationalen Charakters, alles das lockte viele Italiker und unter ihnen vor allem die latinischen Geblütes, d. h. die Angehörigen der latinischen Kolonien, dahin. Wer einmal dort war, ging seiner Heimatgemeinde praktisch verloren und schwächte damit deren Kraft, moralisch und materiell. Die betreffenden italischen Gemeinden verloren dadurch nicht nur Einwohner, sondern mehr und mehr auch die Überzeugung, eigene Staatswesen zu sein. Es konnte gar nicht ausbleiben, daß das Bewußtsein der Eigenstaatlichkeit allmählich dahinschwand und das Gefühl der Zugehörigkeit zu Rom sich mehr in den Vordergrund schob. Es war auch klar, daß, je länger die Symbiose mit Rom währte und je stärker die Werbekraft des römischen Wesens wurde, desto mehr auch die lateinische Sprache Verbreitung fand und der Gebrauch der eigenen zurücktrat. Im Hannibalkrieg hatten süditalische Städte die Eingemeindung nach Rom, welche man ihnen antrug, zurückgewiesen mit der Begründung, sie möchten ihre Sprache behalten, und damals war das eigentlich selbstverständlich. Dasselbe wäre in der Mitte des Jahrhunderts nicht mehr ohne weiteres denkbar gewesen.

Der Prozeß war natürlich und notwendig, und die politische Praxis Roms selbst wurde in ihn hineingezogen. Bei der gegenseitigen Verquickung der lokalen Verhältnisse war es unsinnig geworden, in den Staatsgrenzen in jedem Fall Souveränitätsgrenzen zu sehen. Was für Rom galt, mußte nicht minder notwendig für die Angehörigen der italischen Bundesstädte sein. Als im Jahre 186 eine Panik in Rom wegen der bacchischen Mysterienkulte ausbrach und man sie dort verbot, wäre es undenkbar gewesen, sie auf italisches Bundesgebiet ausweichen zu lassen. Der Senatsbeschluß über die Bacchanalien galt deshalb für ganz Italien. Von einem Luxusgesetz des Jahres 142 ist das gleiche bekannt. Einen römischen Beamten im italischen „Ausland", d. h. ein paar Meilen jenseits der Stadtgrenze, weniger als in Rom zu respektieren, war eine Unmöglichkeit. Es war nun einmal so: Die Italiker waren unter dem Zwang einer unvermeidlichen Entwicklung auf dem Wege, Angehörige des römischen Volkes zu werden.

Das hätte an sich, natürlich wie es war, keine Komplikation zu bedeuten brauchen, vorausgesetzt, daß die politische Entwicklung damit Schritt gehalten hätte. Aber gerade hieran gebrach es, wobei die Schuld wahrscheinlich weniger am schlechten oder verkehrten Willen als am Mangel einer konstruktiven Phantasie lag. Wenn die römische Regierung auf der einen Seite keinen Anstand nahm, die Italiker unter bestimmten Umständen als Römer zu behandeln, so war sie andererseits doch völlig unfähig, sich auch sonst hierauf einzustellen, zumal in Situationen, welche für die Italiker erheblich waren, und dies selbst dann, wenn es ohne besondere Umstände sich hätte einrichten lassen. Für das römische Heer war um die Wende des dritten zum zweiten Jahrhundert die Todes- und Prügelstrafe abgeschafft worden, indem man den alten römischen Grundsatz des bürgerlichen Rechtsschutzes auf das Militär ausdehnte. Infolgedessen war das gleiche für die Bundesgenossen unterblieben, obgleich die Beseitigung einer solchen Ungerechtigkeit nur geringe Aufmerksamkeit und ein bißchen Loyalität erfordert hätte. Bei der Entlohnung aus der Beute und Triumphalgeschenken hatte man sich daran gewöhnt, die Bundesgenossen schlechter als ihre römischen Mitkämpfer zu behandeln. Das war nicht nur unfair, sondern auch sehr kurzsichtig; denn nichts verbittert die Menschen bekanntlich so sehr wie Mißachtung und Hintansetzung in Kleinigkeiten.

Schwieriger war eine andere Frage: Die Kontingente der Bündner wurden mit Hilfe von Matrikeln, welchen die Bürgerlisten zugrunde lagen, aufgerufen. Die wirkliche Stärke der Bundesgemeinden war aber infolge des Bevölkerungsabflusses nach Rom geringer. Deshalb wurden diese in Rom vorstellig, worauf die Römer mit polizeilicher Entfernung der Fremden antworteten. Natürlich war das ein unzulängliches, höchstens für den Augenblick wirksames Mittel und führte nur zu einer doppelten Verstimmung, erstens bei denen, welche sich beschwert hatten, und dann bei den durch die Ausweisung Betroffenen. Es konnte nicht ausbleiben, daß so das Mißverhältnis zwischen sozialer Wirklichkeit und politischer Ordnung bei den Italikern allmählich das Gefühl auslöste, einer minderberechtigten Gruppe anzugehören, und wie es in Zeiten, in denen man die Zügel schleifen läßt, zu gehen pflegt: Rom nahm die Dinge nicht nur hin, sondern gefiel sich des öfteren darin, die Italiker mit Mutwillen von oben her zu behandeln und sich so zu benehmen, als ob man es nicht mit Bundesgenossen, sondern mit niedrig gestellten Untertanen zu tun hätte. Es sind mehrere Fälle bekannt, wo römische Beamte auf der Durchreise die ihnen Unterkunft gewährenden italischen Stadträte „en canaille“ traktierten.

7. Die soziale Krise

Der dritte Fragenkomplex war gekennzeichnet durch eine allgemeine Sozialkrisis elementaren Charakters. Unmittelbar vor 133 war in Sizilien ein Sklavenaufstand ausgebrochen. Träger waren in erster Linie die Sklavenscharen, meist östlicher Herkunft, welche als Hirten auf den Weiden der großen Viehbesitzer ein verhältnismäßig ungebundenes Leben führten. Der Aufstand nahm solche Ausmaße an, daß er mit Militärgewalt niedergeschlagen werden mußte. Er war an sich ein lokales Ereignis, obgleich er anfangs auf Italien und etliche Gegenden Griechenlands (wie Attika und Delos) überzuspringen schien. Aber da wurde er mit geringer Mühe gleich im Keim erstickt. Trotzdem kommt dieser Tatsache eine allgemeine Bedeutung zu.

Sklavenaufstände waren in der Antike an sich etwas Seltenes. Wenn sie seit Anfang des zweiten Jahrhunderts häufiger auftraten, dann war das ein Zeichen dafür, daß das Sklavenwesen ungewöhnliche Maße erreicht hatte und die Zahl der Sklaven im Vergleich zu früher außerordentlich gewachsen war. In der Tat ist dies ein Charakteristikum der Epoche, welche durch den römischen Imperialismus heraufgeführt war und mit der Revolutionszeit in ein kritisches Stadium trat. Auf der einen Seite waren durch die römischen Siege ungeheure Kapitalien angehäuft worden; auf der anderen war im gleichen Zusammenhang durch das Überangebot von Kriegsgefangenen der Preis für die unfreien Arbeitskräfte unverhältnismäßig gefallen. Beides zusammen ergänzte sich in der günstigsten Weise dahin, daß einem großen Sklavenangebot entsprechende Abnahmemöglichkeiten gegenübertraten. Die unvermeidliche Folge konnte nur sein, daß der neue Kapitalismus römischer Prägung mehr als je ein anderer antiker Kapitalismus die Verwendung von Sklaven förderte und die Sklaverei zu einer sozialen Massenerscheinung wurde, wie sie bisher unbekannt gewesen war. Die Sklaven bildeten einen wesentlichen Bestandteil des Betriebskapitals in der Industrie und der Großgrundwirtschaft und wurden, aufs Ganze gesehen, da es galt, auf rationelle Weise möglichst viel mit Profit aus ihnen herauszuwirtschaften, ungleich schlechter behandelt als früher. Das hatte wiederum eine strengere Aufsicht, Kasernierung und zum Teil Fesselung in Sklavenhäusern (ergastula) zur Folge. Wenn man ihnen aus Gründen der Beschäftigung (etwa als Hirten) Freiheit lassen mußte, versorgte man sie schlecht, um die Gestehungskosten möglichst niedrig zu halten. Es soll in Sizilien vorgekommen sein, daß sie für ihren Unterhalt von den eigenen Herrn auf den Straßenraub verwiesen wurden. Man darf sich infolgedessen über die sich nun immer wiederholenden Sklavenaufstände nicht wundern. Sie bilden einen der vielen dunklen Schatten, welche auf die soziale Verfassung der Zeit fielen.

Parallel dazu steht die allgemeine Verarmung, welche seit dem zweiten Jahrhundert im griechischen Osten immer mehr um sich griff und durch die römische Eroberung verständlicherweise gefördert wurde. Die Zusammenballung von großen Vermögen, in erster Linie in den Händen der im Osten sich ausbreitenden römischen Geschäftsleute und Gouverneure, steht die Proletarisierung weiter Schichten gegenüber. Wir wissen, daß dieser Prozeß in den letzten Auseinandersetzungen Roms mit dem Osten eine wichtige Rolle gespielt hat, und es sollte sich auch in der Folgezeit zeigen, daß er eine Quelle schwieriger außenpolitischer Komplikationen wurde.

Diejenigen Möglichkeiten und Gefahren allerdings, die für ein modernes Auge in ihm zu liegen scheinen, haben sich nicht realisiert: es kam zu keinem echten Klassenkampf. Eine der Hauptursachen dafür war, daß das Proletariat, getreu dem alteingewurzelten Bewußtsein des absoluten Klassenunterschiedes, mit den Sklaven nicht gemeinsame Sache gemacht hat und die Erfordernisse für eine echte Interessenkoalition beider Gruppen nicht zu erfüllen waren. Sie hätten nur in einer die Massen formenden und die Grenzen des Raumes und des Standes überspringenden allgemeinen Ideologie liegen können. Wären hierdurch die in den Umständen gegebenen, latenten Energien geweckt worden, hätte das möglicherweise zu einer gewaltigen Katastrophe geführt, obgleich auch auf diesem Höhepunkt der Sklaverei es nie zu den krassen Verhältnissen wie in den nordamerikanischen Südstaaten mit einer Beteiligung von mehr als 50 Prozent Sklaven an der Gesamtbevölkerung kam. Aber die Voraussetzungen hierzu traten nicht ein. Das freie Proletariat benutzte die Sklavenunruhen wohl zu Plünderungen auf eigene Faust; aber eine geschlossene Front und eine echte soziale Bewegung sind nicht entstanden. So blieb der antiken Gesellschaft das Unheil erspart, wirklich in zwei sich auf Tod und Leben bekämpfende Teile auseinanderzubrechen.

8. Die Agrarkrise

Zu einer ernsthaften Zuspitzung besonderer Art führten diese Verhältnisse jedoch in Italien. An ihnen hat sich dann auch die Revolution entzündet. Wenn Rom der Nutznießer des neuen, auf der Eroberung und damit zuvörderst auf Raub beruhenden Kapitalismus war, so waren dort die Rückwirkungen auf den sozialen Körper auch am stärksten und trafen vor allem auf eine wirtschaftliche und gesellschaftliche Ordnung, die in keiner Weise vorbereitet war, solche Stöße aufzufangen. Wenn man von einigen griechischen Städten absieht, war Italien im Vergleich zum Osten bis zum Hannibalkrieg weit im Rückstand. Die ökonomische Struktur Roms war noch während der unmittelbar der weltpolitischen Phase vorausgehende Periode der Unterwerfung Italiens so primitiv gewesen, daß sie bis zum Jahre 269 v. Chr. die Verwendung gemünzten Geldes nicht kannte. Hundert Jahre später war der römisch-italische Kaufmann nicht nur eine häufige Figur in den Handelszentren des Ostens, sondern schickte sich bereits an, den politischen Mittelpunkt der Welt auch zum Zentrum des internationalen Kapitalmarktes und Bankwesens zu erheben.

Am wirkungskräftigsten für die inneren Spannungen wurde jedoch der Zusammenprall des siegreichen Kapitalismus mit der römisch-italischen Agrarverfassung, dem eigentlichen Fundament der römischen Sozialordnung. Es wäre wahrscheinlich eine unzulässige Idealisierung, sich den älteren römischen Staat als eine reine Bauernrepublik mit ausschließlich mittlerem und kleinerem Grundbesitz vorzustellen. Die hervorragende Rolle, welche zuerst das Patriziat und dann die patrizisch-plebejischen Geschlechter von Anfang an in der römischen Geschichte spielten, ist ganz undenkbar ohne eine wesentliche Differenzierung der ländlichen Vermögensbedingungen. Zweifellos hatte von jeher ein Widerstreit zwischen den ökonomischen Interessen der größeren Landeigentümer und dem „Bauerntum" bestanden; aber es hatte sich bis in das dritte Jahrhundert immer wieder ein Ausgleich gefunden. Ermöglicht hatte ihn die Ausbreitung der römischen Macht in Italien, welche Mittel für eine großzügige Kolonisation an die Hand gab. Infolge ihrer Verkoppelung mit militär-politischen Sicherungsaufgaben war diese Kolonisationspolitik im allgemeinen nicht umstritten. Das wurde zum ersten Mal anders, als unmittelbar vor dem Hannibalkrieg um die Aufteilung des gallischen Landes an der nordöstlichen Adriaküste (ager Picenus) gekämpft werden mußte und Flaminius seine erfolgreiche Agitation entfaltete. Der Hannibalkrieg hat dann wiederum, zum letzten Mal auf der Grundlage des römisch-italischen Föderativverhältnisses, die römische Gemeindemarkung durch Gewinnung weiteren italischen Landes vergrößert. Der Nutzen für die römische Kolonisation blieb danach auch nicht aus. Eine Anzahl wichtiger Kolonien sind zwischen 200 und 150 v. Chr. gegründet worden, teils latinischen, teils römischen Rechtes, und auch an Viritanassignationen (Gründung von Einzelhöfen) in erheblichem Umfang hat es nicht gefehlt. Schätzungsweise sind damals etwa hunderttausend Familien untergebracht worden[1].

Es läßt sich schwerlich bestreiten, daß die römische Innenpolitik weiterhin auf dem Weg blieb, den sie schon immer verfolgt und dem sie ihre großen Erfolge zu verdanken hatte. Man war sich keineswegs untreu geworden. Es bestand jetzt nur die Frage, ob die Verhältnisse, aus welchen diese Methode hervorgegangen war und denen sie entsprach, noch zutrafen. An diesem Punkt tat sich nun aber ein Riß auf. Erstens einmal: Die Wechselbeziehung von Eroberung und Kolonisation mußte beim notwendigen Ausfall weiterer Annexionen in Italien verschwinden und dadurch die Fortsetzung der Kolonisation unter den alten Bedingungen unmöglich machen. Zweitens: Wenn nach dem Hannibalkrieg die Kolonisation auch weiterging und damit die alte Entwicklung fortgesetzt wurde, so hatte der Krieg seinerseits das bisherige Ergebnis der Sozialpolitik sehr erschüttert. Die Nöte der Verwüstungen und die hohen Blutverluste hatten gerade die Masse des Bauerntums schwer getroffen. Um diese Verluste auszugleichen und vor allem der durch sie ausgelösten Landflucht (infolge Mangels an Betriebsmitteln zum Wiederaufbau der mittleren Landwirtschaft) zu begegnen, hätte es mehr als nur der Fortsetzung einer althergebrachten Routine bedurft. Aber statt dessen, und das bildete den Hauptfaktor, waren die wirklich aktiven Kräfte, welche

[1] Vergleiche oben S. 95 f.

auch die Unterstützung aller Zeitumstände hatten, gerade in der entgegengesetzten Richtung tätig.

Auf der einen Seite war der Bauernstand, ohnehin sich in Konkurrenz mit dem Großgrundbesitz befindend und, auf die Länge besehen, der Ausweichmöglichkeiten beraubt, geschwächt; auf der anderen trat ihm der Gegenspieler nicht nur in seiner natürlichen Überlegenheit, sondern, durch die Ansammlung flüssigen Kapitals in seinen Händen, wesentlich gestärkt gegenüber. Und nun war der römische Amtsadel durch die agrarische Normierung des standesgemäßen Unterhaltes noch dazu gezwungen, seine finanziellen Mittel dem agrarischen Sektor der Wirtschaft zuzuführen. Was unter solchen Bedingungen unvermeidlich war, stellte sich auch ein. Die Landwirtschaft wurde kapitalisiert und nach dem Grundsatz des größten ökonomischen Ertrages umgebaut. Wer die Mittel besaß, suchte auf alle Weise seine Bodenrente zu vergrößern. Mehrere Güter in einer Hand, die der Eigentümer unmittelbar gar nicht mehr überwachen konnte, wurden für den Großgrundbesitz die Regel. Nach rationellen Methoden wurde der Ertrag gesteigert. Das hieß praktisch: man gab den weniger profitablen Getreideanbau auf oder beschränkte ihn auf die Grenzen des eigenen Bedarfs, ging zur Herstellung arbeits- und ertragsintensiverer Güter wie Öl und Wein über und stellte sich damit auf einen großen, überlokalen Markt ein. Der andere Weg, um zu einem großen Einkommen bei verhältnismäßig geringen Kosten zu kommen, führte zur Weidewirtschaft und Wolleproduktion. Bei genügend großen Flächen ließ sich da mit wenig Arbeitskräften großer Gewinn erzielen. Unter diesem Gesichtspunkt war der Grund und Boden nichts als eine Form des Kapitals, das es auszunutzen und zu mehren galt. Der ältere Cato war der Typ eines solchen Landwirtes und hat dieser kapitalistischen Gesinnung in seinem Buch über die Landwirtschaft einen sprechenden Ausdruck mit den prägnanten Worten gegeben, ein Hausvater habe auf Verkauf und nicht auf Kauf eingestellt zu sein (patrem familias vendacem, non emacem esse oportet).

Als nach dem Hannibalischen Krieg viele Güter verwahrlost waren, machte es bei reichen Betriebsmitteln keine Schwierigkeit, sie wiederherzustellen. Wo diese aber fehlten — und das war die Situation des kleinen Grundbesitzes —, da war es am bequemsten, das Gut loszuschlagen. Der Liebhaber war in der Person des Großgrundbesitzers bereits zur Stelle. Es wurde also ganz unvermeidlich der mittlere und kleine Grundbesitz in einen Sog hineingezogen.

Die schlimmste Situation entstand für ihn aber da, wo er durch keine festen Eigentumsgrenzen geschützt war. Ein großer Teil des römischen und italischen Grundbesitzes befand sich in dieser Lage. Es handelte sich dabei um Land, das rechtlich dem Staate gehörte (ager publicus), aber von ihm der freien Benutzung freigegeben war. Ursprünglich mag der Gedanke gewesen sein, noch nicht urbar gemachtes Land durch diese der privaten Initiative entspringende Okkupation (deshalb heißt dieser Teil des Staatslandes auch ager occupatorius) wirtschaftlich zu erschließen, wobei man den Zins (das vectigal) in erster Linie zur Anerkennung des staatlichen Eigentums erhob. Nach dem Hannibalkrieg ist dieser Regel aber anscheinend auch das bei Kriegsende annektierte italische Land, das zum größten Teil schon bebaut war, unterworfen worden. Es war klar, daß bei einem Zugriff auf den ager occupatorius der wirtschaftlich Starke mit seinen größeren Betriebsmitteln dem Schwachen überlegen war, eine

Konstellation, die gerade für diese Zeit des kapitalistischen Aufschwunges und bei ihren verlockenden Bedingungen der Okkupation zutraf. Offenbar ist die Gefahr, welche dadurch für den minderbemittelten Konkurrenten entstand, bald erkannt und der Versuch gemacht worden, die Okkupationsquoten zu begrenzen durch ein Maximum von 500 Morgen, aber praktisch stand das Gesetz nur auf dem Papier. Im Gegenteil: Der Ausdehnungsdrang des Großgrundbesitzes wandte sich nicht nur gegen diese neu auftretenden Bewerber, sondern ebenso gegen die Altbesitzer. Es war nicht schwer, sie zu verdrängen. Mit Überredung (in Verbindung mit Geldentschädigung) und Anwendung sachter Gewalt konnte man sie leicht zur Aufgabe ihres Besitzes bringen, da es ja kein volles Eigentum gab und im Gerichtsgang in erster Linie nach der tatsächlichen Verfügungsgewalt, dem Besitz, entschieden wurde.

Das Staatsland mit der Möglichkeit zu freier Entfaltung war die eigentliche Domäne für die Entwicklung des agrarischen Kapitalismus. Er benötigte aber noch etwas anderes: die Arbeitskräfte für den landwirtschaftlichen Großbetrieb. Als solche standen importierte Sklaven zur Verfügung, vor allem für die Weidewirtschaft, wo man Sommer und Winter einen gleichmäßigen Bedarf an Hirten hatte. Aber man hat weder ausschließlich noch wahrscheinlich zum größeren Teil mit Sklaven gearbeitet. Es war im Grunde vorteilhafter, freie Arbeiter zu verwenden, die man für die jeweils anfallenden Arbeiten anwarb und danach wieder entlassen konnte. Das Material war leicht in den deklassierten Bauern zu finden, die auf diese Weise zu einem ländlichen Proletariat wurden. Ein anderer Teil von ihnen, und wahrscheinlich in erheblichem Umfang, floß in die Städte, d. h. vor allem nach Rom ab, um in der reichen Weltstadt ein Unterkommen zu finden; diese Leute wurden dann das Material für das immer mehr anschwellende städtische Proletariat.

§ 10. Die Entzündung der Revolution durch die Gracchen und der Gegenschlag der Restauration

a) Tiberius Gracchus

1. Die Reformidee. — 2. Persönlichkeit des Tiberius Gracchus. — 3. Der Verfassungsbruch. — 4. Das Ackergesetz des Tiberius Gracchus. — 5. Die Katastrophe.

1. Die Reformidee

Unter den verschiedenen Veränderungen im sozialen Gefüge des römischen Staates erweckte allein die Proletarisierung des Bürger- und Bauerntums die Aufmerksamkeit der Politiker. Zu ihnen zählten indes keineswegs die unmittelbar Betroffenen; eine vom Proletariat getragene Bewegung existierte nicht einmal in den Ansätzen. Die Regierungskreise selbst waren es, bei denen sich die Sorge und der Wunsch, der verhängnisvollen Entwicklung entgegenzutreten, meldete. Man hatte auch bedenkliche Beobachtungen machen müssen. Roms Ansehen und Macht beruhten auf seiner Wehrkraft und seinem Militärsystem. Das römische Milizheer setzte eine sozial leistungsfähige Bevölkerung von durchschnittlichem Vermögen voraus. Für ein armes Proletariat war in ihm kein Platz. Wenn jene Schicht, auf die man angewiesen war, aber dahinschwand, dann war es mit dem Heer, das in dem letzten Jahrhundert die ganze Welt besiegt hatte, vorbei. Die zwei Jahrzehnte der schweren spanischen Kriege hatten zudem sehr große Opfer gekostet. Es handelte sich schätzungsweise um einen Verlust von 200 000 Mann. Man konnte sich nicht länger dem Eindruck verschließen, daß etwas geschehen müsse, um Rom und seine Stellung in der Welt zu erhalten.

Der Ansatz war also ausgesprochen konservativ, und die Männer, die sich so in ihrem Verantwortungsbewußtsein angesprochen fühlten, waren die besten Elemente der römischen Aristokratie. Jedenfalls gilt das für den Kreis um den jüngeren Scipio, der selbst kraft seiner Abstammung und seiner großen politisch-militärischen Verdienste zu den hervorragendsten Vertretern der römischen Nobilität zählte. Laelius, ein Mann seiner Umgebung, dem er die politische Karriere gebahnt hatte, sollte den Vorstoß wagen und ein neues Gesetz zur Stärkung des Bauerntums auf Kosten der reichen Besitzer des Gemeindelandes beantragen (140 v. Chr.). Aber ein Sturm der Entrüstung bei den Großgrundbesitzern erstickte den Versuch im Keim.

2. Persönlichkeit des Tiberius Gracchus

Daraufhin setzte eine andere adlige Gruppe an, die mit Scipio und dessen Anhängern verfeindet war. Ihr Haupt war Appius Claudius Pulcher, Angehöriger eines der vornehmsten römischen Geschlechter, wenn auch selbst ohne besondere politischen Verdienste, doch dafür um so ehrgeiziger. Sein wenig ruhmvolles Konsulat (143 v. Chr.) hatte er unter Verstoß gegen Recht und Sitte mit einem Triumph gekrönt. Dafür ragen unter seinen politischen Freunden zwei Brüder, ebenfalls aus bester Familie, hervor, die ihr großes Ansehen vor allem ihren juristischen Kenntnissen und Werken verdanken und — zusammen mit späteren Familienangehörigen — den im zweiten Jahrhundert ausgezeichneten Typ des römischen Adelsjuristen verkörpern: Publius Mucius Scaevola und Publius Licinius Crassus Dives Mucianus. Diese Männer sprangen jedoch nicht selbst in die politische Arena — dabei war Scaevola im Jahre 133 Konsul —, sondern liehen sich den Schwung, die Anmut und die geistigen Vorzüge eines jungen Aristokraten, der mit dem Enthusiasmus der Jugend die Reformidee sich zu eigen gemacht hatte. Es war Tiberius Sempronius Gracchus, von Claudius zu seinem Schwiegersohn ausersehen, von seiten der Familie und auf Grund persönlicher Reibereien, ungeachtet enger verwandtschaftlicher Beziehungen, ein Gegner des Scipio wie die anderen auch. Sein Vater war eine von Freund und Feind geachtete Persönlichkeit gewesen und hatte zu den glänzendsten Vertretern der römischen Nobilität gehört. Seine Mutter war Cornelia, eine Tochter des älteren Scipio Africanus und galt der Nachwelt wahrscheinlich mit Recht als der Inbegriff römischen Frauentums. Tiberius Gracchus gehörte wie die Leute um Scipio Aemilianus und manche anderen Römer auch zu denjenigen, welche mit dem griechischen Geist in innige Berührung getreten waren. Unter seinen nächsten Freunden befanden sich griechische Literaten, und er selbst verriet durch seine Werke, daß er mit griechischem Wesensgut umzugehen wußte. In seiner berühmten Schilderung der erbärmlichen Lage des gemeinen Mannes wandelte er einen kynisch-stoischen Gedanken für seine Zwecke ab, indem er den Gegensatz des tierischen und menschlichen Daseins zum historischen Schicksal der römischen Bauern machte. „Die Tiere in Italien haben ihre Behausung und ihr Lager und wissen, wo ihr Unterschlupf ist; den Männern, die im Kampf für

Italien ihr Leben dransetzen, ist gerade Luft und Licht gegönnt, aber Haus und Hof versagt man ihnen und läßt sie mit Weib und Kind draußen herumirren, und wenn ihnen von ihren Führern zugerufen wird, sie sollten sich für Grab und Altar in der Heimat in die Schanzen schlagen, dann ist das eine Lüge. Denn sie haben keinen väterlichen Altar noch ein Grabmal, sondern sterben für fremden Luxus und Reichtum, angeblich die Herrscher der Welt, in Wirklichkeit nicht einmal Herr über eine eigene Erdscholle."

3. Der Verfassungsbruch

Tiberius Gracchus war entsprechend seinem Alter und seinem bisherigen Leben, das er vorwiegend im Kriegsdienst zugebracht hatte, ein politischer Neuling und mußte sich deshalb der Umsicht seiner politischen Freunde anvertrauen. Sie ließen ihn zum Volkstribunen wählen und beauftragten ihn, in dieser Eigenschaft die gesetzgeberische Initiative zu ergreifen. Tiberius Gracchus warf sich mit Begeisterung auf den Plan, brachte die betreffenden Gesetze ein, überzeugt, daß gegen ein derartig ideales Wollen kein Widerstand sich erheben werde. Da trat aber ein Kollege im Tribunat, Marcus Octavius, auf und drohte ihm für die Abstimmung mit dem Veto. Gracchus war ob dieser Opposition fassungslos, und doch war sie das Selbstverständlichste von der Welt. Octavius handelte im Sinne aller derjenigen, welche von der regierenden Klasse gegen diesen politischen Kurs waren. Sich mit ihnen auseinanderzusetzen, wäre Sache von internen Verhandlungen und Beratungen im Senate gewesen. Nach damaliger Verfassungsübung trat das Tribunat mit einer Gesetzesinitiative nur in Tätigkeit, wenn diese Vorentscheidung gefallen war. Es war im Grunde schon revolutionär, daß dies hier anscheinend unterblieben war. Das Interzessionsrecht (Einspruchsrecht) diente für solche Fälle als legitimes Sicherheitsventil. Tiberius Gracchus bemerkte zu spät, daß er bereits zu Fall gekommen war. Es half nicht, daß er sein eigenes Interzessionsrecht zu Repressalien gegen die Staatsverwaltung verwandte. Die Gegensätze verhärteten sich dadurch erst recht. Von Leidenschaft getrieben und doch gepeinigt von Gewissensbissen, tat er den nächsten Schritt, der ihn nun in die klar vor aller Augen liegende Illegalität stieß. Er machte Octavius gleichsam den Prozeß und ließ ihn durch die Volksversammlung absetzen, eine Maßnahme, die jedem kühl denkenden Römer das Blut in den Adern zum Erstarren bringen mußte; denn damit war einer der heiligsten Sätze des römischen Staatsrechts, die Unverletzlichkeit des Volkstribunen, angetastet. Nur durch die Aufgewühltheit der allgemeinen Stimmung ist es zu erklären, daß das Volk mitmachte und sich durch den dialektischen Beweisgang überzeugen ließ, daß ein Volkstribun, der gegen das Interesse des Volkes handele, sein Amt verwirkt habe.

Unversehens war damit die Revolution entfesselt; denn, wie sich später zeigte, war in Wirklichkeit viel mehr geschehen als ein einzelner Verfassungsbruch. Tiberius Gracchus nahm mit einem Schlag die gesamte Verfassungsentwicklung seit dem Ständekampf zurück. Das Volkstribunat wurde durch ihn wieder eine revolutionäre Instanz und mit dem Anspruch ausgestattet, als selbständige politische Mitte zu gelten und im Verein mit dem Volk gegebenenfalls zu regieren. Damit war für die nächsten vierzig Jahre die Methode der Revolution festgelegt. Wo sie sich in Szene setzte, ist ihr Träger immer ein Volkstribun; man kann geradezu eine Phase der Revolution nach diesem Merkmal charakterisieren.

4. Das Ackergesetz des Tiberius Gracchus

Was sich hier vollzogen hatte, war infolgedessen, wenn man den Gang der ganzen Entwicklung im Auge behält, viel wichtiger als die sachliche Frage, welche den Anlaß zu dem folgenschweren Verfassungsbruch gegeben hatte. Die Gesetzesvorlage des Tiberius Gracchus wurde nach der Beseitigung des Hindernisses — der Ersatzmann des Octavius, ein gewisser Mummius, war natürlich loyal — selbstverständlich ohne Schwierigkeit angenommen. Mit der ersten wurde das alte Gesetz, welches das Okkupationsmaximum auf dem Staatsland auf 500 Morgen bestimmte, erneuert, aber zugleich mit dem liberalen Zusatz versehen, daß sich für die ersten zwei Söhne das Maß um je 250 Morgen erhöhte. Was darüber hinaus an Staatsland, genauer an ager occupatorius, besetzt war, sollte zu Siedlungszwecken von seinen bisherigen Inhabern freigegeben werden. Die neuen Parzellen von je dreißig Morgen sollten weiter zum Schutz gegen freie Veräußerungen im Obereigentum des Staates bleiben und für die Kolonisten eine Art von gebundenem Eigentum begründet werden, eine Maßnahme, die verriet, daß die Reformer über die Ursache des sozialen Elends gründlich nachgedacht hatten. Die hier in Angriff genommene Bodenreform war für die Betroffenen ein harter Schlag, hatten sie doch in dem frei okkupierten Boden manches Kapital angelegt. Es kennzeichnet die in den eigentlichen Fragen durchaus besonnene und billige Denkungsweise der Reformer, daß eine Entschädigung für die Investierungen in Aussicht genommen war. Ohnehin sollte mit finanzieller Unterstützung (zuvorderst für die Siedler) nicht gegeizt werden, nachdem die Römer eben durch den Tod von Attalos III. von Pergamon auf Grund von dessen Testament Erben auch seines großen Barvermögens geworden waren. Schließlich wurde noch eine Kommission von drei Männern (unter ihnen — neben Tiberius Gracchus — Appius Claudius, der geistige Vater aller dieser Maßnahmen) zur Durchführung der Beschlüsse gewählt; etwas später wurde diese zweckmäßig auch mit der Befugnis ausgestattet, in den unvermeidlichen Streitigkeiten bei der Einziehung des Landes als Gerichtshof aufzutreten. Damit war auch in der Exekutive der Senat ausgeschaltet, eine nach der ganzen Lage der Dinge freilich unvermeidbare Maßnahme.

5. Die Katastrophe

Im Volke herrschte eine gehobene und begeisterte Stimmung. Eine enthusiastische Erregung hatte sich der Massen bemächtigt. Die Reform hatte psychologisch richtig eingeschlagen. Die Gemüter waren von Hoffnung erfüllt. Schwung und Bewegung war in die Menschen gekommen. Bis in die Nacht ergingen sich Schwärme und Trupps fröhlicher Leute auf der Straße. Alle Herzen waren natürlich bei dem Manne, der als Urheber und Retter dastand, bei Tiberius Gracchus. Ihm selbst und seiner Sache war der Aufbruch der Gefühle freilich nicht dienlich. Das neumodische Treiben, welches deutliche Zeichen einer Volks- und Massenbewegung trug, war jedem ordnungsliebenden Römer, auch wenn er kein unbedingter Gegner der agrarischen Reformidee war, zuwider; ebenso wie auch die Durchbrechung der fundamentalsten Verfassungsregeln für jeden politisch Verantwortungsbewußten ein Schlag ins Gesicht war.

Wahrscheinlich hätte man auf der Seite der Opposition sich sogar mit der Zeit bereit gefunden, die Bodenreform hinzunehmen. Aber gegen den revolutionären Urheber sann man auf Rache. Sobald sein Tribunat abgelaufen war, hatte man die Freiheit des Handelns wiedergewonnen. Tiberius Gracchus umgekehrt — und damit setzte die revolutionäre Dynamik sich fort — konnte das nicht abwarten. Er mußte Vorkehrung treffen; diese hieß: anschließende Bekleidung des Tribunates für nochmals ein Jahr, d. h. nochmaliger Verfassungsbruch. Das brachte nun die Atmosphäre auf Siedetemperatur und ließ die Politik in blindwütendes Handeln umschlagen. Tiberius Gracchus war im Begriff, seine Wahl durchzusetzen, ohne daß der einzige verfassungsmäßige Gegenzug, die Interzession der Tribunen, in Anwendung kam. Durch die Fäuste seiner Anhänger waren sie lahmgelegt worden. Der Senat, der nicht weit von der Volksversammlung, wo die Wiederwahl vorgenommen werden sollte, tagte, nahm seine Zuflucht zu einer Vorstellung, die wir als Staatsnotstand bezeichnen würden und welche als solche im damaligen Rom noch unbekannt war, und drang in den vorsitzenden Konsul, sich zur unmittelbaren Aktion ermächtigt zu sehen. Als dieser — es war Scaevola, der Anhänger des Tiberius Gracchus — sich unter Berufung auf juristische Bedenken weigert, etwas zu unternehmen, stürmen unter Führung des Senators Scipio Nasica der Senat und seine Anhänger in die Wahlversammlung, jeder bewaffnet mit dem, was er gerade greifen konnte. Es kommt zum Handgemenge, und mit vielen Anhängern findet Tiberius Gracchus den Tod. Damit war nun auch der letzte Schritt zur Revolution getan. Ein tumultuarisches Verfahren hatte in einer mit legalen Mitteln nicht mehr zu bändigenden Situation den Austrag der Gegensätze gebracht. Blut war geflossen. Im Laufe eines Jahres war bei dem Versuch einer Reform die Grundmauer des Staates geborsten.

b) Gaius Gracchus

1. Vorbereitung. — 2. Persönlichkeit des Gaius Gracchus. — 3. Die politische Thematik des Gaius Gracchus. — 4. Die politische Strategie des Gaius Gracchus. — 5. Die Agrarreform des Gaius Gracchus. — 6. Die Niederlage des Gaius Gracchus.

1. Vorbereitung

Das grausame Ende des Tiberius Gracchus schien einen triumphalen Sieg seiner konservativen Gegner zu bedeuten; aber diesen selbst war dabei keineswegs wohl. Man konnte auch beim besten Willen nicht behaupten, daß nun der politische Horizont sich aufgehellt hätte. Es sah düster aus, nicht nur in Italien, sondern ebenfalls in den Provinzen. Der Sklavenaufstand auf Sizilien wurde erst im folgenden Jahr niedergeschlagen. Auch in Italien war diese Flamme hochgegangen und hatte den Einsatz militärischer Gewalt notwendig gemacht (in Minturnae und Sinuessa). Der Osten hatte Delos und andere Orte als Brandherde. Dazu war im Tribunatsjahr des Tiberius Gracchus nach dem Tode des letzten Attaliden und infolge der letztwilligen Übertragung seines Reiches an die Römer eine Empörung in Asien ausgebrochen, welche unter Führung eines Usurpators Aristonikos nationale mit sozialen Motiven verband und ebenfalls zu einer Sklavenrevolte führte. Vor allem aber war das römische Volk in seiner Gesamtheit gar nicht geneigt, die Vernichtung des Tiberius Gracchus moralisch anzuerkennen. Er blieb für viele nicht nur der Held, der er bei Lebzeiten gewesen war, sondern gewann jetzt noch die Verklärung des unschuldig hingeschlachteten Märtyrers, der für sein reines Wollen sich zum Opfer dargebracht hatte. Scipio Nasica, der ihn letztlich zu Fall gebracht hatte, konnte sich seiner Tat nicht rühmen. Man hielt es für zweckmäßig, ihn, mittels eines diplomatischen Auftrages, aus Rom zu entfernen. Die allgemeine Stimmung war so für Tiberius eingenommen, daß es ausgesprochenen Mutes bedurfte, seinen Tod nicht schlankweg für Mord zu erklären.

Die römischen Regierungskreise lenkten deshalb ein und waren bemüht, klar sichtbar werden zu lassen, daß ihr Haupteinwand gegen Gracchus und seine Anhänger gar nicht deren sachliches Anliegen, die Agrarreform, betraf, sondern die Art seines Vorgehens und die Verletzung der römischen Verfassung angehe. In der Tat entsprach dies auch der Einstellung, wie sie wahrscheinlich von zahlreichen Mitgliedern der Nobilität schon während seines Tribunates vertreten worden war. So richtete man ausschließlich unter diesem Gesichtspunkte die anschließende Verfolgung gegen die Genossen des Tiberius Gracchus, soweit sie nicht schon bei dem Tumult umgekommen waren, und nahm unter ihnen besonders seine griechischen Freunde aufs Korn, denen man die Schuld an der verhängnisvollen verfassungswidrigen Politik gab. Das geschah auf dem Wege einer bloßen Polizeiexekution, die man immer noch durch die Erklärung des Staatsnotstandes für gedeckt ausgab.

Auf der anderen Seite rührte man jedoch nicht im geringsten an die Agrarreform. Der neue Konsul von 132, ein gewisser Popilius Laenas, der die Schergendienste gegen den Anhang des Tiberius Gracchus durchzuführen hatte, rühmte sich, unabhängig von der Reformbewegung die innere Kolonisation betrieben zu haben. Die Arbeit der Ackerkommission ging ungestört weiter. Tiberius Gracchus erhielt einen Nachfolger in der Person des Publius Licinius Crassus, der nicht nur zu den geistigen Vätern dieser Idee zählte, sondern auch als Schwiegervater von Tiberius' jüngerem Bruder Gaius mit seiner Familie auf das engste verbunden war.

Selbst die damals stärkste Kraft der Nobilität, der gerade von der Eroberung Numantias mit neuen Lorbeeren zurückkehrende Scipio Aemilianus hatte im Augenblick gegenüber diesem Kurs kein durchschlagendes Gewicht. Das Feld wurde von seinen Gegnern beherrscht; sogar die Anerkennung, mit der Niederwerfung des Aristonikos-Aufstandes beauftragt zu werden, wurde ihm versagt. Man wußte genau, daß er von Tiberius Gracchus, mit dem er obendrein ja persönlich noch verfeindet war, kritisch dachte, und als er bei der vor dem Volk geführten Debatte über ein Gesetz sich dazu provozieren ließ, seine Meinung über ihn kundzutun, erhielt seine Popularität einen schweren Stoß.

Das wurde erst anders, als die Gegenseite sich offenbare Blößen gab und andere, stürmischere und auch unbesonnenere Männer das Heft allmählich in die Hand bekamen. In den Jahren 131 und 130 waren Crassus und Appius Claudius durch Tod aus der Ackerkommission ausgeschieden. Crassus' Ende war für ihn und die Sache seiner Freunde wenig ruhmvoll. Er hatte als Konsul bei der Bekämpfung des Aristonikos gründlich versagt, war sogar in Gefangenschaft geraten und dort umgekommen. Bedenklicher jedoch war, daß nun der konservative Ursprung der sozialen Bewegung durch das Hinschwinden der eigentlichen Urheber völlig in den Hintergrund treten mußte, und notgedrungen Tiberius Gracchus und sein unglücklicher Ausgang die Energien der Reformen nährte. Die Ackerkommission gelangte jetzt völlig an die junge Generation. Neben dem jungen Gaius Gracchus gehörten ihr zwei Männer an, die ungefähr in dem Alter des älteren Bruders standen. Der eine, Gaius Papirius Carbo, war sogar ziemlich gleichaltrig (162 v. Chr. geboren), der andere, Marcus Fulvius Flaccus, muß etwa fünf Jahre älter gewesen sein.

Diesen dreien, übrigens allesamt Angehörigen des hohen Adels, genügte es nicht, wenn die Politik des Tiberius Gracchus einfach auf den Rädern einer bloßen Verwaltungsroutine weiterlief. Sie hatten seinen Tod und vor allem die Ursachen seines Scheiterns nicht vergessen. Tiberius Gracchus war an dem Satz des römischen Staatsrechtes, welches wiederholte Bekleidung des Tribunates verbot, zu Fall gekommen. Jede Wiederaufnahme ähnlicher Bestrebungen mußte daran ebenfalls auf Sand laufen. Also ergab sich die Folgerung, diese Bestimmung auf legalem Wege vorsorglich zu beseitigen. Der dahingehende Versuch Carbos während seines Volkstribunates (131 v. Chr.), die legalen Voraussetzungen für ein durch Jahre fortgesetztes Tribunat zu schaffen, war freilich gescheitert. Aber Energie konnte man auch anderswo zeigen, etwa bei der Arbeit der Ackerkommission. Je mehr ager occupatorius eingezogen wurde, desto größer der praktische Erfolg.

So schien es wenigstens. In Wirklichkeit ergaben sich neue Schwierigkeiten. Die Agrarreform geriet jetzt in Konflikt mit den nichtrömischen, italischen Besitzern des römischen Staatslandes. Damit war der gefährliche Kontakt mit dem italischen Problem ausgelöst. Die Agrarreform wandte eine ihr an sich von Anfang an zugehörige Seite mit einem Mal der politischen Bühne zu. Es zeigte sich, daß sie zu einer schweren Hypothek für das ohnehin belastete römisch-italische Verhältnis werden konnte. Ihre Nutznießer waren Römer, die Kosten trafen aber Römer und Italiker zusammen. Es war nicht sehr umsichtig, diesen neuralgischen Punkt zu berühren. Der Senat setzte darauf die Kommission matt, indem er sie auf dem Verwaltungsweg durch Entziehung der Rechtsprechungsbefugnis handlungsunfähig machte. Hinter diesem Gegenschlag, dessen Zweckmäßigkeit kaum jemand bezweifeln konnte, stand Scipio Aemilianus. Als er kurz darauf eines plötzlichen und unerwarteten Todes starb (129 v. Chr.), liefen die wildesten Gerüchte über eine kriminelle Urheberschaft seiner Feinde daran um. Der politische Kredit der Tiberius-Freunde sank weiterhin. Für die nächsten Jahre waren sie völlig lahmgelegt.

Aber das war nur die Stille vor dem Sturm. Für ein Temperament wie das des Gaius Gracchus und seiner Freunde war die Niederlage nur die Aufforderung, die Kräfte zu sammeln und zu einem großangelegten Gegenschlag auszuholen. Fürs erste galt es, aus den eigenen Fehlern die Lehre zu ziehen. Wenn das Italikerproblem ein Stein des Anstoßes war für die Agrarreform, dann mußte man ihn eben wegräumen oder besser überhaupt die politische Plattform verbreitern. Die Durchschlagskraft erhöhte sich, wenn man den Hebel überall da ansetzte, wo es im Gebälk des römischen Staatswesens knisterte.

Die Erwartung, gute Absichten würden von selbst die Zustimmung des Gegners finden, war eine Illusion des Tiberius Gracchus gewesen. Inzwischen hatte man eingesehen, daß nur der offene Kampf zum Ziele führen könne und daß eine Bewegung um so mehr Erfolg verspreche, je zahlreicher ihre Ansatzpunkte würden und je größer damit auch die Zahl der Leute, die sich in ihren Bannkreis ziehen ließen. Das Bemühen war infolgedessen auf unverdeckte Agitation gerichtet.

Gaius Gracchus mußte sich, bevor er zum Zuge gelangen konnte, noch die ersten politischen Sporen in der Quästur verdienen, die er in Sardinien bekleiden wollte (126 v. Chr.). Das hinderte ihn jedoch nicht, bereits jetzt in die Diskussion einzugreifen. Offen trat er einem Volkstribun entgegen, der eine gründliche Reinigung Roms von den dort wohnenden Italikern erstrebte. Gaius Gracchus hatte darin Erfolg. Der Aufenthalt der Italiker in Rom wurde stillschweigend durch ihre Einschreibung in die Bürgerliste gleichsam legalisiert. Im folgenden Jahr gelangte Marcus Fulvius Flaccus zum Konsulat, ein politischer Sieg, der die Segel anschwellen ließ und dem neuen Konsul den Mut gab, mit der Gesetzesinitiative in die Kerbe zu hauen. Es trat aber nochmals eine Hemmung ein. Der Kollege im Konsulat drohte mit seinem Veto, die Vorlage zur Verleihung des Bürgerrechtes an die Italiker mußte zurückgenommen werden, und Fulvius Flaccus wurde nach einem südgallischen Kriegsschauplatz abgeschoben. Inzwischen aber hatte die Aktion bereits die Frucht getragen, daß eine italische Gemeinde ihr Schicksal selbst in die Hand nahm. Fregellae empörte sich.

So war der Boden schon beträchtlich aufgewühlt, als Gaius Gracchus im Jahre 124 aus Sardinien zurückkehrte, um für das Volkstribunat des folgenden Jahres zu kandidieren. Sein Auftreten glich der Zusammenballung einer Wetterwolke. Man vernahm aus ihr das ferne Grollen des Donners. Schon waren auch die Waffen für den kommenden Kampf bereitgelegt. Es ging jetzt ein Gesetz durch, das die Wiederwahl eines Volkstribunen ermöglichte und das Hindernis, das Tiberius zum Verhängnis geworden war, aus dem Wege räumte. In Gallien war Fulvius Flaccus zu einem glücklichen Abschluß gelangt. Seine Rückkehr mit der Feier eines Triumphes mußte für das folgende Jahr erwartet werden. Mit Händen und Füßen wehrte sich der Senat gegen die Wahl, aber Gaius Gracchus ging doch, wenn auch erst an vierter Stelle, durch das Ziel. Es war wie das Fanal zu der nun aufflammenden Revolution.

2. Persönlichkeit des Gaius Gracchus

Gaius Gracchus, der ungefähr zehn Jahre jüngere Bruder des Tiberius und nun zur Zeit seines Tribunates im einunddreißigsten Lebensjahre stehend, übertraf diesen noch an Reichtum der Begabung und war ihm vor allem an politischer Erfahrung und Umsicht überlegen. Im Besitz einer hohen Bildung, war er doch eine ganz elementare Natur. Die Leidenschaft, die ihn beseelte, war wie ein Vulkan, und die Rastlosigkeit seines Handels verriet eine unverwüstliche Arbeitskraft. Gefühlsstark, wie er war, besaß er eine hervorragende Eindruckskraft. Mit ihr vermochte er seine Zuhörer zu faszinieren, zumal er dabei auch mit methodischer Berechnung zu Werke ging. Seine rhetorische Technik, welche über einen großen Reichtum von Mitteln verfügte, war raffiniert. Gaius Gracchus verstand es, das Volk an den innersten Fasern des Gemütes zu fassen. Noch bei Cicero, der mit ihm politisch alles andere als einverstanden war, genoß er den Ruf, der größte römische Redner zu sein. Er war aber auch zweifellos eine der größten Erscheinungen der römischen Geschichte.

Von seinem Bruder unterschied er sich darin, daß jener durch die Umstände Revolutionär geworden war, er dies jedoch von Anfang an sein wollte. Revolutionär sein bedeutete dabei für ihn: alle seine politischen Maßnahmen auf das eine Ziel zu richten, sich gegenüber seinen Gegnern, den durch den Senat vertretenen Aristokraten, zu behaupten. Die Plattform, von der aus er seine Angriffe leitete, war wie bei seinem Bruder das Volkstribunat, aber bei ihm war diese Entscheidung von mehr grundsätzlicher Art. Wenn hinfort bis zu Sulla das Tribunat das innerpolitische Herzstück und die revolutionäre Mitte des römischen Staates wurde, so ist das vorzugsweise das Werk des Gaius Gracchus. Sein Freund Fulvius Flaccus, der bereits Konsul gewesen war, wurde 122 Volkstribun, nach den bisherigen Gewohnheiten etwas Unerhörtes.

Dagegen gibt uns die Geschichte keine klare Auskunft darüber, ob Gaius Gracchus als bestimmtes Endziel seiner Revolution den Umbau von Staat und Gesellschaft Roms ins Auge gefaßt hatte, ob er sich persönlich und seine Politik nicht nur behaupten, sondern ihren Feind definitiv zur Strecke bringen wollte. Bejaht man diese Frage, hätte das Ergebnis seiner Bemühungen eine Art Demokratie werden müssen, und da eine solche auf der Grundlage eines Stadtstaates ohne „Führer“ nicht zu verwirklichen ist, hätte praktisch die Regierung Roms in die Hände eines „Demagogen“ kommen müssen. Ohne Zweifel war die Stellung des Gaius Gracchus während der kurzen Zeit seines ungehemmten politischen Einflusses der eines Demagogen zum Verwechseln ähnlich. Er stellt hierbei ein reines Ebenbild des Perikles von Athen dar und trifft sich mit diesem auch in dem bezeichnenden Zuge, daß er persönlich durchaus die Lebensform eines hohen Adligen zur Schau trug und von einer, wie es scheint, sogar formell etikettierten Gefolgschaft (es gab „Freunde“ erster und zweiter Ordnung) umgeben war. Aber es ist doch sehr die Frage, ob ihm das als die Lösung des Verfassungsproblems vorschwebte (wie es in der heutigen Forschung im allgemeinen angenommen zu werden scheint) und ob er, über die sich aus seiner senatsfeindlichen Politik von selbst ergebenden Berührungen mit der Demokratie hinaus, ein Demokrat im „positiven“ Sinn, geleitet von einem demokratischen Ideal, war. Noch zweifelhafter ist, ob er sich an dem griechischen Vorbild, das eigentlich nur das des längst vergangenen klassischen Athen sein konnte (denn was das zeitgenössische Griechenland an „reiner“ Demokratie bot, konnte er unmöglich ernst nehmen), orientierte. Über diese Frage schweigen nicht nur unsere Quellen, sondern verstummt auch die Geschichte selbst; denn sie kam nicht weit genug zum Zuge, um Gaius Gracchus eine klare Stellungnahme in dieser Sache aufzuzwingen.

3. Die politische Thematik des Gaius Gracchus

Gaius begann gleich mit dem Generalangriff. Von Anfang an hatte er erkannt, daß die Erinnerung an das traurige Ende seines Bruders eine psychologische Sprengwirkung besaß, und deshalb tat er seinen Schmerz um ihn in einer weitausholenden und unmittelbar zündenden Gestik kund. Das Schicksal des Bruders wurde ihm zum revolutionären Mythos. Wenn er die Geister der Erschlagenen beschwor, mußte es seinen Zuhörern durch Mark und Bein gehen.

Seine erste These war eine echt revolutionäre radikale Umwertung. Tiberius war im Namen der römischen Verfassung besiegt worden. Gaius drehte den Spieß um und gab der Verfassung durch zwei Gesetze einen anderen Sinn. Danach war Absetzung durch das Volk, die große politische „Sünde“ des Tiberius, nicht nur rechtmäßig, sondern machte den davon Betroffenen auch für eine weitere politische Laufbahn unfähig (lex de abactis). Hatte der Senat sich zuletzt auf den Staatsnotstand berufen, so verkündete Gaius den alten römischen Grundsatz der Freiheitsgarantie, wie er im Provokationsrecht verankert war (lex Sempronia de provocatione). Hatte man die Agrarreform im Sand verlaufen lassen, Gaius rief sie wieder ins Leben. Der Ackerkommision wurden die alten Rechte zurückgegeben und ihre Tätigkeit durch Vergrößerung der zur Verteilung gelangenden Parzellen großzügiger denn je gestaltet.

Aber dann setzten Unternehmungen ein, die verrieten, daß Gaius die Politik als ein Ganzes verstand und die Gesamtheit der innerpolitischen Fragen im Auge hatte. Er machte sich über alle möglichen Dinge Gedanken. Es war beispielsweise schon lange ein Mißstand, daß die Verteilung der konsularischen Amtsbereiche im Senat zu einem wenig erfreulichen Handel der verschiedenen Koterien führte, je nachdem wer gerade Konsul war. Gaius Gracchus ließ gesetzlich bestimmen, daß man sich vor der Wahl über diese Disposition klar wurde und über sie infolgedessen ohne Ansehung der Person entschied (lex Sempronia de provinciis consularibus). Ferner gehörte es zu den alteingewurzelten Einrichtungen des antiken und damit auch römischen Stadtstaates, daß von Staatswegen die Lebensmittelversorgung ihrer Einwohner garantiert wurde. In Rom war das Gegenstand der Sorgepflicht der Ädilen (cura annonae), aber die Vorkehrungen hierfür waren altmodisch und bei den längst größer gewordenen Verhältnissen unzureichend geworden. Gaius bestimmte durch sein Getreidegesetz (lex frumentaria), daß etatmäßig Mittel für Getreideankauf zur Verfügung gestellt wurden und entsprechende Lagerung erfolgte, so daß unabhängig von der Konjunktur jederzeit zu günstigem Preis Korn zur Verfügung stand (das natürlich nach einem bestimmten Verteilungsschlüssel verkauft wurde). Was an technischen Hilfsmaßnahmen notwendig war, wurde von Gaius in seiner zügigen Art gleich angeschlossen, etwa der Bau von Straßen (für den Transport) und Magazinen.

4. Die politische Strategie des Gaius Gracchus

In der Hauptsache wurde Gaius jedoch von einem bestimmten und durchsichtigen Motiv geleitet. Es ist der Kern seiner revolutionären Idee und wie seine meisten Gedanken folgerichtig aus den Erfahrungen seines Bruders heraus entwickelt. Tiberius' Unglück war der Mangel eines festen Rückhaltes gegenüber dem Senat geworden. Gaius sah seine vorzügliche Aufgabe darin, ihn sich zu verschaffen. Das soziale Material, aus dem er sich aufbauen ließ, schien bereitzustehen. Wer konnte es anders sein als die Kapitalisten, welche sich als eigene Gruppe der höheren Gesellschaft unterhalb der Grundbesitzeraristokratie gebildet und bis dahin sich unbeteiligt und untätig im Getriebe der römischen Politik verhalten hatten. Wer an ihnen den politischen Nerv entdeckte und sie sich zum Freunde machte, der hatte — so sah es in den Augen des Gaius Gracchus aus — gegenüber dem Senatsadel gewonnenes Spiel.

Gaius unternahm in dieser Richtung zweierlei. Erstens eröffnete er den Kapitalisten eine neue Quelle des Reichtums. Die Steuerpacht der neuen Provinz Asien, der reichsten Besitzung Roms in damaliger Zeit, sollte ihnen ausschließlich zugute kommen. Zweitens führte er sie auf die von ihnen bis dahin ängstlich gemiedene Bühne des offenen politischen Kampfes, indem er ihnen die öffentliche Tätigkeit der Geschworenen zuteilte. Sie hatte bis dahin ausschließlich in den Händen der Senatoren gelegen. Nun wurden sie weitgehend daraus verdrängt. Dieser Prestigeverlust war schlimm, schlimmer aber noch die Tatsache, daß unter die Geschworenengerichte vor allem der Gerichtshof über die finanziellen Unregelmäßigkeiten der Provinzialverwaltung fiel. Das hieß praktisch, daß die Ritter nicht nur zu Richtern über die Senatoren gesetzt wurden, sondern auch dadurch mit dem empfindlichsten Punkt des Senatsadels befaßt wurden; denn die Geschäftsgebarung der römischen Provinzialbeamten war nun einmal auf eine sehr großzügige Beurteilung angewiesen. Nun sollte sie unter die Kontrolle einer von ihnen unabhängigen Gruppe kommen.

Damit war zwischen Rittern und Senat das Kriegsbeil, das bis jetzt immer noch geruht hatte, ausgegraben, und die innerpolitischen Spannungen Roms erhielten ein neues Aktionsfeld. Auf die spätere Zeit besehen, war das so ziemlich die folgenschwerste Tat des Gaius Gracchus, weit über seine Berechnungen hinaus. Er hatte

Feindschaft und Zwietracht gesät in der Erwartung, sie käme ihm und seinen Bestrebungen zugute. Das eine stimmte; Senat und Ritterschaft waren zu Gegenspielern geworden. Der Standescharakter der Ritter hatte durch Gaius Gracchus bedeutend an Gestalt gewonnen: Wie die Senatoren nahmen sie jetzt auf Grund eines Gesetzes des Gracchus auf gesonderten Bänken im Theater Platz und erhielten eigene Standesabzeichen, den goldenen Ring (anulus aureus) und den schmalen Purpurstreifen (clavus angustus) am Unterkleid (der tunica). Das andere aber gelang nicht: Das Band zwischen Sozialreform und „Demokratie" knüpfte sich schon unter Gaius Grachus nicht fest und wurde später erst recht ein höchst fragwürdiger Faktor der römischen Innenpolitik.

5. Die Agrarreform des Gaius Gracchus

Es wäre trotzdem falsch, die Agrarreform aus dem Zentrum von Gaius Gracchus' politischer Wirksamkeit zu rücken. Seine Hauptenergie während seines zweijährigen Tribunates — die Wiederholung des Amtes machte nach Beseitigung der gesetzlichen Schranke keine Schwierigkeit — hat er in sie gesteckt, und zwar in einem Umfang, der für ihn persönlich verhängnisvoll werden sollte; denn gerade auf diesem Gebiet gelang es dem Feind, mit ihm fertig zu werden.

Man sagte sich mit Recht auf der Gegenseite, daß die Mittel, mit denen man dem Bruder zu Leibe gegangen war, sich verbraucht hatten. Die tribunizische Interzession war angesichts des großen Volkstribunen ein morscher Prellbock geworden. Zudem war es fraglich, ob nach dem Präzedenzfall des Octavius und seiner Erläuterung durch die lex de abactis eine Interzession gegen das Interesse des Volkes als legitim gelten konnte. Aber ganz anders wurde die Lage, wenn es gelang, Gaius Gracchus auf seiner eigenen Domäne, der der demokratischen Agitation, zu überspielen und ihn dadurch politisch zu isolieren. Der Mann, der diese schwierige Aufgabe, gegen Gaius in die politische Arena zu steigen, auf sich nahm, war ein Volkstribun mit Namen Marcus Livius Drusus, wie Gaius Angehöriger eines vornehmen Geschlechtes, Sohn eines Vetters des Scipio Aemilianus und verheiratet mit einer Cornelia und obendrein — für den psychologischen Effekt nicht gleichgültig — im gleichen Alter der frühen Mannesblüte stehend wie Gaius Gracchus. Gracchus hatte das Maß der Bauernkolonisation, weil er die damit verknüpften Schwierigkeiten sah, insonderheit ihre Rückwirkung auf die Bundesgenossen kannte, realistisch bemessen und nur zwei Kolonien in Anschlag gebracht. Sein Gedanke war, den wirklichen Auslauf für das Sozialwerk auf Provinzialboden außerhalb Italiens vorzusehen, wo es begreiflicherweise ganz andere Möglichkeiten und viel weniger Konflikte mit alten Besitzverhältnissen gab. Das hätte auch guter römischer Tradition entsprochen; denn die römische Kolonisation ist während ihrer großen Zeit immer auf Kosten des auswärtigen Feindes und nicht des Mitbürgers erfolgt. Daß nun, im Gegensatz zum dritten und vierten Jahrhundert, das außeritalische Land und damit der Provinzialboden an der Reihe war, bedeutet, wenn man es unvoreingenommen betrachtet, keinen grundsätzlichen Unterschied. Aber gerade diese Wahrheit wurde jetzt von den Gegnern des Gaius Gracchus in einer für die Folgezeit geradezu unheilvollen Weise verfälscht. Es hieß nun auf einmal, in Italien wäre genug Land da, ausreichend für zwölf Kolonien — was eine glatte Lüge darstellte —, und es wäre gar nicht nötig, sich auf die Beschwerlichkeiten außeritalischer Kolonisation einzulassen.

So impertinent diese Parole war, so wirkungsvoll war sie zugleich. Das Volk hörte diese Sirenentöne gern und schwenkte um. Livius Drusus kam mit seinem Programm durch. Die römische Politik war auf Generationen durch die absurde Vorstellung vergiftet, man könne nur in Italien kolonisieren, und sie verbrämte sie in der Folgezeit mit der verlogenen Ideologie, die Grundfesten des römischen Staates würden durch ein siedlungsmäßiges Übergreifen über Italien hinaus ins Wanken geraten.

6. Die Niederlage des Gaius Gracchus

Gaius Gracchus versuchte demgegenüber zu zeigen, daß die außeritalische Kolonisation große politische Möglichkeiten in sich berge und die Agrarfrage aus der Sackgasse, die sie für das gesamtitalische Problem bedeutete, hinausführe: Auf dem Gebiet von Karthago gründete er die Kolonie Junonia, und dahin sollten Kolonisten aus ganz Italien aufgenommen werden, also die italischen Bundesgenossen vollkommen paritätische Behandlung finden. Damit war dann bereits an das heiße Eisen der Italikerfrage gerührt. Gaius Gracchus griff auch hier mutig zu und legte energisch Hand an, den Klassenunterschied zwischen Römern und ihren Bundesgenossen aus dem Wege zu räumen. Die Latiner sollten das römische Bürgerrecht gleich erhalten, die anderen Bündner immerhin das Stimmrecht in Rom und damit den Wohnort dort gewährleistet bekommen. Aber Gaius Gracchus verlor die Kampagne. Während der zwei Monate, wo er der Koloniegründung wegen in Afrika weilte, war seine Stellung beim Volk weiter untergraben worden. Jetzt mobilisierten die Gegner die niedersten Instinkte und appellierten an den Futterkrippenegoismus, indem sie der Masse vorhielten, daß sie auf dem Wege des Gracchus die materiellen Vorteile der römischen Herrschaft mit den anderen teilen müßten. Das Gesetz wurde abgelehnt, und — was viel schlimmer war — Gaius Gracchus wurde für 121 nicht mehr zum Volkstribunen gewählt; die Senatspartei hatte gesiegt. Gracchus war ein politisch toter Mann.

Man trachtete aber danach, ihn noch völlig zu vernichten. Dazu sollte die afrikanische Kolonie, das letzte Werk, das ihm noch gelungen war, aufgehoben werden. Es ging für ihn um Sein oder Nichtsein. Gaius Gracchus und vor allem sein Freund Fulvius Flaccus sahen klar vor sich, daß ihnen in dieser letzten Auseinandersetzung nur die Behauptung mit den Mitteln nackter Gewalt blieb. Trotzdem entbehren Vorbereitung und innerer Anlauf zu diesem Schritt gänzlich der Zügigkeit, welche ihre früheren Maßnahmen auszeichnete. Als es nach Ausrufung des Staatsnotstandes mittels senatusconsultum ultimum dann zum bewaffneten Konflikt kam, bei dem die Ritter bezeichnenderweise mit den stärkeren Bataillonen marschierten und auf der Seite der Regierung standen, wurde der Angriff von den Gegnern der Revolution geführt. Der „Revolutionär" Gaius Gracchus zeigte sich dieser Methode nicht gewachsen. Sie lag auch nicht im Rahmen seiner politischen Planung. Man sollte daran denken, wenn man den revolutionären Charakter seines Auftretens bestimmt! So war das Ende ein völliger Bankrott, ein weit größerer als bei seinem Bruder, in demselben Maß, wie sich die Größe des jeweiligen Einsatzes voneinander unterschied. Das persönliche Ende war das gleiche. Gaius fand wie Tiberius in dem Zusammenbruch seiner Politik auch den Abschluß seines Lebens. Ein Sklave bereitete ihm, bevor die Häscher ihn erreichten, auf sein Geheiß den Gnadentod (121 v. Chr.).

c) Die Restauration

1. Das menschliche Erscheinungsbild. — 2. Die Liquidierung der Agrarreform. — 3. Der Ritterstand. — 4. „Optimaten" und „Populare".

1. Das menschliche Erscheinungsbild

Das Ende des Gaius Gracchus bedeutete den Sieg einer Reaktion mit allen ihren typischen Merkmalen. So sind die nächsten zehn bis zwanzig Jahre gekennzeichnet durch die Herrschaft einer kleinen Gesinnung und gedankenarmer Mittelmäßigkeit und zeigen in allem einen menschlichen Zuschnitt von ausgesprochener Dürftigkeit. Von dem Hochschwung und der Fülle der Gracchischen Zeit vollzog sich ein tiefer Abfall. Die Verfolgung der Anhänger des Gaius Gracchus griff weit um sich und war hart und schonungslos. Drei- bis viertausend Menschen sollen ums Leben gekommen sein. Ein abgründiger Haß und eine beschämende Niedrigkeit der Denkungsweise tat sich in der Ausschreibung kund, daß der Überbringer der Köpfe von Gaius und Flaccus sie in Gold aufgewogen bekäme, und umgekehrt zeitigte der Umschwung auf der anderen Seite die üblen Eigenschaften eines kläglichen Renegatentums. Es war ausgerechnet ein in der vordersten Reihe stehender Parteigänger der Gracchen, Gaius Papirius Carbo, der mit fliegender Fahne überging und noch die Geschmacklosigkeit besaß, sich seinen Verrat in demselben Jahr, das den grausigen Untergang des Gaius Gracchus sah, durch die Wahl zum Konsul bezahlen zu lassen. Dieser Mann, der einst den Scipio Aemilianus mit der Frage, was er vom Tode des Tiberius Gracchus halte, gestellt hatte, kam jetzt in die Lage, Opimius, den Konsul von 121, Henker der Gracchischen Anhänger, verteidigen zu müssen, und verstieg sich dabei zu dem emphatischen Ausspruch, die Beseitigung des Gaius Gracchus sei ganz in der Ordnung gewesen. Er brachte sich freilich damit um den Rest seines moralischen Kredites und bekam in einem eigenen Prozeß das Jahr danach seine Gesinnungslumperei aus dem Mund eines aufgehenden rhetorischen Talentes, des berühmten Lucius Licinius Crassus, bescheinigt.

Die Sieger von 121 bewiesen vor allem auch darin ihren Rang als unfruchtbare Reaktionäre, daß ihnen auch nicht ein einziger weiterweisender Gedanke einfiel. Früher besaßen immerhin ein Scipio Aemilianus und die Familie der Scipionen überhaupt ein gewisses Empfinden für die düsteren Schatten, welche über der Zeit lagen. Die Familie starb aber jetzt aus. Was an repräsentativen Gestalten nachrückte, waren Aristokraten von ehrenwertem Traditionsbewußtsein, die für ihr Teil auf beschränktem Raum sachliche Tüchtigkeit bewiesen — unter ihnen treten neben Lucius Aemilius Scaurus vor allem die Familie der Metelli hervor, welche sich in den zwanzig Jahren von 123 bis 102 durch ein halbes Dutzend Konsulate, vier Zensuren und etliche Triumphe auszeichnete —, die aber weder imstande waren, das politische Niveau wirklich zu heben und ein bedenkliches Versagen der Nobilität bei anderen Persönlichkeiten auszugleichen, noch im Besitz einer politischen Erkenntnis waren, die über die Verschreibung homöopathischer Dosen aus der herkömmlichen Praxis der Luxusgesetze und sonstigen Sittenregulierung hinausging. Man war im allgemeinen des bezeichnenden Glaubens, es sei, nachdem die Revolution niedergeschlagen sei, alles von selbst wieder in Ordnung gekommen, und gab sich deshalb der gefährlichen Selbsttäuschung hin, es bedürfe weder Vorkehrungen für die Zukunft noch Lehren aus der Vergangenheit.

2. Die Liquidierung der Agrarreform

So war diese Restauration durch eine völlige Untätigkeit gekennzeichnet. Die einzige Devise hieß, möglichst schnell die Tage der Gracchen wie einen wüsten Traum zu vergessen und dazu nun alle Spuren zu beseitigen, die an sie erinnern konnten und vor allem möglicherweise eine Handhabe boten, den Faden wiederaufzunehmen. Nach dem Untergang des Tiberius Gracchus hatte man sein Programm, die Agrarreform, nicht liquidiert. Jetzt war das anders. Es galt den gefährlichen Motor, den die bäuerliche Kolonisation darstellte, so zu drosseln, daß er nicht mehr ohne weiteres in Gang kommen konnte. Dazu diente eine Reihe von Gesetzen, deren erstes noch in die Zeit des Gaius Gracchus zurückging und der Konkurrenzdemagogie des Livius Drusus seine Entstehung verdankte. Es hatte den (nominellen) Zins der angesiedelten Bauern aufgehoben und damit eine Bresche geschlagen in den sozialpolitisch vernünftig gedachten Grundsatz, daß diese Siedlerstellen nicht in freiem Eigentum standen. Es war dann nur ein Schritt, dieses Prinzip in aller Form aufzugeben mit der Bestimmung, daß die Bauerngüter beliebig verkauft werden könnten, womit eigentlich der Nerv der ganzen Bestrebung getroffen war. Das nächste war die Sicherung des Besitzstandes auf dem ager occupatorius gegen eventuelle gesetzgeberische Rückgriffe. Sie wurde, nachdem zuerst eine Art fester Besitzgarantie ausgesprochen war, durch Überführung in reguläres Eigentum erreicht. Zur Verfügung standen dann in der Hauptsache nur noch fiskalisch genutzte Domänen, welche nur gegen eine ziemlich hohe Pacht ausgegeben wurden — darunter fiel vor allem das römische Staatsland im fruchtbaren Kampanien (ager Campanus) —, welche aber durch diesen ihren staatsökonomischen Zweck gegen eine Verwendung im Sinne der Agrarreform geschützt waren. Die folgende Zeit hat denn auch erwiesen, daß damit eine italische Bauernkolonisation auf der Basis der Gracchischen Reform für die Zukunft unterbunden war.

3. Der Ritterstand

Dagegen traute man sich bezeichnenderweise nicht recht an die Beseitigung der Ritter-Geschworenen und damit an die durch Gaius Gracchus vorgenommene Politisierung des Ritterstandes heran. Erst ziemlich spät, im Jahre 106, wurde ein Vorstoß in dieser Richtung unternommen; aber als der Urheber des Gesetzes, Quintus Servilius Caepio, einer der damaligen Konsuln, kurz danach einen ganz schmählichen Ausgang nahm, war es damit alsbald wieder vorbei[1].

4. „Optimaten" und „Populare"

Nach der Niederwerfung des Gaius Gracchus wurde in Rom der Tempel der „Eintracht" (Concordia), dessen Gründung als sichtbares Zeichen der Beilegung des Ständekampfes 367 v. Chr. man dem Camillus zuschrieb, erneuert. Es gibt für die Restauration kaum etwas Bezeichnenderes als diesen symbolischen Akt, mit dem man die Revolution und die ihr zugrunde liegende Krisis weniger beseitigte als einfach leugnete. Dieser Irrtum war um so verhängnisvoller, als die römische Verfassung, auf deren herkömmlichen Bestand man sich einfach verließ, keinerlei Gewähr für die Aufrechterhaltung der Senatsherrschaft bot, vielmehr jeder Tag das Gegenteil beweisen konnte und in der Tat schon damals gleich getan hat, z. B. als 118 v. Chr. entgegen der grundsätzlichen Einstellung des Senates in einer der neuen südgallischen Provinzen eine Kolonie, Narbo Martius, gegründet wurde. Gaius Gracchus soll gesagt haben, er werde die Messer zurücklassen, mit denen das römische Volk sich zerfleischen

[1] Siehe unten S. 158.

werde, und damit war die wirkliche historische Wahrheit zum Ausdruck gebracht. Gewiß, die Agrarreform im Sinne der Gracchen war mit ihren Schöpfern zu Grabe getragen; aber trotzdem war etwas anderes nicht mehr aus der Welt zu schaffen. Das war die Tatsache, daß die regierende Klasse in einer nationalen Lebensfrage das Heft hatte aus der Hand gleiten lassen und daß es faktisch möglich war, im Rahmen der bestehenden, wenn auch im einzelnen verletzten und ausgeweiteten römischen Staatsordnung, gegen die Regierung Politik zu machen. Die Entwicklung ging zwar nicht so weiter, daß sich das „Volk" gegen die Aristokraten zu einem geschlossenen Körper zusammengefunden hätte, so wie es unter den Gracchen einen Augenblick den Anschein hatte, und deshalb zog auch kein Zeitalter der Demokratie für Rom herauf. Die sozialen oder besser psychologischen Abhängigkeiten der Menge vom Adel waren stets stark genug, um auf die Dauer erfolgreich mit einem freien demokratischen Demogogentum zu konkurrieren. Aber andererseits galt die Sicherheit nur von Fall zu Fall, und es war — worin der entscheidende Wandel der Zeit sich ankündigt — kein unbedingter Verlaß mehr auf diesen Mechanismus. Es sollte sich zeigen: Die Gracchen hatten ein eindringliches Modell für die römische Innenpolitik geschaffen, das im nächsten Jahrhundert nicht mehr verlorenging und zu seinem Teile die römische Revolution in Gang hielt oder immer wieder in Gang versetzte. Die Erinnerung an ihre Wirksamkeit war dann zugleich eine beflügelnde Kraft. Die Gracchen wurden eine Art lebendiger Mythos, von den einen gehaßt und verabscheut, von den anderen inbrünstig verehrt. Jene verschrien sie als bloße Aufrührer (seditiosi); diese stellten ihre Bilder auf, umgaben die Stätten ihres Todes mit der Gloriole religiöser Weihung und brachten ihnen Opfer.

Und schließlich das Wichtigste: Obwohl die römische Gesellschaft dank ihrer inneren Verzahnung nicht in zwei Klassen auseinanderfiel, eines hat die Revolution der Gracchen bewirkt: Es gab hinfort für die römische Innenpolitik (und bald auch Außenpolitik) zwei Ansätze, der eine, „konservative", mit dem Schwerpunkt in Senat und Nobilität, der andere von der neuen Art, der Funktion nach in den Händen von wenigen oder eines einzelnen liegend, aber im wesentlichen auf der Masse als Resonanzorgan beruhend. Die Vertreter jener Politik hießen hinfort, nach einer allenthalben, nicht nur in Rom, verbreiteten, gut aristokratischen Terminologie die „Optimaten" (die „Besten"), die Vertreter dieser erscheinen von nun an auf der Bühne der römischen Öffentlichkeit als die „Popularen" (nur ungenau als „Demokraten" wiederzugeben). Dieser Gegensatz, in den sich die Einheit der politischen Führung aufgespalten hatte, war, wenn auch nicht das einzige, so doch eines der wesentlichsten Elemente der künftigen Geschichte.

§ 11. Wiederaufnahme der Revolution und abermaliges Scheitern

1. Außenpolitisches Versagen der Restauration. — 2. Marius. — 3. Die Heeresreform. — 4. Appuleius Saturninus. — 5. Der Revolutionsversuch des Appuleius.

1. Außenpolitisches Versagen der Restauration

Wenn die Restauration sich nicht lange halten konnte und ihre Tage sehr bald gezählt waren, so steht das mit dem engeren Fragenkomplex der Gracchischen Revolution in gar keinem Zusammenhang und hat infolgedessen eigentlich auch mit den darauf bezogenen Maßnahmen der anschließenden Reaktion sehr wenig zu tun. So zeigt sich bereits in dem zweiten revolutionären Entwicklungsstadium, daß die römische Revolution kein Brandherd war, worin die Flamme immer wieder an der gleichen Stelle ausbrach, sondern vielmehr einem Zustand allgemeiner Anfälligkeit glich, bei dem man nie wußte, wann und in welcher Art die Krankheit zum Vorschein kam, und die gefährlichen Infektionen ganz von ungefähr geschehen konnten.

In diesem Falle sorgte die römische Außenpolitik für eine immer mehr wachsende Bereitschaft zu revolutionärer Erregung. Seit dem Ende des zweiten Jahrzehntes hatte Rom eine lange Reihe militärischer Niederlagen einstecken müssen, die um so peinlicher waren, als es sich dabei um Gegner handelte, die nicht im entferntesten dem römischen Weltstaat ebenbürtig waren.

Es begann — nach einer schimpflichen Schlappe auf dem Balkan 114 — mit der Niederlage von Noreia (in den Tauern) 113 v. Chr., wo die Leichtfertigkeit des römischen Konsuls die Zerschlagung eines römischen Heeres durch die auf der Wanderschaft befindlichen Kimbern verursacht hatte, ein an sich lokal begrenztes und peripheres Unternehmen, das nur durch seinen unglücklichen Verlauf die Aufmerksamkeit auf sich zog. Zwei Jahre später brach der Krieg mit dem numidischen Fürsten Jugurtha aus, seiner Anlage nach nichts als ein Kolonialkrieg, aber infolge der militärischen und politischen Unfähigkeit der römischen Heerführer und der offenbaren Korruption der maßgebenden römischen Stellen eine Kette von Blamagen[1]. Und kaum waren da die Dinge endlich in Ordnung gekommen, so bescherte der Dünkel des Quintus Servilius Caepio, eines der ersten Glieder der römischen Nobilität, der es für unter seiner Würde hielt, sich einem Konsul von geringerem Stande zu unterstellen, dem römischen Staat (105 v. Chr.) bei Arausio (Orange) im Kampf gegen die Kimbern die schlimmste Katastrophe nach Cannae. In den Jahren darauf gab es schwere Sklavenaufstände in Sizilien, ebenfalls infolge römischer Verwaltungsfehler (der Staat war gegen unrechtmäßigen Sklavenhandel, bei dem freie Provinzeinwohner zu Sklaven gemacht worden waren, nicht tatkräftig genug eingeschritten). Dieses andauernde Versagen hätte auch für ein stabileres Regime als die damalige Aristokratie eine schwere Belastungsprobe bedeutet, und wenn ihm nur eine halbwegs geschlossene Gruppe mit einem kleinen Teil der Tatkraft, welche die Gracchen ausgezeichnet hatte, gegenübergestanden hätte, wäre eine Abrechnung für das Jahr 121 ein leichtes gewesen. Aber man hatte vorerst Glück. Dem Volkstribunen, der bei der Verfolgung der Skandale des Jugurthinischen Krieges in der vordersten Linie stand, einem gewissen Memmius, lag es fern, eine Prinzipienfrage daraus zu machen. So konnte sogar anschließend, im Jahr 106, die Regierung es wagen, gegen die Gracchischen Rittergerichte Front zu machen. Es hätte lediglich eines adligen Feldherrn von einigem Können und einer gewissen Popularität bedurft, um den gleitenden Wagen aufzuhalten. Aber der fehlte eben, und als nach Arausio in Erinnerung an die Gallierinvasion ein panischer Schrecken das ganze Volk durchfuhr und der Schrei nach dem Retter des Staates ertönte, da war weder ein Camillus noch ein Scipio zur Stelle, sondern ein Mann, der in den Augen der feinen Gesellschaft nichts war als ein Parvenu und, was noch mehr wog, dies selbst empfand: Gaius Marius.

[1] Vgl. hierzu des näheren unten S. 248 ff.

Marius war homo novus und als solcher durch adlige Protektion hochgekommen. 2. Marius
Seine Förderer waren die damals einflußreichen Meteller gewesen. In ausgeglichenen Zeiten hätte er eine Karriere zu erwarten gehabt, die ihn allmählich — bei konziliantem Verhalten gegenüber der herrschenden Klasse — von selbst bis zum Konsulat gebracht haben würde. Aber er war kein Mann leichter Anpassungsfähigkeit, sondern ein schwerblütiger und unter seinen Hemmungen leidender Charakter. Da er obendrein von Ehrgeiz fast verzehrt wurde und ihn nichts mehr beherrschte als das Verlangen, auf der sozialen Stufenleiter hochzukommen, entwickelte sich bei ihm ein tiefes Ressentiment gegen die gesamte Welt, aus deren Schatten zu treten er keinerlei Aussicht besaß. Seine ganze Leidenschaft wurde von diesem unglücklichen Triebe genährt und, was für die römische Geschichte besonders verhängnisvoll werden sollte, auch seine politische Einstellung war ausschließlich durch dieses Gefühl persönlichen Unvermögens bestimmt. Er war an sich ein unpolitischer Charakter und reagierte auf politische Reize nur insoweit, als er in dem persönlichen Spannungsverhältnis zu seiner Umgebung von ihnen angesprochen wurde. Aber bei den verfahrenen Verhältnissen der damaligen römischen Politik konnte ein Mann wie er nicht nur zu großem Ansehen gelangen, sondern setzte sich die Art seines Charakters zugleich in einen wichtigen politischen Faktor um.

Die erste Phase seines Aufstiegs ist vorzugsweise durch diese Unzufriedenheit mit seiner Situation bestimmt. Marius war im Jugurthinischen Krieg als Legat des Quintus Caecilius Metellus tätig, d. h. desjenigen Mannes, der dem Krieg eine neue Wendung gegeben hatte. Sein Sinn stand aber danach, selbst Oberkommandierender zu werden, und in der Tat gelang es ihm, in Rom durch Verbreitung von Depeschen, welche seine Dienste hervorhoben, glaubhaft zu machen, daß er den Krieg bald beendigen würde. Er hatte mit dieser rohen Methode auch Erfolg und wurde tatsächlich zum Konsul (für 107) gewählt. Geworden war er dies als Nutznießer des Verdrusses, der sich über die nichtswürdige Kriegführung der früheren Jahre angesammelt hatte. Der einfache, von unten herauf gediente, im Kriegshandwerk bewährte und bei den Soldaten beliebte Mann war die Karte, auf die die römische Öffentlichkeit setzte. Damit er nun auch wirklich nach Afrika geschickt würde, war — entgegen der Verfassung und auch der zuletzt durch Gaius Gracchus getroffenen Bestimmung — ein eigener Volksbeschluß darüber gefaßt worden. Als er nun auch wirklich nach drei Jahren (105 v. Chr.) mit dem gefangenen Jugurtha in Rom einzog, war sein Ruf gefestigt, und man sah in ihm die ausgewiesene Kraft, welcher allein die Abwendung der germanischen Gefahr zuzutrauen war. Er wurde 104 nochmals Konsul, und als der Zusammenstoß mit dem Feind noch einige Jahre auf sich warten ließ, wurde er die folgenden Jahre (bis 100) — desgleichen gegen die Verfassung — hintereinander zum Konsul gewählt. Die Vernichtung des Feindes bei Aquae Sextiae (102) und Vercellae (101) führte ihn auf die Spitze seines Ruhmes und brachte ihm die Akklamation als „Vater des Vaterlandes“[1].

Alles das war außerordentlich, aber trotz der unvermeidlichen Verletzung der Verfassung nicht schon wirklich revolutionär und hätte für Marius nicht mehr zur Folge haben müssen als einen ehrenvollen Platz im Kreise des römischen Amtsadels. Der politische Nerv der damaligen Situation lag woanders, in der Unmöglichkeit einer

[1] Über den Krieg gegen die Germanen siehe unten S. 250 f.

Verständigung zwischen Marius und der Senatsaristokratie. Daran war nun freilich nicht nur persönliches Unvermögen schuld, sondern es kamen auch bedeutende sachliche Schwierigkeiten zum Austrag. Sie ergaben sich aus der unbestreitbar großen Leistung des Marius, seiner Reform des römischen Heerwesens.

3. Die Heeresreform

Mit der Heeresreform begann Marius, als er für den afrikanischen Krieg neue Truppen aufbot. Er griff dabei ohne Bedenken auf römische Bürger zurück, die nicht in den fünf Vermögensklassen untergebracht waren, sondern außerhalb ihrer Reihen standen, als sog. capite censi, d. h. Proletarier, die kein Vermögen besaßen. Dergleichen war früher auch schon gelegentlich vorgekommen, aber durch Marius wurde es nicht nur eine dauernde Einrichtung, sondern es wurden diese Proletarier überhaupt die Schicht, aus der hinfort die Soldaten (abgesehen vom oberen Offizierskorps) genommen wurden.

Diese Neuerung hatte in der mannigfachsten Hinsicht etwas zu besagen. Einmal wies sie zurück auf Tiberius Gracchus, indem sie bezeugte, daß es nicht gelungen war, mit Hilfe der Agrarreform das römische Bauerntum zu erhalten, und man infolgedessen in der umgekehrten Richtung den einschneidenden Schritt unternehmen mußte, indem man die Verbindung zwischen Besitzbürgertum und Heeresverfassung löste. Zugleich ergaben sich aber für die Zukunft daraus eine Reihe nicht minder wichtiger Folgen: Der Soldat alten Typs war mit Rücksicht auf seine bürgerlichen Verpflichtungen an einer möglichst begrenzten Dienstzeit interessiert; dem des neuen Typs kam es darauf weniger an, weil er in seinem außersoldatischen Leben nichts versäumte. Aber natürlich mußte der Kriegsdienst, zu dem er jetzt vorzugsweise ausersehen war, für ihn einen spezifischen Anreiz bekommen, dessen es früher nicht bedurfte. Die militärische Leistung mußte mit einer Zivilversorgung vergolten werden. Praktisch hieß das aber nichts anderes als Unterbringung auf einer vom Staat zur Verfügung gestellten Bauernstelle.

Damit war nun das agrarische Problem, das sich soeben totgelaufen hatte, an einer anderen Stelle und unter einem anderen Vorzeichen wieder aufgetaucht, und es war sehr fraglich, ob die Agrarfrage sich auf eine so einfache Weise abwürgen ließ, wie das nach der Niederlage der Gracchen geschehen war. Denn mit der Zeit mußte eines klarwerden: Wer mit der Waffe in der Hand seine Ansprüche anmeldete, besaß politisch eine größere Durchschlagskraft als der unbemittelte Mann auf der Straße.

Zu einem sozial-politischen Interessenten wurde aber auch der Feldherr, welcher für diese Forderungen einzustehen hatte, und damit war zugleich zwischen beiden ein besonderes Einvernehmen hergestellt, das weit über das der militärischen Disziplin hinausging. Das Heer hatte seine Wünsche dem Feldherrn gegenüber, und der Feldherr machte sie sich, sofern er sich auf seine Soldaten verlassen wollte, zu eigen. In dieser wechselseitigen Bindung von Heer und Feldherr war für die Zukunft noch mehr beschlossen: auf solcher Grundlage wuchs für den Feldherrn das Instrument heran, das er für seine eigenen Zwecke in Anspruch nehmen konnte. Die Voraussetzungen für die Revolutionsarmeen und die Revolutionsgenerale, denen die Zukunft gehören sollte, waren durch Marius geschaffen, wenn er auch selbst noch nicht dazu kam, diese Waffe voll einzusetzen.

Wahrscheinlich hat Marius an diese politischen Gesichtspunkte und ihre Folgen überhaupt nicht gedacht, sondern rein vom Standpunkt der sachlichen Zweckmäßigkeit aus gehandelt. Durch sie geleitet wurde er ebenfalls der große technische Reformer, der bei der mehrjährigen Vorbereitung des Kampfes gegen die Germanen aus dem römischen Heer durch Einführung taktischer Neuerungen und eines sehr harten Exerzierreglements ein unüberwindliches Kriegsinstrument schmiedete und der damit den Weg zu dem einzigartigen Militärkörper der Kaiserzeit wies.

4. Appuleius Saturninus

Politisch ging ihn zunächst nur die Versorgung seiner Soldaten an, und wenn er auch nicht schon durch den Griff nach dem militärischen Kommando und seine Einstellung im allgemeinen in Konflikt mit der Aristokratie gekommen wäre, bei diesem Punkt war ein Zusammenstoß unvermeidlich. Wahrscheinlich wäre er aber bei seiner persönlichen Ungeschicktheit nicht in der Lage gewesen, ihn sachgemäß aufzuzäumen. Doch dessen bedurfte er gar nicht; denn auch hier arbeitete die Zeit für ihn.

Marius war kraft innerer und äußerer Umstände ein Gegner des Adels; aber nun wurde er — und dies lag keineswegs in der Richtung seiner ursprünglichen Absichten — der Mittelpunkt einer popularen Revolution, welche sich auf dem von den Gracchen bereiteten Boden infolge seiner großen Beliebtheit beim Volke wie von selbst entzündete. Man muß das hervorheben, denn die in Wirklichkeit handelnden Gestalten wären ohne Marius wahrscheinlich ebenso ein Nichts gewesen, wie er nur mit ihnen ein richtiges Profil gewinnen konnte. Lucius Appuleius Saturninus, der hauptsächliche Treiber — sein Genosse Gaius Servilius Glaucia stand unter seinem Einfluß — benutzte als Sprungbrett die durch den Skandal der Niederlage von Arausio erhitzte Stimmung, indem er den schon zuvor schwer gedemütigten Feldherrn Quintus Servilius Caepio durch ein neues Verfahren, das er als Volkstribun des Jahres 103 zusammen mit einem Kollegen gegen ihn anstrengte wegen des Verlustes seiner Armee und wegen angeblicher Unterschlagung der reichen Beute aus dem gallischen Tempel von Toulouse (daher das zu einem geflügelten Wort gewordene aurum Tolosanum), vollends zur Strecke brachte. Aber erst die Möglichkeit, für die Veteranen des Marius ein Ackergesetz zu Siedlungen in Afrika einzubringen, gab ihm das Aussehen, in den Spuren der Gracchen zu gehen. Als ein Kollege interzedierte — die Parallele zu dem Einschreiten des Octavius gegen Tiberius Gracchus —, wurde der Betreffende unter einem Steinhagel des aufgewiegelten Pöbels begraben. Es beginnt die Zeit, wo zu den Requisiten des täglichen Kampfes (und nicht erst des letzten Austrages) nicht nur Rechtsverletzungen, sondern Krawall und Totschlag gehören. Der Abstand der Zeiten tut sich darin genauso kund wie in den Personen damals und jetzt. Gegen die adligen und hochgestimmten Gracchen steht in Appuleius ein Mann, dessen politischer Kurs auf das Gefühl persönlicher Zurücksetzung (bei einer Amtsbewerbung war er durch einen vornehmen Aristokraten ausgestochen worden) zurückzugehen scheint und zu dessen einzigen Methoden der Terror der Straße und eine bedenkenlose Agitation gehörten. Zeitweise arbeitete er zur Erzielung eines sentimentalen Effektes mit einem falschen Sohn des Tiberius Gracchus, ein andermal gestaltete er ein persönliches Auftreten des Marius als Kandidat für die Konsulwahl von 102 zu einer widerlichen Ergebenheitsposse, indem er ein gespieltes Zaudern des Marius als Folie benutzte, um seine Unentbehrlichkeit mit dem drastischen Hinweis zu illustrieren, daß eine Ablehnung des Konsulats in dieser großen Gefahr Verrat am Vaterland gleichkomme.

5. Der Revolutionsversuch des Appuleius

Nach einer Reihe halber Erfolge sollte ihm den Sieg das zweite Volkstribunat im Jahre 100 v. Chr. bringen, das mit dem sechsten Konsulat des Marius — jetzt nach dem

Krieg und damit bei Fortfall der militärischen Notwendigkeit ein innerpolitischer Schachzug — und mit der Prätur des Glaucia zusammenfiel und damit bei einer ungleich günstigeren äußeren Konstellation als bei den Gracchen zu großen Hoffnungen berechtigen konnte. Zwei Siedlungsgesetze, ebenso wie das frühere für außeritalische Länder vorgesehen und damit indirekt den Abschluß der binnenitalischen Kolonisation anerkennend, beide für die Veteranen des Marius gedacht, und ein Getreidegesetz standen im Mittelpunkt seiner Politik. Der Anlage nach war das Vorhaben nicht unüberlegt. Es berücksichtigte bei der Landverteilung die italischen Bundesgenossen, ein Gedanke, der bei der römischen Bevölkerung auf heftigen Widerstand stieß und erst mit Gewalt beseitigt werden mußte, und war damit als ein Beitrag zum Ausgleich des römisch-italischen Gegensatzes gedacht, dies um so folgerichtiger, gerade auch im Sinne des Marius, als es um die Versorgung seiner Soldaten ging und deren Rekrutierung nach den neuen Grundsätzen weniger denn je eine Abstufung der Berechtigung vertrug. Als altem Truppenoffizier lag eine solche Marius ohnehin fern; er war von daher wohl schon immer für Überbrückung der Kluft zwischen Römern und Italikern gewesen und genoß deshalb mit vollem Recht bei diesen ein großes Vertrauen.

Durch einen Schwur der Senatsmitglieder sollte das Gesetz gegen spätere Kassierung gestützt werden. Aber Marius war kein echter Revolutionär, die beiden anderen waren es auch nur, was den bedenkenlosen Gewalteinsatz anging. So gelang das, worauf es ankam, nicht, eine Zusammenarbeit der tribunizischen und konsularischen Exekutive, im wesentlichen wohl durch die Schuld des Marius, der in Fragen der innerpolitischen Strategie völlig hilflos war. Marius wurde schließlich, als es bei der Konsulwahl für 99 wieder einmal zu Mord und Totschlag kam, und Appuleius selbst die Felonie nicht scheute, die Bundesgenossenschaft von Sklaven zu suchen, vom Senat einfach auf die Seite geschoben und mußte selbst den Staatsnotstand gegen seine politischen Freunde erklären. Dieser brachte — wie zwanzig und dreißig Jahre zuvor — der Revolution und ihren Führern den Untergang. Marius selbst war damit politisch erledigt und entfernte sich nach Ablauf seines Konsulates in diplomatischer Mission aus Rom, dem Schauplatz seines Versagens. Er hatte während des Kampfes wenigstens das Leben seiner Genossen noch retten wollen und ihnen deshalb Straflosigkeit zugesichert. Aber der Adel ging auch da über ihn hinweg und beseitigte die Revolutionäre durch einen Akt der Lynchjustiz. Jene hatten nämlich durch ihr Vorgehen nicht nur die bitterste Feindschaft der Nobilität gegen sich hervorgerufen, sondern eine allgemeine Empörung, die auch von den Rittern und anderen vermögenden Leuten, ja selbst von einfachen Leuten geteilt wurde, erregt.

Es hat dann allerdings noch ein ganzes Jahr gedauert, bis die politische Lage im Sinne der Sieger als gefestigt gelten konnte, und erreichen ließ sich das praktisch nur, indem trotz fast allgemeiner Verwerfung der Gesetze des Appuleius in der Agrarfrage insofern vorsichtig operiert wurde, als man die Veteranen des Marius nicht offen vor den Kopf stieß und ihnen die Gründung einiger Kolonien zugestand, was übrigens nicht hinderte, daß vorübergehend der vergebliche Versuch von einem Volkstribunen unternommen wurde, das Agrarprogramm des Appuleius nochmals aufzunehmen.

§ 12. Der Versuch einer konservativen Gegenrevolution und das Überspringen der Revolution auf Italien

1. Ritter gegen Senatsadel. — 2. Die italische Frage. — 3. Die politische Konzeption des Livius Drusus. — 4. Sein Scheitern. — 5. Der Bundesgenossenkrieg (91—89 v. Chr.). — 6. Ergebnis des Bundesgenossenkrieges.

1. Ritter gegen Senatsadel

Nachdem der Revolutionsversuch des Appuleius niedergeschlagen war und das Senatsregiment wieder fest im Sattel saß, gingen die Dinge da weiter, wo sie vor 104 stehengeblieben waren. Es wurde deshalb nicht nur gegen die Politik des Appuleius Stellung genommen (etwa durch das Verbot, Gesetze en bloc, per saturam, wie er es getan hatte, einzubringen), sondern allgemein in der Richtung einer Restauration weitergegangen. Die Folge war eine noch stärkere Verhärtung der Gegensätze, und, was noch wichtiger war, von dieser Entwicklung wurde jetzt auch das Verhältnis der Ritter zur Senatsaristokratie erfaßt. Begonnen hatte das schon im Jahre 106, als das Monopol der Ritter auf die Geschworenenbänke von Caepio gebrochen wurde, aber dieser Erfolg hatte damals infolge der anschließenden Erschütterung der Senatsherrschaft keine praktische Bedeutung und war spätestens im Revolutionsjahr 100 wieder hinfällig geworden. Der Plan wurde jetzt auch nicht wiederaufgenommen; aber dafür traten die grundsätzlichen Spannungen zwischen den beiden Ständen in ein grelles Licht.

Im Jahre 95 bekleideten zusammen das Konsulat Quintus Mucius Scaevola (mit dem Distinktiv Pontifex) und Lucius Licinius Crassus, jener der berühmteste Jurist seiner Zeit, dieser unbestrittene Autorität in der Rhetorik, beide nicht nur hervorragende Vertreter der geistigen Elite Roms, sondern auch zwei moralische Säulen der Nobilität. Sie waren bei dem Gesetzesantrag des Quintus Servilius Caepio 106 sehr aktiv gewesen und hielten in ehrlicher konservativer Überzeugung die Politisierung des Ritterstandes durch Gaius Gracchus für den Krebsschaden des römischen Staates. Man kann sich leicht denken, daß ihr Konsulat die Ritter verstimmte und von ihnen als Affront empfunden wurde. Die Gegenrechnung präsentierten sie in den folgenden Jahren. Als durch einen Prozeß gegen Norbanus, welcher vor ungefähr zehn Jahren an der gerichtlichen Verfolgung des Caepio führenden Anteil genommen hatte, diese Dinge wieder aufgerührt wurden, kam es zu seiner Freisprechung, welche kaum anders als demonstrativ wirken konnte. Erst recht traten diese Mißhelligkeiten bei einem empörenden Justizskandal des Jahres 92 in Erscheinung. Scaevola war anschließend an sein Konsulat als Statthalter in die Provinz Asia gegangen und dabei infolge seiner unbestechlichen Rechtlichkeit mit den Steuerpächtern in Konflikt geraten. Dafür rächten sich die Kapitalisten, indem sie seinen Legaten Publius Rutilius Rufus, einen Freund des Scaevola und wie er ein Mann von untadeligem Ruf, der ganz in dessen Geist in Asien gewirkt hatte, wegen Erpressung der Provinzialen in Rom vor ihr Gericht zogen. Es war ein Fall flagranter Rechtsbeugung, der bei Zeitgenossen und Nachwelt eine ähnliche Berühmtheit erlangte wie der Justizmord des Sokrates und mit symbolischer Eindringlichkeit die sachliche Unmöglichkeit dieser Rittergerichte vor Augen stellte.

2. Die italische Frage

Aber es war nicht nur diese Frage, welche immer vernehmlicher an die Türen der römischen Regierung pochte. Wirklich liegengeblieben war auch das Problem der italischen Bundesgenossen. Die Pläne des Gaius Gracchus waren schon vor seiner Katastrophe annulliert worden. Appuleius hatte dieses heiße Eisen auch nur insofern angerührt, als er für seine Kolonisation die Beteiligung von Italikern in Aussicht genommen hatte. Die konservative Strömung, welche ihn ablöste, hütete sich erst recht, der Frage näherzutreten; darum gipfelte die politische Weisheit dieses Kurses bezeichnenderweise nur in einer Entschließung von staatsrechtlicher Korrektheit, ging aber an dem sachlichen Kern mit Absicht vorbei. Während des berühmten Konsulates von Scaevola und Crassus (95 v. Chr.) wurde ein Gesetz erlassen des Inhalts, daß die unrechtmäßig, d. h. formlos, in Rom eingebürgerten Fremden unter Androhung eines Gerichtsverfahrens ihrer Heimatgemeinde zurücküberwiesen werden sollten. Hier vollzog sich offenbar ein Rückschritt im Vergleich zu einer tatsächlichen Anpassung, wie sie sich in der stillschweigenden Einbürgerung zeigte, und kam kaum mehr als das Symptom einer unfruchtbaren Reaktion zum Ausdruck.

3. Die politische Konzeption des Livius Drusus

Angesichts eines solchen Eingeständnisses innerer und äußerer Ohnmacht war es deshalb eine Tat, wenn am Ende des auf Appuleius folgenden Jahrzehntes in konservativen Kreisen der Entschluß gefaßt wurde, eine sich mit Notwendigkeit immer mehr zuspitzende Entwicklung aufzufangen und ihr Einhalt zu gebieten, bevor es zur Katastrophe käme. Der führende Kopf war Marcus Livius Drusus, der Sohn des mit Gaius Gracchus rivalisierenden Tribunen, ein Mann aus der besten adligen Gesellschaft. Sein Gedanke war, der Revolution mit revolutionären Mitteln zu begegnen und den toten Punkt, auf den die Versteifung der Gegensätze geführt hatte, mit dem gleichen Elan zu überwinden, mit dem einst die Gracchen die Pforten zu dieser Entwicklung aufgerissen hatten. Er war, noch in dem jungen Alter von Anfang dreißig stehend, bis dahin politisch wenig hervorgetreten und wählte aus diesem Grunde und Erwägungen allgemein psychologischer Art für seine Unternehmen die Plattform des Tribunats, von der aus in den vergangenen vierzig Jahren alle wichtigen Anstöße ausgegangen waren. Von seinem Vater wußte er, daß es durchaus möglich war, sich von optimatischer Seite mit den Popularen in der Arena der Volksversammlung zu messen und sozusagen optimatische Politik mit popularem Anstrich zu treiben. Diese Methode, welche einst Gaius Gracchus zur Strecke gebracht hatte, sollte jetzt dazu dienen, die Revolution zu beseitigen.

Livius Drusus setzte sich entsprechend in Szene. Das Bewußtsein, daß der römische Staat sich längst in einer Sackgasse befand, war allgemein. Drusus, der sehr bald im Mittelpunkt der Politik stand, hatte auf alles eine runde Antwort. Dem Senat versprach er die Beseitigung der Spannung mit den Rittern, den Rittern Gleichstellung mit dem Senatsadel, dem Volk die Wiederaufnahme der Gracchischen Siedlungspolitik und den Italikern die Verleihung des Bürgerrechts. Binnen kurzem war eine umfassende Bewegung entstanden. Man konnte sich an die Tage der Gracchen erinnert fühlen, hatte aber ebenso zu spüren, wie sehr in der Zwischenzeit die Anwendung von massiver Gewalt zu Alltäglichkeiten aufgeregter Zeiten geworden war. Livius Drusus nahm nicht weniger Anstoß als sein Vorgänger, die Verfassung zu verletzen und gegen Polizeiaktionen sich mit den Fäusten seiner politischen Gefolgschaft zur Wehr zu setzen, und wenn man bedenkt, mit welcher Leichtigkeit in der römischen Verfassung jede Initiative sabotiert werden konnte, war das im Grunde kein Wunder und mußte beinahe als unvermeidlich angesehen werden.

Wichtiger war die Frage, ob es ihm gelingen würde, den Knoten schnell zu schürzen und jedem ernsthaften Widerstand zuvorzukommen. Am leichtesten war es, die „populare" Linie zu verfolgen. Ein Getreidegesetz, das die Kornverteilung beinahe unentgeltlich machte, ging durch, ebenso das Ackergesetz. Es war ganz auf Demagogie abgestellt, indem es den Satz, daß es in Italien eigentlich keine Kolonisation mehr geben sollte — ihn hatte sogar Appuleius anerkannt —, außer Kraft setzte und Kolonien gerade für Italien vorsah, natürlich dann nur unter Heranziehung des bisher ausgenommenen Areals wie des ager Campanus, andrerseits indem es einen radikalen Abschluß der ganzen binnenitalischen Kolonisation herbeiführen sollte und zukünftiger Agitation nichts „zurückließ außer dem Himmel und dem Kot" (wie ein berühmter Ausspruch des Drusus gelautet haben soll).

Wenn man bisher einen solchen Schritt auch im Hinblick auf die Bundesgenossen, welche Nutznießer der römischen Staatsdomänen waren, gescheut hatte, so war das für Livius Drusus kein Argument; denn gerade dieses Problem sollte durch das Zugeständnis des römischen Bürgerrechts an alle Italiker eine nicht minder radikale Lösung erfahren, und allen Einwendungen gegen die römische Sozialpolitik, welche von dieser Seite erhoben werden könnten, sollte ein für allemal die Spitze abgebrochen werden.

4. Sein Scheitern

Aber so weit kam es gar nicht. Drusus fuhr bereits vorher bei dem zweiten entscheidenden Programmpunkt fest, welcher der Beseitigung des Widerstreites zwischen Rittern und Senat galt. Seine Taktik war darauf abgestellt, beiden Seiten zu suggerieren, sie würden etwas gewinnen. Die Rittergerichte sollten aufgehoben werden und wieder in die Hände von Senatoren kommen, was einer alten konservativen Forderung entsprach. Die Ritter wurden aber über diesen Verlust im gleichen Zuge getröstet, indem praktisch für den Moment nicht nur alles beim alten bleiben sollte, also die Ritter ruhig weiter zu Gericht sitzen konnten, sondern sie obendrein noch einen Gewinn verbuchen konnten. In der Höhe von dreihundert Mann sollten sie nämlich in den Senat aufgenommen werden, womit sich dieser auf das Doppelte vergrößerte und damit zur Hälfte aus Altsenatoren, zur Hälfte aus Vertretern des feindlichen Standes sich zusammensetzte.

Der wirklich ingeniöse Gedanke hätte gewiß für einige Zeit seinen Zweck erfüllt, wenn die beiden Parteien die Überzeugung gehabt hätten, bei diesem Handel, der jeder ein Opfer zumutete, aber ebenso auch Gewinn in Aussicht stellte, jeweils auf ihre Kosten zu kommen. Aber das Einvernehmen kam nicht zustande. Die Ritter merkten sehr wohl, daß sie, auf die Länge besehen, den kürzeren ziehen würden und der Pairsschub zu einer Aufsaugung der nobilitierten Ritter, nicht aber zu ihrer Herrschaft über den Senat führen würde, womit sie in der Tat auch die dabei verfolgte Absicht ganz richtig errieten. In dem einen Konsul von 91, Lucius Marcius Philippus, stand ihnen ein energischer Verfechter ihrer Interessen zu Gebote. Er scheute sich nicht, den offenen Kampf mit Drusus aufzunehmen und mit Polizeigewalt, allerdings vergeblich, einzugreifen. Am verhängnisvollsten aber sollte der Umstand werden, daß der Senat selbst schwankend wurde. Die immer höher schlagenden Wellen von Drusus' Agitation wurden ihm unheimlich, und bereits vernahm man von Italien her ein dumpfes Grollen, das Schlimmes befürchten ließ. Vor einem Anschlag der Italiker auf das Leben des Konsuls hatte Livius Drusus ihn noch selbst bewahren können. Aber was weiter im Hintergrund stand, schien nur eine energische Schwenkung, mit der man Drusus und seine ganze gefährliche Politik von sich abschüttelte, abwenden zu können. So ließ der Senat ihn fallen und erklärte sein Gesetz, das dem Senat die Entpolitisierung des Ritterstandes bringen sollte, aus formalen Gründen nachträglich für ungültig.

Aber für diese Reaktion war es schon zu spät. Die Katastrophe nahm erst recht ihren Lauf. Livius Drusus fand plötzlich den Tod durch Mörderhand, eine Wahnsinnstat und deutlicher Ausdruck der panikartigen Stimmung. Jede ruhige Besinnung hörte auf. In Italien ging die Flamme des von langer Hand vorbereiteten Aufstandes hoch; der Tod des Livius Drusus hatte den Italikern die letzte Hoffnung auf legale Erfüllung ihrer Forderungen genommen. In Rom trieb die Not und Angst einem schrankenlosen Extremismus zu. Man suchte Schuldige und glaubte sie in dem Anhang des Livius Drusus zu finden. Ein Inquisitionstribunal, von einem Tribunen Varius ins Leben gerufen, begann zu wüten. Die Ritter sahen eine billige Gelegenheit, im Zeichen der nationalen Bedrohung, wie sie die Erhebung der italischen Bundesgenossen darstellte, sich an ihren Feinden in der Nobilität zu rächen.

5. Der Bundesgenossenkrieg (91—89 v. Chr.)

Der kurze, aber heftige Krieg (genannt der Marsische oder Bundesgenossenkrieg), der nun begann, war einer der großen Schrecken in Roms Geschichte. Der Grund liegt auf der Hand. Nicht nur, daß er in Roms nächster Nähe, in Italien, geführt wurde und ein Land verwüstete, das über hundert Jahre keinen Feind mehr gesehen hatte, er trug, obgleich der Form nach ein äußerer Krieg, alle Zeichen des Bürgerkrieges an sich. Wenn Rom die Last der Kriege bis dahin immer mit Italien zusammen getragen hatte, jetzt hatte es diese Hilfe nicht nur nicht mehr, vielmehr stand der in langer Waffenbrüderschaft geübte Genosse auf der Gegenseite. Wie in den Zeiten Hannibals mußte man alle Kraft zusammenreißen. Die Senatoren legten samt und sonders das Kriegskleid an. Alles, was kampffähig war, wurde eingezogen, selbst die Freigelassenen und Sklaven. Was Rom an militärischer Intelligenz aufzubieten hatte, wurde an den mannigfaltigsten Kommandostellen verwandt. Marius trat wieder aus dem Privatleben hervor.

Die feindliche Front gliederte sich in zwei Gruppen. Die eine stand in Mittelitalien mit den Marsern und ihren Nachbarn, die andere in Süditalien. Ihr Kern waren die Samniten. Jene waren seit langem romanisiert; von diesen konnte man das nicht behaupten. Die Koalition hatte deshalb eine zweifache Amtssprache, lateinisch und oskisch. Treu geblieben waren die latinischen Kolonien. Sie bewiesen abermals, und zwar zum letzten Mal in ihrer ruhmvollen Geschichte, daß sie die Bollwerke der römischen Herrschaft waren. Ferner machten die griechischen Städte nicht mit. Sie hatten an dem politischen Anliegen, der Aufnahme in den römischen Staat, kein Interesse. Der außenpolitische Gegensatz war ferner gepaart mit einer innerpolitischen Frontstellung. Träger des Angriffsgeistes waren die unteren und mittleren Schichten. Wo das Schwergewicht bei der oberen Klasse lag, wie in Etrurien und in Umbrien, hielt man sich, jedenfalls zu Anfang, von dem Kampf fern.

Die Lage war für Rom trotzdem verzweifelt. Die Feinde behaupteten sich nicht nur, sondern griffen auf Rom treu gebliebenes Gebiet über, so die Samniten auf Kampanien. Latinische Kolonien, welche als Wellenbrecher in dem aufgewühlten Meere standen, wurden eingenommen. Die Freunde Roms gerieten unter diesem verheerenden Eindruck ins Wanken. Der Ausgang des Krieges wäre nicht abzusehen gewesen, wenn der militärischen Stärke der Verbündeten die politische entsprochen hätte. Aber in der Paradoxie, daß alle Kraft der italischen Staaten darangesetzt wurde, den römischen Staat zu vernichten, während doch das Kriegsziel ausdrücklich dahin ging, endlich Aufnahme in ihn zu finden, lag schließlich auch die militärische Niederlage begründet. Sobald die Römer in diesem Punkte nachgaben, war das Rückgrat des feindlichen Widerstandes gebrochen. Diese längst unvermeidliche Schwenkung der römischen Politik erfolgte dann auch zum Zeitpunkt der äußersten Not und der höchsten Kraftentfaltung des Gegners. Eine lex Julia (90 v. Chr.) und eine lex Plautia Papiria (89 v. Chr.) boten den bis dahin treu gebliebenen Italikern und solchen, welche die Waffen niederlegten, das römische Bürgerrecht an. Die Folge war, daß im Norden bei den mittelitalischen Stämmen der Widerstand zusammenbrach. Weitergekämpft wurde bei den Samniten im Süden. Da hatte sich die Feindschaft verschärft und war die Erinnerung an die alte Unabhängigkeit lebendig geworden. Der Kampf wurde von nationaler Leidenschaft genährt, nicht nur auf italischer Seite. Der römische Feldherr, dessen strategischem Geschick die schwierige Aufgabe gelang, die Samniten aus Kampanien zu vertreiben und ihre Widerstandskraft zu brechen, war Lucius Cornelius Sulla, und dieser führte den Kampf mit einer verbissenen Wut und Schonungslosigkeit, welche nicht allein durch die Zweckmäßigkeit motiviert war. Er haßte seine Gegner mit der gleichen Inbrunst, wie er von ihnen gehaßt wurde, weit hinaus über das durch die Kriegführung gerechtfertigte Maß. Als sechs Jahre später abermals ein Bürgerkrieg in Italien tobte, da war es vor allem sein Name, der seinen Gegnern in den Samniten Bundesgenossen erweckte und den Nationalkampf nochmals jäh aufflammen ließ.

6. Ergebnis des Bundesgenossenkrieges

Das Ergebnis des Krieges war für die römische Geschichte von einschneidender Bedeutung. Es kann sich darin kaum eine in ebenso kurzer Zeit herbeigeführte Entscheidung mit ihm messen. Eingemeindungen italischer Staaten nach Rom waren schon früher vorgekommen. Insofern brachte die Aufnahme der Italiker in den römischen Staatsverband nichts Neues, und auch das staatsrechtliche Schema, nach dem es geschah, d. h. die Konstituierung der fremden Gemeinden als römische Munizipien, war althergebracht. Aber daß nun alle Italiker von dieser Maßnahme erfaßt wurden, war eine Umwälzung, wie sie die römische Geschichte bis dahin noch nicht gekannt hatte. Es gab damit von jetzt an keine italischen Verbündeten der Römer mehr; Italien hatte die föderativ-hegemonische Struktur verloren und war ein Einheitsstaat geworden, in dem es nur noch ein einziges Bürgerrecht, das römische, gab.

Eine Ausnahme machte — wenn man von einigen griechischen Gemeinden und ihrem wahrscheinlich etwas allmählicheren Übergang in den römischen Staat absieht — Oberitalien jenseits des Po. Die dortigen Stadtgemeinden erhielten, soweit sie keine latinischen Kolonien waren, nicht das römische, sondern das latinische Bürgerrecht. Wie es sich in der Folgezeit zeigte, war das nicht nur eine Einzelregelung, sondern eine grundsätzliche Verwandlung des latinischen Rechtes. Bis jetzt bezeichnete es den Status gegründeter Kolonien und war damit Ausdruck echter Eigenstaatlichkeit. Wenn man nun aber latinisches Bürgerrecht an fremde Gemeinden verteilte, dann erhielten diese dadurch nicht erst die Eigenstaatlichkeit (sie hatten sie ja schon), sondern wurden vielmehr in einer ganz inadäquaten Weise behandelt. Es wurde damit von Rom aus so getan, als ob man zu einer „latinischen" Gemeinde von einer peregrinen (fremden) aus aufsteigen könnte. Das war aber nach den alten Vorstellungen unmöglich. Die koloniale Latinität war von Hause aus ein spezifischer Peregrinenstatus, der sich aus der Provenienz der neugegründeten Gemeinden ergab, aber nichts mehr. Ihn verleihen, hieß ihn als solchen nicht mehr ernst nehmen, sondern als Stufe zum vollen Bürgerrecht, d. h. zur Einverleibung in den römischen Staat hin zu verstehen. Der Grundgedanke war denn auch dabei, ihnen innerhalb des römischen Staates eine Stellung anzuweisen, welche nicht ganz der Höhe eines Bürgermunizipiums entsprach, aber doch als ein Platz minderen Rechtes im Rahmen des römisch-italischen Einheitsstaates gelten konnte.

Erst einige Jahre später wurden von dieser Ordnung die samnitischen Gemeinden erfaßt, welche das in den verschiedenen Gesetzen ausgesprochene Angebot des Bürgerrechtes nicht angenommen, sondern sich erst der kriegerischen Eroberung gebeugt hatten, ganz zu schweigen von denjenigen, welche noch nach 89 auf die Dauer mehrerer Jahre im offenen Kampf standen. Sie waren von dem Bundesgenossenkrieg am schwersten betroffen, über den Verlust ihrer Staatlichkeit hinaus. Bei ihnen hatte sich bisher ein Leben eigener, nichtrömischer Prägung am längsten gehalten; sie gehörten — neben den Griechen, die aber in diesem Zusammenhang keine Rolle spielen — zu denjenigen Italikern, welche mit Stolz den, sogar schriftlichen, Gebrauch der eigenen Sprache pflegten. Aber damit räumten der Ausgang dieses Krieges und seine in den folgenden Jahren anschließenden Nachwehen nun endgültig auf. Mit dem Samnitentum als eigener Nationalität und damit überhaupt dem alten Stammestum der nichtrömischen Italiker war es von nun an vorbei. Die einheimischen Kräfte waren durch den schonungslosen Kampf sowohl physisch wie moralisch in einer Weise gebrochen worden, daß keine Erhebung mehr möglich war. Der Bundesgenossenkrieg hatte den letzten Schritt der Romanisierung Italiens vollzogen.

§ 13. Die Militarisierung der Revolution durch Sulla

1. Die Lage nach dem Bundesgenossenkrieg. — 2. Die Politik des Sulpicius Rufus. — 3. Sulla. — 4. Wiedereintritt von Marius in die Politik. — 5. Sullas erster Marsch auf Rom. — 6. Die Revolution Cinnas. — 7. Sullas zweiter Marsch auf Rom. — 8. Die Proskriptionen. — 9. Verwüstung Italiens und Kolonisation. — 10. Sullas Diktatur. — 11. Sullas Verfassungsreform.

1. Die Lage nach dem Bundesgenossenkrieg

Der Bundesgenossenkrieg hatte also eine zum mindesten grundsätzliche Lösung des Italikerproblems gebracht. Was in diesem Zusammenhang noch unternommen werden mußte, geschah auf der Basis der Entscheidungen, welche in den Jahren 90/89 v. Chr. getroffen worden waren. Aber der Bundesgenossenkrieg war auch ein Wirkstoff des revolutionären Prozesses. Die große Frage, welche aufgeworfen wurde, ging deshalb dahin, ob sein Ausgang für die Revolution eine wirkliche Beruhigung bedeutete und ob der Lärm des Bürgerkrieges, welcher angesichts der äußersten Bedrohung verstummt war, tatsächlich als gebannt geltén konnte. Hier wurde es nun für den Fortgang der Ereignisse von ausschlaggebender Bedeutung, daß eine solche Erwartung auf der ganzen Linie enttäuscht wurde. Die innere Beruhigung trat nicht nur nicht ein, sondern die Revolution zog aus dem durch den Bundesgenossenkrieg geschaffenen Zustand ungeahnte neue Kräfte.

Da war einmal der Aderlaß, welchen der Krieg mit zur Folge hatte: Nicht nur die breite Masse der römischen Bürgerschaft, gerade auch die oberen Kreise hatten entsetzlich bluten müssen; 24 ehemalige Konsuln, 7 frühere Prätoren, 60 Männer aus dem Kreis einstiger Ädilen und 200 Senatoren waren gefallen. Noch schlimmer war die Hypothek, mit welcher der Krieg die Lebenden durch eine allgemeine soziale und ökonomische Zerrüttung belastete. Der Krieg hatte den größeren Teil Italiens verwüstet, und davon hatten nicht nur die italischen Gegner den Schaden, sondern ebenso der römische Großgrundbesitz und damit die Quellen des materiellen Wohlstandes für die regierenden Klassen in Rom. Dazu kam, daß die auswärtigen Besitzungen infolge der Inanspruchnahme durch den Krieg nicht in dem Maße genützt werden konnten, wie es dem gesteigerten Bedürfnis entsprach, und, was das Schlimmste war, das Herrschaftsgebiet fiel nicht nur aus, sondern entwickelte Energien, welche sich gegen Rom richteten und an seinen ohnehin durch den Bundesgenossenkrieg beeinträchtigten Kräften zehrten: Der ganze römische Osten trat durch den Angriff des Königs Mithridates von Pontus gerade während dieser Jahre in einen allgemeinen Aufstand, und an die Stelle des eben erlöschenden Brandherdes trat ein anderer. Die Rückwirkung, welche dieses Unglück auf die innere römische Situation — auch wenn man das außenpolitische Problem nicht überschätzte — haben konnte, war im Augenblick noch gar nicht abzusehen. Den Ausschlag der wirtschaftlichen Spannung spürte man sofort. Das Geld war knapp geworden. Schon Livius Drusus hatte zur Finanzierung seines Agrarprogramms zu der bedenklichen Aushilfe einer Inflation durch Münzverschlechterung gegriffen. Vor allem aber war der immobile Besitz, der infolge des Krieges brach lag, von einer gigantischen Schuldenlast erdrückt. Die Zinsen stiegen ins Unermeßliche, und die Geldgeber, die kapitalistischen Ritter, durch den Ausfall ihrer Einnahmen in Asien auch bedrängt, hatten wenig Lust, auf die Ausnutzung dieser Konjunktur zu verzichten. Wie gewöhnlich in der Antike stand der Staat solchen elementaren Fragen sehr hilflos gegenüber. Man besann sich auf alte und längst antiquierte Wuchergesetze und machte damit das Übel nur noch schlimmer. Der betreffende Prätor, welcher diesen verhängnisvollen Ausweg beschritten hatte, wurde kurzerhand von den geschädigten Gläubigern ermordet (89 v. Chr.).

Der Krieg hatte noch eine andere, und wie sich herausstellen sollte, die verhängnisvollste Veränderung geschaffen. Der Bundesgenossenkrieg war im Grunde nur der Form nach ein auswärtiger Krieg gewesen. In Wirklichkeit war er ein italischer Bürgerkrieg. In einem harten Existenzkampf hatte man die Waffe gegen den Genossen des gleichen politischen Verbandes gekehrt. Wer hier dabeigewesen war, den brauchte das Blut der eigenen Bürger nicht mehr unbedingt abzuschrecken. Eine sofortige Demobilisierung der römischen Streitkräfte war nicht eingetreten. Überall in Italien standen die römischen Bürger noch zu Heeren formiert, und im Süden des Landes wurde gegen die Samniten und Lukaner noch gekämpft, inmitten einer aufgeregten innerpolitischen Welt eine bedenkliche Tatsache.

Und diese Welt war nicht nur mit Explosivstoffen geladen, sondern aus dem Bundesgenossenkrieg waren bereits die Funken von dem militärisch-außenpolitischen Schauplatz auf die innerpolitische Bühne herübergeweht. Die Schuld daran hatte die gleiche Kurzsichtigkeit der römischen Regierung, welche es erst zu dem unseligen Krieg hatte kommen lassen. Unter dem Druck der äußeren Not hatte man dann sehr bald nachgegeben, aber in dem gleichen Zug alsbald wieder eine Halbheit begangen. Die Italiker wurden in den römischen Staat zwar aufgenommen; doch wenn sie vorher dagegen revoltiert hatten, daß ihre alte völkerrechtliche Stellung praktisch nichts anderes war als eine Zugehörigkeit zum römischen Staat zu ungleichem Recht, so durften sie jetzt die Feststellung machen, daß die neue Einordnung in den römischen Staat auch nicht zu gleichem Recht erfolgte und sie in anderer Form immer noch so etwas wie eine herabgesetzte Klasse darstellten. Sie wurden nämlich nicht auf die ganze Breite der für die Römer geltenden politischen Körperschaften (zu Abstimmungszwecken) verteilt, sondern lediglich acht von den im ganzen fünfunddreißig Tribus zugewiesen, ähnlich wie es die Römer mit den freigelassenen Sklaven hielten. Natürlich gab es dafür sachliche Gründe. Rom fürchtete eine Majorisierung durch die Italiker, aber in einer Atmosphäre politischer Animosität war eine solche Zurücksetzung eine Beleidigung, und die Reibereien zwischen den Neubürgern und den Altbürgern, welche hartnäckig auf den letzten Rest ihrer Privilegierung pochten, blieben infolgedessen nicht aus.

2. Die Politik des Sulpicius Rufus

An diesem Punkte, wo eine Vergiftung des ganzen schwer erkauften Gewinnes des Bundesgenossenkrieges drohte, wurde begreiflicherweise die Unhaltbarkeit der augenblicklichen Situation am sichtbarsten deutlich. Die Einsicht meldete sich zu Wort in der Person eines jüngeren Mannes aus patrizischem Adel mit Namen Publius Sulpicius Rufus. Er gehörte nicht zufällig zum Kreise des Livius Drusus und war natürlich besonders empört, daß dessen Politik, zu der die römische Regierung angesichts des bewaffneten Aufstandes — sehr gegen ihren Willen — sich schließlich hatte bekennen müssen und für die Drusus gestorben war, auf diese listige Weise verwässert und der Erfolg der großen Mühen und Opfer in Frage gestellt werden sollte. Er war ebensowenig wie Drusus ein Feind der Nobilität, hatte aber natürlich deren Schwenkung, welche das Scheitern des Drusus verursacht hatte, nicht mitgemacht. Sein ursprünglicher, noch zu Lebzeiten des Drusus im Einvernehmen mit ihm gefaßter Plan war, als Volkstribun die Politik des Drusus fortzusetzen. Daraus war damals nichts geworden; aber jetzt griff er angesichts der dringenden Sachlage auf dieses Vorhaben zurück und ließ sich für das Jahr 88 v. Chr. zum Volkstribunen wählen, was für ihn als Patrizier den vorherigen Übergang zur Plebs (transitio ad plebem) nötig machte. Er gehört damit in die stattliche Reihe derjenigen Männer, welche dieses Amt als Schlüsselstellung betrachteten, und ist so der letzte Tribun großen Stils geworden. Er hatte dazu das Zeug, weil er ein ausgezeichneter Redner war, der sämtliche Register der Gemütsbewegung zu greifen verstand, und die Menschen durch seine ganze menschliche Erscheinung aufs tiefste beeindrucken konnte, und dazu, was nicht minder wichtig war, die Technik der Massenführung beherrschte, d. h. die Art kannte, wie man sich richtig in Szene setzte (etwa durch das Ansichziehen einer stattlichen

Gefolgschaft) und die Volksleidenschaft bis zur tätlichen Ausschreitung sachgemäß anpeitschte.

Man darf annehmen, daß es im Sinne des Sulpicius lag, seine Ziele im Einvernehmen mit den Optimaten des Senates zu verfolgen. Eine seiner ersten Maßnahmen galt der Zurückführung der Vertriebenen, welche am Anfang des Bundesgenossenkrieges als Freunde des Drusus den Verfolgungen der Gegner, und das waren vor allem die Ritter, zum Opfer gefallen waren. Das war für ihn eine Selbstverständlichkeit, wurde aber auch von der Senatsmehrheit nicht ungern gesehen. Aber als er an sein Hauptanliegen ging, die Verteilung der Neubürger, der Bundesgenossen wie Freigelassenen (bei letzteren war als Motivierung dieser alten Forderung an ihre Beteiligung an der Last des Krieges gedacht) auf alle Tribus, da versagte sich die Regierung genauso, wie sie seiner Zeit den Livius Drusus hatte fallen lassen. Sulpicius war aber entschlossen, den Kampf durchzustehen, und sei es unter Einsetzung tumultuarischer Mittel. Er gab dem Senat zu verstehen, daß er vor dem Einsatz radikalster Methoden nicht zurückschrecken würde, und suchte ihn durch ein Gesetz, daß jeden Senator, der mehr als 2000 Denare Schulden hätte, für senatsunfähig erklärte (was praktisch die Sistierung eines großen Teiles des Senates bedeutet hätte), unter Druck zu setzen. Der Senat blieb aber fest, und das lag nicht unwesentlich an der Person der beiden damals amtierenden Konsuln, zwei unbeugsamer Optimaten, von denen der eine Lucius Cornelius Sulla war.

Sulla entstammte einer verarmten Familie des Hochadels, hatte aber nichtsdestoweniger ein lebhaftes Bewußtsein von der Würde und den Ansprüchen seines Standes. 3. Sulla
Sein Ehrgeiz, der von Hause aus nicht sehr hochgespannt war (er gelangte nicht früh zu den Ämtern und war mit seinen fünfzig Jahren nicht gerade ein junger Konsul), ging dahin, das, was den vielen seiner Standesgenossen selbstverständlich war, für seine Person und damit seine Familie wieder zu erreichen: die Ehre des höchsten politischen Amtes und das Quantum wohldosierten Kriegsruhmes, das jedem besseren Angehörigen der Nobilität zukam. Er hatte ein Recht darauf, denn er war — im Gegensatz zu manchem seiner Standesgenossen — ein ausgezeichneter Militär und sehr geschickter, um nicht zu sagen „gerissener" Politiker, der schon auf bemerkenswerte Taten zurückblicken konnte. Im Jugurthinischen Krieg war es ihm als Quästor gelungen, Jugurtha in römische Hände zu bekommen und dadurch den langwierigen Krieg zu beenden, und im Bundesgenossenkrieg hatte er den schwierigen Krieg gegen die Samniten zu führen gehabt. Mit vollster Berechtigung war ihm jetzt die große Aufgabe vom Senat übertragen worden, mit dem gefährlichen Gegner im Osten, mit Mithridates, fertig zu werden. Sulla war aus Instinkt und Überzeugung ein Aristokrat. Ohne in seinem Privatleben ein Pedant oder moralischer Eiferer zu sein — er besaß darin die weiteste Ungezwungenheit —, betrachtete er die Welt vom Standpunkte der alten römischen Adelsherrschaft aus und des römischen Staates, wie er in seiner Glanzzeit gewesen war. In den Samniten sah er die italischen Erbfeinde Roms, gegen die sich seine Ahnen vor zweihundert Jahren die Sporen verdient hatten, und in seiner Vorstellung war der ganze Bundesgenossenkrieg nichts als ein sträflicher Abfall. Eine Erweiterung der vom Kriege aufgezwungenen Konzession, wie sie von Sulpicius angestrebt wurde, widersprach daher seinem ganzen spontanen Empfinden.

Vor allem aber war ihm das Treiben der römischen Politik, wie es seit über einem Menschenalter von dem Auftreten der Gracchen ab üblich geworden war, aus innerster Seele zuwider. Die popularen Methoden, ob sie nun unmittelbar in der Nachfolge der Gracchen oder, wie bei Livius Drusus und anfänglich bei Sulpicius, mehr konservativ inspiriert gehandhabt wurden, verabscheute er. Den Gipfel erreichte seine Abneigung gegen die herrschenden Tendenzen seiner Zeit, wenn er an einen Mann wie Marius dachte. Der konnte für ihn nur der streberhafte Parvenu sein, welcher sich mit seiner banausenhaften Tüchtigkeit und verzehrt von einem maßlosen Ehrgeiz nur kraft der verlotterten Umstände des damaligen römischen Staates zu dem ruhmvollen Platz eines Retters des römischen Staates heraufgearbeitet hatte. Sulla haßte ihn mit allen Fasern seines Wesens, und umgekehrt haßte Marius ihn nicht minder. Von dem Kriege gegen Jugurtha und gegen die Germanen her kannten sich die beiden gut. Sulla war damals immer der Untergebene des Marius gewesen, aber ein persönliches Vertrauensverhältnis war daraus nicht entstanden. Mit Vorliebe spielte Sulla gegen Marius, mehr oder weniger versteckt, die Gefangennahme Jugurthas als das entscheidende Verdienst um die Beendigung des Krieges aus. Wenn Marius' Groll gegen den aristokratischen Snobismus der Nobilität, der ihm innerlich soviel zu schaffen machte, eine Verkörperung brauchte, dann war sie ihm in der Person Sullas mit aller nur wünschenswerten Eindringlichkeit vor Augen gestellt.

4. Wiedereintritt von Marius in die Politik

Sulla und sein Konsulatskollege stemmten sich mit aller Kraft gegen das Bundesgenossengesetz des Sulpicius und suchten es durch sakralrechtliche Verhinderung einer Abstimmung zu sabotieren. Das löste begreiflicherweise eine immer stärkere Agitation mit Krawallen und tätlichen Ausschreitungen aus, die schließlich vor der Person der Konsuln nicht mehr haltmachten und sie zwangen, die Opposition aufzugeben. Das Gesetz ging infolgedessen durch; aber inzwischen war in der langen Zeit, während der sich die Dinge derartig zugespitzt hatten, eine folgenschwere andere Entscheidung gefallen. Sulpicius hatte sich angesichts der unversöhnlichen Haltung der Regierung nach anderweitiger Hilfe umgetan und sie bei Marius gefunden. Marius nahm in der Bundesgenossenfrage eine ganz andere Stellung als Sulla ein und hatte auch während des Krieges als Feldherr schon eine Taktik verfolgt, welche einen Ausgleich und eine möglichst baldige Beendigung des mörderischen Kampfes anstrebte. Während Sulla wie das rote Tuch auf die Italiker wirkte, war Marius als ein Mann des Volkes, als langjähriger Kriegskamerad der Italiker und als der volkstümliche Held bei ihnen trotz der Niederlage, die sie durch ihn zuletzt bezogen hatten, immer noch populär, und ein Bündnis mit ihm bot deshalb so etwas wie eine Gewähr für einen italikerfreundlichen Kurs. Für Marius selbst stand ein anderes, ausschließlich persönliches Anliegen im Vordergrund. Durch den kläglichen Zusammenbruch der Revolte des Appuleius und seine eigene dabei bewiesene Unfähigkeit war er von der Höhe des Ansehens, auf die ihn seine Kriegstaten geführt hatten, jäh heruntergestürzt. Der Bundesgenossenkrieg hatte ihm Gelegenheit gegeben, seine militärische Erfahrung zu zeigen; aber eine echte Rehabilitierung, die den alten Glanz in neuer Frische hätte wiederaufleben lassen, war das nicht. Nur von dem großen Unternehmen eines wirklichen auswärtigen Krieges konnte er sie erhoffen. So wurde sein brennendster Wunsch das Kommando im Kriege gegen Mithridates, das längst Sulla zugesprochen war. Sulpicius ging auf diesen Wunsch ein und scheint zuerst daran gedacht zu haben, ihn durch Wahl des Marius zum Konsul des folgenden Jahres zu erfüllen; aber dann wählte er den einfacheren, aber offensichtlich illegalen Weg. Er ließ die mit den Neubürgern gefüllte und ihm natürlich bedenkenlos folgenden Abstimmungskörperschaften den Beschluß fassen, daß das Kommando dem Sulla entzogen und Marius übertragen werden sollte. Das war nicht nur die stärkste Beleidigung, welche man Sulla persönlich antun konnte, sondern obendrein ein eklatanter Bruch der Verfassungsordnung; denn dadurch wurde ein Senatsbeschluß in einer bis dahin noch immer unbestrittenen senatseigenen Angelegenheit umgestoßen.

5. Sullas erster Marsch auf Rom

Doch war dies für die revolutionäre Entwicklung nicht das Entscheidende. Die römische Verfassung war elastisch und hatte schon die mannigfachsten Stöße auszuhalten gehabt. Entscheidend wurde die Rückwirkung; denn sie brachte einen Machtfaktor in die Innenpolitik hinein, mit dem noch niemand bis dahin in ihrem Zusammenhang gerechnet hatte und dessen man auch damals sich keineswegs vergegenwärtigte. Sulla ging zurück zu seinem Heer nach Kampanien und setzte ihm den Vorfall auseinander. Der Funke zündete. Sulla war ein beliebter Feldherr und stellte den Soldaten nicht nur die auf Grund des Volksbeschlusses unvermeidliche Trennung vor Augen, sondern auch die Möglichkeit, daß gar nicht sie, sondern die Soldaten des Marius zu den Reichtümern des Ostens kämen. Seine Autorität war stärker als der Beschluß des römischen Volkes. Den höheren Offizieren war diese Erhebung gegen ein Gesetz allerdings zuviel. Sie distanzierten sich von ihrem den Weg offener Revolte beschreitenden Feldherrn; aber von den Soldaten wurden die Abgesandten des Marius kurzerhand gesteinigt. Das Heer setzte sich in Bewegung. Sulla führte es nach Rom. Mit bewaffneter Hand nahm er von der Stadt Besitz, unter Nichtachtung der Botschafter, welche ihm auch der Senat schickte. Was er tat, die Verletzung der durch die Stadtgrenzen abgesteckten bürgerlichen Freiheitssphäre durch das militärische Kommando, war die schlimmste Felonie für das römische Rechtsempfinden.

Sulla hatte indes keine Zeit, seine Macht in Rom zu befestigen. Der Krieg gegen Mithridates drängte. Er konnte nur in Eile mit Hilfe des militärischen Terrors einige Beschlüsse durchbringen, welche u. a. die Aufhebung der Sulpicischen Gesetze (damit auch des Bundesgenossengesetzes) betrafen und von denen andere die Grundlinie seiner späteren Politik verraten. Für den Moment war ihm die Vernichtung seiner Gegner am wichtigsten. Marius, Sulpicius und noch zehn andere mußte der Senat als Aufrührer ächten und damit zugleich die nachträgliche Legitimierung seines Gewaltstreiches liefern. Sulpicius (als einziger) wurde damit in den Tod gehetzt; Marius gelang es unter abenteuerlichen Umständen, nach Afrika zu entkommen.

6. Die Revolution Cinnas

Was nun an Unheil, Mord und Totschlag in den nächsten Jahren, während deren Sulla im Osten Krieg führte, folgte, war die Frucht dieser Drachensaat. Es war Sulla nicht einmal gelungen, für das folgende Jahr (87 v. Chr.) sichere Gewährsleute seiner Richtung zum Konsulat zu bringen. Der eine Konsul Octavius, der seiner Linie entsprach, war persönlich schwach, der andere, Gaius Cornelius Cinna, zählte zu den Anhängern des Sulpicius und des Marius. Cinna suchte sofort, durch Volksbeschluß die Anordnungen Sullas rückgängig zu machen, worauf es zwischen seinen und seines

Kollegen Anhängern, d. h. im wesentlichen zwischen Alt- und Neubürgern, zu offenen Straßenkämpfen mit unzähligen Todesopfern kam. Cinna unterlag und mußte Rom verlassen, was ihm von seiten des Senats zu allem noch die Entsetzung von seinem Amt einbrachte.

Aber wenn Cinna damit außerhalb der Stadt war, er war nicht außerhalb Roms. Es gab draußen die Italiker, deren Sache er vertrat, es gab draußen noch immer unter Waffen stehende römische Heere. Daß ihn die Soldaten unterstützten, war erstaunlich, denn er war nicht wie Sulla ein gefeierter Heerführer. Aber die Wogen der politischen Leidenschaft hatten längst auf die Bürger in Uniform übergeschlagen. Cinna wandte alle nur denkbaren demagogischen Mittel, auch das der Bestechung, an. Er verstärkte seine Schar durch Sklaven. Inzwischen war auch Marius aus Afrika zurückgekehrt. Sein Name wirkte auf den einfachen Mann faszinierend. Mancher seiner alten Soldaten stellte sich ihm zur Verfügung. Auch von ihm wurden die Sklaven zur Freiheit und zum Kampf für seine Sache aufgerufen. Er brachte ein zweites, illegitimes Heer zusammen. Abermals konnte ein militärischer Marsch auf Rom, diesmal von der anderen Seite unternommen, vonstatten gehen. Es kam darauf an, ob der Gegner sich ebenfalls in den Besitz militärischer Streitkräfte zu setzen vermochte. Heere, die zur Verfügung standen, gab es, und tatsächlich bewirkten sie, daß Rom nicht mit einem Handstreich genommen wurde. Aber, wovon alles abhing, die Konsolidierung einer einheitlichen Front war nicht möglich, teils weil einer der Feldherrn, Pompeius Strabo, der Vater des berühmten Pompeius, eine zwiespältige Haltung einnahm, teils wegen der Unzuverlässigkeit der Soldaten. Sie hatten wenig für eine Regierung übrig, die nicht nur in der Italikerfrage eine kurzsichtige reaktionäre Politik trieb, sondern sich auch in der Absetzung Cinnas eines nicht minderen Verfassungsbruches schuldig gemacht hatte als seiner Zeit Sulpicius und Marius gegenüber. So liefen die Soldaten allmählich alle über, und dem Senat blieb nichts anderes, als die Stadt zu übergeben. Ein Jahr vorher hatte Sulla streng darauf gehalten, daß durch seine Soldaten keine Ausschreitungen vorkamen, und die politische Verfolgung auf eine enge Auswahl seiner Gegner beschränkt. Jetzt zog unter den Siegern Marius ein, aufs äußerste ergrimmt durch die letzten Erfahrungen, zeit seines Lebens voll abgrundtiefer Abneigung gegen die Aristokraten. Cinna, der verantwortliche Konsul, hatte ihm gegenüber wenig Gewicht. Ein entsetzliches Schlachten hub an. Marius hetzte seine Schergen, welche meistens kurz zuvor die Sklavenfesseln abgeworfen hatten, auf seine persönlichen Feinde. Es gab, mit wenigen Ausnahmen, kein Verfahren, nur ein regelloses Morden; den niedersten Trieben wurde freier Lauf gelassen, echte politische Leidenschaft war bei den meisten nicht im Spiel. Die Vermögen der Erschlagenen wurden konfisziert, ein Anreiz, vor allem reiche Leute umzubringen. Es wurde bald so schlimm, daß Marius' Banden von den regulären Soldaten niedergehauen werden mußten. Unter den Opfern dieses Wahnsinns befanden sich neben einem der amtierenden Konsuln (Octavius) Quintus Lutatius Catulus, der mit Marius zusammen die Kimbern bei Vercellae geschlagen hatte und in dem Marius deshalb einen Schmälerer seines Ruhmes sah, und Marcus Antonius, der berühmte Redner, nicht nur Leuchten der römischen Aristokratie, sondern bedeutende Vertreter des geistigen Lebens. Beide gehörten gar nicht zu den extremen Reaktionären. Die scharfen Optimaten hatten verständlicherweise gesehen, daß sie zur rechten Zeit aus Rom fortkamen. In Sullas Hauptquartier sammelten sich zahlreiche politische Flüchtlinge.

Noch schmählicher war, daß aus diesem Chaos keinerlei gestaltungsfähige Kräfte entstiegen. Marius, der im anschließenden Jahr 86 v. Chr. sein siebentes Konsulat begann, starb wenige Tage darauf. Von Freund und Feind wurde sein Tod als Glück begrüßt. Der maßgebende Mann war die nächsten drei Jahre Cinna; aber ihm fehlten die politischen Ideen nicht weniger als die Tatkraft für die nächstliegenden Aufgaben. Nicht einmal das äußerliche Funktionieren des staatlichen Apparates war gewährleistet. Konsulwahlen konnten nicht stattfinden. Cinna erklärte jeweils sich und einen Kollegen zum Konsul. Der einzige Ertrag dieser Ära war die Beilegung der Bundesgenossenfrage. Sowohl die Verteilung auf sämtliche Tribus wurde — nun endgültig — vorgenommen wie die Aufnahme derjenigen, in der Hauptsache samnitischen Bundesgenossen vollzogen, welche bis zum letzten gekämpft hatten und deshalb nach der militärischen Besiegung in einen völkerrechtlichen Zwischenzustand geraten waren (sie bildeten keinen eigenen Staat mehr, waren aber auch noch nicht römische Bürger), was freilich nicht verhinderte, daß an wenigen einzelnen Punkten noch immer samnitische Aufständische im Felde standen.

7. Sullas zweiter Marsch auf Rom

Die Tage dieses unfruchtbaren Regimentes waren gezählt, sobald Sulla im Osten gesiegt hatte[1]. Der Versuch, ihn des Oberbefehls zu entsetzen und den Krieg einem eigenen Feldherrn und einem eigenen Heer zu übertragen, scheiterte kläglich. Im Frühjahr 83 betrat Sulla im Glanz seines Ruhmes wieder italischen Boden. Hinter ihm stand eine Armee, die in Vergangenheit, Gegenwart und Zukunft alles durch ihn war. Feldherr und Soldaten, zu einer unlösbaren Einheit verbunden, waren in den letzten fünf Jahren die wahren Träger der römischen Geschichte gewesen. Die Gegenseite war im Besitz weit größerer Mittel. Ganz Italien stand ihr zur Verfügung. Obgleich Sulla von vornherein versichert hatte, er werde nicht mehr an die Bundesgenossenfrage rühren, wirkte auf die Samniten die Rückkehr des unerbittlichen Samnitengegners wie ein Fanal. Mit anderen Italikern eilten sie zu den Waffen, um der Regierung in Rom zu helfen. Aber die moralische Situation war verzweifelt. Es fehlte jede Persönlichkeit mit Autorität und Zielbewußtsein. Cinna war nicht der Mann; sein Ende im Jahre 84, noch vor der Ankunft Sullas, bewies es nochmals; von den eigenen Soldaten war er bei einer Meuterei erschlagen worden. Im Bewußtsein der eigenen Schwäche versuchte man Kompromisse und Ausgleich und lavierte unsicher hin und her. So war die Lage letzten Endes hoffnungslos, obgleich es nicht an tüchtigen Offizieren fehlte und Sulla auf sich allein gestellt war. Sein zweiter Marsch auf Rom war im Gegensatz zum ersten ein schwieriger Feldzug, bei dem er es mit zahlenmäßig überlegenen Streitkräften zu tun hatte und der Einsatz seines ganzen militärischen Genies erforderlich war. Trotzdem wurde er im Verlauf eines Jahres unumschränkter Herr über Italien. Der Kriegsschauplatz hatte sich nach der Flucht seiner geschlagenen Gegner aus Italien auch auf die westlichen Provinzen (Sizilien, Afrika, Spanien) ausgedehnt. Ihre Ausräumung konnte er seinen Unterfeldherren überlassen. Der späterhin berühmte Pompeius, Sohn des Pompeius Strabo, schlug sich

[1] Siehe unten S. 252 f.

zur rechten Zeit auf die Seite der siegreichen Bataillone und erntete als noch nicht Zwanzigjähriger im Dienste Sullas hierbei die ersten Lorbeeren.

Rund fünf Jahre waren seit Sullas Weggang von Rom vergangen. Die Ansätze zu einer Festigung der Verhältnisse, wie er sie während seines Konsulates versucht hatte, waren alsbald weggespült worden. Was er vorfand, war ein politisches Chaos. Daß der römische Staat von sich aus, allein auf Grund des Sieges und der Beseitigung der politischen Gegner, in Ordnung käme und es deshalb genüge, die gestörte Verfassung wieder in Kraft zu setzen, wäre eine Illusion gewesen. Sulla war der letzte, der an sie glaubte. Aber wenn man wenigstens mit der Herstellung des inneren Friedens und dem Schweigen der Waffen rechnete, so entsprach auch das nicht den Vorstellungen des Siegers. Die letzten zehn Jahre hatten unendliches Blut fließen sehen. Sulla war das nicht genug. Er muß der Ansicht gewesen sein, es sei nicht das richtige Blut geflossen und es müsse deshalb in dem Blutzoll ein Gleichgewicht hergestellt werden, sofern eine Restauration des Staates überhaupt sinnvoll sein sollte. Er war allerdings auch sehr gereizt worden. Ganz zuletzt, als die Sache seiner Gegner schon verloren war, hatten diese in Rom unter Führung des Sohnes von Marius ein abscheuliches Blutbad angerichtet, dem zahlreiche Senatoren, darunter der greise Jurist Scaevola Pontifex, zum Opfer fielen, die ruchlose Verzweiflungshandlung bankrotter Hasardeure. So beschloß Sulla, die revolutionären Exzesse fortzusetzen und das, was Marius und Cinna aus dem Zwang eines unbeherrschten Affektes getan hatten, kalten Blutes jetzt wieder in umgekehrter Richtung aufzunehmen. Es war nichts anderes als die Parole der physischen Vernichtung des Gegners. Den früheren Aderlaß hatte zumeist die Senatsaristokratie zu tragen gehabt. Jetzt kamen die Ritter daran, die Sulla als die eigentliche Belastung des römischen Staates empfand. Sie hatten zuletzt Sulpicius Rufus ihren tatkräftigsten Beistand geliehen; sie waren es, die bei den Verfolgungen des Marius profitiert hatten, als sie die konfiszierten Güter der Opfer für billiges Geld an sich rissen; sie waren es überhaupt, welche von dem allgemeinen ökonomischen Ruin, den der Bundesgenossenkrieg mit sich gebracht hatte, nicht nur als Inhaber des mobilen Kapitals am wenigsten betroffen waren, sondern obendrein als Geldgeber und Gläubiger aus der allgemeinen Verschuldung ihren Nutzen gezogen hatten.

8. Die Proskriptionen

Die Verfolgung, welche Sulla zu diesem Zweck auslöste, ist in der abendländischen Geschichte geradezu zum Urbild grausamer Gewaltsamkeit geworden. Ursprünglich dachte er, ähnlich wie das Marius nach seiner Besitznahme von Rom getan hatte, der Vergeltung einfach freien Lauf zu lassen. Ein sehr allgemein gehaltenes Edikt ächtete kurzerhand jeden, der nach einem bestimmten Zeitpunkt überhaupt auf der feindlichen Seite gestanden hatte, womit im Grunde alle, welche nicht mit ihm zusammen gekämpft hatten, vogelfrei wurden. Kein Mensch wußte, wann ihn der Dolch eines Mörders träfe, und es sind bei dieser Einrichtung natürlich nicht nur viele Unschuldige, sondern sogar solche von der politischen Farbe Sullas umgekommen. Von befreundeter Seite hierauf aufmerksam gemacht, verstand er sich dazu, die Opfer namentlich festzusetzen und öffentlich auszuhängen (proscriptio). Die Existenzunsicherheit wurde damit allerdings nur gemildert, nicht beseitigt; denn die Liste wurde noch ein paarmal erweitert und war vor allem gegen willkürliche Ergänzungen, welche die Interessenten der Verfolgung vornahmen, nicht gesichert. Es kam vor, daß jemand nach seiner Ermordung zu ihrer Legitimierung daraufgesetzt wurde. Die Zahl der Betroffenen wird in der Überlieferung verschieden angegeben. Nach der niedrigsten Version sind es 40 Senatoren und 1400 Ritter gewesen; nach der höchsten belief sich die Gesamtsumme der Proskribierten auf 4700. Dazu kommen aber noch alle diejenigen, welche während der militärischen Handlungen umgekommen waren, wodurch sich etwa die Zahl der Senatoren auf 90, der Konsularen auf 15 erhöht haben soll. Mehr fällt ins Gewicht, daß mit der Proskribierung der Verlust des Vermögens verbunden war und daß bei der Struktur der römischen Familie dadurch immer zugleich die weiteren Familienangehörigen, also vor allem die Haussöhne mit ihren Familien, in Mitleidenschaft gezogen wurden und um ihr Vermögen kamen. Zu diesen für die Ächtung von Haus aus geltenden Rechtsfolgen fügte Sulla als eigene Neuerung hinzu, daß sich die Unfähigkeit zu politischer Betätigung und Ämterbekleidung nicht nur auf die Geächteten, sondern auch auf deren Söhne und Enkel beziehen sollte, und daß diese Bestimmung auf die im Kampfe Gefallenen sich ebenso wie auf die Proskribierten erstreckte. Andererseits lehren diese Zahlen, wie ungewiß sie im einzelnen sein mögen, daß es sich bei dieser Aktion nicht eigentlich um eine Massenverfolgung handelte. Der Angriff wurde nicht gegen die Menge geführt, wie immer sie auch politisch gestanden haben mag, sondern gegen die Angehörigen der höheren Klassen, zumal gegen die Kapitalisten des Ritterstandes. Das „Volk" in der allgemeinen Bedeutung des Wortes war an diesem schauderhaften Prozeß nur in beschränktem Umfang beteiligt. Auf beiden Seiten, sowohl der des Angreifers wie der des Angegriffenen, ist hier deshalb eine elementare Leidenschaft, wie sie die Geschichte sonst als Triebfeder bei dergleichen Exzessen kennt, kaum im Spiel gewesen. Statt dessen wurde allen anderen Trieben, der persönlichen Rachsucht, dem Neid und der bloßen Mordgier, ein Freipaß ausgestellt. Die freiwilligen Schergen handelten zum allergeringsten Teil aus politischer Überzeugung. Die Flamme echten politischen Hasses war nur da sichtbar, wo Sulla selbst die Regie führte und die Köpfe der Erschlagenen öffentlich aufpflanzen ließ oder einzelne seiner Gegner auf das grausamste zu Tode marterte. Selbst vor Grabschändung scheute er nicht zurück: die Gebeine des Marius wurden ausgegraben und in einen Fluß geworfen. Politisch aber kam es ihm darauf an, daß in dem Kreise der höheren Gesellschaft, welche von alters her das Rückgrat des römischen Staates bildete, eine gründliche Verschiebung eintrat. Das Vermögen der Proskribierten wurde konfisziert und versteigert. Bei dem großen Angebot war der Preis spottbillig. Es war nicht schwer, den Nutzen aus dieser Konjunktur die Anhänger Sullas ziehen zu lassen, sei es, daß es ein aristokratischer Standesgenosse wie Crassus war, oder Leute aus dem Kreise seiner Klienten, darunter vor allem seine Freigelassenen. Deren Zahl vermehrte sich im Zusammenhang mit den Proskriptionen ins Unermeßliche; denn die Sklaven der Proskribierten, welchen er auf Grund der Konfiskationen die Freiheit verschaffte, galten als seine persönlichen Freigelassenen und nahmen auch als „Cornelier" den Namen seines Geschlechtes an. Es waren ungefähr zehntausend.

9. Verwüstung Italiens und Kolonisation

Das Volk in seinen breiten Schichten ließ er nicht in Rom, sondern in Italien, im Bereich der ehemaligen Bündner, seine harte Hand spüren. Seine politischen Gegner hatten sich auf die Italiker als Verfechter ihrer neuerworbenen Rechte gestützt. Sulla tastete letztere, getreu seinem von Anfang an verkündeten Programm, nicht an; aber er behandelte trotzdem diese Italiker genauso, als wenn sie auswärtige Feinde wären. Nicht nur, daß er Massenabschlachtungen vornahm, wie sie kaum jemals in der Geschichte der römischen Eroberungen vorgekommen waren, er vertrieb im Norden und Süden, in Etrurien und vor allem in Samnium, dem Lande seiner alten Feinde, die Einwohner von Haus und Hof und dezimierte rücksichtslos die Gemeindemarkungen. Was der Bundesgenossenkrieg noch verschont hatte, fiel jetzt diesem erbarmungslosen Nachspiel zum Opfer. Die letzte Einebnung des italischen Volkstums wurde von ihm vollzogen. Das einst kräftige und gesunde Bauerntum der samnitischen Berge wurde vollends ausgerottet. Sulla erntete damit den traurigen Ruhm, die soziale Destruktion Italiens am tatkräftigsten gefördert zu haben.

Diese soziale Revolution in Italien brachte Sulla einen von Anfang an ins Auge gefaßten wichtigen Vorteil. Sulla führte nach Italien ein Heer von ungefähr 100 000 Soldaten, die über zehn Jahre in angestrengtestem Kampf gestanden hatten und, nach der Marianischen Heeresreform mit einigem Recht, auf ihre Zivilversorgung pochten. Für Marius war diese Frage vor ungefähr zwanzig Jahren ein schwieriges Problem gewesen, und er war deshalb mit seinen Parteigängern zu dem Entschluß gekommen, die Versorgung der Veteranen mit Bauernstellen vor allem außerhalb Italiens vorzunehmen, woraus dann freilich infolge des Fiaskos seiner Innenpolitik nicht viel wurde. Sulla brauchte sich darüber nicht den Kopf zu zerbrechen; er hatte mit dem Schwerte sich den Boden in Italien verschafft und konnte damit die innere Kolonisation wiederaufnehmen, die seit ihrer Verwendung als Kampfmittel gegen Gaius Gracchus' Plan einer Außenkolonisation als optimatisches Programm gelten konnte. Sulla handelte dabei nicht nur als Heerführer. Er hatte auch den sozialpolitischen Gesichtspunkt im Auge und verschloß sich nicht der Erkenntnis, daß für das verwüstete Land und die Regenerierung des Bauerntums auf ihm etwas geschehen müsse. Deshalb eignete er sich die Auffassung der Gracchen an, daß das Eigentum an den ausgeworfenen Siedlungsstellen (120 000 an Zahl) gebunden sein sollte und von den Veteranenkolonisten nicht durch freien Verkauf aufgegeben werden dürfe.

10. Sullas Diktatur

Die unbeschränkte Freiheit der offenen Gewalt, in deren Genuß er diese revolutionären Maßnahmen durchsetzte, war entsprechend dem politischen Gewicht der durch sie verfolgten Ziele für Sullas Machtstellung, zum mindesten im Anfang, die wesentlichste Voraussetzung. Aber auf die Dauer konnte es bei einem so stark in Rechtsformen denkenden Volk wie dem römischen dabei nicht bleiben. Sulla bedurfte einer äußeren Legitimierung und dies auch deshalb, weil es nicht nur galt, vollendete Tatsachen zu schaffen, sondern ihm die Aufgabe oblag, über seine Person hinaus dem römischen Staat einen Weg zu weisen. Wenn ihm eins von Anfang an, schon zur Zeit seines Konsulates, klar war, dann die Tatsache, daß die traditionelle römische Verfassung nach den Erfahrungen der vergangenen Jahre keine Gewähr ihres Bestandes und zuverlässigen Funktionierens in sich trug. Seiner nach Kriegsrecht erworbenen Macht schuf er deshalb eine formelle Basis, indem er sich zum „verfassunggebenden Diktator" (dictator legibus scribundis et rei publicae constituendae) wählen ließ. Dieses sogenannte Amt war eine Neuschöpfung von ihm. Die frühere römische Diktatur, auf die er dem Namen nach zurückgriff, gab es erstens praktisch seit über 120 Jahren nicht mehr, und zweitens war sie zur Zeit ihrer Existenz (das waren im Grunde, wenn man es richtig bedenkt, die ersten 200 Jahre der römischen Republik gewesen) ein sachlich und zeitlich eng begrenztes Aushilfs- und Ausnahmeamt gewesen (etwa zur Abhaltung eines Festes, wenn die regulären Beamten nicht verfügbar waren, oder zur Kriegführung, wenn Konzentrierung von Kommando und Streitkräften sie erforderlich machte). Sulla übernahm nur die äußere Form, etwa im Modus der Ernennung durch den Interrex oder der Bestallung eines — in seinem Falle völlig sinnlosen — magister equitum, und ließ den Inhalt allenfalls insoweit gelten, als er seine Funktion als prinzipiell ebenso vorübergehend wie die des auf sechs Monate beschränkten Diktators früherer Art aufgefaßt wissen wollte (was der Zeitspanne nach auf seine dem Wortlaut nach zeitlich nicht begrenzte Gewalt nicht zutraf).

Sullas Verfassungsumbau verriet in seinen einzelnen Bestimmungen die durch und durch konservative Denkungsweise seines Schöpfers. Sein Ideal dabei war, den römischen Staat als den aristokratisch aufgebauten Körper, der er von Anfang an gewesen war, auch für die Zukunft zu erhalten und vor allem nach den zahlreichen Beschädigungen der jüngsten Vergangenheit wiederherzustellen. Zwei Punkte waren für ihn eine ausgemachte Sache, erstens, daß die römische Verfassungsordnung in ihrem technischen Mechanismus viel zu labil gewesen war, um den Angriffen, denen sie in der Revolutionszeit ausgesetzt war, standzuhalten, zweitens, daß die Urzelle allen Übels darin bestand, daß das Volkstribunat kraft seiner formellen Kompetenzen immer (d. h. je nachdem in welche Hände es fiel) die Handhabe dazu bot, das Schwergewicht der römischen Regierungsgewalt vom Senat weg auf den selbständig mit dem Volk verhandelnden und es unter Umständen beherrschenden Tribunen zu verlegen.

Solange das lose Gefüge der Verfassung durch einen festen, von der Aristokratie gesteuerten Willen zusammengehalten wurde, war dieser Zustand gefahrlos gewesen. Nachdem diese Voraussetzung fortgefallen war, ersetzte Sulla sie durch strikte, gesetzlich ausgesprochene Bedingungen, welche das Volkstribunat zu einem Schatten seiner einstigen Bedeutung herabdrückten. Es geradezu abzuschaffen, war angesichts seines ehrwürdigen Ansehens nicht möglich oder wenigstens nicht angebracht. Der Volkstribun blieb als Träger des Interzessionsrechtes und als Helfer des einzelnen gegen Übergriffe der Staatsgewalt bestehen. Aber er verlor die gesetzgeberische Initiative und damit jede Möglichkeit, einen politischen Schwerpunkt zu bilden. Und, um jeder Unklarheit vorzubeugen, niemand sollte mehr Lust haben, seinen Ehrgeiz auf dieses Amt zu richten: die Bekleidung des Volkstribunates zog die Unfähigkeit nach sich, ein kurulisches Amt wahrzunehmen, und schloß damit jede politische Karriere aus.

11. Sullas Verfassungsreform

Sulla wußte aber auch, daß der römische Staat und die Herrschaft des Senatsadels nicht nur vom Volkstribunat her unterwühlt worden war, sondern ihm ein ebenso gefährlicher Gegner im römischen Heer und seinem Kommandanten erwachsen war. Die Vorkehrungen, die er hiergegen unternahm, sind um so bemerkenswerter, als er selbst es gerade gewesen war, der die römische Innenpolitik dem Verhängnis der Militarisierung überantwortet hatte, und er damit sich in gewissem Sinne gegen sich selbst kehrte. Seine grundsätzliche Anordnung, die den Gedanken am klarsten ausdrückte, ging dahin, daß faktisch der Magistrat cum imperio während seiner regulären Amtszeit nur in Rom und in Italien tätig war und infolgedessen, da es sich jetzt um ein einheitliches Bürgergebiet handelte, im Normalfall mit keinem Heer zu tun hatte. Gedacht war an die Konsuln und die Prätoren; jene waren in einem wichtigen Kriegsfall bis dahin automatisch die Kommandanten gewesen, diese wurden zum Teil als Provinzialgouverneure gleich von Anfang an gewählt und verfügten damit über die volle militärische Gewalt. Die neue Ordnung besagte, daß Provinzialstatthalterschaft und damit militärisches Kommando von diesen Magistraten erst im zweiten Jahr in ihrer Eigenschaft als Promagistrate (also entweder als Prokonsul oder Proprätor) wahrgenommen werden dürfe und daß, wie ausdrücklich unter Strafandrohung festgesetzt wurde, keiner mit seinem Heere die Grenzen seiner Provinz überschreiten dürfe. Es wurde danach natürlich eine genaue Abstimmung der Zahl der Magistrate auf die Zahl der Provinzen nötig. Sie wurde durch die Festsetzung der höheren Magistrate auf zehn (zwei Konsuln, acht Prätoren) erreicht, eine Einrichtung, die auch aus anderen Gründen zweckmäßig war.

Diese Einführung der Promagistratur war keineswegs eine umstürzende Neuerung. Mit der Verlängerung der Amts- und damit Kommandogewalt (imperium prorogatum) hatte man schon immer gearbeitet, und es wäre ohne sie schon längst weder ein auswärtiger Krieg noch eine auswärtige Herrschaft durchzuführen gewesen. Neu war an Sullas Bestimmung lediglich die durchgängige Systematisierung einer vertrauten Praxis — infolgedessen hat sie, der Form nach, auch jahrhundertelang gehalten —, und die Tatsache, daß er damit — auf indirektem Wege — gleichsam eine Entmilitarisierung Italiens erreichte. Was ihn hierbei leitete, waren ausschließlich Gesichtspunkte innerpolitischer Natur, auf eine verkürzende Formel gebracht, die Befriedung des römischen Innenraumes im Sinne einer Sicherung der Senatsherrschaft. Für die Ansprüche der provinzialen Verwaltung und der Kriegführung hatte sich nicht nur nichts geändert, sondern war die Lage eher schlechter geworden. Abgesehen davon, daß die Koordinierung von Magistrat — Promagistrat — Provinzen sehr bald, bei der nächsten Erhöhung der Zahl der Provinzen schon, hinfällig wurde, war der gemäß der Sullanischen Idee in seiner Statthalterschaft auf ein Jahr beschränkte Beamte praktisch erstens sehr wenig brauchbar und dann obendrein der Versuchung ausgesetzt, seine kürzere Frist mit ebendemselben Profit für sich zu nutzen wie eine längere, was sich umgekehrt in den Augen der Untertanen als entsprechend erhöhte Intensivierung der Ausbeutung darstellte. Und wenn man größere Kriege vom Provinzialkommando aus führen sollte, lag die Unzulänglichkeit des Schemas augenblicklich zutage, sobald der Feind einem nicht den Gefallen tat, sich innerhalb eines einzelnen Provinzialsprengels besiegen zu lassen. Wie die Zukunft lehrte, erwuchsen gerade aus dieser Fehlkonstruktion die schwierigsten Komplikationen, in technischer wie verfassungspolitischer Hinsicht, und ist, ganz entgegen den Absichten Sullas, die Senatsherrschaft eben im Zusammenhang mit diesen Weiterungen am schwersten getroffen worden. Wie manchmal in der Geschichte hat die Politik da in der löblichen Absicht, aus der Vergangenheit zu lernen, lediglich ein Loch zugestopft, um ein größeres an anderer Stelle aufzureißen.

Sullas grundsätzlicher Einstellung entsprechend, wie sie in allen diesen Unternehmungen zum Ausdruck kommt, mußte das Kernstück seines Verfassungswerkes die Reorganisierung des Senates sein. Er befand sich nach den Drangsalen des letzten

Jahrzehntes in einem erbarmungswürdigen Zustand und war infolge der fortwährenden Aderlasse auf einen Bruchteil seines normalen Bestandes zusammengeschrumpft. Daß hier eingegriffen werden mußte und großzügige Ergänzungen am Platz waren, verstand sich von selbst. Aber Sulla war es nicht genug, daß der Senat in seiner alten Stärke von dreihundert Mitgliedern wiederhergestellt wurde. Der Senat bedeutete nicht nur eine regierende Körperschaft, sondern war von jeher das Gefäß gewesen, in dem die römische Aristokratie sich sammelte und ihren politischen Stil ausbildete. Auf Grund der lebenslänglichen Mitgliedschaft übte er eine eminente Erziehungsfunktion aus und bildete zu seinem Teil diejenige politische Substanz aus, von der die regierende Klasse in Rom lebte und ohne die der römische Staat, sofern er seine alte Form bewahren sollte, nicht existieren konnte. Die Zahl dreihundert drückte einst ein sehr gesundes Verhältnis im Vergleich zur Gesamtbürgerschaft aus. Unterdessen war die Zahl der Bürger jedoch längst gestiegen, zuletzt, infolge des Bundesgenossenkrieges, sogar plötzlich angeschwollen, und vor allem, die im Senat vertretene Schicht hatte in dem Ritterstande einen zahlenmäßig starken Konkurrenten erhalten. Es gehörte im Grunde nicht viel Scharfsinn zu der Einsicht, daß der Senat damit in seiner bisherigen Zusammensetzung eine viel zu geringe und damit auch zu wenig widerstandsfähige Basis für die Entwicklung des römische Regierungsadels bildete. Sulla nahm deshalb den Gedanken des Livius Drusus auf, der durch eine Erweiterung des Senates den Einfluß und das Machtstreben der Ritter hatte paralysieren wollen, und verdoppelte die Zahl der Senatoren auf sechshundert. Uns fehlen leider alle statistischen Unterlagen, um festzustellen, wie er bei der Auswahl der neuen Senatoren verfuhr; aber eines ist klar: Es blieb ihm gar nichts anderes übrig, als im großen ganzen zu den auf der sozialen Stufenleiter den bisherigen Senatoren zunächst Stehenden zu greifen und sich an Angehörige des Ritterstandes, so wenig dieses ihm sympathisch war, zu halten. Die — übrigens nicht gerade falsche — Berechnung, daß die Assimilationskraft des alten Amtsadels groß genug wäre, um das Sonderinteresse der bisherigen Ritter aufzusaugen, mochte ihm die Entscheidung leichter machen. Es konnte hierbei auch nicht ausbleiben, daß auf diesem Wege hinfort bei der selbsttätigen Verjüngung des Senates in ihn auch Angehörige aus dem weiteren, neuerdings in den römischen Staat einbezogenen Italien Eingang fanden. Kurzsichtige und engstirnige Kritiker, welche die überholten Zustände der Vergangenheit zum Maßstabe ihres Urteils machten, mochten das wohl bemäkeln; aber diese Entwicklung war nicht nur unvermeidlich, sondern entsprach durchaus einem alten Gesetz der römischen Geschichte; denn von jeher ist mit der Ausdehnung der Bürgerschaft auch die Aristokratie gewachsen, und es war nur ein Zeichen für die reaktionäre Verkehrtheit in dieser Revolutionszeit, daß man weder diesen klaren Tatbestand erkannte noch die Verträglichkeit solcher Fortbildung mit der alten Struktur des römischen Staates bemerkte. Sulla war konservativ bis in die Knochen und gewiß alles andere als ein politischer Bahnbrecher; aber er war trotz eingewurzelter Sympathien und Antipathien kein verstockter Reaktionär.

In dem wichtigsten Punkte seines Reformwerkes bewies er deshalb eine bemerkenswerte Unvoreingenommenheit. Natürlich bewegte sich sein politisches Denken teilweise in den Bahnen alter und, wie wir heute wissen, antiquierter, besser lebensunfähiger Traditionen (dergleichen ist durch die Vergangenheitsgebundenheit vieler menschlicher Schemata bedingt und war bei einem zähflüssigen Volk wie dem römischen nur zu verständlich) — der Rückgriff auf die alte Sittengesetzgebung, die Abschaffung der Getreidespenden, notwendigerweise in seinen Augen ein Krebsübel, u. a. bewiesen es —, aber er hatte auch ein Gefühl dafür, daß die Geschichte manchmal nicht zurücknehmbare Schritte vollzieht, und war in solchen Fällen nicht gesonnen, das Rad zurückzudrehen. Es war gerade eine der ehrwürdigsten Einrichtungen des römischen Staates, die Zensur, welche in den Bereich dieser seiner Einstellung fiel. Dieses merkwürdige Amt, das wie kein anderes in den sozialen Organismus eingriff, war längst mit den Größenverhältnissen der zum Weltstaat gewordenen Republik nicht mehr verträglich. Vor allem fehlte es einfach an dem Maß individueller Autorität, das für eine seiner Hauptaufgaben, die Ergänzung des Senates, vonnöten war. Sulla hatte schon dessen außerordentliche Zusammensetzung, welche er durchführte, ohne die zensorische Gewalt vorgenommen und die letzte Entscheidung über die Kandidaten den Wahlkomitien überlassen. Er setzte für die reguläre Erneuerung dieser Körperschaft diese Linie fort und bestimmte deshalb, daß künftig der Eintritt in den Senat sich mittelbar aus der Volkswahl ergab, indem die Beamten von selbst nach ihrer Amtszeit Senatsmitglieder werden sollten. Bei seinen Zuwahlen (adlectio) hatte der Zensor bis dahin sich auch vorwiegend an diese Kategorie von Kandidaten gehalten. Sulla war mit Recht der Ansicht, daß das gleiche Ergebnis sich auf einfachere und zugleich öffentlichen Anstößen weniger ausgesetzte Weise erreichen ließe. Es kam nur darauf an, daß der automatische Zufluß den zahlenmäßigen Anforderungen entsprach, und dafür hatte seine Reorganisation der Beamtenschaft gesorgt. Entscheidend war die Erhöhung der Zahl der Quästoren von 12 auf 20 (die Hälfte war für die Provinzialverwaltung vorgesehen), womit also ein jährlicher Anfall von zwanzig neuen Senatoren gewährleistet war.

Wichtiger für den Gesamtzuschnitt des römischen Staates war die uneingeschränkte Beibehaltung der Geschworenengerichte (quaestiones perpetuae). Sie waren vor mehreren Jahrzehnten, in der Mitte des zweiten Jahrhunderts, ins Leben gerufen worden, weil die römische Kriminaljustiz (im Gegensatz zum Zivilprozeß) sich noch in einem geradezu vorsintflutlichen Stadium befunden hatte, indem die Kriminalfälle, soweit sie nicht auf dem Polizeiwege erledigt wurden, den Gegenstand umständlicher Verhandlungen der Volksversammlung bildeten. Sulla war von der Unvermeidlichkeit des modernen Verfahrens derartig überzeugt, daß er es nicht nur für die bisher übliche Materie der staatlichen Erpressungsdelikte (Repetundenprozeß) beibehielt, sondern auf fast den gesamten Bereich der Strafrechtspflege ausdehnte. Für die verschiedensten Verbrechen richtete er ständige Gerichtshöfe ein. Dabei stellte es sich als nötig heraus, zu diesem Zwecke die betreffenden Delikte überhaupt erst einmal genauer zu bestimmen, was für die Fortentwicklung des materiellen Strafrechts einen wichtigen und im Grunde längst fälligen Anstoß gab.

Die Geschworenengerichte tagten unter dem Vorsitz eines Prätors. Ihre Vermehrung brachte die Vermehrung der Prätorenstellen und die ausschließliche Verwendung der Prätoren im inneren Raume mit sich, stellte andererseits aber auch genügend Anwärter für die Provinzialverwaltung zur Verfügung. Der Geschworenensitz war seit Gaius Gracchus der Gegenstand des erbitterten Kampfes zwischen Senat und Ritterschaft gewesen. Sulla hat ihn selbstverständlich zugunsten des Senates beendet und damit wie Livius Drusus einen Versuch zur Entpolitisierung des Ritterstandes und zur Entgiftung des gegenseitigen Verhältnisses der beiden oberen Stände unternommen. Hier wie bei der Herabsetzung des Tribunates traf er natürlich auf den stärksten Widerwillen der davon betroffenen Interessenten, und es sind deshalb diese beiden Neuerungen sehr bald der rückläufigen Bewegung zum Opfer gefallen; aber im Augenblick konnte der Ausschluß der Ritter vom Geschworenenamt, ganz analog zu dem Plan des Livius Drusus, durch die Verdoppelung der Senatorensitze und entsprechende Aufnahme von Rittern in den Senat als entgolten betrachtet werden.

Sullas Reform war von dem Ziele geleitet, den alten römischen Staat zu erhalten und ihn durch Beseitigung seiner Mängel krisenfest zu machen, was in erster Linie hieß, seinem labilen Verfassungsrecht einige feste Stützen einzubauen und an die Stelle eines nicht mehr gesicherten politischen Usus die bindende Vorschrift zu setzen. Wenn man den von ihm verfolgten Zweck bedenkt, dann zeugt die Umsicht und die wechselseitige Abstimmung der verschiedenen Faktoren von einer bemerkenswerten und der römischen Geschichte bis dahin nicht gerade allzusehr vertrauten konstruktiven Fähigkeit des Verfassunggebers. Das letzte Glied in diesem gut durchdachten Zusammenhang war die Ingangsetzung des neuen Mechanismus. Das Wesen der von Sulla übernommenen Aufgabe schrieb vor, daß der Wille, welcher sich ihrer Lösung unterzogen hatte, sich alsbald nach der Vollendung des Werkes von ihm zurückzog. Sulla hat dies folgerichtig im Jahre 79 v. Chr., nach einer dreijährigen Diktatur, getan. Seine persönlichen Neigungen standen dem nicht entgegen. Das Privatleben besaß für ihn genug Reize, um ihn den Verlust der politischen Macht nicht als schmerzlich empfinden zu lassen. Aber wie stand es um die äußere Möglichkeit, angesichts zahlreicher, bis aufs Blut gequälter und zutiefst gedemütigter Gegner als Privatmann zu leben? Sulla war in dieser Hinsicht mit Recht unbedenklich. Er besaß eine überragende moralische Autorität, aber er hatte auch zahlreiche Menschen als Rückhalt, falls sich eine Hand gegen ihn erheben sollte. Auf seine Veteranen konnte er sich verlassen. Sie waren zwar demobilisiert, und es war keineswegs seine Absicht, sie auf die Dauer zu Garanten seiner Staatsordnung zu machen; aber zwischen ihm und ihnen bestand nach alter römischer Klientelvorstellung ein Band, das unlöslich war. Die Probe aufs Exempel brauchte er zu Lebzeiten nicht zu machen. Als er jedoch nach Ablauf eines Jahres starb (78 v. Chr.), eilten zu dem großen Staatsbegräbnis seine ehemaligen Soldaten herbei, um ihm in Reih und Glied, so wie sie unter ihm gedient hatten, das letzte Geleit zu geben.

Sulla war es weder beschieden, die Früchte seiner Bemühungen zu ernten noch bei der Nachwelt den verdienten Ruhm eines Reorganisators des römischen Staates zu erhalten. Der menschliche Jammer, der mit seinem Namen verbunden war, hat sich in die Erinnerung nachhaltiger eingegraben als seine Verdienste. Er hat selbst, einer gewissen Indifferenz seines Wesens entsprechend, auch keinen Versuch gemacht, mit ihnen auf die Gemüter der Zeitgenossen und Nachfahren Eindruck zu machen. Das heißt nicht, daß es ihm an Selbstbewußtsein gefehlt habe. Im Gegenteil. Aber es war nicht eigentlich in einem präzis politischen Sinn profiliert. Sulla fühlte sich als der römische Adlige, den die Gottheit durch ihr wunderbares Walten auf die schwindelnden Höhen eines ständigen Sieges getragen hatte. Fortunas, der griechischen Tyche, Schützling war er deshalb, und als er im Osten gewesen war, setzte er sie mit der dort verbreiteten Allmutter Aphrodite gleich. Wenn er von den Menschen anerkannt werden wollte, dann in dieser Eigenschaft übermenschlicher Verbindung, von den Griechen als der von Aphrodite Betreute, Epaphróditos, von den Römern als Sulla Felix. Zum Zeichen dessen baute er in Praeneste, einer Stadt, die gerade durch ihn unsäglich gelitten hatte, der dort seit alters her verehrten Fortuna einen gigantischen Tempel, und in seinen „Erinnerungen" suchte er den Vergleich mit römischen Heldengestalten, welche wie die berühmten Scipionen der übermenschlichen Fügung ihre Erhöhung verdankten.

§ 14. Die Revolution im Schatten der militärischen Macht

1. Die historische Stellung Sullas. — 2. Die nachsullanische Aristokratie. — 3. Cicero. — 4. Cato Uticensis. — 5. Die Restaurationsherrschaft. — 6. Der Zusammenbruch der Restauration. — 7. Pompeius' Aufstieg. — 8. Catilina. — 9. Die Rückkehr des Pompeius. — 10. Caesar. — 11. Das „Erste Triumvirat".

1. Die historische Stellung Sullas

Die Sullanische Restauration, ziemlich genau in der Mitte dieser ereignisvollen hundert Jahre liegend, ist der entscheidende Einschnitt im Ablauf der römischen Revolution. Bis dahin war trotz aller Verirrung und Verdunkelung des politischen Wollens der innere Kampf immerhin noch um konkrete Anliegen und Ziele gegangen und hatte sich, wenn auch in sehr verschiedenen Abständen, um den großen Fragenkomplex gedreht, der durch das Auftreten der Gracchen als Problem aufgeworfen worden war. Dieser Krater konnte jetzt für ausgebrannt gelten, und Sullas Hauptanliegen war es gewesen, einen endgültigen Strich unter die Entwicklung zu ziehen. In den folgenden fünfzig Jahren wird nicht mehr darum gekämpft, was für einen Kurs der römische Staat in diesem oder jenem Punkte einschlagen und welches Aussehen er hierbei gewinnen soll, sondern es geht um Sein oder Nichtsein des römischen Staates als Republik. In dieser sehr klaren Beleuchtung stellen sich wenigstens die Dinge dem rückschauenden Betrachter dar. Den Zeitgenossen, welche den Gang der Ereignisse Schritt für Schritt mitmachten, ist das Ziel der Entwicklung und die Entscheidung, um die es immer und immer wieder ging, erst allmählich und keineswegs in eindeutiger Bestimmtheit zum Bewußtsein gekommen. Für die meisten war das Geschehen in seiner Tragweite verhüllt. Nur ganz selten, im Grunde eigentlich nur einmal, bei Caesars Ermordung, demaskiert es sich weit genug, um die Alternative, um die es ging, scharf hervortreten zu lassen.

Vor allem sind es die dreißig Jahre nach dem Rücktritt Sullas (79 v. Chr.), welche die geschichtliche Bewegung derartig umkleidet haben, daß die Grundtendenz eines vielfältigen Geschehens nur schwer zu erkennen ist und der Historiker sich einem verwirrenden Bilde ausgesetzt findet, in dem er nur mit Mühe einem umfassenden Zusammenhang auf die Spur kommt. Um den roten Faden am raschesten in die Hand zu bekommen, hat man sich zweckmäßigerweise einmal daran zu erinnern, daß Sulla mit seinem Verfassungswerk den römischen Staat stabilisieren wollte und daß ihm das nicht gelungen ist. Schon nach zehn Jahren sind die wichtigen politischen Eckpfeiler seiner Ordnung, die Abschirmung der Senatsherrschaft mit Hilfe der Stilllegung des Volkstribunats und die Entpolitisierung der Geschworenengerichte durch Ausschluß der Ritter von ihnen, hinweggebrochen. Es ist Sulla auch nicht gelungen, der militärischen Macht den politisch-revolutionären Trieb zu nehmen. Das gerade Gegenteil trifft zu. Aber es ist ihm — und dies unbeabsichtigt und nicht kraft seiner Vorkehrungen — gelungen, der Generation nach ihm vor dem offenen Bürgerkrieg und dem Säbelregiment, wie er es selbst geführt hatte, einen derartigen Schrecken und Abscheu einzuflößen, daß tatsächlich während ihrer Dauer die schlimmsten Ausschreitungen vermieden wurden und der Frieden, wenigstens äußerlich und trotz aller Unzulänglichkeit, gewahrt wurde. Das ist eigentlich das Merkwürdigste und Bemerkenswerteste an diesem Abschnitt der römischen Geschichte, und es ist um so eigenartiger, als einmal die stärksten Spannungen nicht nur nicht fehlten, sondern sie gerade von der militärischen Gewalt ausgingen oder, genauer, durch sie ihr eigentlich gefährliches Ausmaß erhielten. Die römische Geschichte nach Sulla ist dadurch wesentlich charakterisiert und von der vorherigen unterschieden, daß die politische Macht, welche jetzt Träger der revolutionären Dynamik ist, ausschließlich ihre Kraft aus dem Heer und dem militärischen Kommando zieht und daß sie in ihren persönlichen Trägern auch den inneren Anspruch auf Herrschaft letztlich aus dieser Tatsache und der militärischen Bewährung ableitet.

Es ist nicht ohne Reiz, diesen Prozeß, in dem die „List der Vernunft" über alle Hindernisse hinweg und unter der Herrschaft von äußeren Umständen und menschlichen Unzulänglichkeiten ihren Weg fand, zu verfolgen; denn, wie bereits gesagt, von Sulla war eigentlich alles getan worden, um gerade diese Gefahr zu bannen. Er hatte danach getrachtet, aus dem inneren Hader den Funken nicht in das militärische Arsenal überspringen zu lassen. Der umgekehrte Fall, daß von diesem der Brand auf das Forum der Innenpolitik herüberschlüge, mußte danach erst recht außerhalb der Reichweite sein.

Wenn es nun doch anders kam, so lag das gewiß auch an der Verfassungskonstruktion, welche, infolge der einseitigen Abstellung auf das innerpolitische Bedürfnis, für die sachlichen Zwecke der Außenpolitik unter bestimmten Umständen wenig brauchbar wurde; aber im Spiele war dabei in viel wesentlicherem Sinne der Zustand, in dem Sulla die römische Gesellschaft und zumal diejenige Schicht, der er die Führung des Staates anvertraut hatte, hinterließ. Wenn bereits im Altertum und gerade auch bei denen, welche die letzten zwei Menschenalter der Republik miterlebt haben, die römische Geschichte mit dem Stigma der Dekadenz gezeichnet ist und nur in einem Bilde äußerster Verkommenheit sich darbietet, wenn von Mommsen in seinen berühmten Schilderungen die römische Aristokratie allein noch in den Verzerrungen einer aufgeblasenen, unfähigen und niederträchtigen Junkerherrschaft begriffen wurde, so kommt diese Auffassung der historischen Wahrheit nirgends näher als in diesem Zeitraum der nachsullanischen Geschichte. Es ist so, als wenn durch die Restauration alle längst bestehenden Gebrechen des römischen Staates geradezu in Reinkultur gezüchtet worden und sämtliche Züge der Gesundheit und der Leistungsfähigkeit, welche früher immer wieder einen Ausgleich geschaffen hatten, verschwunden wären. Eine Aristokratie ist nirgends ohne die wirtschaftliche Basis des Reichtums möglich und bedarf immer einer bestimmten Großzügigkeit der Lebensgestaltung;

2. Die nachsullanische Aristokratie

aber was jetzt den römischen Adel auszeichnete, war ein reiner Mammonismus und ein Luxus, der ins Märchenhafte ging. Der Aufwand nahm geradezu raffinierte Formen an, und die Phantasie, welche die Zubereitungen des kostspieligsten Wohnens, Essens, der ausgeklügeltsten Vergnügungen, die ohne Rücksicht auf natürliche Gegebenheiten angelegten Parks und Fischteiche usw. erdachte, war unerschöpflich. Der Mithridateskrieg hatte kurz zuvor gezeigt, was bei einer Politik der Ausplünderung der Untertanen herauskommen konnte. Man zog daraus die Lehre, nun erst recht ohne jede Hemmung die Provinzen als privates Ausbeutungsobjekt der regierenden Klassen zu betrachten. Als armer Mann auszuziehen und als Millionär zurückzukehren, war jetzt durchaus legitim. Anstößig wurde das Gebaren nur, wenn man die Spielregeln verletzte und einen Skandal daraus werden ließ. Dann konnte es, zumal wenn noch besondere politische Umstände hinzutraten, zu einem Schauprozeß wie dem des Verres im Jahre 70 v. Chr. kommen.

Wie der Erwerb dieser Reichtümer politischer Erwerb war, so war auch ihr Verbrauch zum großen Teil politischer Verbrauch. Die Gelder strömten ungehemmt in das Getriebe der römischen Politik. Zur Politik gehörte in Rom immer Vermögen; jetzt bedurfte es dazu Mammutkapitalien. Wer sie nicht besaß, machte hemmungslos Schulden und spekulierte auf die politische Konjunktur seines Amtes. Die Aussicht auf einen Feldzug war je nachdem bis zu einer Million Dollar Kredit wert. Jährlich wurden Millionen für öffentliche Lustbarkeiten umgesetzt, um ihren Veranstaltern einen Namen zu schaffen. Jede Wahl, zumal die zu den höchsten Ämtern, kostete unermeßliche Bestechungsgelder, und als es wieder mit der Herstellung der tribunizischen Freiheit möglich wurde, unbeschränkte populare Demagogie zu betreiben, gab es in der Anwerbung von Terrorbanden weitere reiche Möglichkeiten, sein Geld politisch zu investieren. Crassus, der spätere bekannte Triumvir, welcher so ungefähr der reichste Mann Roms war, sagte ganz offen, ein Politiker ohne Geld sei nichts. Daß bei solchen Grundsätzen die politische Moral so gut wie zusammenbrach, kann nicht verwundern. Und ebensowenig erstaunlich ist die Auflösung des allgemeinen sittlichen Gefüges. Das Leben der oberen Stände war durch Frivolität und Zügellosigkeit ausgezeichnet.

Aber in der Geschichte ist der Niedergang der Moral nur dann ein wirksamer Faktor, wenn er zugleich Ausdruck einer politischen und geistigen Unzulänglichkeit ist. Dieser Fall trat damals in Reinkultur ein. Die nachsullanische Aristokratie hatte eine sehr einfache Probe zu bestehen. Es kam darauf an, das Gehäuse der Sullanischen Verfassung mit lebensfähigem Inhalt zu erfüllen und sich durch Lösung der anfallenden Aufgaben in der Macht zu behaupten. Das hing zuvörderst von den Menschen ab, die durch Sulla wieder in den Sattel gesetzt worden waren, und von der Auffassung, welche sie von ihrem politischen Beruf hatten. Aber gerade in diesem Punkte sah es fragwürdig aus. Sulla war in der Wahl seiner Mittel sehr unbedenklich gewesen, und dementsprechend fiel auch die menschliche Auslese, welche aus seinem Reformwerk hervorging, aus. Es gab eine Menge von Existenzen, die nichts anderes als Kreaturen seiner Macht und bloße Nutznießer der Umwälzung waren, Leute, die als ausgesprochene Gesinnungslumpen die alte Fahne verlassen und nicht nur opportunistisch die Sache der stärkeren Bataillone gewählt, sondern auch noch das Unglück ihrer früheren Freunde ausgebeutet hatten. So einer war z. B. der wegen seiner späteren Provinzialverwaltung und Ciceros Anklage übel berüchtigte Verres. Ein anderer, Catilina, ein verarmter Patrizier, hatte in der Sullanischen Revolution die elementarsten Bande der Verwandtschaft zerrissen und Schwager und Bruder auf die Proskriptionsliste gebracht und mit eigener Hand ermordet. Catilina gab zudem den gemeingefährlichen Typ von Leuten wieder, die nach den Sullanischen Erfahrungen den Umsturz, je nach persönlichen Umständen, um seiner selbst willen liebten, nur um dabei Geschäfte zu machen, d. h. andere auszurauben und aus der Macht materiellen Gewinn zu schlagen, und wurde dadurch zu seinem berüchtigten Putschversuch geführt. Dieses revolutionäre Leichenfledderertum bezeichnete gewiß keinen Durchschnitt; aber man hatte mit seiner Existenz in diesen Jahrzehnten doch zu rechnen. Publius Cornelius Cethegus war zuerst Marianer gewesen, dann übergelaufen, hatte seine alten Genossen niederträchtig verraten und war jetzt — und das war das eigentlich Bedenkliche — ein repräsentativer Mann, der viele Fäden in der Hand hielt und die ehrbarsten Männer seines Standes dazu zwingen konnte, bei seiner Mätresse zu antichambrieren. Marcus Licinius Crassus, einem altadligen Hause von ausgesprochener Zucht und großem Ansehen entstammend, hatte sich hemmungslos und mit dem größten Erfolg an den Proskriptionen beteiligt und war dadurch zu einem Kolossalvermögen gekommen. Er war aber eine durchschnittliche Persönlichkeit und bildete sich ein, allein kraft seines Vermögens zu Außerordentlichem berufen zu sein.

Das soll freilich nicht heißen, daß alle so gewesen wären oder damit auch nur der Durchschnitt gekennzeichnet worden wäre. Es gab eine Anzahl von Aristokraten, die charakterlich durchaus achtbar waren und sogar wußten, worauf es ankam. Aber das waren keine Männer mehr mit Durchschlagskraft, Leidenschaft und echten Führungsqualitäten, welche imstande gewesen wären, der Senatsherrschaft das rechte Rückgrat zu geben. Hinter den glänzendsten Namen wie dem des gefeierten Redners Hortensius und dem berühmten Lucullus stand kein starker politischer Wille. Als es schwierig wurde und es galt, in die Bresche zu springen, wählten sie den Weg der Bequemlichkeit und des privaten Wohlbehagens. Statt ihrer übten so nichtswürdige Gesellen wie Cethegus jahrelang den maßgebenden Einfluß aus. Dabei war aber Lucullus nicht nur ein sehr erfolgreicher Feldherr und Aristokrat vom Scheitel bis zur Sohle, sondern früher auch ein persönlicher Liebling Sullas gewesen und hatte sich von den vielen seiner Freunde durch strikte Nichtbeteiligung an den Proskriptionen sehr vorteilhaft abgehoben.

Der am meisten begabte und durch seine intellektuellen Talente alle seine Zeitgenossen überstrahlende Vertreter der nachsullanischen Aristokratie, ein Mann der am Ende seines Lebens ein gewaltiges moralisches Ansehen besaß und von dem man beinahe behaupten kann, daß er dieser Epoche der römischen Geschichte seinen Namen gegeben hat, war Marcus Tullius Cicero. Cicero war in den Bereichen der kulturellen wie der politischen Geschichte Roms zu gleichen Teilen beheimatet, eine Tatsache, die besser als alles andere die Universalität seiner Persönlichkeit zum Ausdruck bringt. Der Gang, den die Entwicklung des römischen Geistes genommen hat, ist ohne ihn nicht vorstellbar. Er hat die lateinische Sprache zu einem Instrument gemacht, das hinfort, bis in die Tage des Humanismus, tauglich war zur Bewältigung der sublimen 3. Cicero

Anliegen des philosophischen Denkens. Er hat die römische Redekunst, an der — im Gegensatz zur Philosophie — schon mehrere Generationen gearbeitet hatten, auf ihren Gipfel geführt, er hat wie kein anderer Römer seinem Volk zu einem geistigen Selbstbewußtsein verholfen und es instand gesetzt, die Griechen nicht nur nachzuahmen, sondern in ihren Begriffen und innerhalb ihrer geistigen Tradition eigene Anliegen zu Wort zu bringen. Wenn die Römer, wie man mit Recht gesagt hat, die ersten „Humanisten“ Europas wurden, so verdanken sie das nicht zuletzt dem literarischen Werk dieses Mannes.

Cicero gehörte von Geburt nicht zum römischen Amtsadel. Er war ein sog. homo novus wie etwa Marius und der alte Cato vor ihm. Deshalb mußte er ziemlich lange, bis zu seinem Konsulat im Jahre 63 v. Chr., warten, um im dreiundvierzigsten Lebensjahre als vollgültiges Mitglied der römischen Aristokratie angesehen zu werden. Seinen Aufstieg hatte er nicht, wie das bei seinem Stande üblich war, in der politischen Klientel irgendeines alteingesessenen Nobilitätsangehörigen gemacht, sondern verdankte ihn, wenigstens in der ersten Etappe, seinem Ansehen als Redner und Sachwalter. Seit dem Jahre 70, als er in dem Verresprozeß über die bis dahin angesehenste Größe auf diesem Gebiet, den altadligen Hortensius, gesiegt hatte, war er der unbestritten erste Mann dieses Faches in Rom. Da die Redekunst eine politisch-öffentliche Funktion in Rom besaß, war sie in ihren Spitzenleistungen immer eine Domäne des Adels gewesen. Es hätte infolgedessen im eigenen Interesse der regierenden Klasse gelegen, einen solchen Mann, nachdem sein Ruhm gefestigt war und er bereits eine achtbare Stellung erklommen hatte, sich enger zu verbinden. Bedenken dagegen gab es keine. Cicero war ein aufrichtiger Verehrer der römischen Nobilität und ihrer großartigen Geschichte. Die schlimmen Zeiten ihrer Auflösung während der ersten Hälfte der Revolutionszeit beklagte er aus ehrlicher Überzeugung. Die populare Unterhöhlung der Senatsherrschaft und die skrupellose Demagogie waren ihm zuwider. Aber die bornierte Kurzsichtigkeit der damaligen Regierungskreise war zu solchem Weitblick nicht fähig, was einen angesichts der vielen schlimmen Fehler, die sie beging, nicht verwundern kann. Es war keineswegs ihr Verdienst, wenn Cicero sich nicht auf die Seite ihrer Gegner schlug.

Freilich konnte Cicero, allein auf sich angewiesen, wie er es nun einmal war, nicht darauf verzichten, die Gelegenheiten zum Vorwärtskommen zu ergreifen, wie sie sich boten. Das führte ihn über Umwege, welche nicht immer im Einklang mit seiner eigentlichen und späterhin klar sichtbaren Haltung und auch nicht mit dem Standpunkt der führenden Regierungskreise standen. Wahrscheinlich wäre ihm das Erklimmen der letzten und für seine politische Stellung entscheidenden Sprosse, die Wahl zum Konsul, auch nicht gelungen, wenn nicht eine besondere Konstellation, nämlich die Gefahr eines Putsches seitens Catilinas und die Unmöglichkeit angesichts dieser Gefahr einen anderen zuverlässigen Kandidaten durchzubringen, eingetreten wäre. Cicero hat die auf ihn gesetzten Erwartungen nicht enttäuscht und den Putsch niedergeschlagen (63 v. Chr.).

Cicero liebte den alten und jetzt bedrohten Staat um so mehr, als er sich nicht im altererbten Besitz seiner sozialen und politischen Spitzenpositionen befand und auch infolge seiner reflektierenden Geistigkeit ein stark idealisierendes Verhältnis zu ihm hatte. Seine politischen Ahnen und Vorbilder waren die Angehörigen jener aristokratischen Elite, welche seit den Tagen des jüngeren Scipio Traditionsbewußtsein mit innerer Aufgeschlossenheit verbanden und in deren Ethos er das beste Vermächtnis der römischen Geschichte und des römischen Staates aufbewahrt sah. In der politischen Praxis war er kein ungeschickter Taktiker und konnte auch, manchmal besser als seine politischen Freunde, tatsächliche Möglichkeiten abschätzen. Daß er den Dingen nicht auf den letzten Grund sah, hatte er mit den meisten seiner Zeitgenossen gemeinsam. Man müßte es gar nicht hervorheben, wenn nicht die Erkenntnis mehr seine Sache als die der anderen gewesen wäre. Aber sein Blick war genauso verhängt und orientierte sich an alten oder gar veralteten Begriffen. Einer urwüchsigen und zumal in Rom fest eingewurzelten menschlichen Veranlagung entsprechend dachte er in moralischen Kategorien. Da waren die Vertreter der hergebrachten Ordnung eben schlicht und einfach die „Guten" (boni). Eine besondere Spielart seiner politischen Gedankenwelt war lediglich, daß er die diesem Begriff innewohnende Unbestimmtheit dazu benutzen wollte, um unter ihm auch Nicht-Optimaten zu verstehen. Ihm schwebte zeitweise eine — ziemlich vage — Versöhnungspolitik zwischen Senat und Rittern unter dem Schlagwort des consensus omnium bonorum vor. Aber bei dergleichen und anderen Ideen ließ er sich mehr von gedanklichen Konstruktionen als fundierten politischen Einsichten leiten. Die Realitäten hatten eine ganz andere Struktur als das Schema, an dem sich Cicero orientierte, und so haben seine Gedanken nicht den Weg zur praktischen Politik gefunden.

Das kam im wesentlichen davon, daß er trotz seines überragenden Ansehens keinen rechten Einfluß ausübte, abgesehen von schnell vorübergehenden Ausnahmen, und lag nicht nur daran, daß der Hochmut der alten Aristokratie ihn nicht zur Geltung kommen ließ. Schuld war vielmehr sein Naturell. Ihm ging eine unerläßliche Eigenschaft des Politikers ab: Zähigkeit und Unbeirrbarkeit des Willens. So gelang es ihm nicht, einen dauernden Schwerpunkt zu bilden, der anderen hätte zum festen Anker werden können. Viel zu oft richtete er sich nach fremden Ansichten und verzichtete auf eigene Kompaßeinstellung. Die Folge war, daß er sich des öfteren zwischen zwei Stühle setzte und keineswegs eine sehr glückliche Figur abgab. Man kann auch sagen, es ging ihm ein bestimmter, für die Politik notwendiger Grad männlicher Härte ab, was ihn noch keineswegs zum Feigling stempelt. Aber mitunter hatte er etwas Weibisches, und in nichts zeigte sich das mehr als in seiner grenzenlosen Selbstgefälligkeit. Er war von seiner Bedeutung nicht nur durchdrungen (was sein gutes Recht war), sondern gab es auch bei jeder möglichen und unmöglichen Gelegenheit, im persönlichen und öffentlichen Verkehr, laut und vernehmbar zu verstehen. Das ging den Leuten auf die Nerven, zumal wenn seine Gedanken beinahe monoman immer wieder um seine Karriere als Selfmademan und seine großen Verdienste (bei Niederwerfung des Catilinaputsches) kreisten. So ist Cicero in der Geschichte jener Jahre keineswegs das geworden, wozu ihn seine Bedeutung und sein Ansehen bestimmt haben mochten, und die wesentlichen Entscheidungen sind ohne und gegen ihn gefallen.

4. Cato Uticensis

Ein geradezu entgegengesetzter Charakter war der zehn Jahre jüngere Cato Minor (Uticensis). Er besaß alles das, was Cicero fehlte: Unbeugsamkeit und Entschlossenheit und entbehrte umgekehrt der geistigen und seelischen Fülle Ciceros, so daß er manchmal wie ein Pedant erschien. Als Urenkel des alten Cato und Sohn einer altadligen Mutter entstammte er den besten Familien der römischen Aristokratie. Im persönlichen wie im politischen Leben war er völlig uneigennützig und handelte nie gegen seine Überzeugung. Opportunitätserwägungen gab es für ihn nicht, und dementsprechend war er auch kein Freund von Kompromissen. Er hat deshalb nicht einmal die römische Amtskarriere bis zum Ende, dem Konsulat, durchlaufen. Trotzdem war er eine Säule der Senatsaristokratie und zeitweise nichts Geringeres als ihr moralischer Halt. Er hatte nicht nur feste Grundsätze, sondern nahm sie auch ernst. Sein Ideal war die Verbindung von altrömischem Aristokratenethos und stoischer Sittlichkeit. Die Gesetzlosigkeiten Sullas verurteilte er deshalb, obwohl sie von einem Optimaten gekommen waren, und empfand sie als einen Makel, den es gerade von seiten ihrer politischen Nutznießer zu tilgen gelte. Er scheute es nicht, sich auch bei seinen politischen Freunden unbeliebt zu machen. Sein Einfluß litt darunter nicht, denn er hatte eine klare Linie wie kaum einer und einen scharfen Blick für die Gefahren, welche dem Senatsadel drohten. Von seinen älteren Standesgenossen hob er sich durch die Unbestechlichkeit seiner Einsichten und die Folgerichtigkeit des Wollens weithin sichtbar ab und bewies, daß die römische Aristokratie trotz ihrer Schwäche imstande war, noch einzelne bedeutende Triebe hervorzubringen, und die Gesinnung, welcher sie einst ihre Größe verdankt hatte, noch nicht ausgestorben war.

5. Die Restaurationsherrschaft

Ihr richtiges Profil erhält die nachsullanische Senatsoligarchie aber erst, wenn man sie an den konkreten Aufgaben, welche sie zu bewältigen hatte, und deren Schwierigkeit mißt. Widerstand war gegen sie zunächst von seiten aller derer zu erwarten, die von Sulla geschädigt waren und auf der Seite seiner Feinde standen. Das mußten die Angehörigen der Proskribierten, das mußten die Volkstribunen sein und diejenigen, welche aus Überzeugung die Schmälerung dieses Amtes für Unrecht hielten. Es verdient an dieser Stelle ausdrücklich festgehalten zu werden, daß Angriffe aus dieser Richtung nicht gefehlt haben, daß aber die römische Regierung mit ihnen fertig geworden ist. Schon im Todesjahr Sullas (78) wurde von dem einen Konsul, Marcus Aemilius Lepidus, der Versuch eines Umsturzes unternommen, der, wenn er gelungen wäre, wahrscheinlich in einer blutigen Gegenrevolution gemündet und die Tage Cinnas und des Marius wiedergebracht hätte. Der Anschlag wurde jedoch schnell unterdrückt und brachte seinem Urheber den Tod (77 v. Chr.).

Schwieriger gestaltete sich die Bekämpfung eines gefährlichen Aufruhrs, der von einem der fähigsten Offiziere aus Marius' Schule mit Namen Sertorius getragen wurde. Sertorius war noch vor Sullas zweitem Marsch auf Rom von der popularen Regierung als Statthalter nach Spanien geschickt und dann von da durch Sullas Unterführer vertrieben worden. Aber durch geschickte Verbindung mit der eingeborenen Bevölkerung glückte es ihm, dorthin zurückzukehren und festen Fuß zu fassen. Sertorius, der die Sullanische Restauration nie anerkannt hatte, konnte sich und seine Anhänger mit einem gewissen Recht als legitime römische Gegenregierung bezeichnen und hat dementsprechend auch das Recht des außenpolitischen Verkehrs für sich in Anspruch genommen. So hat er mit Mithridates Abmachungen getroffen und versucht, diesen in seine gegen Rom gerichteten Pläne miteinzuspannen. Da er militärisches und politisches Geschick in ausnehmendem Maße besaß, war er wohl zu fürchten. In Rom hatte er natürlich eine ganze Anzahl heimlicher Anhänger, zu denen er in verborgener

Verbindung stand. Wenn die Dinge für ihn glücklich liefen, konnte aus ihm ein Sulla mit umgekehrtem politischen Vorzeichen werden, der wie er vom Ausland her die Heimat eroberte.

Der langwierige Krieg fing noch zu Lebzeiten Sullas im Jahre 80 an und wurde durch die überragende Persönlichkeit des Sertorius zu einem dramatischen Schauspiel. Seine Gegner, Quintus Metellus Pius und seit 77 auch Pompeius, beides tüchtige Militärs, waren während der ersten fünf Jahre so wenig imstande, mit ihm fertig zu werden, daß sie vielmehr selbst zeitweise in erhebliche Bedrängnis gerieten. Sertorius verdankte seine erstaunlichen Erfolge, abgesehen von seinem strategischen Geschick, den Kräften, welche ihm aus der einheimischen keltiberischen Bevölkerung zuströmten. In ihren Augen wurde der Krieg zum nationalen Unabhängigkeitskampf, eine absonderliche Konstellation, die nicht von Dauer sein konnte. Die Verbindung lockerte sich, als der Krieg zu lange währte. Der Abfallbewegung, die auch auf die römischen Anhänger übergriff, konnte Sertorius nicht Herr werden. Er wurde von seinen eigenen Leuten ermordet (72 v. Chr.). Die Verhältnisse hatten sich als stärker erwiesen und dem Optimatenregime den Sieg in die Hände gespielt.

Es blieb nun noch die offene, vom Volkstribunat ausgehende Agitation in Rom selbst. Sie war im Vergleich zu den beiden Aufständen mit bewaffneter Hand ein Kinderspiel und konnte deshalb leicht abgebunden werden. In den ersten acht Jahren nach Inkrafttreten der neuen Ordnung, d. h. während der am ehesten Störungen ausgesetzten Anlaufzeit, waren die Dinge also gutgegangen. Der zu erwartende Gegenstoß gegen die Sullanische Ordnung war mit vollem Erfolg abgewehrt worden.

Auswärtige Bedrängnisse ernsthaften Charakters, die eine Kraftprobe für Rom hätten werden und dadurch eine Störung des inneren Gleichgewichtes hätten bringen können, gab es im Grunde nicht. Es fehlte zwar nicht an einer Menge laufender Engagements. An der makedonischen Nordgrenze, in Dalmatien, wurde gekämpft. Lästig war die Seeräuberplage, die sich infolge einer mangelnden Seepolizei und der sozialen Verelendung im Osten zu grotesken Ausmaßen — selbst in Italien vor den Türen Roms war man vor den Korsaren nicht mehr sicher — ausgewachsen hatte. Sie wurde, ohne durchschlagenden Erfolg, auf einzelnen Kriegsschauplätzen bekämpft, konnte aber beim besten Willen nicht den Rang einer ernsthaften Bedrohung der römischen Macht annehmen[1].

Eher wäre das von der Wiederaufnahme des Mithridateskrieges im Jahre 74 v. Chr., der sich viele Jahre hinzog, zu befürchten gewesen. Aber Mithridates' Macht war durch Sulla gebrochen, und der jetzige Krieg wurde von einem beachtlichen militärischen Talent, von Lucullus, mit großem Erfolg geführt[2].

Und schließlich brachte das Ende der siebziger Jahre einen der nun schon über ein halbes Jahrhundert gewohnten Sklavenaufstände. Es war der Spartacuskrieg, genannt nach dem Sklavenführer, dessen Bekämpfung dadurch ein technisch etwas schwieriges Problem darstellte, daß seine Kerntruppe als ehemalige Gladiatoren gewandte Fechter und er selbst ein umsichtiger Kommandant waren. Aber obgleich der Krieg manche Unannehmlichkeit brachte und in Italien große Verwüstungen anrichtete, war er doch nur eine Erscheinung am Rande des großen politischen Geschehens.

---

[1] Siehe unten S. 244 f. — [2] Siehe unten S. 257 ff.

6. Der Zusammenbruch der Restauration und die Anfänge des Pompeius

Diese trotz allem also einigermaßen gefestigten Verhältnisse gerieten nun von einer Seite her ins Gleiten, von der man es am allerwenigsten hätte vermuten sollen und auf eine Weise, daß ihre Tragweite zunächst verborgen blieb. Es war Gnaeus Pompeius, dem es beschieden war, dem durch Sulla restaurierten Staat den entscheidenden Stoß zu versetzen und ihn damit auf die Bahn zu bringen, auf der er schließlich den Untergang fand.

Pompeius war ein noch in jungen Jahren, Anfang der Dreißiger, stehender sehr wohlhabender Adliger, der eine für römische Verhältnisse höchst eigenartige Karriere hinter sich hatte. Von frühester Jugend war er mit dem Kriegshandwerk vertraut. Unter seinem Vater, Pompeius Strabo, der im Bundesgenossenkrieg Konsul und ein tüchtiger Feldherr gewesen war, hatte er eine gründliche militärische Schulung erhalten. In den Revolutionswirren, die sich unmittelbar an den Krieg anschlossen, hatte sein Vater sich außerhalb der sich bekämpfenden Parteien gehalten und, da er noch über sein siegreiches Heer verfügte und damit eine beträchtliche Macht in die Waagschale werfen konnte, anscheinend den Plan verfolgt, eine Versöhnung der Gruppen zu erzwingen. Gelungen ist ihm das nicht, vielmehr machte er sich mit dieser Haltung bei beiden Seiten verdächtig und zog ihren Haß auf sich. Bevor es in dieser Hinsicht zu einer Entscheidung kommen konnte, starb er und ließ seinen Sohn in einer unangenehmen Situation zurück. Nur durch persönliche Fürsprache entging dieser einer gerichtlichen Verurteilung, welche während der popularen Diktatur gegen ihn angestrengt wurde. Er hielt sich begreiflicherweise dann vom politischen Treiben in Rom fern und verbrachte die nächsten Jahre auf seinen großen Gütern im Picenerland (an der Ostküste Italiens). In Sullas Rückkehr erkannte er die große Chance seines Lebens. Er schlug sich nicht einfach auf seine Seite, was andere auch taten, sondern brachte ihm — was Sulla damals gut brauchen konnte — militärische Hilfe. In deren Besitz hatte er sich auf merkwürdige und ausgesprochen illegale Weise gesetzt, indem er, ohne jede amtliche Ermächtigung und selbst nichts anderes als ein Privatmann, ehemalige Soldaten seines Vaters, die in jener Gegend ansässig waren, zu einer Freischar aufrief. Sulla sah verständlicherweise über die Ungehörigkeit hinweg, und so wurde Pompeius einer seiner militärischen Helfer und hat ihm in dieser Eigenschaft auf Sizilien und in Afrika während des Bürgerkrieges wertvolle Dienste geleistet und der Sache Sullas in diesen Gegenden den Sieg verschafft. Sein Selbstbewußtsein war schon damals sehr ausgebildet, trotz seiner Jugend (er war Anfang Zwanzig! oder wahrscheinlich gerade deswegen; denn er führte somit ein selbständiges Kommando in einem Alter, in dem er normalerweise allenfalls Stabsoffizier hätte sein können. Seit den Tagen des älteren Scipio war so etwas in der römischen Geschichte nicht mehr vorgekommen. Da man ihm eine gewisse äußere Ähnlichkeit mit Alexander dem Großen nachsagte, lag es bei seiner Eitelkeit für ihn nahe, auch an dessen jugendlichen Feldherrnruhm zu denken. Deshalb tat er nicht das geringste, um seine völlig wild gewachsene militärische Stellung auf die Maße des römischen Staatsrechtes zu reduzieren, duldete, daß er wie ein ordentlicher mit der höchsten politischen Amtsgewalt ausgestatteter Feldherr als Imperator von seinen Soldaten begrüßt wurde und nahm es hin, daß er von ihnen — natürlich mit Bezug auf Alexander — als der „Große“ (Magnus) bezeichnet wurde. Es war dann nur folgerichtig, daß er auch den Triumph beanspruchte. Sulla mißfiel dieses Gebaren, das seiner eigenen

Auffassung und seinem entsprechenden politischen Ziele geradezu ins Gesicht schlug, auf das höchste; aber in seiner auch sonst vorherrschenden Indifferenz nahm er es hin und ließ ihn gewähren. Eine persönliche Verstimmung blieb freilich zurück.

Pompeius war zweifellos ein Vertreter des Sullanischen Systems. Keinem Manne hatte er so viel zu verdanken wie Sulla. Er war seine wichtigste Stütze im Bürgerkrieg gewesen. Gleich bei der ersten Krise der Sullanischen Ordnung, dem Aufstand des Lepidus, trug er dann wesentlich zu ihrer Beilegung bei und schlug die Revolte mit Waffengewalt nieder. Er hat vor allem jahrelang den Sertorius in Spanien bekämpft, zusammen mit einem anerkannten Mitglied der Senatsoligarchie, mit Metellus Pius, der im Jahre 80 v. Chr. mit Sulla zusammen Konsul gewesen war. Er hätte nach allem als politisch zuverlässig gelten müssen. Was er im Dienste Sullas an blutiger Verfolgung geleistet hatte, stand bei den popular Gesinnten in schlimmem Andenken. Doch dieses geschlossene Bild hatte einen Fehler. Es gab eine Stelle, an der sich um Pompeius der Rahmen der Sullanischen Ordnung nicht recht schließen wollte. Sie betraf seine persönliche Art und seinen Entwicklungsgang. Alle seine militärischen Taten hatte Pompeius kraft außerordentlicher Ermächtigung, ohne die reguläre Amtsqualifikation, welche nach römischer Auffassung erst das normale Kommando verlieh, vollbracht. Pompeius hat nie daran gedacht, nachdem er einmal schon im Range eines kommandierenden Konsuls oder zum mindesten Prätors gestanden hatte, sich nachträglich durch den cursus honorum hindurch hinaufzuarbeiten und von unten anzufangen. Als er in Spanien kommandierte, hätte er normalerweise das Alter gehabt, als bescheidener Quästor im Schatten eines anderen Feldherrn zu dienen.

Das war ihm beim besten Willen nicht zuzumuten und war obendrein auch nicht praktikabel. Leider hat die Senatsregierung diese besonderen Verhältnisse nicht richtig gewürdigt. Nur widerwillig hatte sie ihn — bezeichnenderweise auf seine eigene Anregung hin — nach Spanien geschickt. Aber nachdem man selbst ihn so groß hatte werden lassen — ein Schritt, dessen Unvermeidlichkeit nicht über allem Zweifel steht —, war man nicht folgerichtig genug, ihn so zu nehmen, wie er einmal war. Eine der Halbheiten, welche in der Geschichte sich immer am meisten rächen. Man schloß, sehr zu unrecht, von den formalen Mängeln seiner Person auf eine politische Fragwürdigkeit und leitete gewissermaßen aus der Negation der Sullanischen Prinzipien, welche seine Person darstellte, einen subjektiven Willen dieser Art ab. Der Alpdruck des Feldherrn, der mit der Waffe in der Hand politische Befehle diktierte, beherrschte noch die Gemüter. Wie auch die spätere Geschichte bewies, hatte man darin Pompeius völlig falsch eingeschätzt. Er war politisch sehr wenig interessiert und besaß kaum eine eigene feste persönliche Anschauung. Pompeius war ein begabter Armeeführer und Organisator, aber in der Politik ohne Erfahrung und ohne genaue Absichten und Vorstellungen. Was ihn beherrschte, war sein Geltungsbedürfnis. Sein ganzer Ehrgeiz lief darauf hinaus, auf Grund seiner militärischen Verdienste auch im politischen Bereich ein Höchstmaß von Achtung zu genießen. Wenn ihm dieses zuteil wurde und man seiner Eitelkeit den Tribut zollte, war er zufriedengestellt. Daß man das in den römischen Regierungskreisen nie richtig erkannte — Cicero war einer der wenigen, der es tat —, wurde das große Verhängnis für die Republik. Ganz gegen seinen Willen wurde so Pompeius auf die Bahn der politischen Opposition gedrängt. Kraft des Potentials, das er als erfolgreicher Feldherr mit einem dementsprechend großen Anhang besaß, riß er damit die politische Ordnung ein und machte den Weg frei für diejenigen Kräfte, welche für die Senatsoligarchie in der Tat eine Gefahr waren.

Das Verhängnis nahm im Jahre 71 v. Chr. nach der Rückkehr des Pompeius aus Spanien seinen Anfang. Pompeius stellte die Forderung, sich im Glanze seines Triumphes um das Konsulat bewerben zu dürfen, was aber ebenso wie der Triumph nach dem Buchstaben des Verfassungsrechtes, da Pompeius noch nicht einmal Senator war, sich unerhört ausnahm. Daß er bei der verfassungstreuen Senatsoligarchie auf Schwierigkeiten stoßen würde, war vorauszusehen, und deshalb hatte Pompeius gleich Vorkehrungen getroffen. Er stand in Verbindung mit den Kreisen, welche die Wiederherstellung des Volkstribunates seit mehreren Jahren betrieben, bis dahin erfolglos. Einer der damaligen Volkstribunen war sein Landsmann. Die Gelegenheit für ein Geschäft auf Gegenseitigkeit war günstig. Wenn Pompeius als Konsul und berühmter Feldherr seinen Einfluß geltend machte, dann mußte diese entscheidende Revision der Sullanischen Verfassung durchgehen. Umgekehrt konnte unter dem Druck einer popularen Agitation dem Pompeius das Konsulat nicht mehr vorenthalten werden. Die Situation war ähnlich wie bei dem Bündnis Marius-Appuleius, nur mit dem Unterschied, daß Marius von ganzem Herzen ein Feind der Aristokratie war und von Pompeius, der selbst Aristokrat und Verfechter ihrer Sache gewesen war, sich das keineswegs behaupten ließ. Die Tragweite seines Kurswechsels ist wahrscheinlich weder ihm noch den anderen damals klar zum Bewußtsein gekommen. Die Beschneidung des ehrwürdigen Tribunates durch Sulla war auch in Optimatenkreisen mit gewissem Unbehagen empfunden worden. Die Position des Senates war zudem in diesem Moment nicht die beste. Der Verresprozeß, welcher das Regime auf das äußerste bloßstellte, warf seine Schatten voraus. Es war nicht schwer, die längst vorhandene Mißstimmung zu einem Feuer anzufachen. Deshalb gab die Regierung nach. Pompeius wurde (zusammen mit Crassus) Konsul im Jahre 70 v. Chr., und die Beschränkungen des Tribunates fielen. Damit war hinfort wieder möglich, es zu einem eigenen Aktionszentrum zu machen und von ihm aus selbständige Gesetzesvorlagen an das Volk zu bringen. Die wichtigste Sicherung, welche Sulla für die Herrschaft der Senatsaristokratie geschaffen hatte, war so beseitigt. Der Weg war wieder frei für Agitation und Entfesselung der Massenleidenschaft. Die Möglichkeit, daß dem Senat von Fall zu Fall das Heft aus der Hand genommen werden konnte, war wieder vorhanden. Es war dann nur konsequent, daß auch der Ausschluß der Ritter von den Geschworenengerichten aufgehoben wurde. Sie sollten hinfort mit den Senatoren zusammen wirken. Und damit ja jeder sah, daß Sulla der Vergangenheit angehörte, wurde die Zensur wiedereingeführt. Die neuen Zensoren strichen demonstrativ vierundsechzig Senatoren von der Senatsliste, um zu zeigen, daß der Schlamm, welcher sich in den vergangenen Jahren der Restauration angesammelt hatte, jetzt ausgeräumt wurde.

7. Pompeius' Aufstieg

Kaum drei Jahre vergingen, als die ersten Folgen dieses politischen Versagens, durch das man die wichtigste Stütze der Senatsherrschaft preisgegeben hatte, sichtbar wurden. Den Anlaß bot das klägliche Verfahren der römischen Regierung gegenüber den Seeräubern. Es wäre längst an der Zeit gewesen, hier energisch durchzugreifen und die gewaltigen Machtmittel, welche das Römische Reich besaß, gegen sie einzusetzen. Früher wäre das selbstverständliche Aufgabe der obersten Exekutive, d. h. der Konsuln, gewesen; aber die Reform Sullas hatte den praktischen, wenn auch nicht rechtlich zwingenden Grundsatz eingeführt, daß militärische und auswärtige Unternehmungen der Promagistratur innerhalb ihrer provinzialen Amtssprengel überantwortet blieben. Infolge dieses offenbaren Konstruktionsfehlers waren zentral geleitete Maßnahmen tatsächlich unmöglich geworden, und es trat die sonderbare Lage ein, daß die römische Weltmacht mit einem Gegner wirklich untergeordneter Größe nur deshalb nicht fertig wurde, weil er nicht an einem begrenzten Ort zu packen war. Um diesem Übelstand abzuhelfen, war man deshalb im Jahre 74 v. Chr. auf den richtigen, wenn auch die Sullanische Verfassung durchbrechenden Ausweg gekommen, einen Prätor mit einem für das gesamte Mittelmeer geltenden und den jeweiligen Provinzialstatthalterschaften in einem Küstenstreifen von 75 km gleichgeordneten Kommando auszustatten. Der unverzeihliche Fehler dabei war nur, daß man sich in der Person des Mannes (er hieß Marcus Antonius und war der Vater des berühmten Antonius) völlig vergriff, eine Leistung des damaligen Cliquenwesens und ihres üblen Drahtziehers Cethegus. So endete das Unternehmen mit einem glatten Fiasko, und die Situation war schlimmer denn zuvor. Im Jahre 69 griff man das Problem wieder auf, aber in der üblichen Weise von einer lokal beschränkten Basis aus, indem man in Metellus (Creticus) einen fähigen Prokonsul nach Kreta, einem Hauptsitz der Piraten, schickte. Obgleich Metellus erfolgreich operierte, konnte das Unternehmen wegen seiner räumlichen Begrenzung keinen durchschlagenden Erfolg haben.

Diesen Notstand machte sich Pompeius zunutze. Mit dem Jahre 67 ging in Rom von dem Volkstribunen Gabinius, einem Gefolgsmann von ihm, eine heftige Agitation aus, das Volk müsse einen Feldherrn gegen die gesamten Seeräuber wählen, wobei jeder wußte, daß nur der gefeierte Pompeius gemeint sein konnte. Damit war es also wieder soweit, daß Fragen der Außenpolitik außerhalb des Senates aufgeworfen und, wie sich nach energischem, aber erfolglosem Widerstande des Senates zeigte, entschieden wurden. Durch Volksbeschluß erhielt Pompeius unter hellem Beifall der Menge ein umfassendes Kommando, so etwa wie es vor sieben Jahren vom Senat dem Antonius verliehen worden war. Es war eine schlimme Niederlage nicht nur der im engeren Sinne optimatischen Kreise, sondern des gesamten Senates, der in dieser Frage geschlossen (mit einer einzigen Ausnahme: Caesar!) opponiert hatte. Und sie wurde noch schlimmer, als Pompeius binnen kürzester Zeit mit einem vollen Erfolg aufwarten konnte. Was während zwei Generationen nie zustandegekommen war, das wurde bei der umsichtigen Leitung eines Organisationsgenies wie Pompeius und der Möglichkeiten, welche eine von einer Stelle aus geleitete Regie verlieh, das Werk noch nicht einmal eines Vierteljahres. Die gesamte Kulturwelt hatte vor dem Seeräuberunwesen Ruhe.

Das nächste Jahr (66 v. Chr.) sah Pompeius eine weitere Stufe seines Aufstieges erklimmen und das Ansehen des Senates noch um einen Grad abgleiten. Pompeius wurde auf Initiative eines Volkstribunen Manilius — er stand mit dem Vorgänger Gabinius in persönlicher Verbindung — ein neues Kommando mit umfassenden, für den ganzen asiatischen Osten geltenden Vollmachten übertragen: der Krieg gegen Mithridates. Das heftige Sträuben der Optimaten war jetzt begreiflicherweise noch viel vergeblicher als das Jahr zuvor. Das Volk jubelte dem Vorschlag, dem Retter aus der Piratennot andere und noch größere Aufgaben zu stellen, zu. Gegen eine solche Stimmung war nicht aufzukommen. Cicero konnte sich ohne jede Gefahr, damit etwas zu wagen, zu ihrem Dolmetscher machen. Er hielt eine Rede, in der Pompeius als unbesiegbarer und alexandergleicher Eroberer gefeiert wurde.

In der abermaligen Demütigung der Regierungskreise verbanden sich die Folgen der grundsächlichen Fehler, welche in der Vergangenheit begangen worden waren, mit kurzsichtiger Verblendung im einzelnen. Der Krieg gegen Mithridates hatte sieben Jahre lang in guten Händen gelegen. Lucullus hatte gewaltige Siege errungen und war bis nach Armenien vorgedrungen. Diesen Mann, der einer der Besten aus ihren Reihen war, hatte die Senatsaristokratie bereits vorher preisgegeben, weil er sich durch seine Anordnungen in Asien bei den Rittern mißliebig gemacht hatte. So war der Platz, in den Pompeius einrücken konnte, vorzeitig von der einzigen militärischen Autorität, die Pompeius allenfalls entgegenzustellen war, geräumt worden und Lucullus der öffentlichen Hetze ausgeliefert. Bei der Propaganda für Pompeius' Oberbefehl wurde auf Lucullus' Kosten an die niedersten Instinkte der Masse gerührt, indem Plakate von seiner Luxusvilla gezeigt wurden.

Pompeius führte der Krieg gegen Mithridates auf den Gipfel seines Lebens. Fünf Jahre schaltete und waltete er wie ein Universalherrscher im ganzen Orient (soweit er außerhalb des griechischen Festlandes lag). Wenn er zurückkehrte, mußte er der mächtigste Mann nicht nur Roms, sondern in der gesamten antiken Welt überhaupt sein. Die Macht, die einst Sulla gegen Italien führte, war verschwindend gegenüber den Mitteln, über welche Pompeius am Ende dieser Periode verfügte. Nur mit Zittern und Zagen konnte man an die Rückkehr des gewaltigen Mannes denken. Trotzdem blieb der Senat standhaft und bewies eine viel festere Haltung als die Jahre zuvor.

8. Catilina

Das kam nicht von ungefähr, denn in der vorangegangenen Zeit, im Jahre 63, war in Rom etwas Merkwürdiges passiert. Ohne Inanspruchnahme eines großen Heerführers, aus eigener Kraft und mit den bescheidenen Mitteln, welche das entmilitarisierte Italien bot, war es dem Senat gelungen, mit einem revolutionären Anschlag fertig zu werden. Es ist das die durch Cicero und Sallust so berühmt gewordene „Catilinarische Verschwörung".

Sie war kein welthistorisches Ereignis, aber auch keine Bagatelle. Setzt man sie in den Rahmen ihrer Zeit, dann ist sie ein beredtes Zeugnis für die Erbärmlichkeit des damaligen politischen Zustandes. Catilina war kein Sozialrevolutionär — zu dem hat ihn erst das 19. Jahrhundert gemacht —, sondern ein Mann, der wie alle Politiker in Rom von der Politik leben wollte. Nachdem er es in der politischen Karriere bis zu Prätur und zur anschließenden Provinzialstatthalterschaft gebracht hatte und er dabei auch durchaus auf seine Kosten gekommen war, mißglückte ihm die Bewältigung der letzten Stufe. Er wurde trotz der zähesten Anstrengungen nicht Konsul. Von 66—63 gingen seine Bemühungen, ohne Erfolg. Dabei war gar keine besondere Ranküne irgendwelcher prononcierter Gegner im Spiel. Er hatte anfangs nur das „Pech" gehabt, daß seine Geschäftsgebarung in der Provinz wegen überdurchschnittlicher Hemmungslosigkeit ihn in einen Erpressungsprozeß verstrickte und er deswegen nicht kandidieren konnte. Das Unglück wäre nicht groß gewesen, wenn er ein bißchen mehr Geduld gehabt hätte. Statt dessen entstand bei ihm Kurzschluß. Allerdings nicht nur bei ihm. Auch andere enttäuschte Kandidaten waren von der Partie und wollten im Bund mit Catilina die siegreichen Rivalen, die Konsulen von 65, kurzerhand umbringen (sog. 1. Catilinarische Verschwörung).

Solche rein kriminellen Perspektiven mußten natürlich auf einen staatspolitischen Hintergrund projiziert werden. Man gab sich damit keine besondere Mühe, sondern nahm einfach Sullas Gewaltherrschaft (allerdings ohne dessen Voraussetzungen) zum Vorbild: Während im Osten Pompeius legal schaltete und waltete, sollte das gleiche illegal im Westen geschehen. Nichts anderes also als das schäbige Modell vom Staat als Beuteobjekt.

Der sinistre Plan wurde ruchbar und Catilina verscherzte sich die letzten Sympathien seiner ursprünglich optimatischen Freunde. Deshalb wurde für das Jahr 63 an seiner Stelle Cicero zum Konsul gewählt, eine wirkliche Ohrfeige für Catilina, denn Catilina war ein Patrizier und Cicero ein homo novus. Aber Catilina war unmöglich und zum völligen Außenseiter geworden. Er setzte jetzt nur noch auf die Gewalt und hatte jeden, soweit er nicht auf ein Chaos wie die Sullanischen Proskriptionen spekulierte (es gab deren allerdings einige), gegen sich. Der umsichtige Sachwalter des Staates in dieser extremen Situation wurde Cicero. Die römische Republik, welche Pompeius gegenüber versagt hatte, fand sich gegenüber einer Existenz, die sich durch eigene Schuld auf die Nachtseite des Lebens manövriert hatte, doch zusammen. Cicero setzte gegen den Bankrotteur, der ebenso bankrotte Zeitgenossen, darunter sullanische Soldatenkolonisten, die nicht hatten wirtschaften können, für sich gewonnen hatte, den Staatsnotstand (senatusconsultum ultimum) durch. Damit war die Sache Catilinas verloren. Seine Komplicen wurden in Rom hingerichtet. Er selbst kam anschließend — dieser Teil der Exekution zog sich ein wenig hin — im offenen und hoffnungslosen Kampf um. Die Republik hatte es also tatsächlich fertiggebracht, sich selbst zu retten und für damalige Verhältnisse einen wirklich außerordentlichen Bewährungsbeweis zu liefern. Er war freilich nicht ganz so außerordentlich, wie es schien und Cicero, der Held dieser Aktion, es Zeit seines Lebens wahrhaben wollte, denn Catilina war im Grunde ein Narr, der die Spielregeln der Politik, zumal der römischen, nicht kannte. Ohne jegliche Legalität, sogar unter Verzicht auf ihren Schein, war in Rom nichts, auch keine Revolution, durchzusetzen.

9. Die Rückkehr des Pompeius

Für die nächsten Jahre allerdings wurde das Selbstbewußtsein der Optimaten durch die Politik bestätigt. Die Unbeugsamkeit des jungen Cato, der schon während der Catilinarischen Verschwörung ein Vertreter des harten Kurses gewesen war, trug auch hier das ihrige zu einer festen Haltung bei. Wie fünf Jahre zuvor wurde von popularer Seite methodisch für Pompeius Stimmung gemacht. Es sollte ihm der Neubau des Jupitertempels, des höchsten Staatsheiligtums, übertragen und dafür einem Optimaten abgesprochen werden; er sollte gleich Konsul und in dieser Eigenschaft mit der triumphalen Zuendeführung der Exekution gegen Catilina betraut werden. Die Regierung schritt hiergegen mit den schärfsten Mitteln ein. Der Tribun, welcher als Vertrauensmann des Pompeius in Rom wirkte, konnte dem noch auswärts weilenden Feldherrn nur das völlige Scheitern dieser Pläne berichten. Wenn jemals Pompeius die Absicht auf gewaltsame Durchführung seiner

Wünsche gehabt hätte und er der gewesen wäre, für den man ihn immer noch gerne hielt, er hätte jetzt zuschlagen müssen. Statt dessen ereignete sich das große Wunder: Er landete mit seinem siegreichen Heer in Brundisium und entließ es (Ende 62 v. Chr.).

In Rom dankte man ihm diese Friedseligkeit keineswegs und spielte auf einmal den Überlegenen. Was Pompeius wollte, enthielt eigentlich keinerlei politischen Kampfstoff und war nichts anderes als die Abwicklung seines Kommandos im Osten. Die Soldaten sollten ihre Zivilversorgung in Form von Landzuweisungen, die aus der reichen Beute zu finanzieren waren, erhalten, und seine Anordnungen im Osten, gegen die prinzipiell auch nichts einzuwenden war, sollten bestätigt werden. Für zwei Jahre (61 und 60) hatte Pompeius in das Konsulat Männer seines Vertrauens bringen können. Trotzdem kamen während dieser langen Zeit seine Sachen nicht vorwärts. Man behandelte ihn ausgesprochen schikanös. Seine Gegner glaubten sich diesen billigen und kleinlichen Triumph leisten zu können. Es war für den großen Pompeius eine wirkliche Demütigung. Aber auch von den anderen war es eine verhängnisvolle Kurzsichtigkeit, jetzt, wo sachlich nichts auf dem Spiele stand, den Souverän herauszukehren, nachdem man bei den früheren Entscheidungen, wo es um die politischen Grundfragen ging, gewichen war. Freilich konnte man die Folgen dieser Verkehrtheit im Augenblick nicht ahnen. Sie setzten unmittelbar auch nicht bei Pompeius an, und insofern hatte man ihn wahrscheinlich mit Recht nicht überschätzt. Aber die Verlegenheit des Pompeius wurde das Sprungbrett für einen anderen, dessen Gegnerschaft weit mehr bedeuten sollte: Es war Gaius Julius Caesar.

10. Caesar

Caesar war nur wenige Jahre jünger als Pompeius (102 oder 100 v. Chr. geb.) und damit also zur Zeit von Pompeius' Rückkehr rund vierzig Jahre alt. Gegenüber dessen weltweitem Ruhm entbehrte sein Name noch jeden Glanzes. Er war zwar Glied eines altadligen, ja sogar patrizischen Geschlechtes, aber seine direkten Vorfahren waren unbekannt. Deswegen stand Caesar den übrigen Standesgenossen jedoch nicht an Familienstolz nach. Er teilte mit ihnen die Vorliebe, den Ruhm nicht nur in ferner Vergangenheit, sondern in mythischer Urzeit zu suchen. Ende des zweiten vorchristlichen Jahrhunderts hatten die Julier ihren Stammbaum mit Aeneas und damit mit Venus verbunden. Caesar hat auf diese göttliche Abkunft immer Wert gelegt. Seine Jugend stand wie die des Pompeius unter dem düsteren Eindruck des Bürgerkrieges der achtziger Jahre. Sein weiteres Schicksal aber hatte sich wesentlich anders entwickelt. Es besaß im Grunde wenig außergewöhnliche Züge. Verwandtschaftliche Beziehungen stellten Caesar unter die Anhänger des Marius und Cinna. Die Verbindung zu jenem schlug dessen Frau, welche eine Schwester von Caesars Vater war, zu diesem seine Gattin, eine Tochter Cinnas. Sullas Gegenrevolution setzte ihn deshalb Verfolgungen aus. Nur mit Mühe kam er mit dem Leben davon. Daß er nicht auf die siegreiche Seite überlief, war seine erste bewußte Entscheidung, gewiß weniger durch politische Erwägungen als durch menschliches Empfinden bestimmt. Indem er ihr in der Folgezeit treu blieb, war ihm sein Platz unter den Gegnern der Sullanischen Restauration angewiesen. Seitdem er kurz nach Sullas Tod von seinem in Kleinasien absolvierten Militärdienst nach Rom zurückgekehrt war, trieb er gegen das herrschende Regime offene und versteckte Opposition. Er war also bei denen, welche ungeachtet ihrer Ohnmacht den herrschenden Kurs bekämpften. Das verschaffte ihm keine Erfolge, aber gab ihm ein klares politisches Gesicht. Mit der Geradlinigkeit und Offenheit, die den großen Mann auszeichnet, ließ er nie darüber einen Zweifel, wessen Feind er war. Er erntete dafür abgrundtiefen Haß bei seinen Gegnern. Aber es gebrach ihm an allen Möglichkeiten, gefährlich zu werden. Trotzdem war er immer auf dem Sprung, vorzupreschen, wenn sich nur irgendeine Gelegenheit bot. Er hatte sich als ganz junger Senator auch für das Sonderkommando des Pompeius gegen die Seeräuber ausgesprochen (67 v. Chr.) und unterstützte ebenfalls später (62 v. Chr.) seine Bemühungen, die Rückkehr nach Rom politisch vorzubereiten. Natürlich war es ihm nicht um Pompeius als solchen, sondern um dessen Gegensatz zum Senat zu tun. Viel lieber wäre es ihm gewesen, er selbst hätte an seiner Stelle die Macht besessen, den Schlag gegen die Regierung zu führen, den man von Pompeius immer befürchtete und zu dem dieser sich nie verstand. Caesar wollte ganz offen den Sturz der Senatsoligarchie; aber er wollte auch derjenige sein, der ihn herbeiführte. Ob er darüber hinaus sich damals Gedanken machte, was danach zu geschehen habe, ob sich einfach die Tage des Marius und Cinna wiederholen sollten oder ob die Beugung des Gegners andere Formen haben konnte, bleibt leider, wie so vieles bei dem unheimlichen Mann, dunkel. Gewiß ist nur, daß für den größten Teil von Caesars Laufbahn die andere Frage, wie er diesem Ziel näher käme, viel wichtiger blieb. Wirkliche Chancen besaß er ursprünglich gar keine, obwohl er nichts unversucht ließ. Eine Zeitlang stand er mit Catilina in Verbindung, um dessen Putsch für seine Zwecke auszunützen. Er spekulierte damit auf einen gewaltsamen Umsturz, überließ aber anderen die Gefahr, sich bloßzustellen. Wichtiger wurde für ihn der Gedanke, auf dem Wege von Sondervollmachten, wie sie Pompeius vom Volk erhalten hatte, weiterzukommen. Aber vorerst war da auch nichts zu erreichen. Bei zwei Versuchen, während Pompeius' Abwesenheit im Osten, erlitt er Schiffbruch, obgleich sich die betreffenden Pläne auch in den Augen von denen empfahlen, welche Pompeius in seiner Machtstellung geschmälert sehen wollten, und obwohl Crassus, der mit Pompeius persönlich verfeindet war, ihn unterstützte. Das eine Mal ging es darum, Caesar im Jahre 65 v. Chr. eine Sondervollmacht zu verschaffen, um das ptolemäische Ägypten unter Berufung auf ein noch aus dem Jahre 80 stammendes Königstestament für den römischen Staat einzuziehen, das andere Mal (64/63 v. Chr.) wollte er hinter den Kulissen einer Agrarkommission, die weitgehende Ermächtigungen für ganz Italien erhalten sollte, den Griff nach der Macht versuchen.

Caesar hatte zwar die Ämterlaufbahn ordnungsgemäß zurückgelegt, d. h. im Jahre 69 die Quästur, 65 die Aedilität, 62 die Prätur (mit anschließender Proprätur in Südspanien) bekleidet, und war 63 v. Chr. sogar, gegen jede Tradition, die hierzu eigentlich nur ältere angesehene Herren zuließ, Pontifex Maximus geworden, und wurde schließlich im Jahre 60 zum Konsul für 59 gewählt, aber überall da, wo er einen außerordentlichen Vorstoß revolutionären Charakters versucht hatte, war er gescheitert. Seine Wahl zum Konsulat hatten die Optimaten nicht hindern können; jedoch waren sie fest entschlossen, ihn während des Konsulates aufs schärfste zu überwachen und ihn mit allen Mitteln zu hemmen. Vor allem war es von Anfang an darauf abgesehen, ihn nach dem Konsulatsjahr nicht an militärische Streitkräfte und die Machtmittel einer Provinz herankommen zu lassen.

11. Das „Erste Triumvirat"

Caesar erkannte klar, daß er gegen diese Front nichts ausrichten konnte. Da war es nun für ihn ein ausgesprochener Glücksfall, daß Pompeius sich ebenfalls in einem offenen Konflikt mit dem Senat befand und bestimmte Forderungen durchzusetzen hatte. Auf der Grundlage eines solchen gemeinsamen, wenn auch lediglich negativ durch die Gleichheit des Gegners bestimmten Interesses mußte sich eine Zusammenarbeit vereinbaren lassen. Caesar als Meister in der Menschenbehandlung war der Mann, diese Möglichkeit zu verwirklichen. Er brachte noch mehr zustande. Sie beide waren noch nicht stark genug. Sie bedurften auch der Unterstützung des Crassus. Crassus und Pompeius waren aber verfeindet. Caesar schaffte die Spannungen, welche in erster Linie psychologischer Art waren, aus dem Wege. So trafen die drei die Abmachung, eine einheitliche politische Linie einzuhalten und sich im einzelnen über die wichtigen Probleme zu verständigen.

Dieser Dreibund, das sogenannte Erste Triumvirat (60/59 v. Chr.), war seinem Charakter einer privaten Verständigung entsprechend an sich nichts Revolutionäres. Die ganze traditionelle römische Innenpolitik beruhte notwendigerweise auf dergleichen persönlichen Abreden zwischen wichtigen Persönlichkeiten und Gruppen innerhalb der regierenden Klasse. Das Revolutionäre lag hier in der Person der Kontrahenten. Sie wurden allgemein als Feinde der bestehenden Staatsordnung betrachtet, und man wußte, daß ihre Macht nicht auf dem Einfluß beruhte, den sie innerhalb der aristokratischen Gesellschaft ausübten, sondern in der Chance bestand, die Abstimmungen des Volkes durch die Massen ihrer eigenen Gefolgsleute zu beherrschen. Sowohl nach Mitteln wie nach den Zielen war damit eine populare Politik festgelegt, die nicht anders als gegen den Senat, die legitime regierende Körperschaft, gerichtet sein konnte. Dabei bildeten die drei Männer nicht nur nach Art und Charakter, sondern auch in ihrer persönlichen Einstellung zur Politik keineswegs eine einheitliche Größe. Pompeius, den man seiner allgemeinen Bedeutung zufolge fälschlich für das Haupt der Verbindung ansah, war der Typus des Revolutionärs wider Willen, und Crassus unterschied sich von Pompeius nur darin, daß er mit einem ebenso großen Ehrgeiz, wie ihn dieser besaß, einen völligen Mangel an Fähigkeiten, politischen wie militärischen, verband. Crassus war auch in die Opposition mehr gedrängt als von ihr getragen. Als einen der schamlosesten Revolutionsgewinnler hatte schon Sulla ihn sich ein wenig vom Leibe gehalten. Als nicht nur das reichste, sondern auch geschäftstüchtigste Nobilitätsmitglied verstand er das politische Geschäftemachen mit Hilfe des Geldbeutels noch bedeutend besser als der Durchschnitt seiner Standesgenossen, und, was man ihm noch mehr verübelte, er bildete sich ein, ihm gebühre kraft dieses Vorzuges auch eine Vorzugsstellung. So geriet er in die Isolierung und suchte seine politischen Aufstiegsmöglichkeiten, deren Ziel ihm keineswegs klar war, außerhalb der Optimaten, obgleich er seiner Herkunft nach ihnen nicht weniger als Pompeius zugehörte. Der Nutznießer des Triumvirates wurde Caesar, wie er auch sein Stifter gewesen war. In seinem Konsulat (59 v. Chr.) setzte er zwar die Forderungen des Pompeius alle durch (Versorgung der Veteranen, Bestätigung der östlichen Reichsordnung usw.); aber das Wichtigste für ihn wie für den Fortgang der römischen Geschichte wurde sein prokonsularisches Kommando.

Durch Volksbeschluß (lex Vatinia) wurden Caesar zwei Provinzen übertragen, die oberitalische (Gallia Cisalpina) und die dalmatische (Illyricum), ein von Pompeius eingebrachter Senatsbeschluß fügte Südgallien (Gallia Narbonensis) dazu, und zwar für eine Dauer von fünf Jahren. An dieser Bestallung war so ziemlich alles gegen die übliche Ordnung, angefangen bei der Verleihung durch das Volk (anstatt durch den Senat) über die Verbindung mehrerer Provinzen und die freie Bestimmung der höchsten Offiziere, der Generaladjutanten (legati), durch Caesar bis zu der Bemessung der Frist, d. h. der Verfügung, daß durch mehrere Jahre Caesar durch keinen Nachfolger verdrängt werden durfte. Im praktischen Ergebnis war das eine Nachbildung des universalen Kommandos, das Pompeius einst für den Osten besessen hatte. Wie dieses war es mit imperialistischen Aufgaben und Möglichkeiten verknüpft. Damals war die Stoßrichtung durch Mithridates gekennzeichnet; für Caesar standen zwei Türen offen, zwischen denen er wählen konnte. Im nördlichen Balkan war der Daker Burebista, der ein großes Reich an der Donau gegründet hatte, ein Angriffsziel, in Gallien der Germane Ariovist, welcher sich anschickte, dieses fruchtbare Land germanischem Einfluß zu unterwerfen. Caesar entschied sich für diesen Gegner und hatte deshalb das südliche Gallien hinzubekommen. Wenn man schon bei Pompeius befürchtet hatte, er könne bei der Rückkehr an der Spitze seines siegreichen Heeres Rom seinen Willen vorschreiben, so zeichnete sich bei Caesars westlichem Kommando diese Gefahr noch viel deutlicher ab. Um in Rom sein Schwert in den politischen Kampf zu werfen, brauchte Caesar seine militärische Operationsbasis gar nicht erst aufzugeben. Der nördliche Teil von Italien war sein Provinzialgebiet. Wenn es hart auf hart ging, stand er binnen weniger Tage auf dem Forum. Die Situation, welche zu der Zeit des Bundesgenossenkrieges so verhängnisvoll geworden war, sie war in der Anlage mit seiner Provinzialstatthalterschaft wieder geschaffen. Dazu waren ihm die Bewohner der Poebene ganz besonders treu ergeben. Schon vor zehn Jahren hatte er ein altes Anliegen von ihnen, welches die Ausdehnung des vollen römischen Bürgerrechts auf die „latinische" Bevölkerung betraf, sich zu eigen gemacht. Dort war auch sein Hauptrekrutierungsbezirk, und es war kein schlechtes Menschenreservoir, das ihm damit zu Gebote stand.

Das heißt nun freilich keineswegs, daß Caesar auf diese letzten Folgerungen seine Pläne eingestellt hätte. Man könnte eher das Gegenteil behaupten. Es kam ihm, abgesehen von der außenpolitischen Aufgabe, die er, wie sich bald herausstellte, sehr ernst nahm, viel eher auf diese Möglichkeit als Form eines politischen Potentials an. Unter dem Eindruck der außerordentlichen Position, welche er einnahm, sollte die politische Entwicklung in Rom eine seinem Sinne entsprechende Gestaltung annehmen, und — die räumliche Nähe erlaubte ihm, zumal im Winter, wenn er seinen Aufenthalt in Oberitalien nahm, einen stetigen Kontakt mit der Hauptstadt — dadurch die Herrschaft des Triumvirates eine zuverlässige Stütze erhalten.

In diesem Punkte hat Caesar sich nun freilich auf das gründlichste verrechnet. Die fünfziger Jahre nach seinem Konsulat gehören mit zu den spannungsreichsten und aufgeregtesten der ganzen Revolutionszeit. Die Hoffnungen, die er auf das Triumvirat setzte, verwirklichten sich schon während seines Konsulates nicht. Es war nicht so, wie er sich das vorgestellt hatte, daß sich die Senatsopposition der eindrucksvollen Machtgruppierung stillschweigend fügte. Sie leistete vielmehr erbitterten Widerstand. Sehr entgegen seiner Absicht konnte Caesar die entscheidenden Gesetze nur tumultuarisch, unter unzähligen Verletzungen des formellen Verfassungsrechtes, durchbringen. Seine Politik machte deshalb nicht nur auf die Aristokratie, sondern ebenso auf breitere Kreise des Volkes einen denkbar schlechten Eindruck. Cicero konnte das witzige Wort prägen, es sei in Rom nichts so volkstümlich (populare) als der Haß gegen die „Volkspolitiker" (populares). Wenn schon unter seiner eigenen Leitung das politische Räderwerk nur knirschend sich bewegte, wie mußte es erst sein, wenn seine geübte und geschickte Hand nicht mehr unmittelbar zugreifen konnte? Pompeius war dem Getriebe, was längst bekannt war, nicht im entferntesten gewachsen und im übrigen von der Anwendung des politischen Faustrechtes, wie es damals immer mehr zur Regel wurde, angewidert. Crassus war desgleichen keine fördernde Kraft. Dagegen gab es die mannigfaltigsten Hemmschuhe, nicht nur auf der Seite des Senates, wo nach wie vor Cato das moralische Rückgrat bildete, sondern selbst in den Reihen der popularen Politiker.

Die Hauptrolle dabei spielte ein gewisser Clodius, dem Caesar den Weg zum Volkstribunat des Jahres 58 in der Absicht gebahnt hatte, in Rom einen schlagfertigen Demagogen für sich tätig zu wissen. An Agilität ließ es Clodius auch nicht fehlen. Mit organisierten Banden terrorisierte er in den nächsten Jahren die römische Öffentlichkeit und rief damit den Gegenterror seines Feindes Milo hervor, so daß man zeitweise auf den Straßen der Weltstadt des Lebens nicht mehr sicher war. Hierbei nahm Clodius keineswegs immer Rücksicht auf die Interessen der drei Machthaber, sondern bezog im Gegenteil gegen einen von ihnen, nämlich Pompeius, offen Front, den er in seinem Palast mit seinen Horden geradezu bedrohte. Als Meisterstück des Tribunats, wenn auch keineswegs als Meisterleistung im Sinne der Triumviratspolitik, brachte er es zuwege, daß der gefeierte Konsular *Cicero* für kurze Zeit in die Verbannung gehen mußte (58/57). Das war ein persönlicher Racheakt, denn Cicero hatte sich die Jahre zuvor über Clodius, seitdem er im Jahre 62 Gegenstand eines Sittlichkeitsskandals geworden war, mokiert, mußte aber nach den damaligen Verhältnissen zu Lasten Caesars gebucht werden. Als Cicero im Herbst 57 schon wieder zurückkehren konnte, wurde sein triumphaler Einzug deshalb zu einer optimatischen Demonstration gegen Caesar und seine Triumviratspolitik.

Obendrein waren die Beziehungen innerhalb des Dreibundes keineswegs konstant. Sie machten sehr wechselnde Phasen durch. Das Verhältnis von Pompeius und Caesar, auf das am meisten ankam, war zwar besser, als man ursprünglich hätte denken sollen. Ein wesentliches Verdienst daran hatte Julia, die Tochter Caesars, welche seit 59 v. Chr. mit Pompeius verheiratet war und der er eine aufrichtige Zuneigung schenkte. Aber die unglückliche Stellung, welche Pompeius in der stadtrömischen Politik einnahm und die ihm das höchste Unbehagen bereitete, mußte allein schon die Beziehungen zu Caesar lockern. Daneben meldete sich allmählich das begreifliche Gefühl, daß er durch seinen politischen Freund in den Schatten gestellt werde, bei dem Naturell des Pompeius ein empfindlicher Stachel. Und schließlich waren die Gegner Caesars natürlich nicht müßig, die Bande zwischen den beiden zu lockern. Solchen Bestrebungen stand allerdings das alte Mißtrauen des Senates gegen Pompeius wieder entgegen, was Pompeius selbstverständlich nicht entging und ihn veranlaßte, die Verbindung zu Caesar nicht abbrechen zu lassen. Die Verwicklungen, die sich aus diesen sich widerstrebenden Tendenzen ergaben, waren außerordentlich kompliziert und machen die römische Innenpolitik dieser Jahre zu einem dschungelartigen Gewirr.

Pompeius, dem so gänzlich die Fähigkeit abging, kraft persönlicher Autorität eine Rolle zu spielen, sah den einzigen Weg, wieder zu einem seiner Bedeutung entsprechenden Ansehen zu gelangen, in einem umfassenden amtlichen Auftrag, der ihn wie einst in den Mittelpunkt des öffentlichen Interesses stellte. Er wurde im Jahre 57/56 in der Form gefunden, daß er prokonsularische Vollmacht für fünf Jahre erhielt zu dem Zwecke, durch freie Verfügung über die Getreidevorräte Italiens und der Provinzen die Lebensmittelversorgung der Stadt Rom sicherzustellen (cura annonae), eine Aufgabe, die auf das beste seinem Organisationstalent angepaßt war und derer er sich mit dem an ihm gewohnten Geschick entledigte. Mit Genugtuung glaubte mancher in dem Unternehmen, weil es Pompeius viel mehr in den Vordergrund rückte, als seinen Freunden lieb sein konnte, das Symptom einer Entfremdung zwischen ihm und Caesar erblicken zu können. Man war deshalb sehr überrascht, als im folgenden Jahr auf einer Besprechung in Luca (56 v. Chr.) das Triumvirat erneuert und für die nächsten fünf Jahre der politische Kurs in seinem Sinn festgelegt wurde. Die treibende Kraft war selbstverständlich Caesar. Seine Arbeit in Gallien war noch nicht beendet, und er benötigte noch die alte Rückendeckung und vor allem eine Verlängerung seines prokonsularischen Kommandos. Deshalb tat er alles, um die zentrifugalen Tendenzen, welche den Dreibund zu sprengen drohten, aufzufangen, und kam dem Bestreben seiner Partner, ihre Stellung in einer seinem Kommando angenäherten Form auszubauen, von sich aus entgegen. Demzufolge sollten im Jahre 55 Pompeius und Crassus gemeinsam das Konsulat führen und anschließend wie Caesar für fünf Jahre eine Provinzstatthalterschaft übernehmen. Pompeius wünschte die beiden Spanien, Crassus Syrien, und Caesar sollte seine Provinzen weitere fünf Jahre behalten. So ist denn auch in der Tat verfahren worden, nur mit der Einschränkung, daß Pompeius mit Rücksicht auf seinen Versorgungsauftrag in Italien blieb und die Provinzen durch Legaten verwalten ließ.

Diese Peripetie traf vor allem *Cicero* schwer. Er hatte nach seiner Rückkehr, deren politische Bedeutung er stark überschätzte, seinen Optimismus sehr unverhohlen zu erkennen gegeben und sich im Vertrauen auf den Sturz Caesars sehr freimütig über dessen Politik geäußert. In ahnungsloser Selbsttäuschung hielt er sich selbst für den kommenden Mann, der zum Kristallisationspunkt aller anständigen Kräfte bestimmt sei. Die Ernüchterung bedeutete für ihn einen schweren moralischen Fall. Infolge seiner Abhängigkeit von Pompeius, den er als längst für die gute Sache gewonnen betrachtet hatte, mußte er öffentlich seine Politik widerrufen und sich in der Rede über die Consularprovinzen (de provinciis consularibus) für die neue Aufteilung des römischen Machtbereiches einsetzen.

Dieser Tiefpunkt seiner politischen Laufbahn gab ihm den entscheidenden Anstoß, sich in einer Abwendung vom öffentlichen Leben der philosophischen Schriftstellerei zuzuwenden. Im Jahre 54 beginnt er sein Werk „Über den Staat" (de re publica) zu schreiben.

In der Politik war somit alles wieder an die alte Stelle gerückt. Auch die äußeren Begleitumstände der Triumviratspolitik lebten wieder auf: stärkste Opposition seitens des Senates und Brechung seines Widerstandes mit terroristischen Mitteln. Der einzige Unterschied war, daß die öffentliche Ordnung sich noch mehr als früher auflöste. Es kam so weit, daß keine ordnungsgemäßen Wahlen mehr durchgeführt werden konnten und selbst den in Rom ohnehin bescheiden gewordenen Ansprüchen an polizeiliche Sicherheit nicht mehr genügt wurde. Die Selbstschutzbanden des Clodius und seines Gegners Milo trieben es immer toller. Bei einer ihrer Schlägereien kam Clodius ums Leben. Man hatte allmählich eine Anarchie, und der Ruf nach dem starken Arm, der Ordnung schüfe, erschallte. Ein Diktator sollte die Ordnungsaktion in die Hand nehmen. Nach den Umständen konnte es nur Pompeius sein, und er wurde auch vom Senat, teilweise mit innerem Widerstreben, dazu bestimmt. Das seit Sulla anstößige Wort „Diktatur" vermied man indessen. Da für das laufende Jahr noch keine Konsuln gewählt waren, übernahm Pompeius seinen diktatorischen Auftrag dem Namen nach als einziger Konsul (consul sine collega) (52 v. Chr.). Zugleich bedeutete die Stellung allerdings auch eine neue Annäherung des Pompeius an den Senat, ähnlich wie vor fünf Jahren die Übernahme der Lebensmittelversorgung; aber während damals eine plötzliche Kehrtwendung erfolgte, blieb sie dies Mal aus. Die Richtung wurde beibehalten, und damit liefen die Dinge von selbst auf einen Bruch mit Caesar hin. Alles kam jetzt darauf an, ob die Entwicklung von irgendwoher aufgehalten werden würde oder ob sie diesmal bis zum offenen Bruch und dem Austrag mit allen Machtmitteln weiterlief.

§ 15. Die Militärdiktatur (48—30 v. Chr.)

a) Caesar (52—44 v. Chr.)

1. Die politische Frontstellung. — 2. Die Rechtslage zwischen Caesar und dem Senat. — 3. Der Ausbruch des Bürgerkrieges. — 4. Pharsalus. — 5. Caesars Herrschaft. — 6. Die Katastrophe.

1. Die politische Frontstellung

Seit Sulla hatte die römische Innenpolitik sich noch des Mechanismus des Freistaates bedient und war nach den Gesetzen der Republik durchgekämpft worden; aber ihre entscheidenden Anstöße und Zielsetzungen hatte sie von der militärischen Macht und dem militärischen Kommando erhalten, zuerst in der Person des Pompeius, dann in der Caesars. Es war jedoch immer vermieden worden, das Schwert des Soldaten wirklich einzusetzen. Wenn die letzte Phase der römischen Revolution eine Periode offenen Bürgerkrieges wurde, so hat die Tür zu dieser Epoche voller Trübsal und menschlicher Leiden zweifellos Caesar aufgerissen. Aber man muß von vornherein dazu sagen, daß ihm der Entschluß nicht leichtgefallen ist und er zweifellos einen weniger blutigen und für ihn auch minder gefährlichen Weg vorgezogen hätte. Unbeschadet seines militärischen Genies, das während der langen Jahre der gallischen Kriege hell aufleuchtete, obschon seine Zeitgenossen, zumal auch seine Feinde, vor dem letzten Waffengang des Bürgerkrieges nicht die letzte Klarheit darüber besaßen, wäre ihm eine Fortsetzung des „kalten Krieges", wie er ihn bis jetzt geführt hatte, lieber gewesen. Der Umschlag des „kalten Krieges“ in den „heißen Krieg“ hat deshalb noch über zwei Jahre in Anspruch genommen, und bis zuletzt konnte man zeitweise hoffen, daß er sich vermeiden ließe. Der Übergang vom Frieden zum Krieg war eine Kette ziemlich verwickelter Ereignisse. Ihre Kenntnis ist jedoch für das Verständnis des letzten Wachstumsvorganges der römischen Revolution unentbehrlich.

Wenn Caesar den Bürgerkrieg für ein Übel hielt, das möglichst zu vermeiden sei, so war er für die römische Bevölkerung und auch die Regierungsoligarchie geradezu verabscheuungswürdig; aber von Caesar vergegenwärtigte man sich alles Schlimme, also auch die Ruchlosigkeit, die Katastrophe der Tage Cinnas und Sullas zu wiederholen. Je mehr die Spannung im Laufe dieser zwei Jahre stieg, um so größer wurde der Alpdruck, der die Menschen bedrängte. Die „Vorbereitung“ des Bürgerkrieges war eine Zeit der Angst, und ihre Undurchsichtigkeit ist zu einem nicht geringen Teil durch die Bedenken vor dem letzten Schritt ins Unwiderrufliche verursacht. Andererseits verdient hervorgehoben zu werden, daß die optimatischen Politiker in jenen Jahren im Gegensatz zu früher ein erstaunliches Bild von Zielstrebigkeit, Entschlußkraft, Mut und taktischem Geschick zeigten. In den drei Jahren 51 bis 49 wurde das Konsulat teilweise von tüchtigen Vertretern der römischen Aristokratie bekleidet. Drei, untereinander noch verwandte Angehörige des berühmten Geschlechtes der Claudii Marcelli lösten sich in der einen Stelle ab. Beinahe wäre sogar Cato Konsul geworden. Er war mehr denn je die Seele des Widerstandes gegen Caesar.

Schwierig wurde die innere Konsolidierung nur durch das Verhältnis zu Pompeius. Daß man sich gegenüber Caesar nur behaupten konnte, wenn Pompeius nicht mehr mit ihm zusammenhielt, bedurfte keiner großen Einsicht. Man brauchte Pompeius, um erstens nicht die Macht Caesars zu erhöhen, und zweitens, weil im Falle eines Krieges er der einzige Feldherr war, den man ihm entgegenstellen konnte. Aber das Verhältnis zwischen Pompeius und der Senatsregierung war nach wie vor durch ein tiefes wechselseitiges Mißtrauen getrübt. Pompeius fühlte, daß eine ehrliche Anerkennung seiner politischen Stellung ihm auch im Falle einer Verbindung mit der Sache der Optimaten nicht zuteil werden würde, und hatte nicht vergessen, daß er das, was er schließlich im Verlauf der vergangenen zehn Jahre politisch geworden war, Caesar verdankte, und zwar, soweit es nicht geradezu auf das Bündnis mit ihm ankam, der Tatsache, daß Caesar da war und sich die anderen vor ihm fürchteten. Eine völlige Vernichtung Caesars konnte deshalb für Pompeius persönlich keineswegs ein selbstverständliches Ziel sein. Auf der anderen Seite empfand man diese Zwiespältigkeit auch und rechnete deshalb bis zuletzt immer wieder mit der Möglichkeit, daß Pompeius zu Caesar zurückglitte.

Antrieb und Ausrichtung der Politik lagen in den Jahren 52 bis 50 durchaus bei den Optimaten. Caesar hatte seine Karten längst aufgedeckt. Sein eindeutiges Ziel war, nach dem Ablauf seines gallischen Kommandos sein zweites Konsulat im Jahre 48 v. Chr. zu bekleiden. Das war bei Einhaltung des zehnjährigen Abstandes zu seinem ersten Konsulat (59) verfassungsgemäß zulässig und bedeutete für ihn eine unvermeidliche Notwendigkeit. Er bedurfte des Amtes, um die Anerkennung seiner Einrichtungen in Gallien durchzusetzen — die Erfahrungen des Pompeius nach seinen Ostfeldzügen hatten zur Genüge gelehrt, wie man sonst daran war —; er mußte aber auch deshalb Konsul sein, um nicht seinen Magistratscharakter zu verlieren und, dadurch seinen Feinden gegenüber wehrlos gemacht, von ihnen vor ein Gericht gestellt zu werden. Sein Konsulat mußte deshalb unmittelbar an das Prokonsulat anschließen. War er einmal Konsul, würde sich das Weitere von selbst ergeben. Davor war ihm nicht bang. Aber eben hierzu durfte es nach der Meinung seiner optimatischen Feinde nicht kommen, womit sie von ihrem Standpunkt aus gewiß recht hatten. Der politische Kampf ging infolgedessen allein darum, wer bei dem Tauziehen um diese Frage Sieger blieb.

In der zweiten Hälfte der fünfziger Jahre hatte sich Caesars Lage ungemein verschlechtert. Julia, seine Tochter und die Frau des Pompeius, war 54 gestorben. Crassus, der dritte Triumvir und im Dreibund eher Stütze Caesars als des Pompeius, war 53 im Kriege gegen die Parther gefallen. Das Jahr danach brach in Gallien der große Aufstand des Vercingetorix los, welcher nicht nur Caesars ganzes Eroberungswerk in Frage stellte, sondern auch seine Position in Rom und gegenüber Pompeius schwächte. Pompeius hatte mit seinem Ein-Mann-Konsulat von 52 eine deutliche Annäherung an die Senatspartei vollzogen. Er hatte zwar keineswegs mit Caesar gebrochen und befleißigte sich sogar einer ausgesprochenen Loyalität; und umgekehrt hütete dieser sich, irgendeine Verstimmung aufkommen zu lassen. Aber das alte Verhältnis war es nicht mehr. Eine sichtbare Abkühlung war eingetreten. Pompeius hatte nicht, wie Caesar gewünscht hatte, dessen Großnichte Octavia (die Schwester des späteren Kaisers Augustus) geheiratet, sondern war Schwiegersohn eines überzeugten Optimaten (des Metellus Scipio) geworden (52), und in derjenigen Frage, von welcher Caesars ganze politische Existenz abhing, war er gewiß nicht sein offener Feind, aber bildete auch keine zuverlässige Garantie mehr für ihn.

So ging man mit dem Beginn des Jahres 51 v. Chr. auf optimatischer Seite zum direkten Angriff über und zielte, ohne alle Umschweife, geradewegs auf den Punkt, wo Caesar tödlich zu treffen war.

2. Die Rechtslage zwischen Caesar und dem Senat

Caesars Stellung beruhte auf folgender, gesetzlich festgelegter Vorkehrung (lex Vatinia von 59 v. Chr.): Er sollte so lange in seinen Provinzen bleiben, bis der Senat ihm einen Nachfolger schickte; aber über den Nachfolger sollte der Senat nicht früher als am 1. März 54 einen Beschluß fassen („nicht vor der fünften Wiederholung des ersten März"). Bevor diese Frist abgelaufen war, war die Bestimmung im Konsulat von Pompeius und Crassus 55 erneuert worden, so daß die Beratungssperre dadurch bis zum 1. März 50 v. Chr. lief (lex Licinia Pompeia). Nach den Regeln des zur Zeit dieser Gesetze geltenden Staatsrechtes hieß das aber nicht, daß Caesars Statthalterschaft mit diesem Zeitpunkt abgelaufen war. Nach dem 1. März 50 einen Nachfolger bestimmen, bedeutete damals, vor den Konsulwahlen zum Jahre 49 einen Senatsbeschluß fassen, daß die zu wählenden Konsuln des Jahres 49 nach ihrem Konsulat Caesar ablösen und damit frühestens am 1. Januar 48 von ihm die Geschäfte übernehmen sollten. Mit diesem Datum wollte Caesar aber bereits Konsul sein, womit dann, seinem Plan entsprechend, die eine Amtszeit in die andere ohne Lücke übergegangen wäre. Notwendig für ihn war hierzu nur die Möglichkeit, ohne persönliche Bewerbung in Rom Konsul zu werden (denn er durfte, solange er Prokonsul war, seine Provinz nicht verlassen). Dafür war noch im Jahr 52, auf Betreiben des Pompeius, durch einen

Volksbeschluß, der Caesar Dispens von der persönlichen Kandidatur erteilte, Sorge getragen worden.

Obgleich nun diese Bestimmungen völlig unangetastet blieben, wurden sie doch außer Kraft gesetzt, und zwar durch eine kleine Veränderung des Staatsrechtes. Wahrscheinlich gar nicht im Hinblick auf Caesar, sondern um den schamlosen Wahlbestechungen zu steuern, war die sofortige Prämierung des Konsulates mit einer Statthalterschaft schon im Jahre 53 aufgehoben und statt dessen festgesetzt worden, daß nur die Konsuln weiter zurückliegender Jahre (und nicht bloß des vorausgehenden Jahres) als Anwärter der prokonsularischen Provinzen in Betracht kämen. Damit war plötzlich aus der Sperrfrist für Caesars Provinzen etwas völlig anderes geworden. Wenn man jetzt nach dem 1. März 50 einen Beschluß faßte, war man nicht mehr auf die Konsuln von 49 angewiesen, sondern hatte die Möglichkeit, auf frühere „Jahrgänge" zurückzugreifen. Caesar konnte dadurch noch im gleichen Jahr und spätestens auf das Jahr 49 seiner Statthalterschaft enthoben werden, und man brauchte nicht zu warten, bis die im Jahre 50 zu wählenden Konsuln zur Verfügung standen. Caesar wurde dann spätestens im Jahr 49 Privatmann und war als solcher der gerichtlichen Verfolgung preisgegeben. Sein Dispens hatte keinen Wert mehr.

Den optimatischen Gegnern Caesars war damit eine gefährliche Waffe in die Hände gespielt. Sie konnten kaum abwarten, sie zu gebrauchen. Schon im Jahre 51 stellte der neue Konsul den Antrag auf sofortige Beratung. Das war die Antwort auf ein Gesuch Caesars, ihm nun, nachdem sich die Verhältnisse für ihn durch die staatsrechtliche Neuerung verändert hätten, die Statthalterschaft bis 48 zu verlängern, so wie man das auch bei Pompeius im Jahre 52 mit dem spanischen Prokonsulat gemacht hatte. Nichts weiter als ein Affront von extremer Feindlichkeit sollte Caesar in einem Augenblick treffen, wo er infolge des gallischen Aufstandes noch nicht schlagfertig war. Der Vorstoß war sehr unbedacht, weil er im Widerspruch zu der bis zum 1. März 50 v. Chr. laufenden und gesetzlich verankerten Beratungssperre stand, und fand deshalb auch nicht die Zustimmung des Senates. Es war aber bei solcher Einstellung der aktiven Oligarchengruppen klar, daß sofort nach diesem Termin der Angriff mit unverminderter Wucht von neuem einsetzen würde. Bereits am 29. September 51 wurde darüber in dieser Richtung sogar ein förmlicher Plan gefaßt, der auch die Billigung von Pompeius fand.

Wenn Caesar im Jahre 50 nicht vor der Alternative stehen wollte, entweder seines Kommandos entsetzt zu werden oder den Bürgerkrieg zu eröffnen, mußte er seine Vorkehrungen treffen. Er tat das, indem er einen der fähigsten Politiker, der bis jetzt mit seinem Vater zu Caesars erbittertsten Gegnern gehört hatte, für sich gewann: Curio, einen der Volkstribunen des Jahres 50. Mit dessen Hilfe gelang es ihm auch in der Tat, den mit dem 1. März 50 beginnenden Generalangriff aufzuhalten. Curio brachte durch Gegenvorschläge und Interzessionsandrohung die feindliche Front derartig in Verwirrung, daß über ein halbes Jahr lang der Angriff nicht nur abgeschlagen, sondern der Senat beinahe so weit gebracht wurde, einen Beschluß im Sinne Caesars zu fassen und den Rücktritt sowohl von Pompeius wie von Caesar anzuordnen (1. Dezember 50). Es gab viele Senatoren, die auf diese Weise zwischen Skylla und Charybdis hindurchzukommen wähnten und auf eine Rettung des Friedens hofften. Caesar wäre bereit gewesen, die Erweichung des feindlichen Widerstandswillens und die Entmilitarisierung der Gegner (durch Rücktritt des Pompeius von seinem Kommando) durch den Verlust seiner eigenen militärischen Macht zu erkaufen. Seine Politik war wie immer durch eine erstaunliche Großzügigkeit und ein unerschütterliches Selbstvertrauen gekennzeichnet. Es war gerade während dieser Zeit, daß er keinen Augenblick zauderte, von seinen Legionen der Senatsregierung zwei für den Parthischen Krieg zur Verfügung zu stellen (die eine in seinem Namen, die andere im Namen des Pompeius, der ihm vor drei Jahren mit einer Legion ausgeholfen hatte), obgleich er genau wußte, daß damit die Streitkräfte des Gegners gestärkt würden und die betreffenden Soldaten wahrscheinlich, wie es auch dann der Fall war, in Italien bleiben würden.,

Durch diese Anpassungsfähigkeit seiner Taktik hat Caesar dann auch seine Gegner vorübergehend schachmatt gesetzt, indem er seinerseits sie kurz vor Ende des Jahres (2. Dezember 50) zwang, die Basis des Verfassungsrechtes zu verlassen: nach einem in Caesars Sinne günstigen Ausgang der Senatsabstimmung über den Rücktritt vom Pompeius und Caesar zusammen nahm der Konsul Gaius Marcellus seine Zuflucht zu einer von der Verfassung nicht vorgesehenen Improvisation und betreute ohne Ermächtigung durch den Senat von sich aus Pompeius mit der militärischen Rüstung gegen Caesar. Wenn es Caesar gelang, seine optimatischen Feinde das folgende Jahr (49) nochmals hinzuhalten und zu verwirren, hatte er gewonnenes Spiel. Getreu seine Einstellung, daß der Frieden für ihn wertvoller sei als der Krieg, versuchte er es. Die ersten Tage des neuen Jahres (49) sahen ihn mit neuen Vermittlungsvorschlägen hervortreten und sogar Pompeius und Cicero dafür gewinnen — die Angst vor dem Krieg war nach wie vor eine wichtige politische Kraft —, aber diesmal behielten die Scharfmacher Oberwasser. Gegen Caesars Vermittlungstaktik sollte ein Damm aufgebaut und vollendete Tatsachen geschaffen werden. Es wurde jetzt in aller Form der Staatsnotstand erklärt und damit Italien in Kriegszustand versetzt. Alle Mittel sollten aufgeboten werden, um Caesar hinfort allein mit den Waffen zu begegnen. Die Volkstribunen, welche Caesars Sache verfochten hatten, flohen aus Rom und stellten sich mit der Schreckensbotschaft bei ihm ein. In Italien war trotz der Überlegenheit, welche Caesar bei dieser Auseinandersetzung gezeigt hatte, die Stimmung eindeutig gegen ihn.

3. Der Ausbruch des Bürgerkrieges

Nachdem Caesar bis dahin auch immer eingelenkt hatte und vor dem Äußersten zurückgeschreckt zu sein schien, durfte man hoffen, er werde weiterhin zaudern, und die militärische Macht der Regierung werde sich inzwischen konsolidieren können. Man hatte sich gründlich getäuscht. Caesars sofortige Antwort war der militärische Einmarsch in Italien. Als er den Grenzfluß Rubikon überschritt, soll er das Wort des Dichters Menander „Nun mag gewürfelt werden!" zitiert und damit die weitere Entscheidung dem Kriegsglück überantwortet haben. Das ist im Hinblick auf Caesars Einstellung ein wenig mißverständlich. Caesar hat auch nach dem Ausbruch des Krieges seine alte Linie weiterverfolgt und vorgeschlagen, die Kriegsfurie zu bannen und den Weg der Vereinbarung, der ihn ohne das Schwert zum Konsulat bringen sollte, zu beschreiten. Aber die Bemühungen waren alle umsonst, und die Entscheidung hing hinfort tatsächlich nur noch vom Ausgang des Krieges ab.

Der Krieg hatte — infolge Caesars unerwartet schnellem Vorgehen — mit einer völligen Überraschung der optimatischen Regierung begonnen. Die Mobilisierung

Italiens wurde in ihren ersten Anfängen jäh unterbrochen. Italien war somit fürs erste verloren. Es war ein Zeichen politischer Einsicht, daß man sich diese Tatsache eingestand und aus ihr die Folgerungen zog. Das maßgebende Verdienst daran hatte Pompeius. Obgleich er noch nicht offiziell der Oberkommandierende war — man war von seiner Zuverlässigkeit noch immer nicht völlig überzeugt —, beruhte auf seiner Person doch im wesentlichen die Siegeshoffnung der Regierung. In der allgemeinen Vorstellung war Pompeius noch immer der unbesiegte und unbesiegbare große Feldherr. Sein Kriegsplan war auch überzeugend. Wie unter Sulla sollte Rom, nachdem es mit Italien aufgegeben war, von Osten her zurückerobert werden. Dort lagen die großen materiellen Reserven des Römischen Reiches. Zusammen mit den eilig aus Italien weggeführten Kräften mußten sie eine überwältigende Überlegenheit über Caesar ergeben. Dort besaß vor allem aber auch der Name des Pompeius eine magische Kraft.

Demgegenüber war Caesar nicht einmal unumschränkter Herr des Westens. In Spanien stand eine stattliche Streitmacht (das Heer, welches seit Jahren dem Pompeius als spanischem Statthalter unterstellt war), um Caesar vom Rücken her anzugreifen. In Gallien selbst erklärte sich die griechische Freistadt Massilia für die legitime römische Regierung. Caesar dagegen hatte nur seine gallischen Legionen und war mit dem Stigma des Aufrührers gezeichnet. Einer seiner besten Offiziere, Labienus, verließ ihn deshalb. Die großzügige Geste, mit der er politische Feinde, die ihm bei einer militärischen Operation in Italien in die Hände gefallen waren, freiließ („die Milde von Corfinium"), blieb ohne Erfolg. Der Hauptteil des Senates setzte sich mit dem Heer nach Osten ab. Als Caesar nach Rom kam, konnte er an den Staatsschatz nur unter Beiseiteschieben von Volkstribunen und ihrer geheiligten Unverletzlichkeit gelangen. Er war politisch weitgehend isoliert. Es war ihm auch nicht gelungen, die Einschiffung der feindlichen Streitmacht zu unterbinden. Die maritime Überlegenheit des Gegners war eindeutig. In einem bewundernswürdigen Feldzug wurde er zwar im Laufe von 49 mit Massilia und Spanien (Schlacht von Ilerda) fertig; aber die Entscheidung, welche er nur im Osten suchen konnte, stand ihm noch bevor.

4. Caesars Sieg: Pharsalus, Thapsus, Munda

Sie fiel bereits 48 eigentlich gegen alle Wahrscheinlichkeit aus. Ohne genügende Hilfsmittel zur See gelang es Caesar überraschend, sein Heer nach Albanien hinüberzuwerfen. Aber dort geriet er in einen peinlichen Engpaß. Da der Gegner die See beherrschte, hatte Caesar keine Möglichkeit, Verpflegung heranzubringen. Das Land selbst gab nicht genug her. Caesar suchte deshalb Pompeius möglichst bald zu einer Entscheidungsschlacht zu zwingen, aber holte sich dabei eine empfindliche Schlappe (Dyrrhachium). Der Krieg zog sich darauf in das Innere des Landes, nach Thessalien. Bei den Optimaten war eitel Siegesstimmung. Man teilte bereits das Fell des Löwen auf. Der Haß gegen Caesar und alle diejenigen, welche nicht auf der Seite der legitimen Regierung standen, tat sich in wüsten Racheplänen kund. Nachdem der Krieg einmal losgegangen war und der Sieg in greifbarer Nähe zu sein schien, waren die Geister des Vernichtungskampfes, welche seit Sulla gebannt gewesen waren, wieder geweckt. Man sprach von Proskriptionen und von Revolutionstribunalen, und auch Pompeius gab man zu verstehen, daß man ihn in seiner Stellung — seit dem Ablauf des Jahres 49 hatte man keine Konsuln mehr gewählt, sondern ihm das Oberkommando übertragen — nur ungern duldete.

Pompeius' Plan ging ursprünglich auf Zermürbung des Gegners durch Hinhalten des Krieges und Blockade. Unter dem Eindruck der Zuversicht bei den Optimaten entschloß er sich jedoch zu einer Entscheidungsschlacht. Sie endete bei Pharsalus (9. August 48) mit seiner vernichtenden Niederlage und war nicht nur die Folge von Caesars Überlegenheit als Feldherr; an ihrem katastrophalen Ausmaß trug ein Nervenzusammenbruch des Pompeius ebenso Schuld. Vor allem setzte dieser den Feldherrn der Republik außerstande, der Auflösung seiner Truppen zu begegnen. Alles stob auseinander. Pompeius floh, um in Ägypten eine Bastion des Widerstandes aufzurichten. Dort befanden sich römische Soldaten, welche die auf Pompeius' Seite stehende ägyptische Regierung stützten. Pompeius wußte nicht, daß unterdessen der Wind umgeschlagen war und man am königlichen Hof beschlossen hatte, es mit dem Sieger von Pharsalus zu halten. Als Pompeius an Land ging, wurde er von einem Offizier, der einst unter ihm gedient hatte, ermordet.

Für Caesar war deswegen der Kampf noch nicht beendet. Zuerst hielten ihn in Ägypten Thronstreitigkeiten und ein Volksaufstand in Alexandrien beinahe Dreivierteljahr auf. Inzwischen hatte sich in Afrika aus den Resten der feindlichen Armee und mit Unterstützung des numidischen Königs Juba eine starke Widerstandsgruppe gebildet. So konnte Caesar, als er im Herbst des Jahres 47 endlich nach beinahe zweijähriger Abwesenheit wieder italischen Boden betrat, nur wenige Monate dort bleiben. Das Ende des Jahres sah ihn bereits in Afrika. Erst im Frühling 46 wurde die Entscheidung bei Thapsus herbeigeführt. Sein erbittertster Gegner Cato gab sich danach selbst den Tod. Ein Leben ohne die Freiheit der Republik sollte ihn vor dem Sieger nicht demütigen. Kaum war Caesar wieder in Italien, da rief ihn ein Aufstand unter der Leitung der beiden Söhne des Pompeius noch vor Ablauf des gleichen Jahres 46 nach Spanien (Schlacht bei Munda, März 45) und ließ ihn erst im September des Jahres 45 wieder nach Italien zurückkehren, wo er bis zu seinem Tode dann ein halbes Jahr blieb, die längste Zeit, die er seit seinem Siege dort zubrachte.

5. Caesars Herrschaft

Schon diese ganz äußerlichen Umrisse von Caesars Leben als Herrscher lassen den Eindruck nicht zu, daß er sich in Ruhe dem Ausbau des Gewonnenen hingab. Seine Regierung, sofern man damit seine unbeschränkte Machtausübung bezeichnen will, befand sich in ständigem Fluß, und der jähe Abbruch seines Lebens raubte ihr die Möglichkeit, sich zu einem gestalthaften Ganzen abzurunden. Um so erstaunlicher bleibt, was er in der kurzen Zeit alles ausgeführt hat. Das war nur denkbar, wenn die staatliche Tätigkeit nicht mehr an den schwerfälligen Apparat der römischen Republik in Rom gebunden war, sondern ihren Mittelpunkt in der Person des Monarchen und seines Kabinetts hatte, gleichgültig, wo beide sich gerade befanden. Senat und Volksversammlung hatten nur noch die formelle Deklarierung dessen vorzunehmen, was von Caesar entworfen und von seinen Sekretären ausgearbeitet worden war. Vieles davon ist Entwurf geblieben und fand sich nach dem Tode Caesars in seinem Nachlaß vor.

Aufgaben gab es in überreicher Fülle. Zumal auf dem Gebiete der Verwaltung war seit Jahrzehnten alles ins Stocken geraten. Die Nobilitätsoligarchie hatte sich unfähig erwiesen, den dringendsten Mißständen abzuhelfen. Nirgends konnten sich die Vorteile der persönlichen Herrschaft deutlicher zeigen. Wenn Caesar „die Ruhe Italiens, den Frieden der Provinzen und das Heil des Reiches" gelegentlich einmal als erstrebenswertes und dem Bürgerkrieg vorzuziehendes Ziel bezeichnet hatte, so war eine solche Wohlfahrtspolitik eben gerade das, was die Senatsoligarchie zu verwirklichen sich außerstande gezeigt hatte. Es standen ihr nicht nur das technische Unvermögen im Mangel eines zentral geleiteten Verwaltungsmechanismus entgegen, auch nicht nur die Tatsache, daß etwa das Klasseninteresse der römischen Aristokratie mit der Aufgabe einer sorglichen Behandlung der Untertanenländer sich in einem unauflöslichen Konflikt befand; vor allem lag der Grund darin, daß die römische Oligarchie und überhaupt die römische Gesellschaft von tief eingewurzelten Vorurteilen beherrscht wurde, die eine gesunde Entwicklung hemmten.

Nirgends trat dies deutlicher zutage als bei der Frage der Kolonisation. Auf ihr hatte einst Roms Größe beruht. Die Revolution hatte aus ihr ein innerpolitisches Problem gemacht, und damit war diese Lebensader des römischen Gemeinwesens verkümmert. In der guten Zeit war die römische Kolonisation immer Außenkolonisation gewesen. Die Wendung zur Binnenkolonisation hatte den inneren Frieden gesprengt, von den Gracchen bis Sulla. Schließlich war beides unterblieben, abgesehen von der Versorgung der Pompeiischen Veteranen durch Caesar während seines Konsulates (59 v. Chr.), wo Caesar unter Verwendung der letzten, bis dahin fiskalischen Zwecken vorbehaltenen Staatsdomänen in Kampanien und durch staatlichen Ankauf von Land in Italien, kolonisiert hatte. Die Außenkolonisation auf dem Boden fremden Volkstums war seit der Bekämpfung des Gaius Gracchus mit Erfolg von der Optimatenregierung diffamiert worden, so erfolgreich, daß auch die Gegner nicht mehr recht an sie rührten. Caesar hat diesen verhängnisvollen Bann gebrochen und damit für Jahrhunderte einer methodischen Ausbreitung des römischen Wesens und damit der Romanisierung von Westeuropa das Tor geöffnet.

„Kolonisation" hieß aber nach römischem Begriff nicht nur Kolonien und damit neue Pflanzstätten der lateinischen Gesittung gründen. Es bedeutete ebenso, den „natürlichen" Wachstums- und Ausbreitungsvorgang der Romanisierung anerkennen und fördern. Zuletzt war das in großem Maße mit der Beilegung des Bundesgenossenkrieges innerhalb der italischen Grenzen geschehen. Es bestand, abgesehen von der Begriffsstutzigkeit, mit der man sich verhehlte, daß der Boden der Apenninenhalbinsel nicht weniger als das außeritalische Gebiet durch Eroberung und Unterwerfung unter römische Herrschaft gekommen war, kein ernsthafter Grund, dasselbe, was man hier getan hatte, unter den entsprechenden Bedingungen nicht auch außerhalb seiner Grenzen fortzusetzen und das römische Voll- oder Halbbürgerrecht (das sog. latinische Recht) nicht auf solche Gemeinden in den Provinzen zu erstrecken, welche als mehr oder weniger romanisiert gelten konnten. Caesar hat dies sowohl in Spanien getan als vor allem in Sizilien, wo sämtliche Gemeinden das latinische Bürgerrecht erhielten. Diesen Schritt konnte er freilich nicht ohne Konzession an bisherige Gepflogenheiten vollziehen. Seine Veteranen erwarteten, nicht schlechter als frühere Veteranen, d. h. in Italien, versorgt zu werden, und Caesar mußte ihnen zugestehen, was er für die Soldaten des Pompeius einst getan hatte (Unterbringung auf italischem Boden gegen Entschädigung des Eigentümers, soweit nicht Land gefallener Gegner zur Verfügung stand, und dies meist in Form der Einzelzuweisung, unter Verzicht auf geschlossene Koloniegründungen). Aber daneben, und hierauf lag der Schwerpunkt von Caesars

Siedlungspolitik, erhoben sich jetzt Kolonien in Afrika, ja sogar im griechischen Osten, wo schon an der Stelle des verwüsteten Korinths neues Leben eingepflanzt und die Grundlagen für eine späterhin blühende Siedlung gelegt wurden. Sie gaben auch die Möglichkeit, den zivilen Proletariern in Rom, deren Zahl allmählich in die Hunderttausende ging, einen Abzugskanal zu schaffen. Im Grunde war für sie seit den Gracchen nichts mehr geschehen; die Fortsetzung dieser Politik (bis zu Livius Drusus, 91 v. Chr.) war immer, bevor sie wirksam werden konnte, gescheitert. Inzwischen hatte die Oligarchie obendrein die Vorteile dieses sozialen Triebsandes schätzen gelernt, aus dem sich auf leichte Weise, gegen das entsprechende materielle Entgelt, die Wählermassen organisieren ließen. Die Niederlage der Senatsregierung brachte diesen Gesichtspunkt zum Verblassen. Achtzigtausend staatliche Almosenempfänger wurden so aus Rom entfernt, ihre Zahl aber überhaupt stark heruntergesetzt (150 000 statt 320 000) und ihre Verpflegung einer genauen Ordnung unterworfen.

Die Aufmerksamkeit, die Caesar speziell Italien schenkte, führte zu dem bedeutsamen Ergebnis, daß er durch die Erstreckung des römischen (anstatt des latinischen) Bürgerrechtes auf die Bewohner Norditaliens das italische Festland zu einem noch festeren politischen Begriff machte, als es bereits durch den Bundesgenossenkrieg geworden war. Nicht lange nach Caesars Tod konnte dann auch (42 v. Chr.) die norditalische Provinz (Gallia Cisalpina) aufgehoben werden. Entsprechend räumte Caesar einen anderen Rückstand jener Zeit aus. Die römischen Munizipien, auf denen die Organisation Italiens beruhte, entbehrten noch immer eines einheitlichen Verwaltungsprinzips. Caesar führte ein solches ein, indem er einen fest umrissenen Komplex von Kompetenzen, unter denen sich auch eine niedere Rechtsprechung befand, zum Inhalt einer Gemeindeselbstverwaltung machte.

So bedeutsam Caesars Wirksamkeit hier und in anderen Dingen (etwa Ersetzung des Mondjahres durch das Sonnenjahr in der Kalenderreform; die Regulierung der ins Unermeßliche, zumal nach dem Bürgerkrieg, gewachsenen zivilen Verschuldung usw.) war, das Hauptproblem stellte sich ihm jedoch in der Frage der neuen politischen Ordnung. Wie sollte sich die ungeheuere Macht, welche er gewonnen hatte, in als legitim betrachtetes Recht „verwandeln"? Das war der Kardinalpunkt seines politischen Werkes, gleichsam die Achse des Ganzen, und wenn sie brüchig war, mußte auch alles andere hinfällig werden. Caesar war sich der Tragweite dieser Aufgabe wohl bewußt und sah vor allem, daß auf ihm nun einmal das Odium lastete, den Bürgerkrieg entfesselt zu haben. Denn so geschickt er taktisch verfahren war und dem Gegner eigentlich die Initiative zum militärischen Austrag der Spannungen überlassen hatte, so sehr er betonte, er hätte sich um seines persönlichen Ansehens willen zur Wehr setzen müssen, er war in der allgemeinen Meinung trotzdem der Anstifter allen Übels, und man zweifelte deshalb nicht daran, daß mit ihm die Tage Cinnas, Marius und Sullas wiedergekommen seien, mit Verurteilungen, Proskriptionen und Verfolgungen. Caesar hat es deshalb von Anfang an darauf abgestellt, einer solchen Beurteilung seiner Persönlichkeit, welche natürlich eine Stärkung der feindlichen Position bedeutete, zu begegnen. Es gab keine Proskriptionen und keine Massenverurteilungen. Umsturzspekulanten wies er unmißverständlich die Tür. Mit der größten Unbefangenheit eröffnete er den Leuten, die auf der Gegenseite gefochten hatten, die Rückkehr nach Italien zu ihren Gütern und nahm sie, wenn sie es wollten, ohne weiteres in seine politischen Dienste. Der Name Caesar sollte Versöhnung und Ausgleich bedeuten. Clementia Caesaris wurde ein stehender Begriff.

In der Tat hatte er mit diesem Kurs einen gewissen Erfolg. Bei der Aristokratie schöpfte man Hoffnung. Offenbar hatte man sich also in ihm getäuscht und wollte er den Staat nicht vernichten, sondern lediglich reformieren, um dann wie Sulla von seinem Werk zurückzutreten. Um so größer war deshalb die Enttäuschung, als sich dies als klarer Irrtum herausstellte.

Caesar hatte bis dahin seine Herrschaft unter verschiedener Gestalt ausgeübt. Als er 49 in Rom einen der Regierung beraubten Staat übernahm (die Konsuln waren in Griechenland), ließ er sich, im Laufe des Jahres von Ilerda aus, folgerichtig im Sinne des herkömmlichen Staatsrechtes zum Diktator machen, um beim nächstmöglichen Termin, mit dem Jahre 48, als ordentlicher Konsul (mit einem Kollegen) die politische Leitung zu übernehmen. In der Folgezeit verschwimmen allerdings die klaren Umrisse und macht ihre Einordnung in das Bild der bisherigen Verfassungsregeln Schwierigkeit. Immerhin war die abermalige Übernahme der Diktatur nach Pharsalus Ende des Jahres 48 v. Chr. von der Außerordentlichkeit der zeitweiligen Umstände her verständlich. Der Sieger, welcher den Feind verfolgte und dessen Widerstandskraft noch nicht abschätzen konnte, bedurfte einer außerordentlichen Ermächtigung und konnte sich nicht mit dem an genaue Kalendertermine gebundenen Konsulat begnügen. Caesar hat indessen später auf dieses keineswegs verzichtet. 46 bis 44 v. Chr. war er Konsul, vorübergehend ohne Kollegen (45 v. Chr.), ein Notbehelf wie bei Sulla und Pompeius. Doch nach Thapsus (46 v. Chr.) gab es Neuerungen, für welche Vorbilder fehlten. Einmal die Reservierung einer Reihe von zehn aufeinanderfolgenden Jahresdiktaturen für Caesar, und im Herbst 45 v. Chr., nach dem spanischen Feldzug, wurde dieselbe durch Senatsbeschluß auf unbefristete Zeit ausgesprochen (dictator designatus perpetuo). Es scheint jedoch, daß man selbst diese Ausweitung der Verfassungsordnung noch für erträglich hielt, weil sie insoweit wenigstens die alte Rechtsstruktur wahrte, als in der jährlichen Niederlegung und Wiederaufnahme der Diktatur ein Rest ihres republikanischen Amtscharakters erhalten blieb, damit auch grundsätzlich die Möglichkeit, sie nicht wieder zu erneuern, noch offengehalten und überhaupt der Charakter einer souveränen Diktatur im Sinne Sullas vermieden wurde. Erst als im Frühjahr 44 v. Chr. Caesar sichtbar die Diktatur zu einem inhärierenden Bestandteil seiner politischen Stellung erhob und sie nicht mehr wie bisher entsprechend ihrer Folge zählte, sondern sich in aller Form Diktator auf Lebenszeit nannte (dictator perpetuo), tat er den Schritt zur integralen Diktatur und überspannte den Bogen. Jetzt wurde unmißverständlich zum Ausdruck gebracht, daß er nicht daran dachte, jemals seine Herrschaft wieder aufzugeben. Die republikanische Freiheit war also in aller Form zu Grabe getragen. Die Diktatur, ihrem Wesen nach eine vorübergehende Einrichtung, sollte ständig werden. Das war praktisch nichts anderes als die Monarchie oder die „Tyrannis". Caesar hatte sich demaskiert oder vielmehr erwiesen, daß man nicht mit Unrecht in ihm immer den Feind der Republik erblickt hatte.

So gewinnend Caesar im persönlichen Umgang war und so wenig er es an Unbefangenheit seinen Gegnern gegenüber fehlen ließ und alle Sprachregelung ihm gänzlich fernlag — er hatte nichts dagegen, daß die zeitgenössische Publizistik sich in größten Verherrlichungen seines grimmigen Feindes Cato erging und begegnete diesen indirekten Angriffen mit der gleichen Waffe, indem er eine Broschüre gegen Cato (Anticato) schrieb —, eine gewisse zynische Art, mit der er verriet, daß die alten politischen Normen und Worte für ihn Schall und Rauch seinen, verbarg er nicht und machte sich gewissermaßen einen Spaß daraus, zwar nicht die Menschen, aber ihre Gefühle (was bekanntlich viel schlimmer ist) zu verletzen. Die Republik sei nur noch ein Schemen, „ein Name ohne Körper und Gestalt", war einer seiner Aussprüche. Es konnte nicht ausbleiben, daß auch in dieser Hinsicht neutrale Maßnahmen von seiner Umwelt als Verhöhnungen des alten Staates aufgefaßt wurden.

Das betraf vor allem Caesars Behandlung des Senates. Daß er im Rahmen seiner Alleinherrschaft nicht mehr das zentrale Regierungsorgan sein konnte, war selbstverständlich und im Grunde unvermeidlich, wenn mit jener Ernst gemacht wurde. Aber die Tatsache ihrer Existenz wurde doch an dem Schattendasein dieser einst glänzenden Körperschaft besonders schmerzlich empfunden. Nirgends konnte man den Verlust der Freiheit besser ablesen als an dem Umstand, daß im Raume der Curie keine echten Entscheidungen mehr fielen. Caesar tat nichts, um dieser Strukturänderung des römischen Staates etwas von ihrem bitteren Geschmack zu nehmen und entzog dem Senat mit dem sachlichen Gewicht zugleich den wesentlichen Bestand seiner Würde. Jedenfalls faßte man es so auf. Dabei war Caesar weit davon entfernt, die Institution als solche verkümmern zu lassen. Nach wie vor sollte der Senat die Auslese der politischen Talente, die Versammlung der höchsten Würdenträger sein und die Aufnahme in ihn das Ziel des politischen Ehrgeizes bilden, wie das sich aus der Aufnahme der politischen Beamten in ihn ergab. Ihre Zahl hatte er, den entsprechenden Bedürfnissen, vor allem in der Provinzialstatthalterschaft, gemäß, vermehrt und auch die Zahl der Senatoren erhöht. Er gelangte dabei bis zu 900. Da ohnehin — infolge der Dezimierung des Senates durch den Bürgerkrieg — große Ergänzungen vorgenommen werden mußten, erhielt die Körperschaft ein weithin verändertes Aussehen. Man nahm daran in den Kreisen der alten Aristokratie begreiflicherweise Anstoß und betrachtete die neuen Senatoren als einen Schandfleck; aber berechtigt war das, auf das Grundsätzliche besehen, nicht. Es war von jeher eine Eigentümlichkeit des römischen Senatsadels gewesen, Blutauffrischungen offenzustehen. Nur vollzogen sie sich früher allmählich und entzogen sich damit der Aufmerksamkeit. In revolutionären Zeiten beschleunigt sich aber nun einmal das Entwicklungstempo. Das hatte sich schon bei den Senatsergänzungen Sullas gezeigt. Es war mit Caesar nicht anders. Der Zufluß mußte hier wie dort in der Hauptsache aus den Kreisen des vermögenden Bürgertums, den Honoratioren der Landstädte kommen. Da für Caesar die Grenzen des römischen Bürgertums nicht an den Enden Italiens verliefen, war es unvermeidlich, daß damit auch Provinziale in den Senat gelangten, zumal aus Oberitalien (Gallia Cisalpina), das ohnehin in Caesars Augen ein integrierender Bestandteil Italiens war. Das wurde natürlich erst recht als anstößig empfunden, besagte aber nicht mehr, als daß das lateinische Wesen im Verlauf des letzten Jahrhunderts in der Fremde Fuß gefaßt hatte, wie dies von jeher seine Entwicklungsdynamik war.

6. Die Katastrophe

Caesar wußte natürlich, daß seine Macht wie jede andere der Legitimation bedurfte. Es kam ihm in dieser Hinsicht auch allerhand an objektiven Vorstellungen entgegen.

In Rom war man damit vertraut, daß überragende Persönlichkeiten im Besitz einer höheren Weihe seien. Ihre Beziehungen zur göttlichen Sphäre war nicht unbekannt. Caesar tat alles, um sich derartige Ideen nutzbar zu machen, und unter sehr verwickelten Formen, die absichtlich im einzelnen mehrdeutig gehalten waren, erweckte er die Vorstellung, daß man ihn unter bestimmten Gesichtspunkten für ein göttliches Wesen zu halten hätte. So sah man seine Statue nicht nur an allen möglichen öffentlichen Plätzen, was nach damaliger Vorstellung unverfänglicher war als heute und die Form einer profanen Ehrung bedeutete, sondern auch in allen Tempeln Roms, womit er zweifellos in die sakrale Sphäre gerückt war. Es gab sogar aber auch eine Götterstatue, welche Caesars Züge trug. Sie hieß Juppiter Julius und galt als Caesars göttliche Erscheinung. Diesem Gott wurde zusammen mit der Clementia Caesaris ein eigener Tempel geweiht. Aber das war, so sehr es Bestandteil einer dem Herrscher zukommenden Apotheose (Gottkönigtum) bildet, noch kein verfassungsrechtlicher Ausdruck seiner politischen Stellung. Caesars Ziel ging dahin, an das alte römische Königtum anzuknüpfen und als „König" (rex) die Spitze des römischen Staates zu sein. Der Gedanke war außerordentlich kühn, denn das Verhältnis der Römer zu ihren Königen der Frühzeit war zwiespältig. Auf der einen Seite ehrte man in ihnen die Begründer des römischen Staates und vieler sakraler und politischer Einrichtungen, auf der anderen waren sie die Unterdrücker der politischen Freiheit und stellten den dunklen Hintergrund zur hell leuchtenden Geschichte des römischen Freistaates dar, eine Ansicht, die vor allem in dem Kreise der Aristokratie tiefe Wurzeln geschlagen hatte. Caesar glaubte offenbar, diese letzte Vorstellung durch einen Appell an das volkstümliche Empfinden, das nach seiner Annahme mehr zu jener Ansicht neigte, zu überwinden. Aber die verschiedenen Versuche, sich als König akklamieren zu lassen, schlugen allesamt fehl. Jedesmal wurden die Anläufe, welche er unternahm (der berühmteste: Antonius will ihm beim Lupercalienfest am 15. Februar 44 die Krone aufs Haupt setzen), durch ein eisiges Schweigen abgewiesen. Nur indirekt, ohne daß der Bezug ins klare Bewußtsein trat, vermochte sich Caesar dem Königtum durch ständige Aneignung der roten Triumphaltracht zu nähern. Sie war in der Republik dem siegreichen Feldherrn nur für die Dauer des Triumphzuges gestattet, eine vorübergehende in die Sphäre des Göttlichen reichende Überhöhung des Menschen, und war ein Überbleibsel der alten, ebenfalls stark mit sakralen und göttlichen Elementen durchsetzten Königswürde.

Durch den unglücklichen Verlauf dieser Vorstöße geriet Caesar in eine unangenehme Verlegenheit. Er mußte sich eingestehen, daß seine Macht lediglich auf der Gewalt beruhte, die er augenblicklich in den Händen hielt, und noch weit entfernt war, im Empfinden der römischen Gesellschaft Wurzeln zu fassen. Es konnte ihm deshalb nur lieb sein, wenn sich Gelegenheit bot, für einige Zeit seiner ausweglosen innerpolitischen Situation zu entgehen und wiederum das Feld militärischer Taten aufzusuchen. Zwei große Aufgaben warteten auf ihn, die Niederwerfung des Dakerkönigs Burebista, mit der er schon während seines ersten Konsulates (59 v. Chr.) in Gedanken gespielt hatte, und die Besiegung der Parther, welche für Carrhae noch immer nicht die Gegenrechnung erhalten hatten[1]. Wenn er davon als Sieger zurückkehrte, war auch für die Innenpolitik die Zeit weiter fortgeschritten. Vor allem hatten dann seine Macht und sein Ansehen eine abermalige Erhöhung und einen weiteren

[1] Siehe unten S. 264 f.

Nimbus erhalten, so daß auch seine Stellung im Innern danach notwendigerweise ein anderes Gesicht bekommen mußte. Schon die Tatsache dieser großen Unternehmungen ließ sich vielleicht dahin ausnützen, daß man in Rom die Überzeugung weckte, nach außen müsse Caesar als Herr der römischen Untertanen den Königstitel besitzen, ohne daß er für Rom und Italien Gültigkeit beanspruche. Für diesen heimischen Bereich war die unbefristete integrale Diktatur gedacht (s. o.), welche er erst um den 1. März 44 herum in aller Form übernahm. Für das außeritalische Königtum war ein entsprechender Antrag an den Senat vorbereitet worden. So wird hier der bezeichnende Umweg über die Außenpolitik angedeutet, bekanntlich ein ebenso probates wie gefährliches Mittel, innerpolitische Fragen zu lösen. Man ist deshalb in den letzten imperialistischen Vorhaben, die Caesar ungeachtet seiner durch die jahrelange Anspannung angegriffenen Gesundheit mit fast hektischer Hast ins Werk setzte, beinahe versucht, von einer Flucht in die Außenpolitik zu sprechen. Aber es kam nicht mehr soweit. Die Stimmung in Rom war immer schwüler geworden. Unmittelbar bevor Caesar sich zu seinen neuen Feldzügen aufmachte, ereilte ihn am 15. März 44 in der Senatssitzung, welche für die Verhandlung über das neue Königtum vorgesehen war, der Tod aus der Hand der Verschworenen.

Daß Caesar das Opfer eines politischen Mordes wurde, ist historisch viel weniger bemerkenswert als die Umstände, unter denen es geschah. Caesar selbst muß des längeren mit der Möglichkeit eines Anschlages vertraut gewesen sein. Wenn es ihm nicht ausdrückliche Warnungen, an denen es nicht gefehlt hat, kundtaten, die Tatsache, daß eine tiefe Verstimmung und ein Gefühl der Enttäuschung sich ausbreiteten, konnte ihm, zumal nach dem offensichtlichen Fehlschlag seiner Verfassungspolitik, ebensowenig verborgen bleiben, wie die Folgerungen, die daraus zu ziehen waren, sich von selbst aufdrängten. Trotzdem hat Caesar zu seinem persönlichen Schutz nichts unternommen, sondern im Gegenteil die geringen, betreits getroffenen Vorkehrungen wieder aufgegeben. Eine aus spanischen Soldaten gebildete Leibwache entließ er kurz vor seinem Ende; dieser Schritt war gemeint als eine politische Geste, welche seinen Legitimitätsanspruch unterstreichen sollte und anscheinend gekoppelt war mit einem ihm persönlich zu leistenden Treueid des Senates, vielleicht sogar auch des Volkes. Caesar verließ sich auf die Anerkennung seiner unantastbaren Stellung, wie der Senat sie in seiner Erklärung zum „Vater des Vaterlandes" (pater patriae) und eines „Patrons von Stadt und Reich" zum Ausdruck gebracht hatte (Anfang 44 v. Chr.).

Ungeachtet dessen gibt sich in Caesars Verhalten eine merkwürdige und geradezu betonte Sorglosigkeit gegenüber seinem Leben zu erkennen, und man ist versucht, die Auflösung eines offenbar psychologischen Rätsels in einer Art von Gleichgültigkeit gegenüber der Realität und in der Spekulation auf den Zufall oder das „Glück", dem Caesar ja so viel zu verdanken hatte, zu suchen, gleichsam als irrationalem Ausweg aus einer rational im Augenblick nicht mehr zu bewältigenden Situation.

Die „Verschwörung" wurde nicht nur mit dem besten Gewissen einer gerechten Sache in die Wege geleitet, sondern ihre Teilnehmer hüteten sich auch absichtlich vor jedem Schein eines umstürzlerischen Komplottes. Sie tauschten untereinander keine Eide aus, um zu erkennen zu geben, daß sie an eine gesetzmäßige Art der Staatsnotwehr glaubten und es gelte, eine illegitime Tyrannei zu beseitigen. Der Kreis der unmittelbar Beteiligten war erstaunlich groß; etwa sechzig Männer soll er gezählt haben, und man wußte genau, daß noch unzählige andere mit ihren Sympathien auf ihrer Seite standen. Von den vielen Senatoren, welche zum großen Teil Caesar ihre Zugehörigkeit zum Senat verdankten, machten an den Iden des März nur zwei den — vergeblichen — Versuch, Caesar beizuspringen. Und vor allem, es waren keineswegs nur ehemalige Gegner, aus denen sich die Verschworenen rekrutierten. Zahlreiche Verschworene waren alte Anhänger Caesars oder Männer, welche zum mindesten in der Vergangenheit eine neutrale Haltung eingenommen hatten. Sogar einen Mann wie Antonius, den besten und zuverlässigsten Kopf unter den Anhängern Caesars, konnte man — allerdings erfolglos — versuchen, in die Verschwörung einzuweihen.

Die Häupter der Verschwörung waren zwei jüngere Adlige, in denen der unbeugsame Geist des Cato Uticensis lebendig war, obgleich sie nicht wie dieser bis zum letzten gekämpft, sondern nach Pharsalus sich die Begnadigung durch den Sieger hatten gefallen lassen: Gaius Cassius Longinus und Marcus Junius Brutus (so sein üblicher Name ohne Rücksicht auf die Adoption, durch welche er ein Servilier geworden war). Jener scheint den ersten Schritt gewagt zu haben; dieser besaß den glänzenden Namen und bildete, nachdem er sich nach schwerem Gewissenskampf zur Teilnahme entschlossen hatte, das moralische Rückgrat des Unternehmens. Beide waren im Zuge der Caesarischen Versöhnungspolitik im Jahre 44 bis zur Prätur gelangt. Brutus war zu dem nächstmöglichen Termin des Jahres 41 für das Konsulat in Aussicht genommen. Sein Ansehen verdankte Brutus, der auf Grund seiner bisherigen politischen Leistungen ebensowenig wie Cassius — sie hatten noch keine höheren Ämter bekleidet — nach römischen Anschauungen in der vordersten Linie der Politiker stehen konnte, seiner Familie und seiner geistigen Bildung. Am Himmel der römischen Schriftsteller war er ein aufgehender Stern; er stand in engsten Beziehungen zu Cicero und verbreitete sich wie dieser über Gegenstände der stoischen Moralphilosophie. Auf seine Abkunft konnte er stolz sein und war es auch von früh an; die Junier gehörten zum ältesten plebejischen Adel, seine Mutter, eine Servilia, zum patrizischen Uradel. Obendrein war Servilia wohl die berühmteste Frau der Zeit und langjährige Freundin Caesars. Durch sie war Brutus aber auch ein Neffe Catos (Servilia und Cato waren Halbgeschwister) und stand als solcher zu ihm in engen persönlichen Beziehungen. Die Familiengeschichte sowohl der Junier wie die der Servilier war durch berühmte, wenn auch wahrscheinlich nicht historisch beglaubigte Tyrannenfeindschaft ausgezeichnet. Der Ahnherr der Junier soll den letzten römischen König Tarquinius Superbus vertrieben haben und der erste Konsul gewesen sein; ein Servilius Ahala soll im fünften Jahrhundert einen Usurpator Maelius getötet haben. Brutus sah in dieser Überlieferung ein verpflichtendes Vermächtnis. Sein Vater war ein Anhänger des Lepidus gewesen und von Pompeius bei der Unterdrückung von dessen Aufstand getötet worden. Brutus wuchs deshalb als sein erbitterter Feind auf. Seine persönlichen Gefühle stimmten hierbei zusammen mit der optimatischen Abneigung gegen Pompeius. Als die Senatsaristokratie aus Zweckmäßigkeitsgründen sich die Diktatur des Pompeius im Jahre 52 gefallen ließ, machte Brutus hierbei nicht mit und nahm öffentlich dagegen Stellung unter Berufung auf den tyrannisähnlichen Charakter dieses Amtes. Erst der Bürgerkrieg brachte die Aussöhnung mit dem Feldherrn des Senates. Brutus hatte wie viele andere die Hoffnung, Caesars Alleinherrschaft sei nur vorübergehend und werde von Caesar selbst wieder aufgegeben werden.

Dies war der Weg, wie er zu Caesar kam, der ihn als Mensch und wegen seines hohen Ansehens in der aristokratischen Gesellschaft Roms aufs höchste schätzte. Aber daran schloß sich die Enttäuschung an und an sie der innere Zwang, sich von Caesar zu trennen. Er konnte nicht anders, wenn er sich selbst treu bleiben wollte.

b) Antonius und Octavian (44-30 v. Chr.)

1. Die Lage nach Caesars Tod. — 2. Die politischen Rückwirkungen von Caesars Ermordung. — 3. Die Politik des Antonius. — 4. Auftreten Octavians. — 5. Das Erwachen der republikanischen Opposition. — 6. Octavians Schwenkung zu Antonius (Zweites Triumvirat). — 7. Philippi. — 8. Die Lage nach Ausschaltung der republikanischen Partei: Spannungen zwischen Antonius und Octavian. — 9. Die Rettung des Friedens. — 10. Festigung der Stellung Octavians. — 11. Prestigeverlust des Antonius. — 12. Der Entscheidungskampf zwischen Antonius und Octavian (Actium).

1. Die Lage nach Caesars Tod

Durch Caesars plötzlichen Tod stellte sich eine sehr eigenartige Lage ein. Es sah so aus, als wenn durch die Tat vom 15. März 44 nicht nur seine monarchische Herrschaft zusammengebrochen, sondern überhaupt über die römische Geschichte eine Art von Erstarrung gekommen wäre. Erst allmählich löste sich dieser Zustand und strömte das Leben wieder in den politischen Körper Roms zurück. Was sich dann daraus ergab, wurde eines der fürchterlichsten und im einzelnen verworrensten Kapitel der Geschichte der römischen Republik.

Für den rückschauenden Blick ist klar, daß die Revolution nach ihrer mißglückten Beseitigung durch Caesar weitergehen mußte. Aber es ist erst nach näherer Überlegung verständlich, daß ihre Formen sich jetzt, da der Zusammenhang mit der früheren Geschichte von Caesar durchschnitten worden war, ändern mußten und die bändigende Kraft der Überlieferung, die Rücksicht auf ethisch-politische Vorstellungen, wie sie nach Sulla immerhin noch ein bedeutendes Gewicht besaßen, und die menschliche Substanz, welche den Staat zusammenhielt, einem beängstigenden Leerraum Platz machten. In zwei Tatsachen schlug sich diese Verlagerung der allgemeinen Verhältnisse nieder.

Einmal gab es im römischen Staat keine echte Autorität mehr oder wenigstens keine Persönlichkeiten mehr, welche eine solche verkörperten. Die römische Aristokratie war zwar durch Caesar nach seinem Siege nicht verfolgt worden; aber bis er den Sieg errungen hatte, mußte er doch etwa ein halbes Dutzend stattlicher Kriege führen. Es ist klar, daß das — entgegen Caesars persönlicher Absicht — nicht ohne erhebliche Blutopfer abgegangen war. Es war wie ein Symbol, daß der beste Kopf des römischen Adels in der Person Catos den Untergang gefunden hatte. Reich an starken Individuen war — im Vergleich zu früher — damals die römische Regierungsklasse ohnehin nicht mehr gewesen, nicht zuletzt in den älteren Jahrgängen, auf die es am meisten ankam. Der angesehenste Repräsentant der alten Zeit war der im zweiundsechzigsten Lebensjahr stehende Cicero; seine konservative Gesinnung ließ keinen Zweifel zu, aber seine politische Tatkraft hatte noch nie völlig überzeugend gewirkt und erweckte natürlich in solchen Umsturzzeiten kein besonderes Zutrauen. Cicero hatte sich zudem in den vergangenen Jahren aus Verdruß ob der verlorenen Freiheit von der Politik zurückgezogen und sich seinen literarischen Arbeiten gewidmet. Die Opposition gegen Caesar verehrte in ihm einen geistigen Mentor; aber in die Verschwörung hatte man ihn nicht unmittelbar eingeweiht. Brutus war ein untadeliger, aber noch junger Mann ohne große politische Erfahrung und mit einem Zug ins Doktrinäre.

Auf der anderen Seite sah es nicht besser aus. Die Werkzeuge Caesars, Leute nichtadligen Standes „ohne Familie", welche ihm große Dienste geleistet hatten, bedeuteten in der Öffentlichkeit nichts, waren von Caesar auch mit keinerlei äußerem Glanz bedacht worden und kamen so für eine politische Wirksamkeit großen Stils jetzt überhaupt nicht in Betracht. Was er von der vornehmen Gesellschaft für sich gewonnen hatte, war nicht viel und besaß kein großes Gewicht. Zudem war seine Anhängerschaft, soweit man von einer solchen sprechen konnte, durch seine sichtbare Wendung zur Autokratie geborsten. Bei seinem Tode wußte man von den meisten seiner Leute nicht, wie sie eingestellt waren. In der Regel waren sie selbst sich darüber im unklaren. Erst recht gab es niemanden, von dem man im entferntesten annehmen konnte, daß er das Zeug hätte, um an Caesars Stelle zu treten. Marcus Aemilius Lepidus, der Sohn jenes Lepidus, der vergeblich den Umsturz der Sullanischen Ordnung versucht hatte, war in der Reihe der caesarisch gesonnenen Aristokraten nicht nur der älteste und vornehmste, sondern hatte sich auch der größten Auszeichnungen seitens des Diktators zu erfreuen gehabt. Er war mit ihm zusammen Konsul gewesen und mehrmals magister equitum, d. h. der zweite nach dem Diktator; aber Lepidus war ein unbedeutender und durchschnittlicher Mensch. Dolabella, ein bedeutend jüngerer Aristokrat, war ein niederer und verächtlicher Charakter, der nicht das geringste Ansehen genoß und auch Caesar nicht sympathisch gewesen war. Er hatte während Caesars langer Abwesenheit von Italien 48/47 entgegen dessen Plänen gewisse Profitgeier des Umsturzes begünstigt und war daraufhin eine Zeitlang in Ungnade gefallen.

Unter solchen Männern ragte freilich Antonius beträchtlich hervor. In seiner Jugend (82 geboren) gehörte er — wie übrigens auch Caesar — zu den nicht seltenen Aristokraten mit zerrütteten Vermögensverhältnissen und hatte sich, nachdem er als Freund des berüchtigten Clodius zur Opposition gegen das Senatsregiment getreten war, bereits Mitte der fünfziger Jahre (nach 54 v. Chr.) Caesar angeschlossen und an seinen gallischen Feldzügen teilgenommen. Bei Pharsalus befehligte er den linken Flügel. Seine militärischen Fähigkeiten waren hervorragend. Caesar hielt zweifellos viel von ihm und hatte ihn deshalb, als er Pompeius nach Ägypten folgte, zu seinem Vertreter in Italien gemacht. Aber hier bewährte er sich nicht, und für zwei Jahre war das Verhältnis zwischen den beiden erkaltet, stellte sich jedoch mit Caesars Rückkehr von Spanien (45) wieder her. Antonius nahm gewiß, zumal er mit dem Jahr 44 Konsul neben Caesar wurde, einen besonderen Platz unter dessen Anhängern ein; aber von den Fähigkeiten, die tatsächlich in ihm steckten, hatte man doch zur Zeit von Caesars Tod noch keine Vorstellung, und auch Caesar hatte vorher keinerlei Veranlassung gesehen, auf ihn besonders aufmerksam zu machen.

Mit dem Persönlichkeitsschwund verband sich eine ebenso auffallende Verlagerung der Generationen in der Schicht der aktiven Politiker. Die Generationen mit der längsten politischen Praxis, die Fünfziger und Sechziger, traten derartig in den Hintergrund der politischen Bühne, daß man ihr Vorhandensein kaum noch wahrnimmt. Sie haben selbstverständlich, trotz der Verluste, die sie während des Bürgerkrieges erlitten, nicht gefehlt, z. B. gehörte zu ihnen der Schwiegervater Caesars, Lucius Piso, und ein anderer früherer Caesarianer, Publius Servilius Isauricus, welche beide nach Caesars Tod geneigt waren, eine unabhängige Stellung im Sinne der Wiederherstellung des Freistaates einzunehmen; aber zu dem Einfluß der dieser Gruppe nach den Traditionen des römischen Lebens eigentlich zukam, ist sie nicht mehr gelangt, und als Cicero, ihr prominentester Vertreter, noch einmal versuchte, ihr Heróld zu werden, führte das zu einer Katastrophe. Vor allem glückte es ihr nicht, den Zusammenhang mit der Vergangenheit, der durch Caesars Herrschaft unterbrochen war, wiederherzustellen. Die Geschichte ging sehr bald über sie hinweg und geriet völlig in die Hand junger und bedenkenloser Aktivisten, welche die Zeit des Marius und Sulla nicht mehr gekannt hatten und denen der bürgerliche Frieden wenig galt.

Obgleich Caesars Tod zuerst eine Lähmung der gesamten römischen Politik zur Folge hatte, so waren bei näherer Betrachtung gerade deswegen die Aussichten für eine freundliche Entwicklung außerordentlich schlecht. Es gab zwar im Augenblick niemanden, der Caesars Tod rächte oder seine Macht und sein Ansehen geerbt hätte. In den oberen Kreisen war auf einmal kein Caesarianer mehr zu erblicken. Aber ebenso war auch die andere Seite desintegriert und ohne eigentliche Aktivität. Wirklich caesarisch gesonnen war der Mob in Rom und ein großer Teil der Soldaten und Veteranen, die einst jahrelang unter Caesar gedient hatten. Für beide besaß sein Name einen magischen Klang. Aber das waren keine Leute, von denen eine politische Initiative ausgehen konnte. Ihre Energie war latent. Es kam darauf an, daß sie geweckt wurde. Wenn das geschah, dann hatte man sich freilich ungeahnter Möglichkeiten zu versehen. In dieser Weise war die Macht der Soldaten während der ganzen römischen Republik nie größer gewesen. Seit rund einem halben Jahrhundert waren sie zwar ein wichtiger, allmählich sogar der wichtigste Faktor des politischen Kampfes; aber sie waren das nur insofern, als sie das Instrument für den politischen Streber bildeten und nur dann in Aktion treten konnten, wenn ein solcher sich kraft eines erfolgreichen Feldherrntums schon eine hervorragende Position im Staat geschaffen hatte. Ihre Macht war immer erst mit der ihres Feldherrn zusammen gewachsen. Im Jahre 44 gab es jedoch niemanden, der über diese Voraussetzung verfügte, weil überhaupt keine überragende persönliche Autorität vorhanden war.

Das hieß freilich nicht, daß auch der Gedanke, in jenen Leerraum einzutreten und ihn auszufüllen, gefehlt hätte. In dieser Hinsicht gab es sogar ausgesprochen ehrgeizige und bedenkenlose Männer, wie sich innerhalb eines Jahres herausstellte. Sie verfügten zwar weder über Ansehen noch über Anhänger, waren aber um so beflissener, auf schnellem, abgekürztem Wege zur Macht zu gelangen. Die caesarischen Soldaten, welche gleichsam politisch herrenlos waren, standen für sie bereit wie ein Kapital, das lediglich der Mobilisierung harrte; aber in diesem Falle, da sie keine alten Bande mit einem Führer verknüpften, konnten sie sich umwerben lassen und ihren bewaffneten Arm zu Bedingungen, die sie selbst bestimmten, zur Verfügung stellen. Es war nicht mehr so, daß sie einem Feldherrn etwas verdankten, sondern umgekehrt, der Feldherr hatte ihnen alles zu verdanken, nicht mehr und nicht weniger als seine ganze politische Zukunft. Wenn es seit Marius und dem Bundesgenossenkrieg das Schicksal der römischen Revolution war, militarisiert zu werden, so gelangte diese Entwicklung nach Caesars Tod auf ihren Höhepunkt. Die Politik geriet jetzt in einem

Maße wie nie zuvor unter den Einfluß der Soldateska, die bar jeder höheren Ziele nur den Wunsch nach materieller Beute hatte. Es ist klar, daß unter solchen Umständen die Politik ihre grausigsten und entsetzlichsten Formen annehmen mußte.

2. Die politischen Rückwirkungen von Caesars Ermordung

Aber von all diesem hatte man unmittelbar nach Caesars Tode noch keine Ahnung. Es schien zuerst, als ob tatsächlich die Verschworenen mit ihrer ideologisch bestimmten Annahme recht hätten, daß es nur den „Tyrannen" zu beseitigen galt, um den alten Zustand wiederherzustellen. Wie in dem ganzen Senat nur zwei Männer zur Rettung des Diktators Anstalt machten, so erhob sich auch nach der Tat kein Arm von seiten der caesarischen Amtsträger, um Vergeltung für den Mord des Diktators zu üben. Das Regime Caesars hatte keinerlei politische Front hinterlassen. Unter den Politikern wagte niemand, die Rechtmäßigkeit des Mordes anzuzweifeln. Ganz folgerichtig legte ein Prätor deshalb auch sein Amt, das er unter Caesar bekommen hatte, als illegitim nieder.

Trotzdem war dieser Glaube, es komme nun alles wieder von selbst in das alte Gleis, der entscheidende, wenn auch im Sinne der Caesarmörder durchaus folgerichtige Fehler. Von selbst stellt sich natürlich nichts her, und das Beispiel des betreffenden Prätors zeigte, daß zum ersten die Frage, was eigentlich von dem zeitweiligen Zustand und der Verteilung der Macht- und Amtspositionen zu halten wäre, ganz unvermeidlich war und daß eine Antwort auf diese Frage eigentlich hätte von Anfang an bereit sein müssen. Vor allem kam es zunächst auf die Regierungsspitze an. Es gab im Augenblick nur einen Konsul — Caesar war der andere gewesen —, und der befand sich nicht auf der Seite der Frondeure. Es war Mark Anton. Dasselbe galt von dem anderen höchsten Exekutivorgan, dem magister equitum Lepidus. Ursprünglich war deshalb auch der Plan dahin gegangen, mit Caesar auch diese beiden zu beseitigen. Um die „Reinheit" der Idee, welche nur die Vernichtung des „Tyrannen" kannte, zu wahren, war das auf Betreiben des Brutus unterblieben. Später hat Cicero diesen Entschluß als geradezu „kindisch" bezeichnet, und wirklich, daß er ein großer, für die Sache der Verschworenen geradezu verhängnisvoller Fehler war, stand eigentlich schon an den Iden des März fest und wurde auch durch die Folgezeit bestätigt. Brutus und Cassius waren Prätoren und hätten als solche die Zügel schnell in die Hand bekommen können, wenn keine höheren Beamten vorhanden gewesen wären. Da dies aber nun nicht der Fall war, hätte auf andere Weise die Exekutive in ihre Hände gelangen müssen. Aber nichts dergleichen war vorgesehen, und dadurch ergab sich das merkwürdige Schauspiel, daß unmittelbar nach der Tat die Verschwörer nicht einmal Herren der Stadt Rom waren und sich vor dem aufgeregten Volk auf das Kapitol in Sicherheit bringen mußten. Damit hatten sie im gleichen Moment, da sie die politische Freiheit wiedergewonnen zu haben glaubten, die Freiheit des Handelns verloren. Sie haben sie, wenigstens in Italien, nie wieder bekommen.

Natürlich war dieser römische Mob kein ernsthafter Gegner; aber er gab dem Antonius durch sein Eingreifen die gewünschte Gelegenheit, in Aktion zu treten und Soldaten (Militärkolonisten und Veteranen Caesars, die noch auf ihre Landabfindung warteten) in der Stadt an sich heranzuziehen. Andererseits überschätzte Antonius deswegen seine Lage keineswegs. Die anderen waren trotz ihrer augenblicklichen Verlegenheit doch noch immer die „Sieger" und gewannen in Rom durch Agitation auch allmählich Boden. Um eine Zuspitzung dieses für ihn nachteiligen Prozesses zu verhindern, setzte er sie durch einen genialen politischen Schachzug matt. Das war das im Senat geschlossene Kompromiß vom 17. März 44, durch welches einmal der juristische Makel des Mordes aufgehoben wurde, indem die Mörder Amnestie erhielten (diese Idee stammte von Cicero, der sie der attischen Geschichte des Jahres 403 entnommen hatte), andererseits alle Anordnungen und Verfügungen Caesars, damit vor allem das Konsulat des Antonius, aber auch alle anderen Stellen, welche die Caesarfreunde innehatten, als rechtens anerkannt wurden. Damit war nun wohl der Frieden, wenigstens formell, hergestellt, aber auch von den republikanischen Freiheitskämpfern die bisherige, ihrer Sache doch so abträgliche Machtverteilung ausdrücklich anerkannt. Einen wirklichen Vorteil hätte diese Maßnahme für die Gegner Caesars nur besessen, wenn sie damit in Rom Entfaltungsmöglichkeiten bekommen hätten. Aber das Volk ließ sich von der Vereinbarung nicht beeindrucken; bei der Leichenfeier am 20. März 44 kam es zu einem Straßenaufstand. Brutus und Cassius mußten im Interesse ihrer Sicherheit und auf die verständliche Forderung des Antonius hin Rom verlassen und gingen schließlich ganz aus Italien weg (August 44). Der Senat, welcher das verfassungsmäßige Regierungsorgan der wiederhergestellten Republik hätte sein müssen, trat nach jenen Märztagen, während derer die Einigung mit Antonius vollzogen worden war, bis Anfang Juni nicht mehr zusammen und besaß, was noch wichtiger war, durch den Weggang der Caesarmörder aus Rom keine republikanische Führung. Auch Cicero fühlte sich in Rom nicht sicher, hielt sich deshalb außerhalb auf und verfolgte den Plan, Italien in östlicher Richtung zu verlassen.

3. Die Politik des Antonius

Von allen Politikern war damals allein Antonius tätig und im Besitz einer klaren Vorstellung, wie er vorzugehen hatte. Nach außen hatte er sich durch den Senatsbeschluß vom 17. März auf den Boden der Republik gestellt und auch wirklich verstanden, etwa durch eine offizielle Abschaffung der Diktatur, immer wieder die unvermeidlichen Zweifel an der Aufrichtigkeit seiner Gesinnung wenigstens teilweise zu zerstreuen. In Wahrheit kam es ihm darauf an, unter dem Schutz der republikanischen Fassade und gestützt auf die Legitimierung der caesarischen Anordnungen (acta Caesaris) sich für seine Person eine Machtstellung zu verschaffen. Eine seiner kühnsten Taten war es, durch Verständigung mit der Witwe Caesars die Verfügung über den Nachlaß des Diktators zu bekommen. Er gewann damit nicht nur unermeßliche Geldmittel, sondern auch den Inhalt des politischen Büros, in dem sich zahlreiche, noch nicht publizierte Verordnungen befanden. Gemäß dem Senatsbeschluß vom 17. März waren sie gültig, und gültig waren auch die Fälschungen, welche das Büro verließen. Antonius hat mit ihnen eine Menge Bürger zu neuen Senatoren gemacht ohne Rücksicht auf ihre persönliche Qualifikation, natürlich gegen entsprechendes Entgelt. Rechtsgültig waren ferner die Landanweisungen an die Veteranen Caesars in Italien, welche nicht zu Ende gekommen waren. Nichts konnte Antonius lieber sein, als sich auf diese Weise zum Förderer ihrer Interessen aufzuwerfen. Er hatte von Anfang an erkannt, daß die Entscheidung von der militärischen Macht abhing. Aber in dieser Hinsicht kam es nicht nur auf die Veteranen, sondern viel mehr auf die aktiven Soldaten und damit darauf an, wer die Provinzen besaß und die dort befindlichen Streitkräfte kommandierte.

In diesem Punkte galten ebenfalls die Anordnungen Caesars, und zwar nicht nur die augenblicklichen, sondern auch die (mit Rücksicht auf längere Abwesenheit Caesars von Italien) für die Zukunft getroffenen. Die Machtverteilung, die sich nach dem Zusammenbruch von Caesars Herrschaft aus diesen Verfügungen ergab, war freilich undurchsichtig und, wie Antonius mit klarem Blick erkannte, seiner Stellung nachteilig. Sie enthielt nämlich gute Möglichkeiten für die Republik. Im Westen war nur der nördliche Teil Spaniens (Hispania Citerior) und Südgallien (Gallia Narbonensis) in der Hand eines Mannes, auf dessen Gesinnung sich Antonius allenfalls verlassen konnte, in der des Lepidus; aber Lepidus war ein schwacher Charakter und bot deshalb keine Gewähr. Südspanien (Hispania Ulterior) hatte Asinius Pollio, ursprünglich ein Freund Caesars, aber jetzt keineswegs geneigt, irgend etwas gegen die Republik zu wagen. Er saß obendrein in seiner Provinz nicht fest im Sattel und hatte sich mit dem Sohn des Pompeius, Sextus Pompeius, verständigen müssen, der den spanischen Kriegsschauplatz, nachdem er durch Caesar selbst bei Munda beseitigt worden war, wieder belebte. Der Statthalter des neuen, durch Caesar gewonnenen Gallien (Gallia Comata), Lucius Munatius Plancus, war ebenfalls ein alter Caesarianer, hatte sich aber nach den Iden des März innerlich für die Republik entschieden. Auf ihn konnte Antonius auch nicht zählen. In Oberitalien (Gallia Cisalpina) war Decimus Brutus, ein entfernter Verwandter des Marcus Brutus, früher zwar ein Anhänger Caesars gewesen, aber dann ein tatkräftiges Mitglied der Verschwörung geworden. So war also Italien im Norden und Westen überall von Männern umgeben, die, wenn sie nicht geradezu die republikanischen Kräfte förderten, doch bestimmt ihrer Stärkung in Italien und demzufolge der Mattsetzung des Antonius nichts in den Weg stellten. Für sich und seinen Kollegen Dolabella (er war Caesars Instruktionen entsprechend an dessen Stelle getreten) hatte Antonius noch im April beim Senat durchgesetzt, daß für sie die Provinzen Makedonien und Syrien nach ihrem Konsulat, also für 43, vorgesehen wurden. Antonius hätte dadurch zugleich mit Makedonien die von Caesar dort für den Feldzug versammelten Legionen in die Hände bekommen und wäre demnach nicht schlecht gefahren. Aber das Bedenkliche daran war, daß er dann den Boden Italiens hätte verlassen müssen. Daß seine Feinde in diesem Fall Oberwasser bekommen hätten, war leicht vorauszusehen. Höchst wahrscheinlich hätte sich der ganze Westen gegen ihn im Sinne der Republik konsolidiert, eine Entwicklung, der gegenüber er im Osten bei dem geringen Ansehen, welches damals noch sein Name besaß, machtlos gewesen wäre. Er konnte sich noch nicht mit Sulla und Pompeius vergleichen. Obendrein befand sich die wichtigste östliche Provinz, Asia, in den Händen eines Caesarmörders, des Gaius Trebonius, auch eines früheren Caesarianers. Dazu war der Osten durch die Parther bedroht. Deshalb setzte Antonius während seines Konsulates (44 v. Chr.) alles daran, diese ungünstige Konstellation zu beseitigen.

Bereits im Hochsommer 44 hatte er es geschafft. Durch Volksbeschluß erreichte er, daß nicht nur seine Statthalterschaft auf fünf Jahre ausgedehnt wurde — die verlängerten Imperien des Caesar und des Pompeius, einst schon die Grundlage für die Entwicklung der persönlichen Macht, lebten wieder auf —, sondern vor allem gegen die des Decimus Brutus eingetauscht wurde (lex de permutatione). Damit erhielt er das wichtige Oberitalien, wozu für das folgende Jahr noch Gallia Comata nach Ablauf der Amtszeit des dortigen Statthalters treten sollte. Es war etwa die Stellung Caesars zwischen 58 und 49. Die Soldaten hierfür durfte er sich durch Verlegung der makedonischen Truppen, deren nomineller Feldherr er schon war, verschaffen. Sie sollten in die Provinz des Antonius hinübergehen. Nimmt man dazu, daß Antonius auf Italien durch die Soldatenkolonisten Caesars, in Rom durch das Volk einen Einfluß ausüben konnte, so war seine Macht im Westen in außerordentlicher Weise gefestigt und vor allem im Hinblick auf die Lethargie der Gegner und die unentschiedene Haltung der übrigen Statthalter im Westen sehr entwicklungsfähig. Am Horizont der Zukunft zeichnete sich die Möglichkeit ab, daß Caesar umsonst gefallen war.

4. Auftreten Octavians

Inzwischen jedoch war ein Ereignis, man ist beinahe versucht zu sagen, auf leisen Sohlen, eingetreten, das für die so umsichtig getroffenen Vorkehrungen des Antonius eine unangenehme Störung bedeutete: die Ankunft von Caesars Großneffen in Italien. Dieser, mit Namen Gaius Octavius, war ein ganz junger Mann von noch nicht neunzehn Jahren aus einer keineswegs vornehmen Familie. Der Großvater, von dem der Reichtum stammte, war ein Bankier gewesen, vielleicht ein Freigelassener, und der Vater hatte als erster in der Familie eine politische Karriere (bis zur Prätur und anschließenden Statthalterschaft) gemacht, war aber ziemlich früh gestorben. Auch die Familie der Mutter konnte sich keiner adligen Vornehmheit rühmen; doch hatte immerhin eine patrizische Frau, Julia, eine Schwester Caesars, in sie hineingeheiratet und war damit die Großmutter des Octavius geworden. Da Caesar selbst keine Nachkommen hatte, war dieser von ihm in seinem letzten Testament, das er im Jahre 45 nach der Rückkehr aus Spanien gemacht hatte, zum Haupterben eingesetzt worden. Das war ein rein privatrechtlicher Akt, als Testament jederzeit widerrufbar und, da Caesar zu dem Termin seiner Abfassung keineswegs Ursache hatte, an ein nahes Ende zu glauben, ohne jede politische Aussagekraft. Entsprechend seinem geringen Alter war Octavius öffentlich auch noch wenig hervorgetreten. Er sollte jetzt gerade in der nächsten Umgebung seines Großoheims den parthischen Feldzug mitmachen und hielt sich deshalb in Apollonia (an der albanischen Küste des Ionischen Meeres) auf, um ihn dort zu erwarten, als ihn die Nachricht von seinem Tode erreichte. Für einen durchschnittlichen Charakter hätte es in diesem Augenblick nahegelegen, sich in das Privatleben zurückzuziehen, dem er eben erst im Begriffe war zu entwachsen. Es bedeutete deshalb eine für einen so jungen Menschen erstaunliche Entscheidung, daß er sich entschloß, nach Rom zu gehen und die Erbschaft anzutreten. Mit ihr war zugleich die Auflage verbunden, den Namen Caesars anzunehmen. Seine nächsten Angehörigen rieten ihm in Anbetracht der Gefahren, die mit alledem verbunden waren, ausdrücklich davon ab. Er ließ sich nicht beirren, sondern war im Gegenteil bestrebt, die riskante Aneignung des Namens — es war der Name eines Mannes, der im allgemeinen Bewußtsein als Tyrann gezeichnet war — nicht nur vorzunehmen, sondern durch einen besonderen öffentlichen Adoptionsakt zu erhärten. So wurde aus Gaius Octavius ein Gaius Julius Caesar mit dem üblichen Zusatz (zur Angabe des früheren Namens) „Octavianus". Er hat aber selbst auf diesen letzteren, da er an seine nicht gerade glänzende Herkunft erinnerte, keinen Wert gelegt[1].

[1] Für die Geschichtsschreibung ist er freilich unentbehrlich, sowohl wegen der Unterscheidung von dem großen Caesar als auch zur Absetzung seiner ersten politischen Phase von der späteren des Kaisers Augustus. Die seit einigen Jahrzehnten Mode gewordene Pedanterie, von Caesar oder Caesar dem Sohn zu sprechen, führt nur zu Verwechslungen und Mißverständnissen.

Als Octavian somit die politische Bühne betrat, hatte er nichts als den „Namen". Politische Verbindungen fehlten ihm. In der vornehmen Gesellschaft besaß er keine Freunde. Was in seiner Umgebung sich aufhielt, waren nach römischer Anschauung „kleine Leute", die um den großen Diktator aufrichtig trauerten und deshalb seinem „Sohn" eine offene Zuneigung entgegenbrachten. Unter ihnen standen ihm die beiden Jugendfreunde Marcus Vipsanius Agrippa und Quintus Salvidienus Rufus am nächsten, mit denen er zusammen studiert hatte und die schon in Apollonia und danach auf der Reise nach Rom bei ihm waren. Wenig später trat Gaius Maecenas, ein vermögender Vertreter des etruskischen Munizipaladels dazu, dessen Familie in seiner Heimat Etrurien ein fürstliches Ansehen genoß. Alle drei konnten Octavian nicht mehr bringen als ihre persönliche Tüchtigkeit; das einzige politische Kapital, über das Octavian verfügte, war seine Stellung als Erbe und Adoptivsohn Caesars. Sein „Programm" war die pietas, d. h. die verwandtschaftliche Verpflichtung gegenüber dem „Vater", dem Tyrannen. Damit war er von vornherein in eine revolutionäre Richtung gedrängt. Wenn das nicht sofort in seiner ganzen Tragweite erkannt wurde, lag das an der offiziellen Anerkennung von Caesars Regierung und an der völligen Bedeutungslosigkeit des jungen Mannes. Außerdem geriet er im Anfang auch gar nicht in Konflikt mit den Republikanern, sondern mit Antonius, der sich eben anschickte, der tatsächliche politische Erbe Caesars zu werden.

Der Zwist trug ursprünglich keinen rein politischen Charakter. Octavian verlangte als Erbe von Antonius das Vermögen Caesars, in dessen Besitz sich dieser bereits gesetzt und das er sogar schon zur Tilgung seiner großen Schulden verbraucht hatte. Für Octavian war die Erbschaft die politische Existenzfrage, da auf ihr allein seine politische Legitimierung und die Gelegenheit zu öffentlichem Auftreten beruhte. Es sollten nämlich aus ihr große Legate an die städtische Bevölkerung gezahlt werden. Octavian trat deshalb, ungeachtet des mißlichen Umstandes, daß er über die Vermögenswerte nicht verfügte, die Erbschaft an und zahlte die gigantischen Summen — nach der geringsten Berechnung etwa zehn Millionen Goldmark — unter Einsatz seines eigenen Vermögens und der Zuschüsse, welche ihm seine Verwandten vorstreckten. Dieses großzügige Verhalten sowie die Spiele, die Octavian in Fortführung einer von Caesar getroffenen Einrichtung zu Ehren der Stammutter Venus bzw. der Victoria Caesaris gab, bewegten die Gefühle aller derjenigen, die im Herzen Caesar zugetan waren. Sie hatten bis jetzt Antonius als ihren Mann betrachtet und gewöhnten sich nun daran, auch in Octavian einen Dolmetscher ihrer Anliegen zu sehen.

Die Beziehungen Octavians zu Antonius wurden begreiflicherweise dadurch nicht besser, obgleich sich jener hütete, Öl in das Feuer zu gießen. Schließlich kam es soweit, daß Octavian aus Gründen seiner persönlichen Sicherheit Rom verlassen mußte (Oktober 44 v. Chr) und nun allerdings etwas Unglaubliches tat. Er warb sich unter den auf dem Land angesiedelten Veteranen Caesars ein Heer an, ohne Rücksicht darauf, daß er als Privatmann nicht den Schatten einer Ermächtigung zu solch einem Hoheitsakt besaß. Der junge Pompeius hatte vor vierzig Jahren das gleiche getan, aber war dann durch die Aufnahme bei Sulla die Verantwortung losgeworden. Octavian stand allein und mußte deshalb zum Aufrührer und Hochverräter werden, zumal als er mit seinen Truppen nach Rom zog. Es sah ganz so aus, als ob er sich durch eine solche Unüberlegtheit in die Hand des Antonius, des rechtmäßigen Regierungshauptes, gegeben hätte.

Aber es kam nicht dazu; denn inzwischen hatte die Agitation Octavians unter den Soldaten Caesars schon weiter um sich und auf die Legionen, die Antonius von Makedonien nach Italien geholt hatte, übergegriffen. Octavian bot geradezu phantastische Gelder — für jeden Mann ein Handgeld von 400 M und späterhin für den Fall des Sieges eine zehnmal höhere Summe — und führte damit eine ebenso erfolgreiche als bedenkenlose Praxis ein, den politischen Gegner durch Untergrabung der soldatischen Disziplin nicht nur zu schwächen, sondern zugleich die Soldaten als die entscheidende Instanz anzurufen und sie zu Fordernden zu machen. Antonius hat dann wenig später die gleiche Methode anderen Feldherren gegenüber angewandt und der Zuneigung der im allgemeinen caesarisch gesonnenen Soldaten auf diese handgreifliche Weise nachgeholfen. Im Moment war er aber von Octavian überspielt und mußte das Überlaufen von zwei Legionen zu jenem hinnehmen. An seine Vernichtung war nicht zu denken.

5. Das Erwachen der republikanischen Opposition

Im Gegenteil, die Lage des Antonius hatte sich durch eine weitere, nicht minder erstaunliche Konstellationsänderung verschlechtert. Seine Absicht ging dahin, in Oberitalien Decimus Brutus, welcher den Provinztausch nicht anerkannte, mit Gewalt seines Kommandos zu entsetzen. Antonius war im Besitz des formalen Rechtes, und es gab niemanden, der ein besseres Recht hätte beanspruchen können und der zugleich die Macht gehabt hätte, es durchzusetzen. Eben das aber wurde im Verlauf des letzten Vierteljahres grundlegend anders. Während in Italien bis jetzt allein Antonius gehandelt hatte, erwachte nun endlich auf der republikanischen Seite die Initiative. Ihr Träger war Cicero, der noch im Sommer hatte nach dem Osten gehen wollen und nur durch widrige Seeverhältnisse davon abgebracht worden war. Anfang September trat er im Senat zum erstenmal Antonius entgegen, und danach folgte eine lange Reihe immer heftiger werdender Angriffe (die sog. Philippischen Reden). Diese Wendung zu Mut und Tatkraft, der eigentliche Höhepunkt von Ciceros politischer Laufbahn, wäre jedoch schwerlich erfolgt, wenn sich für die Republikaner nicht zu gleicher Zeit die Möglichkeit gezeigt hätte, ein Schwert, mit dem man Antonius begegnen konnte, in die Hand zu bekommen. Dieses war niemand anderes als Octavian und seine von ihm gegen alles Recht gewonnenen Soldaten!

Der Handel, den hierbei beide Parteien eingingen, war ein Geschäft auf Gegenseitigkeit: Octavian stellte seine militärische Macht zur Verfügung und erhielt dafür die Legitimierung seiner angemaßten Feldherrnstellung, der Senat verlieh ihm diese in Form eines (außerordentlichen) proprätorischen Imperiums und in Verbindung damit die Senatszugehörigkeit nebst dem Privileg, die Ämter zehn Jahre vor der gesetzlichen Zeit bekleiden zu dürfen; die Republikaner aber waren durch den neuen Feldherrn und seine Soldaten instandgesetzt, nun gegen Antonius vorzugehen.

Diese Rechnung ging freilich viel zu sauber auf, als daß sie die Brüchigkeit des gegenseitigen Verhältnisses nicht gleich von Anfang an offenbart hätte. Es mußte von vornherein klar sein, daß das unnatürliche Bündnis nur so lange Bestand haben würde, wie beide Partner darauf angewiesen waren, und fraglich konnte nur sein, wer von ihnen seiner länger bedürfte. Angesichts der Jugendlichkeit Octavians und des begreiflicherweise noch geringen Gewichtes, das er damals in der Politik besaß, durften die Republikaner annehmen, am längeren Hebelarm zu sitzen.

Die Ereignisse, welche sich während des ersten Vierteljahres von 43 abspielten, schienen diese Erwartungen durchaus zu bestätigen. Mit dem 1. Januar 43 war Antonius nicht mehr Konsul. Die neuen Konsuln Hirtius und Pansa waren zwar auch alte Caesarianer und von dem Diktator designiert, aber hatten wie so viele andere ihren Frieden mit der Republik geschlossen und machten die gegen Antonius gerichtete Politik in loyaler Weise mit. Es kam jetzt darauf an, Antonius' Plan zu vereiteln, sich in Oberitalien festzusetzen und Decimus Brutus von da zu vertreiben. Brutus hatte sich in Mutina (Modena, daher „Mutinensischer Krieg", bellum Mutinense) verschanzt und wurde von Antonius belagert. Also mußte man Brutus entsetzen. Das war die Aufgabe, welche Octavian und den Konsuln gestellt war, und sie wurde tatsächlich bis zum April gelöst. Hirtius und Pansa verloren dabei zwar ihr Leben, was jedoch angesichts ihrer politischen Herkunft nicht als schwerer Verlust empfunden wurde. Antonius mußte Italien räumen und wurde jetzt in aller Form als Staatsfeind geächtet.

Auch der Osten des Römischen Reiches war unterdessen durch die erfolgreichen Bemühungen von Marcus Brutus und Cassius für die Republik gewonnen worden und stellte damit ihr seine großen materiellen Mittel zur Verfügung. Ein Jahr nach Caesars Tod sah es so aus, als ob das Ziel, das man mit seiner Ermordung erstrebt hatte, endlich erreicht wäre. Da kam die überraschende Wendung, welche mit einem Schlag die Lage in ihr Gegenteil verkehrte. Sie entsprang der Initiative Octavians, dieses frühreifen Menschen, welcher damals noch nicht einmal zwanzig Jahre alt war.

6. Octavians Schwenkung zu Antonius (Zweites Triumvirat)

In Rom hatte man erwartet, daß nach dem Sieg Octavian sich mit Decimus Brutus vereinigen würde und danach von selbst die Führung an diesen älteren und in den Augen der Senatsregierung auch vertrauenerweckenderen überginge. Statt dessen blieb Brutus isoliert, erhielt auf diese Weise auch nicht die militärische Verstärkung, deren er zur Verfolgung des Antonius bedurfte, und Octavian zog mit dem Gros des „republikanischen" Heeres, das freilich in Wirklichkeit aus caesarischen Soldaten bestand, nach Rom. Dort mußten nach dem Tode von Hirtius und Pansa neue Konsuln gewählt werden. Octavian erhob die Forderung auf die eine Stelle, und dem Druck seiner auf dem Marsfelde kampierenden Soldaten gegenüber gab es keinen Widerstand. Er bekam das Konsulat und ließ durch seinen Kollegen, einen Mann ohne Bedeutung, die Caesarmörder ächten und hob damit also die Amnestie vom 17. März des vorigen Jahres und die Deklarierung der Beseitigung Caesars als „Tyrannenmord" auf. Damit war seine politische Schwenkung allen sichtbar vollzogen. Seine Feindschaft gegen Antonius war im gleichen Zuge hinfällig geworden. Er ließ, ebenfalls durch Volksbeschluß, seine Ächtung aufheben. Und schon wuchsen Antonius die Früchte der plötzlichen Gewichtsverlagerung zu. Die Statthalter des gesamten europäischen Westens traten auf seine Seite. Decimus Brutus, der bis dahin auf ihre Hilfe zählen durfte, wurde bei der Verfolgung des Antonius zwischen ihnen zerrieben und fand den Untergang, verlassen von seinen Soldaten, welche der Parole ihrer im gegnerischen Lager stehenden Kameraden, wie alle einst Caesars Soldaten, folgten. Es fehlte nur noch die förmliche Verständigung zwischen Octavian und Antonius. Sie kam bei einer Dreierbesprechung (unter Vermittlung des Lepidus, welcher sich zuerst mit Antonius vereinigt hatte) in der Nähe von Bologna (Bononia) zustande und führte zu dem Ergebnis, daß von diesen dreien zusammen die Suspendierung der eben wieder ins Leben getretenen Republik ausgesprochen und eine Diktatur, welche von ihnen in solidarischer Weise ausgeübt werden sollte, beschlossen wurde. Für diese „Dreimännerherrschaft zur Ordnung des Staates" (triumviratus rei publicae constituendae) war gesetzliche Sanktionierung (im Gegensatz zu dem sog. Ersten Triumvirat des Caesar, Pompeius und Crassus) vorgesehen, wonach dann auch verfahren wurde, sobald man in Rom einmarschiert war (November 43 v. Chr.).

Damit war die Freiheit, kaum daß sie erweckt war, zu Grabe getragen. Sie sollte sich nie wieder erheben. Die Begründung des Zweiten Triumvirates war der endgültige Untergang der Republik.

Freilich war dies damals noch nicht abzusehen. Die Verhältnisse waren schwankend. Die Triumvirn beherrschten weder die See — da konnte Sextus Pompeius im Namen der Republik, deren ausdrückliche Anerkennung er noch vor dem Triumvirat erhalten hatte, eine maritime Herrschaft aufbauen — noch Afrika, noch den Osten. Und in Italien war mit der Diktatur der Bürgerkrieg eingezogen. Er wurde für die nächsten Jahre Italiens Schicksal. Die Zeiten Cinnas und Sullas erstanden wieder. Die Proskriptionen, seit Jahrzehnten der Alpdruck der italischen Bevölkerung, lebten auf. Das bedeutete für die vermögenden Schichten Verfolgung an Leib und Leben und Verlust des Vermögens. 300 Senatoren und 2000 Ritter wurden namentlich erfaßt. Getroffen werden sollten unter ihnen natürlich die politischen Gegner, an erster Stelle Cicero, die Seele des Widerstandes gegen Antonius. Er wurde auf der Flucht von den Häschern ereilt und ermordet (7. 12. 43). Anderen, und zwar nicht wenigen, gelang es zu entkommen. Darauf kam es aber nicht an. Worum es ging, das war der materielle Gewinn, die Konfiszierung der Vermögen. Die Soldaten, welche im Verlauf des vergangenen Jahres auf die schamloseste Weise durch versprochene Belohnungen korrumpiert worden waren, klagten ihre Forderungen ein. Die reichsten Gebiete des Römischen Reiches waren in der Hand der Gegner. Der Entscheidungskampf mit ihnen stand noch bevor. Italien allein hatte den bisherigen politischen Sieg und den Kampf um die Zukunft zu bezahlen. Es folgten entsprechend weitere (über die Proskription hinausgehende) Vermögensabgaben, und für die Versorgung der Soldaten wurde die Enteignung von Einwohnern der achtzehn blühendsten Städte Italiens in Aussicht genommen. Die Zeiten Caesars erschienen im Licht eines Goldenen Zeitalters. Sehnsüchtig schaute man nach der Hilfe, welche von der republikanischen Bastion im Osten kommen mußte.

7. Philippi

Die Sammlung der republikanischen Kräfte im Osten war das Werk von selbständigen Unternehmungen des Brutus und Cassius, nachdem die beiden endlich eingesehen hatten, daß sie in Italien angesichts der politischen Überlegenheit des Antonius nichts ausrichten würden. Deshalb beschlossen sie, den Kampf von den Provinzen des Ostens aus gegen ihn zu führen (Sommer und Herbst 44). Für die Neigung des politischen Gefälles im Sinne der Republikaner war es bezeichnend, daß ihnen dies ohne wesentliche Schwierigkeit, d. h. ohne Widerstand der dortigen Statthalter gelingen konnte, obgleich sie anfangs keinerlei Rechtstitel besaßen. Die zahlreichen

Römer, die sich in Griechenland aufhielten, waren von Brutus begeistert. Bei den römischen Studenten in Athen war er der große Held (damals ist auch Horaz zu ihm gestoßen). Die einzige Schwierigkeit drohte von Dolabella, dem für das folgende Jahr (43) die Provinz Syrien zugesprochen worden war. Aber Cassius war vorher dort, und als der andere kam, fand er im Kampf mit ihm bald seinen Untergang. Der Bruder des Antonius, der für 43 Makedonien als Provinz übernehmen sollte, wurde von Brutus gefangengesetzt. Als im Januar 43 der Senat den offenen Kampf gegen Antonius aufnahm, konnte die Anerkennung ihrer Stellung erfolgen. Brutus und Cassius erhielten durch Senatsbeschluß umfassende Kommandos in der Art, wie sie Pompeius gehabt hatte. So standen der Republik die reichen Mittel des Ostens zur Verfügung. Sie wurden rücksichtslos von den Untertanen eingetrieben. Schwieriger war es, für den Entscheidungskampf genügend Soldaten zu bekommen. Man war, soweit nicht in großer Zahl Untertanenkontingente angefordert wurden, auf die gerade im Osten sich befindenden Römer angewiesen. Darunter waren ehrliche Anhänger der republikanischen Sache, etwa Veteranen des Pompeius, die nach Pharsalus in Griechenland geblieben waren. Aber der kriegstüchtigste Teil waren doch die alten Soldaten Caesars. Es war infolgedessen auch hier wie bei Octavian und Antonius, daß man von den Soldaten abhängig war und durch unermeßliche Geschenke ihre Zuverlässigkeit erkaufen mußte. Zweifellos hätte ein Sieg der Caesarmörder kaum anders als der ihrer Gegner für Italien eine schwere Belastung mit sich gebracht.

Im Herbst 42 fiel die militärische Entscheidung in zwei Schlachten bei Philippi in Makedonien. Die strategische Überlegenheit war eindeutig auf der Seite von Brutus und Cassius. Der Gegner befand sich wie Caesar im Jahre 48 in der peinlichen Lage, infolge der republikanischen Seeherrschaft von seiner materiellen Basis Italien abgeschnitten zu sein und keine festen Stützpunkte zu besitzen, während Brutus und Cassius über breite Rückendeckungen verfügten. Aber Antonius wurde mit den Schwierigkeiten fertig. Die erste Schlacht war an sich unentschieden, indem bei beiden Parteien jeweils ein Flügel siegte, der andere geschlagen wurde. Unglücklicherweise überschaute Cassius diese Lage nicht und gab sich in unberechtigter Verzweiflung selbst den Tod. Drei Wochen später wurde Brutus in der zweiten Schlacht besiegt und war zu weiterer Fortführung des Krieges nicht mehr imstande. Er endete auch durch Selbstmord. Hell erstrahlte der Ruhm des Antonius, während Octavian infolge eines ausgeprägten Mangels an militärischer Fähigkeit am Siege keinen Anteil hatte. Als unbestrittener Sieger von Philippi wurde Antonius mit einem Schlage der mächtigste Mann des Reiches und sein berühmtester Feldherr.

8. Die Lage nach Ausschaltung der republikanischen Partei: Spannungen zwischen Antonius und Octavian

Mit Philippi wurde der Untergang der Republik, der sich durch die Begründung des Triumvirates vollzogen hatte, bestätigt. Die folgenden Jahre sind die Geschichte einer Militärdiktatur, die auf der Herrschaft des Antonius und Octavian beruhte; Lepidus spielte eine ganz untergeordnete Rolle und kam als gleichgewichtiger Partner nicht in Betracht. Der Schwerpunkt lag bei Antonius. Octavian konnte nur in seinem Kielwasser segeln und Antonius keinerlei Anlaß zu Befürchtungen geben. Mit Leichtigkeit hätte dieser ihn jederzeit zu Boden werfen können, was Antonius freilich fernlag. Die damaligen Aufgaben des Reiches waren zu mannigfaltig, um von einer einzigen Stelle aus wahrgenommen zu werden. Im Westen harrte das Meer der

Beruhigung. Sextus Pompeius war mit Philippi nicht getroffen worden. Nach wie vor schloß sich der Ring seiner Schiffe um Italien. Im Osten mußte endlich etwas gegen die Parther geschehen, welche nicht nur den ungeschmälerten Triumph von Carrhae noch immer genossen, sondern auch die günstige Gelegenheit, daß Rom seine Waffen gegen sich selbst zu kehren hatte, zu großen Einfällen nach Syrien und darüber hinaus benutzten (40 v. Chr.). In Italien schließlich war die Versorgung der Veteranen durchzuführen, welche seit den Tagen Caesars noch anstand und nun die Einlösung des Wechsels bedeutete, den man zur Gewinnung der nötigen Streitkräfte hatte ausstellen müssen.

Die politische Rangordnung der Sieger untereinander kam in der Verteilung der Provinzen zum Ausdruck. Bei der Begründung des Triumvirates war Octavian am schlechtesten ausgegangen, indem sein Anteil (Afrika, Sizilien, Sardinien) nicht nur den geringsten Umfang hatte, sondern dazu sich nicht einmal völlig in der Hand des Triumvirn befand. Jetzt wurde Lepidus nach Afrika abgeschoben, und Octavian erhielt das jenem bis dahin gehörende Spanien. Gallien behielt Antonius, mit Einschluß der Narbonensis (bisher dem Lepidus unterstellt). Am wichtigsten für Antonius wurde jedoch der Auftrag, nach dem Osten zur Ordnung der dortigen Verhältnisse zu gehen. Damit unterstand der größte Teil des Römischen Reiches seiner Herrschaft. Italien (zu dem jetzt Oberitalien hinzugeschlagen wurde) wurde seiner staatsrechtlichen Stellung entsprechend nicht wie die Provinzen verteilt. Im geschlossenen römischen Bürgerverband konnte nur die gemeinsame Gewalt des Triumvirates gelten, was praktisch hieß, daß Octavian und Antonius dort zusammen herrschten. Aber da Antonius in den Osten ging, war die Triumviratsgewalt allein durch Octavian präsentiert. Das konnte wie ein Vorteil für Octavian aussehen, und, auf die Länge besehen, stellte es sich auch als solcher heraus, aber im Augenblick war es ein höchst zweifelhaftes Geschenk, denn Italien war noch durch die Proskriptionen aufgerührt, und die Ansiedlung von über hunderttausend Veteranen bedeutete eine Fortsetzung und Verschärfung dieses Bürgerkrieges. Sie durchzuführen war infolge des Weggangs von Antonius die Aufgabe Octavians, und damit durfte er allein den ganzen Haß ernten, der sich aus der Enteignung unzähliger italischer Einwohner ergab. Eine solche soziale Umwälzung ließ sich nur mit brutaler Gewalt bewerkstelligen. Die Soldaten gerieten mit der Zivilbevölkerung in harte Kämpfe. Die verschiedenen Städte, die als Opfer ausersehen waren, setzten sich zur Wehr. Erinnerungen an die Vergewaltigungen, welche man während und auch nach dem Bürgerkrieg erlitten hatte, wurden wach. Wie die Enteignungen Sullas war es ein Stück, genauer ein Nachspiel des Unterwerfungskampfes, den Rom mit Italien geführt hatte.

Diese ohnehin sehr unangenehme Lage spitzte sich infolge der unvermeidlichen Rivalität zwischen Octavian und Antonius noch besonders zu. Antonius selbst war eine großzügige Natur und sich seiner Überlegenheit über den jungen Kompagnon genug bewußt, um nicht die gegenseitigen Beziehungen durch sein persönliches Verhalten eigens zu belasten. Aber Antonius war nicht in Italien. An seiner Stelle wirkten dort sein Bruder Lucius (Konsul von 41) und besonders Antonius' Frau Fulvia, und diese beiden hatten eine eigene Auffassung von den politischen Interessen des Antonius und hielten eine baldige Ausschaltung des Octavian für die nächste Aufgabe. Deshalb legten sie es darauf an, einen offenen Gegensatz zwischen Octavian und

Antonius aufzureißen und dadurch Antonius zu zwingen, gegen Octavian vorzugehen. Es war nicht schwer, seine Stellung zu untergraben. Man brauchte den Veteranen, welche Octavian anzusiedeln hatte, nur zu erzählen, daß sie übervorteilt würden und das Versorgungswerk schlecht vonstatten ginge, und für die enteigneten Italiker genügte es, Entrüstung und Teilnahme an dem Leid, das ihnen von Octavian widerführe, auszudrücken, um die Situation vollends zu verwirren und in dem Durcheinander im Trüben zu fischen. Schließlich kam es zu einem offenen Kriegszustand zwischen Lucius Antonius und Octavian, und schon näherten sich die verschiedenen Provinzialheere des Westens, um in den Kampf einzugreifen. Die Überlegenheit war auf der Seite der Antoniusanhänger. Vor allem lastete die materielle Ohnmacht schwer auf Octavian. Von Sextus Pompeius, dem Sohn des großen Pompeius, der nach dem Tode Caesars auf eigene Faust den Kampf der Republik gegen die Diktatur erneuert hatte, wurde mit Hilfe seiner seebeherrschenden Flotte die Lebensmittelversorgung Italiens gesperrt und damit noch der Hunger der breiten Menge zum Feind Octavians erhoben. Wenn zwischen allen Gegnern Octavians eine Zusammenarbeit stattgefunden hätte, wäre es um ihn geschehen gewesen. Aber Lucius Antonius, der sich schließlich nach Perusia (Perugia) zurückgezogen und dort verschanzt hatte (deshalb sog. bellum Perusinum), wurde nicht entsetzt und mußte sich ergeben (40 v. Chr.). Im Hinblick auf die gefährliche Situation seines Gegners geschah ihm nichts; aber in die reiche Stadt, die ihn unterstützt hatte, zog das schonungslose Kriegsrecht mit hemmungslosem Plündern und Morden ein. Der ganze Stadtrat mußte über die Klinge springen, und dreihundert vornehme Römer, deren Octavian bei der Einnahme habhaft wurde, ließ er an einem Altar des vergöttlichten Caesar (divus Julius) zur Feier seines Todestages hinschlachten. Es war einer der schlimmsten Exzesse der ganzen Revolutionszeit und stellte in seiner Verbindung von Roheit, Seelenkälte und Heuchelei die Proskriptionen Sullas in den Schatten. Damit war Octavian zwar der Herr des italischen Festlandes — die gegen ihn operierenden Generale des Antonius zogen sich zurück —; aber von Osten kam nun Antonius selbst, und wer bei einem Zusammenstoß Sieger würde, war kaum jemand zweifelhaft. Angesichts des blutdürstigen Caesarerben gewann Antonius, immerhin ein Mann von altem Adel und militärischem Ruhm, die Sympathien der Republikaner für sich. Sie hatte schon sein Bruder in Italien gegen Octavian ausgespielt. Die ehemals republikanische Flotte unter Domitius Ahenobarbus, einem Neffen des Freiheitshelden Cato (auf der Adria), hielt zu ihm, und auch Sextus Pompeius, um den sich zahlreiche Flüchtlinge der Republik scharten, nahm mit ihm Fühlung auf, während ein entsprechender Versuch Octavians keinen Erfolg hatte. Die düstersten Wolken eines Kampfes um Leben und Tod zogen sich um Italien zusammen. Antonius lag schon, um sich Eingang nach Italien zu verschaffen, vor Brundisium, das ihm jedoch den Hafen sperrte; ein blutiger Kampf und die Katastrophe Octavians standen bevor. Salvidienus, einer seiner wichtigsten militärischen Helfer, verließ das sinkende Schiff und rüstete sich mit seinen Legionen für den Übergang zu Antonius.

9. Die Rettung des Friedens

Da trat eine unerwartete, aber für die Gesamtsituation bezeichnende Wendung ein. Das Heer, auf beiden Seiten aus caesarischen Soldaten bestehend, verweigerte sich dem Kriege und wünschte den Frieden zwischen den Erben von Caesars Herrschaft.

Dergleichen war auch schon früher vorgekommen, 44 v. Chr., als Octavian und Antonius aneinandergerieten, und 41 v. Chr., während der Reibereien zwischen ihm und Lucius Antonius; aber nie war die Initiative der Soldaten so entscheidend wie jetzt, da sie die zwei Gegner an den Verhandlungstisch zwangen. Ein tiefes Aufatmen ging durch die Bevölkerung Italiens. In einem weltberühmten Gedicht, der Vierten Ekloge, einer Verkündigung des nahen goldenen Friedenszeitalters, gab Vergil dieser Stimmung Ausdruck.

Der Vertrag von Brundisium (40 v. Chr.) stellte das alte Verhältnis zwischen den Triumvirn wieder her, nur daß Antonius auf Gallien verzichtete und damit Octavian den gesamten Westen (bis auf das Afrika des Lepidus und das in der gemeinsamen Herrschaft stehende Italien) als Hoheitsgebiet hatte, während Antonius den Osten regierte. Doch konnte von einem umfassenden Frieden nicht gesprochen werden, solange Sextus Pompeius noch außerhalb stand. Ihn zur Teilnahme zu veranlassen, war deshalb der nächste Schritt des folgenden Jahres (39 v. Chr.). Bei Puteoli, auf seinem Admiralsschiff, fanden die Besprechungen statt, welche zur Anerkennung seiner Herrschaft führten und den bei ihm weilenden politischen Flüchtlingen die Rückkehr in die Heimat öffneten. Viele von ihnen hatten seit Caesars Sieg Italien nicht mehr gesehen; andere waren von ihren Angehörigen seit dem Triumvirat, andere wieder seit Philippi und Perusia getrennt gewesen. Die Zeit des Terrors und der Verfolgungen schien endlich überwunden zu sein.

Wägt man den Gewinn, den die verschiedenen Partner von dieser Einigung hatten, gegeneinander ab, so fällt das Ergebnis offensichtlich zugunsten Octavians aus. Aber der moralische Sieger war Antonius. Jedermann wußte, daß die Rettung vor dem Verderben allein seiner Großmut zu verdanken war, und die Republikaner, die nun wieder in den Staat zurückfanden, standen mit ihrer Zuneigung durchaus auf seiner Seite. Auch Lepidus und Sextus Pompeius hatten mehr für ihn als für Octavian übrig. Octavian war deshalb mißtrauisch und brach den Frieden mit Sextus Pompeius, bevor sich gegen ihn eine neue Koalition zusammenfand. Der so vom Zaun gebrochene Kampf brachte ihm aber nur Niederlagen und rief die Empörung der Menge hervor, die ihre Lebensmittelversorgung schon wieder gefährdet sah. Octavian war abermals auf die Hilfe des Antonius angewiesen. Antonius war über das Vorgehen Octavians, das ihrer gemeinsam festgelegten Politik geradewegs widersprach, sehr ungehalten, fand sich aber nochmals zu einer Verständigung bereit. Sie war in der Hauptsache das Werk von Octavia, Octavians Schwester und seit 40 v. Chr. Antonius' Frau. Octavian erhielt einen Teil von der Flotte des Antonius für den Krieg gegen Pompeius, 120 Schiffe, und versprach ihm dafür 20 000 Legionäre für den Osten (die allerdings Antonius nie zu sehen bekam). Zugleich wurde die Verlängerung des Triumvirates, das schon im Jahre vorher (38 v. Chr.) abgelaufen war, auf weitere fünf Jahre beschlossen. Jeder mochte seine Hoffnung auf die Zukunft setzen. Antonius spann große Pläne. Octavian jedoch gelangte in unmittelbarer Folge dieses Vertrages von Tarent (37 v. Chr.) an die große Wende seiner politischen Laufbahn. Mit Hilfe der ihm von Antonius gestellten Schiffe und dem militärischen Genie Agrippas gelang es ihm tatsächlich, den Herrscher der See, den Liebling Neptuns, wie sich Sextus Pompeius selbst nannte, zu vernichten (Seeschlacht bei Naulochos 36 v. Chr.) und im Anschluß daran gleich Lepidus nun völlig beiseite zu schieben. Dieser mußte Afrika aufgeben und ins

Privatleben zurückkehren. Die Würde des Pontifex Maximus, die er seit Caesars Tod innehatte, durfte er behalten.

10. Festigung der Stellung Octavians

Naulochos war der erste große Erfolg Octavians, der dem Klang seines Namens ein eigenes und helles Echo verlieh. Der Senat konnte ihm jetzt eine goldene Statue setzen lassen mit der Aufschrift, er habe die Ordnung zu Lande und zu Wasser wiederhergestellt. Das Gespenst der Hungersnot war von Italien gewichen. Octavian verfügte soziale Erleichterungen (Nachlaß von Schulden und Abgaben) und gab zu verstehen, daß das Ende der Zwangsherrschaft und die Freiheit der Republik näher gerückt seien.

Obgleich die Wirklichkeit noch anders aussah und man nicht einmal sagen konnte, daß die bürgerliche Sicherheit in Italien hergestellt sei, wie es ein verbreitetes Räuberunwesen und Soldatenmeutereien bewiesen, so war die Beruhigung der Verhältnisse doch nicht zu verkennen, und da praktisch Octavian der Herrscher Italiens war, so mußte er auch die Anerkennung ernten. Es war ihm sehr darum zu tun, seiner Person Relief zu verschaffen, um einen Vergleich mit Antonius nicht mehr in dem Maße wie früher scheuen zu müssen. In den Kriegen, die er 35/34 in Dalmatien führte, stürzte er sich entgegen seinem Naturell in den Kampf und bedeckte seinen Körper mit Wunden. Seit Naulochos gab es auch Feldherrn Octavians, die für ihre Kriegstaten staatliche Ehren in Anspruch nehmen durften. Selbst der alten römischen Aristokratie, von der er durch eine tiefe Kluft getrennt war, kam er etwas näher, seitdem offiziell der Krieg mit den Freunden der Republik beigelegt war und der junge Autokrat das Glück hatte, die Liebe einer schönen und klugen Aristokratin von ältestem Adel zu gewinnen. Im Jahre 38 heiratete Octavian Livia Drusilla, von Geburt eine Claudierin und in erster Ehe ebenfalls mit einem Claudier verheiratet, welche noch vor wenigen Jahren vor den Schergen des grausamen Caesarerben hatte die Flucht ergreifen müssen. Freilich waren das alles erst Ansätze, ohne jede Gewähr für die Zukunft; aber während bis dahin jede Auseinandersetzung mit Antonius für Octavian nichts als Selbstmord gewesen wäre, erreichte er jetzt doch allmählich eine Ebene, auf der ein gegenseitiges Messen der Kräfte nicht mehr ganz sinnlos erschien.

11. Prestigeverlust des Antonius

Und was die Hauptsache war: Auf der Gegenseite ging die Entwicklung nicht denselben Gang. Es ist zwar nun keineswegs so, daß Antonius in Untätigkeit versank und sein einst so reger Geist erschlaffte. Für einen ungetrübten Blick hatte er seit der Übernahme des römischen Ostens beachtliche Unternehmungen durchgeführt. Zwischen den Jahren 40 und 38 v. Chr. wurde erst einmal die römische Grenze gegen Parthien wiederhergestellt. Ihr Zustand war, als die Parther über Syrien bis nach Kleinasien vordrangen, ein Skandal geworden, ein unmittelbarer Widerschein der Bürgerkriegswirren: Brutus und Cassius gegenüber hatten sie sich ruhig verhalten; von den Nachfolgern Caesars fürchteten sie die Aufnahme der Offensivpläne Caesars. Ein römischer Offizier der republikanischen Seite (Quintus Labienus, Sohn des berühmten Titus Labienus) stellte sich den Parthern zur Verfügung und leitete die Operationen. Die römischen Untertanen hatten in zwei Kriegen (unter Caesar und Pompeius, Antonius und Brutus/Cassius) Schweres durchgemacht und von dem auswärtigen Feind kaum noch mehr zu besorgen. Ein Unterfeldherr des Antonius, Publius Ventidius Bassus, stellte mit kräftigen Schlägen das Gleichgewicht wieder her.

Im gleichen Zuge meldete sich die Aufgabe, die gesamte, während des vergangenen Jahrzehntes zerrüttete Herrschaftsordnung zu reformieren. Antonius hat da eine Wirksamkeit entfaltet, die nicht geringer war als die des Pompeius. Allerdings hatte er seine eigenen Ideen. Sie lagen ziemlich weit ab von dem republikanischen Herkommen; aber in jenen Jahren war die Republik auch im Westen tot, und es ist sehr die Frage, ob ihm unter den obwaltenden Umständen überhaupt etwas anderes übrigblieb. Seine Konzeption ging dahin, das weite Gebiet des Ostens, soweit es sich nicht innerhalb der festgegründeten drei römischen Provinzen Asia, Bithynia und Syria befand, durch persönliche Verbindung mit verschiedenen Dynasten fest in die Hand zu bringen. Die Zeitgenossen haben ihm daraus keinen Vorwurf gemacht. Bedenklicher für sein Ansehen wurde dagegen, daß die Ruhmestat, welche man von seinem militärischen Genie erwartete, ausblieb. Der Feldzug gegen die Parther, der den Krieg in das Innere Irans tragen sollte, war zwar keine ausgesprochene Niederlage, führte aber nicht zum Ziele, und die anschließende Einrichtung einer Provinz Armenia war zwar zweifellos ein Erfolg, aber keine Entschädigung für so hochgespannte Hoffnungen. Das letzte Wort war in dieser Sache noch nicht gesprochen, als der Bruch zwischen den Triumvirn eintrat.

In dieser kritischen Phase wurde für Antonius sein Verhältnis zu Kleopatra, der Königin von Ägypten, das eigentliche Verhängnis. Diese außergewöhnliche Frau war schon von Caesar, dessen Geliebte sie im Jahre 48 geworden war, politisch gefördert worden. Es ging damals um ihren Herrschaftstitel, der ihr von ihrem Bruder — sie war als seine Gemahlin und Schwester Mitherrscherin — bestritten wurde. Nach Caesars Tod nahm sie nicht für Brutus und Cassius Partei und stand damit also auf der Seite des Triumvirats, griff jedoch in den Kampf nicht ein. Bei dieser Neutralität fiel es ihr deshalb nicht schwer, als sie 41 v. Chr. von Antonius nach Tarsos zitiert wurde, ihre Loyalität zu beweisen. Antonius war von ihr entzückt und feierte mit ihr rauschende Feste, bei denen er als „wiederkehrender Dionysos" (unter dieser Form wurde er im griechischen Osten verehrt, entsprechend der hellenistischen Sitte, mächtige Männer in die göttliche Sphäre zu erheben) sich mit „Aphrodite" (das war die göttliche Verkleidung, welche sich Kleopatra, als Königin von Ägypten ohnehin göttlichen Wesens, für ihre Begegnung zugelegt hatte) in „heiliger Hochzeit" vereinigte. Aber dauernde Beziehungen erwuchsen aus dem Verhältnis erst 37 v. Chr., als es Antonius darauf ankam, das reiche Ägypten für seine militärischen und politischen Pläne zu gewinnen. Daß er sich damals mit ihr in aller Form verheiratet hat, ist nicht über allen Zweifel erhaben; jedenfalls erreichte er seine Zwecke. Ägypten wurde der Eckpfeiler seiner Dynastenpolitik. Antonius hatte von Kleopatra drei Kinder und konnte sich als unbestrittener Herr Ägyptens und der verschiedenen, ihr zugeteilten Nebenländer (Kypros, Kyrene, Kilikien, Teile von Syrien) betrachten. Es war auch verständlich, daß Kleopatra gegenüber den anderen Klientelkönigreichen ausgezeichnet wurde: ihr Titel hieß „Königin der Könige" und der ihres männlichen Mitherrschers, des Ptolemaios Kaisarion, welcher ein Sohn Caesars war, „König der Könige". Wie diese Dinge sich in ihren Augen ausmachten, ist gewiß eine berechtigte Frage. Kleopatra war eine willensstarke und ehrgeizige, aber nicht minder kluge Frau, und deshalb ist die von politischen Gegnern erhobene Anschuldigung, sie habe sich das römische Weltreich unterwerfen wollen, eine haltlose Verleumdung. Eine derartige Phantasterei hätte ihrer politischen Vernunft schlecht angestanden. Selbstverständlich aber war sie in ihrer politischen Existenz jetzt auf Gedeih und Verderb mit Antonius verbunden. Sein Feind mußte ihr Feind sein, und jede Wendung, die ihn von ihr trennte, war für sie gleichbedeutend mit Sturz und Niederlage, eine Einsicht freilich, mit der sie eine zu geringe Elastizität in der Durchführung verband und so letztlich sich und Antonius das Grab grub. Nur mit rücksichtsloser Brutalität hätte sich Antonius von ihr trennen können. Er hat sich dazu nicht verstanden. Vielleicht war das der hauptsächliche Grund seines Unterganges, wobei freilich, was nicht zu vergessen ist, ein solcher Schritt den Verlust Ägyptens mit sich gebracht hätte. Für den Gegner Octavian jedoch war Kleopatra mehr wert als eine große Armee. Sie allein verschaffte ihm die politische Überlegenheit, an der es seiner Sache von Hause aus durchaus gebrach.

12. Der Entscheidungskampf zwischen Antonius und Octavian (Actium)

Es war diesmal Octavian, der den Zustand latenter Spannung, wie er schon lange bestand, mit Bewußtheit und Absicht in einen offenen Konflikt überführte. Als er am 1. Januar 33 v. Chr. das Konsulat übernahm, richtete er seine politische Programmrede ohne Umschweife gegen Antonius. Zur Debatte stand die Anerkennung der Verfügungen des Antonius im Osten, u. a. auch die Anerkennung des Kaisarion als Caesars Sohn, welche dem Adoptivsohn Caesars natürlich sehr unangenehm sein mußte. Der wirkliche Grund für das Vorgehen Octavians war ein anderer: Mit dem Jahre 33 lief die Diktatur des Triumvirates ab. Für 32 waren schon des längeren zwei Anhänger des Antonius für das Konsulat bestimmt. Es war vorauszusehen, daß Antonius auf die Wiederherstellung der Republik dringen würde. Ihm fiel das nicht schwer, da er ohnehin von der triumviralen Herrschaft über Italien nichts gehabt hatte. Getroffen wurde dadurch nur ihr Nutznießer Octavian. Wenn einmal die allgemeine Aufmerksamkeit auf diesen Punkt gelenkt war, konnte Octavian keinen offenen Widerstand mehr leisten, und die Stimmung mußte sich demjenigen zuneigen, der für die republikanische Freiheit eintrat. In der Vergangenheit war es auch zumeist Octavian gewesen, der den Haß gegen das Gewaltregiment auf sich gezogen hatte. Es kam also für Octavian darauf an, gegen diese Gefahr des Überspieltwerdens Vorkehrungen zu treffen und einem solchen Schritt seine explosive Kraft zu nehmen, indem er seinen Urheber von vornherein in der öffentlichen Meinung festlegte und abstempelte. Deshalb entfaltete Octavian einen heftigen und hemmungslosen Propagandafeldzug gegen Antonius, der sich durch ein ungewöhnliches Maß von Unsachlichkeit auszeichnete und vor allem das Privatleben des Gegners auf das Korn nahm. Antonius wurde so zum Trunkenbold und zum Opfer der Zauberkünste einer orientalischen Hexe. Mit dieser Apostrophierung Kleopatras wurde dasjenige Motiv berührt, aus dem im Verlauf dieser ganzen Hetze das Grundthema für die Auseinandersetzung mit Antonius gewonnen wurde. Octavian appellierte an die nationalen Instinkte Roms und der italischen Bevölkerung und gab die Parole aus, es gelte die altüberlieferte römische Gesittung und den heiligen Boden Italiens gegen einen Generalangriff des fremden Ostens zu verteidigen.

Der Patriotismus, der so in Bewegung gesetzt wurde, hatte an sich einen wahren Kern; denn ein italisch-römisches Gesamtbewußtsein, eine Liebe zu Italien als Heimat und Ursprung der römischen Größe war eine geschichtliche Realität, und es war gerade in jenen Jahren, daß Vergil seine Dichtung über den italischen Bauern (die Georgica) schuf; aber zu einer wirklichen, die Menschen fortreißenden Begeisterung war ein weiter Abstand, und die materiellen Mittel, deren Octavian für seinen Kampf gegen Antonius bedurfte, wurden von keinen offenen Händen gespendet, sondern mußten unter Anwendung erpresserischer Methoden den Leuten abgefordert werden. Der politische Zweck, die Stellung des Antonius zu untergraben und die Blöße der eigenen zu verdecken, wurde indes durch diese Ideologisierung des Kampfes erreicht. Als von den Konsuln des Antonius der Antrag auf Wiederherstellung der Republik gestellt wurde (32 v. Chr.), konnte Octavian dagegen interzedieren lassen und durch einen Staatsstreich die unumschränkte Gewalt weiterführen. Diese Usurpation ließ er durch einen in der römischen Verfassung nicht vorgesehenen Akt der Akklamation in Form eines Treueides der italischen Bevölkerung legitimieren, ein geschicktes Regieunternehmen, das mit spontaner Begeisterung der daran beteiligten Statisten wenig zu tun hatte. Skrupulös war Octavian nie gewesen. Er war es hier, wo es um das Ganze ging, erst recht nicht und trug z. B. kein Bedenken, das zivile Testament des Antonius, das in Rom deponiert war, zu erbrechen und aus ihm (vor allem aus der Bestimmung, die Leiche des Antonius solle für den Fall, daß er in Rom stürbe, nach Alexandria gebracht werden) in der politischen Agitation unter zweckentsprechender Entstellung (Rom solle Ägypten untertan werden) Kapital zu schlagen.

Entscheidend für den Ausgang des Kampfes wurde aber weniger die schwerlich gelungene Erregung der Volksleidenschaft in Italien als die moralische Zermürbung der feindlichen Front. Auf den offenen Bruch vom Anfang des Jahres 32 waren noch die Konsuln des Jahres und viele Senatoren zu Antonius geflüchtet. Aber die Einigkeit seiner Anhänger zerbrach. Eine große Gruppe sprach sich gegen den Kleopatrakurs aus und drang auf Trennung des Antonius von der ägyptischen Königin. Bei diesem Tauziehen in Ephesus, dem Hauptquartier des Antonius, setzte sich Kleopatra durch, und Antonius schickte demonstrativ seiner Frau Octavia, von der er schon mehrere Jahre (seit 37) getrennt lebte, den Scheidebrief. Wie sich später herausstellte, war durch diesen Entschluß des Antonius, Kleopatra nicht fallenzulassen, der Krieg im wesentlichen schon entschieden. Octavian führte ihn, seinem Programm getreu, als auswärtigen Krieg gegen Ägypten, den er mit Berechnung als sogenanntes „iustum bellum" in der alten, längst antiquierten Form des Fetialenritus erklären ließ, eine für die Etikettierung seiner Politik bezeichnende Pose.

Von Antonius' Anhängerschaft bröckelte, je näher die Entscheidung rückte, immer mehr ab, ein Prozeß, der sich bis in die Tage der Seeschlacht bei Actium (an der griechischen Küste nördlich von Leukas) fortsetzte. Sie war verloren, ehe sie begann. Im Hinblick auf die gesunkene Kampfmoral seiner Truppen war Antonius nicht mehr unbeschränkter Herr seiner Entschlüsse. Es kam für ihn schließlich nur noch darauf an, die Blockade des Gegners zur durchbrechen, und, wenn möglich, im Osten eine neue Front aufzubauen. Tatsächlich gelang es, den Ring aufzureißen. Antonius und Kleopatra entkamen mit einem Teil der Flotte und der Kriegskasse, und insofern entsprach das Ergebnis der Schlacht (2. 9. 31) dem gesteckten strategischen Ziel. Trotzdem war Actium als Abschluß eines ergebnislosen und verlustreichen militärischen Unternehmens eine unbestreitbare Niederlage und in seinen Auswirkungen der endgültige Zusammenbruch des Antonius; denn wenn schon vorher seine Macht sich von innen her aufzulösen begonnen hatte, nach Actium war die Entwicklung erst recht nicht mehr aufzuhalten. Die verschiedenen Heere des Antonius gingen zum Feinde über, und es blieb zum Schluß nur der Verzweiflungskampf in Ägypten. Er endete mit dem Tode des Antonius und der Gefangennahme Kleopatras. Sie kämpfte bis zuletzt mit allen Mitteln der List und Diplomatie um ihren Thron und wäre auch bereit gewesen, kalten Sinnes Antonius um dieses Zieles willen preiszugeben; aber Octavian hatte längst beschlossen, Ägypten einzuziehen und aus seiner Königin im Sinne seiner Propaganda eine Sensation seines römischen Triumphzuges zu machen. Diesem schmachvollen Ausgang konnte sie sich gerade noch, bevor sie eingeschifft werden sollte, durch Selbstmord entziehen (30 v. Chr.).

§ 16. Die römische Außenpolitik im Zeitalter der Revolution

1. Revolution und Außenpolitik. — 2. Die römische Außenpolitik unter dem Einfluß der vorrevolutionären Traditionen. — 3. Der soziale Zustand des griechischen Ostens unter der römischen Vorherrschaft. — 4. Das Seeräuberunwesen. — 5. Die Provinz Asia. — 6. „Provincia“ als staatsrechtlicher Begriff. — 7. Die Provinz Gallia Narbonensis. — 8. Der Jugurthinische Krieg. — 9. Die Kimbern und Teutonen. — 10. Der Kampf des Mithridates gegen Rom. — 11. Pompeius und der Osten. — 12. Das parthische Problem. — 13. Der Osten in den Bürgerkriegen. — 14. Der Westen und die Unterwerfung Galliens.

Eine wirkliche Selbständigkeit der Außen- von der Innenpolitik und umgekehrt der Innen- von der Außenpolitik kennt die Geschichte nicht und kann sie nicht kennen, da die beiden Sphären des staatlichen Lebens immer zusammengehalten werden durch die Gleichheit der politischen Subjekte. Es sind dieselben Menschen, die das eine Mal im inneren Kreis der Politik, das andere Mal in seinem äußeren erscheinen. Nichtsdestoweniger gibt es verschiedene Figurationen der gegenseitigen Abhängigkeit und Bedingtheit und ist man auch berechtigt, je nach den Verhältnissen die Geschichte mehr von dem einen oder mehr von dem anderen Sektor bestimmt zu sehen, d. h. einer der beiden Sphären die Führung zuzuerkennen und bei ihr das historische Generalthema zu finden. Oder es ist auch der dritte Fall denkbar, daß beide Bereiche sich derartig vermengen, daß Außen- und Innenpolitik eine unentflechtbare Einheit bilden. *1. Revolution und Außenpolitik*

Die römische Außenpolitik der Revolutionszeit ist verhältnismäßig einfach in dieses Schema einzuordnen. Die Dominante der Innenpolitik steht außer Zweifel, und der Beitrag der römischen Außenpolitik zu ihr ist in erster Linie darin zu sehen, daß die römische Außenpolitik eine in diesem Sinne maximale Selbständigkeit der Innenpolitik ermöglichte. Die römische Revolution hat zu ihrer fundamentalen Voraussetzung, daß bei ihrem Beginn die römische Macht- und Reichsbildung so weit vorgeschritten war, daß ihr Bestand durch kein Ereignis auf der Welt erschüttert oder in Frage gestellt werden konnte. Im Jahre 133 v. Chr. hatte die römische Außenpolitik die Risikoschwelle längst überschritten.

Es ist nicht überflüssig, diesen Sachverhalt zu betonen, da er — bekanntlich — keineswegs selbstverständlich ist und gerade auch in Hinsicht revolutionärer Umbrüche mit ihm in der Regel weniger zu rechnen ist als umgekehrt. Revolutionen sind oft genug unter die Herrschaft außenpolitischer Gegebenheiten geraten und haben sich von ihnen den Text vorschreiben lassen müssen bzw. haben von dort neue und entscheidende Impulse erhalten. Bei der römischen Revolution war dies jedoch so wenig der Fall, daß der römischen Politik erlaubt wurde, ihre Aufmerksamkeit nahezu ungeteilt den inneren Fragen zu widmen und die Außenpolitik in den Hintergrund des allgemeinen Bewußtseins zu drängen.

Dies fiel den römischen Politikern nicht schwer, denn sie waren im wohlerworbenen Besitz einer außenpolitischen Tradition, die es ihnen erlaubte, die Geschäfte gleichsam „mit der linken Hand" zu erledigen und sich auf eine Routine zu verlassen, die zwar ihre Schattenseiten schon des öfteren offenbart hatte, der jedoch der Schein der Bewährung nicht abgesprochen werden konnte.

Freilich wurde auf diese Weise auch der Möglichkeit Vorschub geleistet, daß nicht nur unerwartete Vorfälle eintraten (sie lassen sich a limine nirgends ausschließen), sondern daß sie infolge schuldhafter oder auch unvermeidbarer Unachtsamkeit seitens der römischen Politik ein Ausmaß annahmen, das weit über ihr tatsächliches Potential hinausging und ihnen ein höheres Gewicht verschaffte, als sie es auf Grund der hinter ihnen stehenden Kräfte beanspruchen konnten.

Eine derartige Konstellation hat sich dreimal ergeben: bei der Völkerwanderung der Kimbern und Teutonen, in dem phantastischen Kampf des Mithridates gegen das Römische Reich und — in einigem Abstand hiervon — durch die von den Seeräubern ausgehenden Plagen. Aber trotzdem darf man sich durch die äußere Optik nicht dahin täuschen lassen, daß die hierin sich vollziehende Bewölkung des römischen politischen Horizontes und auch die zur Entladung kommenden Gewitter eine tödliche Bedrohung des römischen Staates bedeutet hätten. Im allgemeinen Bewußtsein der Zeitgenossen (und infolgedessen auch leicht in einem von dorther inspirierten späteren Urteil) mag wohl ein solcher Eindruck entstanden sein, aber — wie so oft in der Geschichte — trog dann der Vordergrund des geschichtlichen Dramas.

Allerdings führten solche ungewöhnlichen Zusammenballungen außenpolitischer Energie zu der unvermeidbaren Folge, daß vorübergehend die Außenpolitik auch auf dem inneren Forum der römischen Politik sich bemerkbar machte und ihre Spuren hinterließ. Marius' und Sullas Geschichte geben die Illustration; aber die Einwirkung der Außenpolitik war doch selbst da mehr ein mechanischer als ein dynamischer Faktor und bildete ein Element neben vielen anderen, riß aber keineswegs im Ablauf der römischen Revolution die Führung an sich.

Eher ist man zur Feststellung des umgekehrten Verhältnisses berechtigt. Da dieses Jahrhundert seine entscheidenden Impulse von der Innenpolitik erhielt, hätte es schon an sich nahegelegen, daß von dort auf die Außenpolitik besondere Anregungen und Einflüsse ausgingen.

Angesichts dieser allgemeinen und formalen Bestimmung hat man nun allerdings zuerst einmal das Gegenteil zu betonen. Über die Hälfte der Revolutionszeit konnte vergehen, ohne daß solche — über ein gewisses durchschnittliches Mindestmaß hinausgehende — Impulse eingetreten wären. So stark war das Beharrungsvermögen des politischen Herkommens, daß ungeachtet aller Spannungen im Innern der Kampf nicht auf den außenpolitischen Sektor überzuspringen vermochte, d. h., daß sich da kein spezifischer, von der Figuration der revolutionären Kräfte allein ableitbarer Ausschlag zeigte. Solange die Revolution von dem an die Stadt Rom gefesselten Volkstribunat in Gang gehalten wurde, war auch tatsächlich hierzu wenig Gelegenheit. Die Lage wurde — notwendigerweise — erst anders, als die oberste, mit dem militärischen Kommando ausgestattete Magistratur zum Initiator der revolutionären Auseinandersetzung wurde. Durch Pompeius und Caesar, durch Octavian und Antonius bekam nun wirklich die römische Außenpolitik ein anderes Gesicht, schlug sich die Revolution oder genauer: schlugen sich die revolutionären Kräfte in der Außenpolitik nieder. Sie sahen in ihr ein besonderes und wesentliches Feld ihrer Betätigung, sie gewannen aber auch (bzw. suchten zu gewinnen) in ihren außenpolitischen Erfolgen eine nicht nur zusätzliche, sondern nahezu die ausschließliche Quelle ihrer innerpolitischen Macht.

Dreifach war der Nutzen, den sie aus ihrer außenpolitischen Bewährung zogen: der moralische Gewinn, den die Erhöhung des Prestiges kraft außenpolitischer Erfolge mit sich brachte, das Heer, mit dem sie gegenüber den politischen Gegnern aufzutrumpfen vermochten und schließlich die materiellen Werte, welche ihnen auf Grund außenpolitischer Erwerbungen zuflossen. Die Mehrer des Reiches wurden zugleich seine äußerst massiven Nutznießer, und die Arena der Revolution dehnte sich durch sie auf den gewaltigen Umfang des Imperium Romanum aus. In diesem Stadium hat die revolutionäre Innenpolitik die römische Außenpolitik nahezu vollständig verschlungen und ist es kaum mehr möglich, zwischen ihnen die Grenzen zu ziehen. Man kann nicht sagen, daß Außen- und Innenpolitik sich verquickt hätten. Diese hatte vielmehr jene verdrängt und bis zur Unsichtbarmachung an den Rand gedrückt.

2. Die römische Außenpolitik unter dem Einfluß der vorrevolutionären Traditionen

Doch damit hatte die Epoche auch ihr Ende erreicht. Bis es soweit war, reiften erst einmal die Früchte derjenigen Politik, welche die Revolutionszeit als Gabe der vorangehenden Generation übernahm. Ihr durchaus negativer Grundsatz war dahin gegangen, die Staaten, welche in den Bereich der römischen Herrschaft fielen, in einem Zustand der Ohnmacht zu erhalten. In der Mitte des zweiten Jahrhunderts waren zu diesem Zweck noch besondere Anstrengungen von Rom aus erfolgt. Dieser bedurfte es jetzt nicht mehr. Der Prozeß der Zersetzung und Schwächung vollzog sich nun von selbst, und die römische Politik hatte ihn lediglich zur Kenntnis zu nehmen.

Vor allem traf dies für die Seleukiden zu. Der politische Auflösungsprozeß nahm ziemlich genau mit dem Beginn der römischen Revolutionsperiode katastrophale Formen an. Vom Jahre 129 v. Chr. an war es um jegliche Stabilität geschehen. Die Thronwirren hörten nicht mehr auf. Der Umfang des Reiches schrumpfte immer mehr zusammen. Wer von den Untertanen nicht an den äußeren Feind verlorenging, machte sich im Innern selbständig. Die Juden führte die Fortsetzung ihres Abwehrkampfes gegen den seleukidischen Hellenisierungsversuch zur staatlichen Selbständigkeit (129) und schließlich zu dem mit der Hohenpriesterwürde verbundenen Königtum der Hasmonäer, der Familie des Befreiers Mattathias (104 v. Chr.). Der jüdische Staat erreichte zeitweise einen beträchtlichen Umfang und dehnte sich wie unter David über die Grenzen des eigentlich jüdisch-israelitischen Gebietes aus. So wurde das Judentum auf Grund politischer Eroberung verschiedenen Nachbarn damals oktroyiert (z. B. den Idumäern). Der neue jüdische Staat, der den größten Teil des südlichen Syriens beherrschte, war stärker als die einstige hellenistische Großmacht. Diese war jetzt so schwach, daß ihr Gebiet (das nördliche Syrien und das östliche Kilikien) im Jahre 83 v. Chr. kurzerhand von dem armenischen König Tigranes I. annektiert wurde. Doch war das nur der Reflex einer vorübergehenden politischen Konstellation. Die eigentliche Kehrseite des niedergehenden Seleukidenreiches bestand in dem Vordringen der Parther. Nachdem die Römer den ungefügen Leib des Seleukidenreiches im Westen dezimiert hatten, widerfuhr ihm von seiten der Parther das gleiche im Osten. Mit der vernichtenden Niederlage des Antiochos Sidetes 129 v. Chr. war Mesopotamien, die reiche Kulturlandschaft, welche seit Alexander dem Großen einen erheblichen hellenistischen Zivilisationseinfluß erfahren hatte, für immer verloren, nachdem die seleukidischen Besitzungen im Iran schon vorher ein Opfer der parthischen Expansion geworden waren (160 v. Chr. und folgende Jahre). Wenn die Parther damals auch weit davon entfernt waren, als Feinde des Griechentums aufzutreten, im Gegenteil sich mit Vorliebe ihres Philhellenentums rühmten, so leitete ihr Vorstoß doch die Gegenbewegung gegen die Besitznahme des Vorderen Orientes durch die abendländisch-griechische Gesittung ein. Deren Schutz mußte über kurz oder lang deshalb, nachdem der politische Hellenismus abgewirtschaftet hatte, an die Römer fallen. Aber von der Aufgabe, die ihnen hier erwuchs, ahnten sie damals noch nichts.

Die römischen Frontlinien gegen das Partherreich konnten erst gezogen werden, nachdem der Revolutionsherd ausgebrannt war. Im Jahre 92 v. Chr. fand die erste Berührung der beiden künftigen Gegner statt, aber unbefangen und ohne Bewußtsein der Bedeutung, welche dieses Zusammentreffen im Licht der späteren Entwicklung erhielt. Die Intervention in einem internationalen Konflikt hatte den Vertreter Roms, den kilikischen Proprätor Sulla, nach Kappadokien, in die Gegend des oberen Euphrat, geführt, und diese Gelegenheit benutzte der parthische König, um durch einen Gesandten sich vorzustellen, auf der Konferenz seine Zustimmung zu der von den Römern getroffenen Anordnung auszudrücken und damit, nach modernem Sprachgebrauch, die diplomatischen Beziehungen zu Rom aufzunehmen. Die Art und Weise, wie diese Formalität von Sulla vorgenommen wurde, gefiel dem Partherkönig allerdings gar nicht. Sulla hatte zu deutlich erkennen lassen, daß er die Parther nicht höher einschätzte als die zahlreichen anderen Klientelfürsten Kleinasiens, der parthische Bevollmächtigte hatte sich das gefallen lassen und wurde deshalb von seinem König nach der Rückkehr getötet, eine Episode, die bei aller Beiläufigkeit ihres Charakters sich für den rückschauenden Betrachter ausnimmt wie ein Menetekel des späteren parthisch-römischen Verhältnisses.

Das Ptolemäerreich, gegründet auf den festen Boden Ägyptens und unbeschwert durch römische Feindschaft, war zählebiger als der benachbarte Seleukidenstaat. Aber auch seine Tage waren gezählt. Was ihm die Ungunst der äußeren Verhältnisse ersparte, leistete die Unfähigkeit der Dynastie und ihre Ohnmacht gegenüber der Aufgabe, dem an sich reichen Land eine gesunde wirtschaftliche und soziale Verfassung zu bewahren. Von seinen stattlichen Außenbesitzungen besaßen die Ptolemäer noch Kypros und Kyrene; aber unaufhörliche Familienstreitigkeiten ließen die beiden

Provinzen zu ihrem Spielball werden, und so befanden sie sich meistens als eine Art von Sekundogenitur in selbständiger Stellung. Auf diese Weise waren die Römer förmlich gezwungen, immer wieder vermittelnd und schlichtend einzugreifen, wie umgekehrt von den betreffenden ptolemäischen Interessenten auf diese römischen Hilfestellungen unverhohlen spekuliert wurde. Schon im Jahre 162/161 v. Chr. hatte in diesem Zusammenhang der in Kyrene regierende Ptolemäer seine Herrschaft auf den Todesfall den Römern versprochen (eine Verfügung, aus der dann allerdings nichts wurde). Aber im Jahre 96 trat tatsächlich ein analoger „Erbfall" ein, den zu realisieren sich allerdings die Römer über zwanzig Jahre (bis 74 v. Chr.) Zeit ließen. Es ist klar, daß Rom jederzeit auch Ägypten und Kypros, mit oder ohne juristische Verbrämung, hätte annektieren können. Der alteingesessene Widerwillen gegen die Belastung mit Verwaltungsgeschäften war jedoch römischerseits immer noch zu stark, und im übrigen hatte die römische Politik genug andere Aufgaben. Aber seit dem Jahre 80 v. Chr. bestand nach römischer Auffassung tatsächlich ein Rechtstitel, der die Einbeziehung des Ptolemäerreiches jederzeit erlaubte. Vorausgehende Thronwirren in Alexandrien hatten nämlich dazu geführt, daß sich der von den Römern protegierte Kandidat nicht durchsetzte (er wurde von den Alexandrinern umgebracht) und in Ptolemaios (XII.) Auletes ein König den Thron bestieg, der zwar persönlich es an Loyalität gegenüber den Römern nicht fehlen ließ, aber durch die Umstände seines Regierungsantrittes in Rom persona non grata war. Die römische Vergeltung bestand darin, daß man seine Rechtsstellung in Frage zog durch Berufung auf ein Testament des zu Fall gekommenen römischen Favoriten, durch welches Ägypten mit Kypros den Römern vermacht sein sollte. Die ohnehin schwierige Situation eines ptolemäischen Fürsten erfuhr durch dieses Damoklesschwert eine schlimme Belastung. In der unwürdigsten Weise mußte er in Rom um seine Anerkennung betteln, ohne jemals einen wirklich beruhigenden Bescheid zu erhalten; auch seine Autorität im Inneren war dadurch dauernd gefährdet. Seine Nachfolgerin war die berühmte Kleopatra (von 51 v. Chr. an). Ihr angespanntes Bemühen war der Beseitigung dieses Alpdruckes gewidmet. Daß daraus ein weltgeschichtlicher Liebesroman wurde, lag nicht nur an ihr: die Voraussetzung ihrer Herrschaft und die Dramatik der ausgehenden Republik brachten diesen sonderbaren Effekt zustande, der nie aufgehört hat, auf die Nachwelt eine faszinierende Wirkung auszuüben. Das Schicksal Ägyptens erfüllte sich dann bekanntlich erst durch ihren Tod 30 v. Chr., als Octavian Ägypten als Siegesbeute anheimfiel.

Kypros wurde lange vorher (58 v. Chr.) liquidiert. Ein einfacher Volksbeschluß genügte dazu. Der dortige Herrscher, ein Bruder des Ptolemaios Auletes, entzog sich der Demütigung durch Selbstmord. Ebendasselbe Schicksal hätte jeden Tag dem ägyptischen Herrscher widerfahren können, wie es zeitweise (65 v. Chr.) von einzelnen politischen Gruppen in Rom auch beabsichtigt war. Die Motive für die Annexion von Kypros waren allerdings alles andere als sachliche und nicht geleitet von dem Gesichtspunkte der römischen Außenpolitik. Die Einziehung von Kypros sollte nämlich bloß eine Handhabe bieten, den energischen und unbestechlichen Gegner der Triumvirn, Cato (Uticensis), aus Rom zu entfernen und ihn möglichst durch den Auftrag der Gefahr einer persönlichen Blamage auszusetzen.

Die Lässigkeit, mit der die römische Politik hier und sonst nach außen auftrat, war überhaupt ihr beherrschender Zug in den hundert Jahren der Revolutionszeit. Eigentlich müßte man genauer sagen: sie war jetzt zum einzigen Charakteristikum geworden, denn vorhanden war sie schon früher, als sie sich in jener Gelassenheit kundtat, mit der man die Dinge an sich herankommen ließ und ihnen stets mit einem nur aufs Nächste gerichteten Blick begegnete. Aber damals hatten sich von jenem Hintergrund in sich beharrender Gleichgültigkeit, welche es allein darauf abgesehen zu haben schien, mit den eigenen Kräften möglichst haushälterisch umzugehen, doch immer wieder Phasen besonderer und zusammengeballter Anstrengungen abgehoben, in denen die römische Politik, für sich selbst und die anderen, überraschende Zeichen zielstrebigen Ausgreifens von sich gab. Jedenfalls war so der Eindruck auf Mit- und Nachwelt gewesen. Davon konnte während der letzten hundert Jahre der Republik nicht mehr die Rede sein; einzelne Ausnahmen haben keine repräsentative Bedeutung und weisen über den Zusammenhang der Außenpolitik hinaus.

3. Der soziale Zustand des griechischen Ostens unter der römischen Vorherrschaft

Und dennoch veränderte die Welt sich dauernd durch die Römer. Man ist versucht zu betonen: sie wurde mehr durch die Römer verändert, als daß diese selbst sie veränderten. Die Welt wandelte sich durch das Bestehen der römischen Macht. Die römische Herrschaft war eine Gegebenheit, die sich kraft ihrer Existenz, ohne eigentlich durch große Unternehmungen in actu zu treten, in der Welt niederschlug. Insbesondere gab sie dem griechischen Osten in seiner sozialen und wirtschaftlichen Physiognomie ein neues Aussehen. Er erfuhr die römische Herrschaft nicht nur auf dem Gebiet des äußeren politischen Verkehrs, sie trat ihm allmählich und mit dem Fortschreiten der Zeit immer mehr in der Gestalt des römischen und italischen Privatmannes entgegen, der die wirtschaftlich entwickelten Gebiete des östlichen Mittelmeeres aufsuchte, um dort seine Geschäfte zu machen, und dem verständlicherweise auf Grund der politischen Vorherrschaft Roms da Tür und Tor geöffnet waren. In der Bevölkerungszusammensetzung der griechischen Städte wurden die Niederlassungen der Römer (unter denen auch immer die Italiker miteinbegriffen wurden) ein wichtiges Element (die sog. conventus Romanorum). Es war klar, daß sie sich nicht mit der bescheidenen Rolle von Beisassen, zu der Staatsfremde an sich verurteilt waren, begnügten, sondern als eine bevorrechtigte Schicht im gesellschaftlichen Leben hervortraten. Sie waren organisiert und bildeten über die einzelnen Städte hinausgehende Verbände.

In der Hauptsache handelte es sich bei ihnen natürlich um wohlhabende Leute, in ihren höchsten Vertretern um Angehörige des römischen Kapitalistenstandes. Von ihresgleichen auf seiten der Griechen waren sie nicht unbedingt schlecht gelitten; viele kamen aus dem damals noch griechischen Süditalien und konnten als Landsleute der kleinasiatischen Griechen gelten. Die Römer traten von jeher im Osten als Freunde der besitzenden Kreise auf und gaben diesen für ihre soziale Stellung einen erheblichen Rückhalt. Das war zu jener Zeit nicht gleichgültig, denn Spannungen zu den niederen Schichten gab es genug. Sie gehören zu dem Bild des hellenistischen Zeitalters, und als unter der römischen Vorherrschaft dessen Niedergang sich vollzog, trat dieser Zug immer stärker hervor. Verschlechterung der allgemeinen Lebensverhältnisse traf das Proletariat schwerer als die wohlhabenden Schichten, und die Epoche der römischen Revolution hat, zumal in ihrer zweiten Phase, einen ungeheuren Druck auf den sozialen Gesamtzustand des griechischen Ostens ausgeübt.

Die Herausbildung einer römischen Partnerschaft an der hellenistischen Wirtschaft ist mit der Schaffung eines Freihafens auf der kleinen Insel Delos verknüpft (167 v. Chr.), was allerdings nicht heißt, daß sie dadurch allein ermöglicht wurde. Diese Maßnahme steht im Zusammenhang mit der giftigen Reaktions Roms auf das Verhalten seiner „Verbündeten" während des Perseuskrieges. Für den ersten Blick gab sie sich als eine Belohnung Athens, denn Delos wurde — in Erinnerung an seine Herrschaft über die Insel in der klassischen Zeit — ihm übergeben. Delos gegenüber war das Verfahren freilich ausgesprochen brutal, denn seine Bewohner hatten sich nichts zuschulden kommen lassen. Um den Athenern Platz zu machen — sie sollten das kleine Eiland als Kolonialboden, sog. Klerucheninsel, bekommen — wurden die Delier evakuiert. Damit kam aber schon der eigentliche Zweck zum Vorschein. Delos sollte für die handeltreibende Bevölkerung jeder Nationalität, nicht nur für Athener, ein Platz werden, und deshalb war die athenische Herrschaft mit der Auflage verbunden, auf Steuern und Gefälle zu verzichten. Getroffen werden sollte damit der führende Umschlagplatz im östlichen Mittelmeer Rhodos, und die Rhodier konnten auch alsbald Klage darüber führen, daß ihre hohen Einnahmen von 1 Million Drachmen auf 150 000 gesunken waren. Zudem wurde Rhodos durch einen römischen Machtspruch seiner terra ferma auf dem gegenüberliegenden Festland in Karien und Lykien beraubt, was seine direkten Einkünfte ungeheuer schädigte. Rhodos hörte zwar deswegen nicht auf, ein bedeutendes Handelszentrum zu sein; das Korn, das aus Ägypten und Südrußland kam und ohne das die Ernährung der östlichen Mittelmeerländer nicht zu denken war, wurde nach wie vor nach Rhodos mit seinen großen Hafenanlagen und Lagern gebracht. Aber in den übrigen Sektoren des Warenaustausches machte sich die Konkurrenz von Delos sehr bemerkbar. Delos und die dort sitzenden Italiker rissen vor allem den Ostwesthandel an sich, zumal nachdem durch die Zerstörung von Karthago und Korinth (146 v. Chr.) die beiden einzigen in Betracht kommenden Rivalen beseitigt waren. Dieser Handel umfaßte kapitalintensivere Güter als Korn, die feinen Manufakturwaren aus den syrischen Gewerbezentren und aus Ägypten, und nicht zuletzt fanden die Edelgüter aus dem Fernen Osten (Indien, China), welche über die in Syrien endenden Karawanenstraßen in den Mittelmeerraum herangeschafft wurden, auf Delos den Händler, welcher sie weiter, vor allem jetzt immer mehr nach Italien, brachte. Das syrische Element war in Delos stark vertreten. Andererseits meldete sich allmählich der Westen, d. h. Italien, mit eigenen Erzeugnissen zu Wort. Auf seine wirtschaftliche Entwicklung war der politische Aufschwung nicht ohne Einfluß gewesen.

Die wichtigste Nachfrage des Westens auf Delos betraf die Sklaven. Der Reichtum Italiens, das dortige Luxusbedürfnis und der Übergang zu mit unfreien Arbeitern betriebenen Wirtschaftsformen verlangten nach dieser Ware. Die ersten großen Importe waren während der ersten Hälfte des zweiten Jahrhunderts im Gefolge der großen Kriege geschehen. Weitere Zufuhr stellte sich ein als Begleiterscheinung des permanenten, dahinschleichenden Krieges, den Rom überall da, wo die Grenze zwischen altem Kulturland und den „Barbaren" in direkter römischer Kontrolle lag, führte, aber die hieraus gewonnenen „ungebildeten" Kräfte waren nicht eigentlich das, was man in Italien brauchte. Man benötigte vielmehr Sklaven mit Fertigkeiten handwerklicher oder intellektueller Art, und die konnte nur der Osten liefern. Die ersten (rund) fünfzig Jahre nach 133 v. Chr. waren im Osten eine verhältnismäßig friedliche Zeit, und der Zufluß von Sklaven aus Kriegsbeute genügte deshalb den gewachsenen Ansprüchen nicht mehr.

In diese Lücke trat der Sklavenhandel ein, und sein Mittelpunkt wurde Delos. Allerdings wickelten sich dort die Geschäfte auf einem recht makabren Hintergrund ab, der auf die Zivilisation des griechischen Ostens einen dunklen Schatten warf, aber auf die Dauer auch für das römische Ansehen höchst bedenklich wurde. Die Sklaven wurden durch Menschenfang gewonnen, und die Träger dieser „nutzbringenden" Tätigkeit waren in der Hauptsache Seeräuber.

4. Das Seeräuberunwesen

Das soll freilich nicht heißen, daß das Seeräuberwesen dieser besonderen Konjunktur seine Entstehung verdankte. Es ist bekanntlich als Möglichkeit immer vorhanden, wo es Schiffahrt gibt, und es wird allein durch die Existenz seefahrender Kulturstaaten unterbunden. Aber gerade diese ist nicht in jeder geschichtlichen Epoche eine Selbstverständlichkeit, und auch die Geschichte des Altertums ist durch einen bunten Wechsel dieser Bedingungen charakterisiert. Solange die großen hellenistischen Mächte im dritten Jahrhundert ihren Einfluß in der Ägäis und im östlichen Mittelmeer geltend machten, herrschte im allgemeinen Ruhe, obschon es je nach der internationalen politischen Situation an Zwischenfällen nicht gefehlt hat. Aber als im zweiten Jahrhundert der Rückgang der großen Staaten erfolgte und etwa das Seleukidenreich durch den Frieden von Apameia (188 v. Chr.) aus der Reihe nicht nur der Großstaaten, sondern auch der seefahrenden Mächte gestrichen wurde, als ferner die Römer nach den Kriegen gegen Philipp V. und Antiochos III. darauf verzichteten, eine ständige Flotte zu unterhalten, da wäre schon damals die Lage katastrophal geworden, wenn nicht Rhodos, der Seestaat par excellence und schon früher als wirksamer Faktor der Ordnung auf dem Meere hervorgetreten, die Seepolizei ausgeübt hätte, wozu es denn, solange die römische Gunst auf ihm lag, sehr gut imstande war. Aber diese Periode ging mit der zweiten Hälfte des Jahrhunderts zu Ende, und die Folgen wurden dementsprechend immer mehr sichtbar. Die Unsicherheit zur See wurde zu einem offenen Skandal, insbesondere als sich in der gebirgigen und zerklüfteten Küste des kleinasiatischen Kilikiens, das unter einer unwirksamen seleukidischen Kontrolle stand, neben Kreta ein neuer und kraft der besonders ausgeprägten Unzugänglichkeit noch günstigerer Mittelpunkt des Seeraubes gebildet hatte. An seiner Entstehung hatten die Prätendentenkämpfe unter den Seleukiden, bei denen man sich gern der kilikischen Abenteurer und Freibeuter bediente, keinen unwichtigen Anteil, und ebenso kam den kilikischen Piraten die Freundschaft der Ptolemäer zugute, welche damit ihre traditionellen seleukidischen Feinde zu schädigen suchten. Auch Rhodos verhielt sich wohl anfangs aus ähnlichen Motiven inaktiv.

Rom stand dieser Entwicklung ohnmächtig gegenüber. Soweit der mit dem Seeraub verbundene Sklavenhandel in Betracht kam, war es an einem energischen Vorgehen nicht einmal eindeutig interessiert. Den römischen Geschäftsleuten traute man im Osten ein Gebaren zu, das kaum besser war als das der Seeräuber. Von einem kleinasiatischen Fürsten mußte sich gelegentlich der Senat sagen lassen (etwas vor 102), daß er von ihm keine Soldaten erwarten könne. Die römischen Steuerpächter hätten dafür gesorgt, daß seine Leute in den römischen Provinzen als Sklaven dienten.

Aber um die Jahrhundertwende wurde doch von römischer Seite damit begonnen, mit der Plage aufzuräumen und dem kilikischen Räubernest auf den Leib zu rücken; schließlich waren ja die Italiker selbst durch die Verkehrsunsicherheit bedroht. Als Ergebnis einer mehrjährigen Expedition (des Marcus Antonius, eines bekannten römischen Redners und Großvaters des berühmten Antonius) wurde in dieser Gegend ein militärischer Posten eingerichtet, die sog. Provinz Cilicia (102 v. Chr.). Mehr wurde nicht erreicht und konnte auch nicht erreicht werden. Dazu langte eine örtlich beschränkte Aktion nicht aus. Es hätten umfassende, vor allem unter Einsatz von Seestreitkräften erfolgende Unternehmungen einsetzen müssen, aber hierzu gaben die römischen Verhältnisse zu dieser Zeit keinen Raum. Im Jahre 100 v. Chr. faßte man zwar einen in diese Richtung gehenden Plan, auf Betreiben von Rhodos, und auch an eine Koordinierung der östlichen Staaten, soweit sie mit den Seeräubern zu tun hatten, wurde gedacht; aber praktisch ist daraus nichts geworden.

5. Die Provinz Asia

Die Durchdringung des griechischen Ostens erhielt nun, genau zusammenfallend mit dem Beginn der römischen Revolution im Jahre 133 v. Chr., eine besondere Förderung durch die Einrichtung der Provinz Asien. Den Anstoß dazu gab der Tod des letzten Königs von Pergamon, Attalos III., in diesem Jahr. Attalos III. hatte, im Gegensatz zu seinen Vorgängern, mit inneren Schwierigkeiten zu kämpfen, wahrscheinlich als Ergebnis seiner persönlichen Unzulänglichkeit — seine Maßnahmen in den innerpolitischen Konflikten lassen ihn als heimtückischen Despoten erscheinen — und lief deshalb und in Ermangelung eines Nachfolgers Gefahr, mit seinem Tod das Reich in einem Chaos zurückzulassen. Er zog daraus die Folgerung, die weiteren Sorgen den Römern zuzuschieben, und setzte sie zu seinen Erben ein. Damit gab er der allgemeinen politischen Situation im Osten einen bezeichnenden und durchaus angemessenen Ausdruck. In der Tat hatten die Römer nun seit zwei Generationen praktisch nicht nur das Heft in der Hand, sondern sie waren letzten Endes auch die Ursache dafür, daß die hellenistischen Staaten immer mehr ihre Lebensfähigkeit einbüßten. Sollten sie nun auch endlich die klare Verantwortung übernehmen! Der Gedanke war so einleuchtend, daß er später Nachfolger gefunden hat, und entsprach durchaus den Gegebenheiten.

Freilich war es noch sehr fraglich, ob Rom auf diesen Gedanken einging und wie es die Rolle des Erben verstand. Tiberius Gracchus, damals gerade Volkstribun, wollte die Frage zum Gegenstand seiner Politik machen und den pergamenischen Schatz für die Finanzierung seines Siedlungswerkes verwenden; sein jähes Ende schnitt dieser Diskussion den Faden ab. Aber bevor auch sonst eine Entscheidung gefallen war, wurde Rom der Überlegung, inwieweit man sich bei dieser Frage ernsthaft engagieren sollte, dadurch enthoben, daß das Testament in Asien selbst eine Bewegung auslöste. In einem gewissen Aristonikos, einem illegitimen Sohn des Erblassers, trat ein Prätendent auf. Diese Herausforderung konnten die Römer nicht dulden. Es kam zum Krieg. Da Aristonikos bei den vermögenden und führenden Schichten nicht die erhoffte Unterstützung fand, beschritt er den Weg der sozialen Revolution, verband sich mit dem Proletariat und den Sklaven und brach damit erst recht die Brücken hinter sich ab. Der Kampf war erst 129 v. Chr. zu Ende — die Römer operierten anfangs ungünstig — und fand seinen Abschluß in der jetzt unvermeidlichen Einrichtung einer Provinz, d. h. der Erstellung eines ständigen militärischen Kommandos, wie es dem eigentlichen Sinn einer Provinz entsprach. Den Gesamtumfang des pergamenischen Reiches hatte sie nicht. Von dem großen Hinterland wurden weite Gebiete an benachbarte Fürsten, die bei der Niederwerfung des Aufstandes mitgeholfen hatten, verteilt.

Die neue Provinz warf aber noch andere Fragen auf. Sie umfaßte eines der reichsten und wirtschaftlich am höchsten entwickelten Gebiete der griechischen Welt und stellte für den Nachfolger der Attaliden eine bedeutende Einnahmequelle dar. Es ist zwar denkbar — die Überlieferung ist nicht ausreichend —, daß der letzte König nicht nur Pergamon, sondern überhaupt die Städte seines Reiches durch seinen Tod in einen Zustand der Unabhängigkeit und Freiheit von jeglicher finanzieller Belastung versetzt wissen wollte, und möglicherweise haben sich die Römer daran auch vorerst gehalten; ihre Praxis hätte dann ihrem Vorgehen in Afrika 146 v. Chr. entsprochen. Daneben gab es den stattlichen königlichen Landbesitz, ferner Landgüter, die in privater Hand waren, Tempeldomänen und Stammesgebiete. Das fiel zusammen an die Römer, und zugleich war damit die Organisation ihrer wirtschaftlichen Ausnutzung, also das Abgabensystem, welches gewiß zu einem erheblichen Teil auf der Verpachtung der Einnahmen beruhte, zu übernehmen. Hierin sind die Römer gewiß den Gepflogenheiten gefolgt, die sie antrafen.

Doch die Politik des Gaius Gracchus, der sein Bündnis mit den römischen Kapitalisten massiv zu untermauern trachtete, brachte einen neuen Gedanken in die asiatische Provinzialverwaltung: eine echte finanzielle Ausbeutung der neuen Provinz mußte die Städte als den wichtigsten wirtschaftlichen Faktor erfassen, und für die römischen Kapitalisten war mit einer solchen Regelung dann der größtmögliche Nutzen verbunden, wenn sie als Steuerpächter (publicani) die Verwaltung der betreffenden Abgaben in die Hand bekamen. Das Gesetz des Gaius Gracchus (lex Sempronia de Asia) bewirkte nun eine solche Ordnung. Damit wurde die Provinz Asien nicht nur die wichtigste finanzielle Einnahmequelle des römischen Staates, sondern es wurden auch die Tore des neu erworbenen Gebietes weit geöffnet für das Einströmen der römischen Geschäftsleute, und damit erfuhr der Zug der italischen Kapitalisten nach dem Osten naturgemäß einen erheblichen Auftrieb.

6. „Provincia" als staatsrechtlicher Begriff

Es gab damals noch nicht gerade sehr zahlreiche Provinzen, und ihr Aussehen und wirtschaftlicher Wert für Rom war auch keineswegs immer der gleiche. Am nächsten kam der Struktur Asiens vielleicht Sizilien, auch ein altes griechisches Kulturland. Es war eine Erwerbung des Ersten Punischen Krieges und damit die erste römische Provinz, aber an innerer Verwaltungsfunktion hat sie zur Zeit ihrer Einrichtung noch nicht allzu viel besessen, nicht anders als die etwa gleichzeitig eingerichtete Provinz Sardinia-Corsica.

Provincia ist ja ursprünglich überhaupt keine feste Verwaltungseinheit, weder sachlich noch räumlich, sondern bedeutet den faktischen Aufgabenbereich, über den sich die beiden Konsuln als Träger der in erster Linie militärischen (imperium) und politischen Hoheitsgewalt verständigten, obwohl de iure jeder für alle Aufgaben des anderen zuständig war. Ein Konsul oder Prätor, der außerhalb Roms Krieg führte, betrachtete sein militärisches Operationsgebiet als seine Provinz. Und diejenigen Prätoren, welche ständig als Repräsentanten der römischen Vormacht ihren Sitz außerhalb Roms und Italiens nahmen, standen ursprünglich ihrem Amtsbezirk (provincia) nicht wesentlich anders gegenüber als ein zeitweilig in der Fremde sich aufhaltender Feldherr. Sie hatten wie dieser dem römischen Willen Geltung zu verschaffen und ihn gegebenenfalls gegenüber Widerspenstigen mit Waffengewalt durchzusetzen[1]. Die Gesichtspunkte, unter denen sich Rom — wegen der damit verbundenen Beschwerlichkeit höchst ungern — zur Einrichtung dieser Stellen verstand, waren deshalb auch ursprünglich solche der Sicherung nach außen und nach innen. So ist es bei Sizilien, Sardinien-Korsika gewesen, wo man auf der Hut sein mußte, daß das geographisch ja im Grunde günstiger liegende Karthago nicht plötzlich die Hand wiederum danach ausstreckte; so war es gewiß bei den zwei spanischen Provinzen, wo Rom während des Hannibalkrieges die Karthager ablöste und, sowohl wegen der damit übernommenen Befriedung der unruhigen Iberer als zur Dokumentierung seiner Herrschaft gegenüber den Karthagern, eine ständige Aufsichtsinstanz einrichten mußte.

Die nächste Provinz war Makedonien, und bei ihr sieht man ganz deutlich die situationsbedingte Zweckbestimmung der Provinzialverfassung. Nach der Beseitigung des makedonischen Königtums (167) suchte Rom seine Sicherheit zunächst in einer völkerrechtlich statuierten Selbständigkeit, welche mit bestimmten Einschränkungen versehen war. Erst als dieser Versuch durch den Aufstand des Andriskos zu einem Fiasko führte, richtete es die Provinz Macedonia ein (146 v. Chr.), der ein Teil Griechenlands zugeschlagen wurde. Nötig war diese Maßnahme auch gerade deshalb, weil die durch die Thraker gefährdete Nordgrenze Makedoniens unter genauerer römischer Aufsicht stehen mußte.

In Afrika ließ 146 v. Chr. der Dritte Punische Krieg nur die rauchenden Trümmer Karthagos übrig. Durch das brutale römische Vorgehen war ein Leerraum entstanden, der, wenn er nicht die Beute des ausdehnungshungrigen benachbarten Numiderstaates werden sollte, ohne ein von Rom unmittelbar wahrgenommenes Regiment nicht auskommen konnte. Deshalb war auch hier das Provinzialregiment unvermeidlich.

„Provinz" ist also ein sehr allgemeiner Begriff, nicht viel mehr als ein Hilfsmittel der römischen Herrschaft und Politik, welche im „Normalfall" sich völkerrechtlich-diplomatischer Mittel bediente. Einen festen Inhalt von Verwaltungsfunktionen bedeutete sie nicht, und von einem Provinzialschema kann man deshalb erst recht nicht sprechen. Wohl aber war nicht nur nicht ausgeschlossen, sondern vielmehr eigentlich notwendig, daß sich im Lauf der Zeit innerhalb ihrer Grenzen eine gewisse römische Verwaltungstätigkeit entwickelte. Das richtete sich aber selbstverständlich nach den jeweiligen örtlichen Verhältnissen und kann nicht heißen, daß sich eine überall gleiche Entwicklung „der" Provinz als Verwaltungsbegriff vollzog. Es gab da sehr sichtbare Stadien, welche hier erreicht sein konnten und dort noch nicht.

Sizilien war nun in diesem Sinne eine verhältnismäßig „progressive" Provinz. Als sie sich durch die Einverleibung des syrakusanischen Staates nach dem Hannibalkrieg auf ganz Sizilien erstreckte, eigneten sich die Römer dessen Steuersystem an, die sogenannte lex Hieronica, und dehnten es auf die Gesamtprovinz aus. Nach dem Sklavenkrieg wurde 131 v. Chr. zur Ordnung der Verhältnisse ein Generalstatut für

[1] Siehe auch oben S. 245 das zur sog. Provinz Cilicia Gesagte.

die Provinz erlassen, vor allem im Hinblick auf die finanzielle Belastung (die lex Rupilia), und damit eine formelle Grundlage für die Praxis der römischen Verwaltung gegeben, ein reifes Ergebnis von hundert Jahren Provinzgeschichte. Die lex Sempronia de Asia bedeutete etwas Ähnliches, und damit wurde erkenntlich, daß die Provinz Asia gleich nach ihrer Entstehung die „fortgeschrittenste" Stufe der Provinzialverwaltung, d. h. den für die damalige Zeit am weitesten ausgebildeten Zustand erreicht hatte. Das eigenartige Resultat läßt sich nur auf Grund der besonderen geschichtlichen Umstände, welche zur Einrichtung dieser Provinz führten, verstehen.

7. Die Provinz Gallia Narbonensis

In dieselbe Zeit fällt auch die Entstehung der Provinz Gallia Narbonensis in Südfrankreich. Hier handelt es sich offensichtlich um den älteren Provinzialtyp. Den Anstoß gaben politische Bewegungen und Umgruppierungen in Gallien. Ihr Ausgangspunkt waren die Arverner, welche das Gleichgewicht störten und für sich den Primat in Gallien, jedenfalls in Mittel- und Südgallien, erstrebten. Den Ausschlag davon bekam, in Angriffen nicht nur der Arverner, sondern vorerst anderer, mit ihnen verbündeter oder von ihnen abhängiger Stämme (Salluvier, Allobroger), die griechische Stadt Massilia zu spüren. Massilia war aber nicht nur von alters her mit Rom verbündet, sondern seine Integrität garantierte für Rom auch die Verbindung von Italien und Spanien. Ein doppeltes Interesse stand also für Rom auf dem Spiel, und es war selbstverständlich, daß es energisch eingriff. Die Kämpfe begannen 125 v. Chr., also zwischen den Revolutionen der beiden Gracchen, und sahen damals in Marcus Fulvius Flaccus einen engen politischen Freund des Gaius Gracchus am Werk. Mit Unterbrechungen zogen sie sich bis 120 v. Chr. hin und fanden ihren Abschluß in der Beseitigung der arvernischen Machtstellung. Ihr König Bituitus wurde nicht nur besiegt, sondern schließlich — durch ein heimtückisches Manöver — gefangen und nach Italien geschickt, das er nicht mehr verlassen durfte. Mit den Gegnern der Arverner, den Häduern, gingen die Römer ein enges Bündnis ein, das sie nach keltischer Vorstellung unter das Zeichen blutsbrüderlicher Verwandtschaft stellten (consanguinei et fratres), und desgleichen verbanden sie sich mit den Sequanern. Damit war an sich die Ruhe wiederhergestellt, und der Krieg hatte seinen zunächstliegenden Zweck erfüllt. Aber diese Erfahrungen hatten gelehrt, wie empfindlich Rom gerade an dieser Stelle getroffen werden konnte, und deshalb schien es angebracht, für eine beständige Sicherung durch Errichtung einer Provinz zu sorgen. Ihre Grenzen nach Gallien hinein waren bezeichnenderweise nicht ganz genau fixiert, aber die Hauptsache war gewährleistet, der Schutz einer italisch-spanischen Verbindungsstraße (via Domitia). An der Stelle einer keltischen Siedlung wurde eine römische Kolonie, Narbo Martius, gegründet (118 v. Chr.), so wie man es früher in Italien gehalten hatte. Und im Grunde lag hier ja auch eine natürliche Fortsetzung der italischen Expansion vor. Gleichsam zur Bestätigung wurde das Land sehr rasch romanisiert, so daß Plinius d. Ä. zweihundert Jahre später es als Italia verius quam provincia bezeichnen konnte.

8. Der Jugurthinische Krieg

Fand an dieser Stelle also ein Grenzkrieg einen für Rom fruchtbaren Abschluß, ohne daß er ein besonders starkes Echo in der historischen Überlieferung gefunden hätte, so gewann ein anderer, der sich ziemlich bald an jenen anschloß, durch seine besonderen Umstände und die eindrucksvolle Kunst des Geschichtsschreibers Sallust eine große Berühmtheit: der Krieg gegen den numidischen König Jugurtha. Dabei hat er für die Entwicklung der römischen Außenpolitik eine derartig geringe Bedeutung, daß man ihn in ihrem Rahmen ohne Bedenken unterschlagen könnte. Der Krieg ist für die römische Innenpolitik viel wichtiger geworden, freilich nicht wegen seines Eigengewichtes, sondern weil seine Durchführung von römischer Seite zu inneren Komplikationen führte.

Außenpolitisch war der Jugurthakrieg nicht mehr als eine Revolte des von den Römern früher als Freund geförderten numidischen Klientelstaates gegen seinen römischen Suzerän. Daß es zu ihr kam und daß sich Rom zu seiner Beschämung mit ihr zehn Jahre zu beschäftigen hatte, lag an der Frechheit und Kurzsichtigkeit Jugurthas auf der einen und der Unfähigkeit der römischen Politik auf der anderen Seite.

Nach dem Tode Masinissas, des Schöpfers des numidischen Staates (149/148 v. Chr.), gelangte die Regierung an seine drei Söhne, welche sie offenbar zu gesamter Hand ausübten, bis der eine von ihnen, Micipsa, nach dem Tode der Brüder Alleinherrscher wurde. Während dieser ganzen Zeit war das römisch-numidische Verhältnis ungetrübt. Auch das Condominium verlief ohne Störung. Micipsa schwebte für seine Nachfolge eine ähnliche Regelung vor, welche wohl, obgleich sie seinerzeit nach dem Tode Masinissas unter Mithilfe Roms durchgeführt worden war, numidischem Thronfolgerecht entsprach. Aber in diesem Fall bewährte sie sich nicht. Der eine von den drei Erben Micipsas, sein Neffe und Adoptivsohn Jugurtha, strebte unmittelbar nach dem Tode des Vaters (118 v. Chr.) die Alleinherrschaft an und suchte kurzerhand seine beiden jüngeren Brüder, echte Söhne Micipsas, mit Gewalt zu verdrängen. Der eine wurde durch Mord aus dem Wege geräumt (117 v. Chr.), der andere suchte die Hilfe Roms. Damit war die römische Politik, der ohnehin Veränderungen innerhalb des Reiches nicht gleichgültig sein konnten, offiziell engagiert, und für Jugurtha war zum mindesten bei der Verfolgung seines Zieles eine vorsichtige Taktik geboten. Er ließ es jedoch an einer solchen völlig fehlen. Hierbei gehorchte er nicht nur seinem Naturell, sondern handelte ebenso im Vertrauen auf seine persönlichen Verbindungen zur römischen Aristokratie, die er vor Jahren als Führer eines numidischen Hilfskorps vor Numantia in Spanien gewonnen hatte. Zweifellos wären ihm auf dieser Grundlage ziemliche Erfolge beschieden gewesen, denn die römischen Regierungskreise waren einem energischen Auftreten, das Geld und Kraft kostete, durchaus abgeneigt und wären für jeden halbwegs erträglichen Kompromiß zu haben gewesen. Jugurtha provozierte jedoch Rom auf die schamloseste Weise derartig, daß schließlich, nachdem die Lässigkeit des römischen Vorgehens in Rom selbst zu einem politischen und für das Senatsregiment höchst nachteiligen Skandal geführt hatte, nichts anderes übrigblieb, als mit Jugurtha aufzuräumen.

Seine Bedenkenlosigkeit tat sich schon kund, als er bei der Bekämpfung seines Bruders, welche ohnehin den Bruch einer von Rom herbeigeführten Vermittlung bedeutete, nicht nur diesen tötete, sondern auch eine große Anzahl von römisch-italischen Einwohnern Numidiens, welche auf dessen Seite gestanden hatten, über die Klinge springen ließ (112 v. Chr.). Obgleich die — unvermeidliche — römische Antwort darauf Krieg war, fand er doch nochmals Gelegenheit, mit Rom auf gütlichem Wege zu einem Einvernehmen zu gelangen. Es wurde ihm sogar die Möglichkeit gegeben, seine Sache persönlich in Rom zu vertreten, aber der Gebrauch, den er davon machte, brachte das Faß zum Überlaufen. Mitten in Rom beseitigte er einen

Vetter, der als Prätendent gegen ihn vorgeschoben zu werden drohte, durch Meuchelmord (110 v. Chr.). Die Untat wurde ruchbar, und der Krieg ging weiter, er brachte den Römern allerdings die schmähliche Kapitulation ihres Heerführers (110 v. Chr.). Diese abermalige Brüskierung des römischen Ansehens führte nun mit dem folgenden Jahr einen grundsätzlichen Wandel der Kriegführung herbei. Quintus Caecilius Metellus, Angehöriger eines damals in Rom auch sonst rühmlich hervorgetretenen Geschlechtes, übernahm das Kommando (109 v. Chr.). Zwei Jahre später wurde er von Marius abgelöst. Das Schicksal Jugurthas war besiegelt. All seine Wendigkeit half ihm nichts mehr. Der Verwegenheit des jungen Sulla, der als Offizier auf dem afrikanischen Kriegsschauplatz diente, gelang es sogar, Jugurthas bei lebendigem Leibe habhaft zu werden. Als Gefangener mußte er jetzt Rom betreten und wurde dort hingerichtet (105 v. Chr.). Die Herrschaft in Numidien übernahm sein Bruder Gauda. Der König des benachbarten Mauretaniens, Bocchus, der die Römer unterstützt hatte, bekam einen Teil Numidiens zugewiesen. Aber sonst blieb alles beim alten. In der römischen Außenpolitik hat der berühmte und berüchtigte Jugurthinische Krieg keine Spuren hinterlassen.

9. Die Kimbern und Teutonen

Der Jugurthinische Krieg war ein Grenzkrieg und berührte seinen Voraussetzungen nach nur die Oberfläche der römischen Macht. Wenn er trotzdem ein anderes, gewichtigeres Aussehen gewann, so lag das an sekundären Umständen, darunter an einem offensichtlichen Versagen der römischen Politik und Kriegführung. Zeitlich verquickte sich mit dieser „Episode" der Kampf gegen die germanischen Kimbern und Teutonen. Auf dem eintönigen Hintergrund der römischen Außenpolitik dieser Jahre hebt er sich desgleichen durch eine beinahe grelle Beleuchtung ab. Auch er gewann durch seine Verflechtung mit der römischen Innenpolitik eine besondere Bedeutung — der Aufstieg des Marius ist an ihn geknüpft —, und trotzdem läßt diese Optik ihn ebenfalls in einem täuschenden Licht erscheinen und mißt ihm innerhalb der römischen Außenpolitik eine Rolle zu, die er seinem sachlichen Wert nach nicht beanspruchen kann.

Die Kimbern und Teutonen waren ein Komet, der sich von dem damals noch in Ruhelage befindlichen germanischen Körper losgelöst hatte — die Gründe, warum sie ihre Heimat in Jütland verließen, sind zweifelsfrei nicht auszumachen, antike Quellen geben Sturmfluten an — und danach eine Reihe von Jahren in Mittel- und Westeuropa herumstreifte, ohne jede Zukunft und von Anfang an dazu bestimmt, sich in nichts aufzulösen, wenn er an die eherne Schale einer ihm „von Natur" überlegenen Macht stieß. Eine solche war Rom seiner ganzen bisherigen Entwicklung nach. Die Tage der Keltenstürme, als derartige Elementarereignisse ihm gefährlich werden konnten, waren längst vorüber, wenn den Römern auch eine eigene Schreckempfindlichkeit angesichts jedes ähnlichen Ereignisses geblieben war. Wenn ungeachtet dieser Ausgangssituation sich eine scheinbar ganz andere Konstellation ergab, so lag das ausschließlich an der geradezu potenzierten Unfähigkeit, mit der der römische Staat diesem an sich peripheren Problem begegnete. Sie ist für den merkwürdigen Ablauf der Geschichte charakteristischer als der im Grunde unausbleibliche römische Sieg.

Die latente Macht Roms und ihre aktuellen Äußerungen standen in jener Zeit überhaupt in einem auffälligen Mißverhältnis zueinander. Durch die weltpolitischen Entscheidungen der zwei vergangenen Generationen war der römische Einflußbereich immer mehr gewachsen und streckten sich die Fühler der römischen Politik in Gebiete aus, die zuvor außerhalb ihrer Aufmerksamkeit gelegen hatten. Gekämpft wurde jetzt in Südtirol, in Kärnten, im südlichen Jugoslawien, im Tal der unteren Save, im einzelnen mit sehr unterschiedlichem Erfolg. Peinliche Niederlagen waren nichts Außergewöhnliches, manchmal lösten die römischen Vorstöße unangenehme Rückschläge aus. Die keltischen Skordisker im Nordwesten Makedoniens drangen so etwa zu Raubzügen bis Delphi vor (114 v. Chr.). Auf der anderen Seite verhinderten solche Schlappen jedoch nicht den allgemeinen römischen Ausbreitungsvorgang. Und so kamen die Römer mit den Kimbern und Teutonen, lange bevor diese an eine Invasion Italiens dachten, in Berührung, als sie den Schutz der von ihnen kürzlich als abhängige Bundesgenossen gewonnenen Taurisker (Kärnten) wahrnahmen. Diese waren von den Germanen bedroht, die die Drau aufwärts von Belgrad her zogen, nachdem sie dort soeben nach einem Zug durch Mitteldeutschland, durch Böhmen und die Donau abwärts, von den Skordiskern zurückgeschlagen worden waren. Sie waren zwar einem feindlichen Zusammenstoß mit Rom aus dem Weg gegangen, aber der römische Konsul Gnaeus Papirius Carbo gedachte sich billige Lorbeeren zu holen. Es kam zu einer schlimmen römischen Niederlage bei Noreia, südlich von Klagenfurt (113 v. Chr.), welche also aus einer Verbindung des römischen Wachstums mit der augenblicklichen Unfähigkeit, es entsprechend zu dokumentieren, entstanden war. Das Unglück wiederholte sich noch zweimal, zuerst im Vorfeld der südgallischen Provinz, im Rhônetal (109 v. Chr.), wohin die Feinde auf Umwegen über Süddeutschland und die Westschweiz — hier schloß sich der helvetische Stamm der Tiguriner ihnen an — gelangt waren.

Die Niederlage erschütterte das römische Ansehen bei den Kelten. In der Gegend von Toulouse (Tolosa) kam es zum Aufstand, bei dessen Niederwerfung die Römer zuerst auch eine Niederlage einstecken mußten (107 v. Chr.). Im folgenden Jahr jedoch wurden sie mit ihm fertig. Das Unternehmen unter Führung des betonten Optimaten Quintus Servilius Caepio brachte durch Ausraubung des keltischen Heiligtums in Tolosa ungeheure Beute an Gold, aber ein keltischer Handstreich auf die zurückmarschierende Kolonne ließ es wieder verlorengehen; später beschuldigte man den Konsul, es selbst auf die Seite gebracht zu haben.

Vorerst jedoch brachte dieser sich dadurch um alle Geltung, daß er bei einem neuen Zusammenstoß mit den Germanen die römische Katastrophe von Arausio (Orange), die größte Niederlage eines römischen Heeres seit Cannae, verschuldete (105 v. Chr.). Aus Abneigung gegen den amtierenden Konsul, der das Kommando über ein zweites römisches Heer führte, ein homo novus, vereinigte er sein Heer nicht mit dessen Streitmacht und gab damit den Kimbern Gelegenheit, die römischen Heere getrennt zu schlagen und zu vernichten.

Die Provinz und Italien waren im Augenblick wehrlos dem Feind ausgeliefert, wenn er die günstige Gelegenheit benutzte. Zum Glück für Rom tat er es nicht; aber Entsetzen und Schrecken hatten sich dort verbreitet. Die psychologischen Voraussetzungen waren gegeben, in Marius nicht nur einen bewährten General, sondern auch den politischen Gegner der in Caepio schmählich bloßgestellten Aristokratie zu wählen. Marius kam die seltsame Fügung zu Hilfe, daß der Feind sich die nächsten Jahre verzog. So blieb ihm Zeit, das römische Heer gründlich zu reorganisieren, moralisch und technisch, weshalb er immer wieder von neuem zum Konsul gewählt wurde. Vier Konsulate hintereinander hat ihm so eine militärische Aufgabe eingebracht (104 bis 101). Als der Gegner zum Kampf antrat, fand er ein aufs beste vorbereitetes römisches Heer. Sein umfassender Angriffsplan, der auf drei konzentrisch gegen Italien gezielte Stoßkeile gestellt war, indem die Teutonen über Südgallien, die Kimbern über den Brenner und die Tiguriner über die Julischen Alpen einbrechen sollten, kam jetzt nicht nur zu spät, sondern brachte auch den Nachteil der Schwächung durch Aufsplitterung der eigenen Kraft mit sich. Mit der Schlacht bei Aquae Sextiae (Aix en Provence) wurde nun endlich der Bann gebrochen. Marius siegte und richtete ein fürchterliches Massaker unter den Teutonen an. Über hunderttausend von ihnen kamen ums Leben (102 v. Chr.). Der Zusammenstoß mit den Kimbern im folgenden Jahr erfolgte, als die Lage für Rom wieder einigermaßen ausbalanciert war. Ihnen war für den Fall eines gleichzeitigen Angriffs Quintus Lutatius Catulus entgegengestellt, welcher indes gegenüber den das Etschtal herabkommenden Germanen wenig glücklich operierte. Unterdessen hatte jedoch Marius die Hände frei bekommen und eilte dem Kollegen zu Hilfe. Das Schlachtfeld von Vercellae in Oberitalien sah die beiden vereint siegen (101 v. Chr.). Der dritte Vorstoß der Tiguriner unterblieb dann verständlicherweise angesichts der hoffnungslosen Lage.

10. Der Kampf des Mithridates gegen Rom

Jugurtha hatte in einem leichtsinnigen Opitmismus gedacht, der politischen Wirklichkeit einen Vorteil gleichsam zu stehlen, in der Meinung, daß die Gleichgültigkeit und Trägheit der römischen Politik eine Entwicklung in Afrika, die Rom im Grunde doch nicht gefährlich werden konnte, dulden würde. Die Germanen wurden von ihrer materiellen Not, ihrem Verlangen nach neuen Wohnsitzen in den Aktionsradius des römischen Staates geführt. Ihrer — verständlichen — weltpolitischen Ahnungslosigkeit hätten sie den unvermeidlichen Untergang zu verdanken. Das dritte Thema der römischen Außenpolitik ergab sich desgleichen aus einem Mißverständnis von Wollen und Möglichkeit und verdankte ebenso einer letztlich unrealistischen Planung seine Existenz: es ist dies der Kampf des Königs Mithridates (VI.) Eupator von Pontos gegen Rom.

Allerdings unterscheidet sich dieses Drama von den beiden anderen nicht nur durch seine Länge — Mithridates hat seine Ziele während einer über ein halbes Jahrhundert dauernden Regierung (121—63 v. Chr.) verfolgt —, sondern nicht weniger durch das Maß folgerichtiger Anstrengungen dieses damals bedeutendsten Gegners Roms und durch die Gefährlichkeit der Verwicklungen, welche er herbeizuführen vermochte. Die anderen zogen auch ihren Nutzen aus der römischen Krise, aber Mithridates hat sie zu einem tragenden Pfeiler seiner Politik erhoben und ihre säkulare Bedeutung sich wirklich vor Augen gestellt. Die Erfolglosigkeit seiner Bemühungen bewies dann allerdings, daß er sich nicht minder geirrt hatte, und insofern sind eben auch sie eine „Episode“ geblieben; aber Mithridates hat gezeigt, bis zu welchem Grad auf der einen Seite Roms Gefährdung durch seine innerpolitischen Probleme gelangen konnte und daß auf der anderen Seite keine noch so optimale Chance die Feinde Roms in den Stand setzte, der römischen Machtstellung an den Lebensnerv zu gehen.

Das Königreich Pontus, ursprünglich nicht mehr als das nördliche Kappadokien (in Kleinasien) umfassend, war einer der kleinasiatischen Mittelstaaten, welche nach 188 durch die Vernichtung des seleukidischen Großreiches in ihrer politischen Entwicklung die Möglichkeit freierer Bewegung erhalten hatten. Bestanden hatte es schon früher. Seine Anfänge gehen in die Zeit Alexanders des Großen zurück. Es war — wie viele andere politische Bildungen — aus der Zertrümmerung des Perserreiches hervorgegangen. Nach römischer Anschauung konnte es, entsprechend der stetig wachsenden römischen Vormachtstellung, allerdings nicht mehr als ein römischer Klientelstaat sein. Aber dieser Begriff war seinem Gehalt nach nicht eindeutig und vertrug sich je nach den Umständen mit beträchtlicher Selbständigkeit und erheblichen Entwicklungsmöglichkeiten, zumal wenn — wie in diesem Falle — das Land eine periphere Lage besaß und sich nicht gerade im Zentrum der römischen Aufmerksamkeit befand. Ferner entsprach es durchaus den Grundsätzen der römischen Politik, solche Staaten, wenn sie ein loyales Verhältnis zu Rom hatten, sogar in ihren Bestrebungen zu unterstützen. Pontus war in dieser Hinsicht nicht schlechter gestellt als mancher andere kleinasiatische Staat. — Die Bevölkerung war „anatolisch", d. h. bestimmt durch das uralte Substrat, das seit den Hethitern als die tragende Schicht Kleinasiens historisch sichtbar ist. Die Sozialordnung war vorwiegend agrarisch, mit offenbar starkem feudalem Einschlag. Die Dynastie war iranischer Herkunft, ein Erbstück der persischen Ära. Griechische Städte im Land selbst gab es kaum. Wohl aber waren ihm die griechischen Kolonialgemeinden am Südufer des Schwarzen Meeres vorgelagert (etwa Sinope), allerdings von dem Hauptland durch hohe Gebirge getrennt. Das verständliche Trachten der pontischen Könige ging dahin, ihre Herrschaft dort auszubreiten und damit den Reichtum und den Wohlstand der griechischen Stadtkultur sich anzueignen. Griechischer Einfluß machte sich — ein hellenistisches Phänomen — auch sonst geltend. Der Hof und die Dynastie hatten ein starkes hellenistisches Gepräge. Von den drei Elementen, welche das soziale und politische Leben bestimmten, dem anatolischen, dem iranischen und dem griechischen, war letzteres nicht das schwächste. Vor allem gab sich das Herrscherhaus, dessen Mitglieder natürlich die griechische Sprache voll beherrschten und in das zahlreiche Prinzessinnen griechischen Geblüts eingeheiratet hatten, als Vertreter der hellenistischen Zivilisation. Indessen hätte der Historiker in einem größeren geschichtlichen Rahmen keinen Anlaß, sein besonderes Interesse diesem Königreich zuzuwenden, wenn es nicht durch Mithridates, und zwar ausschließlich durch seine Person, eine Zeitlang infolge der Verflechtung mit der römischen Geschichte zu weltgeschichtlicher Bedeutung gelangt wäre.

Die ursprünglichen Ziele des Mithridates waren in der Tradition seiner Familie angelegt. Die Richtung auf die Südküste des Schwarzen Meeres war von ihr bereits, und zwar im großen ganzen mit einem dauernden Ergebnis, verfolgt worden. Auf einer Strecke von ca. 500 km standen die wichtigsten griechischen Städte unter pontischem Einfluß. Das wichtige Sinope wurde unter Pharnakes I. (185—170 v. Chr.) sogar Residenz des Königshauses, und östlich entstand durch Synoikismos (Zusammensiedlung) zweier griechischer Gemeinden sogar eine Stadt, die den Namen dieses Königs führte (Pharnakeia). Pontus wurde dadurch ein Staat mit einer Flotte, welche ihn befähigte, sich auf dem Schwarzen Meer Geltung zu verschaffen. Damit tauchte eine neue Möglichkeit auf, die auch schon Pharnakes ins Auge gefaßt hatte: der Griff über das Meer nach den griechischen Städten auf der Krim. Nahegelegt wurde dieser Gedanke durch die Situation, in der sich das Griechentum dort befand. Es stand unter dem Druck eines südrussischen, skythischen Barbarenstaates und bedurfte, auf die Dauer besehen, eines Rückhaltes in der griechischen Kulturwelt. Dasselbe galt von den griechischen Städten an der Westküste des Schwarzen Meeres, welche von keltischen und thrakischen Stämmen ihres Hinterlandes bedrängt wurden. Wenn die Römer eine aktivere Politik betrieben hätten, wären sie selbstverständlich die gegebenen Helfer gewesen. Aber bei dem Stand ihrer Außenpolitik war daran nicht zu denken. So wuchs Mithridates schon in ganz jungen Jahren hier in die Rolle des Beschützers des Griechentums hinein. Er unternahm mehrere glückliche Expeditionen gegen die Skythen, gegen die Taurier auf der Krim und gegen Kelten und Thraker im Westen. Wer von den griechischen Städten sich ihm nicht anschließen wollte, wurde von dem Sog erfaßt, der von seinem zügigen Vorgehen ausging. Dieses lag übrigens nicht persönlich in seinen Händen, sondern wurde von einem fähigen Kondottiere (Diophantos) aus Sinope durchgeführt, wie denn überhaupt Mithridates sich mit Vorliebe und Nutzen fremder griechischer Talente bediente und selbst wahrscheinlich keine große militärische Begabung besaß. Nach wenigen Jahren standen so gut wie alle wichtigen Städte im Norden und Westen der Schwarzmeerküste unter seinem Protektorat. Unter ihnen war auch eine eigene Gründung von ihm, Eupatoria. In Pantikapaeum residierte ein Vizekönig und setzte dort die Tradition des alten Dynastengeschlechtes der Spartokiden fort, die seit dem fünften Jahrhundert die Herren des sogenannten Bosporanischen Königreiches gewesen waren (es umfaßte neben der Hauptstadt Pantikapaeum noch ein paar Städte auf beiden Seiten der Straße von Kertsch).

Während in dieser Hinsicht Mithridates ein geradezu unwahrscheinlich durchschlagender und schneller Erfolg beschieden war, stieß er bei seinem Plan, Paphlagonien und Kappadokien zu gewinnen, auf Schwierigkeiten, obgleich er gerade hierbei sich auf Besitzstände berufen konnte, die sein Vorgänger (Mithridates V. Euergetes) bereits erworben, allerdings auch wieder eingebüßt hatte. Aber in Kleinasien hatte er einen Rivalen in dem König von Bithynien, einem Land von ähnlicher Struktur wie Pontus, und vor allem hatte er im Falle eines Sieges über ihn mit römischer Einmischung zu rechnen. Der Gedanke, dem eben gegründeten Bosporanischen Reich ein anatolisches an die Seite zu stellen, war nach den früheren günstigen Erfahrungen psychologisch verständlich, enthielt aber in der Außerachtlassung des entscheidenden Unterschiedsfaktors einen grundsätzlichen Rechenfehler.

Die politische Entwicklung ist im einzelnen durch ein buntes Auf und Ab gekennzeichnet, welches für das Verständnis der allgemeinen Situation wenig hergibt. Zuerst ließen sich die Dinge gut an, denn Mithridates konnte sich mit Nikomedes (III.) von Bithynien hinsichtlich Paphlagoniens verständigen, das die beiden untereinander aufteilten. Aber bei einem Anschlag auf Kappadokien trennten sich die Wege. Nikomedes fing seinem Geschäftspartner die Beute vor der Nase weg. Aus den Gegenmaßnahmen des Mithridates ergab sich ein militärischer Konflikt. Die Lage wurde reif für die römische Intervention; ein römischer Machtspruch wies beide Bewerber ab, welche auf diese Weise auch das verloren, was sie schon hatten. Nicht nur Kappadokien, sondern auch Paphlagonien wurden für frei erklärt (95 v. Chr.). Der römische Entscheid wurde drei Jahre später nochmals durch Sulla bekräftigt (92 v. Chr.) und von Mithridates abermals angenommen.

Inzwischen hatte sich jedoch die Lage beträchtlich zu seinen Gunsten verschoben. Nikomedes von Bithynien war gestorben (94 v. Chr.) und hatte das Land in Thronwirren zurückgelassen, und in Italien war der Bundesgenossenkrieg ausgebrochen. Mithridates setzte auf ihn große Hoffnungen und hielt daher den Zeitpunkt für gegeben, nicht nur Kappadokien, sondern gleich auch Bithynien zu annektieren (jeweils durch einen von ihm als Strohmann eingesetzten Herrscher). Um so größer war seine Enttäuschung, als der Bundesgenossenkrieg sehr rasch sich seinem Ende zuneigte. Vor einer römischen Gesandtschaft, die 90 v. Chr. bei ihm erschien, wich er deshalb wiederum zurück, gab die beiden Annexionen auf und schlug erst los, als der von den Römern zurückgeführte bithynische König (Nikomedes IV.) sich auf Veranlassung der römischen Gesandten, welche auf Kriegsbeute spekulierten, zu einem Rechtsbruch verleiten ließ und einen Einbruch in das Gebiet des Mithridates verübte. Inwieweit Mithridates die jetzt folgende Aktion vorbereitet hatte, ist leider unbekannt. An eine Improvisation darf man aber nicht denken. Daß er nur gewaltsam in Kleinasien zum Ziel kommen würde, mußte Mithridates von dem Augenblick an klar sein, da er sah, daß die Römer seine Politik nicht stillschweigend dulden würden. Es kam jetzt nur noch auf den richtigen Zeitpunkt an, und der schien ihm offenbar gegeben, als die Römer sich sichtbar ins Unrecht setzten. Der Kampf, den er zu führen gedachte, sollte nämlich nach seiner Berechnung in der griechischen Öffentlichkeit ein lautes Echo finden.

Auf einen ernsthaften Angriff war Rom trotz der Provokation nicht vorbereitet. Es standen nur ganz wenige römische Truppen in Kleinasien, und aus den Kontingenten der Bündner und Untertanen ließ sich auch nicht von heute auf morgen eine schlagkräftige Armee zusammenbringen. So konnte Mithridates den schwachen römischen Widerstand überrennen und sich in einem Zug Kleinasiens und vor allem der Provinz Asia bemächtigen. An Städten, die ihm Widerstand leisteten, hat es zwar nicht gefehlt, aber eine einheitliche Front gab es keineswegs. Im Gegenteil: sobald die Überlegenheit des Mithridates offenbar wurde, fand er die Tore der meisten Städte geöffnet. Er wurde als der Befreier Asiens, als der Neue (d. h. wieder erstandene) Dionysos begrüßt. Eine allgemeine Bewegung gegen Rom und seine Herrschaft entstand unter den Griechen. Sie bedurfte nur noch eines sichtbaren Ausdruckes. Er wurde ihr zuteil in der berüchtigten kleinasiatischen Vesper: achtzigtausend Römer und Italiker wurden in der Provinz nach einem genau zwischen Mithridates, seinen Funktionären und den städtischen Behörden abgesprochenen Plane umgebracht (88 v. Chr.). Damit sollte das Band zwischen Rom und den Griechen definitiv zerschnitten sein.

So sehr dieses schauderhafte Unternehmen auch lange gestauten Rachegefühlen der griechischen Bevölkerung gegen die römischen Aussauger entsprach, unheimlich ist das Vorgehen doch auch ihr gewesen. Manche Gemeinde versuchte deshalb, nicht allzu blutige Finger bei dem „Geschäft" zu bekommen und beauftragte mit dem Werk barbarische Söldlinge. Und vor allem mußte einem der Instinkt sagen, daß die Skrupellosigkeit der politischen Methoden, welche sich hier gegen den Feind kehrten, schließlich auch auf das Verhältnis von Befreiern und Befreiten übergreifen würde. Wozu dies alles führen konnte, kam sehr bald, bei dem Übergang des Mithridates nach Griechenland, zum Vorschein. Dort war Rom ebensowenig wie in Asien imstande, mit den zur Zeit in Makedonien befindlichen Streitkräften die Invasion zu verhindern. Mithridates war es aus strategischen Gründen um einen Flottenstützpunkt auf dem griechischen Festland zu tun, der ihm die Verbindung zu seiner asiatischen Ausgangsbasis gewährte. Seine Wahl fiel auf Athen, nach der Zerstörung Korinths die einzige größere Stadt, die dafür in Betracht kam. Athen war seit Anfang des zweiten Jahrhunderts, als die Römer den griechischen Osten unter ihren Einfluß brachten, Nutznießer der römischen Herrschaft gewesen. Wenn von einer Stadt, dann war von ihr Loyalität gegenüber Rom zu erwarten. Rhodos, das sich während der beiden letzten Generationen viel weniger der römischen Gunst zu erfreuen gehabt hatte, wehrte sich energisch und mit Erfolg gegen einen Angriff des Mithridates. Athen schloß sich Mithridates an; aber vorausgegangen war dieser geradezu unglaublichen Umkehrung der politischen Linie eine Revolution der unteren Schichten gegen das von den Römern hier wie sonst gestützte obere Bürgertum. Um die Kräfte und die materiellen Mittel der Griechen für sich zu mobilisieren, rührte Mithridates also bedenkenlos an der Grundlage der bestehenden sozialen Ordnung. Was er in Athen tat, wiederholte sich im übrigen Griechenland und wurde, als die äußere Situation wenig später es erforderte, selbstverständlich auch in Kleinasien praktiziert. Mithridates stellte in sein Heer Massen von Sklaven ein, die er ihren Eigentümern wegnahm und „befreite“. Und als er die unter dem Eindruck solcher Maßnahmen und der militärischen Rückschläge schwankend werdenden Sympathien der griechischen Staaten bemerkte, griff er erst recht zum Mittel des sozialen Umsturzes, verkündete Schuldenbefreiung, politische Besserstellung der minderberechtigten Bevölkerung (wie der Beisassen, der Metöken), knebelte die widerspenstige Bourgeoisie durch Terror von Agenten und „Tyrannen“, raubte die Besitzenden aus und hielt sie in Furcht vor den aufgewiegelten ärmeren Klassen. Die Tage des Aristonikos waren wiedergekommen, nur daß jetzt die Erschütterung ein viel größeres Ausmaß annahm. Die Griechen hatten nicht nur die Lasten ihres Freundes und Helfers zu tragen, sondern sehr bald kamen die Nöte hinzu, welche ihnen der römische Gegenstoß bereitete.

Der Krieg gegen Mithridates lag in den Händen von Sulla. Das bedeutete für Mithridates eine unerwartete Chance, denn Sulla stand in dem Augenblick, als er im Sommer 87 v. Chr. in Griechenland eintraf, auf einem hoffnungslosen Posten. Abgesetzt von Rom und einer ihm feindlichen Regierung, war er allein auf sich und sein Heer gestellt, ohne jeden Rückhalt in den unerschöpflichen Reserven des römischen Staates, und damit nicht viel mehr als ein abenteuernder Kondottiere. Die Aussichtslosigkeit für Mithridates, gegen das Römische Reich kämpfen zu müssen, schien gebannt. Er war seinem Gegner an materiellen Hilfsmitteln eindeutig überlegen. Dazu beherrschte er mit seiner Flotte und dem Zuzug, den ihm die Seeräuber leisteten, das Meer, wogegen Sulla kaum Schiffe zur Verfügung hatte. Seine Lage war im Grunde verzweifelt. Daß er trotzdem ihrer Herr wurde, war der glänzendste Beweis seiner militärischen Genialität. Sie wog einen großen Teil der für ihn verhängnisvollen Umstände auf und machte an Stelle der natürlichen römischen Überlegenheit die Berechnungen des Mithridates zuschanden.

Die äußeren Ereignisse, die sich jetzt abspielten, sind infolgedessen ein interessantes Stück Kriegsgeschichte, aber wie immer für die allgemeine Entwicklung nur in ihrem

Ergebnis bedeutungsvoll. Aus Sullas besonderer Situation ergab sich jedoch zweierlei: er konnte trotz seiner Siege den Kampf nicht bis zur Vernichtung des Gegners treiben, und zweitens mußte er für die ihm fehlenden materiellen Hilfsquellen Ersatz schaffen. Der Krieg mußte den Krieg ernähren, und so wurde dieser Kampf auch von römischer Seite zur schlimmen Plage für die Griechen. Keiner der östlichen römischen Kriege hatte bisher den sozialen Zustand der griechischen Welt in gleichem Maße in Mitleidenschaft gezogen. Als Sulla Asien von seinem „Befreier" befreit hatte, schaffte er wohl das „kapitalistische" Steuersystem ab, welches die römischen Ritter begünstigte, aber seine eigenen schweren Kontributionen lasteten erst recht auf dem ohnehin durch den Krieg erschöpften Griechentum.

Die militärische Entscheidung des Krieges wurde in Griechenland herbeigeführt. Das Jahr 86 v. Chr. sah die Belagerung und Einnahme Athens — schonungslos wurden für die Belagerungsmaschinen die attischen Wälder abgeholzt — und die beiden römischen Siege von Chaironeia und Orchomenos. Zweier Waffengänge bedurfte es, weil der Feind nach Chaironeia noch nicht das Festland räumte und sich erst nach der zweiten Schlacht auf seine Basis Euböa, wo er durch neuen Zuzug über das Meer wiederhergestellt werden konnte, zurückzog. Danach kam es für Sulla darauf an, trotz seiner Unterlegenheit zur See Kleinasien zu erreichen. Durch ein kühnes Unternehmen seines Quästors Lucullus gelang es ihm, die Verbindung zur rhodischen Flotte herzustellen und damit nicht nur den Übergang über den Hellespont zu decken, sondern Mithridates auch an der kleinasiatischen Küste Abbruch zu tun. Nachdem sich Mithridates Sullas Angeboten gegenüber bis dahin spröde gezeigt hatte, ging er jetzt auf den sehr gemäßigten Vorschlag ein, auf Grund des alten Besitzstandes, d. h. unter Verzicht auf die Annexionen von Bithynien (einschließlich Paphlagoniens) und Kappadokien, welche den Krieg ausgelöst hatten, Frieden zu schließen (85 v. Chr., Friede von Dardanos).

Sulla war auch später, als er über Rom und das Römische Reich die Verfügung besaß, entschlossen, bei dieser konzilianten Politik zu bleiben und auf Mithridates' Loyalität bzw. seine vernünftige Einsicht in den eigenen Vorteil zu setzen. Den römischen Gouverneur von Asien (Murena), der einen neuen Krieg (den sog. Zweiten Mithridateskrieg 83—81 v. Chr.) vom Zaune brach, pfiff er zurück und sorgte für eine abermalige Anerkennung des Status quo durch beide Parteien. Aber Mithridates gab sich nicht zufrieden. Seine Motive sind nicht ganz leicht zu erraten und entsprechen wohl nur zum Teil einer rationalen Berechnung. Soweit eine solche im Spiel war, muß sie auf zwei Gesichtspunkten beruht haben. Mithridates war auf das beste vertraut mit den inneren römischen Verhältnissen. In seiner Umgebung und vor allem auch bei seinen Streitkräften befanden sich zahlreiche politische Flüchtlinge aus Italien, die entweder schon der Ausgang des Bundesgenossenkrieges oder dann die Sullanische Konterrevolution ihm in die Arme getrieben hatten. So wußte er, daß trotz Sullas innerpolitischem Sieg es nicht an bedeutenden Kräften fehlte, die nach einem Umsturz der Sullanischen Ordnung trachteten. Dieser Eindruck von der Labilität der römischen Verhältnisse schien sich ihm nun nach Sullas Tod zu bestätigen, als nicht nur Lepidus die Fahne des Aufstandes aufpflanzte, sondern vor allem Sertorius es gelang, Spanien zu einer Festung der antisullanischen Bewegung auszubauen. Mithridates trat mit Sertorius in Verbindung, und dieser hatte in seiner Situation, wo es um Sein oder

Nichtsein ging, keine Veranlassung, bei seinem Kampf um die Macht im römischen Staat auf die Hilfe eines so leistungsfähigen Verbündeten zu verzichten. Da er verständlicherweise in seiner Person die legitime Vertretung Roms sah, war er subjektiv berechtigt, mit Mithridates zu verhandeln und ihn als einen reichsangehörigen Fürsten in Anspruch zu nehmen. Natürlich war auf dieser Basis für Mithridates nicht die Auslieferung des römischen Asiens, die er verlangt hatte, zu erreichen; aber auf eine Zuweisung des umstrittenen Bithyniens und Kappadokiens an seinen Bundesgenossen konnte Sertorius eingehen. Ferner schickte er Mithridates römische Instruktoren für sein Heer. Mithridates war kein „Barbar", vielmehr von jeher darauf gesonnen, sich die Ausstattung mit der damaligen Zivilisation, welche aber eine griechische und nun mit der Zeit auch schon eine griechisch-römische war, zu verschaffen.

Der andere Umstand, der in Mithridates Hoffnungen erweckte, war die Entstehung eines neuen schlagkräftigen Gegners Roms in der Person des Tigranes, eines Abkömmlings einer armenischen Dynastie, welche die zeitweilige Schwäche der Parther benutzte, Armenien von ihnen unabhängig zu machen und zu einem eigenen Machtzentrum zu erheben. Tigranes war der Schwiegersohn von Mithridates, und solange Mithridates noch nicht am Ziel war, stimmten ihre Interessen überein und mußte beiden daran liegen, den römischen Einfluß in Anatolien zurückzudrängen. Mithridates war so klug, Tigranes bei seinen Plänen freie Hand zu lassen und ihm etwa die Besetzung von Kappadokien zu erlauben. Vorher (83 v. Chr.) hatte Tigranes sich bereits der Restbestände des seleukidischen Reiches in Syrien und Kilikien bemächtigt. Tigranes gefiel sich in großen Demonstrationen seiner improvisierten Macht und baute eine große, auf seinen Namen getaufte Residenzstadt (Tigranocerta) auf. Die Einwohner dazu gewann er durch Zwangssiedlungen aus den von ihm gewonnenen Gebieten.

Trotzdem waren die Spekulationen des Mithridates auch dieses Mal trügerisch. Der römische Staat war trotz seiner offenkundigen Krise stabiler, als Mithridates angenommen hatte. Die Politik des Sertorius fand durch seine Ermordung ein jähes Ende (72 v. Chr.). Tigranes' neuer Staat war, wie es nicht anders sein konnte, ein Kulissenbau; und vor allem war das an sich verrottete Regime der sullanischen Restauration doch immerhin imstande, ihm in der Person des Lucullus einen bedeutenden Feldherrn, der seine Überlegenheit schon im Ersten Mithridateskrieg bewiesen hatte und dem Mithridates auch jetzt nicht gewachsen war, entgegenzustellen.

Der Krieg (sog. Dritter Mithridateskrieg) begann im Jahre 74 v. Chr., als Bithynien durch das Testament des letzten Königs (Nikomedes III.) an Rom fiel und damit ein für allemal der Politik des Mithridates, welche die Beherrschung der Südküste des Schwarzen Meeres von jeher als ihr vitalstes Anliegen betrachtet hatte, ein Riegel vorgeschoben war. In Bithynien war man mit der Unterstellung unter die römische Herrschaft unzufrieden. Eine antirömische Revolte, durch Mithridates ausgelöst, schien seine Politik zu bestätigen.

Mithridates hatte auch in diesem Krieg die Offensive an sich gerissen, war in Bithynien eingefallen und versuchte durch die Einnahme von Kyzikos sich am Marmarameer eine feste Stellung zu schaffen, um so von vornherein das westliche Kleinasien zum Kriegsschauplatz zu machen. Aber der Plan mißlang, Kyzikos wurde rechtzeitig entsetzt, und der Krieg nahm nun im Gegensatz zu früher die Wendung, daß

Mithridates in seinem eigenen Land Pontus vom Feind aufgesucht wurde. Mit der römischen Langmut war es vorbei. Das Übel sollte diesmal an der Wurzel gepackt und mit Mithridates reiner Tisch gemacht werden. Mithridates' feste Plätze in Pontus wurden nacheinander von Lucullus eingenommen (73—71 v. Chr.), so daß am Ende dem König nur übrigblieb, als Flüchtling seinen Schwiegersohn Tigranes in Armenien aufzusuchen. Aber auch dort war er nicht mehr sicher. Lucullus griff auch Armenien an. 69 v. Chr. wurde nach einer großen Schlacht sogar die Hauptstadt Tigranocerta genommen. Das Ziel des Krieges schien erreicht und dem Feind Roms der Boden unter den Füßen weggezogen zu sein.

Da erfolgte ein Rückschlag. Pontus war durch Lucullus um der Invasion Armeniens willen von Truppen entblößt worden. So konnte Mithridates im Rücken des Lucullus von seinem Land wieder Besitz ergreifen. Lucullus selbst kam durch den Verlust seiner Operationsbasis in eine gefährliche Lage. Noch schlimmer war, daß sein Heer, dem er ungeheuere Strapazen zumutete, meuterte. Er war zu seinem Schaden nicht der Mann, sich die Sympathien der Soldaten zu gewinnen. Er hätte damals allerdings dazu auch eines politischen Nervs bedurft, denn inzwischen war seine Kriegführung nach dem Sturz der Sullanischen Ordnung (70 v. Chr.) zu einem Politikum geworden. Von popularer Seite wurde in Rom gegen ihn intrigiert, und die Optimaten versagten ihm nicht nur Unterstützung, sondern halfen aus persönlicher Scheelsucht seine Stellung untergraben. Obgleich ein Schüler Sullas, besaß Lucullus keinen politischen Behauptungswillen. So räumte er widerstandslos den Kampfplatz und überließ die endgültige Bereinigung des Mithridateskrieges seinem Nachfolger (66 v. Chr.). Das war Pompeius.

11. Pompeius und der Osten

Pompeius hatte damals in einem jähen Aufschwung den Höhepunkt seiner politischen Laufbahn erklommen. Er konnte mit Recht den Ruhm in Anspruch nehmen, die Seeräuberfrage mit einem Schlage und endgültig gelöst zu haben. Seit anderthalb Generationen hatte man sich um sie vergeblich bemüht und gerade im vergangenen Jahrzehnt die Anstrengungen erhöht. In Kleinasien (Pamphylien, Isaurien) war durch den tüchtigen Publius Servilius Vatia Isauricus eine beträchtliche Anzahl von Schlupfwinkeln im Gebirge ausgeräuchert worden (78—76 v. Chr.). Auf Kreta, dem anderen hauptsächlichen Sitz der Seeräuber, war gerade Metellus am Werke, ein Gleiches zu tun (69—67 v. Chr.). Der Kern des Problems wurde freilich durch solche örtlich beschränkten Unternehmungen nicht berührt. Die Seräuber beherrschten nach wie vor das ganze Mittelmeer, im Osten wie im Westen; selbst Italien war vor ihnen nicht sicher. Ihre Beseitigung erforderte deshalb eine Aktion, welche sich gleichmäßig auf das Ganze des von dieser Plage betroffenen Bereichs erstreckte. Derartiges war zwar im Jahre 74, nachdem ungefähr dreißig Jahre früher schon in dieser Richtung Planungen getroffen waren, bereits einmal versucht worden (durch Marcus Antonius), hatte aber zu einem Mißerfolg geführt. Den organisatorischen Grundgedanken, die Küste des ganzen Mittelmeeres in einem Streifen von 75 km Breite einem einzelnen Kommando zu unterstellen bzw. es dort mit den lokalen Statthalterschaften in Konkurrenz treten zu lassen, behielt man jedoch bei. Er sollte sich unter der Führung von Pompeius auch als tragfähig erweisen, denn in der unglaublich kurzen Zeit von einem Vierteljahr (mit drei Jahren hatte er gerechnet) war das Geschäft erledigt, und nicht nur Italien, sondern die gesamte Kulturwelt atmete auf. Endlich bekam sie zu spüren, daß die römische Herrschaft auch Vorteile mit sich brachte. Die Schiffe wurden zwar zum großen Teil von den Untertanen gestellt — Rom unterhielt ja keine stehende Flotte —, aber die organisatorische Zusammenfassung bewies nicht nur das hohe Verwaltungsgeschick des Pompeius, sondern die wenigstens potentielle und in diesem besonderen Fall einmal verwirklichte Einheit des Römischen Reiches. Dem rückschauenden Betrachter fällt es deshalb nicht schwer, an die römische Kaiserzeit zu denken, in der dieser Zustand zur Regel werden sollte. Freilich ist die Spiegelung einer flüchtigen Konstellation in einer späteren dauerhaften Ordnung noch kein Realbezug, und noch weniger bewegten sich die Vorstellungen der Zeitgenossen, auch nicht die des Pompeius, in der Richtung eines von imperialen Aufgaben erfüllten „Reichsdenkens".

Das große Seeräuberunternehmen des Pompeius war an sich aus eigenen Wurzeln erwachsen, berührte sich jedoch mit dem Krieg gegen Mithridates insofern, als Mithridates von der Unsicherheit der Meere und der maritimen Ohnmacht Roms von jeher bei seinem Kampf gegen Rom gewaltigen Nutzen gezogen und sich dementsprechend mit den Seeräubern verbunden hatte. Als Pompeius jetzt (66 v. Chr.) auf Grund eines neuen Ermächtigungsgesetzes (lex Manilia) mit außerordentlichen Vollmachten das Kommando gegen Mithridates übernahm, sollte ihm seine Überlegenheit zur See auch sehr zustatten kommen. Der Feldzug selbst brachte ihm allerdings nicht den gewünschten Erfolg. Pompeius besiegte zwar Mithridates und machte die Verluste des Lucullus wieder wett, aber die Hauptsache, des Gegners habhaft zu werden, gelang ihm nicht. Mithridates entkam in sein (südrussisches) bosporanisches Territorium, und Pompeius vermochte ihm nur den Seeweg für einen abermaligen Angriff zu sperren. Ohne römisches Verdienst erlag der König schließlich der Gewaltsamkeit des eigenen Wesens. Ein Aufstand, mit dem sich sein Sohn Pharnakes solidarisch erklärte, trieb ihn in den selbstgewählten Tod (63 v. Chr.).

Ein Menschenalter lang hatte Mithridates die römische Politik in Atem gehalten durch einen aussichtlosen Kampf. Er war gewiß ein außergewöhnlicher Mann und besaß noch zuletzt eine völlig ungebrochene Energie. Nachdem der frontale Angriff auf Rom über Asien ihm verwehrt war, ging er mit dem phantastischen Plan um, auf dem Landweg über Südrußland, den Balkan und die Donau in Italien einzufallen. Aber sein ganzes Streben hat ihn schließlich in den Untergang geführt und für die römische Geschichte das Gegenteil seiner Absicht erwirkt. Ausgezogen war er, um die römische Herrschaft im Osten zu brechen. Das Ergebnis war, daß sie nicht nur fester denn je stand, sondern ihr Ausbau weiter vorgetrieben wurde. Durch die Gunst der Umstände fiel Pompeius, seinem endgültigen Bezwinger, die Aufgabe zu, der eigentliche Gestalter dieses Prozesses zu werden. Sein Urheber war er freilich nicht, und wenn man schon eine personale Kraft in ihm anbringen will, dann ist paradoxerweise eine solche Mithridates eher als Pompeius gewesen.

Pompeius hat gegen Mithridates einen glänzenden Feldzug geführt. Er brachte den römischen Feldherrn bis Georgien und Aserbeidschan, Gebiete, die selbst Alexander der Große nicht betreten hatte, für das Selbstgefühl des Pompeius, der von Jugend an sich in der Pose des großen Makedonen gefiel, eine große Genugtuung und eine schätzenswerte Erhöhung seiner Popularität. Aber politisch war im Grunde nicht mehr herausgekommen als bei Lucullus, da man ihm den Ausgleich des zeitweiligen

Rückschlages ohne Bedenken zutrauen konnte. Es war schon vor Pompeius eine ausgemachte Sache, daß das Königreich Pontus in der von Mithridates geschaffenen Form nicht mehr erstehen sollte. Sein wertvollster (westlicher) Teil war zur Vereinigung mit Bithynien als römischer Provinz bestimmt. In diesem Sinn ist auch Pompeius verfahren. Kreta war durch Metellus unterworfen, und über seine Einrichtung als Provinz bestand ebenfalls kein Zweifel. Pompeius brachte lediglich die Ausführung des Planes. Kilikien war bereits eine römische Provinz, wurde aber auf Grund der Erwerbungen des Pompeius im Seeräuberkrieg beträchtlich vergrößert. Es ist hieraus leicht zu sehen, daß in Anatolien der Anteil der persönlichen Initiative des Pompeius bei der territorialen Neugestaltung nicht zu überschätzen ist.

Dagegen ist die Annexion einer anderen Landschaft wirklich zu vollem Recht mit seinem Namen verknüpft und hat Pompeius mit keiner seiner Taten nachhaltigere Spuren in der Geschichte hinterlassen als mit dieser, nämlich mit der Einrichtung der Provinz Syrien.

Der nach dem Dahinschwinden im zweiten Jahrhundert noch den Seleukiden verbliebene nördliche Teil war im Jahre 83 eine Beute des Tigranes von Armenien, damals Verbündeter des Mithridates, geworden. Lucullus hatte die naheliegende Absicht gehabt, wieder einen seleukidischen Herrscher einzusetzen. Pompeius wies diesen Gedanken mit der berechtigten Begründung von sich, daß der Seleukidenstaat zur Genüge seine Lebensunfähigkeit dargelegt habe, wobei er hierunter nicht nur seine Ohnmacht dem Armenier gegenüber verstand, sondern ebenso seine Schwäche im Innern und im Verhältnis zur anatolischen und jüdischen Grenzbevölkerung. Das war kein Todesurteil mehr, sondern nur die Ausstellung eines Totenscheins.

Mehr Mühe machte die Einbeziehung der Juden in die neue Provinz. Pompeius griff in einen Thronstreit zwischen zwei Brüdern ein und verhalf dem einen von ihnen mit Namen Hyrkan zum Sieg. Das theokratische System, die Vereinigung der höchsten geistlichen Würde des Hohenpriesters mit der des politischen Oberhauptes, blieb erhalten, obgleich es von den damals immer einflußreicher werdenden Pharisäern auf das heftigste bekämpft wurde. Aber mit der Königswürde, dem äußeren Zeichen der völligen Unabhängigkeit vom Seleukidenstaat, war es vorbei, und ebenso wurde von Pompeius Schluß gemacht mit der Beherrschung außerjüdischer Gebiete durch die Juden. Die Juden wurden jetzt nicht nur reichsangehörig (wofür sie unter bestimmten Gesichtspunkten vielleicht schon vorher gelten konnten), sondern Provinziale mit einer gewissen Selbstverwaltung. Die so folgenschwere Geschichte der Juden unter römischer Herrschaft beginnt mit Pompeius, und sein Schatten hat hinter all den kommenden Ereignissen gestanden, welche weit über die römische Welt hinaus wirken sollten. Pompeius hat nicht mehr Blut vergossen als unvermeidlich war und ist auch dem Tempel in Jerusalem mit Rücksicht begegnet, hat sich aber die Gelegenheit nicht entgehen lassen, ihn zu besichtigen. Begreiflicherweise hatten die Juden kein Verständnis dafür, daß Pompeius nicht mehr war als der Vollstrecker eines unvermeidlichen Geschickes, das sie über kurz oder lang auch ohne ihn erreicht hätte, und bewahrten ihm einen grimmigen Haß.

Wenn Pompeius seine Kraft territorialen Neuordnungen widmete, so fiel der geringste Teil hierbei auf die Provinzen. Ungleich mehr zu tun war für die zahlreichen Fürstentümer im Osten, die entweder erweitert oder verkleinert oder überhaupt erst geschaffen wurden. Obwohl Pompeius sich später rühmte, er habe Asia als Grenzprovinz übernommen und sie als Binnenprovinz der Vaterstadt zurückgegeben, so trifft dieses Urteil für die provinziale Neugestaltung nicht eigentlich zu. Die Provinz Asia stieß noch immer in der Hauptsache an provinzfreies Gebiet. Jedoch ist die Durchwirkung des ganzen Ostens mit römischer Macht unter Pompeius ungemein gefördert worden. Pompeius zog aber nur das Fazit der zwanzig vorangehenden Jahre und erntete die Früchte, welche andere gesät hatten.

Um so größer war allerdings sein Selbstbewußtsein. Seine östlichen Erfolge hat er mit der Draperie Alexanders umgeben und damit aller sachgerechten Maßstäbe gespottet. Und er hatte das Glück, in einer Zeit zu leben, die für dergleichen Aufmachungen nicht unempfänglich war.

In der Tat: Pompeius' Ruhm war keine Einbildung. In dem Fühlen der großen Masse war er eine Realität, und eine Realität war sein Erfolg auch für ihn, seine persönliche Machtstellung. Pompeius gewann nicht nur unermeßliche Reichtümer, sondern verfügte kraft seiner zahlreichen Anordnungen über eine große Anhängerschaft im Osten; denn alles, was dort etwas bedeutete, war durch ihn zu Rang und Würde gelangt, sei es, daß Pompeius Bestehendes bestätigte, sei es, daß er Neues schuf. Der römische Name und die römische Herrschaft hatten sich draußen im Reich noch nie auf gleiche Weise in einem einzigen Mann versinnbildlicht.

Und auch noch nie bisher hatte der griechische Osten es so zu spüren bekommen, daß die römische Geschichte bestimmt war, die griechisch-hellenistische in sich aufzunehmen und fortzuführen. Gewußt und ausgesprochen hatte es vor bald hundert Jahren zwar schon Polybios. Aber aus Polybios hatte die Divination des Historikers gesprochen. Jetzt war es soweit, daß auch der einfache Mann eine Ahnung davon bekam, daß sich Aufgaben und Praxis der untergehenden und meistens schon untergegangenen hellenistischen Staatenwelt auf die römische Politik aufgepfropft hatten. In den römischen Statthaltern Nachfolger der Fürsten zu sehen, daran war man seit geraumer Zeit gewöhnt. In Pompeius meldete sich aber zum erstenmal die Tatsache zum Wort, daß Rom die griechische Zivilisation nicht nur als Geschenk entgegennahm, sondern sie offen zu seiner Sache erklärte.

Keine griechische Lebensform ohne die griechische Stadt. Diese Wahrheit war uralt. Pompeius machte sie zum erstenmal auch für Rom gültig. Die Provinz Pontus hat Pompeius ganz auf die Stadt gestellt. Die Grundlage war seit alters her vorhanden. Gefördert wurde sie durch die früheren Herrscher. Pompeius aber hat mehr getan als je ein einzelner vor ihm. Neben der Erweiterung der bereits vorhandenen gründete er sechs neue Städte. Dergleichen hatte er schon vorher in Kilikien getan, als er zwanzigtausend Seeräuber, die er nicht über die Klinge springen ließ, sondern gerade durch diese großzügige Milde gewonnen hatte, in neuen Städten ansiedelte. Manche der Neugründungen trug, offen oder verbrämt, seinen Namen und nannte sich Pompeiopolis, Magnopolis oder Megalopolis, genauso wie man es von der Tradition der hellenistischen Herrscher her gewohnt gewesen war. Und schließlich war die Unterwerfung der Juden und Syrer auch nichts anderes als ein hellenistischer Gegenschlag, ein Ausgleich für die Verluste des Seleukidenreiches an sie. Die Gebiete städtisch-hellenistischer Gesittung, welche der jüdischen Expansion anheimgefallen und verkommen waren, erhielten durch Pompeius die Voraussetzung frischen Gedeihens.

Pompeius brachte unermeßliche Beute aus dem Osten heim. Seine Generale wurden Millionäre und seine Soldaten vermögende Leute. Aus den Schatzhäusern des Mithridates und den Tresors der vielen asiatischen Fürsten flossen unendliche Reichtümer in die römische Kasse. Syrien und Kilikien hatten eine einprozentige Vermögensabgabe zu zahlen. Das wird nicht die einzige Kontribution gewesen sein. Trotzdem brachte Pompeius den Ländern des Ostens im Vergleich zu den vorangegangenen Jahrzehnten eine große Erleichterung. Das lag weniger an ihm als an der Tatsache, daß mit ihm die lange Kriegsperiode, deren Motor Mithridates und die Seeräuber gewesen waren, ihren Abschluß fand. Endlich wurde ein Schlußstrich unter die Leiden und Beanspruchungen gesetzt, welche die Bewohner des hellenistischen Ostens von beiden Seiten zu ertragen gehabt hatten. Sulla hatte seinerzeit zwar, aus innerpolitischen Gründen, mit der Steuerpacht aufgeräumt, um die publicani zu treffen. Aber den griechischen Städten ging es deshalb nicht besser. Ungeheuere Kontributionen wurden ihnen, die bereits von Mithridates ausgesogen waren, auferlegt als Nachzahlung der in der Vergangenheit nicht eingegangenen Leistungen. Die Städte konnten seinen Forderungen nur nachkommen, indem sie sich bei den römischen Kapitalisten verschuldeten. Die allgemeine Verschuldung war infolge des hohen Zinsfußes ins Groteske gestiegen und betrug ein Vielfaches der ursprünglichen Summen. Ferner waren die Unternehmungen gegen die Seeräuber zu Lasten der Bevölkerung gegangen. Habsucht und unzweckmäßige Anordnungen der römischen Militärs, gerade auch der erfolglosen wie des Antonius, erschwerten die Lage zusätzlich. Diese Not hatte schon Lucullus gesehen. Er entschloß sich in der Provinz Asia zu einem rigorosen Eingriff und verordnete einen allgemeinen Schuldennachlaß, durch den vor allem die aus den Zinsen und Zinseszinsen erwachsenen Lasten so weit abgetragen wurden, daß sie im Höchstfall das geschuldete Kapital nicht mehr überstiegen. Sodann wurde der Zinsfuß herabgesetzt, und die jährlichen Zahlungen wurden in ein erträgliches Verhältnis zur Leistungsfähigkeit gesetzt (bis zu 25 % des Einkommens). Mit dem Umsturz des Jahres 70 waren die Steuerpächter wieder zurückgekehrt. Pompeius bediente sich ihrer bei der Eintreibung der Abgaben, aber ihre Tätigkeit scheint maßvoller und weniger drückend als früher gewesen zu sein. Die Verhältnisse wurden natürlich nicht mit einem Schlag glänzend. Es sah immer noch trüb genug aus. Doch der schlimmste Druck hatte nachgelassen. Bei der wirtschaftlichen Produktivität des für damalige Verhältnisse hoch industrialisierten Ostens war mit einer steten Erholung zu rechnen. Jetzt, wo die Lage wieder stabilisiert war, kehrten die italischen Geschäftsleute zurück. Nach der Expansion der römischen Herrschaft hatte sich ihr Geschäftsradius bedeutend erweitert. Sie brachten Kapital mit, das der griechischen Wirtschaft zugute kam. Delos hatte einst seine Bedeutung als Umschlagplatz zwischen Osten, d. h. vor allem Syrien und seinen Fernhandelsstraßen, und dem Westen gewonnen. Jetzt, wo die Sicherheit des Meeres hergestellt war und Syrien unmittelbar unter römischer Verwaltung stand, bedurfte der internationale Handel seiner nicht mehr. Der Verkehr ging vom Westen direkt nach den großen Plätzen des Ostens; umgekehrt bildeten sich im Westen Handelsplätze, um den Verkehr aufzufangen (Puteoli).

Kein Zweifel: nach den Störungen und Wirren der ersten Jahrhunderthälfte hatte die Welt, in der damaligen Sprache der „römische Erdkreis“ (orbis Romanus), die Chance erhalten zu einer ruhigen Entfaltung. In den anderthalb Jahrzehnten, vom Tode des Mithridates bis Pharsalos, zeichnen sich die Linien einer allmählichen sozialen Erholung und Erstarkung ab. Es lag nicht an den eigenen Bedingungen und Voraussetzungen des griechischen Ostens, wenn daraus nichts wurde und die römische Revolution in ihrem Endstadium diesen Gesundungsprozeß abbrach und eine neue Periode voller Leiden und Drangsal herbeiführte. Die römische Innenpolitik, welche bis dahin die außenpolitischen Probleme in sich einbezogen oder wenigstens von ihren eigenen Anliegen aus auf sie reagiert hatte, trat nun in diejenige Phase, in der sie der Außenpolitik jegliche Eigenständigkeit nahm und sie fast bis zur Gänze in der Revolutionierung des Gesamtreiches auflöste. Es gab nur noch einen Punkt, an dem die Außenpolitik eine eigene Ausgangsposition sich bewahrte, und an ihm stellte sich deshalb auch eine Verbindung mit der vorangehenden Zeit her. Das Verhältnis Roms zu den Parthern bildete diese Brücke.

12. Das parthische Problem

Als ein aktuelles Anliegen mußte dieser die weitere römische Geschichte wie ein Schatten begleitende Fragenkreis sich mit dem Augenblick einstellen, als Rom und die Parther eine gemeinsame Grenze erhielten. Das geschah durch die Einrichtung der Provinz Syrien, denn das hinter dem oberen Euphrat sich ausbreitende Mesopotamien war parthisch. So lautete wenigstens die ursprüngliche Abmachung, die Pompeius zu Beginn seines Kampfes gegen Mithridates getroffen hatte. Die Interessen Roms und Parthiens gingen damals — wie die ganze vorangehende Zeit — zusammen, denn sie verband der gemeinsame Feind Mithridates bzw. hinsichtlich der Parther dessen Verbündeter Tigranes von Armenien, der sein Großreich vorzugsweise auf Kosten der Parther aufgerichtet hatte. Das parthische Bestreben war naturgemäß darauf gerichtet, diese Verluste wettzumachen, und die Abmachung mit Pompeius, ungefähr gleichlautend wie die mit seinem Vorgänger Lucullus, ging dahin, daß Tigranes die ehemals parthischen Distrikte zurückgeben sollte, wodurch sich dann eben für Rom die Euphratgrenze hergestellt hätte. Nachdem sich jedoch Tigranes von Mithridates getrennt und sich für die römische Seite entschieden hatte, ohne daß die Parther zum Kriege etwas beigetragen hatten, hielt sich Pompeius nicht mehr an das Abkommen gebunden. Die Parther kamen sich geprellt vor und hatten gegen das vertragsbrüchige Rom einen heftigen Groll, machten jedoch im Augenblick gute Miene zum bösen Spiel. Eine Koalition Pompeius-Tigranes wollte der Partherkönig Phraates III. nicht zum Feinde haben, und so fügte er sich der römischen Regelung, welche ihm zu Gunsten des Tigranes nur einen kleinen Teil des Versprochenen beließ und zudem im römisch-parthischen Grenzgebiet die Anerkennung eines arabischen Scheiches als römischen „Bundesgenossen“, d. h. als Reichsangehörigen, in sich schloß.

Einige Jahre nach Pompeius' Weggang hätte sich beinahe der römische Statthalter von Syrien, Gabinius, ein politischer Gefolgsmann des Pompeius, zu einer Intervention in parthische Thronstreitigkeiten entschlossen (55 v. Chr.), worauf er nur verzichtete, weil sich ihm eine bequemere Gelegenheit in Ägypten bot. Er führte dort den aus Alexandria vertriebenen Ptolemaios XII. Auletes zurück, ein Unternehmen, das ihm viel Geld einbrachte und den ägyptischen König in die klägliche Lage versetzte, seinen

Thron nicht nur römischen Waffen verdanken zu müssen, sondern hinfort auch zu seinem Schutz einer römischen militärischen Abteilung zu bedürfen und einen römischen Finanzminister zu dulden.

So undurchsichtig das Verhältnis der Parther zu Rom auf die Zukunft besehen sein mochte, so war doch der Frieden erhalten geblieben. Sein Bruch sollte eindeutig auf römisches Verschulden zurückgehen. Des näheren wurde er zu einem charakteristischen Ausschlag der römischen Innenpolitik auf den außenpolitischen Sektor.

Den Unbedeutendsten der Triumvirn, Crassus, ließ der Kriegsruhm seiner politischen Verbündeten, des Caesar und des Pompeius, nicht schlafen. Um sich in ihrer Gesellschaft und damit in der römischen Politik recht zur Geltung zu bringen, benötigte er ein Prestige, das mit dem der beiden anderen konkurrieren konnte. Die Geschichte schien ihm eine Gelegenheit aufgespart zu haben, welche ihn befähigte, mit einem Schlag der berühmteste römische Politiker zu werden. Ein Sieg über die Parther würde das genaueste Ebenbild zu Alexander dem Großen aufleuchten lassen. Pompeius hatte seinen Glanz damals bei der Rückkehr aus dem Osten beschworen und galt deshalb noch immer als der erste Feldherr Roms. Ein mit parthischen Trophäen aus Mesopotamien oder gar Iran zurückkehrender Sieger mußte ihn, und nicht nur ihn, in den Schatten stellen. Der Weg zu einer überragenden Position in Rom war dann frei. Der wirkliche Weg führte den ein wenig einfältigen Rechner, dessen Wünsche in einem auffälligen Mißverhältnis zu seinem Können standen, aber ganz woanders hin: in die Katastrophe von Carrhae (53 v. Chr.). Sie brachte Crassus den Tod und Rom die schimpflichste Niederlage seit Menschengedenken. Die Schmach von Carrhae wurde zur schwärenden Wunde des römischen Selbstgefühls und war nach römischer Auffassung nur durch einen überwältigenden Revanchesieg zu heilen.

13. Der Osten in den Bürgerkriegen Caesars und der Triumvirn

Bevor Rom zum Gegenschlag ausholen konnte, brach der Bürgerkrieg aus. Pompeius plante, den Osten, wo er auf große Anhänglichkeit zählen konnte, zu einer Bastion der legitimen römischen Regierung gegen Caesar auszubauen. Pharsalus und Pompeius' plötzliches Ende in Ägypten ließen es dazu nicht kommen. Aber dazu reichte es doch, daß die Bevölkerung für die Kriegslasten schonungslos beansprucht wurde, ähnlich wie in den Tagen Sullas. Die gleiche Situation, von Italien abgeschnitten zu sein, mußte die gleichen Folgen haben.

Caesar gewann mit Kleopatra Ägypten, allerdings nach langwierigen Schwierigkeiten, die ihm beinahe das Leben gekostet hätten. Um den weiteren Osten konnte er sich aus Zeitmangel nicht kümmern. Im Vorbeigehen erwies er sich den Juden gefällig, indem er eine Anordnung aus der Statthalterschaft des Gabinius, welche den beherrschenden Einfluß von Jerusalem eingeschränkt hatte, rückgängig machte und sich damit nicht nur die Sympathie der Juden in Palästina, sondern auch in der Diaspora gewann. Seine Hauptaufmerksamkeit mußte auf den Versuch des Sohnes von Mithridates, des Pharnakes, gerichtet sein, den pontischen Staat seines Vaters wiederaufzurichten. Caesars rascher Sieg bei Zela (47 v. Chr.) zertrat die Flamme, bevor ein Brandherd daraus werden und die Tage des Mithridates wiederkehren konnten. Pharnakes kam in seinem bosporanischen Reich (Südrußland) bei einer Revolte unmittelbar danach ums Leben. Natürlich hatten die Untertanen die Kosten auch von Caesars Feldzügen im Osten zu tragen, und der Bürgerkrieg sah für sie kaum anders aus, von welcher Seite auch immer sie bedrückt wurden.

Später, als der Bürgerkrieg zu Ende ging und Caesar den Partherfeldzug vorbereitete, suchte er sich anscheinend eine gefestigte und gesunde Basis im Osten zu schaffen. Er brach grundsätzlich mit dem unbeliebten System der römischen Steuerpächter und geizte auch sonst nicht mit Vergünstigungen und Privilegien. Der jähe Abbruch seines Lebens ließ die Saat nicht mehr aufgehen und ließ auch die parthische Frage ungelöst.

Was dem Osten durch die schnelle Entscheidung von Caesars Kampf erspart geblieben war, mußte er nach seinem Tod in vielfältigem Maße nachholen. Es folgten trübe Jahre. Brutus und Cassius, in der gleichen Lage wie Pompeius 49/48, raubten die Bevölkerung rücksichtslos aus. Nur verschaffte ihr deren Niederlage nicht die Erleichterung, welche letztlich Caesars Sieg gebracht hatte.

An die Stelle der Caesarmörder trat im Osten Antonius. Eine besondere Zuspitzung hatte die Lage dadurch erfahren, daß bei der Entblößung der Grenzen, durch den Abzug der Truppen für den inneren Kampf gegen die Triumvirn, Syrien und Kleinasien den Einfällen der Parther offen preisgegeben war. Diese gelangten so bis nach Karien. Bei ihnen war Labienus, ein römischer Offizier, der sich Parthicus Imperator nannte, einst von Cassius zum parthischen König mit einem Hilfegesuch geschickt.

Nach Philippi mußte es deshalb die erste Aufgabe des Siegers sein, dieses schmähliche Schauspiel zu ändern. Ein Feldherr des Antonius, Ventidius, entledigte sich dieser Aufgabe in drei glänzenden Siegen, alle auf Reichsboden ausgefochten, und trieb die Parther so wieder über die Grenzen zurück. Aber nach der vorangegangenen abermaligen Demütigung des römischen Namens war eine wirkliche Vergeltung noch dringender geworden. Für Antonius wurde sie zu einem verheißungsvollen Ziel. In einem groß angelegten Feldzug ging er darauf zu. Das Ergebnis war ein Mißerfolg. Das weitgespannte Unternehmen endete mit einem gefährlichen und verlustreichen Rückzug (36 v. Chr.). Im übernächsten Jahr konnte Antonius nur einen Scheinerfolg in Form eines Handstreiches auf das verbündete Armenien verbuchen, dessen König er nach Alexandrien entführte. Er bildete sich darauf ein, über Armenien frei verfügen zu können, beschwor aber nur Unruhen herauf und gab den Parthern Gelegenheit zur Intervention. Eine Gegendemonstration im Jahre 33 zeigte nur, daß er nach drei Jahren genauso am Anfang stand wie drei Jahre zuvor.

Antonius war über zehn Jahre der unbeschränkte Herrscher des griechischen Ostens. In Sulla und Pompeius hatte er Vorläufer, aber keiner von ihnen konnte sich in der Dauer dieser Herrschaft mit Antonius messen. Eine Überlegenheit seiner Stellung ergab sich keineswegs daraus, und wahrscheinlich war es überhaupt sein Verhängnis, daß er nicht zeitig genug den Kampf um Italien, das Herzstück des Römischen Reiches, aufnahm. Aber nachdem er einmal diesen Kurs eingeschlagen hatte, mußte er sehen, wie er sich, unabhängig von den römischen Herrschaftstraditionen, zu denen ihm jetzt der Zugang fehlte, im Sattel hielt. Sein Programm bestand in der Aneignung der politischen Begriffe, wie sie im griechischen Osten seit dreihundert Jahren heimisch waren. Inwieweit er tatsächlich das Bewußtsein besaß, sich hierbei in einer Grenzlage zu befinden, oder ob er nicht diesen Weg mit vorbehaltloser Zustimmung ging, ist mit unseren Mitteln nicht mehr auszumachen, obgleich manches für die letztere Deutung spricht. Aber auch dann bliebe bestehen, daß der erste und ursprüngliche Ansatz ihm vorgegeben war mit der Aufteilung des Reiches nach Philippi.

Das Prinzip, auf das sich Antonius berief, war das monarchisch-dynastische. Im Gegensatz zu der auf dem römischen Amtsbegriff beruhenden Territorialverwaltung, wie sie in den Provinzen zum Ausdruck kam, sollte die Dominante seiner Herrschaft nach Antonius' Auffassung die Unterordnung von Monarchen unter den persönlichen Willen eines universalen Herrschers sein. Antonius sah zwar zunächst noch keine Möglichkeit, die Stellung, die er hierbei für sich beanspruchte, formell zu deklarieren. Seine Erhebung zu einem hellenistischen Herrscher schloß sich schon deshalb aus, weil die Kategorie eines solchen Herrschertums nicht dazu geeignet war, die Abhängigkeit von ihm selbst als dem obersten Herrn zum Ausdruck zu bringen. Auch eine superlativische Hervorhebung einer Königswürde wäre ihm noch nicht genug gewesen, und schließlich wollte er sich auch den Rückweg nach dem Westen doch nicht verschließen, was durch eine derartig eindeutige Festlegung seiner Machtposition geschehen wäre.

Antonius wählte den Ausweg einer schwer faßbaren und offenbar nicht bis zum letzten durchdachten Konstruktion. Die ptolemäische Königin Kleopatra und ihr Sohn (von Caesar) Kaisarion wurden durch ihn zur Königin und zum König der Könige ernannt, erhielten also die Würde eines Großkönigtums zur gesamten Hand. Die drei Kinder der Kleopatra von Antonius bekamen dem gegenüber eine niedrigere Königsherrschaft; sie sollte also von der anderen als abgeleitet gelten. Sie waren jedoch ihrerseits höher als sämtliche sonst noch bestehenden monarchischen Gewalten im Osten. Die Herrscher östlich des Euphrat, d. h. von Armenien, Medien und Parthien, fielen so unter Alexander Helios, der die Proklamation in achämenidischer Kleidung entgegennahm. Armenien hatte damals keinen König und war von Antonius erobert worden. Also sollte es Alexander direkt beherrschen, während gegenüber dem Partherkönig nur ein ganz unwirklicher Anspruch vertreten wurde. Diesseits des Euphrat sollte Ptolemaios Philadelphos über sämtliche Fürsten herrschen. Dem dritten Kind, einem Mädchen, Kleopatra Selene, wurden die Cyrenaica und Libyen zugewiesen. Kleopatra und Kaisarion besaßen in Verbindung mit der obersten Stelle in dieser Hierarchie Ägypten samt verschiedenen Unterbesitzungen, etwa im Umfang des Ptolemäerreiches vom dritten Jahrhundert. Mit einer solchen Ausstattung hatte schon Caesar begonnen, als er Kypros, ungeachtet dessen, daß es zehn Jahre vorher römische Provinz geworden war, Kleopatra zurückgegeben hatte.

In einem großen Staatsakt in Alexandria, der verbunden war mit einem prächtigen Triumph über Armenien, war 34 v. Chr. diese phantastische Luftzeichnung entworfen worden, die, wenn sie praktisch auch ohne jeden Wert war, zeigt, in welcher Richtung die Gedanken des Antonius sich bewegten. Vorangegangen waren realere Maßnahmen. Ihr hauptsächlichstes Charakteristikum war die Reduktion des asiatischen Provinzbestandes auf Asia, Bithynien und Syrien. Kypros und Kilikien waren als Provinzen aufgehoben und in den dynastisch aufgeteilten Raum einbezogen. In diesem erstand neben zahlreichen Fürstentümern wieder ein (allerdings nicht unter der früheren Familie stehendes) Königreich Pontus durch Abtrennung des betreffenden östlichen Teiles von der Provinz Bithynien. Desgleichen wurde ein galatisches Königtum geschaffen.

Und ein Königtum entstand auch wieder bei den Juden (40 v. Chr.). Es war allerdings keine Erneuerung der hasmonäischen Dynastie, welche zugleich das Hohenpriesteramt besessen hatte. Herodes (der Große), der neue König, entstammte nicht einmal dem alten Judentum, sondern war aus dem erst im Verlaufe der jüngeren Geschichte judaisierten Nachbarstamm der Idumäer hervorgegangen. Sein Vater Antipater war die rechte Hand des von den Römern protegierten letzten Hasmonäers Hyrkan gewesen, eine Art von Majordomus. Herodes hatte sich nach Caesars Tod Cassius angeschlossen und war ihm für die Beitreibung der drückenden Abgaben im jüdischen Bezirk unentbehrlich geworden. Nach Philippi war infolgedessen seine Stellung sehr gefährdet, zumal die Juden, welche ihn begreiflicherweise sehr haßten, nicht versäumten, Antonius auf sein nahes Verhältnis zu den Caesarmördern hinzuweisen. Aber Herodes gelang es, Antonius für sich zu gewinnen. Der Weg zum Thron wurde ihm dann dadurch geöffnet, daß der Einfall der Parther in Judäa zur Selbstvernichtung der letzten Hasmonäer führte. Zuerst wurde Hyrkan von den Parthern durch einen anderen Hasmonäer ersetzt, der seinen Vorgänger in der Hohenpriesterwürde durch Verstümmelung für das Amt untauglich machte, und dann wurde wieder dieser Prätendent ein Opfer des römischen Sieges über die Parther. Den Gewinn hatte Herodes, der beizeiten seine Loyalität in Rom versichert hatte und dafür zum König erklärt worden war. Mit den Legionen, die 37 v. Chr. Jerusalem erstürmten, gewann Herodes den Besitz seines Königtums. Es konnte selbstverständlich nicht mit dem Hohenpriesteramt verbunden werden. Die Juden verabscheuten Herodes ohnehin schon genug, war er doch nicht nur römischer Vasall und damals Vertrauensmann des Antonius, sondern vertrat dazu auch Regierungsgrundsätze, welche eine glatte Negation des hasmonäischen Königtums waren. Herodes wollte als hellenistischer König in dem heidnischen Römischen Reich seinen Platz finden, und er fand ihn auch. In Kleopatra hatte er eine erbitterte Feindin, ihr Ehrgeiz trachtete nach dem südlichen Syrien, das alter ptolemäischer Besitz gewesen war. Herodes verstand aber, sich zu behaupten, und er behauptete sich, was bedeutsamer war, auch später, nach dem Sturz des Antonius.

14. Der Westen und die Unterwerfung Galliens

Während die römische Außenpolitik in der letzten Generation der Revolutionszeit im Osten nur noch geringe eigene Impulse besaß und noch weniger es zu dauernden Ergebnissen brachte, bietet der Westen infolge der Unterwerfung Galliens durch Caesar ein anderes Bild. Ganz gewiß bildete zwar auch hier die außenpolitische Ratio keineswegs die Wurzel, oder wenigstens nicht die alleinige Wurzel des Unternehmens, aber die Leistung, gleichgültig, welchem Motiv sie entsprang, war unzweifelhaft einer der größten römischen Erfolge, kaum vergleichbar mit einem vorher. Eine adäquate Betrachtung müßte deshalb zur Monographie werden und den hier vorgegebenen Rahmen sprengen. Er zwingt in diesem Fall wie überhaupt zu einer stark perspektivischen Verkürzung.

Caesars gallischer Krieg ist das positive Gegenstück zu dem unglücklichen Feldzug des Crassus gegen die Parther. Beiden liegt ein und dasselbe Urbild zugrunde: Pompeius' märchenhafte Erfolge im Osten, die ihn zum berühmtesten und mächtigsten Römer jener Jahre gemacht hatten. Wie die ganze frühere Karriere Caesars ist sie auch in diesem Stück dem Aufstieg des Pompeius nachgeformt.

Nachdem Caesar im Jahre 60 v. Chr. mit dem Triumvirat die innerpolitische Voraussetzung für ein außerordentliches Kommando nach dem Muster des Pompeius geschaffen hatte, mußte ihm die Außenpolitik den „Fall" liefern, den er dann in der entsprechenden Weise aufzäumen konnte. Er bedurfte eines Projektes, das nicht nur von seinen persönlichen Bedürfnissen, sondern auch von der Sache her überzeugte und außerordentliche Maßnahmen verständlich machte. So einleuchtend wie der Kampf gegen die Seeräuber und Mithridates war nun allerdings das Vorhaben Caesars auf den ersten Blick nicht. Als Caesar im Jahre 59 durch einen Volksbeschluß (die lex Vatinia) sich Oberitalien (die Provinz Gallia Cisalpina) mit Illyricum übertragen ließ, konnte er auf keine unmittelbare außenpolitische Gefahr hinweisen, sondern mußte sich begnügen, das Augenmerk auf Veränderungen im Vorfeld des Römischen Reiches und die Möglichkeit zu richten, daß hieraus einmal für Rom eine unangenehme Überraschung sich ergeben könnte. In Dakien (dem heutigen Rumänien) hatte der König Burebista eine expansive Bewegung eingeleitet, die bereits die Ungarische Tiefebene erreicht hatte, so daß ein Übergreifen auf den weiteren Donauraum nicht unwahrscheinlich war. Oberitalien und Illyrien (d. h. die Nordküste der Adria) sollten Caesar die Operationsbasis geben, um Burebista zu begegnen und damit zum mindesten das heutige Jugoslawien für das Römische Reich zu gewinnen. Durch einen Zufall bot sich jedoch eine andere Gelegenheit. Der Prokonsul von Gallia Narbonensis starb plötzlich, und Caesar konnte sich die dadurch frei gewordene Provinz noch zusätzlich zu den anderen durch Senatsbeschluß übertragen lassen. Hier brauchte Caesar fürs erste seine Phantasie gar nicht zu bemühen. Eine Aufgabe, an der nicht vorbeizugehen war, stellte sich von selbst.

Der keltische Stamm der Helvetier, ansässig in der heutigen Westschweiz, also ein Glied der in Gallien sitzenden keltischen Völkerfamilie, war im Begriff, auszuwandern und sich am Golf von Biscaya, zwischen Loire und Garonne, anzusiedeln. Dazu wollte er die römische Provinz Narbonensis durchqueren und stellte ein entsprechendes Gesuch an Caesar. Caesar lehnte diese Zumutung ab, war aber im Augenblick nicht imstande, seiner Weigerung militärischen Nachdruck zu verleihen. Die Truppen mußten erst aus Oberitalien herangeholt werden. Inzwischen hielt er die Helvetier durch dilatorische Behandlung des Falles hin. Als die Legionen eingetroffen waren, hatten die Helvetier eine andere Richtung eingeschlagen und suchten sich eine Passage durch das Gebiet der benachbarten Häduer.

Die drohende Gefahr hatte sich also — scheinbar — verzogen, und eine lässige Auffassung von der politischen Lage hätte sich hiermit vielleicht zufriedengegeben. Nicht so Caesar, und, muß man hinzusetzen, auch ein anderer hätte wohl jetzt die Hände nicht in den Schoß gelegt. Das Vorhaben der Helvetier war nämlich nur ein Ausschnitt aus dem größeren allgemeingallischen Problem. Gallien war seit dem Ende des zweiten Jahrhunderts Vorfeld der römischen Politik. Rom beherrschte es nicht, aber Rom hielt es für seine Aufgabe, es auf einen bestimmten Status hin zu kontrollieren. Die dortigen politischen Kräfte sollten sich im Gleichgewicht halten, und vor allem sollte jede Bewegung unterbleiben, die dieses gefährden konnte. Solches erforderte die Sicherheit der römischen Provinz in Gallien und entsprach überhaupt dem damaligen Stand der römischen Herrschaft. Nach der Beseitigung des arvernischen Primates im zweiten Jahrhundert, nochmals bestätigt gegenüber einem König Celtillus in den achtziger

Jahren, hielten sich die Sequaner und die Häduer die Waage. Das römische Prinzip entsprach also ungefähr dem Grundsatz, den man in der ersten Hälfte des zweiten Jahrhunderts im griechischen Osten beobachtet hatte.

In den sechziger Jahren wurde dieses System nun empfindlich durch die Sequaner gestört. Sie gewannen über die Häduer die Oberhand und fanden bei ihnen in einer politischen Gruppe unter Dumnorix eine Stütze. Der Gegenspieler Divitiacus wandte sich dann folgerichtig an Rom. Das Übergewicht der Sequaner beruhte auf einer Verbindung mit dem Germanen Ariovist, einem suebischen Häuptling, der von jenseits des Rheins im Elsaß eingedrungen war.

Dieser Ariovist, ebenso auch in der Nachbarschaft der Helvetier stehend, hatte diesen schon den Aufenthalt in der Schweiz verleidet und sie damit zu ihrem Auszug bestimmt. Es verknüpften sich also zwei Vorgänge, von denen jeder allein schon den Römern unangenehm sein mußte: der Verlust des politischen Gleichgewichts durch Erstarken der Sequaner und der Anfang einer Völkerbewegung, von der nicht abzusehen war, wohin sie letztlich führen würde. Der Senat hatte denn auch in den Jahren 61 und 60 v. Chr. die Gefährlichkeit der Situation durch zwei Beschlüsse, welche dem zuständigen Statthalter erhöhte Aufmerksamkeit für diese Vorgänge geboten, anerkannt. Als Caesar den Helvetiern entgegentrat, nahm er mithin einen bereits angesponnenen Faden auf. Er spann ihn allerdings weiter, als in dem römischen Programm angegeben war; denn seine Unternehmungen führten nicht zur Wiederherstellung des Status quo: an ihrem Ende stand die Unterwerfung Galliens.

Sie nahm genau acht Jahre in Anspruch und war im Jahre 50 beendigt, in Anbetracht des beschränkten Kriegsschauplatzes und der militärischen Genialität des römischen Feldherrn eine verhältnismäßig lange Zeit. Diese Spanne umfaßte jedoch im Grunde mehr als Niederlage und Bezwingung des Feindes. Rom hatte in Gallien das Glück, die Durchsetzung und Einwurzelung der römischen Herrschaft uno actu mit der Unterwerfung vollzogen und Caesars eminenten Fähigkeiten anvertraut zu sehen. Ein Prozeß, der in Spanien sich durch zwei Generationen hinzog, der in Jugoslawien mehrere Jahrzehnte beanspruchte, wurde hier auf diese acht Jahre zusammengedrängt. Die Geschichte verzeichnet späterhin keine bemerkenswerten Versuche der Gallier mehr, die durch Caesar herbeigeführte Entscheidung rückgängig zu machen, obgleich die folgenden Jahre durch die Erschütterung des römischen Staates gut Gelegenheit dazu gegeben hätten. Caesar hat die Gallier nicht nur besiegt, sondern ihnen ein für allemal das Rückgrat gebrochen. Seine Statthalterschaft war deshalb die meiste Zeit mit der Niederwerfung von Aufständen ausgefüllt.

Die erste Unterwerfung war schon 57 v. Chr. erfolgt nach dem Sieg über die Helvetier und Ariovist (58 v. Chr.) und der Expedition nach dem nördöstlichen Gallien, zu den Belgern, und in die Normandie (57). Sehr viele Gallier hatten bereits nach der Niederlage der Helvetier, durch die sie sich dem Sieger ausgeliefert vorkamen, die römische Oberhoheit anerkannt.

Aber dann kamen die Rückschläge. Drei Aufstände, der eine immer größer und gefährlicher als der andere, hatte Caesar niederzukämpfen. Seine ganze Elastizität und Erfindungskraft wurden beansprucht. Die strategisch-taktischen und schließlich politischen Manöver, die er in einem fort durchführte, zu verfolgen, ist ein Genuß für den Militär, kann aber in diesem Rahmen keine nähere Aufmerksamkeit beanspruchen. Caesar erkannte auch, daß er mit Gallien nur fertig würde, wenn er seine Grenze und das anschließende Vorfeld abschirmte. So kamen seine zwei Expeditionen über den Kanal nach Britannien (diesseits und jenseits von ihm saßen Kelten) 55/54 v. Chr. und der zweimalige Rheinübergang (55 u. 53 v. Chr.) zustande. Die gefährlichste Erhebung war die letzte unter dem Arverner Vercingetorix, der eine umfassende Koalition gegen Caesar zustande brachte und selbst ein Mann von menschlicher und geschichtlicher Größe war. Er war zeitweise nahe daran, das ganze Werk Caesars zu vernichten (52/51 v. Chr.).

Caesar war ein großzügiger Rechner, dem es allein auf den politischen Erfolg ankam; aber wenn er es für nötig hielt, konnte er ein harter Gegner sein und ließ es dann auch an Grausamkeiten nicht fehlen. Der Vercingetorixaufstand hatte zwar die Gallier so schwer getroffen, daß Caesar ihnen gegenüber auf eine strenge Bestrafung verzichten durfte. Doch seine Statthalterschaft ging jetzt zu Ende. Er mußte den Rücken frei haben. Deshalb versicherte er sich des Freiheitshelden Vercingetorix in Person. Im Vertrauen auf den Edelmut des Gegners übergab dieser sich den Römern. Caesar ersparte ihm die Versuchung, seine Abwesenheit zu einer Wiederholung der gefährlichen Erhebung zu benutzen und führte ihn als Rebellen zur Hinrichtung, welche allerdings erst später, nach dem großen Triumph Caesars im Jahre 46 v. Chr., vollzogen wurde.

Die historische Bedeutung von Caesars gallischem Krieg bedarf keiner Erörterung. An Spanien reihte Caesar das zweite und wichtigste Land der außeritalischen Romania. Die an politisch-militärischen Erfolgen so reiche römische Geschichte kennt keine Eroberung, die in ähnlich kurzer Zeit zu einem vergleichbaren Erfolg geführt hätte. Im Zeitalter der römischen Revolution stellt sie alle außenpolitischen Taten in den Schatten. Trotzdem hat sie Caesar nicht den Ruhm gebracht, der ihr entsprach, ungeachtet dessen, daß er selbst sich mit seinen commentarii um die Anerkennung seiner Taten in der Öffentlichkeit bemühte. Pompeius' Glanz war doch noch immer stärker, und daß Caesar schließlich im Osten zu finden gedachte, was ihm der Westen vorenthalten hatte, ist deshalb von daher nicht ganz unverständlich.

VI.

Die Begründung des römischen Kaisertums durch Augustus

§ 17. Die verfassungsrechtliche Ordnung

1. Die Legalisierung der Alleinherrschaft (27 v. Chr.). — 2. Der verfassungsrechtliche Ausbau der Monarchie. — 3. Augustus und der Senat. — 4. Augustus und die Aristokratie. — 5. Der Begriff des Prinzipates.

1. Die Legalisierung der Alleinherrschaft (27 v. Chr.)

Dem rückschauenden Blick erscheint es ganz unvermeidlich, daß die römische Republik von einer Monarchie abgelöst wurde. Die Revolutionszeit hatte, zumal in ihrer letzten Phase seit Caesars Ermordung, mit genügender Klarheit gezeigt, daß für den Freistaat in seiner hergebrachten Struktur keine Lebenskräfte mehr vorhanden waren und an seine Wiederherstellung nicht mehr gedacht werden konnte. Den Zeitgenossen ist das freilich mit dieser Deutlichkeit nicht zum Bewußtsein gekommen. Die Republik einfach durch eine Monarchie zu ersetzen, das Alte wegzuräumen und von Grund aus etwas Neues aufzubauen, war ein Gedanke, dessen nur äußerster Zynismus fähig gewesen wäre. Niemals hätte ein solcher Plan Beifall, geschweige den Einsatz menschlicher Kraft finden können. Immer hätte er im Zeichen des schlimmsten politischen Verbrechens, der Errichtung einer Tyrannis, römisch gesprochen, des Königtums gestanden. Und gesetzt auch den Fall, es wäre gelungen, durch mechanische Gewalt die Republik aufzuheben und die Monarchie einzuführen, immer hätten sich noch genügend Männer gefunden, ein solches Regiment zu Fall zu bringen.

Andererseits hatte nach den Erfahrungen des Zweiten Triumvirates kaum noch jemand den Mut, glattweg die Rückkehr zum alten Zustand, wie er ungefähr vor dem Konsulat Caesars (i. J. 59) sich dargestellt hatte, für möglich zu erklären. Die Dinge hatten sich in einer Sackgasse festgelaufen. Die Tat des Augustus bestand nun darin, sie aus dieser herausgeführt und einen Weg gefunden zu haben, der zur Monarchie überleitete und dennoch die Existenz des alten Freistaates nicht grundsätzlich verneinte. Dieses schwierige Ziel war indes nur zu erreichen, wenn zu den äußeren Maßnahmen des Machthabers sich eine innere Zustimmung der Beherrschten gesellte und der neue Zustand nicht nur der Abfolge geschickter Anordnungen entsprang, sondern ebenso sich in der Einstellung und Haltung des öffentlichen Bewußtseins verwirklichte.

Das Sprungbrett hierzu hatte Augustus bereits in der Triumviratszeit gewonnen, und zwar damals, als er sich anschickte, die unumschränkte Gewalt über das gesamte Römische Reich zu erringen. Es war der Anruf der römischen und italischen Gefühlswelt bei der Vorbereitung des Kampfes gegen Antonius. Der unumschränkten Herrscherstellung des Augustus nach Actium gab dieser Appell von vornherein eine Art Legitimität und verlieh der harten Tatsache, daß jetzt eigentlich der letzte Rest des Freistaates hingeschwunden war, einen etwas milderen Schein. Aber Augustus sah ein, daß in dieser Usurpation, so gut sie verhüllt war, ein dauerndes Fundament nicht zu erhalten war. Sie mußte deutlich und weithin sichtbar getilgt und damit ein definitiver Strich unter die Vergangenheit gezogen werden. In einem großen Staatsakt ging diese Verwandlung am 13. Januar 27 v. Chr. vor sich. Augustus übertrug die gesamte außerordentliche Gewalt, die er besaß, zurück an Senat und Volk. Er wurde in diesem Moment zum gewöhnlichen Magistrat (in seiner Eigenschaft als Konsul). Rom war frei, so frei, wie die Mörder Caesars es nach ihrer Tat erhofft haben mochten. Aber nun der Unterschied: Von einem Experiment, wie der Staat sich dieser wiederhergestellten Freiheit bedienen sollte, war jetzt keine Rede. Herrscher und Senat waren sich darin einig, daß im gleichen Zug diese Frage aufgefangen werden mußte. So setzte sich die Freiheitserklärung des Augustus in einer abgesprochenen Szene fort. Aus dem Stimmengewirr des Senates schälte sich der Ruf heraus, Augustus solle doch um alles nicht zurücktreten, er müsse weiter die Geschicke des Staates leiten. Und verabredungsgemäß ließ er sich schließlich erweichen, die Macht, deren er sich eben entledigt hatte, wieder anzunehmen.

Mit dieser im ganzen recht einfachen Prozedur war eine formale Basis für die neue Monarchie gewonnen. Die Machtstellung des Augustus, welche sich aus den Revolutionskämpfen herausgebildet hatte, hatte eine verfassungsmäßige, in einem Senats- und wahrscheinlich anschließenden Volksbeschluß zum Ausdruck kommende Sanktion erhalten.

Das war jedoch nur der eine Teil. Was Augustus zurücknahm, war gewiß der Substanz nach die alte, von ihm allmählich erkämpfte Gewalt, aber sie war es nicht mehr ihrem äußeren Umfang nach. Einen Teil von ihr überließ er dem Senat und dem Organismus des alten Freistaates. Es war praktisch diejenige Macht, welche keinen militärischen Charakter hatte, also zuvörderst die Oberhoheit über Rom und Italien, welche bereits durch Sulla faktisch entmilitarisiert war. Hinzutraten diejenigen Provinzen, welche stärkere Militärkräfte entbehren konnten, vor allem also die, welche, schon lange unter römischer Herrschaft stehend, als völlig befriedet gelten konnten (etwa Asia, Gallia Narbonensis, Sicilia, die Doppelprovinz Creta et Cyrene u. a.). Der übrige Teil des Reiches, zumal seine ausdehnungsfähigen Randgebiete, verblieben dem Kaiser. Das waren die sogenannten kaiserlichen Provinzen (im Gegensatz zu den Senatsprovinzen). Die Herrschaft über sie ließ sich als sog. imperium proconsulare bezeichnen.

Noch bedeutsamer war, daß sich mit diesen Provinzen das Kommando über die römische Wehrmacht verband. Einmal deshalb, weil das fortan stehende römische Heer an den Grenzen stationiert wurde, und sodann, weil damit zwangsläufig die militärische Befehlsmacht in seinen Händen zusammengefaßt war. Ihm unterstanden selbstverständlich auch die Spezialformationen, welche sich am Sitz der kaiserlichen Regierung, in Rom, befanden. Das waren ein paar städtische Wachbataillone (die cohortes urbanae) und die Prätorianer, die kaiserliche Elitetruppe. Ebenso mußte hierin die Kompetenz zur militärischen Aushebung, welche auch Italien betraf, einbegriffen sein. Der Sinn dieser Maßnahmen war durchsichtig: mit ihnen besaß der Kaiser das hauptsächliche staatliche Machtmittel, die militärische Exekutive, und zugleich hatte er mit ihr und den wichtigsten Provinzen jede mögliche Basis besetzt, von der aus ein erfolgreicher Angriff gegen ihn hätte ausgehen können. Die Erfahrungen der letzten Jahrzehnte hatten gelehrt, daß Revolution immer auch Revolution des Reiches war und mit den militärischen Mitteln, welche der Statthalterschaft innewohnten, ausgefochten wurde. Die Revolution beseitigen hieß ihre Voraussetzung aus der Welt schaffen. Das geschah durch jene Lösung, welche Augustus für das Kaisertum fand.

2. Der verfassungsrechtliche Ausbau der Monarchie

Mit der Ordnung von 27 v. Chr. war zuerst ein Grundlage geschaffen; dem neuen Status zum Leben zu verhelfen, bedurfte es weiterer Anstrengungen und Versuche. Eine Menge Fragen ergaben sich erst aus den unmittelbaren Bedürfnissen und mußten von da ihre Antwort finden. Es hat noch ein ganzes Jahrzehnt gedauert, bis im einzelnen der endgültige Aufriß des Augusteischen Kaisertums sich herausgestellt hatte.

Als Augustus im Jahre 27 den innerrömischen Aufgabenkreis freigab, war es doch ausgeschlossen, daß er sich ihm völlig entzog. Seine Gegenwart im Kreise der höchsten Beamtenfunktionen war unentbehrlich. Infolgedessen bekleidete er jährlich mit einem anderen zusammen bis zum Jahre 23 das Konsulat, wobei es sich von selbst verstand, daß ihm die Führung in diesem Zweigespann praktisch zufiel oder, römisch gesprochen, er den Mitkonsul an auctoritas übertraf. Dann schienen die Verhältnisse genügend gefestigt, um seiner in diesem Bereich entraten zu können. Nur noch bei wenigen besonderen Gelegenheiten trat hinfort Augustus als ordentlicher Inhaber des Konsulamtes auf. Statt dessen griff er jedoch noch im gleichen Jahr 23 zu einem Surrogat der Konsulwürde. Durch individuelle Ermächtigung ließ Augustus sich die Befugnis übertragen, in gleicher Weise wie die den Senatsvorsitz innehabenden Konsuln mit dem Senat zu verhandeln, was soviel hieß wie gegebenenfalls Beschlüsse herbeizuführen und damit eines der wichtigsten konsularischen Rechte, das der politischen Initiative, auszuüben. Ein paar Jahre später, 19 v. Chr., wurde Augustus auch dem Zeremoniell nach durch Übertragung der sog. ornamenta consularia den Konsuln gleichgestellt, d. h. vor allem durch das Recht, auf der sella curulis neben ihnen Platz zu nehmen und sich von zwölf Liktoren begleiten zu lassen.

In einer anderen Richtung war schon vorher, im Jahre 23 v. Chr., eine Ausdehnung seiner Befugnisse vorgenommen worden. Auch auf die Verwaltung der Senatsprovinzen sollte in einzelnen Fällen sein Einfluß erstreckt werden. Das Mittel hierzu war die Erweiterung seiner außeritalischen Kompetenzen um eine prokonsularische Gewalt, welche mit der der senatorischen Statthalter konkurrierte und ihr übergeordnet war. Augustus konnte auf diese Weise jederzeit, wenn es ihm geboten schien, in die Verwaltung einer Senatsprovinz eingreifen und die Initiative zu besonderen Maßnahmen ergreifen (sog. imperium proconsulare maius).

Eine Sonderstellung unter den genau formalisierten Ermächtigungen des Augustus nahm seine Ausstattung mit der tribunizischen Würde und Macht ein. Die anderen Vollmachten besaßen ihren ausschließlichen Wert in der realen Funktion. Die tribunizische Stellung hatte diese auch, aber Augustus entnahm ihr noch zusätzlich die Bedeutung eines repräsentativen Gehaltes, mit dem er sichtbar seine Person (und damit die aller späteren Kaiser) umgab. Dieses Bestreben hatte sich schon vor der

Prinzipatszeit kundgetan, als er 36 v. Chr. nach Caesars Vorbild sich das Recht übertragen ließ, unter den Volkstribunen im Senat Platz zu nehmen, und im Zusammenhang damit die Unverletzlichkeit (sacrosanctitas) des Volkstribunen gewann. Auf diese kam es ihm hierbei in erster Linie an, denn an sich war das Volkstribunat kein hohes Amt, aber durch seinen Unverletzlichkeitscharakter war es gegenüber allen anderen hervorgehoben und konnte als mit einer besonderen Weihe ausgestattet gelten. Nachdem er wahrscheinlich im Zuge der politischen Normalisierung im Jahre 27 auf dieses Privileg verzichtet hatte, griff er jetzt hierauf im Jahre 23 wieder zurück. Er ließ sich allerdings nun die volle tribunizische Gewalt (tribunicia potestas) übertragen und eignete sich damit auch den funktionalen Wert des Tribunates an, das u. a. in dem Recht zur Gesetzesinitiative zum Ausdruck kam. Diese Position, welche ihm einen sichtbaren Platz im „republikanischen" Raum des Kaisertums anwies und dabei durch Umgehung der höheren Ämter es vermied, die Empfindlichkeit des Adels zu verletzen, schätzte Augustus so hoch ein, daß er sie zu einem spezifischen Zeichen der neuen Monarchie erhob. Mit dem Jahre 23 v. Chr. begann die für alle Nachfolger hinfort verbindliche Tradition, die Jahre der tribunicia potestas zu zählen und sie damit gleichsam als Regierungsära zu verwenden.

Spaltete sich die kaiserliche Gewalt auf in ein Bündel von legalen Vollmachten, die ihrer Figur nach den Zuständigkeiten des republikanischen Verfassungsrechtes nachgebildet waren, so schlossen diese ‚konstitutionellen' Bemühungen des Augustus natürlich nicht aus, daß sich von selbst aus dem Komplex der kaiserlichen Macht da und dort Tätigkeiten des Kaisers herauskristallisierten, für welche eine gesetzliche Übertragung nicht ausdrücklich vorhanden war. So wurde der Kaiser z. B. Gerichtsherr mit eigenem Forum (für Strafprozesse), ohne daß ihm deswegen eigens der Charakter eines Prätors verliehen worden wäre oder etwa eine klare Ableitung aus der konsularischen Gewalt stattgefunden hätte. Völlig wild gewachsen war das eigentümliche Recht des Augustus, sich bei dem ordentlichen Gericht unter die Geschworenen zu stellen, wenn mit einer zusätzlichen Stimme ein Freispruch zu erreichen war (sog. calculus Minervae).

Dieser Aufriß erscheint auf den ersten Blick sehr verwickelt. Es liegt ihm aber ein verhältnismäßig einfaches Prinzip zugrunde. Augustus hat einmal einen bestimmten Teil der Herrschaftsmacht des Römischen Reiches ganz für sich vorbehalten. In dem anderen hatte er die freistaatliche Ordnung wiederhergestellt und sich dabei, das ist das Entscheidende, trotzdem mit eingeschaltet. Die Methode dieser Einschaltung war durch das Ziel bestimmt, zu jedem wesentlichen Abschnitt staatlicher Hoheitswaltung irgendwie Zutritt zu besitzen, potentiell immer gegenwärtig zu sein, mit anderen Worten, mit den politisch bedeutsamen Gewalten der Republik jederzeit konkurrieren zu können. Deshalb das Initiativrecht im Senat: es konnte ihn jeden Augenblick an die Spitze der „republikanischen" Regierung rücken. Deshalb das prokonsularische Imperium für die Senatsprovinzen; es ermächtigte ihn jederzeit zu Eingriffen in diesen Hoheitsbereich des Senates. Deshalb schließlich die tribunicia potestas: sie gab ihm die gleiche Würde wie den Vorstehern der plebs. Dabei kam es ihm, abgesehen von seinem Eingriffsrecht für die Senatsprovinzen, nicht darauf an, in diesen Bereichen jeweils eine höhere Machtbefugnis zu haben als die ordnungsgemäß mit der betr. Kompetenz Bekleideten, also die Konsuln und die Volkstribunen. Bei der Logik des römischen Amtsrechtes war das für vorbeugende Vorkehrungen gar nicht nötig, da immer die interzedierende Stimme den Vorrang vor der gebietenden hatte. Bei der Verwirklichung eigener Maßnahmen war er freilich de iure der Möglichkeit umgekehrter Interzession ausgesetzt. Aber das war gerade der Stolz des Augustus, denn darin sollte sich zeigen, daß er nicht mehr war als irgendein Hoheitsträger und er selbst gehalten sei, nur kraft des wirklichen Schwergewichts mit seiner Initiative durchzudringen. Es bedarf natürlich keines Beweises, daß Augustus hierbei kein Risiko einging. Wer hätte ihm, allein auf das formale Recht gestützt, entgegentreten sollen?

Trotzdem war dieser anscheinend leere Spielraum zwischen verfassungsmäßiger Möglichkeit und politischer Wirklichkeit doch nicht bedeutungslos, zumal nicht in den Augen der römischen Zeitgenossen. In ihm lag die klare Anerkennung der organischen Unversehrtheit des republikanischen Staatsmechanismus. Es war wirklich nicht gleichgültig, daß dieser, ohne eigentliche Veränderung seines Aufbaues, noch bestand. Die Frage, wie es um sein uneingeschränktes Funktionieren stand — auf welche es nur eine verneinende Antwort hätte geben können —, trat demgegenüber zurück. Das galt doppelt für eine traditionelle Einstellung, wie sie nun einmal die römische war, und in besonderem Maße erschien es bedeutsam im Hinblick auf den Weg, den Caesar eingeschlagen hatte. Dieser hatte sich nicht vor organischen Einschnitten in das Gefüge des republikanischen Staates auch innerhalb Roms und Italiens gescheut, als er sich zuerst zum Diktator auf mehrere Jahre und dann zum lebenslänglichen machen ließ. Denn die Diktatur war ein Ausnahmeamt, und wo sie auftrat, stoppte sie von vornherein den normalen Ablauf der Geschäfte ab. Augustus war gerade in Erinnerung an Caesar ängstlich bedacht, kein republikanisches Amt, zumal ein solches wie die Diktatur, für sich zu monopolisieren und damit die Monarchie von einem weithin sichtbaren Postament aus zu entwickeln. Er verzichtete deshalb auch auf die lebenslängliche Zensur — ebenfalls dem Beispiel Caesars ausweichend — und übte seine weitreichende zensorische Tätigkeit (s. u.) lieber kraft besonderer Vollmachten aus.

3. Augustus und der Senat

Die ganze Verfassungspolitik des Augustus steht deshalb in einem eigenartigen Zwielicht, nirgends deutlicher als da, wo es sich um sein Verhältnis zum Senat handelt. Augustus begegnete ihm mit ausgesprochener Achtung und ließ sich seine Wiederherstellung im alten Glanz durchaus angelegen sein. Mehrmals hat er eine Überprüfung der Senatsmitglieder auf ihre Würdigkeit durchgeführt, ihm neue Angehörige zugeführt, alles im Zeichen seiner Erneuerung. Und doch ist es klar, daß er diese Maßnahme nicht unbenutzt ließ, um dabei sich besonders widerspenstiger Elemente zu entledigen, und daß sie ebenso ein Mittel war, um der Tendenz zu sozialer Umschichtung, wie sie seit mehreren Jahrzehnten schon sich zu Wort gemeldet hatte, zur Verwirklichung zu verhelfen. Entgegen seiner auf den alten, d. h. stadtrömisch orientierten Senat eingestellten Programmatik gelangten durch Augustus zahlreiche Bewohner der italischen Munizipien in ihn, deren Großväter zum großen Teil noch gar nicht das römische Bürgerrecht besessen und wohl auch im Bundesgenossenkrieg gegen Rom gekämpft hatten. Nun, darin lag ein Gesetz der Entwicklung, das sich wohl auch ohne das Zutun des Monarchen Geltung verschafft hätte.

Aber eine formale Strukturänderung des senatorischen Standes als solchen war ausschließlich das Werk des Augustus. Und auch sie hatte einen doppelten Boden. So kompakt und gleichartig während der Republik die führende politische Schicht gewesen war, und so sehr, insbesondere in den letzten hundert Jahren, es schwergefallen war, in sie Eingang zu finden, war doch die im Senat repräsentierte Gesellschaft prinzipiell offen gewesen; im Grunde konnte jeder römische Bürger, vorausgesetzt, daß er genügend Geld und Verbindungen für einen siegreichen Wahlkampf besaß, in sie hineinkommen. Zum mindesten waren die Grenzen der unteren Senatsränge — wie es gar nicht anders sein konnte — fließend gewesen. Augustus machte nun aus dieser offenen sozialen Gruppe einen geschlossenen Stand, fixierte überhaupt erst einen „senatorischen Stand“ und schränkte auf die Zugehörigkeit zu ihm die Möglichkeit ein, Ämter zu bekleiden und dadurch in den Senat zu gelangen. Nur wer den Purpurstreifen auf der Tunika (sog. latus clavus) trug, d. h. wer bzw. wessen Vater im Senat schon saß und wer ein Vermögen von mindestens einer Million Sesterzen (= ungefähr 200 000 Goldmark) aufwies, gehörte fortan zu ihm. Das war die Feststellung einer von Staats wegen privilegierten Klasse, also augenscheinlich eine soziale Erhöhung des Senatorenstandes und damit auch des einzelnen Senators.

Aber die andere Seite: hermetisch geschlossen war diese Klasse doch nicht; sie ergänzte sich, aber das nicht etwa kraft eigenen Betreibens, etwa durch Kooptation, sondern nach dem willkürlichen Entscheid des Kaisers. Den latus clavus zu verleihen, dieses Recht hatte er sich vorbehalten. Und wenn in einem solchen Falle die wirtschaftliche Voraussetzung nicht gegeben war, so hatte der Kaiser die Möglichkeit, seine Anwärter mit ihr auszustatten, entweder daß er aus seinem Vermögen ihnen die fehlende Summe schenkte oder daß er sie durch das Einkommen aus der kaiserlichen Beamtenlaufbahn finanziell bis zu der erforderlichen Höhe förderte. So hatte der senatorische Stand die Autonomie seiner Regeneration eingebüßt, und der Kaiser war für ihn zu einem wichtigen regulierenden Faktor geworden.

Die Ambivalenz der Veränderungen zeigt sich auch in neuen Funktionen des Senates. War er während der Republik ausschließlich eine politische Körperschaft gewesen und mit Gerichtssachen eigentlich nur mittelbar und nur in besonderen Fällen befaßt worden (dann, wenn ein Staatsnotstand Ermächtigungen der Konsuln zu einem Inquisitionsverfahren nötig machte), so wurde der Senat jetzt ständiger Gerichtshof für Kriminalprozesse, und zwar gewöhnlich solche hochpeinlicher Art. Den Vorsitz führte ein Konsul, und die Senatoren traten sozusagen als Geschworene auf. Das war gegenüber dem früheren Charakter des Senates als (ursprünglich lediglich beratender) politischer Körperschaft zweifellos ein Zuwachs an funktionellem Umfang, wenn auch nicht an wirklicher Macht, zumal als sich mit der Zeit die Gewohnheit herausstellte, daß Senatoren im Senat das für sie eigentlich zuständige Gerichtsforum erblickten und er auf diese Weise zu einer Art Pairsgericht wurde.

Noch in einer anderen Richtung trat dieser Vorgang zutage. Die Wahl des Magistrates wurde vom Volke auf den Senat übertragen. Mit guten Gründen. Die Fiktion, daß die Bevölkerung Roms mit der römischen Bürgerschaft identisch sei, ließ sich längst nicht mehr aufrechterhalten. Deshalb wurde der materielle Wahlakt jetzt im Kreise des Senates (unter Hinzuziehung einiger Abordnungen des Ritterstandes) vollzogen (in der Form der destinatio), und das Volk hatte nachher nur noch ja zu sagen. Diese Entwicklung war unter Augustus schon eingeleitet und weitgehend gefördert; mit der Thronbesteigung des Tiberius fand sie ihren Abschluß. Es bedarf keines Hinweises, daß hierdurch der Aufgabenkreis beträchtlich erweitert wurde, ja daß der Senat hierdurch in den Stand gesetzt wurde, sich selbst zu ergänzen (aus den Mitgliedern des Senatorenstandes).

Aber andererseits blieb dabei doch sehr fraglich, inwieweit der Senat tatsächlich hierbei der eigenen Entscheidung folgen konnte, wenn der Kaiser anderer Meinung war. Die an sich formelle Prüfung der Kandidaten lag kraft besonderer Ermächtigung neben den Konsuln auch bei ihm. Wer konnte es letztlich verhindern, wenn er unter dem Vorwand eines formalen Mangels einen mißliebigen Beamten zurückwies? Und wenn er selbst einen Kandidaten durchbringen wollte und er dies in der Form der commendatio bekanntgab, entsprechend einer republikanischen Gewohnheit, wo vornehme Adlige offen zur Unterstützung ihrer Kandidaten im Wahlkampf auftraten, wer wollte ihm dann widersprechen?

4. Augustus und die Aristokratie

Augustus' Verhältnis zum Senat ist ein Ausschnitt aus dem zentralen Thema seiner Beziehungen zur römischen Aristokratie überhaupt. In ihm ist der wesentliche Teil des umfassenden politischen Problems des römischen Kaisertums beschlossen; denn einzig die römische Aristokratie stellte den wirklichen oder zum mindesten, sofern man von einer ausgeglichenen Situation ausgeht, möglichen Gegner dar. Der römische Ritterstand konnte seinen Ehrgeiz nicht darauf richten, alle früheren Vorrechte wieder zu gewinnen, aus dem einfachen Grunde, weil er solche politischer Art nur in geringem Maße besessen hatte. Die Beteiligung an den Geschworenengerichten, der einzige politische Zankapfel in der Revolutionszeit zwischen Senat und Ritterschaft, war nach der Modifizierung der Sullanischen Verfassung im Jahre 70 v. Chr. wieder den Rittern, neben den Senatoren, zugänglich geworden, und dabei ist es auch unter Augustus und in der Kaiserzeit (der ersten beiden nachchristlichen Jahrhunderte) geblieben. Noch weniger war das amorphe Volk, die plebs urbana, für das Kaisertum ein ernsthafter politischer Faktor, vielmehr bei seiner politischen Prinzipienlosigkeit dazu berufen, den neuen staatsrechtlichen Zustand anzuerkennen.

Auf dem Hintergrunde dieser Sachlage verdient nun die Tatsache besondere Beachtung, daß Augustus trotz aller Gegnerschaft der Aristokratie sie nicht zu vernichten strebte, sondern einen Ausgleich suchte. Es lag ihm gänzlich fern, ihre früheren Gegner, die Ritter, gegen sie auszuspielen, noch weniger dachte er an eine auf das „Volk“ gestützte Gegenposition. Dergleichen hätte, wenn es überhaupt in den Kreis des Erwägenswerten getreten wäre, nur mit Hilfe eines sozialen Umsturzes geschehen können, aber der Gedanke hieran ist Augustus nie gekommen und wäre, der tatsächlichen Lage nach, auch sehr unrealistisch gewesen. Trotz aller sozialen Begleiterscheinungen war die römische Revolution doch ein rein politischer Vorgang gewesen und hatte deshalb keinerlei echte Ansätze zu einer gesellschaftlichen Umwälzung entwickelt. Wenn Augustus deshalb seinerseits darauf verzichtete, eine solche in Angriff zu nehmen, so erkannte er damit nur einen historischen Tatbestand an.

Die gesellschaftliche Entwicklung der letzten Jahrhunderte war in Rom ganz im Gegenteil nicht auf Demokratisierung und Egalisierung abgestellt gewesen, sondern umgekehrt auf Differenzierung zugunsten der oberen Klassen. Es entsprach der politischen Einsicht des Augustus, daß er an diesen Sachverhalt nicht nur nicht rührte, sondern sich die vorhandene Entwicklungstendenz zunutze machte bzw. bewußt förderte. Sein Verhältnis zur Aristokratie hat hier die eine seiner beiden Wurzeln. Augustus hat deshalb die ständische Fort- und Ausbildung weiter getrieben und konnte daher für die Behandlung der plebs urbana, welche ohnehin nichts anderes war als politischer Treibsand, die Folgerung ziehen und sie innerhalb der Verfassung als politischen Faktor annullieren. Dagegen hat sich Augustus eindeutig um eine Erhöhung der ständischen Qualifikation der Aristokratie, zuvörderst also des Senatsadels, bemüht. Seine Senatsreinigungen hatten gewiß auch den Zweck, ihm persönlich mißliebige Elemente zu entfernen, aber deswegen verflüchtete sich die offizielle Programmatik doch nicht in einen völlig illusionären Schein und behielt ihre Thematik insoweit einen beträchtlichen Wirklichkeitsgehalt, als ihm tatsächlich zugleich um eine Erhöhung des Ansehens der Körperschaft zu tun war und die Funktion des Monarchen bei der Ergänzung des senatorischen Standes auch in diesem Sinne verstanden sein wollte, d. h. im Sinne der Aufgabe, eine echte den Stand hebende und am Leben erhaltende Blutzufuhr durchzuführen. Das Vorhaben, das Augustus im Rahmen der Reichsverwaltung im Auge hatte, und bei dem er sowohl hinsichtlich der Senatsprovinzen als besonders seiner eigenen dem Senatsadel einen beträchtlichen Raum einräumte, ging desgleichen auf diesen Generalnenner[1].

Das Gebiet, wo sich die Lager trennten und trennen mußten, war die Frage der politischen Geltung und des politischen Einflusses. Mit dem Anspruch der römischen Aristokratie auf die Führung des Staates und des Reiches war es vorbei. Die „Wiederherstellung der Republik", welche Augustus 27 v. Chr. verkündet hatte, sollte bestimmt nicht diesen grundsätzlichen Tatbestand in Frage stellen. Und auf die Macht, welche Augustus durch den Bürgerkrieg gewonnen hatte, verzichtete er in einem realen Sinne ganz gewiß nicht. Sein Bemühen galt dem völlig anderen Zweck, die römische Aristokratie zu einem freiwilligen Verzicht auf ihre alte Herrenstellung zu bringen oder sie zum mindesten zur stillschweigenden Anerkennung des bestehenden Machtverhältnisses zu veranlassen. Die Angleichung des tatsächlichen Kräfteverhältnisses an die Formensprache des bisherigen Staatsrechtes sollte hierzu den Weg ebnen. Aus dem Rückblick erscheint sie als ein wohlerwogenes, aus dem Zusammenhang konzipiertes System. In Wirklichkeit war sie das Ergebnis eines vorsichtigen Tastens und Experimentierens, das sich nicht zuletzt an den Bedürfnissen und Möglichkeiten des jeweiligen Zeitpunktes orientierte und sich weniger durch die Kühnheit des Plans als durch die unverdrossene Zähigkeit des Strebens auszeichnete. Augustus hütete sich deshalb auch, die von ihm herbeigeführten verfassungsrechtlichen Maßnahmen von vornherein als die Fundamente einer dauernden und auf ewig verbindlichen Ordnung auszugeben. Er wollte seine Gegner nicht durch die Aussicht auf ein endgültiges Schicksal schrecken, er wollte auch sich die Freiheit vorbehalten, gegebenenfalls etwas anderes zu versuchen. Alle die wichtigen Neuerungen waren zeitlich begrenzt (auf zehn oder fünf Jahre) und wurden dann jeweils verlängert.

Hebung und Anerkennung des sozialen Prestiges der Aristokratie verbanden sich mit dem Verlust der politischen Unabhängigkeit, und diese letztere kam weniger deutlich in dem Buchstaben der Verfassung zum Ausdruck als in der praktischen Unmöglichkeit, sich in dem alten politischen Raum zu bewegen und die früheren Spielregeln, nach denen die Angehörigen der republikanischen Aristokratie sich Macht und

---

[1] Siehe unten S. 290 f.

Geltung verschafft hatten, aufrechtzuerhalten. Nachdem es keine echten Wahlen mehr gab, entfielen auch die früher damit verbundenen Veranstaltungen, sich vor der Öffentlichkeit ein Ansehen zu verschaffen, politische Klienten zu gewinnen und sich durch Wahlbündnisse durchzusetzen. Der politischen Patronage der römischen Aristokratie war die Axt an die Wurzel gesetzt. Sie war es nicht nur in dieser Hinsicht. Einst flossen der römischen Aristokratie aus der Patronage über die Untertanen Kraftströme zu. Das hörte desgleichen jetzt auf, für die Senatsprovinzen nicht weniger als für die des Kaisers. Hinfort besaß der Kaiser das Monopol auf die Zuneigung und Anhänglichkeit der Provinzialen und der anderen Reichsangehörigen. Die Senatoren durften nicht einmal ohne weiteres durch Reisen die Verbindung mit den auswärtigen Herrschaftsbezirken aufrechterhalten. Sie bedurften für solche außerhalb Italiens der Genehmigung des Kaisers. Ägypten, das reichste römische Untertanenland und dem Kaiser in besonderer Weise unterstellt, war ihnen sogar gänzlich verschlossen. Augustus scheute selbst die bloße Zeugenschaft des Senatsadels für sein dortiges, geradewegs von der hellenistischen Königsverwaltung aus weitergeführtes Regiment. Der Alleinbesitz des militärischen Oberkommandos durch den Kaiser veränderte desgleichen in charakteristischer Weise das Bild der römischen Öffentlichkeit. Die alte Aristokratie hatte sich darin gefallen, ihre Würde und Geltung in dem einen siegreichen Feldzug abschließenden Triumph widerspiegeln zu lassen. Bei der Großzügigkeit, mit der man sich allmählich während der Republik daran gewöhnt hatte, militärische Polizeiunternehmungen als Kriege und ihren Abschluß als Sieg zu interpretieren, konnte derselbe kaum einem Adligen bei seiner Provinzialverwaltung, sofern er es darauf anlegte, entgehen. Dieser wohlfeile Ruhmerwerb hörte nun auch auf. Jeder Krieg war der Krieg des Kaisers und jeder Triumph gehörte deshalb grundsätzlich ihm. Es war ein Zeichen besonderen Wohlwollens, um nicht zu sagen besonderer Gnade, wenn er einem Heerführer den Triumph gestattete.

Spannungen zwischen Augustus und der Aristokratie waren bei dieser Sachlage ganz unvermeidlich. Sie haben in der Tat auch nicht gefehlt und führten teilweise zu höchst bedenklichen Konflikten. Durch die ganze Regierungszeit des Augustus ziehen sich, bis in die letzten Lebensjahre, Anschläge auf sein Leben. Zeitweise trug er im Senat unter seinem Zivilkleid einen Panzer. Mitunter entfaltete sich sogar eine öffentliche Agitation, am stärksten im Jahre 19 v. Chr., als Augustus selbst nicht in Rom war und ein sehr populärer Mann (Egnatius Rufus) seine Konsulwahl mit gegen Augustus gerichteten Parolen durchsetzen wollte. Überhaupt kam damals eine innerpolitische Krise auf ihren Höhepunkt, welche bereits im Jahr 23 begonnen und Augustus veranlaßt hatte, auf die ständig wiederholte Bekleidung des Konsulats zu verzichten. Ebensowenig fehlte es an zahlreichen Fällen moralischer Opposition. Sie fand sogar in den engeren Familienkreis des Augustus Eingang, wo der Stiefsohn Drusus, im Gegensatz zu Augustus Angehöriger eines altadligen Geschlechtes, sich offen für die alte Republik aussprach. In der Literatur gab es eine Gegenposition zu der offiziösen augusteischen Geistigkeit. Sie führte Augustus im Greisenalter sogar dazu, ein Autodafé vorzunehmen. In jüngeren Jahren war er großzügiger und reagierte sogar auf Komplotte manchmal nur mit einer leichten Geste. Die gefährlichen Vorkommnisse führten natürlich zu Verurteilungen und Hinrichtungen.

Wir wissen von diesen dunklen Schatten der augusteischen Herrschaft sehr wenig. Der persönliche Einfluß von Augustus auf die Geschichtsschreibung trug Sorge, daß auch die spätere Tradition hiervon wenig erzählen konnte. Trotzdem ist das Urteil erlaubt, daß keiner dieser Anschläge die Breite besaß wie die Verschwörung gegen Caesar. Augustus sah stets in den Iden des März ein Mahnzeichen für sich und vermied deshalb ängstlich alles, was als Provokation aufgefaßt werden konnte. Der Erfolg blieb ihm nicht vorenthalten. Freilich war er nicht nur das Ergebnis seiner vorsichtigen Methode. Es hatten sich seit Caesar auch die Zeiten geändert, und die Aristokratie, die Augustus gegenüberstand, hatte bei weitem weniger von der republikanischen menschlichen Substanz als in der Generation zuvor.

Betrachtet man die römische Aristokratie als schwierigen Faktor in der Politik des Augustus, so ergibt sich dies allein für den Senatsadel. Mit der zweiten Schicht der römischen Gesellschaft, dem Ritterstand (ordo equester), konnte der Kaiser leichter fertig werden. Sein politisches Gewicht war auch in der Republik über ein begrenztes Maß nicht hinausgegangen. In dieser Hinsicht verbesserte sich unter dem Kaisertum sogar seine Stellung, indem der Ritterstand im Gegensatz zu früher durch Eintritt in die kaiserliche Verwaltung am Reichsregiment beteiligt wurde. Darin konnte er denn auch eine reiche Entschädigung für den Verlust seiner Einnahmen aus der Steuerpacht sehen. Sie wurde weitgehend abgeschafft und, soweit sie bestehenblieb, einer genauen staatlichen Kontrolle unterstellt. Aus den Spannungen, die früher zwischen Senat und Rittern bestanden, und der niedrigeren ständischen Qualifikation der Ritter zog Augustus vielmehr die Folgerung, in den Rittern eine ihm besonders geneigte und zuverlässige Notabelnschicht zu sehen. Er enthielt ihnen deshalb auch nicht die Auszeichnung vor, mit welcher er den senatorischen Stand gewürdigt hatte, und erhob den Ritterstand desgleichen zu einer formell geschlossenen Klasse, in welche man lediglich auf Grund ausdrücklicher Zulassung Eingang gewann. Sie geschah durch die Verleihung der äußeren Abzeichen, des goldenen Ringes (anulus aureus) und des schmalen Purpurstreifens (clavus angustus), war an die Voraussetzung eines Mindestvermögens von 400 000 Sesterzen (= ca. 80 000 Goldmark) gebunden und wurde vor allem (wie bei den Senatoren) durch den Kaiser vorgenommen. Dem gesteigerten Interesse, das der Kaiser an dem Ritterstand nahm, entsprach eine noch genauere Kontrolle seiner Zusammensetzung, als er sie beim Senatorenstand beobachtete: Im Gegensatz zu diesem war die Verleihung der Ritterwürde nicht erblich und mußte deswegen auch für die Kinder eines Ritters eigens vorgenommen werden, was gewohnheitsgemäß natürlich geschah, aber dem Kaiser doch die Möglichkeit gab, auf die Erziehung zu einer loyalen Staatsgesinnung hinzuwirken und dadurch die Ansätze, die er in der geringeren politischen Eigenwilligkeit des Ritterstandes vorgefunden hatte, weiter auszubilden.

5. Der Begriff des Prinzipates

Nach dem Vorstehenden wird es nicht mehr verwundern, daß zur begrifflichen Fassung der neuen Herrscherstellung von Augustus jeder Titel, der irgendwie an die Monarchie erinnerte, vermieden wurde. Im Grunde hat er überhaupt auf eine offizielle Bezeichnung seiner Stellung verzichtet. Wenn er selbst von sich sprach, ebenso wenn es andere von ihm taten, hieß er der „Erste", der „princeps", d. h. der Erste im Staat, ein Ausdruck, der für römische Ohren nicht fremd klang, obschon seine Interpretation im Sinne der ausschließlichen Stellung eines einzelnen natürlich bislang unbekannt war. Man konnte damit Erinnerungen an die besseren Zeiten des Freistaates anklingen lassen, als ein Vormann des Senates (princeps senatus) ganz geläufig war oder die „Elite" des Staates als die „principes civitatis" vorstellig gemacht wurde, und gewiß war das im Sinne des Augustus. Was ihm als ein eigentümliches Unterscheidungsmerkmal zur Verfügung stand, war lediglich sein Individualname: Augustus (oder besser in der vollständigen Form: Imperator Caesar Divi filius Augustus). Aber sein Verständnis läßt sich am besten im Rahmen der folgenden Betrachtung gewinnen.

§ 18. Die ideologische Unterbauung des Prinzipates

a) Die nationalrömische und konservative Schicht

1. Die ideelle Vergegenständlichung der römischen Tradition. — 2. Die restaurativen Maßnahmen.

1. Die ideelle Vergegenständlichung der römischen Tradition

Die Innenpolitik des Augustus und damit auch deren Herzstück, seine Bemühungen um die Verfassung, gehorchten nicht nur politischer Zweckmäßigkeit, sondern besaßen daneben einen besonderen geistigen Unterbau. Man ist berechtigt, von gedanklichen Voraussetzungen der Politik des Augustus zu sprechen. Vorgebildet waren sie längst in der Tradition der römischen Geistesgeschichte oder besser: der Einstellung der Römer zur Welt, wie sie sich im Laufe ihrer Geschichte herausgestellt hatte. Von Augustus und seiner Zeit ist sie jedoch in eine besondere Form gebracht worden, die sie als etwas anderes als lediglich das Ergebnis der vorausgehenden Entwicklung erscheinen läßt. Der Bezug auf das Alte war von jeher thematisch; aber dieser Bezug wurde jetzt derartig prononciert, daß in ihm mehr steckt als die schlichte Fortsetzung des Bisherigen. Moribus antiquis res stat Romana virisque hatte vor beinahe zweihundert Jahren schon Ennius gesagt; und daß die Normen des Lebens in der Ordnung der Altvordern begründet liegen, war in römischen Augen immer eine Selbstverständlichkeit gewesen, die ernsthaft niemand in Zweifel gezogen hätte. Aber unter Augustus wurde daraus ein umfassendes Programm, und ein solches war etwas anderes als die Anerkennung einer alten Gewohnheit: darin vollzog sich die romantische Idealisierung des Alten und lag eine bewußte Abgrenzung, aus der jene erst ihre Kraft zog. Es ist dies die Stelle, an der das Nationalrömische zu ideeller Vergegenständlichung erhoben wurde.

Gewiß ist eine solche Vergegenständlichung auch früher nicht ganz unbekannt gewesen. Römische Selbstbespiegelung gab es sogar in verschiedenen Spielarten. Aber bei Augustus wurde sie jetzt mitten in den menschlichen Handlungs- und Wirkungsbereich hineingestellt. Damit teilte sie den Ausgangspunkt, von dem Augustus' Aufstieg zur Alleinherrschaft angehoben hatte. Sein politischer Kampf mit Antonius um die alleinige Macht im Reich stellte ihn in einen Gegensatz von Orientalismus und Römertum hinein. Seine Sache wurde die des Westens, Italiens und Roms, und er selbst zum Schützer des volkhaften Wesens, das in der bisherigen Geschichte unter Roms Führung und Herrschaft auf italischem Boden ausgebildet worden war. Diese Zuspitzung des Römischen zu einem konkreten politischen Orientierungspunkt war selbstverständlich das Werk reiner Propaganda. Antonius war schließlich so gut ein römischer Bürger wie Octavian, und der Kampf war ein echter Bürgerkrieg. „Rom und Römertum" waren nicht der römische Staat, der sich gegen einen äußeren Feind zur Wehr setzte, sondern Parolen innerhalb einer binnenrömischen Auseinandersetzung, und unehrlich wie jede Propaganda es bis zu einem gewissen Grade ist, wurde denn auch zur Erhöhung des Wahrheitsscheines Kleopatra zur eigentlichen Gegnerin gemacht. Natürlich wurde damit von Augustus auf einen einmaligen Zweck abgezielt; aber auch in späteren Jahren, nachdem dieser längst hinfällig geworden war, hat sich der polemische Aufbruch dieser Ideologie nicht verleugnet: die berühmten augusteischen Dichter wie Vergil, Horaz und Properz haben sich nicht gescheut, den politischen Kniff, durch den die ptolemäische Königin zu einer Bedrohung Italiens gestempelt wurde, für eine geschichtlich wahre Aussage zu nehmen.

Allerdings besagt das Nachwirken solcher augenblicksgebundenen Propaganda noch etwas anderes: Der Appell an die Romanität vom Jahre 32 v. Chr. hat auch dann noch Gültigkeit gehabt, als er keinen Schlachtruf mehr bedeuten konnte. Augustus hat denn auch tatsächlich aus ihr für die Dauer seiner ganzen Regierung den ideologischen Wirkstoff gezogen, den er für seine innerpolitischen Maßnahmen brauchte; und ebenso hat ihm dieser die Umrisse vorgeschrieben für die Gestalt, welche seine Politik im Lichte solcher gedanklichen Durchleuchtung gewinnen sollte. Restituta res publica war entsprechend nicht nur die Formel für die politische Notwendigkeit der Erringung der Alleinherrschaft, sondern ebenso die Bestätigung einer grundsätzlichen Einstellung, welche die römische Vergangenheit und damit auch ihren Staat als Maßstab des Urteils und Ziel des Handelns ansprach und von hier aus die Möglichkeit fand zur Entfaltung eines römischen Selbstbewußtseins, wie es unter dem Einfluß der augusteischen Politik sich in laut vernehmlichen Bemerkungen ausprägte.

Für die Vertreter der zeitgenössischen Geistigkeit, soweit sie eben die Richtung des Augustus verkörpern — wir kennen im Grunde nur sie und haben in ihnen die größten römischen Dichter Vergil und Horaz —, war es ausgemacht, daß die römische Daseinsform auf bestimmten sittlichen Realitäten beruhte, etwa der virtus als Inbegriff römischen Mannestums oder der pietas für korrekt fromme Denkungsart oder auch der iustitia, der Gerechtigkeit im Innern und nach außen im völkerrechtlichen Verkehr. Man glaubte ebenso, daß soldatische Kraft auf dem Boden einfachen bäuerlichen Lebens erwuchs und daß römisches Wesen in dem schlichten und gesunden Leben der Altvordern begründet war. Es herrschte aber auch darin Einklang, daß die römische Herrschaft das Ergebnis solcher Sinnesart war und in ihr die römische Sendung bestand. In der Vergangenheit war es für die Römer nicht immer leicht gewesen, angesichts der Überlegenheit des griechischen Geistes das Selbstbewußtsein nicht zu verlieren. Jetzt war es für sie eine ausgemachte Sache, daß Rom auf Grund eines besonderen, nicht auswechselbaren Vermögens zur weltbeherrschenden Macht geworden war und darin einen Beruf auszuüben hatte, den ihm keiner streitig machen konnte. Und fragt man nach dem Vermögen, kraft dessen die Herrschaft gewonnen wie ausgeübt wurde, dann waren es — neben der militärischen Tüchtigkeit — eben die Fähigkeiten innerer Bescheidung und gerechten Handelns. Somit hatte man sich gegen jede Kritik verwahrt, welche den Römern die Rechtfertigung für ihren Herrschaftsbesitz oder auch den Anspruch auf seinen richtigen Gebrauch bestritt, aber keineswegs einen Verzicht ausgesprochen, in den Anstrengungen des künstlerischen und literarischen Verstandes es den Griechen nicht gleichzutun. Im Gegenteil, das jahrhundertealte Schülerverhältnis Römer-Griechen nahm unter Augustus, teilweise vielleicht inauguriert durch die reiche Persönlichkeit Ciceros, eine ganz eigentümliche Wendung. Unter großen Anstrengungen gelang es den beiden hervorragendsten lateinischen Vertretern dieses Zeitalters, Horaz und Vergil, innerhalb der griechischen Tradition, von der die römische Dichtung ein Teil geworden war, eine neue Richtung einzuschlagen und über die griechische Gegenwart und junge Vergangenheit hinweg auf die griechischen „Klassiker" zurückzugreifen. So wurde Vergil ein römischer Homer und Horaz ein Erneuerer der alten griechischen Lyrik. Und in der Kunst dieser Zeit tat sich eine Formensprache kund, die bewußt von den Prinzipien abrückte, welche die griechische Kunst im Hellenismus beherrscht hatten. Es ist merkwürdig, wie hier der gleichen Schale nach der einen Seite ein Klassizismus, nach der anderen eine von romantischen Impulsen genährte Auffassung entsprang. Mit dem politischen Handeln sich zu vermählen war allerdings nur letztere imstande, entsprechend der Tatsache, daß die römische Selbstvergewisserung den Ausgang der ganzen Bewegung gebildet hatte.

2. Die restaurativen Maßnahmen

Augustus hat einen weit abgesteckten Plan restaurativer Maßnahmen verfolgt. Allen sichtbar sollte das Alte wiedererstehen. Unzählige Kulte und Tempel, desgleichen religiöse Feste, die nicht nur infolge der Revolutionswirren, sondern auch im Zuge einer inneren religiösen Interessenverlegung verfallen waren, richtete er wieder auf. Einrichtungen wie die uralten sakralen Bruderschaften der Arvalen und Salier suchte er zu beleben. Mitglieder konnten bei diesen versteinerten Institutionen nur Patrizier sein. Also ließ sich Augustus vom Senat und Volk ermächtigen, ihre Zahl, die naturgemäß immer kleiner geworden war, zu erhöhen. Man hat sich hierbei zu erinnern, daß seit Jahrhunderten das Patriziat im Aufbau der römischen Gesellschaft nichts mehr zu bedeuten hatte, mit seiner Erneuerung also ein längst abgestorbenes Rudiment früher Verhältnisse konserviert wurde. Fremden Kulten des Auslandes, d. h. des Ostens, wie z. B. der ägyptischen Isis oder der kappadokischen Mâ Bellona, stand er ablehnend gegenüber und hemmte sie, soweit sich das auf dem Polizeiwege erreichen ließ. Bezeichnenderweise ließ er es aber auf keine Kraftprobe zwischen ihnen und den Staatskulten ankommen. Daß die Stärke echter Frömmigkeit diesen fehlte und viel eher bei jenen zu finden war, das war ihm doch wohl bewußt und zeigt, wie wenig diese ganze Religionspolitik ein unmittelbares Anliegen war und vielmehr als Exponent des allgemeinen Restaurationsprogramms figurierte. Es war ihm in erster Linie um das Altrömische zu tun, das hier wie in jeder Romantik mit dem „echt" Römischen gleichgesetzt wurde. Sein Interesse für die gesellschaftliche Regeneration des römischen Adels ist von dem gleichen Bedürfnis gespeist. Erst recht ließ er sie sich angelegen sein, wo sie sich auf der politisch unverfänglichen Ebene der ideellen Anerkennung vollziehen ließ. Deshalb vor allem das Beschwören der Erinnerung an die Vergangenheit. Eine große Reihe Standbilder früherer Triumphatoren, eine Art „Siegesallee", sollte ihren Glanz erneuern. Zu dem gleichen Zweck wurden auf der Basis kurze Aufzeichnungen ihrer Taten (sog. elogia) angebracht.

Am tiefsten griff die Ideologie in das Leben bei der Sittengesetzgebung des Augustus ein. Augustus wurde hier von dem Ideal geleitet, daß der römische Adlige wie zu der Zeit des Fabricius auf der Grundlage eines gesunden Familienlebens seine Prägung erfahren sollte. Dazu gehörte zweierlei: erstens eine möglichst große Schar Kinder und dann eine sittliche Auffassung, welche die persönliche Neigung und Freiheit dem sozialen Zweck der Familie unterordnete. Das ging vor allem die Frauen an, die sich im Verlauf der vergangenen Generation an ein sehr ungezwungenes Geschlechtsleben, zumal während der Ehe, gewöhnt hatten und denen infolgedessen am Aufziehen von Kindern wenig lag. Nicht minder wich von dem Ideal das Verhalten von Männern ab, die entweder überhaupt nicht heirateten oder, wenn sie es taten, des öfteren einfach ein Verhältnis mit einer ihrer Geliebten legalisierten. Es handelte sich bei ihnen zumeist um Mädchen geringeren Standes, vor allem Freigelassene. Augustus hat sehr große gesetzgeberische Anstrengungen unternommen, um diesem Zustand abzuhelfen. Bereits im Jahre 29 v. Chr. tat er den ersten Vorstoß, und nach dessen Fehlschlagen trat er im Jahre 19 und 18 v. Chr. mit drei großen Gesetzesvorlagen hervor, der lex Julia de maritandis ordinibus, der lex Julia de adulteriis coercendis und der lex Julia de pudicitia, welche sittenwidriges Verhalten mit kriminellen Strafen bedrohten, die Ehen von Senatoren mit Freigelassenen verboten und die Ehe- und Kinderlosigkeit mit sozialer Benachteiligung verbanden (Unfähigkeit zum Empfang von Erbschaften), umgekehrt auf Kinderreichtum Prämien setzten (Vortritt des kinderreichen Konsuls vor dem kinderarmen Kollegen; Recht, Provinzen zu erwählen anstatt zu erlosen). Solche negative und positive Prämiierung bedeutete den tiefsten Eingriff, da durch sie auch sehr wesentliche materielle Interessen betroffen wurden, und sie traf deshalb auf den heftigsten Widerstand. Zu Ende gekommen ist diese Gesetzgebung daher erst im Jahre 9 n. Chr. in der lex Papia Poppaea. Freilich haben alle diese Bemühungen den Mißstand, den sie bekämpften, nicht behoben. Das Schicksal jeder „romantischen" Politik, in dem ehernen Gesetz beschlossen, daß es in der Geschichte keine Wiederholung gibt und die Schatten der Vergangenheit sich nicht beschwören lassen, hat sich nirgends so deutlich wie an diesem Kernstück der augusteischen Restauration vollzogen.

b) Die Herrscherideologie

1. Die Herrschertitulatur. — 2. Göttliche Verehrung und Erhöhung des Augustus.

Die konservative Ideologie, welche bei der Begründung des römischen Kaisertums Pate gestanden hat, darf in weitem Umfang als Ausfluß eines bewußten Anliegens von Augustus gelten. Er hat mit ihr das Sprungbrett gewinnen wollen, von dem aus er das Kaisertum in der römischen Welt, insofern sie noch den herrschenden Vorstellungen der Republik verhaftet war, heimisch machen konnte. Gewiß entsprach diese Richtung auch seiner persönlichen Neigung; aber ebenso ist dieser Weg ihm durch die sachliche Überzeugung vorgeschrieben worden, daß seine Innenpolitik und damit auch ihre ideologische Fundierung nach dem Gesetz zu verfahren hatten, nach dem sie angetreten waren. Der konservative Gedankenkreis ist damit ein klares Korrelat zu der Herausbildung des Prinzipates aus den Elementen des Freistaates. Aber wie diese

Verfassungsmaximen nur die eine Seite der Wirklichkeit des neuen Kaisertums waren und sich ihr die andere Dimension echt monarchischer Gewalt unterschob, so wuchs dem Kaisertum an derjenigen Stelle, wo es in seiner monarchischen Fülle sichtbar wurde, ein Ideengut besonderer Art zu, aus dem es, wie die Zukunft lehren sollte, weit nachhaltiger die Kräfte seiner Entfaltung zog als aus dem rückwärtsgewandten Prospekt.

Ein Ansatzpunkt war bereits die Titulatur des neuen Herrn. Sie war im Grunde offengelassen worden. Princeps war mehr eine Umschreibung als ein juristischer Terminus. Die allein und überall sichtbare Auszeichnung war der Individualname des Kaisers. In ihm unterschied er sich wesentlich von allen anderen römischen Bürgern. Schon das Abwerfen des bürgerlichen Vornamens „Gaius" und sein Ersatz durch das Wort „Imperator" waren auffällig. Ihnen lag die Fiktion zugrunde, Caesar habe den hinter dem Namen stehenden Imperatortitel als Beinamen gebraucht, woraus Augustus (bzw. Octavian) das Recht ableitete, ihn zum Vornamen zu machen, da es zu seiner Zeit bei vornehmen Geschlechtern üblich war, ererbte Beinamen als Vornamen zu verwenden. Hinzu kam das Streichen des Gentilnamens Julius und die Ausfüllung seiner Stelle durch den Beinamen Caesar.

Aber am bedeutsamsten und inhaltvollsten war der dritte Namensbestandteil von Imperator Caesar Augustus, der ihm nach dem Staatsakt von 27 v. Chr. neuverliehene Beiname. Es hatte mit ihm eine eigene Bewandtnis. Ursprünglich hatte man daran gedacht, ihm den Namen Romulus zu verleihen, um ihn damit als zweiten Stadtgründer zu charakterisieren, ähnlich wie schon Sulla und Caesar beansprucht hatten, als zweiter Romulus zu gelten. Das hatte auch Augustus vorgeschwebt. Er wollte den Faden sogar noch weiterspinnen und hielt es für angängig, den Namen Quirinus, d. h. desjenigen Gottes, der allmählich von Historikern und Dichtern mit Romulus zum Zeichen seiner Vergöttlichung gleichgesetzt worden war, zu empfangen. Aber dem Vorhaben stand ein Hindernis entgegen, das gerade ein so vorsichtiger Mann wie Augustus nicht ignorieren konnte: als Antwort auf Sullas Romulus-Anspruch war von popularen Historikern die Version in Umlauf gesetzt worden, daß Romulus zum Tyrannen entartet wäre und infolgedessen ein gewaltsames Ende gefunden hätte. Augustus wagte danach nicht, diese Assoziation in bezug auf seine Person zu beschwören und verzichtete auf Romulus und Quirinus. Aber er gab den Anschluß an die göttliche Sphäre des römischen Staatsgründers nicht auf, nur daß er ihn durch eine weniger verfängliche, weil indirekte Beziehung erreichte. Das Augurium, das Romulus bei der Stadtgründung vorgenommen hatte und bei dem ihm das Wunderzeichen von zwölf Geiern zuteil geworden war, hieß schlechthin das augustum augurium, wobei mit dem ungewöhnlichen und altertümlichen Wort augustus die religiöse Weihe dieses einen historischen Aktes zum Ausdruck gebracht werden sollte. Augustus nahm nun dieses Wort, in dem auf Grund der geschichtlichen Tradtion für jeden Römer unmißverständlich der ganze Romulusbereich, soweit er die Stadtgründung betraf, antönte, das andererseits ohnehin einen erhabenen und beinahe göttlichen Klang besaß, für sich in Beschlag. Zur Vervollständigung der Analogie wurde die Erfindung verbreitet, Augustus sei bei seinem ersten Konsulat das gleiche Augurium erschienen. Damit war logisch zwar wenig definiert, aber unbestreitbar seinem Namen ein eigener, religiös gefärbter Stimmungsgehalt verliehen. Wie kaum etwas anderes hob ihn dieser Name auf den ersten Blick über den Kreis der gewöhnlichen Bürger hinaus.

Es war damit aber noch ein anderer, nicht weniger wichtiger Gesichtspunkt verbunden. Romulus war, der Überlieferung zufolge, nach seinem Tode unter Gewitterstürmen in den Himmel entführt worden und hatte dort Aufnahme unter die Götter gefunden. Es lag nahe, das gleiche für den Träger des Namens Augustus zu vermuten und die Apotheose des Augustus schon jetzt für vorbestimmt anzusehen. Sie ist ja auch dann wirklich in Anlehnung an den Vorgang des Romulus vorgenommen worden: wie bei Romulus trat beim Tode des Augustus ein Zeuge für seine Himmelfahrt und Vergöttlichung auf. Augustus war nun aber schon bisher der Sohn des vergöttlichten Caesar gewesen — Divi filius war denn auch der Filiationszusatz seines Namens —, und somit ließ sich seinem Namen, seitdem Augustus zu ihm hinzugetreten war, entnehmen, daß er eines Gottes Sohn war, selbst an göttlicher Weihe teilhatte und der Vergöttlichung nach seinem Tode entgegenginge. Im Jahre 2 v. Chr. wurde dieser Zusammenhang noch weiter unterstrichen, als man ihm den Titel „pater patriae" zulegte und dabei mit diesem beziehungsreichen Terminus weder verdecken konnte noch wollte, daß pater u. a. ein Beiname des obersten Gottes in seinem Verhältnis zu Göttern und Menschen war.

In der Festsetzung seines Namens steckt die Quintessenz der ganzen Politik des Augustus, welche der Erhöhung seiner Person und deren Begrenzung galt. Geradewegs war wenig ausgesprochen, um so mehr aber einem weiten Spielraum subjektiven Dafürhaltens überlassen. Jenem entspricht, daß Augustus in dem, was er forderte oder als offizielle Veranstaltung zuließ, zurückhaltend war und den klaren Aussagen auswich; mit diesem war nicht nur vereinbar, sondern von vornherein angesetzt, daß einer privaten und deshalb im strengen Sinn unverbindlichen Anerkennung seiner überirdischen Qualitäten keine Zügel angelegt waren, vielmehr sich dieselbe frei entfalten durfte und wahrscheinlich auch sollte.

2. Göttliche Verehrung und Erhöhung des Augustus

Infolgedessen steht die offizielle Verehrung des Augustus in Italien, d. h. dort, wo er seine monarchische Gewalt am wenigsten fühlbar machen wollte, in einem eigentümlichen Zwielicht. Seine Göttlichkeit im Kulte unmittelbar anzusprechen war da verboten. Aber es war möglich, der göttlichen Kraft und der Majestät (numen et maiestas) des Augustus oder seinem genius, d. h. seiner personifizierten Lebenskraft, die er wie jeder andere Römer besaß, kultische Aufwartung zu bezeigen. In Rom gab es unzählige kleine Sakramentshäuschen (compita), in den verschiedenen Stadtbezirken an den Straßenkreuzungen, wo man das konnte. In den Gemeinden Italiens bestanden Kultgenossenschaften, welche Mercurius oder einen anderen Gott verehrten, dessen Kultstatuen sie jedoch die Züge des Augustus verliehen. Wer wollte da bestreiten, daß man Augustus anbetete; wer aber auch widersprechen, daß der betreffende Gott gemeint war und Augustus lediglich seine Inkarnation bedeutete. Das Gebiet dieser Zweideutigkeiten, die ihrem sachlichen Zusammenhang nach alle aus dem Gesetze des antiken Gottmenschentums zu verstehen sind, ist unermeßlich weit. Eine geläufige Annäherung an die göttliche Apostrophierung war von jeher das Verfahren, die Statue des Herrschers neben Kultstatuen der Götter aufzustellen. Das ging Augustus und seinem Nachfolger Tiberius noch zu weit. Sie ließen ihre

Aufstellung nur an unverfänglicherer Stelle zu, wo sie sich unter den Schmuckgegenständen des Tempels befanden. Aber im Heere wurden vor dem Kaiserbild sogar jährlich Dankopfer dargebracht. Dort wurde auch sein Geburtstag gefeiert, eine Sitte, welche für einen Römer die religiöse Färbung nicht verleugnen konnte.

Sobald die Äußerungen in das Belieben der einzelnen gestellt waren, gab es keine Beschränkung mehr. Da war eine private Verehrung des Kaisers als Gott ebenso möglich wie schon die spontane Äußerung des Dichters Vergil über den jungen Octavian: „Er wird mir immer Gott sein" (ecl. 1,7). So weit brauchte man aber gar nicht zu gehen, um die erhöhte Stellung des Augustus in einer Weise aufzufassen, die nicht mehr durch die verfassungsmäßige Stellung gedeckt war. Vielfältige Akklamationen gaben zu erkennen, daß das Heil des Staates und das Heil des Kaisers in eins gesetzt wurden: Laetare, incolumis Roma, salvo principe! Der Fußfall vor dem Kaiser (die Proskynese) gehörte gewiß noch nicht zur Hofetikette, aber die Neigung, ihn freiwillig zu vollführen, hat ebensowenig gefehlt wie alle anderen Äußerungen der Untertänigkeit und Verehrung gegenüber einem höheren Wesen.

Vor allem eine Vorstellung gab es, in der die unbegrenzte Allmacht des Kaisers immer wieder aufgefangen wurde; das war der Begriff des Weltherrschers. In ihm war zweierlei ausgesprochen, erstens daß Augustus der wirkliche Beherrscher des orbis Romanus war, zweitens, daß seine Macht im Grunde keine irdischen Grenzen kannte. Seit Alexander dem Großen lag in dieser Idee ein Wesenszug höchster monarchischer Majestät. Augustus hat ihn, ungeachtet seines fehlenden Kriegertums, keineswegs verschmäht. Er nahm ihn auch nicht als Ausdruck eines konsequent verfolgten politischen Programms, sondern als Ingredienz seiner Herrscherstellung. Auf dieser Ebene der Herrscherideologie war er auch ganz unverfänglich. Es vertrug sich mit ihm der Gedanke, daß Augustus ein Friedensfürst sei. In der griechischen Reichshälfte wurden in ihm — einer alten hellenistischen Tradition zufolge — die Bilder eines Heilandes, Wohltäters und Friedensbringers beschworen, eine Empfindung, die mit der Tatsächlichkeit auf das beste übereinstimmte angesichts des nach vielen Jahrzehnten Krieg wiederhergestellten Friedens. Das konnten sich auch die Römer zueigen machen: in der Hauptstadt war es denn, daß der berühmte Friedensaltar, die ara pacis Augustae, errichtet wurde, eines der exemplarischen Dokumente des Augusteischen Zeitalters, und pax Augusta ist hinfort ein stehender Begriff der Reichs- und Kaiserideologie geblieben.

Unverfänglich war es weiterhin, daß im Untertanengebiet des Ostens die herkömmliche göttliche Verehrung des hellenistischen Königs im Staatskult auf Augustus übertragen wurde, im Verein mit der Göttin Roma. Dies duldete Augustus nicht nur, sondern erhob diese kultische Sitte zu einem integrierenden Bestandteil der Reichsregierung als Kristallisationspunkt der provinzialen Loyalität gegenüber der römischen Regierung, nicht nur im Osten, sondern ebenso im Westen, wo solche Zentren eigens angelegt wurden, etwa in Lyon für Gallien oder in Köln für Germanien.

Schranken legte er dagegen sich und seiner Umwelt auf — ihr Drang, zumal in den unteren Kreisen, verspürte im Grunde keine Hemmung —, wenn Italien und vor allem seine aristokratischen Schichten im Spiel waren. Weit entfernt, in diesen Fragen überhaupt etwas zu fordern, trat er hier dem natürlichen psychologischen Gefälle strikt entgegen: Senatoren mußten im Senat vor ihm sitzen bleiben. Knechtselige Begrüßungen schnitt er von vornherein ab, indem er den Senatoren seine Wange zum Kusse reichte. Der von den Augustalen unterhaltene Kult, welcher mittelbar seiner Person galt, war den vornehmen Gemeindebürgern verschlossen und einer unteren Schicht vorbehalten, den Freigelassenen. Hier kam die Mäßigung oder moderatio des Kaisers und die Erscheinungsform des konservativen Prinzipates auf der Ebene seiner ideellen Verklärung zum Ausdruck. Sie stellte einen schmalen Grat dar, dessen Beschreiten eine Abschirmung in zwei Richtungen erforderte. Augustus mußte nach der einen Seite genau wissen, was er sich selbst von den möglichen Ausdrucksmitteln der monarchischen Majestät zu eigen machen und so von sich aus verbreiten durfte; nach der anderen lag es ihm ob, die Scheidelinie zu erkennen, wo die an ihn von außen herangetragenen Ehren und Aussagen im Spiegel des höheren gesellschaftlichen Bewußtseins, d. h. praktisch in den Augen der römischen Aristokratie, aufhörten, erträglich zu sein. Eine Aufgabe, die ungemein viel Takt erforderte und für seine Nachfolger einen Wechsel bedeutete, von dem durchaus nicht feststand, ob sie imstande wären, ihn einzulösen. Es ist aber ebenso klar, daß dieses ganze Problem nicht bestanden hätte, wenn nicht tatsächlich das Kaisertum des Augustus diese entscheidenden Elemente einer echten monarchischen Gewalt im Sinne der damaligen Zeit in sich aufgenommen hätte und durchwirkt gewesen wäre von einer bunten Musterung, deren Linien sich zu einem Bild wahrhafter Monarchie vereinigen.

§ 19. Die Reichspolitik des Augustus

a) Die Reichsverwaltung

1. Der neue Ansatz. — 2. Senatsprovinzen. — 3. Kaiserliche Provinzen. — 4. Sonderformen. — 5. Klientelfürstentümer. — 6. Bestandsaufnahme des Reiches. — 7. Die Finanzverwaltung. — 8. Wohlfahrt und Polizei. — 9. Das Heer. — 10. Die Kolonisation.

1. Der neue Ansatz

Seit der Mitte des zweiten vorchristlichen Jahrhunderts konnten die Römer behaupten, daß sie Herrscher über ein Weltreich seien. Eine Reichspolitik im Sinne eines ständigen Aufgabenkreises war ihnen jedoch bis zur Begründung des römischen Kaisertums unbekannt. Vorher kamen sie in dieser Richtung über einzelne Ansätze, die gewöhnlich an die Initiative einer besonderen Persönlichkeit geknüpft waren, nicht hinaus. Dem Senat ging für eine solche Politik nicht nur die Fähigkeit ab, sondern er mußte in ihr, wie die Dinge nun einmal lagen, zugleich eine Gefährdung seiner Machtstellung sehen. Es war eben in Rom so, daß größere Verwaltungs- und Militärkompetenzen, wenn sie, wie es für eine Reichspolitik unvermeidlich war, einem einzelnen überantwortet wurden, immer zugleich den Besitz eines solchen politischen Machtzentrums bedeuteten, daß es die Herrschaft des Senates erschütterte und in dem inneren Kräftespiel der römischen Politik die Gewichte zu seinen Ungunsten verschob. Nachdem nun aber Forum und Senat als Feld echter politischer Entscheidungen in der letzten Phase des Bürgerkrieges ausgeräumt und die Führung des Staates in die Hände des römischen Kaisers übergegangen war, entfiel dieses Hindernis. Die große historische Leistung des Augustus besteht u. a. darin, daß er die hier aufspringende neue Möglichkeit mit sicherem Geist erfaßte. Er wurde so nicht nur der Reorganisator des Römischen Reiches, sondern überhaupt der erste Organisator, den es bis dahin gehabt hat. Noch nie war vorher nach einem festen Plan der gesamte römische Herrschaftsbereich längere Zeit zum Gegenstand einheitlicher Maßnahmen geworden.

Das Verfahren des Augustus war freilich nicht schematisch. Er hatte keineswegs die Absicht, das Römische Reich mit seinen zahlreichen Bestandteilen verschiedener historischer Herkunft zu einem toten Mechanismus umzugestalten. Das Gegenteil trifft zu. Die Organisation der römischen Herrschaft behielt auch unter dem Prinzipat die Lebendigkeit eines geschichtlich gewordenen Körpers, und ihre Durchführung wurde auf sehr verschiedenen Wegen erreicht.

2. Senatsprovinzen

Da war erst einmal die Einteilung in Provinzen des Senates und kaiserliche Provinzen. Sie hatte einen innerpolitischen Grund und bedeutete innerhalb des Reichsregimentes die Konservierung der alten Republik. In den Senatsprovinzen herrschte der Senat insofern, als er nach der üblichen Routine die Statthalter aus seiner Mitte bestallte. Wie bisher hatte der abdankende Konsul oder Prätor die Anwartschaft auf einen Statthalterposten mit dem alten Titel Prokonsul (der jetzt auch für den früheren Proprätor galt), und der verfassungsrechtlichen Logik nach war seine Amtsgewalt ein Ausfluß des selbständigen magistratischen Imperiums, in dessen Besitz er mit seiner Wahl zum Beamten gelangte. Aber politisch gesehen war diese Einrichtung nichts als eine Angelegenheit des Prestiges. Ihr Zweck war, dem Senat als Körperschaft etwas von seinem früheren Ansehen zu bewahren, und eine Tradition, die in der großen Zeit der Republik sich herausgestellt hatte, nicht zu beseitigen. Es paßte gut hierzu, daß es sich bei den Senatsprovinzen um den ältesten Provinzialbestand handelte, also zunächst um solche Provinzen, die schon sehr lange unter der Herrschaft des römischen Senates gestanden hatten (z. B. Africa, Sicilia, Gallia Narbonensis, Asia, Baetica in Spanien). Zugleich waren das diejenigen Provinzen, die ihrer inneren und äußeren Lage nach am wenigsten eines militärischen Schutzes bedurften und wo infolgedessen keine Notwendigkeit bestand, den Statthalter von seiner ihm prinzipiell gehörenden militärischen Kommandobefugnis praktisch Gebrauch machen zu lassen: bis auf geringfügige Ausnahmen (etwa Africa, wo eine Legion unter dem Befehl des Prokonsuls stand) waren die Senatsprovinzen alle entmilitarisiert. Das Heerwesen war Sache des Kaisers und bildete sein wichtigstes politisches Monopol. Im Grunde war dies, auf den ganzen Zuschnitt der beiden Provinzgattungen hin betrachtet, überhaupt der einzig wirkliche Unterschied. Wenn man sich in der Provinz befand und die Lage der Untertanen betrachtete, da machte es im Grunde kaum etwas aus, ob die Provinz nun kaiserlich oder senatorisch war. Augustus dachte nicht im entferntesten daran, dem Senat ein eximiertes Territorium zu überlassen, wo er nach seinem Gutdünken verfahren konnte. Nein, die Grundsätze der kaiserlichen Reichsverwaltung galten hier so gut wie dort. Wenn es der Kaiser für nötig befand, griff er mit seiner prokonsularischen Gewalt auch in den Senatsprovinzen durch, und das allgemeine Reglement, nach dem regiert wurde, war im Wesen voneinander nicht verschieden. Hatten früher die aristokratischen Herren sehr selbstherrlich in den Provinzen auftreten können, das Auge des Kaisers erreichte sie auch jetzt, obschon sie ihm juristisch nicht unterstellt waren. Das kommt natürlich daher, daß der Senat selbst keine eigentlich selbständige Körperschaft mehr war und ihm eine exekutive Macht, die sich der kaiserlichen entgegenstellen konnte, fehlte. Aber es fehlten auch die praktischen Möglichkeiten zu einem eigenwilligen Geschäftsgebaren, wie es die Republik gekannt hatte. Der Statthalter war vor allem nicht mehr Herr über die Finanzverwaltung der Provinz. Sie unterstand einem kaiserlichen Beamten, dem procurator.

3. Kaiserliche Provinzen

Andrerseits waren auch die kaiserlichen Provinzen in der Mehrzahl keine administrativen Neuschöpfungen in der Art, daß sie etwa einen ganz anderen Typ als die Senatsprovinzen dargestellt hätten. Der Statthalter übte seine Befugnis zwar im direkten Auftrag des Kaisers aus — das besagt seine Bezeichnung als legatus Augusti — und konnte infolgedessen jederzeit abberufen werden oder, was tatsächlich mehr ins Gewicht fiel, war in seiner Amtszeit nicht von vornherein beschränkt wie in den Senatsprovinzen, wo der republikanische Grundsatz der Annuität im allgemeinen aufrechterhalten wurde. Aber sonst sah er in seinem sozialen Erscheinungsbild dem Gouverneur der Senatsprovinzen zum Verwechseln ähnlich. Er gehörte wie dieser nicht nur dem senatorischen Stand an, war nicht nur ordentliches Senatsmitglied, sondern wurde auch in genau der gleichen Weise aus den Reihen der ehemals höchsten „republikanischen" Würdenträger, d. h. aus den früheren Konsuln und Prätoren, genommen. Das war ein wichtiges Zugeständnis, welches der Kaiser der ehemals regierenden Klasse machte, und bedeutete nichts Geringeres, als daß sie auch unter den veränderten Verhältnissen diesen Charakter nicht verlieren sollte. Die höchsten Stellen der Reichsverwaltung blieben damit nach wie vor ihr vorbehalten. Der legatus Augusti pro praetore (so die offizielle Bezeichnung) unterschied sich nach Stand und Würde von seinem Kollegen in der Senatsprovinz in nichts.

4. Sonderformen

Allerdings fehlten nicht Ansätze, die bereits zur Zeit des Augustus über diesen Rahmen hinauswiesen. Nicht überall wurde die Territorialverwaltung des Reiches von Senatoren ausgeübt. Es gab bestimmte Gegenden, wo der Kaiser sich von diesem System befreite. Der wichtigste Fall war Ägypten. Ägypten war nicht nur die späteste der großen Erwerbungen, sondern nahm kraft seines wirtschaftlichen Potentiales und auf Grund seiner Vergangenheit, die es bis zur Annexion (30 v. Chr.) in dem Umfang des bedeutsamen Pharaonen- und Ptolemäerstaates belassen hatte, eine besondere Stellung ein. Von allen zivilisierten Ländern, die mit der Zeit unter Roms Herrschaft gefallen waren, war es allein in der Lage, eine Basis für einen Widerstand gegen den Kaiser abzugeben. Alle übrigen Teile des hellenistischen Staatensystems waren im Laufe der Zeit ihrer Substanz verlustig gegangen. Sie ließen sich infolgedessen auch ohne eigentliche Bemühung in den Organismus des Römischen Reiches einschmelzen. Von Ägypten konnte man das nicht behaupten. Seine soziale und administrative Gestalt war in einer jahrtausendealten Geschichte viel zu sehr erhärtet, als daß man sie hätte ohne weiteres an die übrigen Provinzen anschließen können. Augustus hat mit strenger Konsequenz hieraus die Folgerung gezogen und Ägypten überhaupt nicht erst zur Provinz erklärt. Der Verwaltungsapparat wurde im großen und ganzen so übernommen, wie er unter den Ptolemäern gewesen war, und an seine Spitze trat eine Art Vizeregent, der praefectus Aegypti, welcher, im Namen des Kaisers und von ihm eingesetzt, die Geschäfte führte und das römische Militär befehligte. Es war ein ausgesprochener Vertrauensposten; nur jemand, von dem man annehmen durfte, daß er angesichts der mannigfachen Verlockungen der Macht nicht schwindlig werden würde, konnte ihn einnehmen. Das schloß den Senatorenstand von vornherein aus. Ein Angehöriger derjenigen Schicht, welcher der Kaiser selbst entstammte, war hierfür unmöglich. Er durfte nicht einmal zu privaten Berufszwecken den Boden Ägyptens betreten. Der Präfekt von Ägypten war deshalb ein Ritter, womit an dieser neuen Stelle die Ritter beträchtlich über die den Senatoren erreichbare Höhe hinausgehoben waren, denn keine Provinz konnte sich im Grunde mit Ägypten vergleichen. Und als ausgesprochenes Grenzland, das in seiner Geschichte viel von äthiopischen Einfällen in seinem oberen Teil zu leiden gehabt hatte, beherbergte es reguläre Legionsformationen, die auf solche Weise unter das Kommando eines Ritters traten, was sonst nie der Fall war.

Wie sehr Augustus mit dieser Überlegung recht gehabt hatte, erwies gleich die erste Besetzung. Der Ritter Cornelius Gallus, als Dichter und Freund Vergils bekannt, hatte Ägypten mit dem Auftrag, im einzelnen Ordnung zu schaffen, übernommen. Wie heute noch eine Inschrift, in der er selbstgefällig seine Taten preist, beweist, war selbst ihm die Würde ordentlich zu Kopf gestiegen. Er gebärdete sich, als wenn er selbst der Herr des Landes und Nachfolger der früheren Herrscher wäre, ließ überall seine Statue aufstellen, verewigte sich durch Aufzeichnung auf Pyramiden. Augustus hielt es für notwendig, ihm offiziell den Prozeß zu machen. Er wurde verbannt und verlor sein Vermögen, eine Katastrophe, die ihn zum Selbstmord trieb.

Freilich blieb Ägypten ein Sonderfall. Aber es gab auch sonst Territorien, welche sich nicht für die Einrichtung einer regulären Provinz eigneten. Entweder war es nicht möglich, für sie neue Legionstruppen zur Verfügung zu stellen, oder der soziale Zustand des Landes verbot, die gewöhnliche Zivilverwaltung mit der regelmäßigen Rechtsprechung des Statthalters einzurichten, oder aber es waren sonst Gründe für eine abweichende Behandlung maßgebend. Hierbei wurden im einzelnen verschiedene Wege eingeschlagen. Es kam etwa vor, daß nur eine militärische Okkupation durch kleinere militärische Formationen vorgenommen wurde, über die lediglich ein Offizier aus dem Ritterstand (unter der Bezeichnung praefectus) gesetzt war. Das war die Lösung etwa für den Distrikt der Meeralpen und der Cottischen Alpen, wo dem früheren Fürsten Cottius gleich dieses Amt übertragen wurde. Diejenige Lösung allerdings, welche sich als ein gewisser Verwaltungstyp durchsetzen sollte, war die Bestallung eines sog. „Bevollmächtigten" mit der Bezeichnung procurator, ein Ausdruck, der von Hause aus im römischen Haushalt den Vertreter in Vermögenssachen bezeichnete, dann aber überhaupt soviel wie „Geschäftsträger" bedeutet. In dieser Funktion wurde das Amt wahrscheinlich im Jahre 6 n. Chr. zum erstenmal eingeführt, als sich die Notwendigkeit einstellte, Judäa in direkte römische Verwaltung zu übernehmen (es hatte bis dahin unter einem einheimischen Fürsten gestanden). Um der neuen Provinz, die ihre betont eigenen Probleme hatte, den nötigen Rückhalt zu geben, lehnte man sie an Syrien an, wo auch die Militärmacht stand, und schickte lediglich einen ritterlichen procurator dahin. Ähnlich scheint es bei Noricum (etwa dem heutigen Österreich ohne Tirol) gehalten worden zu sein, wo desgleichen der militärische Schutz von den Nachbarprovinzen gewährleistet wurde. Noricum selbst war ein friedliches Land und hatte sich schon längst dem zivilisatorischen Einfluß der römischen Welt geöffnet. Später ist dieses System auf eine ganze Reihe von Provinzen ausgedehnt worden, wobei dem procurator auch in geringem Maße leichte Streitkräfte zur Verfügung gestellt wurden.

5. Klientelfürstentümer

Schließlich gab es noch die Möglichkeit, ein Land unter Erhaltung seiner ursprünglichen Verfassung dem Römischen Reich einzugliedern. Das war in erster Linie der Status der Klientelfürstentümer. Sie gab es schon während der Republik; sie hatten da sogar für die Ausbreitung der römischen Herrschaft eine wichtige Rolle gespielt; denn das politische Übergewicht Roms schlug sich zumeist in dem Vorgang nieder, daß ehemals selbständige Fürstentümer in römische Abhängigkeit gerieten. Es entsprach nur der Dynamik des Prozesses, daß ein solches Verhältnis sich von Fall zu Fall verschieden auslegen ließ, entweder im Sinne der früheren selbständigen Rechtslage oder gemäß dem realen Kräfteverhältnis. Unter Augustus war es jetzt soweit, daß in dieser Hinsicht kein Zweifel mehr bestehen konnte und solche Fürsten geradezu ihre Regierungsgewalt und damit die Legitimierung von Rom erhielten. Nichts ist dafür so bezeichnend wie die Einsetzung Jubas II. in Afrika (25 v. Chr.). Das Land, das er damals bekam, gehörte zwar früher einmal seinen Vorfahren, war aber jetzt seit zwanzig Jahren bereits römische Provinz gewesen, und einige Jahre später vertauschte er dieses Territorium wiederum mit dem benachbarten Mauretanien. Berühmter ist der Fall des Herodes (des Großen). Seine uns aus dem Neuen Testament bekannte Königsherrschaft verdankte er den Römern. Wesentlich durch sie war er an die Macht gekommen und erhielt von ihnen die jüdische Königswürde, welche Pompeius 63 v. Chr. beseitigt hatte, wieder. Zehn Jahre später (30 v. Chr.) wurde er in ihr von Augustus bestätigt; aber als er 4 v. Chr. starb, wurde sie nicht erneuert, sondern vom Kaiser die Herrschaft unter einem anderen, geringeren Titel an seine Söhne weitergegeben, bis 6 n. Chr. Judäa, der wichtigste Teil vom Gesamtstaat des Herodes, unter Absetzung des dortigen Fürsten, eines von den Söhnen des Herodes, als römische Provinz eingezogen wurde.

Man konnte nicht deutlicher zum Ausdruck bringen, daß derartige Königtümer nur noch als integrierende Bestandteile des Römischen Reiches zu verstehen waren. Ein eigener politischer Wille, der sich der römischen Herrschaft entgegengesetzt hätte, war von ihnen nicht zu erwarten. Sie waren alles durch die Römer. Denen empfahlen sie sich umgekehrt nicht nur durch ihre Zuverlässigkeit, sondern durch den Dienst, welchen sie den Römern leisteten, indem sie gleichsam im römischen Auftrag römische Untertanen regierten, auf welche das gewöhnliche Provinzialschema nicht ohne weiteres anzuwenden war und die statt dessen der Hand einer einheimischen Obrigkeit bedurften. Gerade die Verhältnisse bei den Juden waren im Innern außerordentlich kompliziert, und es war, wie die Folgezeit nur zu klar herausstellte, mit ihnen nicht leicht fertig zu werden. Die gleiche Lösung führte Augustus noch in Thrakien und Kappadokien durch.

6. Bestandsaufnahme des Reiches

Die Neuerungen, die Augustus hier für die Einteilung und Gliederung des Reiches traf, waren im Grunde konservativ. Die Tendenz, Altes bestehen zu lassen und an Früheres anzuknüpfen, war stärker als der Wille zur Veränderung. Mit Recht, denn es wäre sehr unrealistisch gewesen, das Ergebnis einer über zweihundert Jahre alten Entwicklung von unten auf umzugestalten. Worauf es ankam, war die Fortbildung des Bestehenden, und zwar da, wo sie mit Hilfe von Kräften und Möglichkeiten, die bis dahin nicht bestanden hatten, ins Werk gesetzt werden konnte. Der Senat der Republik war nicht in der Lage gewesen, über die diplomatische und zeitweise militärische Praxis hinaus die Einheit des Reiches irgendwie zu erfassen. So war es wirklich der Aufgang eines neuen Zeitalters, als Augustus eine statistische Bestandsaufnahme des Reiches vornehmen ließ. In den Provinzen wurde ein Zensus zur Feststellung der finanziellen Kapazität abgehalten, die Gemeinden, Städte, Stämme wurden ihrer Rechtslage nach genau aufgenommen, die Einwohner, zumal die römischen Bürger, gezählt, und schließlich wurde das Ergebnis dieser Untersuchung in eine große Statistik übertragen. Dieses große Unternehmen ruhte, so lange Agrippa lebte, in der Hauptsache auf seinen Schultern. In seinem Zusammenhang entstand ein berühmtes geographisches Werk, die Weltkarte Agrippas, die er mit Hilfe griechischer Vorarbeiten und gestützt auf das reiche vor allem aus dem Straßenbau sich ergebende römische Vermessungsmaterial anfertigen ließ, und welche, nach seinem Tode in einer besonderen Säulenhalle der Öffentlichkeit zugänglich gemacht, eine bedeutende Sehenswürdigkeit des kaiserlichen Roms war. Der Ertrag der statistischen Enquêten wurde von Agrippa in einem großen Handbuch (commentarii) vereinigt. Da diese Materialien von den beiden Geographen Strabo und Plinius ausgiebig benutzt wurden, stehen wir heute noch in einem beinahe direkten Bezug zu diesen Informationen. Augustus selbst hatte schon 23 v. Chr. eine Aufstellung der öffentlichen Einnahmen vorgenommen und hinterließ bei seinem Tode eine Übersicht über alle seine Erhebungen, das breviarium totius imperii.

Von besonderem Gewicht wurden diese Erhebungen für das von Caesar eroberte Gallien. Nach Caesars Weggang (49 v. Chr.) hatte man sich in Rom um diese Erwerbung nicht mehr gekümmert. Die unruhigen Verhältnisse hatten für mehr als die militärische Besetzung keine Zeit gelassen. Endlich konnte nun Augustus die innere Organisation in die Hand nehmen. Er hat sich ihr persönlich gewidmet und zwei Reisen an Ort und Stelle unternommen (27/26 und 16—13 v. Chr.). In der Zwischenzeit wurde von Agrippa ein großes Straßennetz angelegt. Den Abschluß fand das Werk in der Einrichtung eines großen zentralen Provinzialkultus in Lugudunum (Lyon), in dem der römischen Herrschaft ihre religiöse Mitte geschaffen wurde. Das Wichtigste war jedoch die Fixierung der Steuerlasten und zu diesem Zwecke die Schatzung. Es hat sich dabei herausgestellt, daß in Gallien eine der finanzkräftigsten Landschaften des Römischen Reiches gewonnen war.

In der historischen Erinnerung des Abendlandes nimmt natürlich der Zensus von Judäa, wie wir ihn aus der Weihnachtsgeschichte kennen, die erste Stelle ein. Er fand viel später, im Jahre 6 n. Chr. statt, als Judäa als römische Provinz eingezogen wurde, gehört aber auch in den Rahmen dieses Verwaltungsprogramms als einer seiner letzten Ausläufer.

7. Die Finanzverwaltung

Bis dahin war an den wirtschaftlichen Kräften der Untertanen reiner Raubbau getrieben worden. Die römische Aristokratie und die römischen Kapitalisten hatten sie als Ausbeutungsobjekte betrachtet. Alle Versuche der Republik, dagegen etwas zu unternehmen, waren gescheitert. Der Mißerfolg war unvermeidlich, da die Behandlung der Provinzen zu einem der Objekte des innerpolitischen Kampfes geworden war, an dem die Republik zugrunde gehen sollte. Schon in dieser Hinsicht war jetzt der Weg mit der Begründung des Kaisertums frei geworden. Er war es noch aus einem anderen Grund. Wirksamen Reformen hatte sich bis dahin immer der Mangel eines zuverlässigen Verwaltungsapparates entgegengestellt. Das Senatsregiment war seiner inneren Struktur nach nicht imstande gewesen, einen solchen aufzubauen. Die Konstanz eines persönlichen Regimentes schuf andere Bedingungen. Nun war es möglich, daß der Kaiser vor allem einen Stab von Finanzbeamten ins Leben rief. Es kam Augustus in erster Linie darauf an, daß er da zur Stelle war, wo die Steuern in den Provinzen erhoben wurden. Das führte zu der grundsätzlichen Neuerung, welche bereits Caesar in Angriff genommen hatte, daß das freie Unternehmertum von der Einziehung der direkten Steuern ausgeschlossen wurde. Die Steuerpächter (publicani) mußten den staatlichen Finanzbeamten, den Prokuratoren, und ihrem Stabe weichen. Sie unterstanden dem Kaiser und bildeten den wichtigsten Zweig der sich von nun an allmählich entwickelnden und immer mehr ausbreitenden kaiserlichen Verwaltung. Das gesamte Römische Reich, ohne Ansehung der Rechtsstellung der einzelnen Provinzen, wurde von dieser Neuerung erfaßt. Die indirekten Steuern, Zölle, Hafengelder usw. blieben zwar weiter in privater Regie; aber die Hebesätze wurden jetzt vom Staat genau festgelegt und ihre Einziehung unter strenge Kontrolle genommen, ähnlich wie das auch sonst geschah, wo eine Bürokratie zur Verfügung stand und man trotzdem auf die Tätigkeit der Steuerpächter nicht verzichtete, klassisch durchgeführt im ptolemäischen Ägypten.

Allerdings war das Rom des Augustus noch weit davon entfernt, ein bürokratischer Beamtenstaat zu sein. Der kaiserliche Apparat in den Provinzen, auch in der Finanzverwaltung, stand erst in den Anfängen. Vor allem fehlte ihm noch völlig eine einheitliche Spitze in der Zentrale. Die konnte selbstverständlich nur in Rom sein; aber da hatte Augustus auf die althergebrachten Traditionen Rücksicht zu nehmen. Es war gänzlich ausgeschlossen, das gesamte Finanzwesen zu einem geschlossenen kaiserlichen Ressort zu machen, wie dies Caesar versucht hatte. Augustus erkannte vielmehr den Bestand der alten Staatskasse, des Aerariums, ausdrücklich an. Ihre Verwaltung unterstand dem Senat, der für diesen Geschäftskreis aus seiner Mitte zwei Prätoren durch Los bestallte. Das bedeutete nun freilich nicht, daß in deren Händen die Kompetenzen eines modernen Finanzministeriums gelegen hätten. Weder liefen dort sämtliche staatlichen Einnahmen zusammen, um nach ihrer Registrierung von da verausgabt zu werden, noch hatte diese Stelle überhaupt eine Übersicht über die gesamte Finanzgebarung. Sie war wohl in erster Linie ein Thesaurierungsinstitut, in das die jeweiligen Überschüsse nach Abzug der finanziellen Aufwendungen abgeführt wurden; hierbei bemerkenswerterweise ohne Unterschied zwischen kaiserlichen und Senatsprovinzen. Die Regie (Einziehung der Abgaben) wie auch die buchmäßige Erfassung war im wesentlichen Sache des Kaisers. Nur er war kraft der Hilfskräfte, die ihm zu Gebote standen, in der Lage, so etwas wie einen Haushaltsplan aufzustellen, oder besser, da bei dem Fehlen einer Verantwortlichkeit davon in strengem Sinne nicht die Rede sein konnte, eine Buchführung vorzunehmen. Nur er hatte auch die Steuerexekution in der Hand. Was dem Senat davon verblieb, war geringfügig, und insofern glich das Aerar einer Finanzbehörde, der das Wichtigste, nämlich der ganze Unterbau der Verwaltung, abging. Er wurde dargestellt durch eine Unmenge kaiserlicher, meist in den Provinzen verteilter Kassen (fiscus, genauer: fiscus Caesaris)[1]. Einen organisatorischen Überbau für diese Einzelkassen hatte Augustus noch nicht geschaffen. Das blieb der späteren Entwicklung vorbehalten; aber schon vorher hatte man sich daran gewöhnt, diese verschiedenen Finanzzweige wenigstens dem Begriff nach als *den* fiscus zusammenzufassen. Daneben hatte der Kaiser selbstverständlich noch sein großes Privatvermögen, das patrimonium, welches auch einer ausgedehnten Verwaltung und der Arbeit von Spezialfunktionären bedurfte. Der Mechanismus war also ziemlich kompliziert, und er wurde noch unübersichtlicher, als für die Zivilversorgung des Militärs neben der alten Staatskasse ein spezielles aerarium militare eingerichtet wurde (6 n. Chr.), dem bestimmte, ausschließlich von den sonst steuerfreien römischen Bürgern zu entrichtende Steuern (Erbschafts- und Freilassungssteuer) vorbehalten waren. Da es sich hier um eine auf Initiative des Kaisers erfolgte Neugründung und dazu noch für militärische Zwecke handelte, besaß dieses Institut nicht die Unabhängigkeit des alten und war in Ernennung seiner Beamten und in der Geschäftsführung vom Kaiser abhängig.

8. Wohlfahrt und Polizei

Wenn es dem politischen Programm des Augustus entsprach, in Rom und Italien seine Machtstellung zu verschleiern und sowenig wie möglich mit ihr hervorzutreten, so gab es doch auch da auf dem Gebiete der Verwaltung eine Lücke, welche die Entwicklung der späten Republik geradezu ausgespart zu haben schien, um sie durch das Kaisertum ausfüllen zu lassen. Das war das Gebiet der Wohlfahrt und der Polizei. Die Gebrechen der sterbenden Republik waren hier besonders schmerzlich empfunden worden. Im Grunde standen ihr nur die Mittel zu Gebote, welche Rom vor drei- und vierhundert Jahren für die Bedürfnisse einer mittleren Stadt entwickelt hatte. Es war da wie in jeder antiken Stadt der Grundsatz anerkannt, daß der Staat die Lebensmittelversorgung seiner Bürger zu gewährleisten habe. Das hieß zunächst, daß er dafür einstehen mußte, daß der städtische Lebensmittelmarkt immer beschickt wurde (sog. cura annonae), weshalb diese Fürsorge auch zur Kompetenz der Marktpolizei (Ädilen) zählte. Herrschte Hungersnot, d. h. Verknappung und damit Verteuerung des Brotes, dann mußte aus staatlichen Mitteln Getreide aufgekauft und zu angemessenen Preisen, also unter dem Einkaufspreis, abgegeben werden. Als sich große Privatvermögen in Rom gebildet hatten, griffen die Ädilen auch in die eigene Tasche, um durch Zuschüsse den Marktpreis herabzusetzen. Das war natürlich auch ein politisches Geschäft: bei der nächsten Wahl machte es sich für den Betreffenden bezahlt. Durch Gaius Gracchus war hieraus ein Gegenstand der großen Politik entwickelt worden: die regelmäßige staatliche Getreideabgabe für speziell arme Schichten (sog. frumentatio), aber die Aufgabe, im allgemeinen für die Lebensmittelversorgung einzustehen, blieb deswegen doch bestehen. Sie war unterdessen vor allem ein verkehrstechnisches Problem geworden, seitdem Rom zu den Weltstädten zählte. Die Erfahrungen hatten nun bewiesen, daß es mit den Mitteln des republikanischen Staatsapparates nur man-

[1] Da in sie auch die Strafgelder und die strafweise eingezogenen Vermögen abgeführt wurden, wurde danach das noch heute gebräuchliche Wort confiscare (konfiszieren) gebildet.

gelhaft bewältigt werden konnte. Schon Pompeius waren deshalb für diesen Zweck vorübergehend außerordentliche Vollmachten erteilt worden. Wenn die hauptstädtischen Massen Hunger litten, war das natürlich zugleich eine politische Krise. Nichts war klarer, als daß Augustus hier zugriff. Im Jahre 22 v. Chr. übernahm er persönlich die cura annonae, um einem augenblicklichen Notstand abzuhelfen. Eine meuternde Menge erzwang dies vom Senat, gerade in dem Jahre, als sich Augustus von den stadtrömischen Geschäften durch Aufgabe des jährlichen Konsulates zurückziehen wollte. Dann galt es, eine Lösung auf Dauer zu finden. An ihr wurde ziemlich lange, über die Regierungszeit des Augustus hinaus, herumprobiert; denn es sollte der Senat in seiner Ohnmacht, etwas Wirksames zu unternehmen, nicht bloßgestellt werden. Schließlich wurde doch eine ständige kaiserliche Beamtenstelle geschaffen, die des praefectus annonae, mit einem zahlreichen, auch außerhalb Roms an den verschiedenen Zufahrtswegen und Getreideprovinzen stationierten Hilfspersonal. Es gab daneben noch Beamte des Senates, die selbstverständlich mit dem kaiserlichen Funktionär zusammenarbeiteten und keineswegs die Tatsache widerlegen konnten, daß hier alles auf den Schultern des Kaisers ruhte. — Die Gratisverteilungen von Korn an die Bevölkerung Roms behielt Augustus bei und verewigte damit diese bedenkliche Einrichtung für die nächsten Jahrhunderte. Wenn er als Reorganisator des römischen Staates mit ihr nicht aufräumte, wer sollte später den Mut und die Kraft dazu haben? Ungefähr 200 000 Personen empfingen monatlich ca. 30 kg ungemahlenen Weizen, darunter zahlreiche Leute, die einer solchen Zuwendung gar nicht bedurft hätten. Es war der Tribut des Weltreiches an das Proletariat der Hauptstadt, ein letzter und hybrider Rest seines einstigen Souveränitätsrechtes in der Gestalt einer Art Staatsrentnertums.

Der Bereich der öffentlichen Wohlfahrt, wenn er einmal als administratives Thema eingeführt wird, ist vielseitig. Das Kaisertum machte sich die cura als eines ihrer spezifischen Anliegen zu eigen. Es gab so eine Fürsorge für die öffentlichen Straßen (cura viarum), für die Regulierung des Tibers (cura alvei Tiberis), für die öffentlichen Gebäude (cura operum publicorum) und vor allem für die Wasserleitungen (cura aquarum). In allen wurde der Kaiser mit seinem Personal in der einen oder anderen Form tätig.

Und schließlich das Wichtigste, die Polizei. Diese hatte während der Republik ganz im argen gelegen. Über das idyllische Stadium, daß einige Honoratiorenbeamte mit ihrem Bakel und im Bedarfsfalle ihren eigenen Bediensteten für Ruhe und Ordnung sorgten, waren die Einrichtungen noch nicht hinausgediehen. Was die Folge war, hatte die Geschichte der ausgehenden Republik eindrucksvoll gezeigt. Augustus schuf gründlichst Wandel. Eine mehrere tausend Mann zählende Polizeitruppe (die sog. cohortes urbanae), unterstellt einem Polizeipräsidenten (praefectus urbi), wurde ins Leben gerufen und daneben später — im Jahre 6 n. Chr. — noch ein umfangreiches Spezialkorps, in der Hauptsache als technische Nothilfe, zumal für das Feuerlöschen, aufgebaut (die vigiles), sieben Kohorten zu je tausend Mann, so daß auf je zwei Stadtregionen eine kam. Wahrscheinlich war deswegen die Stadt in vierzehn Regionen eingeteilt worden. Auch sie gehörten zu den Malzeichen des neuen Kaisertums.

Das Löschwesen war ursprünglich auch Sache der Ädilen, aber ohne ordentliches Personal waren sie hierbei in der Großstadt ohnmächtig. Unter Augustus war es vorgekommen, daß ein Ädil (ein gewisser Egnatius Rufus) infolge dieses Mißstandes auf eigene Kosten eine Feuerwehrmannschaft anwarb und dadurch ungeheure Beliebtheit bei der breiten Menge gewann. Seine Popularität wurde so groß, daß sie ihm zu Kopfe stieg und er es an der geziemenden Observanz gegenüber dem Kaiser fehlen ließ. Daraus entstand ein schlimmer politischer Konflikt, der mit seiner Hinrichtung endete (19 v. Chr.). Man sieht also: aus einem derartigen technischen Notstand konnten sich Weiterungen ergeben, die in den Kreis der empfindlichsten innerpolitischen Problematik übersprangen. Ein Grund mehr für den Kaiser, ihm auf radikale Weise beizukommen.

9. Das Heer

Nirgends war Augustus in der Verwaltung und organisatorischen Neuschöpfung so unabhängig wie beim Militärwesen, eine selbstverständliche Folge seines Heerführertums. Er hat auch da die Grundlagen für die weitere Kaiserzeit gelegt. Die Bedeutung dessen, was auf diesem Gebiet geschah, kann man nicht hoch genug einschätzen. Ihr Umfang ist aber nur im Zusammenhang der Sozialverfassung des Römischen Reiches zu ersehen. Denn das war eben die große Neuerung des Augustus, daß das Heer zu einem selbständigen und dabei hochwichtigen sozialen Element der Gesellschaft des Römischen Reiches wurde. In der Republik war der Soldat und das Soldatentum eine Funktion des bürgerlichen Daseins wie manches andere auch: der Bürger war im Prinzip zugleich Soldat. Diesem Grundsatz des Milizheeres entsprach es, daß er nur zeitweise zum Heeresdienst aufgerufen werden konnte, im vorübergehenden Bedarfsfall. Daran hatte sich auch während des letzten Jahrhunderts der Republik eigentlich nichts geändert. Die Wehrmacht wurde noch immer ad hoc zusammengestellt und ihr Menschenmaterial auf dem Wege der Aushebung gewonnen. Aber anders geworden war die tatsächliche soziale Zusammensetzung. Abgesehen von den höheren Offizieren, bestand sie seit Marius vorzugsweise aus Proletariern, d. h. unbemittelten Leuten ohne Landbesitz. Auf diese wartete, wenn sie die Uniform wieder auszogen, im allgemeinen keine wirtschaftliche Existenz, um sie aufzunehmen. Im Gegenteil: ihre soziale Chance bestand gerade in ihrem Soldatentum, insofern, als es mit anschließender Zivilversorgung verknüpft war. Das Soldatentum entsprach also einer besonderen sozialen Interessenlage, und ihre Vertreter gewannen die Merkmale einer besonderen sozialen Gruppe. Augustus hat diese Tatsache nicht mehr aus der Welt geschafft, sondern ausdrücklich anerkannt, indem er das Soldatentum zum Beruf erhob und zu seinem materiellen Entgelt u. a. auch die wirtschaftliche Sicherstellung nach der Entlassung verfügte.

Das römische Heer wurde so ein stehendes Heer von Berufssoldaten. Und das Römische Reich bedurfte jetzt eines solchen, nachdem es durch Augustus auch darin neu organisiert worden war, daß es eine einheitliche geographische Grenze erhielt. Diese mußte ständig bewacht werden, und ebenfalls bedurften die innerhalb der Grenze liegenden, zum Teil erst jüngst unterworfenen Völkerschaften anfangs auch einer sie beobachtenden Militärmacht. Das stehende Heer war also eine selbstverständliche Folgerung aus den bestehenden Tatsachen; und es war viel weniger verwunderlich, daß die Dinge unter Augustus endlich soweit waren, als daß es so lange gedauert hatte, bis man auf diese Lösung verfiel, womit sich wieder eines der Symptome für die Unvermeidbarkeit und Unaufschiebbarkeit der dem Kaisertum gestellten Aufgaben zeigte.

Trotzdem blieb der Grundsatz bestehen, daß das römische Heer in seinem Kern ein römisches Bürgerheer und der römische Legionär kein Söldner war. Voraussetzung für den Eintritt in das Heer war persönliche Freiheit und Besitz des römischen Bürgerrechtes. Sklaven war bei Todesstrafe verboten, Soldat zu werden. Aber zwangsweise Aushebungen wurden nur selten vorgenommen, und auch das mit der Möglichkeit, einen Ersatzmann zu stellen. Gewöhnlich beruhte die Übernahme des Militärdienstes auf der freien Entschließung des einzelnen. Rekrutierungsgebiet war in der Hauptsache Italien. Die reguläre Dienstzeit betrug für den Prätorianer sechzehn, für den Legionär zwanzig Jahre zuzüglich fünf Jahren Bereitschaftsdienstes für den Kriegsfall als Veteran. Neben den aus römischen Bürgern bestehenden Legionen standen Formationen (Kohorten) der Untertanen, außerrömische Hilfstruppen, ähnlich wie das schon in der Republik bis zum Bundesgenossenkrieg üblich gewesen war. Die 25 Legionen beliefen sich auf 150 000 Mann; mit den Auxiliarkräften kamen für das Ganze etwa 250 000 bis 300 000 Mann heraus.

Über die Beurteilung der Größe dieser Zahl ist viel gestritten worden. Die einen halten sie für einen sprechenden Beweis der pazifistischen Einstellung des Augustus, der das Militär weit unter dem wirklichen Potential gehalten habe; andere sehen in ihnen eine respektable Offensivwaffe. Rechnet man die Gesamtzahl der Reichsbewohner auf ca. 50 Millionen, dann käme die Größe des Heeres einem halben Prozent dieser Summe gleich. Das entspricht ungefähr der Hälfte der stehenden Massenheere des modernen Staates. Bedenkt man jedoch, daß nur eine Minorität das römische Bürgerrecht besaß und infolgedessen die ganze Einwohnerzahl sich nicht analog den modernen Einwohnerziffern auffassen läßt, dann war das römische Aufgebot nicht gering. Daß das große Römische Reich andrerseits durch eine so kleine Militärmacht zusammengehalten wurde, ist freilich nicht selbstverständlich, aber daß es möglich war, bedeutet eben eine Voraussetzung des Römischen Reiches und besagt nichts über einen ungenügenden Ausbau des Heeres. Wollte man das römische Heer auf den römischen Bürger stellen, so war eine höhere Ansetzung der Soldatenzahl schwerlich angängig. In Wirklichkeit war also das römische Heer seinem Umfang nach ziemlich bedeutend. Es reichte bei der geringen Beanspruchung für die Zwecke der Beherrschung und der im allgemeinen friedlichen äußeren Situation durchaus auch für die Durchführung offensiver Unternehmungen.

10. Die Kolonisation

Augustus hat das Heer der römischen Kaiserzeit nach den für die nächsten zwei Jahrhunderte gültigen Gesichtspunkten aufgebaut. Augustus hatte aber zuvor Hand anzulegen an ein Unternehmen nicht minder großen Stiles, an eine Abrüstung, wie sie die römische Geschichte bis dahin wahrscheinlich noch nicht gesehen hatte. Die Heere der Triumviratszeit waren die gewaltigsten gewesen, welche Rom jemals aufgeboten hatte, und ihre Beseitigung war nicht nur ein Erfordernis der Ökonomie und der praktischen Zweckmäßigkeit — was sollten sie noch, nachdem der Kampf, für den sie gedacht waren, ausgelaufen war —, sondern entsprach auch der Erwartung der Soldaten, welche nicht zuletzt im Hinblick auf ihre Veteranenbelohnungen sich hatten in Dienst nehmen lassen. Schon nach Philippi (42 v. Chr.) hatten bereits 170 000 Mann auf Versorgung mit Land Anspruch. Am Ende seiner Regierung konnte Augustus von 300 000 sprechen, die er zu befriedigen gehabt hätte. Vor Actium (31 v. Chr.) geschah dies auf dem Wege brutaler Enteignung der römischen Zivilbevölkerung in Italien, später zahlte Augustus Entschädigungen und verlegte sich vor allem auf eine großzügige außeritalische Kolonisation, wie dies vor ihm schon Caesar in Angriff genommen hatte. Caesars Unternehmungen waren freilich infolge seines plötzlichen Todes nicht zu Ende gekommen. Augustus hatte eine lange Regierungszeit zur Verfügung. Er wurde so der größte Kolonisator der römischen Geschichte. Viele Kolonien, welche Caesar geplant hatte, wurden von ihm erst ins Leben gerufen. Wie Caesar stand auch Augustus hierbei unter dem Gesetz einer geschichtlichen Notwendigkeit, aber bei ihm ist dessen Anerkennung doch auffälliger, weil Augustus „ideologisch" den Vorrang Italiens und des römischen Blutes vertrat und in diesem Sinne sich ausdrücklich gegen eine zu liberale Bürgerrechtsverleihung an volksfremde Individuen aussprach. Aber Augustus ließ sich bei seiner Reichspolitik hier so wenig wie sonst das Konzept durch irgendwelche konservative Programmatik verderben. Er gründete nicht nur unzählige Kolonien in Ost und West, sondern erkannte auch eine bereits vollzogene Romanisierung durch Erteilung des römischen (bzw. latinischen) Stadtrechts an (vor allem in Südspanien). In einigen Landschaften des Ostens (Galatien und Pisidien) ließ er sich von dem Gesichtspunkt leiten, zur Bekämpfung wilder Bergstämme militärische Widerstandszentren zu gründen (mit Hilfe von Veteranenkolonien) und ein gewisses Reservoir für die Aushebung römischer Soldaten im Osten zu schaffen. An eine wesentliche Verminderung des stadtrömischen Proletariats hat allerdings Augustus in diesem Zusammenhang — anders als Caesar — nicht gedacht. Statt dessen griff er auf die vielen einst von ihm selbst depossedierten italischen Bauern zurück, mit denen zweifellos eine dauerhafte Kolonisation sich leichter und zuverlässiger durchführen ließ.

b) Die Außenpolitik unter Augustus

1. Der Territorialbestand des Römischen Reiches. — 2. Der Imperialismus des Augustus. — 3. Erste Versuche. — 4. Spanien. — 5. Die Zentral- und Ostalpen. — 6. Balkan- und Donauländer. — 7. Die Germanienpolitik des Augustus. — 8. Der Pannonische Aufstand. — 9. Arminius. — 10. Der Osten: Kleinasien. — 11. Arabien. — 12. Die armenisch-parthische Frage.

Auch die Außenpolitik war unter Augustus Reichspolitik. Sie war nicht mehr wie in der späteren Republik ein stoßweises Reagieren auf einzelne äußere Ereignisse, sondern folgte einer Anlage, die bestimmt war durch den territorialen Bestand des gesamten Reiches. Wie dieser für die innere Reichspolitik das Thema aufgeworfen hat, so war es auch bei der Außenpolitik. Man kann sie deshalb die äußere Reichspolitik nennen.

1. Der Territorialbestand des Römischen Reiches

Die Frage, welche Aufgaben unter diesen Umständen für Augustus gestellt wurden, läßt sich verhältnismäßig einfach formulieren. Wenn das Römische Reich ein Ganzes in seinem inneren Aufbau sein sollte, bildeten dann seine verschiedenen Länder auch einen einheitlichen Komplex? Und was war nach Prüfung der Lage noch zu tun?

Es war mehr, als man nach dem Bestand einer über hundert Jahre alten römischen Weltherrschaft hätte erwarten sollen. Daß die nordwestliche Ecke der Pyrenäenhalbinsel nicht unterworfen war, mochte sich aus der peripheren Lage dieses Gebietes noch verstehen lassen. Aber ausgesprochen sonderbar muß einem geopolitisch eingestellten Blick die Tatsache erscheinen, daß das ganze Alpengebiet ungeachtet seiner nahen Nachbarschaft zu Italien und seiner Unentbehrlichkeit als Durchgangsland nach Gallien außerhalb der römischen Herrschaft stand. Ging man von ihm weiter nach Südosten, wurde eine andere, nicht minder erstaunliche Lücke sichtbar: es war immer noch nicht möglich, von Italien auf dem Landwege ein Heer nach dem Osten zu schaffen. Die dalmatinische Küste gehorchte zwar den Römern, aber der Gesamtraum ungefähr des heutigen Jugoslawiens und auch das anschließende nördliche Bulgarien und südliche Rumänien standen noch außerhalb einer gesicherten römischen Herrschaft. Im Osten war es dank der Arbeit des Pompeius besser. Nachdem nun auch Ägypten dem Römischen Reich einverleibt war, dehnte sich die römische Herrschaft über ganz Kleinasien, Syrien und die östlichen Distrikte des nördlichen Afrika aus. Augustus hat deshalb überall da, wo es sich um eine zufällig noch bestehende, durch den Gang der römischen Expansion bedingte Unterbrechung der untertänigen Ländermassen handelte, definitiven Wandel geschaffen und für klare Verhältnisse gesorgt.

2. Der Imperialismus des Augustus

In der Erinnerung der Menschheit lebt Augustus gemeinhin als Friedensfürst, der grundsätzlich kriegerischen Eroberungen abhold gewesen sei. Mit Recht, denn er hat der Menschheit tatsächlich die lang entbehrte Erholung von den politischen Wirren der Vorzeit geschenkt. Aber man darf darüber nicht vergessen (wozu einige Neigung auch in der modernen Geschichtsschreibung besteht), daß er wie kein anderer Römer vor ihm die Grenzen des Römischen Reiches ausgedehnt hat und zu seinem Herrscherbegriff durchaus die Bewährung im außenpolitischen Kampf gehörte, ja noch mehr, daß seine Herrschaft sowohl in seiner Auffassung wie in der seiner Zeitgenossen universal, ja weltimperialistisch verstanden sein wollte. Das Zeugnis seines eigenen Tatenberichtes und die Aussagen der Augusteischen Dichter sprechen in dieser Hinsicht eine beredte Sprache.

Die Ereignisse selbst sind ziemlich disparat auf die lange Regierung des Augustus verteilt. Die Durchführung des Programms im einzelnen war jeweils von der Konstellation der inneren Verhältnisse abhängig. Das lehrt nicht nur der Stand der allgemeinen politischen Lage, sondern das lassen höchst konkrete persönliche Beziehungen erkennen. Augustus war bei militärischen Unternehmungen kein unabhängiger Herr seiner Entschlüsse. Militärische Begabung und damit Eignung zu selbständigem Heerführertum gingen ihm ab. Er war also auf die Tätigkeit von anderen angewiesen. Dabei kam es aber nicht nur auf deren sachliche Qualifikation an, sondern ebenso auf das Maß ihrer politischen Zuverlässigkeit. Ein siegreicher Feldherr ist stets für eine nicht durch Tradition geheiligte Monarchie eine große Gefahr gewesen. Augustus mußte des Generals, dem er weitreichende Operationen anvertraute, persönlich ganz gewiß sein. Es genügte nicht, daß er im Felde seinen Mann stand. Solche Männer hatte er nicht jederzeit zur Verfügung. Der Gang seiner Außenpolitik ist durch diese Prämisse in schwerwiegender Weise beeinflußt worden. Daß die militärischen Talente in erster Linie bei der alten republikanischen Aristokratie zu Hause waren, liegt auf der Hand. Aber gerade ihr gegenüber war Mißtrauen geboten. Nicht nur, daß sie einerseits innerlich noch an dem früheren Staat hing; auch wenn sie auf der andern Seite die Monarchie für unvermeidlich hielt, so brauchte ihr die Alleinherrschaft des Augustus keineswegs als die alleinmögliche Lösung erscheinen. Warum sollte ein tüchtiger Feldherr von altadligem Geblüt nicht näher an ihr daran sein als Augustus, dessen Vater noch dem Ritterstand entstammte? Augustus war sich dieser Gefahr sehr bewußt und reagierte mit äußerster Empfindlichkeit auf die bloße Möglichkeit, daß das militärische Prestige eines anderen sein eigenes Ansehen beschatten könnte.

Aus der frühen Zeit gibt es dafür ein sprechendes Beispiel. Im Jahre 29 v. Chr. war es einem Licinius Crassus, d. h. einem Angehörigen einer der ältesten und berühmtesten Familien, gelungen, den feindlichen Feldherrn im Nahkampfe zur Strecke zu bringen (in Thrakien). So etwas galt in Rom für die hervorragendste militärische Leistung und wurde mit einer ganz ausnehmenden Ehrung ausgezeichnet (persönliche Niederlegung der feindlichen Feldherrnrüstung im Tempel des Juppiter Feretrius, sog. spolia opima). Angeblich war sie seit Romulus nur noch einmal vorgekommen. Augustus glaubte, sich nicht das Zugeständnis leisten zu können, daß ein anderer diesen besonderen Lorbeer pflückte. Durch eine etwas rabulistische staatsrechtliche Theorie, zu deren Erhärtung er allem Anschein nach auch vor einer Urkundenfälschung nicht zurückschreckte, wies er die mangelnde Berechtigung des Anspruches nach und brachte damit die Ehrung zu Fall.

3. Erste Versuche

Noch in seiner Triumviratszeit hatte Augustus (bzw. Octavian) auf die Alpen und das heutige Jugoslawien sein Augenmerk gerichtet. Ein derartiges Projekt lag nahe, denn die damalige Desorganisation der römischen Verhältnisse war von den dortigen Stämmen zu höchst lästigen Einfällen in Oberitalien ausgenutzt worden. Es war also nur die entsprechende Antwort, als Augustus nach seinem Sieg über Sextus Pompeius die Absicht ausgesprochen hatte, ganz Illyricum dem Reich anzugliedern. Aber aus dem Vorhaben wurde zunächst nicht viel. Auch die Alpenstämme wurden von seinen Unterfeldherren lediglich zurückgeschlagen. In Illyrien kämpfte er selbst, ausnahmsweise unter beträchtlicher Exponierung seiner eigenen Person. Das Hauptergebnis war die Einnahme des pannonischen Siscia (heute Sissek) i. J. 35 v. Chr. Wesentlich weiter kam er nicht. Im folgenden Jahre mußte ein Aufstand niedergeschlagen und die Dalmatier, welche Italien ja näher lagen, auch wieder einmal zur Ruhe gebracht werden. Dann blieben die Dinge zunächst zwanzig Jahre liegen.

In der Zwischenzeit dachte Augustus nur an das Dringendste. Dazu gehörte die Gewährleistung eines sicheren Überganges über die Westalpen nach Südfrankreich. Der Stamm der Salasser hatte ihn vor allem verhindert. Er wurde im Jahre 25 v. Chr. ausgerottet. 45 000 Menschen wurden als Sklaven verkauft. Das Val d'Aosta mit dem neu gegründeten Aosta (Augusta Praetoria) und seine Paßübergänge des Kleinen und Großen St. Bernhard war jetzt fest in römischen Händen.

4. Spanien

Augustus hatte diese Maßnahmen einem anderen übertragen. Er selbst befand sich damals auf der Iberischen Halbinsel, um persönlich ihre endgültige Befriedung durchzuführen und die noch unabhängigen Nordweststämme (Gallaecer, Asturer, Cantabrer) zu unterwerfen. Er wurde zwar darüber krank und mußte nach Rom zurückkehren, um Agrippa den Rest zu überlassen, der im Jahre 19 v. Chr. dann zum Ziel gelangte;

aber die Neuordnung der Halbinsel ging doch auf die persönliche Initiative des Augustus zurück. Damals (und später in den Jahren 15—13 v. Chr. bei einer zweiten spanischen Reise) wurde in Spanien eine große Zahl von römischen Städten gegründet, alle mit dem Namensbestandteil Augustus (etwa Augusta Emerita, das heutige Merida, oder Caesarea Augusta, das heutige Zaragoza). In den neu gewonnenen Gebieten wurden Umsiedlungen vorgenommen. Städte, die auf Bergen lagen, wurden in die Täler verlegt. Zur Befriedung wurden weiterhin das römische Heer dort stationiert (vier bis fünf Legionen) und Aushebungen unter der einheimischen Bevölkerung veranstaltet. Eine organisatorische Veränderung der ganzen Halbinsel! Statt der früheren zwei Provinzen wurden drei eingerichtet: Baetica, das Tal des Guadalquivir, die fruchtbarste und zivilisierteste, sodann im Westen die Lusitania (etwa Portugal entsprechend) und die große Tarraconensis mit den Kerngebieten Kastilien, Aragon und Katalonien und dem galizisch-kantabrischen Gebirge im Nordwesten. Auch der Kaiserkult schlug alsbald Wurzeln. Das Heiligtum in Tarraco war eines der ältesten im ganzen Westen. So fand die lange Geschichte der Unterwerfung und Durchdringung Spaniens endlich nach ungefähr zweihundert Jahren ihren Abschluß. Um kein Land haben sich die Römer derartig bemüht; kein Wunder, daß es in der Kaiserzeit an der Spitze aller romanisierten Länder stand.

5. Die Zentral- und Ostalpen

Die Unterwerfung der Zentral- und Ostalpen steht im Zusammenhang mit einer umfassenden Konzeption, obgleich sie infolge der Bedrohung von Oberitalien durch die Alpenstämme längst anhängig geworden war und ein abermaliger Einfall den Entschluß zum Reifen brachte. Aber für Augustus war letztlich ein weiterer Gesichtspunkt maßgebend. Er trat dem Projekt erst gelegentlich seines zweiten längeren Aufenthaltes in Gallien näher. Seine Reise gab den Anstoß zu einem Einfall germanischer Stämme über den Rhein (Niederlage des Lollius 16 v. Chr.), welcher blitzlichtartig die Tatsache beleuchtete, daß die Ostgrenze Galliens eines zuverlässigen Schutzes entbehrte. Was hier zu geschehen hatte, war klar. Nur eine Befestigung der Rheinlinie konnte Sicherheit schaffen. Sie wurde eingeleitet durch die Anlage der großen Legionenlager in Xanten und Mainz. Wenn der militärische Schwerpunkt aber hierher verlagert wurde, lag es auch auf der Hand, daß eine kürzere Verbindung von Italien dahin erforderlich war. Der Weg über die Westalpen war zu weit. Es ergab sich obendrein von selbst, daß auch der Oberlauf des Rheins in römischen Händen sein mußte. Noch mehr: das geographische Bild führte zu der Konsequenz, daß die Alpen nicht mehr die natürliche Grenze der römischen Herrschaft bilden konnten. Sie mußten zum Durchgangsgebiet werden. Eins ergab sich aus dem anderen. Wenn die Planung einmal einsetzte, konnte sehr bald eine imperialistische Phantasie ihre Schwingen entfalten. Wir treten mit diesen Ereignissen in die Phase einer kühnen Expansionspolitik ein. Augustus stand auf der Höhe seines Lebens, als Mann in der Mitte der Vierziger. Die innerpolitischen Probleme, vor allem die Verfassungsfrage, konnten als bewältigt angesehen werden. Vor allem aber boten sich jetzt in seinen beiden Stiefsöhnen Tiberius und Drusus militärische Fachleute von Rang an, von deren Seite er keine politische Rivalität zu befürchten hatte. Sie standen beide in dem Alter, um größere Unternehmungen selbständig zu leiten. Tatendurstig, wie es ihrer

Fähigkeit und ihrer Jugend entsprach, werden sie ihren Stiefvater in seinem Entschluß bestärkt haben.

Der Erfolg übertraf die kühnsten Erwartungen. In zwei bis drei Jahren (15—12 v. Chr.) standen nicht nur die ganzen Alpen, sondern auch das nördlich anschließende Voralpengebiet unter römischer Botmäßigkeit. Drusus rückte von Süden vor, durch das Tal der Etsch, Tiberius dann von Westen, von Gallien, den oberen Rhein entlang. Jener hatte es mit den Raetern, wohl illyrischen Stämmen, zu tun, dieser mit den Vindelicern, den keltischen Bewohnern Schwabens. Auf dem Bodensee lieferte er ihnen eine Schlacht. Das große Gebiet, das sich sogar über den Oberrhein bis an die Donau erstreckte, wurde zu einer Provinz Raetien zusammengefaßt.

Kurz vorher waren ohne wesentliche Kämpfe die Noriker im österreichischen Alpenland (östlich von Tirol) unter die römische Herrschaft getreten (17/16 v. Chr.). Sie waren eine keltisch-illyrische Mischbevölkerung, die sich längst dem von Istrien und Aquileia aus eindringenden Einfluß der römischen Zivilisation geöffnet hatte, infolgedessen im allgemeinen friedliche Beziehungen zu Rom unterhielt und deshalb jetzt willig das römische Regiment anerkannte. Als Anerkennung ihrer besonderen Situation behielten sie ihr angestammtes Fürstenhaus und verblieben vorerst in der Lage eines Klientelfürstentums.

Verwunderlich ist die schnelle Unterwerfung der Raeter, welche doch den Schutz unwegsamer Gebirge für sich hatten. Aber gerade die Natur ihres Landes wurde ihnen zum Verhängnis. Die Römer schnitten sie in den tief gelegenen Tälern, welche sie nicht verteidigen konnten, von der Ernährungsbasis ab. Wenn sie auf ihren Almhütten nicht verhungern wollten, gab es als Rettung nur die Ergebung in die römische Herrschaft.

6. Balkan- und Donauländer

Bei diesen Unternehmungen war man auch an die obere und den Beginn der mittleren Donau gekommen. Ihr weiterer Lauf bildete die Einrahmung desjenigen Gebietes, in welchem sich die westliche und östliche Reichshälfte trafen. Die untere Donau war schon lange für die Römer ein politischer Horizontstreifen, seitdem sie Makedonien zur Provinz gemacht und damit historische Aufgaben der makedonischen Könige übernommen hatten (146 v. Chr.). Die Herrschaft über Makedonien bedeutete die Schutzwacht der zivilisierten Welt gegenüber den wilden thrakischen Völkern des Balkans und Donaugebietes. Es kam ganz von selbst, daß die Römer mit ihnen in Kämpfe verwickelt wurden und damit die Donaugrenze in ihr Blickfeld rückte. Schon zwischen 80 und 70 v. Chr. waren makedonische Statthalter bis zu ihr vorgedrungen. In der Zeit der caesarischen und triumviralen Bürgerkriege gerieten durch zwiespältige Parteinahme der thrakischen Fürsten die Verhältnisse in völlige Verwirrung. Schon vorher war es zu thrakischen Invasionen bis nach Thessalonike (57—55 v. Chr.) gekommen. Die Stabilisierung der allgemeinen Weltlage nach Actium wirkte sich begreiflicher Weise zugunsten Roms aus. Der makedonische Statthalter Marcus Licinius Crassus schlug schon 29/28 v. Chr. eine Koalition thrakischer Stämme aufs Haupt und gelangte bis an die untere Donau. Den Römern kam bei ihrer Politik sehr zustatten, daß ein Teil der Stammeshäuptlinge, teilweise entgegen den inneren Strömungen bei ihren Untertanen, Rückhalt bei den Römern suchte. So konnten diese den östlichen Balkan (ungefähr dem heutigen Bulgarien entsprechend) einem thrakischen Dynasten als Klientelfürstentum anvertrauen.

Wenn sich der Ausbau der römischen Balkanposition auch durch die Regierung des Augustus hinzog, so war bei Beginn der illyrischen Operationen die Hauptsache doch schon getan. Diese selbst galten dem Gebiet im Süden der mittleren Donau, also etwa dem heutigen Jugoslawien. Vorbereitet waren sie dadurch, daß mit der Gewinnung von Sirmium (in der Nähe des heutigen Mitroviza) ein fester Punkt bezogen worden war. Und auch an das Vorhaben, das fehlende Mittelstück zwischen Ost und West zu schaffen, hatte man 19 v. Chr. und in den folgenden Jahren bereits Hand gelegt und die Pannonier zwischen Drau und Donau unterworfen. Doch wartete nach dem Tod des Agrippa (12 v. Chr.) die eigentliche Besetzung auf den jungen Tiberius, der nach der glücklichen Erledigung der vindelikischen Aufgabe hier ans Werk ging. Er schaffte in der unglaublich kurzen Zeit von drei Jahren, was seit Generationen angestanden hatte und woran sich andere vergeblich versucht hatten. Seine strategische Einsicht bestand darin, daß er die Bewohner des dalmatischen und bosnischen Berglandes nicht von der Front und der Italien zugekehrten Seite aus angriff, vielmehr sich in ihrem Rücken eine Basis schuf. Das war die Strecke zwischen Siscia und Sirmium, das Tal der Save. Mit der Straße zwischen den beiden Städten war eine Verbindung hergestellt, auf der die Streitkräfte des Balkans mit den in Slowenien stehenden in Rapport treten konnten, und mit dieser Stütze im Rücken konnte dann Tiberius den feindlichen Widerstand im Gebirge brechen. Der umsichtigen Operation gegenüber gaben die Illyrer bald ihre Sache auf und erkannten die römische Herrschaft an. Es war ein großer Erfolg, obgleich es zu einer eigentlichen Kraftprobe zwischen den beiden Parteien nicht gekommen war und infolgedessen die Unterwerfung, wie sich später herausstellte, nur oberflächlich ausfiel. Eine große Provinz Illyricum dehnte sich jetzt zwischen Adria und Drau aus. Im Westen war sie begrenzt durch den Wienerwald und die Alpen, im Osten ging sie bis an Serbien heran und verlief einige Jahre später in einem der Provinz angeschlossenen Militärdistrikt, der ungefähr der späteren Provinz Moesia superior entsprach und etwas über Serbien einschließlich des nordwestlichen Zipfels Bulgariens hinausging.

7. Die Germanienpolitik des Augustus

Unterdessen war der Prospekt der römischen Ausdehnung noch viel gewaltiger geworden und übertraf weit die Maße, wie sie sich aus der Aufgabe einer Abrundung des bestehenden Besitzstandes ergaben. Augustus war ein Imperialist geworden wie kaum ein Römer vor ihm. Es handelte sich um das Problem Germanien. Damit, daß der Rhein sich in eine römische Befestigungslinie verwandelte, war es in den Augen des Augustus keineswegs getan. Nachdem die obere Donau Provinzgrenze geworden war, der Oberrhein sich in römischen Händen befand, fehlte auf einmal das Zwischenstück, welches das scharfe Knie des Rheins ausfüllte und jenseits des Schwarzwaldes eine direkte Verbindung zwischen den beiden Flüssen herstellte. Noch mehr ins Gewicht fiel, daß der Rhein, zumal in seinem Unterlauf, keine Volksgrenze war. Diesseits und jenseits gab es Germanen; und obendrein waren die Römer noch der Ansicht, Kelten und Germanen wären verwandt oder wenigstens von ähnlicher Art. Mußte da nicht die Existenz freier Stämme auf der anderen Seite des Rheines einen beständigen Explosivstoff für das unterworfene Gallien abgeben? Es hat wenig zu sagen, wenn wir heute wissen, daß die Römer die politische Bedeutung der damaligen Germanen und damit auch die von ihnen drohende Gefahr überschätzten. Die Erfahrungen, die sie mit ihnen bei mehreren Begegnungen gemacht hatten, ließen diese Einstellung als nur zu verständlich erscheinen. Und in der Tat: Der gigantische Plan, dessen Umriß sich in diesen Jahren allmählich abzeichnete, war, wenn er zur Ausführung gelangte, durchaus geeignet, diese römische Furcht zu bannen.

Was besagte er? In seiner radikalsten Formulierung, unter Einbeziehung aller Konsequenzen, die sich aus ihm ergaben, nichts anderes als die Schaffung einer Stromgrenze, welche nicht nur das Gros der Germanen einschloß, sondern sich auch verhältnismäßig einfach mit der Donaulinie verknüpfen ließ. Der neu in Aussicht genommene Grenzstrom war die Elbe, und das Gebiet, um das es ging, hätte nicht nur das gesamte westlich der Elbe liegende Deutschland, sondern zugleich auch den Böhmischen Kessel, der sich ja von der Donau her öffnet, umfaßt. Gewiß ein gewaltiges Unternehmen, aber den räumlichen Ausmaßen nach immerhin nicht größer als die Unterwerfung Galliens. Sicherlich hat man an ihr das Vorhaben in Rom gemessen und sich auch die Art des Kampfes in Analogie dazu vorgestellt. Man übersah dabei freilich, daß die Germanen zu jener Zeit doch noch viel urwüchsiger als die Kelten waren und viel oberflächlichere Berührung mit der antiken Gesittung erfahren hatten. Man hatte sich fernerhin wohl auch gewisse unvermeidliche Folgerungen, die sich aus der Neuerwerbung ergeben hätten, nicht ganz klargemacht.

Als man den Rhein befestigte und zu einer Offensivbasis ausgestaltete, griff man hierzu auf die in Gallien stationierten Legionen zurück. Ihnen fiel damit eine doppelte Aufgabe zu: erstens die Niederhaltung der Gallier im Falle eines Aufstandes, und zweitens der Schutz und der Kampf gegen die Germanen. Wenn Germanien okkupationsreif war, ließ sich diese doppelte Funktion unmöglich mehr mit den gleichen Streitkräften erfüllen. Ohne eine Erweiterung der römischen Militärmacht war dann nicht mehr auszukommen.

Die überraschenden Erfolge, die zu Anfang erzielt wurden, haben diese Situation verschleiert. Drusus war das große Werk übertragen worden. In den Jahren 12—9 v. Chr. übernahm er vier Feldzüge über den Rhein, groß angelegte Diversionen, die ihn, bis auf die eine in das benachbarte Chattenland, weit nach Germanien hineinführten. Jedes Mal kehrte er wieder zu seiner Operationsbasis zurück.

Die erste Exkursion war ein höchst gewagtes Unterfangen: sie wurde zu Schiff auf der Nordsee gegen die Küstenstämme unternommen und erforderte demgemäß umfangreiche technische Vorbereitungen. Nicht nur, daß eine Flotte gebaut werden mußte; es kam auch darauf an, sie möglichst nahe dem Ziel ins offene Meer zu bringen. Die Rheinmündung hätte für die Seefahrt einen großen Umweg und damit Verdoppelung der Gefahren bedeutet. Drusus benutzte zur Abkürzung den Zuidersee. Er erreichte ihn vom unteren Rhein aus durch einen Kanal, den er unter Benutzung eines toten alten Rheinarmes und durch Ableitung des Wassers dahin mit Hilfe eines Dammes baute (fossa Drusi, nördlich von Utrecht). Der Ausgang aus dem Zuidersee, der damals noch geschlossen war, mußte desgleichen mit einem Durchstich der Landbrücke erzwungen werden. Ein guter Stern ersparte ihm die Gegnerschaft der Elemente, denen die römische Navigationskunst nicht gewachsen gewesen wäre. Sein Sohn Germanicus hatte ein Vierteljahrhundert später weniger Glück.

Die anderen Züge waren Landexpeditionen, bei der Unwegsamkeit des Landes, das in sumpfigem Gelände durch Knüppeldämme überbrückt wurde, beachtliche Leistungen und im Grunde nur dadurch möglich, daß der Feind keinen energischen Widerstand leistete. Die Germanen als solche waren damals keine ebenbürtigen Gegner. Im Jahre 9 v. Chr. gelangte Drusus so bis an die Elbe. Dieses erfolgreiche Unternehmen endete jedoch mit einem großen Unglück. Drusus starb auf dem Rückweg (zwischen Saale und Elbe) an den Folgen eines Sturzes vom Pferd. Damit verlor die römische Politik einen hervorragenden militärischen Fachmann, der sich gerade diesem germanischen Projekt mit Hingabe gewidmet hatte.

Seine Nachfolge übernahm 8 v. Chr. sein Bruder Tiberius, der weniger mit militärischer als mit auf längere Zeit angelegter politischer Methode arbeitete. So hat er etwa 40 000 Sugambrer und Sueben auf das linke Rheinufer verpflanzt, ähnlich wie dies früher Agrippa mit den Ubiern getan hatte. Wie Caesar bei den Tenkterern hatte er sich vorher zu diesem Zweck völkerrechtswidrig ihrer Fürsten bemächtigt.

Die germanischen Unternehmungen erfuhren jedoch, kaum daß der Verlust von Drusus wettgemacht zu sein schien, abermals eine Einbuße: der neue Führer Tiberius ging ihnen schon nach zwei Jahren verloren (6 v. Chr.). Grund war das familienpolitische Zerwürfnis zwischen ihm und Augustus. Zehn wichtige Jahre entbehrte die römische Reichspolitik seiner hervorragenden Kraft, und gerade in dem Moment, wo sie am aktivsten war. Die Folgezeit zeigte, daß der Schaden nicht mehr auszugleichen war. Es wurde zwar nicht zum Rückzug geblasen; aber die gleiche Energie und Umsicht war nicht mehr am Werk, schon deshalb nicht, weil Tiberius in der Position, die er besessen hatte, nicht zu ersetzen war. Es gab niemanden, dem Augustus so viel Macht hätte anvertrauen können. Was in kleinerem Maßstab getan werden konnte, übernahm ein Verwandter des Kaiserhauses, Lucius Domitius Ahenobarbus, seit 8 v. Chr. Statthalter von Illyricum. Seine Aufmerksamkeit wurde durch die Umwandlung der inneren germanischen Kräfteverteilung beansprucht. Ein größerer, wenn auch loser politischer Verband hatte sich unter der Herrschaft des Markomannen Marbod, der einmal als Kommandant germanischer Hilfstruppen in römischen Diensten gestanden hatte und schon deshalb als Gegner zu fürchten war, in Böhmen gebildet, wahrscheinlich durch Unterwerfung dort sitzender germanischer Hermunduren unter eine nicht sehr zahlreiche markomannische Herrenschicht. Wollten die Römer in Germanien weiterkommen, galt es erst einmal diesen neuen Block zu vernichten. Domitius' Anstrengungen galten deshalb diesem Ziel. Zwei von Süden nach Norden parallel verlaufende Feldzüge, der eine von Regensburg nach Thüringen und an die Saale und Elbe unter Domitius selbst, der andere von der Donau in der Richtung Tatra und Karpaten, sollten Marbod in West und Ost isolieren. Es gelang hierbei wohl, durch Besiedlung des von den Markomannen freigelassenen Thüringens und Oberfrankens mit Germanen eine Rom ergebene Bevölkerung an der Westflanke von Marbod zu schaffen, welche friedlichen Verkehr mit der Provinz Raetien pflegte. Aber vom eigentlichen Ziel war man noch weit entfernt. Inzwischen entstanden bei den Cheruskern lokale Schwierigkeiten.

Als im Jahre 4 n. Chr. Tiberius wieder zurückkehrte, belebten sich mit einem Schlag die römischen Anstrengungen, und ihr Ergebnis bewies, welche kostbare Zeit durch Tiberius' Entfernung vom Kriegsschauplatz verlorengegangen war. Ein neuer Geist kehrte ein. Die Soldaten waren begeistert über das Wiedersehen mit ihrem alten Heerführer. Auf breitester Grundlage wurden die Pläne entworfen, große Mittel bereitgestellt. Tiberius unternahm deswegen eine Inspektionsreise durch ganz Gallien. Das erste Jahr (4 n. Chr.) galt der Beruhigung der Niederlande und Nordwestdeutschlands. Der Zug ging nach der Rheinmündung und der Weser. Zum erstenmal nahm das römische Heer in Germanien selbst Winterquartier, um im folgenden Jahr weiter bis zur Elbe vorzustoßen. Parallel dazu bewegte sich die Flotte und gelangte bis Jütland, wo die Kimbern und Charuden ihre Ergebenheit Rom gegenüber versicherten, um sich dann an der Elbe mit dem Landheer zu treffen. Abermals blieb das Heer im Lande. Germanien schickte sich an, eine regulär beherrschte Provinz zu werden. Es fehlte nur noch die Beseitigung des Marbodschen Widerstandszentrums. Tiberius richtete dagegen einen groß angelegten und aufs genaueste geplanten Angriff. Von drei Seiten sollte es in die Zange genommen werden, von Westen (Mainz), von Südwesten (Raetien) über Nürnberg—Eger und schließlich frontal von Süden (Ausgangspunkt Carnuntum bei Wien), wo Tiberius den Hauptstoß selbst leiten wollte. Zwölf Legionen waren zusammengezogen, eine Streitmacht, wie sie seit den Bürgerkriegen nicht mehr beieinander gewesen war. Es bestand keine Aussicht, daß sich Marbod dieser Macht gegenüber behaupten konnte. Die Elbe als durchgängige Reichsgrenze war nur noch eine Frage von kurzer Zeit. Da brach der Angriff von heute auf morgen, noch ehe er richtig begonnen hatte, zusammen. Die Ursache war der Pannonische Aufstand.

8. Der Pannonische Aufstand

Das Land zwischen Adria und Drau, das zuletzt durch Tiberius mit überraschender Schnelligkeit unterworfen worden war, empörte sich. Das war weniger die Folge römischer Härten als vielmehr einer verhältnismäßig weitherzigen Behandlung der Untertanen. Sie waren seinerzeit nur besiegt, aber nicht eigentlich bezwungen worden. An ihre Spitze traten jetzt mutige Führer, und die Pannonier hatten während der vergangenen Jahre den Römern etwas von ihrer Disziplin abgeschaut, und das römische Heer war nicht zur Stelle, sondern auf dem Feldzug gegen Marbod. Es wurde ein bitterböser Krieg. Die ganze Arbeit der Unterwerfung mußte nochmals geleistet werden, und sie war jetzt bedeutend schwieriger als zuvor. Jeden Augenblick konnte die Brandfackel nach Italien hinübergeworfen werden. Die Sache stand für die Römer so schlimm, daß die Wahrscheinlichkeit im Moment für eine Niederlage der Römer sprach und die Frage, warum der Aufstand mißglückte, berechtigt ist. Dafür gibt es drei Ursachen: Einmal wurde die gefährliche Katastrophe einer italischen Invasion dadurch gehindert, daß es Tiberius gelang, sich rechtzeitig vor die Grenze Italiens zu schieben. Sodann blieben die beiden römischen Bollwerke Siscia und Sirmium in römischer Hand. Und schließlich und vor allem: Die beiden Völker der Pannonier und Dalmatier vereinigten sich nicht. Eine zentrale Leitung des Aufstandes fehlte. Aber auch so machte er den Römern genug zu schaffen. Es mußten Truppen aus dem Osten herangeschafft werden. Eine Zeitlang war die wichtige Verbindung zwischen Siscia und Sirmium unterbrochen. Eine Schlacht an der unteren Save endete beinahe mit einer römischen Katastrophe. Es war ein Glück für die Römer, daß die Germanen nicht zum Angriff schritten und Marbod sich mit den Römern, die gerade noch seinen Untergang geplant hatten, verständigte. Nach drei Jahren voll zäher Arbeit war der Aufstand niedergeschlagen und mit der Errichtung einer besonderen von Illyricum abgetrennten Provinz Pannonia besiegelt, zuvörderst ein Verdienst der Umsicht und Zähigkeit des Tiberius. Ungeheure Heeresmassen, fünfzehn Legionen, das sind über hunderttausend Mann, etwa die Hälfte der gesamten römischen Streitkräfte, waren dazu aufgewandt worden. Nach einem antiken Urteil war dies der schwerste Krieg, den Rom seit Hannibal hatte durchstehen müssen.

Kaum war diese Gefahr gebannt, erfolgte die Katastrophe des Varus in Germanien. Diese Erhebung hatte einen anderen Charakter als die eben in Pannonien niedergeschlagene. Sie war keine elementare Volkserhebung, sondern das Werk eines einzelnen, des Cheruskerfürsten Arminius. Während der ganzen Dauer des pannonischen Aufstandes war Germanien ruhig geblieben. Es besteht ernsthafter Grund, an der Richtigkeit des düsteren Bildes von der Unterdrückung der Germanen durch römische Statthalter und Kaufleute, wie es uns als Folie für den unglücklichen römischen Feldherrn überliefert wird, zu zweifeln. Germanien war ja noch gar nicht in dem Zustand einer wirklichen Provinz. Vor allem war es verkehrstechnisch nicht erschlossen und eine sichere Kommunikation im Innern des Landes existierte nicht. Der Vorwurf, der Varus, den Mann einer Großnichte des Augustus, treffen kann, war im Gegenteil sein harmlos freundschaftliches Verhältnis zu den Germanen. In ihm liegt die Erklärung, daß er sich von Arminius, einem römischen Offizier, bar jedes Argwohnes in den Hinterhalt führen ließ. Das kostete ihn das Leben und das Römische Reich drei Legionen. 9. Arminius

Die Niederlage war indes ihrem eigenen Gewicht nach nicht mehr als ein empfindlicher Rückschlag der römischen Germanenpolitik der letzten zwei Jahrzehnte. Die römischen Befürchtungen, ein allgemeiner Germanensturm würde daran anschließen, bewahrheiteten sich nicht. Marbod, der das Haupt des Varus von Arminius zugeschickt bekam, verharrte in seiner Reserve. Von den Germanen selbst wurde die Tat des Arminius nicht als nationale Befreiungstat aufgefaßt. Ein echtes politisches Gemeinbewußtsein war bei ihnen nicht vorhanden. Sie haben auch die Erinnerung an Arminius nicht bewahrt. Ohne die römischen Historiker wäre er in Vergessenheit geraten und seine spätere Glorifizierung wäre unmöglich gewesen. Das Entscheidende wurde vielmehr der römische Entschluß, das seit dem Jahre 12 v. Chr. verfolgte Ziel, die Elbe als Grenze zu gewinnen, aufzugeben. Augustus war jetzt ein alter Mann und zu neuer Initiative nicht mehr fähig. Im Augenblick, nach den Anstrengungen des Pannonischen Krieges, war auch wenig zu machen. Für Tiberius war desgleichen Zurückhaltung geboten. Jeder Tag konnte den Tod des Augustus und damit die Krisis des Regierungswechsels bringen. Zehn Jahre früher wäre die Scharte wohl schnell wieder ausgewetzt worden. Es zeigte sich jetzt, wie verhängnisvoll die durch den politischen Sturz des Tiberius herbeigeführte Verzögerung war. Der definitive Entschluß wurde von Tiberius als Kaiser gefaßt. Als er im Jahre 16 n. Chr. seinen Neffen Germanicus aus Germanien zurückrief, da erst wurde ein Strich unter die römischen Expansionsversuche in Germanien gezogen und die Tat des Arminius zu einer weltpolitischen Wende erhoben.

Im Osten war Augustus weit weniger aktiv, aus dem einfachen Grund, weil die Verhältnisse mehr konsolidiert waren als im Westen. Das asiatische Gebiet war zwar 10. Der Osten: Kleinasien keineswegs überall zur Provinz gemacht. Bei der Loyalität der dortigen Fürsten war dies nicht nötig. Wirklich kämpfen mußte Augustus nur gegen die wilden Stämme im Taurusgebirge von Pisidien. Er gründete zur Beruhigung des Landes einige Kolonien; aber die Isaurier sind das ganze Altertum über ein unbotmäßiges Volk geblieben. Die Erweiterung des Provinzialgebietes bedurfte keiner Gewaltanwendung. Das große Galatien war schon 25 v. Chr. durch letztwillige Verfügung seines Königs, des einst von Antonius eingesetzten Amyntas, an die Römer gekommen und von Augustus zur Provinz gemacht worden. Paphlagonien und ein Teil des inneren Pontus wurden später auf dem Verwaltungswege eingezogen und zu Galatien geschlagen (6 und 2 v. Chr.). Auf diese Weise rückten die Klientelfürstentümer immer mehr an den Rand. Das größte war Kappadokien; dann waren da noch der äußere Pontus, der letzte Rest vom Großreich des Mithridates, Kommagene und Klein-Armenien. In beinahe überraschender Weise gelang es Augustus, diese Reihe noch zu vergrößern. Auf der Krim und dem angrenzenden Küstenstreifen des Schwarzen Meeres bestand das Bosporanische Königreich, seine Hauptbasis waren die dortigen Griechenstädte. Augustus gewann mit Hilfe Agrippas Einfluß auf das Königshaus und brachte es dahin, daß es sich als reichsangehörig betrachtete. Unverständlich war dies nicht; den gegenüber in Südrußland sitzenden wilden Stämmen bedurfte der im Zusammenhang mit der antiken Zivilisation stehende Staat einer äußeren Stütze. Das Römische Reich war die gegebene Schutzmacht.

11. Arabien

Den Versuch einer wirklichen Expansion unternahm Augustus nur am Anfang seiner Regierung (25 v. Chr.). Es war nichts Geringeres geplant als die Unterwerfung Arabiens und speziell Südarabiens (Jemen, das Saba der Bibel). Der Grund war, daß die Einwohner dieser Gebiete den Seehandel zwischen Indien und dem Mittelmeer in den Händen hatten und daneben noch durch die Produktion von aromatischen Essenzen (Weihrauch, Myrrhen, Zimt usw.), deren man in der Antike für kultische Zwecke in großer Menge bedurfte, großen Reichtum gewannen. Auf dieser günstigen Wirtschaftsbasis war eine hohe Zivilisation erblüht mit Tempeln, Palästen, Kolonnaden, Talsperren usw. Der Statthalter von Ägypten, Aelius Gallus, war mit dem Unternehmen beauftragt. Das konnte freilich nur mit einem Mißerfolg enden. Offenbar hatte man von der Entfernung und den Schwierigkeiten des Weges keine deutliche Vorstellung.

12. Die armenisch-parthische Frage

Ganz anders verhielt sich Augustus gegenüber dem parthischen Problem. Man setzt es gern in Parallele zu dem germanisch-römischen Verhältnis und sieht in ihm einen ähnlichen Verzicht auf Expansion realisiert wie schließlich in Germanien. Zu Unrecht. Die Lage war hier und da doch sehr verschieden. Die Gewinnung der Elbgrenze wäre zweifellos eine Vereinfachung der Verteidigung gewesen, wenigstens auf die Zukunft hin betrachtet. Im Osten war im Grunde durch Eroberung nichts zu vereinfachen. Es hätte vielleicht im Bereich des Möglichen gestanden, die Parther aus Mesopotamien zu vertreiben, eventuell auch Armenien zu unterwerfen. Aber für die Verteidigung des Reiches hätte sich deswegen nichts gebessert. Die Parther wären da erst recht sehr lästige Nachbarn geworden; und Mesopotamien war nicht leicht zu verteidigen, zumal wenn das Zentrum des Reiches sich nicht in seiner Nähe befand. Wenn man grundlegenden Wandel schaffen wollte, wäre nur die Erneuerung des Alexanderreiches in

Betracht gekommen, also Eroberungen bis zum Indus oder wenigstens bis zum Hindukusch. Es bedarf keines Beweises, daß dergleichen für ein Reich mit europäischem Zentrum eine Absurdität gewesen wäre. Gleichwohl hat die politische Phantasie der Zeitgenossen des Augustus etwas Derartiges von ihm erwartet. Das Vorbild Alexanders war so stark, daß man unwillkürlich „wahre" Herrschergröße an ihm maß. Man nahm nicht ganz ohne Grund an, daß Caesars geplanter Partherzug sich vielleicht dahin ausgewachsen hätte. Vor allem aber glaubte man, exemplarische Bekriegung der Parther dem Ansehen des römischen Namens schuldig zu sein nach der Katastrophe des Crassus von 53 v. Chr.

Es ist klar, daß Augustus nie daran gedacht hat, solche Phantastereien zu verfolgen. Er sah aber die Aufgabe vor sich, das römisch-parthische Verhältnis zu stabilisieren im Sinne einer moralischen Superiorität Roms. Dazu gehörte dreierlei: Die Parther mußten irgendwie auf ihren Triumph von 53 verzichten, und das römische Prestige mußte befriedigt werden. Die Parther hatten eine romfreundliche Politik einzuhalten, und sie hatten das schließlich zu beweisen in ihrem Verhalten gegenüber Armenien. Armenien lag den Römern geographisch näher als Iran und befand sich in der unmittelbaren Nachbarschaft des Römischen Reiches. Unmöglich durfte es zum Bollwerk einer romfeindlichen Politik werden.

Augustus war gewillt, dieses an sich bescheidene Ziel auf diplomatischem Wege, ohne Einsetzung größerer Militärmacht durchzusetzen. Die Erwartung, daß es gelingen werde, lag an sich nahe. Die Parther waren damals auf Grund ihrer losen staatlichen Struktur, die einen starken feudalen Einschlag hatte, gar nicht in der Lage, gegen Rom mit nur einiger Aussicht auf Erfolg offensiv vorzugehen. Ein derart gemäßigtes Programm entsprach also auch ihrem Interesse.

Wenn der Erfolg von Augustus' Bemühen trotzdem nicht eindeutig war und sich immer wieder die kompliziertesten Verwicklungen des parthisch-römischen Verhältnisses ergaben, so traf hierfür die Schuld weniger die politische Konzeption Roms als die Labilität der parthischen und vor allem armenischen Verhältnisse. Der Umstand, daß die monarchische Gewalt an beiden Stellen nicht stark war, verhinderte zwar eine starke feindliche Front; er machte es auf der anderen Seite aber auch unmöglich, daß ein fester Kurs auf der Linie der gemeinsamen Interessen durchgehalten wurde. Die Prätendentur- und Thronfolgestreitigkeiten in beiden Ländern rissen nicht ab. Und wenn ein König sich durchgesetzt hatte, stand ihm eine starke Opposition entgegen, die ihm Schwierigkeiten bereitete. Familienkoterien und „nationale", auf Prestige und sonstige unbeständige Gefühlsmomente abgestellte Gruppen brachten immer wieder eine Regierung zu Fall oder erzwangen einen politischen Kurs, der zu Streitigkeiten und Spannungen mit den Römern führte. Die Römer wiederum wurden durch die inneren Entzweiungen in beiden Ländern häufig in deren innerpolitische Auseinandersetzungen hineingezogen. Die Unzuverlässigkeit ihrer Kontrahenten ließ zudem den Römern Interventionen nicht selten als wünschenswert erscheinen. In der römischen Provinz Syrien lebte jahrelang ein Prätendent des langjährigen Königs Phraates IV. (gestorben 2 v. Chr.). Später sah Phraates selbst sich veranlaßt, um einer Palastrevolution vorzubeugen, seine vier Söhne nach Rom außer Landes zu schicken. Gegen Ende der Regierung des Augustus wurde der Nachfolger dieses Königs von seinen Landsleuten vertrieben. In kürzester Zeit lösten sich darauf durch gewaltsamen Umsturz zwei Herrscher ab.

Noch schlimmer war es in Armenien. Es sah während der Regierung des Augustus sieben Herrscher; drei davon wurden vom Thron gestoßen oder gar getötet; einer entging diesem Schicksal durch vorzeitigen Tod, statt dessen wurde sein Sohn ermordet. Eine Zeitlang gab es dann infolge innerer Wirren gar keinen effektiven Monarchen. Diese Tatsachen zeigen deutlicher als die schwer übersehbare Fülle von Einzelheiten, daß ein brauchbares Ergebnis den römischen Bemühungen nicht beschieden war. Zwischendurch war Armenien vorübergehend in römischen Händen, damals als der Augustusenkel Gaius zur Intervention dorthin geschickt wurde und in deren Verlauf auch zur Waffengewalt greifen mußte (1—3 n. Chr.). Armenien konnte nur zeitweilig in die von Rom ihm zugedachte Verfassung eines Klientelfürstentums gebracht werden. Glücklicherweise bot es wenigstens in den letzten Jahren des Augustus (von 11/12 n. Chr. an) diesen Anblick und ließ seine Regierung nicht mit einem offenbaren Mißerfolg ausgehen, nachdem Augustus ein Menschenalter zuvor (22—20 v. Chr.) sich persönlich an Ort und Stelle um diese Verhältnisse gekümmert und einen Fürsten dort eingesetzt hatte.

Es war ferner tröstlich, daß, wenn auch die verschiedenen politischen Probleme kaum dauernde Lösungen erfuhren, so doch wenigstens der lästige Prestigepunkt, der zwischen den Parthern und Rom stand, aus dem Wege geschafft werden konnte. Am 12. Mai 20 v. Chr. hatten die Parther die römischen Feldzeichen und die Gefangenen von Carrhae zurückgegeben. Augustus war auf dieses Ergebnis so stolz, daß er diesen Tag zum Staatsfeiertag erklären ließ. Bis ins vierte Jahrhundert wurde an ihm ein Fest mit Zirkusspielen gefeiert. So war man auf billige Weise entschädigt für das Ausbleiben eines eindeutigen Erfolges.

Trotzdem war weder damals noch in den folgenden zwei Jahrhunderten die Ostgrenze eine bedrohte Grenze. Der vier syrischen Legionen bedurfte man bezeichnenderweise nicht zum Grenzschutz. Sie waren nicht am Euphrat stationiert, sondern lagen in Zivilstädten in Garnison und waren zur inneren Beruhigung der Provinz Syrien gedacht.

§ 20. Das Problem der Nachfolge

1. Die Bedeutung des Problems. — 2. Die immanenten Bedingungen. — 3. Die Methoden der Designation. — 4. Die Praxis des Augustus. — 5. Marcellus. — 6. Agrippa. — 7. Gaius und Lucius. — 8. Tiberius.

1. Die Bedeutung des Problems

Das römische Kaisertum, von Augustus in der Form des Prinzipats geschaffen, entbehrte des Begriffes einer einheitlichen monarchischen Gewalt. Jedenfalls war dem Verfassungsrecht ein solcher unbekannt. Was Augustus besaß, war eine Machtstellung, die sich aus verschiedenen Bestandteilen zusammensetzte und deren Rechtsgrundlage auf einzelnen, ihm individuell geltenden Verfügungen des Senates und des Volkes beruhte. Es war deshalb klar, daß diese mit seinem Tode erloschen. Es war ebenso klar, daß Augustus sie nicht vererben konnte. Die Konstruktion des Kaisertums als einer republikanischen Ausnahmestellung machte notwendig die Nachfolge zu einer offenen Frage, staatsrechtlich und politisch, und dieser Tatbestand ist für das römische Kaisertum so wesentlich, daß es dessen Problematik geradezu in einem eigenen Querschnitt sichtbar werden läßt. Die Geschichte des römischen Kaisertums als einer besonderen Verfassungsform spiegelt sich in der Geschichte der kaiserlichen Nachfolge wider.

Augustus war der letzte, der diesen Sachverhalt nicht erkannt hätte. Schon sehr früh wurde er ihm eine seiner politischen Hauptsorgen. Zeit seines Lebens hat er mit dem Alpdruck der Frage gerungen, was im Falle seines Todes geschehen solle. Er hatte eine anfällige Gesundheit und rechnete deshalb fortwährend mit der Möglichkeit eines plötzlichen Ablebens. Daß er das hohe Alter von über 75 Jahren erreichen würde, mußte ihm von Hause aus ganz unwahrscheinlich vorkommen.

2. Die immanenten Bedingungen

Das hier von Augustus eingeschlagene Verfahren spielte sich wie alle Politik vor dem Hintergrund bestimmter, aus der Sache herrührender Gegebenheiten ab. Sie trafen für ihn nicht weniger als für seinen Nachfolger zu. Der Zugang zu den konkreten Maßnahmen erschließt sich in beiden Fällen nur durch Ausgang von den immanenten Bedingungen.

Wenn es keine rechtmäßige Erbfolge gab mit einer selbsttätigen Regelung der Sukzession, konnte in Wirklichkeit nur eine tatsächliche Wahrscheinlichkeit dafür bestehen, ob erstens das Kaisertum weiter fortgeführt würde, und zweitens, wer im einzelnen Fall den Thron besteigen würde. Jene Frage durfte man ruhig für bejaht betrachten. Die Geschichte hatte gelehrt, daß die Monarchie unvermeidlich war, und die späteren Ereignisse erbrachten die Bestätigung, indem ein ernsthafter Versuch auf Wiederherstellung der Republik niemals mehr unternommen wurde. Aber die andere Frage: Wer sollte der Kaiser werden? Da ließ sich die Antwort nur so formulieren, daß allein der Mächtigste hierfür in Betracht kam, derjenige, welcher das Votum der gesetzlichen Instanzen für sich erzwingen konnte. Schaute man zurück auf Augustus, dann war es der Sieger im Bürgerkrieg. Blickte man in die Zukunft, so war es jeder Prätendent, der sich durchsetzen würde.

Freilich ist damit nicht eine Beschreibung der tatsächlichen Erscheinungen zum Ausdruck gebracht. Gemeint sind die Folgerungen, die sich aus dem Fehlen eines geregelten Thronfolgerechtes ergaben, oder genauer, die sich hätten ergeben müssen, wenn nicht von einer anderen Richtung her Vorkehrungen getroffen worden wären. Denn selbstverständlich drängten die Umstände darauf hin, daß die Entscheidung über den mächtigsten Mann des Römischen Reiches als Anwärter der kaiserlichen Nachfolge nicht einem Kampf verschiedener Rivalen überlassen blieb, sondern einem geregelten Verfahren vorbehalten wurde. Das war aber nur möglich, wenn die Auseinandersetzung über die Person des Nachfolgers nicht erst mit dem Tod des Kaisers begann, sondern vorher bereits dahingehende Bemühungen zu einem eindeutigen Schluß geführt hatten.

Es war weiterhin aber auch klar, daß es sich hierbei nicht um ein freies Spiel politischer Kräfte handeln konnte. Ein solches war mit dem Bestand des Kaisertums unverträglich. Persönliche Machtbildung war nur noch möglich in Übereinstimmung mit dem Kaiser und in Abhängigkeit von ihm. Es lag bei ihm, wen er zu hervorragender öffentlicher Geltung kommen lassen wollte und wen er davon ausschloß. Und es lag auch bei ihm, wie er unter verschiedenen emporstrebenden Kräften die Abstufung traf. Diese Methode allein gewährleistete die Herrschaft des einzelnen Kaisers. Sie war aber auch allein der Weg, um tatsächlich diese Herrschaft mit dem Tode einem anderen zu übergeben. Stand neben der Leiche des verstorbenen Monarchen ein Mann, der auf Grund seiner unter der Regierung des verstorbenen Kaisers herangewachsenen Macht die erste Stelle einnahm, so war anzunehmen, daß ihm das Kaisertum übertragen wurde und die Nachfolge damit gesichert war, soweit das überhaupt bei dem Ausfall eines geregelten Thronfolgerechtes sich ermöglichen ließ. Es konnte also im besten Fall eine solche mittelbare Designation auf Grund der durch den Kaiser gesteuerten Erhebung eines einzelnen erfolgen.

Trotzdem war diese tatsächliche Designation nicht in das völlige Belieben des Kaisers gestellt. Es waren ihr kraft einer sozialen Gesetzmäßigkeit, welche mit der spezifischen Situation der Zeit an sich wenig zu tun hatte, zwei Richtungen vorgezeichnet, von denen jeweils nur eine für ihn maßgebend werden konnte.

Verhältnismäßig frei mochte er dann sein, wenn er aus dem Kreis der bewährten Beamtenschaft jemanden besonders auszeichnete, förderte und mit seinem Vertrauen beehrte. Naturgemäß setzte dieses Verfahren voraus, daß der Betreffende kraft seiner persönlichen Qualitäten und Leistungen die kaiserliche Aufmerksamkeit auf sich zog. Aber es war selbstverständlich nicht ausgeschlossen, daß die Wertschätzung weniger auf objektiven Vorzügen als auf einer subjektiven Eingenommenheit beruhte und dann diese den primären Ausgangspunkt für die „Karriere" des Betreffenden bildete. Immer vollzog sich dann jedoch der Aufstieg in der Form staatlicher Gewaltausstattung und war entsprechend dieser der primäre Ausdruck seiner Designation.

Dem steht der andere Ansatz gegenüber: Wie war es, wenn der Kaiser einen leiblichen Sohn hatte? Gewiß war der von Rechts wegen nicht mehr als ein anderer Bürger auch, aber hatte es mit dieser juristischen Fixierung sein Bewenden? War nicht vielmehr zum mindesten die eine Tatsache damit von vornherein gegeben, daß der Kaiser in seiner Vorzugswahl für den Nachfolger festgelegt war? Es hätten wirklich ganz besondere Gesichtspunkte ins Spiel kommen müssen, um das zu verhindern. Andrerseits, wer hätte ohne solche verhindern sollen, daß dem Sohn allein infolge dieser seiner Eigenschaft von selbst ein Prestige zufiel, das ihn weit über alle anderen Kandidaten hinaushob? Es bedurfte hierzu keines ausdrücklichen Sukzessionsrechtes. Unter der Voraussetzung, daß nicht eigens Vorkehrungen dagegen getroffen wurden, mußte auf den leiblichen Sproß des Kaisers ein Glanz fallen, der allein schon eine gesellschaftliche Machtquelle bedeutete, mit der schwerlich jemand konkurrieren konnte, zumal wenn, entsprechend der Annahme, in diesem Reflex eine Bestätigung der kaiserlichen Einstellung selbst zum Vorschein kam. In einem politischen System, welches prinzipiell keine Auswechselbarkeit des obersten Gewalthabers und auch keinen Mechanismus mit eigener politischer Dynamik und Willensbildung kannte (der Senat war das nicht mehr und das Heer noch nicht), war gar nicht zu verhindern, daß der Sohn auch ohne besonderes Zutun in die monarchische Macht, und sei es nur als Mitträger und Teilhaber ihrer moralischen Kraft, hineinwuchs.

Nun kam aber noch ein Umstand hinzu, der diesem ganzen Verhältnis noch eine ganz neue Dimension verlieh. Der Kaiser war Eigentümer eines ungeheuren, aus

Staats- und Privateinnahmen gespeisten Vermögens. Dieses Vermögen hatte, obgleich es nicht der „freistaatlichen" Kompetenz unterlag und vom Kaiser persönlich durch seine Angestellten verwaltet wurde, gleichwohl öffentlichen Charakter, schon auf Grund der Tatsache, daß es einen bedeutenden Teil des gesamten römischen Sozialvermögens ausmachte und kein Kaiser ohne es existieren konnte. Aber juristisch war der Kaiser Eigentümer, und infolgedessen mußte, ohne ausdrückliche Enterbung, sein Sohn hier Erbe werden und damit die Subsistenzmittel des Kaisers in die Hände bekommen, ungeachtet der Tatsache, daß ihm ein Nachfolgerecht in die politische Herrschaft abging. Damit war er zweifellos nach dem Tod des Kaisers auch unter diesem Gesichtspunkt der mächtigste Mann im Reich und seine faktische Designation wirklich schon durch die Geburt ausgesprochen. Es ist dies — für unseren terminologischen Gebrauch — der reine Fall einer blutsmäßig fundierten dynastischen Designation, die der — ebenso exemplarisch definierten — „amtsrechtlichen" als konträres Gegenstück gegenübertritt.

3. Die Methoden der Designation

Das Problem der kaiserlichen Nachfolge spaltete sich mithin nach diesen zwei Gesichtspunkten auf, welche von ganz verschiedenen Richtungen her konzipiert waren. Wir haben also einmal nur mit der Möglichkeit einer mittelbaren Designation zu rechnen, und diese wiederum konnte entweder auf der Grundlage freier Wahl durch den Kaiser oder auf der bereits gegebenen Voraussetzung blutsmäßiger Abkunft erfolgen.

Allerdings muß man sich bei dieser Feststellung vor einer übereilten Erwartung hüten: Mit den beiden Ausgangspunkten sind nicht zwei voneinander getrennte Verfahrensweisen an die Hand gegeben, von denen jede ihre eigene Methode entwickelte und spezielle Formen ausgebildet hätte. Die kaiserliche Sukzession läßt sich nicht einfach in zwei Systeme mit eigenen Prozeduren aufteilen. Vielmehr sind gerade die juristischen Mittel, mit denen jeweils die beiden Gesichtspunkte verfolgt werden, hier und dort die gleichen. Die Designation mündet jedesmal in die Anwendung derselben Rechtsformen, und jedesmal wird auch nicht offen der sachliche Inhalt der Designation zum Ausdruck gebracht (weswegen eine Designation in ausdrücklicher Formulierung gar nicht vorliegt), sondern vielmehr in gewissen Formen die Absicht umschrieben, eine Designation zum Ausdruck zu bringen.

Sie sind dem Staats- und dem Privatrecht entnommen. Staatsrechtlich wird eine Designation dadurch angedeutet, daß der Thronfolger zu Lebzeiten des Kaisers „ideeller" Teilhaber der kaiserlichen Gewalt wird, sei es, daß ihm die tribunicia potestas, sei es, daß ihm das imperium proconsulare (fallweise in verschiedenen Modifizierungen) übertragen wird. Als consors imperii wird er in dieser Eigenschaft je nachdem angesprochen. Privatrechtlich wird die Designation durch die Adoption zum Ausdruck gebracht. Damit gewinnt der Betreffende die Anwartschaft auf das kaiserliche Vermögen, übernimmt auch den Namen des regierenden Kaisers, soweit er dessen Familie bezeichnet, ein unmißverständlicher Akt, der noch mehr als die Tatsache ursprünglicher Sohnschaft für den Senat eine unmöglich zu ignorierende Direktive bedeutet.

Betrachtet man die Konstellation in schematischer „Reinheit", dann setzt sich die Designation eines dem Kaiser familienfremden Mannes ohne weiteres in die beiden

Formen, die staats- und die privatrechtliche Form um, während der legitime Abkömmling lediglich der staatsrechtlichen bedarf.

Doch gerade an dieser letzten Stelle entstehen Wucherungen zu gewissen Mischformen. Nach dynastischem Empfinden können Blutsbande beim Fehlen eines Sohnes weiter gefaßt werden. Auch nähere Verwandtschaft, sei es die eines Neffen oder etwa eines Enkels, kann je nach der Neigung eines Herrschers als familiäre Zugehörigkeit und demnach als vertretende Sohnschaft ausgelegt werden. In diesem Fall ist die Adoption nichts anderes als die rechtliche Bestätigung eines solchen Tatbestandes und figuriert infolgedessen als ein adäquates Mittel, um eine dynastische Fortsetzung des Kaisertums ins Werk zu setzen. Umgekehrt läßt sich eine Designation, die ihren Ausgangspunkt in dem sachlichen Rang eines Mannes hat, abgesehen von der Adoption noch durch andere Familienbande wie Verheiratung mit nächsten weiblichen Familienangehörigen des Kaisers, in erster Linie also mit einer seiner Töchter, zum Ausdruck bringen.

Man muß solche Mischformen bei der Analyse der geschichtlichen Vorgänge immer wieder im Auge behalten und braucht trotzdem die prinzipielle Polarität der allgemeinen Sachlage nicht zu ignorieren. Die Geschichte des römischen Kaisertums sollte den Beweis erbringen, daß ein wesentliches Stück der historischen Dynamik sich an dieser Zweiseitigkeit der Grundsituation orientiert hat und von ihr bestimmt wurde.

4. Die Praxis des Augustus

Von dieser Entwicklung ahnte Augustus natürlich noch nichts, aber sein Verhalten spiegelt dem weiterschauenden Betrachter die ganze Problematik mit aller wünschenswerten Deutlichkeit wider. Sein Vorgehen war keineswegs einheitlich, weder in seinem gesamten Ablauf noch innerhalb der Pläne, welche er jeweils gemäß seinen verschiedenen Lebenssituationen faßte, und es läßt sich nicht leugnen, daß ihm bei dieser wichtigen Frage die glückliche Hand fehlte. Er hat damit nicht nur in seine eigene Regierung eine sehr nachteilige Unstetigkeit hineingebracht, sondern mittelbar auch die Entwicklung nach seinem Tod in verhängnisvoller Weise beeinflußt.

Seiner persönlichen Lage nach war Augustus hinsichtlich seiner Nachfolge eindeutig auf das System der frei gewählten Kooptation verwiesen: er hatte keinen männlichen Leibeserben und hatte anscheinend, nachdem Livia, die endgültige Gefährtin seines Lebens, in den ersten Jahren ihrer 38 v. Chr. geschlossenen Ehe eine Fehlgeburt gehabt hatte, keine Aussicht mehr, einen zu bekommen. Sein einziges Kind war eine Tochter, die 39 v. Chr. (aus einer früheren Ehe) geborene Julia. Trotzdem hat Augustus immer wieder versucht, diese Lücke durch einen Ersatzmann aus der Reihe seiner nächsten Blutsverwandten auszufüllen und damit freiwillig das Risiko auf sich zu nehmen, das ihm aus einem eigenen Sohn erwachsen wäre.

5. Marcellus

Zuerst fiel seine Wahl auf den Sohn seiner einzigen Schwester Octavia, die ihm sehr nahestand, seinen Neffen Marcellus (geb. 42 v. Chr.). In frühen Jahren, bevor sich noch irgendeine Spur männlicher Tüchtigkeit bei ihm zeigen konnte, wurde er in die politische Öffentlichkeit als ausgesprochener Favorit seines kaiserlichen Oheims eingeführt. Im Jahre 25 erfolgte dann seine Heirat mit Julia, und kurze Zeit später wurde zur Bestätigung seiner künftigen Rolle die Adoption in Aussicht genommen. Nur der plötzliche Tod des Marcellus im Jahre 23 v. Chr. hat durch diese Rechnung einen Strich gezogen. Mit diesem Fehlschlag fand die erste Phase von Augustus' Nachfolgepolitik ihr vorzeitiges Ende. Das Unglück hat ihn schwer getroffen, nicht nur wegen seiner starken Zuneigung zu Marcellus, sondern weil ihm in der damaligen Zeit auch jede Aussicht genommen war, in der gleichen Richtung eine Lösung des Nachfolgeproblems zu finden. Unter seinen nächsten Verwandten hatte er keinen männlichen Kandidaten mehr. Sein Stiefsohn Tiberius, im gleichen Alter wie Marcellus, war von ihm zwar in seiner öffentlichen Karriere sehr gefördert und bevorzugt worden, aber er hatte nicht den Vorzug des Marcellus, mit ihm blutsverwandt zu sein, und Augustus dachte auch nicht daran, ihn in die Stelle des Marcellus einrücken zu lassen.

6. Agrippa

Er tat etwas auf den ersten Blick sehr Merkwürdiges. Unter Absehen von der nächsten Generation griff er zurück auf seinen Altersgenossen Vipsanius Agrippa, den ersten Mann im Römischen Reich nächst ihm selbst. Agrippa mußte sich von seiner Frau trennen und Julia heiraten (21 v. Chr.). Die Hintergründe dieser Maßnahmen sind nur zu erraten. Man hat sich wohl zuerst vor Augen zu halten, daß Augustus sich in einem Alter befand (Anfang der vierziger Jahre), wo er naturgemäß aus der jüngeren Generation niemanden haben konnte, der sich ihm durch einen auffallenden Vorzug, es sei denn Verwandtschaft, hätte empfehlen können. Suchte er eine bewährte Kraft, dann blieb ihm nur seine eigene Generation. In der war nun freilich Agrippa der richtige Mann. Was einen da einzig in Erstaunen setzen könnte, ist die Sorge, die sich Augustus damals um die Dinge nach seinem Ende machte. Aber er war in jenen Jahren gerade mit knapper Not bei einer schweren Krankheit dem Tode entronnen, und es war psychologisch nicht unverständlich, wenn er zu seiner Lebenskraft kein allzu großes Zutrauen hatte und dem robusten Agrippa mehr Widerstandsfähigkeit zumaß. Natürlich hat er bei ihm nicht die Geschmacklosigkeit begehen können, ihn zu adoptieren, aber seine par force herbeigeführte Schwiegersohnschaft war ein deutlich genügendes Indiz seiner Designationsabsicht. Dafür war ihm bei Agrippa die staatsrechtliche Etikettierung des Aktes, für die Marcellus begreiflicherweise noch zu jung gewesen war, ohne weiteres möglich: Agrippa wurde am Regiment beteiligt (durch Verleihung der tribunicia potestas). Es war der klare Fall einer Designation auf Grund der sachlichen Bedeutung des in Aussicht genommenen Nachfolgers.

7. Gaius und Lucius

Diese zweite Phase wurde nun freilich sehr bald abgelöst oder vielmehr durchkreuzt durch die dritte Phase der Nachfolgeplanung. In den Jahren 20 und 17 v. Chr. entsprossen der jungen Ehe Julias mit Agrippa zwei Söhne mit Namen Gaius und Lucius. Diese beiden Enkel wurden 17 v. Chr. von Augustus adoptiert. War es jemals der innige Wunsch des Kaisers gewesen, Menschen seines eigenen Blutes die Nachfolge zu bahnen, hier winkte ihm das Ziel seiner Sehnsucht. Die Zeit konnte ihm nicht schnell genug verlaufen, um die zwei Enkel im Besitz männlicher Würden zu sehen, und so wurden sie in jungen Jahren mit Ehren überschüttet, gleich als ob diese die fehlende Lebensreife zu ersetzen imstande wären. Was seit den Kindheitsjahren mit den beiden vorgenommen wurde, war ein nicht sehr erfreuliches Spiel offenbaren Nepotismus und zweifellos für die innere Entwicklung ihrer Jugend alles andere als vorteilhaft. Doch das Verhängnis kam über diese Bestrebungen des Augustus von einer anderen Seite. Sie fanden ein jähes Ende durch den plötzlichen Tod von Gaius und Lucius in den Jahren 4 und 2 n. Chr.

Vorher noch hatte Augustus eine merkwürdige, aber nicht unmotivierte Variante zu den auf seine Enkel abgestellten Nachfolgeplänen eintreten lassen. Sie ergab sich in ihrem ersten Abschnitt von selbst aus der Stellung Agrippas. Von Hause aus gedacht als Anwartschaft auf den Kaiserthron selbst, mußte sie mit dem Fortschreiten der Zeit und dem Heranwachsen der Enkel in dieser ihrer Sinngebung allmählich verblassen. Nicht daß sie auf einmal ihres Wertes entkleidet worden wäre. Das war bei der völlig vagen und gar nicht präzisierten Form dieser Maßnahmen, die ja weder einer festen Regel folgten noch in sich eine formale Gesetzmäßigkeit enthalten konnten, ganz ausgeschlossen. Und wäre Augustus während der Kindheit von Gaius und Lucius gestorben, so hätte wohl kein Zweifel bestanden, daß Agrippa die Nachfolge im Regiment anzutreten gehabt hätte. Aber je geringer die Spanne wurde, welche die beiden Favoriten von den Mannesjahren trennte, um so geringer mußte nicht nur die Aussicht für Agrippa werden, zum Zuge zu gelangen, sondern war schließlich um so mehr zu fragen, ob letzten Endes, wenn der Fall doch eintrat, Agrippas Sukzession im Sinne einer regelrechten Nachfolge (nach der Vorstellung des Augustus jedenfalls) aufzufassen war. Jene Konstellation machte ihn zu einer Rückversicherung, deren Dringlichkeit sich mit dem Fortschreiten der Zeit gleichmäßig minderte, diese ließ ihn letztlich nur als eine Art Platzhalter erscheinen. Die Aussichten Agrippas waren so dazu bestimmt, immer mehr einen Eventualcharakter zu erhalten, eine Situation, die für ihn gewiß nicht besonders angenehm war. Doch war sie auf der anderen Seite für ihn, den Freund und Altersgenossen des Augustus, immerhin zu ertragen. Es war ein Dienst, welchen er seinem kaiserlichen Gefährten und nicht dessen Enkeln erwies. Daß er in seinem Verhältnis zu ihm keinen persönlichen Ehrgreiz kannte, hatte er durch sein ganzes Leben bewiesen. Sollte er infolge dessen vorzeitigem Verscheiden die Regierung antreten, dann geschah das auf jeden Fall entgegen seinem Wunsch, und zwar, je älter er geworden wäre in um so höherem Maße, und letztlich mußte es ihm als Greis ebensowenig schwerfallen, überhaupt auf den Thron zu verzichten, als in einem Stadium vorher seine Regierung als eine bloße Zwischenlösung bis zur Regierungsübernahme durch einen der Enkel zu betrachten.

In der Person des Agrippa paralysierten sich also von selbst die Schwierigkeiten, welche die Methode der subsidiären Sicherung in sich bargen. Aber Agrippa starb — ganz entgegen den Erwartungen des Augustus — lange vor ihm, im Jahre 12 v. Chr. Gaius und Lucius waren noch Kinder, Augustus stand in den Fünfzigern. Seine Entscheidung, unter Umgehung der nächsten Generation auf die übernächste zu setzen, offenbarte nun mit einem Schlag ihr Risiko. Doch war Augustus nicht gewillt, von dem völlig verkehrten Weg abzubiegen. Familienstolz und großväterliche Zuneigung verbanden sich zu einer immer noch vom Gefühl beherrschten Einstellung, bei der ihm jedes Augenmaß für die Realitäten des Lebens und auch des psychologisch Diskutablen verlorenging. Das offenbarte der Schritt, den er auf den Tod des Agrippa hin unternahm. Er bestimmte nämlich für ihn in seiner Funktion als Platzhalter einen Ersatzmann, gerade in dieser Eigenschaft, welche, an sich schon eine Monstrosität, nur für Agrippa als Freund des Augustus und Vater der Augustusenkel gerade noch erträglich war.

Und was die Unmöglichkeit der Situation noch mehr zuspitzte: seine Wahl fiel auf einen Angehörigen der Zwischengeneration, welche ohnehin durch die Bevorzugung der Enkel benachteiligt war, dazu noch auf einen ihrer Vertreter, der auf Grund seiner persönlichen Lage am ehesten Anlaß hatte, durch das Erbfolgearrangement sich gekränkt zu fühlen, dessen schwerblütiger und zugleich stolzer Charakter überdies ganz besonders ungeeignet war, solche verletzenden Schachzüge zu verwinden. Dieses Opfer der Augusteischen Familienpolitik war der Stiefsohn Tiberius. Gerade damals umgab ihn der Ruhm seiner ersten Kriegstaten. Seine außergewöhnlichen Fähigkeiten drängten nach Bewährung. Eben in jenen Jahren erreichte er den Rang des ersten militärischen Fachmannes im Römischen Reich, einen Rang, den ihm, zumal nach dem unerwarteten Tod seines Bruders Drusus (9 v. Chr.), kaum jemand streitig machen konnte. Dieser von berechtigtem Selbstgefühl erfüllte Mann wurde nun von Augustus auserkoren, die Lückenbüßerfunktion des Agrippa zu übernehmen. Auf Geheiß seines Stiefvaters hatte er seine glückliche Ehe, aus der er bereits einen eigenen Sohn besaß und ein zweites Kind erwartete, aufzulösen, um sich noch im Jahre 12 v. Chr., dem Todesjahr Agrippas, mit dessen Witwe Julia, einer Frau von unbestritten zweideutigem Ruf, zu verloben.

Es war klar, daß dies nicht gutgehen konnte. Nach einigen Jahren spitzte sich das Verhältnis zu Augustus zu einem offenen Zerwürfnis zu. Tiberius begab sich ungeachtet der beschwörenden Vorwürfe der Mutter Livia und des Stiefvaters in die selbstgewählte Verbannung nach Rhodos (6 v. Chr.) und war binnen kurzem ein politisch toter Mann, zumal, nachdem der künstliche Glanz des aufgehenden Enkelgestirns die Menschen zu blenden begann und die dem Tiberius ursprünglich zugedachte Aufgabe immer überflüssiger zu machen schien.

Das wurde nun allerdings mit einem Schlage anders, als die Enkel die auf sie gestellten Nachfolgeprojekte mit sich ins Grab nahmen. Die letzte Phase von Augustus' Nachfolgepolitik setzte ein. Ihr war das Gesetz durch die eherne Sprache der Tatsachen vorgeschrieben. Es gab zur Zeit keine Möglichkeit, aus dem Kreis von Augustus' Blutsverwandten einen Aspiranten zu erwählen. Kandidaten, an die man hätte denken können, waren viel zu jung. So blieb Augustus nichts anderes übrig, als sein Auge zurückzulenken auf Tiberius. Er hat dies — die strikte Folgerichtigkeit verdient Erwähnung — unverzüglich getan. 8. Tiberius

Dies war nun eine Designation, wie die seinerzeit Agrippas, von eindeutig „sachlichem" Charakter; sie ergab sich aus der Bedeutung des Mannes, der, schon vor vielen Jahren zu den wichtigsten Aufgaben herangezogen, sich in ausnehmendem Maße bewährt hatte. Trotz der Schatten, die während der letzten zehn Jahre auf sein Verhältnis zum Kaiserhaus gefallen waren, gab es niemanden, der ihm an Verdienst und Würde gleichgekommen wäre. Die endgültige Wahl zum Thronnachfolger fiel deshalb auf ihn, der beim besten Willen in seiner Position, welche das Ergebnis seines persönlichen Entwicklungsganges war, nicht mehr überspielt werden konnte. Die Formalitäten wurden alsbald vollzogen. Er erhielt die tribunicia potestas (die er früher schon einmal in der Nachfolge des Agrippa besessen hatte) zur Charakterisierung seiner politischen Würde und wurde adoptiert, um damit als einziger Sohn des Augustus (im Rechtssinn) sich zu präsentieren (4 n. Chr.). Zehn Jahre später, im Jahre 13 n. Chr., ein Jahr vor dem Tode des Augustus, wurde seine Teilhabe am Regiment noch offener durch förmliche Übertragung des Regimentes über Heer und Provinzen zum Ausdruck gebracht.

Trotzdem hat sich selbst in diesem Stadium, nachdem sein Familienehrgeiz zu nichts als Mißerfolgen geführt hatte, Augustus von den Zielen seiner Sehnsucht nicht völlig trennen können. Für seine Lebenszeit hatte er wohl die Hoffnung auf die Lenkung der Nachfolge in seinem Sinne aufgeben müssen; aber er konnte nicht auf die Aussicht verzichten, daß sich sein Wunsch vielleicht in späteren Zeiten, wenn er längst nicht mehr unter den Lebenden weilte, erfüllte. So unternahm er in verhängnisvoller Weise, in die Kompetenz des künftigen Kaisers einzugreifen und auf dessen Aufgabe, seine Nachfolge zu regeln, Einfluß auszuüben. Tiberius bekam die Auflage, den dritten Enkel des Augustus aus der Ehe Julia-Agrippa, den Tiberius Agrippa Postumus, damals noch ein Knabe, und den Sohn des Drusus mit Namen Germanicus zu adoptieren. Beide waren Blutsverwandte des Augustus, der eine durch direkte Deszendenz, der andere als Sohn einer Nichte des Augustus, einer Tochter von Augustus' Schwester Octavia. Dazu genoß Germanicus noch den Vorzug, mit Agrippina, der Tochter der Julia, verheiratet zu sein. Das Außerordentliche dieser Einmischung in die persönlichen Verhältnisse des Tiberius wurde noch unterstrichen durch die Tatsache, daß Tiberius einen eigenen Sohn besaß. So erhielt er mit der Anwartschaft auf den Thron eine schwere Hypothek für seine Regierung. Nach dem Wunsch des Augustus sollte er auch während ihrer Dauer nie das Stigma loswerden, daß er selbst nur eine Art Notlösung darstellte und daß der Begründer des Kaisertums die Nachfolge viel lieber in anderer Weise geregelt hätte.

VII.

Die Entwicklung des Prinzipates

§ 21. Die Julisch-Claudische Dynastie (14-68 n. Chr.)

1. Kaiserzeit und Kaisergeschichte. — 2. Charakter der Julisch-Claudischen Dynastie (14—68 n. Chr.). — 3. Tiberius (14—37 n. Chr.). — 4. Caligula (37—41 n. Chr.). — 5. Claudius (41—54 n. Chr.). — 6. Nero (54—68 n. Chr.).

1. Kaiserzeit und Kaisergeschichte

Das römische Kaisertum in der Verfassung des Augustus hatte rund zweihundert Jahre Bestand. Es gibt keinen besseren Ausweis für die staatsmännische Leistung des ersten Kaisers. Und auch dann brauchte es sehr lange, bis die Form des Augusteischen Prinzipates durch eine andere ersetzt war. Nahezu hundert Jahre dauerte es, bis der alte Verfassungsbau erst zu einer Ruine zusammensank und dann schließlich von einer katastrophenartigen Flut ganz hinweggespült wurde.

Das Fundament dieses Gebäudes war so gut gefügt, daß bis zum Eintritt der großen Krisis an ihm nichts geändert werden mußte. Es trug nicht nur das Gebäude, wie es aus den Händen seines ersten Architekten entlassen worden war, sondern war auch fest genug, um den weiteren inneren Ausbau, den die Zeit mit sich brachte, auszuhalten. Kein Kaiser war gezwungen, von Grund auf irgendwelche Veränderungen vorzunehmen. Was jeweils die Gegenwart erforderte, ließ sich ohne Mühe in den bestehenden Grundriß einfügen. Das von Augustus geschaffene Gebilde war entwicklungsfähig. Ein von selbst gesteuerter Lebensstrom durchdrang das ganze Römische Reich. Er hielt das große Gefüge zusammen und schrieb der Politik gleichsam den Text vor. Die römischen Kaiser hatten lediglich ihn auszuführen, um ihrer historischen Aufgabe zu genügen. Im allgemeinen war dazu nicht viel Initiative nötig. Die Dinge erledigten sich von selbst, fanden aus eigener Einstellung ihren Weg.

Die Geschichte der Kaiserzeit ist daher wenig dramatisch und zeigt im großen ganzen nicht viel individuelle Einsätze von geschichtlicher Bedeutung. An der historisch entscheidenden Tatsache, der Existenz des Römischen Reiches, hat der einzelne Kaiser im allgemeinen nur einen sehr geringen persönlichen Anteil. Die Folge ist, daß Kaisergeschichte und Geschichte des Römischen Reiches nicht das gleiche sind und man von den Persönlichkeiten der Kaiser aus nicht Geschichte des Römischen Reiches schreiben kann. Das hat längst vor unserer Zeit die antike Historiographie schon erwiesen. Sie war eingestellt auf die Schicksale der einzelnen Kaiser, und da die Geschichte des Reiches, d. h. alles, was im Kreise der Untertanen und der täglichen Regierungs- und Verwaltungsroutine vor sich ging, in der persönlichen Welt der Kaiser nur einen geringen Ausschlag gab, waren die Historiker auch nicht in der Lage, davon zu berichten. Sie hätten dazu eines besonders geschulten Blickes, der auch die in stillem, unmerklichem Vollzug sich abspielenden Ereignisse zu erfassen vermochte, bedurft. Aber eine derartige Fähigkeit hat der antiken Geschichtsschreibung gefehlt. Sie ist auch in der späteren nicht früher als mit dem Aufbruch der modernen Geschichtswissenschaft entwickelt worden.

Umgekehrt ist vielfach das, was einzelne Kaiser in ihrer Politik besonders interessiert hat, für das Ganze des Reiches ohne jede oder von nur geringer Bedeutung gewesen. Das Römische Reich hat zeitweise nicht nur völlig belanglose, sondern geradezu minderwertige Männer als Herrscher erlebt. Wer mit ihnen nicht unmittelbar zu tun hatte — und persönliche Berührung traf immer nur für einen verhältnismäßig kleinen Kreis von Leuten zu —, in dessen Blickfeld trat diese Tatsache gar nicht erst. Er hatte kaum Anlaß, davon Notiz zu nehmen. Das allgemeine Leben in den Provinzen und auch in Italien, soweit nicht die Hauptstadt Rom in Betracht kam, ging ungeachtet der jeweiligen Interessen des Kaisers seinen Gang. Es war viel zu zähflüssig und in sich beharrend, als daß der einzelne Monarch daran hätte Wesentliches ändern können. Ein bezeichnender Zug übrigens: Es gab römische Kaiser — sie waren nicht einmal sehr selten —, die während ihrer gesamten Regierung aus Rom und Italien nicht hinausgekommen sind, und, was noch erheblicher war, es konnte dies im großen ganzen ohne Schaden für das Reich und auch für sie selbst so sein.

Trotzdem gab es ein Feld, auf dem die individuelle Staatskunst des Kaisers sich zu bewähren hatte. Das war die Handhabung der komplizierten Prinzipatsverfassung, soweit sie das Verhältnis zum Senat und den senatorischen Kreisen betraf. Hier ging es nicht nur um die Beachtung eines differenzierten und wenig durchsichtigen Verfassungsrechtes, sondern — worauf es im Grunde noch mehr ankam — es galt, eine Menge mehr gefühlsmäßiger Imponderabilien zu berücksichtigen; es waren Aufgaben des politischen und persönlichen Taktes, der Art und Weise, sich zu geben und den „richtigen Ton" zu treffen, die hier dem Herrscher gestellt waren. Augustus hatte sich hierum zeit seines Lebens bemüht, und daß er dabei Erfolg hatte, war gerade seine Größe gewesen. Für die späteren Herrscher lagen die Verhältnisse gewiß nicht mehr genauso; sie hatten es begreiflicherweise leichter. Aber da das Prinzipat nun einmal auf die innere Zustimmung einer verhältnismäßig breiten, nicht anspruchslosen aristokratischen Schicht gestellt war, war das kaiserliche Regiment ohne die Auflage, dieses Einvernehmen zu erhalten und immer wieder zu gewinnen, gar nicht zu denken.

Die Geschichte des Prinzipates als die Geschichte der römischen Kaiser ist im wesentlichen eine fortwährende Abwandlung dieses einen Themas. Hat ein Kaiser hierbei gut abgeschnitten und hat er sozusagen sein Pensum bewältigt, so pflegte man früher etwas schulmeisterlich von einem „guten" Kaiser zu sprechen, einer Axiomatik folgend, die in der historischen Literatur der Kaiserzeit bereits angelegt war. Später empfand man das Bedürfnis, diese Urteile, da sie offenbar moralisch gefärbt waren, umzuprägen. Man versuchte „Ehrenrettungen" der „schlechten" Kaiser oder suchte sich überhaupt dieses Schematismus zu entledigen, da er vor dem Forum der historischen Vernunft nicht gerechtfertigt sei. Heute weiß man im allgemeinen, daß er, ungeachtet der Gefahr einer gewissen Einseitigkeit, doch sehr wohl einem echten historischen Problem entspricht.

2. Charakter der Julisch-Claudischen Dynastie (14—68 n. Chr.)

Eine stattliche Reihe von Kaisern füllt die zwei Jahrhunderte nach dem Tode des Augustus aus. Da ist es nun auffällig, daß nirgends so viele politische Versager sich die Hand reichten als bei den unmittelbaren Nachfolgern des Augustus, welche alle zu seiner weiteren Familie gehörten und deshalb als die Julisch-Claudische Dynastie zusammengefaßt zu werden pflegen, entsprechend den beiden Familien, welche in der Vermählung von Augustus mit Livia, der Mutter zweier Claudier, in Verbindung traten. Das halbe Jahrhundert dieser Ära hat mehr politischen Unfug und Unvermögen und menschliche Nichtswürdigkeit auf dem Kaiserthron gesehen als die nachfolgenden Jahrhunderte zusammen. Das kann kein Zufall sein, obschon die Ursache nicht leicht anzugeben ist. So merkwürdig es klingt, Augustus selbst ist an der unglücklichen Entwicklung seiner Nachfolger nicht unbeteiligt gewesen. Nicht daß er für deren personale Bestimmung verantwortlich gewesen wäre. Er hat nur seinen Thronerben Tiberius zu designieren vermocht. Die Regierung der drei späteren Kaiser konnte er nicht im entferntesten voraussehen, geschweige, daß sich für ihn die sich daraus ergebenden Komplikationen ahnen ließen. Aber Augustus hat durch seine verhängnisvolle Nachfolgepolitik nicht unerheblich dazu beigetragen, daß seine Verwandtschaft politischer Ehrgeiz erfüllte, daß allein die Tatsache, mit ihm blutsverwandt zu sein, ein Politikum und das wichtige Geschäft der Nachfolgebestimmung zum Gegenstand von Familienhändeln und -spannungen wurde, daß die Thronaspiranten in einer Stickluft von Intrigen und inmitten schamlosester Koterien aufwuchsen und infolgedessen, wenn sie dann mehr oder weniger zufällig, allein durch die Mechanik gemeiner Palastkomplotte befördert, den Thron bestiegen, für ihren großen Beruf nichts mitbrachten als eine kranke und verbrauchte Seele und die Unreife eines Geistes, dem die Einsicht in die Stellung eines römischen Kaisers mit sieben Siegeln verschlossen war.

3. Tiberius (14—37 n. Chr.)

Tiberius, der unmittelbare Nachfolger des Augustus, gehörte freilich nicht zu dieser Kategorie. Er war nicht nur einer der tüchtigsten Männer der damaligen römischen Aristokratie, sondern war auch wie keiner bei seinem Regierungsantritt durch hervorragende Leistungen im Staatsdienst ausgewiesen. Auch als Kaiser verriet er da, wo es um genau abgesteckte sachliche Belange ging, seine bewährte Umsicht. Die Außenpolitik befand sich bei ihm in sicheren Händen; die Verwaltung des Reiches wurde vorzüglich besorgt. Er hatte ein wachsames Auge auf die Statthalter, und er besaß an sich die Kenntnisse und Arbeitsdisziplin, um die Fäden persönlich in der Hand zu behalten. Als Soldat war er ein erprobter Fachmann. Alle Voraussetzungen für eine glückliche Regierung schienen unter ihm gewährleistet. Trotzdem stand seine Herrschaft unter keinem glücklichen Stern. Sie ist in dunkle Schatten getaucht; und seine Zeitgenossen atmeten auf, als sie durch seinen Tod ihr Ende fand.

Die Frage nach dem Grunde dieses unglücklichen Ergebnisses ist nicht leicht zu beantworten, trotz emsigen Bemühens der modernen Wissenschaft, dieses Rätsel zu lösen. War Tiberius bei seinen hervorragenden sachlichen Qualitäten ein Autokrat, der rücksichtslos durchgriff? Das Gegenteil trifft merkwürdigerweise zu. Wenn es jemanden gab, der sich das politische Prinzip des Augustus, das eben gerade auf die Umgehung einer hüllenlosen Despotie hinausging, zu eigen machte, dann war es Tiberius. Seinen Regierungsantritt gestaltete er zu einem Nachbild des Staatsaktes vom 13. Januar 27 v. Chr., als Augustus das Prinzipat begründete. Er ließ allein den Senat handeln und ihn die ausdrückliche Bitte aussprechen, er möge die Herrschaft übernehmen. Nur unter sichtbarem Sträuben war er zu bewegen, ihr zu willfahren. Im persönlichen Verkehr mit den Senatoren befleißigte er sich, jeden Rangunterschied zu unterdrücken. Es war ihm überhaupt jede Art von Devotion zuwider. Der sakralen Verehrung stand er auch in den Provinzen zurückhaltend gegenüber, viel mehr als Augustus. Ihm war es um die Rechte des alten Freistaates wirklich Ernst. Er ging darin noch weiter als Augustus. Münzen wurden auf den Senat geprägt, und neben Tiberius wurde er im Osten in die göttliche Verehrung einbezogen. Vor allem war es Tiberius darum zu tun, daß der Senat als das Herz der früheren Republik auch noch real im Staate funktionierte und eine echte Wirksamkeit entfaltete. Er sollte nicht ein Schatten seines ehemaligen Selbst sein, sondern noch als tatsächlich regierende Behörde erscheinen. Selbst militärische Fragen, die wie kaum ein Gebiet dem Kaiser vorbehalten waren, brachte er vor ihn. Und dann war nicht zufällig Tiberius derjenige Kaiser, welcher in Fortführung einer von Augustus begonnenen Linie den Senat mit neuen Kompetenzen, die er in der Republik noch nicht besessen hatte, ausstattete, um ihm unter den veränderten Verhältnissen des Kaisertums eine dem früheren Rang angenäherte Stellung zu bewahren: Die Wahl der Beamten, welche früher beim Volk gewesen war, wurde praktisch, nachdem Augustus bereits den Einfluß des Senats hierauf geltend gemacht hatte, ihm übertragen, ebenso wie seine Ausgestaltung als besonderer Gerichtshof nun unter Tiberius eigentlich erst Wirklichkeit wurde.

Und trotzdem wurde Tiberius ein tief gehaßter Mann, nicht nur bei der breiten Menge — das war an sich nicht verwunderlich; denn er legte keinen Wert auf Popularität, hatte auch kein Talent, sich welche zu erwerben; er zeigte sich nur selten öffentlich und blieb allen jahrmarktsartigen Belustigungen fern —, sondern auch gerade bei der Schicht, um deren Geltung es ihm zu tun war. Wie war das nur möglich?

Man hat bei dieser Frage zweierlei zu beachten, einen Fehler der sachlichen Einstellung und des Tiberius psychologische Verfassung. Hinsichtlich jener war Tiberius nicht nur ein getreuer Schüler des Augustus, sondern als echter altrömischer Aristokrat (was Augustus nur mit Einschränkung war) noch ein Mensch, der, soweit seine persönliche Neigung in Betracht kam und er von den Notwendigkeiten seiner herrscherlichen Stellung absah, es mit den republikanischen Einrichtungen des Staates ernst meinte. In dieser Aufrichtigkeit, der er geradewegs ohne Rücksicht auf die gegebenen Verhältnisse folgte, tat er mehr als Augustus und auch anderes als dem Augusteischen Programm tatsächlich entsprach. Tiberius hatte noch die Vorstellung, es müßten die ehemaligen Formen in ihrer einstigen inneren Selbständigkeit sich bewähren. Augustus hat kraft seiner kaiserlichen Autorität beispielsweise oft genug in schwebende Gerichtsverfahren eingegriffen, ohne deswegen deren grundsätzliche Integrität in Frage zu ziehen. Tiberius meinte, dieselbe sei nur dann vorhanden, wenn er ängstlich ihnen fernblieb. Genauso hielt er es auch, wenigstens zu Anfang, wenn es sich um Verhandlungen des Senates handelte, besonders wenn seine eigene Person im Spiel war. Aber hierbei übersah er, daß die ängstlich gewahrte Autonomie des Senates doch in erster Linie nur noch formal sein konnte. Der Lage der Dinge nach, wie sie tatsächlich war, hatte Rom nun einmal die Monarchie, und daraus folgte unweigerlich, daß auch da, wo „von Amts wegen" der Herrscher nicht „zuständig" war, sein Wille sichtbar und spürbar sein mußte. Es geht eben nicht an, sich das Prinzipat als eine konstitutionelle Teilung selbständiger und gleichwertiger Gewalten vorzustellen. Auch innerhalb der freistaatlichen Elemente der Monarchie waren die betreffenden Instanzen in politischen Fragen durchaus auf die selbstverantwortliche Führung des Kaisers angewiesen. Ohne sie waren sie steuerlos und verloren sich in auswegloser Verwirrung. Tiberius hat dies nicht erkannt, und gerade seine ängstliche Korrektheit wuchs sich deshalb zu einem Verhängnis aus. Es kam aus den beiläufigsten Anlässen zu Majestätsprozessen wegen Beleidigung des Kaisers. Der Senat griff sie geflissentlich auf — in einer großen Versammlung wird es nie an loyalem Übereifer fehlen —, und die Vernünftigen und Ruhigen warteten darauf, das erlösende Wort werde von dem Kaiser als dem zunächst Betroffenen fallen. Aber es blieb aus, und da an sich keine Stimmung war, dem Kaiser zu opponieren, nahmen die Prozesse ihren verhängnisvollen Lauf, bis schließlich nach einigen Justizmorden der Kaiser durch Aussetzung einer zehntägigen Frist zwischen Verurteilung und Hinrichtung wenigstens zur Einmischung stillschweigend aufgefordert wurde.

Schwerer wogen die charakterlichen und seelischen Hemmungen, mit denen Tiberius sein hohes Amt übernahm. Er war damals bereits ein Mann von sechsundfünfzig Jahren, stand also in einem Alter, indem sich der Mensch ohnehin nicht mehr leicht an neue Verhältnisse anpaßt, wenn er sich auf sie nicht von jeher eingestellt hat. Davon konnte nun bei Tiberius gerade am allerwenigsten die Rede sein. Sein bisheriges Leben war eine Summe schwerer Enttäuschungen gewesen. Und auch die letzte Wendung zum Besseren war mit einem bitteren Wermutstropfen versetzt. Nicht nur er, sondern alle politisch Interessierten wußten, daß seine Wahl zum Nachfolger des Augustus nichts als eine Notlösung gewesen war und der alte Kaiser seinen letztlichen Thronerben nicht ausstehen konnte. Die sachliche Anerkennung seiner Verdienste und menschlichen Eigenschaften, welche Augustus ihm zuletzt nicht vorenthielt, konnte das elementare Grundverhältnis der beiden nicht verhüllen. Die Hypothek der Bestimmung der weiteren Thronsukzession nach Tiberius durch Augustus sprach eine unmißverständliche Sprache. Tiberius war schon von Hause aus kein unbeschwerter Charakter gewesen. Er war ein ausgesprochen schwerblütiger Mensch. Die inneren Belastungen, denen er zeit seines Lebens ausgesetzt wurde, waren für ihn zu viel. So war er endlich, als er den Thron bestieg, trotz körperlicher Rüstigkeit und der sehr wohl noch vorhandenen Fähigkeit, seinen Willen zu durchgreifenden Entschlüssen zusammenzufassen, ein gebrochener Mann. Man darf wohl bezweifeln, ob er der persönlichen Anlage nach eine ursprüngliche politische Ader besaß; nach der durch seine Lebenserfahrung herbeigeführten seelischen Erlahmung besaß er nicht mehr die innere Schwungkraft, nun nach der Übernahme der Regierung aus den Händen des überalterten ersten Kaisers die neue Staatsform in frischem Anlauf weiterzuführen. Tiberius war von skrupulösester Pietät gegen seinen Vorgänger erfüllt; aber so sehr selbstverständlich die Bewahrung der politischen Konzeption des Augustus unumgängliche Notwendigkeit war, es kam ebensoviel darauf an, daß sich der zweite Kaiser einen freien Blick und damit gegenüber der Vergangenheit Selbständigkeit bewahrte. Nicht alles, was von Augustus kam, war unvergängliche Weisheit, und gerade die Nachfolgeregelung und die daraus sich ergebende Fesselung des Tiberius enthielt das unvermeidliche Gebot, den versperrten Horizont aufzureißen.

Es ist heute schwer zu sagen, was in solch schwieriger Situation ein Mann, der den Scheitelpunkt des Lebens bereits überschritten hatte und nach menschlichem Ermessen kein volles Menschenalter mehr für seine Regierung zur Verfügung hatte, hätte tun sollen. Zwar entledigte sich Tiberius des Agrippa Postumus, des letzten Augustusenkels, der von seinem Großvater selbst schon verbannt worden war. Wahrscheinlich lag die Initiative hier bei Livia. Auch gegenüber den Ansprüchen der Livia, die sie im Sinn einer Art Mitregentschaft auf Grund des Testamentes des Augustus geltend machte (sie hatte den Staatsnamen Augusta erhalten), wußte Tiberius seine Stellung zu wahren. Aber gegenüber seinem Neffen Germanicus, den er nach dem Geheiß des Augustus hatte adoptieren müssen, betrachtete er seine Hände für gebunden. Kraft seiner Popularität — sie war größer als die des Tiberius — stellte dieser eine politische Macht dar. Da er unmittelbar beim Thronwechsel einen schlagenden Beweis seiner Loyalität gegeben hatte, war auch kein unmittelbarer Grund zum Argwohn vorhanden. Am Rhein war bei den Soldaten eine Meuterei ausgebrochen. Sie hatte keinen politischen Charakter. Die Legionen waren wegen innerer Dienstfragen (Dauer der Militärzeit, Behandlung durch die Offiziere) in Aufstand getreten. Germanicus löschte den Brand, ohne aus ihm gegen Tiberius Kapital zu schlagen. Er erhielt von Tiberius danach die Ermächtigung zu Feldzügen gegen die Germanen, und nach deren Beendigung wurde er in besonderer militärischer Mission in den Orient geschickt. Dort starb er 19 n. Chr.

Merkwürdigerweise benutzte Tiberius die ihm dadurch zuteil gewordene Befreiung von der ihm durch Augustus vorgeschriebenen Marschroute nicht, um nun aus eigener Initiative die Zukunft der Reichsregierung zu regeln. Er tat weder etwas für seinen eigenen Sohn Drusus, noch entschloß er sich zu irgendeiner anderen Lösung. Statt dessen betrachtete er die Kinder des Germanicus als die Erben von des Vaters politischer Anwartschaft. Er tat dies, obgleich die ehrgeizige Frau des Germanicus, Agrippina, eine Enkelin des Augustus, ihm diese Sympathie nicht dankte und sich in einen immer unverhüllteren Gegensatz zu Tiberius hineinsteigerte. Tiberius besaß nicht den Elan, einen neuen Weg zu suchen und ließ die Dinge dahintreiben. Infolgedessen führten sie zu einer Katastrophe.

Die Passivität des Kaisers war die Voraussetzung, daß sich in das Vakuum die Aktivität eines an sich tüchtigen hohen Beamten, des Prätorianerpräfekten Seianus, einschaltete. Er verstand es, Tiberius unentbehrlich zu werden, etwa in der Art des Agrippa unter Augustus, aber ohne dessen Lauterkeit. Als Endziel muß ihm vorgeschwebt haben, allmählich der zweite Mann im Staat zu werden und dann den Griff nach der Krone zu wagen. Die Spannungen innerhalb der kaiserlichen Familie, denen gegenüber Tiberius sich gleichgültig verhielt, gewährten eine Handhabe, um von da entgegenstehende Ansprüche aus dem Wege zu räumen. Die ohnehin getrübte Atmosphäre wurde durch ihn wirklich vergiftet. 23 n. Chr. starb Tiberius' Sohn Drusus, vielleicht nicht ohne Mitwirkung des Seianus. Dann wurde von ihm planmäßig die

Position der Germanicusgruppe unterminiert. Er spielte einen gegen den anderen aus, säte überall Mißtrauen, isolierte jeden, der ihm im Wege stand und brachte ihn dann schließlich durch einen Majestätsprozeß zu Fall. Die Antwort des Tiberius auf dieses Treiben war, daß er sich müde aus Rom zurückzog und die Insel Capri im Golf von Neapel zu seinem Aufenthalt machte (26 n. Chr.). Seianus stieg immer höher. Schon war Agrippina und der größte Teil ihrer Familie vernichtet. Er selbst war schließlich von Tiberius mit Kompetenzen ausgestattet, die ihm im Falle von Tiberius' Tod geradewegs den Zugang zum Kaiserthron öffneten. Verschwägerung mit Tiberius war ihm auch schon in Aussicht gestellt.

Da erfolgte im letzten Augenblick sein Sturz. Tiberius wurden von Antonia, der Mutter des Germanicus, die Augen geöffnet. Er raffte sich zusammen und ergriff Gegenmaßnahmen. In einem Zug wurde Seianus verhaftet, verurteilt und hingerichtet (31 n. Chr.). Eine Welle von Verfolgungen ging über die nieder, welche sich mit ihm eingelassen hatten oder auch nur im Verdacht standen.

Tiberius war damals 70 Jahre alt und nach dieser Erfahrung erst recht ein gebrochener Mann. Er starb einige Jahre danach, ohne über die Nachfolge eine Entscheidung getroffen zu haben. Seine privatrechtlichen Erben waren seine Enkel Tiberius und sein Großneffe Gaius, der einzig Übriggebliebene von der männlichen Nachkommenschaft des Germanicus. Rom atmete bei seinem Tode erleichtert auf. Das Volk schrie: In den Tiber mit ihm!

4. Caligula (37—41 n. Chr.)

Wer sollte Nachfolger werden? Es gab niemanden, der kraft seiner Macht die nächste Nähe zum Thron besessen hätte. Infolgedessen mußte der Senat eine Entscheidung fällen. Da der Enkel des Tiberius noch zu jung und von seinem Großvater nicht übermäßig geschätzt worden war, fiel die Wahl auf Gaius. Es war nicht mehr als eine Verlegenheitslösung. Der Senat hielt sich einfach an den Plan, den Augustus schon entworfen hatte. In Gaius kam der verstorbene Germanicus zum Zuge, den Augustus als Nachfolger des Tiberius in Aussicht genommen hatte und für den er eine offenbare Vorliebe gehabt hatte. Sachliche Qualifikation ging Caligula[1] gänzlich ab. Er war damals fünfundzwanzig Jahre alt und hatte noch kein höheres Amt bekleidet, geschweige denn sonst irgendeine Verantwortung getragen. Aber es wurden ihm zahlreiche Vorschußlorbeeren gezollt. Allgemeiner Jubel herrschte bei seiner Thronbesteigung. Er hatte es nicht schwer, auf dem düsteren Hintergrund des Tiberius zu glänzen. Gleichwohl endete auch seine Regierung mit einer Katastrophe, die sich in kürzester Zeit einstellte, so daß seine Herrschaft nur ein Zwischenspiel war. Sie hat sich freilich als das Sinnbild einer entarteten Monarchie in die Erinnerung der Nachwelt ziemlich tief eingegraben.

Caligula war nach der Katastrophe der Familie des Germanicus der einzige Mann, der in direkter Linie mit Augustus blutsverwandt war. Wenn Augustus zu erkennen gegeben hatte, daß seine leibliche Nachkommenschaft einen Vorrang unter allen möglichen Kandidaten des Kaisertums besitze, so konnte sich Caligula auf seine Abstammung etwas zugute halten. Er hatte zwar diese Vorliebe des Augustus aus eigener Anschauung nicht mehr kennengelernt. Um so mehr hatte jedoch seine Mutter

[1] So die gewöhnliche Bezeichnung für ihn, der ihm als Kind von den Soldaten verliehene Spitzname. Caligula bezeichnet das Kommißstiefelchen.

Agrippina, die Enkelin des ersten Kaisers, dafür gesorgt, daß das Bewußtsein, kraft dieser Deszendenz etwas Besonderes zu sein, nicht verlorenging. Dagegen hatte Caligula keine Ahnung mehr von dem politischen Fundament, auf welchem das Kaisertum beruhte. Weder wußte er etwas von dem Kampf, als dessen Preis es ins Leben getreten war, noch war ihm klar, daß es sich vor den Augen einer Mitwelt zu rechtfertigen hatte, welche ihm mit bestimmten Erwartungen begegnete, und auf die Zustimmung einer politisch bewußten Schicht angewiesen war. Caligula nahm das Kaisertum, entsprechend der mühelosen Art, wie er es erworben hatte, für einen selbstverständlichen Besitz, mit dem man nach Laune und Belieben verfahren könne. Er erkannte nicht nur nicht mehr die Verbindlichkeit von Augustus' Vermächtnis an, sondern war obendrein überzeugt, Augustus habe es im Grunde verkehrt angestellt. Seine Rücksicht auf das republikanische Empfinden sei eine falsche Minderung der echten monarchischen Majestät gewesen. Der mächtigste Herrscher der Welt könne unmöglich dem Autokratentum vergangener Zeiten, vor allem aber nicht den Königen des Ostens, welche Rom allesamt besiegt habe, nachstehen. Wenn es ein Ziel gäbe, gelte es allenfalls, diese Herrscher noch zu übertreffen. Nicht von ungefähr floß auch Blut des Antonius in seinen Adern. Der habe im Grunde den richtigen Weg eingeschlagen mit seiner Anlehnung an den hellenistisch-griechischen Herrscherbegriff.

Zeigt diese Einstellung schon eine außerordentliche Unreife des politischen Urteils, so offenbart die Durchführung des Programms eine charakterliche Minderwertigkeit von solchem Ausmaß, daß man schon im Altertum zu der Annahme gedrängt wurde, er sei geisteskrank gewesen. Wahrscheinlich trifft jedoch diese Diagnose im exakten Sinne nicht zu. Möglicherweise ist Caligula ein Psychopath gewesen. Dazu war er von einem ungehemmten Triebleben beherrscht; aber die Groteske, welche seine Regierung darstellt, entbehrt nicht einer gewissen, wenn auch völlig abwegigen politischen Ratio.

Als Ausdruck dieser kaiserlichen Würde war es ihm vor allem um die göttliche Verehrung zu tun. Sie wurde von ihm geradezu gefordert, auch da, wo man sie ihm nicht ohne weiteres freiwillig entgegenzubringen geneigt war, also in Rom (oder etwa bei den Juden). Das war reine Nachahmung des Hellenismus, ebenso wie der Versuch, in der geschlechtlichen Gemeinschaft mit seiner Schwester die hellenistische Geschwisterehe nachzuahmen. Im Grunde ging das aber über die gewöhnliche Praxis des Ostens noch hinaus, welche sich mit der kultischen Ehrung begnügt hatte. Caligula wollte nicht nur als Gott verehrt werden, sondern auch ein Gott sein, ein wirklicher Gott, wie es die olympischen Götter waren. Das wurde er, indem er sich als göttliche Inkarnation ausgab, und da es ihm zu wenig war, nur in der Gestalt eines einzigen Gottes zu erscheinen, verwandelte er sich in die Götter, damit auch in die weiblichen, des halben Pantheons.

Ein derartiges Treiben wirkte auf die Öffentlichkeit, zumal die obere Klasse, wie ein Schlag ins Gesicht. Caligula wollte seine übermenschliche Größe erweisen. Den anderen wurde statt dessen klar, daß jeder andere besser Kaiser wäre als dieser entartete Sprößling vom Blute des Augustus. Caligula legte es entgegen seiner Absicht gerade darauf an, daß man an die politischen Voraussetzungen, von denen er loskommen wollte, erst recht dachte. Der Vorwurf reizte ihn. Mit kindischen Insulten beleidigte er die Senatoren. Alle mögliche Demütigung dachte er sich aus, ohne dabei das Zeug zu haben, methodisch gegen die politische Position des Senates vorzugehen.

Aber ein Zusammenstoß gab den anderen. Er verlor, wie das bei solchen traditionslosen Gesellen mit großer Macht zu sein pflegt, den Boden unter den Füßen. Die Majestätsprozesse häuften sich. Sie brachten durch die anschließende Konfiskation den zusätzlichen Vorteil, die infolge einer maßlosen Ausgabewirtschaft leeren Kassen zu füllen. Schließlich wurde es zuviel. Eine von den gegen ihn angestrengten Verschwörungen mußte endlich ihr Ziel erreichen. Sie kam bezeichnenderweise durch Mithilfe seines nächsten Hofstabes (in Verbindung mit Senatoren und Rittern und Prätorianeroffizieren) zustande, in Form einer Palastrevolution. Wie gewöhnlich bei der Tyrannis waren die zunächst betroffenen Kreise zur rettenden Tat ohnmächtig. Die Exzesse mußten sich erst so weit steigern, daß selbst die Anhänger und Nutznießer der Autokratie sich nicht mehr sicher fühlten.

5. Claudius (41—54 n. Chr.)

Nachfolger Caligulas wurde sein Onkel Claudius, der Bruder seines Vaters Germanicus. Seine Wahl war eine ausgesprochene Notlösung. Als man im Senat die weiteren Schritte noch erwog und sich Stimmen auch für die Wiederherstellung der Republik erhoben — das mußte die begreifliche Reaktion auf das Regiment Caligulas sein —, machten ihn die Prätorianer, ehe noch eine Entscheidung im Senat gefallen und damit die Situation verfestigt war, zum Kaiser, weil er von der kaiserlichen Familie sich am schnellsten greifen ließ; und der Senat erkannte ihn daraufhin an. Es war also auch hier wieder ein dynastischer Gesichtspunkt maßgebend; nur fehlte allerdings jedes Anzeichen, daß der Kandidat für sein Amt im geringsten prädestiniert war, weder durch seine persönliche Stellung in dem Verwandtenkreis des Augustus noch auf Grund eines persönlichen Ehrgeizes. Claudius wurde förmlich zur Herrschaft gepreßt, und unter den Angehörigen des Augustus war er nach übereinstimmendem Urteil aller Kenner der Verhältnisse das „Aschenbrödel". In der Tat taugte er auch nicht zum Herrscher und war überhaupt zu keiner öffentlichen Stellung geboren. Infolge einer Kinderkrankheit war er körperlich behindert; im Umgang mit Menschen machte er einen linkischen Eindruck, und seine ganze bisherige persönliche Entwicklung hatte ihn von den Staatsgeschäften ferngehalten. Er beschäftigte sich statt dessen mit gelehrten Liebhabereien und trieb antiquarische Studien.

Daß ein solcher Mann im großen ganzen, soweit die staatliche Politik in Betracht kam, unangefochten regieren konnte, ist ein überzeugender Beweis für die Stabilität der Augusteischen Verfassung. Claudius hat diese billige Gelegenheit, einigermaßen mit Ehren bei seinen Geschäften abzuschneiden, auch durchaus benutzt; die überspannten und wahnsinnigen Ideen seines Vorgängers lagen ihm fern. Caligula hatte keine Freude an geregelter Arbeit gehabt und hatte sie deshalb gemieden. Claudius war ein fleißiger und gewissenhafter Mensch und kümmerte sich um die Regierung.

Ihm kam hierbei ein wichtiger Umstand zustatten. Claudius zog Gewinn aus der Tatsache, daß sich auf dem Gebiete des Verwaltungsausbaues ein großer Nachholbedarf angestaut hatte. Mehr als drei Jahrzehnte lang war da nichts Rechtes mehr geschehen. Bereits der alte Augustus hatte nicht mehr viel getan. Tiberius war von seinem grundsätzlichen „republikanischen" Standpunkt aus und infolge seiner psychologischen Hemmungen zurückhaltend gewesen, und Caligula hatte nur Narreteien im Kopf gehabt. Andererseits drängte die Entwicklung in die von Anfang an vorgeschriebene Richtung einer Erweiterung des kaiserlichen Beamtenapparates. Es brauchte deshalb nur die bisherige Barriere weggeräumt zu werden, damit jene sich gleichsam von selbst vollzog. Unter Claudius, der das notwendige Sachverständnis besaß und vor allem fähige Leute um sich hatte (auf sie werden die meisten von ihm getroffenen Neuerungen letztlich zurückgehen), war die Voraussetzung hierfür gegeben.

In diesem Sinne wurde unter ihm die Kornverteilung in Rom auf eine neue Grundlage gestellt, indem sie dem Senat entzogen und in kaiserliche Regie überführt wurde, wobei der Verwaltungsmechanismus auch im einzelnen wichtige Verbesserungen erfuhr. Die nicht unerheblichen Kosten trug von nun an die kaiserliche Kasse. Damit war ein für die Ruhe und Ordnung der Hauptstadt wesentlicher Faktor dem Kaiser anvertraut, in Fortbildung seiner Verantwortung für die Polizei in Rom. Dem Reich galt der Ausbau der kaiserlichen Finanzverwaltung. Ein ganz neuer Geschäftszweig von großer Bedeutung wurde da in der Finanzgerichtsbarkeit (mit eigenen Prokuratoren) ins Leben gerufen, andere, bereits bestehende, wurden institutionell verselbständigt wie bei der fünfprozentigen Erbschafts- und Freilassungssteuer, für die jeweils besondere Prokuratoren bestellt wurden.

Was Claudius tat, hielt sich auch sonst im Rahmen einer sorgsamen Verwaltung. Er erledigte sie, wahrscheinlich aus Scheu vor der Öffentlichkeit, vorzugsweise innerhalb seines privaten Haushaltes. Dort fand er in der Person seiner Freigelassenen auch seine Helfer. Das waren teilweise recht fähige Menschen, die kraft ihrer Abstammung zwar keinerlei politischen Ehrgeiz besaßen, aber auf den Kaiser einen großen Einfluß ausübten und dadurch unter Claudius zu den mächtigsten Männern im Staate zählten. Sie waren in diesen Jahrzehnten, auch unter Nero, die wichtigsten Figuren der Palastkoterie. In dem Privatkabinett des Kaisers wurde schon früher viel Verwaltungsarbeit geleistet. Unter Claudius erhielt sie durch Einrichtung verschiedener Sekretariate, nach den verschiedenen Fachgebieten gebildet (Finanzen, Petitionen, Korrespondenz, Bibliothekswesen usw.), eine übersichtliche Organisation. Sie führte auch außerhalb dieses inneren Bezirkes zu einzelnen Neuerungen. Und überhaupt war Claudius bzw. sein Stab, überall dort, wo ein offenes Wohlfahrtsbedürfnis sich zu Worte meldete, sei es der Bau von Straßen oder der Sklavenschutz oder privatrechtliche Reformen, sehr aktiv. Er veranlaßte eine Menge derartige Maßnahmen, die sich für dauernd gehalten haben. Das Römische Reich ist unter Claudius gut betreut worden. Dank der Umsicht und Unternehmungskraft eines hohen Offiziers (Plautius) gelang es sogar, sein Gebiet zu erweitern. Die Einrichtung des römischen Britanniens (43 n. Chr.) fällt in die Zeit des Claudius.

Doch Claudius gebrach es völlig an männlicher Selbständigkeit. Das zeigte sich vor allem an seinem Verhältnis zum weiblichen Geschlecht. Nicht daß er in besonderer sexueller Freizügigkeit gelebt hätte; aber der Frau, die er in dritter Ehe im Jahre 40 n. Chr. geheiratet hatte, war er geradezu hörig. Es war dies Valeria Messalina, eine Großnichte des Augustus, ein Wesen mit einem ungezügelten Triebleben und beherrscht von dem weiblichen Ehrgeiz, sich jeden Mann, der ihr gefiel, untertan zu machen. Sie unterjochte sich Claudius völlig und verschaffte sich die Freiheit, in der Ehe mit ihm ihren Neigungen nachzugehen. Die Macht, die sie durch ihn erhielt, benutzte sie, um Frauen, in denen sie Geschlechtsrivalinnen sah, Männer, die ihr nicht zu Willen waren, und vor allem diejenigen, welche den Kaiser von ihrem Treiben unterrichten wollten, zu vernichten. Das betraf natürlich in erster Linie die oberen Hof- und Beamtenkreise, zumal wenn sie einige Geltung besaßen, beim Heere beliebt waren oder kraft verwandtschaftlicher Beziehung zu Augustus ein großes Ansehen genossen. Das Gebaren Messalinas wurde nicht nur ein gesellschaftlicher Skandal, sondern infolge ihrer Stellung ein öffentlicher Notstand. Kein Wunder, daß es zu Verschwörungen kam.

Im Jahre 48 erreichte diesen Vamp endlich der Untergang. Die Katastrophe stellte sich ein, als Messalina sich des Claudius entledigen wollte, um ihren Liebhaber auf dem Thron zu sehen. Nur dem energischen Dazwischentreten des Freigelassenen Narcissus gelang die Vereitelung des Anschlages. Er kostete Messalina das Leben. Ihre Nachfolgerin wurde auf Grund eines Beschlusses der allmächtigen Freigelassenenminister die Nichte des Claudius, Julia Agrippina, eine Tochter des Germanicus und der älteren Agrippina. Sie war von anderer Art als Messalina. Richtete sich deren Ehrgeiz lediglich auf die Befriedigung ihrer sexuellen Neigungen, so wollte Agrippina politisch herrschen. Kein Mittel war ihr hierzu schlecht genug.

Ihre besondere Absicht war, ihren Sohn aus einer früheren Ehe, den jungen Nero, nicht nur zum Thronfolger, sondern möglichst bald auch zum Kaiser zu machen, um für ihn die Regentschaft zu führen. Hierzu mußte sie vor allem Claudius' eigenen Sohn Britannicus, der nur drei Jahre jünger als Nero war, auf die Seite drängen. Ihrer Skrupellosigkeit gelang das auch sehr bald. Claudius wurde von ihr dazu gebracht, Nero zu adoptieren und damit die Anwartschaft des Britannicus auf die Kaiserwürde selbst in Frage zu stellen. Ein paar Jahre später sprach alle Welt nur von dem älteren Bruder als dem voraussichtlichen Thronfolger. Agrippinas Regie hatte den gewünschten Erfolg gebracht. Jetzt stand nur noch der Kaiser selbst im Wege. Sein Tod, von Agrippina durch Gift herbeigeführt, als Claudius das Ränkespiel zu durchschauen drohte, gab auch die letzte Strecke zum Ziele frei. Britannicus erlitt dann später unter der Regierung Neros das gleiche Schicksal wie sein Vater.

6. Nero (54—68 n. Chr.)

Nero stand bei seinem Regierungsantritt noch im jugendlichen Alter von siebzehn Jahren. Der Regierungswechsel vollzog sich reibungslos. Agrippina und ihr Anhang hatten gute Arbeit geleistet. Da Claudius alle repräsentativen Fähigkeiten abgingen und infolge seiner persönlichen Schwäche seine Herrschaft ziemlich beschattet war, wurde das neue Regiment mit großen Hoffnungen begrüßt. Die römischen Dichter erwarteten ein goldenes Zeitalter; die Provinzen erinnerten sich der Popularität des Germanicus, dessen Enkel Nero war, und in Alexandrien begrüßte man ihn als neuen Augustus. Nero selbst konnte für sich den Vorzug in Anspruch nehmen, sowohl durch seine Mutter in direkter Linie von Augustus abzustammen als auch von seinem Vater her mit Augustus verwandt zu sein. Bei seiner Thronbesteigung erschien aus der Feder des Philosophen Seneca eine Satire auf Claudius, in der Claudius nicht nur lächerlich gemacht, sondern vor allem auch der verewigte Augustus als Kronzeuge gegen ihn angeführt wurde.

Die Erwartungen der Öffentlichkeit schienen sich in den ersten Jahren zu erfüllen. Der Kaiser Trajan, nach seiner geschichtlichen Stellung ein unverdächtiger Zeuge, behauptet später, die ersten fünf Jahre Neros bedeuteten das beste Regiment aller bisherigen Kaiser. In der Regierungsproklamation wurde ausdrücklich gesagt, der

Senat solle gegenüber der Claudischen Kabinettsregierung wieder zur Geltung kommen. Die Rechtsprechung des Kaisers wurde zugunsten des Senats eingeschränkt. Das Ansehen der republikanischen Magistrate wurde ostentativ geachtet. Die lästige Sklavenkaufssteuer wurde beseitigt, die Provinzialverwaltung in gewissenhafte Obhut genommen.

Aber hieran hatte Nero selbst gar kein Verdienst. Die Regierung lag während seiner Jugend, im Einverständnis mit der Mutter Agrippina, in den Händen des Prätorianerpräfekten Afranius Burrus und des Philosophen Seneca, eines steinreichen römischen Adligen aus Spanien. Beide gehörten schon unter Claudius der Palastkoterie der Agrippina an. Seneca hatte damals die Erziehung Neros übernommen und sollte sie jetzt als Regent weiterführen. Sein Ziel war, aus ihm einen von der stoischen Staatsethik durchdrungenen Herrscher zu machen, der seine Stellung im Sinne sittlicher Verpflichtung auffaßte und die Erinnerung an die trübe Zeit der vergangenen drei Kaiser verbannte. Aber Nero war ein untaugliches Erziehungsobjekt. Schon sein Vater Domitius Ahenobarbus scheint nicht gerade aus sehr gutem Holz geschnitzt gewesen zu sein, er genoß jedenfalls nicht den besten Ruf. Nero Freude an sachlicher Arbeit beizubringen, war ein vergebliches Beginnen. Sein Sinn stand mehr nach Lausbubenstreichen, die noch eine beträchtliche Unreife des Geistes verrieten. Die negativen Umwelteinflüsse mußten naturgemäß auch viel stärker sein als die abstrakten Lehren seines Mentors. Von frühester Kindheit an war er in der ungesunden Atmosphäre des Julisch-Claudischen Hofmilieus aufgewachsen. In seinen Knabenjahren wurde er nächster Zeuge der skrupellosen Intrigen seiner Mutter gegen Claudius. Und nach seiner Thronbesteigung hörte dieses Treiben nicht auf. Agrippina hatte sich zwar durchgesetzt, und das neue Regime verkörperte ihren Sieg, Burrus und Seneca waren „ihre" Leute; aber sehr bald führten ihre ehrgeizigen Pläne, welche auf den tatsächlichen und, wenn möglich, offiziell anerkannten Besitz politischer Macht abgestellt waren (es schwebte ihr so etwas wie die Stellung einer regierenden Kaiserin vor), zu Spannungen mit Seneca und Burrus. Sie wuchsen sich im Ergebnis zu einem Tauziehen um den Einfluß auf den jungen Kaiser aus. Die pädagogischen Gefahren einer derartigen Situation liegen auf der Hand. Agrippina zog bei diesem jahrelangen Kampf den kürzeren. Er endete mit ihrer schmachvollen Ermordung durch den eigenen Sohn (59 n. Chr.). Mit dieser Tat war Nero aber zugleich der Regentschaft entwachsen, obgleich sie ihr nach außen sichtbares Ende erst mit dem Tode des Burrus und dem Rücktritt Senecas (62 n. Chr.) fand. Es hatte die Ära seines zehnjährigen selbständigen Regimentes begonnen.

Nero besaß viel Ähnlichkeit mit Caligula. Wie diesem war es ihm um den Genuß seiner Macht und gar nicht um die Anstrengung ihrer Behauptung und sinngemäßen Entfaltung zu tun. Gleich ihm jagte er einem unmöglichen Ziel nach, indem er den Prinzipat des Augustus in eine hellenistische Monarchie verwandeln wollte, und ließ es an jedem Blick für die Grundlagen des Kaisertums fehlen. Was ihn von Caligula unterschied, war das Naturell. Caligulas Charakter trug offenbar abnorme Züge. Er hatte sadistische Neigungen und war irgendwie ein entartetes und verkümmertes Geschöpf. Nero besaß bei aller Exzentrik eine viel größere Spannweite, war ehrlicher Begeisterung fähig und vermochte zeitweise mit einem gewissen Schwung seine Träume zu verfolgen. Mit seinem politischen Ziel verband er eine ungeheuchelte Bewunderung griechischen Wesens. Er war ein aufrichtiger Philhellene, und nicht ganz zu Unrecht bewahrte ihm der griechische Osten auch nach seinem Tode ein ehrendes Gedächtnis, nachdem man ihn dort schon zu Lebzeiten zum „Weltenheiland" erhoben hatte.

Alle Ansätze zu einem zielgerechten Handeln waren aber auch bei Nero durch die kindische Launenhaftigkeit und ungezügelte Hemmungslosigkeit seines Wesens verschüttet. Kaum daß man auf staatspolitisch deutbare Tatsachen stößt. Zu ihnen gehören die Einrichtung eines aus Mitgliedern der vornehmen römischen Jugend bestehenden Pagenkorps nach hellenistischem Vorbild, ein Versuch, die von Augustus gegründete „Staatsjugend" in eine höfische Form umzuwandeln, oder etwa sein Plan, aus Rom ein Neropolis, also eine hellenistische Herrscherstadt zu machen. Ebenso liegt die göttliche Erhöhung seiner Person in dieser Linie — mit dem Strahlenkranz des Sonnengottes oder mit der Ägis des Zeus erschien Nero auf Münzen, und der Koloß dieses Gottes, den er vor seinem „goldenen Palast" aufstellte, soll seine Züge getragen haben —, aber sein Interesse war dieser Seite des Herrschaftsideals weit weniger zugewandt als das Caligulas.

Was Nero sonst begann, nahm jedoch fast ausnahmslos bizarre Formen an. Sein Philhellenismus wurde das Gewand, in das er seinen künstlerischen Dilettantismus kleidete. In der griechischen Öffentlichkeit glaubte er die Anerkennung seines musischen Talentes zu finden. Die griechischen Wettspiele suchte er deshalb nach Rom zu verpflanzen, und eine Reise nach Griechenland unternahm er gegen Ende seiner Regierung vor allem, um sich dort als Dichter, Kitharaspieler und Rennfahrer feiern zu lassen. In Rom war ihm das trotz des Beifalles, den ihm der von ihm ausgehaltene Mob zollte, nur unvollkommen gelungen. Nach Art eines Kindes sah er das Wesen der Herrschaft in der Verwirklichung albernster Wünsche, darunter vor allem seiner Sehnsucht, ein anerkannter Künstler zu sein; entsprechend ging es ihm vor allem um die Entfaltung unermeßlichen Glanzes und Gepränges. Im Aufziehen von Festen und Szenerien konnte er sich nicht genugtun. Wie es substanzlosen Naturen entspricht, griff er allenthalben zuerst nach der Repräsentation und dem Schein und gelangte nie zu einer methodischen Durchführung seines Programms.

Zum Idealbild eines Herrschers gehörten an sich nach Neros Vorstellung auch imponierende politische Erfolge, zumal solche, welche im Osten auf ein helles Echo rechnen konnten. Das Verhältnis zu Armenien und Parthien bot immer Gelegenheit dazu. Dank der Umsicht seines hervorragenden Generals Corbulo hatte er dabei sogar Erfolg. Es kam zu einer Regelung, welche über eine Generation Bestand hatte, ein bemerkenswerter Fortschritt gegenüber dem unsteten Wechsel der früheren Jahrzehnte. Freilich ein Alexanderzug war es nicht. Um so wichtiger, daß das Ergebnis in eine Form gekleidet wurde, welche einen persönlichen Triumph Neros bedeutete: Der König von Armenien Tiridates, welcher die Ursache des römischen Eingreifens gewesen war, kam nach Rom, um die Krone persönlich aus den Händen Neros entgegenzunehmen (66 n. Chr.). Dieses Schauspiel der Reise eines orientalischen Herrschers und seines Hofstaates quer durch das Römische Reich hindurch hat auf die Zeitgenossen ungeheuren Eindruck gemacht und ist als die Verbeugung des Orientes vor dem Herrscher des Abendlandes aufgefaßt worden. Der Evangelist, der die Magier nach

Bethlehem ziehen läßt, hat einen Reflex dieses Zuges auf die damalige Volksphantasie aufbewahrt.

Natürlich stand eine solche Herrschaft auf tönernen Füßen. Nero fühlte sich bald unsicher und griff zum Terror. Vornehme Männer, die er als Kronprätendenten fürchtete, ließ er umbringen. Die Zeit der Majestätsprozesse kehrte wieder. Seine Ausgabenwirtschaft forderte Konfiskationen. Justizmorde machten sie möglich. Ein Verbrechen gab das andere. Nero scheute vor den größten Gemeinheiten nicht zurück. Seine Frau Octavia fiel einer solchen zum Opfer, als Nero seine Geliebte Sabina Poppaea heiraten wollte. Die römische Christengemeinde bekam es zu spüren, als er den gegen ihn gerichteten Verdacht der Brandstiftung (man hielt ihn begreiflicherweise für zu allem fähig) auf sie ablenkte. Die Kluft zwischen ihm und dem Senat wurde immer größer. Schließlich sagte Nero ganz unverblümt, es wäre noch keinem Kaiser klar gewesen, was er alles tun dürfe; er für seine Person wolle gänzlich mit dem Senat aufräumen und die Reichsverwaltung nur noch den Rittern und den Freigelassenen anvertrauen. Durchführen ließ sich das freilich nicht; das Gewicht der tatsächlichen Reichsverfassung war zu schwer. Aber wo es sich um die speziell kaiserliche Beamtenhierarchie der Prokuratoren und Präfekten handelte, protegierte Nero seine Kreaturen, sehr oft orientalische Freigelassene. Das stimmte überein mit seinen östlichen Neigungen; es traf sich aber auch mit der Hebung dieser Klasse durch seinen Vorgänger Claudius, der bereits die Organisation des kaiserlichen Privatkabinettes auf sie gestellt hatte. Nero setzte selbstverständlich diesen Kurs fort; Palastintrigen spielten nach wie vor eine große Rolle, und die Regierung fiel weitgehend an eine Kamarilla von unten heraufgekommener Leute. Ein mächtiger Mann war in diesem Kreise der Prätorianerpräfekt Tigellinus. An vielem Unheil, das sich unter Nero ereignete, war er schuld.

Trotzdem dauerte es verhältnismäßig lange, bis sich der Unwille zu geschlossenem Widerstand verdichtete. Seinen Hintergrund bildete eine oppositionelle Stimmung, welche von grundsätzlicher Gesinnung getragen war. Die Abscheu vor den Extravaganzen mischte sich mit einer Einstellung, die auf das Kaisertum überhaupt zielte, auf dieses Kaisertum, das sich seit dem Tode des Augustus so sehr bloßgestellt hatte. In dieser Zeit hatte nun ein neues Geschlecht verlernt, sowohl auf Augustus zurückzublicken als auch die allmählich verblichene Erinnerung an die Republik zu beschwören. Der geistige Gehalt kam jetzt statt dessen von der staatsphilosophischen Tradition der Griechen, welche längst dem Tyrannen einen Gegenbegriff gesetzt hatte, ohne damit die Republik zu meinen, und, indem sie eine Freiheit vertrat, welche nicht republikanisch war, jenen Gegenbegriff monarchisch verstand. Vorgestellt war mit ihm ein Herrscher, der als Gefäß sittlicher Kraft seine Macht der persönlichen Willkür entzieht und seine Regierung zu einer kosmisch begründeten Aufgabe erhebt. In diesem Sinne hatte Seneca den jungen Nero erziehen wollen. Das Mißlingen des Versuches führte jetzt zu dem Gegenschlag, durch den nicht nur das Negative beseitigt, sondern zugleich das Positive ins Leben gerufen sein sollte.

Im Jahre 65 fand sich eine weitverzweigte Verschwörergruppe zusammen. Man hatte einen genauen Plan, Nero zu beseitigen, ausgedacht. Sogar auf die Person seines Nachfolgers hatte man sich geeinigt. Aber eben die langen und ausführlichen Vorbereitungen, ein Zeichen der Selbstsicherheit, von der die Verschwörung erfüllt war, wurden ihr zum Verhängnis. Sie wurde entdeckt, und die Mitglieder streng verfolgt. Im Zusammenhang damit fand auch Seneca den Tod, der sich dem Zugriff der Schergen durch Selbstmord entzog.

Die erfolgreiche Befreiung kam nicht von Rom. Draußen in der Provinz wurde das Banner der Empörung aufgepflanzt. Nero bewies seine Nichtswürdigkeit zum letzten Mal, indem er sich zu keinen Gegenmaßnahmen aufzuraffen vermochte und so lange wartete, bis auch Rom und der Senat von ihm abfielen. Durch Selbstmord fand er den Tod (68 n. Chr.).

§ 22. Revolution des Reiches (68 - 69 n. Chr.)

1. Politische Bedeutung des Umsturzes. — 2. Galba. — 3. Otho, Vitellius.

1. Politische Bedeutung des Umsturzes

Das Ende der Julisch-Claudischen Dynastie brachte für Staat und Reich eine schwere Krisis. Über ein halbes Jahrhundert hatte der Verfassungsbau des Augustus die schwersten Belastungsproben ausgehalten. Das überragende Ansehen seines Gründers hatte das Versagen seiner Nachfolger immer wieder ausgeglichen und die Bestimmung der Thronfolge in die von ihm gewünschte Richtung gelenkt. Aber mit Nero war dieses politische Kapital verbraucht. Über die Notwendigkeit, das Kaisertum weiterzuführen, bestand zwar kein Zweifel — nach Caligulas Tod konnten noch Stimmen für eine Wiederherstellung der Republik laut werden, wovon jetzt keine Rede war —, aber für eine Fortführung der Dynastie bestand keine Möglichkeit mehr, weder den tatsächlichen Voraussetzungen nach (Nero selbst hatte für die Beseitigung der etwa als Thronkandidaten in Betracht kommender Verwandten gesorgt) noch hinsichtlich irgendwelcher vorhandenen Neigungen bei den entscheidenden Instanzen. Nero war bei der Menge nicht unbeliebt gewesen; doch zwischen ihm und der Aristokratie war das Tischtuch längst durchschnitten. Sie zumeist waren die Opfer der Sultanslaunen und der Palastintrigen schon seit Augustus' Tod gewesen. Die Zahlen der Terroropfer stellten zwar keine Massen dar — dazu war das Regime zu schwach —; aber der Ingrimm über die wiederholten einzelnen Vergewaltigungen und Morde war deshalb nicht geringer. Hatten sich diese oberen Kreise auch oft genug würdelos benommen, entbehrten sie mit der praktischen Handhabe zu äußerem Widerstand auch des Mutes, sich offen entgegenzustellen, und bewiesen sie durch das Scheitern ihrer Umsturzversuche immer wieder ihre Ohnmacht, in direkter Aktion etwas auszurichten, über ihre grundsätzliche Ablehnung der ganzen Entwicklung der vergangenen Jahrzehnte ließen sie keinen Zweifel und bewiesen durch ihre Haltung doch eine erhebliche moralische Macht.

Es war nun entscheidend, daß gemäß der Augusteischen Verfassung diese Schichten noch Träger der Reichsverwaltung und Inhaber staatlicher Exekutivmacht waren. Die innere Opposition in Rom teilte sich deshalb dem oberen Offiziers- und Beamtenkorps in den Provinzen mit. Da Nero seine Exzesse im allgemeinen innerhalb des stadtrömischen Bereiches trieb, waren diese unmittelbar von ihnen gar nicht betroffen; aber ihre Sympathien standen auf der Seite der Opfer und des Widerstandes. In den Provinzen und bei den Armeestäben wurden die Nachrichten aus Rom über das Verhalten des Paetus Thrasea (des Leiters des inneren Widerstandes) aufmerksam verfolgt.

Deshalb ist Nero von der Provinz im Zeichen der aristokratischen Opposition gestürzt worden. Wozu die Stadt mangels realer Machtmittel nicht fähig war, das tat das Reich oder besser: das Führungskorps des Reiches. Concordia provinciarum, fides exercituum hieß es in diesem Sinne in der Proklamation der neuen Ära.

Der erste Vorstoß war eigenartig genug. Er geschah ohne Vorbereitung und Absprache und kam von einer Seite, welche nach den persönlichen Umständen wenig dazu prädestiniert schien. Ein vornehmer romanisierter Provinzialrömer, Gaius Julius Vindex, aus altaquitanischem Geschlecht, Statthalter der gallischen Teilprovinz von Lugudunum, aber in dieser Eigenschaft ohne römisches Militär und deshalb gezwungen, ein Volksaufgebot aufzurufen, sagte Nero den Gehorsam auf. Er wollte nur das Zeichen zur Vernichtung des Tyrannen geben. Sich an seine Stelle zu setzen, konnte ihm bei seiner Abstammung ebensowenig in den Sinn kommen wie jede weitere Mitbestimmung bei der Wahl des Nachfolgers im Bereich seines Willens stand. Die mutige und selbstlose Tat führte dann auch den Sturz Neros herbei. Vindex selbst kostete sie das Leben. Zufälligkeiten und Mißverständnisse hatten im ersten Augenblick seine Situation verwirrt.

Die große Frage war, ob in ähnlich einfacher Weise, wie das Regime gestürzt war, es sich erneuern ließ. Der Fortgang der Ereignisse gab hierauf eine klar verneinende Antwort. Eine Revolution des gesamten Reiches brach los, in ihren räumlichen Ausmaßen nur vergleichbar der Erschütterung der ausgehenden Republik. Aus Westen und Osten, vom Rhein und von der Donau marschierten Truppen. Viermal wechselte die Stadt Rom den Herrn, zweimal wurden um sie und Italien erbitterte Schlachten geschlagen, drei Kaiser wurden erhoben und gestürzt, Städte wurden verwüstet, die Zivilbevölkerung teilweise schlimm drangsaliert, in Rom ging das höchste Staatsheiligtum, der Tempel des Juppiter Capitolinus, in Flammen auf. Bei Beginn der Wirren stand Judäa bereits in einem heftigen Aufstand, ihr Fortgang löste einen Aufruhr großen Ausmaßes bei den niederrheinischen Germanen aus (Bataveraufstand unter Julius Civilis). Er griff über auf Teile Galliens. Der militärische Schutz des Reiches war zusammengebrochen. Aber diese katastrophalen Verhältnisse fingen sich in der erstaunlich kurzen Zeit von anderthalb Jahren (68/69).

Wie war das möglich? Darauf ist nicht leicht zu antworten; nur eins ist sicher: Das Verdienst kam keinem einzelnen zu. So sehr einzelne Gruppen und deren Führer aufeinanderplatzten, echte politische Gegensätze taten sich nirgends auf, und es waren auch keine Persönlichkeiten da, welche die Entwicklung dahin hätten treiben können. Daß es im Grunde um nichts anderes als die sachgemäße Fortführung des Kaisertums ging, war allen Beteiligten klar. Alles war, wenn man den hintergründigen Sinn der verschiedenen Aktionen bedenkt, in Bewegung, um das Reichsregiment zu reorganisieren. Die Konflikte, die dabei aufbrachen, waren sekundärer Art, ergaben sich zumeist aus Regiefehlern, Mißverständnissen, Mißhelligkeiten und Unzulänglichkeiten. Stärker als sie waren die tragenden Kräfte des Reiches. Wie sie die Beseitigung Neros bewirkten, so überwanden sie schnell die Krise. Es war wohl eine Revolution des Reiches; aber die Krise war keine des Reiches, sondern entsprang den persönlichen Verhältnissen der Reichsregierung, war also allenfalls eine Krise der Dynastie. Der römische Reichsorganismus konnte seine Gesundheit nicht besser erweisen als auf der dunklen Folie dieser beiden Jahre.

Die schwierigen Verwicklungen des sog. Dreikaiserjahres wären schwerlich eingetreten, wenn der unmittelbare Nachfolger Neros, Galba, nicht eine Menge großer Fehler begangen hätte. Anfangs ging alles gut. Galba war ein Angehöriger altrömischen Patriziates, schon über siebzig Jahre alt, und hatte ein klares Bewußtsein davon, was er der Stunde schuldig war. Deshalb griff er nicht selbst nach der Krone, nannte sich vielmehr bescheiden „Legat des Senates und des römischen Volkes", appellierte an die „Freiheit des römischen Volkes", sprach von ihrer „Wiederherstellung" nach dem Ausgang des Tyrannen. Die Dinge gingen von selbst den richtigen Weg. Der Senat machte ihn zum Kaiser. Auch an glücklichen Umständen fehlte es nicht. Einer von Neros Prätorianerpräfekten, der rechtzeitig seinen Herrn fallen gelassen hatte und auf die Seite Galbas übergetreten war, kam in einer Soldatenrevolte um und befreite damit Galba von einer gefährlichen politischen Belastung. Der Kommandant der Rheinarmee, Verginius Rufus, auf Grund besonderer Umstände der nächste Kandidat, zog sich freiwillig zurück, da er es an adliger Vornehmheit mit Galba nicht aufnehmen konnte. Aber dann verlor Galba den Boden unter den Füßen. Man hatte von ihm die umgehende Designation eines Nachfolgers erwartet, bei seinem hohen Alter verständlich. Er enttäuschte die Erwartungen, unternahm lange nichts und wählte dann einen ungeeigneten Mann. Seine Personalpolitik war auch sonst unglücklich und machte ihm viele Feinde. Mit den Prätorianern, dem kaiserlichen Machtinstrument in Rom, kam es ebenfalls zu Mißstimmungen. Sie gingen so weit, daß diese gegen ihn und seinen Nachfolger aufgehetzt werden konnten. Das Ergebnis war die Ermordung Galbas. 2. Galba

Dahinter hatte Otho gestanden, ein an sich unbedeutender Mensch, den Nero aus Rom nach Spanien versetzt hatte, weil er ihm den Weg zu Poppaea Sabina (Othos Frau) versperrte, und der nun mit Galba zurückgekehrt war. Otho war anschließend Kaiser bis zu seinem Sturz durch den Kommandanten der Rheinarmee Vitellius, dem allerdings dieser Streich ebenfalls nur aus mehr oder weniger zufälligen Gründen gelungen war. Seine Inferiorität forderte seinen eigenen Sturz geradezu heraus. Er ließ nicht lange auf sich warten, und diesmal hatte man endlich eine haltbare Lösung gefunden. Der neue Kaiser wurde Titus Flavius Vespasianus, der als Kommandant im Osten gerade mit der Niederwerfung des jüdischen Aufstandes beschäftigt war[1]. 3. Otho, Vitellius

§ 23. Die Flavischen Kaiser (69 - 96 n. Chr.)

1. Die Flavische Epoche. — 2. Vespasians (69—79 n. Chr.) innerpolitische Situation. — 3. Titus (79—81 n. Chr.). — 4. Domitian (81—96 n. Chr.).

Die Epoche Vespasians und seines Sohnes Domitian — die Regierung des Sohnes Titus war nur ein kurzes Zwischenspiel (79—81) ohne wesentliche geschichtliche Spuren — war eine Zeit achtbarer Regierungsleistungen. Nicht nur wurden die Folgen des Neronischen Regimes ausgeglichen und kam die Finanzwirtschaft wieder in Ordnung, auch die Außenpolitik war erfolgreich: In Britannien wurde das römische 1. Die Flavische Epoche

[1] Siehe unten S. 389.

Gebiet ausgedehnt, desgleichen in Germanien, wo Rom über den Rhein griff, um den Rhein und die obere Donau durch die Besetzung des dazwischenliegenden Landes zu verbinden. Fast wichtiger war die Tatsache, daß Domitian an der unteren Donau dem starken Druck andringender Völker standzuhalten vermochte.

Trotzdem gelangte diese Generation nicht über den Punkt hinweg, an welchem die Julisch-Claudische Dynastie gescheitert war. Domitian nahm wie Caligula und Nero ein gewaltsames Ende, und schon unter seinem Vater hatten sich die Schwierigkeiten gezeigt, welche dann Domitians Regierung die entscheidende Richtung gaben. Das ist um so merkwürdiger, als die ungesunde Verstiegenheit und das persönliche Unvermögen der nachaugusteischen Kaiser bei ihm durchaus fehlen.

2. Vespasians (69—79 n. Chr.) innerpolitische Situation

Vespasian hatte nach seiner Thronbesteigung eindeutig die Richtung eingeschlagen, die ihm durch das Ende Neros vorgeschrieben war. Es gab selbstverständlich keine massierten Majestätsklagen und keine Justizmorde. Zu der Freiheitsdevise, welche gegen Nero ausgegeben worden war, bekannte er sich offiziell. Das Andenken Galbas als des neronischen Widerpartes wurde von ihm hochgehalten. Dem Senat erwies er nicht nur Respekt; er sorgte auch für den Stand durch materielle Unterstützung der Senatoren und bewies seine loyale Gesinnung durch den ungewöhnlichen Akt, daß er einem Senator die Prätorianerpräfektur übertrug.

Trotzdem gelang es Vespasian nicht, ein harmonisches Einvernehmen mit der Aristokratie herzustellen. Die Gründe können nicht bei ihm gelegen haben. Vor zehn bis zwanzig Jahren wäre ein Ausgleich wahrscheinlich leichtgefallen. Warum machte es jetzt Schwierigkeiten? Die Antwort ist leider unseren Quellen nicht ohne weiteres abzulesen. Aber wenn die Voraussetzung stimmt, daß Vespasian ein Mann des Maßes und der Vernunft war und es an seinem Hofe keine Nebenregierung wie bei Tiberius und Claudius gab, die seine Stellung belastet hätte, dann gibt es nur eine Lösung: die Ursachen müssen außerhalb seiner Person und der kaiserlichen Regierung gesucht werden.

Und in der Tat hatten sich die Verhältnisse auf der anderen Seite gewandelt. Man war dort — um es kurz anzudeuten — anspruchsvoller geworden und gab sich nicht mehr mit dem zufrieden, was man ehedem als Wohltat begrüßt hätte. Der Sieg über Nero hatte das Selbstbewußtsein der Opposition gesteigert. Die dynastische Verbindung zu Augustus war mit ihm abgerissen. Es gab keine Legitimierung mehr durch die Berufung auf die Verwandtschaft mit ihm. Bei Vespasians Regierungsantritt war durch Gesetz (in Form eines Senatsbeschlusses) eine genaue Umschreibung seiner Befugnisse vorgenommen worden, unter Berufung auf die bisherigen Gewohnheiten, aber unter ausdrücklichem Ausschluß der Zustände unter Caligula und Nero, deren Herrschaft als ungesetzlich galt und deren Verfügungen in der sogenannten damnatio memoriae jeweils am Ende der Regierung der beiden für nichtig erklärt worden waren. Die Absicht, einen neuen Ansatz zu finden, der das Auswuchern der kaiserlichen Macht, wie man es in den letzten fünfzig Jahren erfahren hatte, ausschloß, ist unverkennbar. Man hatte die Vergangenheit nicht vergessen, und viel Ressentiment aus der Neronischen Ära hatte sich angesammelt. Der Haß richtete sich vor allem gegen alle diejenigen der eigenen Kreise, welche die Solidarität der Fronde sabotiert und als Denunzianten sich dem Despoten zum willfährigen Werkzeug gemacht hatten. Sie sollten nachträglich von der Vergeltung erreicht werden.

Und dann war schließlich die Basis des Widerstandes gegen die caesaristischen Ausartungen breiter geworden durch einen sehr verständlichen Wechsel der Generationen. Früher, zur Zeit des Augustus und des Tiberius, war die Erinnerung an die Republik noch frisch gewesen. Die Frontstellung gegen einen Kaiser geriet deshalb leicht in das Fahrwasser republikanischer Ideologie, welche das Kaisertum überhaupt ablehnte. Inzwischen aber hatte man sich mit ihm abgefunden. Es gab nach Neros Tod keinen Vernünftigen, der an die Wiederherstellung der Republik gedacht hätte. Auf diese Weise wurde aber die Einstellung der Aristokratie homogener. Während bis dahin immer eine Aufspaltung in die radikalen Verneiner des Kaisertums und diejenigen, welche sich mit ihm abfanden, möglich war, fand man sich jetzt zusammen in einer Haltung, welche das Kaisertum zwar bejahte, aber die präzise Forderung stellte, daß es den Kodex politischer Ethik, welcher dem Empfinden der oberen Schichten entsprach, anerkannte. Dadurch wurde die Front sowohl geschlossener wie breiter.

Und damit erschloß sich zugleich eine neue Möglichkeit inneren Auftriebes. Ideologisch konnte man sich jetzt gleichmäßig auf den Standpunkt der philosophischen Ethik beziehen, wie er von ihr seit Jahrhunderten ausgebildet war und damals besonders ausdrücklich von den Stoikern und Kynikern vertreten wurde. Die Stoa hatte bei den Römern zwar schon eine lange Geschichte, die weit zurückreicht in die Zeit des Freistaates. Aber damals war sie in der Symbiose mit den Römern ausgesprochen republikanisch geworden. In dieser Verfassung gab sie auch noch den Nährboden der republikanisch gesonnenen Opposition der frühen Kaiserzeit ab. Ihre Idealfigur war der jüngere Cato Uticensis. Als man nun diese geschichtliche Phase abschloß, vereinigte sich der ideelle Strom wieder. Römer und Griechen fanden sich auf der gleichen Ebene. Das ganze Gewicht der griechischen Tradition, welche schon lange nicht mehr republikanisch war, sondern sich in ihrer staatsphilosophischen Ausprägung zumeist an einem Herrscherideal orientiert hatte, kam jetzt der aristokratischen Sache zu Hilfe. Diese Entwicklung hatte schon unter Nero begonnen; Seneca war da ihr bedeutender Schrittmacher gewesen. Zur Entfaltung kam sie unter den Flaviern. Die griechischen Philosophen wurden gern gesehene Gäste der römischen Senatoren und lieferten ihnen die Argumente für ihren politischen Standpunkt.

Diesen vielfältig versteiften kritischen Reserven gegenüber war Vespasian hilflos. Er gehörte selbst nicht zum alten Adel und war erst durch seine Amtskarriere nobilitiert worden. Sein Vater war noch Zollbeamter und später kleiner Bankier außerhalb Roms gewesen. Erst recht gehörte Vespasian nicht zur stadtrömischen „Gesellschaft". Seine Wiege hatte in einem Dorf des Sabinerlandes gestanden. Er war gewiß nicht ungebildet, hat sich sogar schriftstellerisch betätigt (durch eine Schilderung des Jüdischen Krieges), aber natürlich war ihm das aristokratische Lebensgefühl fremd. Die Erfahrungen der Nerozeit sagten ihm, der fast immer außerhalb Roms gewesen war, bei seinem Gleichmut und einer gewissen Indolenz nicht viel. Mit Nero hatte er zwar einmal einen Zusammenstoß, aber der war mehr komisch und gerade darum bezeichnend genug: bei einer von Neros Rezitationen war er nämlich einmal eingeschlafen. Seine Bescheidenheit und Einfachheit, die Nüchternheit seines Wesens hatten bei ihm auch keinen Ehrgeiz aufkommen lassen. Was er im Lauf seines Lebens geworden war, war er zumeist auf die Initiative anderer hin geworden. Auch bei seiner Thronbesteigung war es so gewesen. Es war also kein Wunder, daß er trotz bester Absichten sich in dem nach Neros Tod etwas gereizten Milieu Roms nicht zurechtfand.

Dazu hatte er sachliche Gründe — oder glaubte sie wenigstens zu haben —, den Wünschen des Senates nicht allseitig zu Willen zu sein. Der „Sieg" über Nero sollte in einer scharfen Verfolgung von dessen Freunden unter den Senatoren seinen Ausdruck finden. Schon Galba hatte sich geweigert, solchen hemmungslosen Rachegelüsten stattzugeben. Vespasian hielt es ähnlich. Der Forderung auf Verfolgung der neronischen Denunzianten verschloß er sich hartnäckig und ließ eine große Verfolgungsaktion unter Mithilfe der kaiserlichen Kanzlei nicht zu. Es kam zu provozierenden Ausfällen auf der Seite des Senates, die dem ärgsten Scharfmacher das Leben kosteten. Den Philosophen wurde der Aufenthalt in Rom verboten.

Vor allem aber gab es eine Frage, an der sich der Gegensatz am heftigsten zuspitzte. Das war die Frage der Nachfolge. Sie zeigte so richtig den Wandel der Einstellung, der im Verlauf der letzten Generation sich vollzogen hatte, und die Empfindlichkeit, welche diese auf Grund ihrer Erfahrungen besaß. Unter den Julisch-Claudischen Kaisern hatte man ungeachtet aller Katastrophen immer wieder auf die Augustussippe zurückgegriffen, einfach der Richtung folgend, welche Augustus mit seiner Verfügung angegeben hatte, und ungeachtet der Tatsache, daß der Mangel direkter männlicher Deszendenz des Augustus diesem Gebot im Grunde nur geringe Überzeugungskraft verlieh. Nachdem mit Nero diese Phase zu Ende gegangen war, meldete sich aus begreiflichem Grunde ein Standpunkt zu Wort, der grundsätzlich jedes dynastische Empfinden verurteilte und auf alle von ihm abgeleiteten Ansprüche geradezu mit einem Affekt reagierte. Die Wurzel alles erlittenen Übels wurde nun geradezu in der blutsmäßigen Vererbung des Kaisertums erblickt und der neue Anspruch, den man ihm gegenüber erhob, auf die verkürzende Formel gebracht, allein eine vom Bande des Blutes unabhängige Fortpflanzung des Kaisertums verbürge seine politische Lauterkeit.

Damit war offenbar ein besonderer Aspekt des postulierten monarchischen Ethos gewonnen; man muß hinzusetzen, ein Teilaspekt eines viel komplexeren Vorstellungskreises; aber, wie es bei erregten Stimmungen zu gehen pflegt, für manche war diese unter einem bestimmten Gesichtswinkel gebildete Ansicht der Inbegriff des Ganzen und wurde deshalb geradezu als die Devise der neuen Zielsetzung formuliert. Dergleichen Verkürzung war selbstverständlich eine Verzerrung des Programms, und es wäre falsch, darin seinen wahren Inhalt zu sehen; aber, wenn die Umstände danach waren, dann war es durchaus möglich, daß man sich an diesem Punkt festbiß. Und die Umstände waren danach: Die Atmosphäre war nun einmal durch die Unstimmigkeit zwischen Vespasian und der Aristokratie gespannt; deshalb mußte das verständlichste Vorhaben, das von seiten des Kaisers zu denken war, nämlich der Wunsch, einer seiner beiden erwachsenen Söhne möchte seine Nachfolge antreten, alle Widerspenstigkeit der Opposition auf den Plan rufen und den Gegensatz in diese schiefe Richtung lenken. Denn wenn man der Methode des Augustus gegenüber mit einigem

Recht seine Vorbehalte haben konnte, und nach dem Ergebnis sogar haben mußte, im Falle Vespasians, der zwei regierungsfähige Söhne besaß, war der Ausschluß der „natürlichen“ Erbfolge ein Unding und eine Unmöglichkeit. Aber die Verhältnisse der Menschen gestalten sich nicht immer nach den Regeln der sachlichen Logik. Galba war an der Lösung des Nachfolgeproblems gescheitert, und bei Vespasian empfand man es deshalb wohl zuerst als ganz angenehm, daß solche Schwierigkeiten sich durch die Existenz der beiden Söhne von selbst behoben. Inzwischen waren aber die Mißhelligkeiten aufgetaucht und damit die Einsicht in die Sachlage getrübt.

3. Titus (79—81 n. Chr.)

Dazu kam, daß bei näherem Zusehen der von Vespasian in Aussicht genommene Thronfolger Titus sich gar nicht zu empfehlen schien. Von seinem Aufenthalt im Osten her zeigte er bedenkliche Neigungen zu orientalischem Serailswesen, hielt sich Eunuchen und hatte sich eine jüdische Geliebte mitgebracht. Man sah in ihm einen neuen Nero. Diese Befürchtungen haben sich dann nicht bewahrheitet. Ostentativ rückte er nicht nur von seinem Vorleben ab, sondern versuchte auch konsequent, sich mit den Opponenten seines Vaters ins Einvernehmen zu setzen. Das überschwengliche Lob, das seiner kurzen Regierung zuteil wurde, hat hierin seinen sehr plausiblen Motivzusammenhang. Unter Titus wurde Pompeji unter der Lava des Vesuvs begraben (79 n. Chr.).

4. Domitian (81—96 n. Chr.)

Titus' Bruder Domitian, der ihn sehr bald ablöste, war von andrer Art. Er war ein tatkräftiger und ehrgeiziger Mann, der seinen Bruder deshalb um den Vorzug des Erstgeburtsrechtes beneidet hatte. Für den Stil altehrbarer römischer Gesittung hatte er Verständnis. Es gibt eine ziemliche Anzahl von Verordnungen, in denen er sich in diesem Sinne aussprach und Maßnahmen ergriff (Schutz der Leute von Stand gegen literarische Diffamierung; strenge Bestrafung des Vestalinneninzestes; Verbot der Kastration und Preisherabsetzung der Eunuchen usw.). Aber keineswegs war er geneigt, der aristokratischen Opposition irgendwelche Konzessionen zu machen. Er entschloß sich im Gegenteil, es auf Biegen oder Brechen ankommen zu lassen. Der These, daß der Herrscher sich einem sittlichen Regulativ und der Gerechtsame eines philosophisch inspirierten Fürstenspiegels zu unterwerfen habe, setzte er in aller Ausdrücklichkeit die Antithese entgegen, daß der Monarch den Maßstab seines Handelns allein in sich trägt und es für ihn nur das Gebot gibt, seinem Willen sichtbare Geltung zu verschaffen. Neben ihm ist kein Raum für eine innere und äußere Instanz. Domitian legte es deshalb darauf an, dem Senat mit klarem Affront zu begegnen und seinen Standpunkt offen zum Ausdruck zu bringen. Mehr als sämtliche Herrscher zuvor schaltete er sich durch häufige Übernahme des Konsulates in den „republikanischen“ Teil des Staatsmechanismus ein. Vor allem wirkte die Bekleidung einer ständigen Zensur geradezu beleidigend. Damit beanspruchte Domitian das Recht, jederzeit einen Pairsschub im Senat vornehmen zu können und mißliebige Mitglieder dieser Körperschaft aus ihr zu entfernen. Der indirekte Einfluß auf die Zusammensetzung des Senates, wie ihn Augustus vorgesehen hatte, genügte ihm also nicht mehr. Augustus hatte ferner für den Kaiser, entsprechend der für den höchsten republikanischen Beamten, den Konsul, üblichen Zahl, zwölf Liktoren bestimmt. Domitian erhöhte die Zahl auf das Doppelte und beschwor damit die Analogie des republikanischen Ausnahmebeamten, des Diktators, ein Schein, dem Augustus geflissentlich ausgewichen war. Wenn Domitian in ihrer Begleitung, angetan mit dem roten Triumphalkleid, gar im Senat auftrat, so war das eine offene Provokation. Domitian wollte in vollem Bewußtsein der Tragweite seines Tuns Autokrat sein. Auf der gleichen Linie liegt die im Zeremoniell festgelegte religiöse Verbrämung seiner Person. Seine Vergottung wurde zwar noch nicht offiziell eingeführt; aber daß er im förmlichen Verkehr mit „Dominus et Deus“ tituliert wurde, brachte er doch zuwege. Damit hatte er unmißverständlich in die Richtung von Caligula und Nero eingelenkt. Auch die Begünstigung griechischer Formen ließ demgemäß nicht auf sich warten. Die von ihm eingerichteten Capitolinischen Spiele waren ein griechischer Agon.

Trotzdem besteht ein großer Unterschied zwischen ihm und seinen Vorgängern. Diese hatten ihren Kurs auf der Grundlage bloßer Launenhaftigkeit und persönlicher Eitelkeit und Größenwahnsinns verfolgt. Ihr eigenes Vermögen stand in einem grotesken Mißverhältnis zu ihrem Vorhaben. Domitian besaß persönliches Format und ging mit Methode und Zielbewußtheit an seinen Plan. Er hat beispielsweise auch gewußt, daß man eine Macht nur durch eine andere aus den Angeln heben kann: Die Soldaten suchte er sich deshalb zu Freunden zu machen und ordnete eine Erhöhung ihres Soldes an. Mit läppischen Spielereien hielt er sich nicht auf, und obwohl er von Natur kein liebenswürdiger Mensch war, aus Gründen der Politik brachte er es doch fertig, sich bei der Menge beliebt zu machen. In der Außenpolitik, am Rhein und vor allem an der Donau, auch in Britannien zeigte er eine Initiative, wie man sie seit den Tagen des Augustus nicht mehr gewohnt war.

Trotzdem mußte er scheitern. Er hatte auf die offene Gewalt gesetzt, und ihr ist er, wie seine Vorgänger, erlegen. Nach einer Periode des Terrors mit Verbannungen, Verurteilungen, Justizmorden, Konfiskationen wurde er 96 n. Chr. das Opfer einer der gegen ihn angestrengten Verschwörungen, nachdem ihm sieben Jahre vorher noch gelungen war, eine große Erhebung der oberrheinischen Armee niederzuschlagen.

§ 24. Das humanitäre Kaisertum (96 - 180 n. Chr.)

1. Charakter der Epoche. — 2. Nerva (96—98 n. Chr.). — 3. Trajan (98—117 n. Chr.). — 4. Hadrian (117—138 n. Chr.). — 5. Antoninus Pius (138—161 n. Chr.). — 6. Mark Aurel (161—180 n. Chr.).

1. Charakter der Epoche

Die rund hundert Jahre nach Domitian führten die römische Kaiserzeit auf ihren Höhepunkt. Man hat sie gerne als die glücklichste Phase der antiken Geschichte, wenn nicht der abendländischen Geschichte überhaupt bezeichnet. Dieses summarische Urteil — wie jede Aussage solcher Art gegen Aussetzungen höchst anfällig — bringt auf jeden Fall den wahren historischen Tatbestand zum Ausdruck, daß dem Zeitraum die Einheit einer geschichtlichen Epoche zugrunde liegt. Wir haben deshalb zu fragen, unter welchem Gesichtspunkt sie dem betrachtenden Blick sichtbar wird.

Man könnte an den materiellen Wohlstand und den Frieden des Reiches denken. Beides hat gewiß einige Jahrzehnte dieses Jahrhunderts charakterisiert; doch stehen daneben Zeiten äußerer Not und lauten Waffenlärms. Verrechnet man das miteinander, wird der Vorzug fraglich, und es läßt sich in ihm ein Gegensatz zum ersten Jahrhundert, das trotz seiner Spannungen eine Zeit materiellen Aufschwungs war, nicht mehr feststellen.

Es läge ferner nahe, auf eine Reihe hervorragender Kaiser hinzuweisen; aber tüchtige Herrscher im Sinne sachlicher Leistungen für das Reich haben der vorhergehenden Zeit auch nicht gefehlt, und Dissonanzen gab es ebenfalls im zweiten Jahrhundert. Es muß also ein besonderes Kriterium im Spiel sein.

Dieses Kriterium ist die Beilegung des Konfliktes zwischen der senatorischen Opposition und dem Kaisertum. Die fünf Kaiser, welche auf Domitian folgten, haben grundsätzlich darauf verzichtet, einen eigenen Begriff des Herrschertums gegenüber den ideologischen Ansprüchen der Aristokratie des Reiches zu vertreten. Sie machten sich das politische Ethos, von dem der Widerstand des ersten Jahrhunderts gespeist worden war, zu eigen. Ihre Regierung bedeutet den unmißverständlichen Sieg des frondierenden Senates.

Dieser Sieg war indessen kein „konstitutioneller" Sieg und brachte keine Verschiebung der Regierungsgewalten zugunsten des Senates. Man hatte auch vorher nicht um das Maß des Einflusses auf die Herrschaft im Reiche gekämpft und dachte infolgedessen auch jetzt nicht daran, ein neues Thema anzustimmen. Im Gegenteil, kraft der Tendenzen, welche der ganzen Entwicklung innewohnten, war das Kaisertum des zweiten Jahrhunderts eher stärker als vordem. Der bürokratische Apparat, auf dem seine Macht beruhte, wurde weiter ausgebaut. Die Initiative der kaiserlichen Regierung trat nie zuvor so unangefochten und sichtbar zutage wie unter der Herrschaft der großen Kaiser dieser Zeit. Die Majestät ihrer Würde war höher, als man sie vorher gekannt hatte. Die Anrede „dominus" für den Kaiser und der Gebrauch dieses Terminus auf offiziellen Dokumenten, noch unter Domitian als Symptom der Tyrannei verfemt, bürgerte sich ein; der Kaiserkult als Kult des lebenden Kaisers wurde auch auf römischem und italischem Boden heimisch. Im großen Staatstempel der Roma und Venus hatten der Kaiser Mark Aurel und seine Frau Faustina goldene Kultstatuen mit einem Altar davor, auf dem alle Jungvermählten zu opfern verpflichtet waren.

Aber das waren alles Ausgestaltungen des Kaisertums, die sich jetzt von selbst und ohne Auffälligkeit vollzogen; sie lagen weder im Mittelpunkt der Aufmerksamkeit noch betrafen sie den politischen Nerv der Epoche. Das bewußte Anliegen des zweiten Jahrhunderts ging auf die Gesinnung, mit der die Kaiser ihre Macht gebrauchten. Die Herrscher begaben sich selbstverständlich nicht ihres praktisch uneingeschränkten Besitzes, aber sie verzichteten nun auf den Anspruch, schon kraft ihrer Stellung etwas Übermenschliches zu sein. Sie stellten keine Forderung mehr auf einen übernatürlichen Nimbus, sondern nahmen ihn allenfalls entgegen als Widerschein ihrer Leistung. Es war ihnen überhaupt nicht um das äußere Gepränge zu tun. Wozu sie sich bekannten, war die Last, welche ihnen die Regierung aufgab. Nicht von ihren Rechten, sondern von ihren Pflichten war die Rede. Außer Zweifel stand da für sie, daß sie an dem Los aller anderen Menschen nicht nur teilhatten, sondern daß es im Grund für sie eine größere Bürde bedeutete. Jede menschliche Überheblichkeit wiesen sie deshalb von sich. Das Menschenbild, zu dem sie sich bekannten, war das der griechischen Bildung und der Fürstenspiegel, welche die philosophische Tradition der Griechen hervorgebracht hatte. Auf diese Weise konnten sie mit vollem Bewußtsein

Philhellenen sein. Die Zuwendung zum Griechentum war keine Verbrämung von Sultansgelüsten mehr wie im ersten Jahrhundert. Sie war ein Appell an die griechische Bildungsschicht, ein Zeichen geistiger Aufklärung und humaner Gesittung. Die Resonanz blieb auch nicht aus. Das geistige Griechenland hat ihnen aus dem Mund der führenden Köpfe seine Zustimmung erteilt und sich zum Wortführer der Öffentlichkeit des Reiches und damit auch der römischen Senatskreise gemacht. Dieses Kaisertum verdient den Namen einer „aufgeklärten" und „humanen" Monarchie, den man ihm in der modernen Forschung gegeben hat.

Es wäre indes nicht so hell in Erscheinung getreten ohne den dunklen Hintergrund der Domitianischen Regierung. Deren schrankenlose Verurteilung gab den Absprung zu dem neuen Kurs. Es war ähnlich wie nach dem Sturze Neros, nur daß damals der Senatskaiser Galba sich nicht zu halten vermochte und Vespasian gegenüber dem Programm der Opposition seine Vorbehalte hatte.

2. Nerva (96—98 n. Chr.)

Der Nachfolger Domitians, Marcus Cocceius Nerva, dagegen, bei seiner Thronbesteigung bereits im 68. Lebensjahr stehend, fand nicht das Schicksal Galbas und brachte in seiner Person den Umschwung vollgültig zum Ausdruck. Dem aufgespeicherten Haß gegen das vergangene Regime ließ er freien Lauf und gab damit der öffentlichen Stimmung den Weg frei, um die Strecke zwischen Unterdrückung und Triumph bis zum Ende auszuschreiten. Nicht nur wurde das Gedächtnis Domitians durch Annullierung seiner Verfügungen und der ihm erwiesenen Ehrungen getilgt (das war auch schon bei Nero und Caligula geschehen), sondern jetzt wurden auch die Kreaturen des Despoten durch schonungslose Verfolgung in den allgemeinen Sog hineingezogen (wogegen sich die Flavier immer gesträubt hatten). Ein feierlicher Schwur des neuen Kaisers, keinen Senator zu töten, zog einen klaren Strich unter die früheren Justizmorde. Der kaiserliche Justizhof für Majestätsverbrechen wurde aufgehoben, und die Senatoren wurden überhaupt der kaiserlichen Strafrechtspflege entzogen.

Noch wichtiger wurde in der damaligen Konstellation des politischen Bewußtseins etwas anderes. Der Gegensatz gegen die autokratische Wendung des Prinzipates schlug sich zwar in verschiedenen Reaktionen gegen die erlittene Tyrannei nieder. Aber von dem ganzen Programm, das in der Vergangenheit aus diesem Kampf gegen das Kaisertum erwachsen war, besaß die Forderung auf Beseitigung der blutsmäßigen Vererbung des Kaisertums ein besonderes Gewicht. Sie wurde jetzt geradezu zum entscheidenden Kriterium, ob die Monarchie neuen oder alten Stiles verwirklicht sei. Bei einem Kaiser, der einen eigenen Sohn hatte, mußte sie freilich in ein ausweglose Dilemma führen. Es war deshalb ein besonderer Glücksumstand, daß nicht nur Nerva, sondern auch die nächstfolgenden drei Kaiser sich diesen gegebenenfalls utopischen Programmpunkt ohne Schwierigkeiten zu eigen machen konnten. Keiner besaß männliche Leibeserben, und damit wurden sie kraft der persönlichen Situation veranlaßt, das zu tun, was aus den Erfahrungen mit der Julisch-Claudischen und Flavischen Dynastie sich als überspitzte Idee herausgestellt hatte, nämlich die Wahl des Nachfolgers nicht der Natur, sondern der freien, in der Adoption vollzogenen Entscheidung zu überantworten. Wenn es um die Herrschaft über das römische Weltreich geht, darf der Blick, welcher den künftigen Kaiser sucht, nicht auf die engere Familie gebannt sein, sondern muß über den ganzen Staat hin schweifen, läßt sich eine Schrift des jüngeren Plinius, in der er die Idee der neuen Monarchie umreißt, vernehmen. Man hat deshalb ihr Wesen auch als Adoptivkaisertum bezeichnet, nicht ganz glücklich; denn, so wichtig dieses Moment auch bei der Ablösung Domitians empfunden wurde, es ist nur ein Teilaspekt des Ganzen und hat, nachdem einmal der Übergang bewerkstelligt war, nie die Bedeutung eines unabdingbaren Gebotes besessen. Seine tatsächliche Verwirklichung hat mit ihm nichts zu tun und enthält nur den Schein seiner Bestätigung.

Die Regierung Nervas fand sehr bald durch den Tod des Kaisers ihren Abschluß. Bei näherem Zusehen war das ein Glück, nicht nur für Nerva selbst, sondern auch für die ihm gestellte Aufgabe, den Übergang in die neue Ära zu bewerkstelligen. Der Beifall, der ihm zuteil wurde, half nicht über die praktischen Schwierigkeiten der Regierungsgeschäfte hinweg. Nerva war kein Mann der Initiative und besaß auch wenig politische Erfahrung. Schwierigkeiten blieben nicht aus, zuerst finanzieller Art; dann machte sich der Mangel militärischer Vertrautheit bemerkbar. Er geriet in Konflikt mit den Prätorianern, die Domitian eine gewisse Anhänglichkeit bewahrten und die Auslieferung seiner Mörder erzwangen; er selbst war ohne eigentlichen Anhang bei der Feldarmee. Das Schicksal Galbas drohte sich an ihm zu wiederholen. Er tat aber das Richtige und suchte sich rechtzeitig die Stütze einer jungen zuverlässigen Kraft. Seine Wahl fiel glücklicherweise auf einen Mann von Gewicht, der beim Heere etwas galt und von dem es klar war, daß er mit den Prätorianern fertig werden würde. Marcus Ulpius Traianus war Oberkommandierender der Rheinarmee, als ihn die Nachricht von der Designation erreichte. Ein Vierteljahr später wurde er durch das Ableben Nervas Kaiser.

3. Trajan (98–117 n. Chr.)

Trajan war kein Mann alten senatorischen Adels, sowenig wie Vespasian vor ihm. In den Senat war seine Familie erst durch seinen Vater gekommen. Bis dahin gehörte sie zur Munizipalaristokratie. Die Heimat war die älteste römische Kolonie Spaniens, Italica, in der südspanischen Provinz Baetica, wo Trajan im Jahre 53 n. Chr. geboren war und nun also bei seiner Thronbesteigung mit fünfundvierzig Jahren in der Blüte seiner Mannesjahre stand. Auf seine spanische Herkunft pflegt man in der modernen Geschichtsschreibung besonderes Gewicht zu legen; aber nachdem durch das Ende der Julisch-Claudischen Dynastie die Kaiser nicht mehr dem stadtrömischen Adel entstammten, hatte diese Provenienz nichts Auffälliges. Die spanischen Römer waren keine schlechteren Römer als die Italiens, zumal wenn sie wie Trajan einer ursprünglich aus Italikern bestehenden Gemeinde entstammten. Trajan gewann durch seinen Vater, der die höchsten, auch militärischen Ämter bekleidet hatte, schon früh Einblick in den Staatsdienst und ist in ihm groß geworden. Er hielt ihn meistens von Rom fern, wo er auch späterhin, während seiner Regierung, nur wenige Jahre zubrachte.

Trajans Regierung ist eine Zeit großer kriegerischer Unternehmungen offensiven Charakters, wie sie die römische Kaiserzeit seit Augustus nicht mehr erlebt hatte und auch späterhin nicht erleben sollte. Fast alle Feldzüge hat Trajan persönlich geleitet. Er ist eine der großen Eroberergestalten der Weltgeschichte. Was den Kaisern vom Schlage Neros als unerreichbares Ideal vorschwebte, hat er erreicht: Ausdehnung des Römischen Reiches und weithin strahlenden Kriegsruhm. Um so bemerkenswerter, daß er die innenpolitische Linie, wie sie ihm durch Nerva vorgezeichnet war, nicht verließ. Er bewies den Zeitgenossen, daß äußere Macht und inneres Maß miteinander verträglich sind. Ohne primäre eigene Bildungsanliegen zeigte Trajan ein feines Organ für das kulturelle Empfinden seiner Zeit. Ihm wurde nicht nur als Kriegshelden, sondern beinahe noch mehr als der idealen Verkörperung des humanen Herrscherbegriffes zugejubelt. Sein Beiname Optimus Princeps war eine einzigartige Anerkennung seines menschlich-politischen Ethos und leitete sich ab von griechischen Vorstellungen, wie sie schon sehr früh in Rom eingedrungen waren, aber in der Sphäre des Kaisertums bis dahin noch keinen Platz gefunden hatten. Kaiser und Umwelt stimmten in dem klaren Bewußtsein überein, daß ihre Zeit ein eigenes Gepräge und eine bestimmte Gesittung besaß. Beide Seiten bezogen sich in ihren Äußerungen und Urteilen auf die Humanität, zu welcher die Gegenwart sie verpflichtete.

Der Raum von Trajans Kriegstaten war der Norden und der Osten. Entgegen gewissen Stimmen, die von dem Heerführer der Rheinarmee eine Wiederaufnahme des gegen die Germanen gerichteten Imperialismus erwarteten, verlegte Trajan das Schwergewicht an die Donau. Dort hatte Domitian dem starken Druck über den Strom drängender Stämme standhalten müssen. Trajan ging zum Angriff über. Das Ergebnis war die Einrichtung einer neuen Provinz Dacia jenseits der Donau, etwa dem Umfang Rumäniens entsprechend. Im Osten wurde die Auseinandersetzung mit den Parthern in neue Bahnen gelenkt. Mit der Methode des fortwährenden Kompromisses sollte gebrochen werden. Tatsächlich wurde auch das Problem Armenien durch seine Einziehung als Provinz aus dem Wege geschafft, als Vorspiel der Verdrängung der Parther aus Mesopotamien. Es gelang dann auch dem Kaiser, bis zum Persischen Golf zu kommen, aber während er noch im Lande war, brach ein Aufstand los, der sogar in das alte römische Reichsgebiet überschlug, wo die Juden im gesamten Bereich des Ostens, soweit sie da größere Niederlassungen hatten (in Kyrene, Kypros, Ägypten, Judäa), seine Träger waren. Als Trajan bei seiner Rückkehr aus dem Orient starb, ließ er deshalb den römischen Staat in einer schweren Krisis zurück. Es trat weiterhin zutage, daß durch die kriegerische Expansionspolitik die wirtschaftlichen Kräfte des Reiches übermäßig beansprucht worden waren. In der Staatskasse herrschte Ebbe, und allenthalben wurden Klagen über das Übermaß der für die Kriege geleisteten Anstrengungen laut. Dazu kam, daß selbst die Frage der Nachfolge, über die Trajan keine klare Bestimmung mehr getroffen hatte, ihren Schatten warf.

4. Hadrian (117—138 n. Chr.)

Durch alle diese düsteren Zeichen wurde Trajans Nachfolger veranlaßt, eigene Wege zu gehen. Schon den Thron verdankte er dem Umstand, daß man von ihm sich eines anderen Kurses gewärtigte. Unter Mithilfe von Trajans Frau wurde durch eine anscheinend fingierte Adoption des verstorbenen Kaisers Hadrian zur Regierung berufen (Publius Aelius Hadrianus), der wie jener aus Italica in Spanien stammte und ganz entfernt mit ihm verwandt war, ohne daß sich darin irgendwelche Anwartschaft auf die Nachfolge zu erkennen gegeben hätte. Bei seinem politischen Programm der Absage an die Außenpolitik seines Vorgängers hatte er es anfangs nicht leicht, sich zu behaupten. Starke Spannungen zur Generalität Trajans stellten sich ein. Vier ihrer hervorragendsten Vertreter wurden deshalb vor Gericht gezogen und mit dem Tode bestraft. In welchem Verhältnis Schuld und Staatsraison sich dabei verknüpften, ist nicht mehr auszumachen. Jedenfalls hielt es Hadrian für angebracht, sich danach von dem Vorgehen zu distanzieren. Die grundsätzliche Einstellung des Kaisertums auf das moralisch-philosophische Gewissen der Zeit behielt er selbstverständlich bei und beeilte sich, nach der Thronbesteigung wie nach jener Krise das Versprechen zu wiederholen, daß kein Senator vor ein kaiserliches Gericht käme. Eine reiche Bildung, weit tiefer und differenzierter als die Trajans, befähigte ihn, auch von seiner persönlichen Artung her die humanitäre Monarchie überzeugend zu verkörpern. Hadrian war eine sehr beeindruckbare Natur und besaß ein feines Empfinden für die geistigen Anliegen seiner Zeit. Er spürte die Lebhaftigkeit des Zivilisationsbewußtseins, in dem sich die damalige Menschheit im Genuß des römischen Reichsfriedens auf ihren ererbten Bildungsbesitz besann. Das war ein Vorgang, der sich begreiflicherweise vor allem auf griechischem Boden abspielte und da die Spätblüten einer gewissen literarischen Renaissance hervortrieb, aber doch entsprechend der politischen und geistigen Einheit der damaligen Welt auch die Römer anging. In dem Einfluß der philosophischen Kreise auf die Gedankenwelt des Senatorenstandes hatte sich eine sichtbare Verknüpfung bereits vollzogen. Hadrian, der von Jugend an mit den Anliegen der griechischen Geistesentwicklung vertraut war, nahm an dieser Bewegung lebhaften Anteil und darf geradezu als einer ihrer markanten Repräsentanten gelten. Insofern hatte sein Philhellenismus erheblich tiefere Wurzeln als die sonst aus der Geschichte bekannte römische Vorliebe für griechisches Wesen. Seine stark rezeptive Art war ein Stück des restaurativen und rückwärtsgewandten Zuges in der damaligen Konstellation des griechischen Geistes, und sein Eklektizismus (oder vielleicht sogar eklektischer Platonismus), der die historischen Phänomene als verschiedene Spiegelungen einer einheitlichen Überlieferung zusammensah — der sichtbarste Ausdruck war sein eigenartiger Palast in Tivoli, die villa Hadriana, in dem sich ein Tempetal und Canopus neben Lykeion, Akademie und einem Prytaneion befanden —, entsprach der Einstellung, in der das damalige Griechentum seiner selbst sich vergewisserte. Das mutet vom Standpunkt unseres Historismus sehr modern an, zumal wenn man die Aufgeschlossenheit Hadrians gegenüber der erfahrbaren Welt überhaupt bedenkt (er hat beispielsweise zu den in der Antike nicht eben häufigen Menschen gehört, die auf hohe Berge stiegen, um von dort die Sonne zu beobachten). Ohne Zweifel war Hadrian nicht nur ein sehr bedeutender römischer Kaiser, sondern zählt darüber hinaus zu den interessantesten Figuren der antiken Welt.

Trotzdem wird Hadrians Politik, so sehr sie auf Grund seines besonderen Charakters dazu auffordert, als Ausfluß seiner individuellen Erscheinung genommen zu werden, von einem durchsichtigen politischen Zweck beherrscht. Obschon Hadrian eine Politik des Friedens und der Ruhe vertrat, nach Rom und Italien sich zurückzuziehen und von dort aus gelassen die Geschicke des Reiches zu leiten, war ihm verwehrt. Trajan war schon durch seine Kriege und äußeren Unternehmungen zur lebendigen Gegenwart für das Reich geworden. Wollte Hadrian sich seinem Schatten gegenüber durchsetzen, durfte er ihm in der unmittelbaren persönlichen Fühlung mit den Untertanen und vor allem mit dem römischen Heere nicht nachstehen. Hadrian ist deshalb weit über die Hälfte seiner Regierungszeit unterwegs, auf Reisen durch das Reich, gewesen. Ein guter Teil seiner Leistung hat sich in diesen Fahrten erfüllt. Wo einen anderen Kaiser nur äußere Anlässe der Politik hingeführt hätten, da erschien er, um die Wirklichkeit des Reiches auch inmitten des Friedens zu repräsentieren und den Menschen zu zeigen, daß die Möglichkeiten zu fruchtbarer Entwicklung auch innerhalb der bestehenden Grenzen gegeben waren. Allenthalben gab es Straßen, die neu zu errichten waren, fanden sich Städte, denen bei diesem oder jenem Gebrechen beizustehen war oder deren Glanz sich erhöhen ließ, bot sich Gelegenheit, neue Städte zu gründen oder bestehenden Siedlungen Stadtrecht zu verleihen, oder es harrten auf den kaiserlichen Domänen die Bauern der helfenden Hand des Kaisers, und schließlich waren da die Soldaten und das Offizierskorps, die in Trajan einen erfolgreichen Feldherrn an ihrer Spitze gesehen hatten. Ihnen bewies Hadrian immer wieder von neuem, daß er kein militärischer Laie war, sondern das Soldatenhandwerk von Grund auf verstand. Seine Inspektionen waren sorgfältig und durchgreifend, keine Kleinigkeit blieb ihm verborgen, unerbittlich hielt er auf peinliches Exerzieren, verbesserte das Reglement, machte auch selbst bei Hitze und Regen Märsche mit. Die alte römische Einsicht, daß die Zucht die Basis eines Heeres ist, hatte in ihm einen konsequenten Vertreter. Die militärische disciplina wurde förmlich zu einer Gottheit erhoben und kultisch verehrt. Er sah darauf, daß der Geist des Heeres in Ordnung war, die Offiziere ihre Achtung sich durch Tüchtigkeit und Gerechtigkeit erwarben und keine wohlfeile Liebedienerei den Respekt untergrub. Er verstand sich auf die Seele des einfachen Soldaten. Ein erstaunliches Gedächtnis hielt ihm die Namen seiner Veteranen bereit. Ihre Nöte waren ihm bekannt. Den Kindern aus den als illegitim geltenden Soldatenehen verlieh er das Erbrecht.

Hadrians persönliches Kulturbewußtsein war nur die andere Seite seiner klaren Erkenntnis, daß das Römische Reich in erster Linie von der antiken Zivilisation und ihrer Einheit getragen war. Deshalb sein durchgängiges Streben, sie auf alle mögliche Weise zu fördern und die Untertanen als ihren lebendigen Körper anzuerkennen. Er gab ihm sogar programmatischen Ausdruck: auf einer Reihe von Münzen ließ er die Landschaften des Reiches symbolisch darstellen.

Die antike Gesittung beruht von alters her auf den Städten, im Westen auf solchen des römischen, im Osten auf denen des griechischen Typs. Infolgedessen galt beiden Reichshälften seine Aufmerksamkeit und wurde das Städtewesen von ihm in seinen beiden Spielarten entwickelt. Soweit dies den Westen betraf, führte Hadrian damit die Politik des Augustus und der Flavischen Kaiser fort; im Osten befand er sich auf den Fußspuren der hellenistischen Könige. Zahlreiche Hadriansstädte (mit dem Namen Hadrianopolis) bezeugen das. Seine kulturelle Gesittung war der seiner griechischen Vorläufer nah verwandt. Mit ihnen teilte er auch die Abneigung gegen diejenigen Elemente, welche sich der Einheit der griechischen Zivilisation nicht einfügen wollten. Damit traf er, ähnlich wie einst Antiochos Epiphanes, auf den Widerstand des Judentums. Es ist kein Zufall, daß der blutigste jüdische Aufstand, welcher ganz Judäa in eine Wüste verwandelte und den Bestand der auf dem Boden Jerusalems schon vorher gegründeten römischen Kolonie Aelia Capitolina durchsetzte, in seine Regierung fiel.

Den zentralen Herrschaftsapparat vernachlässigte Hadrian darüber nicht. Ganz im Gegenteil: er trieb seine Entwicklung ein bedeutendes Stück vorwärts, mehr als je ein Kaiser seit Augustus. Die kaiserliche Verwaltung war in ihren zentralen Stellen immer noch ein Bestandteil des kaiserlichen Kabinettes. Er verlieh diesen Ressorts jetzt öffentlichen Charakter, indem er ihre Vorsteher zu kaiserlichen Ministern erhob, die im Zuge der den Rittern vorbehaltenen Ämterlaufbahn diese Posten bekleideten. Desgleichen machte er aus dem losen Kreis seiner privaten Berater, die der Kaiser wie jeder Herrscher und auch wie der römische Beamte besaß, eine feste staatliche Institution, das consilium principis, in das Senatoren und Ritter förmlich berufen wurden und wo sie nach bestimmter Geschäftsordnung tagten. Vor allem brachte er in die kaiserliche Verwaltung dadurch einen neuen Zug, daß er eine zusätzliche zivile Karriere in ihr anlegte, welche nicht, wie bis dahin, die oberen Stellen nur über den Offiziersdienst im Heere erreichen ließ. Das hing zusammen mit wichtigen Neuerungen im Justizwesen; denn die „Zivilisten", an die bei der Verwaltungsreform gedacht war, waren Juristen, und die Qualifikation, welche die militärische ersetzte, wurde die juristische. Dahinter stand das Bündnis zwischen Kaisertum und Juristenstand, das zwar in seinen Anfängen schon auf Augustus zurückging, aber doch erst von Hadrian so fest geknüpft wurde, daß die Arbeiten der römischen Rechtswissenschaft hinfort innerhalb der staatlichen Regie geleistet und ihre Ergebnisse durch die kaiserliche Regierung fortgepflanzt wurden, bis zu Justinian hin, der ohne diese Voraussetzung zu seiner Kodifikation nie gelangt wäre.

Die Energien von Hadrians Politik waren eindeutig nach innen gerichtet. Aus- und Durchgestaltung des Römischen Reiches war sein Ziel. Seine Absage an jede äußere Expansion versteht sich hieraus von selbst. Der Verzicht auf den Trajanischen Imperialismus war deshalb für ihn eine Notwendigkeit, und im großen ganzen hat ihm die Geschichte da recht gegeben, wo er Trajan sichtbar korrigierte. Die Eroberung Mesopotamiens und Armeniens war, wenn man nicht an die Vernichtung des ganzen Iraniertums denken wollte (was für ein römisches und nichtgriechisches Reich eine Absurdität bedeutet hätte), unhaltbar. Hadrian hat deshalb diese beiden Außenerwerbungen wieder fahrengelassen. Dagegen hielt er Dakien aufrecht, und da lagen die Dinge ja auch anders. Man könnte eher fragen, ob der Vorstoß Trajans an der Nordgrenze nicht eine Fortsetzung erfordert hätte — es gibt moderne Historiker, die dieser Ansicht sind —, aber Hadrian hat sich anders entschlossen und den Standpunkt der absoluten Defensive vertreten. Das hieß möglichste Verstärkung des Grenzschutzes. Er glaubte ihn dadurch zu erreichen, daß er die Garnisonen von ihren Lagern im Hinterland unmittelbar an die Militärgrenzen verschob und diese selbst mit Grenzwegen (limites) und Befestigungen ausbaute. Wie sich späterhin zeigte, hat sich dieses System nicht bewährt. Es war auf den stationären Zustand der politischen Lage, wie sie bis dahin am Rhein und an der oberen Donau geherrscht hatte, berechnet und der Abwehr der elementaren Völkerverschiebungen, die sich künftig ergeben sollten, nicht angepaßt. Aber wenn hier von einem Versäumnis gesprochen werden muß, dann trifft es weniger Hadrian als die Kaiser der vorhergehenden hundert Jahre. Hadrian hat lediglich ihre Erbschaft übernommen und den Bedürfnissen seiner Sicherungspolitik entsprechend fortgebildet.

Gegen Ende seiner Regierung fiel Hadrian in eine schwere Krankheit, die ihn auch geistig umdüstert zu haben scheint. Er überschaute jedenfalls die Dinge nicht mehr, zumal als es wegen der Nachfolge noch zu Unstimmigkeiten in seiner nächsten Umgebung kam. Hadrian glaubte, eine Fronde gegen sich stehen zu sehen und schlug blindlings zu. Als er schließlich unter qualvollen Schmerzen starb, schienen der Glanz und die Leistung seiner Regierung wie ausgelöscht zu sein. Man atmete erleichtert auf, und im Senat wurde der Wunsch laut, über ihn die damnatio memoriae zu verhängen, nicht anders als ob er einer vom Schlage Domitians gewesen wäre. Aber diese Schatten, die sich mit den Schwierigkeiten am Anfange seiner Regierung zu einer dunklen Umrahmung für seine Herrschaft verbanden, vermochten trotz einer ausgesprochen kümmerlichen Überlieferung nicht, die entscheidenden Züge seines geschichtlichen Bildes zu verwischen.

5. Antoninus Pius (138—161 n. Chr.)

Hadrians Nachfolger Antoninus Pius (Titus Aurelius Fulvus Boionius Arrius Antoninus) war nur zehn Jahre jünger als Hadrian und verdankte seine Wahl wohl vor allem dem Umstand, daß er als Onkel des jungen Mark Aurel, dessen hervorragende geistige Qualitäten Hadrian aufgefallen waren, für diesen die Nachfolge sichern sollte. Er hat dann aber länger regiert als vorauszusehen war. Politischer Ehrgeiz lag ihm fern, und die Kaiserwürde hat er zeit seines Lebens als eine Last betrachtet, welche ihn dem geruhsamen Dasein eines Privatmannes entzog. Andrerseits war er ein äußerst gewissenhafter Mensch von strenger Pflichtauffasung. So war er schon seinem Naturell nach dazu berufen, das Herrschertum im Sinne einer menschlichen Berufung aufzufassen und das monarchische Ideal des Zeitalters zu erfüllen. Er hatte das Glück, daß die äußeren Umstände keine allzu großen Anforderungen an seine politischen Fähigkeiten stellten. Innen und außen herrschte Frieden; die Regierungstradition war von seinen Vorgängern her gefestigt und alles dazu angetan, daß der Sorgfalt eines gewissenhaften Haushalters, dem Gesichtspunkt, unter welchem Antoninus seine Aufgabe betrachtete, eine erfolgreiche Regierung entsprach. Eine eigene Note hat Antoninus auf diese Weise der Politik selbstverständlich nicht verliehen. Was er unternahm, Limesbefestigungen, Alimentarstiftungen[1], Milderung des Sklavenrechtes, war alles bereits unter seinen Vorgängern angelegt. Seine eirenische Gesinnung ließ im Verhältnis zum Senat kaum die geringste Mißstimmung aufkommen. Dort herrschte uneingeschränktes Entzücken über ihn. Die geschichtliche Überlieferung hat dieses Urteil übernommen und in der modernen Zeit daraus den Satz geprägt, daß seine Regierung die glücklichsten Jahre der Kaiserzeit bezeichnet.

6. Mark Aurel (161—180 n. Chr.)

Antoninus Pius' Nachfolger Mark Aurel (Marcus Aurelius Antoninus) war seiner Art und seinem engen persönlichen Verhältnis zu Antoninus nach dazu berufen, die Linie eines friedlichen Regimentes fortzuführen. Er hatte so ziemlich die gleiche Auffassung vom kaiserlichen Beruf wie seine Vorgänger und war ja auch in der Atmosphäre dieser Kaiser von Kindesbeinen an aufgewachsen. Worin er sich von ihnen unterschied und sie übertraf, war die gründliche philosophische Schulung, über die er verfügte und die ihn befähigte, seinen politischen Standpunkt mit besonderer begrifflicher Schärfe zu umreißen und ihn im Zusammenhang des von ihm verehrten Stoizismus aufzufassen. Auch ohne seine „Selbstbekenntnisse", welche keinerlei „Fürstenspiegel" darstellen und von seiner kaiserlichen Würde fast gänzlich absehen, wüßten wir, daß er die Erhärtung des menschlichen Wertes auch für sich in der Bewährung philosophischer Einsicht und sittlicher Kraft sah und „Humanität" ihm eine Bildungsaufgabe war, welche für jedes menschliche Wesen, gleichgültig welcher Stellung, gilt, und dem Herrscher im Vergleich zum Untertanen nur einen größeren persönlichen Einsatz zumißt. Mark Aurel hat mit dieser Einsicht praktisch Ernst gemacht und sich, unbeschadet einer von Hause aus schwachen Gesundheit, die höchsten Leistungen abgefordert.

[1] Siehe unten S. 385 f.

Er stand hierbei unter dem Zwang äußerer Umstände. Von größter Loyalität gegenüber der Vergangenheit — seinem Adoptivbruder Lucius Verus (161—169) überließ er, da er anscheinend von Hadrian mit der gleichen Regierungsaussicht bedacht war, die ungeschmälerte Teilnahme an der Regierung in dem nicht unberechtigten Vertrauen, er werde sich seiner Überlegenheit fügen — wurde er durch die Gegenwart vor die schwierigsten Situationen gestellt. Statt der Friedenspalme drückte sie ihm das Schwert in die Hand. Er wußte es zu führen. Der eine Schauplatz seiner Kriegstaten war der Osten. In Armenien, Medien und Mesopotamien hatte er einen langwierigen Krieg zu führen (161—166). Dann brach im Norden ein ungeahnter Sturm los. Dazwischen suchte noch eine schlimmere Katastrophe das Römische Reich heim: durch die Truppenverschiebungen wurde die Pest eingeschleppt. Sie wuchs sich zur größten Epidemie aus, die das Altertum gesehen hat. Weite Strecken Italiens und des Westens verödeten. Die hierdurch und durch den Partherkrieg verursachte Schwächung benutzten germanische und sarmatische Völkerschaften, Markomannen, Quaden und Jazygen, unter dem Druck im Hintergrund drängender Völker, über die mittlere Donau zu gehen. Bis an die Nordostgrenze Italiens gelangten sie. Seit den Tagen des Augustus hatte kein äußerer Feind Rom so nahe gestanden. Mark Aurel wurde auch damit fertig. Er schlug den Gegner nicht nur zurück, sondern traf auch Vorkehrungen gegen eine künftige Wiederholung solchen Unfalles. Eine großartige Präventivpolitik zeichnet sich in seinen Unternehmungen ab. Mitten in ihnen stehend, ereilte ihn 180 ein plötzlicher Tod und machte seinen Planungen, welche der Nachfolger alsbald aufgab, ein Ende.

§ 25. Der Zusammenbruch des humanitären Kaisertums und der Prinzipatsverfassung (180 - 235 n. Chr.)

1. Commodus (180—192 n. Chr.). — 2. Thronwirren. — 3. Septimius Severus (193 bis 211 n. Chr.). — 4. Caracalla (211—217 n. Chr.). — 5. Elagabal (218—222 n. Chr.). — 6. Alexander Severus (222—235 n. Chr.).

1. Commodus (180—192 n. Chr.)

Das Ende Mark Aurels bedeutet einen tiefen Einschnitt der römischen Kaisergeschichte, und zwar nicht ohne Zutun des verstorbenen Kaisers. Man ist versucht, die Frage nach seiner Verantwortung zu stellen.

Mark Aurel hatte die Nachfolge sorgsam vorbereitet, und seine Wahl war auf einen Sohn aus seiner zahlreichen Kinderschar gefallen, den 161 geborenen Commodus (Lucius Aurelius Commodus Antoninus), der damit der erste im Purpur geborene römische Kronprinz wurde. Möglicherweise war dieser Umstand für seine Designation entscheidend. Seine menschliche Entwicklung wartete der Vater nicht ab. Bereits als Kind von fünf Jahren wurde seine künftige Stellung vorbereitet, und, kaum den Knabenjahren entwachsen, erhielt er 177 durch Verleihung der tribunizischen Gewalt die formelle Teilhabe an der kaiserlichen Gewalt. Zweifellos hat sich Mark Aurel hierbei von einem dynastischen Gesichtspunkte leiten lassen. Er hat freilich dabei geglaubt, daß in diesem Fall er die beste Gewähr für die Fortpflanzung seiner Regierungsauffassung biete. Die Erziehung, die Commodus genoß, war ausgezeichnet und darauf angelegt, ihn durch das geistige Klima, welches seit Hadrian am kaiserlichen Hof geherrscht hatte, zu prägen. Es war unter solchen Umständen zum mindesten eine verständliche Erwartung, daß die Früchte einer sorgsamen Pflege nicht ausbleiben würden. Der Vater hatte an sich selbst die wohltätige Wirkung eines väterlichen Einflusses erfahren (von seiten Hadrians und des Antoninus Pius). Warum sollte sie an seinem eigenen Blut sich nicht erweisen, zum mindesten eher erweisen, als wenn er irgend jemand von außen herangezogen hätte. Und obendrein, wenn leibliche Söhne vorhanden waren, dann waren sie ohne besonderen Affront gegen die Familie nun einmal schwer zu umgehen. Es ist auch nicht anzunehmen, daß bei Erfüllung der von Mark Aurel gehegten Erwartungen sich gegen seine Entscheidung erheblicher Widerstand erhoben hätte.

Aber es kam ganz anders. Der Sohn war trotz der pädagogischen Bemühungen in allem das Gegenteil des Vaters. Von dessen geistiger und moralischer Spannkraft besaß er keine Spur. Den vor einer wichtigen Wendung stehenden Krieg gegen die Markomannen brach er mit dem Regierungsantritt ab und eilte vom Feldlager nach Rom. Commodus empfand nicht die geringste Neigung, dem anspruchsvollen Ideal seiner Vorgänger nachzueifern. Zu seiner Rechtfertigung griff er zu dem einfachsten Mittel und zerriß einfach den bisher geltenden Kodex des monarchischen Ethos. Wozu in der Herrschaft die Bewährung angestrengter menschlicher Tüchtigkeit sehen, wenn sie sich auch als selbstverständlicher Besitz des kraft eigenen Wesens über den Menschen stehenden Monarchen auffassen ließ?

Das war nun aber der Standpunkt, den man vor hundert Jahren unter den verschiedensten Formeln bekämpft hatte, und da sich Commodus' Überheblichkeit wohl psychologisch auf die ihm seit Kindesbeinen vertraute Thronanwartschaft gründete, lag es nahe, das Verhängnis in jener Abweichung vom Adoptivprinzip zu sehen, die man einst schon Vespasian zum Vorwurf gemacht hatte. Nach den historischen Erfahrungen war denn auch gegen den überzeugenden Schein dieser Argumentation kaum etwas einzuwenden. Seit den Tagen des Caligula war die blutmäßige Erbfolge auf römischem Boden dazu verurteilt, die Monarchie an den Rand des Abgrundes zu führen. Mit Commodus ging es auch nicht anders. Die Exzesse Caligulas wiederholten sich in etwas verminderter Form bei ihm. Es brach nach einiger Zeit ein offener Kriegszustand zwischen ihm und dem Senat aus, der den Kaiser auf seiner abschüssigen Bahn immer weitertrieb. Da er selbst zu regelmäßiger Regierungstätigkeit unfähig war, geriet er in Abhängigkeit von üblen Palastkoterien, in denen Frauen und Freigelassene orientalischer Herkunft den Ton angaben. Eine sinnlose Verschwendung breitete sich am Hofe aus, und wie unter Nero hatte die Verfolgung von Senatoren teilweise den Zweck, auf dem Wege der Konfiskation privater Vermögen die leere Staatskasse zu füllen.

Ungeachtet aller Nichtswürdigkeit, welche die Herrschaft des Commodus charakterisiert, hat sein offenes Sultansregiment doch den Zug zu einer sachlichen Thematik. Die Absetzung des humanitären Ideals war nicht nur negativ; dahinter stand, wenn auch nur schattenhaft, der Versuch, es durch ein anderes zu ersetzen. Die frühere Monarchie hatte auf dem lebendigen Bezug zu dem geistigen Bildungsgefüge, wie es die Philosophie in reinster Form vertrat, beruht. Commodus unternahm einen Rückgriff auf das in verschiedensten Gestalten sich äußernde religiöse Empfinden seiner Zeit und spielte sozusagen die breiteren Glaubensbedürfnisse gegen die aristokratische Geistigkeit aus. Schon Caligula und Nero hatten bei ihren religiösen Metamorphosen an gewisse Masseninstinkte appelliert, aber Commodus tauchte nun in eigener Person in die religiöse Gefühlswelt unter und begnügte sich nicht, sie nur zur Erhöhung seiner monarchischen Stellung zu benutzen. In die Mysterien der Isis, zu deren Priester er sich sogar machte, und die anderer Gottheiten ließ er sich einweihen. Vor allem erklärte er sich zum Diener des babylonischen Baal, den er in der Gestalt des höchsten Jupiter (Juppiter Exsuperantissimus) in Rom heimisch machen wollte. Und auch da, wo es um seine eigene Göttlichkeit ging, ließ er sich nicht von bloßen Einfällen leiten. Der römische Hercules, den er zuerst verehrte, um dann selbst als seine Inkarnation aufzutreten und als Gladiator Kraftleistungen seiner Art zu vollbringen, zählte unter den Gestalten des alten Götterhimmels zu den populärsten und war zudem als Herrschervorbild seit langem (auch unter den Adoptivkaisern) besonders geadelt. Ferner spielte er bei den in den Provinzen stehenden Soldaten eine gewisse Rolle. Wenn also schon der Schritt zur Autokratie unternommen werden sollte, dann war diese Einkleidung nicht die absurdeste. Daß Commodus bei seinen haltlosen Trieben das Ziel des religiös fundierten Absolutismus vorschwebte, daraus machte er, je länger desto weniger, ein Hehl. Das Römische Reich sollte schließlich ein Commodusreich (orbis Commodianus anstatt orbis Romanus) werden und Rom seinen alten Namen zugunsten der Commodus-Kolonie (colonia Commodiana) verlieren. Durch nichts konnte er deutlicher zeigen, daß ihm das Römische Reich nichts anderes als eine persönliche Herrschaft, allein auf den Willen des Kaisers gestellt, sein sollte. Das war natürlich nur ein haltloser Traum, aber er zeigte mit verblüffender Eindeutigkeit das Ideal eines radikalen Bruches mit der bisherigen römischen Geschichte und ihren gestaltenden Prinzipien.

Das Regiment des Commodus konnte kein gutes Ende nehmen. Es war wie bei seinen „caesarenwahnsinnigen" Vorgängern. Zur sachlichen Unmöglichkeit seiner Politik trat eine völlige Unfähigkeit in der Methode. Sie trieb sogar seine Freunde und Anhänger in die Opposition. Als Commodus einmal wieder sich anschickte, in aller Öffentlichkeit die Würde des Kaisertums zu prostituieren und beim Neujahrsfest 193 als gemeiner Gladiator aufzutreten, führte das zu einem Zusammenstoß zwischen ihm und seiner Mätresse Marcia, dem Prätorianerpräfekten Laetus und dem Oberkämmerer Eclectus. Um ihrem eigenen Tod zuvorzukommen, ermordeten diese drei den Kaiser heimlich. Die Öffentlichkeit atmete auf und verfluchte sein Andenken. Der Weg zur aufgeklärten Monarchie zurück war offen.

2. Thronwirren

So konnte es wenigstens scheinen. Daß es anders kam, nimmt der Herrschaft des Commodus den Charakter einer Episode und macht sie zu einem historischen Einschnitt. Zuerst sah es zwar so aus, als sollte sich die Regierung Nervas wiederholen. Commodus' Nachfolger wurde ein älterer Senator Pertinax, einer von den früheren Freunden Mark Aurels, ganz nach dem Sinn des Senates, aber auch nicht unbeliebt beim Volk, das ihm gern zujubelte, nachdem auch ihm die Exzesse des Commodus zu viel geworden waren. Unter diesem Eindruck stimmten auch die Prätorianer zu. Doch der günstige Wind hielt nicht an. Pertinax unterlag nach zwei Monaten einer Revolte der Prätorianer, die ihn Herrschaft und Leben kostete. Er hatte nicht das Glück Nervas, der dieser Gefahr entgangen war, sondern unterlag dem Schicksal Galbas.

Was nun folgte, war nun auch in seinem äußeren Verlauf dem Vierkaiserjahr von 68/69 n. Chr. sehr ähnlich: Nachdem Pertinax' Ende eine legitime Fortsetzung des Kaisertums unmöglich gemacht hatte, wurde das Römische Reich in einen Bürgerkrieg gestürzt. Nur war er dieses Mal nicht in ein paar Monaten vorbei, sondern dauerte vier Jahre; auch waren die eigentlichen Kampfhandlungen nicht wie damals auf den engeren Bereich Italiens beschränkt, sondern durchfurchten tief den gesamten römischen Reichsboden im Osten wie im Westen; als sich die Fluten gelegt hatten, wurde das Steuer des Reiches nicht von einem konservativen Mann wie Vespasian in der Hand gehalten, sondern es stand an der Spitze Septimius Severus, der mit festem Schritt den Weg in das dunkle, von schwersten Erschütterungen durchbebte dritte Jahrhundert einschlug.

3. Septimius Severus (193—211 n. Chr.)

Die Beseitigung von Pertinax durch die Prätorianer war um so verhängnisvoller, als sie keinen eigenen Kandidaten für den Thron zu präsentieren hatten. Das führte zu dem schmählichen Schauspiel, daß sie die Kaiserwürde an denjenigen förmlich verschacherten, der ihnen die meisten Bestechungsgelder bot. Ein gewisser Julianus machte hierbei das Rennen. Nachher konnte er sein Versprechen nicht einhalten. Er war aber auch sonst ein völliger Versager, und es war kein Wunder, daß er nicht nur in Rom die Stimmung gegen sich hatte, sondern auch die Provinzialheere gegen ihn aufstanden. An der Donau wurde Septimius Severus ausgerufen, im Osten Pescennius Niger und etwas später in Britannien Clodius Albinus. Sieger von ihnen wurde Septimius Severus. Kraft seiner Schnelligkeit und Gewandtheit gelang es ihm, jeden Gegner einzeln zu schlagen. Die Unternehmungen, welche ihm die Herrschaft verschafften, zeugen von besonderen Fähigkeiten. Er war eine kraftvolle, zähe Natur, dazu verschlagen und brutal. Zunächst kam er den beiden anderen Provinzialheerführern durch seinen raschen Marsch auf Rom zuvor. Julianus war dort kein Gegner. Er stellte sich nicht einmal zum Kampf. Kein Wunder, daß auch seine Prätorianer nicht recht hinter ihm standen. So wurde er beseitigt, und die Hauptstadt fiel, ohne daß ein Blutstropfen vergossen wurde, in die Hände des Severus. Aber die Auseinandersetzung mit Niger wurde ein erbitterter Krieg, welcher ganz Kleinasien und Syrien in Mitleidenschaft zog. Es standen nicht nur Soldaten gegen Soldaten. Auch die verschiedenen Städte hatten jeweils für eine Seite Partei ergriffen und bekämpften sich untereinander. Wer in die Gewalt des Feindes geriet, mußte es furchtbar büßen. Die Soldateska beider Kaiser stand einander im Rauben und Morden nicht nach. Manche Städte wie Antiochia und Byzanz mußten die Niederlage Nigers mit ihrer physischen und kommunalen Vernichtung bezahlen. Der Kampf war so hartnäckig und schonungslos, daß etwa Byzanz sich noch wehrte, als Niger bereits tot war († 194 n. Chr.).

Während seines Feldzuges im Osten hatte sich Septimius Severus im Westen den Rücken durch eine Verständigung mit Albinus freigehalten. Albinus wurde als Mitkaiser (mit dem Titel Caesar) an der Herrschaft beteiligt und zur Unterbauung dieser staatsrechtlichen Maßnahme von Severus adoptiert. Der Waffengang kam später. Die Schuld daran scheint nicht einmal eindeutig bei Severus zu liegen. Etwa auf halbem Wege, bei Lyon, wurde die Entscheidungsschlacht geschlagen. Sie hätte beinahe das

Ende des Severus bedeutet. Nur das Eingreifen eines Unterfeldherrn brachte Rettung und Sieg. Albinus kam um (197), wie drei Jahre vorher Niger. Lyon wurde gebrandschatzt und geplündert. Severus war Alleinherrscher.

Der politische Kurs, den Severus verfolgte, war nicht ganz freiwillig, und vieles, was wie ein persönliches Programm aussieht, wurde ihm durch die Umstände aufgedrängt. Als Severus den Fuß auf den Kaiserthron setzte, tat er dies als Rächer von Pertinax und bekannte sich damit zu einem Kaisertum, welches in Übereinstimmung mit der Aristokratie war. Es besteht kein Grund, an der Ehrlichkeit seiner Absichten zu zweifeln. Auch gegenüber den senatorischen Anhängern des Niger, ebenso gegenüber dessen Familie trat er schonend und mit Maß auf. Aber ein echtes Einvernehmen kam nicht zustande. In weiten Kreisen des Senates mochte man ihn nicht und hätte lieber an seiner Stelle Albinus gesehen, der einer vornehmeren Familie als Severus entstammte. Das wurde Albinus zu verstehen gegeben und trug gewiß zum Bruch der beiden Kaiser bei. Severus sah in seinem Kampfe gegen Albinus zugleich das Scheitern seiner Bemühungen um den Senat und betrachtete seitdem das Tischtuch zwischen sich und ihm als zerschnitten. Er führte nach seiner Rückkehr aus Gallien peinliche Untersuchungen gegen eine stattliche Reihe von Senatoren durch, von denen mehrere mit Todesurteil und Vermögenskonfiskation endeten.

Die Hierarchie der kaiserlichen Beamten war im Verlauf der zwei vergangenen Jahrhunderte immer mehr ausgebaut worden, und das Heer war schon immer die wichtigste Bürgschaft der kaiserlichen Herrschaft gewesen. Neu war indessen, daß Severus diese Sachlage offen gegen die aristokratischen Ansprüche ausspielte. „Haltet euch an die Soldaten, d. h. seht zu, daß es denen gut geht, dann braucht ihr euch um die anderen nicht zu scheren!" war ungefähr sein Wahlspruch, den er seinen Söhnen mit auf den Weg gab. So kam er dazu, bestimmten Wünschen, die nicht erst jetzt zum Gesprächsstoff der Kasernen gehörten, stattzugeben. Der Befehl für die Soldaten, während ihrer Dienstjahre von ihren Frauen getrennt zu leben, wurde aufgehoben; sie durften mit ihnen in die Lagerstädte (canabae) zusammenziehen. Sie begehrten weiterhin, daß ihnen von den unteren Dienstgraden Avancementsmöglichkeiten zu den oberen militärischen Rängen und damit auch den zivilen Ämtern eingeräumt würden. Severus eröffnete ihnen den Zugang, indem er ihnen großzügig die hierfür nötige Ritterqualifikation verlieh. Parallel dazu gab er den Rittern auch den Weg frei zu Beamtenstellen, die Angehörigen des Senatorenstandes vorbehalten waren, indem er sie „stellvertretend" in die betreffenden Posten einrücken ließ, und vermehrte durch weiteren Ausbau der „ritterlichen" Ämter die Unterbringungsmöglichkeit für Leute nichtsenatorischen Standes.

In diesem Zusammenhang wurden auch wichtige sachliche Neuerungen getroffen. Vor allem wurde die Finanzverwaltung des Reiches in zentralen kaiserlichen Ressorts (patrimonium und res privata) übersichtlich zusammengefaßt. Zweifellos war Severus ein Mann von großer konstruktiver Begabung. Sein Vorbild wurde richtungweisend in der schwierigen Krise der folgenden Zeit. Nachdem einmal der Bruch mit dem Senat vollzogen war, war Severus vorurteilslos genug, aus dieser Tatsache die Folgerungen zu ziehen und sich nicht durch Rücksichten auf alte, lieb gewordene Gewohnheiten behindern zu lassen, die im Grunde längst die Berechtigung verloren hatten. Dazu gehört, daß er keinen Anstand nahm, in Italien, unweit von Rom (auf dem mons

Albanus), eine reguläre Legion zu stationieren. Im Grunde beseitigte er damit nur einen alten Zopf; denn kaiserliches Militär hatte in Gestalt der Prätorianer schon immer in Italien gelegen. Es war zweckmäßig, daß die Größe einer solchen dem Kaiser jederzeit zur Verfügung stehenden Truppe erhöht wurde. Nach den Erfahrungen, die man mit den Prätorianern gemacht hatte, war es ebenso angebracht, diese Vermehrung nicht durch Erweiterung der Prätorianer zu erzielen, sondern überhaupt die kaiserliche Mobilarmee auf zwei verschiedene Korps, die sich gegenseitig in Schach halten konnten, zu verteilen. Die Prätorianer selbst wurden von Severus nach Entlassung der alten Mannschaft, welche sich durch die Erhebung des Julianus kompromittiert hatte, neu gebildet. Auch das war eine Selbstverständlichkeit.

Neu war nur die Folge, die sich daraus ergab. Nach Ausweis der Sachlage konnten jetzt die Prätorianer sich nur aus den bewährten Soldaten, die Severus bei seinem Zug nach Italien gefolgt waren, rekrutieren. Das war aber nicht mehr die Elite, welche bisher die Prätorianer darstellten, und kraft derer sie die Pflanzstätte für das untere Offizierskorps des übrigen römischen Heeres bildeten.

Septimius Severus nahm auf den Senat keine Rücksicht mehr und verfolgte unabhängig von ihm seinen Weg. Seine Stellung war so stark, daß er ihr durch kein Gewaltmittel fürderhin Geltung verschaffen mußte, sondern ungehindert die Konsequenzen aus der Situation, in der er sich befand, ziehen konnte. Severus war keine Sultansnatur, dem es besonders um das Auskosten der Macht zu tun gewesen wäre. Im Gegenteil, er hatte ein lebhaftes Empfinden für ihre Begrenztheit und war sich wohl bewußt, daß seine Position auf Usurpation beruhte, mehr denn je, nachdem ihm der Rückhalt des Senates entfallen war. Er suchte deshalb eine andere Legitimation, und sie war keineswegs revolutionär. Was ihm die Autorität des Senates nicht gab, sollte ihm die Familie des früheren Kaiserhauses der Antonine gewähren. Deshalb fingierte er — anders ließ sich das nicht bewerkstelligen — eine nahe Verwandtschaft mit ihr, indem er sich Bruder des Commodus, Sohn Mark Aurels, Enkel des Antoninus Pius, Urenkel Hadrians (usw. bis Nerva) nannte und sich damit an die glanzvolle Reihe der römischen Kaiser des zweiten Jahrhunderts anschloß. Seinem älteren Sohn (dem späteren Kaiser Caracalla) legte er geradezu den Namen Mark Aurels bei (Marcus Aurelius Antoninus Caesar). Die Verknüpfung mit Kaisern wie Mark Aurel und Antoninus Pius konnte auch in den Augen der Aristokratie nicht verfänglich sein, aber er selbst sah in ihr mehr als ein Bekenntnis zur Vergangenheit. Was er damit zum Ausdruck bringen wollte, war vor allem die Kontinuität der Familienbande, die sich in ihm fortsetzte, und da das letzte Verbindungsglied in dieser Kette Commodus war, ließ sich für Severus dessen Verurteilung nicht aufrechterhalten. Er ließ ihn deshalb nicht nur konsekrieren, sondern stellte offiziell sein Andenken wieder her, etwa durch Erneuerung seines Namens, wo er auf Inschriften ausradiert war oder gar durch die amtliche Feier seines Geburtstages. Das war dynastisch gedacht und die offene Bejahung eines Grundsatzes, der von seiten des Senates ideologisch immer bekämpft worden war. Er hatte aber Anhänger bei den einfachen Leuten und vor allem im Heere. Als die Prätorianer sich gegen Pertinax gestellt hatten, hatten sie sich auf ihn berufen und auch Julian darauf verpflichtet. Severus' Absicht war nun, durch die Anerkennung der vergangenen Dynastie zugleich seine eigene zu rechtfertigen. Da er zu den wenigen römischen Kaisern mit männlichen Nachkommen gehörte, waren die äußeren Voraussetzungen für einen solchen Plan gegeben. In seinen Söhnen sollte sich seine Familie als Inhaberin der Kaiserwürde und zugleich als die Dynastie der Antonine fortsetzen.

Septimius Severus war persönlich kein primitiver Haudegen, sondern ein gebildeter Mann, der auch selbst zur Feder griff. Es ist sogar zweifelhaft, ob er ein hervorragender Feldherr war und nicht vielmehr mit Geschick fremde Talente zu benutzen verstand. Über die Hälfte seiner Regierungszeit stand neben ihm als einflußreicher Helfer sein Jugendfreund Plautian. Er war so mächtig, daß sein Sturz eine schwere Regierungskrise auslöste (205 n. Chr.). Von großer Bedeutung wurde neben Plautian für Severus seine (zweite) Frau Julia Domna (= Martha), eine vornehme Frau aus Syrien, Angehörige des Priestergeschlechtes von Emesa, die er, dort in Garnison liegend, vor seiner Thronbesteigung kennengelernt hatte. Sie war geistig sehr interessiert und verkehrte mit griechischen Gelehrten wie dem Arzt Galen und dem Philosophiehistoriker Diogenes Laertius. Am Hofe herrschte kein Kasernenton. Den Söhnen wurde die beste Erziehung zuteil, und als der Vater den Eindruck hatte, das Leben in Rom sei ihrer Entwicklung nicht günstig, wurden sie auf dem Lande aufgezogen. In den obersten Ämtern der kaiserlichen Bürokratie wirkten die berühmtesten Rechtsgelehrten, die glänzenden Vertreter der sog. klassischen Jurisprudenz (Ulpian, Papinian). Das waren Männer von durchaus humaner Denkungsart und auch einem starken Gefühl für die soziale Not des kleinen Mannes. Wenn man diese Kreise der juristischen Beamten betrachtet, hatte sich gegenüber der Zeit der Antonine nichts geändert, es sei denn, daß ihr verstärktes Gewicht in der Rechtspflege des Reiches die überall sichtbare Verlagerung der staatlichen Funktionen von den Resten des alten Freistaates nach dem kaiserlichen Regierungsapparat hin kundtat. Julia Domna war auch politisch sehr interessiert und legte Wert darauf, „Kaiserin" (Augusta) zu heißen und staatliche Ehrenprädikate (wie mater castrorum u. a.) zu tragen. Sie unterstrich damit den dynastischen Zug der Politik ihres Mannes. Nicht nur er, sondern die ganze Familie sollte die Mitte des Staates bilden. Deshalb galt das ganze kaiserliche Haus für göttlich (domus divina). Es war ferner auch klar, daß man sich in der majestätischen Verbrämung der kaiserlichen Herrschaft keine besondere Zurückhaltung auferlegte. Aber Severus tat auch darin nicht mehr, als was ungefähr dem durchschnittlichen Empfinden seiner Zeitgenossen entsprach. Das Militär war von jeher für die Betonung der göttlichen Erhabenheit des Kaisers und seiner Familie sehr empfänglich gewesen. Soweit Severus persönlichen Glaubensbedürfnissen folgte, war er vor allem durch den astrologischen Glauben an die kosmische Ordnung des Weltalls, wie sie sich in den Planetenkreisen ausdrückt, bestimmt. Hierin teilte er ein weitverbreitetes und echtes religiöses Empfinden. Wenn er daneben syrische und punische Kulte förderte, so wurde er hierbei in erster Linie von Pietätsgefühlen geleitet. Seine Frau und damit zahlreiche Angehörige des Hofes waren aus Syrien; er selbst entstammte dem ehemals karthagischen Afrika (Leptis Magna) und bewahrte seiner Heimat, wie zahlreiche Denkmäler beweisen, eine treue Anhänglichkeit. Auf monumentale Repräsentation hatte er es überhaupt abgesehen, verständlicherweise vor allem in der Hauptstadt Rom. Die Reste des gewaltigen Kaiserpalastes auf dem Palatin setzen noch heute den Beschauer in Erstaunen, und noch die Renaissance hat das Septizonium gekannt, einen eigenartigen Monumentalbau, welcher den astrologischen Neigungen des Kaisers seine Entstehung verdankt hatte.

Die bedeutende Persönlichkeit des Severus und seine erfolgreiche Regierung waren dazu berufen, dem während der vergangenen zwei Jahrhunderte hart umkämpften dynastischen Prinzip zum Siege zu verhelfen. Es hatte beim Heer einen starken Anhang, und die Opposition der Senatskreise hätte sich, wenn es sich durch ein bis zwei Generationen bewährt und dem Römischen Reich die nötige Stabilität gebracht hätte, wohl allmählich mit ihm abgefunden. Aber diese unerläßliche Voraussetzung war nicht gegeben. Die Nachkommen des Severus verbrauchten alsbald den politischen Kredit, welchen er dem neuen Regierungskurs verschafft hatte. Es ist aber bezeichnend, daß er trotz stärkster Belastung über einen zweimaligen Regierungswechsel hinweg durchgehalten werden konnte. Das Verdienst davon kommt der Frau des Severus, Julia Domna, und den weiblichen Mitgliedern ihrer Familie zu. Sie haben es tatsächlich fertiggebracht, etwa für eine Generation die Stöße, welche der Dynastie in einem fort durch die Unbrauchbarkeit der regierenden Kaiser versetzt wurden, immer wieder aufzufangen und zu verhindern, daß bereits nach dem Tod des Severus das Kaisertum zu dem Spielball disparater Kräfte wurde, den es während des folgenden halben Jahrhunderts mit geringen Unterbrechungen abgeben sollte. Die Erfahrungen dieser Zeit brachten die eindeutige Lehre, daß es nicht mehr möglich war, auf den Ruhepunkt eines auf die Autorität des Senates gegründeten Kaisertums zurückzufinden.

4. Caracalla (211—217 n. Chr.)

Severus hatte die Thronfolge in der üblichen Weise geregelt, daß er die in Aussicht genommenen Nachfolger, seine beiden Söhne Caracalla[1] und Geta, noch zu Lebzeiten zu Mitherrschern machte, so daß sie ohne Schwierigkeiten nach seinem Tode ihrem Vater in der Regierung zu folgen vermochten. Gedacht war an eine Samtherrschaft wie sie die Regierung von Mark Aurel und Verus gewesen war. Aber Caracalla, der ältere Bruder, dem die eigentliche Führung zukam, war nicht Mark Aurel, sondern ein roher, hemmungsloser und moralisch minderwertiger Mensch, der schon vor der Thronbesteigung stark verbrecherische Neigungen verriet. Die sorgfältige Erziehung, die ihm zuteil geworden war, hatte nichts gefruchtet. So kamen denn auch die Schwierigkeiten nicht von außen, sondern ergaben sich aus der Natur des neuen Kaisers. Caracalla war seit den Kinderjahren mit seinem Bruder verfeindet. Die Katastrophe konnte bei seiner Veranlagung nicht ausbleiben. Schon gleich nach dem Antritt der Regierung brachte er zahlreiche Leute um, darunter den berühmten Rechtsgelehrten und hohen Beamten (Gardepräfekten) Papinian und seine eigene frühere Frau nebst deren Bruder. In gleicher Weise wurde Geta sein Opfer. Die Mutter Julia Domna hatte bis dahin durch ihre ständige Vermittlung immer noch das Schlimmste verhüten können. Jetzt wurde der jüngere Sohn in ihren Armen, in die er sich geflüchtet hatte, ermordet. Eine blutige Verfolgung aller Anhänger und Freunde Getas schloß sich an. Zwanzigtausend Personen, vornehm und niedrig, Männer, Frauen und Kinder, sollen getötet worden sein. Ein Schreckensregiment begann, wie es Rom während der Kaiserzeit trotz mancher trüben Erfahrung noch nicht gesehen hatte. Eine Untat gebar die andere. In Alexandrien, wo von jeher eine Animosität gegen Sultansnaturen auf

[1] Dies die in der Geschichte üblich gewordene Bezeichnung durch Verwendung des Spitznamens, der von seinem bevorzugten Anzug, dem gallischen Kapuzenumhang, genommen ist. Offiziell hieß er nach Mark Aurel: Marcus Aurelius Antoninus.

dem Kaiserthron bestand, richtete Caracalla ein furchtbares Blutbad unter der Einwohnerschaft an.

Zu sachlichen Leistungen war Caracalla sowenig wie Caligula, Nero und Commodus fähig. Wie dieser letztere hatte er eine erfolgreiche außenpolitische Unternehmung des Vaters, inmitten derer diesen der Tod ereilt hatte (in Britannien), abgebrochen. In Rom ergab er sich dann einem ähnlich wüsten Kraftmeiertum wie Commodus. Mit den Soldaten wurde er leicht gemein. Darin war Methode; denn er brauchte natürlich ihren Rückhalt ganz besonders und hat ihre Disziplin durch üppige Geschenke korrumpiert. Aber er verzichtete nicht auf kriegerische Lorbeeren. Ein Feldzug in Germanien brachte ihm sogar einen gewissen Erfolg (213). Sein eigentliches Ziel war jedoch der Osten. In seiner kindischen Phantasie träumte er davon, ein wiedererstandener Alexander und zur Gewinnung seines iranischen Reiches berufen zu sein. Da kein eigentlicher Anlaß zum Eingreifen bestand, brach er den Krieg vom Zaune. Zwischendurch versuchte er, ihn sich zu ersparen durch Vermählung mit der parthischen Königstochter, welche ihm die Anwartschaft auf den parthischen Thron in die Ehe bringen sollte. Natürlich fand dieser Wunsch keine Gegenliebe auf der anderen Seite. Bevor der Krieg richtig begonnen hatte, kam das Ende. Caracalla wurde während des Feldzuges in Mesopotamien ermordet. Aus den Reihen der Soldaten, welche die Stütze seiner Herrschaft waren, traf ihn der Dolch. Unter der Leitung des Prätorianerpräfekten Macrinus, der sein Leben durch den Kaiser bedroht sah, hatte sich eine weitverzweigte Verschwörung gebildet, welche Angehörige der verschiedensten Chargen umfaßte.

Nachfolger wurde dieser Macrinus. Das Heer rief ihn, nachdem ein anderer abgelehnt hatte, zum Kaiser aus; auch der Senat erkannte ihn an, obgleich er nicht dem Senatoren-, sondern dem Ritterstand angehörte. Auf beiden Seiten war man aber froh, Caracalla los zu sein, und dankte dem Urheber von dessen Sturz das Verdienst. Doch wurde bezeichnenderweise über Caracalla nicht die damnatio memoriae verhängt und damit sein Schreckensregiment als rechtsgültig anerkannt. Es gab zuviel Leute, welche an der Legitimität seiner Herrschaft auch nach seinem Tode interessiert waren, und selbst Macrinus stellte sich darauf ein und gab seinem Sohn (Diadumenianus) den Namen Caracallas, Antoninus, ein Versuch, wenigstens nominell die dynastische Kontinuität, welche im allgemeinen Bewußtsein, zumal bei den Soldaten, etwas galt, aufrechtzuerhalten. Ihm selbst war es freilich nicht beschieden, aus der dynastischen Anhänglichkeit Gewinn zu ziehen. Er fiel derjenigen Seite zu, welche sich auf wirkliche Blutsverwandtschaft berufen konnte, der Sippe Caracallas, oder genauer, der seiner Mutter Julia Domna. Sie selbst war zwar inzwischen verstorben, aber die nicht minder ehrgeizige Schwester Julia Maesa nahm die Interessen der Familie wahr und unterhöhlte die Stellung des Macrinus, der an sich ein recht tüchtiger Mann, aber bei den Soldaten nicht eigentlich beliebt war. So gelang es Maesa tatsächlich, in ihrer Heimatstadt Emesa (Syrien) ihren Enkel, einen Jüngling von vierzehn Jahren, durch die dort liegende Legion zum Kaiser ausrufen zu lassen. Um seine an sich nur entfernte und dazu nur durch die Mutter vermittelte Verwandtschaft mit Caracalla zu erhöhen, besaß diese Soaemias, Maesas Tochter, die Schamlosigkeit, ihn als die Frucht einer außerehelichen Verbindung mit Caracalla auszugeben. Der ursprünglich begrenzte Herd der Empörung breitete sich aus. Die Soldaten ließen sich bestechen.

Macrinus war in seiner politischen und militärischen Taktik nicht eben glücklich. So entschieden die Waffen gegen ihn. Auf der Flucht fand er seinen Untergang.

5. Elagabal (218—222 n. Chr.)

Der neue Kaiser, dessen offizieller Kaisername der Caracallas war, Marcus Aurelius Antoninus, war indessen eine unmögliche Erscheinung. Nach dem Gotte, dessen Priester er in Emesa gewesen war, nannte er sich Elagabal. Die Politik lag ihm gänzlich fern; von den Aufgaben eines römischen Kaisers hatte er erst recht keine Ahnung. Er wollte in seiner neuen Stellung lediglich das weiter betreiben, was er bis dahin getan hatte. So erlebte die Welt die Groteske, daß der römische Kaiser in Rom mit einem Fetisch einzog und seine Kaiserwürde in der Durchführung seines exotischen Priesteramtes mit all seiner orientalischen Fremdartigkeit bewährte. Soweit regiert wurde, machte das die Großmutter. Sie beugte auch der unabwendbaren Katastrophe vor, indem sie Elagabal zwang, für einen Nachfolger zu sorgen, in der Person seines Vetters (des Sohnes der Julia Mamaea, der Schwester von Elagabals Mutter), den er adoptieren mußte.

6. Alexander Severus (222—235 n. Chr.)

Als Elagabal durch die Prätorianer beseitigt wurde, übernahm dieser Vetter als Marcus Aurelius Severus Alexander die Regierung, welche für den unbedeutenden, aber wenigstens harmlosen jungen Menschen praktisch von der Mutter geführt wurde. Mamaea gelang es, gestützt auf die Anhänglichkeit, welche man der Familie des Severus trotz aller schlechten Erfahrung noch entgegenbrachte, zwölf Jahre lang für einigermaßen erträgliche Verhältnisse zu sorgen. Selbst die Beziehungen zum Senat schienen sich entspannt zu haben. Erst als militärische Anforderungen gestellt wurden, reichte ihre weibliche Kraft nicht mehr aus. Aus ihrem Sohn war inzwischen noch immer kein Mann geworden. Mutter und Sohn wurden mit den Soldaten nicht fertig. Schon 229 hatten sie es hinnehmen müssen, daß einer der obersten Reichsbeamten, der Jurist Ulpian, von der Garde erschlagen wurde. 235 waren sie selbst an der Reihe, als angesichts schwieriger kriegerischer Operationen am Rhein das Heer das Vertrauen in die Führung verloren hatte. —

Damit hörte das römische Kaisertum für fünfzig Jahre auf, die sichere Ordnung der Staatsgewalt zu gewährleisten. Es war infolgedessen auch nicht mehr fähig, seine eigene Ausbildung fortzusetzen. Das Thema, dessen Durchführung seine bisherige Entwicklung gesteuert hatte, das Widerspiel von autokratischer Maßlosigkeit und innerer Bindung, von Senatsfreundschaft und Senatsfeindschaft, von Freiheit und Herrschaft, ging mit dem Kaisertum als einem selbständigen Kraftzentrum in der Anarchie unter. Nicht als ob es unter den folgenden Kaisern an Persönlichkeiten von Gewicht gefehlt hätte. Sie standen an Tatkraft und persönlicher Tüchtigkeit im Gegenteil vielerseits hoch über dem Durchschnitt früherer Kaiser. Unter der wechselnden Konstellation kam es auch zeitweise zu einem Kaisertum, das eine Wiederholung der früheren Harmonie von Kaiser und senatorischer Klasse zu versuchen schien. Umgekehrt wurde energisch daran gearbeitet, das Kaisertum auf andere Grundlagen zu stellen. Aber vorderhand waren das nur Anläufe, in einem brodelnden Chaos festen Boden unter die Füße zu bekommen. Ihr geschichtliches Verständnis ist durch Einordnung in einen anderen Zusammenhang zu gewinnen.

VIII.

Die politische, soziale und geistige Verfassung des römischen Kaiserreiches in den ersten zwei Jahrhunderten

§ 26. Die äußere Lage des römischen Kaiserreiches

1. Die politischen Voraussetzungen des Römischen Reiches. — 2. Stationärer Charakter der Außenpolitik. — 3. Europa. — 4. Asien.

1. Die politischen Voraussetzungen des Römischen Reiches

Das römische Kaiserreich war die Frucht einer jahrhundertelangen Entwicklung und kein Geschöpf individueller Initiative. Seine Existenz beruhte mehr auf seinem eigenen Beharrungsvermögen als auf der Anstrengung seiner Regierung. Der Widerstand, der sich der Ausbreitung der römischen Herrschaft entgegenstellte, war im wesentlichen bereits während des dritten und zweiten vorchristlichen Jahrhunderts gebrochen worden. Inzwischen hatte sich die Welt nicht nur daran gewöhnt, die Herrschaft Roms als unvermeidlich hinzunehmen, sondern bejahte diesen Zustand auch als gültige Wirklichkeit. Die Römer bedurften zur Behauptung ihres Imperiums nach innen, sofern man von ganz wenigen und besonders gelagerten Fällen absieht, keiner Energien. Aufstände der wichtigsten Provinzen waren so gut wie unbekannt. Der bezeichnendste Zug der ersten beiden Jahrhunderte der römischen Kaiserzeit ist der Friede. Die Menschen wußten auch darum, daß sie durch etwas anderes geeint waren als durch politische Gewalt. Das Römische Reich war in ihren Augen die Organisation einer zivilisatorischen Einheit, schlechthin der Welt oder, wie man sagte, der „bewohnten Erde" (der sog. Oikuméne), des Erdkreises (orbis terrarum) oder prägnanter des römischen Erdkreises (orbis Romanus). Man wußte ferner, daß man dieser Organisation den Frieden verdankte und nahm ihn willig entgegen als den „römischen Frieden" (pax Romana).

Wenn man heute von der „Größe Roms" in bezug auf das Römische Reich spricht, hat man ihre Ursache vor allem in dieser selbstverständlichen Kohärenz des Reiches zu suchen. Wie die Geschichte lehrt, war sie nur zum Teil ein Verdienst der römischen Politik. In dem gleichen Maße konnten sich die Römer Entwicklungstendenzen zunutze machen, die außerhalb ihres ursprünglichen Bereiches lagen. Das war einmal die geringe politische Widerstandsfähigkeit des griechischen Ostens und die bereits vor dem römischen Regime vollzogene Anpassung seiner Stadtgemeinden an die Fremdherrschaft. Zum anderen schloß der kulturelle Abstand der westlichen Landschaften Europas von Italien jegliche politische Rivalität mit Rom aus. Die Völker des westlichen Römischen Reiches waren nicht einmal genug durchgebildet, um ihre eigene Art zu wahren und ließen sich von Rom willig romanisieren. Das Römische Reich hat infolgedessen nie mit einem nationalen Ressentiment kämpfen müssen, geschweige daß es in ihm ein Nationalitätenproblem gegeben hätte. Von daher kommende zentrifugale Tendenzen blieben ihm unbekannt, und es war deshalb von jeglicher Belastung dieser Art frei.

2. Stationärer Charakter der Außenpolitik

Infolgedessen ist die Geschichte der römischen Kaiserzeit während der ersten zwei Jahrhunderte n. Chr. ausgesprochen stationär. Wenn das historische Interesse gern durch dramatische Effekte gefesselt wird, dann kommt es hier sehr wenig auf seine Kosten. Selbst die römische Außenpolitik oder, vielleicht besser, gerade die römische Außenpolitik entbehrt im großen ganzen jeglicher Spannung. Die größte Leistung liegt am Anfang der römischen Kaiserzeit in der Arrondierung des Reiches durch Augustus. Alles, was später in dieser Richtung erfolgt ist, kann sich an Bedeutung damit nicht messen. Augustus hat überhaupt der römischen Kaiserzeit die Richtung gewiesen; aber in keiner Frage ist er so sehr durchgedrungen wie mit seinem Rat, das Römische Reich als saturiert zu betrachten und seine Grenzen in den drei großen Strömen, dem Rhein, der Donau und dem Euphrat, fest vorgezeichnet zu sehen. Diese berühmte Formel des Augustus war Ausfluß einer Resignation; und wenn die römische Politik sich an sie gehalten hat, dann steht sie infolgedessen auch im Zeichen eines mehr oder weniger bewußten Verzichtes.

Das soll nicht heißen, ein gesundes Empfinden hätte die Politik der römischen Kaiser zu einer schrankenlosen Expansion treiben müssen. Ganz im Gegenteil. Worum es sich für Augustus auch während seiner „imperialistischen" Phase gehandelt hatte, nämlich die Abrundung des Reiches und sein Schutz durch geographisch günstige Grenzen, das bestand als sachliches Erfordernis nach wie vor. Es ist auch von den Nachfolgern des Augustus anerkannt und bis zu einem gewissen Grade befolgt worden, aber eben doch nur in einem begrenzten Umfang und ohne Kontinuität. In diesem Zusammenhang traf es sich schlecht, daß das erste Jahrhundert, welches die Kräfte des Reiches noch am frischesten sah, durch innerpolitische Krisen gelähmt war. Die ausgewogenen innerpolitischen Verhältnisse des zweiten dagegen hätten eine außenpolitische Initiative ermöglicht, aber der Gesundheitszustand des Reiches ertrug sie nun nicht mehr, und infolgedessen führte sie auch zu keinem runden Erfolg. Die Erweiterungen, die das Römische Reich während der Kaiserzeit erfahren hat, sind nicht zuletzt unter diesem Blickpunkt zu betrachten. Sie lassen sich dann in der Umkehrung verstehen als die Geschichte alles dessen, was nicht erfolgt ist und wogegen sich das Erreichte beinahe wie eine Ausnahme darstellt.

3. Europa

Am wichtigsten für die ganze künftige Geschichte blieb der Verzicht auf die Elbgrenze. Er wurde durch Tiberius, den Mann, der dazu berufen gewesen wäre, die von Augustus verlassene Linie fortzusetzen, ausdrücklich anerkannt. Die kriegerischen Operationen seines Neffen Germanicus jenseits des Rheines ließ er mit voller Absicht nicht in ein Eroberungsprogramm einmünden und brach sie, als sie der Demonstration der römischen Macht genügt, aber zu keinem eigentlich effektiven Erfolg geführt hatten, nach zwei Jahren ab.

Unter den flavischen Kaisern, d. h. unter Vespasian und Domitian, wurde ein dürftiger Ersatz geschaffen, indem Rhein und Donau zu einem festen Grenzsystem verbunden wurden. Die beiden Ströme stießen ja nicht aneinander und ließen die Grenze in einen spitzen Winkel verlaufen, der sie unverhältnismäßig in die Länge zog. Das Land innerhalb dieses Winkels (mit dem Scheitelpunkt Basel), also das heutige Baden-Württemberg, war zudem, eingekeilt von zwei Seiten durch römisches Gebiet, mit der Zeit schon von selbst zu einem Anhängsel des Reichsbodens geworden. Begünstigt worden war dieser Vorgang durch Entleerung des Gebietes von seinen germanischen Einwohnern (sie waren zum Teil den Markomannen nach Böhmen gefolgt), so daß es keltischen Reichsbewohnern ein bequemes Siedlungsland bot. Vespasian hat sich deshalb nicht zuletzt wohl auch von der Absicht leiten lassen, den Schutz des Reiches auf ein Stück Erde auszudehnen, das seiner sozialen Struktur nach zum Reich gehörte. Domitian entwickelte diese Anfänge weiter. Was im Süden sich von selbst ergeben hatte, bewirkte er nördlich, im unteren Maintal und in der Wetterau, durch kriegerische Anstrengungen, indem er die dort sitzenden Chatten, von allen germanischen Nachbarn mit die unverträglichsten, unterwarf und damit die Voraussetzung für den römisch-germanischen Limes schuf. Dieser bekannte Grenzwall gewann seine endgültige Gestalt als Palisadenzaun mit Graben zwar erst unter Antoninus Pius und verlief auch erst seitdem in der uns heute geläufigen Linie. Vorher war er ein offenes Grenzstraßensystem, das sich mehr an die natürlichen Gegebenheiten anlehnte und die Flußläufe, etwa den Neckar und den oberen Lauf der Donau, ausnutzte; erst dann wurde er zu der bekannten „chinesischen Mauer“, welche etwas östlich vom Neckar und nördlich von der oberen Donau (bis etwa Regensburg) sich ohne Rücksicht auf Beschaffenheit des Bodens als starre Befestigung durch das Land zog und weniger den Zweck hatte, die Grenze militärisch zu schützen, als den Transitverkehr zu überwachen. In dem sog. Dekumatland (agri decumates) — der Name ist noch nicht befriedigend erklärt, hat aber bestimmt nicht die Bedeutung von „Zehntland“ — entwickelte sich eine echte römische Provinzialkultur.

Selbst die Eroberung Britanniens verliert ihre Auffälligkeit, wenn man sie von dem für Rom maßgebenden Gesichtspunkt her versteht. Die Brücke über den Kanal bildete das Keltentum diesseits und jenseits der Meerenge. Schon Caesar hatte sich, mit Rücksicht auf die Unterwerfung Galliens, veranlaßt gesehen, nach der Insel überzusetzen. Seitdem stand das Vorhaben auf dem Programm der römischen Außenpolitik, denn die Beziehungen von Gallien nach Britannien hinüber waren sehr eng. Caligula wollte sich daraus einen Siegeskranz flechten; aber daraus wurde bei ihm nur eine Farce. Für den Nachfolger Claudius war es deshalb Ehrensache, den längst fälligen Schritt auszuführen. Ein Teil der britannischen Stämme war schon früher in nähere Berührung mit dem Römischen Reich getreten und bot der römischen Invasion eine bequeme Stütze. Unter Domitian wurde von dem durch Tacitus berühmt gewordenen Agricola das römische Gebiet erweitert; unter Hadrian erreichte es die Südgrenze Schottlands; und Antoninus Pius schob es noch ein Stück weiter nach Norden vor. Beide Grenzwälle (limites) zeigen noch heute die von den Römern erreichten Linien an.

Mit der Wende vom ersten zum zweiten Jahrhundert trat die Donau in den Brennpunkt der römischen Aufmerksamkeit. Die Garnisonen am Rhein wurden zugunsten von denen an der Donau verringert. Auch hier war Domitian der Schrittmacher. Den

Anlaß gab die Macht des dakischen Königs Decebalus. Er wurde zu einer Gefahr für den Frieden der Donaugrenze. Domitian hatte sich mit ihm wegen der Bedrohung durch andere benachbarte Stämme einigen müssen. Aber Trajan räumte mit den Dakern auf und machte ihr Gebiet, etwa das heutige Siebenbürgen mit der Kleinen Walachei, zur Provinz. Damit war eine wichtige Veränderung der römischen Reichsgrenze erreicht, indem sie jetzt das ungarische Tiefland von Westen und Osten umschloß und es danach nur eine Frage der Zeit sein konnte, daß der mit der Theißebene sich in das römische Reichsgebiet einsenkende Keil durch eine Grenzbegradigung beseitigt wurde. Aber dazu ist es nicht mehr gekommen. Mark Aurel, dem die Donaugrenze durch die Angriffe der Markomannen, Quaden und Jazygen, einer Ankündigung der kommenden germanischen Invasionen, viel zu schaffen machte, stand dicht davor, als er starb. Sein Sohn Commodus ließ den Plan fahren. Das Thema, die untere Donau durch eine neue Grenze zu ersetzen, ist also nicht bis zum Ende durchgeführt worden. Trotzdem bedeutet die Einrichtung der Provinz Dacia die wichtigste territoriale Erweiterung des Römischen Reiches während der Kaiserzeit.

4. Asien

Im Osten dagegen sind keinerlei grundlegende Veränderungen erreicht und auch zumeist gar nicht angestrebt worden. Letzteres mit gutem Recht; denn in einem Reich, dessen Zentrum im Westen lag, konnte der Radius nach Osten nicht allzuweit geschlagen werden. Auf diese Weise blieb den Parthern ihre Selbständigkeit erhalten. Das brauchte für Rom nicht gefährlich zu sein und ist es im Grunde auch nie gewesen. Wohl aber ergab sich daraus eine dauernde Reibungsfläche, und die parthisch-römischen Beziehungen sind infolgedessen ein ständiges Auf und Ab zu Gunsten oder Ungunsten des einen oder des anderen der beiden Nachbarn. Entzündet haben sich die Konflikte meistens an der Frage, in wessen Machtbereich Armenien fallen sollte. Armenien enthielt, von Osten aus gesehen, die Zugänge sowohl zum kleinasiatischen Teil des Römischen Reiches wie die zu dem parthischen Mesopotamien und bedeutete, je nachdem in wessen Händen es sich befand, für die eine oder andere Seite eine Bedrohung. Die einzige Lösung dieser Verlegenheit, nämlich Neutralität, d. h. aus eigener Kraft aufrechterhaltene Unabhängigkeit des armenischen Staates, wurde durch die Labilität der dortigen politischen Verhältnisse ausgeschlossen. Die Folge war ein fortwährendes Tauziehen zwischen Rom und den Parthern um den beherrschenden Einfluß auf Armenien. Nach der geschichtlichen Tradition dieses Landes war es eigentlich dazu bestimmt, eine Sekundogenitur des parthischen Königshauses zu sein; aber eben diese Regelung hätte Armenien zu einem parthischen Vasallenstaat gemacht, und deshalb rief sie den verständlichen Widerstand Roms hervor. Rom setzte dagegen eine Politik, die auf Einsetzung ihm genehmer und mit der parthischen Königsfamilie verfeindeter Thronkandidaten zielte. Unter Nero, der ursprünglich weitergehende Pläne gehabt hatte, wurde ein Kompromiß gefunden, der immerhin für eine Generation Bestand hatte. Rom erkannte den parthischen Thronbewerber Tiridates an (nachdem es den eigenen zurückgezogen hatte) und bedang sich dafür aus, daß er die römische Oberhoheit anerkannte, indem er das Diadem aus der Hand des römischen Kaisers entgegennahm[1].

Eine radikale Bereinigung des Problems erstrebte dann Trajan. Er hob die Eigenstaatlichkeit Armeniens auf und machte es zur Provinz. Den Bruch mit den Parthern

[1] Siehe oben S. 333 f.

nahm er nicht nur in Kauf, sondern zog aus ihm gleich die Konsequenz, einem parthischen Gegenschlag zuvorzukommen. Armenien mußte gegen das parthische Mesopotamien geschützt und deshalb Mesopotamien auch annektiert werden. Damit verloren die Parther ihr wertvollstes Untertanengebiet, und ihr Schicksal konnte danach nur sein, zum Vasallen Roms herabzusinken.

Dem entsprach auch die Absicht Trajans. Er kam damit der Verwirklichung eines alten römischen Traumes nahe; denn wenn auch die Realität ihre Auskunft eindeutig in der Richtung der Koexistenz der beiden Staaten gab und schließlich die Wahrheit dieses Erfordernisses durch die Ereignisse erwiesen wurde, so spiegelte sich die römische Sehnsucht doch immer wieder eine endgültige Demütigung des Gegners vor und beflügelte damit die Phantasie der größten militärischen Talente. Diese glaubten mit einer solchen Idee unmittelbar in den Spuren Alexanders des Großen zu gehen, dessen Gestalt für militärisch expansive Machtmenschen in der Antike ein erregendes Vorbild war. Der große Caesar muß schon so gedacht haben, und Trajan, das größte militärische Talent auf dem römischen Kaiserthron, war ähnlich gesonnen. Aber diese Politik war unhaltbar, und Trajan bekam das an ihren militärischen Rückschlägen selbst zu spüren. Sein mitten in dieser Operation erfolgter Tod gab dem Nachfolger Hadrian Gelegenheit, das ganze Unternehmen, also vor allem auch seine Voraussetzung, die Provinz Armenien, wieder aufzugeben, allem Anschein nach im Einklang mit der öffentlichen Meinung. Allerdings blieb das Übergewicht Roms gewahrt — in Armenien standen römische Garnisonen —; und so fiel es nicht schwer, die Offensive Trajans zu wiederholen, als dieses Verhältnis von den Parthern nicht mehr anerkannt wurde. Unter Mark Aurel und Septimius Severus wurden kräftige Gegenstöße gegen das Partherreich geführt. An die Annexion von ganz Mesopotamien dachte man nicht mehr, aber der nördliche Teil mit wichtigen Plätzen wie Nisibis und Dura-Europos wurde römische Provinz.

Obgleich das Römische Reich universal war und der politische Körper der gesamten Kulturwelt im Prinzip kein ebenbürtiges Gegenüber kannte, war die Tatsache seiner geographischen Begrenzung nicht zu bestreiten. Gerade die römisch-parthischen Beziehungen waren geeignet, die Römer hieran zu erinnern; denn Parthien war nicht nur ein Kulturstaat mit einer eigenen (iranischen) Zivilisation, sondern beherrschte in Mesopotamien einen Kulturboden, der uralte babylonische Traditionen mit solchen des Hellenismus vereinigte. Und die Parther waren vor allem beinahe Monopolinhaber des auch für das Römische Reich wichtigen Fernhandels nach Indien und China.

Dieser Handel wickelte sich in der Hauptsache zu Lande ab, obgleich es auch einen Seeverkehr durch den Persischen Golf gab und seit der Entdeckung der Monsun- und Passatwinde für die Schiffahrt (im ersten Jahrhundert v. Chr. durch das ptolemäische Ägypten) die Verbindung von Afrika nach Indien nicht unbekannt war. Wenn die Römer daran dachten, den parthischen Zwischenhandel auszuschalten, so konnten sie es einmal mit Hilfe der maritimen Verbindung bewerkstelligen. In der Tat bestand ein lebhafter römischer Handelsverkehr, der direkt über Aden nach Indien ging, ohne Vermittlung eines fremden Zwischenhandels. Eine Möglichkeit, auf dem Lande den großen parthischen Karawanenstraßen Konkurrenz zu machen, ergab sich durch eine Verbindung über Südrußland, vorbei am Nordrand des Kaspischen Meeres, nach Ostturkestan, wo die Chinesen seit dem ersten Jahrhundert feste Stationen unterhielten.

Das zum Römischen Reich zu rechnende Bosporanische Königtum auf der Halbinsel Krim mit seinen griechischen Städten bot hierfür einen günstigen Ansatz. Trotzdem wurde die zentrale Bedeutung des parthischen Durchgangsverkehrs nach Indien und China nicht beseitigt. Auf der römischen Seite war das syrische Palmyra, eine selbständige Karawanenstadt, der Ausgangspunkt für diesen Handel. Palmyra wurde dadurch eine reiche Stadt und gewann im dritten Jahrhundert sogar für die politische Geschichte zeitweise eine besondere Bedeutung. Eine Eroberung von Mesopotamien und Schwächung Parthiens hätte Rom Möglichkeiten geboten, mit China, dem Lieferanten der im Römischen Reich viel und gern verwandten Seide, in direkte Verbindung zu treten. Als Mark Aurel die Parther gedemütigt hatte, schickte er eine Gesandtschaft dorthin; aber daraus wurde kein Auftakt zu einem unmittelbaren Handel.

Das römische Kaiserreich entbehrte einer wirklichen Dynamik nach außen. Es besaß eine solche aber auch nicht in seiner inneren Herrschaftsorganisation. Die Veränderungen, welche im Verlauf der ersten zwei Jahrhunderte an der Verwaltungseinteilung vorgenommen wurden, sind geringfügig und halten sich im wesentlichen innerhalb des von Anfang an vorgesehenen Rahmens.

Die römische Form der Beherrschung der Untertanen kannte von jeher zwei Möglichkeiten: ihre direkte Unterstellung unter einen Provinzialstatthalter und ihre Anlehnung an die römische Macht in der Gestalt von Vasallenkönigtümern. Augustus hatte diesen Grundsatz ausdrücklich in sein großes Reorganisationswerk mit aufgenommen. Die Stellung solcher Fürstentümer war, entsprechend dem Entwicklungsstand dieser Abhängigkeit, jederzeit widerruflich und überführbar in einen Provinzialsprengel. Dem Fortschritt der Zeit entsprach es nun, daß die nachfolgenden Kaiser derartige Einebnungen von Klientelfürstentümern immer wieder vornahmen. So sind z. B. von Tiberius Kappadokien (18 n. Chr.) und von Claudius Thrakien (46 n. Chr.) als Provinzen organisiert worden. Auch die Einrichtung einer Provinz Arabia (zwischen Syrien und dem Roten Meer) auf der Grundlage des alten Nabatäerreiches (106 n. Chr.) gehört hierher. Derartige Modifikationen haben weder die Struktur noch den Umfang des Römischen Reiches betroffen. Die wirklichen Veränderungen, die es während der Kaiserzeit der ersten beiden Jahrhunderte durchgemacht hat, vollzogen sich beinahe unsichtbar, sind aber im Grunde auch nichts anderes als die Ausbildung einer von Anfang an vorhandenen Anlage.

§ 27. Die politische Verfassung des römischen Kaiserreiches

1. Rom und Italien. — 2. Italien und das Reich. — 3. Stufen der Reichsuntertänigkeit. — 4. Kontinuität der Reichsverwaltung. — 5. Kaisertum und Senat. — 6. Das römische Kaisertum. — 7. Der kaiserliche Verwaltungsapparat. — 8. Die Neuerungen Hadrians.

1. Rom und Italien

Das Römische Reich war von Hause aus als Imperium Romanum die Herrschaft der Römer über Nichtrömer, und es ist dies dem Begriffe nach auch während der Kaiserzeit geblieben. Nur hatte sich der Begriff „Römer" schon des längeren sehr gewichtige Modifikationen gefallen lassen müssen, und deshalb sind die durch das Kaisertum heraufgeführten Verhältnisse eigentlich auch nichts anderes als eine Fortsetzung von Veränderungen, welche in diesem Bereich sich von jeher im Vollzug befanden.

Bereits in der früheren Republik war der Begriff „Römer" über den genauen Wortsinn insofern hinausgewachsen, als er nicht mehr zusammenfiel mit den Bewohnern der Stadt Rom. Seitdem es römische Kolonien und römische Munizipien gab, schloß dieser Begriff praktisch eine Fiktion ein; denn wenn die betreffenden außerhalb Roms ansässigen Römer auch noch Bürger der Stadt Rom waren, so waren sie dies tatsächlich nur dann, wenn sie in Rom von ihrem Bürgerrecht Gebrauch machten. Sofern sie darauf verzichteten — und dies traf, je länger desto mehr, für die meisten zu —, waren sie römische Bürger im Grunde nur der Möglichkeit nach, d. h. in dem Ausnahmefall, daß sie sich nach Rom zur Wahrnehmung ihres Bürgerrechtes begaben. Der römische Staat hat so wenig wie sonst eine antike Stadtgemeinde Mittel und Wege gekannt, über größere räumliche Entfernungen hinweg seinem Bürgerrecht die ungeschmälerte Wirksamkeit zu erhalten. Die modernen Großstaaten erreichen dies bekanntlich über das Repräsentativsystem, d. h. durch die Delegierung des politischen Willens vom Urwähler auf Abgeordnete, und in der Antike ist da, wo es — während des Hellenismus — zur Ausbildung eines echten Föderalismus kam, etwas Ähnliches auch erreicht worden. Aber Rom hat niemals einen echten Föderalismus gekannt; und als ganz Italien in Rom eingemeindet war (nach dem Bundesgenossenkrieg), entfielen mit der Bildung des Einheitsstaates erst recht alle Voraussetzungen hierfür. Mit dem Abschluß des Bundesgenossenkrieges ist man eigentlich berechtigt, den tatsächlichen Verhältnissen entsprechend, eine Unterscheidung zu treffen zwischen römischen Aktivbürgern, d. h. Bürgern in der Stadt Rom, und römischen Passivbürgern d. h. allen den Bürgern, welche, außerhalb Roms wohnend, nicht imstande waren, in Rom ihr Stimmrecht zur Geltung zu bringen.

Trotz der „Eingemeindung" Italiens in Rom und der Ausdehnung des römischen Bürgerrechts auf die ganze Apenninenhalbinsel gelangte Italien niemals in die Stellung eines wirklichen Souveräns des Römischen Reiches. Die tatsächliche Lage ist anders zu formulieren: Italien galt als Herrenland, weil es keine Provinzialverfassung kannte und diese Form der Unterordnung unter einen fremden Willen also nicht auf italischen Boden ausgedehnt war.

Damit mochte es wohl auch seine Richtigkeit haben, vorausgesetzt, daß man das Phänomen nicht lediglich nach seiner institutionellen Seite betrachtete. Auf sie kam nämlich nicht allzuviel an. Ob die Obrigkeit durch die beiden Konsuln in Rom oder einen Prokonsul repräsentiert wurde, jenes in Italien, dies in einer Senatsprovinz, was gab dies schließlich für die wirkliche Situation aus? Ein Sinn war dahinter erst zu entdecken, wenn man die Geschichte in diese Ordnung hineindachte und in ihr den Ausdruck der historischen Tatsache sah, daß die Einwohner Italiens einst die Provinzen unterworfen hatten. Es war also nicht viel mehr als das Symbol für eine Wahrheit, die der Vergangenheit angehörte, und ließ durchaus dahingestellt, wie viel davon noch als Gegenwart gelten konnte.

Dies war nun weniger als man erwarten sollte. Schon in der Republik war Italien als eigener politischer Begriff niemals richtig konzipiert worden und entbehrte deshalb schon damals eines eigenen Verfassungsprinzipes. Die politische Einheit lag von jeher in der Stadt Rom, und als Italien in ihr aufging, nahm es lediglich an ihr teil, entwickelte jedoch keine über die bloße Verwaltung hinausgehende Eigenständigkeit. Italien wurde für das wachsende Rom natürlicherweise der zunächst zur Verfügung stehende Raum seiner volksmäßigen Ausdehnung. Aber ebenso war Italien (von dem kleinen Latium abgesehen) ursprünglich Ausland und Fremde und unterschied sich hierin nicht wesentlich von jedem anderen, auch außeritalischen Ausland.

Man hat sich dies bewußt zu machen, wenn man bemerkt, daß es nicht nur in Italien römische Bürger gab. Ihre Existenz war von Anfang an, dem Grundsatz nach, niemals an Italien gebunden gewesen. Warum sollte sie es auch? Und in Wirklichkeit entstanden schon verhältnismäßig früh, bereits im zweiten vorchristlichen Jahrhundert, römische Bürgergemeinden außerhalb Italiens, in den Provinzen, ganz zu schweigen davon, daß selbstverständlich römische Bürger irgendwo in der Welt und damit im außeritalischen Raum des Römischen Reiches ihren Wohnsitz haben konnten und in großer Zahl auch hatten. Nur die besonderen innerpolitischen Verhältnisse der späten römischen Republik hatten es dahin gebracht, daß römische Kolonien außerhalb Italiens ungern angelegt wurden und die Frage, ob dies geschehen sollte oder nicht, zu einem Politikum erhoben worden war. Als das römische Kaisertum mit dieser veralteten und der Sache nach längst verbrauchten Problematik aufgeräumt hatte, entfielen die Hemmungen und wurden die Grenzen Italiens, von der Ausbreitung des römischen Bürgerrechts her gesehen, je länger desto mehr zur Fiktion. Italien war gewiß dasjenige Land des Römischen Reichs, wo die meisten römischen Bürger saßen, aber das ergab mehr einen statistischen als strukturellen Unterschied und mußte obendrein mit der (progressiven) Vermehrung der römischen Bürger in den Provinzen, vor allem den westlichen, an Bedeutung verlieren.

Nein, wenn man die Stellung Italiens als „Herrenland" präzis verstehen und in ihr einen echten politischen Gehalt ausgedrückt sehen wollte, war von einer solchen nur in bezug auf die in Rom konzentrierten Souveränitätsrechte der römischen Bevölkerung zu sprechen. Gerade sie zeigten aber längst die Aufspaltung des Bürgerbegriffs in ein effektives und nominelles Bürgerrecht und seine damit verbundene Entleerung. Das Kaisertum hat nun nicht das geringste getan, um diesem Prozeß Einhalt oder Umkehr zu gebieten. Sein Beitrag war ein ganz anderer. Das Kaisertum, und zwar schon das ganz frühe, ließ diese Entwicklung zu Ende gehen und sorgte dafür, daß in Zukunft auch nicht mehr von dem Restbestand des effektiven Bürgerrechts gesprochen werden konnte, sondern es nur noch ein nominelles gab.

Die breite Masse der in Rom sitzenden Bürger ist nämlich, seitdem sie, schon unter Augustus, auf ihr uneingeschränktes Wahl- und Abstimmungsrecht verzichten mußte — es lag von nun an in der Hauptsache beim Senat (die genauen Modalitäten sind reine Verfassungsgeschichte und gehören nicht hierher) —, faktisch den übrigen römischen Bürgern gleichgestellt und damit von der politischen Willensbildung ausgeschlossen worden. Das Kaisertum hat sich zwar zu diesem Schritt nicht deshalb entschlossen, um diese Egalisierung herbeizuführen, sondern in der von seinem Standpunkt aus verständlichen Absicht, Abstimmungskämpfe fortab zu beseitigen, da sie sich mit der Monarchie nicht mehr vertrugen. Die Konsequenz davon war aber, daß das Gros der römischen Bürger auch in Rom von nun an mehr untertan als souverän war und es damit eine für die Mehrzahl der römischen Bürger längst gültige Eigenschaft jetzt teilte. Die Souveränität des römischen Volkes war schon in der späteren Republik mehr Schein als Wirklichkeit gewesen. Das Kaisertum sorgte dafür, daß sich beides einander anpaßte und man selbst im römischen Bürger zuvörderst den Untertanen zu erblicken hatte.

2. Italien und das Reich

Italien war nicht mehr die Herrscherin der Welt; aber es war ein privilegiertes Untertanenland, und diese Privilegien waren, je länger desto mehr, Versteinerungen einer längst vergangenen historischen Situation. Italien zahlte keine direkten Steuern, war nicht wie die Provinzen tributpflichtig; es galt als außerhalb der militärischen Befehlsgewalt des Kaisers stehend. Die Prätorianer freilich standen doch auf italischem Boden, denn der Kaiser lebte ja in Rom und benötigte dort seine Leibgarde; und schließlich mußte die fünfprozentige Erbschaftssteuer, welche speziell von römischen Bürgern erhoben wurde, vor allem in Italien eingezogen werden, weil da die meisten römischen Bürger saßen. Die „Freiheit" Italiens war im Grunde nicht mehr als eine Kulisse, die mit Bedacht vom Prinzipat in den Vordergrund geschoben wurde und die Verewigung solcher Fossilien miteinschloß wie die Fütterung des römischen Pöbels auf Staatskosten, der immer noch wie in der Republik seine regelmäßige Getreidezuteilung ohne jedes Entgelt als reiner Schmarotzer entgegennahm und damit den ehemaligen Souverän des Weltreiches markierte. Das Kaisertum hat diesen billigen Traum nicht gestört und sich gehütet, eine weit über hunderttausend Menschen zählende Masse zu reizen. Und als dann die weniger verfänglichen Attrappen mit der Zeit abgebaut wurden, der Kaiser schon im zweiten Jahrhundert die italischen Städte durch kaiserliche Kommissare (curatores) kontrollieren ließ oder für besondere Rechtssachen Gerichtsbevollmächtigte (legati iuridici) einsetzte und um die Wende vom zweiten zum dritten Jahrhundert Septimius Severus auch die Fiktion beseitigte, daß der Kaiser in Italien nicht der Höchstkommandierende sei, indem er die militärische Uniform auch in Italien trug und reguläre Legionen auf italischem Boden stationierte, da hatte sich in Wirklichkeit nicht viel und gar nichts Entscheidendes geändert.

3. Stufen der Reichsuntertänigkeit

Das römische Kaisertum hat jedoch innerhalb der römischen Reichsuntertänigkeit fürs erste die alten Abstufungen und Formen, wie sie sich aus der bisherigen Geschichte ergaben, bewahrt. Die für das Römische Reich wichtigste Bevölkerungsklasse waren Städter, und das bedeutendste soziale Gebilde war deshalb die Stadt. So war es immer gewesen. Die historische Entwicklung hatte dazu geführt, daß der Kreis der Städte immer größer wurde, und das Kaiserreich hat diese Tendenzen weiter fortgeführt. Von jeher gab es der Rechtsstellung nach verschiedene Stadtkategorien; aber erst in der Kaiserzeit, in der die echte Gemeindesouveränität selbst für Rom geschwunden war, läßt sich ein geschlossenes System der römischen Reichs- und Untertanenstädte aufstellen und damit unter diesem Gesichtspunkt eine Differenzierung der Reichsuntertänigkeit treffen.

Auf der obersten Stufe standen in diesem Zusammenhang die italischen Städte, insofern als die Erinnerung an ihre frühere Position, welche sich in der Freiheit vom Provinzialregime niederschlug, ein Privileg bedeutete. Die römische Rechtspraxis hatte zudem dem italischen Boden die besondere Qualität verliehen, daß nur er die Voraussetzung für den vollen und uneingeschränkten Gebrauch des sog. ius civile (d. h. des Gebrauches bestimmter Rechtsformen) enthielt. Wollte man danach eine in der Provinz liegende römische Stadtgemeinde besonders auszeichnen, wurde ihr dieses Recht besonders gegeben und sie durch das sog. ius Italicum privilegiert.

Weiterhin fühlte sich eine solche römische Stadtgemeinde sehr geehrt, wenn ihr der Titel einer Kolonie (colonia) verliehen wurde (sog. Titularkolonie), wahrscheinlich deswegen, weil damit die Führung des kaiserlichen Namens verbunden war. Kolonie war nämlich der echten und auch in der Kaiserzeit noch nicht erloschenen Bedeutung nach eine Neugründung. In der Kaiserzeit nahm nur der Kaiser solche vor und brachte das dann bei der Namengebung zum Ausdruck. Danach konnte man also colonia Augusta, colonia Julia, colonia Claudia, colonia Flavia, colonia Ulpia usw. heißen.

Neben den römischen Vollbürgergemeinden standen als niedrigere Kategorie der Bürgerschaft die sog. latinischen Gemeinden. Bei ihnen lag der geschichtliche Funktionswandel offen zutage. Latinische Gemeinden waren früher Bundesgemeinden gewesen, meistens Kolonien, und standen damit im Zusammenhang der italischen Föderation. Aber nachdem es diese nicht mehr gab, wurden sie zu einer römischen Stadtkategorie. Ihre Bewohner besaßen nicht das römische, sondern das latinische Bürgerrecht, in dem neuen Zusammenhang ein zurückgesetztes römisches Bürgerrecht, welches sich nur in bestimmten Fällen zum vollen erweiterte, entweder wenn der betr. latinische Gemeindeangehörige munizipaler Magistrat wurde (sog. Latium minus) oder wenn er zu der umfangreicheren Gruppe des lokalen Rates gehörte (sog. Latium maius[1]).

Die dritte große Klasse waren die sog. peregrinen Gemeinden, d. h. alle Siedlungen mit Stadtrecht, welche ein eigenes, nichtrömisches Bürgerrecht besaßen. Sie wurden unverändert aus der republikanischen Tradition übernommen, und auch ihre alte Unterscheidung in civitas stipendiaria, civitas libera, civitas libera et foederata wurde beibehalten. Die peregrinen Stadtgemeinden waren in der Hauptsache griechische Städte.

Mit der Differenzierung des Städtewesens wahrte das Kaiserreich ein überkommenes Erbe, aber es gab einer alten Tradition auch einen neuen Sinn. Die Städteordnung der Republik war das Ergebnis der Unterwerfung gewesen. In ihr spiegelten sich die verschiedenen Formen der An- und Eingliederung wider. In der Kaiserzeit kam es auf die wohltätigen Spannungen an, welche sich aus einem kommunalen Niveaugefälle ergeben; es sollte damit der Ehrgeiz und das Streben der Reichsangehörigen in eine bestimmte Richtung gelenkt, d. h. ein Anreiz gegeben werden, innerhalb dieser Stufenleiter vorwärtszukommen, und die daraus gewonnene Lebendigkeit dem Ganzen zugeführt werden. Der wichtigste soziale Vorgang in der westlichen Reichshälfte, seine Romanisierung, ist dadurch nicht unwesentlich gefördert worden.

Für den Gesamtzustand des Reiches wurde es deshalb bedeutsam, daß mit der allgemeinen Verteilung des römischen Bürgerrechtes durch Caracalla 212 n. Chr. (constitutio Antoniniana) dieser Politik der Boden entzogen wurde und damit an die Stelle des differenzierten Systems die Schablone eines hinsichtlich des Bürgerrechts einförmigen Untertanenverbandes trat. Nicht zufällig bezeichnet diese Zeit den Übergang in eine andere Epoche und den Beginn einer Krise, welche den ersten zwei Jahr-

[1] Siehe oben S. 167 f.

hunderten der Kaiserzeit den definitiven Abschied erteilte. Die berühmte Verordnung ist freilich mehr als Symptom dafür zu nehmen, daß man der bisherigen Regelung nicht mehr bedurfte und diese ihre Lebenskraft und Notwendigkeit eingebüßt hatte, als daß man darin einen wirksamen Faktor erblicken müßte, der von sich aus die Dinge in eine neue Bahn gelenkt hätte.

4. Kontinuität der Reichsverwaltung

Das römische Kaiserreich, das eine Revolution beendete, wollte selbst keinen revolutionären Umsturz herbeiführen und war überhaupt darauf bedacht, der Beharrung des Alten mehr Chancen zu geben als dem Neuen. Das Römische Reich hat sich unter den Kaisern in seinem Verwaltungs- und Regierungsaufbau, betrachtet mit den Augen des römischen Untertanen, nicht so sehr verändert, wie man das von einer Neuschöpfung erwarten könnte. Der Untertan empfand es als wohltätig, daß die Auswüchse des republikanichen Provinzialregimes wegfielen, aber er fuhr fort, in der Hauptsache von der gleichen adligen Schicht regiert zu werden, die zuvor die Sache Roms in den Provinzen vertreten hatte. Augustus hatte seinen Nachfolgern sogar die Marschroute gegeben, einen beträchtlichen Teil der Provinzen wie bisher durch den Senat verwalten zu lassen. Aber diese für die Untertanen eigentlich unwesentliche und mehr als arcanum der römischen Innenpolitik in Betracht kommende Einrichtung war für sie weniger belangvoll als die Tatsache, daß jede reguläre Provinz, ob sie kaiserlich oder Senatsprovinz war, durch einen Angehörigen des Senatorenstandes regiert wurde und daß hier wie dort sich eine alte Standestradition mit dem persönlichen Regime des Kaisers vereinigte.

Das kaiserliche Regime war für das Empfinden des Provinzialen aus verschiedenen Gründen eigentlich nur mit Einschränkung eine Neuerung zu nennen. Einmal repräsentierte sich für die Untertanen die Macht Roms von jeher in bestimmten Männern. Die Provinzialpatronage der römischen Aristokratie, durch welche die einzelnen Provinzen zu bestimmten Familien und Männern in Rom während der Republik ein Schutz- und Nahverhältnis gewonnen hatten, war beinahe so alt wie die Einrichtung von Provinzen. Sodann waren die Provinzen im griechischen Osten seit dreihundert Jahren an die Monarchie gewöhnt und hatten infolgedessen auch schon die römischen Gouverneure mehr als deren Nachfolger als für republikanische Beamte genommen. Das Kaiserreich als Form einer persönlichen Herrschaft war den griechischen Reichsuntertanen deshalb wie auf den Leib geschnitten. Sie bedurften zu seinem Verständnis keiner besonderen Umstellung. Als es ihnen nun auch noch stabile Verhältnisse brachte, war es beinahe notwendig, daß sie ihre Reichszugehörigkeit innerlich anerkannten und als Reflex der kaiserlichen Macht auffaßten. Der „römische Friede" war für sie zugleich der Friede des Kaisers (pax Augusta), und als Heiland (Sotēr) brachte er nicht weniger als seine Vorläufer, die hellenistischen Könige, den Menschen Glück und Segen. Der allenthalben in den Provinzen eingerichtete Kaiserkult, d. h. die Verehrung des Kaisers als Gott, war gewiß kein Zeichen freiströmender Religiosität, sondern die Anwendung einer nun schon sehr traditionellen Formensprache und verbürgte nicht viel mehr als politische Loyalität; aber das tat er denn auch ganz, und es gab für das Römische Reich keine angemessenere Integration des Reichsbewußtseins als die Erscheinung seines Herrschers im Raum der religiösen Verehrung.

Diese längst vorhandenen Ansätze, welche die römische Republik nur nicht hatte zur rechten Entfaltung kommen lassen können, wurden selbstverständlich von den römischen Kaisern entwickelt. In den Provinzen traten die Gemeinden zusammen, um gemeinsam den Kaiserkult zu pflegen; sie bildeten offizielle Vereinigungen (sog. koiná, lat. concilia) und konnten sich, sofern sie im Osten lagen, auf ähnliche Vorläufer in ihrer griechischen Vergangenheit besinnen. Die Kaiser übertrugen die Einrichtung in den lateinischen Westen. Das Kaiserreich kannte keine Repräsentativverfassung im modernen Sinn, und die römischen Untertanen waren erst recht nicht in der Lage, sich eine „Freiheit" zu erkämpfen, die der römische Staat selbst eben eingebüßt hatte. Politische Rechte und Aufgaben waren deshalb in dieser Einrichtung nicht lokalisiert; aber wenigstens war ein Organ geschaffen, das neben seinen durch die religiösen Zwecke festgelegten Aufgaben auch imstande war, Meinungs- und Willensäußerungen allgemeiner Art von sich zu geben, sich etwa mit Petitionen an den Kaiser zu wenden und somit einen bescheidenen Ersatz für den fehlenden provinzialen Selbstverwaltungskörper zu bilden.

5. Kaisertum und Senat

Das Römische Reich als Untertanenverband konnte für das Kaisertum kein Verfassungsproblem sein. Die einzige Stelle, wo sich ein solches hätte zum Wort melden können, wären die Beziehungen des Kaisers zum römischen Senat gewesen; denn auf dieser Ebene hat ja nun tatsächlich eine neue Machtverteilung und eine Verdrängung des früheren Souveräns stattgefunden. Aber derjenige, der etwa nun eine dauernde Auseinandersetzung um das Quantum des bestimmenden Einflusses auf die Politik zwischen der Monarchie und dem Senat erwartet, sieht sich getäuscht und erblickt da, wo er verfassungstechnische Grenzen ziehen möchte, ein Vakuum. Der römische Senat der Kaiserzeit hat zwar eine Menge Rechte gehabt und war nach wie vor imstande, Beschlüsse zu fassen, aber er konnte praktisch nichts ohne den Kaiser unternehmen und gegen ihn schon gar nichts. Als Augustus die Fassade des alten Freistaates wiederherstellte, trug er dafür Sorge, daß sein Organismus so tot blieb, wie er es während der revolutionären Diktaturperiode gewesen war; er ist denn auch niemals mehr zum Leben erweckt worden. Der kaiserliche Senat entbehrte nicht nur jeder äußeren Macht, sondern besaß auch keine Möglichkeit zu konkreten Willensbildungen, die er gegen den Willen des Kaisers hätte verfassungsmäßig ausspielen können. Der Senat der Kaiserzeit war mehr eine Notabelnversammlung als ein mit selbständigen Befugnissen ausgestatteter Körper. Es war zwar für den Kaiser sehr wichtig, was stimmungsmäßig dort für ein „Klima" herrschte und was für eine öffentliche Meinung in der Curie sich zu Worte meldete. Guter kaiserlicher Staatskunst entsprach es deshalb, diesen aus ungezählten Imponderabilien sich herstellenden Rapport günstig zu gestalten; aber dabei ging es stets um die moralische Macht und das moralische Ansehen, und Fragen konkreter Entscheidung und Entscheidungskompetenz blieben gänzlich aus dem Spiel.

Gegenüber dem römischen Kaisertum, das in Ermangelung einer festen Thronfolgeordnung keine selbständige Rechtsbasis besaß, war der Senat der Träger der politischen und verfassungsrechtlichen Kontinuität. Er überlebte jeden Kaiser; und obgleich er alles andere als ein äußerer Machtfaktor war und weder einen Kaiser zu stürzen vermochte noch — abgesehen von den seltenen Fällen, daß ihm die Entscheidung von den Trägern der tatsächlichen Gewalt überlassen war — einen Kaiser wählen konnte, so war er doch nicht als diejenige Instanz zu umgehen, welche einen neuen Kaiser durch ihre Approbation legitimierte oder — wenn der Kaiser im Gegensatz zu seinem Vorgänger emporgekommen war — über den gestürzten und verstorbenen (d. h. meistens getöteten) Kaiser die öffentliche Verdammung (damnatio memoriae) aussprach, welche alle seine Regierungsakte für null und nichtig erklärte. Trotzdem war der Senat kein echter Souverän, auch nicht Mitsouverän mit dem Kaiser in der Form der Zweiherrschaft (Dyarchie), wie die Theorie von Mommsen es besagt. Wenn auch die Verwaltung der sog. Senatsprovinzen durch ihn eine wichtige Konzession des Kaisers und ein Überbleibsel der alten republikanischen Praxis war, so bedeutete dieses Recht doch keine echte Machtbasis, geschweige denn, daß sie eine wirkliche Verfügung über das Römische Reich bzw. über einen Teil von ihm in sich schloß. Die Aufgaben des Senats waren weniger politischer als sozialer Natur. Der Senat war nach wie vor die glänzendste Körperschaft des Römischen Reiches; aber das war er nicht kraft seiner äußeren Macht, sondern ausschließlich deshalb, weil die höchste Gesellschaftsschicht in ihm einen repräsentativen Ausdruck fand.

6. Das römische Kaisertum

Die Mitte und das Herz des römischen Staates und des Römischen Reiches war von Augustus an unbestritten das Kaisertum. Alle Krisen, die es während der ersten zwei Jahrhunderte seines Bestehens durchgemacht hatte, stellten nie seine Existenz als solche in Frage, sondern gingen nur die Ausgestaltung der kaiserlichen Macht an. Von Augustus war das Kaisertum auf dem Wege bestimmter Verfassungsmanipulationen eingeführt worden; aber es wäre ein Irrtum, wollte man annehmen, daß diese auf die Dauer seine Grundlage gebildet hätten. Die Monarchie verdankte ihr Dasein nicht nur wie jedes politische Wesen ihrem eigenen Beharrungsvermögen und der Unvorstellbarkeit, sie durch etwas anderes (in diesem Fall die Republik) zu ersetzen, sondern bedurfte auch keiner exakten Rechtssätze zur Begründung ihrer Legitimität. Eine Verfassung im technischen Sinn, d. h. eine Fixierung der Macht und Zuständigkeit, war dem Kaisertum, von besonderen Ausnahmefällen abgesehen, unbekannt. Sie hätte auch nur entstehen können, wenn ihm eine rivalisierende Macht entgegengetreten wäre und auf eine genau Abgrenzung der monarchischen Gewalt gedrungen hätte. Die römische Öffentlichkeit erwartete jedoch deren Beschränkung nicht von der formellen Konstitution her, sondern richtete ihre Forderungen auf den materiellen Gehalt des kaiserlichen Regimes. Dieser war aber der eigenen Steuerung des Kaisertums anvertraut, und alle Rechtsverletzungen, welche die öffentliche Meinung erregten, betrafen in der Regel einen Mangel an Selbstzucht und Verfehlungen gegen die ungeschriebenen Gebote des politisch-sittlichen Bewußtseins.

Kraft seines Daseins wuchs der römische Kaiser in die Stellung eines geheiligten Staatsoberhauptes ohne jede besondere Anstrengung hinein. Die Äußerungen seiner besonderen und von niemand geteilten Würde waren unzählig. Fest- und Staatskleid des Kaisers wurde das alte Triumphalgewand, das früher nur für den Moment des Triumphes Verwendung gefunden hatte. Soweit es sich nicht um die oberste Aristokratie handelte, war der Zugang zum Kaiser durch ein genaues Zeremoniell mit Kniefall und dergleichen geregelt. Wo der Kaiser auftrat, verbreitete sich eine weihevolle Stille. Ihre Beobachtung wurde überwacht durch eine Gruppe kaiserlicher

Subalternbeamter, der sog. silentiarii. Der Kaiser war in Rom und in Italien kein Gott, wohl aber in den Provinzen; doch über die gewöhnliche menschliche Sphäre hinausgehoben war er auch dort. Da jeder Kaiser nach seinem Tode zum göttlichen Wesen (divus) erhoben wurde, war der lebende Kaiser in der Regel divi filius. Sein äußeres Zubehör bezeichnete man schon sehr bald als sacer (heilig), wie einen Tempel oder einen Altar. So war etwa sein Palast oder sein Schlafgemach sacer. Die Anrede als dominus (Herr), die im gewöhnlichen Leben vor allem zur Sprache der Sklaven gehörte, wurde für ihn geläufig. Natürlich bezeichnete der Kaiser selbst sich nicht so. Daß es Domitian tat, wurde als Provokation empfunden. Auch das Einrücken der kaiserlichen Person in die religiöse Sphäre, von den Tyrannenkaisern zu beleidigenden Exzessen getrieben, entwickelte sich in allmählichem Verlauf zu immer festeren und von der Allgemeinheit anerkannten Formen. Gerade unter den „guten" Kaisern des zweiten Jahrhunderts, welche es verstanden, mit ihrer Umwelt in einem harmonischen Verhältnis zu leben, konnte sich dieser Prozeß ungestört vollziehen. Kaiserstatuen wurden im römischen Heer zum Kultgegenstand. In den Provinzen bei den Untertanen waren sie es längst; Italien, mit Ausnahme von Rom, öffnete sich dem auch, aber unter Mark Aurel kann man auch in Rom (im Tempel der Venus und Roma) dem Kaiserbild Opfer bringen.

Die äußere Macht des Kaisertums, welche sich so in den verschiedenen Akten der Devotion und der inneren Anerkennung niederschlug, war insofern unbegrenzt, als nahezu die gesamte Exekutive des Römischen Reiches in seiner Hand lag. Die Tätigkeit des Senats auf diesem Gebiet mußte, je länger, desto mehr, den Charakter einer rückständigen Verknöcherung annehmen, nicht nur, weil es ihm an dem entscheidenden Einfluß auf das römische Heer gebrach — die Verfügung darüber war die eigentliche Basis der kaiserlichen Macht —, sondern weil seine ganze ihm noch verbliebene Macht ein dürrer Ast ohne alle frischen Triebe geworden war. Die Erfüllung des politischen Organismus mit Lebenskraft wurde vielmehr zur alleinigen Domäne des Kaisers. Auf diese Weise trugen alle objektiven Bedürfnisse von Staat und Reich dazu bei, das Kaisertum in seinen politischen Funktionen auszuweiten. Das Ergebnis war der Ausbau eines großen kaiserlichen Verwaltungsapparates.

7. Der kaiserliche Verwaltungsapparat

Kaiserliche Beamte waren z. B. die Inhaber von solchen militärischen und Verwaltungsposten, welche Augustus aus dem von ihm „wiederhergestellten" Freistaat ausgeklammert und sich vorbehalten hatte, also die Gouverneur- und Kommandostellen der sog. kaiserlichen Provinzen (legati Augusti propraetore). Auf diesem Sektor verfuhren Augustus und auch seine Nachfolger insofern allerdings sehr konservativ, als sie diese Ämter in ihrem alten Umfang bestehen ließen und sie lediglich durch ihre Gehilfen, Männer ihres Vertrauens, besetzten, die aber nach wie vor dem Senatorenstand angehörten.

Das spezifisch kaiserliche Beamtentum mußte sich dagegen da ankristallisieren, wo bis dahin noch keine republikanische Tradition bestand. Das war in erster Linie der Fall bei der Finanzverwaltung, welche es früher als einen selbständigen Verwaltungszweig überhaupt noch nicht gegeben hatte. Sie wurde immer mehr ausgebaut, womit sich von selbst die Notwendigkeit von kaiserlichen Funktionären ergab. Es handelte sich hierbei auf der einen Seite um die Steuern und Zölle, auf der anderen um die Einnahmen aus dem staatlichen, d. h. kaiserlichen Vermögen, also den großen Domänen und Bergwerken.

Ein völlig neues Verwaltungsgebiet war ferner der Bereich der öffentlichen Wohlfahrt und Fürsorge, nach der Terminologie des achtzehnten Jahrhunderts der „Polizei". Sie war durch ein fortschreitendes Wachstum charakterisiert. Da handelte es sich einmal um die Hauptstadt Rom mit ihren Erfordernissen an Wasserleitungen, Lebensmittelzufuhr, Feuerlöschvorkehrungen, Ordnungspolizei; ferner wurde Italien von der speziellen kaiserlichen „Fürsorge" (cura) erfaßt, und schließlich griff dieser Tätigkeitsbereich auch auf die Provinzen über. Der Straßenbau z. B. gehörte zu den wichtigsten Aufgaben der kaiserlichen Verwaltung. Es war eine Entwicklung, die als Reaktion auf gegebene und sich neu einstellende soziale Verhältnisse hervorgerufen war und die nun eben allein vom Kaiser aufgefangen werden konnte.

Die dritte Gruppe wurde durch die allgemeine Verwaltung aller derjenigen neuen Provinzen gebildet, welche nicht der herkömmlichen Provinzialverwaltung unterstellt wurden, sondern unter einem kaiserlichen Prokurator standen oder wie Ägypten unter einem Präfekten. Schließlich erforderte auch die kaiserliche Zentrale in Rom einen großen Verwaltungsstab.

Das römische Kaisertum ist in seinem politischen Wesen dadurch charakterisiert, daß es sich, wenn irgend möglich, an die gegebenen gesellschaftlichen Verhältnisse anpaßte; daher die großzügige Politik gegenüber dem Senatorenstand, zu dem auch die Geschlechter der alten republikanischen Nobilität gehörten. Aber bezeichnender ist beinahe das Verhalten, das sich beim Aufbau der neuen kaiserlichen Verwaltungsbürokratie kundtat. Hier gab es keine durch die bisherige Geschichte vorgezeichneten Spuren, und das Kaisertum hätte insofern, so scheint es wenigstens, verhältnismäßig große Bewegungsfreiheit gehabt. Aber die sozialen Entwicklungstendenzen waren eindeutig und verliefen des längeren in der Richtung ständischer Gliederung und einer Ordnung, welche das Gewicht innerhalb der Gesellschaft einseitig zugunsten der vermögenden und vornehmen Schichten verteilte. Das römische Kaisertum, abgeneigt allem revolutionären Umsturz, trug dem beim Aufbau seiner Verwaltung Rechnung und war darauf bedacht, das Bild der sozialen Verfassung sich in dem eigenen Herrschaftsorganismus widerspiegeln zu lassen. Infolgedessen fanden in der kaiserlichen Verwaltung die Angehörigen der nächst dem Senatorenstand stehenden anderen aristokratischen Schicht Verwendung. Das waren die sog. Ritter (equites), die sich als Angehörige des Geldadels längst in der Republik ihre Qualifikation als eigener Stand (ordo) errungen hatten. Damals freilich besaßen sie keinen Zugang zu den Stellen, welche politische Geltung besaßen (den sog. honores). Die republikanische Ämterbekleidung und damit die Zugehörigkeit zum Senat waren mit der Zugehörgkeit zum Ritterstand unverträglich. Ihrem politischen Ehrgeiz war, sofern sie ihr „Rittertum" nicht aufgaben (was keine Schwierigkeiten machte), ein verhältnismäßig nur enger Spielraum gelassen. Aber sie waren mit ihm zufrieden und setzten wenig daran, ihn auszuweiten. Wichtiger war ihnen der materielle Gewinn, den sie aus der römischen Herrschaft zogen, und in dieser Hinsicht benahmen sich die Aristokraten des Senates sehr großzügig. Die Aussaugung der Untertanen betrieben sie gemeinsam, die einen durch das Mittel der politischen Erpressung, die anderen in ihrer Eigenschaft als Steuer- und Zollpächter (publicani) auf dem Wege der ihnen überantworteten Finanzregie. Doch das Kaisertum räumte mit diesen Mißständen auf, und so entsprach es auch einer klugen Taktik, den Rittern gleichsam als Entschädigung für den ihnen verlorengegangenen Gewinn die kaiserliche Verwaltung, welche ja zu einem wesentlichen Teil Finanzverwaltung war, zugänglich zu machen. So wurden die Ritter die eigentlichen Funktionäre des römischen Kaisers. Nur für geringere Posten ließ er ständisch nicht qualifizierte Kräfte zu und griff dazu auf seine Freigelassenen zurück.

In seiner konservativen Art dehnte aber das Kaisertum nicht nur den republikanischen Grundsatz, daß der öffentliche Dienst ein Standesprivileg sei, auf seine Beamten aus, sondern übernahm für sie auch die alte, für die senatorischen Beamten stillschweigend weitergeführte Regel, daß der Staatsdienst mit der Absolvierung der militärischen Dienstpflicht beginnt. Die Karriere des ritterlichen Beamten begann also auch auf dem Kasernenhof und im Lager mit der Bekleidung der den Rittern vorbehaltenen Offiziersposten (militia equestris) und setzte erst danach mit den Beamtenfunktionen ein. Die Laufbahn, die sich ihnen dann eröffnete, konnte sehr verschieden sein und auch natürlich in unterschiedliche Höhen führen. Rangmäßig gestaffelt war sie nach dem Gehalt; denn im Unterschied zu den früheren Honoratiorenämtern waren jetzt alle öffentlichen Posten außerhalb Roms, also auch die des Senats und die senatorischen des Kaisers, besoldet. Die Beamten der ritterständischen Laufbahn etwa stuften sich demzufolge spätestens seit Hadrian nach solchen, welche 60 000 Sesterzen (15 000 Goldmark) als sexagenarii, 100 000 als centenarii, 200 000 als ducenarii, 300 000 als trecenarii erhielten. Die generelle Bezeichnung für das Gros der kaiserlichen Beamten war procurator. Die rangmäßige Spitze und auch das größte sachliche Gewicht beanspruchten die Präfekten (praefecti), z. B. der praefectus Aegypto (Statthalter von Ägypten) und die beiden praefecti praetorio, ursprünglich die Kommandanten der kaiserlichen Prätorianergarde, dann darüber hinaus eine Art von Staatskanzlern, und der praefectus urbi, der Polizeipräsident von Rom, der allerdings auf die Republik zurückging und deshalb Senator (der höchsten Rangklasse) war.

Die hauptsächlichste Ausnahme von den hier herrschenden Grundsätzen ergab sich für die kaiserliche Zentralverwaltung in Rom, also für die Stellen, in denen die gesamte kaiserliche Verwaltung zusammenlief und welche also mit einigem Recht als der Kopf der kaiserlichen Verwaltungshierarchie angesehen werden konnten. Aber diese Sonderbildung erscheint nur auf den ersten Blick merkwürdig. Die Erklärung liegt nahe, wenn man bedenkt, daß der sachlichen Logik nach der Kaiser die Spitze seiner Beamtenorganisation war und irgendwelche Beamte ihn in dieser Eigenschaft deshalb auch nicht ersetzen konnten. Wie er persönlich mit seinen Geschäften fertig wurde, war ihm allein überlassen. Ihre technische Abwicklung war nach römischer Ansicht Angelegenheit von Subalternen, und schon die republikanischen Beamten waren deshalb mit einem Stab solcher Gehilfen ausgestattet gewesen. Daneben aber hatten sie ihr eigenes Personal verwandt, zumal da das ihnen gestellte schon längst nicht mehr den Ansprüchen genügte. Der Kaiser war nun von Anfang an auf die Zuziehung eigener technischer Kräfte angewiesen. Er nahm sie aus dem Kreis, aus dem sich auch der adlige Magistrat seine Substituten verschaffte, nämlich aus seinen Freigelassenen. Diese standen in einem inneren und äußeren Abhängigkeitsverhältnis zu ihrem Patron und waren deshalb besonders zuverlässig. Auf diese Weise wurden jetzt Freigelassene, Glieder des kaiserlichen Haushaltes, zu kaiserlichen Sekretären. Einen öffentlich-rechtlichen Charakter besaßen sie selbstverständlich in dieser Eigenschaft nicht. Ihr Dienstverhältnis war ein rein privates, vergleichbar dem der Kabinettsräte im Absolutismus des achtzehnten Jahrhunderts. Aber ihr Geschäftsbereich mußte sich sehr bald zu einem einflußreichen Aufgabenkreis auswachsen. Sie wurden zusammengesetzt in kaiserlichen Sekretariaten, welche sich jeweils mit bestimmten Materien befaßten. So gab es ein Sekretariat für das Finanzwesen (a rationibus), eines für die Bearbeitung von Petitionen (a libellis), eines für den gesamten Schriftverkehr, der auch und sogar vorzugsweise die Ausfertigung kaiserlicher Patente betraf (ab epistulis) u. a. m. Der Funktion nach waren diese Sekretariate gleichbedeutend mit den modernen Ministerien und ihre Vorsteher daher eine Art von Ressortministern. Aber offiziell gehörten sie nicht zur kaiserlichen Bürokratie, und nur deshalb war ihre Betreuung durch Freigelassene, welche innerhalb des öffentlichen Sektors ein Skandal gewesen wäre, erträglich. Die Vorstellung dabei war natürlich, daß ihre Tätigkeit untergeordneter Art war; doch ebenso war es klar, daß diese Idee eine reine Fiktion wurde. Das zeigte sich schon bei demjenigen Kaiser, der dem Ausbau dieser kaiserlichen Privatverwaltung ein großes Interesse entgegenbrachte, bei Claudius. Claudius, der ein schwacher Mensch war, geriet in starke Abhängigkeit von seinen „Ministern", und diese übten damit auf die Politik überhaupt, besonders auf die persönlichen Verhältnisse des Kaisers, einen Einfluß aus, der weit über ihre sachliche Zuständigkeit hinausging.

8. Die Neuerungen Hadrians

Dieser unbefriedigende Zustand konnte nur ein Übergang sein. Trotzdem dauerte er das ganze erste Jahrhundert. Trajan fing damit an, die Freigelassenensekretäre durch Ritter zu ersetzen; Hadrian, auch sonst auf den inneren Ausbau des Reiches bedacht, führte dann die längst fällige Reform durch. Die kaiserlichen Haussekretariate erhielten durch ihn den Charakter staatlicher Behörden. An die Stelle der Freigelassenen traten durchgängig Ritter wie in den anderen kaiserlichen Ämtern. Lediglich in lokalen Posten der kaiserlichen Vermögensverwaltung begegnen einem dann und wann noch Freigelassene.

Diese Maßnahmen Hadrians waren ein Ausschnitt aus einem allgemeineren Reformwerk, das er durchführte und das sich u. a. auch in einer Vermehrung der kaiserlichen Beamtenstellen niederschlug. Der Grund war eine wesentliche Erhöhung der Verwaltungstätigkeit, vor allem auf dem Gebiet der Finanzverwaltung, wo die letzten Reste des Steuerpachtsystems weggeräumt wurden. Die Folge war ein vermehrter Bedarf an Fachkräften und die Schwierigkeit, sie wie bisher in der Regel aus den Anwärtern des Offiziersstandes zu gewinnen. Hadrian trug dieser Situation dadurch Rechnung, daß er die Möglichkeit zu einer rein zivilen kaiserlichen Beamtenkarriere eröffnete. Für römische Verhältnisse war dieser Gedanke beinahe revolutionär, denn alter staatlicher Tradition entsprach seit der frühesten Zeit der Republik der Grundsatz, daß öffentlicher Dienst immer auch zugleich Militärdienst ist. In den Provinzialstatthalterschaften war diese Norm sogar während der Kaiserzeit noch darin aufrechterhalten worden, daß der Gouverneur auch zugleich das Militär kommandierte, sofern solches in seiner Provinz stationiert war. Wenn Hadrian also eine rein zivile Ämterlaufbahn zuließ, so hat er damit zwar noch keineswegs die Struktur des Provinzialregimentes angerührt, aber die Selbstverständlichkeit der Voraussetzungen, von denen aus die Einheit von militärischer und ziviler Befehlsgewalt anerkannt war, wurde durch seine Neuerung doch in Mitleidenschaft gezogen.

Erleichtert wurde Hadrian der Bruch mit dem alten Herkommen durch den Bund, den er für die Zwecke des kaiserlichen Regimentes mit dem Juristenstand schloß. Die Juristen setzten sich in Rom aus unabhängigen Intellektuellen zusammen, die in freier Tätigkeit als Schriftsteller, Lehrer oder Anwälte sich mit dem Zivilrecht beschäftigten und kraft ihrer streng methodischen Behandlung ohne jede Konkurrenz waren, weshalb sie die eigentliche und autoritative Instanz der Rechtskunde darstellten. Obwohl schon Augustus das Prestige der Juristen durch das Privileg erhöhte, daß sie bei ihren Auskünften sich auf die Autorität des Kaisers berufen durften (ius respondendi ex auctoritate principis), so war trotzdem durch das Kaisertum an der selbständigen Stellung der Juristen nichts geändert worden. Das hatte auch seinen guten Sinn, denn immer noch war die erste Stelle, an der sich von Amts wegen die Fortbildung des römischen Rechtes vollzog, das alljährlich verkündete Edikt des städtischen Prätors, d. h. praktisch die Übernahme der vorangehenden Edikte, erweitert um die Zusätze, die der jeweilige Prätor für angebracht hielt, und damit die Fortpflanzung einer ständigen Übung (edictum perpetuum). Der Prätor stützte sich jedoch bei seinen Überlegungen — er war zumeist selbst kein Jurist — auf das Urteil der juristischen Welt, etwa durch Heranziehung von juristischen Beratern.

Hadrian hat hier einen grundlegenden Wandel geschaffen. Das Edictum perpetuum wurde auf seine Veranlassung durch einen berühmten Juristen (Julianus) einer Generalredaktion unterzogen und diese als endgültige Norm verbindlich gemacht. Hinfort sollte es keine Zusätze mehr geben und damit die Fortbildung des römischen Rechtes im Bereich des Prätors unterbleiben. Die Zukunft lehrte, daß an seine Stelle der Kaiser trat.

Nun war dem Kaisertum zwar von Anfang an das Rechtswesen nicht fremd gewesen. Da der Kaiser nach römischer Anschauung auch eine magistratische Macht ausübte (vor allem in den Provinzen), besaß er wie der Prätor das Recht, im Wege von Verordnungen (Edikten, Konstitutionen) Rechtssätze zu erlassen. Auch stand dem Kaiser der Weg offen, über den Senat, der allein noch Gesetze im herkömmlichen Sinn erließ, mit dessen formeller Billigung (die kaum verwehrt werden konnte) Gesetze juristischen Inhaltes zu veranlassen. Ferner besaß der Kaiser in bestimmten Fällen ein Gerichtsforum und fällte selbst Urteile bzw. ließ in seinem Auftrag solche fällen. Vor allem war er Berufungsinstanz für die gesamte provinziale Rechtspflege, auch die der Senatsprovinzen (wo sie auf seinem Aufsichtsrecht beruhte). Es war klar, daß er hier überall auch auf den Rat von Juristen angewiesen war und sie von Fall zu Fall zu Rate zog. Die Justizreform Hadrians erbrachte jedoch die Folge, daß nach der Stillegung der „republikanischen" Rechtsschöpfung (kraft Amtsrecht) sich die gesamte Fortbildung des Rechtes beim Kaiser konzentrieren mußte und seine Befassung mit Rechtsfragen einen viel größeren Umfang als vorher annahm.

Hadrian entsprach dieser Sachlage dadurch, daß er einmal den Staatsrat (consilium principis), bisher nicht mehr als eine locker gehandhabte Beratungspraxis, zu einer festen Einrichtung erhob, sodann hierin vorzugsweise Juristen einsetzte und damit einen institutionellen Rahmen schuf, um auch die hervorragendsten Vertreter der Rechtswissenschaft in den Staatsdienst aufzunehmen. Die Arbeit dieses hochqualifizierten Organismus war sehr vielgestaltig und übertraf weit den Aufgabenkreis eines heutigen Justizministeriums. Diesen umfaßte es ebenfalls, denn selbstverständlich war seine Mitwirkung auch der kaiserlichen Gesetzgebung zugedacht. Aber die Hauptsache war doch die unmittelbare Rechtspflege in dem beträchtlichen Umfang, in dem der Kaiser sie ausübte.

Doch neben dieser im engeren Sinn für die Rechtsbildung erheblichen Tätigkeit (die Urteile des Kaisergerichtes mußten kraft ihrer Autorität zu Präjudizien werden) gewann von Hadrian an noch ein anderer Zweig juristischer Bemühungen immer höhere Geltung. Das waren die kaiserlichen Reskripte in Rechtssachen, welche auf Anfragen, meistens von Beamten, erfolgten und in denen der Kaiser seine Antwort ohne Prüfung der Tatsachen in die logische Form eines Modells goß, dessen Anwendung auf den konkreten Fall dann dem Gesuchsteller überlassen wurde. Diese Tätigkeit war deshalb sehr wichtig, weil an dieser Stelle am sichtbarsten wurde, daß der Kaiser von der Funktion, welche bis dahin der Juristenstand ausgeübt hatte, Besitz nahm, denn soweit dieser in die Praxis eingegriffen hatte, war dies auch in der Hauptsache durch das Mittel seiner Gutachten und seines Rates geschehen. Es war also nur zu verständlich, wenn der Kaiser den bis dahin amtlich nicht gebundenen juristischen Fachverstand sich nutzbar machte. Ohne ihn wäre er mit den Aufgaben, die er sich mit der Justizreform und den sich aus ihr ergebenden Folgerungen auflud, nicht fertig geworden. Die höchsten kaiserlichen Beamten waren die beiden Prätorianerpräfekten. Für die kaiserliche Hochschätzung der Juristen ist bezeichnend, daß fortan einer von ihnen in der Regel ein Jurist wurde. Gerade die berühmtesten Namen der sog. klassischen Jurisprudenz, deren Zeit in die nachhadrianische und severische Epoche fällt, findet man infolgedessen in ihren Reihen (Cervidius Scaevola, Papinian, Ulpian).

Nachdem auf diese Weise einmal hohe Stellen für einen beamteten Juristenstand geschaffen waren, konnte es als weitere Konsequenz nicht ausbleiben, daß der Kaiser auch Sorge für den juristischen Nachwuchs trug und jüngeren Rechstbeflissenen Anstellungs- und Aufstiegsmöglichkeiten schuf. Das neue System einer zivilen Beamtenlaufbahn hatte in der günstigsten Weise den Platz dafür geschaffen. Zahlreiche untergeordnete Juristenposten (etwa die der advocati fisci oder der Protokollanten des juristischen Staatsrates) gaben Gelegenheit, juristische Kräfte anzustellen, und schließlich war es auch nicht ausgeschlossen, daß juristische Qualifikation als Ersatz für die militärische den Zugang zur höheren kaiserlichen Amtskarriere erschloß.

§ 28. Die soziale Verfassung des römischen Kaiserreiches

1. Die Bedeutung des Städtewesens. — 2. Die Romanisierung. — 3. Das Heer als sozialer Faktor. — 4. Vertikale Gliederungstendenzen der Gesellschaft. — 5. Die soziale Stellung Italiens im Römischen Reich. — 6. Der kaiserliche Philhellenismus. — 7. Die Juden und das Römische Reich. — 8. Humanitäre Sozialpolitik. — 9. Die soziale Wirklichkeit.

1. Die Bedeutung des Städtewesens

In der Geschichte der antiken Zivilisation ist die römische Kaiserzeit die letzte Phase ihrer Blüte und Entfaltung. Seitdem Griechen- und Römertum in das Verhältnis einer engen Symbiose getreten waren, beruhte die antike Zivilisation auf der Entwicklung der beiden in Italien und dem griechischen Kulturraum liegenden Wurzelstränge. Die Bürgerkriege der Republik waren einem solchen Prozeß, der einigermaßen friedliche und geordnete Verhältnisse erfordert, nicht günstig gewesen. Um so mehr enthielt das Kaiserreich mit seiner Glättung des aufgewühlten Erdreiches hierfür die Voraussetzungen. Neue Ansätze waren nicht nötig. Die Zeit verlangte lediglich nach der Fortbildung der längst bestehenden, und darunter konnte nur eine weitere Entfaltung der städtischen Lebensform, auf der die antike Kultur seit alters her beruhte, verstanden werden. Die römische Kaiserzeit ist deshalb eine Epoche blühenden oder, genauer, noch blühenden Städtewesens.

Die antike Stadt war, ökonomisch gesehen, ein Zentrum sowohl der Produktion als der Konsumption. Jenes war sie in bezug auf die hauptsächlichsten Formen der Industrie und des Handels, dieses hinsichtlich des Verbrauches der agrarischen Güter. Da jedoch die Landwirtschaft den größten Teil des Sozialproduktes erstellte, wurde in der Stadt mehr verbraucht als hervorgebracht; man ist daher zu der Behauptung berechtigt, daß sich der Reichtum, der sich aus der Arbeit der Gesellschaft ergab, auf Kosten des Landes in der Stadt konzentrierte.

Die Städte der frühen und mittleren Kaiserzeit hatten im allgemeinen ein prächtiges Aussehen und waren mit einem Komfort ausgestattet, der bis in die modernste Geschichte seinesgleichen nicht mehr gefunden hat. Die Städte wetteiferten untereinander, die schönsten Bäder, Gymnasien, Theater, Tempel, Plätze usw. zu besitzen. Das Bürgertum, das einst auch politischen Ehrgeiz besaß und die Politik selbständiger Kommunen bestimmte, hatte aus dieser Zeit sich einen lebendigen Gemeinsinn erhalten und nicht aufgehört, ein Gefühl der Verpflichtung gegenüber seiner Stadt zu empfinden. Ein beträchtlicher Teil der individuellen Vermögen wurde deshalb unter der Herrschaft einer festen Tradition als freiwillige Leistung der Gesamtheit zugeführt, gleichgültig, ob es sich nun um die unentgeltliche Übernahme der städtischen Verwaltung, um die Bestreitung sozialer Ausgaben oder um öffentliche Schenkungen handelte. Die soziale Geltung bemaß sich nach dem Grade der Achtung, die man auf Grund solchen Verhaltens erreichte, und schlug sich in keineswegs karg bemessenen offiziellen Ehrungen einzelner verdienter Honoratioren nieder. Das Rückgrat der Stadt war so die wirtschaftliche Gesundheit der wohlhabenden Schichten.

Da der Friede des Reiches die Grundlage für diese Prosperität war, konnte sich auf der Grundlage des kommunalen Bürgersinnes ein echtes Reichsbewußtsein entwickeln. Die höchste Anerkennung, die man der römischen Herrschaft zollte, war das Lob, daß das Römische Reich eigentlich eine einzige große Stadt sei und es die Segnungen biete, denen eine Stadt im kleinen ihre Anziehungskraft verdanke. Ländliche Gemeinden und Siedlungen, die nicht städtisch organisiert waren, d. h. der kommunalen Selbständigkeit entbehrten, keine Verwaltungskollegien und Stadträte besaßen, strebten deshalb danach, Stadtrecht zu bekommen.

Das römische Kaiserreich hat diesen Zug zu städtischer Zivilisation nicht nur geduldet, sondern gefördert. Mit gutem Grund; denn die Vermehrung der städtischen Gesellschaft veränderte nicht nur die soziale Gliederung der Untertanen und damit die Verhältnisse, wie sie vor der Unterwerfung unter die römische Herrschaft bestanden, sondern war im Westen des Reiches Schrittmacher der Romanisierung. Das Städtewesen hat in der Kaiserzeit deshalb vor allem in den romanischen Landschaften einen gewaltigen Aufschwung genommen und dadurch den Rückstand, den es dort notwendigerweise gegenüber dem bereits hellenisierten Osten hatte, eingeholt.

2. Die Romanisierung

Romanisierung war immer zugleich Urbanisierung. Im einzelnen konnte sie jedoch verschiedene Wege gehen. Entweder wurde von Rom durch Entsendung römischer Kolonisten eine römische Stadt als neue Siedlung ins Leben gerufen, d. h. eine echte „Kolonie" gegründet, oder es wurde an bereits bestehende Ansätze städtischen Wesens angeknüpft. Das System war im Grunde nicht neu, denn schon die Kolonisierung Italiens war während der Republik auf diesen beiden Gleisen vorwärtsgetrieben worden. Im einzelnen ergaben sich natürlich sehr verschiedenartige Verhältnisse, und es wurde vor allem jetzt sehr großer Wert gelegt auf die innere, freiwillige Assimilation der Untertanen. Die Zeiten, in denen aus dem reichen Überschuß des römischen Bauerntums zahlreiche Kolonien gegründet werden konnten, waren vorüber. Lediglich unter Caesar und Augustus, als die großen Heere der Revolutionszeit demobilisiert wurden, ergaben sich in dieser Hinsicht nochmals Möglichkeiten. Außerdem hatten die Kolonien der Republik auch militärische Aufgaben, während es sich bei den Provinzen des Kaiserreiches, die der Stadtkultur erschlossen wurden, zu einem wesentlichen Teil um befriedete Gebiete handelte, so etwa bei den beiden wichtigsten Ländern Gallien und Spanien. Gerade hier aber fand Rom innerhalb der Stämme in den keltischen oppida, welche häufig Mittelpunkte dieser Stämme waren, kräftige Keime für künftige Stadtgemeinden vor. Von Hause aus der Sitz der oberen Stammeskreise, waren sie geneigt, sich in ihrem Zuschnitt den römischen Gemeinden anzupassen. Ein Teil ihrer Einwohner konnte verhältnismäßig rasch als romanisiert gelten und gewann wohl auch bald das (personale) römische Bürgerrecht. Dann war es nur eine Frage der Zeit, daß solche Gemeinden das römische Stadtrecht bekamen, je nachdem zuerst in der reduzierten Form des latinischen Rechtes.

Die römischen Städte, waren sie einmal vorhanden, bildeten einen Ausstrahlungspunkt für die weitere Romanisierung. Sie besaßen große ländliche Territorien — manchmal wohl einfach das frühere Stammesgebiet —, deren bäuerliche Einwohner ihnen unterstellt waren. Mit der Zeit wurden diese durch die enge Berührung mit ihrer Stadtgemeinde aber auch romanisiert und danach in die Bürgerschaft aufgenommen. Ihre formelle Zulassung, welche gleichbedeutend war mit der Verleihung des römischen Bürgerrechtes, mußte durch den Kaiser ausgesprochen werden; aber sehr oft hatte dieser nur einen längst bestehenden tatsächlichen Zustand anzuerkennen.

Wenn die kaiserliche Regierung in solchen Fällen nur eine sich von selbst vollziehende Entwicklung bestätigte, so griff sie in anderen tatkräftig in den Vorgang der Romanisierung ein. Ermöglicht wurde dies dadurch, daß es nicht nur die korporative Verleihung des römischen Bürgerrechtes gab, sondern das römische Bürgerrecht auch das Ziel persönlicher Anstrengung und Auszeichnung sein konnte. Schon die kollektive Romanisierung, welche schließlich zur Ausstattung einer Gemeinde mit dem römischen Stadtrecht führte, war ja durch die Romanisierung einzelner, d. h. in der Regel der eingeborenen Notabeln, vorbereitet. Es entsprach einer klugen Förderung des allgemeinen Prozesses, diese Schrittmacher römischer Lebensgewohnheiten, welche dann natürlich auch die lateinische Sprache beherrschten, mit dem römischen Bürgerrecht zu beschenken. Der wichtigste Antrieb zu einer individuellen Romanisierung und zugleich ihrer Durchführung war jedoch der römische Heeresdienst.

3. Das Heer als sozialer Faktor

Das römische Heer[1] war im Verhältnis zu der Aufgabe, eine sehr lange Grenze zu schützen, nicht sehr groß. Die modernen Schätzungen beziffern es auf etwa 300 000 Mann. Im Unterschied zur Republik war das Heer der Kaiserzeit nicht nur ein stehendes, sondern auch ein Berufsheer, beruhte allerdings formell noch auf der allgemeinen Wehrpflicht der römischen Bürger, jedenfalls was den Dienst in den Legionen betraf. Praktisch jedoch war der Heeresdienst zumeist freiwillig, mit der Einschränkung, daß Sklaven — bis Trajan auch Freigelassene — und Reichsfremde von ihm ausgeschlossen waren und andererseits die Möglichkeit von Zwangsaushebungen durchaus offenstand. Etwa die Hälfte des Heeres bestand aus den Auxilien, d. h. militärisch an sich vollwertigen Formationen, deren Angehörige (außerhalb des Offiziersstandes) nicht das römische Bürgerrecht zu besitzen brauchten. Sie erhielten es jedoch bei der regulären Entlassung (missio honesta) nach etwa fünfundzwanzigjähriger Dienstzeit. Damit war also der männlichen Jugend in den Provinzen die Möglichkeit gegeben, das römische Bürgerrecht zu bekommen. An ihrer Vertrautheit mit lateinischer Art und Sprache brauchte man von römischer Seite keinen Zweifel mehr zu haben, nachdem sie die besten Jahre ihres Lebens unter römischer Disziplin verbracht hatte.

Der Legionsdienst, für den etwa 150 000 bis 180 000 Mann gebraucht wurden, stand nur römischen Bürgern offen und wurde bis zu Vespasian sogar in der Hauptsache von Italikern bestritten. Danach wurden zu ihm auch die römischen Bürger aus den Provinzen herangezogen, eine durch politisch-taktische Erwägungen nahegelegte Neuerung, nachdem durch das Dreikaiserjahr der Eindruck entstanden war, die Unzuverlässigkeit der Soldaten beruhe auf ihrer italischen Abstammung und ihrer daraus herrührenden Parteinahme in den innerpolitischen Auseinandersetzungen. Dem Buchstaben nach war also der nichtrömische Provinziale von der Legion, d. h. dem höher eingeschätzten Militärdienst, ausgeschlossen; aber dieser Schein trügt. Der Kaiser war nämlich nicht daran gehindert, Männer, die er auf Grund ihrer tatsächlichen Verhältnisse als Römer betrachtete, in die Legion aufzunehmen. Er mußte

[1] Siehe auch oben S. 298 f.

ihnen dann nur vorher das römische Bürgerrecht verleihen. So enthielt das römische Heer auch für diejenigen einen Anreiz, welche bereits kraft persönlicher Umstände sich romanisiert hatten.

Bei solcher Liberalität war freilich dafür Sorge zu tragen, daß das Offizierskorps die Garantie echter römischer Art besaß. Es wurde deshalb in seinen unteren und mittleren Chargen (die oberen unterlagen ohnehin einem qualifizierten Ausleseprinzip) durch die Prätorianer ergänzt, und diese blieben (bis zu Septimius Severus) Italiker.

Nach ihrer Entlassung gingen die Veteranen entweder zurück in ihre Heimatgemeinden und verstärkten dann dort das romanisierte Element, oder aber sie siedelten sich in der Nähe ihrer Garnisonen und in zu diesen gehörenden offenen Siedlungen (den sog. canabae) an. Wenn diese aus romanisierten Elementen bestehenden Dörfer genügend angewachsen waren, erfüllten sie die Voraussetzung, mit römischem Stadtrecht bedacht zu werden. Manche römischen Städte in den Grenzprovinzen verdanken diesem Vorgang ihre Entstehung (etwa Carnuntum bei Wien, Aquincum an der Stelle von Budapest, vielleicht auch das heutige Xanten).

Das römische Heer wurde also zu einem wichtigen Träger und Vermittler der römischen Zivilisation. Es war aber nicht der einzige. Daneben übte selbstverständlich die römische Verwaltung einen ähnlichen Einfluß aus; die lateinische Verwaltungssprache zwang jeden, der sich an die Obrigkeit zu wenden hatte, sich mit ihr vertraut zu machen, obschon natürlich die Praxis sehr oft in einem ziemlich stümperhaften Gebrauch sich kundtat.

Bessere Erfolge waren dagegen von dem Verkehr des Wirtschaftslebens zu erwarten. Der Nah- und Fernhändler war auf den Gebrauch des Lateinischen angewiesen, auch wenn er nicht aus Italien stammte. Die Kelten Galliens, die in den germanischen Distrikten des Römischen Reiches eine große wirtschaftliche Bedeutung besaßen, wurden z. B. so zu Schrittmachern der Romanisierung. Im Dekumatland traten sie auch als Pächter der kaiserlichen Domänen auf und brachten damit auch auf diesem Gebiet ihre romanisierende Wirkung zur Geltung.

Das Römische Reich enthielt also die verschiedensten Antriebe zu bestimmten sozialen Entwicklungstendenzen, die, einmal in Gang gesetzt, ihrer eigenen Gesetzmäßigkeit folgten und von seiten der römischen Regierung lediglich einer behutsamen Beobachtung bedurften. Mit starker Hand einen Zustand zu formen, erübrigte sich und entsprach auch keineswegs der römischen Tradition. Wenn gelegentlich hart zugegriffen wurde, unbotmäßige Völkerschaften verpflanzt wurden oder unter der waffenfähigen jungen Mannschaft Zwangsaushebungen vorgenommen wurden (Verlegung der germanischen Ubier auf das linke Rheinufer, Evakuierung von Dakern durch Trajan, Umsiedlung von Briten [Britonen] nach dem Dekumatland), so entsprach das besonderen Notwendigkeiten und war keineswegs die Regel.

4. Vertikale Gliederungstendenzen der Gesellschaft

Die positive Einstellung, welche das Römische Reich zur Autonomie der gesellschaftlichen Kräfte hatte, kam vor allem im Verhältnis zum vertikalen Aufriß der Gesellschaft zum Ausdruck.

Beruhte das Munizipalwesen schon auf der deutlichen Herausstellung der oberen Bevölkerungskreise und der ausdrücklichen Anerkennung ihrer sozialen Stellung, so brachte das Römische Reich der Einwohnerschaft die sich zwanglos daran anschließende Neuerung, daß die Stufenleiter des sozialen Aufstiegs eine bedeutende Verlängerung über die durch die einzelnen Gemeinden bestimmte Höhe erfuhr. Der römische Senatoren- und Ritterstand blieb nicht auf den engeren Kreis der altrömischen bzw. italischen Bürgerschaft beschränkt, sondern wuchs mit deren Ausbreitung über die Grenzen Italiens hinaus. Er stockte sich zwangsläufig innerhalb des weiteren Bereiches des römischen Bürgerrechtes auf.

Aber dabei fand es bezeichnenderweise nicht sein Bewenden. Auch für die griechischen Gemeinden, die für eine korporative Verleihung des römischen Bürgerrechtes keinerlei Interesse hatten, wurde die römische Gesellschaftshierarchie zuständig, indem auch griechische Honoratioren in sie aufgenommen wurden. Natürlich war dieser Vorgang mit der Verleihung des römischen Bürgerrechtes verbunden; aber die Rangerhöhung wurde in diesem Fall nicht in ihr gesehen — einem vornehmen Griechen konnte eine Qualifikation, die jeder einfache römische Legionär besaß, wenig bedeuten —, sondern in der Erhebung zum Ritter oder zum Angehörigen der senatorischen Klasse. Auf diese Weise wurden die aristokratischen Elemente des Reiches in einem einheitlichen Reichsadel zusammengefaßt.

Diese wichtige Entwicklung vollzog sich freilich nicht von heute auf morgen. Im ersten Jahrhundert lief sie erst an. Der Kaiser Claudius rief noch Befremden hervor, als er den Grundsatz einer recht unverfänglichen Anwendung auf die romanisierten und längst mit dem römischen Bürgerrecht ausgestatteten Notabeln der Gallier ausdehnen wollte. Im zweiten Jahrhundert war es nicht mehr anstößig, wenn Mitglieder der römischen Aristokratie auch aus der östlichen nichtromanisierten Reichshälfte stammten. Ihre Zahl war natürlich nicht so hoch wie die aus dem Westen. Auch von einer Überfremdung des genuinen italischen Elementes konnte keine Rede sein; aber der Anteil des sog. provinzialen Elementes am Senat war doch immerhin so erheblich, daß Trajan es für angebracht hielt, den Senatoren die Auflage des Erwerbes italischen Grundbesitzes zu machen. Und schließlich gab der höchste Repräsentant der römischen Aristokratie, der römische Kaiser selbst, den deutlichsten Hinweis auf die veränderte Lage: seit Trajan ist kaum ein Kaiser mehr Italiker, geschweige denn Stadtrömer. Seine oder seiner Vorfahren Wiege steht in der Provinz.

Die treibende Kraft dieser liberalen Politik war ausschließlich das römische Kaisertum. Ihm hatte schon Augustus eine seiner einflußreichsten Positionen dadurch verschafft, daß er ihm den Hebel in die Hand drückte, mit dem es die Zusammensetzung des Ritter- und Senatorenstandes zu regulieren vermochte. Der Kaiser besaß das Recht, Ergänzungen beider Stände vorzunehmen, indem er die Aufnahme in den Senatorenstand durch Verleihung des „breiten Streifens" (latus clavus), die in den Ritterstand durch Verleihung des „goldenen Ringes" (anulus aureus) verfügte. Voraussetzung war in jenem Fall ein Vermögen von 1 Million Sesterzen (200 000 Goldmark), in diesem von 400 000 Sesterzen (80 000 Goldmark). Wollte der Kaiser auch diese Schranke übersteigen, dann schenkte er dem Betreffenden die fehlende Summe oder setzte ihn beim Übergang vom Ritter- in den Senatorenstand durch die Gehälter des kaiserlichen Dienstes in den Stand, das nötige Vermögen aufzubringen. Denn es war natürlich klar, daß die Standeserhöhung auch ihre praktische Verwertung im Gefolge hatte und ein neugeschaffener Ritter die ritterliche Amtskarriere ebenso erstrebte wie der Kaiser darauf bedacht war, aus den Reihen solcher Ritter frische Kräfte für seine Bürokratie oder das Heer zu gewinnen. Grundsätzlich war hierdurch eine sehr große Spannweite für den sozialen Aufstieg gegeben, und wenn auch der eigentliche Sinn des Systems dahin ging, die bestehende Gliederung der Gesellschaft anzuerkennen, so blieb die andere mögliche Folgerung nicht aus, daß sich überraschende soziale Verschiebungen vollzogen und z. B. im römischen Heer aus der Reihe der gewöhnlichen Soldaten der gehobene ritterliche Offiziersdienst, ja manchmal sogar der höchste senatorische erreicht werden konnte.

5. Die soziale Stellung Italiens im Römischen Reich

Während der Republik hatte einst ein Ausgleich zwischen Rom und Italien dadurch stattgefunden, daß Italien auf das politische Niveau von Rom erhoben und in Rom eingemeindet wurde. Die Kaiserzeit führte zu einer ähnlichen Tendenz im Verhältnis der Provinzen zu Italien. Die Ausbreitung des römischen Städtewesens und Bürgerrechts — letztere durch die constitutio Antoniniana von 212 auf ihren Höhepunkt geführt — und die Erfassung der höheren Schicht in einer umfassenden Reichsaristokratie weisen darauf hin. Aber der Vorgang ist doppelseitig. Man kann ihn ebenso als ein allmähliches Abgleiten Italiens auf die Ebene der Provinzen verstehen. Da Italien seine echten Souveränitätsrechte mit dem Kaisertum eingebüßt hatte, ist diese Lesart die für die geschichliche Entwicklung im Grunde maßgebliche geworden. Die bewußten Anstrengungen der römischen Politik galten deshalb auch weniger der Unterstreichung dieser herrschenden Entwicklungstendenz als im Gegenteil dem Ziel, Italien einen Restbestand seiner alten Vormachtstellung und damit wenigstens ihren Schein zu erhalten. Vor allem zu Anfang der Kaiserzeit zielte die offizielle Programmatik des Augustus auf eine Optik, welche Italien möglichst im Besitz seiner herrschenden Position der republikanischen Zeit zeigte. Die äußeren Umstände entsprachen dieser Absicht auch insofern, als Italien damals noch die wirtschaftlich stärkste Landschaft des Reiches war und vor allem gegenüber den westlichen Landschaften einen zivilisatorischen Vorsprung hatte, der es befähigte, die lateinische Reichshälfte in ökonomischer Abhängigkeit zu halten und ihr Hauptlieferant aller feineren Güter, der Landwirtschaft (Öl, Wein) wie der Industrie (Keramik usw.), zu sein.

Aber schon das erste Jahrhundert änderte dieses Verhältnis. Gallien und auch Spanien entwickelten eine eigene Produktion und machten sich von Italien unabhängig. Unter Domitian wurde versucht, dem italischen Wein sein Monopol durch Einschränkung des Weinbaues in den Provinzen zu erhalten, auf die Dauer freilich erfolglos. Italien verarmte zusehends. Die Regierung versuchte mit den Mitteln staatlicher Wohlfahrtspolitik den Prozeß aufzufangen. Seit Nerva wurden Anstrengungen gemacht, der Verarmung des Mittelstandes durch Stiftungen zugunsten seiner Kinder bzw. deren Erziehung zu steuern. Kapitalien wurden hypothekarisch an Gemeinden ausgegeben und die daraus fließenden Zinsen der Unterhaltung verarmter Jugendlicher zugeführt. Auch vermögende Privatpersonen beteiligten sich an diesen Aktionen. Da der Zins nicht sehr hoch war, verband sich mit diesen Maßnahmen noch die zusätzliche Absicht, dem Hypothekenschuldner behilflich zu sein und den italischen Grundbesitz zu unterstützen. Auch das Gesetz, welches das Vermögen außeritalischer Senatoren nach Italien leitete, hatte diesen Zweck.

6. Der kaiserliche Phil-hellenismus

Doch diese Versuche, Italien inmitten des Wandels der Zeiten sein altes Relief zu erhalten, wurden durch die bestimmenden Kräfte der Epoche gänzlich in den Schatten gestellt. Das zweite Jahrhundert, in das die Maßnahmen zugunsten Italiens zur Hauptsache zu stehen kommen, ist zugleich die Zeit einer ausgesprochen von griechischem und philosophischem Geist durchdrungenen Atmosphäre. Unter den Kaisern waren Hadrian und Mark Aurel ihr eminenter Ausdruck. Hadrian hat u. a. eine spezifisch griechische Städtepolitik verfolgt und der Tatsache, daß die römische Antike ebenso auf dem griechischen wie auf dem römischen Munizipalwesen beruhte, mit vollem Nachdruck zu ihrem Recht verholfen. Es gab im griechischen Osten mehrere Städte, die Hadrian als ihren Gründer verehrten und den Namen Hadrianopolis trugen. Adrianopel erinnert von diesen noch heute daran. Den klassischen griechischen Städten wie Athen, Delphi, Sparta widmete Hadrian seine persönliche Aufmerksamkeit. Er übernahm in ihnen Ehrenämter. In Delphi rief er die alte Amphiktyonie wieder ins Leben. Vor allem aber war er um Athen besorgt. Entsprechend seiner Stellung als der Metropole des griechischen Geistes sollte es auch äußeren Glanz besitzen. Großartige Bauten ließ deshalb Hadrian dort errichten, u. a. das Panhellenion für panhellenische Feste, die er begründete als Zeichen eines selbstbewußten Griechentums. Hadrian legte auch in Athen einen Bericht seiner Taten, d. h. seiner Verdienste um das Reich, nieder und brachte damit zum Ausdruck, daß für ihn das Römische Reich auch ein betont griechisches Reich sei. Die sogenannte zweite Sophistik, ein klassizistisches griechisches Literatentum, fand nicht nur bei ihm, sondern überhaupt bei den Vertretern des humanitären Kaisertums ein aufrichtiges Verständnis. Einer ihrer berühmtesten Vertreter, Herodes Atticus, war verschwägert mit der kaiserlichen Familie und gelangte in Rom zu der höchsten aristokratischen Ehre (Konsulat). Er war neben seiner Tätigkeit als Rhetoriklehrer einer der größten Mäzene, die Griechenland jemals gesehen hat, und wetteiferte darin mit Hadrian. Noch heute zeugen viele Bauten von der materiellen Unterstützung der griechischen Städte durch ihn. Das Kaisertum hat bezeichnenderweise in den Kreis seiner staatlichen Fürsorge die Pflege der Bibliotheken und höheren Erziehungsstätten miteingeschlossen. In der kaiserlichen Zentrale gab es Ressorts für beides. Griechische Professoren der Rhetorik und Philosophie wurden auf Staatskosten besoldet und mit Privilegien ausgestattet.

Das Römische Reich umfaßte bei seiner ungeheuren Ausdehnung die mannigfaltigsten Formen menschlicher Sozialordnung, von den primitiven Organisationen viehzüchtender Nomaden über die verschiedenen Spielarten mehr bäuerlicher Stammesverfassungen bis zu dem hochentwickelten Typus der gräkoitalischen Stadtkultur. Kraft der starken Zivilisationstendenzen, wie sie seit Jahrhunderten den Mittelmeerraum beherrschten, gelang es der römischen Politik, über den bunten Wirrwarr von ursprünglichen Gewohnheiten und Sprachen eine Einheitskultur auszubreiten und die Anerkennung von deren Normen und Lebensanschauungen durchzusetzen. Widerstand dagegen vermochte sich lediglich in vorübergehenden und ungewichtigen Augenblicksreaktionen zu äußern; seine Verfestigung zu einer durchdachten Gegenposition war ausgeschlossen. Es fehlten dazu nicht nur die technischen Mittel und die äußere Macht, sondern ebenso gebrach es an der Erhärtung des eigenen Daseins durch die

Traditionen eines eigenen objektiven Bewußtseins. Das Römische Reich verfügte infolgedessen über günstige Erfolgschancen und vermochte massive Anstrengungen durch die Auswirkung eines selbsttätig wirkenden historischen Gefälles zu ersetzen.

7. Die Juden und das Römische Reich

Dieses geschlossene und einheitliche Bild erfuhr nur eine einzige Ausnahme; aber diese Ausnahme wirft ein durchdringendes Licht auf die Voraussetzungen der römischen Herrschaft und bestätigt durch ihren Kontrast die Bedeutsamkeit aller der Umstände, welche die Existenz des Reiches ermöglichten und nur an dieser einen Stelle eine Unterbrechung erfuhren. Der Frieden des römischen Kaiserreiches, nach innen in geradezu „idealer" Vollständigkeit verwirklicht, schlug bei den Beziehungen des römischen Staates zu den Juden in den blutigsten Kampf um. Das jüdische Problem bezeichnet auf dem hellen Grund der kaiserzeitlichen Szenerie den einzig wirklich schwarzen Fleck. Schatten haben auf ihm auch sonst nicht gefehlt, aber nirgends anderswo gewinnt die Färbung eine damit vergleichbare Dunkelheit. In das Bild harmonischen Ausgleichs und sachte arbeitender Kräfte mischen sich hier krampfhafte Zuckungen, und an die Stelle behutsamer Lenkung treten Auseinandersetzungen von schonungsloser Brutalität.

Die Geschichte der Juden im römischen Kaiserreich ist ein Stück der Geschichte ihres Verhältnisses zur griechischen Zivilisation. Infolgedessen liegen die Wurzeln in der Epoche des Hellenismus, und so ist im Grunde auch dieser Abschnitt ein Bestandteil der hellenistischen Geschichte. Da das römische Kaiserreich die Erbschaft des Hellenismus angetreten hatte, mußte es auch dieses Problem übernehmen.

Im zweiten vorchristlichen Jahrhundert hatten sich die Juden, nachdem sie die ptolemäische Herrschaft mit der seleukidischen vertauscht hatten[1], erfolgreich gegen die durch den Seleukidenkönig Antiochos IV. Epiphanes forcierte Aufsaugung durch den Hellenismus gewehrt (Makkabäeraufstand). Das Ergebnis war nicht nur die Erhaltung ihrer Art, sondern auch der Gewinn eines selbständigen Staates gewesen.

Außerhalb Palästinas gab es seit den Tagen des babylonischen Exils noch das zahlreiche Diasporajudentum. Die Verkehrsweite des Hellenismus ermöglichte ihm eine größere Ausbreitung. In den meisten größeren Städten der griechischen Welt waren Juden zu finden. In dichter Streuung saßen sie vor allem in Alexandrien, wo sie einen beträchtlichen Teil der Gesamtbevölkerung bildeten. Viele Juden wohnten auch in Kyrene und auf Kypros. Das Römische Reich öffnete ihnen dazu den Westen. In der Hauptstadt Rom befand sich selbstverständlich eine jüdische Kolonie.

Obgleich nach dem Makkabäerkrieg von einem Aufgehen im Griechentum ernsthaft nicht mehr die Rede sein konnte, war das Verhältnis der Juden zu ihrer griechischen Umgebung doch nicht einheitlich. In Palästina befanden sich die Juden zu Anfang der Kaiserzeit auf dem Boden ihrer Väter, den sie vor anderthalb Jahrhunderten siegreich gegen fremde Eroberer verteidigt hatten, und genossen damit die Vorteile eines (relativen) Binnenraumes, der ihnen eine ungestörte Ausbildung ihrer inneren Anliegen gestattete. In der Diaspora ging es ohne ein gewisses Maß von Anpassung an die griechische Welt nicht ab. Schon die Verkehrssprache war Griechisch, und die meisten Juden beherrschten nur sie allein. Die Heilige Schrift wurde in dem griechischen Text der Septuaginta gelesen. Die Diasporajuden waren

---

[1] Siehe oben S. 102.

mehr eine Religionsgemeinschaft als ein Volk. Sie missionierten auch und gewannen unter den griechischen „Heiden" nicht wenige Gläubige. Damit mußte eine gewisse Einstellung auf den Fremden und auf seine geistigen Vorstellungen eintreten. Jüdische Literaten vertraten ihren Glauben nicht nur in griechischen Werken, sondern versuchten auch, innerhalb der griechischen Kultur dem Judentum eine Stellung zu verschaffen. Hier waren Wege beschritten, die in der Richtung auf eine dauernde und haltbare Symbiose, unter Bewahrung der jüdischen Eigenart, verliefen. Das palästinensische Judentum hatte jedoch an dieser Entwicklung keinen Anteil, und auch im Diasporajudentum kam man nicht so weit, daß das Judentum von den Griechen als eine gleichartige Sinneshaltung anerkannt wurde. Trotz der erheblichen Missionserfolge und der Unvoreingenommenheit, mit der man sich griechischerseits für die Synagogenpredigten interessierte, standen die theologische und praktische Exklusivität der Juden, ihre Riten und Reinheitsvorschriften und die Ordnung ihres Alltages, welcher sich mit dem außerjüdischen trotz dessen Mannigfaltigkeit nicht vereinbaren ließ, einem wirklichen Ausgleich entgegen. Zudem hatte wohl eine auf Ausgleich dringende Entwicklung bei den Juden gerade zu Beginn der Kaiserzeit ihren Höhepunkt überschritten und machte sich unter dem Einfluß des Pharisäertums eine rückläufige Bewegung bemerkbar. Die Reaktion auf seiten des Heidentums war ein massenpsychologischer Affekt gegen die Juden, der sich vor allem in den hellenistischen Städten Palästinas (wie Caesarea, Damaskus u. a.) und in Alexandrien zeigte und in pogromähnlichen Ausschreitungen äußerte.

Die Römer selbst standen diesen Konflikten an sich fern. Während des Hellenismus hatten sie die Feindschaft der Juden gegen die Seleukiden begünstigt und aus diesem Gegensatz erheblichen Nutzen gezogen. Sie waren auch nach der Übernahme von Syrien und Ägypten in eigene Verwaltung nicht ohne weiteres geneigt, die Sache der Griechen zu ihrer eigenen zu machen. Gerade zu der vorlauten und kecken Bevölkerung Alexandriens waren die Beziehungen der kaiserlichen Regierung gespannt. Die Alexandriner waren schon im Ptolemäerreich ein eigenartiger politischer Faktor gewesen. Sie waren es erst recht gegenüber dem fremden römischen Regiment, und das Verhältnis wurde nicht besser, als sie den Eindruck gewannen, daß Rom ihre Antipathie gegen die Juden nicht teilte und diese loyal behandelte. In der Tat hielt die römische Regierung nicht nur die Selbstverwaltungsprivilegien der Juden in Alexandrien aufrecht, sondern kam ihnen auch sonst, außerhalb Alexandriens, entgegen. So hat etwa Augustus den jüdischen Sabbat nicht nur respektiert, sondern ihn eigens berücksichtigt (z. B. bei Kornverteilungen in Rom, wo die Juden ihre Zuteilung einen Tag nach dem Sabbat in Empfang nehmen durften). Vom Heeresdienst waren die Juden befreit mit Rücksicht auf die Komplikationen, die sich durch das Zusammenleben mit den „Heiden" ergeben mußten.

Unter Caligula führte diese eigenartige Konstellation — die Alexandriner hatten sich eine leichtsinnige Provokation des Kaisers gestattet durch Verspottung von dessen Freund Herodes Agrippa, eines Enkels des alten Herodes und jüdischen Duodezfürsten — zu einer merkwürdigen Vertauschung der Rollen. Um dem Zorn des Kaisers zu entgehen, gebärdeten sich die Alexandriner ausgerechnet gegenüber dem „cäsarenwahnsinnigen" Caligula besonders kaisertreu. Die Spekulation auf dessen Sultansgelüste gab ihnen den teuflischen Gedanken ein, von den Juden die göttliche Verehrung des Kaisers in der Synagoge zu verlangen. Die unvermeidliche Folge waren Krawalle, welche sich an dem selbstverständlichen Widerstand der Juden entzündeten, und antijüdische Ausschreitungen des alexandrinischen Mobs.

Am schwierigsten lagen die Dinge natürlich in Palästina; aber hier waren bis zur Zeitenwende die Römer von der Sorge um eine genaue Beobachtung der verwickelten und für sie ganz unzugänglichen Verhältnisse befreit, denn sie hatten in der Person von Herodes dem Großen einen einheimischen Regenten gefunden, der mit der Ergebenheit gegen Rom genügend Kenntnis der jüdischen Frage verband, um, wenigstens äußerlich, Ordnung und Frieden aufrechtzuerhalten. Orthodoxen jüdischen Anforderungen entsprach zwar das Regiment des idumäischen Herrscherhauses (es war nicht rein jüdisch) nicht. Des Herodes Regierungspraxis war auch zweigesichtig, indem er den Juden ein jüdisches, den Heiden ein hellenistisches Antlitz zeigte (zahlreiche hellenistische Städte wurden von ihm gegründet und nahe persönliche Beziehungen zur kaiserlichen Familie unterhalten); immerhin war seine Regierung besser als die Verwaltung eines römischen Statthalters. In den Augen des Augustus verbürgte jedoch die ihren persönlichen Eigenschaften und ihrer sachlichen Tüchtigkeit nach ziemlich fragwürdige Nachkommenschaft des Herodes keine Fortsetzung des alten Kurses. Er teilte das Reich des Herodes nach dessen Tod (4 v. Chr.) auf, zog wegen erwiesener Unfähigkeit des Regenten den wichtigsten Abschnitt, Judäa, 6 n. Chr. ein und unterstellte ihn der unmittelbaren römischen Verwaltung eines Prokurators. Mit Ausnahme eines kurzen Zwischenspieles, während dessen das Reich des Herodes nochmals (zum größten Teil) in einer Hand vereinigt war (41—44 n. Chr.), blieb es hinfort hierbei.

Dieser Tatbestand enthielt die Voraussetzungen für die späteren Konflikte, denn die jetzt unverschleiert sichtbare römische Herrschaft erregte heftigste Abneigung unter den Juden. Verschlimmert wurde die Situation durch eine Reihe notorisch schlechter römischer Gouverneure. Die Juden selbst waren in die verschiedensten Gruppen und Richtungen aufgespalten (einige von ihnen wünschten ein friedliches Einvernehmen mit den Römern); aber unter ihnen am wirkungskräftigsten wurde eine immer mehr sich ausbreitende Strömung messianischen und sozialrevolutionären Charakters, welche ohne Rücksicht auf jegliche politische Realität die radikale Abschaffung des römischen Jochs erstrebte. Diese „Eiferer“ (Zeloten) bildeten eine organisierte Untergrundbewegung und terrorisierten das Volk in einem Umfang, daß die offiziellen jüdischen Instanzen allmählich machtlos wurden. Entsprechend erhöhte sich die Reizbarkeit und vermehrten sich die Reibereien in den hellenistischen Randgebieten Palästinas. Seit 44 n. Chr., als Judäa wieder unter direkte römische Verwaltung kam, herrschte ein latenter Bürgerkrieg. Der offene Ausbruch erfolgte in den letzten Jahren Neros, im Jahre 66 n. Chr. Rom mußte die Waffen sprechen lassen.

Vier Jahre wütete der Jüdische Krieg. Er wurde sowohl von Rom gegen die Juden als von den Juden untereinander geführt. Nationaler und religiöser Fanatismus gaben ihm eine besondere Schärfe. Die Leidenschaft griff auch auf Alexandrien über. 50 000 Juden fanden dort den Tod. Judäa ward ein verwüstetes Land. Bei den Kriegshandlungen wurde mit Jerusalem auch der Tempel zerstört. Rom ließ beides nicht mehr aufbauen. Da der Tempel mit seinem Synhedrion und dem Hohenpriester den Rest der den Juden bis dahin verbliebenen Stammesselbstverwaltung und damit auch das Zentrum der jüdischen Kultgemeinde in sich barg, war es damit auch zu Ende.

In der Makkabäerzeit hätte dieser Schlag das Judentum vielleicht tödlich treffen können. Jetzt wurde nur die Entwicklung beschleunigt, welche die Juden von ihrer nationalen Vergangenheit unabhängig machte und sie ihre Eigenexistenz allein in ihrer besonderen Lebensgestaltung finden ließ, ohne Rücksicht auf das Land, in dem sie sich befanden. Die römische Regierung hat nicht versucht, die Juden auch hierin zu treffen. Sie begnügte sich, die Abgabe an eine religiöse Zentrale — bis dahin war sie der Tempel in Jerusalem gewesen — aufzuheben oder vielmehr, was besonders kränkend war, sie dem verhaßten Jupiter als besondere Judensteuer zuzuführen. Das Judentum schloß sich hinfort noch fester gegen das Heidentum ab; die Mission hörte auf und mit ihr auch der unerläßliche Gebrauch der Septuaginta, die mittlerweile auch ein christliches Buch geworden war.

Tiefer Haß gegen ihre Sieger beherrschte die Juden, und wenn auch die römische Regierung nicht aufhörte, sie in ihren Lebensgewohnheiten zu dulden, die Niederlage im Jüdischen Kriege wurde von ihnen doch als Triumph der griechisch-heidnischen Welt aufgefaßt. Bezeichnenderweise und gewiß nicht zufällig mußte dieses Bewußtsein aber zu einem ätzenden Gift in derjenigen Epoche der Kaiserzeit werden, welche sich ihres Wesens gerade im Hinblick auf die Einheit griechisch-römischer Kultur vergewisserte und die Humanität zu dem verpflichtenden Wert erhob. In den letzten Regierungsjahren Trajans (115 ff. n. Chr.) erhoben sich die Juden, vor allem in der Diaspora, wahrscheinlich aber auch in Palästina, und führten einen Vernichtungskrieg gegen das Heidentum. Die Gelegenheit schien günstig: der Kaiser war fern in Mesopotamien, ein guter Teil der Truppen dorthin abgezogen und beide durch einen Aufstand in Mesopotamien festgehalten. Alexandrien mit dem Delta und einem großen Teil Ägyptens war in den Händen der Juden, desgleichen Kypros und Kyrene. Überall führten sie Massaker gegen die Griechen durch. Auf Kypros sollen von ihnen 240 000, in Afrika 220 000 niedergemetzelt worden sein. Es waren fürchterliche Exzesse, deren unmittelbare Veranlassung (sie ist leider gänzlich unbekannt) in keinem Verhältnis zu ihnen stehen konnte.

Die Unterdrückung des Aufstandes reichte in den Anfang der Regierung Hadrians. Der Philhellene Hadrian führte am Ende seiner Regierung auch den letzten großen Judenkrieg in Palästina. Er kam ihm wohl unverhofft, denn die Auslösung, die er ihm gab, mußte in seinen Augen unverfänglich sein. Die wüste Markung des früheren Jerusalem sollte wieder das Antlitz menschlicher Gesittung tragen und im Rahmen von Hadrians Städtepolitik eine Stadt auf ihr erstehen, natürlich eine heidnische, diesmal eine römische Kolonie, Aelia Capitolina mit Namen und damit auf den Kaiser und den römischen Jupiter mit seinem dort zu errichtenden Tempel hinweisend. Damit würden dann die letzten Spuren nicht nur des früheren Krieges, sondern auch des vernichteten Volkes ausgetilgt sein. Die Antwort war der blutige jüdische Aufstand unter Bar-Kochba. Da der Kaiser mit dergleichen nicht im entferntesen gerechnet hatte und deshalb militärisch in keiner Weise vorbereitet war, konnten die Juden sich für kurze Zeit befreien, d. h. die römische Herrschaft aufheben, Jerusalem wieder in Besitz nehmen und den jüdischen Staat erneuern. Der römische Gegenstoß, der auf einen verzweifelten Widerstand stieß, war unbarmherzig und grausam. Fünfzig feste

Punkte, über neunhundert Dörfer wurden zerstört. Judäa wurde zu einer Wüste. Die noch lebenden Juden wurden in solcher Anzahl außer Landes geführt, daß der Preis für sie auf dem Sklavenmarkt ein Spottgeld war. Die ohnehin schon im vorigen Jahrhundert dezimierte Bevölkerung sank zu einem schattenhaften Rest herab. Ihre Heimat verlor ihren Namen Judäa und hieß fortan, bis ins zwanzigste Jahrhundert, Palästina (nach dem „Philisterland", der Bezeichnung für das Küstengebiet).

8. Humanitäre Sozialpolitik

Wenn der düstere Eindruck, den diese Judenverfolgungen erwecken, nicht nur in einem augenscheinlichen Gegensatz zu dem humanen Geist des Zeitalters steht, sondern als dessen negativer Widerschein auch wieder mit ihm eng verknüpft ist, so kann es nicht verwundern, daß neben solchen Schatten die humanen Bestrebungen des Jahrhunderts sich auch in einem klaren Lichte zeigen. Sie tun dies denn auch da, wo sich die Wirklichkeit ohne wesentliche Schwierigkeit nach den herrschenden Ideen formen läßt, im Bereich der individuellen menschlichen Gesittung. Wo hier die spontanen Neigungen der Gesellschaft sich äußern konnten, fehlte ihnen nicht die Anerkennung durch die politische Macht. Infolgedessen ist das römische Recht in der Kaiserzeit von einem offenbar liberalen Zug beherrscht und darauf bedacht, eine rigorose Tradition, die nicht mehr mit dem zeitgenössischen Empfinden übereinstimmte, zu mildern. Ausdruck hat dieser Wandel auf den mannigfachsten Rechtsgebieten gefunden. Das römische Eherecht besaß verschiedene, genetisch bedingte Formen. Neben der altertümlichen Ehe, welche die Frau durch einen feierlichen Akt der nahezu unbeschränkten Gewalt des Mannes unterstellte (Manusehe), hatte sich längst in der Republik die formfreie Konsensehe herausgebildet, welche den Personalstatus der Frau so wenig berührte, daß diese sogar nach der Eheschließung ihren alten Namen und eine durch den Mann nicht beschränkte Verfügung über ihr Vermögen behielt. Die Ehe konnte ebenso formlos geschieden werden, wie sie geschlossen war, und zwar galt spätestens im klassischen Recht (d. h. dem des Prinzipates) der Satz, daß die Willenserklärung der Frau hierbei dieselbe Kraft hat wie die des Mannes. Die Frau bedurfte auf Grund ihres Geschlechtes eines Vormundes (tutor); aber die Regelung der Kaiserzeit gestaltete diese Vormundschaft so lose, daß die Frau praktisch in ihrer Vermögens- und Geschäftsfähigkeit nicht beschränkt war. Eine Behinderung der Persönlichkeit auch in der Ehe hätte als inhuman gegolten.

Am deutlichsten traten die neuen Grundsätze im Sklavenrecht hervor. Hier hatte die klassische Jurisprudenz in Übereinstimmung mit dem philosophischen Gewissen der Zeit den Grundsatz zur Geltung gebracht, daß der Sklave nicht lediglich eine Sache ist, über die der Herr nach Belieben verfügen kann. Gegen diese ursprüngliche Auffassung, welche auch während der Republik gegolten hatte, stand jetzt die Einsicht, daß auch der Sklave von der Gemeinschaft des menschlichen Geschlechtes umfaßt wird und ihm deshalb „natürliche" Menschenrechte zukommen. Zu ihnen gehörte das Recht auf Ehe, was darin zum Ausdruck kam, daß ein Sklave nicht ohne weiteres von seiner Familie getrennt werden durfte. Auch sollte ihm der faktische Besitz eines persönlichen Vermögens gestattet sein, indem dieses, obwohl Bestandteil des Eigentums seines Herrn, dessen freier Verfügung entzogen wurde. Mit solchem Geld, das der Sklave selbst erwarb, war ihm auch eine Möglichkeit eröffnet, sich freizukaufen. Seine Freilassung wurde auf alle erdenkliche Weise durch die Gesetzgebung und die

Rechtspraxis gefördert. Alle möglichen Hindernisse wurden zu diesem Zweck aus dem Wege geräumt; so wurde, wenn etwa bei testamentarischer Freilassung sich Form- und Rechtsfehler eingeschlichen hatten, die dadurch an sich hinfällig gewordene Freilassung trotzdem anerkannt. Der gleiche „favor libertatis" ließ die Kinder einer Sklavin mit einem Freien unter bestimmten Voraussetzungen ohne Rücksicht auf den Stand der Mutter im Augenblick der Geburt als Freie geboren werden.

Am peinlichsten hatte sich das Herrenrecht über die Sklaven in der willkürlichen Anwendung der Strafvollmacht gezeigt. Hier wurden jetzt auch Grenzen gesetzt. Es war hinfort nicht mehr möglich, daß der Herr seine Sklaven nach Laune folterte und tötete. Zu dergleichen Maßnahmen war von nun an die Einschaltung der ordentlichen Gerichte notwendig. Vor allem Hadrian hat dieser Frage seine Aufmerksamkeit geschenkt und dabei auch verboten, daß Sklaven ohne Erlaubnis des Gerichtes für Gladiatorenkämpfe veräußert wurden. Ebenfalls hob er durch eine Verordnung die ergastula, d. h. die Kasernierung der Sklaven in Arbeitshäusern, auf. In der späten Republik waren diese sehr verbreitet gewesen. Inzwischen waren sie seltener geworden und wurden als offenbarer Mißstand empfunden.

9. Die soziale Wirklichkeit

Die „humanen" Voraussetzungen, von denen aus diese Maßnahmen entworfen waren, enthielten auf Grund ihrer naturrechtlichen Prägung den theoretischen Ansatz zu einer grundsätzlichen Veränderung der bestehenden sozialen Verhältnisse. Sie hätte ihrem begrifflichen Inhalt nach eine Revolution bedeuten können. Und doch lag der Zeit nichts ferner. Ihr Charakteristikum war eine stabilisierte Gesellschaft, und ihre weltanschauliche Verbindung mit dem stoischen Naturrecht bewies an einem geradezu klassischen Falle, daß Ideen allein noch keinen historischen Gehalt abgeben. Sie bedürfen hierzu der konkreten Bestimmung durch die geschichtlich wirkenden Kräfte. Was historische Realität wird, bemißt sich allein nach dem Spielraum, der ihnen gegeben ist, und nach ihrem Vermögen, ihn auszufüllen. Zweifellos war dieser in der römischen Kaiserzeit verhältnismäßig eng. Er ging gerade so weit, wie der ethische Impuls einer aristokratischen Gesellschaft und die zwanglose Aufnahmefähigkeit der Verhältnisse es erlaubten. Elementare Energien, um über diese Grenzen hinwegzustoßen, mischten sich nicht in diese Bestrebungen und waren erst recht nicht ihre treibende Kraft.

Die entscheidenden und geschichtlich weiterführenden Tendenzen weisen vielmehr gerade in die entgegengesetzte Richtung. Nicht Gleichheit, sondern ständische Differenziertheit war seit der ausgehenden Republik das Thema der sozialen Entwicklung. Die Etikette entwickelte, was es in der ganzen griechisch-römischen Antike bisher noch nicht gegeben hatte, offizielle Standestitel wie vir clarissimus (für Angehörige des Senatorenstandes), vir perfectissimus oder egregius (für solche des Ritterstandes). Wenn Augustus die Fortbildung des Senatoren- und Ritterstandes förderte und damit allen seinen Nachfolgern die Richtung angab, so tat er dies in Anpassung an die den objektiven Gegebenheiten innewohnende Neigung. Wo seine Politik richtig verstanden wurde, ergab sich denn auch eine harmonische Entwicklung zwischen dem Kaisertum und den auf der höchsten Stufe der Gesellschaft befindlichen Aristokraten. Ihre immer wieder wiederholte Forderung, im Senat als einem Pairsgericht ihren (strafrechtlichen) Gerichtsstand zu haben, war ein sprechender Ausdruck nicht nur für eine politische Position, sondern ebenso für die innere Gesetzlichkeit, welche die Zeit beherrschte.

Überhaupt war das damalige Strafrecht ein unmißverständlicher Zeiger für die maßgebende Struktur des gesellschaftlichen Aufbaus. Zwischen dem einfachen Volk, der plebs, und allen den ständischen Rängen, die über ihm waren, wurde immerhin so genau unterschieden, daß das römische Strafsystem darauf Rücksicht nahm und einen klaren Spiegel der sozialen Ordnung abgab. Oberhalb der plebs befanden sich zunächst die vornehmen Leute in den Städten, d. h. alle die, welche die Stadtämter bekleideten und im Rate saßen (die decuriones oder, in der späteren Terminologie, die curiales). Darüber standen dann die beiden Ränge der Reichsaristokratie, der Ritter- und der Senatorenstand. Sie waren die eigentlich Bevorrechtigten; aber die verschiedenen Gruppen fielen doch unter den einen Begriff der sogenannten honestiores, und ihnen gegenüber trat die große Masse der humiliores oder tenuiores. Die strafrechtlichen Privilegien gingen dahin, für die honestiores nicht nur die Verhängung der Todesstrafe zu erschweren, sondern vor allem jegliche Form von schimpflichen und besonders schweren Strafen auszuschließen. So waren sie befreit von der Kreuzigung, von der Verschickung ins Bergwerk wie von jeder Zwangsarbeit und von der Züchtigung, sei es als Strafe oder als Folter.

Zu den humiliores gehörte neben der unteren städtischen Schicht die breite Masse der landarbeitenden Bevölkerung. Ihre soziale Verfassung machte seit der späten Republik eine wichtige Veränderung durch. Damals war durch den Überfluß an monetären und menschlichen Betriebsmitteln, eine Folge des römischen Imperialismus, ein agronomischer Kapitalismus ins Kraut geschossen. Mit großen Sklavenscharen betriebene Gutsherrschaften verdrängten in Italien das selbständige Bauerntum. Dieser Prozeß hörte mit dem Kaisertum auf, wofür weniger die kaiserliche Regierung die Ursache war als der Wandel der allgemeinen Verhältnisse, welche die früheren ungeheuren Kapitalanhäufungen nicht mehr erlaubten. Die Zahl der Sklaven ging bedeutend zurück. Neue Betriebsformen wurden notwendig und in dem System der Verpachtung an freie Pächter gefunden. Der Übergang zur Grundwirtschaft war also beschritten, ohne daß deswegen auf die Gutswirtschaft völlig verzichtet worden wäre. Beides lief nebeneinander her. Das Pachtverhältnis war sehr frei und auf Zeit abgeschlossen. Der Zins wurde entweder in Geld oder in einer Ertragsquote von den Pächtern, den sogenannten coloni, entrichtet.

Fortgeschrittener war die Entwicklung in den Provinzen, wo der Grundbesitz größer war — in Italien scheint eine Verkleinerung, zum mindesten der einzelnen Güter, stattgefunden zu haben, was nicht hinderte, daß sich mehrere in einer Hand befanden — und vor allem die kaiserliche Domänenwirtschaft zum beherrschenden Faktor wurde. Die Domänengüter (saltūs) waren so gewaltig, daß sie nicht unmittelbar verwaltet, sondern an Oberpächter abgegeben wurden, die ihrerseits dann erst in den landbebauenden Unterpächtern das Arbeitspersonal gewannen. Die Pachtbedingungen als solche werden sich, wenigstens im Westen, nicht wesentlich von denen in Italien unterschieden haben, doch wurde die Verbindung des Pächters mit dem Boden enger. Wahrscheinlich beruhte es auf besonderem Entgegenkommen des Kaisers, daß er in Pachtverträge willigte, die nicht nur auf einzelne Personen und begrenzte Jahre ausgestellt waren, sondern sich über den Tod des Pächters hinaus auch auf dessen Kinder erstreckten. Damit sollte dem Bebauer des Bodens ein möglichst nachhaltiger Genuß und Gewinn seiner Arbeit gewährleistet werden. Auch wurde die Kultivierung verödeten und noch nicht urbar gemachten Landes durch Vorzugskontrakte (Nachlaß des Zinses für mehrere Jahre) prämiert. Seit Hadrian ist diese Erscheinung nachweisbar. Ferner fand eine teilweise Verkoppelung des Pacht- und Gutsbetriebes statt, indem zu den Lasten des Pächters auch Spann- und Arbeitsdienste im Gutshofe (der von dem Oberpächter, conductor, bewirtschaftet wurde) gehörten, also sein Zins auch in persönliche Leistungen verwandelt wurde.

Auf diese Art war eine Annäherung an die im hellenistischen Osten längst bekannte Methode der Domänenbewirtschaftung erfolgt. Diese war auch charakterisiert durch eine spezifische Domänenpächterschaft. In Ägypten, das allerdings einen Sonderfall darstellte, ging die Bindung des Pächters an den Boden bis zur Aufhebung der Freizügigkeit. So weit war man auf den römischen Domänen des Westens noch nicht gekommen. Aber die Verknüpfung von Grundeigentum und politischer Herrschaft hatte eine andere wichtige Konsequenz. Die bürgerliche Verwaltung, Polizei, Gericht usw. lagen in der gleichen Hand wie die Beaufsichtigung des Wirtschaftsvorgangs. Damit war der Grundriß für Verwaltungseinheiten auf der Basis kaiserlicher Domänen geschaffen. Sie konnten dann nicht mehr einer Stadt angehören, sondern standen selbständig neben ihr. Die kaiserliche Politik, deren Generalthema an sich der Ausbau und die Verbreitung des Städtewesens war, schlug hier einen Seitenpfad ein. Es war freilich nicht daran gedacht, daß beide Richtungen nun miteinander konkurrieren sollten; es kam auch wohl oft genug vor, daß auf kaiserlichem Grundbesitz sich neue Städte bildeten und von Amts wegen gegründet wurden, aber gegen das eigenartige Phänomen ländlicher Herrschaft selbst wurde grundsätzlich nicht angegangen und ihrer Bildung, die ja unter der Regie der kaiserlichen Verwaltung verlief, freie Bahn gelassen.

Allerdings handelte es sich hierbei nicht um die einzige Möglichkeit der Agrarverfassung. Die Städte hatten zum Teil große Territorien und kannten auf ihnen wahrscheinlich auch noch einen mehr oder weniger selbständigen Bauernstand. Bezeichnend ist es nur, daß Ansätze gegeben waren, von denen aus einmal Schatten auf die freie Entfaltung des Städtewesens fallen konnten.

Schließlich hat schon die Kaiserzeit des zweiten Jahrhunderts die Erfahrung machen müssen, daß das Städtewesen nicht mehr uneingeschränkt auf dem Grundsatz der Selbstverwaltung beruhte. Der Kaiser als Aufsichtsinstanz, zum ersten Mal Trajan, gewann Gelegenheit und Veranlassung, sich um die inneren, vor allem finanziellen Verhältnisse der Städte zu kümmern und sie mit Hilfe von kaiserlichen Kommissaren (curatores rerum publicarum, correctores civitatum liberarum) des näheren zu beobachten. Das waren Anzeichen dafür, daß sich unter der Decke des stationären Zustandes doch Bewegungen vollzogen. Das Kaisertum war zur Mitte des Reiches auch hinsichtlich seiner sozialen Struktur geworden, und so wurde der Ausschlag dieser leisen Wandlungen nicht zufällig in seinen Maßnahmen sichtbar.

§ 29. Die geistige Verfassung des römischen Kaiserreiches

1. Äußere Tatsachen der geistigen Entwicklung. — 2. Die römische Rechtswissenschaft. — 3. Hellenismus und Kaiserzeit. — 4. Die religiöse Lage. — 5. Das Christentum. — 6. Die Christen im Römischen Reich.

1. Äußere Tatsachen der geistigen Entwicklung

Mit dem römischen Kaiserreich, welches die römische Vorherrschaft im Mittelmeer zu einem fest umrissenen territorialen Komplex machte, wurde das gesamte geistige Leben, das sich innerhalb seiner Grenzen entfaltete, zu einem Bestandteil der römischen Geschichte. Da es sich hierbei außer der römischen Geistesgeschichte vor allem um die Entwicklung der griechischen Kultur handelt, ist unter diesem Gesichtspunkt die Kaiserzeit die Epoche der Synthese von Griechenland und Rom, und man hat dem gegenüber lediglich zu betonen, daß dieser Zustand längst vorbereitet und zum größten Teil auch verwirklicht war und daß Rom bei dieser Synthese nach wie vor keinen der Originalität nach gleichwertigen Partner darstellte. Die römische Literatur hat nie aufgehört, ihre Herkunft aus der Berührung Roms mit Griechenland zu verraten. Ihren Wert an dem Grade ihrer Selbständigkeit gegenüber der reichen hellenischen Tradition zu messen, würde auch jetzt zu ausgesprochenen Fehlurteilen führen. Aber das Fortschreiten der Zeit vermehrte den Bestand geistigen römischen Erwerbes beträchtlich (zweihundert Jahre sind für eine Literaturgeschichte, die nicht mehr als vierhundert Jahre zählte, eine lange Zeit), und die Grundlage, welche Weiterführung und Ausbau gestattete, war ja längst gelegt. Das Zeitalter des Augustus, dem die verhältnismäßig reichen Kräfte der späten Republik zur Verfügung standen, konnte nicht nur alte Ansätze fortsetzen, sondern hat auch den bisherigen Grundriß ausgedehnt und der lateinischen Literatur eine „Klassik" geschenkt. Daran schloß sich im ersten und beginnenden zweiten Jahrhundert eine Epoche fruchtbaren Schaffens, welche die gleichzeitige griechische literarische Tätigkeit in den Schatten stellte. Die klingenden Namen des römischen Geisteslebens, welche die späteren Renaissancen der Antike in ihren Bann zogen, Livius, Vergil, Horaz, Ovid, Seneca, die beiden Plinius, Tacitus, Sueton, Martial, Juvenal, Quintilian, Vitruvius, Columella usw., gehören fast ausnahmslos der frühen und mittleren Kaiserzeit an. Mit dem zweiten Jahrhundert ändert sich das Bild. Der Philhellenismus der „guten" Kaiser war das Gegenstück zu einer neuen Regsamkeit der griechischen Schriftstellerei, und entsprechend dem Verhältnis der beiderseitigen Leistungsfähigkeit ist das Übergewicht bis zum Ausgang des Altertums auch auf ihrer Seite geblieben.

2. Die römische Rechtswissenschaft

Eine Ausnahme bildete freilich die Rechtswissenschaft, nach wie vor die eigentlich originelle Leistung der Römer. Die Juristen der ersten beiden kaiserzeitlichen Jahrhunderte wurden dem ausgehenden Altertum schlechthin zu den Klassikern, vor denen die „Alten" (veteres) zurücktraten. Da dieses Urteil die Auswahl aus der bisherigen Rechtsliteratur, d. h. den wesentlichen Inhalt des Corpus Iuris unter Justinian bestimmte und dadurch die Werke der früheren Rechtswissenschaft verlorengingen, hat diese Einstellung auch für die Folgezeit, bis heute, Geltung behalten. Die „klassische" Zeit der römischen Rechtsentwicklung, genauer der Rechtswissenschaft, ist die Kaiserzeit (bis zur ersten Hälfte des dritten Jahrhunderts).

Das Urteil scheint aber nicht nur auf den Zwang einer für uns unvermeidlichen Optik zurückzugehen, sondern darf auch insofern ein gewisses Maß von sachlicher Berechtigung beanspruchen, als die Juristen der Kaiserzeit die Arbeit ihrer Vorgänger fortsetzten und ihren Ruhm weniger ihren eigenen Ansätzen als der Fortbildung und Verfeinerung der überkommenen Methode verdankten. Dies ist um so bemerkenswerter, als mit dem Untergang der Republik ihre Stellung und Funktion in der Gesellschaft sich geändert hatte und die praktische Einflußnahme auf den Prätor ebenso zurückgetreten war wie dessen Gewicht in der Rechtsentwicklung. Die Juristen verschafften sich jetzt Gehör entweder als kaiserliche Ministerialbeamte (als Mitglieder des kaiserlichen Thronrates, des consilium principis), d. h. innerhalb der kaiserlichen Bürokratie, an deren Spitze sie später sogar zeitweise (unter den Severern zwischen 200 und 235 n. Chr.) mit ihren hervorragendsten Vertretern (Papinian, Paulus, Ulpian) traten, oder sie wirkten allein kraft ihrer literarischen Tätigkeit oder auch als akademische Lehrer des Rechts an den beiden berühmten Rechtsschulen (der sog. Proculianer und Sabinianer), welche sich seit Beginn der Kaiserzeit in der Art griechischer Philosophenschulen als freie Vereinigung von Lehrenden und Studierenden gebildet hatten und später (etwa Ende des zweiten Jahrhunderts) festen akademischen Institutionen Platz machten, ohne daß allerdings deren Tätigkeit die ersten Autoritäten noch für sich zu gewinnen vermochte. —

Für die geistige Situation des römischen Kaiserreiches haben solche äußeren literaturgeschichtlichen Feststellungen allerdings nur einen untergeordneten Wert, zudem ist die römische Literatur nur ein ungenügender Spiegel für das Bewußtsein einer welthistorischen Epoche. Die römische Kaiserzeit hat ihren geistigen Schwerpunkt in der Entwicklung der antiken Zivilisation, und diese ist ungeachtet des römischen Beitrages (mit seinem wichtigsten Stück, dem römischen Recht, welches jetzt eigentlich erst das Recht des Weltreiches ist) in erster Linie bestimmt durch das Erbe des Hellenismus.

3. Hellenismus und Kaiserzeit

Der Hellenismus hat von allen Epochen die Möglichkeit des griechischen Geistes in der größten Vielfalt herausgestellt. Er ist die an Früchten üppigste Zeit der griechischen Kulturgeschichte. Neben der Fülle, die er selbst original hervorbrachte, bewahrte er die Güter der Vergangenheit und erhielt sie dem zeitgenössischen Bewußtsein gegenwärtig. So bot er das breiteste Spektrum der griechischen Genialität. In der ästhetischen Sphäre bildete er neue Formen aus und reihte sie an die alten „klassischen" an. Der formale Bildungsbegriff des vierten vorchristlichen Jahrhunderts, zurückgehend auf die Sophistik des fünften, kam bei ihm zur reichsten Entfaltung in der unbestrittenen Herrschaft der Rhetorik über die Jugenderziehung. Das philosophische Denken legte sich in zahlreiche Schulen auseinander, welche die nachsokratische Tradition fortführten und spätere hellenistische pflegten. Neben die Philosophie trat, von ihr zum Teil entbunden, eine differenzierte Fachwissenschaft: Mathematik, Medizin, Geographie, Astronomie, Physik, Philologie, Grammatik. Das religiöse Leben führte die durch die homerische Götterwelt geprägte offizielle Kultfrömmigkeit fort und gewann dazu z. T. ganz neue Ansätze.

Die römische Kaiserzeit hat darin keinen eigentlichen Umbruch gebracht — insofern ist sie eine geradlinige Fortsetzung des Hellenismus —; aber wenn der Hellenismus ausgezeichnet ist durch eine nach den verschiedensten Seiten sich kundtuende Lebendigkeit, so war diese jetzt nicht mehr vorhanden. Sie hat einer Verengung des geistigen Gesamtvolumens den Platz geräumt. In der Literatur kam ein dürrer Klassizismus auf, der das hellenistische Schaffen nicht nur nicht weiterführte, sondern seine Zeugen allmählich sogar in Vergessenheit geraten ließ. Bezeichnend sind die Ausnahmen. Von allem, was im Hellenismus noch am Leben war oder ihm seine Entfaltung verdankte, erfreuten sich in der Kaiserzeit lediglich die literarischen Geschöpfe eines platten Unterhaltungsbedürfnisses einer verbreiteten Wertschätzung und Pflege. Der Mimus, eine Mischung von Kabarettstück und Posse, und vor allem der Roman waren kaiserzeitliche Literaturgattungen. Das Niveau, das der Roman in der Antike erreichte, stand weit ab von der Höhe der sonstigen schönen Literatur. Zum Gefäß ernsthafter Anliegen ist er nie geworden und blieb stets auf den engen Kreis einer stereotypen Erotik und billigen Unterhaltung (durch Abenteuergeschichten) beschränkt. Allein in der Geschichtsschreibung ist eine große Tradition aufrechterhalten worden. Da waren es aber bezeichnenderweise soziologisch-politische Voraussetzungen, welche die Erschlaffung der geistigen Spannkraft hemmten. Der römische Staat und das Römische Reich hielten, zumeist in den Kreisen der vom römischen Staatsdienst erfaßten griechischen Notabeln, die Feder des Historikers in Gang.

Am klarsten wurde die Kontinuität von Vergangenheit und Kaiserzeit an dem Herzstück der antiken Bildung, der Rhetorik. Sie vermittelte die formale sprachliche Schulung und blieb infolgedessen unentbehrlich. Die antike Zivilisation, von der schützenden Schale des Römischen Reiches eingefaßt, konnte auf sie selbstverständlich nicht verzichten, und die kaiserliche Regierung wußte auch darum. An sich waren die für die Jugenderziehung notwendigen Veranstaltungen, soweit sie nicht privater Initiative überlassen waren, Aufgabe der Gemeinden. Aber das Reich, auf dem Wege, sich auch kommunale Wohlfahrtsaufgaben anzueignen, trat ihnen mit seiner Unterstützung zur Seite. Privilegien wurden etwa von Vespasian für Rhetoren und Grammatiker (übrigens auch für Mediziner) erlassen. Noch charakteristischer war es, daß das Reich geradezu als Veranstalter von Bildungsinstitutionen hervortrat und Rhetoren staatlich anstellte, zuerst (wahrscheinlich) in Rom unter Vespasian, dann im zweiten Jahrhundert auch in den Provinzen. Da wurden übrigens, dem „Geist der Zeit" entsprechend, auch Philosophen von der Fürsorge erfaßt.

Am deutlichsten wurde das Absinken des Niveaus in der Wissenschaft. Sie hörte zwar nicht auf, verlor aber zumeist den Nährboden ihrer Existenz, den Trieb zu suchendem Forschen. Das Weiterleben der wissenschaftlichen Metropole Alexandrien durch römische Fürsorge konnte daran nichts ändern. Dasselbe Schicksal teilte sich den philosophischen Schulen mit, soweit sie das Gehäuse präzisen intellektuellen Strebens gewesen waren. Große Systeme brachten sie nicht mehr hervor. Der Stoiker Poseidonios (ca. 135—50 v. Chr.) war die letzte bedeutende Einzelerscheinung gewesen. Auch die Schärfe des überkommenen Profils der verschiedenen Strömungen wurde verwischt. Angleichungen fanden statt. Vulgärplatonische oder vulgärstoische Elemente verbreiteten sich über ihre Ursprungsgrenzen. Eklektisch verfahrende Weltanschauungseinrichtungen wurden bestimmend. Unter ihnen vor allem die Stoa, welche durch die weit über die Schule ausgreifenden Gedanken des Poseidonios ihre Entwicklungs- und Anpassungsmöglichkeiten sehr erhöht hatte.

4. Die religiöse Lage

Am kräftigsten regte sich das Leben im religiösen Bereich. In ihn ragte auch die philosophische Weltanschauungslehre mit ihren religiösen Spekulationen und ihrem religiösen Gefühlsgehalt hinein. Die Philosophie hatte längst den hellenischen Glauben auf der Stufe der naiven polytheistischen Frömmigkeit hinter sich gelassen. Aber diese Frömmigkeit war auch in der Praxis des Alltags einer anderen Haltung gewichen.

Der Raum der griechischen Religion war einst zu einem wesentlichen Teil durch die staatliche Verehrung der griechischen Götter ausgefüllt gewesen. Die politische Gemeinschaft der Stadt war der Träger dieser Kulte. Ihr Inhalt bestand in der pflichtgemäßen Erledigung der Opferhandlungen und der Veranstaltungen der traditionellen Feste. Sie waren ein wichtiger Sammelpunkt des antiken Lebens und entsprachen einer religiösen Bewußtseinsstufe, welche inmitten der sozialen Gruppierung, wie sie einst die städtische Gemeinde herbeigeführt hatte, der Gottheit ihren Platz als Spenderin eines auf dieses Kollektivum bezogenen Segens zugewiesen hatte. Die Begegnungen zwischen Mensch und Gott hielten sich deshalb innerhalb der festen Grenzen, welche durch den beiderseitigen Standort abgesteckt waren, und waren so ein für allemal fixiert. Grundlegende Wandlungen hierin hätten sich aus einer strukturellen Veränderung der Stadt ergeben können; aber eine solche hat, abgesehen von dem Verlust der außenpolitischen Unabhängigkeit, welcher dieses Problem nicht betraf, nicht stattgefunden. Die griechische und auch die römische „Stadt“ wurden zwar als unabhängiger „Staat“ abgebaut und in das Römische Reich als bloße Selbstverwaltungskörper eingefügt, erhielten sich jedoch in dieser Eigenschaft die Funktion, primärer Träger der äußeren sozialen Organisation zu sein. Die antike Stadt war innerhalb der antiken Gesellschaft ein ausgesprochen stationäres Element und mußte deshalb der Fähigkeit entbehren, sich dem Wandel der religiösen Bedürfnisse anzupassen. Sie konnte ihnen nur insoweit nachgeben, als diese sich auf der Linie der offiziellen Kultfrömmigkeit hielten.

Das war etwa der Fall bei der Angliederung erst des hellenistischen Herrscher- und in seiner Nachfolge des römischen Kaiserkultes. Er war noch durchaus auf dem Boden einer kollektiven Frömmigkeit und eines Glaubens erwachsen, welcher die Gottheit als weltimmanente Größe in das System des politisch geregelten Daseins einordnete. Infolgedessen konnte er ohne jede Veränderung seines inneren Gehaltes als sichtbare Äußerung politischer Loyalität dienen, und er ist unter diesem Gesichtspunkte auch so verstanden worden. Die antike Gesellschaft konnte daran um so weniger Anstoß nehmen, als sie die offizielle Pflege des Götterdienstes, wie sie ihr von alters her vertraut war, als durchaus berechtigt und vor allem als selbstverständlichen Bestandteil ihrer Lebensordnung anerkannte. Jede Opposition gegen den Kaiserkult hätte von ihrer Einstellung aus nur eine politische, nie aber eine religiöse Deutung erfahren können; zu politischer Opposition jedoch fehlte — von der bekannten Ausnahme der Juden abgesehen — jede Veranlassung und Voraussetzung.

Aber mehr als das Herkommen und als die Bewahrung nicht nur einer religiösen, sondern in höherem Grade einer gesellschaftlichen Konvention bedeutete der Staatskult nicht. Es hatte schon in klassischer und vorklassischer Zeit nicht an Strömungen gefehlt, welche außerhalb der sozial und politisch festgelegten Übung religiöse Anliegen verfolgten. Aber im Hellenismus brach dieses Bedürfnis recht eigentlich auf und gab dem Zeitalter auf dem religiösen Gebiet sein besonderes Gepräge. Diese

Entwicklung wurde unvermeidlich, nachdem einmal klar war, daß die offizielle Götterverehrung nicht fortbildungsfähig war und ein bestimmtes Stadium in der Geschichte der griechischen Religion nicht zu überschreiten vermochte. Im Zusammenhang mit der seelischen Differenzierung, die der Hellenismus mit sich brachte, verlangten die Menschen danach, von der Gottheit persönlich angesprochen zu werden und ein individuelles Verhältnis zu ihr zu gewinnen. Sie wünschten zugleich, in ihrer Lebensführung die göttliche Nähe zu verspüren und überhaupt einen intimen Raum zu betreten, der sie nicht nur allein mit dem Gott, sondern zusammen mit Gleichgesinnten umschloß. Mystische Vereinigung mit dem göttlichen Wesen und Bildung freier, auf Grund eigener Willensbestimmung gestifteter Gemeinschaften wurde das Ziel des religiösen Strebens. Die Zeit der zahlreichen hellenistischen Mysterienreligionen, welche zugleich immer Gemeinde- und Konventikelbildungen bedeuteten, war gekommen.

Hier ging es nun nicht mehr um eine Kultfrömmigkeit, welche den Gott seiner äußeren Hilfe wegen ehrte. Das Individuum ließ sich vielmehr von der Kraft der Weihe in sakramentalen Handlungen ergreifen. Der Gott verwandelte es zu einem neuen Wesen. Das alte starb ab. Tod und Wiedergeburt verknüpften sich zu einer innigen Einheit. Der Mensch war jetzt erlöst von allen Beschränkungen der Hinfälligkeit, denen er vorher unterlag, befreit von den Sünden, und da er an dem Wesen des unsterblichen Gottes teilhatte, war ihm auch die Unsterblichkeit gewiß. Der Gläubige nahm nun am Gottesdienst unmittelbar handelnd teil. Kunstvolle Liturgien schufen eine faszinierende Szenerie. Aber auch das ganze übrige Leben war eingetaucht in die Atmosphäre göttlichen Wirkens. Der gereinigte und „reine“ Mensch wurde auch in seiner Lebensführung ein anderer (oder sollte es wenigstens werden) und fand sich mit allen denen zusammen, die gleichen Sinnes waren. Ihr Kreis konnte, ohne Rücksicht auf Abstammung und politische Zugehörigkeit, beliebig erweitert werden. Er hatte sogar die Aufgabe zu wachsen. Dem freiwilligen Zusammenschluß der Gemeinde entsprach die Werbung unter den noch draußen Befindlichen. Mysterienreligion war immer zugleich missionierende Religion.

Begreiflicherweise boten diesem Trieb die staatlich fixierten „olympischen“ Götter keine Anknüpfungsmöglichkeiten. Die Gestalten einer Hera, Artemis, Athene, eines Apoll und des Zeus ließen sich nicht mehr umformen. Anders stand es mit den Göttern außerhalb dieses Kreises. Dionysos, welcher zwar den Griechen schon lange vertraut war, aber trotz teilweiser Rezeption durch den Staatskult nie sein dynamisches und anpassungsfähiges Wesen verlor, war deshalb einer der ältesten Mysteriengötter. Aber der griechische Boden gab seinesgleichen nicht genug her. Statt dessen brachte die geographische Ausbreitung des hellenistischen Griechentums in zahlreichen Berührungen mit fremden orientalischen Göttern Ersatz. Diese hatten natürlich auch bereits in einer langen Vorgeschichte ihre Gestalt gewonnen, aber, hineingestellt in den Kreis griechischer Kultur, verloren sie diese zwar nicht gerade, konnten jedoch angesichts des fremden Zugriffs ihre Verbindlichkeit nicht behaupten. Dafür boten sie das, was die Griechen in ihrer damaligen Situation benötigten: große göttliche Wesen, in die sie ihr Empfinden einschießen lassen konnten und die sich dazu eigneten, durch den Stempel der Mysterienfrömmigkeit als griechische Gottheiten neugeschaffen bzw. neugeprägt zu werden. Der äußeren Morphologie nach bedeutet dieser Vorgang religiöse Vermischung (Synkretismus), dem sachlichen und seelischen Gehalt nach war er Ausdruck eines Fortschreitens genuiner griechischer Religiosität.

Es bestand ein beträchtlicher Reichtum an Mysteriengottheiten. Aus Kleinasien stammte die „Große Mutter" (Magna Mater) mit dem Attis; aus Ägypten Isis, die mütterliche Gottheit; der iranische Osten brachte den Mithras, dessen Religionsgemeinschaft wegen ihres stark männlichen Ethos vor allem unter den römischen Soldaten Zuspruch hatte und auf diese Weise eine große Verbreitung auch bei den germanischen Garnisonen fand; Syrien entstammte die „Syrische Göttin" (dea Syria). Ein merkwürdiger Gott war Serapis. Er war von dem ersten Ptolemaios „komponiert" worden aus Osiris und Apis und sollte in dieser Zusammensetzung den Ägyptern vertraut sein und doch auch kraft seines griechischen Ursprungs — der König hatte einen athenischen „Theologen" und Mysteriensachverständigen beigezogen — auch den Griechen etwas bedeuten. Seine große Rolle aber begann, als er außerhalb Ägyptens als Mysteriengott ein Eigenleben entwickelte.

Die Mysteriengottheiten, welche den Menschen als Ganzen ergriffen und keine partielle Zuständigkeit mehr kannten, wie die Staatsgötter sie besaßen, waren ihrem Wesen nach auf Exklusivität und die Verdrängung jedes Rivalen angelegt. Ihre Ansprüche waren mit denen anderer Gottheiten an sich kaum verträglich. Aber diese Folgerung wurde bezeichnenderweise nie gezogen. Man wich ihr durch einen anderen Gedanken aus. Die Idee der göttlichen Allmacht war gerettet, wenn alle nur denkbaren Erscheinungsformen dem Begriff nach in die einzelne konkrete Götterpersönlichkeit einbezogen wurden und es klar wurde, daß man auch anderswo, bei anderen Göttern, es in Wirklichkeit nur mit dem betreffenden Gott zu tun hatte. Das Göttliche ist eines, nur seine Erscheinungsformen sind verschieden. So konnte man in unzähligen liturgischen Texten die Formel von dem *einen* Gott (heis theós) prägen, der die gesamte Göttlichkeit in sich birgt und sich doch in jeweils verschiedenen Götterindividualitäten offenbart.

Diese Theologie war um so leichter zu vollziehen, als das griechische philosophische Denken längst zu dem Begriff eines einheitlichen Göttlichen oder des Gottes schlechthin vorgedrungen war, ohne deswegen auf die Vielfalt der historisch überlieferten Götter zu verzichten oder sie in Frage zu stellen. Die abstrakte Religionsphilosophie und die religiöse Praxis gaben sich jetzt also die Hand, und der griechische Geist schlug auf den verschiedenen Ebenen seiner Entfaltung die gleiche Richtung ein. Für die Erhaltung der Tradition wurde es aber wichtig, daß ein in dieser Art persönlicher Monotheismus nicht in einen Kampf gegen die bestehende Gesittung umschlug und es trotz des tiefgreifenden Wandels, der sich vollzog, zu keinem gefährlichen Bruch kam. Über alle Sonderformen des Glaubens hinweg blieb ein grundsätzliches Einverständnis bewahrt, und infolgedessen fügte sich auch die freie Religiosität der Mysterienreligionen in den Raum des offiziellen Kultus und Herkommens ein. Eine grundsätzliche Veränderung dieses trotz aller Mannigfaltigkeit harmonischen Zustandes erfolgte erst, als ziemlich genau mit Beginn der Kaiserzeit innerhalb dieser bunten religiösen Welt das Christentum auf den Plan trat.

5. Das Christentum

Das Christentum war ursprünglich eine jüdische Sekte, wie es deren damals manche gab, und war deshalb nicht nur seiner Herkunft, sondern auch seiner Reichweite nach dazu bestimmt, ein binnenjüdisches Phänomen zu sein. Jesus selbst kam zu seiner Verkündigung auf Grund einer spezifisch jüdischen Problematik. Die Ritualisierung und Vergesetzlichung des Judentums, wie sie von den Pharisäern betrieben wurde, löste bei ihm einen leidenschaftlichen Protest aus. Er formulierte ihn nicht nur ganz radikal, sondern dachte ihn wohl auch in dieser Schärfe: alle Satzung ist für das Verhältnis von Gott und Mensch gleichgültig. Gott ist der Vater und sieht auf die innere Sinnesrichtung des Menschen. Ein Sünder, der bereut, ist ihm lieber als tausend „Gerechte". Wohin dieser Weg führen sollte, der nicht nur den Bruch mit den Pharisäern zur Folge hatte, sondern die gesamte jüdische Geschichte der letzten fünf Jahrhunderte in Frage zog, ist schwer zu sagen. Nach kurzer Predigttätigkeit (manche modernen Berechnungen geben ihr gerade ein Jahr) brachten ihn seine Gegner schon zu Fall (die Datierungen bewegen sich zwischen 28 und 32 n. Chr.).

Das Christentum beginnt erst mit dem toten und wiedererstandenen Jesus. Gleich nach „Karfreitag" und „Ostern" stehen zwei Gruppen nebeneinander, die eine der palästinensischen Juden, die andere bestehend aus Diasporajuden, d. h. solchen aus griechischen Gegenden, welche gerade zum Passahfest in Jerusalem weilten. Die Zukunft gehörte den letzteren. Antiochien, eine griechische Großstadt, wurde ihr Zentrum. Von da gingen Fäden zu den Judengemeinden der Diaspora. Immerhin war das auch noch innerhalb des Judentums. Seine Grenze wurde gesprengt, als „Heiden" nicht nur für das Christentum gewonnen wurden, sondern ihnen der Übertritt zum Judentum erspart wurde (auch jenes hätte sich noch innerhalb der jüdischen Heidenmission halten können). Derjenige, der hier nicht nur den entscheidenden Schritt wagte, sondern auch die geistige Prägung der neuen Religionsgruppe entscheidend bestimmte, war Paulus, selbst ein vornehmer Diasporajude, vertraut mit der gelehrten rabbinischen Tradition des Judentums, aber als Bürger von Tarsus, einer rein griechischen Stadt, natürlich ebenso innigen Umgang mit dem geistigen und religiösen Leben der griechischen Welt gewohnt.

In Christus gewann das Christentum den ihm spezifischen Gegenstand geistlicher Verehrung. Solche Apotheose eines Menschen war nach jüdischer Vorstellung unmöglich. Innerhalb der judenchristlichen Kirche war deshalb Christus der Messias, der, entsprechend der verbreiteten eschatologischen Vorstellung der Juden, einst kommen und das „Reich Gottes" heraufführen wird. Diese Apokalyptik ist freilich auch echter Bestandteil des christlichen Glaubens geworden, aber von ihr führt keine Brücke zu der Vorstellung von Christus als dem Erlöser und Heiland. Sie war nur auf hellenistischem Boden denkbar. Paulus hat dieses Element in seiner Christusmystik zum Zentrum seiner Theologie erhoben. Das Leiden Christi, in dem er die Gebrechlichkeit der menschlichen Existenz auf sich nimmt, ermöglicht die mystische Vereinigung des Menschen mit ihm. Er wird, indem er das Leiden Christi nachvollzieht, zu einem neuen Geschöpf. Der Geist (das pneuma) verwandelt ihn und befreit ihn von den Fesseln des „Fleisches". Christi Tod macht den Menschen lebendig. Das Christentum ist eine pneumatische Religion. Christus ist deshalb immer gegenwärtig. Im Abendmahl wird seine Existenz unmittelbar erfahren, aber nicht nur in ihm. Die Hinwendung des Menschen zu Christus vollzieht sich in der Veränderung seines ganzen Wesens: Glaube, Liebe, Hoffnung machen ihn zum Leib Christi.

Das Christentum war von Anfang an nicht nur jüdischen Ursprungs, sondern ist ebenso aus hellenistischem Untergrund erwachsen. Schon mit seiner Geburt hat es sich dessen Baustoffe einverleibt. Seine Struktur ist von Anfang an dadurch bestimmt gewesen. Vermittelt wurde ihm das griechische Element durch die Berührung mit den geistig-religiösen Kräften innerhalb des Römischen Reiches. Es führte aber ein Umweg auch über das hellenistische Diasporajudentum. Solche frühen Ansätze mußten im Verlauf der geschichtlichen Entwicklung immer bedeutsamer werden. Zumal nachdem sich die Wege des Christentums von denen des Judentums getrennt hatten, war dieser Verlauf unvermeidlich. Die Rückbeziehung des Judentums auf sich, seine Abkehr von seiner hellenistischen Phase, war dem Christentum verschlossen. Die Geschichte des Christentums lag in der Zukunft, und diese Zukunft bedeutete eine immer stärkere Durchdringung mit dem antiken Geist, auch dann, oder gerade dann, wenn es sich mit ihm polemisch auseinandersetzte. Die sogenannten Apologeten des zweiten Jahrhunderts, welche das Christentum gegen die Vorwürfe der Heiden verteidigten, haben dadurch, daß sie ihre Argumente auf deren philosophisch-weltanschaulicher Ebene entwickelten, die Hellenisierung des Christentums gefördert. Sie befanden sich teilweise in einer ähnlichen Situation wie einst die hellenistischen Juden, welche die jüdische „Philosophie" den Judenfeinden klarlegten. Das Christentum hat auch sonst von ihnen gelernt. Der Logosbegriff im Johannesevangelium stammt aus dem alexandrinischen Judentum. Im Hebräerbrief sind die Beziehungen noch dichter. Aber das Christentum besaß in dem Reichtum seiner geistigen Triebe überall Poren, durch die die geistige Luft, die es atmete, eindringen konnte. Eine „Geistesgeschichte" des antiken Christentums ist deshalb ein Stück antiker Geschichte.

Dennoch war das Christentum nicht nur eine Spielart der bunten kaiserzeitlichen Religiosität. Es gehörte zu den zahlreichen Mysterienreligionen, aber es war weder mit einer von ihnen auswechselbar noch befand es sich mit ihnen in der Lage einer echten Konkurrenz. Das Christentum war das, was die anderen waren, auch; aber es war noch wesentlich mehr und übertraf sie alle durch den Reichtum seiner Anlagen. Schon deshalb trifft das berühmte Wort Renans nicht zu, daß die Welt ebenso dem Mithras hätte gehören können, wie sie schließlich christlich geworden ist.

Es gab sehr wesentliche Unterschiede zu den hellenistischen Religionen. Schon die Gestalt Christi hatte nicht ihresgleichen. Christus war zwar auch Gott und Heiland wie die hellenistischen Mysteriengötter und konnte nicht lediglich als „Religionsstifter" angesprochen werden — das Christentum setzt seinen Tod voraus, und Christus war nicht der erste Christ —; aber Christus war im Gegensatz zu allen übrigen Gottheiten ein leibhaftiger Mensch gewesen, und die Überlieferung seiner Worte und Taten strömte trotz aller Überlagerung, wie sie bereits ein bis zwei Generationen später die Evangelien aufwiesen, die eigentümliche Lebendigkeit echten geschichtlichen Wirkens aus.

Der Gegensatz zum Thorajudentum ließ in Jesus die Innigkeit einer persönlichen Religiosität und den Individualismus des menschlichen Wesens in einer Radikalität zum Vorschein kommen, wie sie nirgends sonst, weder in den gleichzeitigen Religionen noch in der griechischen Philosophie, erreicht waren, obgleich jene durchaus um das Heil des einzelnen kreisten und dieser die freie Selbstbestimmung der Persönlichkeit nicht minder vertraut war. Doch Jesu Botschaft von dem väterlichen Gott, der sich mit der Fülle seiner himmlischen Liebe zum menschlichen Einzelwesen hinneigte, rührte den Menschen in den letzten Tiefen des Gemütes an und brachte ihn dadurch in seinem ganzen Sein zu sich selbst. Diese absolute Verselbständigung des Individuums gegenüber jeder äußeren weltlichen Ordnung, gegenüber allen gesellschaftlichen Gewohnheiten und gegenüber jeglicher innerweltlichen Logik, d. h. die fundamentale Entwertung aller diesseitigen Daseinsbezüge, legten zugleich den Grund zu einem Freiheitsbegriff, für den es — außer Gott selbst — keine Schranken mehr gab. Der Mensch als concretum war mit schöpferischer Kraft ausgestattet, und zu ihrem Bewußtsein gelangte er durch die Erfahrung der ursprünglichen, d. h. auf keinen irdischen Grund mehr zurückführbaren Liebe zum Nächsten. Paulus hat diesen Indeterminismus der Liebe (agápe) nicht nur begriffen, sondern ihn als unverlierbaren Bestandteil dem werdenden Christentum einverleibt. Dort war er zwar nicht gefeit gegen die Verkrustungen, welche die Zeit und die notwendigerweise nicht immer gleiche innere Energie des Christentums zuließen, aber verlorengegangen ist er dem Christentum nicht mehr; ein Licht, das in tausend Brechungen auf die Geschichte einer christlichen und dann später auf die einer durch das Christentum hindurchgegangenen Welt fallen sollte.

Das Christentum besaß eine nur ihm eigentümliche innere Mächtigkeit, eine besondere Verdichtung der geistigen Substanz. Der Grund dieses Vorzuges lag darin, daß es nicht einfach als ein Geschöpf der hellenischen Antike in ihren Kreis getreten war, sondern unter den schwersten Geburtswehen die harten Schalen des Judentums zerbrechen mußte. Das Judentum war der einzige ebenbürtige und nicht bezwungene Gegner der griechischen Zivilisation. Das Christentum teilte seine Unüberwindlichkeit, aber dies nur deshalb, weil es auch das Judentum als Wurzelboden hatte. Es machte sich von ihm selbständig, gewiß, es überwand es, und es fand hierbei sich selbst; aber indem es sich in dieser Auseinandersetzung freisetzte und den antiken Geist in sich aufnahm, führte es zugleich die Geschichte des Judentums weiter, über es hinaus und in eine ganz andere Richtung, als die von ihm hinfort verfolgte; dies war und blieb jedoch bei allen „dialektischen“ Umbrüchen ein Prozeß, der von dem Judentum seinen Ausgang genommen hatte.

Das christliche Selbstbewußtsein hat gerade in der frühen Zeit darum gewußt. Das christliche Geschichts- und Traditionsbewußtsein, überhaupt die Bestimmung seiner kollektiven Eigenart, hat sich in der Auseinandersetzung mit dem Judentum vollzogen. Waren die Juden das Volk Gottes, dann waren es die Christen erst recht und machten ihnen diesen Rang streitig. Waren die Juden das Volk Israel, dann waren die Christen das „wahre Israel“. Sie allein hatten Ermahnung und Voraussagung der Propheten richtig verstanden. Die Offenbarung Gottes in der Heiligen Schrift war ihre Offenbarung. Die Septuaginta wurde ein christliches Buch — dergleichen besaß keine hellenistische Mysterienreligion —, und die christliche Kirche wurde zur ecclesia nach einem griechischen, aus dem Hebräischen übersetzten Terminus der Septuaginta (ecclesía = Versammlung Gottes). Die Christen stellten sich neben das Judentum, aber sie reihten sich nicht in die Griechen ein als hellenisierte Juden. Das Christentum bestimmte sich als eine dritte Potenz, selbständig sowohl gegenüber den Juden wie den Hellenen. Das Christentum wurde ein eigenes „Volk“, das „dritte Geschlecht“.

Die Juden waren ursprünglich ein „natürliches“ Volk gewesen. Mit dem Verlust ihrer letzten nationalen Organisation hörten sie auf, ein solches zu sein. Aber sie sprachen natürlich noch in den Begriffen ihrer „nationalen“ Geschichte. Das Christentum war nie im profanen Sinn ein Volk gewesen, aber es übernahm von den Juden bzw. von deren Tradition, die ja auch die seine war, diese Vorstellung, mußte sie dann aber zwangsläufig umprägen und spiritualisieren. Das Christentum übernahm — was viel wichtiger war — auch den Gott der Juden, selbstverständlich nicht den Gott der Thora (und des späteren Talmud), aber doch den Gott, der zum Unterschied von allen antiken Göttern schon in sehr früher Zeit keine anderen Götter neben sich dulden wollte. Die Verabscheuung aller derjenigen, die zu anderen Göttern beteten und ihnen opferten, war nicht minder christlich als jüdisch. In diesem Punkt gab es zwischen Christen und „Heiden“ ebensowenig eine Verständigung wie zwischen Juden und Heiden. In der sogenannten Gnosis drohte einmal eine Aufweichung dieses unabdingbaren Monotheismus im Christentum Eingang zu gewinnen. Mit der Unerbittlichkeit des Selbsterhaltungsinstinktes hat das Christentum diese Strömungen ausgeschieden.

6. Die Christen im Römischen Reich

Diese Unversöhnlichkeit der Haltung und die Ausschließlichkeit dieses Gottesbegriffes ließ sich mit den Grundlagen der antiken Gesittung und Religiosität nicht vereinen. Mochte das Christentum im Raum des griechischen Geistes noch so heimisch werden, an dieser Stelle tat sich ein Graben auf, der nicht zu überbrücken war. Es war der gleiche, der auch das Judentum von seiner Umwelt trennte. Das Christentum besaß zwar kein Ritual, das auf Außenstehende abstoßend wirkte — hierin war es durchaus in die hellenische Welt eingegliedert —, aber seine Intoleranz, welche nicht nur für sich das Reservat eines spezifischen, auf blutige Opfer verzichtenden Monotheismus in Anspruch nahm, sondern die „heidnischen“ Formen auf das schärfste verurteilte, mußte soziologisch einen Fremdheitsaffekt hervorrufen. Dazu wurde zu Anfang das Christentum verständlicherweise für eine jüdische Sekte gehalten; es gehörten ihm zahlreiche Judenchristen an, und gerade die Gemeinde in Rom setzte sich vor allem aus solchen zusammen. Anders zu sein und anders sein zu wollen verschafft nach den Gesetzen der menschlichen Gesellschaft nun einmal keine Sympathie. Wo man nichts Nachteiliges wußte, half die Phantasie mit frei erfundenen Verdächtigungen aus. Mit dem Abendmahl etwa sollten Ausschweifungen verbunden sein. Dergleichen Torheiten waren schon in der Frühzeit der Mysterienkulte gegen diese vorgebracht worden. Oder aber man ereiferte sich gegen einen Gott, der nicht nur gestorben, sondern auch noch den schimpflichsten Tod (am Kreuz) gestorben war. Am bequemsten für die Polemik bot sich aber der christliche Gottesbegriff dar, der weder Opfer noch Bilder zuließ. „Gottlosigkeit“ (Atheótēs) hieß deshalb die geläufige Anklage — sie wurde so gut gegen Christen wie gegen Juden erhoben — und stammte aus dem Repertoire der antijüdischen Schmähungen ebenso wie das böse Wort, daß dergleichen Sinnesart eine Abneigung gegen alle anderen Menschen (gr. amixiá, lat. odium generis humani) verrate und ihre Träger deshalb außerhalb des menschlichen Geschlechtes, d. h. der antiken Gesellschaft, stelle.

Der römische Staat hatte bei der Strömung, die sich von selbst gegen das Christentum bildete, keineswegs die Führung. Es dauerte auch verhältnismäßig lange, bis er auf das Christentum überhaupt aufmerksam wurde. In Rom sah Claudius in den Christen die jüdische Sekte, die sie dort eigentlich auch waren — es handelte sich damals in der römischen Reichshauptstadt nur um Judenchristen — und erfaßte sie im Zusammenhang mit Polizeimaßnahmen (Ausweisungen), die er gegen die Juden gerichtet hatte. Claudius war im Gegensatz zu seinem Vorgänger Caligula kein Judenfeind und persönlich überhaupt eine quietistische Natur. Aber bei den Juden kam es zu Unruhen — übrigens nicht nur in Rom, sondern auch im Osten, in Alexandrien und Antiochien —, und die öffentliche Ordnung schien gefährdet. Ursache war das Auftreten der Christen in der jüdischen Diaspora. Nach einem einwandfreien Zeugnis gaben sie den Anlaß zum Eingreifen des Kaisers in Rom (49 n. Chr.). Auch die berühmte Christenverfolgung durch Nero (64 n. Chr.) verriet noch keine genaue Kenntnis des Christentums und erst recht nicht eine prinzipielle Feindschaft gegen die neue Religion. Es spricht einiges dafür, daß Nero erst durch jüdische Proselyten am kaiserlichen Hof einen Hinweis auf sie erhielt und dadurch ihm Gelegenheit gegeben wurde, die Volkswut, die sich nach dem Brande Roms gegen ihn richtete, auf die Christen abzulenken und sie zu Brandstiftern zu stempeln. Ihre kleine Gruppe, die sowohl bei Juden wie bei Heiden auf Abneigung stieß, eignete sich gut als Sündenbock.

Das römische Kaiserreich war den Religionen gegenüber liberal. Eine grundsätzliche Feindschaft in dieser Frage kannte es nicht. Wenn es gelegentlich gegen einzelne Sekten einschritt, war es von Gesichtspunkten der öffentlichen Ordnung und Wohlfahrt geleitet. Es kam deshalb nur zu vorübergehenden und räumlich (meistens auf Rom oder Italien) beschränkten Maßnahmen (Vertreibung der Anhänger oder Verbot der Religionsausübung). Selbst den Juden gegenüber hielt die römische Regierung die Linie der Toleranz ein, obgleich ihr wohl bewußt war, daß sie es an der geforderten Loyalität dem staatlichen Kult gegenüber fehlen ließen. Daran änderte sich auch nach den schweren Kämpfen mit dem palästinensischen Judentum und nach der Unterdrückung der späteren Judenaufstände nichts. Dem Christentum gegenüber eine andere Stellung einzunehmen, dafür lag kein Grund vor, und in der Tat hat sich der römische Staat beinahe durchgängig während der ersten zwei nachchristlichen Jahrhunderte bemüht, seine Großzügigkeit auch dem Christentum zugute kommen zu lassen.

Wenn ihm das nicht immer gelang, so lag dies weniger an ihm als an den Christen. Im Gegensatz zum Judentum war das Christentum eine mit frischen Kräften aufstrebende Religion. Seine Mission hatte sehr bald im griechischen Osten große Erfolge. In Kleinasien war es bereits im zweiten Jahrhundert ein wichtiger sozialer Faktor. Der lateinische Westen stand demgegenüber weit zurück. In Rom war charakteristischerweise das Christentum bis ins dritte Jahrhundert auf die griechisch sprechende Bevölkerungsschicht, d. h. also auf östliche Einwanderer, beschränkt und deshalb als Kirchensprache nicht Latein, sondern Griechisch in Gebrauch. Die älteste lateinische und im Grunde auch fast das ganze Altertum hindurch führende Kirche im Westen wuchs in Nordafrika heran, in der Landschaft des heutigen Tunis, welche während der Kaiserzeit ein glänzend kultiviertes und romanisiertes Land war. Ihr gegenüber fällt die ganze übrige westliche Reichshälfte stark ab. Nicht nur gehen die meisten geistigen Impulse vom griechischen Osten aus, sondern dieser ist auch für den Westen in erster Linie der Träger der Mission. In Gallien waren deshalb zuerst die griechischen Bevölkerungselemente, von dem Einfallstor Massilia, einer griechischen Stadt aus, vom Christentum erfaßt. Irenaeus, der das Christentum den Kelten predigte, war auch ein Grieche (Ende des zweiten Jahrhunderts).

So war das Christentum bereits um die Wende vom ersten zum zweiten Jahrhundert eine der römischen Zentralregierung recht bekannte Erscheinung. Um diese Zeit muß auch von ihr die grundsätzliche Entscheidung getroffen worden sein, daß Christsein den Verdacht der politischen Illoyalität nach sich zog. In ihr sprach sich ein Reflex der allgemeinen Mißbilligung aus, auf die das Christentum infolge seiner Abkehr von den heidnischen Lebensformen stieß. Als Reaktion auf das neue Phänomen wurde im Laufe der Zeit die Unbefangenheit der Antike in religiösen Fragen immer mehr in der Richtung auf eine Art von negativer Gegenideologie abgewandelt. In örtlichen Krawallen und Ausschreitungen, in einer großen literarischen Polemik gegen das Christentum tat sich die veränderte Situation allmählich im Verlauf des zweiten Jahrhunderts kund. Da Hetzer und Denunzianten das Recht auf ihrer Seite hatten, war ihnen leicht Gelegenheit zur Betätigung gegeben. Sie brauchten nur darauf hinzuweisen, daß in diesem oder jenem Falle die Christen die offiziellen Opfer ignoriert oder gar verurteilt hätten, um eine Massenerregung zu entfachen oder den Betreffenden vor den Richter zu bringen.

Angesichts dieser Sachlage verdient es hervorgehoben zu werden, daß dergleichen Vorkommnisse doch im ganzen nicht allzu häufig waren und daß vor allem die Regierung darauf bedacht war, von sich aus kein Öl ins Feuer zu gießen. Der politischen und geistigen Gesinnung des Zeitalters hätte ein solches Verhalten auch wenig entsprochen. In einem berühmten Bescheid läßt sich am Anfang dieser Epoche der Kaiser Trajan dahin vernehmen, daß der Staat keinerlei Initiative in der Feststellung der christlichen Unregelmäßigkeiten entfalten solle (conquirendi non sunt, nämlich Christiani), und schließt mit der bezeichnenden, das Ethos dieser Epoche in kürzester und treffendster Weise zum Ausdruck bringenden Formulierung: nec nostri saeculi est.

In Wirklichkeit hat das Christentum vom Römischen Reich mehr Nutzen als Schaden gehabt. Sein Raum, der gegen allen Krieg und überhaupt gegen das Lärmen der Politik abgedichtet war, gewährte ein günstiges Klima für eine Religion, welcher jegliche äußere Weltgestaltung von Hause aus fern lag. Die Ungestörtheit eines weiten Verkehrs, ein Geschenk des römischen Friedens, ermöglichte die großen Missionsreisen und eine nahe Verständigung zwischen den unzähligen christlichen Gemeinden. Sogar aus christlichem Munde wurde zugegeben, daß Friede herrschte und daß, wenn der Christ jetzt furchtlos zu Lande und zu Wasser reiste, er dies römischer Hilfe verdanke (Irenaeus). Einer freien Entfaltung des jungen Christentums legte die politische Macht keine Hindernisse in den Weg. Die antike Kultur bot sich der vorwärtsstrebenden Kraft dar, welche sie schließlich verwandeln und damit auch die Bedingungen beseitigen sollte, denen sie selbst ihr Gedeihen verdankte.

IX.

Der Zusammenbruch des Reiches und seine Wiederaufrichtung durch den spätantiken Zwangsstaat

Der Untergang der humanitären Monarchie bedeutete mehr als eine Veränderung in der Politik der römischen Kaiser. Er leitete vielmehr eine Krisis des gesamten Reiches ein, welche es an den Rand des Abgrundes brachte und nicht nur seine innere Ordnung zerrüttete, sondern auch den äußeren Bestand des Imperiums gefährdete.

Ein halbes Jahrhundert (235—284) war das Römische Reich der Schauplatz einer politischen und sozialen Revolution, in der es keine stabile Regierung mehr gab und sich alles im Wirbel einer blutigen Anarchie drehte. Als sich dann die Fluten endlich gelegt hatten, erhob sich aus dem Chaos ein Staat, der in mancher Hinsicht mit dem früheren Römischen Reich nur noch den Namen gemeinsam hatte. Seit den Tagen Alexanders des Großen hatte die antike Welt kaum eine radikalere Umorganisation erfahren. Sie war damit in die letzte Phase ihrer Geschichte eingetreten, hatte nochmals eine Rettung erfahren, aber der Glanz, welcher bis dahin auf ihr, selbst inmitten der größten Wirren, geruht hatte, war verschwunden. Düstere Schatten lagen auf ihr, und die Zukunft war trotz der Neuordnung dunkel.

Die Wucht der Erschütterung erklärt sich durch das Zusammentreffen einer außenpolitischen und einer inneren Krisis. Auf beiden Gebieten waren Veränderungen eingetreten, die jeweils allein schon eine schwere Gefahr bedeutet hätten. Aber nicht nur, daß das Gefüge des Reiches dadurch einem doppelten Druck ausgesetzt war: Die Verknüpfung beider Zersetzungsmomente erhöhte zugleich die Stoßkraft jedes einzelnen. Damit kam nicht nur eines zum anderen, sondern wurde die Summe des Unheils in die Potenz erhoben.

§ 30. Die Veränderungen der außenpolitischen Lage

1. Völkerwanderungen im Vorfeld des Reiches. — 2. Der Druck auf die Rhein-, Donau- und Euphratgrenze. — 3. Die Angriffe.

1. Völkerwanderungen im Vorfeld des Reiches

Die außenpolitische Krisis, in die das Römische Reich mit dem dritten Jahrhundert eintrat, beruht auf zwei tiefgreifenden Umwälzungen seiner Umwelt. Die eine ist eine Völkerwanderung, wie deren schon mehrere im Vorland der mediterranen Hochkulturen vor sich gegangen waren und deren Schicksal durch Übergreifen auf ihren Bereich bestimmt hatten. Die griechisch-römische Antike war im siebenten Jahrhundert v. Chr. mit ihnen in Gestalt des Skythensturmes, im vierten und dritten vorchristlichen Jahrhundert bei den Kelteninvasionen und Ende des zweiten Jahrhunderts bei den Angriffen der germanischen Kimbern und Teutonen bekannt geworden. Doch hatten diese Gefährdungen — aus jeweils bestimmten Gründen — nie zu einer nachhaltigen Katastrophe geführt.

Im Grunde war auch jetzt die Bedrohung für den Raum der antiken Zivilisation nicht größer. Im Gegenteil: Von dem unmittelbaren Druck solcher auf der Wanderung befindlichen Völker blieb das Römische Reich während des dritten Jahrhunderts im großen und ganzen noch verschont. Innerhalb seiner Grenzen den begehrten Siedlungsraum zu suchen und sich für ihre Volksgenossen dahin Eingang zu verschaffen, war für solche Völker noch immer nicht nur eine Unmöglichkeit, sondern wurde von ihnen auch gar nicht ernsthaft in Erwägung gezogen. Die Völkerwanderungen spielten sich außerhalb der Reichsgrenzen ab.

Bedenklich war jedoch, daß in dieser Zeit gleich zwei Unruheherde in Bewegung gerieten. Das waren einmal die Stämme Asiens nördlich und nordöstlich der iranischen Grenzen, ostindogermanische Völker, welche von jeher den iranischen Kulturstaaten, damals also den Parthern, zu schaffen machten. Die Lage erfuhr jetzt (ungefähr 200 n. Chr.) aber eine besondere Verschärfung dadurch, daß sich die mongolischen Hunnen zwischen Kaspischem Meer, Ob, Wolga und den iranischen Randgebirgen eindrängten und dadurch mittelbar den Druck auf die iranische Grenze erhöhten. Eine ähnliche Wirkung hatten sie bereits einmal vor mehreren hundert Jahren ausgeübt, als sie von ihren anfänglichen Sitzen in Ostturkestan ihre indoskythischen Nachbarn nach Westen abdrängten (Tocharer, Parner u. a.). Inzwischen waren sie nach Osten, gegen China, gezogen und hatten von dort einen rückläufigen Stoß erhalten, der sie dem Westen zutrieb und damit den Ursprung einer Ost-West-Bewegung abgab. Fürs erste betraf das jedoch das Römische Reich gar nicht.

Eine zweite Bewegung verlief von Westen nach Osten. Sie war die Wanderung der (sogenannten) Ostgermanen, zuerst von Skandinavien nach der Weichselmündung und von da weiter nach Südrußland. Der hervorragendste Stamm unter ihnen waren die Goten. Sie blieben aber im großen ganzen noch außerhalb der römischen Peripherie. Lediglich durch den Untergang, den sie dem Bosporanischen Reich auf der Krim bereiteten, berührten sie die römische Sphäre; denn dieser Staat hatte einst als römischer Klientelstaat gegolten. Andere germanische Stämme, wie die Quaden und Vandalen, waren an den Rand der Karpaten gelangt und da Verbindungen mit den dort ansässigen indoiranischen Stämmen (Jazygen, Roxolanen u. a., Angehörigen der großen sarmatischen Gruppe) eingegangen. Als sie die römische Grenze frontal angriffen, hat sich das Römische Reich in den langwierigen Kämpfen Mark Aurels ihrer mit durchschlagendem Erfolg erwehrt. Die Donaugrenze wurde gehalten.

Die Goten gerieten in Südrußland ebenfalls in die nähere Berührung mit indoiranischen Stämmen (zuvorderst den Alanen, von denen im Verein mit den Goten die Roxolanen aufgesogen wurden). Sie gingen mit ihnen eine politische Verbindung ein, welche ihr Kräftepotential beträchtlich erhöhte und empfingen davon die nachhaltigsten Einflüsse. Von jeher hatte bei den in den Weiten des innerasiatischen Raumes schweifenden Völkern das Pferd als Reittier eine große Rolle gespielt; zudem war überhaupt das ganze Lebensgefühl durch ein besonders nahes Verhältnis zum Tier bestimmt, was zusammenhing mit der großen Bedeutung der Jagd für das soziale und wirtschaftliche Leben der Stämme. Die Goten, wie die anderen ostgermanischen Stämme in ähnlicher Lage, übernahmen wichtige Elemente dieser Lebensformen, etwa in der Aneignung der Kleidung, und wurden vor allem mit der ausgebildeten Reittechnik vertraut. Das Roß als Kampfinstrument war bei den Völkern der eurasischen Tiefebene seit langem in besonderer Weise gemeistert. Man kannte die Kastrierung des Streithengstes, und vor allem war in Innerasien vor einigen hundert Jahren die Erfindung des eisernen Steigbügels gemacht worden. Er ermöglichte den Gebrauch der Stoßlanze vom Pferd aus und erhöhte die Durchschlagskraft des Reiterkampfes.

2. Der Druck auf die Rhein-, Donau- und Euphratgrenze

Trotzdem bestände kaum ein Anlaß, in diesen Veränderungen allein eine schwerwiegende Gefahr für das Römische Reich zu erblicken, wenn sich nicht zu gleicher Zeit bei seinen nächsten Nachbarn innerhalb der bestehenden Grenzzonen ein bedeutsamer innerer Strukturwandel vollzogen hätte. Das ist die zweite bedeutende Veränderung der römischen Umwelt. Seit Anfang des dritten Jahrhunderts zeigt die alte Rhein-, Donau- und Euphratgrenze ein anderes Gesicht.

Die Germanen (die sog. Westgermanen), bis dahin in vielfältiger Vereinzelung zersplittert, schlossen sich zu größeren, wenn auch losen Völkerverbänden zusammen. Das führte (von Süden nach Norden) zur Entstehung der großen Stammesverbände der Alemannen, Franken und Sachsen. Die militärische und politische Kraft des germanischen Gegners wurde dadurch verständlicherweise erhöht. An der mittleren Donau war schon im zweiten Jahrhundert bei den Markomannen und Quaden ein germanisches Angriffszentrum entstanden. Von dem Schlag, den Mark Aurel dagegen geführt hatte, hatte es sich wieder erholt. Aber die Basis war viel größer geworden und begriff jetzt mehr oder weniger die gesamten barbarischen Gruppen jenseits der unteren Donau bzw. der Karpaten, zumeist alte indogermanische Stämme wie die Jazygen, Roxolanen, Daker, Sarmaten in sich.

Im Osten regenerierte sich das Partherreich durch eine grundlegende Verlagerung der politischen Kräfte und im Gefolge davon durch eine tiefgreifende Reform des Staatswesens.

Das arsakidische Reich war die Zusammenfassung der iranischen Völker unter der Führung der einst im dritten Jahrhundert v. Chr. in den Iran eingedrungenen Parther. Sein Aufstieg fällt in die Blütezeit des Hellenismus, und das Gebiet, in dem es sich ausbreitete, war gerade von der ersten kräftigen Flut der griechischen Zivilisation erreicht und getränkt worden. Die parthischen Herrscher hielten es deshalb für zweckmäßig, dem Griechentum nicht den Kampf anzusagen, zumal sie selbst nicht in der Lage waren, auf eine eigene kulturelle Tradition zurückzugreifen. Ihr Reich war überhaupt nicht sehr fest gebaut. Die königliche Zentralgewalt war nicht sehr stark, und der maßgebende Einfluß lag bei einer feudalen Aristokratie, in deren Händen sich nicht nur die Königswahl, sondern auch der Besitz der wichtigen Staatsämter befand.

Die neue, jetzt stattfindende Umgestaltung des Reiches ging von den Persern, den Herren des alten Achämenidenreiches, aus. Ähnlich wie diese einst die medische Herrschaft gestürzt hatten, bereiteten sie nun der parthischen ein Ende. Der neue Dynastiegründer war Ardaschir, der Sohn des Sassan (224—241); das Herrschergeschlecht dieses neupersischen Staates waren deshalb die „Sassaniden".

Die Reorganisation des Staates geschah folgerichtig in Erinnerung an das alte persische Großreich. Sein Vorbild beflügelte den nationalen Schwung und verwies von vornherein die Politik in die Richtung eines ausgreifenden Imperialismus. „König der Könige von Iran und Nichtiran" wurde daher der Titel des Herrschers. Es war zwar nicht möglich, die feudale Grundlage des Staates aufzuheben; aber daneben wurde ein straffer politischer Apparat nach bürokratischen Grundsätzen aufgerichtet, der auf einem über das ganze Land verteilten und auf kleinen Burgen sitzenden Ministerialenadel beruhte und eine Art von neuem Amtsadel darstellte. Die Reform teilte sich nicht zuletzt dem Heerwesen mit, dessen Schlagkraft und Zuverlässigkeit durch Söldnertruppen erhöht wurde. Vor allem erhielt der neue Staat, und dies im Gegensatz sowohl zum Parther- als auch zum Achämenidenreich, eine Stütze in einer eigenen Staatskirche mit einem klerikalen Oberhaupt, deren Glaube der des Zoroastrischen Parsismus in einer dem alten Volksglauben etwas angenäherten Form war.

Aber auch da, wo keine elementaren Umwälzungen ganz neue Situationen schufen, geriet die römische Reichsgrenze in Bewegung. Es meldeten sich jetzt, wo die allgemeine politische Konjunktur günstig war, einfach die in stabilen Zeiten leicht im Zaume zu haltenden Nachbarn zu Wort. In Syrien waren das die Araber, in Ägypten die aus Äthiopien vorbrechenden Blemmyer und in Nordafrika die maurischen Stämme.

3. Die Angriffe

Erst die in dieser Weise massierte Bedrohung brachte das Römische Reich an den Rand des Abgrunds. Die Grenzen waren nicht mehr zu halten. Allenthalben barsten die Dämme. Die Donau wurde mehrmals zu Raubzügen, die sich tief in das Reichsgebiet erstreckten, überquert. Die vorgeschobene Provinz Dakien war unter solchen Umständen nicht mehr zu halten. In mehreren Etappen wurde sie (zwischen 250 und 275) von der römischen Zivilbevölkerung und dem Militär geräumt. Das blühende Gallien, das seit den Tagen des Civilis keinen auswärtigen Feind mehr gesehen hatte und auch damals nur am Rande gestreift worden war, wurde das Opfer mehrerer Einfälle der Alemannen und Franken. In der ersten Hälfte des Jahrhunderts gelang es noch, die Angriffe im Grenzgebiet aufzufangen (213 durch Caracalla, 236 durch Maximinus Thrax), aber seit der Mitte wurde Gallien ein wehrloses Opfer mehrerer großer Invasionen (etwa zwischen 250 und 280). Es waren Stürme, die über das ganze Land und noch weiter hinbrausten. Nicht nur Spanien sah den Feind auf seinem Boden, sondern selbst Italien war vor ihm nicht mehr sicher. Mehr als einmal konnte erst dort die Flut zum Stehen und zur Umkehr gebracht werden (258/259 und etwa zehn Jahre später). Die Reichshauptstadt Rom geriet in den Bereich unmittelbarer kriegerischer Gefährdung (etwa 258).

Im Osten stand es nicht besser: Die Balkanhalbinsel und selbst Kleinasien wurden von den Ostgermanen, den Gepiden, Herulern und vor allem den Goten, heimgesucht. Auf beiden Seiten des Bosporus tauchte der grimmige Feind auf. Zu Wasser und zu Lande griff er an. In der einen Richtung gelangte er bis nach Trapezunt (wo unter den Kriegsgefangenen auch Christen waren, darunter die Großeltern mütterlicherseits des späteren gotischen Christianisators Wulfila), in der anderen bis in das Herz

Griechenlands: Athen, Eleusis, Olympia sahen die Barbaren in ihren Straßen. 251 fand der römische Kaiser Decius im Kampf mit ihnen den Untergang. Zwanzig Jahre ständig wiederholter Heimsuchung des römischen Reichsgebietes schlossen sich an, bis der Kaiser Claudius (II.) durch seinen Sieg, der ihm den Beinamen Gothicus einbrachte, im Jahre 269 die Wendung herbeiführte.

Jenseits des Euphrats stand in der Person des großen Königs Schapur I. (241—272) ein Mann auf, der den frischen Elan des neupersischen Staates in ausgezeichneter Weise verkörperte und sich nun anschickte, mit den Römern einen Kampf auf Leben und Tod auszutragen. 260 n. Chr. geriet der römische Kaiser Valerian als Gefangener in seine Hände, so ziemlich das schmachvollste Symbol für den Niedergang des römischen Weltreiches. Seinen Triumph verewigte Schapur auf einem Felsenrelief, auf dem der römische Kaiser vor ihm die Proskynese vollzieht, und eine kürzlich gefundene Inschrift zeigt in einem Bericht seiner Taten den Stolz des Königs über seine Erfolge gegen die Römer. Es blieb nämlich nicht nur bei der persönlichen Demütigung des Gegners. Schapur brach in das Römische Reich ein. Syrien und ein großer Teil Kleinasiens wurden von ihm verwüstet, gebrandschatzt und viele Einwohner daraus von ihm weggeführt.

Die Lage war so verzweifelt, daß man geneigt ist, sich zu wundern, daß sie zu keiner endgültigen Katastrophe führte. Das hat verschiedene Gründe. Der wichtigste ist doch aber wohl der, daß der Augenschein die Gefahr in ein grelleres Licht setzte, als es dem wirklichen Stand der Dinge entsprach. Es gruppierten sich wohl damals gewaltige Kräfte; das Zusammentreffen der verschiedenen Angriffe war gewiß ein schlimmes Verhängnis; aber trotz allem: zu einem direkten Marsch auf Rom, d. h. zur Zerstörung des sozialen und politischen Verbandes des Reiches waren die Feinde nicht angetreten. Die germanischen Völker unternahmen Heerfahrten gegen das Reich, sie verwüsteten es; aber sie waren noch nicht unterwegs, um sich innerhalb seiner Grenzen anzusiedeln. Geschlossene Stämme hatten unter Bewahrung ihres politischen Verbandes den Reichsboden noch nicht betreten, wenn man von gewissen peripheren Regionen wie Dakien und dem Dekumatland, die in diesen Kämpfen für immer verlorengingen, absieht. Wohl war an den Grenzen schon lange eine germanische Infiltration im Gange, aber sie wurde von den römischen Behörden noch immer aufgefangen und überführt in Ansiedlungen, welche unter römischer Regie erfolgten und kein eigenständig germanisches Organisationsprinzip aufkommen ließen. Und auch die Kräfte des neuerstandenen Perserreiches reichten nicht aus, um die Politik der einstigen Achämeniden gegenüber einem so alten Zivilisationskörper wie dem Römischen Reich mit einem Schlag zum Sieg zu führen.

§ 31. Die innere Krise

1. Umbildung des Heeres. — 2. Soziale Veränderungen. — 3. Gegenmaßnahmen des Staates. — 4. Die Rückwirkung auf die Landbevölkerung. — 5. Das Soldatenkaisertum.

1. Umbildung des Heeres

Das römische Heer war seit der Begründung des römischen Kaisertums nicht nur ein militärischer, sondern auch ein höchst wichtiger sozialer Faktor gewesen. In beiderlei Hinsicht hatte es allmählich seinen alten Wert eingebüßt.

Auf Grund seiner hauptsächlichen Rekrutierung aus den städtischen Schichten des Römischen Reiches bildete es ursprünglich ein wichtiges Element der Romanisierung. Im Verlauf des zweiten Jahrhunderts bereits war jedoch der städtische Bestandteil des Heeres immer mehr zurückgegangen. Die Städte gaben das Menschenmaterial für das Militär nicht mehr her. Die Zwangsaushebung, auf der dem Buchstaben nach die Ergänzung des Heeres noch beruhte, war abgekommen oder erschien jedenfalls diesem kriegsunlustigen Bevölkerungskreis gegenüber nicht anwendbar. Man griff deshalb immer mehr auf die Landbevölkerung zurück; aber diese war bei weitem nicht so gut romanisiert wie die Einwohner der westlichen Munizipien. Das war vor allem dann der Fall, wenn man, wie dies immer mehr gebräuchlich wurde, die Aushebung in die Grenzprovinzen, wo die Truppen auch stationiert waren, verlegte. Nicht daß man sich von seiten der Kaiser nicht bemüht hätte, trotzdem ihre Brauchbarkeit möglichst zu erhöhen. In verschiedenen Gegenden (etwa am Rhein und an der Donau) wurde die für den Waffendienst ausersehene bäuerliche Schicht siedlungsmäßig konzentriert (in castella oder stationes) und mit Privilegien ausgestattet. Die collegia iuvenum, d. h. die vormilitärische Erziehung der Jugend, wurden auf dem Lande verbreitet. Auf Grund ihrer Anwartschaft für den Soldatenstand bildeten sich so eine Art Wehrbauern, vergleichbar den Soldatenkleruchen der früheren hellenistischen Monarchien. Teilweise ging man sogar so weit, aktive Soldaten als Bauern anzusetzen (in den germanischen Grenzgebieten). Der scharfe Unterschied von soldatischer und bürgerlicher Lebensweise verwischte sich jedoch hierbei. Septimius Severus hatte den Soldaten gestattet, mit ihren Frauen in den Lagerstädten zusammenzuziehen. Das alte Leistungsniveau war nicht mehr zu halten.

Damit setzte sich das Heer nun aus einer neuen sozialen Klasse zusammen, welche viel weniger in der antiken Zivilisation zu Hause war und, wenn sie auch selbst nicht gerade als barbarisch zu gelten hatte, so doch den Keim der bürgerlichen Gesittung weiter zu verpflanzen nicht in der Lage war. Außerdem erlitt auch die technische Qualifikation des Heeres eine wesentliche Einbuße. Die Soldaten, die aus diesem Milieu kamen, waren wohl physisch kräftig und mutig, aber dem sehr differenzierten römischen Exerzierreglement nicht mehr gewachsen. Die klassische römische Disziplin, auf der die Erfolge des römischen Militärs beruht hatten, ging allmählich bei dem Gros der römischen Truppen im dritten Jahrhundert verloren. Das galt natürlich erst recht, als eben in diese Bevölkerung von jenseits der Grenze fremde, „barbarische“ Elemente eindrangen, wie dies in der germanischen Infiltration an der Rhein- und Donaugrenze geschah.

Das Mißverhältnis zu den sachlichen Anforderungen wurde noch dadurch erhöht, daß sich im Umkreis des Römischen Reiches eine Kriegstechnik ausbreitete, welcher Rom ohnehin nur schwer etwas Gleichwertiges entgegenzusetzen vermochte. Sie bestand in der Verwendung einer numerisch starken, mit Stoßlanzen ausgerüsteten und schwer gepanzerten Reiterei. Sie war vor allem die Waffe der Parther und ihrer persischen Nachfolger. Ihr Ausgangspunkt waren die Reiterstämme Innerasiens gewesen. Eine entsprechende Verwendung des Dromedars ging von Arabien aus und gelangte von da über Äthiopien nach Afrika.

Im römischen Heere war es immer üblich gewesen, die regulären Kader durch Formationen eingeborener Truppen zu verstärken. Im zweiten Jahrhundert waren besonders durch Hadrian solche außerordentlichen Truppenkörper (unter der Bezeichnung „numeri") aufgestellt worden, und es hatten darin als besonders bewährte Kontingente die berittenen syrisch-arabischen Bogenschützen (sagittarii) Verwendung gefunden. Auch mit Einheiten von nach persischem Vorbild gepanzerter Reiterei (cataphractarii) begann man. Aber insgesamt war es doch recht verhängnisvoll, daß die Umstrukturierung des römischen Heeres und das damit verbundene Absinken seines kriegerischen Gebrauchswertes ausgerechnet mit der sich jetzt einstellenden Erhöhung der Anforderungen zusammentraf. Über kurz oder lang mußten davon nachhaltige Rückwirkungen ausgehen.

2. Soziale Veränderungen

Zur gleichen Zeit geriet das soziale Gefüge in eine heillose Zerrüttung. Diese hatte weit in das zweite Jahrhundert zurückreichende und, wie meistens, wo es sich um innere Vorgänge handelt, schwer aufweisbare Gründe. Bei unserer schlechten Kenntnis lassen sie sich kaum erraten, geschweige genau bestimmen.

Die wirtschaftliche Produktivität, sich entfaltend in kapitalistischen Betriebsformen, war bis dahin sehr erheblich gewesen. Sie beruhte auf einer intensiven Bewirtschaftung des Landes, auf handwerks- und manufakturmäßig organisiertem Gewerbe und vor allem auf günstigen Absatzbedingungen. Diese waren im Verlauf der vergangenen Jahrhunderte immer wieder geschaffen worden durch Ausdehnung und Verbreitung der städtischen Zivilisationszentren. Ihre Erweiterung konnte geradezu als Lebensnerv dieses sozialen Systems gelten. Doch eben mit ihr war es in der römischen Kaiserzeit zu Ende gegangen. Hadrian hatte noch einmal die letzte Phase einer echten Urbanisierung des Römischen Reiches durchgeführt; aber seine Bemühungen waren doch schon recht beschattet. Er hat das Städtewesen bis an die Grenzen des Reiches getragen. Damit entfiel der ökonomische Vorteil, der in der Gewinnung eines großen Hinterlandes lag. Wirtschaftliche Impulse konnten deshalb von seiner Kolonisation nicht ausgehen. Wir haben damit zu rechnen, daß seit seiner Zeit das Sozialprodukt des Römischen Reiches nicht nur keine Vermehrung erfuhr, sondern allmählich auch zurückging. Dahinter verbarg sich natürlich noch keine unmittelbare Gefahr, und eine sichtbare Verarmung brauchte dieser Vorgang nicht zu bedeuten. Es gab noch eine Menge altererbten Reichtums. Aber die Schwächung des Lebensgefüges, die sich darin kundtat, ließ sich nicht verleugnen.

Sie ließ sich ebensowenig verleugnen im Spiel des sozialen städtischen Mechanismus. Er war bekanntlich zu einem großen Teil nicht nur auf der Selbstverwaltung und damit kostenlosen Verwendung privater Arbeit für Gemeinzwecke aufgebaut, sondern beanspruchte auch die private Vermögenskraft gerade der oberen Schichten für die Bedürfnisse der Allgemeinheit. Da war es denn im Grunde kein Wunder, wenn jetzt dieser spontane Einsatz der Honoratioren im Zusammenhang mit der Ermüdung der allgemeinen sozialen Energien zurückging. Schon Anfang des zweiten Jahrhunderts war es dem Kaiser Trajan eine geläufige Vorstellung, daß man sich um die munizipalen Ämter nicht nur nicht drängte, sondern daß es einen guten Teil gab, der sie nur widerwillig auf sich nahm.

Da das soziale Fundament des Römischen Reiches von den autonomen Kommunen und damit ihrem selbständigen Funktionieren gebildet wurde, war die Richtung dieser Entwicklung ohnehin sehr bedenklich. Aber sie zeigte zudem Momente, die geradezu das Funktionieren der Reichsverwaltung nachhaltigst stören konnten. Die Gemeinden waren auch die primären Träger der finanziellen Lasten. Die kaiserliche Finanzverwaltung baute zum großen Teil auf ihnen auf. Bevor die Steuern in den Händen der Prokuratoren zusammenliefen, mußten sie innerhalb der Städte aufgetrieben werden. Geriet also die städtische Verwaltung in Unordnung, so war zugleich damit der ordnungsgemäße Eingang der Abgaben gefährdet. Die Kaiser des zweiten Jahrhunderts hatten dieser Erscheinung bereits ihre Aufmerksamkeit geschenkt und versucht, mit einer vom Gedanken der Fürsorge und Aushilfe getragenen Verwaltungspraxis einzuspringen. Man stellte teilweise Städte, die mit der eigenen Finanzgebarung nicht fertig wurden, unter Kuratel (durch Einsetzung sog. curatores oder Entsendung außerordentlicher kaiserlicher Emissäre bzw. durch die Übertragung besonderer Vollmachten an die Provinzialgouverneure). Die Verhältnisse hatten sich aber nicht gebessert, sondern wurden im dritten Jahrhundert noch viel schlimmer.

Dies lag nicht nur am weiteren Fortgang der abschüssigen sozialen Entwicklung. Dieselbe verkoppelte sich vielmehr mit der anderen Tendenz, daß die Ausgaben des Römischen Reiches immer größer wurden und damit der finanzielle Druck von oben immer mehr wuchs, anstatt daß er — entsprechend dem sozialen Bedürfnis — nachließ. Diese finanzielle Anspannung kam nicht von ungefähr und entsprang keiner willkürlichen Laune der kaiserlichen Politik. Vielmehr hatte von Anfang an die kaiserliche Reichspolitik auf einen stärkeren Ausbau der staatlichen Verwaltung gezielt. Die Bürokratisierung, eine der wesentlichen Neuerungen gegenüber der Republik und bekanntlich eine geschichtliche Notwendigkeit, verursachte selbstverständlich vermehrte Kosten. Im dritten Jahrhundert wuchsen dann infolge der Außenpolitik diese Anforderungen ins Unermeßliche.

3. Gegenmaßnahmen des Staates

Die Zeiten waren nicht dazu angetan, organische Heilmittel zu suchen. Die Überlegungen waren unmittelbarer und primitiver. Ihre Quintessenz entsprach etwa der rohen Devise: Was als Leistungsertrag sich für das Reich nicht nach den bisher bestehenden Voraussetzungen von selbst ergibt, wird auf gewaltsame Weise eingetrieben. Die Städte hatten dann ihr Steuersoll eben ohne Rücksicht auf ihre Einnahmen zu entrichten. Wie sie es anstellten, war ihre Sache. Mochten sie ruhig an ihre Vermögenssubstanz rühren. Das Reich hatte nur die Antwort des unerbittlichen Zwanges. Es galt lediglich, ihn in der zweckmäßigsten Weise in Anschlag zu bringen. Man richtete ihn gegen die Spitzen der kommunalen Verwaltung, gegen die Stadträte. Sollten sie eben im Falle des öffentlichen Defizits in die eigene Tasche greifen! Jedenfalls hafteten sie mit ihrem Vermögen für die richtige Einbringung der städtischen Abgaben.

Die Rückwirkung dieses brutalen Verfahrens war katastrophal. Als die Wirtschaft noch in Ordnung war, galt es als Ehre, mit seinem privaten Reichtum der Heimatgemeinde zu helfen. Die Solidarität des alten Stadtbürgertums hatte dergleichen Liturgien (lat. munera) immer für selbstverständlich erachtet. Als auf sie die ganze Reichsverwaltung abgestellt wurde, erschienen sie verständlicherweise als Fluch. Es wurde ein Unglück, reich zu sein, und der Anreiz, seinen Reichtum zu zeigen und ihn durch freigebige Verwendung in soziales Prestige umzusetzen, verschwand. Das war nun nicht mehr die Luft für die Fülle der freiwilligen Stiftungen, denen die Städte des ersten und zweiten Jahrhunderts ihren Glanz zumeist verdankten. Und für die Übernahme der städtischen Ehrenämter war jetzt erst recht keine Lust mehr vorhanden. Seitdem man damit Gefahr lief, für öffentliche Verpflichtungen in die eigene Tasche greifen zu müssen, wurde das Amt eine Last, der honor zum munus und mußte, was einst Ziel des Ehrgeizes war, zur staatlichen Zwangsauflage werden. Es kam vor, daß die zehn (oder zwanzig) Reichsten jeweils im Stadtrat zu einer Gruppe der sog. decemprimi (oder vigintiprimi; gr. Dekaproten, Eikosiproten) zusammengefaßt wurden. Sie hatten vornehmlich für die Haftung bereitzustehen. Je nachdem bedeutete das ihren finanziellen Ruin. Er bedrohte mehr oder weniger die ganze Klasse der Vornehmen, aus denen sich die Mitglieder des munizipalen Rates und die Inhaber der Gemeindeämter, die sog. Curialen (curiales), wie sie jetzt genannt wurden, rekrutierten.

Es gab aber noch andere Belastungen. Die kaiserliche Regierung hatte von jeher an bestimmten Gewerben ein besonderes Interesse genommen. Es betraf vor allem Tätigkeiten, die mit der Getreideversorgung zusammenhingen, also in erster Linie das Speditionsgewerbe (nautae, navicularii) und was sich sonst alles an den Lebensmittelhandel anschließen konnte, d. h. Getreidevermesser (acceptatores, mensores), die Bäcker (pistores) und die verschiedenen Fleischergattungen (boarii, pecuarii, suarii). Die staatlichen Bemühungen hatten bis dahin im allgemeinen der Erhöhung der Rentabilität dieser sozial wichtigen Unternehmen gegolten. Das wurde jetzt auch anders: Es kam mehr darauf an, daß überhaupt ohne Rücksicht auf die wirtschaftliche Ergiebigkeit die Dienste verrichtet wurden. Deshalb war es wichtig, daß der Staat es nicht mit einzelnen zu tun hatte, sondern mit Vereinigungen, bei denen die Gesamtheit für den einzelnen haftete. So wurden aus den früher auf freiwilligem Zusammenschuß beruhenden Innungen Zwangszünfte und der Beruf wie die Übernahme des Dekurionates und der Stadtämter zu einem munus. Es war folgerichtig, daß ebenso wie dort der Sohn dem Vater folgte, daß der Beruf erblich wurde. Es entsprach aber auch dem öffentlichen Interesse, daß die in dieser Art Verpflichteten nicht doppelt in Anspruch genommen wurden, weswegen man solchen Zünften ausdrückliche Befreiung von den anderen munera zubilligte.

Von der kaiserlichen Jurisprudenz wurden diese Belastungen bereits am Anfang des dritten Jahrhunderts systematisiert und als ein wichtiger Bestandteil in das römische Verwaltungsrecht eingeführt. Im fünfzigsten Buch der Digesten kann man noch heute Fragmente einer reichen Literatur, unter der vor allem der berühmte Ulpian mit zahlreichen, speziell diesem Gegenstand gewidmeten Schriften hervorragt, nachlesen. Im Zuge dieser Entwicklung veränderte die griechisch-römische Stadt völlig ihren Charakter. War sie bis dahin der Rahmen individueller Freiheit und Unternehmungslust gewesen, so wurde sie jetzt ein Zwangsverband zur Verrichtung staatlicher Befehle. Denn das ist ja klar: Die Methode der schonungslosen Eintreibung machte nicht bei den Zunächstbetroffenen halt; der Druck setzte sich selbstverständlich nach unten fort. Ging es den Oberen schlecht, hatten die Unteren, welche von ihnen abhängig waren, keinen Grund, vergnügt zu sein.

Wenn jetzt das Stadtrecht verliehen wurde, geschah das vorzugsweise, um in den städtischen Behörden und Körperschaften Opfer der staatlichen Erpressung zu erhalten. In diesem Zeichen stand bereits die Urbanisierung Ägyptens durch Septimius Severus im Jahre 202, der nicht nur Alexandrien, sondern auch den Gauhauptstädten (Metropolen) einen Rat verlieh, um in ihnen einen weiteren Kreis von Adressaten seiner finanziellen Forderungen zu haben. Längst war es schon vorher in Ägypten üblich, daß für Steuern und Abgaben die liturgisch verpflichteten Finanzbeamten hafteten.

Doch hatte sich die Methode des wirtschaftlichen Raubbaues darin noch nicht erschöpft. Sie wurde erweitert durch die primitivste Befriedigung obrigkeitlicher Bedürfnisse, die sich überhaupt denken läßt, durch die nackte Requisition, wie sie den modernen Verhältnissen im Grunde nur während des Krieges von feindlicher Seite vertraut ist. Das Altertum hatte sie immer, soweit die großen Reiche in Betracht kamen, als ein normales Verfahren auch seitens des eigenen Militärs und der eigenen Behörden gekannt. Auch dem Römischen Reich war sie von Hause aus vertraut. Aber während der ersten Kaiserzeit war diese außerordentliche und willkürliche Belastung infolge des andauernden Friedens doch zurückgetreten. Das stehende und genau seiner Größe nach festgesetzte Heer hatte natürlich seine staatlichen Verpflegungsvorkehrungen in seinen Garnisonen. Wurden jedoch Truppen verlegt und machte der Kaiser oder der Gouverneur mit seinem Hofstaat eine Reise, so griff man nicht selten zu dem Mittel, die Kosten im Wege außerordentlicher Belastung auf die Untertanen abzuwälzen und von ihnen Zugtiere und Treiber anzufordern. Vor allem war das System in Ägypten, dem Lande jahrhundertealter Fronarbeit, durchaus vertraut. Selbst der Betrieb der Staatspost (deren Benutzung dem Staatsdienst vorbehalten war) basierte auf diesem System. Je nach Bedarf wurden die Pferde von den an der Route liegenden Bewohnern angefordert. Aber dank der Umstände und verständnisvoller Bemühungen der römischen Kaiser hielt sich dieser Mißbrauch der sozialen Kräfte des Reiches innerhalb erträglicher Grenzen.

Im dritten Jahrhundert jedoch, als der Regierung die Dinge über den Kopf wuchsen, wurde hemmungslos von dem Requisitions- und Konfiskationssystem Gebrauch gemacht. Jeder Tag konnte den Befehl bringen, irgendwelchen Soldaten Lebensmittel, Quartiere, Zugtiere, Dienstleistungen zur Verfügung zu stellen. Solche außerordentliche Belastung war ganz unberechenbar. Es war der offene Kriegszustand auch dort, wo der äußere Feind gar nicht hinkam, und das Steuerwesen nahm die Form nackter Kontributionen an. Die Versorgung des Heeres, die sog. annona, wurde allmählich beinahe ausschließlich durch unmittelbare Eintreibung bei den Untertanen durchgeführt. Von dieser Plage wurde, verständlicherweise, hoch und niedrig erfaßt. Natürlich waren auch da die städtischen Notabeln zuerst verantwortlich; aber die Leistungen, zumal die Transporte und die Einquartierungen, mußten in erster Linie von der breiten Menge getragen werden, und die kleinen Leute waren es, welche die Auswirkungen dieser Methode am eigenen Leibe zu spüren bekamen. Die Systematisierung der Frondienste erfaßte ihre, der humiliores, Leistungen unter der Gruppe der sog. munera sordida.

4. Die Rückwirkung auf die Landbevölkerung

In Mitleidenschaft gezogen wurde dadurch nicht zuletzt die Landbevölkerung. Und ihr war es schon immer nicht zum besten ergangen. Man hat sich zu erinnern, daß die Blüte der städtischen Zivilisation im wesentlichen auf dem geringen Verdienst, den der Bauer aus seiner Arbeit zog, und der Gewinnspanne, welche sich daraus für den Bürger ergab, beruhte. Ein selbständiger Bauernstand war dem Kaiserreich im großen ganzen unbekannt, jedenfalls soweit die hauptsächlichen Produktionsgebiete, welche für den Markt arbeiteten, in Betracht kamen. Die meisten Bauern waren Pächter und hatten kein volles Eigentum an dem Grund und Boden, der die Früchte ihres Schweißes hervorbrachte. Ein Teil dieser landwirtschaftlichen Betriebe befand sich auf den städtischen Territorien und gehörte wohl zumeist der vermögenden Bürgerschaft. Der andere, möglicherweise an Umfang und Wert beträchtlichere, lag außerhalb der städtischen Territorien und bestand in den kaiserlichen Staatsdomänen. Sie waren im Laufe der Kaiserzeit durch zahlreiche Konfiskationen privaten Großgrundbesitzes sehr angewachsen. Die Kaiser selbst standen der breiten Schicht der für sie arbeitenden Bauern mit beträchtlichem Wohlwollen gegenüber. Sie hatten genug ökonomische Einsicht, um zu bemerken, daß die Leistungsfähigkeit der agrarischen Produzenten eine Lebensfrage für das Römische Reich war. In richtiger Erkenntnis der Zusammenhänge versuchten sie auch die Ertragsintensität der Landwirtschaft durch bevorzugte Pachtbedingungen und den dadurch für die persönliche Arbeitsweise erzielten Anreiz zu erhöhen. Wenn unbebautes Land unter den Pflug des Getreidebauern oder die Hacke des Obstzüchters genommen wurde, gewährte man Nachlaß der Abgaben oder schützte durch Erbpacht und ähnliche Abreden das Verhältnis zwischen den beiden Partnern gegen die Möglichkeit willkürlicher Aufkündigung. Trotzdem verschlechterten sich die Lebensverhältnisse der Bauern zusehends.

Die guten Absichten der kaiserlichen Regierung konnten sich nicht durchsetzen, denn zu ihrer Verwirklichung war sie auf die Hilfe von Leuten angewiesen, deren Interessen der Einstellung der Kaiser nicht entsprachen. Das waren die Oberpächter des kaiserlichen Großgrundbesitzes (die sogenannten conductores), die sich zwischen Bauern und Kaiser einschalteten und das eigentliche agrarische Unternehmertum bildeten. Sie hatten teilweise die Domänen in eigenem Betrieb, in der Form der Gutswirtschaft, die sie zwar nicht persönlich, aber unmittelbar in ihrer Regie mit ihren Angestellten durchführten. Daneben war das Land auf grundherrschaftlicher Basis an die kleinen Pächter vergeben. Natürlich wünschten die Unternehmer, aus ihnen so viel wie möglich herauszuziehen, und zwar nicht nur an Pacht (in Naturalleistung), sondern ebenso an Diensten zur Unterstützung des Gutes (sog. operae). Wenn der Kaiser den Bauern die Stange hielt, hatte er diese Oberpächter natürlich zum Gegner, denn die Erleichterungen für die kleinen Pächter gingen auf ihre Kosten. Der Zwiespalt war unvermeidlich, und wahrscheinlich hätte er sich nur durch völlige Beseitigung des Großpächterstandes und die grundsätzliche Programmierung eines freien Bauerntums lösen lassen. Aber eine derartige agrarische Revolution lag gänzlich außerhalb der Möglichkeiten der Zeit.

Nun gab es freilich neben den Großpächtern noch beamtete kaiserliche Funktionäre, welche eigentlich dazu da waren, die Geschäftsgebarung der Großpächter zu überwachen: die Finanzbeamten des Kaisers, die procuratores. Aber aufs Ganze gesehen war auf sie in dieser Hinsicht kein Verlaß. Sie waren ihrer sozialen Stellung nach alles andere als Vertreter der bäuerlichen Bevölkerung, sondern gehörten der gleichen Gesellschaftsschicht wie die Großpächter an: wie diese waren sie Mitglieder der städtischen Bourgeoisie. Wie sollten sie einen diametral entgegengesetzten Standpunkt einnehmen? Im Gegenteil: Es stellte sich für die kaiserlichen Pächter eine verhängnisvolle Kombination heraus. Sie lebten auf den kaiserlichen Domänen außerhalb der städtischen Territorien und unterstanden deshalb nicht der munizipalen Polizei und Gerichtsbarkeit. An ihre Stelle trat der kaiserliche Verwalter (procurator), welcher für sie allein die zunächst zuständige Obrigkeit repräsentierte. Im Sinne der sozial denkenden Kaiser sollte er eine Aufsichtsinstanz sein, welche die Interessen der Bauern vertrat. Wenn er jedoch, wie dies der wirklichen Tendenz entsprach, mit dem ökonomischen Herrn der Bauern, dem Großpächter, zusammen an einem Tauende zog, dann war die Lage der Bauern doppelt hoffnungslos. Die wirtschaftliche Abhängigkeit erhielt praktisch die staatliche Sanktionierung, und die erbärmliche soziale Lage schickte sich an, ein Rechtsstatus zu werden und allmählich ein Verhältnis herauszubilden, das den Bauern in seiner Funktion als Arbeitskraft zu einem Bestandteil des Grund und Bodens machte und ihm nun auch de iure die persönliche Freiheit, d. h. in erster Linie die Freizügigkeit, nahm. Der Übergang zu einer in der Spätantike auch rechtlich fixierten Sozialform war geschaffen und der Grundriß für das sogenannte Kolonat, eine Form der ländlichen Hörigkeit, gezogen.

Der Zug der Zeit war dieser Entwicklung äußerst günstig. Die kaiserliche Politik wurde durch die dringende Not gezwungen, ihre ‚sozialen' Gesichtspunkte hintenanzustellen und alle Energie darauf zu richten, die nötigen Subsistenzmittel für den Staat sich zu verschaffen. Am bequemsten aber boten sich ihrem Zugriff die höheren Klassen. So war es in der Stadt, so mußte es auch auf dem Land sein. Und wenn der Staat zu seinem Ziel kommen wollte, konnte er den arbeitenden Schichten keinen Freibrief erteilen, sondern mußte es im Gegenteil billigen, wenn der Druck, den er selbst auf die Honorationen ausübte, von diesen weitergegeben wurde und diese ihrerseits die Leistungen eintrieben, für welche sie dem Staat gegenüber verantwortlich waren.

So machte die bäuerliche Bevölkerung nicht minder schreckliche Zeiten durch und verelendete mindestens ebenso wie die Städte. An Erhöhung der Arbeitsleistung, an Melioration war nicht zu denken. Im Gegenteil: Die Produktivität der landwirtschaftlichen Arbeit ging dauernd zurück. Wenn jeden Augenblick requiriert werden konnte, was hatte es dann für einen Sinn, sich abzuplagen? An die Stelle von Hoffnung trat offene Verzweiflung. Vielerorts traten die Bauern in den Ausstand, bebauten das Land nicht mehr und drohten, ihre Wohnsitze zu verlassen und dadurch Rettung vor dem Zugriff der Obrigkeit zu finden. So geriet der Kulturboden in einen fortschreitenden Verfall. Der letzte Ausweg der Regierung war der „Zwangszuschlag" verlassenen Bodens (epibolé). Was der Bauer nicht freiwillig tat, sollte er auf staatliches Geheiß tun und ihm zufolge unbebauten Kulturboden unter den Pflug nehmen, eine Methode, die seit längerem bereits in Ägypten ausgebildet war.

5. Das Soldatenkaisertum

Die politische Geschichte des Römischen Reiches, die sich aus den angegebenen Voraussetzungen ergab, ist eine über ein halbes Jahrhundert sich erstreckende Anarchie. Die Staatsgewalt, während der ersten zwei Jahrhunderte sich in einem kunstvollen System am Schnittpunkte der sozialen und politischen Kräfte des Reiches aufbauend, geriet durch die elementaren Störungen des ganzen Organismus gründlichst aus der Balance.

Das Kaisertum, so unabhängig es auch in seiner äußeren Bewegung war, beruhte bis jetzt auf der Anerkennung der führenden Schichten und war insofern die Spitze der gesellschaftlichen Hierarchie, in der sich das soziale Gefüge des Römischen Reiches abbildete. Die kaiserliche Autorität stellte sich in dem Rapport her, den der Kaiser mit der Aristokratie unterhielt, und der seinen Ausdruck in der Legitimierung durch den römischen Senat fand. Dieser Zusammenhang von Kaisertum und Aristokratie war bis jetzt immer noch stark genug gewesen, den Abgrund des Bürgerkrieges zu schließen und nach dem Klirren der Waffen Frieden und Ordnung zu verbürgen. Das Verhältnis war freilich schon gründlich gestört worden durch den Aufstieg des Septimius Severus, dem es nicht mehr gelungen war, den erforderlichen Einklang mit dem Senat herzustellen. Aber Septimius Severus war ein großer Herrscher gewesen, der sich auf das Prestige seiner Persönlichkeit verlassen konnte. Zudem suchte und fand er einen Ersatz für die ihm vorenthaltene Anerkennung in dem methodischen Ausbau des dynastischen Prinzips. Daß er damit Erfolg hatte, bewies die Regierung seiner Nachkommen, welche bei deren persönlicher Kläglichkeit allein hierauf beruhte.

Aber nach dem Untergang des letzten Severers mußte sich, nachdem der Faden abgerissen war und Unfähigkeit das Prinzip, auf das sich die Familie der Severer berufen hatte, ad absurdum geführt hatte, ein Leerraum bilden. Der Zusammenbruch der sozialen Ordnung war unterdessen weiter fortgeschritten. Was im Jahre 193 schon nicht mehr richtig möglich gewesen war, schloß sich im Jahre 235 erst recht aus. Der Niedergang der munizipalen Aristokratie und des Reichsadels war jetzt noch viel offenbarer geworden, und eine Autorität, die bereits vor einer Generation verlorengegangen war, war nicht mehr wiederzugewinnen. Der neue Kaiser Maximinus Thrax, ein thrakischer Provinziale niedriger Abkunft, der sich im Heere heraufgearbeitet hatte und auf Grund seiner Beliebtheit von den Soldaten gegen Alexander Severus ausgespielt wurde und ihn stürzte, gab denn auch offen zu erkennen, daß er von dem Senatorenstand nichts hielt, und fand auf dessen Seite die gleiche Abneigung, die er ihm entgegenbrachte, obgleich der Senat, dem Recht des Stärkeren weichend, ihn zuerst anerkannte. Aber als (in Afrika) der Widerstand gegen die schonungslose Steuereintreibung des Maximinus zum Ausruf eines Gegenkaisers (Gordianus) führte, bekannte der Senat sich offen gegen Maximinus, der nicht lange nachher das Opfer einer Meuterei unter den eigenen Truppen wurde (238 n. Chr.).

Die folgenden zehn Jahre sahen dann unter der Einwirkung besonderer Verhältnisse und unter sehr wechselnden Konstellationen nochmals ein Kaisertum, das sich nicht nur auf den Senat stützte (Gordianus III., Philippus Arabs), sondern sogar aus der Mitte des Senats hervorging (Pupienus, Balbinus). Aber das war nur ein Zwischenakt. Die Hauptlinie verlief da, wo sie mit Maximinus offenbar zutage getreten war. Das Kaisertum wurde zum Spielball des einzigen Machtfaktors im Römischen Reiche, des Heeres oder besser der Soldateska.

Doch das Heer war zur Herrschaft völlig ungeeignet. Als ein Instrument der Politik war es zwar seit den Tagen Sullas in der römischen Geschichte immer wieder in Erscheinung getreten und hatte als solches auch die Grundlage für die Macht des Kaisertums abgegeben. Im dritten Jahrhundert jedoch wurde es zum politischen Subjekt, da es kaum einem Herrscher mehr gelang, es fest und auf die Dauer in die Hand zu bekommen. Eine unangefochtene Autorität, auf die der Kaiser sich ihm gegenüber hätte berufen können, gab es im Kreise der rohen Gamaschenstiefel nicht mehr. Selbst die militärische Disziplin verlotterte. Das frühere Staatsethos hatte durch das Schwergewicht seiner Existenz und deren soziologische Voraussetzungen sich Ansehen verschafft. Jetzt, nachdem mit diesen auch jenes weggefallen war, konnte es nichts mehr bedeuten und war so höchstens geeignet, die hiervon abgeleiteten Ansprüche des senatorischen Standes in den Augen der Soldaten zu diskriminieren. Einen Ersatz für diesen Autoritätsverlust gab es zunächst nicht. Dynastische Loyalität, primitivem Empfinden an sich mehr zugänglich als eine abstrakte Staatsgesinnung, und mit Erfolg von Septimius Severus ausgenützt, setzte zumindest eine Tradition der Kaiserfamilie voraus, aber gerade diese war ja nun abgerissen und ließ sich in dem Strudel eines raschen Wechsels am allerwenigsten ins Leben rufen. Die einzige Chance der Stabilität bot jetzt eigentlich nur die vage Möglichkeit, daß ein Kaiser auf Grund seiner persönlichen Eindruckskraft, seines Charismas, Grund gewann und Grund schaffte. Ansätze hierzu haben gewiß nicht gefehlt, ebensowenig guter Wille und Tüchtigkeit, aber in Wirklichkeit war auch dieses Bemühen eine Sisyphusarbeit, da es an Person und Umstände geknüpft war und die notwendige Beschränkung auf die rein persönliche Qualifikation eines Kaisers da keine Gewähr schuf, wo seine unmittelbare Wirkung nicht zur Geltung kommen konnte, d. h. außerhalb der ihm unmittelbar unterstehenden Truppen und außerhalb seiner Lebenszeit. Alle Anstrengungen mußten unter diesen Bedingungen im Stadium der Improvisation steckenbleiben.

Ein politisches Programm, das diesen Namen verdient hätte, besaßen die Soldaten selbstverständlich nicht, und ebensowenig folgten sie einer spezifischen Interessenlage, aus der sich ein solches hätte herausbilden können. Ihr Horizont reichte kaum über den Kreis der nächsten alltäglichen Bedürfnisse hinaus. Es war ihnen wichtig, eine gute Besoldung und reiche Schenkungen zu bekommen, im Dienst nicht schikaniert zu werden und möglichst viele Freiheiten zu genießen, d. h. all das tun zu dürfen, wozu einem der Besitz von Waffen die Möglichkeit gab. Was das heißt, weiß jeder, der Soldaten in gelockerter Disziplin gesehen hat. Es ist dann bekanntlich sehr schnell so weit, daß Freund und Feind gleich viel gelten. Und gerade bei dem Heer des dritten Jahrhunderts, das von der städtischen Zivilisation wenig oder kaum berührt war, verstand sich dergleichen erst recht. Zudem gibt es eine Voraussetzung, auf Grund deren sich der Soldat von vornherein zu jedem Freibeutertum berechtigt glauben darf: Wo eine geregelte Verwaltung und Versorgung gelähmt ist, wird für den Mächtigen das Faustrecht legitim. Das Römische Reich wurde so nicht nur von der barbarischen Flut, sondern ebenso von den eigenen Horden verwüstet. Mehr als eine der Blüten städtischer Kultur wurde von ihnen geknickt.

Das römische Reichsheer als Ganzes war zudem viel zu groß und räumlich zu zerstreut, als daß es genügend Homogenität für eine präzise Willensbildung hätte besitzen können. Aktionsfähig war nur die einzelne Heeresgruppe, und das war wiederum erst ein Ergebnis der gegenseitigen Rivalität. Praktische Zielsetzung entsprang allein dem primitiven sozialen Trieb, sich den anderen gegenüber durchzusetzen. Jedes Heer wollte möglichst seinen Führer zum Kaiser machen. Es gab so nicht nur den Krieg des äußeren Feindes gegen das Reich, den Krieg der Soldaten gegen die Zivilisten; das schlimmste war der Krieg der Soldaten untereinander. Er vor allem machte jede Stabilität zunichte. Ein Soldatenkaiser löste den anderen nicht nur ab, sondern zu gleicher Zeit gab es meistens deren mehrere, welche sich gegenseitig bekämpften. Zwischen 235 und 284 hat die römische Welt über dreißig Kaiser gesehen[1]. Kaum einer von ihnen starb eines natürlichen Todes; entweder kam er im Krieg um, oder er wurde von seinen eigenen Soldaten gestürzt.

Es wäre jedoch ungerecht, die Erscheinungen der totalen Anarchie allein auf das Konto der politischen Unzulänglichkeit des Heeres zu setzen. Manchmal blieb ungeachtet des Ehrgeizes der einzelnen Heeresteile gar nichts anderes übrig, als das Banner des Aufruhrs aufzupflanzen. Allenthalben brannte die römische Reichsgrenze. Ein einziger Kaiser konnte nicht überall sein. Eine Autorität, welche sich über weite Strecken mitteilen konnte, gab es in jenen aufgeregten Zeiten nicht. Dem äußeren Feind mußte ein Kaiser entgegengestellt werden. Man konnte nicht warten, bis er vom anderen Ende des Reiches kam. Mancher verdankte diesem Zwang seine Wahl. In dieser Art kam es im Westen zu einer ganzen Reihe „gallischer“ Kaiser (zwischen 258 und 273), an ihrer Spitze Postumus. Im Osten gab es eine noch merkwürdigere Spielart dieser Erscheinung. Da schwang sich der Herrscher von Palmyra, auf dessen Schultern zeitweise die Verteidigung gegen die Perser lag, zum Kaiser auf. Nach seinem Tode eignete sich seine Frau Zenobia diese Stellung an. Sie dachte auch tatsächlich daran, aus dem Anspruch Ernst zu machen. Vorübergehend griff sie über Syrien bis zur westlichen Grenze Kleinasiens aus.

Die Zerrüttung nahm katastrophale Formen an. Aus den verschiedenen Gründen war die öffentliche Sicherheit weitgehend aufgehoben. Es kämpften nicht nur Soldaten, auch Großgrundbesitzer zogen mit ihren Klienten gegen den Feind. Es raubten nicht nur die Soldaten, sondern aus der Mitte der bürgerlichen Gesellschaft heraus organisierten sich ebenfalls Raubscharen. Die Verzweiflung trieb die verelendete Bevölkerung streckenweise in den offenen Aufstand (in Gallien wurden solche Empörer unter der Bezeichnung Bagauden bekannt).

Abtreibungen, Kindesaussetzungen, unmittelbarste Symptome der menschlichen Rat- und Hoffnungslosigkeit, nahmen bereits in der Zeit des Septimius Severus einen Umfang an, daß der Kaiser auf dem Verordnungsweg dagegen einschreiten mußte. Das Geldwesen geriet selbstverständlich völlig in Unordnung. Das offizielle Geld wurde dem Edelmetallwert nach immer schlechter. In der Mitte des Jahrhunderts war der Denar 2 Pf (anstatt 70 Pf) wert, gegen Ende war er zum 15 000. Teil seines nominellen Wertes gesunken. Die Regierung trieb mit dem Münzmonopol offenen Betrug. Sie gab das schlechte Geld aus und verlangte seine Annahme. Wenn es ihr selbst gegeben wurde, verweigerte sie dieselbe. Wer noch alte Währung besaß, hütete sich natürlich, sie in Umlauf zu bringen. Wer es konnte, ergriff die Flucht in die Edelmetallhortung. Ein normaler Geschäftsverkehr war so nicht aufrechtzuerhalten; weder Kredit noch internationalen Handel konnte es in altem Umfang geben. Naturallieferungen traten, nicht zuletzt bei Leistungen an den Staat, an die Stelle des gemünzten Geldes.

[1] Siehe die Liste unten S. 601.

§ 32. Die geistig-religiöse Lage

1. Evolutionistischer Zug der Zeit. — 2. Fortbildung der früheren geistigen Ansätze. — 3. Charakter der Geistigkeit. — 4. Der Neuplatonismus. — 5. Das Christentum.

1. Evolutionistischer Zug der Zeit

Angesichts des massiven Druckes, der während des dritten Jahrhunderts auf dem Römischen Reich lastete, und der ungestümen Gewalt, mit der er an seinem Gefüge zerrte, hat man sich allerdings vor der optischen Täuschung zu hüten, als ob die hierbei zutage tretende Entwicklung mit dramatischem Aplomb eingesetzt hätte. Den Zeitgenossen hat sich die Veränderung vielmehr in allmählichem Übergang dargeboten.

Die ersten Symptome waren bereits im zweiten Jahrhundert sichtbar. Die Krisis der städtischen Zivilisation kündigte sich da schon an. Der außenpolitische Horizont war seit Mark Aurel verdunkelt. Die Pest, welche unter ihm wütete, legte sich wie Mehltau über den Glanz des sozialen Lebens und kündigte Drangsale an, wie sie auch im dritten Jahrhundert sich mit der allgemeinen Misere verflochten. Der Bürgerkrieg brach im Grunde schon mit der Katastrophe des Commodus herein. Septimius Severus und Caracalla verkündeten bereits das Faustrecht der Soldaten. Die Severische Dynastie, unfähig, die Gefahren der Zeit zu bannen, war der Auftakt zu der Anarchie, welche sie ablöste.

Andererseits wurde auch da die Katastrophe nicht einfach zu einer mit einem Mal alles verzehrenden Flamme. Sie war eher ein fortdauernder Brand, der einmal hier, einmal dort in hellen Feuergarben hervorbrach. Dazwischen lagen bei der Größe des Römischen Reiches für die einzelnen Gebiete Jahre der Ruhe, in denen das Leben weiterging. Trotz aller revolutionären Ausschreitungen war, auf den Rhythmus und das Tempo des Geschehens hin betrachtet, das dritte Jahrhundert ein Zeitalter der Evolution, zum mindesten, was die organischen Veränderungen des Reichskörpers betrifft.

2. Fortbildung der früheren geistigen Ansätze

Evolutionäre Struktur trug auch die geistige Entwicklung. In noch viel höherem Maße wird in ihr die geschichtliche Linie, deren Richtung bereits während der früheren Kaiserzeit festlag, weiter gezogen. Die Bedeutung des empirisch-rationalen Denkens, seit dem Ausgang des Hellenismus zusehends zurückgegangen, war jetzt nahezu geschwunden. Einzig in der Mathematik ist noch etwas gearbeitet worden. Die geistigen Bedürfnisse der Menschheit wurden nun von ganz woandersher bestimmt. Wir wissen bereits aus den ersten beiden Jahrhunderten der Kaiserzeit, daß eine echte und intensive Frömmigkeit auf breitem Plan sich zum Wort gemeldet hatte. Die zahlreichen Mysterienkulte, ein Ergebnis des Hellenismus, bestimmen weiterhin das religiöse Leben des einzelnen. Überall drängt es den Menschen zur Vereinigung mit dem Göttlichen, ist sein Blick über die Grenzen des menschlichen Daseins hinausgerichtet.

Diese transzendente Haltung war nicht gebunden an die Existenz der einzelnen Religionsgemeinschaften. Sie hatte längst aus sich eine umfassende religiöse Atmosphäre entlassen. Der Fortschritt der Zeit bestand darin, daß sie zusehends dichter wurde, daß das Sinnen und Denken der Menschen immer mehr von ihr erfaßt und der antike Bewußtseinsraum schließlich völlig von ihr ausgefüllt wurde. In den verschiedensten Verkleidungen drückte sich ein und dasselbe menschliche Anliegen aus. Es wurde geteilt von dem einfachen Gläubigen der Mysterienkulte; es wurde formuliert in den Kreisen der Spekulation. Weltanschauung wurde weitgehend Religionsphilosophie oder auch Theosophie.

3. Charakter der Geistigkeit

Der Ausgangspunkt war allen gemeinsam: Das Bewußtsein, daß das menschliche Dasein durch eine metaphysische Spannung gesprengt wird. Auf der einen Seite der einzelne Mensch, auf der anderen die Welt, der Kosmos, welcher den Menschen als Glied der Welt in ehernen Banden hält. In einem ausweglosen Dunkel ist er gefesselt. Das Schicksal oder die Sterne haben ihm seine Existenz vorgeschrieben. Aber der Mensch will hinaus aus seinem Kerker, aus dem Dunkel zum Licht, aus dem Gefängnis zur Freiheit. Den gleichen Zwiespalt trägt der Mensch in sich. Sein Körper ist dem Materiellen verhaftet. Er ist das Minderwertige und Schlechte. Seine Seele duldet nur unwillig die Versklavung durch ihn. Sie strebt in die Höhe, dahin, wo sie hergekommen ist, sie wirft die sterbliche Hülle ab und vergewissert sich ihrer Unsterblichkeit.

So wird die gesamte Welt von unten nach oben aufgerissen, damit sie Raum für die Bewegung der Seele erhält. Sie bedarf lebendiger Vermittlungen und wird deshalb dynamisch. Zwischen den Polen des untersten Materiellen und des höchsten Göttlichen und Geistigen werden Übergänge eingelassen: ein „zweiter Gott", der Nus (Geist), der Demiurgos, der Logos und anderes mehr. Die sieben Planetensphären mit den Fixsternen spiegeln ein ähnliches Verhältnis wider. Auf ihnen kehrt die Seele zu ihrem Ursprung zurück. Die göttlichen bzw. halbgöttlichen Zwischenwesen stehen in funktionaler Beziehung zueinander. Sie sind auseinander hervorgegangen, so daß das Höhere das Niedere aus sich entläßt. Die Seele des Menschen als letzte geistig-göttliche Emanation ist deshalb mit Gott verknüpft; die Rückkehr zu ihm steht ihr offen.

Trennung der Seele vom Leib, Wanderung der Seele an einen Ort der Bestrafung war schon lange griechischer Volksglaube; ihre Erhebung in höhere Sphären war seit der hellenistischen Zeit auch nicht unbekannt. In der sakramentalen Berührung mit Gott wurde dem Menschen Heil und Erlösung versprochen. Aber die Spekulation, die aus älteren Ansätzen jetzt (seit dem zweiten Jahrhundert n. Chr.) ihren Aufschwung nahm, enthielt eine weitläufige theoretische Ausführung und war vor allem im einzelnen der mannigfachsten Variationen fähig. Wie die Welt der Kulte verschmähte sie nicht zahlreiche Anleihen bei fremden, nichtgriechischen Religionen, war also ähnlich synkretistisch; aber ähnlich diesen lebte sie doch in erster Linie von Möglichkeiten, die in ihr auf Grund der eigenen Geistesgeschichte angelegt waren.

Die Elastizität dieses religiösen Weltschemas war erstaunlich. Die Aufspaltung in eine Vielheit göttlicher Wesenheiten gab Gelegenheit, die bunte Vielfalt der reichen griechischen und außergriechischen Götter- und Dämonenwelt einzubeziehen; sie schuf ebenso Raum, alte Mythen zu verwenden, indem man durch allegorische Deutung ihnen den gewünschten Sinn unterlegte; sie barg in sich das Mittel, ein Angehöriger irgendeiner der bestehenden Religionen zu sein und doch sich auf einem auch für alle anderen zugänglichen Boden zu befinden. Sie enthüllte einerseits die Geheimnisse der Welt und des Göttlichen, vermittelte so die „Erkenntnis" (Gnosis) und klärte den Menschen unter anderem auch über den Weg der Seele zu Gott auf. Andererseits war sie imstande, Erkenntnis direkt in die Vereinigung mit Gott umschlagen zu lassen: das war die „Schau" (oder auch „Erkenntnis" = Gnosis) Gottes durch kontemplative Ekstase bzw. mystische Versenkung, der sublimste Weg, den der Mensch in seinem religiösen Verlangen einschlagen kann.

Man wußte dabei, daß Askese im Sinne von körperlicher Entbehrung solche Spiritualisierung befördert. Und schließlich war innerhalb dieses weiten Rahmens auch Rat für die geistig Unvermögenden. Ihnen wurde durch magische Technik — Magie spielte im damaligen Volksglauben eine große Rolle — dazu geholfen, wenigstens mit den göttlichen Zwischenwesen in Berührung zu treten. Mit anderen Worten: neben die Theosophie trat der Okkultismus.

4. Der Neuplatonismus

Die theoretische Denkform und Vorstellungsweise, deren sich diese Spekulation bemächtigte, knüpfte an platonische Elemente an. In seiner reinsten Form wurde das philosophische Denken der Zeit deshalb auch durch den Neuplatonismus repräsentiert. Die anderen Philosophenschulen traten ihm gegenüber völlig zurück. Der Stoizismus, noch in der Mitte des zweiten Jahrhunderts durch die eindrucksvolle Gestalt Mark Aurels vertreten, spielte gar keine Rolle mehr. In dem Begründer des Neuplatonismus Plotin (203—269/70) erreicht die antike Philosophie nochmals einen Gipfelpunkt. Die Durchführung seines Systems verrät die Baukraft eines Denkers, der den Vergleich mit den großen Gestalten der griechischen Philosophie nicht zu scheuen braucht. Seine Substanz jedoch war der geistigen Entwicklung seiner Zeit entnommen. Plotin hat ihr Anliegen, den Menschen in einem spirituellen Zusammenhang mit dem Urgöttlichen zu sehen, in eine philosophische Form gegossen. Der Gedanke, daß der ganze Kosmos aus einem Urquell (das sog. „Eine", gr. Hen) entspringt und sich über verschiedene Stufen fortpflanzt, ist auch für ihn die Grundlage seiner Konzeption. Demzufolge gibt es bei ihm zwei Pole, zwischen die das Ganze eingespannt ist. Der untere ist die Materie, der obere das „Eine".

Aber Plotins logisches Vermögen setzte ihn instand, diesen hier angelegten Dualismus durch eine besondere dynamische Festlegung des Begriffes des Wirklichen in einen Monismus aufzuheben, demzufolge die beiden Enden zurückgenommen und bezogen werden auf den Differenzierungsprozeß des Wirklichen. Das Maximum an Wirklichkeit ist danach das „Eine", das Minimum die Materie.

Wichtiger war noch, daß diese metaphysische Systematik in eine entsprechende Erkenntnistheorie oder Erkenntnismethodik umgewandt wurde, deren letzter Schritt die Vereinigung der Seele mit dem „Einen" war. In dialektischem Fortschritt entringt sich die Seele der Materie, getrieben vom Platonischen Eros — über die ethische Praxis, die sinnliche Wahrnehmung, das begriffliche Denken und auch die Vereinigung mit dem Nus —, bis sie mit dem Aufgehen in dem „Einen" sogar ihr Selbst aufgibt und statt des Denkens nur reine Schau, mystische Ekstase ist.

Plotin hat trotz der Konvergenz seiner Ideen mit der religiösen Spekulation von dieser nichts gehalten. Bei seinen Schülern (ebenfalls dem Orient entstammend) war das anders. Sie nahmen in das Platonische Schema eine Menge Glaubensvorstellungen hinein. Porphyrios hielt neben dem Aufstieg der Seele durch Erkenntnis, zu dem nur der intellektuell Geschulte imstande war, für die breite Welt mystisch-magische

Riten bereit, mit deren Hilfe der Astralleib (ein Teil der menschlichen Seele) gereinigt wird, und in der Generation darauf führte Jamblichos in die kosmischen Sparten nicht nur dreihundert Götter, sondern als deren Symbole die Gestirne und sogar die von den Menschen angefertigten Götterbilder ein. Hier war ein offenbares Streben nach Breitenwirkung am Werke. Der Neuplatonismus auf dieser späten Stufe wollte das vulgäre Religionsbedürfnis nicht nur ansprechen, sondern ihm zugleich den Schutz einer philosophischen Legitimation gewähren. Dieser Konservativismus kam nicht von ungefähr. Er war gegen diejenigen gemünzt, welche die alten Götterkulte nicht anerkannten, gegen die Christen. Porphyrios war ein wütender Christengegner, der literarisch gegen sie gekämpft hat, und als das Christentum gesiegt hatte, verdankte der Neuplatonismus es diesem Kurs, daß er zum Sammelbecken der christenfeindlichen Kräfte und Bestrebungen werden konnte.

5. Das Christentum

Es konnte nun auch nicht ausbleiben, daß das Christentum von der spekulativen Religionsbewegung erfaßt wurde. Das Christentum hatte ja von Anfang an nicht nur die mannigfachsten Einflüsse erfahren, sondern überhaupt sein Wesen gerade in der intensiven Auseinandersetzung mit der übrigen Welt, innerhalb deren es aufwuchs, ausgebildet. Je stärker es wurde, um so mehr mußte dieser Zug an ihm hervortreten, oder umgekehrt: Der lebendige Rapport zur nichtchristlichen Geistigkeit ließ es in der antiken Welt immer weiteren Raum gewinnen.

Äußerlich im großen ganzen unangefochten trotz der grundsätzlichen Feindschaft des römischen Staates, hatte es im zweiten Jahrhundert einen immer größeren Aufschwung genommen. Anfang des dritten Jahrhunderts ließ es aus dem Munde markanter und bedeutender Köpfe im Rahmen des allgemeinen höheren Geisteslebens seine Stimme hörbar vernehmen. An Zahl hatte es längst die Juden übertroffen. Es gab (im Osten) Provinzen, wo über die Hälfte der Einwohnerschaft christlich war. Auch außerhalb der engeren Reichsgrenzen hatte es Fuß gefaßt. In Armenien war im dritten Jahrhundert sogar das Königshaus christlich geworden.

Der fruchtbarste Boden für den christlichen Samen war natürlich noch immer der griechische Kulturkreis. Aber auch der römische hatte es unterdessen doch zu einer spezifisch lateinisch-christlichen Geistigkeit gebracht. Klangvolle Namen wie Tertullian und Cyprian verschafften einer lateinisch geschriebenen christlichen Literatur Geltung. Die Christengemeinde in Rom, bis dahin vorwiegend griechisch, war um die Mitte des dritten Jahrhunderts römisch geworden.

Auch das gesellschaftliche Volumen des Christentums hatte eine Ausdehnung erfahren. Seine differenziertere geistige Kultur verschaffte dem Christentum Eingang in die Schichten der höchsten Aristokratie. Selbst am römischen Kaiserhof gewann es Anhänger und stieß auf ein lebhaftes Interesse. Das war während der Zeit, als praktisch die aus Syrien stammende Sippe Julia Domnas, der Frau des Septimius Severus, die Regierung bestimmte. Später war es nicht mehr ungewöhnlich, daß ein Statthalter Christ war. Die Bischöfe in den Städten waren bei der römischen Verwaltung der Zivil- und Militärbeamten zum Teil wohlgelitten.

Allerdings brachte die Großzügigkeit, mit der sich das Christentum fremden Einflüssen öffnete, beträchtliche Gefahren mit sich. Es konnte leicht dahin kommen, daß das eigentliche christliche Anliegen von dem üppigen Rankenwerk theosophischer

Spekulationen überwuchert wurde. So weit war es tatsächlich gekommen, als die bunte Vorstellungswelt, welche das kosmische Emanationsschema mit einer Fülle mythologischer und religiöser Phantasien anfüllte, von einer Menge christlicher Gemeinden im Osten aufgegriffen wurde. Natürlich gab man deswegen Christus nicht auf. Aber was erschien nicht alles neben ihm! Unzählige Gestalten, neben dem Logos die Phronesis, die Dynamis, die Sophia, die Engel, zumeist Personifikationen abstrakter, der christlichen Gemeinde aus der Heiligen Schrift bekannter Begriffe — als solcher konnte selbst Christus auftreten, etwa als Logos —, und alles nun hineingestellt in ein kompliziertes kosmisches System mit einer Kosmogonie, die zu einer aus dreihundertundfünfundsechzig Himmeln bestehenden, von Geistermächten geschaffenen Welt führt (Basilides).

Ansätze zu einem freien Gebrauch der Überlieferung, zu einer den Wortsinn aufhebenden allegorischen Exegese gab es schon lange. Schon der Evangelist Johannes war so in Verfolgung dieses von dem hellenistischen Judentum angewandten Prinzips verfahren. Die Gleichsetzung Christi mit dem „Wort" (Logos) ist noch heute auch jedem ungelehrten Bibelleser geläufig. Aber in der sog. christlichen „Gnosis" führte der Weg nicht nur zu einem abstrusen Spiel der Erfindungslust, sondern es war durch die Vielfalt und Willkürlichkeit derartiger Ideen und infolge des Reizes, welche sie kraft ihrer Sinnfälligkeit auch auf breitere Kreise ausübten, auch die sehr große Gefahr entstanden, daß das alte christliche Traditionsgut und die schlichte christliche Glaubenshaltung verlorengingen. Die Kirche hat sich infolgedessen aufs energischste dagegen zur Wehr gesetzt und diejenigen Gemeinden, welche die Gnosis nicht aufgeben wollten, von ihrem Körper getrennt.

Anders verlief die Entwicklung, wo das — auch in der Gnosis zum Ausdruck kommende — Bedürfnis spekulativer Aufhellung in den Bahnen strengen methodischen Denkens sich bewegte. Die Apologeten, welche das Christentum gegen ihre weltanschaulichen Widersacher verteidigten, waren selbst dahin geführt worden, die Argumente ihrer Gegner nicht nur zu widerlegen, sondern sie auch für sich zu gebrauchen.

Am wichtigsten und folgenschwersten wurde jedoch, daß an dem Aufschwung des platonischen Denkens zur gleichen Zeit nicht nur das Heidentum in der Person Plotins, sondern auch das Christentum in der des Origenes (185 —253/4) teilnahm. Beide waren Schüler des Ammonios Sakkas in Alexandrien, der den Anstoß zur Erneuerung des platonischen Denkens gegeben hatte, und beide gaben sich an Höhe ihres geistigen Formates nichts nach. Origenes war ein echter Philosoph und stellte im Grunde die Wahrheit über die christliche Offenbarung bzw. war überzeugt, daß christlicher Glaube, da er wahr ist, sich mit der absoluten Wahrheit decken muß und die kirchliche Sanktionierung bestimmter Erkenntnisquellen nicht das letzte Argument für die Erkenntnis ist. Origenes war einer der selbständigsten und kühnsten Denker, die das Christentum in seiner an Individualitäten so reichen Geschichte gehabt hat. Er war zugleich ein eminenter Gelehrter und hat eine große philologische Textausgabe des Alten Testamentes geschaffen. Historisch, d. h. für die Geschichte seiner Zeit und die der folgenden Jahrhunderte, ist er dadurch eine Macht geworden, daß er deren gesamte Theologie (soweit sie echte Theologie, d. h. Wissenschaft war) in ihren grundlegenden Denkformen und Begriffen sozusagen geschaffen hat und dadurch seine Anhänger wie Gegner von ihm lebten. Da diese Theologie später auch ein politischer

Wirkungsfaktor wurde, hat er mittelbar sogar in den äußeren Ablauf des Geschehens eingegriffen. Er wurde zu Lebzeiten bekämpft und von dem Bischof seiner Heimatstadt Alexandrien exkommuniziert, ist aber dadurch im syrischen Caesareia, wo er in der zweiten Hälfte seines Lebens lehrte, nicht unterdrückt worden. Nachdem in der Auseinandersetzung mit Origenes die christliche Kirche einen wesentlichen Teil ihrer Gedankenwelt entwickelt hatte, erklärte sie ihn im Jahre 544 durch Konzilbeschluß zum Ketzer.

Origenes war imstande, seinen radikalen Erkenntnisstandpunkt zu gewinnen, weil er den vieldimensionalen Wahrheitsbegriff Platos kannte und darum wußte, daß jede Wahrheit nur bedingten Charakter hat, also „teilweise" gilt und bei umfassenderer Schau der Modifizierung und je nachdem der Aufhebung bedarf. So wurde es ihm möglich, an die Stelle des auf dem Niveau des Gemeindeglaubens geltenden kanonischen Evangeliums das pneumatische (d. h. spirituelle) treten zu lassen und über das „körperliche", d. h. daseiende Christentum das pneumatische zu stellen. Die christliche Wahrheit ist für ihn ein Bestandteil der philosophischen Metaphysik, und so ist sie in ihrem Grundriß nach dem gleichen Schema gebaut. Gott und die Welt stehen in einem innigen Zusammenhang, diese ist aus jenem nicht nur hervorgegangen, sondern verharrt durch die Existenz untereinander abgestufter Zwischenwesen in dauernder Vermittlung zu ihm. Wie Plotin macht Origenes aber mit diesen Gedanken Ernst, und deshalb gibt es bei ihm in dem ganzen Kosmos nichts, was absolut von dem Höchsten getrennt wäre. Selbst der Teufel hat an ihm teil. Erst recht ist natürlich das nach ihm höchste Wesen, der Logos = Christus, ein funktionaler Bestandteil des höchsten Wesens, von ihm getrennt nicht denkbar, „wesenseins mit dem Vater" (homoúsios tō̃ patrí). Da der Mensch aber auch Träger göttlicher Substanz und als solcher „frei" ist, ist seine Erlösung durch Christus keine Verwandlung, sondern eine Förderung eines ursprünglichen, nach oben gehenden Strebens. Christus wird so zum Pädagogen der Welt. In dieser Sicht behält sein Opfertod nur bedingte Gültigkeit, und die historische biblische Faktizität ist sowohl in ihrer Realität wie in ihrer Bedeutung für den Glauben angewiesen, sich in eine Region, wo die Ewigkeit jegliche Zeit in ihrer Begrenztheit eliminiert, aufzulösen.

§ 33. Die Reform des Reiches

a) Die Versuche während der Anarchie

1. Ideologisierung der Politik. — 2. Die Christenverfolgung des Decius. — 3. Die Reform des Gallienus. — 4. Die Ideologie des Gallienus. — 5. Aurelians politische Religion.

1. Ideologisierung der Politik

Wenn die Anarchie des dritten Jahrhunderts sich als eine Auflösung des Reiches darstellt, deren ausführendes Werkzeug das römische Heer in seiner Unfähigkeit, ein wirkliches Programm aufzustellen und durchzuführen, war, so ist das die eine Seite des Phänomens, und zwar diejenige, welche die Trostlosigkeit und Verfahrenheit des ganzen Zustandes erklärt. Aber dieser Sachverhalt läßt noch eine Frage offen. Wenn nämlich die Kaiser von ihren Soldaten keinen konstruktiven Auftrag mitbekamen, waren sie gehalten, von sich aus sich nach Möglichkeiten der Rettung umzusehen. Die Kaiserwürde konnte sich beim besten Willen nicht darin erfüllen, ausführendes Organ der jeweiligen Tagesinteressen von diesem oder jenem Armeekorps zu sein. Es war ja sogar im Sinne der Soldaten, daß ihr Kaiser jeweils sich im ganzen Reich durchsetzte. Und dann stellte sich die Frage von selbst ein, was denn geschehen solle. Gewiß war es bis dahin meistens ein weiter Weg, und nur wenige gelangten dazu, daß dieses Problem für sie akut wurde. Die meisten blieben auf der Strecke, bevor sie im Sattel saßen, und kamen zu Fall, entweder im Kampf mit ihren Rivalen oder weil sie mit ihren eigenen Anhängern nicht fertig wurden, oder beides verquickte sich, indem der äußere Mißerfolg einen entsprechenden Rückschlag für die Position beim Heer mit sich brachte. Aber einigen Herrschern gelang es doch, sich für eine begrenzte Zeit zu halten. Die waren dann von der Geschichte aufgerufen, gegen das übermächtige Verhängnis in die Schranken zu treten.

Es handelt sich bei ihnen meistens um Angehörige der illyrisch-pannonischen Donauarmee, derjenigen Heeresgruppe, welche die besten Soldaten besaß und deren militärische Tüchtigkeit einen anerkannt guten Ruf genoß und sie mit einem eigenen Selbstgefühl erfüllte, Leute, welche erst verhältnismäßig kurz romanisierten Landschaften entstammten, aber, was in diesem Fall wichtiger war, ein starkes Bewußtsein ihres Römertums besaßen, wahrscheinlich gerade, weil es für sie nicht selbstverständlich war. Daraus resultierte eine politische Gefühlslage von ausgeprägt konservativem Stimmungsgehalt. Man war prononciert „römisch" eingestellt in dem aus der römischen Geschichte sattsam bekannten Sinn, daß die Vergangenheit die Maßstäbe für die Gegenwart abzugeben habe und alles Übel sich daraus erkläre, daß es in der Welt nicht mehr so zuging, wie es früher gewesen war. Dieser Traditionalismus war recht brauchbar, wenn er daran ging, die verlotterte Disziplin wiederherzustellen; und in der Tat waren diese Kaiser mit eiserner Energie bemüht, die Auswüchse, welche die Veränderung im inneren Aufbau des römischen Heeres gezeitigt hatte, zu beschneiden.

Aber dabei blieb man nicht stehen. Warum sollte sich nicht allgemein durch eine Umkehr der Gesinnung bei allen Menschen eine Besserung der Verhältnisse erreichen lassen? Galt es nicht bloß, sie dazu energisch anzuhalten und von Staats wegen die Richtung einer bestimmten Gesinnungswandlung anzugeben und entsprechend entgegengesetzte Neigungen zu bekämpfen? Damit war man auf die Proklamierung bestimmter Ideen verwiesen und dazu gelangt, für den zusammenbrechenden Staat die Stütze eines ideologischen Rückhaltes zu suchen.

Auf den ersten Blick scheint diese Methode nicht neu zu sein; denn schließlich hatte es Augustus ähnlich gehalten, und die späteren römischen Kaiser, zumal des zweiten Jahrhunderts, hatten sich auch zu einem politischen Ethos bekannt. Doch es bestand ein beträchtlicher Unterschied: Früher ergaben sich derartige ideelle Orientierungen immer aus einer konkreten gesellschaftlichen Situation. Sie waren die Bestätigung einer im Römischen Reich in breiten Schichten vertretenen Einstellung und bedeuteten eine Anpassung an vorgegebene Entscheidungen oder zum mindesten die Bejahung sich darbietender Möglichkeiten. In dem Chaos des dritten Jahrhunderts war aber gerade mit dem Zusammenbruch des sozialen Aufbaus auch eine klare Thematik des sozialen Wollens und der gesellschaftlichen Normsetzung verlorengegangen. Jede Verkündigung eines heilbringenden Ideals lief deshalb leicht Gefahr, ins Leere zu stoßen und allein auf dem Vollzug gouvernementaler Anordnungen und dem Willen einer kaiserlichen Regierung zu beruhen, deren Stoßkraft ohnehin angesichts der politischen Verhältnisse nicht groß sein konnte.

2. Die Christenverfolgung des Decius

Die Geschichte hat diese sachliche Schwierigkeit durchaus bestätigt. Sie machte sich vor allem da bemerkbar, wo im Sinne der Illyrer die Kaiser eine Art von römischem Patriotismus auf ihre Fahne zu schreiben vermochten und dieser als lediglich romantische Orientierung an einer längst unwirklich gewordenen Vergangenheit sich nur in der negativen Abgrenzung gegenüber tatsächlichen Mächten der Gegenwart äußern konnte. Die Parolen mußten deshalb im wirklichen Sinn des Wortes „reaktionär" ausfallen, reaktionär gegen diejenigen, welche die Optik eines solchen politischen Idealzustandes zu stören schienen. Damit war man dazu gelangt, das Christentum auf breiter Front im Zeichen der Reichs- und Staatserneuerung zu bekriegen.

Der römische Staat hatte bis dahin das Christentum trotz grundsätzlicher Verurteilung toleriert. Der Wille der römischen Kaiser ging dahin, daß von Regierungsseite dieses an sich ungeklärte Verhältnis möglichst auf sich beruhen blieb. Wie man hierbei im einzelnen zu verfahren hatte, war dem Ermessen der Statthalter überlassen, und es war deshalb nicht ausgeschlossen, daß je nach lokalen Bedingungen gegen Christen eingeschritten wurde. Die Fälle eines christlichen Martyriums in den ersten zweieinhalb Jahrhunderten ergaben sich aus solchen Vorkommnissen. Der Kaiser Decius (249—251) faßte jedoch jetzt den Plan, den gesamten Staatsapparat gegen das Christentum einzusetzen und es damit tödlich zu treffen.

Man wußte, daß die Christen bis zur Selbstaufgabe die Teilnahme an heidnischen Opfern verweigerten. Es war ebenso bekannt, daß der Vollzug einer Opferhandlung gleichbedeutend war mit der Aufgabe des Christentums. Deshalb schien es geboten, die Christen in einer großen Aktion, welcher niemand entgehen konnte, vor die Alternative zu stellen, entweder durch Opferung ihrem Glauben zu entsagen oder bei obstinater Weigerung der Exekution zu verfallen, wobei Todesstrafe für die Kleriker vorgesehen war, während das Volk aus psychologischen Gründen, um es von den Priestern zu trennen, eine mildere Behandlung erfahren sollte. Da kein Register mit den eingetragenen Namen der Christen vorhanden war, mußte die gesamte Bevölkerung bei dem Opferritus mitmachen. Geopfert wurde natürlich dem Kaiser; sein Kult war der allgemeine Reichskult, und ein solches „Fest" lag überhaupt im Sinn des Kaisers. Der Kaiserkult, an sich eine Institution, der man nie ein echtes religiöses Interesse entgegengebracht hatte, konnte dadurch im Sinn einer erneuerten Staatlichkeit renoviert werden. Er war das geistige und religiöse Symbol des Römischen Reiches und der römischen Herrschaft. Wollte man eine Integration des Reiches als des spezifisch römischen und von Rom geschaffenen Machtgebildes, so war der Kaiserkult dafür der gegebene Rahmen. Unter seiner Flagge konnte man überall für des Reiches Wohlfahrt beten und die Dankpreisungen für die felicitas temporum, die pax aeterna, die securitas und wie die politischen Idealbegriffe des Kaiserreiches sonst alle hießen, aussprechen.

Das Unternehmen war wie alle religiösen Feste der Antike für die Heiden ein großes Volksfest; den Christen brachte es die schlimmste Verfolgung, die sie bis dahin erlebt hatten. Mit der Festfreude vertrugen sich die Qualen der Gefolterten und Hingerichteten, wie aus massenpsychologischen Erfahrungen sattsam bekannt ist, auf das beste. So zahlreich und auch wohlgelitten die Christen waren, der Fremdheitsaffekt, das Mißvergnügen darüber, daß sie anders sein wollten als die übrigen, war noch immer da und ließ sich gerade bei einer solchen Gelegenheit leicht mobilisieren. Es ist auch gar kein Wunder, daß einem solchen gegen die Christen en bloc gerichteten Angriff (den es, wie gesagt, noch niemals gegeben hatte) bei weitem nicht alle Christen gewachsen waren. Sogar in den Reihen der Geistlichen war Nachgiebigkeit und damit Abfall nicht selten; selbst von Bischöfen wird es berichtet. Wer der Charakterprobe nicht gewachsen war, nahm die Zuflucht zu einer Finte: Zur Kontrolle wurden für die Absolvierung der Opferpflicht Bescheinigungen (libelli) ausgegeben. Mit etwas Geschick ließen sich derartige Papiere natürlich erschleichen, so daß man sie dann vorzeigen konnte, ohne selbst geopfert zu haben. Das waren dann in der Kirchensprache die sog. libellatici.

Obwohl, wenn auch auf andere Weise, die Christenverfolgung als Maßnahme der Reichspolitik nach dem Tode des Decius weiter fortgesetzt bzw. wieder aufgenommen wurde, als mit Valerian für einige Jahre (253—260) eine halbwegs stabile Regierung sich durchgesetzt hatte, so war das Christentum selbstverständlich nicht vernichtet. Schon die Annahme, alle lapsi, d. h. diejenigen, welche weich geworden waren, würden hinfort keine Christen mehr sein, war ausgesprochen kurzsichtig; ganz zu schweigen davon, daß es natürlich unzählige Möglichkeiten gab, doch irgendwie, auch ohne besagte Kniffe, sich dem Druck zu entziehen. Wohl aber wurde die christliche Kirche angesichts der Fragen, die sich im Anschluß daran ergaben — also z. B., was mit den lapsi oder den libellatici zu geschehen habe —, in eine schwere Krisis gestürzt.

3. Die Reform des Gallienus

Von anderer Art war der Kaiser Gallienus, eine der interessantesten Figuren der römischen Kaiserzeit, aber uns leider infolge der schlechten Quellenlage — wie alles in diesem Jahrhundert — nur in den Umrissen erkennbar. Er hat verhältnismäßig lange regiert, zuerst mit seinem Vater Valerian zusammen und dann nach dessen schmählichem Fall von 260 bis 268 allein. Die politische Krisis des Reiches gelangte unter ihm auf ihren Höhepunkt. Mit äußerster Zähigkeit hat Gallienus gegen sie angekämpft; aber schließlich mußte er doch darauf verzichten, die Einheit des Reiches gegenüber dem selbständigen Vorgehen einzelner Reichsteile durchzusetzen. Es war unter seiner Regierung, daß der Westen und der Osten eine eigene Initiative entfalteten. Gallienus war aber deswegen nicht untätig. Es war viel, daß er inmitten des Orkanes sich zu behaupten wußte. Noch erstaunlicher ist die Tatsache, daß er trotz der äußeren Bedrängnis mit kühlem Verstand eine Konzeption faßte, wie dem inneren Kräfteverfall des Reiches beizukommen sei.

Seine Vorurteilslosigkeit hierbei war bemerkenswert. In klarer Überlegung kam er zu der Einsicht, daß die Grundlagen des Augusteischen Prinzipates durch die Entwicklung seit Commodus weggeschwemmt wären und es infolgedessen keinen Sinn hätte, noch weiter so zu tun, als wenn in der tatsächlichen Verfassung des Römischen Reiches der Senat und die alte Reichsaristokratie noch ein Gewicht besäßen. Ohne Rücksicht auf sein persönliches Prestige zog er daraus kalten Blutes die Folgerung für die Heeresordnung und räumte mit dem Anachronismus auf, daß von Rechts wegen die obersten Kommandostellen und Offiziersposten den Angehörigen des senatorischen Standes vorbehalten waren. Nachdem das Heer sein soziales Aussehen völlig geändert hatte und die hohe Aristokratie bei ihm keine Autorität mehr besaß, die Soldaten andererseits des längeren daraufhin gearbeitet hatten, daß das Avancement zu den höheren Offiziersstellen den einfachen Soldaten nicht verschlossen blieb, war die Besetzung der Spitzen der militärischen Hierarchie durch eine dem Militär fremde Gesellschaftsschicht tatsächlich nicht mehr aufrechtzuerhalten. Sie reizte nicht nur das Ressentiment von unten, sondern brachte auch die vornehmen Aristokraten in die schwierige Lage, daß sie mit ihren sachlichen Aufgaben angesichts eines widerspenstigen und aus ganz anderem Holz als sie selbst geschnitzten Heerkörpers nicht recht fertig wurden. Gallienus übergab deshalb das Legionskommando an die Ritter, d. h. an denjenigen Stand, zu dem es vom Unteroffiziersstand her Zugänge gab und der kraft seiner häufigen Ergänzung aus dem Kreis der einfachen Soldaten einen homogenen Bestandteil des Militärs bildete.

Die Neuerung hatte eine wahrscheinlich unbeabsichtigte Konsequenz von verfassungsgeschichtlich eminentem Ausmaß: Der Statthalter, bis dahin immer Höchstkommandierender der in seiner Provinz stehenden Truppen, wurde nach dem Verlust des Kommandos zum reinen Zivilgouverneur, einfach auf Grund der sachlichen Konsequenz einer rein politischen Maßnahme. Damit war jedoch nichts Geringeres als die fundamentale Änderung eines uralten römischen Rechtsgrundsatzes vorgenommen worden, nämlich die Trennung von Zivil- und Militärgewalt, eine Einrichtung, die es während der ganzen römischen Geschichte noch nicht gegeben hatte und die infolge der konservativen Behutsamkeit des Augustus auch vom römischen Kaisertum nicht getroffen worden war.

Nur darin machte Gallienus der Vergangenheit noch eine Konzession, daß er die Einsetzung der Ritter als Kommandanten formell als „Stellvertretung" der senatorischen Legaten (praefectus legionis agens vices legati) ausgab. Dergleichen war schon früher vorgekommen, und überhaupt war die Maßnahme minder revolutionär, als sie auf den ersten Blick erscheint. Ähnliche Tendenzen hatte schon Septimius Severus verfolgt, und alle der Geschichte innewohnenden Kräfte drängten auf sie hin.

Dasselbe gilt auch von einer taktischen Neuerung des Gallienus, der Übernahme der schwerbewaffneten Kavallerie aus der Hilfstruppe in das reguläre Heer und schließlich der Bildung einer vor allem aus Reitern bestehenden Kerntruppe, zusammengestellt aus den Elitesoldaten der Grenzarmeen und bestimmt, als besondere Mobilgarde schnell von einem Ort zum andern geworfen zu werden.

4. Die Ideologie des Gallienus

Unvermeidlich wie diese Reformen nun einmal waren, setzten sie sich in der Folgezeit in ihrem ganzen Umfang durch und gaben die Plattform ab, von der aus die große Neuorganisation der römischen Verfassung durch Diokletian in Angriff genommen werden konnte. Gallienus war hier echter Realist. Er war aber zugleich Ideologe und teilte mit seinem Zeitalter die Überzeugung, daß dem Römischen Reich „von innen" her geholfen werden müsse durch die Vertretung einer bestimmten weltanschaulichen Position seitens der Reichsregierung.

Merkwürdig dabei ist nun, daß er eine solche nicht nur in einer anderen Richtung als seine Vorgänger suchte, sondern sich dabei zu seiner Militärpolitik fast in Widerspruch setzte. Von einem Kaiser, der sich die Forderungen des Heeres derartig rückhaltlos zu eigen machte, hätte man zunächst erwartet, daß er im Sinne des „römischen Patriotismus“ seines illyrischen Heeres fortgefahren wäre, die Bevölkerung zur alten Staatszucht aufzurufen und die Widersacher zu verfolgen. Das Gegenteil war der Fall: Gallienus hielt von der Christenverfolgung nichts und stellte sie ein (dabei selbst ohne jede erkennbare Sympathie für die Christen). Seine Ideale waren nicht die altväterisch-römischen Parolen. Er bekannte sich zur Universalität des griechischen Wesens und glaubte, durch Rückgriff auf die Substanz der griechischen Bildung dem erschütterten Reich festen Grund zu gewinnen. Er versuchte also etwas Ähnliches wie das humanitäre Kaisertum des zweiten Jahrhunderts. Anscheinend stieß er damit auch auf einen gewissen Widerhall. Die Kunst seiner Zeit knüpfte an den Stil der Antonine an. Des Kaisers eigenes Porträt zeigt die differenzierte Geistigkeit, die man auf Bildern jener Zeit gewahr wird. Im Neuplatonismus glaubte er eine wiedererstehende Kraft des Griechentums zu bemerken. Zu Plotin und seiner Schule trat er in enge Beziehungen. Vorübergehend war er gesonnen, ihnen zur Gründung einer Philosophenstadt Platonopolis die Hand zu reichen (es ist aber dann nichts daraus geworden). In Athen, dem griechischen Kulturzentrum, übernahm er das höchste Amt, das eponyme Archontat. Auch in die Eleusinischen Mysterien ließ er sich einweihen.

Gallienus' Philhellenismus war jedoch nicht minder konservativ als der Appell an die Romanität, von der er sich absetzte. Im Neuplatonismus hatte er zwar eine gegenwärtige Potenz von großer Bedeutung erfaßt, welche durchaus als ein philosophisches Spiegelbild der griechischen Bewußtseinslage gelten konnte. Er besaß in bezug auf seinen gedanklichen Gehalt damals in einem selten weiten Maße Gültigkeit. Aber im Unterschied zum zweiten Jahrhundert war die Philosophie nicht mehr die gleiche Lebensmacht. Es gab neben ihr im Kreise der Religion mit all ihren Kulten und Glaubensvorstellungen doch durchschlagskräftigere Träger des Zeitalters; und wenn die seelische Grundstimmung wohl hier und dort die gleiche war, es machte doch einen großen Unterschied aus, ob man sich ihrer in philosophischer Zucht oder in allgemeinen und loseren Vorstellungen vergewisserte. Der Neuplatonismus machte diesem Bedürfnis beträchtliche Konzessionen; aber er war und blieb Philosophie und Weltanschauung, und die Menschen, die sich allein damit zufrieden gegeben hätten, fehlten gewiß nicht; aber sie waren nicht mehr wie im zweiten Jahrhundert repräsentativ. Wenn Gallienus an die Wirksamkeit eines philosophischen Staatsethos dachte, dann schwebte ihm dieser Zusammenklang von Kaiser und Gesellschaft vor, wie er damals auf der Grundlage einer gemeinsamen Gesinnung bestanden hatte. Er war damals Tatsache; jetzt im Chaos des dritten Jahrhunderts war er nur ein Traum.

5. Aurelians politische Religion

Eine ähnliche Erfahrung mußte auch Aurelian (270—275) machen, ein bedeutender Mann wie Gallienus, der mit eiserner Energie sich der äußeren Bedrohung des Reiches entgegenstemmte. Anders als Gallienus hatte er hierbei sichtbare Erfolge. Restitutor orbis, Wiederhersteller des Reiches, durfte er sich nennen. Sein Triumph war einer der glänzendsten in der Kaiserzeit. An der Soldatendisziplin arbeitete er wie schon Gallienus mit guten Ergebnissen. Plünderungen von Städten kamen bei ihm nicht mehr vor. Den Gefahren sah er offen ins Auge. Auch die Städte im Reichsinnern erhielten unter ihm jetzt den Schutz von Mauerbefestigungen, darunter selbst Rom, wo die „Aurelianische Mauer“, ein gigantisches Bauwerk, das unter Verwendung ziviler Frondienste in kurzer Zeit aufgeführt wurde, noch heute daran erinnert, daß damals selbst der Schein eines befriedeten Reiches aufgegeben werden mußte.

Eigentlich originell aber war sein Beitrag zur ideellen Erneuerung und Stärkung des Reiches. Er hielt sich wie Gallienus an den geistigen Gehalt seines Zeitalters; aber im Gegensatz zu diesem suchte er ihn nicht in der Weltanschauung, sondern in der Religion auf. Seit langem gab es unter den verschiedenen Äußerungen der Glaubenshaltung einen Aspekt von besonderer Eindruckskraft: den solaren Monotheismus. Er hatte mit dem alten griechischen Sonnengott Helios wenig zu tun, sondern hing mit der Astrologie und der Planetentheologie zusammen, die sich seit Beginn der Kaiserzeit immer mehr ausgebreitet hatten. Die Sonne als der prächtigste Stern nahm darin die Stelle des höchsten göttlichen Wesens ein im Rahmen eines kosmisch-religiösen Weltsystems, das ganz nach dem Prinzip der herrschenden Vorstellungen aufgefaßt war. Es handelte sich also um ein Stück der vielfältigen religiösen Spekulation, welche nicht nur in weiten Kreisen geteilt wurde, sondern das Grundanliegen des allgemeinen Glaubens in hervorragend sinnfälliger Weise zum Ausdruck brachte. Aurelians Ziel war nun, diesem religiösen Empfinden einen bestimmten Gott unterzulegen und sodann diesen Gott zum neuen Reichsgott zu erklären. Damit wären dann die Reichsuntertanen nicht nur bei ihrem tatsächlichen Glaubensbedürfnis ergriffen worden, sondern hätten bei ihrem Sinnen und Trachten sich zugleich der göttlichen Mitte des Reiches und damit ihm selbst zugewandt.

Es ließ sich kaum eine geschicktere Fundamentierung der Staatsideologie denken. Den äußeren Anstoß hierzu soll die Bekanntschaft Aurelians mit den orientalischen Sonnen- und Lichtgottheiten in Syrien gegeben haben. Anscheinend hat Aurelian bei seinen Soldaten den Glauben genährt, daß der Sieg über Palmyra dem Übertritt des palmyrischen Sonnengottes auf die römische Seite zu verdanken sei. In Rom wurde dann aber wohl ziemlich selbständig davon der offizielle Staatskult des Deus Sol Invictus, mit seinem Hauptfest am Tag der Wintersonnenwende, dem 25. Dezember (von der christlichen Kirche später zur Festlegung des Weihnachtsfestes benutzt), und einem eigenen Priesterkollegium, den pontifices Solis, eingerichtet. Das war freilich nicht ein Staatskult im Sinne des alten Rom, welcher sich nur durch seine Tradition rechtfertigen konnte, ebensowenig war damit an eine Erneuerung des herkömmlichen Kaiserkultes gedacht. Beides bestand natürlich weiter, und gerade Aurelian hat sowohl seine „Göttlichkeit“ als römischer Kaiser in der unverhohlensten Weise verehren lassen, wie er auch die emphatische Apostrophierung der Größe Roms, die bei Decius eine Rolle spielte und den Ausgangspunkt für Diokletian abgeben sollte, deutlich durch die Einrichtung eines Staatskultus des Genius populi Romani zum Ausdruck brachte. Demgegenüber war jedoch mit dem Sol Invictus eine ganz neue Tür aufgestoßen und eine Berührung gesucht mit Elementen der aktuellen religiösen Empfindung.

Die Neuerung ist nicht ohne Anklang geblieben. Es hat, auch später, nicht an Leuten gefehlt, die sich zu Aurelians Sonnengott bekannten, und ein glatter Mißerfolg war das Experiment gewiß nicht. Trotzdem hat die Geschichte der folgenden Zeit gelehrt, daß die Erwartungen, die Aurelian darauf gesetzt hatte, nicht in Erfüllung gingen. Verglichen mit den lebenskräftigen und ursprünglichen Trieben der zeitgenössischen Religiosität haftete diesem Gott und der durch ihn gelenkten Frömmigkeit doch etwas Künstliches an. Das Jahrhundert war von zu elementaren Kräften erfüllt, als daß man ihm mit einer auch noch so gut getroffenen Konstruktion hätte beikommen können.

b) Die Reform des Reiches durch Diokletian und Konstantin: Die Begründung des spätantiken Zwangsstaates

1. Diokletians Ideologie und Religionspolitik. — 2. Die Reorganisation der kaiserlichen Regierung durch Diokletian (Tetrarchie). — 3. Der Umbau der Verwaltung. — 4. Die Heeresreform. — 5. Charakter des spätantiken Staates. — 6. Die neue Aristokratie. — 7. Erhöhung der kaiserlichen Majestät.

1. Diokletians Ideologie und Religionspolitik

Diokletian (284—305 n. Chr.) ist nur durch wenige Jahre von Aurelian getrennt. Er war wie dieser und zahlreiche Kaiser vor ihm ein Illyrer. Seine Politik bildete die geradlinige Fortsetzung von deren Versuchen, in dem Chaos eine stabile Reichsgewalt wiederherzustellen. Die Frage drängt sich auf, warum ihm dieses Vorhaben, an dem bisher alle anderen gescheitert waren, gelungen ist.

Diokletian teilte mit seinen Vorgängern die Überzeugung, daß ohne eine gesinnungsmäßige Unterbauung des Reiches keine Hoffnung auf eine dauerhafte Ordnung möglich sei. Aber wenn seine Politik Erfolg hatte, lag das nicht an der Art und Weise, wie er gerade diese Frage löste.

Im Vergleich zu Aurelian und auch Gallienus bedeutete Diokletians Verfahren sogar einen deutlichen Rückschritt. Es lag ihm fern, die wirklichen geistigen Anliegen seiner Zeit auszuspüren. Gegenüber dem Plan seiner Vorgänger, mit der Staatsideologie doch immerhin wirklich vorhandene Richtungen des zeitgenössischen Bewußtseins einzufangen, hielt sich Diokletian an den starren und unfruchtbaren Romanitätsglauben seiner illyrischen Soldaten. Die Autorität der alten römischen Staatsgötter, zumal des Juppiter Optimus Maximus, und selbst römischer Lokalgottheiten, deren Kenntnis man sich im Grunde bei den Antiquaren holen mußte, sollte einer Welt, welche längst gewöhnt war, das Göttliche als metaphysische Realität zu begreifen, politische Heilshoffnungen erwecken. Inmitten all der Not und Verzweiflung jener Jahre war die Ermahnung, sich auf die gute alte römische Moral und Sittenstrenge zu besinnen, als Trost und Verheißung von Diokletian gedacht. Wo sich eine äußere Möglichkeit bot, diesem offenbar romantischen und sehr gegenwartsfremden Programm einen konkreten Gehalt zu entlocken, griff der Kaiser energisch zu. Seine Rechtspolitik beweist es vor allem. Was sich im Laufe der Zeit im Zusammenhang mit den veränderten Lebensverhältnissen geändert und natürlicherweise vom griechischen Osten her Eingang gefunden hatte, hatte zu verschwinden. Die strengen Vorschriften des sogenannten ius strictum (des strengen Rechtes) sollten hinfort mehr beachtet, bestimmte eingebürgerte Gewohnheiten (wie die Ehe unter Verwandten) beseitigt werden.

Wie alle reaktionären Methoden war dieses Vorgehen in erster Linie prohibitiv, mit dem lediglich negativen Ziel der Beseitigung bestehender Tatsachen. Eine solche Einstellung führte zwangsläufig auch zu einem Zusammenstoß mit dem Christentum. Er wuchs sich aus zur schlimmsten Verfolgung, welche bis dahin über es hereingebrochen war. In Voraussetzungen und Folgen war sie eine reine Analogie zu der Verfolgung unter Decius.

Vorausgegangen war der Kampf gegen den Manichäismus, eine aus dem iranischen Bereich erst vor wenigen Jahrzehnten aufgetauchte neue Religion, welche, in ihrem Grundbestand persisch, aber mit manchen christlichen Entlehnungen, eine intensive Missionstätigkeit entfaltete und das besondere Ziel verfolgte, alle bisherigen Erlösungsreligionen an Universalität zu übertreffen (was insofern auch gelang, als sie sich im Westen bis Nordafrika und im Osten bis China ausbreitete). Die persische Staatskirche war bereits zu Lebzeiten des Religionsstifters Mani eingeschritten. 276 n. Chr. war er gekreuzigt worden. Diokletian setzte gewissermaßen die Verfolgung auf römischem Boden fort. Sein Denken — wie überhaupt die illyrische „Romantik" — hatte ohnehin in dem Glauben an die Verbindlichkeiten des Altnationalen gewisse Berührungspunkte mit der Ideologie des neupersischen Staates. Mit Feuer und Schwert fuhr er drein: Das Edikt ordnete Hinrichtung der Anhänger, Verbrennung der Bücher, Einziehung des Vermögens an.

Die Verfolgung der Christen vollzog sich in mehreren Etappen, begonnen im Jahre 299 mit der verhältnismäßig harmlosen Entlassung christlicher Soldaten und Beamten, um sich dann schließlich einige Jahre später bis zum physischen Zwang für alle Christen, das heidnische Opfer darzubringen, zu steigern. Diokletian hatte aus den Erfahrungen des Decius gelernt und wußte, daß ein formeller Abfall das Christentum nicht mehr tödlich treffen konnte. Deshalb verzichtete er auf die libelli und drang unter Bereitstellung von Folterknechten darauf, daß die Opfer wirklich ausgeführt wurden. Auch wollte er vermeiden, daß der Scharfrichter kurzerhand zahlreichen Christen zum Martyrium verhalf. Es war ihm auf jede Weise um Effektivität bei der Zerstörung des Christentums zu tun. Dazu gehörte, daß den Christen jede Möglichkeit des Kultus genommen wurde. Ein Befehl Diokletians ordnete die Zerstörung der Kirchen und die Verbrennung der heiligen Bücher an.

Noch schlimmer war die Hartnäckigkeit, mit der das Ziel verfolgt wurde. Kein Wirbelsturm, der die Christen einer kurzen Nervenprobe ausgesetzt hätte, brach über sie herein. Von den verschiedensten Seiten wurde durch viele Jahre hindurch der Bohrer angesetzt; die Verfolgung erstreckte sich über das Ende von Diokletians Regierung hinaus bis zum Jahre 311. Einen Erfolg brachte sie der römischen Regierung natürlich nicht. Mit Polizeimethoden war dem Christentum längst nicht mehr beizukommen. Auch zeigte sich, daß die despotische Staatsgewalt in dieser Frage weder vollständig Herr der eigenen Exekutive noch verständlicherweise viel weniger der eigenen nichtchristlichen Untertanen war. Vielerorts wurde die Verfolgung von den Verwaltungsstellen, ja oberen Regierungszentren sabotiert und fanden die Christen nicht nur bei der Zivilbevölkerung, sondern auch bei den Beamten selbst Hilfe.

2. Die Reorganisation der kaiserlichen Regierung durch Diokletian (Tetrarchie)

Die Geschichte hat Diokletians Religionspolitik widerlegt. Bestätigt hat sie ihn als Reorganisator des Reiches. Und sie hat ihn nicht nur bestätigt, sondern ihm auch vorgearbeitet.

Es galt fürs erste, ein haltbares Regiment, die Voraussetzung für alle weiteren Maßnahmen, zu schaffen. Ein halbes Jahrhundert lang waren alle dahingehenden Unternehmungen gescheitert, und man kann nicht sagen, daß es während dieser Zeit an Männern, die es mit Diokletian an Tatkraft und Tüchtigkeit hätten aufnehmen können, gefehlt hätte. Aber gewissermaßen zeigte sich jetzt erst, inwieweit man mit diesen immer wieder verebbten Anläufen doch weiter gekommen war: Der Brandherd war allmählich ausgebrannt; kraft der ungeheuren Anstrengungen einzelner Kaiser war der Staat erhalten geblieben; das Militär war trotz allem disziplinierter geworden; der Drang zu fortwährenden Usurpationen hatte nachgelassen. Diokletian selbst hatte sich nochmals durch eine solche an die Spitze gesetzt. Die Verlockung und die Versuche, seinem Beispiel zu folgen, haben auch später nicht aufgehört. Nicht nur während der Regierung Diokletians, sondern das ganze vierte Jahrhundert hat es an solchen nicht gefehlt. Aber sie setzten das Reich nicht mehr in Flammen oder ließen sich wenigstens zeitlich begrenzen.

Hierzu trug nun allerdings noch wesentlich eine Vorkehrung bei, deren „Erfindung“ Diokletians eigentliches Verdienst ist und ihn von vornherein als einen Kopf von überdurchschnittlicher politischer Begabung kennzeichnet. Es war dies der Regierungspluralismus, das Nebeneinanderbestehen mehrerer Kaiser im Reich.

Eine Aufspaltung der kaiserlichen Gewalt war an sich nicht neu. Schon das frühe Prinzipat hatte sie zum Zweck der Nachfolgedesignation gekannt. Sie wurde dann ohne jede Mühe fortgebildet zum Kondominat, wenn zwei Söhne dem Vater in der Herrschaft folgten (Mark Aurel und Lucius Verus als Adoptivsöhne, Caracalla und Geta als wirkliche Söhne). Unmittelbar vor Diokletian hatte diesen Weg Carus mit seinen beiden Söhnen Carinus und Numerianus eingeschlagen. Das sollten natürlich keine Realteilungen sein. Jeder regierte das ganze Reich, was sowohl nach den Grundsätzen des republikanischen Staatsrechts möglich als auch für die Begriffe einer Monarchie nicht undenkbar war.

Die originelle Idee Diokletians bestand nun darin, diese vorgefundenen Gepflogenheiten als Ansatz zu benutzen, von dem aus sich den latenten Gefahren der Anarchie begegnen ließ. Es hatte sich hundertfältig gezeigt, daß bei der damaligen Situation des Reiches ein unvermeidlich selbständig regierender Feldherr, zumal wenn er siegreich gewesen war und womöglich einen Usurpator niedergeschlagen hatte, kaum dem Schicksal entgehen konnte, von seiner Truppe zum Kaiser ausgerufen zu werden. Andererseits war es gänzlich ausgeschlossen, daß der Kaiser überall in eigener Person das Heer führte. Diokletian zog daraus die Folgerung, daß er einen Feldherrn, bevor er durch Usurpation Kaiser wurde, zweckmäßigerweise selbst zum Kaiser ernannte und ihn damit der Notwendigkeit enthob, das Schwert gegen ihn zu richten. Mit anderen Worten: Er beschloß, dem Pluralismus der Anarchie durch seine vorherige Legalisierung beizukommen.

Hätte Diokletian einen erwachsenen Sohn gehabt, wäre seine Wahl wahrscheinlich auf ihn gefallen, und er hätte das genau vorgeformte Modell nur zu übernehmen brauchen. Er hatte keinen Sohn, und so erklärte er seinen Feldherrn und Kriegskameraden Maximian, als dieser 285 nach Gallien ging, erst zum Kaiseranwärter (Caesar, in dieser Bedeutung seit dem zweiten Jahrhundert üblich) und ein Jahr später zum Kaiser (Augustus). Dieses System wurde später von ihm dahin erweitert, daß an die Seite der zwei Augusti Unterkaiser und Kaiseranwärter mit der Bezeichnung Caesar traten: neben Diokletian Galerius, neben Maximian Constantius (sogenannte Tetrarchie, d. h. Viererherrschaft).

Wenn diese Methode sich bewähren sollte, war es freilich nötig, daß von den einzelnen Kaisern jeder seinen Geschäftsbereich erhielt. Das hatte es früher auch schon fallweise gegeben; aber Diokletian machte daraus ein Prinzip. Dem Bedürfnis nach Dezentralisation war der Pluralismus entsprungen. Also mußte er sie auch als wesentliches Element in seinen Bestand aufnehmen. Diokletian hatte den Osten, und zwar er selbst Asien und Ägypten und Galerius Griechenland mit dem Balkan und das westlich anschließende Donaugebiet; Maximian hatte den Westen, davon Italien, Afrika und Spanien (?) für sich persönlich, Constantius Gallien und Britannien.

Angesichts einer solchen Anordnung vermag der moderne Betrachter unmöglich das Bedenken zu unterdrücken, daß ein derartiges Verfahren notwendig den Auseinanderfall des Reiches bedeuten oder zum mindesten zum Gefolge haben mußte. Es gibt aber kaum einen größeren Irrtum als diese naheliegende Vermutung. Sie wäre begründet, wenn dem Römischen Reich von Hause aus zentrifugale Neigungen innegewohnt hätten. Bekanntlich war bis dahin das Gegenteil der Fall gewesen; und in der Zeit Diokletians und in dem anschließenden Jahrhundert hat sich daran noch nichts geändert. Eine derartige Annahme setzte aber auch voraus, daß sich für die damalige Zeit begrifflich ein Herauslösen eigener Staaten aus dem Römischen Reich hätte vorstellen lassen. Das war indessen noch weniger der Fall. Dem Römischen Reich konnten allenfalls von einer auswärtigen Macht Stücke entrissen werden. Daß aus seinem eigenen Boden jedoch die Idee eines Separatismus aufsprang, war ausgeschlossen.

Auch jetzt handelte es sich um keine Realteilung. Geteilt waren nur die faktischen Wirkungsbereiche. Was der einzelne Herrscher tat (sofern er nicht bloße lokale Verwaltung war), galt für das Gesamtreich. Verordnungen und Gesetze wurden überall verkündet. Wechselseitige Einflußnahme in dem Nachbarsprengel war dadurch offen gelassen und ist tatsächlich vorgekommen. Was not tat, entsprach einem praktischen Erfordernis: Die innere Koordination der Politik der einzelnen Herrscher. Man mußte in der Lage sein, eine einheitliche Linie zu verfolgen und sich über etwaige Streitpunkte zu verständigen. Auch das gab sich von selbst, solange nicht einer aufstand und mit einem Anspruch auf Alleinherrschaft den ganzen Mechanismus in Frage stellte. Aber so etwas wäre zugleich Revolution gewesen, und gegen eine solche ist eine Staatsordnung nie gefeit.

In Frage stand eigentlich nur, auf welche Weise man sich über die Grundsätze der Politik einigte. Da war es nun für Diokletian eine Selbstverständlichkeit, daß die maßgebende Autorität ihm zukam, wie das früher im Verhältnis des Vaters zum Sohn oder des älteren Bruders zum jüngeren selbstverständlich war. Diokletian, der aus freien Stücken die Selbstentäußerung vorgenommen hatte, war natürlich Manns genug, bei den anderen seinem Einfluß Geltung zu verschaffen. Damit nun über seine autoritative Superiorität auch nicht der geringste Zweifel aufkommen konnte, griff er zu einer außerhalb des strengen Verfassungsrechtes stehenden Kennzeichnung seiner Stellung: Von seiner politischen Ideologie bestimmt, hatte er seine Person unter der Benennung „Jovius" in den Zusammenhang mit dem (für ihn) höchsten Gott Juppiter Optimus Maximus gestellt. Der andere Augustus erhielt nun auch eine göttliche Verbrämung; aber sein Schutzgott war, für jeden erkennbar, der im Vergleich zu Juppiter geringere Hercules, und Maximian war so als Herculius deutlich von Diokletian Jovius als der untergeordnete abgehoben. Daneben fand Diokletian noch eine andere Andeutung des Verhältnisses, indem er die Analogie der natürlichen Unterordnung des Sohnes unter den Vater sichtbar machte: Maximian wurde von ihm adoptiert. Entsprechend wurden von den beiden Augusti die entsprechenden Caesares adoptiert, Constantius von Maximian, Galerius von Diokletian.

Da diesem Pluralismus eine Notwendigkeit entprach und die Grundsituation des Soldatenkaisertums noch während des ganzen vierten Jahrhunderts bestand, ist er auch während dieser ganzen Zeit nicht außer Übung gekommen. Diokletian hat in ihm tatsächlich das einzig mögliche Heilmittel hervorgebracht. Darauf verzichtet wurde nur, wenn ausnahmsweise, sei es durch persönliche Kraft, sei es durch eine besondere Konstellation, einer es noch einmal fertig brachte, die Alleinherrschaft über das Römische Reich auszuüben. Dabei handelt es sich aber um verhältnismäßig wenige Jahre: 324 bis 337 unter Konstantin dem Großen, 353 bis 360 unter Constantius (II.), 361 bis 363 unter Julian, 394/95 unter Theodosius dem Großen. Im Vergleich hierzu war es ein sekundärer Unterschied, daß nach Konstantin die Gesamtherrscher meistens (nicht ausschließlich) Blutsverwandte waren, also auch einen dynastischen Untergrund besaßen. Diokletian selbst hätte ursprünglich gegen eine solche Verkittung der Teilgewalten gewiß nichts einzuwenden gehabt. Er machte von ihr keinen Gebrauch, weil er keine Handhabe dazu besaß. Aber immerhin ließ er an einem Surrogat erkennen, daß er ihr grundsätzlich nicht abgeneigt war: nicht nur, daß er die adoptiven Verbindungen einführte, er und Maximian machten ihre Adoptivsöhne auch zu ihren Schwiegersöhnen.

Dieses sehr klare Bild wird lediglich getrübt durch die Maßnahmen, die Diokletian am Ende seiner Regierung ergriff und die hinsichtlich ihrer letzten Motive noch immer nicht recht geklärt sind. 305, nach zwanzigjähriger Herrschaft, traten sowohl er wie sein Mitkaiser Maximian von der Regierung zurück. Für Diokletian selbst scheinen Gesundheitsrücksichten maßgebend gewesen zu sein; Maximian handelte auf Geheiß Diokletians. Jenes ist halbwegs plausibel; der erzwungene Rücktritt Maximians wirkt auf den ersten Blick sehr schematisch. Wahrscheinlich ist aber auch er durch persönliche Rücksichten bestimmt worden, insofern als Diokletian dem Maximian die ihm zufallende Aufgabe, autoritative Mitte zu sein, nicht zutraute. Maximian und Galerius waren zudem verfeindet. Ob deswegen das Vorgehen Diokletians im Sinne der von ihm verfolgten Absicht glücklich war, darf man im Hinblick auf die Folgen, die es gezeitigt hat, heute billigerweise bezweifeln.

Es zog nämlich die Notwendigkeit nach sich, zwei neue Caesares für die zu Augusti avancierten bisherigen, den Constantius und Galerius, einzusetzen. Und dabei gab es weitere Schwierigkeiten. Der dynastischen Konzeption, von der Diokletian ausgegangen war und die sich gewissermaßen von selbst aufdrängte, hätte die Verwendung der Söhne des Maximian und Constantius, des Maxentius und des Konstantin, entsprochen. Aber gerade das hat Diokletian ängstlich vermieden. In die frei werdenden Stellen wurden zwei verhältnismäßig unbekannte Männer (Flavius Severus und Maximinus Daia) eingeschoben. Damit war nun doch zuviel gegen die natürliche Schwerkraft gesündigt. Unendliche Spannungen und Zwistigkeiten und schließlich kriegerische Auseinandersetzungen bildeten die Folge und brachten es zuwege, daß Diokletian nach 305 mit eigenen Augen den Zusammenbruch seines tetrarchischen Systems hat mitansehen müssen, ohne gewahr zu werden, daß der Grundgedanke des Regierungspluralismus trotzdem für die Zukunft seine Fruchtbarkeit und Notwendigkeit nicht einbüßen sollte.

Der Regierungspluralismus Diokletians hatte neben seiner politischen Seite auch eine verwaltungstechnische. In dieser Hinsicht verfolgte Diokletian den Zweck der Dezentralisation der Reichsverwaltung. Mit der Verdoppelung der Kaiserwürde trat unvermeidlich auch eine Verdoppelung des kaiserlichen Regierungsbüros, der Prätorianerpräfektur, ins Leben. Ihre Zahl ist später vergrößert worden; man könnte denken, entsprechend der Tatsache, daß es nicht nur zwei Augusti, sondern zeitweilig mehrere gab. Aber so war es nicht. Die Vermehrung der Prätorianerpräfekturen wurde auch dann beibehalten, als es nur einen Kaiser gab. Gerade Konstantin d. Gr., der am großartigsten nochmals die Alleinherrschaft des Römischen Reiches verkörperte, ist so verfahren, und das beweist, daß diese Regelung nicht nur eine Folge der Regierungsaufspaltung war, sondern einem eigenen, besonderen Zweck diente. Konstantin hat überhaupt die Neuorganisation des Römischen Reiches, die Diokletian begründet hatte, weiter und zu Ende geführt.

3. Der Umbau der Verwaltung

Was waren die Prinzipien dieser Verwaltungsneuordnung? Diokletian hat auch hier in erster Linie den bestehenden Zustand, wie er sich im Verlauf des letzten Jahrhunderts herausgestellt hatte, anerkannt. An eine Wiedererweckung der munizipalen Freiheit, welche einst die Grundlage für die Kraft des Römischen Reiches gewesen war, hat er keinen Augenblick gedacht. In der Zeit der Anarchie war es unvermeidlich geworden, daß die materiellen Mittel, deren das Reich bedurfte, mit drakonischer Gewalt eingetrieben wurden. Die Neuerung Diokletians bestand darin, daß er die Auspressung der Untertanen nicht mehr der Willkür und dem Zufall überließ, sondern sie methodisch festlegte. Es kam also darauf an, die Verknechtung der Reichsbewohner generell zu fixieren, und zweitens, spezielle Vorkehrungen zu treffen, daß sie effektiv wurde. In der einen Richtung lag Diokletians Anordnung, daß die Einwohnerschaft des Landes wie die der Stadt erblich an ihren sozialen Standort gefesselt war und dort, sei es als Bauern, sei es als Curialen (die Zugehörigkeit dazu wird mechanisch auf Leute in der Stadt mit einem bestimmten, gar nicht übermäßig großen Grundbesitz erstreckt), sei es als Mitglieder der Gewerbezünfte oder als niederes Volk, für die ihm vom Staat zugedachte Belastung bereitzustehen hatte. In der anderen Richtung lag der Aufbau eines großen technischen Apparates, um die Leistungen einzutreiben. Da sie nur widerwillig entrichtet wurden, machte sich eine Intensivierung der Verwaltung (verbunden mit einer Primitivierung ihrer Handhabung im einzelnen) nötig. Praktisch bedeutete das, daß eine schonungslose und dazu noch korrupte Bürokratie auf die Fersen des Untertanen gesetzt wurde und dieser in die Triebräder eines ohne jede Rücksicht verfahrenden Mechanismus geriet. Natürlich war das alles andere als ein Heilmittel für die soziale Not, aber es war besser als die unberechenbare Willkür, die bis jetzt geherrscht hatte.

An die Stelle des früheren differenzierten und die Spuren verschiedener Herkunft tragenden Steuersystems, trat jetzt eine einheitliche Normalsteuer: die sog. annona, dem Buchstaben nach eine außerordentliche Naturalabgabe, die längst jedoch zur üblichen Haupteinnahmequelle geworden war. Ein sehr rohes Umlageverfahren (die sog. iugatio-capitatio) sorgte dafür, daß niemand im Zweifel war, was er zu zahlen hatte: Alle fünfzehn Jahre wurde der ganze Grundbesitz je nach Umfang und Wert des Bodens in gleiche Steuereinheiten (iugum) aufgeteilt. Es brauchte dann nur die Leistung pro Einheit jährlich festgesetzt zu werden. Daneben trat eine (heute nicht mehr identifizierbare) zusätzliche Berücksichtigung der Arbeitskräfte (caput). Außerdem wurde seit Konstantin von sehr reichen Großgrundbesitzern einerseits und von den von der annona als Nichtbodeneigentümer nicht erfaßbaren Gewerbetreibenden andererseits eine Zusatzsteuer erhoben. Es war eine Geldabgabe, während die annona erst allmählich den Charakter einer reinen Naturalsteuer verlor.

Intensivierung der Verwaltung hieß: Vergrößerung des Beamtenapparates und zugleich Einrichtung von Sprengeln, die allein der Aufgabe der Verwaltung zu dienen hatten. Die alten Provinzen waren das von Hause aus nicht gewesen, da sie ja aus Herrschaftsbezirken hervorgewachsen waren und erst allmählich innerhalb ihres Körpers echte Verwaltungsfunktionen entwickelt hatten. Diokletian leistete auch da ganze Arbeit und hob die alten Provinzen kurzerhand auf. Die neue Provinz hatte mit der alten nur noch den Namen gemein und umfaßte dem Umfang nach nur einen Bruchteil von ihr. Aus den 29 Provinzen der frühen Kaiserzeit, die inzwischen auch schon zu 45 angewachsen waren, wurden jetzt 120; so wurden z. B. aus den drei spanischen Provinzen sieben, aus den vier bzw. sechs gallischen (mit Alpen) zwölf. Von der Neuaufteilung wurde auch Italien erfaßt. Es umfaßte, entsprechend seiner großen Zahl von Kommunen, 17 Provinzen. Rücksichten auf seine frühere Stellung als Sitz der römischen Herrschaft waren längst nicht mehr angebracht.

Es war weiterhin verständlich, daß der komplexe, aus Verwaltung und militärischem Kommando zusammengesetzte Regierungsbegriff alten Stils, wie er noch immer, wenigstens grundsätzlich, der Provinzialstatthalterschaft zugrunde gelegen hatte, in der Provinz neuen Stils keinen Sinn mehr besaß. Zivil- und Militärgewalt wurden voneinander getrennt und damit eine Entwicklung, die schon bei Gallienus zum Durchbruch gekommen war, zu Ende geführt. Die beiden jetzt völlig voneinander unabhängigen Verwaltungsstränge vereinigten sich erst wieder in der kaiserlichen Zentrale. Diokletian hat sie noch in der Prätorianerpräfektur als dem Inbegriff der kaiserlichen Zentrale zusammenlaufen lassen. Als sie das für Konstantin durch die dauernde Stationierung von mehreren Prätorianerpräfekturen (unabhängig von der Anzahl der Kaiser) nicht mehr war, wurde auch auf dieser Ebene die Teilung sichtbar: neben den ausschließlich zivilen Prätorianerpräfekten trat der militärische Heeresmeister (magister militum oder equitum, in den Provinzen der dux). Auch das war ein Vorgang, der sich längst im dritten Jahrhundert angebahnt hatte und von Diokletian eigentlich nur zum durchgehenden Reglement gemacht wurde.

Natürlich hörte auch die Provinzialstatthalterschaft auf, ein Vorrecht der Senatsklasse zu sein. Dies war ebenfalls nicht ganz neu und schon früher vorgekommen.

Meistens amtierten auch hier jetzt Ritter (unter dem Titel praeses), obgleich vereinzelte Posten den Angehörigen des senatorischen Standes noch vorbehalten blieben.

Die Intensivierung der Verwaltung bedeutete also eine ungeheure Vermehrung der Beamtenschaft. Obschon die Selbstverwaltung der Städte nicht abgeschafft wurde, vermag dies die Tatsache, daß das Römische Reich ein reiner Beamtenstaat geworden war, nicht im geringsten einzuschränken. Der Grund für den formalen Weiterbestand der munizipalen Autonomie war der rein fiskalische, daß man mit ihr zugleich in den Kurialen und Zünften zwei eigenständige Instanzen beibehielt, welche für die Leistungen der Städte und Zunftangehörigen hafteten und damit dem staatlichen Zugriff den Weg zum einzelnen Untertanen ersparten. In Wirklichkeit waren sie jetzt nichts anderes als Zwangskollektive. Die unbeschränkte Macht lag bei den Regierungsstellen, den Büros (officia) der Bürokratie, und ihre Angestellten (die officiales) waren gefürchtet.

Von unten bis in die höchste Spitze baute sich so eine gewaltige Beamtenhierarchie auf. Am kaiserlichen Hof lief sie in der Reihe der verschiedenen Ministerien und Ämter zusammen mit ihren jeweiligen Chefs, von denen der Haus- und Hofmeister (comes et quaestor sacri palatii), der die Gesetze ausfertigte und überhaupt den einzelnen Geschäftsverkehr überwachte, und der Personalchef (magister officiorum), der zugleich Minister des Äußeren war, die einflußreichsten Posten waren.

Die Beaufsichtigung und Direktion dieses ungeheuren Beamtenapparates war ein schwieriges und wichtiges Problem. Von unten her, durch Kontrolle seitens der Untertanen kraft ihnen zukommender Rechtsgarantien, war bei der allgemeinen Demoralisierung längst nichts mehr auszurichten. Diokletian und Konstantin erfanden deshalb ein raffiniertes System der indirekten Kontrolle, indem sie sachlich gleichlaufende Funktionen im Instanzenzug voneinander trennten (so daß etwa in der Finanzverwaltung die oberste Zuständigkeit einmal beim Prätorianerpräfekten, das andere Mal beim kaiserlichen Ministerium des comes sacrarum largitionum lag) oder vor allem auf die seltsame Aushilfe verfielen, die unteren Instanzen gleichsam gegen die ihnen im Zuge der Hierarchie vorgesetzten auszuspielen. So hatte man die Machtfülle des Prätorianerpräfekten, des Vorgesetzten der Provinzialgouverneure, durch Zwischenschaltung von Vertretern (vicarius) für jeweils eine Gruppe von Provinzen (die sog. Diözese) paralysiert. Dieser vicarius war von seiner vorgesetzten Behörde (dem Prätorianerpräfekten) dadurch selbständig gemacht, daß es ihm freistand, unter deren Umgehung direkt an die kaiserliche Regierung zu appellieren und gegebenenfalls seinen „Chef“ dadurch zu kompromittieren.

Den größten Erfolg versprach man sich jedoch von der Entsendung eines Heeres von Kommissären (agentes in rebus). Sie waren mit Absicht ursprünglich reine Subalternbeamte, eigentlich die Depeschenreiter des Hofes, damit sie in den Provinzen mit Leuten ihresgleichen Fühlung aufnehmen und das selbstverständlich vorhandene Ressentiment der unteren Angestellten gegen ihre Vorgesetzten zur Spionage ausnutzen konnten. Es bedarf keiner Erläuterung, daß diese Methode wenig geeignet war, die Moral der Beamtenschaft zu heben. Aber irgendein Beamtenethos, auf das die Regierung sich hätte verlassen können, war ohnehin nicht vorhanden. Betrügereien, Bestechungen, Erpressungen waren an der Tagesordnung und bürgerten sich so ein, daß sie geradezu zu den legitimen Beamtenrechten gezählt wurden. Das

Spionagesystem war gewiß auch zum Schutz der Untertanen gegen persönliche Ausbeutung und Vergewaltigung gedacht; aber die Kontrollkommissäre waren selbstverständlich aus keinem besseren Holz als die übrige Bürokratie geschnitzt. Und so hatten die Untertanen doppelt zu leiden, indem sie doppelt zu zahlen hatten.

4. Die Heeresreform

Die andere Säule des Reiches war selbstverständlich das Heer. Auch hier sanktionierte die Reform in der Hauptsache die grundlegende Umwandlung, die sich während des dritten Jahrhunderts vollzogen hatte. Das Kernstück war die nicht an der Grenze stationierte Mobilarmee (die comitatenses), bestehend aus Infanterie und vor allem Kavallerie, wovon die Hoftruppe, entsprechend den früheren Prätorianern, die Anfang des vierten Jahrhunderts endgültig aufgelöst wurden, eine besondere Elite bildete. Die Armee in den Provinzen war infolge ihrer Ausstattung mit Grund und Boden endgültig zu einer minder qualifizierten Miliztruppe geworden.

Das Ansehen des Militärs hatte sich auch sonst völlig gewandelt. Man begegnet keinem der früher grundlegenden Begriffe mehr. Das gesamte Offizierskorps wurde unter der merkwürdigen Bezeichnung protectores, d. h. Beschützer des Kaisers, zusammengefaßt. Dies sollte zum Ausdruck bringen — was wirklich Tatsache war —, daß der Kaiser das Reich war. Die Einrichtung selbst war wie so vieles im Heerwesen keine völlig neue Erfindung, sondern die Weiterentwicklung früherer, in diesem Fall wohl auf Gallienus zurückgehender Ansätze, der mit dem Titel allerdings nur besonders hohe Chargen ausgezeichnet hatte. Die Rekrutierung des Heeres geschah nun ausschließlich aus der Landbevölkerung, die Leute in der Stadt hatten als Roboter für den zivilen, d. h. finanziellen und wirtschaftlichen Bedarf zu dienen. Die Stellung der Soldaten war eine Last, die wie viele andere die Bevölkerung drückte und schematisch eingefordert wurde. Das beste Menschenmaterial wurde auf diese Weise nicht geliefert, und es ist nicht verwunderlich, daß die Armeekommandos sich immer mehr in den Grenzgebieten, wo zahlreiche kräftige „Barbaren" saßen, umblickten. Trotzdem ist die Militärkraft aus den Reformen Diokletians und Konstantins — sie waren ja nur der Schlußstein der Bemühungen des dritten Jahrhunderts — wesentlich gestärkt hervorgegangen und hat für das vierte Jahrhundert im großen ganzen (abgesehen von der einschneidenden Katastrophe vor Adrianopel) einen wirkungskräftigen Schutz des Reiches garantiert.

Die militärischen Kreise betrachteten sich auch selbst, wie im dritten Jahrhundert, als das eigentliche Rückgrat des Staates. Nach wie vor war der Kaiser in erster Linie Offizier, und wenn ein Mangel an militärischer Tüchtigkeit auch nicht mehr unbedingt für ihn die politische Katastrophe nach sich ziehen mußte, so war es doch noch klar, daß letztlich sein Prestige und seine Anerkennung auf der Bewährung in der militärischen Führerschaft beruhte. Die Residenz des Kaisers war noch immer zugleich Hauptquartier; der dortige Hofstil wies stark militärischen Einfluß auf. Der verbreitetste höhere Amtstitel war hervorgegangen aus der Bezeichnung für die militärische Begleitung des Kaisers (comes, davon später comte = Graf). Der Ort der Residenz war je nach den sachlichen und persönlichen Bedürfnissen des Kaisers gewählt, gleichgültig, ob sie nun in Mailand, Paris, Trier, Nikomedien usw. aufgeschlagen wurde. Jedenfalls fiel sie nie mehr mit der Hauptstadt Rom zusammen. Die Ursache war, wie im dritten Jahrhundert, vor allem strategischer Natur: Der Kaiser mußte in der Nähe der Kriegsschauplätze sein. Erst die zweite Hauptstadt Konstantinopel wurde wieder kaiserliche Residenz und gewann damit die Eigenschaft, die Rom für dauernd verlorengegangen war.

5. Charakter des spätantiken Staates

Der spätantike Staat, wie er aus den Händen Diokletians und Konstantins hervorging, war nicht nur als Schöpfung, sondern nicht minder in seinem Bestand eine ungeheure Energieleistung. Man hat das gerechterweise zu betonen angesichts des düsteren Eindrucks, den er auf einen unvoreingenommenen Beobachter macht. Er war gänzlich auf Gewalt und Macht gestellt. Es gab in ihm keine Freiheit mehr, soziale Freiheit nun schon gar nicht, und bald, nachdem das Christentum Staatsreligion geworden war, verflüchtigte sich auch die geistige! Auf der einen Seite stand die Masse der Untertanen in Stadt und Land, praktisch kaum mehr als Staatssklaven, auf der anderen die Regierung mit dem Heer ihrer Funktionäre. Es war für die Regierung leicht, durch Befreiung von den staatlichen Lasten Privilegien zu schaffen. Der gesellschaftliche Aufstieg des christlichen Klerus sollte sich vorzugsweise auf dieser Stufenleiter bewegen. Alles Leben, das dem Reichskörper noch Bewegung gab und seinen Verfall noch hinderte, war im Staatsapparat lokalisiert. Es war längst nicht mehr so, daß das Reich von dem eigenen Antriebe seiner Gesellschaft lebte.

Nicht einmal mehr die rein wirtschaftliche Initiative reichte für seine Bedürfnisse aus. Der Staat war gezwungen, selbst Unternehmer für die Artikel seines nötigsten Bedarfes zu werden: Staatliche Waffenmanufakturen entstanden. Das Transportwesen für die lebenswichtigsten Güter wurde durch die eisernen Klammern staatlicher Regierungsaufsicht zusammengehalten. Manches war auch von selbst besser geworden, seitdem wieder äußere Ordnung im Reich eingezogen war. Schon Aurelian hatte (274) an das völlig aus den Fugen gegangene Münzwesen Hand angelegt und das wertlose Inflationsgeld eingezogen, um Platz für besseres zu schaffen. Damit gelangte er indes noch nicht zum Ziel, doch arbeiteten dann sowohl Diokletian (296) wie Konstantin (312) mit Erfolg an einer neuen Währung und gaben wieder vollwertiges Geld in Edelmetall (Gold, Silber) heraus, so daß das Absinken in naturalwirtschaftliche Verkehrsformen gehemmt wurde.

Freilich stellte sich der Erfolg, wie eigentlich nicht anders zu erwarten war, nicht von einem Tag zum andern ein. Die Früchte dieser monetaren Politik reiften erst im Verlauf des vierten Jahrhunderts, als sich die Warenmenge auf die zur Verfügung stehenden Geldmittel einspielen konnte und sich daraus ein stabileres Preisgefüge ergab. Diokletian in seiner energischen und jeder Behutsamkeit abholden Art hatte mit einer sofortigen Wirkung gerechnet und war sehr enttäuscht, als sie nicht eintrat und die Preise nicht von heute auf morgen das bisherige inflationistische Niveau verließen. Der Kaiser betrachtete das als böswillige Verschmähung seines guten Willens und erließ sein berühmtes Preisedikt i. J. 301, das in einem großen Katalog Maximalpreise für Waren und Leistungen festsetzte. Es war freilich nicht möglich, auf diesem Wege durchzugreifen. So sehr der spätantike Staat bezeichnende Züge des modernen Staatskapitalismus aufweist: um die ökonomischen Lebensvorgänge wirklich in den Griff zu bekommen, dazu reichten seine Mittel doch nicht aus. Weder die äußeren Voraussetzungen der bürokratischen Technik noch die inneren der Einsicht in die wirtschaftlichen Vorgänge und der Wirtschaftsstruktur überhaupt waren erfüllt. Wenig verwunderlich, denn es war von ihm billigerweise nicht zu erwarten, daß er die Ergebnisse der allermodernsten Geschichte vorwegnahm.

6. Die neue Aristokratie

Ein Staat, welcher derart konsequent seine Existenz auf die Exekutive eines Soldaten- und Beamtenapparates gestellt hatte und sich gerade dadurch verwirklichte, daß er mit abgestorbenen Restbeständen einer früheren Geschichte aufräumte, konnte verständlicherweise mit den Grundsätzen der augusteischen Ordnung nichts mehr anfangen. Augustus hatte mit der Festsetzung einer bestimmten Verwaltungszuständigkeit des Senats dem republikanischen Teil des Staates das Reservat eines Schattendaseins vorbehalten. Es war vor allem im Reglement über die sogenannten Senatsprovinzen zum Ausdruck gekommen. Nachdem aber die gesamte Reichsverwaltung auf eine andere Grundlage gestellt worden war, wurde zwangsläufig die Verbindung von Senat und Provinzialverwaltung durchschnitten und fiel damit der letzte Anhalt fort, den Senat in irgendeiner Weise als an der Regierung beteiligt zu betrachten.

Die Funktion des Senates als beschließende Körperschaft, an die in diesem Zusammenhang in erster Linie zu denken ist, war ohnehin — je länger, desto mehr — von geringer realer Bedeutung gewesen, so daß auf sie auch nichts mehr ankommen konnte.

Aber selbst im Bereich dieser reinen Formalitäten, zu denen die Regierungstätigkeit des Senats längst geworden war, sorgten die neuen Verhältnisse jetzt für ein klares Bild. Die Zusammenarbeit von Kaiser und Senat setzte zum wenigsten voraus, daß der Sitz des Senates und der der Regierung sich am gleichen Orte befanden. Doch gerade damit war es ja jetzt vorbei, seitdem die Residenz des Kaisers nicht mehr in Rom war. Infolgedessen mußte der römische Senat zu einer wohl durch lange Geschichte ehrwürdigen, aber in Wirklichkeit nur mit lokalen Aufgaben ausgestatteten Körperschaft werden. Dieses Verhältnis hätte sich erst ändern können, wenn Reichshauptstadt und Residenz wieder zusammengefallen wären. Rom hat jedoch diesen Tag nicht erlebt, und auch Konstantinopel ist erst allmählich in die reale Stellung einer Haupt- und Residenzstadt hineingewachsen.

Den Tatbestand, daß der Senat auch in dieser formellen Weise abdankte, bezeichnet — nach dem Vorgang von Theodor Mommsen — die Verfassungsgeschichte als die Begründung des Dominates, d. h. als die Begründung einer Staatsform, in der der Kaiser Herr, und zwar der alleinige ist, wobei hiervon zu unterscheiden ist, daß die äußere Bezeichnung dominus in der Kaisertitulatur des dritten Jahrhunderts längst geläufig geworden war. Die Berechtigung der Terminologie hängt von der Frage ab, ob man das Gegenstück, nämlich die Samtherrschaft von Senat und Kaiser vorher, gelten läßt und die Verschiebung, die sich auf dieser verfassungsgeschichtlichen Ebene vollzog, für wesentlich genug hält, um sie zum Charakteristikum des Epochenwandels zu erheben, ein Problem, das heute ohne Aktualität ist. Faßt man jedoch die Entwicklung als komplexe Größe auf, dann ist schließlich das Schicksal des Senats nur ein Ausschnitt aus dem soziologischen Phänomen, daß mit dem Zusammenbruch des alten Munizipalwesens auch die Aristokratie alten Stils ihren Untergang finden mußte. Und sie hat ihn gefunden, und an die von ihr geräumte Stelle trat nun eben der spätantike Zwangsstaat.

So wäre nun auch tatsächlich die geschichtliche Lage gewesen, wenn die Bemühungen des durch Diokletian und Konstantin wieder aufgerichteten Reichsregiments voll und ganz ihr Ziel erreicht hätten. Aber die gesellschaftliche Struktur, so sehr sie auch von einem starken Willen und brutaler Gewalt modelliert werden kann, ist doch kein bloßes Geschöpf äußerer Energie. Die Spätantike hat diese Wahrheit in einer für sie geradezu verhängnisvollen Weise zu spüren bekommen.

Ihrer politischen Programmatik hätte entsprochen, daß die gesamte Reichseinwohnerschaft im Funktionssystem des Staates aufgegangen wäre und die einen ihren Platz darin als Roboter, die anderen als Staatsfunktionäre gefunden hätten. In Wirklichkeit hat sich aber doch wieder eine neue und unabhängige Oberschicht gebildet, nur hatte sie jetzt ein völlig anderes Gepräge als die frühere.

Letztere war, wenn ihr Einkommen auch in der Hauptsache auf Grundbesitz beruht hatte, doch eine städtische Honoratiorenschicht gewesen. Sodann hatte sich ihr ganzer Ehrgeiz darauf gerichtet, diese Qualifikation im Rahmen des Reiches zu erhöhen und gleichsam zu dessen Notabeln zu werden, welche zum mindesten moralisch für sein Wohl einstanden. Diese Lebensart und Gesinnung war nun zusammen mit ihren Voraussetzungen geschwunden. Überall ging das Sinnen und Trachten der Menschen dahin, sich den Fängen des erbarmungslosen Staates zu entziehen und einen Platz zu erringen, wo man von ihm verhältnismäßig ungeschoren war. Da nun die Städte zu nichts anderem als Lastenkollektivs geworden waren, wurde deren Bannkreis von dem neuen Adel möglichst gemieden und danach getrachtet, von all den drückenden Verpflichtungen, denen man dort unterworfen war, freizukommen. Die nobilitierende Auszeichnung war jetzt nicht nur ein klingender Titel — an ihm war auch kein Mangel —, sondern ein handfester materieller Vorteil, ein Privileg, und der Lebensraum für diese Schicht war nicht mehr die Stadt, sondern das Land, auf dem sie in ihren Schlössern als Landbarone lebte. Noch günstiger mußte es freilich sein, wenn der eigene Grund und Boden nicht mehr zum städtischen Territorium gehörte, sondern exterritorial war. Da offenbar große Teile der Staatsdomänen in ihre Hand gelangten, war diese Bedingung bei vielen von Haus aus schon gegeben, denn die kaiserlichen Güter hatten sich von jeher außerhalb der Stadt befunden. Wer aber noch nicht im Besitz dieser Vergünstigung war, wird sie auf dem Wege des Privilegs angestrebt haben. Oder aber, und dies kam, je weiter die Entwicklung fortschritt, um so häufiger vor, der Betreffende usurpierte einfach die Exterritorialität, und jagte die städtischen Beamten, wenn sie auf seinen Grund und Boden kamen, rücksichtslos fort. Grund und Boden bedeutete damals auch schon nicht nur Immobilienbesitz, sondern begriff auch Herrschaft über Menschen in sich, die in der Form des Kolonats Bestandteil von ihm geworden waren, unter Verlust der Freizügigkeit.

Freizügigkeit stand bei den Bauern schon längst nicht mehr hoch im Kurs, da praktisch mit ihr doch nichts anzufangen war und die staatliche Reglementierung aller Lebensbereiche mit ihr im Ergebnis auch aufgeräumt hatte. Das Kolonat stellte den ländlichen Arbeiter im Grunde nicht viel schlechter, gewährte aber andererseits die Vergünstigung, daß der Bauer gegenüber den staatlichen Behörden einen Rückhalt in seinem Herrn fand. Daraus ergab sich im Laufe des vierten Jahrhunderts die Folge, daß noch freie Bauern von selbst sich unter die Obhut (patrocinium) solcher Herren begaben und auf diese Weise deren Grundherrschaft vergrößerten. Von einer solchen zu sprechen, ist man mit fortschreitender Zeit durchaus berechtigt, denn nicht nur die Leistungen und Forderungen, welche auf privatrechtlicher Grundlage das Verhältnis des Herren zu seinen Kolonen bestimmten, waren der Inhalt dieser Herrschaft, hinzu wuchs, oder hatte sich bereits auf altem Domänenbesitz längst ankristallisiert, der Inhalt von öffentlicher Verwaltung und Polizei und schließlich auch das Recht, Steuern einzutreiben, ein Recht, das sich dann auch auf die freien Dörfer, die in der Umgebung der Herrenhöfe lagen, allmählich erstreckte. Aneignung von obrigkeitlicher Gewalt in privater Hand bedeutet aber Feudalismus, und feudale Elemente kamen auf diese Weise im Römischen Reich der Spätantike zur Ausbildung. Auf der Kehrseite des straff organisierten bürokratischen Staates zeigte sich mit aller Deutlichkeit ein Phänomen, welches das diametrale Gegenstück zu seinem Prinzip darstellte und wie jeder Feudalismus die Möglichkeit besaß, die Durchschlagskraft der politischen Gewalt zu gefährden.

7. Erhöhung der kaiserlichen Majestät

Allerdings waren das Folgen, die erst in der Zukunft wirklich sichtbar wurden. Das Römische Reich, wie es aus den Händen Diokletians und Konstantins hervorging, verfügte über eine starke Staatsgewalt, stärker denn zuvor, und fand seinen unbestrittenen Mittelpunkt in der Person des Kaisers, der nicht nur allmächtig und unbegrenzt in seiner Herrschaft war, sondern jetzt auch diese überragende Stellung mit allem nur denkbaren Pomp zum Ausdruck brachte.

Aller Glanz des Reiches sammelte sich uneingeschränkt in ihm. Schon lange hatte die Entwicklung darauf hingestrebt.

Aber nun war es erreicht. Der römische Kaiser ist jetzt nicht nur de facto Autokrat, sondern darf und muß dies sogar sein. Jahrhunderte hatten daran gearbeitet, ihm die Majestät eines höheren Wesens zu geben und seine Stellung mit einem beinahe metaphysischen Symbolgehalt auszustatten. Nachdem das humanitäre Kaisertum zu einem endgültig vergangenen Traumgebilde geworden war, gab es keine Hemmungen mehr. Das Zeremoniell wurde bereits im dritten Jahrhundert (etwa unter Aurelian) immer feierlicher. In einer Zeit, wo alle äußere Autorität dem römischen Herrscher verlorengegangen war, stellte es sich sogar als zweckmäßig dar, dem Kaiser ein möglichst hohes Maß an Würde zu verleihen und um seine Person, welche so leicht zum Spielball der Launen des Heeres wurde, den Schimmer einer Majestät, der man sich nur auf Distanz nähern durfte, zu legen. Diokletian hat auch da weniger Neues geschaffen, als eine alte Entwicklung bestätigt und ihr Ergebnis systematisiert. Der Hofstaat, das Hofzeremoniell und das Ritual muten sehr orientalisch an, und manches mochte auch von Persien übernommen sein (wie vielleicht das Amt eines Kammerherrn, des praepositus sacri cubiculi, gewöhnlich bekleidet von einem Eunuchen) und insofern mag eine literarische Polemik, das Römische Reich sei durch ihn orientalisiert worden, eine gewisse Berechtigung haben; in Wirklichkeit war das alles echter Ausdruck einer selbständigen geschichtlichen Wandlung.

Diese Linie fing bereits bei Augustus an, der in den Provinzen den hellenistischen Herrscherkult für das Kaisertum übernommen hatte. Immer mehr drängte dann die Entwicklung dazu, auch im römischen Bereich, ohne Rücksicht auf die dem römischen Bürger gegenüber beobachtete Zurückhaltung, diese Göttlichkeit anerkennen zu lassen, und bei Aurelian ist es dann auch tatsächlich soweit, daß auf ihn sogar Münzen mit dem Zusatz deus et dominus geprägt werden.

Die Ausreifung dieses alten Gedankens genügte aber der Vertiefung und Erweiterung des Gottesbegriffes, die sich während des dritten Jahrhunderts im gesamten antiken Lebensgefühl durchgesetzt hatte, nicht mehr. Der Kaiser als Gott konnte allenfalls, ungeachtet seiner institutionellen Privilegierung durch den Kaiserkult, ein Gott unter vielen sein. Mehr mußte jedoch im Grunde gewonnen werden, wenn er mit dem Göttlichen überhaupt, im eminenten Sinne, in Verbindung gebracht und in die göttliche Gnade gestellt wurde. Dieser Gedanke, welcher keine Ausschließlichkeit gegenüber der anderen Konzeption bedeutete, begegnet bei Aurelian und ist dann vor allem für Diokletian maßgebend geworden, welcher unbeschadet dessen, daß er in üblicher Weise selbst Gott war, noch ein größeres Gewicht auf seine Zugehörigkeit zum höchsten Gott und seine Teilhabe an ihm (dem Juppiter Maximus) legte und dieses Verhältnis für seine politische Ordnung mit seiner eigenen hervorgehobenen Stellung als Jovius vor allem konstitutiv machte.

Wichtig wurde die Richtung, in der damit die religiöse Begründung für die absolute Majestät des Kaisers gesucht wurde, in der Folgezeit. Mit dem Gottkaisertum der alten Art konnte sich das Christentum begreiflicherweise nicht verständigen. Andererseits war es hier, wie auch sonst, keineswegs gesonnen, die Ordnung des Römischen Reiches anzutasten. Dergleichen hätte auch nicht in seiner Möglichkeit gelegen. Eine politische und noch mehr eine soziale Revolution lag dem Christentum fern. Auch in seinen Augen sollte der Kaiser seine erhöhte und metaphysisch unterbaute Stellung behalten. Er behielt sie auch, und niemand dachte daran, die Gleichheit der Menschen vor Gott auf die irdische Welt zu übertragen. Im Gegenteil: im christlichen Reich, das bald zum byzantinischen wurde, gestaltete sich das Hofzeremoniell immer prächtiger und hörte die Person des Kaisers nicht auf, über den anderen Menschen zu stehen, mit einer göttlichen Weihe ausgestattet zu sein und alles, was mit ihrer Sphäre zu tun hatte, in den Bereich ihrer Majestät zu ziehen und nach wie vor als sacer bezeichnen zu lassen. Die Möglichkeit, diese Tradition auch in einer christlichen Welt fortzusetzen, ergab sich aus der Idee des kaiserlichen Gottesgnadentums.

X.

Die Christianisierung des Reiches

§ 34. Konstantin und das Christentum

1. Konstantins politischer Aufstieg. — 2. Konstantins geschichtliche Bedeutung. — 3. Staat und Kirche. — 4. Rückwirkung des politischen Umschlages auf das Christentum. — 5. Der Donatismus. — 6. Der Arianische Streit. — 7. Das Konzil von Nicäa. — 8. Konstantinopel.

1. Konstantins politischer Aufstieg

Konstantin gelangte im Jahre 306 im Rahmen des Diokletianischen Regierungspluralismus als einer der Teilherrscher zur Kaiserwürde und starb im Jahre 337 als faktisch unumschränkter Herr des gesamten Römischen Reiches. Die Zeit seiner politischen Wirksamkeit, annähernd eine Generation, hat der antiken Welt so ziemlich die einschneidenste Umwälzung gebracht, die sie je durch die Initiative eines einzelnen erfuhr. Man muß bis zu Alexander dem Großen zurückgehen, um etwas Gleichartiges zu finden. Aber im einzelnen liegen die Dinge bei Konstantin viel verwickelter.

Konstantin entstammte den illyrischen Kreisen um Diokletian, war also von Hause aus ein Mann des Westens und der lateinischen Kultur. Sein Vater Constantius, unter Diokletian Caesar und danach Augustus des Westens, hatte Gallien und Britannien als Aufgabenbereich. Das wurde auch für den Sohn die Basis des Aufstieges. Er vollzog sich nicht geradlinig; denn Diokletian hatte Konstantin ebensowenig wie Maximians Sohn Maxentius bei seinem Rücktritt in die Nachfolgeordnung einbezogen. Konstantin mußte sich deshalb die Macht selbst schaffen, was ihm nicht schwerfiel, da das Verfahren Diokletians beim Heer keine Resonanz gefunden hatte und man dort als Nachfolger lieber Männer aus der Familie der bereits vertrauten Herrscher sah. So wurde Konstantin beim Tode seines Vaters im Jahre 306 zu seinem Nachfolger, d. h. zum Augustus des ganzen Westens, ausgerufen.

Mit einem Schlag war dadurch das Diokletianische System gesprengt. Nicht nur, daß er eigenmächtig an die Spitze kam; auch der Grundsatz, daß man zum Augustus vom Caesar aus aufrückte, war verletzt. Die Folgen, die sich an diese revolutionäre Tat knüpften, waren unübersehbar und hielten die Politik beinahe zehn Jahre lang in Atem. Es schien zeitweise wieder die Anarchie der vordiokletianischen Zeit ausgebrochen zu sein. Diokletian, der dies alles in seinem Ruhesitz Spalato (Dalmatien) mitansehen mußte (er starb erst im Jahre 316), versuchte einmal, der Verwirrung Einhalt zu gebieten und die alte Tetrarchie wiederherzustellen (Konferenz von Carnuntum, in der Nähe des heutigen Wien, im Jahre 307). Vergeblich. Zwei Jahre später hatte das Reich vier Augusti, die sich gegenseitig als legitim betrachteten (Galerius,

Maximinus Daia im Osten, Konstantin und Licinius im Westen) und einen illegitimen, Maxentius, den Sohn des Maximian, dessen hauptsächliche politische Domäne Italien bildete. Bei seinen Gegnern war Maxentius als blutdürstiger Tyrann verschrien. Er kann aber im Gegenteil den Ruhmestitel für sich in Anspruch nehmen, der letzte römische Kaiser gewesen zu sein, der Rom und Italien zur Basis hatte und für seine Regierungsprogrammatik auf die Tradition der alten Hauptstadt zurückgriff. Er bekannte sich zu den Stadtgründern Romulus und Remus, zum römischen Kriegsgott Mars, zur Religion der sacra urbs und hinterließ ihr in der Maxentiusbasilika, einem gigantischen Kolossalbau, das letzte antike Monument großen Stiles (von Konstantin als Konstantinsbasilika zu Ende geführt).

Als im Jahre 311 Galerius starb, hätte sich die Gelegenheit geboten, unter Einbeziehung des Maxentius die Diokletianische Verteilung wenigstens auf der Grundlage von vier Augusti wiederherzustellen; doch Maximinus Daia verhinderte das und verband sich mit Maxentius gegen Licinius, um sich gegen dessen Ansprüche auf gewisse Anteile aus der Erbschaft des Galerius zu schützen. Aber Licinius war nicht isoliert. Bereits hatte sich Konstantin mit ihm gegen die beiden anderen zusammengetan. Somit war die politische Konstellation auf die Frage gestellt, welche von den beiden Allianzen den Platz behaupten und ob das Paar Konstantin-Licinius oder Maximinus-Maxentius als Herrscher des Reiches aus der Auseinandersetzung hervorgehen würde.

Wenigstens stellt sich die Lage rückschauender Betrachtung so dar. In Wirklichkeit ist der Krieg selbst nicht mit dieser Frontstellung durchgefochten worden, sondern löste sich in zwei einzelne Waffengänge auf. Zuerst griff Konstantin den Maxentius in Italien an. In der nächsten Nähe von Rom, da, wo die nach Norden führende Straße mit Hilfe der Mulvischen Brücke (pons Mulvius, ponte Molle) den Tiber überschreitet, fiel die Entscheidung (28. 10. 312). Maxentius verlor Schlacht und Leben. Konstantin war Sieger und Herr Roms. Entgegen der genauen Wahrheit, aber im Einklang mit der Tatsache, daß Konstantin hiermit die wichtigste Etappe seines politischen Aufstiegs zurücklegte und damit die Voraussetzung für seine Religionspolitik gewann, hat die christliche Tradition sehr bald an diese Schlacht die große Wende der Geschichte des Christentums geknüpft. Etwa ein halbes Jahr später folgte die Auseinandersetzung zwischen Licinius und Maximinus Daia. Sie endete mit der Vernichtung des Maximinus. Das Römische Reich hatte für die nächsten zehn Jahre zwei Herren, Konstantin im Westen, Licinius im Osten. Zwischen beiden bestand von Anfang an eine Spannung, und es war nahe daran, daß ihr Austrag sich unmittelbar an die Begründung des dualistischen Regimes anschloß. Aber Konstantin schob die Auseinandersetzung auf. Sie erfolgte erst in den Jahren 324/25 und brachte Konstantin die Alleinherrschaft über das ganze Reich.

2. Konstantins geschichtliche Bedeutung

Konstantin war ein Mensch von hervorragender Kraft und Zähigkeit. Seine Kriegstaten allein würden ihm einen besonderen Platz in der Reihe der römischen Kaiser verschaffen. Er hat im Felde seinen Mann gestanden und nie versagt. Die Verhältnisse ließen ihn diese Fähigkeit vor allem im inneren Krieg entfalten. Sein politischer Aufstieg war nicht zuletzt die Frucht seines militärischen Genies. Aber es war selbstverständlich, daß es sich auch nach außen bewährte. Konstantin kämpfte mit Erfolg gegen die Alemannen und Franken — an die Stelle der Raubzüge trat wieder friedlicher Handelsverkehr —, gegen die Goten — mehrmals überschritt er die Donau und gewann den Feind zum Verbündeten —, und nur sein Tod hinderte ihn, gegen die Perser einen harten Schlag zu führen. Aber im großen ganzen stellte ihm die seit Diokletian leidlich gesicherte Lage des Römischen Reiches keine großen Aufgaben. Um so mehr konnte er sich dem inneren Ausbau des Reiches widmen. Die spätantike Verfassung des Römischen Reiches ist ebenso sein wie Diokletians Werk. Die Einrichtung der Prätorianerpräfektur als eines stationären Amtes und infolgedessen ihre Beschränkung auf rein zivile Aufgaben, die dadurch notwendige Einrichtung einer militärischen Spitzenbehörde, des Heeresmeisteramtes, die letztliche Durchführung der Heeresreform nach dem Grundsatz der Teilung von Grenzsoldaten und Mobilarmee, dies und vieles andere geht auf Konstantin zurück.

Nicht minder hat seine christliche Politik ihren Ort im Zusammenhang der Reichsorganisation. Es ist trotzdem nicht nötig, sie — nach dem Vorbild von Jakob Burckhardt — als Kalkulation eines kalten machiavellistischen Rechners zu betrachten. Konstantin war selbstverständlich kein bigotter Christ, im Gegenteil, er war eine volle und breite Natur, er war aber auch nicht das, was man einen Glaubensstreiter nennen könnte. Man hat immer zu bedenken, daß er nicht als Christ erzogen war, ungeachtet dessen, daß sein Vater Constantius dem Christentum freundlich gegenüberstand, und man muß sich ebenso von der erbaulichen Vorstellung, welche die christliche Legende noch zu seinen Lebzeiten und gewiß mit seiner ausdrücklichen Billigung hervorrief, frei machen, daß er durch eine plötzliche „Bekehrung" zum Christen geworden sei und die Vision des christlichen Kreuzes ihn innerlich verwandelt habe. Aber als echtes Kind seiner Zeit war Konstantin ein Mensch von ursprünglich religiösem Empfinden. Es war ihm eine ausgemachte Sache, daß die Welt unter dem Walten eines höchsten göttlichen Wesens steht, und es war ihm ebenso wie den Kaisern vor ihm klar, daß das Reich zu seiner Festigung des metaphysischen Rückhaltes bedurfte. Er hatte auch erkannt, daß in dem römischen Staatsglauben Diokletianischer Art keine rechte Kraft steckte, und hatte sich infolgedessen dazu entschlossen, als ersten Schritt auf den solaren Monotheismus Aurelians, der von Diokletian zwar nicht abgeschafft, aber doch weitgehend ignoriert worden war, zurückzugreifen. In den Jahren, die seinem Kampf mit Maxentius vorausgehen, bekannte er sich ausdrücklich zu Helios-Apollo. Und daran schloß sich dann die Wendung zum Christengott im Jahre 312.

Unmittelbar vorausgegangen war aber ein anderes wichtiges Ereignis: Im Jahre 311, kurz vor seinem Tode, hatte Galerius als schwerkranker Mann den Kampf gegen das Christentum eingestellt. Sein Toleranzedikt hob nicht nur die Verfolgung auf, sondern verlieh ausdrücklich Freiheit des Kultus und erkannte damit das Christentum offiziell als Religionsgemeinschaft an. Das war mehr als jemals eine kaiserliche Regierung auch vor den großen Verfolgungen, als das Christentum im ganzen noch ungestört gewesen war, getan hatte. Auch wenn man nicht, wie bedeutende Vertreter der modernen Forschung (Ed. Schwartz, H. Lietzmann), annimmt, daß Konstantin den Galerius zu diesem Schritt veranlaßt hat, so erleichterte er jedenfalls Konstantin seinen eigenen Entschluß ungemein, nach dem Friedensschluß von Staat und Christentum zwischen beiden einen Bund zu stiften.

Betrachtet man diesen Gedanken von der Tatsache aus, daß die verschiedenen Religionen des Römischen Reiches in vieler Hinsicht gemeinsame Anliegen hatten, so war er im Grunde gar nicht revolutionär. Der Christengott trug zahlreiche Züge, die ihn jedem Heiden verständlich machten, und gerade die Licht- und Sonnensymbolik, welcher Konstantin zu dieser Zeit besonders nahestand, war dem Christentum geläufig. Es fiel dem Christentum nicht schwer, teilweise auf Anregung Konstantins, den Geburtstag des Sol Invictus am 25. Dezember als Weihnachtstag und den dies Solis (anstatt des Sabbats) zu übernehmen. Das Hindernis war mehr psychologischer Natur. Jahrhundertelang waren die Christen als Staatsfeinde betrachtet worden. Staat und Gesellschaft hatten sich daran gewöhnt, ihr soziales Mißbehagen in dem Haß gegen sie abzureagieren. Der Staatsneubau Diokletians, auf dem das Reich beruhte, war im Zeichen des Kampfes gegen das Christentum durchgeführt worden. Es hieß also, sich gegen den Zwang einer alten und permanenten Tradition auflehnen. Die große Tat Konstantins bestand nicht zum wenigsten darin, daß er das fertigbrachte. Es war eine Tat von eminenter Selbständigkeit des Geistes und des Charakters.

Dazu kam ein überdurchschnittliches Maß von Einsicht in das ganze Problem einer ideologischen Reichsfundamentierung. Warum waren denn bis dahin alle dahingehenden Versuche gescheitert? Das Wollen war immer ehrlich, und die Taten waren immer folgerichtig gewesen. Konstantin muß nun gesehen haben, daß der bloße Appell an Gesinnungen, und seien sie auch durchaus lebendig, in einer aus den Fugen geratenen Welt nichts mehr nützt. Selbst der solare Monotheismus war, ebenso wie der Neuplatonismus und der Romanismus, eine geistige Orientierungsmöglichkeit, aber kein Gefäß, in dem sich eine festgestaltete Gläubigkeit gesammelt hätte. Das Reich bedurfte nicht nur eines Glaubens, sondern auch der Menschen, die es auf dem Boden einer gewachsenen, hoch und niedrig vereinigenden Religion trugen. Konstantin hatte bemerkt, daß der Christengott eine solche Realität verbürgte. Das lag gerade damals, nachdem die Verfolgungen zahlreiche Bewährungsproben gezeigt hatten, nicht fern. Er zog daraus die Konsequenzen.

3. Staat und Kirche

Was bedeutete der Bund von Reich und Christentum nun aber praktisch? Hierin lag für die Zukunft noch alles offen, und es ist ganz ausgeschlossen, daß Konstantin an der Stelle, wo er den Abschluß und endlichen Ruhepunkt einer langen und immer wieder gescheiterten Entwicklung zu sehen glaubte, nun auch gewahr wurde, daß von hier aus eine eigene und völlig unbekannte Dynamik ihren Ausgang nahm. Weder kann Konstantin gewußt haben, was „Kirche" alles bedeutet, noch hatte er im entferntesten eine Ahnung von „Staatskirchentum". Zu jenem war er zuwenig Christ, zu diesem hätte er ein Seher mit einem über Jahrhunderte vorausschauenden Blick sein müssen. Für Konstantin war von Haus aus nur eines klar, daß sein Bekenntnis zu einem von ihm als kaiserlichen Schutz- und Reichsgott anerkannten Gotte keineswegs die Existenz anderer Götter und überhaupt einen anderen, daneben bestehenden Glauben ausschloß. Er war also tolerant, nicht auf Grund individueller Gesinnung oder eines weltanschaulichen Prinzips, sondern weil es für einen vom heidnischen Altertum Herkommenden gar keine andere Möglichkeit gab. Diesen Ausweis hatte die ganze bisherige antike Geschichte geliefert. Sie war auch für Konstantin eine unzweideutige

Erfahrung. Deshalb konnte Konstantin unter seinem Entschluß nie die Absicht mitbegreifen, das ganze Römische Reich dem Christentum zu unterwerfen.

Im Laufe der Jahre mußte er allerdings die Erfahrung machen, daß bei den Christen hierüber eine andere Meinung bestand, und er war deshalb gezwungen, den Kurs einer unparteiischen Toleranz zeitweise aufzugeben und sich zu Konzessionen an christliche Unduldsamkeit bereitzufinden. Seine persönliche Situation änderte sich auch mit fortschreitender Zeit: er selbst wollte Christ sein, und die Antwort darauf, was das hieß, lag gewiß nicht bei ihm allein. Es war deshalb z. B. klar, daß er sich nicht mehr an heidnischen Opfern beteiligte oder es wenigstens, so gut es ging, vermied. Er tat dabei auch manchmal mehr, als die nichtchristlichen Kreise von ihm erwarteten, und es kam dann zu ärgerlichen Verstimmungen. Sein zwanzigjähriges Regierungsjubiläum, das er 326 in Rom mit großem Pomp feierte und dessen Höhepunkt der Triumphzug des Heeres hinauf zum Juppiter Optimus Maximus war, erhielt einen richtigen Mißklang, als er von der heidnischen Prozession, die er sich schon anschickte anzuführen, plötzlich zurücktrat. Aber in anderen Dingen blieb er hart. Konstantin war zeitlebens nichtchristlicher römischer Oberpriester (Pontifex Maximus) und fand nichts dabei, daß der Kaiserkultus, einst der Brennpunkt der christlichen Feindschaft gegen den römischen Staat, erhalten blieb. Es sollten lediglich keine Opfer dargebracht werden. Andrerseits sah er keine Veranlassung, sich zum Schutz der heidnischen Kulte, wenn ihnen von den Christen Abbruch getan wurde und man z. B. Edelmetalle von Tempeln für christliche Kirchen demontierte, besonders zu verwenden. Bestimmte Kulte, die in christlichen Augen, vermutlich wegen unsittlicher Riten, besonders anstößig waren (wie die orientalischer Aphroditetempel) hat er sogar aufgehoben. In der christlichen Tradition wurde später verbreitet, am Ende seines Lebens sei er soweit gewesen, die heidnische Religionsübung überhaupt zu verbieten, aber das ist mehr ein Symptom für den Konstantin, wie man ihn sich bei den Christen wünschte, als wie er wirklich war.

Es gibt überhaupt keinen geschichtlichen Akt, durch den formell die neue Stellung der christlichen Kirche umrissen worden wäre. Die Vereinbarung zwischen Licinius und Konstantin nach dem Sieg über Maxentius, das sog. Mailänder Edikt von 313, welches späterhin für den Ausgangspunkt der neuen Ära galt, war in erster Linie eine Bestätigung und Durchführung des Toleranzerlasses von Galerius und ging höchstens insofern darüber hinaus, als es ausdrücklich die Rückgabe des während der Verfolgung den Christen weggenommenen Vermögens, d. h. vor allem desjenigen der Kirchen und der Versammlungshäuser, anordnete.

Konstantin hatte es nicht nötig, von Staats wegen einen christlichen Gottesdienst ins Leben zu rufen wie Aurelian beim Sol Invictus. Es genügte, dem Christentum die Hände freizugeben, es in Erscheinung treten zu lassen. Der christlische Klerus war vorhanden; er brauchte nur in seinen öffentlichen Funktionen anerkannt zu werden.

Das tat denn auch Konstantin unverzüglich. Eine seiner ersten Verordnungen nach ponte Molle war die Befreiung der christlichen Priester in Afrika von den Gemeindelasten. Das war nicht mehr, als auch den heidnischen zukam und ihnen von Konstantin auch bestätigt wurde. Den heidnischen Tempeln stand ferner von alters her das Recht zu, in ihren Räumen Freilassungen vorzunehmen. Es war nur recht und billig, dies auf die christlichen Gotteshäuser auszudehnen. Vestalinnen waren von den rechtlichen

Benachteiligungen der Unverehelichten befreit. Den Christen, welche das „keusche“ Leben erwählt hatten, ließ sich diese Konzession nicht vorenthalten. Und schließlich die Gesetze gegen „Unzucht“, darunter das Verbot des Konkubinates für Ehemänner und die Beschränkung der Ehescheidungen, sie lagen sowohl in der Richtung der christlichen Ethik wie des römischen Moralismus.

Natürlich bahnte sich in solchen Vorgängen eine tiefgreifende Verwandlung der Welt an. Vorerst jedoch zeigte sich in ganz anderer Richtung die Veränderung der Situation viel deutlicher, und zwar nicht im Bereich des römischen Staates, sondern innerhalb der christlichen Kirche. Beinahe drei Jahrhunderte hatte sie immer im Gegensatz zur politischen Gewalt gelebt, ganz auf sich gestellt, unmittelbar vorher war sie von jener bis aufs Messer bekämpft worden, und nun war sie mit einemmal nicht nur frei, sondern trat mit der staatlichen Macht in Bund, gewann damit selbst Einfluß auf die politische Exekutive und, was sich zwangsläufig daraus ergab, räumte ihr damit umgekehrt Einfluß auf sich ein. Konstantin (und mit ihm alle folgenden christlichen Kaiser) wurde ein gewichtiger Faktor in der Geschichte des Christentums.

4. Rückwirkung des politischen Umschlages auf das Christentum

Zeitbedingte Umstände verhalfen dieser Situation zu einem besonders weiten Ausschlag. Die christliche Kirche war durch die Diokletianische Verfolgung, wie nicht weiter verwunderlich, in eine schwierige Krisis geraten. In Afrika war — wie schon früher nach der Verfolgung des Decius — das Problem der Kirchendisziplin akut geworden. Es ging darum, ob die „Kompromißler“ oder die Intransigenz der Fanatiker hinfort in der Kirche den Ton angeben sollten. Die treibende Kraft in deren Sinne war ein Bischof Donatus, der gegen die Wahl eines karthagischen Bischofs Caecilianus Einspruch erhob, weil er sich in der Kampfzeit nicht bewährt hätte und dazu von einem Bischof geweiht worden sei, der ebenfalls der Verfolgung erlegen wäre. Als ein donatistischer Gegenbischof gewählt wurde, war das Schisma fertig, und es gab für die Dauer mehrerer Generationen die militante Gruppe der Donatisten, die durch ihren Widerstand die Einheit der Kirche sprengte. Späterhin mischten sich noch andere Motive, sozialrevolutionärer Art, hinein, eine Entwicklung, die zu offenem, handfestem Kampf ausartete.

5. Der Donatismus

In diesen Streit griff Konstantin ein, denn eine gespaltene Kirche konnte nicht den Hoffnungen entsprechen, die er auf das Christentum gesetzt hatte. Es gelang ihm jedoch nicht, Ordnung zu schaffen. Weder seine Bemühungen, zu vermitteln und die Autorität kirchlicher Synoden in die Waagschale zu werfen, noch der Gebrauch von Polizeigewalt gegen die öffentlichen Unruhen vermochten die Lage zu klären. Schließlich mußte Konstantin die Dinge laufen lassen und die Existenz der donatistischen Gruppe faktisch anerkennen.

Ungefähr zehn Jahre später, d. h., nachdem Konstantin durch seinen Sieg über Licinius auch Herr des Ostens geworden war, trat er dort die Erbschaft eines von Hause aus ähnlich gelagerten Falles an. Dieser barg jedoch noch bedeutend weiter greifende Probleme in sich und wuchs sich dadurch zu einer Frage von säkularer Bedeutung aus, welche die gesamte christliche Kirche und damit auch das Römische Reich durch

6. Der Arianische Streit

beinahe drei Jahrhunderte in Atem halten sollte und auch für den künftigen Bestand des römischen Staates die nachhaltigsten Folgen hatte (der sog. Trinitarische und später der Christologische Streit).

In Alexandrien, einem Brennpunkt nicht nur des politischen, sondern auch des christlichen Lebens, war schon vor dem Ende der Verfolgung, als der Druck nach 305 etwas nachgelassen hatte, ein Schisma wie in Afrika ausgebrochen. Der legitime Bischof Petrus wurde verdächtigt, sich während der schlimmen Zeit nicht ordentlich gehalten zu haben. Petrus vertrat gegenüber solchen Angriffen, die vor allem von dem oberägyptischen Bischof Meletius erhoben wurden, nicht nur die Rechtmäßigkeit seines Verhaltens, sondern pochte auch auf sein bischöfliches Recht, das er sich in der Sache der Abgefallenen und der Frage ihrer Wiederaufnahme nicht kränken lassen wollte. Gegen beides aber spielten seine fanatischen Gegner ihre Autorität als Pneumatiker und Konfessoren (Geistträger und Bekenner) aus und gaben dadurch der Sache eine besonders scharfe, revolutionäre Wendung, welche nicht nur der Person des Bischofs, sondern überhaupt dem Anstaltscharakter der Kirche galt. Das Ergebnis war — wie in Afrika — ein Schisma: Unter Führung des Meletius kam es zu der Verfestigung der Front, indem sich eine Art Märtyrerkirche mit Berufung auf diese Grundsätze gründete.

Der Druck, dem der alexandrinische Bischof somit ausgesetzt war, verschärfte nun aber zugleich einen anderen, theologischen Konflikt, der sich vielleicht unter ruhigeren Umständen hätte in friedlichere Bahnen lenken lassen, zumal da er das breite Kirchenvolk im Grunde gar nichts anging. Aber die Gemüter waren erregt, und der betreffende Theologe, der Presbyter Aríus, war an dem Meletianischen Streit nicht unbeteiligt gewesen und hatte in ihm eine wechselnde Haltung eingenommen. Die Meletianer betrachteten ihn schließlich als Abtrünnigen. Der Bischof von Alexandrien, ein gewisser Alexander, der Nachfolger des Petrus, mußte ihn angesichts der allgemeinen Gereiztheit exkommunizieren. Das rief wiederum die Gesinnungsfreunde des Aríus und seine Heimat Antiochien (in Syrien), an theologischer Bedeutung Alexandrien nicht viel nachstehend, auf den Plan. Sie bewirkten, daß auf Synoden außerhalb Ägyptens Aríus wieder in Alexandrien als Pfarrer eingesetzt bzw. in seiner Stelle bestätigt wurde, wogegen sich der Bischof von Alexandrien natürlich erst recht zur Wehr setzen mußte.

So sah die nahezu anarchische Lage aus, nicht nur Ägyptens, sondern überhaupt des christlichen Ostens, als Konstantin mit ihr befaßt wurde. Die Folge war, daß eine interne Frage der Theologie vor das Forum der ganzen Kirche, vor ein Konzil, das der Kaiser im Jahre 325 nach Nicäa (in die Nähe seiner Residenz Nikomedien in Kleinasien) berief, gebracht und damit in einem Kreis, der keineswegs nur aus Theologen, sondern ebenso aus Kirchenpolitikern bestand, zur Diskussion gestellt wurde. Dergleichen hatte es früher nie gegeben. Dogmatische Probleme wurden innerhalb der einzelnen Kirchenprovinzen oder allenfalls in Kommunikation einzelner untereinander ausgemacht.

Der sachliche Kern des Zwistes war freilich alt, beinahe so alt wie die christliche Theologie, und bedeutete im damaligen Stadium ihrer Entwicklung ihr erstes und zentrales Anliegen. Modernem Laienverständnis ist das Problem kaum mehr zugänglich — man würde es wohl mit dem Stigma rein theologischer Spitzfindigkeit versehen —, und man begreift heute schwer die Leidenschaft, welche es in Bewegung setzte. Aber in den Augen der christlichen Kirche des vierten Jahrhunderts, deren geistige Kraft durchaus noch im Osten ihren Sitz hatte, besaßen Erkenntnisfragen und Seinsprobleme eine Dringlichkeit, welche den Menschen in sehr tiefen Schichten berührte.

Es handelte sich — um es mit einer möglichst einfachen, freilich sehr verkürzenden Formel zu bezeichnen — um die begriffliche Umschreibung der Tatsache, daß der Christ einen einzigen Gott hat und trotzdem in der Eucharistie sich mit der Gottheit in Christo vereinigt. Blickte man ausschließlich auf die durch Christus verbürgte Heilsgewißheit, so konnte man seine Göttlichkeit nie voll und ganz statuieren und mußte ihn infolgedessen mit Gott (dem Vater) in eines setzen, ihn gleichsam mit Gott identifizieren. Dieser sog. „monarchianische" Standpunkt war auch von Theologen teilweise vertreten worden und hatte den Vorzug, daß er sich dem begreiflicherweise wenig differenzierten Vorstellungsvermögen der christlichen Laien bequem anpaßte. Aber für ein sublimeres geistiges Empfinden war diese Lösung unerträglich. Nicht nur, daß sie dem klaren Wortlaut der neutestamentlichen Geschichte geradezu ins Gesicht schlug — das fiel an sich nicht so schwer ins Gewicht; denn von der Basis eines historischen Realismus aus ist damals kaum argumentiert worden —, aber die Folgerung, daß Gott auf diese Weise am Kreuz gestorben war, d. h. nicht nur den Tod, sondern noch dazu den schmählichsten Verbrechertod erlitten hatte, war auf diese Weise schwerlich zu umgehen. Die war aber zugleich das Skandalon, welches in der heidnischen Polemik den Christen mit Vorliebe vorgehalten worden war. Kein Wunder, daß sich das christliche Denken mit allem Nachdruck bemüht hatte, diese Deutung auszuschließen, und daß seit geraumer Zeit die herrschende Theologie sich in der Verurteilung der „monarchianischen" Lösung einig war.

Aber wenn man das Problem in der anderen Richtung bis in seine Konsequenzen verfolgte, geriet man ebenfalls in sehr peinliche Verlegenheit: Christus war dann ein selbständiges Wesen, und da es nur einen Gott geben konnte, blieb ihm höchstens eine niedere Göttlichkeit. Die Erlösung in der Kommunion mit ihm war dann in Frage gestellt, und obendrein, sofern man mit der Voraussetzung seiner vollen Individualität seine ungeschmälerte Göttlichkeit trotzdem aufrechterhalten wollte, setzte man sich dem Verdacht des Polytheismus oder zum mindesten des Dytheismus aus.

Doch diese Gefahr wurde im Vergleich zu den Weiterungen der entgegengesetzten „monarchianischen" Richtung als minder dringend empfunden. Es hing das mit dem Anschluß des christlichen Denkens an die Methodik und die Tendenzen der antiken religiösen und philosophischen Spekulation zusammen. Seine säkulare Bedeutung hatte das Christentum nicht zum wenigsten der Tatsache zu verdanken, daß es in diesem breiten und das allgemeine Bewußtsein repräsentierenden Erdreich tief Wurzeln geschlagen hatte. Dem auf dem Boden des Polytheismus erwachsenen antiken Glauben und einem durch den Platonismus hindurchgegangenen Denken fiel es nicht schwer, die Einheit der Welt und die Einheit und Einzigkeit Gottes mit einer Vielfalt göttlicher Abstufungen zu vereinigen, ohne jener etwas zu nehmen und dieser mehr zu gewähren, als sich mit dem Prinzip eines klaren Monotheismus vertrug. Es bedurfte hierzu allerdings eines bestimmten Maßes begrifflicher Elastizität und Differenzierung, aber in deren Besitz war das Christentum als der Erbe einer alten intellektuellen Kultur. Da das Christentum keine abseitige Sekte war, hatte es sich diese Denkmöglichkeiten zu eigen gemacht und für seine Bedürfnisse selbständig weitergebildet. Es war die klassische Leistung des Origenes gewesen, diesen Prozeß auf seinen Gipfel geführt zu haben. Kraft seiner erstaunlichen denkerischen Potenz war es ihm gelungen, das Abgleiten in die beiden Extreme aufzufangen und die Spannung aufzuheben mit Hilfe eines gewaltigen theologischen Systems, welches sowohl das enge Wesensverhältnis Christi zu Gott garantierte als ihm das notwendige Maß an Selbständigkeit einräumte. Der Theologie war damit für die Folgezeit der Weg gewiesen.

Solange sie ihr Interesse einer begrifflichen Fixierung der Gottheit auf dem Hintergrund einer Ontologie zuwandte, bewegte sie sich dann auch auf der Grundlage des Origenes. Damit war allerdings nicht gewährleistet, daß sie stets den schmalen Grat, von dem aus man gegen den Abrutsch nach einem der beiden Extreme gesichert war, innezuhalten vermochte. Dann und wann war es schon im dritten Jahrhundert notwendig geworden, gewissen Abirrungen Einhalt zu gewähren. Wenn man es genau bedachte, war deshalb die Differenz, welche Aríus mit dem Bischof von Alexandrien hatte, und nicht nur mit ihm — denn wenn dieser sich gegen Aríus verwahrte, so entsprach das durchaus einem allgemeinen Standpunkt —, auch von keiner besonders aktuellen Bedeutung.

Aríus entstammte der Theologenschule von Antiochien und war durchaus in der Tradition des Origenes beheimatet; aber dort war, vielleicht unter dem Einfluß Aristotelischer Gedanken, das Bedürfnis, die Individualität Christi gegenüber Gott schärfer zu umreißen, lebhafter empfunden worden als ursprünglich bei Origenes. Origenes hatte Christus, d. h. dem Logos, das Maximum an Göttlichkeit, das er ohne Eliminierung seiner Sonderheit beanspruchen konnte, zugestanden und dies in der Formel von der „ewigen Zeugung" zum Ausdruck gebracht. Der Logos ist von Gott nicht einfach geschaffen, womit er ein minderes Wesen geworden wäre, sondern steht durch die „ewige Zeugung" zu ihm in einem dauernden Rapport, stellt also eine funktionale Seite seiner Existenz dar. In den Augen des Aríus lag darin eine Konzession an die monarchianische Richtung. Er verneinte deshalb ausdrücklich die „ewige Zeugung" und ließ den Logos in der Zeit geschaffen sein. Das sollte zwar nicht die „historische" Zeit bedeuten. In solcher Weise alle Errungenschaften der christlichen Philosophie preiszugeben, lag ihm gänzlich fern; trotzdem zerriß er das Band, welches den Logos in einem permanenten Konnex an Gott anschloß: „es gab aber eine Zeit, in der der Logos nicht war", und „bevor er in die Existenz trat, gab es ihn noch nicht". Damit schien die Theologie des Aríus in das Magnetfeld des dytheistischen Poles gerückt. In der aufgeregten Zeit dieser Jahre, da die Menge der Gläubigen, welcher es in erster Linie um die volle Göttlichkeit Christi zu tun war, besonders gereizt war, blieb dem Bischof von Alexandrien nichts anderes übrig, als von Aríus sichtbar abzurücken und ihn zu exkommunizieren.

7. Das Konzil von Nicäa

Das Konzil von Nicäa, von Konstantin eigens berufen und in Szene gesetzt mit allem erdenklichen weltlichen und geistlichen Pomp, die glänzendste Versammlung, welche die Christenheit bis dahin gesehen hatte, war vom Kaiser vor allem dazu bestimmt, diese theologische Mißhelligkeit, welche weitere Kreise gezogen hatte und durch die Einmischung des außerägyptischen Episkopates zu einer Spaltung der ganzen Kirche zu führen drohte, aus der Welt zu schaffen. Konstantin nahm an der Verhandlung persönlich teil und zeigte von sich aus den besten Willen, zum Guten zu helfen, unter Einsatz seiner ganzen Autorität. Das war allerdings auch alles. Von dem sachlichen Problem verstand er so gut wie gar nichts. Es bedeutete ihm nicht viel mehr als Theologengezänk, und die inneren Anliegen und gar die Leidenschaft, mit der sie vertreten wurden, waren ihm im Grunde ein Buch mit sieben Siegeln. Als praktischer Politiker hielt er den in solchen Dingen völlig unangebrachten Weg des Kompromisses für die gebotene Auskunft. Es war nach seiner Ansicht das richtige, wenn man sich auf eine neutrale Formel, welche die heiklen Streitpunkte unberührt ließ, einigte. Private theologische Ratgeber, unter ihnen der auch schon früher hervorgetretene Hosius von Corduba, standen ihm zur Verfügung. Das Ergebnis war die Einführung eines neuen zentralen Begriffes, des „homoúsios", mit dem als „wesenseins" das Verhältnis Christi zu Gott festgesetzt sein sollte.

Der Begriff „homoúsios" war an sich keine Neuschöpfung, sondern schon früher hier und da aufgetaucht, aber eine große Rolle hatte er nicht gespielt, und vor allem entstammte er gar nicht der zur Zeit aktuellen Diskussion. Sein Hauptfehler war jedoch, daß er, weit entfernt die geistige Situation damals zu klären, sie lediglich verschleierte, womit er allerdings wohl den wahren kaiserlichen Absichten entsprach. Das lag daran, daß er, wie seine frühere Verwendung in theologischen Streitigkeiten erwiesen hatte, doppeldeutig war und nach beiden Richtungen hin verstanden werden oder, was damals entgegen den kaiserlichen Erwartungen näherlag, als Bezeichnung der dem Aríus diametral entgegengesetzten Position genommen und deshalb bekämpft werden konnte. Es kann sein, daß der Begriff ursprünglich überhaupt nicht der strengen Theologie angehörte, sondern zur Charakterisierung der noch ungeklärten Göttlichkeit Christi diente. Usía hieß vor allem „Wesen" und ging damit auf die Individualität. Sagte man in diesem Sinne „wesenseins" (homoúsios), so meinte man kaum etwas anderes als das Aufgehen Christi in der Person Gottes. Theologisch gesprochen war er so ein Terminus der monarchianischen Auffassung. Es war aber auch möglich, unter Usía Substanz zu verstehen, und dann wurde die Frage der Persönlichkeit des Logos offen gelassen. Sie ließ sich in der verschiedensten Form darunter begreifen, angesichts des hier in Rede stehenden Gegensatzes entweder im Sinne des alexandrinischen Bischofs oder schließlich auch in dem des Aríus. Aríus wurde denn zuerst auch (auf dem Konzil) exkommuniziert, fand aber infolge der begrifflichen Schwierigkeit des homoúsios zwei Jahre später die Möglichkeit, das Nicänische Bekenntnis anzuerkennen und wieder in die Kirche aufgenommen zu werden.

In keiner Weise war eine Reinigung der Atmosphäre eingetreten. Niemand war mit dem Resultat zufrieden. Der Kirche war durch die Autorität des Kaisers, dem sie so viel zu verdanken hatte, eine theologische Glaubensformel oktroyiert worden, und es bedurfte erst der späteren, nachkonstantinischen Entwicklung, daß sie allmählich einen prägnanten sachlichen Gehalt gewann. So kam es dann zum Kampf für und gegen das homoúsios. Die Autonomie der christlichen Lehrentwicklung war durch äußeren Machtspruch in nachhaltiger Weise gestört worden. Nicht nur daß die wirkliche Erörterung unerledigt blieb; sie war für die Zukunft noch durch die Hypothek eines begrifflichen Fremdkörpers belastet.

Die Kirche machte damals aber noch eine andere neuartige Erfahrung. Einige wenige Konzilteilnehmer von der Partei des Aríus hatten den Beschluß nicht angenommen. Sie traf nicht nur der kirchliche Ausschluß, sondern sie wurden obendrein kraft weltlicher Gewalt des Landes (weit weg von ihrer östlichen Heimat, nach Gallien) verwiesen.

Dasselbe passierte einige Jahre später der anderen Seite, in der Person des alexandrinischen Bischofs Athanasius, der 328 die Nachfolge des verstorbenen Alexander angetreten hatte. Dieser außerordentliche Mann, in der Folgezeit der beherrschende Mittelpunkt des ganzen Kirchenkampfes, gab sich keineswegs mit dem Votum von Nicäa und mit der anschließend vorgenommenen Vertuschung des Konfliktes zufrieden und weigerte sich standhaft, den „Ketzer“ Aríus in Alexandrien wiederaufzunehmen. Die daraus sich zwangsläufig ergebenden Reibereien mit der kaiserlichen Regierung endeten damit, daß er schließlich in das ferne Trier verbannt wurde.

Abermals war Polizeigewalt bemüht worden, um den kirchlichen Frieden herzustellen. Es war nur folgerichtig angesichts eines solchen Verfahrens, daß die Beschlüsse von Nicäa als kaiserliche Verordnungen herausgegeben worden waren und dadurch jedermann sichtbar wurde, daß das Christentum durch den Umschlag von 312 nicht nur die Freiheit und einen Beschützer, sondern zugleich einen neuen Herrn gewonnen hatte. So war die Kirche nicht nur zu einem Machtfaktor im Römischen Reich geworden; sie hatte ihrerseits hinfort in dem christlichen Kaiser mit einer eigenwilligen Größe von ganz anderer Einwirkungsmöglichkeit, als sie der heidnische Staat dargestellt hatte, zu rechnen.

8. Konstantinopel

Allenthalben weist die Regierung Konstantins über sich hinaus. Das gilt auch von der Gründung Konstantinopels im Jahre 330, mit der sich der Kaiser in der Nachwelt ein dauerndes Erinnerungsmal schuf.

Stadtgründungen durch einen Herrscher, zumal einen so mächtigen wie Konstantin, waren an sich nichts Ungewöhnliches, und auch das Unternehmen Konstantins will unter diesem Gesichtspunkt verstanden sein. Aber darin hineinverwoben waren hier noch Absichten, die sich aus Konstantins politischer Lage ergaben und ein spezifisches Kolorit aufweisen. Seit geraumer Zeit hatte sich die Notwendigkeit gezeigt, die kaiserliche Residenz mit Rücksicht auf die äußere Gefährdung des Römischen Reiches aus Rom wegzuverlegen. Es gab damals ungefähr ein halbes Dutzend Städte im Römischen Reich, die eine zeitlang die kaiserliche Regierung in ihren Mauern beherbergt hatten. Im Osten war seit den Tagen Diokletians Nikomedien der Platz der Zentrale gewesen. Aber keine dieser Städte hat die Zukunft Konstantinopels gehabt, und auch keine war ihrem Zweck unter ähnlicher Hervorhebung ihrer Bestimmung gewidmet worden.

Im Hinblick auf die strategische Situation allein war die Wahl des alten Byzanz schon ein Meisterstück. Genau an der Nahtstelle zwischen Ost und West, zwischen Europa und Asien, gelegen, hielt sie die bedrohte Donaugrenze im nächsten Griff und war dabei doch nicht der gegen Persien gerichteten Ostflanke außer Reichweite. Aber Konstantinopel sollte nicht nur Residenz sein. Seine weitere Bezeichnung war

„Zweites Rom“ (Deutéra Rhóme), und darin steckte das Programm, daß es als zweite nachgeordnete Hauptstadt an die Seite Roms treten sollte. Wie dieses erhielt es deshalb einen Senat.

Diese auffallende Absicht, in Konstantinopel Hauptstadt und Residenz zusammenzulegen, war eine originelle Idee des Kaisers und offenbar von dem Gedanken eingegeben, den Nachteil des Auseinanderfalles beider durch eine kühne Neuschöpfung zu beheben. Ausdruck monarchischer Majestät sollte sich mit einer die Person des Herrschers überdauernden Funktion verbinden. Es mag sein, daß hierbei eine gewisse Verärgerung Konstantins über das alte Rom im Spiel war, wo er sich dem Zwang oder der Aufforderung ausgesetzt sah, altehrwürdige staatliche Religionsriten zu vollziehen und damit seinen christlichen Glauben zu verletzen. Byzanz bzw. das neugegründete Konstantinopel verfügte über keine für den römischen Kaiser verbindliche Tradition. Es wurde im Gegenteil, noch unter den Händen Konstantins, dann erst recht in der Folgezeit, eine Stadt vorwiegend christlichen Gepräges, ausgestattet mit dem Glanz vieler Kirchen und dazu bestimmt, der christliche Mittelpunkt eines christlichen Reiches zu werden. Konstantin konnte davon zwar ebensowenig wissen wie überhaupt von der Zukunft der von ihm gegründeten zweiten Hauptstadt. Zurückschauende Betrachtung jedoch kann ihm auch hier den Ruhm nicht vorenthalten, eine neue Epoche eingeleitet zu haben.

§ 35. Die Krise des christlichen Reiches (337-395 n. Chr.)

a) Das römische Reich zwischen Konstantin und Theodosius

1. Die außenpolitische Lage. — 2. Das Kaisertum nach Konstantin.

1. Die außenpolitische Lage

Aus den Händen Diokletians und Konstantins war das Römische Reich keineswegs als neue Schöpfung mit frischen Lebenssäften hervorgegangen. Was es erfahren hatte, war eine Reorganisation der noch vorhandenen Kräfte. Der unmittelbare Erfolg war ein für gerade zwei Generationen halbwegs stabiles Reich, das trotz zahlreicher Unfälle im einzelnen und einer, wie sich später herausstellen sollte, geradezu verhängnisvollen Katastrophe (Schlacht von Adrianopel 378) sich doch immer wieder zu fangen und seine Form zu wahren vermochte. Wir sind deshalb berechtigt, für das vierte Jahrhundert von einem noch integren Reichskörper zu sprechen.

Die Grenzen waren natürlich dauernd gefährdet, wurden aber trotz mancher Rückschläge im großen ganzen gehalten. Das bedeutete praktisch eine ständige Wiederholung von Abwehrkämpfen am Rhein und an der Donau, mitunter auch kräftige, der Abschreckung dienende Vorstöße über die Stromgrenzen. In dieser Weise hatte schon Konstantin mit Erfolg gekämpft. Die ersten Jahre (vor 312) sahen ihn am Rhein gegen Alemannen und Franken tätig (zwei ihrer Könige gerieten in römische Gefangenschaft und wurden — durch Tierhetzen in der Arena — getötet). In späteren

Jahren (nach 332) lag das Schwergewicht an der Donau (gegen Sarmaten und Goten); aber am Rhein wurde auch gekämpft und bei Köln eine steinerne Brücke über den Strom gebaut (328). Vor den Persern hatte er auf der Grundlage von Diokletians großen Erfolgen Ruhe, bis ganz zuletzt über den persischen Christenverfolgungen, gegen die Konstantin Einspruch erhob, und über einem persischen Angriff auf Armenien ein Konflikt ausbrach, an dessen Austrag der Tod Konstantin jedoch hinderte.

In der Folgezeit ging es auf dieser Linie weiter. Als in der Mitte des Jahrhunderts Franken, Sachsen und Alemannen in Gallien einfielen, erfolgten durch Julian kräftige Gegenstöße (Schlacht bei Straßburg 357 n. Chr. und dreimaliges Überschreiten des Rheins 357—359). In den folgenden Jahren ruhte das scharfe Auge Valentinians I. (365—375) auf Rhein- und Donaugrenze, der nicht nur bei den Germanen dem römischen Namen Respekt verschaffte, sondern vor allem mit unermüdlicher Energie dort (am Rhein und der mittleren Donau) das Befestigungssystem wieder instand setzte. Im Osten konnten die Perser zwar manchen Erfolg aufweisen. Der römische Grenzsaum in Mesopotamien, eine Errungenschaft Diokletians, ging verloren. Armenien, desgleichen durch Diokletian ein römischer Gewinn, geriet aus seiner Vasallenabhängigkeit heraus und wurde, wie schon früher, ein Pufferstaat zwischen Rom und dem Iran (363 n. Chr.); doch wurde dadurch die Hauptsache, nämlich die Unversehrtheit des römischen Ostens gegenüber Persien, im Grunde nicht berührt.

Allerdings waren das rein politische Erfolge. Die volksmäßige Unterhöhlung der germanischen Grenze durch Übertritt der Fremden auf römisches Gebiet, welche seit dem dritten Jahrhundert ein ernsthaftes Problem bildete, ging weiter und begann durch eine Neuerung einen gegenüber früher weit gefährlicheren Charakter anzunehmen. Es kam jetzt dazu, daß die Germanen bei ihrer Aufnahme in das römische Reichsgebiet ihre Stammesorganisation beibehielten. So hatte es Julian gegenüber den salischen Franken und schon früher Constans im Jahre 342 gehalten, und so war es vor allem bei der großen Goteninvasion in den Jahren nach 375 gewesen. Diesem Ereignis hatte ursprünglich ebenfalls der Plan zugrunde gelegen, die (West-)Goten aufzunehmen, was sich wahrscheinlich auch ohne Schwierigkeiten hätte durchführen lassen, wenn nicht infolge römischer Regiefehler die Goten zu Gewaltsamkeiten geschritten wären und hinter ihnen nicht, ohne römische Einwilligung, weitere Scharen von Fremden, Ostgoten und Alanen, eingedrungen wären. Die kriegerische Auseinandersetzung brachte die römische Katastrophe von Adrianopel im Jahre 378 und die Verwüstung weiter Gebiete durch die Eindringlinge. Die Beilegung des Falles lag aber in der von Anfang an verfolgten Linie. Die Goten wurden als Stammesverband auf römischem Reichsgebiet angesiedelt. Was das in Wirklichkeit bedeutete, lehrte erst eine spätere Phase der Geschichte[1]. Vorerst konnte man noch glauben, die Dinge befänden sich einigermaßen im Lot.

2. Das Kaisertum nach Konstantin

Die im ganzen erfolgreiche Außenpolitik des Reiches war um so bemerkenswerter, als die Energien der kaiserlichen Regierung keineswegs ihr als dem hauptsächlichen Anliegen gewidmet waren und vor allem, weil das kaiserliche Regiment durchaus keine über allen Zweifel erhabene politische Größe darstellte. Wenn man die ziemlich verwickelten Ereignisse jener sechzig Jahre verfolgt, dann erkennt man, daß sie doch

[1] Siehe unten S. 487 ff.

zumeist durch das innerpolitische Spiel in Gang gehalten wurden, das sich aus dem Verhältnis der verschiedenen Inhaber der kaiserlichen Gewalt zueinander ergab. Es war keineswegs so, daß das große Aufbauwerk Konstantins des Großen hier eine unverbrüchliche Ordnung gewährleistet hätte. Ganz im Gegenteil: Die Maßnahmen, die der große Kaiser in seinem Alter auf den Fall seines Todes hin getroffen hatte, waren denkbar unglücklich und führten bereits unmittelbar nach seinem Verscheiden im Jahre 337 n. Chr. zu einem gewaltsamen Umsturz.

Die Ursache lag einmal in den verwickelten Familienverhältnissen Konstantins, andrerseits in seinem Plan, den Diokletianischen Regierungspluralismus, den er durch seine Alleinherrschaft aufgehoben hatte, in abgewandelter Gestalt als eine Form dynastischen Regimentes wiederaufleben zu lassen. Konstantin hatte in den Kreis seiner Nachfolger drei Verwandtschaftsgruppen einbezogen: Einmal seine legitimen Söhne Constantius und Constans, sodann einen Sohn von seiner Konkubine mit Namen Constantinus (II.), dessen älterer Bruder Crispus ursprünglich wohl auch Thronfolger werden sollte, aber in einem dunklen Familienzerwürfnis (es scheint sich um so etwas wie eine Don-Carlos-Tragödie gehandelt zu haben) schon 325 den Tod gefunden hatte. Als dritte Gruppe kamen Söhne seiner Stiefbrüder hinzu. Konstantin hat diesem Zweige seiner Verwandtschaft eine menschlich sehr anerkennenswerte Loyalität bewahrt, wahrscheinlich in dem Bewußtsein, daß er ihnen, die die legitimen Nachkommen seines Vaters Constantius (Chlorus) waren, als unehelicher Sohn die gleichsam besseren Sukzessionsrechte gekürzt habe. Zwei Neffen, Flavius Dalmatius und Flavius Hannibalianus, hatte er demzufolge eine politische Stellung zugedacht. Jener sollte nach seinem Tode das Regiment über das Balkan- und Donaugebiet erhalten; diesem war unter dem orientalischen, möglicherweise damals in Armenien üblichen Titel eines „Königs der Könige" die Herrschaft über die östlichen Randgebiete zugedacht und damit die Aufgabe, sie gegen Persien zu behaupten bzw. zu erweitern. Der eigentliche Orient sollte Domäne des Constantius sein, Constans Italien mit Afrika haben und der Westen mit Gallien als Kernstück dem Constantinus anfallen.

So war das Reich durch Konstantin praktisch auf fünf Herrscher gestellt. Drei Jahre nach seinem Tode (340 n. Chr.) waren es nur noch zwei, die beiden legitimen Konstantinssöhne Constantius und Constans. Dazwischen lagen das Blutbad von Konstantinopel (338), in dem die ganze Sippe der Konstantinschen Stiefbrüder, bis auf zwei Knaben, Gallus und Julian, ums Leben kam, und der Tod Constantins auf dem Feldzug gegen seinen Stiefbruder Constans. So war die Reichspolitik dem Einvernehmen des Constans (Westen) und Constantius (Osten) überantwortet. Zehn Jahre (340—350) dauerte diese Samtherrschaft, welche es immerhin vermochte, die teilweise sehr beträchtlichen Spannungen zu überbrücken; dann fiel plötzlich der jüngere Constans einem Militärkomplott zum Opfer, und seine Stelle nahm ein Usurpator Magnentius (350—353) ein. Darin lag die Voraussetzung dafür, daß Constantius, nach der Überwindung des Usurpators, im Jahre 353 Alleinherrscher werden konnte. Er vermochte zwar ebensowenig wie Konstantin, eines Unterkaisers (Caesar) für die von ihm nicht direkt betreuten Gebiete zu entraten und befand sich hierbei, da von der großen Familie des alten Konstantin fast nichts übriggeblieben war und er selbst auch keine Nachkommen besaß, in einiger Verlegenheit. Sie zwang ihn zu seiner Beschämung, auf die Überbleibsel der Stiefbrüdersippe Konstantins zurückzugreifen, seine beiden Vettern Gallus und Julian, welche Halbgeschwister waren. Mit Gallus nahm es ein schlimmes Ende. Er wurde drei Jahre nach seiner Erhebung zum Caesar (354) von Constantius hingerichtet. Julian, 355 für den Westen, vor allem Gallien und die Rheingrenze, bestellt, übrigens ein Mann von ganz anderem Format als Gallus, ließ es nicht so weit kommen. Das Mißtrauen des Constantius trieb ihn nicht in den Tod, sondern in den Aufstand gegen den Kaiser (360). Anderthalb Jahre später (361) war er, nachdem Constantius vor dem letzten Waffengang gestorben war, Alleinherrscher. Seine Regierung dauerte nur zwei Jahre — Julian fiel im Kampfe gegen die Perser —, hat aber bei Mit- und Nachwelt durch den Versuch einer Restauration des Heidentums einen nachhaltigen und unauslöschlichen Eindruck hinterlassen.

Julians Tod brachte das Ende der Konstantinischen Dynastie. Es gab niemanden mehr, der auf sie hätte einen Legitimitätsanspruch gründen können. Noch vor fünfzig Jahren wäre damit wahrscheinlich das Zeichen zum Kampf verschiedener Prätendenten gegeben gewesen. Es ist bezeichnend für den Wandel der Zeit, daß es den verschiedenen Militärkreisen gelang, unter Hintansetzung der einzelnen persönlichen Wünsche, sich auf einen neuen Kaiser zu einigen. Es war allerdings unvermeidlich, daß die Wahl dann auf keine scharf profilierte Persönlichkeit fallen konnte. In Betracht kam nur ein Außenseiter, ohne eigenes ursprüngliches Gewicht. Auf diese Weise wurde kein Glied des höchsten militärischen Führungskorps, sondern ein Angehöriger mittlerer Chargen Kaiser. Zuerst ein gewisser Jovianus, und danach, als er nach kurzer Zeit plötzlich gestorben war, Valentinian, ein Offizier in der kaiserlichen Leibwache. Gleich bei seiner Akklamation (364) wurde er veranlaßt, einen Mitkaiser zu ernennen. Daß eine Alleinherrschaft eine praktische Unmöglichkeit bedeutete, war allgemeine Überzeugung. Valentinians Wahl fiel auf seinen jüngeren Bruder Valens, der militärisch eine noch geringere Stellung als er selbst bekleidet hatte. Valentinian behielt sich den Westen vor, Valens erhielt den Osten. Die neuen Kaiser entstammten dem illyrischen Milieu Pannoniens und beschworen damit die Erinnerung an die stattliche Reihe tüchtiger und in Diokletian und Konstantin gipfelnder Herrscher, mit welchen der Wiederaufstieg des Reiches verbunden gewesen war. Valentinian war dann auch eine kraftvolle Persönlichkeit und hat militärisch Vorzügliches geleistet. Valens fiel dagegen infolge des Mangels jeder Zielsicherheit ab, und da auch Valentinian das Ungestüm seines Wesens und eine gewisse Roheit der Sitten um einen hellen Widerhall in der Öffentlichkeit brachte, lag über der Regierung der beiden Kaiser am Ende mehr Schatten als Licht. Trotzdem vermochten sie sich nicht nur an der Macht zu halten, sondern das Kaisertum sogar in ihrer Familie fortzuvererben, eine Tatsache, nicht minder symptomatisch wie die Thronbesteigung. Es hat gewiß an Usurpationsversuchen nicht gefehlt, ebensowenig wie während der Konstantinischen Dynastie, und schließlich fanden die beiden jüngeren Sprossen der Valentinianischen Familie, Gratian und Valentinian II., sogar durch sie ihren Untergang, aber das waren keine Katastrophen des Reiches mehr, sondern Unfälle, die sich, selbst ohne Einsatz außerordentlicher Fähigkeit, durch die legitime Kaisermacht auffangen ließen.

Die politische Entwicklung im einzelnen erfuhr den ersten Einschnitt durch den Tod Valentinians 375 und die Nachfolge seiner beiden Söhne Gratian und Valentinian. Damit hatte der Westen (einschließlich der Balkanhalbinsel) zwei Kaiser; aber ins Gewicht fiel das vorerst nicht, weil Valentinian erst vier Jahre alt war und sein älterer Bruder, übrigens auch noch ein ganz junger Mensch, für ihn die Vormundschaft führte. Die Erhebung des kleinen Valentinian zum Kaiser war eine vorbeugende Maßnahme, weil man fürchtete, das Donauheer, welches gerade im Kampf mit den Quaden stand, könnte einen eigenen Kaiser ausrufen. Dieser Versuchung zu begegnen, reichte also die Bekleidung eines Kindes mit der Kaiserwürde aus.

Die nächste Phase wurde durch die Schlacht von Adrianopel (s. o. S. 459) ausgelöst. Sie brachte dem Reich nicht nur eine vernichtende Niederlage, sondern auch den Tod des im Osten regierenden Kaisers Valens (378). In dieser Notlage war es ausgeschlossen, daß die beiden jungen Kaiser des Westens, die beide noch der Führung bedurften, einsprangen. Man brauchte einen neuen Kaiser, und Gratian ernannte ihn in der Person des Theodosius (379—395). Theodosius stammte aus Spanien und war wie schon sein Vater ein berühmter General, zweifellos in dieser Situation der richtige Mann, wenn auch eine Wiederherstellung der alten Lage gegenüber den Goten von ihm weder erreicht noch im Hinblick auf die vorhandenen Möglichkeiten ernsthaft angestrebt werden konnte. Der Beiname des „Großen", den ihm die katholische Kirche auf Grund seiner Kirchenpolitik verlieh, kommt ihm indes als historischer Gesamterscheinung zweifellos nicht zu. Der dadurch nahegelegte Vergleich mit Konstantin würde völlig in die Irre führen. Sein geschichtliches Hauptcharakteristikum ist der Umstand, daß er der letzte Abendländer wurde, der im griechischen Osten regiert hat. Oberflächlicher Betrachtung erscheint er auch als der letzte römische Alleinherrscher des Gesamtreiches; aber er war das nur die paar Monate vor seinem Tode, und dazu gekommen war er nicht in Verfolgung eigener politischer Ziele, sondern unter dem Drang besonderer, ihm keineswegs willkommener Umstände.

Es stellte sich nämlich heraus, daß die beiden jungen Brüder aus der Valentinianischen Familie, welche ihm gegenüber formell den höheren Rang einnahmen, nicht imstande waren, ihre Stellung gegenüber ihrer Umgebung zu behaupten. Zuerst wurde Gratian durch einen spanischen General Magnus Maximus gestürzt (383), dem es nicht nur gelang, Kaiser zu werden, sondern auch bei den beiden anderen legitimen Kaisern Valentinian II. und Theodosius Anerkennung zu finden. Maximus wurde Herr über die westlichen Provinzen und wäre wahrscheinlich in ihrem Besitz unangefochten geblieben, wenn er nicht auf Italien übergegriffen und die Vormundschaft über den dort sitzenden Valentinian zu übernehmen beabsichtigt hätte (387). Der hieraus entbrannte kriegerische Konflikt mit Valentinian und Theodosius führte nach hartem Kampf seinen Untergang herbei (388). Für vier Jahre (388—392) war die Ordnung wiederhergestellt: Valentinian II. im Westen, Theodosius im Osten Kaiser. Dann wiederholte sich der gleiche Fall nochmals, nur mit dem Unterschied, daß der General, der jetzt Valentinian stürzte, als „Barbar" (es war ein Franke Arbogast) nicht selbst Kaiser werden konnte, sondern einen Strohmann, den er in dem Rhetorikprofessor Eugenius (392—394) fand, dazu machen mußte. Als Theodosius die beiden am Frigidus (am östlichen Eingang Italiens) besiegt hatte (394 n. Chr.), war auch dieses Intermezzo vorüber, aber auch kurz nachher das Ende von Theodosius' Regierung gekommen. Mit ihm hatte nicht nur der durch Diokletian und Konstantin eingeleitete Abschnitt eines reorganisierten Gesamtreiches, sondern überhaupt die Geschichte eines Römischen Reiches als einer politischen Einheit seinen Abschluß erreicht.

b) Die Kirchenpolitik als Teil der Reichspolitik

1. Charakter der Kirchenkämpfe. — 2. Verschärfung der Gegensätze durch Athanasius. — 3. Übergewicht des Westens. — 4. Die Kirchenpolitik des Constantius. — 5. Die Annäherung der Standpunkte. — 6. Theodosius.

1. Charakter der Kirchenkämpfe

Der von Konstantin dem Großen begründete Bund zwischen Staat und Kirche hatte der ganzen Reichspolitik ein neues Volumen verliehen und sie in eine Dimension hineingestoßen, welche ihr wie überhaupt der gesamten Politik der Antike bis dahin unbekannt gewesen war. Geistliche und theologische Fragen wurden mit einem Male ein Politikum, noch mehr, sie gaben den wesentlichen politischen Gegensätzen und Auseinandersetzungen ihr Profil. Das Römische Reich, dessen Zustand bekanntlich alles andere als gesund war, bekam eine neue Last zu tragen und hat nicht nur in den zwei auf Konstantin folgenden Generationen, sondern auch während der anschließenden Katastrophenzeit ein gutes Teil seiner Energien auf Probleme verwandt, welche sich aus der Mitte des Christentums erhoben.

Aus der späteren abendländischen Geschichte ist uns dieses Bild christlicher Welt- und weltlicher Kirchenpolitik vertraut. Trotzdem berühren einen die damaligen Kämpfe sehr fremdartig. Sie spielten sich unter Frontstellungen ab, die unserem Empfinden nach nirgends praktisch-politische Interessen zum Vorschein kommen ließen. Worum es ging, waren theologisch-philosophische Entscheidungen. Aber sie besaßen trotzdem eine ungeheure Breitenwirkung. Man unterhielt sich über sie nicht nur in den Salons der Gebildeten. Auch in den Barbierstuben des gemeinen Mannes, bei den Handwerkern und an den Verkaufsständen wurde von ihnen gesprochen. Sie waren imstande, die Menschen in tätlichen Aufruhr zu versetzen. In den großen Städten des Ostens, aber auch in Rom, damals noch keineswegs der Brennpunkt des kirchlichen Lebens, kam es oft genug zu Krawallen, in denen unter Nichtachtung der polizeilichen Ordnung für diesen oder jenen markanten Vertreter einer bestimmten Richtung Partei ergriffen wurde. Denn, wie überall im menschlichen Leben, verkörperten sich die verschiedenen Standpunkte in einzelnen Persönlichkeiten, welche die sachlichen Gegensätze der Öffentlichkeit verdolmetschten und damit in breiter Front die Gegensätze aufrissen. Das waren natürlich alles Kleriker, Bischöfe, ausgestattet mit großer Macht über die Menschen und dadurch selbst eine Macht in der Gesellschaft. Hinter ihnen stand die weltliche Macht, keineswegs als Fremdkörper, sondern eher wie ein Stück desselben Leibes. Was war natürlicher, als daß sie ebenfalls von den treibenden Kräften in Bewegung gesetzt wurde, was aber nicht minder verständlich, als daß sie auch selbst eine eigene Initiative entfaltete? All das hatte die Verwandlung der Welt mit sich gebracht, die durch Konstantins großen Entschluß ausgelöst worden war. Und auch das, worum es im einzelnen ging, ergab sich in unmittelbarstem Zusammenhang aus den Entschlüssen und Taten des ersten christlichen Kaisers.

2. Verschärfung der Gegensätze durch Athanasius

Der Arianische Streit war von Hause aus wie die ganze christliche Theologie eine Sache des griechischen Ostens. Der Westen hatte in Ermangelung durchschlagender Ideen gar keine Stimme in dem Chor der Meinungen gehabt und war unter Konstantin einfach dem herrschenden Zuge gefolgt. Hierin brachte die neue Ära der Konstantinsöhne eine auffällige Veränderung. Der Westen erlangte jetzt mehr Selbständigkeit. Er schuf sich zwar noch keine eigene, originelle Theologie (so weit kam er erst durch Augustin und dann im Mittelalter), aber er nahm eine eigene kirchenpolitische Position ein und verband mit ihr eine deutliche dogmatische Stellungnahme. Es waren die ersten, flüchtigen Regungen eines lateinischen Kirchenbewußtseins.

Die Beruhigung, die kraft der persönlichen Bemühungen Konstantins des Großen eingetreten war, war doch nur scheinbar. Die Arianische Theologie war förmlich abgelehnt worden, und diejenige Ansicht, welche als die damals anerkannte gelten konnte, entsprach wohl auch der im großen und ganzen herrschenden Überzeugung. Man konnte sie als die damals gültige Interpretation der Origenistischen Theologie bezeichnen. Die besten und klangvollsten Namen des kirchlichen Lebens, mit ihnen an erster Stelle der Bischof Euseb von Nikomedien, welcher 338/339 Bischof in der Hauptstadt Konstantinopel geworden war, standen auf ihrer Linie.

Die Unterschiede zu der theologischen Position des Athanasius waren im Grunde nicht erheblich; denn auch Athanasius entstammte der Origenistischen Tradition. Aber Athanasius hatte kirchenpolitisch in Angelegenheiten seines alexandrinischen Episkopates den kürzeren gezogen und stand deshalb in leidenschaftlicher Gegnerschaft zu den Kirchenhäuptern des Ostens. Angesichts seiner fortwährenden Quertreibereien hatte ihn Konstantin kurz vor seinem Tode in den fernen Westen nach Trier verbannt. Damit war die Kluft, die ihn von seinen Gegnern trennte, nicht nur noch viel tiefer geworden, sondern es ergaben sich noch andere, sehr verhängnisvolle Weiterungen. Athanasius schuf sich im Westen eine stattliche Anhängerschaft und interessierte den dortigen Klerus, zumal den römischen Bischof, an den östlichen Streitigkeiten. Es kam ihm dabei gar nicht darauf an, die theologischen Diskussionen sehr vereinfacht darzustellen und seine Gegner als „Arianer" oder „Halbarianer" zu verschreien. Andererseits paßte er sich aus taktischen Gründen dem theologischen Verständnis des Westens an und trug kein Bedenken, die sog. „monarchianische" oder „sabellianische" Richtung, welche den ganzen Origenes preisgab und die reine Identität von Gottvater und Gottessohn lehrte — in den Augen jedes wirklich geistig und theologisch Gebildeten eine bare Unmöglichkeit —, vor seinen Wagen zu spannen. So entbrannte denn durch diese Aktivierung des Westens der Kirchenkampf auf viel breiterer Front als zuvor. In demselben Maße wuchs seine Intensität; denn die Temperamente, welche sich an ihm entzündeten, vornehmlich das des Athanasius, der in diesen Auseinandersetzungen die Höhe seines Lebens erklomm, waren zum Teil von den elementarsten Leidenschaften gespeist.

3. Übergewicht des Westens

Der Westen hatte an sich das geringere sachliche Gewicht; aber nun trat die neue kirchenpolitische Mechanik in Kraft. Den Ausschlag gab die Stellung der staatlichen Gewalt. In jenen Jahren (340 n. Chr. und anschließend) war der Kaiser des Westens, Constans, stärker als Constantius im Osten, und Constans machte sich die Sache der westlichen Kirche zu eigen. Es nützte nichts, daß die Beschuldigungen, welche

Athanasius' Anhänger gegen den Osten erhoben, auf einer Synode in Antiochien (Kirchweihsynode von 341) ausdrücklich zurückgewiesen wurden. Ein Jahr später wurde ein allgemeines Konzil für das ganze Reich (wie 325 das nicänische) in Serdica (Sofia) einberufen, das völlig unter der Herrschaft des Westens stand und mit dreihundert Abgeordneten gegen sechsundsiebenzig des Ostens das eindeutige Übergewicht besaß. Aber letztere ließen sich die Majorisierung nicht gefallen; sobald sie merkten, daß sie dort tauben Ohren predigten, sprengten sie das Konzil und zogen weg. Das Ergebnis waren getrennte Beschlüsse, die unvermittelt nebeneinandertraten, oder besser: Die Versammlung endete mit einem glatten Mißerfolg und verdient im Grunde nur deshalb einige Aufmerksamkeit, weil auf ihr zum ersten Male (und für lange Zeit auch das letzte Mal) das Abendland auf einem ökumenischen Konzil nicht nur die Führung hatte, sondern zugleich dem christlichen Orient geschlossen gegenübertrat. Dank der äußeren politischen Konstellation war es während der folgenden Jahre, d. h. das ganze Jahrzehnt über, in der Offensive, welche zwar zu keiner Einigung führte, da die dem Osten zugemuteten dogmatischen Forderungen unannehmbar waren, aber dem Gegner doch immerhin die Rückkehr des Athanasius auf seinen Bischofsstuhl in Alexandrien aufzwangen.

4. Die Kirchenpolitik des Constantius

Die nächste, im höchsten Grade einschneidende Wendung war desgleichen ein Werk der weltlichen Politik. Der Tod von Constans, der Sieg des Constantius über Magnentius erbrachte einen völligen politischen Kulissenwechsel: Constantius war Herrscher des Gesamtreiches geworden, nicht anders als Konstantin der Große nach seinem Sieg über Licinius (324), und ebenso wie jener gedachte er seine Macht in erster Linie zu einer Glättung des aufgewühlten kirchlichen Bodens anzusetzen. Er stand seinem Vater an Eigenwilligkeit und Selbstherrlichkeit nicht nach, hatte aber keineswegs sein politisches und geistiges Format und erst recht nicht die Autortät des alten Konstantin. Er war ein engstirniger Eiferer, der gegen das Heidentum in erster Linie den moralischen Rigoristen herauskehrte und die strengen christlichen Ehenormen in die staatliche Gesetzgebung übernahm (Ehebruch als Kapitalverbrechen, Verbot der Ehe zwischen Onkel und Bruderstochter, Benachteiligung der Witwenehe). In der Kirchenpolitik bildete er sich ein, seine kaiserliche Würde enthielte auch die Berufung zur Erkenntnis der Wahrheit und mache ihn klüger als die Theologen. Man hätte an sich erwarten sollen, daß er seinen Vorstoß auf der Linie der theologischen Verlautbarungen, wie sie in den Jahren zuvor von der griechischen Theologie gegenüber dem Westen formuliert worden waren, führte. Aller Wahrscheinlichkeit nach hätte sich auf dieser Basis eine Einigung erzielen lassen, zumal wenn Constantius noch darüber hinaus die Großzügigkeit besessen hätte, das Zerwürfnis mit Athanasius zu beenden. Aber Athanasius mußte mit dem Umschwung abermals von seinem Bischofsstuhle weichen. Zu seiner Vertreibung machte sich der Einsatz militärischer Gewalt nötig (356). Vorher schon hatte zwar der Papst Liberius von Rom die Hand zur Versöhnung entgegengestreckt und einen Kompromiß auf der Grundlage der nicänischen homoúsios angeboten, aber Constantius hatte diesen zurückgewiesen.

Mit rauher Hand fuhr er drein. Es sollte ein für allemal Ordnung geschaffen werden. Dazu gehörte nach seiner Ansicht (und der vieler Kleriker des Ostens) aber die Beseitigung des Athanasius. Eine nach Mailand, wo der Kaiser sich gerade befand, einberufene Synode, auf der natürlich vor allem die westlichen Bischöfe und damit der alte Anhang des Athanasius erschienen war, wurde so lange terrorisiert, bis sie den Athanasius verdammte. Die standhaften Teilnehmer, welche sich dem Druck nicht fügten, mußten in die Verbannung gehen (355).

Noch viel verwirrter und gespannter wurde durch den ungestümen kaiserlichen Zugriff die dogmatische Lage. Sie ist im raschen Überblick kaum noch aufzufassen. Der Westen war natürlich besonders schlecht daran, da die ihm am nächsten liegende monarchianische Position ohnehin theologisch indiskutabel war und zumal in der Defensive nur eine stumpfe Waffe sein konnte. In der Not verfiel man auf einen Ausweg. Um dem kaiserlichen Angriff irgendwie zu begegnen, berief man sich auf einen bereits offiziell anerkannten Begriff, von dem man kraft seiner Sanktionierung erwarten durfte, daß er einen Rückhalt gewähren könne. Das war das homoúsios von Nicäa, von dem während der ganzen Zeit zuvor (seit 325) nicht mehr die Rede gewesen war, aus begreiflichen Gründen, denn der Terminus war zweideutig und konnte sowohl den monarchianischen Standpunkt der personalen Identität von Gott und Christus als die origenistische Auffassung von der personalen Zweiheit und der substantiellen Einheit decken. Letzteres setzte allerdings den guten Willen voraus, auf beiden Seiten jeweils dem Gegner die vermutliche richtige Ansicht zuzutrauen, wie es unter Konstantin gewesen war. Die Zeiten hatten sich jedoch geändert. Von Versöhnungsbereitschaft war keine Spur vorhanden, und dadurch, daß das homoúsius nun auf einmal in so klarer Frontstellung, verbreitet vor allem durch die neuere literarische Tätigkeit des Athanasius, erschien, war es für den ganzen Osten abgestempelt als Symbol einer Auffassung, welche Gott und Christus personal in eins setzte. Die Vertreter der herrschenden Meinung, welchen diese Ansicht von jeher untragbar gewesen war und die lediglich früher in Nicäa über deren Subsumierung unter das homoúsios hinweggesehen hatten, präsentierten deshalb jetzt einen neuen Ausdruck: homoioúsios, der sich nur noch als Fixierung einer Substanzgleichheit (hómoios kat' ousían) und dementsprechend als personenverschieden verstehen ließ (offiziell formuliert auf der Synode von Ankyra im Jahre 358).

Es war nun aber keineswegs so, daß Constantius diese These, welche als Ergebnis einer breiten theologischen Tradition des griechischen, von Origenes herkommenden Christentums gelten konnte, verfocht. Er ging seine eigenen Wege und machte sich damit zugleich die Majorität des Westens wie die des Ostens zum Feind. Constantius kam nämlich mit einer eigenen Formel. Sie definierte das Verhältnis Gott—Christus schlicht als „ähnlich (hómoios) gemäß der Schrift". Beraten war er — wie einst Konstantin der Große von Hosius von Corduba — von zwei Hoftheologen Valens und Ursacius (Bischöfen von Mursa [heute Osiek in Jugoslawien] und Singidunum [Ort an der Mündung der Save in die Donau]).

Auf den ersten Blick konnte der Begriff als die Patentlösung erscheinen, indem er jedem freistellte, was er sich unter „ähnlich" vorstellen wollte. In Wirklichkeit stand dahinter eine sehr bestimmte Theologie. Es war die sog. jungarianische. Eine kleine Gruppe von Theologen war auf der Bahn des Aríus fortgeschritten und hatte im Grunde die ganze Substanzspekulation für einen Unsinn erklärt. Gott und Christus seien zwei Wesen, und die Versuche, ein inneres substantielles Band zwischen ihnen anzusetzen, führten nur in logische Widersprüche. Wenn man schon den Substanzbegriff ins Auge fasse, ergäben sich im Gegenteil das Verhältnis der Andersheit (anhómoios, deshalb auch die Vertreter dieser Theologie als Anhomöer bezeichnet). Damit vollzog sich auch hier ein offener Bruch mit Origenes in der Richtung des dem Monarchianismus entgegengesetzten Extrems, während er durch das farblose hómoios des Constantius noch als verschleiert gelten konnte. In den Augen der griechischen Mehrheit war das anhómoios glatte Häresie, und Constantius konnte sich sogar dem Zwang nicht entziehen, durch ein eigenes Dekret die beiden führenden Geister dieser Richtung aus Antiochien, wo sie lehrten, zu entfernen. Aber an seinem Standpunkt änderte das gar nichts. Unerbittlich war er in der Verfechtung seines durch die Nähe zum Jungarianertum verfänglichen hómoios und in der in ihm zum Ausdruck kommenden Verneinung der Substanzgleichheit. Die Majorität des griechischen Ostens versuchte vergeblich, ihm den mildernden Zusatz (gleich) „der Substanz nach" (kat'ousían) aufzudrängen. Es gelang nur zeitweise, zur Andeutung dessen, daß mit hómoios nicht die ganze Wahrheit zum Ausdruck gebracht worden war, das hómoios mit „in allem" (hómoios katà pánta) zu ergänzen.

Der Kaiser setzte seinen Willen auf der ganzen Linie durch. In West und Ost wurden Synoden abgehalten, die eine in Rimini, die andere in Seleukeia (Syrien), und auf beiden brachte er es mittels Polizeigewalt zuwege, daß sein Vorschlag angenommen wurde (359). Es war kaum etwas anderes als der Terrorrsieg einer kleinen theologischen Minderheit über die Kirche des gesamten römischen Reiches, der Triumph des äußersten Arianertums. Es war aber zugleich auch das deutlichste Zeichen dafür, daß von dem konstantinischen Bund zwischen Staat und Kirche her sich das Christentum mit Riesenschritten zur römischen Staatskirche entwickelte. Es hatte wenig zu sagen, daß während der Streitigkeiten dann und wann von Toleranz und Freiheit der Kirche von der weltlichen Macht gesprochen wurde. Das waren nur durch die augenblickliche Situation der Betreffenden bedingte Gelegenheitsäußerungen. Niemand hat sich mit Konsequenz dem Zug der Zeit entgegengestemmt.

5. Die Annäherung der Standpunkte

Das Ende des Constantius (361) bedeutete verständlicherweise auch das Ende seiner Kirchenpolitik und der theologischen Zwangseinigung. Julian verkündigte den Grundsatz eines religiösen Liberalismus; die christliche Kirche war für ihn kein Gegenstand eines positiven Interesses, und nachdem er selbst durch viele Jahre das hemmungslose Gegeneinanderarbeiten der Christen beobachtet hatte, leuchtete ihm ein, daß ihre Bekämpfung am besten durch Gewährenlassen dieser Selbstauflösung gefördert würde. Er soll gesagt haben, schlimmer könnten wilde Tiere zu Menschen nicht sein, als die Christen es unter sich wären.

Aber er hatte sich geirrt. Angesichts der drohenden Gefahr ruhte der Streit. Die aus der Verbannung zurückkehrenden Kleriker (darunter auch Athanasius) mußten da, wo sie daheim einen Gegner im Amt vorfanden, ihn wohl oder übel erdulden, schon aus dem einfachen Grunde, weil kein weltlicher Arm mehr zur Verfügung stand, um ihn zu verdrängen.

Aber man machte sich auch produktiv an die Arbeit, um die verfahrene Situation zu klären, vornean Athanasius, zweifellos der bedeutendste theologische Kopf jener Jahre. Er verharrte zwar auf der Grundlage der nicänischen homoúsios und nahm den Schritt, den er in den fünfziger Jahren zusammen mit der westlichen Kirche vollzogen hatte, nicht mehr zurück. Aber von der suspekten Tönung, die es als Gegenpol der arianischen Politik des Kaisers und auf Grund der Versteifung jener ganzen zwischen West und Ost hin- und hergehenden Auseinandersetzung erhalten hatte, suchte er es energisch zu befreien. Der Verdacht, es sei nichts als ein Aushängeschild für einen dahinter verborgenen Monarchianismus, sollte verschwinden. Ausdrücklich ließ er auf einer Synode in Alexandreia (362) die seinerzeit in einer Stimmung des Sieges und der Überlegenheit vom Abendland in Serdica gefaßten Beschlüsse, in denen die Grundsätze des ganzen griechischen theologischen Denkens verneint worden waren, verurteilen. Ihm lag daran, den Osten davon zu überzeugen, daß von seiner Theologie aus nicht alle Zugänge zur Origenistischen Tradition versperrt seien, im Gegenteil sich jene in sie ohne besonderen Zwang einfüge. Nur zum Arianertum gab es für ihn natürlich keine Verbindung; aber von dem wollte der Osten in seiner Mehrzahl ja auch nichts wissen. So ging in den praktischen Folgerungen sein Bestreben also dahin, die Homoúsios- und die Homoioúsiosgruppe (das waren die nichtarianischen Griechen) einander zu nähern.

Auch nach Julians Tod wurde diese Linie weiterverfolgt; aber sie verlief nun nicht mehr gerade, sondern bewegte sich in zahlreichen Kurven ihrem Ziele zu. Es handelte sich dabei um knapp zwanzig Jahre Kirchengeschichte. Daß es überhaupt vorwärtsging, war vor allem der Tatsache zu verdanken, daß der Tod Julians nicht die Wiederaufnahme des mit zäher Energie vorangetriebenen Kurses des Constantius mit sich brachte. Valentinian und Valens waren theologisch viel zu ungebildet, um sich persönlich in die kirchlichen Angelegenheiten einzumischen. Es wäre ihnen am liebsten gewesen, die Dinge hätten sich von selbst geordnet. „Ich bin ein Laie und brauche mich um solche Dinge nicht zu kümmern. Die Priester, die das angeht, mögen für sich zusammenkommen, wo sie wollen", soll Valentinian gesagt haben.

Doch nachdem diese Fragen in der vorhergehenden Zeit durch und durch mit Hilfe politischer Macht verfolgt worden waren, war der Grundsatz politischer Neutralität gar nicht mehr durchzuführen. Das zeigte sich sehr bald, als man von kirchlicher Seite die Ergebnisse des arianischen Terrorregimes beseitigen wollte. Die beiden Kaiser, vor allem Valens, fühlten sich da in ihrer kaiserlichen Würde angegriffen; denn schließlich verdankten die betreffenden Bischöfe und Kleriker, um die es da ging, ihre Stellung dem früheren Kaiser, und manche von ihnen, wie etwa der Bischof von Konstantinopel, standen auch zu dem derzeitigen Kaiser in engen Beziehungen. Von dieser Seite her konnte das Schiff also gar nicht recht flottwerden. Im Gegenteil, mehrmals schlug das Pendel nach der anderen Seite aus, wiederholt unternahm Valens zum Schutze der arianischen Kleriker kräftige Gegenstöße, welche auch die sonstigen Bemühungen, weiterzukommen, aufhielten.

Eine andere, sehr erhebliche Schwierigkeit betraf Spannungen zwischen den großen Bistümern (in der späteren Terminologie Patriarchaten). Damals handelte es sich in erster Linie um den Gegensatz von Alexandrien und Antiochien. Man war zwar gerade dabei, den sachlichen Zwiespalt, der diese beiden theologischen Zentren seit langem auseinanderhielt, zu überbrücken, aber von früher steckte noch mancher Pfahl im Fleisch, und nichts als äußere Prestigegründe verhinderten es, daß er entfernt wurde. In Antiochien bestand ein Schisma. Der eigentliche Bischof, ein gewisser Meletius aus Armenien (seit 360), war ein sehr wendiger Theologe, der es verstanden hatte, jeweils mit dem Strom zu schwimmen, und gegen seinen theologischen Standpunkt war im Grunde nichts Erhebliches einzuwenden. Unglücklicherweise hatte man aber einmal (362) seinen Gegenbischof (Paulinus) in Alexandrien und auch in Rom anerkannt und identifizierte sich seitdem auf Gedeih und Verderb mit seiner Person, obgleich der Mann es seinem kirchlichen Gewicht nach kaum verdiente. Je länger der Streit ging, desto weniger war man imstande, sich aus ihm zurückzuziehen, und deshalb wirkte die ganze Zeit diese antiochenische Frage wie eine Bremse an dem gesunden Fortgang der Dinge. Alle Versuche, sich endgültig mit dem Westen zu verständigen, scheiterten meistens an diesem Punkt.

Das dritte, im Grunde wesentlichste Problem waren die theologischen Differenzen. Sie waren noch schwer genug. Abgesehen von den früheren Schwierigkeiten lösten sich von der gegenwärtigen geistigen Entwicklung neue, noch ungeklärte Probleme ab. Das eine, für den Moment gewichtigste, war die Aufnahme der von Athanasius und dem Westen vertretenen Göttlichkeit des Heiligen Geistes in die Origenistische Theologie. Neben den griechischen Theologen der homoiousianischen Partei — also da, wo man im allgemeinen auf Verständigung aus war — bildete sich eine konservative Gruppe, die hier nicht mehr mitmachte (sog. Pneumatomachen) und die Erweiterung des zwischen Gott und Christus bestehenden Seinszusammenhanges um die Größe des Heiligen Geistes, d. h. also, die theologische Ausbildung der Trinität, scharf bekämpfte.

Trotzdem ging es auf dem dogmatischen Gebiet am besten voran. Dies war nicht mehr das Verdienst des Athanasius — er war nun ein alter Mann († 373) und begreiflicherweise nicht mehr in der Lage, mit der nötigen Aufgeschlossenheit sich den neuen Anforderungen zu öffnen —, sondern das Werk einer jüngeren Generation von Theologen, den sog. Jungnicänern, welche zumeist aus dem homoiousianischen Lager stammten. An ihrer Spitze stand das berühmte Dreigestirn der „drei großen Kappadoker", des Basilius, des Gregor von Nyssa und des Gregor von Nazianz. Ihr Werk war die endgültige Versöhnung zwischen homoúsios und homoioúsios. Sie konzedierten ihrem Partner in großzügiger Weise den Terminus homoúsios und verzichteten auf ihre Formel homoioúsios, sie arbeiteten die Göttlichkeit des Hl. Geistes in ihre Theologie hinein, aber das Wesentlichste war: Sie blieben dabei auf dem Boden der Origenistischen Tradition stehen, d. h., sie schlossen den Identitätsbegriff aus, nahmen damit die ganze sehr wechselnde Bewegung, welche sich an den nicänischen Begriff des homoúsios geknüpft hatte, ein für allemal auf in den Bestand der griechisch-theologischen Spekulation und schoben, wie sich bald zeigen sollte, einen ehernen Riegel vor die Gefahr, daß unter dieser Parole nochmals die Christenheit in Ost und West sich spalten konnte.

Dazu bedurfte es freilich nicht nur angestrengter denkerischer Arbeit, sondern ebenso großer Zähigkeit bei der Herbeiführung eines persönlichen Kontaktes zwischen den verschiedenen Lagern wie einer beharrlichen Unverdrossenheit allen Rückschlägen gegenüber. Der Mann, der das Verdienst beanspruchen darf, bei solchen Anstrengungen nicht müde geworden zu sein, war der Kappadoker Basilius. Die Eindrucksfähigkeit seiner persönlichen Erscheinung, seine geistige Bildung und sein moralischer Mut verschafften ihm bei Valens einen achtbaren Stand und gaben ihm gegenüber den vom kaiserlichen Hof noch immer geschätzten Arianern den nötigen Rückhalt, um in völliger Unabhängigkeit seine Bemühungen um das Einigungswerk durchzuführen (seit 370 n. Chr.).

6. Theodosius

Als Basilius 379 starb, war er noch nicht am Ziel, aber inzwischen war durch den Tod von Valens und die Nachfolge des Theodosius ein politischer Szenenwechsel eingetreten. Er beseitigte das Hindernis, das seit 364, während der gesamten Regierungszeit von Valens, immer im Wege gestanden hatte, und gab den Weg frei zur Entfernung der Arianer, welche zum Teil noch immer in den kirchenpolitischen Schlüsselstellungen sich gehalten hatten. Theodosius als Abendländer war die kirchliche Einigung des Reiches auf der Grundlage des Nicänums Herzenssache. Alle Häretiker, d. h. diejenigen, welche das Trinitätsdogma nicht anerkannten, in der Hauptsache die Arianer und ihre verschiedenen Spielarten, hatten zu weichen. Die formelle Sanktionierung geschah auf dem Konzil von Konstantinopel im Jahre 381. Es bedeutete den Abschluß der langwierigen Auseinandersetzung, die mit Nicäa im Jahre 325 begonnen hatte, und hat überhaupt für alle Zeiten das christliche Dogma der Trinität festgelegt.

Doch Theodosius war damals noch nicht Kaiser des Westens. Was dort mit dem Arianertum zu geschehen hatte, war seinem Einfluß entzogen. Die beiden jungen Kaiser Gratian und Valentinian verfügten in diesen Fragen über keine eigene Steuerung. Der energische Zugriff mußte von anderswo herkommen. Und er kam, nämlich in Gestalt des berühmten Mailänder Bischofs Ambrosius, der einer vornehmen Familie entstammte und selbst ursprünglich ein hoher weltlicher Beamter gewesen war.

Ambrosius überstrahlte durch seine glänzende Erscheinung nicht nur den gesamten westlichen Episkopat, einschließlich des römischen Papstes, sondern gewann auch den nötigen Einfluß am kaiserlichen Hof. Er schreckte vor der weltlichen Macht keineswegs zurück. Einmal kam es zu einem sehr harten Zusammenstoß. Die Kaiserinnenmutter Justina war Arianerin und beanspruchte für ihre persönlichen religösen Bedürfnisse ein Gotteshaus. Ungeachtet der Gefahr, mit dem Militär in Konflikt zu geraten, verweigerte Ambrosius die Erfüllung des Wunsches, und in der Tat: er setzte sich durch und wurde auch mit dem unangenehmen Nachspiel fertig, bei dem Valentinian II. in blindem Zorn die Wiedereinsetzung der arianischen Bischöfe und damit auch die des Gegenbischofs in Mailand gefordert hatte.

Die eigentliche Leistung des Ambrosius war die Beseitigung des von Constantius her noch im Westen vorhandenen Arianertums. Sein überragendes Ansehen und ein ausnehmendes Geschick in der Massenbehandlung, gepaart mit einem beträchtlichen Maß politischer Verschlagenheit, befähigten ihn, die arianischen Gegner völlig mattzusetzen. Auf einer Synode in Aquileia 381 n. Chr. wurden sie ihrer kirchlichen Würden entkleidet, und dieses Urteil wurde von Kaiser Gratian bestätigt. Die Liquidation des Kirchenkampfes im Westen war im wesentlichen das Werk des Ambrosius.

Theodosius konnte mit solcher Erledigung seines Anliegens zufrieden sein. Weniger Freude machte es ihm, daß Ambrosius dem westlichen Klerus eine eigene Stoßkraft auch da verlieh, wo es seinen kaiserlichen Interessen zuwiderging. Die Konstellation hierzu ergab sich aus der alten Gereiztheit in Sachen des antiochenischen Episkopates.

Die Politik des Theodosius brachte Meletius einen großen Triumph; er war so gut wie der erste Bischof des Ostens geworden, und gerade das ließ den römischen Bischof nicht schlafen. Immer noch beharrte man im Westen auf dem unbedeutenden Gegenbischof Paulinus, obgleich auch er seinen Frieden mit Meletius geschlossen hatte. Nun starb aber Meletius, und Paulinus hätte ohne Schwierigkeit durch Übernahme des vakanten Bischofsstuhles rehabilitiert werden können. Es wurde aber statt dessen ein neuer Bischof gewählt. In der schärfsten Form protestierte Ambrosius im Namen einer Synode dagegen. Da zeigte jedoch Theodosius, daß er keineswegs ein Exponent westlicher Kirchenpolitik im Osten war. Er erteilte Ambrosius eine glatte Abfuhr, die dieser wohl oder übel einstecken mußte.

In einem ähnlichen, den Bischofsstuhl von Konstantinopel betreffenden Fall ging es ebenso. Auch hier kam der Westen nicht zum Zuge.

Es bestand also keine Veranlassung, daß er in dem Sieg des homoúsios speziell seine Sache vertreten fand, kirchenpolitisch sowenig wie theologisch. Wohl aber fand durch den Abschluß des Kirchenkampfes ein anderes Entwicklungsmoment seine Bestätigung.

Trotz der selbständigen Initiative eines Kirchenmannes wie Ambrosius war die endgültige Einigung schließlich doch allein durch den Einsatz des kaiserlichen Willens zustande gekommen. Ohne Theodosius' Eingreifen hätte immer das letzte Glied, welches die Kette zu schließen hatte, gefehlt. Der Beweis war also erbracht, daß das Christentum in seinen inneren Angelegenheiten nun einmal nicht mehr ohne den Staat auskam. Was mit Konstantin dem Großen begonnen hatte, was sich unter Constans und Constantius sichtbar gezeigt hatte, es fand auch jetzt seine Anerkennung durch denjenigen Kaiser, der in der Nachwelt als treuer Diener des orthodoxen Glaubens erscheinen sollte: Der Kaiser war zu einer führenden Instanz der christlichen Kirche geworden.

Die Tatsache ist um so bemerkenswerter, als in der gleichen Zeit Ambrosius Gelegenheit hatte, das Gegenteil zu behaupten und dem Kaiser einzuschärfen, er stehe nicht über der Kirche, sondern in der Kirche. Aber der Kaiser, dem Ambrosius das erzählte, war eben nicht Theodosius, sondern der noch im Knabenalter stehende Valentinian II., und eine grundsätzliche Bedeutung konnte das Wort damals ungeachtet seiner späteren Fruchtbarkeit nicht beanspruchen. Daran ändern auch einige berühmte Begegnungen des Ambrosius mit Theodosius, bei denen der Mailänder Bischof mutig seine christliche Gewissenspflicht gegenüber dem Kaiser vertrat, nichts. Der berühmteste Fall ist bezeichnenderweise ganz unpolitisch. Theodosius hatte in einer Anwandlung von Jähzorn unter den Einwohnern von Thessalonike, welche bei einem Krawall den obersten militärischen Beamten der dortigen Diözese umgebracht hatten, ein gräßliches Blutbad angerichtet. Ambrosius weigerte sich darauf, in seiner Anwesenheit die Messe abzuhalten, und zwang ihn, öffentliche Buße zu tun. Theodosius war ein guter Christ und wußte genau, daß er als sündiger Mensch vor Gott sein Haupt zu neigen habe, aber einen hierarchischen Anspruch hat er natürlich damit ebensowenig anerkannt, wie Ambrosius sein Vorgehen in einem solchen Sinn verstanden wissen wollte.

§ 36. Heidentum und Christentum

1. Beharrungskraft des Heidentums. — 2. Der Neuplatonismus. — 3. Die römischen Senatskreise. — 4. Julian. — 5. Verstärkung des christlichen Druckes. — 6. Einfluß des Heidentums auf das Christentum. — 7. Das Mönchstum.

1. Beharrungskraft des Heidentums

Das vierte Jahrhundert führte das christliche Reich, christliche Kaiser und die christliche Staatskirche herauf, aber es brachte nicht die Vernichtung des Heidentums. Nicht als ob seine Erhaltung der politischen Programmatik entsprochen oder das christliche Zeitalter sich zum Gedanken der Toleranz bekannt hätte! Man dürfte eher das Gegenteil behaupten. In seiner Grundhaltung war das Christentum genauso ausschließlich wie je zuvor und nicht weniger unduldsam, als es sich in seiner großen künftigen Geschichte beweisen sollte. Der Konvertit Firmicus Maternus schrieb um 350: „Verbrennt die Bilder der Götter, ihr Kaiser, ... eure Strenge soll die Missetaten des Götzendienstes allerwegs verfolgen." Wenn für einen Mann wie Konstantin den Großen es durchaus zweifelhaft sein mußte, ob er jemals in seinem Leben ein christlicher Eiferer war, so war seinen Nachfolgern. von Kindesbeinen an christlich erzogen, mit dem christlichen Glauben auch die Überzeugung zu eigen, daß im Raume des Römischen Reiches dem Heidentum kein Platz mehr gehöre. Constantius etwa, der seine Politik ganz in den Dienst des Christentums stellte, wo es um seine innere Einheit ging, war seiner persönlichen Einstellung nach weit davon entfernt, ihm seine Hilfe vorzuenthalten, wenn sie für die kirchlichen Ansprüche nach außen gefordert wurde. Er hat mehr als ein Gesetz gegeben, um die Schließung der Tempel im ganzen Reich durchzuführen. — Trotzdem konnte unter ihm und auch unter den späteren christlichen Kaisern noch keine Rede davon sein, daß die massierte Macht des Staates oder auch nur die politische Kraft des Christentums eingesetzt worden wäre, um das Heidentum zu unterdrücken. Einen auf breiter Front geführten Kampf gegen den Unglauben kannte das erste Jahrhundert christlicher Machtentfaltung (wie übrigens auch die zunächst folgende Zeit) noch nicht.

Die Gründe hierfür sind nicht schwer zu erkennen. Das Heidentum war zahlenmäßig nicht gering. Man darf ihm, alles in allem, damals unbedenklich noch die Mehrzahl der römischen Reichsbewohner zurechnen. Aber das war noch das wenigste. Das Heidentum repräsentierte zugleich eine jahrtausendealte kulturelle, gesellschaftliche und auch politische Vergangenheit. Es wäre gegen alle Gesetze des antiken, zumal des römischen Lebens gewesen, sich ihrer mit einem Schlag zu entäußern und in einem revolutionären Gewaltakt etwas völlig Neues an ihre Stelle zu setzen. Konstantin war schließlich nicht ohne Grund die Verbindung mit dem Christentum in der Absicht eingegangen, das Alte, baufällig Gewordene zu stützen. Ein Revolutionär mit Umsturzideologie war er trotz der durch ihn ausgelösten epochalen Wendung nicht. Man kann sagen, zum Glück nicht nur des Reiches, sondern schließlich auch des Christentums; denn die Belastung eines offenen Glaubenskrieges hätte die damalige Welt nicht ertragen. Das Heidentum hatte zwar das Spiel um die Führung des Reiches verloren, aber es war deswegen nicht zum Schatten geworden. Das Gewicht des geschichtlichen Beharrens lag noch in seiner Waagschale. Der Lebensstil der meisten Menschen war geprägt durch ein Herkommen, an dem das Christentum keinen Teil hatte. Allenthalben vergnügte man sich an öffentlichen Lustbarkeiten, Theater- und Gladiatorenspielen, Zirkusrennen usw., befragte man Astrologen, Traumdeuter, wandte man sich an Eingeweideschauer (bei Opferungen), ging man, zumal auf dem Lande, den üblichen Kulthandlungen nach. Es gab unzählige heidnische Priester (eine Personenliste aus Afrika weist unter zweiundsiebzig Namen siebenundvierzig von nichtchristlichen Priestern auf), und wenn auch ihre Verrichtungen den alten Glanz eingebüßt hatten, so fehlte es trotzdem nicht an Leuten, die zu ihnen hielten.

Und das war kein Kreis, der auf die Niederungen des sozialen Lebens beschränkt war. Der heilige Martin von Tours fand im Jahre 375 seinen Bischofssitz als heidnische Stadt vor. Das Gefüge einer heidnischen Gesellschaft ging von unten bis in die obersten Spitzen. Gerade in den höheren Schichten war es tief verwurzelt. Die Männer, mit denen die Kaiser das Reich verwalteten, waren zu einem guten Teil nicht christlich, und man konnte ihrer schon aus Gründen der Staatserhaltung gar nicht entraten. Erst Anfang des fünften Jahrhunderts ist es so weit, daß man die Unverträglichkeit von Staatsdienst und Heidentum offiziell erklären konnte (Erlasse von 408 und 416), was aber nicht hinderte, daß ein halbes Jahrhundert später (470 n. Chr.) ein heidnischer Philosoph, Severus, zu den höchsten staatlichen Ehren (Konsulat, Patriziat) gelangen konnte.

Wichtiger noch war der Umstand, daß der Raum des geistigen Lebens keineswegs allein durch das Christentum ausgefüllt wurde. Gerade im vierten Jahrhundert hatten sich mit der Erholung der allgemeinen Verhältnisse auch wieder griechische Dichter (Nonnos u. a.) zum Wort gemeldet. Vor allem gab es in der Rhetorik, also der geistigen Disziplin mit der größten Breitenwirkung, äußerst klangvolle Namen (Libanios, Themistios), deren Ansehen von den christlichen Kaisern nicht nur geachtet wurde, sondern welche auch als besondere Zierde den Glanz ihres Hofes erhöhten.

2. Der Neuplatonismus

Und es gab schließlich noch den Strom der philosophischen Bildung, der dahinfloß in den Auditorien zahlreicher Lehranstalten, in einer reichen, meistens kommentierenden literarischen Tätigkeit, und vor allem seine Zuflüsse aus der Anteilnahme einer nicht unbeträchtlichen Bildungsschicht erhielt. Vielleicht stärker als zuvor vereinigte der Neuplatonismus die Geister verschiedenster Höhe in einer Weltanschauung, welche in ihrer Differenzierung metaphysischen Tiefsinn mit sinnfälligstem Wunderglauben verband. Und dieser Neuplatonismus bot noch etwas anderes, ausgesprochen Aktuelles: Er ergriff die Menschen mit einem lebendigen Situationsbewußtsein. Wenn das Christentum seinen Aufstieg dem Dahinwelken der alten Götterwelt, ihrer inneren Entleerung verdankt hatte, die neuplatonische Weisheit gab nicht nur Antwort darauf, wie sich religiöse Metaphysik mit alter religiöser Tradition vertrug, sie verlieh dieser auch eine metaphysische Rechtfertigung. Schon Porphyrios hatte gesagt: „Das ist die schönste Frucht der Frömmigkeit, das Göttliche zu ehren nach dem Brauch der Väter." Jetzt war es so weit, daß ein gegen das herrschende Christentum sich kräftig auflehnendes Kulturbewußtsein an einer Philosophie von bedeutender Mächtigkeit einen Rückhalt fand. Wer mit Wehmut beobachtete, daß die Schatten über der bunten Welt der antiken Götter und Heroen, dem Gegenstand nicht nur unzähliger Kulte und Feste, sondern vor allem seit den Tagen Homers auch den Ausdruckssymbolen der großen antiken Literatur, immer größer wurden und an ihre Wurzeln von dem vordringenden christlichen Glauben die Axt gelegt war, der fand in der Philosophie des Neuplatonismus eine geistige Zuflucht, ein weltanschauliches Fundament, das ihm moralischen Stand zur Verteidigung und vielleicht auch zum Gegenstoß gewährte.

Diese hellenische „Renaissance", wie man die Strömung wohl nennen darf, war in erster Linie im griechischen Osten beheimatet. Die Zeiten, wo griechisch auch für den Westen geschrieben wurde, waren vorbei. Aber jene Tage beweisen eine bedeutsame Lebensfähigkeit der griechischen Geistigkeit auch für ihn. Der Neuplatonismus fand gerade damals dort durch Übersetzungen (des in Rom wirkenden Marius Victorinus) Aufnahme. So konnte es geschehen, daß die stärkste geistige Potenz des Lateinertums, der große Kirchenvater Augustin (geb. 354), sein geistiges Wesen durch ihn ausbildete. Seine Entwicklung ist bezeichnend genug. Christlich erzogen, entfremdete er sich in seiner Jugend dem Christentum, um sich der Rhetorik und Philosophie, also dem Heidentum, zuzuwenden und fand erst von da wieder zum Christentum zurück.

3. Die römischen Senatskreise

Selbst die geistige Kultur des restlichen Heidentums war in diesen Jahren also mächtig genug, um eine derartig elementare Natur wie Augustin wenigstens vorübergehend in ihren Bann zu ziehen. Ihr sozialer Unterbau war die römische Aristokratie, der römische Senatsadel, steinreiche Leute mit großen Gütern, welche zwar keine politische Macht im Reich besaßen, aber dennoch das Ansehen der altehrwürdigen Reichshauptstadt Rom auf sich vereinigten. Seitdem der Kaiser nicht mehr dort residierte, genoß der Senat im Schutz des römischen Namens eine verhältnismäßig große Unabhängigkeit vom Kaiser, bedeutend stärker, als sie die Jahrhunderte vorher gewesen war. Und Rom als die traditionsbeschwerte Stadt, durch und durch geprägt von seiner nichtchristlichen Glanzzeit, war stärker heidnisch als jede andere Großstadt des Reiches. Es wurde so zum Sammelpunkte einer bewußt heidnischen Gesinnung. Man fand sich da in der Erinnerung an die römische Kultur, welche es in der bedrohlichen christlichen Moderne zu retten gelte, zusammen. In diesem Sinne wurde ernsthaft gearbeitet. Der eine dieser führenden Aristokraten, Nicomachus Flavianus, war ein angesehener und fruchtbarer Gelehrter, nicht nur als Historiker, sondern auch als römischer Altertumsforscher tätig. Sein nächster Freund und Mitkämpfer war der berühmte Symmachus, ein Mann von ausgezeichneter rhetorischer Bildung, welcher die lateinische Sprache in kunstvoller Weise handhabte. Da wurde ferner Livius studiert, Vergil gelesen und mit ausführlichen Erläuterungen versehen (durch Servius), Terenz neu herausgegeben, eine lateinische Grammatik verfaßt (durch Donat). Alle Gedanken wurden mit ausdrücklicher Absicht zurück auf die vorchristliche Vergangenheit gelenkt und die Gegenwart in unmißverständlicher Geste weggeschoben.

Dieses eigenartige „romantische" Lebensgefühl wurde über den engeren Kreis des senatorischen Adels hinaus auch von einem großen Teil der übrigen Bevölkerung geteilt. Es gibt unzählige Medaillen (die sog. Contorniaten), welche man sich zu festlichen Gelegenheiten (meistens zum Neujahrsfest) zum Geschenk machte, als offenbare Zeugnisse der gleichen Gesinnung. Auf ihnen ist nie von der Gegenwart die Rede; sie wird völlig ignoriert. Was Interesse findet, ist allein die Vergangenheit, die nichtchristliche Vergangenheit, an die durch Bilder römischer Kaiser oder durch hervorragende Größen der antiken Geistesgeschichte (Homer, Demosthenes, Vergil u. a.) oder sogar unmittelbar durch Darstellungen heidnischer Gottheiten (wie des Sol Invictus, der Kybele, des Bacchus und Hercules) erinnert wird.

In diesen Schichten fand auch ein eigenartiges literarisches Werk seine Verbreitung, eine als alte Kaisergeschichte sich ausgebende Mystifikation, d. h., eine bis ins zweite Jahrhundert hinaufreichende Sammlung von Kaiserbiographien, welche hinter der Fassade eines historischen, weitgehend gefälschten Textes eine Unmenge zeitgenössischer, auf eine Kritik des derzeitigen christlichen Kaisertums abzielende Anspielungen verbargen (die sog. Scriptores Historiae Augustae).

Das Selbstbewußtsein dieser heidnisch-römischen Kreise, die Aktivität ihres Bildungsstrebens und ihre literarische Leistungsfähigkeit verschafften der römischen Geistigkeit nicht nur einen besonderen, in die Zukunft ausstrahlenden Glanz, sondern verliehen dem römischen Namen auch im Osten eine neue Werbekraft. Der Grieche Ammianus Marcellinus, Verfasser eines sehr bedeutenden Werkes über römische Geschichte, ist vom Osten her (geboren in Antiochien) zu dieser stadtrömischen Literaturgruppe gestoßen und hat sein Buch bezeichnenderweise nicht griechisch, sondern lateinisch geschrieben. Wie im Osten machte man auch hier die Erfahrung, daß der Neuplatonismus der historischen Orientierung ein sehr brauchbares weltanschauliches Fundament bot. Alle die hervorragenden Träger dieser Bewegung waren auch Neuplatoniker. In den Saturnalien des Macrobius, wo sie als Gesprächspartner einer Art platonischen, nur wie bei Cicero ins Römische gewandten Gastmahles auftraten, ist ihnen von einem der Ihren ein dauerndes Denkmal gesetzt worden. Und über hundert Jahre nachher erwuchs aus diesem damals bereiteten Erdreich noch eine späte, reife Frucht: der „Trost der Philosophie“ des Christen Boethius, ein tiefsinniges Werk, das in der ganzen lateinischen Literatur kaum seinesgleichen findet und berufen war, in der Folgezeit als einer der wenigen beachteten, lebendigen Zeugen das Licht des antiken Geistes weiterzugeben.

4. Julian

Freilich war die Sammlung des antiken Geistes, wie sie sich im Osten und Westen vollzog, nicht imstande, der geschichtlichen Entwicklung eine andere Richtung zu geben. Wozu die Kräfte ausreichten, waren einzelne Gegenstöße, welche Episode bleiben sollten. Der berühmteste ist die kurze Regierung des Kaisers Julian (361—363). Julian ist ein reiner Fall jenes auf dem Boden neuplatonischer Metaphysik stehenden griechischen Kulturbewußtseins. Mit Inbrunst wandte er sich in langen Jahren unpolitischer Muße, zu der er durch den Befehl des Constantius gezwungen war, der griechischen Literatur, vor allem Homer, zu und nährte die Abneigung gegen den ihm durch die Erziehung aufgedrängten christlichen Glauben mit der Liebe zu der versinkenden griechischen Götterwelt und der Sehnsucht nach mystischer Erleuchtung. Letztere wurde für ihn entscheidend. Nachdem er ausführliche rhetorische und philosophische Unterweisung empfangen hatte, fand er den Weg zu den mystischen Riten des neuplatonischen Okkultismus und Mysterienwesens, wo der Gläubige in einer erregenden Atmosphäre des Geheimnisvollen und Wunderbaren in innige Berührung mit den Göttern und überhaupt dem Göttlichen trat. Julians Einstellung war die eines religiösen Reformers, und sein Gegensatz zum Christentum hat mit rationalistischem Aufklärertum nicht das geringste zu tun. Ihm schwebte eine Wiedergeburt der römischen Welt im Zeichen griechischer Theosophie vor. Konstantins Politik erschien ihm als ein Fehlschlag, und tatsächlich war dieser Eindruck angesichts der fortwährenden Spannungen innerhalb des Christentums nicht unbegreiflich.

Seine Regierung begann Julian deshalb damit, daß er den Bund zwischen Christentum und römischem Staat löste und in einem Toleranzedikt dem Heidentum Gleichberechtigung mit dem christlichen Kultus verschaffte. Dieser Schritt war gleichbedeutend mit der Wiederherstellung der heidnischen Verluste an Tempeln und Vermögen während der letzten Generation. Von da ging er zum frontalen Angriff über. Es war ihm darum zu tun, das Christentum von dem Platz, den es sich in der Öffentlichkeit erobert hatte, wieder zu vertreiben. Das „Schulgesetz" verbot deshalb die Erteilung rhetorischen Unterrichtes durch Christen. Griechische Bildung sollte unverträglich mit dem christlichen Glauben sein. Die Christen heuchelten, meinte er, wenn sie sich heidnische Bildung aneigneten. Es war ein empfindlicher Stoß gegen die soziale Geltung des Christentums; denn wenn man die Anordnung richtig verstand, zielte sie auf nichts anderes als eine Deklassierung der Christen. Sie hat trotz des unblutigen Vorgehens viel böses Blut erregt. Der Weg zur offenen Verfolgung war damit eigentlich schon angelegt; aber es kam, von vereinzelten Maßnahmen (Verweisung der Christen aus dem Staatsdienst; Verbot christlicher Leichenbegängnisse bei Tag) abgesehen, infolge des plötzlichen Abbruches von Julians Leben nicht mehr dazu.

Dagegen wurde Julians Plan, dem heidnischen Gegner des Christentums neues Leben einzuhauchen, noch voll sichtbar. Mit dem Gewinn des alten Standes war nur die Hälfte getan. Heidnisches Priestertum und heidnischer Gottesdienst sollten die religiöse Kraft, die man im Christentum wirksam sah, in sich aufnehmen. Deshalb ordnete Julian an, daß heidnische Priester ein sittlich reines Leben zu führen hätten und für ihre Aufgaben nur tugendhafte Männer in Betracht kämen. Vor allem sollte sich im Tempel eine Art Gemeinde bilden, die unter einer Kanzel Platz nahm, am Gebet selbst durch Responsorien teilnahm und sich durch Einweihungszeremonien zu einer religiösen Gemeinschaft verband. Sie sollte auch außerhalb des Kultus Wirklichkeit besitzen und sich in karitativen Veranstaltungen (Asyle für Jungfrauen, Heime für Fremde und Bettler) kundtun. Man ist beinahe versucht, von einer heidnischen „Kirche" zu sprechen, und zweifellos ist Julian hierzu durch das Vorbild des Christentums angeregt worden. Sein plötzlicher Tod ersparte ihm die sichere Erfahrung, daß dergleichen Nachahmungen ohne die christliche Sinnesart ebenso fruchtlos waren wie der ganze Versuch, philosophische Spekulation und theosophisches Konventikeltum in Religion umzusetzen.

5. Verstärkung des christlichen Druckes

Julian wurde nach seinem Tod für die heidnische Opposition der große Heros, auch im Westen, aber einen Nachfolger von seiner Art und seinem Format hat seine Politik nicht mehr gefunden. Es war viel, wenn das Heidentum zunächst von einer Reaktion gegen den Vorstoß Julians verschont blieb. Jovian war tolerant, und auch Valentinian und Valens verspürten keine Lust, zum Angriff vorzugehen. Das von Julian wiederhergestellte Tempelgut wurde zwar wieder konfisziert und selbstverständlich der Zustand wieder eingeführt, wie er vorher gewesen war. Aber dabei blieb es auch. Mit den „wilden" Zerstörungen heidnischer Tempel sympathisierte Valentinian so wenig, daß unter seiner Regierung Tempel durch Christen auf Anordnung der Behörde bewacht wurden. Wenn nach dem Tode Valentinians im Westen ein anderer Wind zu wehen begann, so war dies das Verdienst des Ambrosius, welcher durch seinen persönlichen Einfluß den jungen Gratian veranlaßte, die Würde des römischen Oberpontifikates, welche bis dahin immer noch ein Bestandteil der kaiserlichen Titulatur geblieben war, abzulegen und gegen rückfällige Heiden (welche schon einmal Christen gewesen waren), mit strengen Strafen einzuschreiten (Verhängung der Testierunfähigkeit).

Vor allem jedoch hatte Ambrosius den Mut, den Mittelpunkt des heidnischen Widerstandes im Westen, die römische Senatsaristokratie, herauszufordern. Es war noch immer üblich gewesen, daß die römischen Staatskulte auch durch öffentliche Mittel bestritten wurden, und selbst Constantius hatte daran nichts geändert. Ein Edikt Gratians entzog ihnen diese Einkünfte. Der Schlag wurde freilich pariert, denn der Adel sprang daraufhin mit dem eigenem Vermögen ein. Aber dann folgte ein weiterer Schlag: Der Victoria-Altar im Senatsgebäude, ein Symbol für die christenfeindliche Haltung der dem Range nach doch höchsten Körperschaft des Reiches, wurde auf kaiserlichen Befehl (Gratians) entfernt. Das war schon einmal, unter Constantius, passiert; aber dann hatte Julian für seine Wiederherstellung gesorgt. Um so schmerzhafter mußte die Herausforderung jetzt empfunden werden. Der Senat nahm daraufhin seine ganze moralische Kraft zusammen. Symmachus ging zum Kaiser — es war unterdes Valentinian II. — und vertrat den römischen Standpunkt in einer kunstvollen Rede, in der mit großer Eindringlichkeit die Würde der altrömischen Vergangenheit beschworen wurde. Der Eindruck des Vortrages (unter den Schriften des Symmachus die dritte relatio) war gewaltig. Er spiegelte die überragende Autorität wider, welche diese Gruppe, als deren Vormann Symmachus sprach, nicht nur bei den Heiden, sondern darüber hinaus auch bei den Christen genoß. Der christliche Dichter Prudentius hielt es für angebracht, einen beträchtlichen Teil seines poetischen Schaffens ausdrücklich gegen Symmachus zu richten. Aber darin sprach sich ebenso die Achtung vor dem Feinde aus, nicht weniger als in seinem Ausspruch, daß die „wundervolle Schrift" (d. h. dieser Vortrag) erhalten bleiben müsse. Ihn habe daraus der „Blitz" der heidnischen Beredsamkeit getroffen. Es bestanden demnach gute Aussichten, daß Symmachus sein Ziel erreichte und das kaiserliche Edikt zurückgenommen wurde. Da trat Ambrosius in die Schranken und verfaßte eine Gegenschrift. Er war der Sache gewachsen, nicht nur durch den Einsatz seiner gewaltigen Persönlichkeit, sondern ebenso kraft seiner rhetorischen Meisterschaft. Der Kaiser hielt darauf die Verordnung aufrecht und der Victoria-Altar blieb entfernt (384 n. Chr.).

Aber die Macht des heidnischen Rom war deswegen nicht gebrochen. Das zeigte sich, als einige Jahre später (389) Theodosius — nach dem Sieg über den Usurpator Maximus — dort seinen Einzug hielt. Er ließ sich von dem heidnischen Redner Pacatus feiern und erwies dem Symmachus eine ausgesuchte Achtung, obwohl dieser sich vorher zu Maximus bekannt hatte. 391 wurde Symmachus Konsul, und im Osten desgleichen ein Nichtchrist, der Redner Tatian. Auch Pacatus wurde ungeachtet seines fehlenden Christenglaubens mit hohen Ehren ausgezeichnet, und ebenso erfreute sich der griechische Heide Libanios, der einmal eine Schutzrede für die heidnischen Tempel hielt, einer hohen Wertschätzung.

Wenn das heidnisch-christliche Verhältnis sich unter Theodosius trotzdem immer mehr zuspitzte, so entsprach das keineswegs seinen ursprünglichen Absichten. An seiner Stelle handelte der Prätorianerpräfekt Kynegius, offenbar unter selbstherrlicher

Ausweitung eines Auftrages, und schloß im ganzen Osten die Tempel. Damit geriet auch in Alexandrien die Stimmung auf den Siedepunkt und kam es schließlich zur Zerstörung des Serapisheiligtumes, des schönsten alexandrinischen Tempels, der hoch oben auf einer Terrasse sich erhob (389 n. Chr.). 391 n. Chr. wurde von Theodosius ein Gesetz erlassen, welches kategorisch Tempelbesuch, heidnische Opfer und Anbetung von Bildern verbot; aber da handelte der Kaiser unter dem Einfluß von Ambrosius, der ihn gerade wegen des Blutbades von Thessalonike zurechtgewiesen hatte. Einige Jahre zuvor hatte dieser ihn auch von Nachgiebigkeit gegenüber dem römischen Senat, als dieser ein Gesuch um Wiedergewährung der staatlichen Kultzuschüsse schickte, zurückgehalten.

Die Früchte dieser Versteifung zeigten sich bei der Usurpation des Eugenius (bzw. des Arbogast). Sein Appell an die heidnische Opposition in Rom war nicht vergeblich. Sie stellte sich ihm zur Verfügung, und so wurde die Auseinandersetzung mit Theodosius im Zeichen eines heidnisch-christlichen Glaubenskrieges ausgefochten. Es war die letzte offene Erhebung des Heidentums gegen das Christentum und besiegelte die Niederlage. Theodosius verzichtete zwar auf persönliche Rache — selbst das Vermögen des Nicomachus Flavianus, des für den Bund von Eugenius und Rom Hauptverantwortlichen, ließ er unangetastet —, aber mit dem offiziellen Heidentum des Senates hatte es ein Ende: Die römischen Senatoren mußten sich zwangsweise taufen lassen (394/395).

6. Einfluß des Heidentums auf das Christentum

Die Beziehungen zwischen Heidentum und Christentum bewegten sich aber nicht nur auf der Grenzlinie zweier feindlicher Gruppen. Auch für den inneren Organismus des Christentums wurde die nichtchristliche Welt seit Konstantin dem Großen ein besonderes Problem. Dabei hat man sich zu erinnern, daß sie dies in sehr wesentlicher Hinsicht von jeher gewesen war. Das Christentum als antike, d. h. in diesem Fall zuvörderst griechische Religion hat ja bekanntlich hier seinen Platz, und wenn seine Geschichte von jeher, seit den Tagen des Paulus und wahrscheinlich schon vorher, ein nahes Verhältnis zu den antiken Religionen und zur antiken Geistesgeschichte erwies, so war kein Grund vorhanden, daß es damit jetzt anders wurde. Der große Kirchenstreit des vierten Jahrhunderts und die Rolle, welche die Theologie darin spielte, sind ohne Origenes nicht denkbar, d. h. ohne den Anschluß an die griechische Philosophie. Gerade das vierte Jahrhundert hat im Kreise dieser geistigen Bemühungen glänzende Namen aufzuweisen. Die drei großen Kappadoker waren nicht die einzigen, und obgleich der lateinische Westen sich damals vorbereitete, eigene Wege zu gehen, auf das antike Geisteserbe hat er deswegen nicht verzichtet. Nicht nur ist es in die Tiefen des Fundamentes, das für die eigentlich westlich-abendländische Theologie Augustin legte, eingebaut; auch ein Mann wie Ambrosius war als der berühmte Kanzelredner und Seelenführer, welcher bei den Massen nicht weniger als bei der höchsten Spitze des Reiches sich durchzusetzen vermochte, ebenso wie der berühmte damalige Prediger griechischer Zunge, Johannes Chrysostomos (354—407), ohne die antike Rhetorik nicht denkbar, und ihr Zeitgenosse Hieronymus (347—420), der Verfasser der noch heute in der katholischen Kirche gültigen lateinischen Bibelübersetzung, war in dem Besten, was er geleistet hat, ein gelehrter Philologe, welcher die antike wissenschaftliche Bildung nicht leugnen konnte. In dieser Richtung wartete das vierte Jahrhundert sogar mit einer Neuheit auf, indem es die ersten Anfänge christlicher Dichtung, auch diese natürlich in Anlehnung an antike Formen, hervortrieb (Juvencus, Prudentius).

Die Veränderung der Situation lag anderswo. Wer vor Konstantin dem Großen Christ geworden war, hatte diesen Schritt aus innerem Entschluß und als religiöses Anliegen vollzogen und dabei die Gefährdung seiner äußeren Existenz in Kauf nehmen müssen. Jetzt war dieser Prüfstein nicht nur weggefallen; die Wendung zum Christentum konnte sich im Gegenteil als durchaus zweckmäßig darstellen und entsprach jedenfalls den nun herrschenden Tendenzen. Das schloß natürlich echte Bekehrung nicht aus — gerade so gewaltige Männer wie Ambrosius und Augustin haben die Ausmaße ihres Christentums im Anschluß an einen auch inneren Bruch mit dem Heidentum erreicht —, aber die Tatsache eines bloßen Namenchristentums war jetzt unter den neuen Bedingungen möglich und hat auch nicht gefehlt. Es gab in dieser Art eine ziemliche Menge sogar literarisch tätiger und damit für uns erkennbarer Christen, welche ungeachtet ihres Glaubens durchaus in der alten nichtchristlichen Tradition verharrten. Synesius von Kyrene, ein neuplatonischer Philosoph († um 415), war sogar Bischof. Im Westen war dieser Typ noch bedeutend länger vertreten. Sidonius Apollinaris († 479) war zwar auch Bischof (von Clermont), aber seine Briefe zeigen, daß nicht nur er, sondern der ganze Kreis, mit dem er Umgang hatte, die Wurzeln ihres geistigen Wesens in der antiken Bildung hatten. Er selbst hat sogar noch die Komödien des Aristophanes verstanden. Boethius (480—524), der vor dem drohenden Tod Zuflucht in der Philosophie suchte, stand dieser Art nicht fern, und einem lateinischen Dichter wie Ausonius (viertes Jahrhundert) ist sein Christentum nicht im entferntesten anzuspüren. Der Literat Eugenius konnte trotz seines formellen Christentums als Kaiser sich an die Spitze einer christenfeindlichen Politik stellen.

Freilich sind das alles Übergangserscheinungen, gebunden an einzelne Gestalten des geistigen Lebens und mit ihnen ohne nachhaltige Spuren verschwindend. Das Wesen des Christentums wurde durch sie nicht eigentlich berührt. Das war anders, wo die elementaren Bedürfnisse der breiten Masse ins Spiel kamen. Aufgewachsen in den Vorstellungen alter Volksreligionen, war sie nicht geneigt, auf von früher her vertraute Feste und Gebräuche zu verzichten, und das Christentum gewährte ihr, je größer mit fortschreitender Zeit ihr Gewicht wurde, bereitwilligst die Möglichkeit, sich innerhalb seiner Grenzen heimisch zu fühlen und volkstümliches christliches Brauchtum auszubilden. Auf diese Weise ist es zur Entstehung unseres Weihnachts- und Epiphaniasfestes gekommen. Jenes als Geburtstag Christi beruht auf einer Übernahme des Sonnenfestes (des Sol Invictus) am Tag der Wintersonnenwende (25. Dezember) und entstammt römischer Einrichtung; dieses hat sein Urbild in der alexandrinischen Neujahrsfeier vom 6. Januar zu Ehren des Ereignisses, daß der jungfräulichen Göttin Kore der Aion geboren wurde. Es war also von Hause aus derselbe Festinhalt, nämlich der Eintritt einer neuen Zeit, gemeint. Die Verengung auf die Anbetung der Magier war erst ein späteres Ergebnis. Dieselbe Epoche sah auch den Einzug der Gottesmutter Maria in die christliche Glaubenswelt und den christlichen Kultus. Für den Bildtypus und damit zugleich für die Verbreitung hat die Figur der heidnischen Göttin Isis mit dem Söhnchen Horus Pate gestanden. Die Prozessionen und Bittgänge, welche jetzt aufkamen, entsprachen alter heidnischer Gepflogenheit. Die Lichterprozession an Mariä Lichtmeß am 2. Februar geht auf einen römischen Sühneumzug zur Abwehr aller Schäden (das sog. Amburbale) zurück. Vor allem aber drang der heidnische Heroen- und Totenkult ein und schuf ein buntes Reich gleichsam göttlicher Einzelwesen. Die Stunde des Heiligenkultes war gekommen. Die Gräber der Märtyrer bargen die gleiche Kraft wie die Heroengräber und konnten zu Kultstätten werden, an denen man private Andachten mit Lichtern, Weihrauch, Speise- und Trankspenden verrichtete. Schließlich wölbte sich über ihnen das Dach einer Kapelle. Das Verlangen nach einem menschlich nahestehenden Mittler bei Gott wurde dann so stark, daß die vorhandenen Gräber nicht ausreichten. Auch wurden Märtyrerleiber neu gefunden oder wenigstens Teile ihrer irdischen Erscheinung ausfindig gemacht, denen man die gleiche Gabe zuschrieb (Reliquien).

Der Raum für die christliche Volksfrömmigkeit war damit abgesteckt. Das Christentum hatte mit ihm eine neue Dimension gewonnen, welche für seine soziale Mächtigkeit unentbehrlich sein sollte. Es war folgerichtig, daß in dem Moment, als es auf den freiwilligen Anschluß als alleinige Form seines Wachstums verzichtete, sich die Ansätze einer Religiosität ausbildeten, welche der großen Schar künftiger Christen zugänglich war, und daß damit ein ihrem geistigen Auffassungs- und Anpassungsvermögen angemessenes Modell gefunden wurde.

7. Das Mönchstum

Das war aber nicht alles. Am entgegengesetzten Pol trieb diese Zeit ebenfalls einen wichtigen Sproß christlicher Gesittung aus sich heraus: das Mönchstum. In ihm verband sich äußerste Anspannung der religiösen Intensität mit einer volkstümlichen Form ihrer Darstellung. Daß es einen Lebenszustand besonderer und von der profanen Frömmigkeit geschiedener „Heiligkeit“ gab, daß sich in geschlechtlicher Enthaltsamkeit und allem Verzicht auf die Bedürfnisse bürgerlichen Behagens eine „Reinheit“ verkörperte, ist ein urwüchsiger Glaube, welcher auch der Antike und damit dem frühen Christentum nicht unbekannt war. Aber ein soziales Prinzip, das einen ganzen Stand von Asketen hervorgerufen hatte, war daraus noch nicht geworden. Jetzt entstand im Mönchstum eine weitläufige Bewegung, welche das Ideal der Askese in praktische und für hoch und niedrig zugängliche Formen brachte. Ägypten ist ihre Heimat. Hier war der hl. Antonius in die Wüste gezogen und hatte durch sein Vorbild große Scharen angeregt, gleich ihm sich im Leben eines Eremiten zu versuchen. Hier war aber auch schon der Gedanke verwirklicht (durch Pachom), in einer klösterlichen Lebensgemeinschaft mehrere Mönche zusammenzufassen. Es dauerte nicht sehr lange, dann waren diese Mönche eine wirkliche Macht geworden. Unter strengem Verzicht auf jegliche „Kultur“ (dies im wörtlichsten Sinn des Wortes verstanden: sie waren gemeinhin für ihr ungebärdiges und rohes Wesen berüchtigt und infolgedessen auch einer christlichen Intellektualbildung sehr wenig hold) bedeuteten sie eine gewichtige soziale Schicht des Christentums und griffen mehr als einmal in die Kirchenkämpfe des griechischen Ostens ein. Kraft ihrer Unabhängigkeit von den weltlichen Bindungen und Hemmungen, andrerseits gestützt auf ihre Menge, stellten sie so etwas wie eine Massenorganisation dar und vermochten damit, je nachdem, wo sie angesetzt wurden, sich den kirchenpolitischen Parteien als durchschlagskräftige Kampftruppe anzubieten. Das war ihr Beitrag zur Geschichte der ausgehenden Antike. Für die Geschichte der christlichen Welt im ganzen war im Mönchstum bekanntlich ein Körper mit ursprünglichen Energien geschaffen, von dem aus immer wieder neue und spontane Anstöße in den christlichen und damit in den geschichtlichen Raum überhaupt entsandt wurden. Doch bis es soweit war, mußte es eine sehr wesentliche Fortbildung und Umwandlung durchmachen und vor allem seinen antiintellektuellen Zug aufgeben.

XI.

Der Ausgang der römischen Geschichte

§ 37. Der Auseinanderfall des Reiches

1. Die Dynastie des Theodosius. — 2. Das Hausmeiertum und die Barbarisierung des Heeres. — 3. Stilicho und Aëtius.

1. Die Dynastie des Theodosius

Theodosius der Große war der letzte Kaiser gewesen, der die Zügel des gesamten Reiches in seiner Hand hielt. Obgleich seine Alleinherrschaft kaum ein Jahr gedauert hatte, könnte man geneigt sein, in der Überwindung aller Widerstände, die ihm geglückt war, einen neuen Ansatz zu einer Wiederherstellung und Kräftigung des Reiches zu vermuten. Indessen hat die Geschichte sich diametral entgegengesetzt entschieden. Auf Theodosius' Endsieg folgte sehr bald sein Tod, und dieser gab einem Prozeß des Niedergangs die Bahn frei, welcher nie mehr rückgängig gemacht wurde. Theodosius steht an einer ganz anderen Stelle der Entwicklung als Diokletian und Konstantin.

Das einzig Dauerhafte, was Theodosius hinterließ, war eine verhältnismäßig stabile Dynastie, welche im Westen bis 455, im Osten bis 450 regierte, also einen Zeitraum von zwei Generationen ausfüllte, länger als jemals die Blutserben eines römischen Kaisers sich behauptet hatten. Dieser — scheinbare — Erfolg steht nun allerdings in einem merkwürdigen Mißverhältnis zur Tauglichkeit dieser Herrscher. Das Römische Reich hatte gewiß schon schlechtere und vor allem menschlich abstoßendere gesehen, es ist aber bis dahin noch nie über einen gleich großen Zeitraum das Opfer einer so eindeutigen politischen Unfähigkeit gewesen. Die verschiedenen Herrscher, im Westen Honorius (395—423) und Valentinian III. (425—455), im Osten Arcadius (395—408) und Theodosius II. (408—450), zählen als politische Potenzen überhaupt nicht, sie waren Nullen. Zudem gelangten sie alle als Kinder oder unreife Jugendliche zur Regierung. Zeitlebens kamen sie kaum über die Gemächer ihres Palastes, geschweige denn über ihre Residenzstadt hinaus (im Westen war es Ravenna, im Osten Konstantinopel); ganz fern lag ihnen der Gedanke, an die Spitze eines Heeres zu treten, und das nun in einer Zeit, als der Feind nicht mehr an der Grenze stand, sondern sein Lager mitten auf dem Reichsboden aufgeschlagen hatte.

Dieser unfähigen Familie war also das Geschick des Römischen Reiches in einer schweren, wenn nicht überhaupt der schwersten Zeit, die es jemals durchgemacht hat, anvertraut. Man hat sich über diese Tatsache wirklich zu wundern, natürlich nicht über das Versagen der Herrscher als solche — es gehört zu den unvermeidlichen

Wiederholungsfällen in der Geschichte —, sondern darüber, daß sich eine solche Summe von Unvermögen in der Regierung gehalten hat. In der früheren römischen Kaiserzeit hätte es hierzu nie kommen können; denn das Reich hätte in der Person eines Usurpators binnen kurzem mit dergleichen Spuk aufgeräumt. Empörungen und auch die Aufstellung von Gegenkaisern blieben zwar auch jetzt nicht aus, aber von ihnen ist doch keiner richtig zum Zuge gekommen. Es drängt sich deshalb die Frage auf, worin der Widerstand, den sie nicht zu brechen vermochten, letzten Endes zu finden war, und man kann dann nichts anderes als eine neue Größe der römischen Kaisergeschichte in Anschlag bringen, die es in dieser Art und von solcher Wirksamkeit offenbar früher noch nicht gegeben hat. Es ist dies die Legitimität des Inhabers der kaiserlichen Gewalt, welche ihm ungeachtet seiner persönlichen Schwäche einen besonderen Schutz gewährte und diesen nicht nur auf ihn, sondern auf die ganze kaiserliche Familie ausdehnte.

Dergleichen Vorstellungen haben nun zwar früher keineswegs ganz gefehlt, sie waren vielmehr so alt wie das römische Kaisertum und hatten sich sogar schon in seinen frühesten Phasen zeitweise recht verfestigt. Im vierten Jahrhundert hatte diesen Begriff sowohl die Konstantinische wie die Valentinianische Dynastie in ausdrücklicher Weise erhärtet; aber jetzt unter der Theodosianischen Familie zeigte er sich in einer bis dahin unbekannten Nacktheit und Unverblümtheit und bewies durch die Abwesenheit aller anderen Regierungskräfte, daß die Legitimität selbst und allein imstande war, die Integrität des kaiserlichen Regimes zu verbürgen. Für die monarchische Gewalt an sich mochte sich in dieser Entwicklung gewiß eine Art von Fortschritt abzeichnen, und genetisch war damit die Stelle bezeichnet, an der das römische in das byzantinische Kaisertum übergeht; auch war zweifellos damit ein Gegengewicht gegen die Gefahr einer Anarchie gewonnen, wie sie das Römische Reich im dritten Jahrhundert bedroht hatte. Aber mit den Belastungen, die die ungeregelte Auseinandersetzung um die Kaiserwürde mit sich brachte, verlor das Römische Reich auch die Chance, daß ein solcher Prozeß als Auslese den Stärksten und Fähigsten an die Spitze brachte und die politischen Kräfte durch ihn auf breiter Front in Spannung gehalten wurden. Die damalige Situation des Römischen Reiches hätte dies in besonderem Ausmaß erfordert, und sie war im Grunde sehr wenig dazu angetan, aus einer stabilen, aber schwachen und gelähmten Regierung, ohne jedes Mark in den Knochen, Nutzen zu ziehen.

Wie wenig die Existenz eines einheitlichen Kaiserhauses einen entsprechenden Effekt für das Reich verbürgte, zeigt denn auch die bezeichnende Tatsache, daß der Auseinanderfall des Reiches, der in den schlimmsten Zeiten des Bürgerkrieges im dritten Jahrhundert nicht ernstlich zu befürchten war, jetzt während der Herrschaft der Theodosianischen Dynastie Wirklichkeit wurde. Als Theodosius seine beiden Söhne zu Kaisern machte, war das grundsätzlich nichts anderes als die Anwendung des in dieser Weise auch von Konstantin oder Valentinian gehandhabten Regierungspluralismus, und der Umstand, daß es gerade zwei waren und der eine über die westliche, der andere über die östliche Reichshälfte gesetzt war, brauchte gegen die Einheit des Reiches so wenig einen Einwand zu bedeuten wie früher. Tatsächlich ist jedoch in diesem Fall eine Realteilung, wenn auch noch nicht vollzogen, so doch entscheidend angebahnt worden. Die Kaiser hier und dort, welche prinzipiell sich gegenseitig ihre Legitimität keineswegs streitig machten, verfuhren doch praktisch nicht nur fast ohne Zusammenhang, sondern machten sich untereinander, offen oder versteckt, das Leben schwer und bekämpften sich. So entbehrten die Kräfte des Reiches, welche nach wechselseitiger Unterstützung verlangten, nicht nur eines gemeinsamen Einsatzes, und es unterblieb nicht nur die damals besonders dringende Ergänzung der einen Seite durch den Zustrom von der anderen, sondern es hoben sich beide in ihrem Potential durch einen verhängnisvollen und dauernden Antagonismus auch noch gegenseitig auf.

Der Stachel, welcher diese bösartige Wunde hervorgerufen hatte, trat unmittelbar nach dem Tode Theodosius' des Großen bereits zutage und hat in den fünfzehn anschließenden Jahren diese Entfremdung eingeleitet. Der Zankapfel war die Frage, ob die Balkanhalbinsel, d. h. die Diözesen Dacia und Macedonia, zum Westen oder zum Osten gehören sollten (sie waren faktisch beim Osten und sind schließlich nach den vergeblichen Versuchen der westlichen Reichsregierung, sie zu bekommen, auch dort geblieben). Die Vergiftung der politischen Atmosphäre ist seitdem nicht mehr gewichen, auch nachdem der Streitfall längst durch die Umstände erledigt war. Daneben bestand die Einheit der Dynastie fort. Nicht nur das, es gelang sogar ohne wesentlichen äußeren Kräfteeinsatz, sie, gemessen an den Erfahrungen der früheren Kaisergeschichte gegen alle Wahrscheinlichkeit zu regenerieren. Honorius war im Westen ohne männliche Nachkommen gestorben (423). Nach einem kurzen Zwischenspiel bestieg ein Sproß seiner weiteren Familie, der Sohn seiner Schwester Galla Placidia, mit moralischer Unterstützung der oströmischen Regierung den Thron, ein Kind von fünf Jahren (Valentinian III.)! Schein und Wirklichkeit durchdrangen sich in beinahe grotesker Weise.

2. Das Hausmeiertum und die Barbarisierung des Heeres

Wenn dem Kaisertum so alle menschliche Kraft entwich, mußte sich der politische Macht- und Regierungswille an einem anderen Platze ansiedeln. Die römischen Kaiser, welche zu Schatten geworden waren, bedurften einer fremden Stütze, und sie erhielten sie auch, und zwar in der Gestalt einer Art von Hausmeiertum, das sich groß und stark hinter ihnen aufbaute. Da die Existenz des Reiches mehr denn je auf der militärischen Gewalt beruhte und die Ohnmacht des Kaisertums am klarsten darin zum Ausdruck kam, daß der Kaiser nicht mehr imstande war, ein Heer zu führen, und zumeist auch die Gemächer seines Palastes gar nicht erst verließ, mußte notwendigerweise die Ersatzfunktion des Regierens vom Körper des Heeres aus gebildet werden und der Generalissimus in die vom Kaiser leer gelassene Stelle einrücken. Das spätantike Hausmeiertum wurde deshalb durch das sog. Heeresmeisteramt ausgeübt und war in seinem menschlichen Zuschnitt bestimmt durch die Möglichkeiten, welche das damalige römische Heer enthielt.

„Barbarisiert" war das römische Heer schon längst in dem Sinne, daß die Soldaten von der antiken Zivilisation wenig berührt waren und sich nicht nur aus der Bevölkerung des flachen Landes, sondern auch aus der der Grenzbezirke rekrutierten. Aber im Verlauf des vierten Jahrhunderts war in dieser Richtung noch ein weiterer Schritt getan worden. Das Hauptkontingent der Soldaten wurde von fremden Völkerschaften, welche nicht einmal eine längere Seßhaftigkeit unter römischer Herrschaft genossen hatten, gewonnen, auf Grund eines völkerrechtlichen Vertragsverhältnisses (foedus), von dem sie die Bezeichnung Foederaten trugen. Ganz neu war das Prinzip freilich nicht, denn von jeher bestand ein Teil der römischen Wehrmacht aus „Bundesgenossen“. Aber die Gewichtsverlagerung, die sich jetzt vollzog und gerade die Kerntruppen aus diesen Reihen gewinnen ließ, war schlechthin revolutionär. Sie machte das römische Heer in der Hauptsache zu einer fremdblütigen Soldateska, welche auch nicht einmal mehr die Fiktion ertrug, daß es sich bei ihr um „Römer“ handelte. Früher war wenigstens noch eine äußerliche Assimilation üblich gewesen, und sei es nur, daß sie in der Übernahme römischer oder romanisierter Namen zum Ausdruck kam. Davon war jetzt keine Rede mehr. Die römische Militärgeschichte dieser Jahre wimmelt von „barbarischen“, d. h., da es zumeist Germanen waren, von germanischen Namen. Mit diesem Tatbestand traf nun weiterhin der wichtige Grundsatz der Diokletianisch-Konstantinischen Militärreform zusammen, daß das Offizierskorps sich bis in die höchsten Stellen aus der Truppe ergänzte. So tauchen nun begreiflicherweise bereits im vierten Jahrhundert an den höchsten Kommandostellen Männer germanischen Geblütes auf.

Wenn also das Hausmeiertum von Angehörigen des Offizierskorps ergriffen wurde, war die groteske Folgerung nicht mehr zu umgehen, daß die römische Regierungsgewalt zeitweise in die Hände von Germanen geriet. Stilicho, der von 395 bis 408 der maßgebende Mann für die westliche Reichshälfte war, war der Sohn eines Vandalen; Ricimer, von suebischer und westgotischer Abstammung, regierte 456 bis 472 das Römische Reich im Westen. Der berühmte Vandalenkönig Geiserich scheint auch durch lange Jahre die Absicht verfolgt zu haben, in dieser Eigenschaft die Hand an das Steuer der kaiserlichen Politik zu bekommen, und war damit grundsätzlich keineswegs auf einem unmöglichen Weg.

Allerdings war mit dieser Sachlage noch keineswegs ein bestimmter politischer Kurs vorgegeben. Nach Fähigkeiten und Einstellung der betreffenden Männer konnte und mußte ihre Regierung jeweils verschieden ausfallen. Ungeachtet ihrer fremden Abstammung empfingen sie ihre Impulse von den Aufgaben des Römischen Reiches und hatten gar keine Möglichkeit, sich an einem „einheimischen“ politischen Interesse, das mit dem des Reiches als gleichwertig zu konkurrieren vermochte, zu orientieren. Gemeinsam war ihnen jedoch, daß ihnen infolge ihrer fremden Herkunft der Griff nach der Kaiserkrone verwehrt war. Insofern war diese also durch die eigenartige Konstellation geschützt.

Auf den ersten Blick stellt sich diese Konstellation als ein ausgesprochener Glücksumstand dar; sie war es jedoch bei näherem Zusehen nur zur Hälfte. Das schwache römische Kaisertum war nun einmal darauf angewiesen, in möglichst engem Kontakt mit der Macht zu stehen, die sich an seiner Seite bildete, und ihr auch die Möglichkeit zu eröffnen, selbst einmal an die Regierung und auf den Thron zu kommen. Im Westen ergab sich vorübergehend diese Chance, als der römische Illyrer Constantius in der Nachfolge Stilichos zum ersten Mann neben dem Kaiser wurde, eine kaiserliche Prinzessin (Galla Placidia) heiratete und als ihr Gatte und Vater ihrer Kinder dann sogar als Mitkaiser Augustus wurde, der bei Ausfall des Kaisers (Honorius) von selbst alleiniger oder wenigstens bestimmender Kaiser geworden wäre. Aber Constantius starb vorher, und damit war die einzigartige Figuration wieder verloren (421).

Wenn auch eine von persönlicher Loyalität getragene Dienstauffassung dem Hausmeiertum die Würde eines eigenen Ethos verlieh, so erforderten doch andererseits wiederum die tatsächlichen Umstände, daß im Interesse des Staates Kaisertum und Hausmeiertum in das Verhältnis gegenseitiger Identifikation oder immerhin möglichst naher Durchdringung traten.

3. Stilicho und Aëtius

Daß dem auf Grund der bestehenden Voraussetzungen im allgemeinen unüberwindbare Grenzen gesetzt waren, sollte für das Reich zum Verhängnis werden. Das Hausmeiertum hat zwei bedeutende Männer hervorgebracht, denen niemand abstreiten kann, daß ihr ganzes Tun und Trachten auf die objektiven Erfordernisse der Reichspolitik ausgerichtet war, und die zweifellos auch die Fähigkeit besaßen, mit eigenen Ideen an die Aufgabe heranzugehen: Stilicho und Aëtius. Wenn auch zweifelhaft sein mag, ob dem Stilicho der hohe Rang zukommt, den ihm schon zu Lebzeiten ein bewußt römischer Literat und Dichter wie Claudian zugemessen hat und den das moderne Urteil auf seine Weise zu bestätigen geneigt ist, so bleibt doch Stilicho alles in allem eine überragende Erscheinung und zeugen selbst seine Fehler noch von der Überdurchschnittlichkeit seiner Maße.

Aëtius ist gewiß der Größere von beiden gewesen. Mit großer Zähigkeit hat er sich erst seine Stellung erringen müssen — Stilicho war der Weg noch durch Theodosius gebahnt worden —, gegen verschiedene Widersacher und vor allem gegen die kaiserliche Familie, bis er in der Lage war, während zweier Jahrzehnte (von 433 bis 455) die Zügel des (westlichen) Reiches fest in den Händen zu halten. Die Situation des Reiches war damals verzweifelt, viel schlimmer noch als unter Stilicho. Aëtius ist im Rahmen des damals Möglichen mit ihr fertig geworden. Der erfolgreiche Widerstand gegen die Hunnen in der Champagne (Schlacht auf den Katalaunischen Feldern 451) war sein Werk.

Stilicho und Aëtius waren nicht nur kraft ihrer Autorität, sondern auch auf Grund ihres militärischen Anhanges — Aëtius besaß eine Privatarmee von Klienten, die sog. bucellarii, eine damals nicht seltene Erscheinung —, mächtig und in ihrer Position kaum zu erschüttern, Stilicho war dazu noch mit der kaiserlichen Familie verwandt; aber beide sind trotzdem den Intrigen, die vom Palast aus gegen sie gesponnen wurden, erlegen. Stilicho, der die damals angesichts der germanischen Überfremdung von Heer und Regierung erregte öffentliche Meinung gegen sich hatte, sehenden Auges (408), Aëtius durch gemeine Heimtücke seines Kaisers (Valentinians III.), dessen Energie zu weiter nichts als diesem Akt der Perfidie reichte (454). Beide Male war der Tod für das Reich eine Katastrophe und für das Kaisertum, dem aus solchem Pyrrhussieg keine neue Kraft zuströmte, ein weiterer Schritt auf dem Weg des inneren Zerfalles. Kaiserliche Würde und politisches Vermögen klafften jäh auseinander.

§ 38. Die germanische Invasion

1. Die Ursachen der Invasion. — 2. Das Foederatensystem. — 3. Die germanischen „Staaten" auf römischem Reichsboden. — 4. Die Einnahme Roms (410 n. Chr.). — 5. Der Verlust Nordafrikas. — 6. Attila.

1. Die Ursachen der Invasion

Nicht der germanische Druck auf die Reichsgrenzen, auch nicht das Einsickern der Germanen in die Grenzzonen des Reiches und nicht einmal die Einfälle von germanischen Scharen in das Innere des Reiches sind die Charakteristika dieser historischen Epoche. Das alles hatte es schon früher gegeben, und das Römische Reich ist daran nicht zugrunde gegangen. Die germanischen Invasionen des fünften Jahrhunderts bedeuten jedoch etwas Neues: das Einnisten der Germanen auf dem Reichsboden, ein Durchpflügen dieses Bodens und damit eine Zerstörung des komplizierten Verwaltungsapparates, an dem, je länger desto mehr, die Existenz des Reiches hing. Er ist zwar nicht von heute auf morgen zusammengebrochen und hat sich in seinen lokalen Bereichen sogar noch sehr lange gehalten, aber seine zentrale Leitung war durch die Zerschneidung des oberen Behördenzuges durch die Germanen aufgehoben. In derselben Zeit verstand sich die römische Regierung in Britannien zu einem eindeutigen Akt der Resignation, indem sie von dort das ganze Militär zurückzog und somit die Insel sich selbst überließ (406—408).

Die Germanen, um die es sich hierbei in der Hauptsache handelte, waren Ostgermanen, also nicht die traditionellen Nachbarn der Römer, mit denen diese nun schon seit den Tagen Caesars ein feind-freundliches Verhältnis unterhielten, sondern diejenigen Germanen, die erst im Verlauf der letzten zweihundert Jahre im Gesichtskreis der Römer erschienen waren und auch da nicht im eigentlichen Sinn als ihre unmittelbaren Nachbarn angesprochen werden konnten. Wenn sie nun mit einem Male in das Reich hineindrängten, so muß dieser Wandel der historischen Situation einen besonderen Grund gehabt haben.

So war es denn auch. Die treibende Kraft nämlich waren weniger die Germanen als die sie bedrängenden Hunnen, welche auf ihrer Wanderung von Ostasien das südliche Rußland erreichten und die dort ansässigen Germanen aufscheuchten. Die Hunnen haben viele Germanen unterworfen und sind mit ihnen über die zusammengebrochenen römischen Reichsgrenzen gedrungen. Das Verhängnis, das hieraus für das Römische Reich erwuchs, wird (oder wurde) gewöhnlich als eine natürliche Konsequenz der sog. (germanischen) Völkerwanderung bezeichnet. Man hat demgegenüber wohl hervorzuheben, daß man es mit einem Phänomen zu tun hat, das primär der Geschichte der Hunnen angehört, und wenn man die „Völkerwanderung" als die Ursache für den Untergang des Römischen Reiches ansieht (was nicht über allen Zweifel erhaben ist), täte man wahrscheinlich besser daran, die Hunnen für diesen Wandel der Dinge verantwortlich zu machen.

2. Das Foederatensystem

Ihren Ausgang nahm die Entwicklung in diesem spezifischen Sinn, als die Westgoten im Bunde mit noch anderen germanischen Scharen schon im letzten Viertel des vierten Jahrhunderts über die Donau kamen und ihr Sieg bei Adrianopel (378) ihnen die Anerkennung ihrer binnenrömischen Wohnsitze (nördlich des Balkans) erbrachte.

Sie waren schon vorher als Foederaten in römischen Dienst getreten. Dies Verhältnis wurde beibehalten. So begreiflich die Fortsetzung dieser Beziehung erscheinen könnte, so tat sich doch gerade in ihr bei den damaligen Verhältnissen die Veränderung der Lage kund. Foederaten waren bis dahin Völkerschaften gewesen, die jenseits des römischen Grenzwalles sitzend, durch einen Vertrag dem Reich angegliedert wurden. Sie bildeten einen Saum, der den Übergang des Weltreiches in die Weiten des von ihm nicht erfaßten Raumes darstellte. Mit der Ansiedlung der Westgoten diesseits dieses Gürtels wurde dieser Saum gleichsam umgeschlagen, und was seiner Struktur nach schütteres, d. h. von Rom nur oberflächlich berührtes Vorland war, wurde nun zu einem Bestandteil inneren römischen Reichsbodens. Natürlich hörte dieser damit nicht auf, als solcher zu gelten, und seine Rechtsqualität blieb davon unberührt. Aber er unterlag jetzt einer Behandlung, die seinen Zustand als Objekt der römischen Verwaltung verdunkeln mußte, denn die über die Grenze getretenen Barbaren behielten ihre soziale und politische Organisation bei und waren infolgedessen von dem römischen Verwaltungsmechanismus nicht zu erfassen.

3. Die germanischen „Staaten" auf römischem Reichsboden

Was sich hier vorerst an einem vereinzelten und deshalb allein noch ziemlich unverfänglichen Fall vollzogen hatte, wurde im fünften Jahrhundert das allgemeine Schicksal der westlichen Reichshälfte. Die Grenzen waren nicht mehr zu halten, und das Römische Reich wurde zum offenen Gelände hin- und herziehender germanischer Volksscharen, der Goten (zuerst der West-, dann auch der Ostgoten), der Vandalen, der Burgunder, der Sueben, der Heruler usw. Nachdem die Dämme einmal gebrochen waren, gab es keine Möglichkeit mehr, diese historische Naturkatastrophe zu beseitigen. Gegen sie mit offenem Visier vorzugehen, hätte schon des Versuches gespottet. Erreichen ließ sich lediglich eine gewisse Regulierung des unvermeidlichen Unglücks, indem man die einzelnen germanischen Völker auf Bedingungen festlegte, sie an bestimmten Orten festzuhalten suchte und vor allem sie gegenseitig durch geschickte Diplomatie schachmatt setzte; denn diese Stämme kannten selbstverständlich ebensowenig eine gemeingermanische Solidarität, wie ihnen erst recht jede grundsätzliche Feindschaft gegen das Römische Reich fremd war. Die kaiserliche Regierung sah auch hier eine Gelegenheit, Nutzen aus ihrer Wehrkraft zu ziehen, indem man diesen und jenen Stamm zum Foederaten machte und seine Anführer mit einem hohen römischen Offiziersposten bekleidete. Der Westgotenkönig Alarich ist so beispielsweise lange Zeit römischer General gewesen. Stilicho verband mit dieser Politik zeitweise die Hoffnung, Alarich mit seinen Westgoten gegen die oströmische Regierung marschieren zu lassen, woraus dann allerdings nichts wurde und was nur dazu führte, daß sich Stilicho bequeme Gelegenheiten, sich der Westgoten zu entledigen, entgehen ließ.

Die Germanenstämme, die sich so auf dem Areal des römischen Reichsbodens tummelten, waren zumeist Stämme, die sich seit Generationen auf der Wanderung befanden und die Bedingungen dauernder Seßhaftigkeit schon lange nicht mehr kannten. Ihre Organisation war daher durch die Bedürfnisse des kriegerischen Umherschweifens bestimmt und variierte je nach der augenblicklichen Situation. Einem häufigen Wechsel war darum auch ihre Zusammensetzung unterworfen; Scharen und Gruppen splitterten sich ab und gingen in anderen Verbänden auf, andere Gruppen traten hinzu. Was sie im politischen Kräftespiel vermochten, hing ganz davon ab, ob sie einen tüchtigen Führer an der Spitze hatten. Dieser König war die Mitte nicht nur für jede äußere Organisation, sondern bis zu gewissem Grade bedeutete er überhaupt den Schöpfer dieser Stämme als politischer Größe. Ohne diese zum Teil sehr markanten Persönlichkeiten hätten die ostgermanischen Völkerwanderungsstämme keine Aussicht gehabt, in der großen Politik eine Rolle zu spielen; noch weniger wäre es ihnen gelungen, der römischen Regierung die beachtlichen Konzessionen abzutrotzen, welche schließlich zur Gründung sog. Staaten auf dem Reichsboden führten.

Bei diesen „Staaten", die einer romantischen Vorstellung so gern als erste Zeugen germanischer Staatlichkeit erscheinen, hat man sich vor dem, naivem Verständnis naheliegenden, Gedanken zu hüten, sie seien gegen das Römische Reich mit der Bestimmung gegründet worden, dasselbe abzulösen. Nichts wäre verkehrter als eine solche Vereinfachung. Ins Leben traten sie gewiß gegen den Willen und manchmal auch gegen den offenen Widerstand der kaiserlichen Regierung. Aber die Idee, durch solche Unbotmäßigkeit könne die Existenz des Römischen Reiches aufgehoben werden, lag völlig außerhalb des Vorstellungskreises der Germanen wie der Römer. Das Römische Reich war auch in den Jahren seines Niederganges für alle Zeitgenossen des Geschehens der einzig mögliche Körper für jegliche politische Ordnung. Die Germanen wünschten infolgedessen auch nichts anderes, als innerhalb dieses Körpers einen Platz angewiesen zu bekommen, der ihnen ihr äußeres, d. h. vor allem materielles Dasein garantierte. Sie stellten deshalb gern die Fiktion auf, daß sie eigentlich als Soldaten in kaiserlichem Dienst ständen und dafür eine Entschädigung zu beanspruchen hätten. Das juristische Schema, auf das sie hierbei anspielten, war die Verpflichtung des römischen Staates zur Verpflegung einer Wehrmacht, welche dieser, soweit er nicht imstande war, sie aus den Heeresmagazinen und durch Barlöhnung zu erstellen, auf die Untertanen abwälzte, indem er sie zwang, die Soldaten, in diesem Falle also die Germanenstämme, als Dauergäste bei sich aufzunehmen. Dieses System der sog. Hospitalität (hospitalitas) übertrug so den Besitz und die Nutznießung eines großen Teiles des Grund und Bodens (sehr oft zwei Drittel) und der Arbeitskräfte (ein Drittel) an die Eindringlinge. Die Belastung erscheint sehr hoch, war es aber wahrscheinlich angesichts der damals nur begrenzten Inanspruchnahme des vorhandenen Bodens nicht. Auch galt die Quotierung nicht für den einzelnen Germanen, sondern für eine große Sippe. Auf römischer Seite wurde praktisch nur der Großgrundbesitzer getroffen. Das Gros der — wirtschaftlich abhängigen — Landbevölkerung wechselte lediglich den Herrn und war darob alles andere als besonders traurig, da sich die neuen Bodeninhaber naturgemäß weniger geübt in der Beitreibung der Abgaben und Leistung erwiesen als die routinierten römischen Herren.

Was nicht in den unmittelbaren Interessenkreis der Germanen hineinragte, blieb von ihnen unberührt. Das Munizipalsystem mit seinen schweren Steuerhaftungen bestand weiter. Die Provinzialverwaltung wurde, wenigstens auf der unteren Ebene der Provinzen, fortgeführt; die Münzprägung blieb römisch. Die römischen Provinzialen waren weiterhin Angehörige und Untertanen des Römischen Reiches; die Germanen waren es jedoch nicht minder. Daß ein solcher Zustand notwendig darauf angelegt war, die Unterschiede zwischen beiden Gruppen auszugleichen, und daß bei der zahlenmäßigen Minderheit der Germanen und bei ihrem Mangel an zivilisatorischem Eigenbesitz sie eine Assimilation im römischen Sinn erfahren mußten, war selbstverständlich und keinem klarer als den Germanen selbst. Sie nahmen deshalb bewußt eine Abwehrposition ein, führten für Germanen und Römer Personalrecht ein und verboten gegenseitige Heiraten. In diesem Bestreben, sich gegenüber der Schwerkraft des Entwicklungsgefälles zu halten, kam ihnen der an sich zufällige Umstand sehr zustatten, daß sie Arianer waren. Es zog zwischen ihnen und den katholischen Römern eine Trennungslinie, deren Wirksamkeit von keiner anderen Maßnahme erreicht werden konnte.

Um die Mitte des fünften Jahrhunderts gab es vier derartige Germanenreiche, das der Vandalen in Nordafrika, der Sueben auf der westlichen Pyrenäenhalbinsel, der Westgoten in Frankreich, das bald Spanien mitumfassen sollte, und der Burgunder im heutigen Savoyen. Zwischen diesen politischen Gebilden bestanden natürlich nicht unerhebliche Unterschiede — am straffsten waren die Vandalen organisiert, während die Burgunder, die ihre Sitze auf römische Anweisung nach einer schweren Niederlage bezogen, die geringste Resistenz besaßen und sogar die Mischehe erlaubten —, aber für die römische Geschichte (und wenn man es genau bedenkt, auch für den Fortgang der germanischen) fielen sie nicht ins Gewicht. Es gab daneben übrigens noch unzählige andere Scharen von Germanen der verschiedensten Herkunft, welche hier und dort sich zu Haufen gesammelt hatten und teilweise in römischem Militärdienst standen. Die berühmteste und mit Recht am meisten verklärte germanische „Staatsgründung", die ostgotische unter Theoderich dem Großen, erfolgte am Ende des Jahrhunderts (493); diejenige, welche die größte Haltbarkeit und Widerstandsfähigkeit bewies, die langobardische, fällt überhaupt erst in die zweite Hälfte des sechsten Jahrhunderts (568). Eine geschichtliche Zukunft besaßen sie alle nicht. Diese war allein den westgermanischen Franken beschieden. Auch sie hatten um die Wende vom vierten zum fünften Jahrhundert längst die historische Bühne betreten und befanden sich in ihren Sitzen an der Rheinmündung und im Gebiet der Somme, aber noch im Vorbereitungsstadium zu der großen Expansion, die dann Gallien zu Frankreich machte.

4. Die Einnahme Roms (410 n. Chr.)

Innerhalb des Horizontes der zwei Generationen nach dem Tode Theodosius' des Großen zeichnen sich in dem Gewirr, das diese Völkerverschiebungen darstellten, drei Ereignisse ab.

Das erste ist ein Phänomen moralischer Beeindruckung: die Eroberung Roms im Jahre 410 durch den Westgoten Alarich. Politisch bedeutete dieser Sacco di Roma (dem späterhin noch andere folgten) nicht allzuviel, denn Rom war längst nicht mehr Regierungszentrum; aber Rom war doch noch immer die Hauptstadt des Weltreiches, für die gesamte Kulturwelt mit einem Nimbus umgeben, und hatte seit achthundert Jahren keinen Feind mehr in seinen Straßen gesehen. Deshalb rief sein Fall ein lautes Echo hervor. Man besann sich auf die Gründe solchen Unglücks und notierte von heidnischer Seite, daß es das christliche Rom sei, dem dieses widerfahre. Daraus entstand eine Polemik zwischen Heiden und Christen, in die Augustin eingriff und die ihm dann den Anstoß gab zur Entwicklung seiner Geschichtstheologie vom „Gottesstaat".

5. Der Verlust Nordafrikas

Politisch am verhängnisvollsten wurde die Eroberung Nordafrikas durch die Vandalen. Damit ging dem Römischen Reich nicht lediglich eine kostbare Provinz verloren. Schlimmer war es, daß dadurch das Mittelmeer aufhörte, ein römisches Meer zu sein, und daß damit gleichsam die Lebensmitte des Römischen Reiches durchstoßen wurde. Die Vandalen kamen in den Besitz der römischen Flotte, und während diese früher an die italische Küste das unentbehrliche Getreide transportiert hatte, brachte sie jetzt dorthin vandalische Piraten.

Noch bedeutsamer war die völlige Regelwidrigkeit dieser Eroberung. Die Überflutung des europäischen Kontinents mußte man, nachdem die Grenzen nicht mehr zu schützen waren, wohl oder übel hinnehmen; aber das Übersetzen der Vandalen nach Afrika war beim besten Willen nicht mehr aus den vorgegebenen Bedingungen abzuleiten. Es ging denn in der Tat auch auf Rechnung ganz besonderer Umstände. Schon der Gedanke war im wahrsten Sinne des Wortes „originell" und entsprach gar nicht den wirklichen Neigungen der Vandalen, die gerade anfingen, sich in dem wunderschönen Andalusien heimisch zu fühlen. Sie wurden aber durch den harten Willen des eben auf den Thron gekommenen Königs Geiserich dazu gezwungen, der ihnen das Unternehmen als einen arianischen Glaubenskrieg hinstellte (429). Die Gelegenheit war günstig, denn die Vandalen hatten vor kurzem (427) römische Schiffe bekommen und sollten auf ihnen in den Dienst des römischen Statthalters von Afrika, Bonifatius, treten, der sie gegen die Kaiserinmutter Placidia benötigte.

Hier spielen also die unerfreulichen Verhältnisse des Kaiserhofes herein. Dort war durch den Tod des Honorius (423) der Thron verwaist; der oströmische Kaiser hatte sich jedoch zu keinem energischen Handeln entschließen können. So hatte dann endlich mit seiner Duldung Galla Placidia, die Schwester des verstorbenen Honorius, die Zügel der Regierung in die Hand genommen. Um sich darin behaupten zu können, spielte sie die verschiedenen Generale gegeneinander aus. So war es zu der Spannung zwischen ihr und Bonifatius gekommen, welche die Vandalen in den Besitz der Schiffe setzte. Inzwischen hatten sich zwar Bonifatius und Placidia wieder verständigt, und Bonifatius trat nun den Vandalen in Afrika entgegen, wurde jedoch geschlagen. In dieser Notlage griff sogar Ostrom ein und schickte ein Heer; aber Galla Placidia arbeitete mit ihm nicht zusammen, sondern rief ihren General Bonifatius, den sie als Gegengewicht gegen Aëtius benötigte, zurück. So war die gemeinrömische Front geborsten durch das Ungenügen der römischen Regierung, und der Erfolg der Vandalen erweist sich damit als ein Ergebnis der Fehler der römischen Politik.

6. Attila

Für die zeitgenössische Optik und auch für die spätere Erinnerung wurde zur düstersten Wolke am politischen Horizont des Römischen Reiches die Großmachtschöpfung des Hunnen Attila. Seit 444 war er Alleinherrscher und errichtete in schnellen Zügen einen Machtkomplex, der sich von der mittleren und unteren Donau bis Südrußland und Mitteleuropa erstreckte. Gegenüber einer solchen Auftürmung von Macht nahmen sich die germanischen Völkerwanderungsstaaten harmlos aus. Von römischer Seite und vor allem von dem damals maßgebenden Aëtius wurde deshalb auch nicht daran gedacht, gegen diesen Koloß etwas zu unternehmen. Aëtius hatte es im Gegenteil darauf abgesehen, sich mit den Hunnen gut zu stellen und womöglich ihre Hilfe gegen die Germanen in Gallien zu nutzen. Er selbst besaß gute persönliche

Beziehungen zu den Hunnen, da er in früheren Jahren dort als Geisel gewesen war, und bemühte sich, diese auf seinen Sohn, der gleichfalls in dieser Eigenschaft bei ihnen weilte, zu übertragen.

Auch zu Geiserich versuchte Aëtius einen modus vivendi zu finden. Wahrscheinlich ließ er sich von der richtigen Einsicht leiten, daß in der desperaten Situation des Römischen Reiches nicht auf allen Fronten gekämpft werden konnte und daß es für das westliche Rom in erster Linie auf Gallien ankam. Die Dinge haben sich zwar dann anders entwickelt, indem die Entente mit den Hunnen in die Brüche ging und Aëtius gerade die Westgoten, seine früheren Gegner, gegen die Hunnen gewann und im Bunde mit ihnen die Schlacht auf den Katalaunischen Feldern (451) bestand.

Die Hunnengefahr war damit nicht beschworen. Attila bedrohte sogar Italien; aber sein plötzlicher Tod im Jahre 454 ließ das hunnische Großreich auseinanderfallen. Die Hunnen zogen sich nach den Steppen Südrußlands zurück, und der Alpdruck wich von der römischen Politik. Dem Westen kam die Erleichterung allerdings nicht mehr zugute. Aëtius war 454 umgebracht worden und fand keinen ihm ebenbürtigen Nachfolger mehr. Überhaupt war damals die Schicksalsphase für die westliche Reichshälfte schon durchschritten. Es bleibt noch zu fragen, welche Probleme zu dieser Zeit die oströmische Politik in der Hauptsache beschäftigt haben.

§ 39. Die Desintegration des Reiches durch den Kirchenkampf

1. Der Christologische Streit. — 2. Das Konzil von Chalkedon. — 3. Die Folgen von Chalkedon.

1. Der Christologische Streit

Die kirchenpolitischen Erfahrungen des vierten Jahrhunderts hatten gezeigt, daß theologische Meinungsverschiedenheiten nicht nur zu äußeren Machtfragen werden konnten, sondern daß auch die Einheit von Staat und Gesellschaft durch den Umschlag der Theologie in Politik unter Umständen eine schlimme Gefährdung erfuhr. Der „Geist", durch das Christentum ein geschichtlicher Wirkungsfaktor geworden, vermochte die Menschen nicht nur zusammenzuführen, sondern war ebenso imstande, sie zu trennen und auseinanderzutreiben. Der sog. „Trinitarische Streit", der damals die Gemüter beunruhigt hatte, war zwar nach langem Bemühen beigelegt worden, nachdem er zwei Generationen lang die Politik in Gang gehalten hatte, aber der Friede, endgültig durch das Konzil von Konstantinopel erbracht, hatte nicht die grundsätzliche Disposition für dergleichen Zerwürfnisse beseitigt und konnte deshalb auch keine Vorkehrung getroffen haben, daß dergleichen sich nicht unter einem anderen Vorzeichen wiederholte. Die Bestätigung wurde geliefert durch die Geschichte des fünften Jahrhunderts. Der Unterschied zu früher war nur, zum Schaden des Reiches, daß dieses Mal der Konflikt zu keiner echten Lösung führte und daß in Kirche und Staat ein Giftstoff eindrang, der auf viel längere Zeit hinaus als früher eine beinahe dauernde Erkrankung beider herbeiführte und in einer Epoche, welche ohnehin das Römische Reich in einen Zustand letaler Anfälligkeit versetzt hatte, diesem eine zusätzliche zehrende Wunde schlug.

Die sachlichen Probleme, um die es in diesem sog. „Christologischen Streit" ging, waren in ihren inneren Motiven den Auseinandersetzungen des vierten Jahrhunderts eng verwandt, so eng, daß man versucht ist zu sagen, es sei lediglich das alte Anliegen hier auf eine andere Ebene gespielt worden. Damals ging es darum, die Glaubensgewißheit von der Göttlichkeit Christi und damit die durch sie verbürgte Heilsgarantie zu sichern, sowohl gegen die Versuchung, diese Göttlichkeit zur Identität mit Gott zu steigern, als auch gegen das entgegengesetzte spekulative Bedürfnis, sie durch eine wesenhafte Distanz von Gott aufzuheben.

Die Erörterungen über die metaphysische Spannung, die das Wesen Christi enthielt, waren damals auf die individuellen Gestalten des Göttlichen bezogen worden. Jetzt wurden sie auf den Kreis beschränkt, der allein durch Christi Person ausgefüllt war. Es wurde nun die Frage gestellt, wie man, wenn Christi Göttlichkeit erwiesen sei, sein menschliches Erscheinungsbild zu deuten habe. Lasse sich dieses gleichsam zudecken und in seine göttliche Natur aufnehmen? Oder sei es als selbständige „Natur" in eine mehr äußere Verbindung zur Natur Gottes getreten, habe Gott sich also des Körpers Christi wie eines Tempels bedient, in dem er seine Wohnung aufgeschlagen habe?

Es ist leicht zu sehen, daß sich in jener, der sog. „monophysitischen" Theologie wieder das religiöse Anliegen zu Worte meldete, welches im vierten Jahrhundert den Sieg des Arianismus verhindert hatte und als der legitime Ausdruck der christlichen Religiosität gelten konnte. Wie damals war auch jetzt Alexandrien der geistige Mittelpunkt. Der Patriarch von Alexandrien war Hort und Schutz aller Monophysiten; der Gegenspieler war wiederum Antiochien. Von monophysitischer Seite argumentierte man: Da Christus durch sein Leiden den Menschen erlöst hat, aber durch seinen Körper dabei gelitten hat, so ist sein Erlösungswerk illusorisch, wenn es allein durch seine menschliche Natur geschehen ist. „Hat der Gott-Logos nur menschlich für uns gelitten, so hat er unser Heil nicht göttlich bewirkt, und war er nur Mensch oder bloßes Instrument der Gottheit, so sind wir nicht wahrhaft erlöst." — „Unser Immanuel hätte durch seinen Tod uns nichts genützt, wenn er ein Mensch gewesen wäre: aber wir sind erlöst, weil der Gott-Logos seinen Leib in den Tod gegeben hat."

Die andere, sog. „dyophysitische" Auffassung hatte demgegenüber die Durchsichtigkeit der biblischen Tradition für sich, die in erster Linie ja nur den Menschen Jesus kennt, wenn ihr auch an der „historischen Wahrheit" im modernen Sinn ebensowenig lag wie dem Arianismus. Aber sie konnte auch dahin argumentieren, daß die monophysitische Unterdrückung der menschlichen Elemente Christi nicht nur diese depraviert, sondern auch umgekehrt das Göttliche vermischt und verunreinigt hätte. Ihre Parole wurde eben diese „Reinheit", die „eine unvermischte und nicht zusammengegossene" Vereinigung der zwei Naturen bedeute, im Gegensatz zu der Verschmelzung der zwei Elemente (diese waren an sich von den Monophysiten auch nicht geleugnet worden) durch die göttliche Natur der Person Christi.

Im vierten Jahrhundert hatte die politische Macht dem theologischen Streit unter Konstantin nicht nur die Dimension einer weltweiten Auseinandersetzung verschafft, sondern später auch zeitweise die Gefahr heraufbeschworen, daß mit ihrer Hilfe die Majorität der Gläubigen terrorisiert wurde. Besondere Umstände hatten damals aber im rechten Moment dieser unheilvollen Versteifung des Konfliktes abgeholfen.

Diese günstige Wendung fehlte im fünften Jahrhundert, und daran trug nicht zum wenigsten die Schwäche und Unfähigkeit der kaiserlichen Regierung unter der Theodosianischen Dynastie die Schuld. Wie die Dinge einmal lagen, war in diesen Fragen, nachdem sie sich auf eine rein akademische Sphäre nicht mehr beschränken ließen, ohne Vermittlung der Obrigkeit nichts mehr auszurichten. Dazu wäre im fünften Jahrhundert eine energische Initiative der weltlichen Seite noch um so notwendiger gewesen, als die Vertretung der theologischen Interessen in keine lediglich „geistliche" Führung genommen war. Der Patriarch Kyrill von Alexandrien (412—444), der den monophysitischen Standpunkt vertrat, war ein Mann mit starken weltlich-politischen Instinkten und stellte in Alexandrien nicht nur die kaiserliche Gewalt in den Schatten, sondern richtete seine energischen Angriffe auch gegen Konstantinopel, gegen das dortige Patriarchat, das mit dem kaiserlichen Hof eng verbunden war.

Hier galt es also, jenseits aller Theologie, die kaiserliche Autorität zu wahren und mit sicherer Hand einen Kurs zu steuern, der sich von theologischer Einseitigkeit freihielt, dem Gegner konzedierte, was ihm sachlich zukam, und ihn dennoch in seine Schranken verwies. Aber an dieser Kraft der Behauptung und der eigenen Initiative mangelte es so völlig, daß sich der Bischof von Alexandrien die ungerechtfertigtsten Übergriffe erlauben konnte und die kirchlichen Kreise in Konstantinopel geradezu an die Wand spielte. Er brachte den dortigen Bischof Nestorius zu Fall, ließ ihn exkommunizieren (431) und trieb ihn in die Verbannung. Seine Anhänger galten als Häretiker, verließen infolgedessen das Römische Reich und gewannen in Mesopotamien große Bedeutung durch Gründung der Nestorianischen Kirche, welche bis in den Fernen Osten missionierte. Es war der erste Fall einer Abspaltung von der Katholischen Kirche, die nicht der Hoffnungslosigkeit, Häresie zu bleiben, verfiel.

Der größte Triumph gelang dem alexandrinischen Episkopat unter Kyrills Nachfolger Dioskur im Jahre 449, als dieser den Kaiser zwang, seinen Bischof in Konstantinopel (Flavian) auf Geheiß einer Synode (von Ephesos) abzusetzen.

2. Das Konzil von Chalkedon

Diese Demütigungen der Regierung waren schlimm, denn sie trieben verständlicherweise auf ihrer Seite nun auch zur Unversöhnlichkeit. Der Rückschlag kam schneller, als man erwarten konnte. Als 450 die unfähige Theodosianische Dynastie in Konstantinopel erlosch, war es die erste Tat der neuen Regierung, das Steuer in der Kirchenpolitik energisch herumzuwerfen. Das Konzil von Chalkedon im Jahre 451 brachte auf der ganzen Linie den Sieg über den Monophysitismus.

Das Konzil war von einer überwältigenden Anzahl von Teilnehmern besucht, aber es war keine freie Versammlung. Bestimmend war der persönliche Wille des Kaisers genauso wie etwa hundert Jahre früher, als Constantius die Kirche terrorisiert hatte. Die meisten stimmten gegen ihre Überzeugung; viele von ihnen hatten zwei Jahre zuvor in gegenteiligem Sinne ihre Meinung kundgegeben. Es gab nur einen, allerdings sehr wesentlichen Unterschied im Vergleich zum vierten Jahrhundert: Damals war die abendländische Kirche mit Alexandrien (mit Athanasius) gegangen, und der Widerstand gegen den kaiserlichen Gewaltakt hatte die breite Front beinahe der gesamten Kirche eingenommen. Diesmal ging der Westen, d. h. Papst Leo der Große, mit dem Kaiser und lieh seinem Vorgehen sogar die besondere Autorität des Römischen Stuhles.

Auf den ersten Blick sieht das so aus, als wenn die Einheit des Reiches, die gerade in den vergangenen Jahrzehnten dahingeschwunden war, sich wider Erwarten von neuem dokumentierte und der Kaiser in Konstantinopel eine Linie verfolgte, die in dem Gesamtorganismus der allgemeinen Reichskirche angelegt war. Aber der Schein trügt. Die einzelne Aktion des Römischen Stuhles konnte nicht das schaffen, was an echtem Zusammenhalt verlorengegangen war und im theologischen Bereich auch vorher als einhellige Überzeugung nie richtig existiert hatte. In den rein theologischen Fragen war der römische Bischof im Verhältnis zur griechischen Theologie immer nur Mitläufer gewesen. Eine eigene geistige Autorität konnte er auch jetzt nicht beanspruchen. Er legte nur sein persönliches Gewicht (Leo war ein bedeutender Mann, in der bisherigen Reihe der römischen Bischöfe gewiß der größte) und das seines Stuhles in die Waagschale und ermöglichte dadurch dem Kaiser, seine schroffe und unversöhnliche Haltung zu behaupten und seinen einseitigen Standpunkt durchzusetzen. In den Augen der Unterlegenen machte das die Sache nur schlimmer, denn sie hielten sich nicht nur für vergewaltigt vom Kaiser, sondern ebenso auch von Rom. Der Stachel des Grolls wurde durch die Einmischung Leos noch tiefer in das Fleisch der besiegten Partei getrieben.

3. Die Folgen von Chalkedon

In der Folgezeit spürte man in Konstantinopel sehr bald, daß mit Chalkedon auch nur ein Pyrrhussieg gewonnen war, und das Bedürfnis, ihn durch eine befriedigendere Lösung zu ersetzen, wurde lebhaft empfunden. Aber bei der Nachdrücklichkeit, mit der die römische Kirche mitgewirkt hatte, mußte jedes Einlenken zu Spannungen mit dem Papst führen. So war die in der damaligen Lage notwendige Beweglichkeit in verhängnisvoller Weise blockiert. Jede Wendung zu den Monophysiten brachte Reibereien mit Rom; jede Annäherung an Rom verbreiterte die Kluft in der griechischen Kirche. Die christliche Kirche im Osten wurde von einer dauernden und schleichenden Krise heimgesucht, die um so schlimmer war, als es kein wirkliches Heilmittel gegen sie gab. Während der Westen des Reiches das Opfer eines äußeren politischen Chaos wurde, erfuhren die christlichen Kräfte des Reiches im Osten eine verhängnisvolle Lähmung und breitete sich in ihrem gesellschaftlichen Körper der Pilz der Spaltung und Zersetzung aus.

Im Orient, vor allem in Ägypten und in Syrien, wurde unter dem Eindruck des Gewaltaktes von Chalkedon das allgemeine religöse Empfinden der Staatskirche entfremdet. Sie wurde zum Feind und damit zum Verbündeten eines Staates, in dem man ohnehin nicht den Freund erblickte. Aber religiöse Abneigungen wirken nachhaltiger als rein politische Gegnerschaft. Zu aktivieren war die Menge der Menschen auch vorher schon nur in ihren religiösen Empfindungen. Da aber hatte längst das Christentum eine Empfänglichkeit für Massenbewegungen geschaffen. Und diese Massen waren im Osten, außerhalb Kleinasiens, keine Griechen, wenn sie auch bis dahin sich willig der griechischen Kultur gebeugt hatten. Das Christentum war auch griechisch, aber es brauchte es nicht zu sein. Der Same für ein national gefärbtes Christentum war längst ausgestreut. Aber jetzt, nachdem die monophysitisch gesonnenen Ägypter und Syrer durch das Vorgehen der Regierung auf sich zurückgeworfen worden waren, mußte die Verselbständigung und „Befreiung“ von dem Hellenismus einen starken und entscheidenden Auftrieb erfahren. Außerhalb des Römischen Reiches gab es schon

Nationalkirchen. Jetzt waren die Ansätze innerhalb der Reichskirche in einen Zustand williger Entwicklungsbereitschaft versetzt. Sie mußten weiter treiben, über die Grenze weg, los vom Reich und vom Griechentum. Die Menschen, die ihre kirchliche Obrigkeit und die Anhänger der anderen Denkungsweise „Kaiserlinge" (mit dem semitischen Ausdruck „Melchiten") nannten, waren nicht traurig, als schließlich die Ungläubigen kamen und sie von ihren Bedrückern befreiten. Was der Islam hundertfünfzig Jahre später dem Griechentum mit leichter Mühe abgewann, war diesem innerlich schon seit dem fünften Jahrhundert verlorengegangen.

§ 40. Der Zusammenbruch des Westens und die Regeneration des Ostens

1. Ricimer. — 2. Das Erlöschen der kaiserlichen Macht im Westen. — 3. Die Krise der oströmischen Reichshälfte.

1. Ricimer

Die zweite Hälfte des fünften Jahrhunderts erhielt für das Römische Reich schicksalhafte Bedeutung. In ihr hat sich entschieden, daß die lateinische Reichshälfte verloren war und die griechische mit der Behauptung der Gegenwart die Zukunft gewann.

Im Westen brachte die Ermordung des Aëtius im darauf folgenden Jahr Valentinian III. selbst den Untergang (455). Ein Racheakt des Anhanges des Aëtius führte zu seinem Verderben. Damit war auch hier die Theodosianische Dynastie, welche im Osten schon 450 erloschen war, zu Ende gegangen. Einen Ersatz fand sie nicht. Die folgenden Kaiser standen in keiner dynastischen Beziehung zueinander. Aber das berechtigt nicht, hierin die Ursache des Zusammenbruches zu sehen. Valentinian III. war ein Schattenkaiser gewesen, nicht minder als seine Nachfolger. Viel mehr fiel ins Gewicht, daß mit Aëtius die einzige politische Kraft, die der Westen noch besaß, dahingesunken war. Das kunstvolle System der Verbindung zu den verschiedenen germanischen Stämmen, das er aufgerichtet hatte und auf dem allein noch die Existenz der weströmischen Macht beruhte, war mit seinem Tod hinfällig geworden. In der Person eines neuen Kaisers ein ihm ebenbürtiges Talent zu erhoffen, das war vom Schicksal zuviel gefordert. Aber auch die unvermeidliche Stelle des Hausmeiers von einem Manne seiner Art besetzt zu sehen, entsprach einer unwahrscheinlichen Erwartung. Im besten Falle konnte man an seinem Platz mit irgendeiner mittelmäßigen Figur von gutem Willen rechnen. Aber nicht einmal das war der Fall. Es kam viel schlimmer. In der Person Ricimers wurde das Hausmeiertum zum Totengräber des weströmischen Kaisertums.

Ricimers bedenkliche Tätigkeit begann damit, daß er einen Kaiser stürzte. Es war der zweite Nachfolger nach Valentinian III., ein Galloрömer mit Namen Avitus. Hinter ihm stand der Westgotenkönig Theoderich. Avitus hatte eine Lücke auszufüllen, die durch den kläglichen Untergang eines stadtrömischen Kaisers (Petronius Maximus), der bei der erfolglosen Verteidigung Roms gegen Geiserich Herrschaft und Leben verloren hatte, entstanden war, und sollte seine Hauptenergie gegen Geiserich, mit dem die Westgoten verfeindet waren, richten. Ricimer kam es bei seinem Anschlag zustatten, daß Avitus nicht von Ostrom anerkannt war.

Das Verhalten der oströmischen Regierung war bezeichnend. Sie selbst war kaum in der Lage, von sich aus für Kontinuität des kaiserlichen Regimentes im Westen zu sorgen. Sie war aber auch nicht gewillt, die schwachen Versuche des Westens, das Kaisertum fortzuführen, zu unterstützen. Am liebsten sah sie es, wenn sie freie Hand behielt und der Kaiserthron leer blieb. Staatsrechtlich war das an sich unverfänglich; denn nirgends stand geschrieben, daß es mehr als einen Kaiser geben müsse; politisch hieß es aber, den Prozeß der Auflösung noch unterstützen oder, zum mindesten, ihn anerkennen.

Ricimer war diese Einstellung fürs erste auch recht. Er ließ sich mit dem Titel patricius ausstatten (457), der ursprünglich nur eine Ehrenbezeichnung war, von da an aber soviel wie Stellvertreter der kaiserlichen Gewalt bedeutete. Seinen Freund Maiorian hat Ricimer dann doch noch zum Kaiser gemacht, ihn aber nach ein paar Jahren (461) umgebracht. Er wurde ihm zu selbständig. Ihm folgte als Kaiser eine andere Kreatur Ricimers. Nach deren Tod war die Reichsgewalt wieder allein bei Ricimer. Im Jahre 467 kam es zu einer Aktion des oströmischen Kaisers mit dem Ziel, dem Westen wieder einen Kaiser zu geben und mit dem Vandalenreich aufzuräumen. Die sehr großzügige Planung wurde von Ricimer sabotiert, so daß sie scheiterte und der neue weströmische Kaiser auf Anstiften Ricimers ermordet wurde (472). Ricimer starb kurz danach.

2. Das Erlöschen der kaiserlichen Macht im Westen

Zwei Jahre später wurde nochmals der Versuch mit einem von Ostrom eingesetzten Kaiser gemacht (Julius Nepos 474—480); gegen diesen empörte sich jedoch sein oströmischer General Orestes und setzte sein Söhnchen Romulus auf den Thron (475). Aber dessen Herrschaft war mit dem Sturz des Orestes, gegen den sich die germanischen Soldaten unter Odoaker empörten, im nächsten Jahr schon zu Ende. Eine Schulmeisterlaune hat später den kleinen Romulus zum letzten weströmischen Kaiser gemacht; aber richtig ist das nicht, denn Romulus war illegitim, und der legitime Kaiser Nepos lebte damals noch.

Für den Bestand der weströmischen Reichshälfte waren die Kaiser nach 455 allesamt ohne Bedeutung. Historisch belangvoll ist einzig der Umstand, daß die spärlichen Versuche von Ostrom, das westliche Kaisertum am Leben zu erhalten, scheiterten und der Westen selbst aus eigener Kraft es nur zu einer Farce der kaiserlichen Würde brachte.

Ricimer hatte übrigens in seinem Neffen Gundobad einen Nachfolger; bezeichnenderweise ging dieser aber bald als König nach Burgund. In der von ihm verlassenen Stellung wurde Odoaker, von seinen germanischen Soldaten „König" genannt, Gundobads und damit auch Ricimers Nachfolger. Auch er erhielt den Titel patricius. Später ging dieser auf den Ostgotenkönig Theoderich über.

Wenn die westliche Reichshälfte auch keinen Kaiser mehr besaß (und bis zu Karl dem Großen auch nicht wiederbekommen sollte), so hörte sie jedoch dem Rechtsbegriff nach natürlich nicht auf zu existieren. Der Untergang des Römischen Reiches im Westen war kein Rechtsvorgang, sondern ein politischer Prozeß, der sich in keinem juristischen Ebenbild niederschlug.

3. Die Krise der oströmischen Reichshälfte

Der oströmischen Reichshälfte sind die Probleme, in deren Widerschein sich das Dahinsiechen des Westens abspielte, nicht unbekannt geblieben. Germanen, sowohl Völkerschaften wie Soldaten in römischem Dienst, waren auch da nicht nur ein wichtiger politischer Faktor, sondern wurden im Zusammenhang einer heftigen reaktiven Bewegung gegen die germanische Überfremdung als solche auch empfunden. Vorher waren sie durch Attila in den Schatten gestellt, der gerade dem oströmischen Kaiser gegenüber sehr den Herrn hervorkehrte. Nach dem Zerfall von dessen Reich gewannen sie die Freiheit, auf eigene Faust ihr Gewicht in die Reichspolitik zu werfen. Es waren vor allem die Ostgoten, die so eine Rolle spielten, und die Zeit ihres erhöhten Druckes auf Konstantinopel waren die Jahrzehnte der zweiten Jahrhunderthälfte.

Ebenso ist das Hausmeiertum mindestens in dem gleichen Maße wie im Westen auch in Ostrom eine zentrale politische Größe gewesen.

Angesichts dieser wichtigen Konvergenzen der östlichen und der westlichen Reichsgeschichte ist es für die geschichtliche Erkenntnis von brennendem Interesse, den fundamentalen Unterschied im Ablauf der Ereignisse und das diametral verschiedene Ergebnis gewahr zu werden. Dieses Thema gehört aber nicht mehr in die römische Geschichte, wenn man sie, alter Konvention folgend, mit dem Eintritt in die byzantinische enden läßt. Auch im Rahmen dieser Darstellung muß es genügen, auf das bezeichnende Phänomen als solches hingewiesen zu haben.

Als die Theodosianische Dynastie mit Theodosius II. 450 zu Ende ging, entstand kein Hiat, weil die Schwester des Theodosius (Pulcheria) durch ihre Heirat den neuen Kaiser gleich an die alte Dynastie anschloß. Wahrscheinlich erkannte sie damit eine Tatsache an, die nicht zu ändern war; denn der neue Kaiser Marcianus (450—457) war offenbar nicht ohne Mitwirkung des mächtigen Hausmeiers, der schon zwei Jahrzehnte einen bestimmenden Einfluß ausübte, des Flavius Ardabar Aspar, eines Mannes von gotischer und alanischer Abstammung, zur Regierung gekommen. Aspar setzte auch, gegen den Willen des kaiserlichen Paares, den Nachfolger durch. Das war sein Vermögensverwalter Leo (457—474). Bis hierher bietet die Geschichte also das für die damalige Zeit typische Bild, daß das Kaisertum von dem Hausmeier beschattet wurde, wenn es im Osten auch nicht wie im Westen geradezu zu seinem Schatten abgesunken war. Marcian hat in der Kirchenpolitik durchaus eigene persönliche Energie entfaltet; das Konzil von Chalkedon ist in der Hauptsache sein Werk. Doch unter Leo und seinem Nachfolger Zeno (474—491) ist in Ostrom mit dem Problem des Hausmeiertums zäh gerungen worden, und schließlich hat nach erbitterten Kämpfen das Kaisertum gesiegt. Die Auseinandersetzung war unvermeidlich, und es ist der unbestreitbare Ruhm dieser beiden Kaiser, daß sie sich ihr stellten und in den verzweifeltsten Situationen durchgehalten haben.

Leo war von Aspar als Steigbügelhalter der eigenen Familie ausersehen. Konnte Aspar zwar selbst nicht Kaiser werden, so hatte er doch seinem Sohn den Thron zugedacht. Leo sollte diesen zu seinem Nachfolger machen. Leo war anfangs nicht stark genug, sich dem Ansinnen zu entziehen; aber dann richtete er sein ganzes Trachten darauf, sich von der germanischen Vormundschaft zu befreien. Er schuf sich in den isaurischen Soldaten (die Isaurier waren ein kleinasiatischer Bergstamm) und ihrem Führer Zeno ein Gegengewicht gegen Aspar, der hierdurch einen Rivalen erhielt. Die Auseinandersetzung endete mit der Niederlage und dem Tode Aspars (471). Zeno war jetzt der mächtigste Mann neben dem Kaiser, und Zeno gelang auch der wichtige Schritt, nach dem Tode Leos mit seiner Stellung die Kaiserwürde zu verbinden und damit das fertigzubringen, was im Westen nie gelungen war: in das Kaisertum die Kraft des Hausmeiertums einschießen zu lassen.

Trotz dieses Erfolges war Zenos politische Position als Kaiser sehr schwierig. Abgesehen von außenpolitischen Ungelegenheiten hatte er die alte Kaiserin (Verina), die Gemahlin Leos, gegen sich, und vor allem regenerierte sich nach dem Tode Aspars das germanische Hausmeiertum sofort wieder. An Aspars Stelle trat der Ostgote Theoderich Strabo, gegen den Zeno den Amelungen Theoderich (d. Großen) ausspielte. Aber im Anblick der verschiedenen Bedrohungen, denen Zeno ausgesetzt war, brauchte er weitere Hilfe und wandte sich dem Isauriertum zu, bei dem jetzt nicht mehr er selbst, sondern ein gewisser Illus (der Zeno in einer gefährlichen Krise nicht lange nach seiner Thronbesteigung gerettet hatte) den maßgebenden Einfluß besaß. Der Kaiser war also der Einwirkung der verschiedensten Kraftzentren ausgesetzt, und es bedurfte einer ungeheuren Zähigkeit und Elastizität von seiner Seite, um zu verhindern, daß das Kaisertum zwischen den verschiedenen Mühlsteinen zerrieben wurde. Aber schließlich hatte sich Zeno am Ende seiner Regierung aller Fesseln entledigt. Illus fand seinen Untergang in offenem Kampf; die beiden Theoderiche setzte Zeno durch wechselnde Manipulationen gegenseitig schachmatt. Aus dem komplizierten Spiel schied Theoderich Strabo durch Tod im Jahre 481 aus; der andere Theoderich bereitete Zeno allerdings noch genug Schwierigkeiten. Ihr Ende brachte dann der für Theoderich folgenschwere Auftrag, mit dem Zeno sich ihn durch Entsendung nach Italien vom Halse schaffte: die Anweisung, Odoakers Herrschaft zu beseitigen (488).

Den glänzenden Erfolg Theoderichs in Italien hat Zeno nicht mehr erlebt. Er starb zwei Jahre vor dem Tode Odoakers. Die Isaurier haben zwar Zenos Nachfolger Anastasios noch beschäftigt; aber in der Hauptsache war mit Zeno die kritische Phase überwunden, in der das Kaisertum Gefahr lief, ein Spielball der fremdstämmigen Heereskräfte zu werden.

Das Oströmische Reich war hierdurch gerettet. Aber während der schweren Zeit, die es durchzumachen hatte, blieb ihm freilich nicht die Kraft, das sinkende Schiff des Westens zu halten. Es war aber sehr verständlich, wenn ein Menschenalter später, als das Oströmische Reich sich erholt hatte, durch Justinian der Plan in Angriff genommen wurde, alles, was über ein Jahrhundert durch Fahrlässigkeit und Not versäumt worden war, nachzuholen. Justinian war zudem ein Lateiner und hatte deshalb eine lebhafte Vorstellung davon, daß das Römische Reich ursprünglich römisch-lateinisch war. Die nachfolgende Geschichte hat ihn freilich nicht bestätigt, und es fiel deshalb dem auf Jahrtausende zurückblickenden modernen Urteil leicht, Justinian einen „Romantiker" zu schelten. Die Dinge sehen aber doch anders aus, wenn man sie, mitgehend mit der römischen Geschichte, betrachtet und sich bewußt macht, daß das Aushauchen ihres Lebens sich für die Zeitgenossen unmerklich vollziehen mußte und wir heute nur kraft des großen zeitlichen Abstandes und einer reichen historischen Erfahrung imstande sind, das Ende der römischen Geschichte mit einiger Sicherheit zu bestimmen.

§ 41. Der Untergang des Römischen Reiches und der antiken Welt als Problem

1. Die Dekadenztheorie. — 2. Die Kontinuitätstheorie. — 3. Die Katastrophentheorie. — 4. Das Schicksal der westlichen Reichshälfte und der Untergang des Römischen Reiches.

1. Die Dekadenztheorie

Das Ende der römischen Geschichte fällt zusammen mit dem Untergang der antiken Welt und rührt damit an einen Problemkreis, der schlechthin zu den „klassischen" der Geschichtswissenschaft gehört und, seinem Gewicht entsprechend, schon die vielfältigste Behandlung erfahren hat. Trotzdem haben die verschiedenen Theorien fast alle einen gemeinsamen Zug. Sie fassen den Niedergang und das Zu-Ende-Gehen der Antike als einen immanenten Prozeß auf, der sich aus Gründen der inneren Struktur des antiken Lebens und deren Veränderung in der Spätantike vollzogen hat.

Diese Ansicht ist in der verschiedensten Weise vertreten worden und hat geradezu das Modell für die Geschichtsgenetik des neuzeitlichen Geschichtsbewußtseins geliefert. Schon Vico hat der römischen Geschichte die Gesetzmäßigkeit eines organischen Ablaufes zugrunde gelegt. Herder hat mit der geschichtlichen Rhythmik ähnliche Vorstellungen verbunden, und in der neuesten Zeit hat dieses Geschichtsdenken in Oswald Spenglers geschichtlicher Morphologie seine ausdrucksvollste Prägung erfahren. Der englische Historiker Toynbee hat dieses Schema dann nur auf seine Weise abzuwandeln brauchen.

Nach dieser Auffassung hatte die Antike bei ihrem Ausgang ihre Lebenskräfte verbraucht, sowohl in vitaler Hinsicht als auch in bezug auf ihr formales Vermögen, d. h. die Fähigkeit, die ihr eigentümlichen Formkräfte zu regenerieren. Das geschichtliche Leben, soweit es durch den antiken Prägestock sein spezifisches Aussehen erhalten hatte, ging eben zugrunde, wie alles in der Welt an das Ende und Ziel seines Daseins kommen muß. Die äußeren Umstände lieferten dazu nur die Begleitmusik. Das Thema selbst war von Anfang an gegeben, und die Geschichte war lediglich seine Durchführung. Der Schlußakt begann dementsprechend bereits mit dem dritten Jahrhundert und setzte sich im vierten fort. Das Ende der Antike war deshalb identisch mit der Verwandlung der Antike, die sich in dieser Zeit vollzogen hat, und diese Verwandlung war Dekadenz.

Diese „Dekadenz" ließ sich jedoch verschieden veranschaulichen und begründen. Der begriffliche Rahmen, den sie bietet, gab den Deutungen im einzelnen einen großen Spielraum, und es ließen sich deshalb eine Menge von Theorien anführen. Im achtzehnten Jahrhundert hat z. B. Gibbon, der berühmte englische Historiker, die Ansicht vertreten, das Christentum habe die Menschen in ihren irdischen Kräften und Instinkten untüchtig gemacht; deshalb habe die antike Welt, nachdem sie so ihr eigenes Lebensgesetz aufgegeben habe, zugrunde gehen müssen, durch Aufgabe der diesseitigen Welt zugunsten der jenseitigen. Diese Aufklärungstheorie, die weit bis ins neunzehnte Jahrhundert hinein eine Rolle gespielt hat, bedarf heute, nachdem wir wissen, daß das Christentum nur eine, wenn auch sehr beherrschende Farbe in einem vielfältigen Spektrum gewesen ist, keiner Widerlegung.

Das Gegenstück zu einer derartig „spirituellen" Erklärung ist die massiv biologische Argumentation, etwa der Art, daß die römische Kaiserzeit mit ihren Wirren zur „Ausrottung der Besten" geführt und in dieser negativen Auswahl der Übriggebliebenen sich eine Art von umgekehrtem Darwinismus vollzogen habe (Otto Seeck). Oder die ausgehende Antike gab eine billige Illustrationsmöglichkeit, um den biologischen Zerfall durch Rassenmischung aufzuzeigen, auch ein Gedanke des neunzehnten Jahrhunderts (Gobineau), der dann durch die nationalsozialistische Herrschaft in Deutschland eine anachronistische Wiederbelebung erfuhr, nachdem er wissenschaftlich schon längst überwunden war.

In der Mitte liegen die verschiedenen Erklärungen, welche sich auf Tatsachen des politischen, sozialen oder wirtschaftlichen Bereiches beziehen. Sie geben z. B. die Schuld dem (angeblichen) Zwiespalt von Monarchie und Republik in der Verfassung des Kaiserreiches oder dem Fehlen einer Repräsentativverfassung, ein typisch liberaler Gedanke des neunzehnten Jahrhunderts.

Unter den wirtschaftlichen Faktoren hat sich der berühmte Soziologe Max Weber auf den mittelmeerischen Charakter der antiken Zivilisation berufen, welcher den antiken Kapitalismus nur in den Küstengebieten des Mittelmeeres zu entwickeln vermochte und das Binnenland unberührt gelassen habe. Diese schmale Basis des antiken Kapitalismus habe seine Existenzdauer verkürzt und dadurch die Lebensdauer der antiken Kultur beschränkt. Aber die wirtschaftsgeschichtlichen Voraussetzungen, von denen Max Weber hier ausging, treffen nicht zu. Der antike Kapitalismus hat sich durchaus das Hinterland der Mittelmeerküsten erschlossen, wie vor allem (aber nicht nur) das Beispiel eines wirtschaftlich so hoch entwickelten Landes wie Gallien es beweist.

Schließlich hat man sich auch, und wahrscheinlich unter allen den angeführten Erscheinungen mit dem relativ meisten Recht, auf den Niedergang der städtischen Sozialform berufen, welche die Grundlage der antiken Gesittung ausmachte. Dabei blieb es dann allerdings noch strittig, von wann an man ihn zu datieren habe. Manche, wie K. J. Beloch, haben schon an die Zeit der Aufnahme des griechischen Ostens in das Römische Reich gedacht, weil dadurch die politische Selbständigkeit der Stadt verlorenging; andere beziehen sich, zutreffender, auf den Verlust der sozialen Freiheit durch das Heraufkommen des spätantiken Zwangsstaates (Rostovtzeff).

Der Ausgangspunkt für alle diese Betrachtungen ist eine Voraussetzung, die mit der wünschenswerten Klarheit nicht zum Bewußtsein gekommen ist. Sie sind nämlich nur sinnvoll, wenn die Gleichsetzung von Strukturwandel und Untergang selbstverständlich und außerhalb jeden Zweifels ist. Bevor man Theorien dieser Art zu besprechen hätte, wäre also eine Untersuchung ihrer Prämisse geboten, und man müßte erst einmal definieren, welcher Vorgang mit Recht als Untergang einer Zivilisation zu bezeichnen sei und durch welche spezifischen Tatsachen er bestimmt wird. Damit hätte man sich allerdings auf ein weites Feld begeben und seine Gedanken Fragen zugewandt, welche über die geschichtliche Beschreibung hinausgehen und in allgemein kulturmorphologische Überlegungen einmünden würden.

Die Forschung ist bis jetzt, von gewissen geschichtsphilosophischen Spekulationen abgesehen, diesen Weg nicht gegangen und durfte sich dieser Marschroute auch mit einem unbeschwerten Gewissen verschließen, da in ihrem Fall das grundsätzliche

Problem wegen einer günstigen historischen Optik sich nicht als wirkliches Hindernis entgegenstellte. Der suggestive Schein lag in dem terminologischen Gebrauch von „Spätantike". Die Bezeichnung hat sich seit langem eingebürgert und läßt dabei nicht mehr zum Bewußtsein kommen, daß mit ihr die Lösung eines noch offenen Problems präjudiziert wird. Nimmt man es mit ihrem Verständnis genau, dann zielt sie ihrem Sinn nach auf ein Ende und einen Abschluß. Damit war die Antwort stillschweigend gegeben. Es kam dann nur noch auf die Begründung an. Da nun aber die Geschichte, wenigstens im Osten, nicht abriß, war die Deutung von selbst darauf verwiesen, den Untergang in einer qualitativen Veränderung zu sehen. Der Begriff wurde dadurch von jeder äußeren Pragmatik frei, und auch das konnte ihn wiederum unter einem besonderen Gesichtspunkt empfehlen.

Das geschichtliche Verständnis des neunzehnten Jahrhunderts liebte bekanntlich unter seinen Erkenntnisidealen auch das einer geschichtlichen Verursachung, welche sich nicht lediglich an politischen Tatsachen orientierte, sondern die Gesamtheit der historischen Erscheinungen in sich begriff. Dieser sog. kulturhistorischen Fragestellung mußte die Deutung des „Untergangs der Antike" als „Verwandlung, d. h. Auflösung der antiken Lebensform" geradezu kongenial sein, und daher kann sie auch heute noch ein beträchtliches Maß von Aktualität für sich in Anspruch nehmen.

Die historische Anschauung hat also alles getan, um die grundsätzliche Frage zu verdecken und mit Hilfe einer kaum bewußten petitio principii Gestaltwandel und Untergang zu identifizieren.

2. Die Kontinuitätstheorie

Der Begriff des ‚Gestaltwandels' ist freilich nicht eindeutig. Wandlung bedeutet auch in einem gewissen Umfang Beharren. Wenn Wandlung heißen würde, daß gar nichts mehr bliebe, würden wir das Alte durch ein völlig Neues ersetzt sehen und könnten kaum mehr von Gestaltwandel sprechen. Mit anderen Worten: die Identifizierung von ‚Untergang' und ‚Gestaltwandel' ergibt sich nicht aus dem Begriff ‚Gestaltwandel', sondern ist akzessorisch gesetzt. Diese Unklarheit brachte es mit sich, daß bei Ignorierung dieser besonderen Festlegung der Akzent auf das bei jedem Wandel notwendig Identische gesetzt werden konnte und danach die Antike nicht verschwand, sondern weiter fortlebte. Hätte man sich hierbei auf den griechischen Osten beschränkt, dann wäre damit kein unbedingter Gegensatz zur ‚Untergangstheorie' ausgesprochen gewesen, sondern nur gezeigt worden (was von Anfang an in ihr drin lag), daß in dieser ihrer Fassung notwendig auch die Möglichkeit zu ihrer Umkehrung beschlossen liegt, eben deswegen, weil sie den Untergang nicht als allseitigen, sondern nur partiellen Existenzverlust definiert.

Nun wurde aber jene an sich unverfängliche Begriffsumkehrung auch da vorgenommen, wo ihre Voraussetzung, nämlich der Gestaltwandel an einem identischen Subjekt, fehlt: für den Westen des Römischen Reiches. Ohne die Frage nach dem Beharren der Gestalt zu stellen, sondern lediglich daran orientiert, daß auch im Westen nicht mit einem Schlag alles neu wurde, sondern manches weiterlebte, wurde die Tatsache des „Unterganges" auch hier bestritten.

Diese sog. Kontinuitätstheorie tritt heute in mehreren, z. T. sehr verschiedenen Spielarten auf und wurde vor vierzig Jahren am ausdrücklichsten durchgeführt von Alfons Dopsch. Nach ihm war das frühe Mittelalter eine geradlinige Fortbildung der antiken Zustände. Daneben stehen differenziertere Urteile, welche die Kontinuität auf einzelne Lebensgebiete einschränken, etwa auf die geistige Tradition oder, noch mehr spezifizierend, auf die religiöse.

Oder aber: Der Hiat wird nicht bestritten, aber einige Jahrhunderte später angesetzt, so daß die Grenze zwischen Altertum und Mittelalter nicht in die Spätantike fällt, sondern in das Mittelalter verlegt wird. Das ist die berühmte These des belgischen Sozialhistorikers PIRENNE, der erst durch die islamische Invasion Europas den Schnitt und damit das Ende der Antike eintreten läßt.

3. Die Katastrophentheorie

Möglicherweise hätte diese Betrachtungsweise nicht solchen Eindruck gemacht, wenn sie sich nicht gegen eine andere abgesetzt hätte, deren Mängel auf der Hand liegen. Das ist die sog. „Katastrophentheorie". Sie erklärt, der Bezeichnung entsprechend, den Untergang der Antike als Ergebnis einer äußeren Katastrophe, nämlich der Völkerwanderung. Durch sie allein, deren Hintergründe ganz außerhalb des antiken Bereichs liegen, sei das Römische Reich und damit die antike Zivilisation zerstört worden. Sie sei geknickt worden wie ein gesunder Baum im Sturm.

Es ist verständlich, daß eine solche Auffassung, welche die Geschichte zu einem Spiel unkontrollierbarer Mächte machte, das Bedürfnis der Historiker verstärkte, den inneren Gründen für diesen Zusammenbruch nachzugehen und sie in der Spätantike selbst aufzusuchen. Dekadenz- und Kontinuitätstheorien konnten im Ungenügen der Katastrophentheorie eine Rechtfertigung für sich erblicken und so im Grunde dazu gelangen, die historische Wirksamkeit der Völkerwanderung überhaupt zu ignorieren. Letzteres wäre freilich eine Paradoxie, welche beinahe durch ihre Absurdität die Katastrophentheorie rechtfertigen könnte. Sie tut es natürlich nicht, beleuchtet aber sehr grell eine Erkenntnissituation, in der die Konsequenzen aus den verschiedenen Ansätzen in eine unheilvolle, jegliche Lösung verhindernde Kollision geraten.

4. Das Schicksal der westlichen Reichshälfte und der Untergang des Römischen Reiches

Der Untergang der Antike, verstanden als Gestaltwandel, und zwar ausschließlich als solcher, ist kein allmähliches, einem immanenten Gesetz folgendes Absterben, sondern ein fest umrissener, analysierbarer Ablauf. In dieser eingeschränkten Weise definiert, läßt er die Folgerungen aus dem mit ihm gesetzten Begriff unbedenklich zu. Es berechtigt uns nichts, die Umwandlung des antiken Lebensgefüges, die seit dem dritten Jahrhundert in vollem Gang ist, für einen tödlichen Schwundprozeß zu halten. Die Spätantike ist zwar sehr verschieden von der früheren, „eigentlichen" Antike, aber sie ist eine Epoche ein und derselben Geschichte und wird getragen von ein und demselben historischen Subjekt. Sie hat auch durchaus die Fähigkeit gehabt, sich in stetiger Kontinuität fortzusetzen; Byzanz ist in diesem Sinne eine genuine Weiterführung. Wenn das Schicksal des gesamten Reiches dem von Ostrom entsprochen hätte, wäre wahrscheinlich niemand auf die Idee gekommen, die Antike sei zu Ende gegangen.

Unter dem Eindruck von dem Untergang der westlichen Reichshälfte muß man jedoch zu einer wesentlich anderen Anschauung gelangen. Mit dem Ende Westroms ist die antike Welt abgebrochen oder zusammengebrochen; ihre Ruinen wurden der unentbehrliche Boden für das Abendland im modernen Sinne. Wie einschneidend diese Tatsache war, lehrt die daran anschließende Zukunft, welche eine ganz andere Welt bedeutete: die der romanischen und germanischen Völker. Der totale Szeneriewechsel in Europa war derartig umwälzend auch für den Horizont des benachbarten Byzanz, daß in der historischen Optik seine Entwicklung weniger die Kontinuität der Antike repräsentiert, sondern Byzanz mehr als ein Teil der neuen historischen Bühne erscheint, zu der der Islam noch ein wesentliches Stück hinzufügte.

Nach den Ursachen für den Untergang der Antike fragen muß deshalb in einem exakten Sinn die Überlegung heißen, warum im fünften Jahrhundert der lateinische Westen ins schier Bodenlose absank. Man sollte seine Aufmerksamkeit in erster Linie auf diese Frage richten. Wie auch immer die Antworten ausfielen, man wäre wenigstens auf einem Weg, dessen Richtung auf die Lösung des Problems hinweist.

In diesem Zusammenhang ist die Invasion der Germanen natürlich ein wichtiges Phänomen. Aber kann man, wie es fast naheliegt und auch schon geäußert worden ist, sagen: Weil die östliche Reichshälfte die germanische Invasion nicht gekannt hat, deshalb hat sie die Krise überstanden? Eine solche Vereinfachung wäre schon dem rein Faktischen nach nicht ganz in Ordnung, denn Ostrom hat sich durchaus mit den germanischen Eindringlingen auseinandersetzen müssen.

Aber auch davon abgesehen: Sind allein die Niederlassungen der Ostgermanen auf Reichsboden für das Reich der Stoß in den Untergang gewesen? Nach allem, was die Geschichte über die Lebensfähigkeit dieser sog. Reiche lehrt, tut man ihnen damit wohl zuviel Ehre an. „Barbarische“ Invasionen sind zudem ein typisches Schicksal eigentlich jedes „Kulturbodens“, nicht nur in der Antike, ebenso in Indien, in China und früher in Ägypten. Sie allein vermögen noch nichts Entscheidendes. Es kommt darauf an, ob ihnen eine leistungsfähige innere Widerstandskraft gegenübersteht, welche politische Katastrophen aushält, das Fremde zu assimilieren vermag und einen beschädigten Körper zu regenerieren imstande ist. Offenbar hat es daran beim Weströmischen Reich gefehlt.

Bevor man jedoch die Verschiedenheit des Schicksals von Ost und West zum Ausgangspunkt der Untersuchung erhebt, müßte wohl der Tatsache, daß es zwischen beiden Reichsteilen zu einer Isolierung kommen konnte, eine kardinale Stellung in dieser Überlegung zugewiesen werden. Wenn nämlich der Westen im Vergleich zum Osten versagte, so doch nicht zuletzt deswegen, weil den einzelnen Teilen des Römischen Reiches nicht mehr die Kräfte des gesamten Reiches zugute kamen und, was in dieser Form sich bisher noch nie eingestellt hatte, der eine und der andere Reichsteil jeweils auf sich allein gestellt war.

Die Reichspolitik des fünften Jahrhunderts hat das traurige Bild gezeigt, daß das weströmische und oströmische Kaisertum sich meistens gegenseitig lahmlegten und alle Versuche, eine einheitliche Politik durchzuführen, schmählich scheiterten. Am Ablauf dieser äußeren Ereignisse war zweifellos viel menschliches Versagen beteiligt, und nicht alles, was hierbei zutage trat, trug den Stempel des unvermeidlich Notwendigen. Trotzdem fand die politische Pragmatik jedoch ein Gegenstück auf einer Ebene, welche den Gesetzen des freien Handelns nicht unterworfen war: die Auflösung des geistigen und sozialen Zusammenhaltes des Römischen Reiches vollzog sich unabhängig von der kaiserlichen Politik. Sie war vorbereitet worden durch den Zusammenbruch der bürgerlichen Bildungsschicht und fand jetzt einen greifbaren

Ausdruck in der sprachlichen Entfremdung des lateinischen Westens und des griechischen Ostens, welche bisher durch die selbstverständliche Gewohnheit der Doppelsprachigkeit in den repräsentativen Bevölkerungsgruppen einander nahegerückt waren, während nun bei den gebildeten Leuten des Westens die Kenntnis des Griechischen zur Seltenheit wurde und im Osten selbst der höchste Beamtenadel der lateinischen Reichssprache unkundig wurde. Gefördert wurde dieser Vorgang durch das Nachlassen der räumlichen Berührungen, die früher ein intensiver Verkehr, vor allem zu Handelszwecken, mit sich gebracht hatte. So verflüchtigte sich die für die Existenz des Römischen Reiches geradezu fundamentale Symbiose von Römertum und Griechentum unter den Folgen der allgemeinen strukturellen Umwandlung, und erst dadurch entstand die außerordentliche Lage, daß östliche und westliche Reichshälfte auf sich allein angewiesen waren.

Nimmt man diese grundlegende Veränderung der Verhältnisse als Tatsache hin, dann formuliert sich sehr einfach die letzte und wahrscheinlich für das Schicksal der antiken Zivilisation aufschlußreichste Frage: Wieso vermochte es der von den Römern unterworfene Osten, das Reich weiterzuführen, und weshalb sank der lateinische Westen, einst das Kerngebiet des Römischen Reiches, Schritt für Schritt immer mehr ab, so daß er schließlich mit keiner Anstrengung der Welt mehr zu heben war?

Leider gibt es auf diese Frage noch keine befriedigende Antwort. Es liegt nahe, an Unterschiede der sozialen Verfassung in Ost und West zu denken, aber unsere spärliche Kenntnis davon gibt uns dazu noch keine sichere Handhabe. In der Grundlinie konvergierten die Dinge durchaus hier und dort. Nur ein einziger, auf den ersten Blick unscheinbarer, aber bei näherem Zusehen doch wahrscheinlich sehr wesentlicher Unterschied drängt sich auf: Der griechische Osten besaß in Konstantinopel eine Hauptstadt, die zugleich Residenz und damit Regierungszentrum war. Der lateinische Westen hatte das nicht. Rom war seine Hauptstadt, war aber allen Staatsgeschäften entrückt. Residenz war zuerst Mailand, dann Ravenna, d. h. es war die Stadt, wo sich der Kaiser mit den zentralen Behörden befand. Aber Rom blieb die Stadt mit dem überragenden Ansehen und der uralten Tradition. Es konnte letztlich durch keine Residenz entthront werden. Rom blieb deshalb auch der Sitz der hohen Aristokratie, welche sich daneben immer mehr angewöhnte, auf dem Lande zu wohnen. Aber diese Aristokratie lebte auf diese Weise nicht nur fern von den Staatsgeschäften, sondern überhaupt von jeglichem politischem Klima und damit fern von der Wirklichkeit. Es ist nicht ausgeschlossen, daß der Drang zu feudaler Unterhöhlung des Staates ohnehin im Westen stärker war als im Osten. Es fehlte dann aber auch jede Möglichkeit, im Kreise dieser Vornehmen Gegenkräfte zu entwickeln und die gelockerte Bindung an die Reichsgewalt wieder fester zu knüpfen. Eine eigenartig irreale Atmosphäre herrschte dort, wie in einem Reservat und Naturschutzgebiet. Nirgends hielt sich das Heidentum so lange wie in Rom; die Kaiser erwiesen der Stadt höchste Reverenz; sie war hochgeachtet, nur eines war sie nicht: Mitte und Umschlagplatz der politischen Energien. In dieser Eigenschaft war die Stadt depossediert, seitdem der Regierungssitz mit dem Kaiser wanderte und Roms geographische Lage es für die neuen Verhältnisse als Regierungszentrum ganz ungeeignet machte.

Rom war in seiner alten Position nicht zu retten; aber es war — vielleicht zum Unglück des Reiches — stark genug, um zu verhindern, daß jemals im Westen eine

Residenz entstand, die das geworden wäre, was binnen kürzester Zeit Konstantinopel für den Osten geworden war. Jede Stadt im Westen mußte durch Rom infolge seines unverlierbaren und für andere Städte ungewinnbaren Nimbus in den Schatten gestellt werden. Rom konnte es nicht ändern, daß ein neues Regierungszentrum entstand; aber es verhinderte durch seine Existenz, daß sich die trotz des verzweifelten Zustandes des Reiches noch vorhandenen geistigen Kräfte und Energien an anderer Stelle sammelten und eine echte hauptstädtische Gesellschaft bildeten. Während die Kräfte der höheren Gesellschaft des griechischen Ostens sich immer mehr in Konstantinopel konzentrierten, liefen sie im Westen gänzlich auseinander. Neben der italischen Aristokratie stand der gallische Adel, und beiden fehlte jeweils die Möglichkeit zur politischen Integration, geschweige denn, daß ihre Energien sich an einem gemeinsamen Ort zusammenfanden. In einer Zeit, wo fast alles von augenblicklichen Willensimpulsen abhing und mit konzentrierter Anstrengung eine verzweifelte Phase durchgestanden werden mußte, wäre es von äußerster Bedeutung gewesen, wenn an einer bestimmten Stelle, die durch umfassende Bemühungen dem großen Erdrutsch entzogen blieb, die noch vorhandenen Kräfte des Reiches nicht nur eine Zuflucht, sondern vor allem einen Punkt der Sammlung und der Willensbildung besessen hätten.

Konstantinopel hat in dieser Eigenschaft mehr als einmal das Oströmische Reich im wirklichen Sinn des Wortes gerettet. Der Westen hatte nichts Gleichwertiges. Und der Westen ist zugrunde gegangen, obgleich er den Ruhm des einzigen Rom bis über seinen Untergang hinaus verkündete. Er war bekanntlich einer der dünnen Fäden, mit dem sich die untergehende Welt mit der künftigen verknüpfte, und eines der wenigen Erinnerungsbilder, mit deren Hilfe diese von jener in schemenhaftem Abglanz Kunde besaß. Es liegt ein wenig Ironie darin, daß die Stadt Rom in ihrer Beschränkung auf die Funktion eines bloßen Traditionsträgers den dringenden Erfordernissen der Gegenwart im Wege stand und die römische Geschichte dort nur noch eine Erinnerungsstätte fand, von wo sie als echtem Kraftzentrum aus einst ihren Ausgang genommen hatte.

XII.

Die römische Geschichte in der Forschung

§ 42. Zur Geschichte der Forschung

1. Renaissance und Humanismus. — 2. Das achtzehnte Jahrhundert. — 3. Niebuhr. — 4. Mommsen. — 5. Die Forschung nach Mommsen. — 6. Gegenwärtiger Stand der Forschung. — 7. Wissenschaftliche Orientierung.

1. Renaissance und Humanismus

Forschung[1] und Darstellung hängen in der Geschichte unmittelbar zusammen. Man kann sie als verschiedene Seiten des komplexen Begriffes eines geschichtlichen Verständnisses und Wissens bezeichnen. Je nach der geistigen Situation einer Zeit hat die eine oder die andere Richtung den Vorrang. Genetisch ist selbstverständlich das geschichtliche Wissen in der Form der bloßen Kunde, des Erzählens, der Tradition, das frühere Stadium, womit freilich nicht gesagt sein soll, daß dann im Fortlauf der Entwicklung die „Darstellung" von der „Forschung" verdrängt würde.

Nach diesen Bemerkungen fällt die Vermutung nicht schwer, daß das Mittelalter selbstverständlich historische Forschung noch keineswegs gekannt hat, am allerwenigsten gegenüber dem Altertum. Dagegen hat es auf seine Art ein Wissen vom Altertum besessen, nach unseren Begriffen ein sehr reduziertes, aber ganz gewiß haben Vorstellungen von der Antike und zumal der römischen Geschichte nicht gefehlt. Wie hätte es auch anders sein sollen, da das Christentum unmittelbar dort seine historischen Wurzeln hat. Der Leitfaden, an den man sich zunächst hielt, war glücklicherweise von einem christlichen Schriftsteller der ausgehenden Antike, von dem Augustinschüler Orosius, an die Hand gegeben, der im Sinne seines Lehrers eine Art Abriß der Weltgeschichte verfaßt hatte.

Wie in der allgemeinen Geistesgeschichte, so haben sich auch auf diesem besonderen Sektor die Verhältnisse grundlegend geändert durch die Renaissance und den Humanismus. Grundlegend insofern, als mit einem Male die antike Literatur in ihrem gesamten Umfang, nicht nur in den wenigen Vertretern, welche das Mittelalter kannte, in das Zentrum der Aufmerksamkeit trat und vor allem zum Gegenstand

[1] Vgl. zum folgenden neben den einschlägigen Partien bei Wachsmuth, Rosenberg, Niese-Hohl, Bengtson (s. u. S. 532 A. 69) vor allem E. Fueter: Geschichte der neueren Historiographie. München 1911; 1936². — K. J. Neumann: Entwicklung und Aufgabe der alten Geschichte. Straßburg 1910. — A. Momigliano: Contributo alla storia degli studi classici, 2 Bde., Roma 1955; 1960. Dieses Stück Wissenschaftsgeschichte ist zumal in den älteren Partien vor dem 19. Jh. noch außerordentlich schlecht bekannt.

Im folgenden öfters gebrauchte Abkürzung: RE = Pauly: Real-Enzyklopädie der classischen Altertumswissenschaft. Neue Bearbeitung hrsg. von Georg Wissowa, Wilhelm Kroll, Karl Mittelhaus, Konrat Ziegler. Stuttgart 1894 ff.

eines eifrigen Bemühens um ihr Verständnis wurde. Bekanntlich hat sich diese intensive Tätigkeit ihrem Gewicht nach vor allem auf die lateinische Literatur verlagert, während die griechische ihr gegenüber etwas zurücktrat. Unter diesen Umständen war es ganz ausgeschlossen, daß die Vorstellungen von der römischen Geschichte sich nicht fundamental änderten und daß vor allem nicht die dichte Schicht von Legenden und apokryphen Traditionen, welche sich im Mittelalter über sie gelegt hatten, beseitigt wurde. Hierzu bedurfte es keines angestrengten Bemühens; es ergab sich von selbst, sobald man einmal die früheren Zeugen vernahm.

Trotzdem hat sich in der Renaissance noch keine Geschichtsschreibung entwickelt, die sich mit der römischen (noch weniger mit der griechischen) Geschichte eigentlich beschäftigt hätte. Das ist, jedenfalls auf den ersten Blick, um so verwunderlicher, als die Humanisten gerade der Geschichtsschreibung im allgemeinen sehr bedeutende Anstöße gegeben haben und sich überhaupt in einer wesentlichen Sparte ihrer Selbstäußerungen als Historiker betätigten. Große Werke zur Landes- und Stadtgeschichte (vorzugsweise Italiens) sind damals aus humanistischer Feder entstanden. Der Widerspruch zu dem Bild auf dem Gebiete der antiken Geschichte löst sich jedoch alsbald auf, wenn man bedenkt, daß die Humanisten ihre historiographischen Fähigkeiten in dem Sinne entwickelten, daß sie das, was sie bei den antiken Historikern gelernt hatten, nun auf Gegenstände, die von diesen nicht bearbeitet sein konnten, übertrugen. Unter diesem Gesichtswinkel erübrigte es sich selbstverständlich, da, wo die antiken Muster ihr Werk getan hatten, sich in der Nachzeichnung ihrer Spuren zu betätigen.

Dabei hätte es auch im Hinblick auf die grundsätzliche Konzeption der Geschichte und die Beseitigung des christlichen mittelalterlichen Musters einiges zu tun gegeben. Aber es waren nur wenige, die Hand anlegten, um die aus spezifisch christlichen Voraussetzungen erwachsene Gliederung der Gesamtgeschichte in die vier Weltreiche bzw. überhaupt den bibliozentrischen Abriß der Weltgeschichte zu beseitigen (unter ihnen steht beinahe allein der Italiener Sabellicus [1436—1506]). So kam es, daß der christlichen Weltgeschichte eine viel längere Dauer beschieden war, als dies eigentlich dem Wechsel der Zeiten entsprach.

Die Humanisten haben aber etwas anderes geleistet. Sie haben erstens einmal durch ein intensives Studium auch der historisch bedeutsamen Schriftsteller des Altertums ganz neue Kenntnisse gewonnen und sich auch bemüht, diese in einer breiten kommentierenden Tätigkeit dem allgemeinen Bewußtsein zur Verfügung zu stellen. Bei der römischen Geschichte kam gerade in dieser Hinsicht noch eine starke Kraft hinzu: die humanistischen Juristen. Der Humanismus hatte auch auf die Wissenschaft vom römischen Recht, die ja bekanntlich ein mittelalterliches Geschöpf ist, übergegriffen und die Gelehrsamkeit, welche die Humanisten auf ihrem Gebiet entwickelten, auf die Quellen des Römischen Reiches übertragen. Gerade auf diesem Gebiet sind Leistungen zustande gekommen, die noch heute in der Romanistik einen nicht verblichenen Glanz haben, man denke etwa an den Franzosen Cujacius (1522—1590). Cujacius hat sich vornehmlich mit rein zivilistischen Problemen befaßt, aber der Genfer Jurist Godofredus (Jacques Godefroy, 1587—1652) verlegte sich auf das Studium des Codex Theodosianus, welcher nicht nur eine rechtsgeschichtliche, sondern auch eine ganz bedeutende historische Quelle der Spätantike ist. Unter Heranziehung eines unendlichen Parallelmaterials drang er in den konkreten Sinn dieser manchmal sehr verschlüsselten Ausführungen ein. Noch heute kann die Wissenschaft auf seinen Kommentar nicht verzichten. Er gehört zu dem ehernen Bestand des wissenschaftlichen Werkzeugs.

Hier auf diesem Gebiet ist von den Humanisten Arbeit geleistet worden, die zwar methodisch sich noch nicht ganz mit dem modernen Verfahren der Wissenschaft im 19. Jahrhundert deckt, aber ohne weiteres imstande ist, einen erheblichen Aufgabenkreis innerhalb des modernen methodischen Horizontes zu erfüllen. Wenn die zum Teil geradezu erstaunlichen Fähigkeiten, welche einzelne große Vertreter des wissenschaftlichen Renaissancegeistes bewiesen, der Geschichtswissenschaft nicht ganz in dem Umfange zugute kamen, wie es der inneren Möglichkeit entsprochen hätte, so lag das daran, daß es solche ergiebigen Quellen wie den Codex Theodosianus für die römische Geschichte leider eben sonst nicht mehr gab. Es ist überhaupt ein leidiger Umstand, daß die römische Geschichte im Spiegel ihrer literarischen Denkmäler, zumal auf die einzelnen Exemplare besehen, keinen hohen Grad von Konkretheit und Anschaulichkeit gewinnt. Immerhin muß auch in diesem Zusammenhang der Name des größten humanistischen Gelehrten, Scaliger (1540—1609), fallen, dessen philologische Hauptverdienste in der Erschließung des alten Latein und des Varro bestehen, und der hierbei ohne ein gewisses Maß an sachlicher Erklärung ja nicht auskommen konnte. Sein großer Vorgänger auf dem Leidener Lehrstuhl Lipsius (1547—1606) hat sich Zeit seines Lebens neben Seneca vor allem mit Tacitus abgegeben.

Aber geschichtliche Erkenntnis erschließt sich bei dieser Sachlage nun einmal nicht am Leitfaden des einzelnen Schriftstellers, sondern kann nur durch Zusammenfassung der historischen Zeugen überhaupt und ihrer Betrachtung nach bestimmten Gesichtspunkten hin gewonnen werden. Die Humanisten trafen nun sehr bald auf die Tatsache, daß sie für ihr primäres Anliegen, nämlich das Verständnis der einzelnen Schriftsteller, solcher Kenntnisse gar nicht entraten konnten. Um Livius oder Tacitus, um Cicero oder Caesar zu begreifen, war ein Verständnis derjenigen Begriffe, mit denen diese Autoren fortwährend umgingen, ganz unvermeidlich. Da es sich nicht um rein ästhetische Phänomene handelte, mußte das ganze Arsenal der politisch-verfassungsrechtlichen Begriffe des römischen Lebens hier hereinkommen. Dieses galt es also sich in anschaulicher Form zurechtzulegen, durch eifriges Studium aus dem Gesamtkreis der Überlieferung herauszuziehen, um dann, gestützt auf dieses Wissen, den Ansatz am einzelnen Objekt, d. h. an den betreffenden Schriftstellern, zu gewinnen. Auf diese Weise erklärt es sich, daß der Humanismus zwar keine Geschichtsschreibung und auch keine Erforschung der pragmatischen Geschichte hervorgebracht hat, aber auf der anderen Seite eine ungeheure Literatur über die staatlich-politischen Zustände Roms verfaßte. In Anlehnung an eine römische Terminologie nannte man das Antiquitäten. Ganze Bibliotheken sind so zustande gekommen, von den frühesten Tagen des Humanismus an. Schon Blondus (Biondo 1388—1463) hat auf diesem Gebiet Erstaunliches geleistet, später der als Geschichtsschreiber Italiens berühmt gewordene Sigonius (1523—1584). In den Niederlanden der Freiheitskriege wurden die militärgeschichtlichen Forschungen des großen Lipsius berühmt. Sie gewannen neben der wissenschaftlichen noch eine ausgesprochen politische Aktualität. Die holländischen Organisatoren der modernen Armee studierten eifrig diese Arbeiten, wie denn ihr Verfasser überhaupt entsprechend dem sozialen Niveau der besten Humanisten eine enge Fühlung zum politischen Leben besaß.

Wir vermissen freilich heute an diesen zum Teil höchst gelehrten Studien die chronologische Differenzierung und überhaupt den Gesichtspunkt des historischen Wandels. Die humanistischen Antiquare fixierten alles auf ein statisches Bild. Das hinderte nicht, daß andererseits Probleme der historischen Zeitrechnung (und auch der gegenwärtigen) die Aufmerksamkeit des großen Scaliger gewannen, der in dieser Hinsicht ganz fundamentale Arbeiten anstellte. In Deutschland war die bemerkenswerteste Erscheinung sein Schüler Philipp Clüver (1580—1623), der Begründer der historischen Geographie und mit seiner Italia antiqua (1623) bis in die moderne Zeit fortwirkend. Später, als im Laufe des 17. Jahrhunderts mit dem Ausgang des Humanismus die wissenschaftliche Energie sichtbar nachließ, hat die gelehrte Welt, die sich in der Form einer enzyklopädischen Polyhistorie betätigte, gerade auf diese Studien immer wieder als einen unvergänglichen Schatz zurückgegriffen und die Arbeiten in großen Serien von dickleibigen Folianten gesammelt. Über sie hinausgekommen ist sie nirgends, auch nicht in der Folgezeit, als die historische Welt vom Ausgang des 17. Jahrhunderts an ein ganz neues Aussehen gewann.

2. Das achtzehnte Jahrhundert

In die geschichtliche Vorstellungswelt, welche freilich gegenüber den berühmten philosophischen und naturwissenschaftlichen Entdeckungen des 17. Jahrhunderts ein gegenüber früher vermindertes Gewicht besaß, geriet ein neuer Zug, jedenfalls auf dem Gebiete der antiken Geschichte, als mit einer Verbreitung der Bildung über die gelehrten Kreise hinaus sich das Bedürfnis zu Worte meldete, die Fülle von historischen Tatsachen, welche in den antiken Autoren dem humanistisch Gebildeten zur Verfügung standen, einem größeren Publikum unter Verzicht auf das esoterische Latein mitzuteilen. Man kann diese Linie etwa seit der Mitte des 17. Jahrhunderts in ihren ersten Anfängen verfolgen. Die Zielsetzung war zuerst äußerst bescheiden. Man glaubte genug getan zu haben, wenn man in strenger Anlehnung an die antiken Autoren die Tatsachen in chronologischer Reihenfolge so darstellte, wie sie sich ohne eigentliche Kritik aufgreifen ließen und in der Beleuchtung, in der man das klassische Altertum nun einmal sah, zur Darstellung kamen.

Einer der ersten, welche diesem neuen Bedürfnis Rechnung trugen, war der Engländer Laurence Echard (1670—1730). Der philosophische Geist der Zeit war an sich der Historie nicht günstig. Ein erkenntnistheoretischer Skeptizismus (Pyrrhonismus) hatte nicht zuletzt die Zufälligkeiten und Unsicherheiten, welchen das historische Wissen ausgesetzt war, aufs Korn genommen. Daher kam es, daß in einigen seltenen Fällen nun auch das Problem der Gewißheit geschichtlicher Tatsachen ins Bewußtsein trat. Angeregt hierdurch entstand auf dem Gebiete der mittelalterlichen Geschichte durch Mabillon (1632—1707) die moderne Urkundenlehre. Das Altertum und zumal die römische Geschichte konnte mit etwas Vergleichbarem nicht aufwarten, obgleich man die römischen Inschriften längst kannte, auch auswertete, und schon Scaliger eine Sammlung angeregt hatte. Aber wie auch heute noch ist das Fundament unserer Information über die römische Geschichte in erster Linie die literarische Tradition. Ihre Schwächen, sich kundtuend in sichtbaren Widersprüchen, waren nicht zu übersehen, wenn man einmal auf den humanistischen Autoritätsglauben ihnen gegenüber verzichtete. Der Niederländer PERIZONIUS (1651—1715) hat hierauf sein Augenmerk gerichtet und noch lange später den Beifall des großen NIEBUHR mit seinen Studien gefunden[2]. PERIZONIUS gehörte nicht zur Partei der Skeptiker und hatte viel eher die Absicht, auf dem Boden der Kritik die Tatsachen zu erhärten. Mit der Marschroute, welche der hervorragendste Vertreter dieses Skeptizismus, PIERRE BAYLE (1647—1706) vorgezeichnet hatte, trat an dieses Problem der Franzose LOUIS DE BEAUFORT († 1795)[3].

Doch haben sich diese Versuche eigentlich nicht durchgesetzt und sind auch für ihre Zeit und auch für das 18. Jahrhundert nicht fruchtbar geworden. Der Trieb, das Altertum in der Form historischer Anschauung sich zu vergegenwärtigen und damit überhaupt erst einmal historische Tatsachen im Zusammenhang dem allgemeinen Bewußtsein zu präsentieren, war stärker. In diesem auf breiter Linie durchgeführten Bemühen nimmt den ersten Platz ein der Jansenist LENAIN DE TILLEMONT (1637—1698). TILLEMONT war ein frommer Mann und wollte vor allem für die antike Kirchengeschichte festen Boden gewinnen. Da diese aber im Raume des römischen Kaiserreiches sich abwickelte, hielt er es für notwendig, die Tatsachen dieses Bereiches einheitlich zusammenzustellen, um daneben die Kirchengeschichte im engeren Sinne aufzureihen. TILLEMONT war sich schon damals bewußt, daß das im Grunde noch keine Geschichtsschreibung war, sondern eher als Vorarbeiten dazu zu gelten hatte. Diese Bescheidenheit gewährte ihm aber eine große Möglichkeit. Er konnte auf diese Weise die gelehrte Methode, d. h. den rastlosen Sammeleifer der Antiquare, auf die Geschichte übertragen und hat so mit seiner Kaisergeschichte ein gelehrtes und materialreiches Werk geliefert, wie es bis dahin in der antiken Geschichte noch nicht existiert hatte und auch bis in das 19. Jahrhundert hinein unerreicht bleiben sollte[4]. Ein entferntes Analogon hierzu ist die Römische Geschichte der beiden Jesuiten CATROU (1659—1737) und ROUILLÉ (1681—1740)[5]. Im Gegensatz zu TILLEMONT sollte sie die ganze römische Geschichte umfassen, ist aber über den Anfang der Kaiserzeit nicht weit hinausgediehen und hat insofern ihr Schwergewicht in der Republik. Im Gegensatz zu TILLEMONT haben die beiden Verfasser wohl die Quellen in ihrem gesamten Umfange studiert, aber auf ihre pedantische Mitteilung im einzelnen verzichtet und damit dem Publikum schon eine gewisse Konzession gemacht. Das Buch ist die wissenschaftliche Grundlage für das gesamte 18. Jahrhundert geblieben. Wissenschaftlich bescheidenere Zielsetzungen, dafür aber die Absicht, dem größeren Publikum zu dienen und pädagogisch zu wirken, verfolgte der gefeierte Pariser Professor ROLLIN (1661—1741)[6]. Bis in das 19. Jahrhundert hat seine Römische Geschichte zum Lesestoff der gebildeten Welt gehört.

Als im 17. Jahrhundert sich der Trieb zur historischen Mitteilung auf dem Gebiet des Altertums zum Worte meldete, und damit die Absicht, das humanistische Bil-

---

[2] JACOB PERIZONIUS: Animadversiones historicae (1685).

[3] LOUIS DE BEAUFORT: Dissertation sur l'incertitude de cinq premiers siècles de l'histoire romaine. Utrecht 1738.

[4] LENAIN DE TILLEMONT: Histoire des Empereurs et des autres princes qui ont regné durant les six premiers siècles de l'Église (1690—1738).

[5] CATROU/ROUILLÉ: Histoire Romaine depuis la fondation de Rome. 20 Bde. (1725—1737).

[6] CHARLES ROLLIN: Histoire Romaine depuis la fondation de Rome jusqu'à la bataille d'Actium. 16 Bde. (1739 ff.).

dungssubstrat, das ja trotz des Aufhörens der im prägnanten Sinne humanistischen Epoche durchaus seine Geltung behalten hatte, in historischer Form zu veranschaulichen, war dies nur der Anfang einer Bewegung, welche im 18. Jahrhundert im Zusammenhang mit der Aufklärung ein neues Verhältnis zur Geschichte überhaupt gewann. Das neue Interesse an der Geschichte war viel weniger als früher durch Traditionen bestimmt als durch die Aktualität des gegenwärtigen Bewußtseins. Der Aufklärung ging es um den Menschen, von dem sie in ihrer Art sehr präzise Vorstellungen besaß — er war eine gleichsam von Natur normierte Größe —, aber diesen Menschen wollte man auch in der Dimension seiner zeitlichen Entfaltung kennenlernen. Er sollte sich einmal in der Fluchtlinie einer immanent gelenkten Entwicklung darbieten, andererseits in der Fülle seiner Qualitäten in Erscheinung treten und nicht lediglich auf sein politisches Dasein beschränkt sein. Mit anderen Worten: das geschichtliche Bewußtsein wurde bereichert durch den Entwicklungsbegriff, der durchaus noch nicht der unsrige war — er war eine säkularisierte Form des christlichen —, aber doch zweifellos ein originales Modell darstellte und in ihm eine Vorstufe des modernen historischen Denkens ausbildete. Im übrigen war das 18. Jahrhundert sehr reich an verschiedenen Ansätzen und wies in gewissen Vertretern sogar noch über diesen Rahmen hinaus.

In einer durchaus selbständigen Vorstellungsweise näherte man sich infolgedessen auch der antiken und zumal der römischen Geschichte (sie lag von jeher viel näher als die griechische). Dieser Betrachtungsweise war es nicht um Quellenforschung zu tun, auch nicht in dem Sinn, wie man es bereits gelernt hatte, sondern sie übernahm vielmehr die Einstellung der vorangehenden Generation des 17. Jahrhunderts, welche sich daran gewöhnt hatte, in dem bestehenden Vorrat an Kenntnissen eine ausgereifte und eigentlich nicht mehr zu überbietende Leistung der gelehrten Arbeit zu sehen. Die moderne Aufgabe bestand jetzt vielmehr darin, mit diesem Material in der den modernen Bedürfnissen entsprechenden Weise umzugehen.

In ganz souveräner Weise hat sich dieses Verfahren gleich am Anfang der Epoche in der Person des berühmten Montesquieu (1689—1755) dargestellt. Seine Reflexionen über die Größe und den Untergang der Römer[7] sind ein Zeugnis ganz gediegener innerer Forschung und Überlegung. Hier wird tatsächlich die Geschichte im echtesten Sinne des Wortes problematisch, d. h. ein Vorwurf des Denkens. Montesquieus Fragestellung und zum Teil auch die Antworten sind trotz der mangelnden Unterbauung durch empirische Forschung noch heute aktuell. Die Frage nach der Entstehung dieses einzigartigen Phänomens des Römischen Reiches wie ebenso noch die umfassendere nach dem Untergang der antiken Zivilisation haben nicht aufgehört, die Gemüter auch in späteren Zeiten, bis in unsere Gegenwart, zu beschäftigen. Montesquieu hat verständlicherweise sehr anregend gewirkt, auch schon im 18. Jahrhundert, und im 19. beruft sich Niebuhr ausdrücklich auf ihn als auf einen seiner wenigen Lehrmeister. In der Rom gewidmeten Geschichtsschreibung des 18. Jahrhunderts tauchen seine Gedanken in Verbindung mit anderen Ansätzen, etwa denen der englischen Präromantik, bei Ferguson (1723—1816) auf, der nun tatsächlich eine römische Geschichte ge-

[7] Charles de Secondat Montesquieu: Considérations sur les causes de la grandeur des Romains et de leur décadence (1734).

schrieben hat[8]. Auch das monumentale Werk, das als Geschichtsschreibung alles Vorangehende in den Schatten stellte, ist auf diesem Boden erwachsen; GIBBONS (1737—1794) History of the Decline and Fall of the Roman Empire (1776—1788)[9] hat tatsächlich die Möglichkeiten, welche die Aufklärung bot und die vor allem in der weit ausgedehnten Arbeit VOLTAIRES bereits eine glänzende Manifestation erhalten hatten, in klassischer Weise und an einem klassischen Gegenstand verwirklicht. GIBBON hätte das freilich nicht tun können, wenn ihm die sogenannte gelehrte Arbeit in dem damals noch gültigen Sinne der Sammlung des Materials nicht vorher abgenommen worden wäre durch die Arbeit TILLEMONTS. Denn historischer Forscher im Sinne der Gewinnung des Einzelmaterials ist GIBBON ebensowenig gewesen wie VOLTAIRE, nur daß bei VOLTAIRE in Ermangelung der gültigen Voraussetzungen dies zu manchmal sehr ungünstigen Konsequenzen führte, während GIBBON auf einem festen Boden stand. GIBBON entwirft ein ausgedehntes Panorama des Römischen Reiches, er veranschaulicht, soweit das damals möglich war, die anthropologische Struktur des Zeitalters, und vor allem behält er in ihr einen großen Sektor der Geschichte des Christentums vor, dem er einen zentralen Platz in der Entwicklung zuweist. Er versucht damit, das Geschehen, welches sich auf den verschiedenen Bahnen bewegt, unter einem einheitlichen Gesichtspunkt zusammenzufassen. Er hat selbstverständlich auch eine Antwort auf die drängende und schließlich einen Ausgangspunkt der neuen Geschichtsschreibung bildende Frage nach den Gründen des Untergangs der antiken Welt. Der Eindruck des Werkes unter den Zeitgenossen war gewaltig, mit Recht, aber seine Autorität wirkte auch weit in die Zukunft hinein. Für NIEBUHR sollte es nach dessen Plan die untere Grenze seiner Behandlung der römischen Geschichte bilden. Mit ihm zu konkurrieren, schien ihm geradezu sinnlos. Und sogar MOMMSEN, der selbst ja die von ihm erwartete Geschichte der Kaiserzeit nicht geschrieben hat, tröstete sich und sein Publikum mit dem Hinweis auf die GIBBONsche Leistung. Viel besser als er könne man es doch nicht machen.

3. Niebuhr

Die emsige Arbeit der Humanisten und der Antiquare, nicht minder die zahlreichen Darstellungen der römischen Geschichte seit dem Ende des 17. Jahrhunderts sind durch das Aufkommen der im spezifischen Sinne modernen Geschichtswissenschaft alle der Vergessenheit anheimgefallen. Lediglich GIBBONS monumentales Werk hat sich über diese Grenze hinaus eine Existenz bewahrt. Natürlich gab es Übergänge von der einen wissenschaftsgeschichtlichen Epoche zur anderen, aber sie sind schwer sichtbar und vor allem auf dem Gebiete der römischen Geschichte kaum wahrzunehmen, denn das Emporkommen der modernen Geschichtswissenschaft ist an eine sehr eigentümliche Persönlichkeit geknüpft, welche, obschon noch dem 18. Jahrhundert entstammend, bei ihren Arbeiten doch ganz selbständig und im Grunde ohne jeden Rückgriff auf die vergangene Tradition vorging. Das ist der berühmte BARTHOLD GEORG NIEBUHR (1776—1831), dessen Name nicht nur mit großen Buchstaben über dem Eingang zur modernen Erforschung der römischen Geschichte geschrieben steht, sondern nicht minder über dem der gesamten Geschichtswissenchaft.

NIEBUHR war im Grunde Autodidakt. Seine wissenschaftliche Ausbildung vollzog sich bis zu seinem achtzehnten Lebensjahr in dem schleswig-holsteinischen Meldorf

[8] ADAM FERGUSON: History of the Progress and Termination of the Roman Republic. London 1783.

[9] Neu hrsg. und mit Zusätzen versehen von J. E. BURY, 7 Bde., London 1896—1900.

im Hause des Vaters Carsten Niebuhr, der damals als geographischer Forscher berühmt war. Sie erfolgte auf dem Wege des Selbststudiums, zu dem ihn eine ganz außerordentliche sprachliche Begabung, ein unglaubliches Gedächtnis und eine ebenso erstaunliche Frühreife befähigten. Er hat zwar nachher noch zwei Jahre die Universität Kiel besucht, aber an ihr war, wie an den meisten deutschen Universitäten, weder für Geschichte noch für Philologie etwas zu lernen. Auf Grund dieser ganz persönlichen Bedingungen wurde Niebuhr zu einer Beschäftigung geführt, welche den Historikern des 18. Jahrhunderts zum großen Teil fremd geworden war, nämlich zu einer eingehenden Lektüre und Studium der Quellen. Niebuhr pflegte mit ihnen sehr intensiven Umgang und wiederholte damit in seiner Person das, was die Geschichte in einer langen humanistischen Tradition heraufgeführt hatte: eine ganz intime Kenntnis der antiken Literaturdenkmäler. Ein gewaltiger Schatz von Gelehrsamkeit sammelte sich so im Laufe der Jahre bei ihm an, und wenn er zwei Jahrhunderte früher gelebt hätte, wäre ihm wohl beschieden gewesen, in den Spuren von Lipsius und Scaliger, die er verständlicherweise hoch verehrte, zu gehen.

Doch Niebuhr war das Kind eines Zeitalters, das gerade den spezifischen historischen Sinn in sich ausbildete. Dazu hatte ja bereits die gesamte geistige Entwicklung des 18. Jahrhunderts verholfen. Niebuhr selbst war freilich mit den herrschenden Kräften des Zeitalters, d. h. mit der Aufklärung, nicht mehr verbunden. Er stand am Ende der Epoche, da, wo sie in Kritik ihres eigenen Wesens umschlug. Von der Rationalität der historischen Entwicklung hielt er nichts mehr und folgte darin Herder und vor allem dem osnabrückschen Ritterschaftssekretär und Verfasser der Osnabrückschen Geschichte Justus Möser. Niebuhr suchte die treibenden Impulse der Geschichte in dem sozialen Gesamtgefüge der Menschen und lernte auf diesem Gebiete von Montesquieu. Niebuhr war vor allem auch jung genug, um mit Aufmerksamkeit das gewaltige historische Experiment der Französischen Revolution zu beobachten, welches dem Historiker eine bis dahin ungeahnte Möglichkeit geschichtlicher Erfahrung und Analyse bescherte. Er nahm ihm gegenüber den Standpunkt des berühmten Kritikers der Französischen Revolution, des konservativen Engländers Burke, ein. Auf diese Weise gewann Niebuhr eine eigentümliche und bis dahin in der Geschichte noch kaum vertretene Gesamtkonzeption des historischen Lebens. Dieselbe verschmolz nun mit seiner intimen historischen Detailkenntnis und führte so zu einem ganz neuen Ansatz. Man kann ihn damit kennzeichnen, daß man ihn als die Verknüpfung von historischer Vorstellungskraft und Gelehrsamkeit charakterisiert und darin ein Zusammenführen der beiden Wege, welche sich seit langem getrennt hatten, erkennt. Aber man hat dann dazuzusetzen, daß „historische Vorstellungskraft" in einem neuen und zukunftsträchtigen Sinn zu verstehen ist und ihresgleichen nicht in der vorangehenden Zeit findet.

Niebuhr fühlte sich im Grunde von allen historischen Phänomenen berührt. Seine Kenntnis war die eines Universalhistorikers im alten Sinne, nur daß er dieselbe durch sein Anschauungsvermögen übertraf. Im Laufe seines Lebens sind auch diese und jene Pläne, die mit dem Altertum gar nichts zu tun haben, bei ihm aufgetaucht. Geforscht und studiert hat er im Gesamtbereich der antiken Geschichte, vor allem auch der griechischen. Literarisch gearbeitet hat er fast ausschließlich auf dem Gebiete der römischen Geschichte. Daraus entstand auch sein berühmtes Werk, die „Römische Geschichte" (1811 ff.). Hingeführt zu ihr wurde er durch ein sozialgeschichtliches Problem, die römische Agrarverfassung. In ihr glaubte er die Grundlagen des älteren römischen Staates zu erkennen und damit die Wurzeln aller späteren Größe Roms. Es ging ihm um die Ursprünge, um den geheimnisvollen Grund historischer Entwicklung. Damit blieben seine Forschungen auf diesem Gebiete beschränkt auf die ältere römische Geschichte, und sein Werk ist über diese nie hinausgekommen (es endet mit dem Ersten Punischen Krieg).

Der moderne Leser, der dieses Buch heute in die Hand nimmt, hat es schwer, sich seine Bedeutung zu veranschaulichen. Es ist in einem schwerfälligen, hölzernen Stil geschrieben und entbehrt jeglichen darstellerischen Reizes. Im Grunde ist es überhaupt keine Geschichte, sondern eine unförmig verlaufende Untersuchung. Die Bedeutung des Werkes erschließt sich erst, wenn man es mit den Augen der Zeitgenossen NIEBUHRS sieht und in Anschlag bringt, welche lebendige Wirkung davon ausgegangen ist. Die „Römische Geschichte" war ihrerzeit bei ihrem Erscheinen 1811/12 eine Sensation.

Seiner äußeren Berufsstellung nach war NIEBUHR kein Gelehrter. Er war Staatsmann und hoher Verwaltungsbeamter, Spezialist für Finanz- und Bankwesen, und im Jahre 1806, unmittelbar vor der Katastrophe von Jena und Auerstedt, aus dem dänischen in den preußischen Dienst übergewechselt. Seine Berufung durch den Freiherrn vom Stein verdankte er seinen fachlichen Kenntnissen. Daneben — aber das war für seine berufliche Schätzung nicht ausschlaggebend — wußte man, daß er historisch-philologische Liebhabereien betrieb und in dieser Hinsicht höchst eigentümliche Kenntnisse und Ansichten besaß. Dazu galt er, mit Recht, als ein erstaunliches Sprachgenie. Ungefähr dreißig Sprachen kannte er. Widrige Umstände brachten ihm unter der napoleonischen Herrschaft eine unfreiwillige äußere Muße. Er zog sich von der praktischen Tätigkeit zurück und wurde Mitglied der Preußischen Akademie. Als solches hat er an den Bemühungen, welche der glanzvollen Eröffnung der neu gegründeten Berliner Universität galten, teilgenommen und hielt im Wintersemester des Jahres 1810 Vorlesungen über römische Geschichte, die ihn mit einem Schlag zu einem berühmten Manne machten, und aus denen sich unmittelbar nachher die erste Auflage seiner „Römischen Geschichte" ergab. Die von ihm selbst wahrscheinlich nicht geahnte Resonanz brachte zum Ausdruck, daß NIEBUHR in sich den modernen historischen Geist exemplarisch verkörperte.

Äußere und innere Umstände gestatteten NIEBUHR nicht, über den Kreis seines ersten Entwurfes wesentlich hinauszukommen. Seine spätere literarische Tätigkeit bewegte sich nach wie vor um das Zentrum der älteren römischen Geschichte, zum Teil in Umarbeitungen der ersten Auflage. Als er 1831 plötzlich starb, mußte der dritte Band aus seinem Nachlaß herausgegeben werden. Die letzten Jahre seines Lebens hatte er in Bonn verbracht, wo er eine ähnliche Stellung zur Universität einnahm wie seinerzeit in Berlin, d. h., er war nicht Professor, sondern hielt lediglich nach freiem Belieben an der Universität Vorlesungen. Der Zulauf, den er da hatte, war gewaltig. Er ging weit über den Kreis der speziell am Altertum Interessierten hinaus.

NIEBUHR ist der Nachwelt vor allem als Kritiker der historischen Überlieferung in Erinnerung geblieben. Aber das ist eigentlich sein geringstes Verdienst. Historische Kritik war vor ihm auch nicht unbekannt. Sowohl eine genaue philologische Interpretation der antiken Quellen als weltanschauliche Skepsis gegenüber der Überlieferung überhaupt konnten sie in Bewegung setzen. Aber Niebuhr erhob die Kritik zu einem unentbehrlichen Bestandteil der historischen Forschung und räumte ihr damit einen Anspruch ein, der bis dahin unbekannt gewesen war. Doch damit ist zugleich gesagt, daß Kritik für ihn kein Selbstzweck sein konnte, sie war nur ein methodisches Hilfsmittel und bezeichnete damit ein Durchgangsstadium, an dessen Ende das geschichtliche Begreifen zu stehen hatte. Um dieses Begreifen war es Niebuhr in erster Linie zu tun. Für ihn sollte es kein Phänomen in der historischen Welt geben, dessen Gültigkeit sich lediglich auf die Tatsache der Überlieferung stützte. Wirklich wurde die Geschichte für ihn erst, wenn sie aus den ihr eigentümlichen Voraussetzungen durchleuchtet war, wenn für alles die Gründe angegeben waren und sich der historischen Betrachtung ein vielfältiges Netz innerer Beziehungen erschloß. Alles mußte irgendwie geworden sein und in einen historischen Prozeß zu stehen kommen. Dessen letzte Ursachen erkannte er in der gesellschaftlichen Verfassung und in der menschlischen Substanz der Geschichtsträger. Erfaßt von den geschichtlichen Kräften war ihm aber auch die historische Tradition. Sie stand nicht neben der Geschichte, sondern war eines ihrer Elemente. Niebuhr hatte ganz richtig erkannt, daß auch der Geist ein historisches Schicksal hat und das geschichtliche Wissen dieses mit ihm teilt.

Wenn die Welt damals auf Niebuhr hörte und in ihm neben Alexander von Humboldt den berühmtesten zeitgenössischen Gelehrten zu sehen glaubte, so waren es diese neuen Aspekte, welche seinen originalen Verstand verrieten. Es war aber nicht minder der Ernst, die Unermüdlichkeit und die Gewissenhaftigkeit, mit der er seine historischen Schemata in der historischen Wirklichkeit konkretisierte. Niebuhr wich keinem Problem aus, das sich ihm auf seinem Wege entgegenstellte, und war unermüdlich in der historischen Argumentation. Niebuhr hat das Ethos strenger Wissenschaftlichkeit in der Geschichte angesiedelt und damit für die gesamte Geschichtsforschung der Zukunft ein Thema angeschlagen.

Man muß das betonen, weil es Niebuhr in der Folgezeit nicht beschieden war, sich mit seinen Ergebnissen im einzelnen durchzusetzen. Seine Autorität war zwar noch über seinen Tod hinaus eminent. Der lebendige Widerhall seiner Persönlichkeit blieb eine Generation mindestens bestehen, und obgleich Niebuhr eigentlich kein akademischer Lehrer gewesen war und in diesem Sinne auch nicht Schule machen konnte, fehlte es nicht an jüngeren Gelehrten, die auf ihn schworen, sich geradezu als seine Nachfolger ausgaben oder zum mindesten ihm seine Geltung bezeugten. Unter letzteren war etwa Leopold Ranke. Die Niebuhr-Schule im engeren Sinne auf dem Gebiet der römischen Geschichte hat bis in die zweite Hälfte des 19. Jahrhunderts existiert. In Niebuhrs Geiste wurde von dem Hegelianer Albert Schwegler (1819—1857) in der Mitte des Jahrhunderts eine Römische Geschichte (1853 ff.) verfaßt, welche desgleichen nicht über die frühere Zeit hinauskam. Sie ist bedeutend flüssiger geschrieben als das Niebuhrsche Werk, und obgleich sie natürlich in manchen Einzelfragen von Niebuhr abweicht, vermittelt sie einen verhältnismäßig getreuen Eindruck von der Art und Weise, wie sich die römische Geschichte auf den Grundlagen von Niebuhr darstellt. Schwegler verrät darin nichts von der damals üblichen Hegel-Orthodoxie. Seine philosophische Basis ist in anderen literarischen Werken, wie etwa der sehr bekannt gewordenen Philosophiegeschichte, bedeutsamer geworden. Fortgesetzt hat ferner die Niebuhrsche Linie Karl Wilhelm Nitzsch (1818—1880). Im Gegensatz zu Schwegler ist er aus der historischen Forschung hervorgegangen und auch in ihr geblieben. Zwei Hauptgedanken NIEBUHRS hat er zeit seines Lebens mit Konsequenz vertreten, NIEBUHRS Auffasung von den historischen Quellen und den sozialgeschichtlichen Gesichtspunkt. Beide hat er nicht nur in der römischen Geschichte durchgeführt, sondern ist mit ihnen auch in den Raum der mittelalterlichen Geschichte eingedrungen[10]. Mit fortschreitendem Alter verlegte er auf diese das Schwergewicht. In der römischen Geschichte hat er nicht allzuviel publiziert, aber seine Auffassung von ihr ist nach seinem Tode durch die Veröffentlichung seiner Vorlesungen über die Geschichte der römischen Republik bekannt geworden[11]. Eine Generation später, mit der bereits der Anfang des zwanzigsten Jahrhunderts berührt wird, hat der bekannte Altertumshistoriker HEINRICH NISSEN das Banner NIEBUHRS noch hochgehalten und Möglichkeiten seiner Quellenmethode in einem besonderen Fall mit einem noch heute grundlegenden Buch über Livius und Polybios erwiesen[12].

NIEBUHR glaubte an so etwas wie eine organische Fortentwicklung des Quellenbestandes von den Anfängen an bis in die spätere Zeit. Nach seiner Vorstellung setzten sich an einen alten Bestand immer neue Schichten an. Daraus ergab sich für ihn die Möglichkeit, durch diese hindurchzustoßen auf den alten Kern. Dieses Leitbild sollte sich in der mittelalterlichen Chronistik bewähren. Zum Schaden von NIEBUHR stellte sich im Laufe der Forschung jedoch heraus, daß die Voraussetzungen in der römischen Geschichte nicht so günstig waren und die Tradition, über die wir durch die Vermittlung von Livius verfügen, alles andere ist als das Ebenbild eines gleichmäßigen Wachstumsprozesses. NISSEN war jedoch mit seinen Untersuchungen in eine Phase geraten, in der sich das NIEBUHRsche Modell noch am ehesten verifizieren ließ. NIEBUHR verfügte im Grunde auch nicht über eine sichere Methode, um sein Programm im einzelnen durchzuführen. Die Erwägungen, die er jeweils anstellte, waren, wie eine kritische Nachwelt erkannte, sowohl bei ihm als vor allem auch bei seinen Nachfahren durch wenig präzisierte Gesichtspunkte eingegeben und liefen Gefahr, sich in einen dunstigen Nebel von phantasievollen Bildern aufzulösen. In dem Bestreben, der Wirklichkeit auf die Spur zu kommen, war vieles in eine sich als immer fragwürdiger herausstellende Tradition hineingeheimnist worden.

4. Mommsen

Die Kritik an NIEBUHR, welche auf die Dauer nicht ausbleiben konnte, wurde durch einen Mann ins Werk gesetzt, der dazu bestimmt war, NIEBUHRS Bedeutung für die Nachwelt nachhaltigst zu beschatten: durch THEODOR MOMMSEN (1817—1903)[13]. Er ist derjenige Forscher geworden, auf dessen Schultern auch heute noch die Wissenschaft von der römischen Geschichte steht. Während NIEBUHR das Tor aufriß zum modernen Verständnis der römischen Geschichte, hat MOMMSEN auf dem von NIEBUHR freigelegten Gelände die Fundamente eines großartigen wissenschaftlichen Baues

[10] Seine Hauptarbeiten sind: KARL WILHELM NITZSCH, Die Gracchen und ihre nächsten Vorgänger, 1847. Die römische Annalistik, 1873.

[11] KARL WILHELM NITZSCH: Geschichte der römischen Republik. 2 Bde., Leipzig 1884/1885.

[12] HEINRICH NISSEN: Kritische Untersuchungen über die Quellen der 4. und 5. Dekade des Livius. Berlin 1863. — NISSENS Hauptwerk ist seine „Italische Landeskunde“. 2 Bde., Berlin 1883 und 1902.

[13] Zu MOMMSENS wissenschaftsgeschichtlicher Bedeutung vgl. ALFRED HEUSS: Theodor Mommsen und das neunzehnte Jahrhundert. Kiel 1956.

gelegt. MOMMSEN war, trotz seines persönlichen Engagements an der Politik seiner Zeit, ausschließlich Gelehrter, dazu ausgestattet mit einer überdimensionalen Arbeitskraft und in einer Epoche stehend, welche ihm im Gegensatz zu NIEBUHR die virtuose Handhabung einer nun ausgebildeten philologischen Methode erlaubte. MOMMSEN verfügte aber noch über einen anderen Vorteil: das war die Existenz einer modernen Wissenschaft vom römischen Recht, wie sie aus dem Wirken SAVIGNYS hervorgegangen war und sich in der großartigen Tätigkeit der sogenannten Historischen Rechtsschule niedergeschlagen hatte. Alles beides stand zu NIEBUHRS Zeiten noch in den allerersten Anfängen.

MOMMSEN hatte seine Ausbildung als Jurist und auch als Philologe erfahren. Jene war ihm zuteil geworden im Laufe eines normalen rechtswissenschaftlichen Studiums, diese vermittelte ihm die Freundschaft mit dem Philologen OTTO JAHN, der seinerseits Schüler von GOTTFRIED HERMANN und KARL LACHMANN war. Die philologischen Ansätze führte MOMMSEN, abgesehen von einer großen Editionstätigkeit, zu epochaler Wirksamkeit fort in seinen Bemühungen um die lateinischen Inschriften. Seit Anfang des Jahrhunderts hatte man das Bedürfnis verspürt, diesen Quellenstoff, der die eigentlichen Dokumente der römischen Geschichte enthielt, zugänglich zu machen. Aber die Schwierigkeiten, die sich vor das Vorhaben stellten, schienen geradezu unüberwindbar zu sein. Nicht nur, daß diese Relikte unübersichtlich und weit verstreut in unzähligen lokalen Museen auf dem Terrain des gesamten ehemaligen Römischen Reiches lagen. Diese Steine selbst hatten eine komplizierte philologische Geschichte, denn seit den Tagen der Renaissance hatte man ihnen Aufmerksamkeit geschenkt, sie in einer Unsumme von lokalen Publikationen aufgezeichnet oder entstellt, und nicht zuletzt waren in diese Masse eine Menge von glatten Erfindungen bzw. Fälschungen eingeflossen. Da viele Inschriften in der Zwischenzeit verlorengegangen waren, konnte man jedoch diese Überlieferung nicht ignorieren, und es stellte sich die doppelte Aufgabe, einmal die autoptische Kenntnis des noch Vorhandenen zu gewinnen und zweitens den Überlieferungsstand zu überprüfen. Heuzutage würde ein solches Vorhaben arbeitsteilig mit Hilfe vieler staatlicher wissenschaftlicher Institutionen bewältigt werden. Als MOMMSEN Hand anlegte, gab es dergleichen noch nicht, und es fehlte auch eine Ausführung der Grundsätze, nach denen zu verfahren war. MOMMSEN hat alles erst ins Leben gerufen, das Arbeiten an den Inschriften überhaupt und danach den Apparat, der ihre Sammlung in die Tat umsetzte. Er fand seinen Platz im Rahmen der Preußischen Akademie, die damit den Anlauf nahm, zu einem der größten Institute wissenschaftlicher Forschung im 19. Jahrhundert zu werden. Durch Jahrzehnte war MOMMSEN ihr Leiter. Das Ergebnis war das Corpus Inscriptionum Latinarum, allein ein Geschöpf der MOMMSENschen Initiative und dauernd durch seine Energie in Gang gehalten, so daß es noch zu seinen Lebzeiten dem Abschluß nahekam. Einen beträchtlichen Teil hat er selbst bearbeitet, vor allem aber vor Begründung des Corpus durch die Herausgabe der süditalischen Inschriften das Muster geliefert, nach dem zu verfahren war.

Verbunden war die Edition jeweils mit einer historischen Topographie der betreffenden Fundstätten, in die das neugewonnene Bild der römischen Ordnung der Welt einfloß. Die Inschriften selbst, zumeist der nachrepublikanischen Zeit entstammend, sollten die Grundlage werden, auf der sich eine Geschichte des römischen

Kaiserreiches erhob. Damit hatte MOMMSEN in den Vordergrund der historischen Forschung die Urkunden gestellt und war damit einen anderen Weg als NIEBUHR gegangen. NIEBUHR selbst waren Urkunden selbstverständlich nicht fremd gewesen, und er hat ihre Bedeutung durchaus erkannt, aber die römische Geschichte in dem Stadium, in welchem er sie aufsuchte, konnte von ihnen keine wesentliche Erhellung erfahren.

Entscheidender war ein anderer Differenzpunkt zu NIEBUHR, der Zugang zur römischen Geschichte vom Recht, oder genauer gesagt, von der Rechtssprache her. Auch er war NIEBUHR nicht gerade unbekannt, und noch weniger hat er, der den Gaius entdeckt hat, ihr Gewicht unterschätzt, aber NIEBUHR war kein ausgebildeter Jurist und hatte auch noch nicht die Erkenntnis der neuen Rechtswissenschaft zur Verfügung. MOMMSEN war mit ihr aufgewachsen und verfügte damit über ein besonderes Organon des Quellenverständnisses. Die römische Agrarverfassung, um die sich NIEBUHR so angestrengt bemüht hatte, gewann mit den Augen eines juristisch gebildeten Historikers gesehen ein wesentlich anderes Gesicht.

MOMMSENS Herkunft aus der zeitgenössischen Romanistik (Pandektistik) gab ihm auch die Konzeption seines größten wissenschaftlichen Werkes ein, auf das er selbst am meisten stolz war, das „Römische Staatsrecht“[14]. An die Erhellung des Mechanismus des römischen Staates hatte man seit den Tagen der Humanisten schon viel Mühe verwandt. Unter NIEBUHRschem Einfluß war man auch darangegangen, eine römische Verfassungsgeschichte zu entwickeln. Doch MOMMSENS Ehrgeiz ging höher: er wollte ein System des römischen Verfassungsrechtes aufführen, so, wie sich die Pandektistik um eines des römischen Privatrechts bemühte, streng konstruiert, nicht nur auf dem Boden eines vielfältigen und kaum überschaubaren Materials, sondern vor allem auch innerlich durchleuchtet mit Hilfe gewisser systematischer Grundsätze und Grundgedanken. Der Erfolg von MOMMSENS anhaltendem, seit seiner Jugend ihn begleitendem Bemühen war ein gigantisches Werk, in dem die Partikel eines unendlichen Materials eine souveräne Einordnung erfuhren. Wenige Jahre vor seinem Tode ergänzte er dieses Werk noch durch ein umfassendes Römisches Strafrecht (1899). Beide Werke sind noch heute die Grundlage jeglicher Forschung auf dem Gebiete des römischen Staates.

In den historischen Arbeiten von MOMMSEN tritt die römische Republik in auffälliger Weise gegenüber der Kaiserzeit zurück. Das war keineswegs von Anfang an so. Die rechtsgeschichtlichen Studien, mit denen MOMMSEN seine wissenschaftliche Laufbahn in Kiel begann (er hat von 1838—1843 ausschließlich dort studiert), legten ihren Schwerpunkt auf administrative Einrichtungen des republikanischen Rom, ferner waren auch seine Studien zum römischen Agrarrecht (in Leipzig 1848—1851) dort lokalisiert, und vor allem beschäftigt sich dasjenige Werk, mit dem MOMMSEN über die Grenzen der Fachwissenschaft mit einem Schlage berühmt wurde, nämlich die Römische Geschichte (1854—1856), in ihren drei ersten Bänden ausschließlich mit der republikanischen Entwicklung bis zu Caesar. Später folgten dann nur noch einzelne, allerdings sehr wichtige Arbeiten, gesammelt von ihm selbst in seinen Römischen Forschungen (1864; 1879)[15].

[14] THEODOR MOMMSEN: Das Römische Staatsrecht. 3 in 5 Bde.; 1. Auflage, Berlin 1871 ff.; 3. (und letzte) 1887.

[15] THEODOR MOMMSEN: Römische Forschungen. 2 Bde., Berlin 1864; 1879.

Was MOMMSEN zur Geschichte der Republik geleistet hat, bewegte sich in ständiger, wenn auch nicht ausgesprochener Auseinandersetzung mit NIEBUHR. Die Römische Geschichte sollte NIEBUHR schon darin übertreffen, daß sie nicht mittendrin steckenblieb, sondern sie in ihrer Gesamtheit erfaßte. MOMMSEN hatte es ursprünglich für selbstverständlich angesehen, auch die Kaiserzeit zu behandeln. Die Anregung war ihm durch einen Verlagsauftrag zugegangen, und einem solchen entsprach selbstverständlich eine Gesamtdarstellung. Aus diesem großen Programm ist dann freilich nichts geworden, aber immerhin wurde doch die Republik im großen und ganzen bewältigt und damit war MOMMSEN weit über NIEBUHR hinausgekommen. NIEBUHR sollte auch durch die Lesbarkeit des Textes, durch seine konsequente Beschränkung auf die Darstellung und den Ausschluß aller vorangehenden Forschungsarbeit in den Schatten gestellt werden, ein Vorhaben, das dem Verfasser desgleichen auf der ganzen Linie gelang. MOMMSENS Römische Geschichte hat sich nicht nur in der Geschichtswissenschaft, sondern auch in der deutschen Literatur einen Platz erobert. Noch kurz vor seinem Tode erhielt der inzwischen als Gelehrter weltberühmte Verfasser dafür den damals zum zweiten Mal verliehenen Nobelpreis für Literatur (1902). Und dann hatte auch eine andere Konzeption des Verlaufes der römischen Geschichte an die Stelle der NIEBUHRschen zu treten. In dessen Ansatz lag eigentlich beschlossen, daß nach der Entfaltung des altitalischen Roms, dem NIEBUHRS Bemühen gegolten hatte, nur eine Fortsetzung denkbar war, welche die Auflösung dieses Gebildes schilderte und damit an den alten Dekadenzgedanken der früheren Zeit anknüpfte. MOMMSEN wollte jede Epoche zu ihrem Recht kommen lassen und suchte eine dialektische Verknüpfung der einzelnen Phasen. Die Frühzeit übermäßig zu betonen, hütete er sich streng und legte Spannung und Schwerpunkt in die späteren Kapitel der mittleren und vor allem der ausgehenden Republik.

Die Zurückdrängung der früheren Zeiten hatte bei MOMMSEN allerdings auch noch einen anderen Grund. Er wurde erst nach der Römischen Geschichte sichtbar, als er in den „Römischen Forschungen" seinen Standpunkt gegenüber dem Quellenproblem entwickelte. MOMMSEN hat hier mit wenigen Aufsätzen eine Tatsache geschaffen, die fortan für die Wissenschaft verbindlich geblieben ist. Die Entwicklung der römischen Tradition, so wie sie sich uns heute darstellt, ist danach kein ebenmäßig entfalteter Organismus, der seine Wurzeln in uralten Zeiten hat, sondern ein künstliches Produkt später literarischer Tätigkeit. MOMMSEN hat bewiesen, daß die Tatsache einer erst im dritten Jahrhundert vor Christus einsetzenden individuellen Geschichtsschreibung ihr Spiegelbild in dem Umstand hat, daß vorher überhaupt in Rom nichts vorhanden war, was über die Tradition gewisser ganz äußerer Fakten hinausging und daß vor allem die Fülle von Details, welche Livius zu berichten weiß, ein Phantasiegebilde war, das sich um so ungestörter ausbreiten konnte, weil es in der Hauptsache auf leere Räume stieß. Die peinliche Folge von MOMMSENS Entdeckung mußte denn auch sein, daß eine wirkliche Geschichte Roms in der älteren Zeit überhaupt nicht mehr zu schreiben möglich war.

Wenn MOMMSEN von der Republik immer mehr zur Kaiserzeit geführt wurde, so hat die Unersprießlichkeit der Einzelforschung auf einem Gebiete, dem derartig enge Grenzen gesetzt waren, sicher ein wesentliches Motiv gebildet. MOMMSEN drängte es zu denjenigen Epochen der römischen Geschichte, auf welche ein wesentliches Licht von den Urkunden aus fiel, den Urkunden, deren Verständnis und Zugänglichmachung er den Hauptteil seiner Kraft in der zweiten Hälfte seines Lebens widmete. Die Zahl der Arbeiten, die MOMMSEN in der Form von Einzeluntersuchungen der Kaiserzeit bis zu ihren letzten Ausläufern im fünften und sechsten Jahrhundert widmete, ist Legion. Es war vor allem die politische Ordnung des Römischen Reiches, darunter nicht zuletzt die des römischen Heeres, welche sich ihm auf diesem Wege erschloß. Die von ihm immer wieder betonte Parole, in der sich das Selbstbewußtsein der neuen Geschichtsforschung kundtat, hieß: weg von der Geschichte des römischen Hofes, die uns von den antiken Historikern in der Form einer Pseudohistorie als alleinig römische Geschichte ausgegeben wird, und hin zur Erfassung des gesamten Organismus des Römischen Reiches. Was MOMMSEN auf diesem Gebiet im einzelnen geleistet hat, ist ein unentbehrliches Element auch unserer heutigen Kenntnisse geworden. Er hat da, wo er zugriff, kaum einem Nachfolger noch Wesentliches zu tun übriggelassen. Allerdings ist er der Forschung eines schuldig geblieben, nämlich eine Zusammenfassung seiner Kenntnisse und ihre Einordnung in den Gesamtverlauf der römischen Geschichte. Die Darstellung der Provinzen, erschienen als fünfter Band der Römischen Geschichte, war nur eine Abschlagszahlung, so fundamental dieses Buch auch zu seiner Zeit war. Doch die Entwicklung der Kaiserzeit hat MOMMSEN nicht beschrieben. Die berühmte Lücke des vierten Bandes wurde von ihm nicht ausgefüllt. Über die Gründe dieses Verzichtes ist viel gerätselt worden. Sie können hier auf sich beruhen.

5. Die Forschung nach Mommsen

MOMMSENS Stellung in der Wissenschaft war derartig beherrschend, daß neben ihm nichts anderes aufkam[16]. Man kann ohne Bedenken sagen: in der zweiten Hälfte des 19. Jahrhunderts ist die Geschichte der Erforschung der römischen Geschichte identisch mit der Geschichte MOMMSENS. Auch die Darstellungen der römischen Geschichte, die noch neben ihm versucht wurden, blieben ohne Beachtung und ohne irgendwelches Gewicht[17]. Was in der jüngeren Generation gearbeitet wurde, hat sich beinahe ausnahmslos an MOMMSEN angeschlossen, gleichgültig, ob es sich um seine unmittelbaren Schüler oder um solche, die sich auf ihn beriefen, handelt. Die meisten Gelehrten nahm MOMMSEN in Führung durch die Leitung des Inschriften-Corpus, und viele von ihnen

[16] Es wären u. a. etwa folgende Autoren und Werke zu nennen, denen in dieser oder jener Hinsicht ein Gewicht nicht abzusprechen ist, nicht nur für ihre Zeit, sondern teilweise sogar noch für die jetzige Forschung: LUDWIG LANGE: Römische Altertümer. 3 Bde., Berlin 1856—71; 1878³ (die vollständigste Materialsammlung für die innere Entwicklung der römischen Republik). — EMIL KUHN: Die städtische und bürgerliche Verfassung des Römischen Reiches bis auf die Zeit Justinians. 2 Bde., Leipzig 1864 ff. (in Anlage und Problemstellung höchst bemerkenswert und niemals in adäquater Weise ersetzt). — PIERRE WILLEMS: Le sénat de la république romaine. 2 Bde., Löwen 1878 ff. (nach wie vor die umfassendste Monographie über den römischen Senat, wenn auch nur im Verein mit den einschlägigen Partien von MOMMSENS Staatsrecht zu gebrauchen). Dagegen ist das Alterswerk des berühmten dänischen Philologen JOHAN N. MADVIG über „Die Verfassung und Verwaltung des römischen Staates", Leipzig 1881 ff., wohl von jeher ein Anachronismus gewesen, nicht anders als das ebenfalls vor allem systematische Werk des Tübinger Philologen ERNST HERZOG über „Geschichte und System der römischen Staatsverfassung", 3 Bde., Leipzig 1884—1891.

[17] CARL PETER: Geschichte Roms. 3 Bde., 1853 ff., 1881⁴ (bis Mark Aurel). — WILHELM IHNE: Römische Geschichte. 8 Bde., 1868—1890, 1893—1896² (bis Ende der Republik). — CARL NEUMANN: Das Zeitalter der punischen Kriege. Breslau 1883. — Ders.: Geschichte Roms während des Verfalles der römischen Republik. Breslau 1881 (beide Werke bezeichnenderweise postum auf Grund von Vorlesungsaufzeichnungen herausgegeben). Alle diese Darstellungen stehen in mehr oder weniger offenem Gegensatz zu MOMMSENS Römischer Geschichte.

sind schon deshalb Epigraphiker geworden. Es blieb im allgemeinen kein großer Spielraum mehr, den sie zur Entfaltung eigener Vorhaben besaßen, und dann waren sie auch in diesen sehr abhängig von den Anregungen MOMMSENS. In diesem Kreis ist die markanteste Erscheinung OTTO HIRSCHFELD (1843—1922), sein Nachfolger in Berlin, der seine Studien meistens im Anschluß an die epigraphische Tätigkeit betrieb, dabei neben zahlreichen Einzelarbeiten doch immerhin ein sehr bedeutendes Werk fertigbrachte, die Darstellung des kaiserlichen Verwaltungsapparates[18]. HERMANN DESSAU (1856—1931) ist weniger glücklich gewesen. Er hat sich zwar als Epigraphiker und Forscher auf dem Gebiet der späteren Kaiserviten, der sogenannten Scriptores Historiae Augustae, einen großen Namen geschaffen, aber der von ihm verhältnismäßig spät in Szene gesetzte Versuch, eine „Geschichte der römischen Kaiserzeit" (1924 ff.) zu schreiben und damit die von MOMMSEN offengelassene Lücke auszufüllen, war nicht gerade erfolgreich. Verhältnismäßig eigenständig waren die beiden Forscher, welche von MOMMSENS Arbeiten zur Spätantike, die sich in seinen späteren Jahren immer mehr in den Vordergrund stellte, ausgegangen waren: OTTO SEECK (1850—1921) wurde auf diese Weise für seine Zeit zum unbestrittenen Fachmann auf diesem Gebiet. Seine Forschungen sind noch heute grundlegend, und auch seine „Geschichte des Untergangs der antiken Welt" (1895 ff.) ist trotz aller Anfälligkeit gewisser Thesen noch immer die lebendigste, eingehendste und am meisten durch eigenes Studium erhärtete Darstellung dieser Epoche. LUDO MORITZ HARTMANN (1865—1924) schritt von der Spätantike in den angrenzenden Bereich des frühen Mittelalters und wurde damit zum Historiker des mittelalterlichen Italiens[19]. MOMMSENS Kritik an der Überlieferung der älteren römischen Geschichte wurde von den verschiedensten Gelehrten weiter ausgeführt, verständlicherweise bei der Unsicherheit des Bodens mit sehr divergierenden Resultaten im einzelnen. Am radikalsten ging der Italiener PAIS[20] vor, vor dessen Skeptizismus auch die letzten festen Anhaltspunkte dahinschwanden.

6. Gegenwärtiger Stand der Forschung

Der gegenwärtige Stand der Wissenschaft ist noch heute, fünfzig Jahre nach dem Tode von MOMMSEN, von den eben skizzierten Voraussetzungen abhängig. Es ist, trotz der umfangreichen archäologischen Forschung, welche indessen zumeist der Vorgeschichte und den Etruskern zugute kam, im Prinzipiellen nicht gelungen, in der *älteren römischen Geschichte* neues Terrain zu gewinnen. Allmählich ist man es auch müde geworden, an eine aussichtslose Sache Zeit und Kraft zu verwenden, und so ist diese Forschungsstätte im Laufe der letzten Jahrzehnte zusehends verwaist. Gewissermaßen einen Abschluß dieser langen Bemühungen bildet KARL JULIUS BELOCH (1854—1929) in seiner Römischen Geschichte (1926)[21]. Sie stellt einen fundamentalen Querschnitt durch die Problemlage, wie sie auf Grund der MOMMSENschen Entdeckungen sich herausgestellt hat, dar. Bezeichnenderweise konnte sie keine Darstellung, sondern lediglich

---

[18] OTTO HIRSCHFELD: Die kaiserl. Verwaltungsbeamten bis auf Diocletian. Berlin 1877, 1905².

[19] L. M. HARTMANN: Gesch. Italiens i. Mittelalter. Bd. I—IV,1. Leipzig 1897—1915, unvollendet.

[20] ETTORE PAIS: Hauptwerk: Storia critica di Roma durante i primi cinque secoli. 5 Bde., Roma 1913—1920; 1931 ff.². Zuerst als zweiter Teil seiner Storia d'Italia unter dem Titel Storia di Roma. Bd. I, 1—2, Torino 1898, erschienen.

[21] KARL JULIUS BELOCH: Römische Geschichte bis zum Beginn der Punischen Kriege. Berlin und Leipzig 1926. — In beschränktem Umfang wiederaufgenommen werden diese Studien neuerdings von ROBERT WERNER. Der Beginn der römischen Republik, historisch-chronologische Untersuchungen über die Anfangszeit der libera res publica, München 1963.

Untersuchung derjenigen Tatsache sein, deren Historizität sich mit einer gewissen Wahrscheinlichkeit erhärten ließ. Wer mehr geben wollte, aus dem verständlichen Bedürfnis heraus, nun wirklich Geschichte zu liefern, kam nicht darum herum, einer konziliatorischen Kritik Zugeständnisse zu machen. So GAETANO DE SANCTIS in seiner breit angelegten, heute ausführlichsten Römischen Geschichte[22], die, man muß sagen leider, auch nicht zu Ende gekommen ist. Das Bild hat auch keine Veränderung erfahren durch die immer wieder erneuerten Versuche von FRANZ ALTHEIM, in der Form von weit ausholenden Überlegungen eine frühere römische Geschichte zu liefern[23]

Für die *mittlere und späte Republik* hat sich die Forschung bemüht, allmählich von dem eindrucksvollen Bild, das MOMMSEN in seiner Römischen Geschichte gezeichnet hat, frei zu werden. Man hat dabei zu bedenken, daß die Römische Geschichte MOMMSENS nicht nur durch ihre Eindruckskraft wirkte, sondern ebenso durch die unbestrittene Autorität ihres Verfassers. Freilich ist sie keineswegs ersetzt worden, es wurde auch gar nicht versucht, aber im einzelnen setzte die Kritik an, und sie mußte sich dann, da ihr Gegenstand ein Ganzes war, im Grunde auch gegen die Gesamtauffassung richten. In Deutschland wird die nachmommsensche Forschung zur römischen Republik in erster Linie von FRIEDRICH MÜNZER und MATTHIAS GELZER vertreten. MÜNZERS Vorhaben, das sich aus seiner Mitarbeit an PAULY-WISSOWAS Real-Enzyklopädie ergab, galt der biographischen Analyse der adligen Gesellschaft Roms, mit dem wissenschaftlichen Terminus: der sogenannten Prosopographie der römischen Republik. Mit einem erstaunlichen Spürsinn ist er hierbei vielen einzelnen Beziehungen auf die Spur gekommen und hat damit gewisse strukturelle Eigentümlichkeiten der römischen vornehmen Gesellschaft ins Licht setzen können. Aus seinen unzähligen Arbeiten an der RE ist ein bekanntes Buch von ihm hervorgegangen[24]. GELZER hat die gleiche Frage in allgemeinerer Hinsicht aufgegriffen, sich dabei allerdings auf die Zeit der späten Republik, für die wir die besten quellenmäßigen Voraussetzungen besitzen, beschränkt, indem er in einer Studie über die römische Nobilität bestimmte gesellschaftliche und politische Gepflogenheiten analysierte[25]. Er hat hierbei allerdings einen bewußten und strikten Verzicht auf jegliche entwicklungsgeschichtliche Thematik geübt und damit den Nachteil in Kauf genom-

[22] GAETANO DE SANCTIS: Storia dei Romani I—IV 2, 1. Torino 1907—1953.

[23] FRANZ ALTHEIM: Epochen der römischen Geschichte. 2 Bde., Frankfurt a. M. 1934—1935; ders.: Italien und Rom. Amsterdam u. Leipzig 1941; Römische Geschichte bis zum Latinerfrieden 338. 2 Bde., Frankfurt 1951/1953.

[24] FRIEDRICH MÜNZER: Römische Adelsparteien und Adelsfamilien. Stuttgart 1920. — Das Werk wird allerdings mehr gerühmt als wirklich gelesen, und dies nicht ohne Grund. Seine Lektüre ist ein schwieriges Geschäft und lähmt nicht nur durch die trockene Form der Mitteilung die Spannkraft des Lesers. Sein eigentlicher Nachteil liegt darin, daß es im Grunde auch nur aus einer Summe von Einzeluntersuchungen besteht und diese nur notdürftig verklammert. So enthält es leider nicht das, was man eigentlich wünschen würde, eine Zusammenfassung der verschiedenen Ergebnisse zu einem historischen Bild und die Einsetzung der jeweiligen Feststellungen und Kombinationen in den geschichtlichen Zusammenhang. Dadurch ist im Grunde bis heute die berechtigte Frage nach den Möglichkeiten und Grenzen dieser Methode verdeckt worden, was man angesichts der gegenwärtig bestehenden Neigung, in ihr die Wünschelrute für die Erkenntnis der römischen Politik während der Republik zu sehen, nicht verschweigen darf. Trotzdem muß betont werden, daß MÜNZER bis heute eine eminente Wirkung ausübt und ausgeübt hat (etwa auch R. SYME [s. unten S. 558] und die wiederum durch ihn angeregte emsige englische Forschung; vgl. Badian, Historia 6, 1957, S. 318).

[25] MATTHIAS GELZER: Die Nobilität der römischen Republik. Leipzig 1912 (= Kleine Schriften I 1962, S. 17 ff.). Über sein weiteres Schrifttum s. u. S. 559 A. 6 f.

men, daß der Gegenstand nun keineswegs in dem seiner geschichtlichen Wirklichkeit entsprechenden Umfang behandelt wurde und damit etwa gerade die Frage nach der Entstehung der adligen Gesellschaft, welche die große Geschichte der römischen Republik getragen hat, offen bleiben mußte. Von da ließ er seine Hauptarbeit nun ebenfalls wie MÜNZER in das Biographische einmünden, so daß er zum Gegenstand einzelne repräsentative Persönlichkeiten der späteren Republik nahm, etwa Caesar, Pompeius, Lucullus und andere. Eine Zusammenfassung von Ergebnissen vor allem der MÜNZERschen Arbeiten ist kürzlich erfolgt durch eine eingehende Zusammenstellung sämtlicher römischer Magistrate und ihrer kurz skizzierten politischen Karrieren, ein Längsschnitt also durch die uns noch erreichbaren Spitzen, d. h. der politisch hervorgetretenen Männer der römischen Republik[26].

Diese Dominanten der Forschung schließen selbstverständlich eine emsige Tätigkeit auf anderen Gebieten nicht aus, aber sie entbehren einer durchgehenden Thematik.

Natürlich ist auch versucht worden, in die wirtschaftlichen Grundlagen der römischen Republik hineinzuleuchten, aber der höchst prekäre Quellenstand hat solchen Bemühungen sehr enge Grenzen gesetzt[27].

Am schwersten war es, sich der MOMMSENschen Autorität auf dem Gebiete der *Verfassungsgeschichte* zu entziehen. Die Zeitgenossen MOMMSENS hatten den Eindruck, daß durch sein monumentales Werk ein für alle Male ein Abschluß erreicht sei. Erst allmählich hat die Forschung im Laufe der letzen Jahrzehnte begonnen, das kunstvolle Gebilde aufzudröseln und eigene Fragen aufzuwerfen. Eine dankenswerte Zusammenfassung der ziemlich weit verstreuten und zumeist ausländischen Arbeiten, die noch keineswegs zu einer neuen Gesamtkonzeption geführt haben, hat vor einigen Jahren ERNST MEYER geliefert[28]. In Deutschland ist von juristischer Seite etwas Bewegung in die Forschung gekommen durch die zahlreichen Studien HEINRICH SIBERS[29], dem es zuletzt sogar noch gelang, einen Überblick über die gesamte Verfassungsentwicklung von seinem Standpunkt aus zu geben[29a]. Sonst behandeln die Rechtshistoriker die römische Verfassungsgeschichte ausschließlich im Rahmen der sog. Rechtsgeschichte. Eine breitere handbuchmäßige Darstellung von dieser Seite (aus der Feder WOLFGANG KUNKELS) ist längst geplant[30], aber noch nicht zur Ausführung

[26] T. R. BROUGHTON/M. L. PATTERSON: The Magistrates of the Roman Republic. 2 Bde., New York 1951—1952.

[27] Neben den einschlägigen Partien des großen Werkes von FRITZ HEICHELHEIM: Wirtschaftsgeschichte des Altertums. Leiden 1938 (englische Neuauflage im Erscheinen: An Ancient Economic History I, Leyden 1958) vgl. etwa TENNEY FRANK (Herausgeber): Survey of Economic History of Rome. 5 Bde., Baltimore 1933—1940.

[28] ERNST MEYER: Römischer Staat und Staatsgedanke. Zürich 1948; 1964³. — Vgl. auch die Literaturberichte: A. PIGANIOL: Les institutions romaines, état actuel des questions. In: Mémorial des Études Latines offert à S. Marouzeau. Paris 1943. — E. STUART STAVELEY: The Constitution of the Roman Republic. 1940—1954, Historia 4, 1955, S. 74 ff.

[29] HEINRICH SIBER: Zur Entwicklung der römischen Prinzipatsverfassung und Das Führeramt des Augustus. Abhandlungen der Sächs. Akad. d. Wiss., phil.-hist. Kl. 42, 3. Abh., 1933; und ebd. 44, 2. Abh,. 1940; Die plebejischen Magistraturen bis zur lex Hortensia. Leipzig. Rechtswiss. Studien, Heft 100, 1936; Analogie: Amtsrecht und Rückwirkung im Strafrecht des römischen Freistaates, Abh. d. Sächs. Akad. d. Wiss., phil.-hist. Kl. 43, 3, 1936.

[29a] HEINRICH SIBER: Römisches Verfassungsrecht in geschichtlicher Entwicklung. Lahr 1952.

[30] Im Rahmen von IWAN MÜLLER, OTTO und BENGTSON: Handbuch der klassischen Altertumswissenschaften.

gekommen. Ihre Stelle wird vorderhand vertreten durch eine Anzahl neuerer Grundrisse, von denen der von GERHARD DULCKEIT der instruktivste und ausführlichste und der von WOLFGANG KUNKEL am problemhaltigsten ist[31].

Die *römische Kaiserzeit* unterscheidet sich sowohl sachlich als methodisch ganz wesentlich von der vorangehenden Republik. Diese war im wesentlichen doch eine dynamische Epoche und hatte ihr Kraftzentrum in Rom bzw. Italien. Daher brachte sie von selbst die natürliche Optik mit sich, daß sich das Geschehen, und zwar auch das außerhalb Roms, im Lichte der römischen Politik darstellte. Die römische Kaiserzeit (dies allerdings unter Ausschluß der untergehenden Antike) hat ausgesprochen statischen Charakter. Es ist die Geschichte eines mit festen und im großen ganzen unveränderlichen Grenzen versehenen Weltreiches, das wohl von Rom aus regiert wird, aber dessen tragende Kräfte doch in erster Linie im Zusammenhang einer Zivilisation bestehen. Man kann diesen Sachverhalt auch anders ausdrücken und ihn dahin formulieren, daß mit dem römischen Kaiserreich die Geschichte aller Untertanenländer in seiner Geschichte aufgeht. Infolgedessen ist es nicht damit getan, das Geschehen in Rom, auch wenn es seine Impulse in den Raum des Reiches schickt, als das Generalthema zu betrachten. Der Standpunkt müßte vielmehr so gewählt sein, daß sich die Entwicklung eines großen Verwaltungsorganismus und einer weitläufigen Gesellschaft dem Auge darböte. Diese Einsicht ist den Historikern seit dem neunzehnten Jahrhundert geläufig. Im Grunde war sie aber auch schon dem achtzehnten, genauer gesagt, dem Historiker des Kaiserreiches, nämlich GIBBON, nicht fremd. MOMMSEN hat sie nachdrücklichst vertreten. Doch von der Fixierung einer Aufgabe ist es mitunter ein weiter Weg bis zu ihrer Bewältigung. Wir können heute auf eine lange Geschichte des Problems zurückschauen, sind jedoch nicht in der Lage, sie in eine befriedigende Lösung ausmünden zu lassen. Es existiert noch immer nicht eine Gesamtdarstellung der römischen Kaiserzeit, und ebensowenig kann man von einer inneren Koordinierung der einzelnen Forschungszweige, die von den verschiedenen Seiten her um diesen Gegenstand bemüht sind, sprechen. — Am weitesten ist man dank der Arbeit von MOMMSEN in den Fragen der politischen Organisation, des Heerwesens usw. gekommen[32]. MOMMSEN hat zwar mit seiner Theorie des Prinzipates ein Bild entworfen, an dem die letzte Generation sehr erhebliche Korrekturen vorgenommen hat[33]. Aber trotzdem hat die Behandlung vieler anderer Probleme, wie etwa die der städtischen Verfassung und des Beamtenapparats, durch ihn bzw. seine Schule im großen ganzen zu einer grundsätzlichen Klärung geführt[34]. Ferner hat MOMMSEN auch den Grundriß für eine Analyse der Struktur der einzelnen Provinzen gezeichnet[35].

Weniger günstig steht es um die einheitliche Erfassung des *geistigen Gefüges*, welches das Römische Reich erfüllte. Ungeachtet einer weit verzweigten Forscher-

---

[31] GERHARD DULCKEIT: Römische Rechtsgeschichte. München 1952; 1963³. WOLFGANG KUNKEL: Römische Rechtsgeschichte. Köln 1948; 1960³. — MAX KASER: Römische Rechtsgeschichte. Göttingen 1950. J. BLEICKEN: Die Verfassung der römischen Republik. Paderborn 1975. — Ein reiches darstellendes Schrifttum bietet die italienische Rechtswissenschaft; vgl. etwa PIETRO DE FRANCISCI: Storia del diritto Romano. Roma 1926—1929; 1941—1943³ (unvollendet!); ders.: Arcana Imperii III. Milano 1948. — VINCENZO ARANGIO-RUIZ: Storia della constituzione romana. Napoli, 1937; 1950⁹. — FRANCESCO DE MARTINO: Storia della constituzione Romana, 6 Bde., Napoli 1951—1972; 1972 ff.² — Wichtige Darstellung aus der Optik moderner Politologie: K. LOEWENSTEIN: The Governance of Rome. Den Haag 1973. — [32] Siehe u. S. 594. — [33] S. u. S. 582 ff. [34] Siehe u. S. 593. — [35] Siehe u. S. 590 und o. S. 521.

tätigkeit bestehen hier auf diesem Gebiet noch erhebliche Lücken, merkwürdigerweise vor allem auf dem Sektor, von dem man es am wenigsten erwarten sollte: es existiert weder in der Forschung noch in der Ausführung eine echte Literaturgeschichte des Römischen Reiches, d. h. eine Literaturgeschichte, welche sowohl den lateinischen als den griechischen Part zusammenfaßt. Günstiger ist die Lage in der Religionsgeschichte. Hier ist in der letzten und vorletzten Generation eifrigst gearbeitet worden; die damit befaßte Disziplin wird durch sehr eindrucksvolle Gelehrtengestalten, wie etwa die HERMANN USENERS (1834—1905) und FRANZ CUMONTS (1868—1947) repräsentiert[36], von denen CUMONT speziell aus der Forschung zur Kaiserzeit nicht mehr wegzudenken ist. Am eingehendsten ist selbstverständlich die Geschichte des Christentums behandelt worden und auch, auf Grund einer im Vergleich zur sonstigen Antike bedeutend besseren Quellenlage, bis zu einem erheblichen Grade gefördert worden. Die Arbeiten etwa von ADOLF HARNACK (1851—1930) besitzen einen Glanz, gegen den keine der Studien, die sich sonst mit dem Römischen Reich befassen, aufkommen kann[37]. Desgleichen kann die Erforschung des römischen Rechtes natürlich auf eine große Vergangenheit zurückblicken, obschon ihre Ergebnisse auf Grund des esoterischen Charakters der Materie einer Verwendung im historischen Rahmen sich nicht leicht fügen[38].

Dem Geschäft des profanen Historikers liegen diese Dinge natürlich von der technischen Seite auf Grund der gerade hierin schon längst bestehenden Differenzierung der Wissenschaft, welche in unserer Zeit immer weitergetrieben wird, ferner. Seinem Geschäft entspräche mehr eine Erfassung der *gesellschaftlichen Zustände* des Römischen Reiches, wobei sich in diesen soziologischen Begriff die wichtigsten Ergebnisse der anderen Disziplinen einbauen ließen. Obgleich das neunzehnte Jahrhundert in dem Begriff der Gesellschaft seine originalste Erkenntnis gezeitigt hat, ist es im Raume der antiken Geschichte mit seiner entsprechenden Anwendung auf sie im Rückstand geblieben. Selbst MOMMSEN, der in seiner Jugend, nämlich in der Römischen Geschichte, souverän diesen Gesichtspunkt handhabte, hat in seiner späteren Forschung ihm keinerlei Aufmerksamkeit geschenkt. Ein unendlich gelehrtes Werk, das auf dem Grunde einer überwältigenden Materialfülle durchgeführt wurde, hielt sich im großen ganzen in den schon damals veralteten Kategorien der reinen Antiquitäten: LUDWIG FRIEDLAENDERS (1824—1909) Sittengeschichte[39]. Es ist eine Fundgrube für alle spätere Forschung geworden, aber auch nicht mehr. Infolgedessen war es wirklich eine große Tat, als diese längst ausstehende Aufgabe durch den berühmten russischen Gelehrten MICHAEL ROSTOVTZEFF (1870—1952) gelöst wurde. Seine Wirtschafts- und Sozialgeschichte des Römischen Reiches[40] hat in der Wissenschaft von der alten Geschichte Epoche gemacht und kann für die letzte Generation als das eigentlich repräsentative und bedeutendste Werk gelten.

ROSTOVTZEFF ist hierzu befähigt gewesen, weil er mit verschiedenen Disziplinen der Altertumswissenschaft vertraut war, unter anderem vor allem mit der Papyrologie

[36] Siehe u. S. 597 A. 92. [37] Siehe u. S. 597 A. 93. [38] Siehe u. 532; 595.

[39] LUDWIG FRIEDLAENDER: Darstellungen aus der Sittengeschichte Roms in der Zeit von Augustus bis zum Ausgang der Antonine. Leipzig 1862 ff.; 9. u. 10. Aufl., hrsg. von G. Wissowa. Leipzig 1920—1922.

[40] M. ROSTOVTZEFF: Social and Economic History of the Roman Empire. 1926; 1957²; deutsche Ausgabe. Leipzig o. J. (1929); 1955; ital. Ausgabe 1933.

und der Archäologie. Die Papyrologie ist ein Geschöpf des ausgehenden neunzehnten Jahrhunderts. Sie widmet sich der Erforschung der in Ägypten gefundenen Papyri. Da sich unter ihnen viele historische Urkunden befinden, hat sie auch eine historische Sparte, zu welcher ULRICH WILCKEN[41] nicht nur den Zugang eröffnete, sondern die er auch im wesentlichen mit eigener Kraft ausbaute. Neben dem Hellenismus ist die Kaiserzeit die der Papyrologie entsprechende Epoche. Sie hat zu einer Menge neuer Erkenntnisse geführt, die sich allerdings durch den beschränkten Raum Ägyptens, das obendrein im Kranze der römischen Provinzen in jeglicher Hinsicht eine Sonderstellung einnahm, begrenzen lassen müssen. Die Archäologie hat, seitdem sie institutionell besteht, ein Sonderdasein neben den übrigen dem Altertum gewidmeten Wissenschaften geführt. Erst allmählich wurden die Fäden in die Nachbardisziplinen hinübergezogen, vor allem zur Religionsgeschichte und Mythologie. Die Geschichte ist verhältnismäßig spät mit ihr in Berührung getreten, und auch heute noch sind die Beziehungen ziemlich lose. Der originale Ansatz von ROSTOVTZEFF bestand darin, daß er mit der perfekten Ausbildung als Archäologe das Sehvermögen eines echten Historikers verband. Er gewann dadurch die Möglichkeit, Archäologie, d.h. in der Hauptsache Kunstzeugen, geschichtlich zu interpretieren. Bei dem beinahe absoluten Ausfall von Urkunden für das wirtschaftliche und soziale Leben mußte dieses Material eine Art von Ersatzfunktion übernehmen. Soweit Urkunden im üblichen Sinne vorhanden waren, stammten sie im wesentlichen aus dem Bereich der Papyrologie. So bekam ROSTOVTZEFF zwei Hebel in die Hand, mit denen er einen bis dahin unbeweglichen Stein lockern konnte. Solange er in Rußland war (er ist vor der Revolution 1917 geflüchtet und schließlich nach den USA gekommen), hat er sich nicht nur um die Archäologie Südrußlands viel gekümmert, sondern auch um seine Geschichte, vor und während der Einbeziehung dieses Bodens in den antiken Kulturkreis. Weitere Aufmerksamkeit zog er durch seine Studien zur Geschichte des römischen Kolonats[42] auf sich, in denen er vor allem das papyrologische Material zur Geltung brachte. Nun kam 1926 als Frucht langer vorausgehender Studien das Werk über die Kaiserzeit.

ROSTOVTZEFF hat in diesem Buch in erster Linie ein unendlich großes, schier unübersehbares Material, das die unermüdliche Arbeit der verschiedensten Altertumswissenschaftler im Laufe des neunzehnten Jahrhunderts und Anfang des zwanzigsten zutage gefördert hatte, so arrangiert, daß es für die Sozialgeschichte Leuchtkraft gewann. Er analysierte es mit einigen wenigen Grundbegriffen, die er in selbständiger Weise und wie jeder bedeutende Historiker durch Verarbeitung der eigenen Lebenseindrücke gewonnen hatte. ROSTOVTZEFF hatte glücklicherweise einen verhältnismäßig komplexen Begriff von Gesellschaft. Wenn er auch vielleicht noch nicht dazu gekommen war, alle möglichen Horizonte, vor allem auch die der Religionsgeschichte und religiösen Ethik, hineinzunehmen, so hat er doch — und das ist ein sehr erhebliches Verdienst — keine Trennung von Gesellschaft und Politik vorgenommen. Es ist ROSTOVTZEFF geglückt, und darin liegt nicht zuletzt der Hauptwert seines Buches, die politische Geschichte in die Gesellschaftsanalyse einzuflechten. Das hat

[41] Siehe u. S. 591 A. 56.

[42] M. ROSTOVTZEFF: Studien zur Geschichte des römischen Kolonats. Archiv f. Papyrusforschung. 1. Beiheft. Leipzig 1910.

zu dem günstigen Ergebnis geführt, daß nun nicht nur seine soziologischen Aussagen an Inhalt und Prägnanz gewannen, sondern seine Darstellung sich auch dem Ideal einer Gesamtschau der römischen Kaiserzeit in dem oben skizzierten Sinne näherte. Ohne Bedenken kann man behaupten: ROSTOVTZEFFS Schilderung ist vorläufig und wahrscheinlich noch auf sehr lange Zeit hinaus der Ersatz für die erstrebte und ersehnte Geschichte der römischen Kaiserzeit[43].

Wenn hier von der Kaiserzeit die Rede war, so war in der Hauptsache die sogenannte „gute" Kaiserzeit bzw. das „Haut Empire" oder verfassungsrechtlich die Zeit des Prinzipats, also die ersten zwei bis drei nachchristlichen Jahrhunderte, gemeint. Mit der Spätantike, welche bekanntlich in die byzantinische Geschichte überleitet, beginnt eine ganz andere Epoche. Das neunzehnte Jahrhundert hatte sich um sie verhältnismäßig wenig gekümmert. Das wurde erst im zwanzigsten Jahrhundert anders. An dieser Wendung sind vor allem der alte MOMMSEN und sein Schüler SEECK wesentlich beteiligt. Gegenwärtig bringt die wissenschaftliche Arbeit dieser Phase ein besonderes Interesse entgegen, ohne daß man schon sagen könnte, wie und wo sich die Konturen eines neuen Bildes abzeichnen.

7. Wissenschaftliche Orientierung

Die Orientierung auf dem Gebiet der römischen Geschichte ist von bestimmten formalen Eigentümlichkeiten der Forschungsentwicklung abhängig. Das Ideal, Erkenntnis und Darstellung zu einer Einheit zusammenschließen zu lassen, verblaßte bereits in der zweiten Hälfte des neunzehnten Jahrhunderts. KARL JULIUS BELOCH und EDUARD MEYER auf dem Gebiete der griechischen bzw. altorientalischen Geschichte bieten zwar rühmliche Ausnahmen, aber in der römischen Geschichte ist doch die Römische Geschichte von MOMMSEN, welche der Jahrhundertmitte angehört, die letzte Leistung geblieben, welche unter diesen Begriff fällt. GAETANO DE SANCTIS hat sie erneuern wollen, ist aber damit nicht fertig geworden[44].

Die gegenwärtige Situation, welche aber schon seit Anfang des Jahrhunderts gilt, ist dadurch bestimmt, daß die Geschichte entweder in losen und sehr abkürzend verfahrenden Allgemeindarstellungen oder in kompendiösen Sammelwerken sich niederschlägt. Die deutsche Literatur ist ausschließlich durch das erste Genus vertreten. Unmittelbar nach dem Ersten Weltkrieg haben JOHANNES KROMAYER und LUDO MORITZ HARTMANN eine Römische Geschichte herausgebracht, die leider das Mißgeschick hatte, ein paar Jahre vor dem Werk von ROSTOVTZEFF zu erscheinen[45]. Sonst würde sie möglicherweise noch heute einem Bedürfnis entsprechen, denn sie ist in ihrer Art recht brauchbar. Zwischen den beiden Weltkriegen hat sich die Geschichte der römischen Republik von JOSEPH VOGT einen guten Platz im Publikum erobert[46]. Dasselbe gilt von TAEGERS Altertumsgeschichte, die in ihrem zweiten Teil ja im wesentlichen römische Geschichte ist[47]. ERNST KORNEMANN verfaßte am Ende dieses Zeitraums eine Römische Geschichte,

[43] Der problematische Forschungsstand brachte es mit sich, daß heute nicht einmal eine Zusammenfassung der i. e. S. politischen Geschichte der Kaiserzeit existiert, welche halbwegs dem derzeitigen Stand der Wissenschaft entspräche. Das sog. „Handbuch" wird noch immer durch das alte Werk von HERMANN SCHILLER repräsentiert: Geschichte der römischen Kaiserzeit. 3 Bde., Gotha 1883—1887.

[44] Siehe o. A. 22.

[45] L. M. HARTMANN und J. KROMAYER: Römische Geschichte. Gotha 1919.

[46] JOSEPH VOGT: Römische Geschichte I. Die römische Republik. Freiburg/Br. 1931; 1973[6].

[47] FRITZ TAEGER: Das Altertum. 2 Bde., Stuttgart 1939; 1953[5].

welche Republik und Kaiserzeit behandelt. Nach seinem Tode erschien seine die römische Geschichte übergreifende „Weltgeschichte des Mittelmeer-Raumes"[48]. Desgleichen kam nach dem Kriege eine Darstellung der antiken Geschichte von ULRICH KAHRSTEDT heraus[49]. Aber damit sind wir im Raume der deutschen Literatur eigentlich schon am Ende. Man kann nicht sagen, daß sie sehr reich besetzt wäre, und ganz gewiß fällt sie, der Quantität nach, gegenüber der ausländischen ziemlich ab[50]. Das westliche Ausland, d. h. vor allem Frankreich, England und Italien, ist synthetischen Vorhaben in der Geschichte viel mehr geneigt als die deutsche Wissenschaft, was freilich ebenso eine Frage des Publikums ist, und hat hierin, nicht nur auf dem Gebiet der antiken Geschichte, seit geraumer Zeit einen beträchtlichen Vorsprung. Infolgedessen gibt es eine ganze Menge fremdsprachlicher Römischer Geschichten[51], deren vollständige Aufzählung nicht die Aufgabe dieses Buches ist. Hervorzuheben ist die Römische

---

[48] ERNST KORNEMANN: Römische Geschichte. 2 Bde., Stuttgart 1938/39; neu hrsg. von H. Bengtson. Stuttgart 1954³ (Kröners Taschenausgabe 132 u. 133). — Ders.: Weltgeschichte des Mittelmeerraumes von Philipp II. von Makedonien bis Muhammed. 2 Bde., München 1948. Die beiden Römischen Geschichten von VOGT und KORNEMANN enthalten verhältnismäßig ausführliche Literaturangaben.

[49] ULRICH KAHRSTEDT: Geschichte des griechisch-römischen Altertums. München 1948.

[50] Es ist bezeichnend, daß während der letzten Jahrzehnte die in Deutschland am meisten gelesene Darstellung der antiken Geschichte die Übersetzung von ROSTOVTZEFFS kurzem Abriß, The History of the Ancient World (Oxford 1927), war: MICHAEL ROSTOVTZEFF: Geschichte der Alten Welt, übers. von H. H. Schaeder. 2 Bde., Leipzig 1941. Das zweite Bändchen ist Rom gewidmet.

[51] Es wären da beispielsweise zu nennen, aus Frankreich: Peuples et Civilisations, publ. sous la direction de W. HALPHEN et PH. SAGNAC: Vol. III: La conquête romaine par A. PIGANIOL (1927; 1944⁴). — Vol. IV: L'empire romain par E. ALBERTINI (1929). — Histoire Générale des Civilisations. T. II: Rome et son empire par A. AYMARD et J. AUBOYER (1954). — L. HOMO: Nouvelle histoire romaine. Paris 1941. — Im einzelnen (innerhalb der Histoire Générale, s. A. 52): E. PAIS/J. BAYET, Des origines à l'achèvement de la conquête (bis 133 v. Chr.) (1926); II 1: G. BLOCH/J. CARCOPINO, Des Gracques à Sylla (1940²); II 2: J. CARCOPINO, César (1950³); III; L. HOMO, Le Haut Empire (1933); IV 1: M. BESNIER, L'Empire romain de l'avènement des Sévères au Concile de Nicée (1937); IV 2: A. PIGANIOL, L'Empire chrétien (1947). — Aus England: A History of the Roman World, by H. H. SCULLARD, F. B. MARSH, E. T. SALMON, H. M. PARKER. London 1935—1944. — W. E. HEITLAND: The Roman Republic. Cambridge 1923. — Besonders reich ist begreiflicherweise das Angebot in Italien. Die verschiedenen Römischen Geschichten, die es da gibt, sind selbst für den Fachmann kaum zu übersehen. Im folgenden eine Auswahl: PERICLE DUCATI, L'Italia antica I (bis 44 v. Chr.); ROBERTO PARIBENI, L'Italia antica II (Kaiserzeit), 1938 ff.; LUIGI PARETI, Storia di Roma e del mondo romano. 4 Bde., Torino 1952—1955. — L. DE REGIBUS, Storia Romana. Genova 1957 (kurzgefaßt). — Sodann das auf 9 Bände berechnete große Sammelwerk Storia di Roma, a cura dell Ist. di Studi Romani da G. CARDINALI, G. GIANELLI, G. CORRADI, R. PARIBENI, G. M. COLUMBA, A. CALDERINI, P. DUCATI etc. Davon sind erschienen: Bd. I: ROBERTO PARIBENI, Le origini e il periodo regio. La repubblica fino alla conquista del primato in Italia (1954); II: GIULIO GIANELLI, Roma nell'età delle guerre puniche (1938); III: GIUSEPPE CORRADI, Le grandi conquiste mediterranee (1945); IV: GIANFRANCO TIBILETTI, Dai Gracchi a Silla (in Vorbereitung); V: ROBERTO PARIBENI, L'età di Cesare e di Augusto (1950); VI: ALBINO GARZETTI, L'Impero da Tiberio agli Antonini (in Vorbereitung); VII: ARISTIDE CALDERINI, I Severi. La crisi dell'Impero nel III secolo (1949); ROBERTO PARIBENI, Da Diocleziano alla caduta dell'Impero d'Occidente (1942); OTTORINO BERTOLINI, Roma di fronte a Bisanzio e ai Longobardi (1941). Seit ein paar Jahren sind wir auch ohne russische Sprachkenntnisse in der Lage, uns einen Eindruck davon zu verschaffen, wie man in Rußland auf orthodox marxistischer Grundlage römische Geschichte betreibt: N. A. MASCHKIN, Römische Geschichte (russisch). Moskau 1949. Deutsche Übersetzung Berlin 1953. Das Buch enthält auch reiche Angaben über die russische, uns im allgemeinen verschlossene Forschung. Es ist übrigens recht flüssig und anschaulich geschrieben und kann für einen selbständig denkenden und wissenschaftlich urteilsfähigen Leser in verschiedener Hinsicht ein gewisses Interesse beanspruchen.

Geschichte innerhalb der „HISTOIRE GÉNÉRALE“ in Frankreich[52]; sie ist von mehreren Verfassern bearbeitet, aber doch so, daß jeweils eine größere Epoche in eine Hand kam. Anders das heute führende Handbuch der antiken Geschichte, die mit außerordentlicher Sorgfalt und großer Umsicht genau zwischen den beiden Weltkriegen herausgebrachte „CAMBRIDGE ANCIENT HISTORY“. Sie ist gerade im römischen Teil recht gut und enthält vorzügliche Beiträge[53]. Allerdings geht sie nur bis zum Jahre 324 und wird dann durch die bedeutend ältere CAMBRIDGE MEDIAEVAL HISTORY fortgesetzt.

Ein deutsches Sammelwerk ist die nach dem letzten Krieg begonnene und 1961 zu Ende geführte „HISTORIA MUNDI“[54]. Die Antike umfaßt etwas mehr als drei Bände. Die einzige Weltgeschichte, die in Deutschland, auf den Anfang des Jahrhunderts zurückgehend, eine gewisse Tradition hat, nämlich die ULLSTEINsche, nach dem Ersten Weltkrieg unter der Bezeichnung PROPYLÄEN-Weltgeschichte erschienen, hat von jeher der Antike einen sehr geringen Raum (und mit jeder Auflage einen noch geringeren) eingeräumt und kommt deshalb kaum in Betracht. Das hat sich mit den vier dem Altertum gewidmeten Bänden der jüngsten, dritten Auflage, davon letzter (IV.) ausschließlich Rom behandelt, gründlich geändert[54a]. Dagegen stand weniger dem deutschen Leser als dem Gelehrten seit längerer Zeit ein vorzügliches Nachschlagewerk zur Verfügung in BENEDIKT NIESES (von HOHL neu bearbeiteter) Römischer Geschichte[55]. Das Buch ist jetzt ersetzt durch HERMANN BENGTSON, Grundriß der Römischen Geschichte, 1967. Allerdings geht es nur bis 284 n. Chr. Die Spätantike ist einem zweiten Band aus der Feder eines anderen Autors vorbehalten[55a].

In der französischen HISTOIRE GÉNÉRALE sowie der CAMBRIDGE ANCIENT HISTORY finden sich reiche Literaturangaben. Vor allem auf solche und auf eine kurze Mitteilung des internen wissenschaftlichen Problemstandes ist die sehr nützliche und vor allem in verhältnismäßig kurzen Abständen immer wieder aufgelegte Histoire de Rome von A. PIGANIOL abgestellt[56], das moderne Gegenstück zu den älteren (deutschen) Abrissen in GERCKE/NORDENS Einleitung in die Altertumswissenschaft[57].

---

[52] HISTOIRE GÉNÉRALE, publ. sous la direction de GUSTAVE GLOTZ. Hierin die Histoire romaine von E. PAIS, G. BLOCH, J. CARCOPINO, L. HOMO, M. BESNIER, A. PIGANIOL. Paris 1925—1947. (Siehe oben A. 51.)

[53] The Cambridge Ancient History. Ed. by J. B. BURY, S. A. COOK, F. E. ADCOCK, M. P. CHARLESWORTH. 12 Bde., Cambridge 1924—1939.

[54] HISTORIA MUNDI. Ein Handbuch der Weltgeschichte, begründet von FRITZ KERN, hrsg. von FRITZ VALJAVEC. München und Bern 1952 ff.

[54a] Propyläen-Weltgeschichte, Band I—IV, hrsg. von GOLO MANN und ALFRED HEUSS, Bd. IV, Berlin 1963. Vgl. jetzt auch: Saeculum Weltgeschichte, hrsg. von H. FRANKE u. a. Bd. II, Freiburg, Basel, Wien 1966, und Fischer Weltgeschichte, Bd. VI—IX, hrsg. von P. GRIMAL, F. MILLAR, F. G. MAIER. Frankfurt 1965 ff.

[55] BENEDICTUS NIESE: Grundriß der römischen Geschichte nebst Quellenkunde. 5. Aufl. neubearbeitet von ERNST HOHL. München 1923. In: I. v. MÜLLER und W. OTTO: Handbuch der klassischen Altertumswissenschaft.

[55a] Ein der römischen Geschichte im allgemeinsten Sinn gewidmetes (überdimensionales) Sammelwerk ist: Aufstieg und Niedergang der römischen Welt (ANRW). Geschichte und Kultur Roms im Spiegel der neueren Forschung (J. Vogt zum 75. Geburtstag gewidmet), hrsg. von H. TEMPORINI, Berlin, New York 1972 ff. Es besteht aus einer bunten Menge selbständiger Einzelabhandlungen.

[56] ANDRÉ PIGANIOL: Histoire de Rome. Paris 1939; 1954[4]. In: Clio, Introduction aux Études Historiques[3].

[57] J. VOGT und E. KORNEMANN: Römische Geschichte. In: A. GERCKE und E. NORDEN: Einleitung in die Altertumswissenschaft. Leipzig 1933[3].

Das wissenschaftliche Studium der römischen Geschichte ist ohne Vertrautheit mit dem ziemlich komplizierten Mechanismus der verschiedenen dem Altertum gewidmeten Wissenschaften, zusammengefaßt zu der sogenannten Altertumswissenschaft, wie man in Deutschland sagt, nicht möglich. Es hat infolgedessen auch gar keinen Sinn, speziell für die römische Geschichte im Hinblick hierauf nun Anweisungen zu geben. Zudem liegt auch gar kein praktisches Bedürfnis vor, denn wissenschaftlich im strengen Sinne geht mit der antiken Geschichte heute nur eine sehr kleine Gruppe um, welche kaum als ein spezifisches Publikum gelten kann.

Es sei nur darauf hingewiesen, daß die gigantische Real-Enzyklopädie der Altertumswissenschaft, der sogenannte PAULY-WISSOWA oder die RE[58], für den Laien kaum zu handhaben, eine Unmenge wissenschaftlicher Forschung in sich aufgenommen hat und infolgedessen auch für die römische Geschichte ein unentbehrliches Handwerkszeug bildet. Die Konzentrierung auf dieses Werk, das trotz einer über zwei Generationen alten Geschichte noch immer nicht fertig ist, hat es leider verhindert, daß eine lexikalische Zusammenfassung unserer Kenntnis, welche sich auf wirkliche Aussagen beschränkt zustande gekommen ist. Es gibt hierfür nur wenig befriedigende Ersatzlösungen, in Deutschland den längst vergriffenen und natürlich jetzt auch veralteten ‚LÜBKER'[59], in England das OXFORD CLASSICAL DICTIONARY und neuerdings bei uns das ARTEMISLEXIKON der Alten Welt und den KLEINEN PAULY[60]. — Im Rahmen der Altertumswissenschaften verfügt die römische Geschichte von alters her über ausgezeichnete bibliographische Hilfsmittel: bis zum Zweiten Weltkrieg die mit BURSIANS JAHRESBERICHTEN verbundene BIBLIOTHECA CLASSICA, 1874—1938 (in Leipzig erschienen). Seitdem hat man sich ausschließlich zu wenden an L'ANNÉE PHILOLOGIQUE, 1944 ff. (Paris). Laufende Bibliographien enthält ferner die Zeitschrift GNOMON, 1925 ff. (München).

Dem Kundigeren stehen dann vor allem zur Unterrichtung auf den verschiedenen Kulturgebieten Roms systematische Hand- und Lehrbücher zur Verfügung, so zum Beispiel für Staat und Staatsverwaltung[61], Religion[62], Privat-

---

[58] Real-Enzyklopädie der classischen Altertumswissenschaft von PAULY-WISSOWA (1894 ff.); s. o. A. 1. — [59] FR. LÜBKERS Reallexikon des klassischen Altertums. 8. Aufl. von J. GEFFCKEN und E. ZIEBARTH. Leipzig 1914.

[60] THE OXFORD CLASSICAL DICTIONARY. Ed. by M. CARY, J. D. DENNISTON, J. WIGHT DUFF, A. D. NOCK, W. D. ROSS, H. H. SCULLARD (1949). Lexikon der Alten Welt im Artemis Verlag, hrsg. von C. ANDRESEN, H. ERBSE, O. GIGON, K. SCHEFOLD, K. F. STROHEKER, E. ZINN. Zürich, Stuttgart 1965. Der Kleine Pauly. Lexikon der Antike, hrsg. von K. ZIEGLER †, W. SONTHEIMER, H. GÄRTNER. 5 Bde., München 1964 ff.

[61] TH. MOMMSEN und A. MARQUARDT: Handbuch der römischen Altertümer (1877 ff.) mit MOMMSENS „Staatsrecht" (s. o. S. 519 A. 14) und der Staatsverwaltung, Religion, Privatleben von MARQUARDT, WISSOWA, DESSAU, DOMASZEWSKI. — E. HERZOG: Geschichte und System der römischen Staatsverfassung. 3 Bde., Leipzig 1884/1891 (s. o. S. 521 A. 16). — O. KARLOWA: Römische Rechtsgeschichte. 2 Bde., Leipzig 1885—1901 (unvollendet).

[62] GEORG WISSOWA: Religion und Kultus der Römer. München 1902; 1912². In: I. v. MÜLLERS Handbuch der klassischen Altertumswissenschaft. V 4. — FRANZ ALTHEIM: Römische Religionsgeschichte. Göschen, Berlin 1931—1933. — Ders.: Römische Religionsgeschichte. 2 Bde., Baden-Baden 1951—1953. — Auf diesem Gebiet besteht im Augenblick noch eine empfindliche Lücke. Das Buch von WISSOWA, welches zu seiner Zeit das Material am vollständigsten darbot, ist ganz antiquarisch und war religionsgeschichtlich schon bei seinem Erscheinen veraltet. Die bis zum Ersten Weltkrieg außerordentlich rege Religionswissenschaft hat noch diesen und

leben[63], Heerwesen[64], Wirtschaft[65], Geld- und Münzwesen[66], Kunst[67] und schließlich vor allem das römische Recht, hier begreiflicherweise, wo es sich um eine eigene selbständige Wissenschaft handelt, in großer Auswahl[68].

Literaturgeschichte ist Angelegenheit der Philologie und erschließt sich infolgedessen nur einem speziellen philologischen Studium, über welches eine römische Geschichte keine Auskunft zu geben hat. Dagegen wäre Unterrichtung über die *Quellen* der römischen Geschichte auch in diesem Rahmen durchaus gerechtfertigt, wenn sie sich unabhängig von der Philologie und anderen spezielleren Disziplinen, wie z. B. der Epigraphik (Inschriftenkunde), vermitteln ließen. Da dies aber nicht der Fall ist, muß sie notgedrungen unterbleiben. Allerdings erfordert die Kenntnis der historischen Tat-

---

jenen Beitrag zur römischen Religionsgeschichte geliefert (repräsentativ WARDE FOWLER: The Religious Experience of the Roman People. London 1911), sich jedoch in keiner zusammenfassenden Darstellung niedergeschlagen (am ehesten noch: LUDWIG DEUBNER in: Chantepie de la Saussage. Lehrbuch der Religionsgeschichte II. 1925², S. 418 ff.). Zudem ist die religionswissenschaftliche Deutung zwar unentbehrlich, aber allein auch nicht imstande, einen Eindruck von dem jeweils geschichtlich Realen zu vermitteln. ALTHEIM, der im Gefolge seines Lehrers WALTER F. OTTO sich grundsätzlich unter ziemlicher Ignorierung der Religionswissenschaft von ihr absetzte, hat jedoch bei der konsequenten Einengung seines Aspektes auf reine Götterlehre auch keinen Weg aus der Sackgasse herausgefunden. Das geschichtliche Verständnis der Römer benötigte jedoch eines religionswissenschaftlich geschulten Blickes, der die Phänomene der gesamten Religiosität zu erfassen und zu deuten imstande wäre. Diesem eigentlich schon längst gesteckten Ziel sind wir jetzt erst durch die Römische Religionsgeschichte (im Rahmen des „Handbuches" als Ersatz des Wissowaschen Werkes) von KURT LATTE (1960) endlich nähergekommen. Das Buch ist mehr als ein Handbuch und trägt eine ganz neue und selbständige Konzeption von der Entwicklung der römischen Religion vor. Kürzere Charakterisierungen der römischen Religion: C. BAILEY: Phases in the Religion of Ancient Rome. Berkeley 1932; 1975³. H. WAGENVOORT: De Romeinse Godsdienst. In: De Godsdienste der Wereld, hrsg. von J. C. BLEEKER. Amsterdam 1956³, u. ders.: Wesenszüge altrömischer Religion. In: ANRW I 2, 1972, S. 348 ff.

[63] HUGO BLÜMNER: Die römischen Privataltertümer (1911). In: I. v. MÜLLERS Handbuch der klass. Altertumswiss. IV, 2, 2. — JERÔME CARCOPINO: La vie quotidienne à Rome. Paris 1939 (deutsche Übersetzung: So lebten die Römer während der Kaiserzeit. Stuttgart 1959).

[64] J. KROMAYER und G. VEITH: Heerwesen und Kriegführung der Griechen und Römer. München 1928. In: I. v. MÜLLERS Handbuch der klassischen Altertumswiss. IV, 3, 2. — Die modernen Grundlagen der militärgeschichtlichen Forschung ist durch HANS DELBRÜCK gelegt worden, ungeachtet dessen, daß seine Ergebnisse in der antiken Geschichte zum Teil auf heftigen Widerspruch gestoßen sind. HANS DELBRÜCK: Geschichte der Kriegskunst. 4 Bde., Berlin 1908² ff. (Neudruck ebd. 1964). — Vor allem bedarf gerade diese Darstellung, welche gänzlich von den kriegerischen Operationen absieht, des Hinweises, daß die antike Kriegsgeschichte in einem umfassenden Werk behandelt ist von JOH. KROMAYER und GEORG VEITH: Antike Schlachtfelder. 4 Bde. mit Schlachtenatlas. Leipzig 1903—1932.

[65] Siehe oben Anm. 27. Vgl. ferner T. FRANK: Economic History of Rome. London 1927². L. CLERICI: Economia e finanza dei Romani. Bologna 1943.

[66] Neben MOMMSENS fundamentaler Geschichte des römischen Münzwesens (Berlin 1860, Neudruck Graz 1956), sind als Nachschlagewerke jetzt zu nennen: E. A. SYDENHAM: The Coinage of the Roman Republic. London 1952; M. BERNHART: Handbuch zur Münzkunde der römischen Kaiserzeit. Münster 1926; HAROLD MATTINGLY: Roman Coins. London 1962².

[67] EUGÈNE STRONG: Art in Ancient Rome. 2 Bde., 2. Aufl., London 1930. — WERNER TECHNAU: Die Kunst der Römer. Berlin 1940. — HERBERT KOCH: Römische Kunst. Breslau 1925; 1949². — H. KÄHLER: Rom und seine Welt. 2 Bde. München 1958 (allgemein-historische Bilddokumentation).

[68] R. SOHM / L. MITTEIS / L. WENGER: Institutionen des römischen Rechts. München und Leipzig 1928¹⁷. — E. RABEL: Grundzüge des römischen Privatrechtes. Berlin 1915; 1955². — P. JÖRS / W. KUNKEL / L. WENGER: Römisches Privatrecht — Abriß des römischen Zivilprozeßrechts (1935²; 1949³). — MAX KASER: Das Römische Privatrecht. 1. Abschn. München 1955; 1971². 2. Abschn. München 1959; und: Das römische Zivilprozeßrecht. München 1964. In: I. v. MÜLLERS Handbuch der klassischen Altertumswissenschaft III, 3, 1. 2 u. III 4.

sachen gerade bei der römischen Geschichte wenigstens eine ungefähre Vorstellung von dem grundsätzlichen Verhältnis zwischen dieser und der Aussagefähigkeit der zur Verfügung stehenden Quellen. Es trifft sich deshalb glücklich, daß wir von ARTHUR ROSENBERG ein Buch besitzen, das im Hinblick auf diesen elementaren und historisch eigentlich bedeutsamen Gesichtspunkt vorzüglich ist[69] Zur geographischen Orientierung stehen neben dem älteren grundlegenden Werk HEINRICH KIEPERTS jetzt zwei gute instruktive Atlanten zur Verfügung[70].

Wer von der allgemeinen europäischen Geschichte her sich der antiken und damit auch der römischen Geschichte nähert, muß sich damit vertraut machen, daß die Erkenntnismöglichkeiten hier weit unter dem ihm von dorther vertrauten durchschnittlichen Niveau liegen. Der Historiker Roms ist nicht in der Lage, in freier Verfügung über die unserem geschichtlichen Bewußtsein möglichen Gesichtspunkte an seinen Stoff heranzugehen. Schon die pragmatische Geschichte welche ihm verhältnismäßig noch am besten zugänglich ist, enthält nur allzu oft völlig weiße Flecken, bei denen es zum größten Teil so gut wie ausgeschlossen ist, daß sie jemals ein buntes Kolorit erhalten werden. Diese unangenehme Situation wird aber beinahe zur Regel, wo es sich um die anderen Schichten des geschichtlichen Lebens handelt. Schon der geistige Hintergrund der Politik ist in den meisten Fällen schwer zu erfassen infolge des Mangels an gleichzeitigen Zeugnissen. Und wo solche auch zur Verfügung stehen, sind sie, da es sich im allgemeinen um Literaturdenkmäler handelt, infolge der starken ästhetischen Stilisierung nicht so mitteilsam, wie sie es vielleicht unter anderen formalen Voraussetzungen wären. Ganz hoffnungslos wird die Situation aber dann, wenn ein Rückgriff auf die sozialen Verhältnisse gefordert wird (und wo könnte man dessen entraten?). Hier stehen bestenfalls nur wenige Angaben zur Verfügung, sehr oft aber nicht einmal diese, und es sind infolgedessen an Stelle einer eingehenden Analyse allenfalls vage Kombinationen möglich. Wirkliche Anschauung, welche den Ausgangspunkt entsprechender Untersuchungen abzugeben hätte, fehlt fast immer. Die Geschichte hat ohnehin die Neigung, mit ihrer Beleuchtung sehr parteiisch zu verfahren und dieselbe den Menschen etwa in dem Maße zukommen zu lassen, in dem sie innerhalb der Staatsaffären in Erscheinung treten. Aber in der antiken Welt nimmt dieses Verhältnis teilweise geradezu groteske Formen an, und es ist infolgedessen selbst über einen Lebensbereich wie den bäuerlich-landwirtschaftlichen, der doch trotz aller zeitweiligen „Industrialisierung" die Grundlage der gesamten Wirtschaft bildete, ungeachtet einiger vereinzelter Aufschlüsse ein recht dichter Nebel ausgebreitet.

Die Forschung ist nun gewiß seit langem bestrebt, diesem Übelstand so gut es geht zu begegnen und dem spröden und kärglichen Material durch eine immer wieder neu ansetzende Interpretation und mit Hilfe weitläufiger Erwägungen Erkenntnisse zu entwinden, aber nicht immer ist auf diesem Wege Übereinstimmung zu erzielen, und

[69] ARTHUR ROSENBERG: Einleitung und Quellenkunde zur römischen Geschichte. Berlin 1921. Zur Quellenkunde ist außerdem zu benutzen CURT WACHSMUTH: Einleitung in das Studium der Alten Geschichte. Leipzig 1895. — BENEDICTUS NIESE: Grundriß der römischen Geschichte nebst Quellenkunde. 5. Aufl., neubearbeitet von ERNST HOHL. München 1923. — HERMANN BENGTSON: Einführung in die Alte Geschichte. München 1949; 1974[7].

[70] HEINRICH KIEPERT: Atlas antiquus. Berlin o. J. — Großer Historischer Weltatlas. Erster Teil: Vorgeschichte und Altertum, bearbeitet von HERMANN BENGTSON und VLADIMIR MILOSČIČ. München 1953; 1958[3]. — Westermanns Großer Atlas zur Weltgeschichte, bearbeitet von HEINRICH STIER, ERNST KIRSTEN u. a. Braunschweig 1956; 1972[8].

meistens bleibt deshalb selbst bei ganz banalen und elementaren Feststellungen, welche durch irgendein Allerweltserzeugnis „bewiesen" werden könnten, ein erhebliches Quantum von Unsicherheit bestehen, so daß vielerorts auch triviale Fragen, über die anderwärts kein Wort zu verlieren wäre, zu einem schwierigen wissenschaftlichen Problem werden.

Für den geistigen Aggregatzustand der Wissenschaft von der römischen Geschichte ist diese Mißlichkeit nicht ohne Einfluß gewesen. Gefesselt an zum Teil wirklich primitive Aporien, welche gestern wie heute ihre Gültigkeit haben, ist sie der Gefahr ausgesetzt, allmählich einen archaisch-stationären Charakter zu erhalten und des lebendigen Zugriffs spontaner Aufmerksamkeit zu entbehren. Natürlich erhebt sich da erst recht die Forderung, trotz der Ungunst der Verhältnisse das Eis zu brechen, aber die Auflage, auch um die Beschränkung der Aussagemöglichkeit zu wissen, muß sich heute ein inneres Verständnis der römischen Geschichte zumessen lassen.

§ 43. Zur Quellenlage der Geschichte der römischen Republik

1. Tradition und Urkunden. — 2. Die Überlieferung. — 3. Kritik der Überlieferung. — 4. Die mittlere Republik. — 5. Die späte Republik.

1. Tradition und Urkunden

Eine Beurteilung der Aussagemöglichkeiten auf dem Gebiete der Republik läßt sich nicht vornehmen, ohne gewisse Vorstellungen der Quellenverhältnisse. Sie sind sehr eigentümlich und bieten normalen Erwartungen große Überraschungen.

Das starke Überwiegen der Überlieferung über die Urkunden, mit dem man von vornherein zu rechnen hat, ist freilich ein Grundzug der gesamten antiken Geschichte. Der moderne heuristische Grundsatz, daß die Geschichte in erster Linie den Selbstzeugnissen der Geschichte zu entnehmen sei, ist in der antiken Geschichte nirgends zu verwirklichen. Sowohl quantitativ wie qualitativ können es die Urkunden in der Regel mit der Überlieferung nicht aufnehmen. Aber auch dort, wo ausnahmsweise unsere Quellen in der Hauptsache durch Urkunden dargestellt werden und sowohl sonstige zeitgenössische Äußerungen wie vor allem eine zusammenfassende, sei es frühere oder spätere Darstellung fehlen, befindet sich der Historiker in einem streckenweise undurchdringbaren Dunkel.

Die Geschichte der römischen Republik unterliegt nun nicht nur dieser Gegebenheit, sondern wartet zudem mit einem außerordentlich geringen Bestand an Urkunden und sonstiger zeitgenössischer Dokumentation auf. In der Reihe der römischen Inschriften (um die es sich zumeist bei Urkunden handelt) — eine Sammlung von 16 stattlichen Foliobänden — wird die großartige Geschichte der römischen Republik lediglich durch einen, dabei nicht einmal sehr umfangreichen Band repräsentiert. Und darunter sind die erheblichen Stücke so gering an Zahl, daß sie bequem in kleinen Buchausgaben Platz finden[1]. Die Gründe hierfür können auf sich beruhen (teilweise hängt diese Situation mit der Tatsache zusammen, daß die altrömischen Inschriften auf Bronze aufgezeichnet waren und dieser begreiflicherweise kein sehr langes Fortleben beschieden sein konnte). Hervorzuheben allerdings ist, daß die chronologische Streuung dieses kleinen Vorrates dazu noch sehr einseitig ist. Die ältere römische Geschichte, mit anderen Worten die italische Phase, wird durch dieses Material kaum berührt. Das meiste stammt aus dem zweiten und ersten vorchristlichen Jahrhundert. Angesichts dieser Tatsache muß bei der römischen Geschichte das Schwergewicht in besonderem Maße auf die Tradition fallen. Wie ist es jedoch um sie bestellt?

2. Die Überlieferung

Wenn wir zunächst einmal vom Gesichtspunkt der historischen Kritik absehen, sind wir wohl imstande, eine römische Geschichte von den Anfängen bis Augustus zu erzählen. Die Dichte dieser Information ist freilich nicht gleichmäßig. Es gibt Strecken, wo die Belegung durch Zeugnisse verhältnismäßig spärlich ist, es gibt wiederum andere, für die ausführlichere Darstellungen zur Verfügung stehen. Immerhin ließe sich, sofern man hier auf einem festen Boden stände, im großen ganzen doch eine ver-

[1] Vgl. etwa die neue Auswahl von Atilio Degrassi: Inscriptiones Latinae liberae rei publicae I. Firenze 1957; II 1960. — Im übrigen gibt es überhaupt für den Handgebrauch eine Auswahl aus dem Corpus der lateinischen Inschriften: Hermann Dessau: Inscriptiones Latinae selectae. 3 Bde., Berlin 1892—1906.

hältnismäßig eingehende Darstellung entwerfen. In der vorkritischen Phase der römischen Geschichtsforschung hat man denn auch diese Möglichkeiten ausgenutzt und gelangte damit zu einem mit Tatsachen ziemlich reich illustrierten Bilde.

Sobald man sich freilich dem Optimismus, daß hier die historische Wahrheit unverfälscht zum Ausdruck kommt, nicht mehr ohne weiteres anvertrauen konnte, enthüllte sich auch einem nur vorsichtig abschätzenden Blick eine sehr bedenkliche Tatsache. Alles, was wir über die römische Geschichte lesen können, ist in seinem gegenwärtigen Überlieferungszustand nicht älter als das zweite vorchristliche Jahrhundert, und dieses selbst wird eigentlich nur durch den griechischen Historiker *Polybios* vertreten. Die große Masse der Tradition gehört in das erste vorchristliche Jahrhundert und in noch spätere Zeiten. Das bedeutet also: Wir reichen nirgends in die erste Epoche des römischen Weltimperialismus und schon gar nicht in die italische Periode der römischen Geschichte zurück. Für sie fällt jegliche Möglichkeit eines gleichzeitigen oder zeitlich benachbarten Zeugnisses aus.

Nun ist allerdings mit dieser Feststellung noch kein abschließendes Urteil gefällt. Es könnte ja sein, daß in die spätere Überlieferungsmasse ältere Quellen eingegangen und dort treu bewahrt worden sind. Die Beantwortung dieser Frage hängt von zwei Bedingungen ab. Erstens einmal müßten die späteren Schriftsteller soviel Pietät aufgebracht haben, daß sie es sich mit einem Registrieren der früheren Überlieferung genug sein ließen, und zweitens müßten sie im Besitze der Möglichkeit gewesen sein, auf eine gute ältere und weit hinaufgehende Tradition zurückgreifen zu können. Die Antwort, welche die moderne Quellenkritik hierauf geben mußte, fiel leider in beiden Punkten ausgesprochen negativ aus.

Schon die zweite, fundamentalere Prämisse bietet ein sehr ungünstiges Bild. Es hat in Rom keine Geschichtsschreibung gegeben, welche von Anfang an den Gang der Ereignisse begleitet hätte. Die frühesten Aufzeichnungen bestanden lediglich in Listen der Eponymen, d. h. der die einzelnen Jahre charakterisierenden Konsuln, welche auch weniger zu historischen Zwecken als in der Absicht, eine Datierung zu gewinnen, vorgenommen wurden. Die uns geläufige Jahreszählung mit Hilfe einer Ära war bei den Römern wie übrigens auch bei den Griechen in früher Zeit unbekannt. An diese sogenannten Fasti, also einer Art von Jahreskalender, der vor allem auch Angaben über die Festtage enthielt, schlossen sich allmählich magere Notizen über dieses und jenes Ereignis an und somit war der Keim gegeben zu einer amtlichen Chronik, welche von den Pontifices geführt wurde, die Pontifikalchronik oder die Annales. Wieweit jemals diese, d. h. also Fasti einschließlich historischer Notizen, hinaufgingen, ist unbekannt. Man kann jedoch mit ihrer Existenz gewiß für das vierte Jahrhundert rechnen; aber das Material, das in diesem bescheidenen Rahmen Platz finden konnte, war sehr kärglich und unbedeutend.

Individuelle schriftstellerische Initiative konnte auf den Raum der Geschichte erst übergreifen, als es in Rom eine eigene Literatur gab. Das war nicht vor Ende des dritten Jahrhunderts der Fall. Zuerst trat der Dichter *Naevius* (gest. 201 v. Chr.) mit seiner Darstellung des Ersten Punischen Krieges (nicht erhalten) auf, und dann folgte der griechisch schreibende römische Senator *Fabius Pictor,* ein Zeitgenosse Hannibals. Es ist aber unbekannt und heute wieder sehr umstritten, was für einen Charakter dessen nicht auf uns gekommenes Buch gehabt hat[2]. Mit ihm stehen wir schon am Anfang des zweiten Jahrhunderts. Unmittelbar schließt sich das große, bis auf Vergil klassische Epos des *Ennius* (239—169 v. Chr.) an, das unter dem bezeichnenden Titel Annales die gesamte römische Geschichte erzählte (nicht erhalten). Dieses Werk war gewiß vor allem für die älteren Zeiten ausführlicher als Fabius Pictor.

3. Kritik der Überlieferung

Diese hier ganz grob skizzierten Verhältnisse geben immerhin soviel zu erkennen, daß schon den ältesten römischen Historikern (die beiden Epiker können wir in diesem Zusammenhang ohne weiteres als solche bezeichnen) keine ausführliche Information über die ältere römische Geschichte zur Verfügung stand. Sie mögen zwar dies und jenes aus nicht offizieller Überlieferung (Familientradition) herangezogen haben, aber der Tatbestand bleibt bestehen, daß der Horizont der früheren Zeit nur ganz spärlich mit historischen Fakten besetzt gewesen sein kann. Sehr früh war deshalb die römische Geschichtsschreibung gezwungen, die Lücken ihres Wissens durch ungefähre Erinnerungen und vor allem Kombination und Phantasie zu schließen. Zuverlässige Kunde war stets auf einen sehr bescheidenen Anteil reduziert. Trotzdem wären wir sehr froh, wenn uns diese ersten historisch-literarischen Aufzeichnungen erhalten wären. Aber was uns (selbst in indirekter Überlieferung) davon erreicht hat, ist außerordentlich geringfügig.

Zu diesem sehr elementaren Sachverhalt kontrastiert nun sehr die Tatsache, daß dasjenige Buch, welches für die Folgezeit die beinahe kanonische Überlieferung der römischen Republik und auch der sogenannten Königszeit enthielt, nämlich das uns zu einem Viertel erhaltene umfangreiche und aus 142 Büchern bestehende Werk des *Titus Livius* (59 v. Chr.—17 n. Chr.) für die ältere Zeit viel mehr mitteilt, als die frühesten Geschichtsschreiber Roms jemals gewußt haben[3]. Diesem eminenten Zuwachs an Erzählungsstoff entsprechen aber nun keineswegs etwa in der späteren Zeit erschlossene neue Quellen, aus dem einfachen Grunde, weil es diese gar nicht gab und ein Rückgriff auf urkundliches Material gerade der Livianischen Geschichtsschreibung gänzlich ferne lag. Livius selber ist für das Anschwellen der historischen Kunde persönlich nicht verantwortlich zu machen. Sein Ehrgeiz ging nicht dahin, neue Kenntnisse zu vermitteln. Er wollte einer seinem Publikum vertrauten Überlieferung eine zeitgemäße literarische Form geben. Diejenigen, welche für die Fülle des historischen Details sorgten, lagen ein bis zwei Generationen vor Livius. Es sind die sogenannten *jüngeren Annalisten* aus Sullanischer Zeit[4]. Ihre Arbeitsweise war einfach genug. Sie füllten die Lücken der vorhandenen Tradition mit reiner Erfindung aus, wobei historisch keineswegs mehr nach einem geschichtlichen Kern zu fragen ist, sondern man

[2] Die lange Zeit herrschende Ansicht MOMMSENS, daß sich mittels der römischen Partien der griechisch geschriebenen Universalgeschichte *Diodors* (Zeit des Augustus) auf *Fabius Pictor* zurückgreifen läßt, ist im Verlauf der letzten Generation stark erschüttert worden. Immerhin darf man doch wohl bei Diodor eine ältere Stufe der Überlieferung als bei Livius erkennen. Das durch ihn überlieferte Material ist übrigens nicht sehr reichhaltig.

[3] Dies gilt auch für Livius' Zeitgenossen *Dionysios von Halikarnass*, der eine römische Frühgeschichte (bis 264 v. Chr.) in griechischer Sprache schrieb („Römische Archäologie"), deren erste Hälfte, eben bis zur Mitte des fünften Jahrhunderts gehend, erhalten ist (vom Rest gibt es Fragmente und Auszüge).

[4] Ihre bekanntesten Namen sind: *Quintus Claudius Quadrigarius, Valerius Antias, Gaius Licinius Macer.*

sich nur allenfalls zu überlegen hätte, nach welchen Prinzipien sie ihre Phantasie in Gang setzten.

Diese geradezu niederschmetternde Quellenlage hat in der modernen Geschichtsforschung zwangsläufig zu der Konsequenz geführt, daß eine eingehende Erkenntnis der älteren römischen Geschichte ein Ding der Unmöglichkeit wurde. Die methodische Einstellung, mit der man an sie heranging, konnte infolgedessen nicht mehr dahin gehen, daß man wie üblicherweise fragte, was allenfalls von der Livianischen Tradition abzustreichen wäre, sondern umgekehrt von der Überlegung ausging, was unter den gegebenen Bedingungen im besten Falle jemals gewußt sein konnte. Man mußte sich dann an dem Modell eines ganz mageren Gerippes orientieren, dessen Rückgrat die Konsulnlisten bildeten, und konnte freilich auch hier nicht einmal auf deren verbürgte Zuverlässigkeit zählen, sondern hatte mit beträchtlichen Modifikationen und Rekonstruktionen zu rechnen. NIEBUHR und seiner Schule sind diese Dinge in ihrer erbarmungslosen Nacktheit noch nicht klar gewesen. Aber seit MOMMSEN und der durch ihn angeregten Forschung gehört ihre Kenntnis zu den Fundamenten der modernen Geschichtsforschung. Ihr sind dadurch freilich sehr enge Grenzen gesetzt, und es ist deshalb kein Wunder, daß sich die wissenschaftliche Tätigkeit immer mehr von diesem Gebiet zurückgezogen hat.

Dem historischen Wissensdrang wird durch eine solche Resignation ziemlich viel zugemutet, und es ist deshalb psychologisch nicht ganz unverständlich, wenn auch sachlich keineswegs gerechtfertigt, daß trotzdem immer wieder das Bedürfnis sich zu Worte meldet, über den von der Quellenkritik gezogenen Graben hinwegzuspringen und so zu tun, als wären die letzten hundert Jahre Wissenschaftsgeschichte nicht gewesen. Wo man heute auf farbigere und begreiflicherweise das Publikum mehr ansprechende Schilderungen der älteren römischen Geschichte stößt, kann auch der Laie soweit urteilen, daß für solche Unternehmungen die Voraussetzungen fehlen.

4. Die mittlere Republik

Für die mittlere Republik (264—133 v. Chr.) steht uns bis zum Ende des Dritten Makedonischen Krieges (167 v. Chr.) eine zusammenhängende Überlieferungsmasse zur Verfügung. Sie spaltet sich auf in *Livius* und *Polybios*. Außer der die frühere römische Geschichte (bis 293 v. Chr.) betreffenden ersten Dekade des Livius, sind die dritte, vierte und die fünfte Dekade (letztere zur Hälfte) erhalten (Buch 21—45), einsetzend mit 218 v. Chr. und bis 167 v. Chr. gehend. Obgleich es sich hierbei auch um jüngere Annalistik handelt und deshalb die gleichen grundsätzlichen Einwände erhoben werden können und müssen wie bei den früheren Partien, ist die Lage doch insofern günstiger, als es von diesem Zeitraum wirkliche Primärquellen einmal gegeben hat und diese mittelbar in die späte Livianische Überlieferung eingegangen sein müssen und als andererseits der Quellenanalyse hier gewisse Möglichkeiten eröffnet werden[5]. Polybios hat in seinem großen, vierzig Bücher umfassenden Werk, das sowohl die römische wie die gleichzeitige hellenistische Geschichte darstellte, den Zeitraum von 264 bis 146 v. Chr. behandelt (den Abschnitt von 264 bis 220 v. Chr. nur summarisch), doch sind hiervon nur die ersten fünf Bücher (bis Cannae, 216 v. Chr., gehend) erhalten. Alles andere muß mit Hilfe umfangreicher zumeist byzantinischer

[5] Grundlegend hierfür noch immer HEINRICH NISSEN: Kritische Untersuchungen über die Quellen der vierten und fünften Dekade des Livius. Berlin 1863. Siehe o. S. 517.

Fragmentsammlungen rekonstruiert werden und findet sich in den gängigen modernen Ausgaben dementsprechend durch die vorhandenen Bruchstücke dargestellt. Polybios ist hier für manche Gebiete Primärquelle und als solche etwa auch in Livius eingegangen.

Angesichts der Unvollständigkeit der Überlieferung wiegen Nachrichten, die sonst auf uns gekommen sind, doppelt schwer. Unter den verschiedenen hier einschlagenden Quellen kommt den Biographien *Plutarchs* (ca. 46 bis 120 n. Chr.) ein besonderer Wert zu, nicht weil sie eine historiographische Leistung darstellen (das Gegenteil ist der Fall), sondern einfach auf Grund ihrer verhältnismäßig großen Zahl. Dies gilt ganz allgemein für die römische wie für die griechische Geschichte. Die mittlere römische Republik ist zwar hiervon nicht übermäßig begünstigt, doch bietet für sie etwa das Leben des älteren Cato oder das des Aemilius Paullus eine sehr schätzenswerte Informationsmöglichkeit. Bedeutung und Umfang der von Plutarch ermittelten Nachrichten sind von den verschiedenen auch für ihn maßgebenden objektiven Gegebenheiten und besonders von seinen schriftstellerischen Absichten abhängig. Letztere gehen weniger auf das historische Phänomen als auf die moralische Erscheinung der Persönlichkeit[6].

5. Die späte Republik

Die spätere römische Republik, die sog. Revolutionszeit, verfügt von der gesamten römischen Geschichte über die relativ beste heuristische Grundlage. Nur darf man dabei nicht vergessen, daß angesichts dieser quellenreichen und ereignisgefüllten Zeit der Historiker auch mehr wissen muß als sonst und daß im Vergleich hierzu die Möglichkeiten noch immer sehr beschränkt sind. Dazu ist die Streuung in den verschiedenen Abschnitten höchst ungleichmäßig.

Die erste Hälfte der Epoche (bis einschließlich Sulla) hat noch kaum Anteil an dem genannten Vorzug, hier liegen die Dinge teilweise sogar schlechter als in der vorangehenden Periode. Für die Gracchen ist *Plutarch* eine wichtige und im Rahmen der plutarchischen Viten verhältnismäßig reichhaltige Quelle. Doch sind die anschließenden Jahrzehnte recht ungenügend beleuchtet. Von Männern wie Appuleius Saturninus, Servilius Glaucia, Sulpicius Rufus und Livius Drusus läßt sich deshalb ein befriedigender Eindruck nicht gewinnen. Selbst von dem umfassenden innenpolitischen Wirken Sullas bleibt vieles im Dunkeln. Wenn dies für die Folgezeit sich bessert, so liegt das einmal daran, daß in der zweiten Hälfte der Revolutionszeit eine Traditionsmasse zur Geltung kommt, welche für die vorangehende Zeit entweder noch nicht die jetzige Breite besaß oder nicht ungeschmälert auf uns gekommen ist.

Es sind dies in erster Linie die Werke zweier kaiserzeitlicher Griechen: *Appian* (erste Hälfte des zweiten nachchristlichen Jahrhunderts) schrieb eine Römische Geschichte nach einem merkwürdigen Schema. Er teilte sie in verschiedene Sachgebiete ein und behandelt demnach verschiedene Themen, etwa die ‚Königszeit', ‚die Samnitenkriege', ‚die Kriege in Afrika', ‚die Kriege gegen Syrien' usw. Hiervon ist nur ein Teil erhalten. Sehr reichhaltig waren überdies die Schilderungen aus der frühen und mittleren Periode der römischen Republik nicht. Dagegen ist Appian ausführlicher auf die Kriege gegen Mithridates und auf die sog. ‚Bürgerkriege' eingegangen. Letztere beginnen mit den Gracchen und behandeln auch die nichtmilitärischen Er-

[6] Zu Plutarch vgl. R. Hirzel: Plutarch. Leipzig 1902; K. Ziegler, RE XXI, S. 635 ff.

eignisse. Das Ende liegt bei 35 v. Chr. (Tod des Sextus Pompeius), also nicht viel vor dem Zeitpunkt, mit dem wir auch heute die Epoche abschließen. Nach dem jetzigen Bestand umfassen diese beiden Abschnitte über drei Fünftel der Gesamthinterlassenschaft (von den anderen ist viel verlorengegangen, während diese vollständig erhalten sind) auf etwa siebenhundert Teubnerseiten. Ein besonders hohes Niveau hat Appians Schriftstellerei nicht, und die Quellen, die er benutzt hat, sind auch von sehr unterschiedlichem Wert, aber bei dem Mangelzustand, dem wir nun einmal in der antiken Geschichte hinsichtlich des geschichtlichen Materials ausgesetzt sind, ist Appian nicht nur nicht zu entbehren, sondern nimmt sogar eine ziemlich wichtige Position ein. — Der andere Grieche, *Cassius Dio,* ein Mann aus der ersten Hälfte des dritten nachchristlichen Jahrhunderts, schrieb auch eine Römische Geschichte, folgte aber dem üblichen annalistischen Schema. Es war ein monumentales Werk in achtzig Büchern, von den Anfängen bis 229 n. Chr. Natürlich ist es nur zu einem Bruchteil erhalten, doch sind ausführliche byzantinische Auszüge auf uns gekommen (in der modernen Ausgabe von Boissevain allesamt abgedruckt), so daß sich ein verhältnismäßig deutlicher Eindruck von dem Ganzen gewinnen läßt. Die römische Revolutionszeit genießt die Gunst, daß die Phase der letzten Generation von 59 v. Chr. an im Originaltext vorliegt. Er geht hier wohl in der Hauptsache unmittelbar auf die entsprechenden (verlorenen) Partien des Livius zurück.

Auch sonst ist der historiographische Anteil an unserer Information über die Revolutionszeit viel reicher als für irgendeine andere Epoche der römischen Geschichte. Für keine steuerte *Plutarch* so viel bei, und einige seiner berühmtesten Viten finden hier ihren Platz (Pompeius, Caesar, Antonius; im übrigen vgl. etwa für die frühere Zeit Marius und Sulla, und für die zweite Phase Sertorius, Lucullus, Cicero, den jüngeren Cato, Crassus, Brutus). Viele wichtige Tatsachen werden sodann von dem Biographen der römischen Kaiser, von *Suetonius,* im Leben Caesars und des Augustus mitgeteilt. — Aus der umfangreichen Geschichtsschreibung der Epoche selbst ist *Sallust* (86 bis ca. 34 v. Chr.) mit seinen beiden klassischen Monographien über den Jugurthinischen Krieg und die Catilinarische Verschwörung beinahe als einziger auf uns gekommen. Leider gilt dies nicht von seinem Hauptwerk, den Historiae (für die Jahre 78 bis 67 v. Chr.) und dem gleichnamigen Werk des Sisenna, das er fortgesetzt hat.

Auf der anderen Seite ist die zweite Periode der Revolutionszeit durch den einzigartigen Vorzug privilegiert, daß es für sie eine Menge echter Monumentalquellen gibt, in einem Umfang und von einem Wert, wie sie nicht nur in der ganzen römischen, sondern überhaupt der antiken Geschichte nicht mehr erreicht werden. Im Verhältnis zu der vorangehenden Geschichte der römischen Republik ist der Kontrast begreiflicherweise noch stärker. Der ausschließliche Grund hierfür ist *Cicero* und das außerordentliche Interesse, das die Nachwelt an seiner Person genommen hat. Das stattliche Corpus von Ciceros literarischer Hinterlassenschaft enthält zwar keineswegs dieselbe vollständig und beansprucht auch nicht in allen Teilen das gleiche historische Interesse, aber zwei Bestandteile desselben sind für die Geschichte fundamental: Ciceros Reden und Ciceros Briefe. Mit seinen Reden (Volks-, Senats- und Gerichtsreden, alle jedoch politisch relevant) begleitete Cicero das Zeitgeschehen von seiner Jugend bis kurz vor seinem Tode, d. h. von 81 bis 43 v. Chr., selbstverständlich in verschieden dichter Streuung. Die Zahl der in 35 Büchern von antiken Editoren gesammelten und herausgebenen Briefe beträgt etwa 850, worunter sich, was einen besonderen Reiz ausmacht, auch Briefe der Korrespondenten befinden. Die Briefe sind, bis auf geringe Ausnahmen, alle aus den Jahren nach dem Konsulat (63 v. Chr.), die dichteste Streuung haben die aus den letzten Lebensjahren (von etwa 46 v. Chr. an). Als echte, ohne jede Rücksicht auf Publikation geschriebene Nachlaßstücke bilden sie ein Unikum in der gesamten antiken (nichtchristlichen) Literatur.

In gewissem Sinne gehören zu den Monumentalquellen auch *Caesars* Aufzeichnungen über seine Kriege, die commentarii de bello Gallico und de bello civili (die anderen unter seinem Namen gehenden Schilderungen und das achte Buch des Gallischen Krieges sind nicht von ihm), der mit ihnen seine persönliche Auffassung von seinen Taten propagieren wollte. Daß sie, sogar in primärer Hinsicht, auch wirkliche Tradition sind, versteht sich von selbst.

§ 44. Hinweise und Erläuterungen zur italischen Phase der römischen Geschichte (I-III)

1. Altitalien. — 2. Römische Verfassungsgeschichte. — 3. Außenpolitik in Italien.

Daß die ältere römische Geschichte auf dem Hintergrunde der *altitalischen* vorgestellt werden müßte, ist der Geschichtswissenschaft seit Niebuhr bekannt. An diesbezüglichen Bemühungen haben es deshalb die Historiker des neunzehnten Jahrhunderts nicht fehlen lassen. Der junge Mommsen zog mit der ausdrücklichen Hoffnung nach Italien, über diese Dinge Aufhellung zu erhalten. Heute wissen wir freilich, daß diesen notwendigen und durchaus berechtigten Bestrebungen unüberwindliche Hindernisse entgegenstehen. Was die antike Überlieferung an die Hand gibt, ist sehr wenig. Die Hoffnung auf eine reiche Ausbeute an schriftlichen Monumentalquellen hat sich auch nicht erfüllt. Einiges ist zwar zutage getreten, aber die sogenannten italischen Dialektinschriften[1] sind gering an Zahl, entstammen auch keiner besonders frühen Zeit; ihr Inhalt ist schwer zu enträtseln, ein Geschäft, das noch immer keinen definitiven Abschluß gefunden hat, und vor allem ist der Inhalt keineswegs historisch besonders erheblich. Es handelt sich zumeist um kultische Vorschriften. 1. Altitalien

Die Ausgrabungen sind in der Regel nicht imstande, durch die breite Schicht der römischen Überlagerung durchzudringen, jedenfalls soweit dies die hier vor allem in Betracht kommenden siedlungskundlichen Tatbestände betrifft. Die ältere Forschung stand in dieser Hinsicht auf den Grundlagen, welche Friedrich v. Duhn mit seiner monumentalen Gräberkunde Italiens[2] gelegt hatte, aber inzwischen hat sich herausgestellt, daß die Zuteilung der ‚bestattenden' und ‚begrabenden' Alteinwohner Italiens zu plastischen historischen Gruppen sich nicht in der von ihm vorausgesetzten Eindeutigkeit vornehmen läßt. Das Bild, das wir uns auf Grund der spärlichen Quellen von der historischen Umgebung Roms machen können, ist sehr kärglich. Das ist ein

---

[1] R. S. Conway: The Italic Dialects. 2 Bde., Cambridge 1897. — R. S. Conway / S. E. Johnson / J. Whatmough: The Preitalic Dialects. London 1933. — E. Vetter: Handbuch der italischen Dialekte. 1. Bd., Heidelberg 1953.

[2] Friedrich v. Duhn: Italische Gräberkunde. 2 Bde.; Band 2 hrsg. von Fr. Messerschmidt. Heidelberg 1924 u. 1939.

sehr schmerzliches Eingeständnis, denn schließlich haben wir es hier mit eigentlich historischen Zeiten zu tun. Die breiten Diskussionen, die FRANZ ALTHEIM diesem Thema gewidmet hat[3], verraten ein lebhaftes Empfinden hierfür, können aber freilich an der Sache auch nichts ändern. Bei der sogenannten Vorgeschichte ist man ohnehin bescheidener und hat verhältnismäßig geringere Erwartungen. Da sie konkrete historische Aussagen nicht erlaubt, hat die vorliegende Darstellung auch von ihr Abstand genommen. Für eine bequeme Information steht in Deutschland die kurze und übersichtliche Darstellung von WIESNER zur Verfügung[4].

Unter den Bewohnern des alten Italiens nehmen die *Etrusker* begreiflicherweise eine Vorrangstellung ein. Obgleich es seit einigen Jahrzehnten eine sich mit ihnen befassende Spezialwissenschaft gibt, die sogenannte Etruskologie[5], ist es mit unserer Kenntnis noch immer recht schlecht bestellt. Die deutlichste Vorstellung vermag man sich von ihrer Kunst zu machen. Dagegen sind die im engeren Sinne historischen Sachbezüge ziemlich dunkel. Die sehr fragmentarische Entzifferung der Sprache[6] (sie muß trotz stetiger Fortschritte der Sprachwissenschaft noch immer als nicht gelöst gelten) vermittelte zwar die Erkenntnis einiger Beamtentitel, aber damit allein läßt sich nicht viel anfangen. In dieser Hinsicht wissen wir immer noch das meiste durch die römische Überlieferung. Auf ihrer Grundlage hat schon vor über hundert Jahren der bekannte Altertumsforscher OTFRIED MÜLLER eine ausführliche und noch heute unentbehrliche Darstellung entworfen[7]. Den späteren war nur ein enger Spielraum vergönnt, darüber hinaus weiterzukommen[8]. Am meisten hat die Forschung die Abstammung der Etrusker beschäftigt. Seit der Antike stehen sich da zwei Ansichten gegenüber, die sogenannte autochthone[9] und die sogenannte (kleinasiatische) Einwanderungstheorie[10], von denen diese sich im allgemeinen in der internationalen Forschung durchgesetzt hat, während jene noch heute in Italien sehr energisch vertreten wird. Natürlich lag der billige Ausweg eines Vermittlungsvorschlages auch nahe[11]. Wichtiger wäre die Beantwortung der Frage, wie weit die Etrusker das von ihnen beherrschte Land durchdrungen haben und wie lang sie als eigene Zivilisation sich

---

[3] F. ALTHEIM: Italien und Rom. 2 Bde., Amsterdam/Leipzig 1941, und sonst vielfältig.

[4] J. WIESNER: Vor- und Frühzeit der Mittelmeerländer. 2 Bde., Berlin 1943 (Sammlung Göschen). — GUIDO KASCHNITZ-WEINBERG in: Handbuch der Archäologie II, S. 311—402. München 1954 („Die Denkmäler“: Jg. Steinzeit und Bronzezeit in Europa und einigen angrenzenden Gebieten bis um 1000 v. Chr. — Italien und Sardinien, Sizilien und Malta). — Vgl. auch R. PITTIONI in der RE Suppl. IX, S. 105 ff.

[5] MASSIMO PALLOTTINO: Etruscologia. Milano 1942; 1955^3; 1957^4.

[6] A. TROMBETTI: La lingua etrusca. Firenze 1928. — EMIL GOLDMANN: Beiträge zur Lehre vom indogerm. Charakter der etruskischen Sprache. Heidelberg 1929/1930. — M. RUNES/S. P. CORTSEN: Etruskischer Text der Agramer Mumienbinde. Göttingen 1935. — H. L. STOLTENBERG: Etruskische Sprachlehre mit vollständigem Wörterbuch. Leverkusen 1950. — M. PALLOTTINO: Testimonia linguae. Firenze 1954.

[7] KARL-OTFRIED MÜLLER: Die Etrusker. 1828; neu hrsg. von Deecke. Stuttgart 1877.

[8] Auch in diesem Sinne sehr lehrreich der Querschnitt durch den gegenwärtigen Forschungsstand in der Zeitschrift Historia (6, 1957, S. 1—132). Vgl. vor allem den Beitrag von JACQUES HEURGON: L'état Etrusque, S. 63 ff. — Vgl. ferner LUÍSA BANTI, Die Welt der Etrusker, Stuttgart 1960. — A. J. PFIFFIG: Einführung in die Etruskologie. Darmstadt 1972, und ders.: Religio Etrusca. Graz 1975.

[9] LUIGI PARETI: Le origini etrusche. Firenze 1926. — M. E. CIACERI: Le origini di Roma (1937).

[10] PERICLE DUCATI: Etruria antica. Torino 1927^2. — FRITZ SCHACHERMEYER: Etruskische Frühgeschichte. Berlin und Leipzig 1929.

[11] FRANZ ALTHEIM: Der Ursprung der Etrusker. Baden-Baden 1951.

unter römischer Herrschaft noch zu halten vermochten. Doch in beiden Punkten gebricht es an der Möglichkeit zu präzisen Bestimmungen.

Die *älteste Siedlungsgeschichte der Stadt Rom* spiegelt sich bis heute in einem unentwirrbaren Knäuel von Hypothesen. Abgesehen von den wenigen Grundtatsachen ist da kaum Sicherheit zu gewinnen. Im Grunde kommt hierauf auch nicht allzuviel an. Ein eindeutiger Forschungsstand läßt sich nicht statuieren. Die Geschichte des römischen Staates beginnt erst mit der Vereinigung von Palatin und Quirinal, in der griechischen Terminologie mit einem Synoikismos. Nach den Ausgrabungen, die der Schwede GJERSTAD auf dem Forum veranstaltete, hat dieser Vorgang frühestens 575 v. Chr. stattgefunden[12]. Leider ist das Datum nicht auf Grund rein archäologischer Daten gewonnen und deswegen auch nicht sicherer als mancher andere Vorschlag[13]. Im Gegenteil: gewichtige, auf archäologische Daten, nämlich das Aufhören der Erwachsenengräber auf dem Forum, sich berufende Überlegungen, sprechen gegen GJERSTAD und für eine Datierung, die der von den Alten konstruierten (753 v. Chr.) nicht allzusehr zu widersprechen braucht (Mitte oder Ende achtes Jahrhundert, vielleicht beginnendes siebtes Jahrhundert). Vgl. HERMANN MÜLLER-KARPE, Vom Anfang Roms, Heidelberg 1959; GÜNTER FUCHS, Das Datum der Gründung Roms, Gesch. i. Wiss. u. Unterr., Band 17, Jahrgang 1966, S. 106 ff. — Von der Datierung der Gründung Roms ist die Chronologie der Einrichtung der Republik zu trennen. Die antike Datierung auf 510 v. Chr. ist gänzlich ohne Gewähr, denn sie beruht offensichtlich auf einem konstruierten Synchronismus mit der Vertreibung der Tyrannen in Athen. Man muß das römische Ereignis mit dem Zusammenhang der etruskischen Herrschaft in Mittel- und Süditalien zusammenbringen und kommt dadurch auf ein späteres Datum[13a]. Im allgemeinen besteht jedoch wenig Neigung in der Wissenschaft, die Autorität der antiken Datierung in Frage zu ziehen. Früher war man skeptischer[14].

Die Verknüpfung des sagenhaften Stadtgründers *Romulus* mit der *griechischen Sagentradition* ist keine römische Erfindung: sie geht auf griechische Anregung zurück. Griechischerseits ist sie wohl schwerlich früher als Anfang des dritten Jahrhunderts vorgenommen worden. Ihre Einbürgerung in Rom muß danach bestimmt werden. Moderne Versuche, den Zeitpunkt bloß auf Grund der Tatsache, daß die Aeneassage in Mittelitalien bekannt war, etwa zweihundert Jahre früher zu legen, sind nicht zwingend. Die klarste und kürzeste Information über die pragmatische Einarbeitung der griechischen Sage in die römische Urgeschichte immer noch bei ROSENBERG[15].

2. Römische Verfassungsgeschichte

Die Geschichte der römischen Innenpolitik während der frühen Republik fällt beinahe völlig zusammen mit der Verfassungsgeschichte und kann infolgedessen deren

---

[12] EINAR GJERSTAD: Early Rome. Skrifter Utgiuna av Svenska Inst. I. Rom, 4 XVII: I—IV. Lund 1953—1966. Teil des auf 6 Bde. berechneten Werkes. Vgl. den vorläufigen Bericht des Verf.: Bolletino della Commissione Arch. del Commune die Roma 75, 1946, S. 3 ff. — Ferner HERMANN MÜLLER-KARPE: Vom Anfang Roms. Heidelberg 1959.

[13] Vgl. ARNIM v. GERCKAN: Zur Frühgeschichte Roms. Rhein. Mus. 100, 1957, S. 82 ff., dessen eigene Vorschläge auch nicht recht befriedigen. — Vgl. auch M. PALLOTINO: Le origini di Roma, Archeologica Classica 12, 1960, S. 1 ff. — [13a] In diesem Sinn jetzt R. WERNER (s. o. S. 522, A. 21).

[14] Vgl. etwa ERNST KORNEMANN: Römische Geschichte I, S. 80 ff.

[15] ARTHUR ROSENBERG: RE 2. R. I, S. 1074 ff., s. v. Romulus. — Weit in die vorrömische und voritalische Phase der römischen Geschichte führt A. ALFÖLDI: Die Struktur des voretruskischen Römerstaates. Heidelberg 1974.

einschlägigen Darstellungen entnommen werden. Im einzelnen ist freilich vieles kontrovers, verträgt jedoch in diesem Zusammenhang keine ausführliche Erörterung.

Die vorliegende Darstellung versucht vor allem, die politischen Antriebe der Verfassungsgeschichte herauszustellen, ohne allerdings über eine angesichts äußerer schlechter Informationen geboten erscheinende faustskizzenartige Schematisierung hinauszugehen. Eine etwas größere Differenzierung wäre eventuell denkbar gewesen. So hätte vielleicht das frühe Stadium des sogenannten Ständekampfes durch ein vorwiegendes Streben der Plebs nach privatrechtlicher Gleichheit, sozialer Freiheit (Gesetzeskodifikation) und politischer Mitwirkung sich bestimmen lassen, um erst aus letzterem dann mit dem Übergang zum vierten Jahrhundert die direkte Einstellung auf Gleichberechtigung und Mitherrschaft erwachsen zu lassen (Hinweis von Hans Rudolph).

Die Entstehung der einzelnen Institutionen tritt mit Absicht zurück. Hier ist zu vieles zweifelhaft, als daß die Darstellung eine größere Belastung mit umstrittenen Theorien vertrüge, als sie ihr auch selbst bei solcher Bescheidung zugemutet werden mußte. So wird beispielsweise der hier vertretene späte Ansatz des Konsulates auch heute noch von sehr vielen Forschern abgelehnt.

Ganz dunkel und deshalb bewußt beiseite gelassen ist die Entstehung der *Diktatur*. Diese als Notstandskommando auf sechs Monate jeweils von der konsularischen Exekutive in Aktion gesetzte berühmte Einrichtung des römischen Staatsrechtes geht auf nicht mehr klar zu fassende Wurzeln zurück. Der ursprüngliche Name des Diktators, magister populi, mit dem unter ihm stehenden magister equitum weist auf das Kommando des Fußvolkes (magister equitum ist der Kommandant der Reiterei) hin und kann dasselbe von Hause aus nur als reguläres Amt bezeichnet haben, möglicherweise noch in der Königszeit, als neben die Reiterei die Hoplitenphalanx trat und sie dann sehr bald an militärischer Bedeutung übertraf. Irgendwann muß das Amt in dieser Funktion jedoch überflüssig geworden sein, denn sonst hätte man es nicht für den speziellen Zweck verwenden können. An dieser Stelle wird nun freilich alles ungewiß. Ich halte es für denkbar, daß die Ablösung durch die drei Kommandanten der Tausendschaften geschah, d. h. praktisch durch drei praetores, möglicherweise weil die getrennte Führung des gesamten Fußvolkes und der gesamten Reiterei für sich nicht mehr angängig war. Den Begriff eines praetor maximus, der die ganze Diskussion heillos verwirrt hat, läßt man am besten draußen[16]. Man hätte eher zu fragen nach der Funktion, welche die Diktatur in ihrer neuen Verwendung zu erfüllen hatte — sie ist keineswegs einheitlich und erschöpfte sich nicht im Notstandskommando — und nach den Bedürfnissen (bzw. deren historischer Herkunft), denen sie entsprach. Aber auch dieses, im Grunde dringlichere Problem ist bei dem Stand unserer Quellen nicht befriedigend zu lösen.

Das primäre Wahrheitskriterium für die Rekonstruktion der *frühen römischen Verfassungsgeschichte* sind weniger die Einzelheiten der Tradition als die Typologie der Erscheinungen[17]. Dieselbe, auf den Grundlagen der Vergleichung mit den besser vertrauten griechischen Entsprechungen, vermittelt verhältnismäßig sichere Aufklä-

[16] Sehr erwägenswerte Gedanken bei G. Wesenberg: Ztschr. Savigny-Stiftg., Rom. Abt. 65, 1947, S. 319 ff.

[17] Heuristisch erhärten läßt sie sich durch die Aufhellung institutioneller Restbestände, die gewohnheitsmäßig in Rom sehr lange bewahrt wurden. — Lehrreiches Beispiel: Andreas Alföldi: Der frührömische Reiteradel und seine Abzeichen. Baden-Baden 1952.

rung über den historisch-chronologischen Stellenwert bestimmter Phänomene. So ist etwa die römische Zenturienverfassung ein deutliches Symptom für den Abbau des patrizischen Geschlechterstaates und schon deshalb die von der römischen Geschichtsschreibung überlieferte Verbindung mit dem König Servius Tullius (daher auch die geläufige Bezeichnung als sogenannte ‚Servianische Verfassung') eine Unmöglichkeit. Die regionale Tribusordnung und die ihr entsprechende Entwicklung der Tributcomitien ist desgleichen eine ‚typische' Einrichtung, für die es wie für die Zenturienverfassung in Griechenland mehr als eine Parallele gibt. Dasselbe gilt für die Kodifikation des Rechtes. An diesen überzeugenden Ergebnissen der älteren Forschung sollte man nicht rütteln und etwa die Servianische Verfassung wieder in die Königszeit zurückversetzen, wie es gewissen modernen Neigungen entspricht[18].

Mommsen stand auf seinem staatsrechtlichen Standpunkt infolge des Einflusses der Pandektistik des 19. Jh. der genetischen Analyse der römischen Verfassungsgeschichte fern und hat durch seine überwältigende Autorität lange verhindert, daß sie sich durchsetzte. Vor allem war es das Kernstück seines römischen Staatsrechtes, die Lehre vom Imperium der Obermagistratur, die ihn und andere daran hinderte[19].

Erheblich verfälscht ist auch die Tradition über die *Zwölf Tafeln*. Nicht einmal eine vollständige und authentische Überlieferung des Gesetzestextes ist auf uns gekommen, obgleich die Römer dieses früheste römische Rechtszeugnis nicht nur innerhalb der Juristenzunft studierten, sondern seine Kenntnis sogar zu einem wesentlichen Bestandteil ihrer allgemeinen Bildung erhoben. Wir kennen den Text nur aus einer lückenhaften Sekundärüberlieferung, aus der der Wortlaut teilweise zu rekonstruieren ist[20]. Interpolationen und Veränderungen sind nicht ausgeschlossen, aber sie reichen nicht aus, das Ganze zu einer späteren Erfindung werden zu lassen, eine Ansicht, welche vor allem von Ettore Pais vertreten wurde. Um so suspekter ist die pragmatische Überlieferung der Kodifikation. Zwar ist an Entlehnungen aus dem griechischen Kulturbereich nicht zu zweifeln, wenn diese auch nicht gerade nach Athen weisen müssen, wie die Überlieferung berichtet; auch eine gesetzgebende Kommission (die sogenannten Dezemvirn) braucht nicht unbedingt anstößig zu sein, aber bestimmt ist die Dramati-

[18] Einen guten Einblick in die neuere Diskussion bietet H. Last: The Servian Reforms. Journ. of Rom. Studies 35, 1945, S. 35 ff. Im Gegensatz zu anderen ist er vorsichtig genug, um für die politische Zenturienordnung, um die es hier ausschließlich geht, den Ansatz ins sechste Jahrhundert lediglich für möglich zu halten. Lily Ross Taylor: The Voting Districts of the Roman Republic. Americ. Ac. in Rome, Papers and Monogr. XX 1960.

[19] Auseinandersetzung mit diesem Punkt seiner Lehre bei A. Heuss: Zur Entwicklung des Imperiums des römischen Oberbeamten. Zeitschr. Sav.-Stiftg., Rom. Abt. 64, 1944, S. 57 ff.; fortgeführt von J. Bleicken: Ursprung und Bedeutung der Provokation, ebd. 76, 1959, S. 324 ff. (vgl. auch RE XXIII, S. 2444 ff., s. v. provocatio). Wichtig in diesem Problemkreis jetzt vor allem Wolfgang Kunkel: Untersuchungen zur Entwicklung des römischen Kriminalverfahrens in vorsullanischer Zeit, Abh. Bayr. Ak. 56, 1962. — Einem wichtigen Element der römischen Verfassungsentwicklung geht jetzt sachlich und historisch analysierend nach J. Bleicken: Lex publica. Gesetz und Recht in der römischen Republik. Berlin 1975. — Das römische Bürgerrecht ist schon des längeren monographisch behandelt worden: A. N. Sherwin-White: Roman Citizenship. Oxford 1939; 1973².

[20] Bei C. G. Bruns/O. Gradenwitz: Fontes iuris Romani antiqui. Leges et negotia. Berlin 1909⁷, S. 15 ff., heute in Deutschland am bequemsten zur Hand. Populäre Ausgabe mit Übersetzung und kurzen Erläuterungen: Rudolf Düll: Zwölftafelgesetz. München (Tuskulumbücherei) o. J.

sierung des ganzen Vorganges, zumal durch ein zweites tyrannisches' Dezemvirat, welches in der annalistischen Tradition eine große Rolle spielt, unhistorisch[21].

Daß die ganze überlieferte, ins Persönliche und Persönlich-Intime hinüberspielende *Pragmatik in der römischen Verfassungsgeschichte* historisch wertlos ist, liegt auf der Hand. Deshalb sind die zahlreichen effektvollen Geschichten, in deren Spiegel frühere Geschlechter die frühe römische Geschichte zu sehen gewohnt waren, allesamt der Kritik zum Opfer gefallen. Schon der Übergang vom Königtum zur Republik war ausgemalt mit legendären Motiven, etwa der Geschichte von dem jungen Verwandten des Tarquinius Superbus, dem Lucius Junius Brutus, der sich, um der Gefahr der Verfolgung zu begegnen, als Blödling verstellt (herausgesponnen aus dem Beinamen ‚Brutus', gleichbedeutend mit ‚dumm') und den König überlistet. Nicht minder eindrucksvoll wurde das den Sturz auslösende Ereignis gestaltet durch die Schändung der Lucretia (verübt durch einen Sohn des Tarquinius Superbus), welche daraufhin, nachdem sie ihren Mann und dessen Freunde, darunter den Brutus, zur Rache aufgerufen hat, sich selbst tötet. Das gleiche Motiv begegnet auch im Zusammenhang mit den zweiten Dezemvirn, deren einer, Appius Claudius, einen Anschlag auf Verginia ausübt und deren Vater zwingt, um sie der drohenden Entehrung zu entziehen, seine Tochter eigenhändig zu töten. Desgleichen ist die Geschichte des adelsstolzen Coriolan, der zu den volskischen Landesfeinden geht, eine reine Legende, nicht minder als der übrigens recht schlechte Roman, der die Vorgeschichte der Licinisch-Sextinischen Gesetze bildet. — Die negative Beurteilung solcher Erzählungen kann heute als problemlos gelten. Es gibt Fälle, die umstritten sind. In der vorliegenden Darstellung wurde etwa bei *Spurius Cassius* von einer Umdatierung Gebrauch gemacht (vom Anfang des fünften Jahrhunderts in das vierte Jahrhundert), die m. E. BELOCH mit Recht als wahrscheinlich erwiesen hat, ohne daß sie jedoch zum Allgemeingut der Wissenschaft geworden wäre[22]. Ein methodisches Hilfsmittel für die historische Kritik ist in solchen und analogen Fällen die Beobachtung, ob ein in den Fasten oder auch der sonstigen Tradition begegnender Name einem patrizischen oder plebejischen Geschlecht angehört. Da Plebejer in der politischen Repräsentation des römischen Staates zum mindesten für das fünfte Jahrhundert ein evidenter Anachronismus sind und im Grunde erst seit 367 v. Chr. da einen legitimen Platz haben, muß ihr Auftreten in früherer Zeit a limine für suspekt gelten (so etwa ganz gewiß der Lucius Junius Brutus, Angehöriger des ersten Konsulpaares, da die Junier nur als ein notorisch plebejisches Geschlecht bekannt sind), und man sollte sich im allgemeinen nicht auf die methodisch schwer kontrollierbare Aushilfe einlassen, mit dem späteren Übertritt einer patrizischen gens zur Plebs zu rechnen. An einigen Musterbeispielen ist diese Frage schon vor langer Zeit von MOMMSEN durchdacht worden[23].

Die Beilegung des Ständekampfes hatte in sozialer Hinsicht die Entstehung der neuen *patrizisch-plebejischen Aristokratie* zum Ergebnis, für die Entwicklung des Staatsrechtes die Verfassung der mittleren (klassischen) Republik. Beide Größen dürfen als fundamental gelten, da auf ihnen gewissermaßen Roms Aufstieg zur Welt-

[21] Eingehende Analyse der Überlieferung bei EUGEN TÄUBLER: Untersuchungen der Geschichte des Dezemvirates und der Zwölf Tafeln. Berlin 1921.

[22] Vgl. K. J. BELOCH: Römische Geschichte, S. 193 f., 326 ff. —

[23] THEODOR MOMMSEN: Die römischen Patriziergeschlechter. Römische Forschungen I. Berlin 1864, S. 69 ff.

macht beruhte. Um so bedauerlicher ist die Tatsache, daß sich von beiden nur ein ungenügendes und lückenhaftes Bild vermitteln läßt und uns vor allem die Einsicht in das Funktionieren des Organismus weitgehend verschlossen ist. Daß der Bildungsprozeß auf beiden Feldern 287 noch nicht völlig beendet war, liegt auf der Hand. Sein Kulminationspunkt ist im Ende des dritten Jahrhunderts, im Hannibalkrieg zu sehen, wofür sich bei FRIEDRICH MÜNZER (hinsichtlich der Gesellschaft) und bei JOCHEN BLEICKEN (für die Verfassung) interessante Nachweise finden (s. u. S. 550)[24]. Die Struktur der neuen Gesellschaft fällt im Grunde auch unter das Thema von GELZERS Schrift über die Nobilität[25]. GELZER hat ferner nachweisen können, daß der Begriff der Nobilität (vir nobilis) sehr präzise in den Quellen verwandt wird, mit konsequenter Beschränkung auf Patrizier und auf Plebejer insoweit, als ihre Familien das Konsulat erreicht haben. Natürlich erschöpft sich in dieser Auslese nicht der Körper der neuen Aristokratie, und infolgedessen ist man gezwungen, in bezug auf den letzteren einen weiteren Begriff der Nobilität anzusetzen, wonach sich der Sprachgebrauch in der vorliegenden Darstellung bemißt.

Die terminologische Bezeichnung historischer Erscheinungen muß ohnehin eine gewisse Elastizität in Anspruch nehmen. Mit dem Vokabular, das die Phänomene selbst zur Verfügung stellen, kommt man nie aus. Es wird gut sein, sich dessen zu erinnern, wenn in der vorliegenden Darstellung hier und dort etwa der Begriff „Regierung“ oder „Regierungskreise“ auftaucht. Er ist ganz unentbehrlich, auch wenn, oder besser: gerade weil es ihn institutionell im republikanischen Rom nicht gegeben hat. Die beiden Konsuln lassen sich eigentlich nur in besonderen Fällen damit gleichsetzen. Es ist nämlich keineswegs die Regel, daß sie ausschließlich die Regierungsfunktionen wahrnehmen, sofern man darunter Initiative und Leitung der Politik versteht. Der anonyme Körper des Senates mit seinen dreihundert Mitgliedern kommt dafür als ganzer auch nicht in Betracht. Es kann sich nur um kleinere, in der Zusammensetzung wechselnde Gruppen von ihm handeln, welche den maßgebenden Einfluß, entweder formell oder informell (dies aus bestimmten Gründen zumeist) auf die amtlichen Exekutivorgane ausüben. — Daß die Mitte der römischen *Rechtsentwicklung*, das prätorische Recht, soziologisch durch den Zuschnitt des römischen Staates bedingt ist, wie er sich aus dem Ständekampf ergab, und dadurch über die Prinzipien der früheren Stufe wesentlich hinauskam, verrät sich in dem Aufbruch der Recht schaffenden Tätigkeit des Prätors während des dritten Jahrhunderts, ausgehend von der Tätigkeit des sogenannten praetor peregrinus, der im Hinblick auf die nichtrömische Partei Unabhängigkeit vom Volksrecht beanspruchen mußte (seit 242 v. Chr.). Zu dieser wichtigen Funktion des Prätors und der hinter ihm stehenden Rechtsgelehrten ist der juristische Laie vor allem auf die geistreichen Essays FRANZ WIEACKERS zu verweisen[26]. Für den

---

[24] FRIEDRICH MÜNZER: Römische Adelsparteien und Adelsfamilien. Stuttgart 1920. — JOCHEN BLEICKEN: Das Volkstribunat der klassischen Republik. München 1955; 1968².

[25] MATTHIAS GELZER: Die Nobilität der römischen Republik. Leipzig 1912 (= Kleine Schriften I, 1962, S. 17 ff.). Dessen Ergebnisse werden grundsätzlich bestätigt durch A. AFZELIUS: Zur Definition der römischen Nobilität in der Zeit Ciceros. Classica et Mediaevalia 1. 1938, S. 40 ff. —

[26] FRANZ WIEACKER: Vom römischen Recht. Leipzig 1944; 1961². Vgl. vor allem S. 83 ff. (Der Prätor).

Historiker ist ferner auch die soziologische Untersuchung des römischen Juristenstandes durch Wolfgang Kunkel aufschlußreich[27].

3. Außenpolitik in Italien

Die Schilderung der römischen Außenpolitik in diesem Zeitraum ist auf der Grundlage desjenigen Minimums von Tatsachen entworfen worden, welches allenfalls als gesichert gelten kann. Die kritische Erörterung ist am klarsten bei Beloch[28] durchgeführt. Auch die neue Darstellung von Afzelius[29] steht im allgemeinen auf dieser Basis.

In der *Organisation Italiens* hat man seit Anfang dieses Jahrhunderts erhebliche Spuren der vorrömischen Verfassungen erblicken wollen. Das war vor allem der Standpunkt von Rosenberg[30], Kornemann[31] und anderen. Gegen diese Auffassung hat sich m. E. mit Recht Hans Rudolph in einem fundamentalen Buch gewendet, indem er in den Städteordnungen der römischen Munizipien (um diese handelt es sich bei dieser Frage vorzugsweise) Maßnahmen römischen Ursprungs erblickte[32]. Für das römische Bündnissystem ist immer noch die ältere Monographie Belochs grundlegend[33]. Zu den sog. Halbbürgergemeinden (civitates sine suffragio) muß bemerkt werden, daß die hier vertretene Auffassung sich nicht mit der noch heute anerkannten von Mommsen deckt.

§ 45. Hinweise und Erläuterungen zur imperialistischen Phase der römischen Geschichte (IV)

1. Das Problem. — 2. Rom und Karthago. — 3. Innenpolitische Bedeutung des Hannibalkrieges. — 4. Die Wendung nach Osten. — 5. Die Zerstörung Karthagos. — 6. Wirtschaftliche Rückständigkeit Roms. — 7. Rom und der Hellenismus. — 8. Cato Censorius.

1. Das Problem

Eine genau auf dieses Thema bezogene Darstellung ist nicht vorhanden. Der darüber hinausgreifende Überblick von Tenney Frank[1] ist nicht recht befriedigend. — Im Hintergrunde dieses Themas steht das Problem, wie die römische Expansion zu

[27] Wolfgang Kunkel: Herkunft und soziale Stellung der römischen Juristen. Weimar 1952.

[28] Karl Julius Beloch: Römische Geschichte bis zum Beginn der Punischen Kriege. Berlin und Leipzig 1926.

[29] A. Afzelius: Die römische Eroberung Italiens. Acta Jutl. XIV 3, 1942. Vgl. auch für einen Ausschnitt Wilhelm Hoffmann: Rom und die griechische Welt im 4. Jahrhundert. Leipzig 1934 (Philologus Suppl. XXVII, 1).

[30] Arthur Rosenberg: Der Staat der alten Italiker. Berlin 1913.

[31] Ernst Kornemann: Polis und Urbs. Klio 5, 1905. — Ders.: Zur altitalischen Verfassungsgeschichte. Klio 14, 1915. Vgl. ferner desselben materialreiche Artikel in der RE s. v. coloniae (IV, S. 511 ff.) und municipium (XVI, S. 570 ff.), welche umfangreiche und ganz unentbehrliche Ortslisten enthalten. Ferner E. Manni: Per la storia dei municipii fino alla guerra sociale. Rom 1947.

[32] Hans Rudolph: Staat und Stadt im römischen Italien. Leipzig 1935. Neudruck Göttingen 1965.

[33] Karl Julius Beloch: Der italische Bund unter Roms Hegemonie. Leipzig 1880. Hinsichtlich der späteren Entwicklung vgl. den nicht recht befriedigenden Versuch von Josef Göhler: Rom und Italien. Breslau 1939. Vgl. auch A. Alföldi: Early Rome and the Latins. 1963. — Zum politischen und militärischen Potential des römischen Italien ferner: P. A. Brunt: Italian Manpower 225 B. C.—A. D. 14. Oxford 1971. — E. Salmon: Roman Colonisation under the Republic. London 1969.

[1] T. Frank: Roman Imperialism. New York 1914.

charakterisieren sei. Nach der einen Auffassung (sie geht im Grunde schon auf Machiavelli zurück) haben die Römer raubtierartig in einzelnen sicher gezielten Stößen die politische Mittelmeerwelt überfallen und zertrümmert. Die andere Auffassung (sie ist im wesentlichen bereits in MOMMSENS Römischer Geschichte ausgeführt) sieht in jener Zeichnung lediglich den optischen Schein. Die treibenden Kräfte und Vorstellungen, von denen die Römer sich leiten ließen, waren danach jedoch ganz anders geartet. Die römische Politik orientierte sich an naheliegenden Zwecken und jeweils individuell bestimmten Konstellationen. Hierbei war das Bedürfns nach Expansion keineswegs der im Bewußtsein vorherrschende Trieb. Man könnte eher, ein wenig übertreibend, das Gegenteil in einem Streben nach Sicherheit ansetzen.

Die MOMMSENsche Auffassung ist in der zweiten Hälfte des neunzehnten und am Anfang des zwanzigsten Jahrhunderts in den Hintergrund getreten. Man bemühte sich da, den sehr spröden Aussagen unserer Quellen ein im modernen Sinne imperialistisches Kalkül unterzulegen[2]. Mit dieser Auffassung hat der französische Gelehrte HOLLEAUX in einem bemerkenswerten Buche[3] gebrochen, das sich allerdings ausschließlich mit einem Teilausschnitt der römischen Außenpolitik, nämlich den Beziehungen Roms zu den hellenistischen Staaten des Ostens im dritten Jahrhundert v. Chr., befaßt.

Man kann freilich nicht sagen, daß er mit seiner Konzeption überall durchgedrungen wäre. Die in diesem Buch gegebene Darstellung bemüht sich, den eben skizzierten Ansatz für die gesamte politische Phase und in allen seinen Konsequenzen zu verfolgen. Eine verwandte Auffassung vertritt WILHELM HOFFMANN in seinem Beitrag zur Propyläen-Weltgeschichte Bd. IV (1963)[3a]. Im Rahmen wissenschaftlicher Einzeluntersuchungen ist die Aufgabe noch nicht bewältigt. — Für gewöhnlich bezieht man in Darstellungen der römischen Geschichte mehr oder weniger ausführliche Schilderungen der Partner der römischen Politik ein. Das kommt dann auf einen Abriß der karthagischen sowie der hellenistischen Geschichte hinaus. Aus Gründen der Ökonomie ist hierauf mit Absicht verzichtet worden. Die Berechtigung dieser Tradition ist ohnehin nicht über jeden Zweifel erhaben. Die Behandlung des Hellenismus hat sich seit JOHANN GUSTAV DROYSEN in unzähligen Arbeiten niedergeschlagen. Als Zusammenfassungen sind, abgesehen von den mehr summarischen Schilderungen der griechischen Geschichte[4], in Deutschland die ausführlichen Darstellungen von BELOCH[5] (bis zum Ende des dritten Jahrhunderts) und von BENEDICTUS NIESE[6] zugänglich. Auf dem

---

[2] G. COLIN: Rome et la Grèce de 200 à 146 av. J.-C. Paris 1905. — JOHANNES KROMAYER: Roms Kampf um die Weltherrschaft. In: Aus Natur und Geisteswelt, Nr. 368. Leipzig 1912.

[3] MAURICE HOLLEAUX: Rome, la Grèce et les monarchies hellénistiques au IIIme siècle. Paris 1921.

[3a] Vgl. denselben: Karthagos Kampf um die Vorherrschaft im Mittelmeer. In: ANRW I 1, 1972, S. 341 ff.

[4] HELMUT BERVE: Griechische Geschichte. Freiburg i. Br. 1931—1933. — ULRICH WILCKEN: Griechische Geschichte im Rahmen der Altertumsgeschichte. 7. Aufl., München u. Berlin 1951. — HERMANN BENGTSON: Griechische Geschichte nebst Quellenkunde. In: I. v. MÜLLERS Handbuch der klassischen Altertumswiss. III 4. München 1950; 1960². — Propyläen-Weltgeschichte III, 1962 (Griechenland, die hellenistische Welt, die Autoren sind F. SCHACHERMEYER, ALFRED HEUSS, C. BREADFORD WELLES, OLAF GIGON).

[5] KARL JULIUS BELOCH: Griechische Geschichte. Bd. IV. Berlin 1925².

[6] BENEDICTUS NIESE: Geschichte der griechischen und makedonischen Staaten seit der Schlacht bei Chaeronea. Gotha 1893—1903.

Hintergrunde der sozialen und wirtschaftlichen Entwicklung ist die hellenistische Geschichte neuerdings in einem großen und materialreichen Werk von ROSTOVTZEFF beschrieben worden[7].

2. Rom und Karthago

Um die Kenntnis Karthagos ist es ganz schlecht bestellt. Karthago selbst hat kaum eigene Quellen, weder urkundliche noch literarische, hinterlassen, und die römisch-griechische Antike erwähnt seine Geschichte, zumal die innere, auch nur am Rande. Das wenige, was man wissen kann, ist von MELTZER und nach seinem Tode von KAHRSTEDT zusammengefaßt[8]. Die französische Forschung hatte auf Grund der französischen Inbesitznahme von Tunis dann Gelegenheit, in zahlreichen Arbeiten durch Heranziehung archäologischen Materials das Bild zu vervollständigen[9].

Einem welthistorisch so bedeutenden Mann wie *Hannibal* konnte deshalb auch nicht die Monographie zuteil werden, die er an sich verdiente. Doch läßt sich immerhin über seine politische Grundkonzeption einiges sagen[10].

Das frühere durchaus freundliche Verhältnis zwischen Rom und Karthago hat sich in einer Anzahl von *Verträgen* niedergeschlagen. Drei von ihnen sind von Polybios im Zusammenhang der Erörterung der Rechtslage vor dem Hannibalkrieg wörtlich mitgeteilt (3, 22ff.). Von anderen wissen wir aus der annalistischen Überlieferung. Ihre Behandlung hat in der Wissenschaft zu sehr verwickelten Erwägungen geführt. Vor allem ist die Datierung sehr umstritten. Wenn die Angabe des Polybios richtig ist, kommt der erste Vertrag noch in das Ende des sechsten vorchristlichen Jahrhunderts zu stehen und müßte danach mit dem etruskischen Rom abgeschlossen sein, was die Wahrscheinlichkeit durchaus für sich hat und in dieser Darstellung entgegen anderen Interpretationen vertreten wird[11].

Zu den wichtigsten Problemen des Imperialismuskomplexes gehört selbstverständlich der *Eintritt Roms in die weltpolitische Phase*. In der Vorgeschichte und in dem Beginn des Ersten Punischen Krieges hat er zu den verschiedensten Deutungen Anlaß gegeben, unter denen sich auch die Erhärtung des in dieser Darstellung vertretenen Standpunktes findet[12]. — Die Beurteilung des Zweiten Punischen Krieges steht im Zeichen des Problems, ob es sich bei ihm um einen von Karthago (d. h. von den Barkiden) geplanten Revanchekrieg oder um eine politische und nur militärisch nicht mehr zum Zuge gekommene Offensive Roms handelt (um hiermit die beiden extremen Standpunkte abzuzeichnen). Jene Auffassung ist die durch die römische Tradition

---

[7] MICHAEL ROSTOVTZEFF: The Social and Economic History of the Hellenistic World. Oxford 1941; deutsche Ausgabe, Darmstadt 1955/56.

[8] O. MELTZER/U. KAHRSTEDT: Geschichte der Karthager. Berlin 1879—1913; vgl. auch J. Vogt (Hrsg.): Rom und Karthago. Leipzig 1943.

[9] STÉPHANE GSELL: Histoire ancienne d l'Afrique du Nord. Paris 1913—1928. — C. C. LAPEYRE. A. PELLEGRIN: Carthage punique. Paris 1942.

[10] JOHANNES KROMAYER: Hannibal als Staatsmann. Hist. Zeitschr. 103, 1909, S. 237ff. — EDUARD MEYER: Hannibal und Scipio. Meister d. Politik I². Stuttgart 1923, S. 97ff. — EDMUND GROAG: Hannibal als Politiker. Wien 1929. — WILHELM HOFFMANN: Hannibal. Göttingen 1962. WALTER GÖRLITZ: Hannibal, eine politische Biographie. Stuttgart 1970.

[11] Zur Orientierung neuerdings FRANZ HAMPL: Das Problem der Datierung der ersten Verträge zwischen Rom und Karthago. Rhein. Mus. 101, 1958, S. 58ff.

[12] ALFRED HEUSS: Der erste Punische Krieg und das Problem des römischen Imperialismus. Hist. Zeitschr. 169, 1949. Darmstadt 1964². Vgl. auch W. HOFFMANN: Historia 18, 1969, S. 153ff.

festgelegte und im allgemeinen auch auf die Nachwelt übergegangene, diese entspricht einer skeptischen Kritik an dieser Tradition von seiten der modernen Wissenschaft[13]. Im allgemeinen können auch zu dieser Frage eine Anzahl wichtiger Untersuchungen EDUARD MEYERS zum Zweiten Punischen Krieg als grundlegend gelten[14]. Die in dieser Darstellung entscheidende chronologische Fixierung der unmittelbaren Vorgeschichte des Hannibalkrieges hat allerdings erst vor wenigen Jahren WILHELM HOFFMANN vorgenommen[15]. Die vorliegende Darstellung versucht, aus diesen wichtigen Feststellungen die entsprechenden sachlichen Konsequenzen zu ziehen und gelangt deshalb zu einem von den landläufigen Schilderungen wesentlich verschiedenen Bild.

Auf römischer Seite ist die interessanteste Figur der *ältere Scipio*. Ihm kommt zweifellos der Ruhm zu, Hannibal militärisch besiegt zu haben. Es ist auch nicht in Abrede zu stellen, daß auf seiner Gestalt ein besonderer Glanz liegt und er unter der römischen Aristokratie seiner Zeit stark hervorsticht. Ob ihm jedoch die Bedeutung zukommt, welche ihm nach MOMMSEN und EDUARD MEYER[16] die modernen Historiker zumessen wollen[17] und er wirklich einen Wendepunkt zu einem geplanten Imperialismus in der römischen Außenpolitik bewerkstelligt hat, ist nach der Auffassung des Verfassers recht fraglich. Das politisch-soziale System der römischen Regierungskreise gestattete ausschließlich persönlichen Anregungen nur einen verhältnismäßig geringen Spielraum, und zu den privilegierten Fällen, bei denen sich trotz der Ungunst dieser Sachlage persönliche Impulse wirklich feststellen lassen, gehört offenbar Scipio nicht, ganz im Gegensatz zu einem Vertreter der älteren Generation wie es Fabius Cunctator war.

Für die beiden ersten Punischen Kriege sind *Roms Anstrengungen zur See* von besonderer Bedeutung gewesen. Rom ist zwar durch sie keine Seemacht geworden und hat auch gar nicht daran gedacht, seine großen Flotten aus der zweiten Hälfte des dritten Jahrhunderts in der Folgezeit, als es ihrer nicht mehr dringend bedurfte, aufrechtzuerhalten, aber es hat die erstaunliche Leistung fertiggebracht, während der entscheidenden Auseinandersetzung mit Karthago dem Gegner auf dessen ureigenstem Gebiet nicht nur gleichwertig, sondern sogar überlegen zu werden. Zu diesen wichtigen Fragen des römischen Seewesens sind jetzt mit Gewinn die eingehenden Ausführungen von J. H. THIEL heranzuziehen[18].

3. Innenpolitische Bedeutung des Hannibalkrieges

Der Hannibalkrieg und die ihm unmittelbar vorangehende Zeit bedeuten auch einen sehr wichtigen Problemkreis in der Geschichte der römischen Innenpolitik. Daß wir ihn weder eindeutig und unbestritten charakterisieren noch im einzelnen darstellen können, ist einer der vielen Nachteile unserer Quellensituation. Die wichtige Gestalt des *Flaminius* bleibt trotz einer ausführlichen Monographie[19] im Grundsätzlichen nicht

[13] Vgl. etwa WALTHER KOLBE: Die Kriegsschuldfrage von 218 v. Chr. Sitzg.-Ber. Ak. Heidelberg 1934.

[14] EDUARD MEYER: Untersuchungen zur Geschichte des 2. Punischen Krieges. Kleine Schriften II. Halle 1924², S. 331 ff.

[15] WILHELM HOFFMANN: Die röm. Kriegserklärung an Karthago i. J. 218. Rhein. Mus. 94, 1951.

[16] Siehe oben Anm. 10 und 14.

[17] WERNER SCHUR: Scipio Africanus und die Begründung der römischen Weltherrschaft. Leipzig 1927. — H. H. SCULLARD: Scipio Africanus in the Second Punic war. Cambridge 1930.

[18] J. H. THIEL: Studies on the History of Roman Sea-Power in Republican Times. Amsterdam 1946. — Ders.: A History of Roman Sea-Power before the Second Punic War. Amsterdam 1954.

[19] K. JACOBS: Gaius Flaminius, Diss. Leiden 1937 (holländisch).

sicher bestimmbar. Im allgemeinen folgt man mit mehr oder weniger geringen Abstrichen der von seinen Gegnern, der römischen Nobilität, geprägten römischen Tradition und sieht in ihm einen Demokraten, ein Standpunkt, der in der vorliegenden Darstellung nicht eingenommen wird. — Im Umkreis seiner einzelnen politischen Maßnahmen ist eine alte Crux die Analyse der sog. *Zenturienreform* (ihre Verbindung mit Flaminius, von den spärlichen Quellen nicht bezeugt, wird heute meistens angenommen). Die Kontroverse über die verfassungstechnische Seite des Problems, welche in jüngerer Zeit auf Grund der Tafel von Heba (s. u. S. 586) eine Wiederbelebung, wenn auch keine entscheidende Förderung erfahren hat, sollte man möglichst trennen von der Diskussion des politischen Sinnes der Maßnahme, da letztere m. E. eher ein befriedigendes Ergebnis verspricht und nicht durchgängig von der verfassungsrechtlichen Klärung präjudiziert wird. Über deren komplizierte Problemlage gibt jetzt die klarste Information ERNST MEYER in seiner römischen Verfassungsgeschichte[20].

Der Umschlag der von Flaminius verfolgten Politik in die Stabilisierung des oligarchischen Nobilitätsregimes während des Hannibalkrieges wäre bei genügender Kenntnis eines der interessantesten Kapitel der inneren Geschichte Roms. Doch wäre auch auf Grund der uns zur Verfügung stehenden schmalen Basis eine spezielle Untersuchung dankenswert. Den besten Einblick in die Sachlage gewährt die Verfassungsgeschichte an Hand der verhältnismäßig deutlichen Entwicklung des Volkstribunats[21].

4. Die Wendung nach Osten

Eine der für die Beurteilung des römischen Imperialismus wichtigsten Einstiegstellen ist die *Vorgeschichte des Zweiten Makedonischen Krieges.* Das Problem wird dem Historiker hier gleichsam in der paradoxen Tatsache zugeworfen, daß Rom gleich im Anschluß an den blutigen Hannibalkrieg und im evidenten Gegensatz zu der Volksmeinung den neuen Waffengang unternahm. Kein Wunder, daß die Interpretation sich geradezu aufzudrängen schien, die römische Politik wäre einem eindeutigen Expansionsstreben gefolgt und hätte es gar nicht erwarten können, der Vorherrschaft im westlichen Mittelmeer gleich die im östlichen hinzuzufügen. Obgleich schon MOMMSEN sich vor vielen Jahren gegen diese Ansicht ausgesprochen hatte, hat sie sich doch später durchgesetzt (und wird auch heute noch vertreten), bis durch MAURICE HOLLEAUX[22] auf Grund einer Gesamtschau der römischen Ostpolitik im dritten vorchristlichen Jahrhundert für die Wissenschaft wieder etwa die MOMMSENsche Position zurückgewonnen wurde. Freilich sind wir deshalb noch weit von einer befriedigenden Analyse im einzelnen entfernt, und wahrscheinlich ist diese bei dem Stand unserer Quellen auch nicht möglich. — Die vorliegende Darstellung folgt im allgemeinen der HOLLEAUXschen Theorie und sieht das entscheidende Motiv für das römische Engagement in der Vergegenwärtigung einer durch die Politik Philipp V. und Antiochos III. verursachten und

---

[20] ERNST MEYER: Römischer Staat und Staatsgedanke. Zürich 1948; 1961², S. 89 ff., 492 f.

[21] Vgl. hierzu jetzt vor allem JOCHEN BLEICKEN: Das Volkstribunat der klassischen Republik. München 1955; 1968².

[22] Siehe oben S. 548; vgl. vor allem auch seine Beiträge in der Cambr. Anc. Hist. VIII, S. 138 ff. — Eingehendere Beschäftigung mit dem Fragenkomplex müßte ferner von einem Studium seiner Aufsätze ausgehen. HOLLEAUX: Etudes d'épigraphie et d'histoire grecques, IV. Paris 1952 ff. Vgl. ferner J. DEININGER: Der politische Widerstand gegen Rom in Griechenland 217—86 v. Chr. Berlin 1971. — R. M. ERRINGTON: The Dawn of Empire: Rome's Rise to World Power. Ithaca/N. Y. 1973.

den Römern von Pergamon und Rhodos vorgestellten Gefahr. Wenn auf Polybios Verlaß wäre, hätte sich eine solche bequem durch Hinweis auf einen gegen den Ptolomäerstaat gerichteten Vorstoß der beiden Fürsten veranschaulichen lassen. Leider ist es nicht ganz zweifelsfrei, ob es diesen de facto überhaupt gegeben hat[23], obschon die Einwände gegen ihn auch nicht völlig durchschlagen. Sollte es ihn in Wirklichkeit nicht gegeben haben, so müßte man doch zum wenigsten seine Erfindung in dem Zusammenhang der Bemühungen, Rom für die östlichen Dinge zu interessieren, einordnen, womit die für die römische Geschichte (im Gegensatz zu der für die hellenistische) wesentliche Basis im Grunde kaum verschoben wäre.

Es ist ferner nicht ausgeschlossen, wenn auch bei der annalistischen Überlieferung, welche hier alleinige Quelle ist, nicht über jeden Zweifel erhaben, daß die Römer sich anfänglich, und zwar noch vor dem endgültigen Friedensschluß mit Karthago, für Philipp interessiert haben wegen dessen Druck auf die Griechenstädte Illyriens. Aber selbst wenn man diese Möglichkeit zugibt, läßt sich die Konkurrenz der „weltpolitischen" Motive für den Kriegsentschluß nicht ausschließen, d. h. derjenigen Gesichtspunkte, auf die die Römer durch Philipps damaliges Engagement in Griechenland und in der Ägäis — Illyrien trat demgegenüber ganz zurück — und die Interventionen von Rhodos und Pergamon aufmerksam gemacht wurden, und es fällt dann, dies einmal zugestanden, schwer, ihre Präponderanz den anderen gegenüber zu bestreiten[24]. — Von den beiden hellenistischen Gegenspielern Roms, *Philipp V.* und *Antiochos III.*, zwei auch sonst eindrucksvollen historischen Gestalten, denen kraft ihrer geschichtlichen Stellung eine besondere Aufmerksamkeit gebührt, hat in neuerer Zeit Philipp V. eine eingehende Monographie erhalten[25].

Wenn hier ausdrücklich von einem rein *defensiven Charakter der römischen Außenpolitik* gesprochen wird, so heißt das keineswegs den römischen Imperialismus leugnen und den Römern als realen Antrieb die Verwirklichung sittlich-rechtlicher Normen zuschreiben. Diese Bemerkung wäre überflüssig, wenn in der neueren Forschung nicht die Neigung bestände, die römische Verhaltensweise in einem absoluten Sinn zu ethisieren und damit einer bestimmten Neigung der (späteren) Römer selbst zu folgen, ihr eigenes Tun dahin auszulegen[26]. Selbstverständlich gehorchten die Römer seit eh und je sehr massiven Machtinstinkten, und niemandem sollte vernünftigerweise beifallen, diese auch bei der Ostpolitik zu leugnen. Aber Machtentwicklung und dynamische Machtpolitik sind keine bis zum letzten präzisierten Begriffe. Sie erfordern keineswegs, daß das aktuelle Bewußtsein von Herrschaftsvorstellungen und Herrschaftsplänen erfüllt ist. Es genügt durchaus, daß die Bestimmung des eigenen Interesses sich in der Überzeugung widerspiegelt, für seinen Schutz zu sorgen, und daß dann unter diesem Vorzeichen auf der einen Seite dieses Ziel erreicht wird, auf der anderen sich jedoch Machtgewinn und Herrschaftserweiterung als notwendige Konsequenz einstellen. „Defensiv" ist hier der psychologische Aspekt einer im Effekt dynamischen Politik und, so gefaßt, mit ihr gut verträglich. Die Polemik gegen den

---

[23] David Magie: Journal of Roman Studies 29, 1939, S. 32 ff.

[24] Andere Meinung E. Badian: Papers of the British School at Rom 20, 1952, S. 72 ff.

[25] F. W. Walbank: Philipp V. of Macedon. Cambridge 1940.

[26] Vgl. hierzu die beiden Aufsätze von Franz Hampl: „Stoische Staatsethik und frühes Rom". Hist. Zeitschr. 184, 1957, S. 349 ff., und: Römische Politik in republikanischer Zeit und das Problem des „Sittenverfalls". Ebenda 188, 1959, S. 487 ff.

„defensiven" Charakter des römischen Imperialismus verwechselt meistens jenen mit einer faktischen Defensive, welche sich auf die Fixierung des Status quo konsequent beschränkt, und hat es dann natürlich leicht, offene Türen einzurennen.

In der subjektiven außenpolitischen Einstellung der Römer, d. h. in dem, was ihnen wirklich bewußt wurde, spielten Rechtsvorstellungen von jeher eine große Rolle, und sie haben denn auch zu dem modernen Kurzschluß Anlaß gegeben, daß es bei ihnen in der Außenpolitik immer recht anständig zugegangen sei. Dabei handelt es sich aber auch nur wieder um die naive Identifikation von einem (partikulären) Bewußtseinsvorgang mit einem komplexen politischen Faktum.

Und doch ist natürlich die *Justifizierung der Außenpolitik* durch Rom kein Zufall. Sie hängt mit dem konservativen Zug der Römer zusammen, vom Bestehenden aus zu denken und auch im Verkehr mit dem außenpolitischen Partner von dem, was ist, auszugehen. Auf diese Weise wird der Kriegsgrund juristisch als Rechtsverletzung statuiert und dieses Recht immer in der bestehenden, gegenwärtigen Ordnung gesehen. Zugleich geschieht diese Statuierung in einem festen Ritual (sog. ius fetiale) und bezieht ebenfalls von da die Überzeugung, daß es um das Recht geht, denn das Wesen des Rechts steckt in der Frühzeit (ihr entstammt natürlich das Ritual) vor allem in seiner Form. Dieser Begriff des iustum bellum verbürgt natürlich keinerlei objektive Rechtmäßigkeit, aber er unterstützte die spezifisch römische Optik und trug dazu bei, den Römern ihren Glauben zu erhalten, sie verteidigten nur ihren Status und alle Bewegung ginge von dem fremden Störenfriede aus.

Mit dem *Fortgang der römischen Ostpolitik* hat sich die Forschung, wenigstens der thematischen Einstellung nach, weit weniger befaßt als mit ihrem Einsatz. Man muß das meiste aus Darstellungen und Untersuchungen der hellenistischen Geschichte herauslesen[27]; nur vereinzelt sind die Dinge von Rom her konzipiert. In letzter Zeit haben in diesem Rahmen André Aymard und David Magie zwei wichtige Beiträge geliefert, letzterer über diesen Zeitraum weit hinausgreifend und unter Vorlage einer gewaltigen Materialfülle[28], aber eine Gesamtdarstellung, die modernen Ansprüchen genügte, fehlt[29]. Infolgedessen sind auch die leitenden Prinzipien der damaligen römischen Politik noch kaum Gegenstand eigener Überlegung geworden. Die vorliegende Skizze enthält einen Vorschlag, wie man diesem Problem näherzukommen versuchen kann. Das System der Mittelstaaten wird gewöhnlich als die Methode der indirekten Beherrschung (im Gegensatz zu der direkten Unterstellung unter einen

[27] Vgl. etwa B. Niese: Geschichte der griechischen und makedonischen Staaten seit der Schlacht bei Chaeronea. 3 Bde., Gotha 1893—1903. — Giuseppe Cardinali: Il regno di Pergamon. Torino 1906. — A. Bouché-Leclercq: Historie des Lagides. 4 Bde., Paris 1903—1907. — Ders.: Histoire des Séleucides. 2 Bde., Paris 1913—1914. — Ester V. Hansen: The Attalids of Pergamon. Ithaca, New York 1947. — Vgl. auch Michael Rostovtzeff: The Social and Economic History of the Hellenistic World. 3 Bde., Oxford 1941.

[28] André Aymard: Les premiers rapports de Rome et de la confédération achaienne (198 bis 189 avant J.-C.). Bordeaux 1938. — David Magie: Roman Rule in Asia Minor to the End of the Third Century after Christ. 2 Bde., Princeton 1950.

[29] Vgl. aber immerhin die kurze Skizze von Friedrich Münzer: Die politische Vernichtung des Griechentums. Leipzig 1925. — Neuerdings auch eine Monographie über Perseus: M. Meloni: Perseo e la fine della monarchia macedone. Roma 1953. — Neuerdings eine Analyse der Vorgeschichte des Dritten Makedonischen Krieges, die in der Richtung der hier vorgetragenen Auffassung liegt von A. Giovannini, Bull. Cor. H. 93, 1969, S. 853 ff.

Provinzialstatthalter) charakterisiert, was jedoch eine zu allgemeine und zu wenig spezifische Bestimmung ist.

Ungebräuchlich ist die hier vorgenommene Charakterisierung der letzten Phase seit dem Perseuskrieg als *Krise des römischen Imperialismus,* aber für das leicht irritierende und doch recht befremdende Geschehen ist kaum anders ein Hintergrund zu finden, als indem man in dem exzessiven Vorgehen der Römer das Symptom einer inneren und auf vernünftige Prinzipien nicht mehr zurückführbaren Unsicherheit sieht.

5. Die Zerstörung Karthagos

Diese Frage verdichtet sich bei der berühmten Zerstörung Karthagos. Dieselbe hat, um politisch verständlich zu werden, lange als Folge einer wirtschaftlichen Rivalität gegolten, ein im Hinblick auf die ökonomische Struktur der Antike absurder Gedanke. ULRICH KAHRSTEDT[30] hat, von der richtigen Fragestellung ausgehend, daß Karthago kein nennenswerter Gegner mehr war und in Wirklichkeit Masinissa in Afrika die Zukunft für sich hatte, die interessante Idee vertreten, daß Rom durch die Beseitigung Karthagos seiner Annexion durch den Numiderfürsten zuvorkommen wollte, aber befriedigen kann auch dieser ziemlich gesuchte Gedanke nicht. So paradox es auch erscheint, man wird die antike Überlieferung vom metus Punicus ernst zu nehmen haben und darf ihm nur keine objektive Berechtigung zugestehen. Er war selbstverständlich eine ans Psychopathologische grenzende Einbildung, deshalb aber nicht davon ausgeschlossen, ein reales und sehr wirksames Motiv zu sein. Für die damalige geistige Verfassung Roms ist charakteristisch, daß ein so nüchterner Mann wie der alte Cato, der sich anderthalb Jahrzehnte vorher noch schützend vor Rhodos gestellt hatte, jetzt der schlimmste Scharfmacher war. Die Gegenposition des SCIPIO NASICA wird in unserer Überlieferung mit einem moralistischen Motiv ausgestattet. Rom bedürfe Karthagos, um die Furcht vor ihm als Prophylaktikum gegen sittliche Entartung zu nutzen. In den letzten Jahrzehnten war man geneigt, diese Argumentation, der man die geschichtsphilosophische Herkunft eigentlich auf den ersten Blick ansieht, für authentisch zu halten[30a]. Sie stammt aber aus späterer Zeit, als man den Gründen für den Niedergang der Republik nachging, und kann deshalb erst nach 133 v. Chr. aufgekommen sein. In seiner glänzenden Analyse hat WILHELM HOFFMANN diese Zusammenhänge herausgearbeitet. Dort auch eine in der Richtung obiger Darstellung liegende Untersuchung der Gründe, die zum Dritten Punischen Krieg und der Zerstörung Karthagos führten[31]. Roms schamloses Vorgehen ist begreiflicherweise schon bei den Zeitgenossen Gegenstand erregter Auseinandersetzungen gewesen (vgl. Polybios 36,9).

6. Wirtschaftliche Rückständigkeit Roms

Bei der Beurteilung des Verhältnisses Roms zum hellenistischen Osten ist vor allem das riesige zivilisatorische Gefälle zwischen Ost und West im Auge zu behalten. Rom war am Anfang dieser Epoche noch ein reiner Agrarstaat. Man liest diese fundamentale, aber für uns schwer greifbare Tatsache am besten der Entwicklung des römischen Geldwesens ab, wie sie in den letzten Jahrzehnten durch die Forschungen des eng-

---

[30] O. MELTZER/U. KAHRSTEDT: Geschichte der Karthager. III, S. 616 ff.

[30a] MATTHIAS GELZER: Nasicas Widerspruch gegen die Zerstörung Karthagos, Philologus 86, 1931, S. 261 ff. (= Kleine Schriften II, S. 39 ff.).

[31] WILHELM HOFFMANN: Die röm. Politik d. 2. Jh. u. das Ende Karth. Historia 9, 1960, S. 309 ff.

lischen Numismatikers MATTINGLY auf eine neue Grundlage gestellt wurde[32], und hat danach zu beachten, daß erst vom Jahre 269 v. Chr. an Rom überhaupt Münzen in unserem Sinne geprägt hat (Silber und Bronze), und zwar hinsichtlich des Silbers, in unmittelbarer Anlehnung an den griechischen Usus, als Zweidrachmenstücke, und daß das eigentliche römische Silbergeld mit dem Denar als Einheit (= 10 Asse; das As war die Bronzemünze) erst 187 v. Chr. eingeführt wurde.

7. Rom und der Hellenismus

Danach mag man die Rückwirkung, weiche die intensive Berührung mit dem Hellenismus mit sich bringen mußte, ermessen. Ihre objektivierten Äußerungen gehören der Geistesgeschichte und darin vor allem der Literaturgeschichte an. Die Hellenisierung Roms ist eine welthistorische Grundtatsache, welche über die einzelnen, der Kompetenz der betreffenden Disziplinen unterstehenden Feststellungen hinaus als historisches Phänomen einer Analyse bedürfte und damit eine dauernde Komponente der römischen Geschichte ans Licht heben würde. Im Rahmen dieser Römischen Geschichte kann dies freilich nicht geschehen.

„Hellenisierung" bedeutet allerdings für Rom auch eine Begrenzung des Begriffes, indem die Rezeption der griechischen Kultur hier eben nicht soweit ging, daß Rom ausschließlich zu einer griechischen Kulturprovinz geworden wäre (wie etwa der Vordere Orient). Vor diesem Schicksal ist Rom durch seine gesellschaftliche und politische Eigenständigkeit und Übermacht bewahrt worden, welche es zwar nicht davon abhielt, die griechische Zivilisation in sich aufzunehmen, es jedoch hierbei zwang, sein eigenes lateinisches Denk- und Ausdrucksvermögen dieser Aufgabe anzupassen. Auf diese Weise ist von Rom zum ersten Male das für die abendländische Geschichte so charakteristische Modell verwirklicht worden, über die Grenzen einer eigenen Volks- und Staatsindividualität hinweg eine fremde Kultur sich nicht nur anzueignen, sondern auch mit eigenen Mitteln zu vertreten und fortzuentwickeln. Das ist weit mehr, als sein eigenes Selbst auszudrücken und sich in fremdem Gewand zur Geltung zu bringen, ein Tatbestand, den die philologische Forschung, zumal in Deutschland, während der letzten Generation als Reaktion auf die bisherige Betrachtungsweise, welche sich in der Hauptsache mit dem griechisch-römischen Lehrer-Schüler-Verhältnis befaßte, im Banne eines nicht angemessenen Originalitätsbegriffes ungebührlich hat in den Hintergrund treten lassen, woraus sich eine geradezu irreführende Verkürzung des historischen Gesamtaspektes ergab.

Leider ist der in diesem Zusammenhang bedeutsame Vorgang einer ersten Intensivierung der griechisch-römischen Begegnung in der zweiten Hälfte des zweiten vorchristlichen Jahrhunderts, wie vieles Wichtige in der antiken Geschichte, quellenmäßig nur sehr ungenügend beleuchtet. Wir wissen lediglich, daß *Polybios* und der Kreis des *Scipio Aemilianus* hierbei eine große Rolle gespielt haben Schon deshalb wäre es eigentlich nötig, daß von Polybios ein abgerundetes Bild gezeichnet würde, eine Lei-

---

[32] Vgl. HAROLD MATTINGLY und E. S. G. ROBINSON: The Date of the Roman Denarius and other Landmarks in Early Roman Coinage. Proceeding of the British Academy 18, 1932, S. 211 ff. (= Welt als Geschichte 3, 1937, S. 69 ff., 300 ff.); Aes and Pecunia. Num. Chron. 1943. S. 21 ff.; The First Age of Roman Coinage. Journal of Roman Studies 35, 1945, S. 65 ff. Vgl. auch den Abriß in E. A. SYDENHAM: The Coinage of the Roman Republic. London 1952 und die Literaturübersicht und Abhandlung von R. THOMSEN: Early Roman Coinage, 2 Bde., 1961.

stung, die die Wissenschaft trotz zahlreicher Einzelstudien[33] bis jetzt schuldig geblieben ist. Das Gesamtproblem ist am geistvollsten von RICHARD HARDER in einer kurzen Skizze umrissen[34]. Selbst die politische Seite des Scipio Aemilianus ist nur ungenau zu fassen und läßt die wichtigsten Fragen letztlich offen[35].

Der *Bacchanalienskandal* von 186 v. Chr. ist eine cause célèbre in der Forschung. Zufällig ist nämlich auf einer Inschrift der authentische Text des betreffenden Senatsbeschlusses erhalten. Er ist, sieht man von den bei Polybios überlieferten Karthagerverträgen ab, die älteste (ausführlichere) politische Urkunde, die auf uns gekommen ist (Bruns, Fontes S. 164; Dessau, Inscr. Lat. Selectae I Nr. 18; Riccobono, Fontes I Nr. 30). Daneben kennen wir die ausführliche Schilderung des Vorgangs bei Livius (39, 14, 3 ff.). Der Vergleich ist quellenkritisch außerordentlich lehrreich (die weitläufige Literatur hierzu bei Riccobono a. O.).

8. Cato Censorius

Als eine zentrale Figur erscheint uns heute in der zweiten Phase des römischen Imperialismus (nach 200 v. Chr.) der alte Cato (Censorius)[36]. Infolge besonderer quellenhistorischer Umstände wissen wir von ihm mehr als von irgendeinem seiner Zeitgenossen, leider dann noch nicht genug, um seine politische Stellung genau auszumachen. Man muß sich wohl hüten, die Züge persönlicher Kantigkeit in eine entsprechende politische Exponiertheit umzusetzen. Epoche machte der Mann, der sich als homo novus in der römischen Aristokratie einen achtbaren Platz erkämpfte und manchmal bei einer politischen Entscheidung einen gewichtigen Anteil nahm, doch in erster Linie durch seine Figuration in der römischen Geistesgeschichte. Durch sein (uns nicht erhaltenes) Geschichtswerk, die Origines, in denen er wohl eine römische Geschichte mit Einschluß anderer italischer Stadt- und Stammesgeschichten gab, wurde er ein Mitbegründer der lateinischen Literatur, indem er zum erstenmal in der Geschichtsschreibung die lateinische Sprache verwandte. Seine uns noch erhaltene

---

[33] Unter ihnen immer noch am klarsten O. CUNTZ: Polybios und sein Werk. Leipzig 1902. — Ferner neuestens KONRAT ZIEGLER: Polybios. RE XXI, S. 1440 ff.; dort auch ausführliche Literaturangaben. — Sehr nützlich als Hilfsmittel zum Verständnis des Polybios der im Erscheinen begriffene historische Kommentar von F. W. WALBANK: A Historical Commentary on Polybios. Vol. I (Commentary on books I—VI). Oxford 1957. — Polybios ist ferner der berühmte Deuter der römischen Verfassung. Ihre Vorbildlichkeit liege in ihrer Eigenschaft als „gemischte" Verfassung. Der Gedanke ist sowohl in bezug auf Polybios als auch hinsichtlich des römischen Staates interessant. Für beide ist wichtig KURT VON FRITZ: The Theory of the Mixed Constitution in Antiquity. New York 1954.

[34] RICHARD HARDER: Die Einbürgerung der Philosophie in Rom. Die Antike 5, 1929, S. 291 ff. (= ders: Kleine Schriften hrsg. von W. Marg. München 1960, S. 330 ff.). — Vgl. auch FRIEDRICH KLINGNER: Humanität und Humanitas. In: Beiträge zur geistigen Überlieferung. Godesberg 1947, S. 1 ff. (weitere Lit. dort S. 34) = ders.: Römische Geisteswelt. München 1956 (1961[4]), S. 620 ff. — Der Ausgangspunkt zum Humanitätsbegriff ist für die moderne Forschung RICHARD REITZENSTEN: Werden und Wesen der Humanität im Altertum. Straßburg 1907. — Für die jüngste Forschung vgl. den Literaturbericht von H. HAFFTER: Neuere Arbeiten zum Problem der humanitas. Philologus 100, 1956, S. 287 ff.

[35] Die Literatur über ihn kann deshalb nur sehr unbefriedigend sein. Vgl. etwa KONRAD BILZ: Die Politik des P. Cornelius Scipio Aemilianus. Würzburger Studien zur Altertumswiss. 7, Stuttgart 1936, oder A. E. ASTIN: Scipio Aemilianus. Oxford 1967.

[36] MATTHIAS GELZER: M. Porcius Cato Censorius. RE XXII, 108 ff. — DIETMAR KIENAST: Cato der Zensor. Heidelberg 1954. — FRIEDRICH KLINGNER: Cato Censorius und die Krisis des römischen Volkes. Die Antike 10, 1934, S. 239 ff. (= Römische Geisteswelt. Wiesbaden o. J. S. 27 ff.)

Schrift über den Landbau (de agricultura) ist eine aufschlußreiche Quelle für den damals noch wichtigsten Faktor des römischen Soziallebens. Cato hat energisch gegen die Überfremdung durch das Griechentum gekämpft, aber die Überlegenheit des griechischen Geistes in Zweifel zu ziehen, fiel ihm nicht ein. Auch für ihn und seine literarische Tätigkeit war es unerläßlich, Griechisch zu lernen.

§ 46. Hinweise und Erläuterungen zur römischen Revolutionszeit (V)

1. Zur Disposition. — 2. Thematische Darstellungen. — 3. Einzeldarstellungen. — 4. Die Gracchen. — 5. Die Sklavenaufstände. — 6. Optimaten und Populare. — 7. Von den Gracchen bis Caesar. — 8. Caesar. — 9. Der Ausgang der Revolutionszeit. — 10. Die Außenpolitik.

1. Zur Disposition

Die Ereignisse zwischen 133 und 30 v. Chr. sind von jeher für den Betrachter der fesselndste Abschnitt der gesamten römischen Geschichte gewesen. Kein anderer kann sich an Dramatik des Geschehens und an Fülle von Persönlichkeiten mit ihm messen. Deshalb bildet diese Epoche von selbst einen Schwerpunkt für jede Darstellung und erfordert aus sich heraus einen hohen Grad von Ausführlichkeit. Diesem Zwang gehorcht auch die vorliegende Darstellung bis zu einem gewissen Grad. Um so mehr muß hervorgehoben werden, daß sie trotzdem nur einen sehr mageren Auszug aus dem Geschehen enthält und daß in ihr unzählige Einzelzüge und Episoden, die ein auf die Mannigfaltigkeit des Geschehens eingestelltes Interesse vermissen wird, unterdrückt werden mußten. Nirgends macht sich die Tatsache schmerzlicher bemerkbar, daß eine Römische Geschichte von dem vorliegenden Umfang nur ein „Grundriß" sein kann.

Die Absicht des Verfassers war auf ein anderes Ziel gerichtet: Anstatt der Veranschaulichung vieler Ereignisse, sollte eine durchsichtige, die Erkenntnis fördernde Gliederung der Tatsachenmasse vermittelt und damit ein orientierender Leitfaden gegeben werden. So merkwürdig es klingt, man hat sich mit dieser Seite des komplexen Fragenkreises noch wenig beschäftigt.

Das sachliche Prinzip hierfür war der Begriff der Revolution, woraus sich die Aufgabe ergab, den Stoff nach den Phasen des revolutionären Prozesses zu gliedern und diesen in seiner jeweiligen Struktur möglichst klar heraustreten zu lassen. Zur Förderung dieses Vorhabens ist die Disposition in einem Punkte entgegen aller bisherigen Tradition verfahren: Die Darstellung der römischen Außenpolitik, welche an sich mit dem Revolutionsgeschehen eng verzahnt ist, wurde in ihren Einzelheiten aus dieser eliminiert und einer gesonderten Betrachtung anvertraut. Das Verfahren hat gewiß seine Nachteile, darf jedoch, abgesehen von dem angestrebten Zweck, auf der anderen Seite den Vorzug für sich in Anspruch nehmen, daß auf diese Weise die Linien der

Außenpolitik klarer heraustreten, diese damit als eigene Größe sichtbar wird und sich als solche ohne Mühe an die vorangehende Epoche, in der sie die Führung hatte, anschließen läßt.

Ein solches Verfahren ist durch eine relative Unabhängigkeit der einen von der anderen Sphäre bedingt. Die diesbezüglichen Bemerkungen im Text (S. 237) hierzu bedürfen allerdings eines gewissen Schutzes gegen Mißverständnisse. Sie sollen lediglich darauf hinweisen, daß das römische Kräftepotential fatale Bedrohung von außen ausschloß und damit der römischen Innenpolitik das Privileg verschaffte, ohne Rücksicht auf echte außenpolitische Gefahren ihre Anliegen verfolgen zu können. Es ist selbstverständlich weder daran gedacht, die auf der Hand liegenden Interferenzen zu leugnen, noch viel weniger die elementare Tatsache zu vergessen, daß letztlich die Außenpolitik, sofern man unter ihr das Faktum der römischen Weltherrschaft versteht, der Motor bzw. die latente Voraussetzung für die revolutionäre Entwicklung gebildet hat und in diesem Sinn der politische Status Roms das wichtigste Datum der römischen Innenpolitik war: eine Erkenntnis, die im Ansatz schon MONTESQUIEU vertraut war. Wenn das Reich die Republik ruiniert hat, so hat umgekehrt die Annahme der Teleologie eine gewisse Berechtigung, daß die Republik untergehen mußte, um das Reich zu erhalten und zu vollenden. Die moderne Forschung ist auch sehr geneigt, diesen letzten Satz zu ihrem Regulativ zu erheben. Nur sollte man nicht vergessen, daß es sich dann hierbei um so etwas wie die Hegelsche List der Vernunft handelt und die Menschen selbst hiervon nichts gewußt haben und noch viel weniger ihr Tun danach einrichten konnten.

Ihre Motive waren ganz andere, und die Revolution, welche sie in Bewegung setzten, verfolgte, von ihren Subjekten her gesehen, jeweils verschiedene Anliegen und ist auch nicht nach dem uns geläufigen Revolutionsschema des neunzehnten und zwanzigsten Jahrhunderts zu entschlüsseln. Dieser Ausfall ist ein schwieriges Hindernis der Analyse und versperrt noch immer in erheblichem Umfang das Verständnis. Auch die vorliegende Darstellung kann keineswegs den Anspruch erheben, mit der Aufgabe fertig geworden zu sein. Es wäre hierzu der Revolutionsbegriff ganz neu zu durchdenken und überhaupt auf manche grundsätzliche Frage einige Überlegung zu verwenden[1].

2. Thematische Darstellungen

Die durchgehende Behandlung dieser Epoche als einer Revolutionszeit ist im Grunde nur von MOMMSEN in seiner Römischen Geschichte durchgeführt worden, und auch das ohne das letzte Stück von 44 bis 30 v. Chr. Über die Hälfte des großen Werkes ist diesem Thema gewidmet. MOMMSEN hat den Revolutionsbegriff des neunzehnten Jahrhunderts zugrunde gelegt und ist damit für die Folgezeit maßgebend geworden, auch wenn erhebliche Modifikationen nicht ausgeblieben sind. Im allgemeinen haben sich die Späteren entsprechend dem Quellenstand allein auf die spätere, nachsullanische Zeit verlegt, so vor allem GUGLIELMO FERRERO mit seinem schwungvollen großen,

---

[1] Vgl. hierzu auch ALFRED HEUSS: Der Untergang der römischen Republik und das Problem der Revolution. Histor. Zeitschr. 182, 1956, S. 1 ff. — Ders.: Das Revolutionsproblem im Spiegel der antiken Geschichte. In: HZ 216, 1973, S. 1 ff. — Ders.: Propyläen-Weltgeschichte IV, 1963, S. 177 ff. — JOCHEN BLEICKEN: Der Begriff der Freiheit in der letzten Phase der Republik, Histor. Zeitschr. 195, 1962, S. 1 ff. — Lesenswerte Betrachtungen zum Ausgang der Republik bei W. SCHMITTHENNER: Das Attentat auf Caesar, Gesch. i. Wiss. u. Unterr. 1962, S. 685 ff. und in dem nachdenklichen Buch von CHRISTIAN MEIER, Res Publica Amissa, Wiesbaden 1966.

einst viel gelesenen Jugendwerk[2], und desgleichen T. Rice Holmes[3]. Heute sind diese Bücher ziemlich vergessen; das von Ferrero hat nie recht Eingang in die Wissenschaft gefunden, da es in den Detailfragen zu großzügig verfuhr und die gelehrte Welt durch die subjektivistische Lebendigkeit in der Auffassung sich erst recht hierfür nicht schadlos halten ließ. Der bedeutendste neuere Beitrag zu diesem Thema ist das Buch von Ronald Syme, das trotz minutiöser Einzelbetrachtung auch literarisch ein großer Wurf ist und schon durch die souveräne Selbständigkeit des Urteils und die Höhe des geistigen Niveaus besticht[4]. Aber auch dieses enthält entgegen dem Titel nicht nur keine Schilderung des gesamten revolutionären Ablaufes, sondern ist in besonderem Maße insofern auch fragmentarisch, als es im Grunde erst mit Caesars Alleinherrschaft einsetzt, um dann allerdings Octavian bis weit in die Augustusphase hinein zu verfolgen.

3. Einzeldarstellungen

Von einem Reichtum an Gesamtdarstellungen des Themas kann also schwerlich gesprochen werden, und es ist deshalb nicht verwunderlich, daß man im Grunde dem Phänomen als Ganzem in der modernen Forschung nicht recht nähergekommen ist. Dieselbe hat sich durchgehend in Einzelarbeiten niedergeschlagen, und die hierbei, vor allem in Deutschland, verfolgte Linie ist auch merkwürdig genug.

Sie geht aus von einem alten Werk, das schon Mommsen für seine Römische Geschichte vorgelegen hat: Drumanns „Geschichte Roms in seinem Übergange von der republikanischen zur monarchischen Verfassung oder Pompeius, Cicero, Caesar und ihre Zeitgenossen"[5]. Drumann hat unter diesem Titel keine römische Geschichte geschrieben, sondern eine große Anzahl von Monographien über einzelne Persönlichkeiten der Zeit, nach Geschlechtern geordnet, vereinigt. Die über die Hauptgestalten handelnden haben den Umfang eines stattlichen Buches. Als Grund für dieses merkwürdige Verfahren gibt der Verfasser an, daß „bei großer Gärung ..., wenn jeder sich frei zu sein dünkt, die Masse dem Einfluß einzelner (unterliegt)" und daß deshalb ihnen der Geschichtsforscher in erster Linie sich zuzuwenden habe. Also die Geschichte primär als die Geschichte von Individuen, und deshalb ihre Konzeption als eine Reihe von Biographien, als sogenannte Prosopographie.

Der zweifellos etwas schrullenhafte Gedanke erhielt jedoch zwei Menschenalter später eine Legitimierung durch die Arbeiten an Pauly-Wissowas Real-Enzyklopädie der classischen Altertumswissenschaft, als die Ausfüllung von deren Lemmata routinegemäß die Behandlung der einzelnen Personen erforderte. Dieser Anlaß hat die umfassenden Untersuchungen Friedrich Münzers in Bewegung gesetzt (s. o. S. 523) und dann auch dem Sektor der von Drumann behandelten Zeit eine Wiederaufnahme von dessen Vorhaben erbracht. Die größeren und besser bekannten Gestalten wurden zu-

---

[2] Guglielmo Ferrero: Grandezza e decadenza di Roma. Deutsch: Größe und Niedergang Roms. 6 Bde., Stuttgart 1908—1910.

[3] T. Rice Holmes: The Roman Republic and the founder of the empire. 3 Bde., Oxford 1923. Ders.: The Architect of the Roman Empire. 2 Bde., Oxford 1928—1931.

[4] Ronald Syme: The Roman Revolution. Oxford 1939. 1951² (Deutsche Übersetzung unter dem Titel: Die römische Revolution. Stuttgart 1957). Vgl. auch R. Smith: The Failure of the Roman Republic. Cambridge 1955.

[5] W. Drumann: Geschichte Roms usw. 6 Bde., Berlin 1834—1844. In 2. Auflage neu bearbeitet von P. Groebe, 1899—1929.

meist MATTHIAS GELZER anvertraut[6], der dann diese Reihe durch zwei in ähnlich subtiler Weise verfertigte Bücher noch erweiterte[7]. Man darf wohl ohne Bedenken sagen, daß in den sorgfältigen Untersuchungen dieser beiden besten Kenner der römischen Republik der eigentliche Ertrag der modernen Forschung zu dem Thema der römischen Revolutionszeit steckt und jede Beschäftigung mit ihr auf sie zurückgehen muß. Von der Sache her ist dieses methodisch gewiß sehr außergewöhnliche Verfahren einmal durch den Quellenstand bedingt, der es leider nicht zuläßt, in direkter Sicht auf ein breites Substrat allgemeinerer historischer Elemente zuzugehen. Sodann aber ist nicht zu bestreiten, daß das Schwergewicht des Geschehens in dieser Epoche sich in die Initiative besonderer Individuen verlagert hat und die Geschichte weitgehend durch die von ihnen ausgehenden Impulse bestimmt worden ist. Ferner sind bei solcher Ausgangsposition des Geschehens notwendigerweise auch die personalen Verknüpfungen zu Figuren geringerer Ordnung bedeutsam. Der Zugang zu ihnen ist aber auch nur auf prosopographischer Grundlage zu gewinnen. Die Geschichte wird freilich überhaupt von Menschen gemacht, aber nicht immer kommt gleich viel darauf an, dieselben in ihren konkreten individuellen Bezügen zu sehen, und oft genügt es, ihnen eine durchschnittliche Verhaltensweise zugrunde zu legen. Revolutionszeiten sind ihrer Struktur nach aber anders gebaut und kommen, wenn ihre bewegende Kraft sichtbar werden soll, ohne ein hohes Maß von Individualisierung nicht aus.

Freilich kann ein Herauspräparieren der einzelnen Größen für die Forschung nur ein Durchgangsstadium sein, und es kommt danach darauf an, die disiecta membra wieder zusammenzusetzen. Man kann schwerlich bestreiten, daß die (deutsche) Forschung in dieser Hinsicht die Ergänzung zu ihren Arbeiten bis jetzt schuldig geblieben ist. Der große Erfolg des Buches von SYME beruht u. a. darauf, daß es für seinen Part die ausstehende Synthese geleistet hat. Die Geschichte ist zwar auch bei SYME, und dies sogar in maximal reiner Form, die Geschichte personaler Beziehungen, aber sie erschöpft sich darin nicht, sondern verknüpft das einzelne zu einem kompakten Handlungszusammenhang. Damit war in der Tat ein evidenter ‚Fortschritt' erzielt, weil eben diese Aufgabe nach dem derzeitigen Forschungsstand aus sachlogischen Gründen anstand.

Daß selbst damit das eigentliche Erkenntnisziel in Ansehung des Gegenstandes schon erreicht wäre, ist allerdings deswegen nicht gesagt, und schwerlich läßt sich bestreiten, daß bei dieser Methode die durch die Geschichte in ihrem Verlauf aufgeworfenen sachlichen Fragen mehr in den Hintergrund treten als die Aufgabe, das Ganze zu begreifen, verträgt. In dem Verständnis der römischen Revolution werden wir auf diesem Wege gerade so weit gefördert, als es selbstverständlich ist, daß die dominierende Tendenz des Zeitalters auf exklusive Beherrschung von Staat und Reich durch einzelne Persönlichkeiten gerichtet war. Wann und wo diese Voraussetzung nicht zutrifft oder, wo zumindest gefragt werden muß, ob sie zu Recht besteht und gegebenenfalls, warum und wie sich ein solches Streben zu Worte meldet, ist die Grenze dieser Betrachtungsweise erreicht. Man kann wohl zugeben, daß jene Be-

---

[6] So vor allem aus dieser Epoche GELZER: Catilina (RE 2. R. II, 2, S. 1693 ff.); Cicero (RE 2. R. VII, S. 827 ff.); Crassus (RE XIII, 1, S. 295 ff.); Lucullus (XIII, 1, S. 376 ff.).

[7] MATTHIAS GELZER: Caesar, der Politiker und Staatsmann². München o. J.; Wiesbaden 1960⁶; ders.: Pompeius. München 1949. Ders.: Cicero, ein biographischer Versuch. Wiesbaden 1969.

dingung in dem letzten Stadium nach Caesars Tod zutraf, d. h. eben für den Abschnitt, den Syme bearbeitet hat, wird aber Bedenken tragen, sie für die frühere Phase ohne Einschränkung vorauszusetzen oder gar die ganze Epoche von Anfang an unter ihr Gesetz zu stellen.

Ein großes Hemmnis unseres Verständnisses liegt darin, daß wir über die subjektiven Gedanken der Zeitgenossen, mit denen sie ihre Aktionen begleiteten und von denen sie ausgingen, nur ganz unvollkommen unterrichtet sind. Dies gilt, obgleich wir im Besitz der unvergleichlichen Hinterlassenschaft Ciceros sind, denn Cicero reflektiert nur e i n e n Standpunkt, und zwar gerade den konservativen, der ohnehin am ehesten zugänglich ist. Um so höher wäre deshalb der neuerdings von Andreas Alföldi angestellte Versuch zu werten, diese Lücke durch eine nur einem so erfahrenen Numismatiker und kühnen Kombinator, wie er es ist, mögliche Interpretation des numismatischen Materials auszufüllen[8]. Alföldi sind früher mit Hilfe dieser Methode fundamentale Aufschlüsse für die römische Kaiserzeit gelungen[9], aber bis jetzt ist noch nicht klar, ob das Bild, das er für die ausgehende Republik anstrebt, eine ähnliche Überzeugungskraft gewinnt. Das Material hierzu wurde ihm durch den Umstand an die Hand geliefert, daß die Emblematik der römischen Münzen seit dem Ende des zweiten Jahrhunderts ihre traditionelle (und für uns mit dem Münzwesen notwendig verbundene) Konventionalität durch Einflüsse individueller Gestaltung modifiziert. Dieselben gehen (ausschließlich) auf Gedanken der Münzmeister, dann mit Fortschritt der Zeit (seit Pompeius und Caesar) auch auf die mächtigen Politiker zurück. Es handelt sich hierbei um eine Bildsymbolik, welche den Zeitgenossen vielleicht verständlich war, deren Aufschlüsselung für uns freilich mit manchem Hindernis verbunden ist und die ganze Kennerschaft eines im Umgang mit solchem Material erprobten Meisters erfordert.

Die wenig befriedigende Forschungslage der römischen Revolutionszeit wird unverfänglicher, wenn man sich unter Absehen von der historischen Dynamik damit begnügt, von den Zuständen der damaligen Zeit einen mehr bildhaften Eindruck zu erhalten. Das Ciceronianische Corpus mit seiner Materialfülle, gerade auch hinsichtlich der vordergründigen Bereiche des sozialen und politischen Lebens, hat Gelegenheit zu mannigfachen sog. kulturhistorischen Untersuchungen gegeben, über die die einschlägigen Bibliographien Aufklärung geben. Einen gewissen Abschluß hat diese Forschungsrichtung schon vor längerer Zeit durch Wilhelm Kroll erhalten[10]. In letzter Zeit sind übrigens einige Sachkomplexe der politischen Geschichte monographisch behandelt worden[10a].

---

[8] Andreas Alföldi: Die Geburt der kaiserlichen Bildsymbolik. Museum Helveticum 7 ff., 1950—1953; vgl. auch seine „Studien über Caesars Monarchie". Lund 1953.

[9] Siehe unten S. 584, 602.

[10] Wilhelm Kroll: Die Kultur der Ciceronianischen Zeit. 2 Bde., Leipzig 1933. Darmstadt 1964².

[10a] So hat vor allem die politische und soziale Seite des spätrepublikanischen Heeres Aufmerksamkeit gefunden: R. Smith: Service in the Postmarian Roman Army. Manchester 1958. — S. Harmand: L'armée et le soldat à Rome de 107—50 av. J.-C. Paris 1967. — E. Gabba: Esercito e società nella tarda repùbblica. Florenz 1973. Spezieller, dafür um so eingehender: Helga Botermann: Die Soldaten und die römische Politik von Caesars Tod bis zur Begründung des Zweiten Triumvirats. München 1968. — Auf einem anderen Sektor s. u. a. A. W. Lintott: Violence in Republican Rome. Oxford 1968. — J. von Ungern-Sternberg: Untersuchungen zum spätrepublikanischen Notstandsrecht. München 1970. — E. Badian: Publicans and Sinners.

Im einzelnen bietet selbstverständlich eine derartig ereignisreiche Epoche wie die römische Revolutionszeit der Fragen und Probleme in Fülle und hat man sich vor allem auch daran zu erinnern, daß manche Sachverhalte, und sehr oft keine unwichtigen, nicht genügend geklärt werden können. 4. Die Gracchen

So ist etwa gleich bei der Vorgeschichte kontrovers, auf welches Gesetz *Tiberius Gracchus* bei der Okkupationsbeschränkung zurückgegriffen hat. Früher setzte man ohne Bedenken das berühmte Licinisch-Sextische Gesetz ein (s. o.), und es gibt heute noch Gelehrte, die daran festhalten und der Überlieferung darin glauben, daß es Bestimmungen über den ager occupatorius enthalten habe. In der vorliegenden Darstellung wird dieser Weg nicht beschritten, sondern der Theorie von Benedictus Niese[11] Folge geleistet, welcher in dem sozialen Teil des Licinisch-Sextischen Gesetzes eine Zurückdatierung einer gesetzlichen Bestimmung aus dem Anfang des zweiten vorchristlichen Jahrhunderts erblickt. — Ein nicht leicht durchschaubarer Komplex ist auch das *römische Bodenrecht*. Unsere Erkenntnisbasis ist da noch immer die berühmte Untersuchung, die der junge Mommsen[12] einst in seinem Kommentar zu der (inschriftlich teilweise erhaltenen) lex agraria vom Jahre 111 v. Chr. geschrieben hat. Das Thema geht übrigens weit über den Kreis der durch die Gracchen hervorgerufenen Aktualität hinaus und ist in dieser Hinsicht auf der Grundlage von Mommsen, aber auch in Selbständigkeit seinen Auffassungen gegenüber von dem berühmten Soziologen Max Weber (1864—1920) in einer profunden Jugendarbeit souverän behandelt worden[13].

Wichtiger sind die allgemeinen sozialen und ökonomischen Analysen. Ihre zusammenhängende Darstellung fehlt bzw. findet ihren Platz im Rahmen der allgemeinen römischen Geschichte. Wichtige Aufschlüsse, enthaltend eine unentbehrliche Korrektur früher herrschender Vorstellungen, bringt für die vorgracchische Kolonisation ein bekannter Aufsatz von Johannes Kromayer[14]. Zur Orientierung über die wichtige Herausbildung des *Ritterstandes* zieht man, trotz einiger weniger befriedigenden Spezialarbeiten, immer noch am zweckmäßigsten das einleitende Kapitel von Arthur Steins bekanntem Buch über den römischen Ritterstand der Kaiserzeit heran[15].

Über die Gracchen existiert eine unendliche Literatur. Den entscheidenden Erkenntnisfortschritt brachte schon Niebuhr, als er von ihnen das Odium extremer Sozialrevolutionäre nahm. Im 18. Jahrhundert und früher sah man in ihnen Umstürzler, welche an die Grundlagen des Eigentums rührten. Erst Niebuhr[16] stellte die Verbindun-

Dunedin (Neu-Seeland) 1972. — A. J. N. Wilson: Emigration from Italy in the Republican Age of Rome. 1966.

[11] Benedictus Niese: Das sog. Licinisch-Sextische Ackergesetz. Hermes 23, 1888, S. 410 ff.

[12] Theodor Mommsen: Lex agraria. Gesammelte Schriften I, S. 65 ff.

[13] Max Weber: Die römische Agrargeschichte in ihrer Bedeutung für das Staats- und Privatrecht. Stuttgart 1891. — Vgl. ders.: Agrarverhältnisse im Altertum, ges. Aufsätze zur Sozial- und Wirtschaftsgeschichte, S. 1 ff. Tübingen 1924. — Ferner zum Staatsland L. Zancan: Ager publicus. Padua 1935.

[14] J. Kromayer: Die wirtschaftliche Entwicklung Italiens im 2. und 1. Jahrhundert v. Chr. Neue Jahrb. f. d. kl. Altertum 33, 1914, S. 145 ff. — [15] Arthur Stein: Der römische Ritterstand. Münchener Beiträge z. Papyrusforschung u. ant. Rechtsgesch. 10. München 1927. Vgl. ferner H. Hill: The Roman middle class in the Republican Period, Oxford 1952. — C. Nicolet: L'ordre équestre à l'époque républicaine (312—43 av. J.-C.). 2 Bde. Paris 1966 ff.

[16] B. G. Niebuhr: Vorträge über römische Geschichte an der Universität Bonn gehalten. Bd. 2, S. 268 ff.

gen zu den speziellen Verhältnissen des ager publicus her. Man wird nie aus dem Auge verlieren dürfen, daß der ursprüngliche Ansatz der einer konservativen bzw. konservativ gedachten Reform war. Die vorliegende Darstellung hat es für berechtigt angesehen, diesen Punkt besonders hervorzuheben und vor allem deutlich zu machen, daß *Tiberius Gracchus* der Exponent einer aristokratischen Gruppe war. Die Dinge haben dann ihre eigene Dynamik, aber trotzdem keine eigentlich sozialrevolutionäre, entfaltet. Der psychologische Hintergrund dieser Entwicklung ist immer noch am besten ins Licht gesetzt von ERNST V. STERN[17]. Die knappste und zuverlässigste Skizze gibt FRIEDRICH MÜNZER in seinen beiden RE-Artikeln an die Hand[18]. Zu den wichtigsten Problemen gehört ferner die Frage, ob Gaius Gracchus' primäres Streben auf die Begründung einer Demokratie in Rom gerichtet war. In der modernen Forschung, die sich mutatis mutandis hierbei sogar auf MOMMSEN berufen könnte, überwiegt die Neigung, diese Frage zu bejahen. Der Verf. dieser Darstellung sieht darin jedoch eine unzulässige Vereinfachung.

Im einzelnen sind leider manche wichtigen Fakten kontrovers. Unsere Überlieferung unterliegt offenbar dem optischen Fehler, daß sie nicht immer genau zwischen Tiberius und Gaius Gracchus unterscheidet. Auch sonst spiegelt sie tiefgehende Divergenzen in der Beurteilung der beiden Männer wider. Eine Analyse dieser *Quellen* gewann deshalb große Bedeutung. Durchgeführt wurde sie von EDUARD MEYER in seiner treffsicheren Art[19]. Der Aufsatz ist heute noch fundamental, und jede Beschäftigung mit diesem Problem muß von ihm ausgehen, was die spätere Forschung auch erwiesen hat. Aufschlußreich ist eine auch dem weiteren Publikum zugängliche Abhandlung von ROBERT V. PÖHLMANN[20], weil sie am bequemsten zeigt, welche Spanne modernem Urteil und Irrtum in dieser Frage eignet.

5. Die Sklavenaufstände

Die Sklavenfrage und vor allem die Sklavenrevolutionen haben begreiflicherweise seit dem 19. Jahrhundert viel Interesse gefunden. Unter den verschiedenen Studien befindet sich auch die Erstlingsarbeit des bekannten Nationalökonomen KARL BÜCHER[21]. Für die marxistische Geschichtsauffassung waren diese Aufstände von jeher ein wichtiges Argument für die These, daß der soziale Aufbau der griechisch-römischen Gesellschaft durch den Gegensatz von ‚Sklavenhaltern' und Sklaven bestimmt war. Über diese Theorie wäre viel zu sagen, was jedoch in diesem Rahmen nicht geschehen kann. Hier kommt es nur darauf an, ob die damaligen Sklavenkämpfe den Charakter eines Klassenkampfes besaßen. Kein Geringerer als der ausgesprochene Nicht-Marxist ULRICH KAHRSTEDT hat dies mit Nachdruck behauptet und infolgedessen ein sehr düsteres Gemälde von den sozialen Spannungen dieser Zeit entworfen[22]. Hiergegen

[17] ERNST VON STERN: Zur Beurteilung der politischen Wirksamkeit des Tiberius und Gaius Gracchus. Hermes 56, 1921, S. 229 ff.

[18] FRIEDRICH MÜNZER: RE A II, S. 1375 ff. und 1409 ff.

[19] EDUARD MEYER: Untersuchungen zur Geschichte der Gracchen. Kleine Schriften I². Halle 1924, S. 363 ff.

[20] ROBERT V. PÖHLMANN: Zur Geschichte der Gracchenzeit. SB. Bayr. Akad. d. Wiss., Phil.-hist. Kl. 1907, S. 443 ff.; ders.: Aus Altertum und Gegenwart. N. F. München 1911, S. 118 ff.

[21] KARL BÜCHER: Der Aufstand der unfreien Arbeiter 143—129 v. Chr. Frankfurt/M. 1874.

[22] ULRICH KAHRSTEDT: Grundlagen und Voraussetzungen der römischen Revolution. In: Neue Wege zur Antike IV. Leipzig 1926. — Ders.: Das Zeitalter des antiken Sozialismus und Kommunismus. Hellas-Jahrbuch 1929, S. 105 ff.; ferner: Geschichte des griechisch-römischen Altertums. München 1948, S. 242 ff.

muß wohl betont werden, daß die grundsätzliche Beurteilung der ganzen Frage eben in diesem Problem liegt und daß, wie in der Darstellung ausgeführt ist, diese Auseinandersetzung eben nicht bis zu dem Stadium eines breiten Klassengegensatzes gediehen ist. Es ist auch daran zu erinnern, daß in der Zeit der ausgehenden Republik genau wie früher die Verwendung von Sklaven im äußeren und inneren Krieg als verfemt galt und von ihr nur ausnahmsweise Gebrauch gemacht wurde. Zu all diesen Fragen jetzt wichtig ein Aufsatz von JOSEPH VOGT, der sich schon des längeren mit dem ganzen Sklavenproblem der Antike befaßt[23].

6. Optimaten und Populare

Für die politische Frontstellung der folgenden Generationen bis zu Caesar hin scheinen die Begriffe *Optimaten* und *Populare* ein polares Verhältnis zu besitzen. Ihr Gebrauch ist infolgedessen auch unentbehrlich schon für ein äußeres Auffassen der Ereignisse. Der Eindruck konnte deshalb leicht entstehen, daß die römische Gesellschaft unter diesem Zeichen in zwei Klassen zerfiel und die Optimaten als herrschende aristokratische Schicht einer demokratisch-popularen Menge entgegentraten, so als ob in zeitgemäßer Verkleidung der alte Gegensatz zwischen Patriziern und Plebejern wieder aufgebrochen wäre. Die gängigen Darstellungen der römischen Geschichte unterliegen, mehr oder weniger bewußt, meistens dieser Suggestion (von den marxistischen Historikern wird aus verständlichen Gründen hierauf geradezu als Basis des Verständnisses zurückgegriffen). Daß dem jedoch nicht so ist und schon die Analogie mit unseren modernen Maschinenparteien eine irrige Vorstellung erweckt, ist in der modernen Forschung allmählich zum Bewußtsein gekommen[24]. Die Rechnung konnte bei diesem Mißverständnis schon deshalb nicht aufgehen, weil, wenn man unter ‚popular' eine Mobilisierung des Volkes verstehen will, dies in der damals für Rom nur möglichen Beschränkung auf die Masse der in Rom befindlichen Wähler auch ein Charakteristikum der optimatischen Politik sein würde. Nach der positiven Seite ist das Phänomen nicht leicht zu fassen und hat infolgedessen auch noch keine befriedigende Behandlung gefunden. Die vorliegende Darstellung versucht mit der Fixierung des Gegensatzes auf eine Verschiedenheit der politischen Technik und des historisch-ideologischen Aspektes sich von der mit dieser Terminologie verbundenen Assoziation freizuhalten. In diesem Sinne wäre unter optimatischer Methode in erster Linie die Aufrechterhaltung der ausschließlichen Staatsleitung durch den Senat zu verstehen und als Mittel ihrer Garantie die Anerkennung des Staatsnotstandes kraft senatusconsultum ultimum. Vom popularen Standpunkt aus war diese Fortbildung der Verfassung ungültig, umgekehrt wurde von dort aus der Anspruch auf eine andere Modifikation der Verfassung erhoben, nämlich gegebenenfalls (nicht prinzipiell, d.h. für jeden Fall), unter Ignorierung der seit Ende des dritten Jahrhunderts als legitim geltenden Observanz gegenüber dem Senat, politische Ziele auch auf dem Wege einer Gesetzesvorlage (an die Comitien) durchzubringen, wobei allerdings weder daran gedacht war, den Senat als Institution in Frage zu ziehen, noch die Idee auf-

[23] JOSEPH VOGT: Struktur der antiken Sklavenkriege. Mainzer Akad. d. Wiss. und der Literatur, Geistes- und Sozialwiss. Kl. 1957, Nr. 1. — FRIEDRICH VITTINGHOFF: Die Theorie des historischen Materialismus über den antiken „Sklavenhalterstaat". Saeculum 11, 1960. S. 89 ff.

[24] Vgl. auf Grund von GELZER HERMANN STRASBURGER: RE XVIII, S. 773 ff., s. v. optimates. Ferner: C. MEIER: RE Suppl. X, S. 549 ff., s. v. populares und J. MARTIN: Die Popularen in der Geschichte der späten Republik. Diss. Freiburg 1965.

tauchte, das Initiativrecht den Comitien gegenüber jemandem anderen als den Beamten (entsprechend einem ehernen Grundsatz der römischen Verfassung) einzuräumen. Für den ganzen Fragenkomplex steht eine gründliche Untersuchung noch aus, bei der freilich allerhand zu bedenken wäre und die sich nicht am Gängelband von ein paar Stellen durchführen ließe.

7. Von den Gracchen bis Caesar

Für die *Marianische Heeresreform* ist zu beachten, was eine allgemeine Geschichte nicht so ganz zu ihrem Recht kommen lassen kann, daß sie neben der hier in erster Linie interessierenden sozialpolitischen Seite auch eine eminent technische besaß: indem sie der Legion den bis dato immer noch verbliebenen Charakter eines selbständigen Heeres nahm und das Heer selbst damit zu einer nach den jeweiligen Bedürfnissen manipulierbaren Größe machte. Dadurch wurde begreiflicherweise die taktische und strategische Beweglichkeit mit ganz neuen Möglichkeiten ausgestattet. Nicht nur die Kriegskunst der ausgehenden Republik (Caesar), sondern auch die der Kaiserzeit, hat diese einschneidende Reform zur Voraussetzung.

Die erste Wiederaufnahme der Gracchischen Politik durch *Appuleius Saturninus* und *Servilius Glaucia* ist leider infolge der sehr dürftigen Quellen in ein recht trübes Dunkel gehüllt. Unsere sehr spärlichen Informationen gehen offenbar durchweg auf die Gegenseite zurück. Es ist deshalb durchaus denkbar, daß die negativen Farben in Wirklichkeit ein wenig zu retuschieren wären.

Ein Mann, dessen Größe leider mehr zu ahnen als zu erkennen ist, verbirgt sich gewiß hinter *Livius Drusus*. Es ist ein Jammer, daß das Material keine ordentliche monographische Behandlung erlaubt, was auch für seinen Schüler *Sulpicius Rufus* gilt. Bei all diesen wichtigen Figuren zwischen den Gracchen und Sulla kommt Divination mehr ins Spiel als Analyse[24a]. Es ist deshalb kein Wunder, daß auch heute noch die besten Porträts in den Charakteristiken des zweiten Bandes von MOMMSENS Römischer Geschichte stecken.

Der *Bundesgenossenkrieg* ist trotz seiner Kürze in seiner Bedeutung als Angelpunkt der Revolutionszeit gar nicht zu überschätzen. Man muß sich nur hüten, einer gewissen Neigung der modernen Wissenschaft folgend, das Schwergewicht auf die italische Seite zu legen und von ihr originelle, gegen die Römer ausgespielte politische Ideen vertreten zu sehen, etwa in dem Sinne, daß hier prinzipiell dem römischen Zentralismus auf der Grundlage eines womöglich sogar von Griechenland inspirierten Föderativsystems Paroli geboten worden wäre[25]. Der Gedanke ist schon deshalb gegenstandslos, weil das Ziel der Insurrektion auf Inkorporation in den römischen Einheitsstaat gerichtet war. Daß die ad hoc um der politischen und militärischen Koordination willen ins Leben gerufene Organisation nicht anders als nach Bundesprinzipien vorgenommen werden konnte, entsprach einer selbstverständlichen Notwendigkeit. Was hätten die Italiker denn sonst machen sollen?

Was das gesamte Italikerproblem angeht, wäre es unrichtig, seinen Kern in den verschiedenen überlieferten Episoden römischer Übergriffe, wie sie uns zufällig bekannt sind, zu sehen, anstatt sich die strukturellen Verlagerungen zu vergegenwärtigen.

[24a] Abgesehen von Sulla ist aus dieser Generation vor allem Marius auf Grund der Plutarchvita bekannt. Monographie über ihn: T. F. CARNEY: A Biography of C. Marius, Chicago 1970.

[25] Hiergegen mit Recht HANS D. MEYER: Historia 7, 1958, S. 74 ff.

Viel zuwenig bekannt ist die antioptimatische Politik *Cinnas*. Sie teilt damit das Schicksal dieser ganzen Phase, auch der Jahre vor Livius Drusus, mit der sie möglicherweise mehr zusammengehalten werden müßte. Nicht ganz ausgeschlossen ist, daß damals von den Rittern eine besondere Stoßkraft ausging, woraus sich der abgrundtiefe Haß erklären würde, von dem der Gegenangriff Sullas getragen war.

Sulla selbst ist auch, jedenfalls im Verhältnis zu seiner Bedeutung, zu wenig scharf greifbar. Das Interesse der modernen Historiker ist mehr seinem persönlichen Erscheinungsbild als den Grundsätzen seiner Politik zugewandt[26]. So sind diese merkwürdigerweise noch nie eigens untersucht worden. Eine völlige Umwertung Sullas hat JERÔME CARCOPINO[27] vornehmen wollen mit seiner Theorie, daß Sulla nicht freiwillig, sondern auf den Druck seiner Anhänger hin die Diktatur niedergelegt hätte, fand damit aber wenig Zustimmung. — Mit der nachsullanischen Zeit mehren sich entsprechend der größeren Ereignis- und Quellenfülle auch die Einzelprobleme. Infolge des beherrschenden Einflusses, welchen Männer wie Pompeius und Caesar auf die römische Politik ausübten, erliegt die Geschichtsschreibung leicht der Versuchung, die römische Geschichte vom Standpunkt der jeweiligen Akteure aus ins Biographische aufzulösen. Die vorliegende Darstellung ist bemüht, eine derartig irreführende Optik möglichst zu vermeiden. Ein Literaturhinweis kann ihr allerdings nicht entgehen.

In diesem Zusammenhang verdient *Sertorius* eine Bemerkung. MOMMSEN hat in seiner Römischen Geschichte aus ihm eine Zentralfigur gemacht und ihn zu einer politischen Idealgestalt erhoben. Als Reaktion gegen dieses leuchtende Bild, das sich wie vieles in MOMMSENS Römischer Geschichte Ansehen erworben hatte, wurde dann vor dreißig Jahren durch HELMUT BERVE[28] aus Sertorius ein Hochverräter, weil er es nicht verschmäht hatte, seine im übrigen gänzlich hoffnungslose Politik mit Hilfe von Mithridates vorwärtszutreiben. Aber die eine wie die andere Version sieht an der Tatsache vorbei, daß Sertorius ein randständiges Phänomen war. MOMMSENS Überhöhung geht letztlich auf die eindrucksvolle, aber sehr subjektive Zeichnung Sallusts (in den verlorenen historiae) zurück, wie GELZER[29] nachgewiesen hat und verliert dadurch die sachliche Selbständigkeit. Die entgegenstehende moralisch-juristische Verurteilung ignoriert von Sertorius in Anspruch genommene Rechtsgrundlagen (s. o. S. 190 f.). Eingeordnet in die historische Entwicklung, weist Sertorius mit seiner Ausnutzung des Reichspotentials für seine innerpolitischen Ziele zurück auf Sulla und vorwärts auf die Militärdiktatur der späteren Triumvirn.

Gegenüber Caesar ist begreiflicherweise der ihm unterlegene *Pompeius* lange zu kurz gekommen. Neuerdings meldet sich gegen diese Einseitigkeit eine gewisse Reaktion zu Wort[30]. Bekanntlich hat MOMMSEN in seiner Römischen Geschichte ein vernich-

---

[26] Beispiele aus der deutschen Literatur HELMUT BERVE: Sulla. Neue Jahrb. f. Wiss. u. Jugendbildung 7, 1931, S. 673 ff. (= Gestaltende Kräfte der Antike. München 1949, S. 130 ff.). — HANS VOLKMANN: Sullas Marsch auf Rom. München 1958, beabsichtigt vor allem eine lebhafte Schilderung der Ereignisse. Sein eigener Beitrag: Sulla Felix als Gegenparole zu Mithridates' Neos Dionysos, ist nicht überzeugend.

[27] JERÔME CARCOPINO: Sylla ou la monarchie manquée. Paris 1931, 1957².

[28] HELMUT BERVE: Hermes 64, 1929, S. 228 ff.

[29] MATTHIAS GELZER: Philol. Wochenschrift 52, 1932, S. 186 ff. (= Kleine Schriften II, S. 139 ff.).

[30] Neben den verschiedenen Gesamtdarstellungen vgl. die Monographie von MATTHIAS GELZER (s. o. S. 559 A. 7).

tendes Urteil über Pompeius gefällt. Dessen Einseitigkeit verdiente mit Recht eine Korrektur. Es ist ebenso um der historischen Wahrheit willen nicht aus dem Auge zu verlieren, daß Pompeius bis auf die letzte Zeit seines tragischen Ausganges im allgemeinen römischen Bewußtsein als d e r große römische Mann figurierte, was an sich ein wichtiges historisches Faktum bedeutet, aber noch lange nicht beanspruchen kann, als Präjudiz für das moderne Urteil zu dienen. — In die sogenannte Reichspolitik des Pompeius im Osten wird im allgemeinen zu viel historische Relevanz hineininterpretiert[31]. Pompeius traf die hellenistische Geschichte in einem Stadium an, welches sozusagen von sich aus die künftigen Direktiven gab. Es geht zu weit, darin einen individuell inspirierten Vorgriff auf die Kaiserzeit zu sehen. In einem berühmten Buche hat Eduard Meyer dann noch einen Schritt darüber hinaus getan und der Politik des Pompeius die Konzeption des späteren augusteischen Prinzipates zugrunde gelegt[32].

Cicero ist bekanntlich sowohl in der politischen Geschichte Roms wie in der Geschichte des römischen Geistes beheimatet. Dazu kennen wir ihn quellenmäßig von allen Römern am besten. Diese Sonderstellung und die Tatsache, daß seine Bedeutung in beiden Regionen sehr erheblich war, ließen erwarten, daß von ihm längst ein eingehendes und plastisches Porträt entworfen ist. Trotz einer unendlichen Literatur über ihn, die zu referieren hier nicht der Platz ist, steht die Lücke immer noch offen. Das vor nicht langer Zeit erschienene Buch von Otto Seel ist immerhin durch den Mut ausgezeichnet, hier Abhilfe zu schaffen[33]. Es ist bedeutend farbiger als sein Vorgänger (in der deutschen Literatur), die ziemlich blasse Darstellung von Otto Plasberg[34]. Neuerdings bemüht sich um den Gegenstand auch der bekannte Latinist Karl Büchner[34a]. Von der reicheren ausländischen Literatur sei hier lediglich G. Boissier[35] mit seinem Buch über Ciceros Verhältnis zu seinen Freunden angeführt, weil es einen, trotz seines Alters noch immer anerkannten hohen schriftstellerischen Rang besitzt, und Matteo Maffei[36], weil er übersetzt ist und ohne besondere Ansprüche eine flüssige Schilderung des äußeren Ablaufes vermittelt. Angesichts dieses Standes muß man sehr dankbar sein, wenn wenigstens auf kleinerem Grundriß ein dem Gegenstand adäquates Bild entsteht, so in dem schönen Essay von Friedrich Klingner[37] oder, auf Cicero als Philosophen bezogen, in einer jüngst erschienenen Skizze von Harald Fuchs[38].

Obgleich Cicero zweifellos nicht nur einen politischen Nerv besaß, sondern, soweit es auf ihn ankam, auch die Neigung verspürte, in der Politik aufzugehen, liegt seine historische Bedeutung, sofern man sie danach bemißt, von wo seine nachhaltige Wirkung ausging, eindeutig in seiner Figur als literarische Größe beschlossen. Kaum ein Römer kann sich hierin mit ihm messen.

---

[31] Daraufhin ist jetzt sogar eine ausführliche Monographie konzipiert: J. van Ooteghem: Pompée le Grand. Bâtisseur d'empire. Acad. Roy. de Belgique. Cl. d. Lettres. Mémoires. 2ème S. Bruxelles 1954.

[32] Eduard Meyer: Caesars Monarchie und das Principat des Pompeius. Stuttgart und Berlin 1918; 1921[3]; 1963[4].

[33] Otto Seel: Cicero. Stuttgart 1953. — [34] Otto Plasberg: Cicero. Leipzig 1913. — [34a] Karl Büchner: Cicero, Bestand und Wandel seiner geistigen Welt. Heidelberg 1964.

[35] Gaston Boissier: Cicéro et ses amis. Paris 1865.

[36] Matteo Maffei: Cicerone e il suo drama politico. Deutsch: C. und seine Zeit. Zürich 1943.

[37] Friedrich Klingner: Cicero. In: Römische Geisteswelt. Wiesbaden o. J., S. 63 ff.

[38] Harald Fuchs: Ciceros Glaube an die Philosophie. Museum Helveticum 16, 1959, S. 1 ff.; auch selbständig: Basel 1959.

Für das Verständnis *Ciceros als Politiker* ist die auf einer reichen Forschung aufbauende und sie fortführende Darstellung GELZERS, wahrscheinlich der Höhepunkt seiner monographischen Arbeiten zur Römischen Republik, heute grundlegend[39]. Ein wichtiger Beitrag zur Beurteilung der früheren Politik Ciceros entstammt der Feder des bekannten Philologen RICHARD HEINZE[40]. — Seit dem Erscheinen einer berühmten Abhandlung RICHARD REITZENSTEINS[41] besteht bis in die modernste Forschung hinein die beinahe herrschende Tendenz, in Cicero auch einen wegweisenden politischen Ideologen zu sehen. Angeblich soll er mit seiner (nur fragmentarisch erhaltenen) Schrift über den Staat die Notwendigkeit des späteren Prinzipats erkannt haben. EDUARD MEYER hat von da aus Pompeius zu seinem gelehrigen Schüler gemacht (s. o.). Diese Ansicht wird in der vorliegenden Darstellung ausdrücklich nicht vertreten. Sie beruht auf einer falsch aktualisierenden Interpretation von De re publica und übersieht, daß Cicero mit ihr nicht die römische Politik, sondern die römische Literatur bereichern und den Römern — wie Plato den Griechen — eine Politeia schenken wollte. REITZENSTEINS Mißverständnisse im einzelnen sind längst von RICHARD HEINZE behoben worden[42]. Man hat sich nur zu wundern, daß davon offenbar so wenig Notiz genommen wird.

Zu den zählebigsten Fehlurteilen hat *Catilina* Anlaß gegeben. Die Auffassung, welche in ihm nach den Voraussetzungen des neunzehnten Jahrhunderts einen Sozialrevolutionär sehen möchte, stirbt nicht aus und wird heute vor allem von marxistischen Historikern vertreten. In Wirklichkeit war Catilina ein politischer Strauchritter und Hasardeur und lag ihm nichts ferner, als die Gesellschaft umzuorganisieren. Auf dem Grundriß der hier entworfenen römischen Geschichte kann die durch ihn dargestellte Episode keinen Anspruch auf eingehende Schilderung erheben. Es muß genügen, auf die Darstellung GELZERS zu verweisen[43]. Einen besonderen Problemkreis bildet Catilina im Spiegel Sallusts, aber dieses Thema geht weniger Catilina als seinen Historiker an und kann in diesem Rahmen erst recht nicht behandelt werden.

Die turbulenten zehn Jahre der römischen Innenpolitik während Caesars Konsulat und Statthalterschaft (59—49 v. Chr.) sind auf Grund von Cicero so gut bekannt wie keine Periode der römischen Geschichte. Die Möglichkeit zu einer plastischen und bis in die letzten Einzelheiten vordringenden Analyse und Darstellung sind eigentlich zum erstenmal von EDUARD MEYER in seinem Caesarbuch (s. A. 32) richtig wahrgenommen worden[44].

[39] MATTHIAS GELZER: RE 2. R., VII, s. v. M. Tullius Cicero (als Politiker) S. 827 ff.

[40] RICHARD HEINZE: Ciceros politische Anfänge. D. Sächs. Ges. d. Wiss., Phil.-hist. Kl. Bd. 27, 1909, S. 947 ff. (= Vom Geist des Römertums. Ausgewählte Aufsätze, hrsg. von E. Burck. Leipzig und Berlin 1939², S. 59 ff.).

[41] RICHARD REITZENSTEIN: Die Idee des Principats bei Cicero und Augustus. Nachrichten der Gött. Ges. d. Wiss., 1917, S. 399 ff., 436 ff.

[42] RICHARD HEINZE: Ciceros „Staat" als politische Tendenzschrift. Hermes 59, 1924, S. 73 ff. (= Vom Geist des Römertums, S. 142 ff.).

[43] MATTHIAS GELZER: RE 2. R., II, s. v. L. Sergius Catilina, S. 1093 ff. — Vgl. ferner die hübsche Darlegung des Sachverhaltes bei WILHELM HOFFMANN: Catilina und die römische Revolution. Gymnasium 66, 1959, S. 459 ff.

[44] Vgl. hierzu auch LILY ROSS TAYLOR: Party Politics in the Age of Caesar. Berkeley (California) 1949. Vgl. ferner: E. S. GRUEN: The Last Generation of the Roman Republic. Berkeley 1974.

8. Caesar Die historische Beurteilung Caesars ist aus begreiflichen Gründen eines der schwierigsten geistigen Probleme, welche die römische Geschichte der Forschung aufgibt, weil hier die Gesetze der durchschnittlichen historischen Logik mit den menschlichen Einstellungen, welche das Genie hervorbringt, notwendigerweise in Verbindung treten. Es wäre leichter, wenn man die beiden Gesichtspunkte jeweils auf gesondertem Konto führen könnte. Zu diesem nicht leicht zu bewältigenden Fragenkomplex nur einige Bemerkungen.

Für unser, aus einer langen Tradition der Caesarverehrung hervorgegangenes Empfinden, muß es verwunderlich erscheinen, daß das Altertum, wenn man es genau betrachtet, hiervon so gut wie noch nichts gewußt hat. Und dies, obgleich jeder römische Kaiser den Namen Caesars führte. Caesar ist es nicht ergangen wie Alexander dem Großen, der zu einem politischen Begriff und Mythos geworden war, obgleich er wahrscheinlich der einzige antike Mensch ist, der sich mit ihm vergleichen ließe. Es ist hier nicht der Ort, die Gründe für dieses eigenartige Phänomen aufzuweisen. Die zwei Biographien, die wir aus dem Altertum haben, sowohl die Suetons als auch die Plutarchs, werden jedenfalls denjenigen enttäuschen, der mit den durch moderne Vorstellungen gespeisten Erwartungen zu ihnen greift.

Caesar als Genie ist eine Entdeckung der Neuzeit, genauer gesagt, der aufdämmernden Renaissance[45]. Petrarca hat hier sozusagen die Gleise ausgelegt, auf denen die Späteren zu Caesar gelangten. Dabei ist nicht zu vergessen, daß nichtsdestoweniger im Hinblick auf die Verfemung Caesars als Tyrann eine Doppeldeutigkeit bestehen blieb und seine moralische Beurteilung sich durchaus behauptet. Ein Genie, wenn es als Absolutum gefaßt und in der Optik eines Heroenkultes sichtbar wird, hat die Möglichkeit, gleichsam außerhalb der Zeiten zu stehen. Es war deshalb eine besondere Aufgabe, eine solche Ansicht in konkrete historische Vorstellungen zu überführen und Caesar damit erst richtig in der Geschichte anzusiedeln. Das erforderte einen komplexen dynamischen Begriff der Geschichte, welcher weit genug war, um die Übermaße einer solchen Erscheinung in sich aufzunehmen. Erst im neunzehnten Jahrhundert hatte das geschichtliche Denken diesen Stand erreicht. Es war Hegel, der über die begrifflichen Möglichkeiten verfügte, um Caesar zu einer Inkarnation des geschichtlichen Weltgeistes werden zu lassen.

Aber Caesar gehört zur römischen Geschichte, und wenn er sich dort nach der Hegelschen Logik behaupten wollte, mußte er mit ihr verzahnt werden. Dazu bedurfte es einer empirisch gegründeten Einsicht in diese und eines Grundrisses, der sozusagen von vornherein den zentralen Platz für Caesar aussparte. Dies geleistet zu haben, war das große Werk Mommsens in seiner Römischen Geschichte. Von jeher galt schon literarisch Mommsens Charakteristik Caesars als das Glanzstück seiner schriftstellerischen Kunst. Man hat aber dazuzuhalten, daß Caesar in dem ganzen Werk immer verborgen gegenwärtig ist, es also auf Caesar hin komponiert ist.

Mommsen hat allerdings seine Römische Geschichte nicht über Caesar hinausgeführt und sie sogar vor den Iden des März abgebrochen. Das entsprach gewiß nicht seinem ursprünglichen Plan, aber so, wie die Dinge in Wirklichkeit jetzt liegen, ist Mommsen die Verrechnung Caesars mit der Geschichte, welche nach ihm kam, schuldig geblieben.

---

[45] Die Geschichte der Vorstellungen von Caesar bei Friedrich Gundolf: Caesar, Geschichte seines Ruhmes. Bonn 1924. — Ders.: Caesar im 19. Jahrhundert. Bonn 1926.

Es duldet keinen Zweifel, daß auch von der Grundposition MOMMSENS aus damit der Bogen nicht ausgezogen war und die Bewältigung des historischen Gegenstandes eine wesentliche Lücke hat.

Aus gutem Grunde hat die MOMMSENsche Caesarkonzeption lange Zeit kanonische Geltung besessen. Und wenn das für uns heute auch nicht mehr zutrifft, so stehen wir doch vor der gleichen Aufgabe, wie sie MOMMSEN zum ersten Male begriffen hat, nämlich Caesar in seinen Dimensionen innerhalb seiner Zeit zu verstehen und die Funktion gewahr zu werden, die er für den geschichtlichen Prozeß besaß. Man kann, trotz einer ungeheuren Literatur über Caesar, nicht gerade sagen, daß wir mit diesem Anliegen schon in wirklich befriedigender Weise fertig geworden wären.

Am zugänglichsten ist die heute ziemlich herrschende Perspektive, in Caesar das positive Gegenbild aller Ungenügsamkeiten der späten Republik zu sehen, und mit seiner monarchischen Staatsleitung vor allem die Möglichkeiten einer geordneten Reichsverwaltung, an der es dem bisherigen Souverän, dem Senat, gebrach, zu verbinden. Es ist dann nur ein Schritt, die ganze Existenz Caesars gleichsam auf dieses Telos hin zu stilisieren und auch sein subjektives Trachten und Wollen ihm unterzuordnen. Die vorliegende Darstellung folgt nicht diesem Rezept, aus dem einfachen Grunde, weil erstens die Geschichte in ihrem realen Vollzug dieses Ziel als wirklich erreicht nicht bietet, und weil zweitens sie auch keine Handhabe dazu liefert, dasselbe durch nachweisbare subjektive Vorstellungen zu rechtfertigen. Ohnehin geht es in der Geschichte im allgemeinen nicht so selbstlos zu, zumal in einer revolutionären Periode, daß die Kraft des Geschehens rein sachlichen Zwecken entspränge[45a].

Der römische Staat war ja schließlich auch kein Körper aus totem Material, den man wie ein Kunstwerk in freier Schöpferkraft modellieren konnte. So hat sich auch in der modernen Forschung neben das Problem der Reichsverwaltung die Frage gestellt, wie sich Caesar das künftige Regiment in Rom gedacht hat. Die MOMMSENsche Lösung eines demokratischen Königtums war nur allzu sehr anfechtbar. Man hat es deshalb als unzweifelhaftes Verdienst EDUARD MEYERS zu verzeichnen, wenn er mit ihr radikal gebrochen hat[46]. EDUARD MEYERS eigene Idee ging dahin, in Caesars Monarchie eine Form des hellenistischen Königtums zu erblicken, also Caesar die Verpflanzung eines wichtigen Elementes der damaligen griechischen Weltzivilisation, mit der die römische Geschichte ohnehin verschmolzen war, nach Rom zuzuschreiben. Der auf den ersten Blick sehr ansprechende Gedanke hat seinerzeit viel Beifall gefunden und wird auch heute noch vertreten. Verführerisch an ihm war, daß er nicht nur einer naheliegenden geschichtlichen Logik zu entsprechen schien, sondern auch eine bündige Relation zu Augustus erlaubte: Augustus wäre nämlich mit seinem Prinzipat unter dem Eindruck von Caesars Ende hiervon grundsätzlich wieder abgerückt. Caesars Versuch hätte sich als verkehrtes oder zumindest verfrühtes Experiment herausgestellt, indem Rom eben für die Form der östlichen Monarchie noch nicht reif war.

[45a] Neuerdings in diesem Punkt ebenfalls kritisch E. BADIAN, Roman Imperialisme in the late Republic, Pretoria 1967.

[46] EDUARD MEYER: Caesars Monarchie und das Principat des Pompeius. Stuttgart und Berlin 1918; 1963[4].

Trotzdem hat sich auf die Dauer diese Theorie nicht durchgesetzt. Das rein hellenistische Königtum läßt sich mit den Quellen nicht vereinigen, zudem hat es auch, wenn man es genau bedenkt, die Wahrscheinlichkeit gegen sich. Der politische Hellenismus befand sich damals in einer derartig kläglichen Verfassung, daß man sich nicht denken kann, was er in römischen Augen für eine Werbekraft hätte besitzen sollen. Caesar war schließlich kein Phantast und wußte wohl, daß den Römern die Monarchie nicht leicht einzureden war. Von den inneren Voraussetzungen her ist es deswegen schon viel plausibler, daß er, wie die moderne Forschung heute im allgemeinen anzunehmen geneigt ist, auf den römischen Begriff des Königtums zurückgreifen wollte. Das sieht beinahe so aus, als ob die alte Theorie Mommsens wieder aufstünde, ist jedoch nicht der Fall, da das altrömische Königtum bei Mommsen und in der modernen Forschung ganz verschieden figuriert.

Die Antithese Caesar-Augustus ist berechtigt, nur darf sie nicht zu einem beinahe weltanschaulichen Gegensatz überspannt werden, wie dies in der Richtung von Eduard Meyer lag und sehr lange nachgesprochen wurde. Eine durch Militärmacht fundierte Alleinherrschaft, in der römischen Terminologie diktatorische Gewalt, besaßen beide. Der gewiß wesentliche Unterschied lag darin, daß bei Caesar dieser Sachverhalt während seiner kurzen Regierungszeit mit nackter Brutalität zum Vorschein kam, während Augustus Zeit genug hatte, ihn in der allgemeinen Optik abzubauen und im allgemeinen Bewußtsein zu legitimieren. Er hatte es freilich auch mit bequemeren Kontrahenten zu tun. Gegen das einseitige Ausspielen von Augustus gegen Caesar hat Gelzer schon vor längerer Zeit mit Recht Stellung genommen[47].

Im neunzehnten Jahrhundert lag es unter dem Eindruck der beiden Napoleone nahe, in Caesar das Urbild des sog. Caesarismus zu sehen. Selbst Mommsens Vorstellungen bewegten sich etwas in dieser Richtung. Die deutlichste Manifestation stammt bezeichnenderweise von dem Hauptinteressenten an einem solchen Mythos, nämlich von Napoleon III. selbst[48]. Nach unserer heutigen Kenntnis fällt es nicht schwer, hierin einen Kurzschluß zu sehen. Caesar war kein plebiszitärer-demokratischer Diktator. Es würde sich lohnen, diesen Sachverhalt auf dem Wege einer vergleichenden Vergegenwärtigung der unterschiedlichen Faktoren klarzustellen.

Die monographische Literatur, die wissenschaftliche, halbwissenschaftliche und unwissenschaftliche, über Caesar ist, wie nicht verwundern kann, unendlich. Vergleiche etwa die über 20 Seiten umfassende Bibliographie in einer der neuesten Behandlungen des Themas, in der von Gérard Walter[49]. Wer sich für die ungeheure Dramatik von Caesars Leben interessiert, dem ist allein mit wissenschaftlicher Exaktheit und Zuverlässigkeit, für welche in Deutschland Gelzers Caesar repräsentativ ist, nicht gedient. Er wird den nicht ganz unberechtigten Wunsch nach einer auch literarische Bedürfnisse befriedigenden Darstellung haben. Es sei deshalb darauf hingewiesen, daß der einst berühmte dänische Literat Georg Brandes eine ausführliche zweibändige Darstellung geschrieben hat[50].

[47] Matthias Gelzer: Caesar. Das neue Bild der Antike II, 1942, S. 188 ff. (= Gelzer: Vom römischen Staat I, Leipzig 1943, S. 125 ff.). — Ders.: Caesars weltgeschichtliche Leistung. Preuß. Ak. d. Wiss., Vorträge, Heft 6. Berlin 1941 (= Gelzer: Vom röm. Staat II, S. 147 ff. = Kleine Schriften II, S. 286 ff.).

[48] Napoleon: Geschichte Julius Cäsars (Übers.). 2 Bde., Wien 1865—1866.

[49] Gérard Walter: Caesar. 2 Bde., Paris 1947.

[50] Georg G. Brandes: Julius Caesar. Kopenhagen 1918 (deutsche Übersetzung: Berlin 1925).

Caesar hat bekanntlich noch andere Schauseiten als die des Politikers. *Caesar als Schriftsteller* ist ein dankbares Thema, worüber jetzt eine auch einem größeren Publikum zugängliche Studie von ADCOCK vorliegt[51]. Beinahe paradox mutet an, daß diejenigen Leistungen, in welchen sich Caesars Genialität wahrscheinlich am klarsten geäußert hat, noch in keiner befriedigenden Monographie bewältigt sind: Es fehlt das Buch über *Caesar als Feldherr,* das verständlicherweise mehr enthalten müßte als eine Beschreibung der einzelnen Schlachten. Die bündigsten und souveränsten Bemerkungen zu diesem Thema sind immer noch am Schluß des ersten Bandes von HANS DELBRÜCKS Kriegskunst zu lesen[52]. Über die psychologische Behandlung der Soldaten durch Caesar hat JOSEPH VOGT eine lehrreiche Studie geschrieben[53]. Der Grundriß der vorliegenden Darstellung gestattet es leider nicht, auf diese Dinge einzugehen und muß deshalb auch auf die Einführung von militärgeschichtlichen Begriffen wie etwa den der taktischen Reserve verzichten, der zwar nicht seine Herkunft, wohl aber seine virtuose Ausbildung auf Caesar zurückführen kann. Von den sonstigen wissenschaftlichen Einzelproblemen, die sich mit der Geschichte Caesars verknüpfen, sei lediglich hervorgehoben, daß für die Beurteilung der *Rechtsfrage zwischen Caesar und dem Senat,* welche am Anfang des Bürgerkrieges steht, jetzt ihre Klärung durch GELZER[54] maßgebend ist, nachdem lange die Theorie, welche vor hundert Jahren MOMMSEN[55] aufgestellt hatte, gültig war. Für eine schärfere (chronologische) Erfassung von Caesars Diktatur und überhaupt seiner Verfassungspolitik ist die oben (S. 560 A. 8) angegebene Untersuchung ALFÖLDIS wichtig, für die nicht leichte Analyse von Caesars Vergottung neuerdings HELGA GESCHE, Die Vergottung Caesars, Kallmünz 1968[55a].

9. Der Ausgang der Revolutionszeit

Über den profiliertesten Gegner Caesars, *Cato Uticensis,* ist eine Studie von GELZER heranzuziehen[56]. Ein dankbarer Stoff war selbstverständlich für jegliche Art von Bücherschreibern schon immer *Kleopatra.* Aus der unendlichen, gerade in letzter Zeit wieder angewachsenen Menge von Arbeiten nenne ich nur die gewissenhafte Darstellung VOLKMANNS[57]. Im allgemeinen wollen die Leute natürlich gerade hier mehr wissen, als die Wissenschaft geben kann.

Die nachcaesarische Revolutionszeit ist in ihrer Dynamik jetzt vor allem durch SYME erschlossen[58]. SYME hat auch einer gerechteren Würdigung von *Antonius* den Weg bereitet. Die Wissenschaft hat sich bis dahin sehr im Schlepptau der propagandistischen Diffamierungen des Antonius durch Octavian bewegt. Es ist schade, daß unser Material

---

[51] FRANK ADCOCK: Caesar als Schriftsteller (Übers.; engl. Ausg. 1956). Göttingen 1959. Vgl. auch GELZER, Caesar als Historiker, Kleine Schriften II, S. 307 ff.

[52] HANS DELBRÜCK: Geschichte der Kriegskunst I, Berlin 1908². — Vgl. auch GEORG VEITH bei Kromayer-Veith: Kriegskunst der Griechen und Römer. München 1926, S. 465 ff.

[53] JOSEPH VOGT: Caesar und seine Soldaten. Neue Jahrb. f. Antike u. deutsche Bildung. 115. Jahr, 3. Jahrg. 1940, S. 120 ff. (= Orbis. Freiburg 1960, S. 89 ff.).

[54] MATTHIAS GELZER: Die lex Vatinia de imperio Caesaris. Hermes 63, 1928, S. 113 ff. (= Kleine Schriften II, S. 206 ff.).

[55] MOMMSEN: Die Rechtsfragen zwischen Caesar und dem Senat. Ges. Schr. IV, S. 92 ff.

[55a] Vgl. auch S. WEINSTOCK: Divus Julius. Oxford 1971.

[56] MATTHIAS GELZER: Cato Uticensis. Antike 10, 1934, S. 59 ff., S. 73 ff. (= ders.: Vom römischen Staat II, S. 99 ff. = Kleine Schriften II, S. 257 ff.).

[57] HANS VOLKMANN: Kleopatra. Politik und Propaganda. München 1953.

[58] RONALD SYME: Roman Revolution. Oxford 1939 (deutsche Übersetzung: Die römische Revolution. Stuttgart 1957).

für eine wirkliche Biographie nicht ausreicht. Es fehlt allerdings auch eine zusammenfassende Monographie.

10. Die Außenpolitik

Da der Außenpolitik der Revolutionszeit im allgemeinen keine gesonderte Betrachtung zuteil wird, ist von der wissenschaftlichen Literatur infolgedessen auch keine Behandlung des Stoffes unter dieser Themastellung zu erwarten. Für die Anführung unzähliger Einzelstudien ist hier nicht der Platz. Es muß der Hinweis genügen, daß die Gestalt des *Mithridates* schon längst in dem Buch von THEODOR REINACH eine berühmte Darstellung gefunden hat[59], und daß das große Hellenismuswerk von ROSTOVTZEFF für den griechischen Osten eine Schilderung des allgemeinen Hintergrundes enthält[60]. Die politische Vorgeschichte von *Caesars Gallienkrieg* ist kürzlich von W. HOFFMANN kurz und klar mitgeteilt worden[61].

In diesem thematischen Umkreis wäre wahrscheinlich auch das Werden einer Art von *Reichsverfassung* einzusetzen. Da die Römer jedoch damals ihrem Ausbau keinerlei besondere Aufmerksamkeit schenkten und sie sich eigentlich mehr von selbst, auf Grund der gegebenen politischen Umstände und der verfolgten Praxis, herausstellte, wäre sie ohnehin sehr schwer faßbar. Dazu kommt, daß es uns an der Kenntnis des hier notwendigen Quellenmaterials völlig gebricht. Wir müßten etwa genauen Einblick haben in den sehr vielfältigen Mechanismus der römischen Provinzialverwaltung. Aber der ist ganz unbekannt. Es wird deshalb nie gelingen, mehr zu bieten als vage Umrisse. Trotzdem ist auch das noch nicht wirklich in der Forschung geschehen. Der Zugang hierzu ist durch bestimmte MOMMSENsche Theorien verstellt worden. EUGEN TÄUBLER, der sich einst an das Thema machte, hat sich ganz von ihnen leiten lassen und ist infolgedessen über den Anfang auch nicht hinausgekommen[62]. Eine Auseinandersetzung mit seinen völkerrechtlichen Vorstudien bei A. HEUSS[63]. Aus jüngerer Zeit bietet E. BADIAN die Bearbeitung eines Ausschnittes[64]. Dagegen hat eher das Phänomen des „Reiches" als eines vermeintlich spezifisch politischen Strukturprinzips die Aufmerksamkeit der (deutschen) Forschung auf sich gezogen, ohne daß man wirklich sagen könnte, worum es hierbei eigentlich geht[65].

---

[59] THEODOR REINACH: Mithridate Eupator. Paris 1890 (deutsche Übersetzung: Leipzig 1895).

[60] Siehe oben S. 548 A. 7.

[61] WILHELM HOFFMANN: Zur Vorgeschichte von Caesars Eingreifen in Gallien. In: Der Altsprachliche Unterricht, Heft 4, 1952.

[62] EUGEN TÄUBLER: Imperium Romanum I. Leipzig 1913.

[63] ALFRED HEUSS: Die völkerrechtlichen Grundlagen der römischen Außenpolitik in republikanischer Zeit. Klio-Beiheft 31. Leipzig 1933; 1968². — Ausführlicher: W. DAHLHEIM: Struktur und Entwicklung des römischen Völkerrechts. München 1968.

[64] E. BADIAN: Foreign Clientelae (270—70 B.C.). Oxford 1958. — Interessante Gedanken zu dieser Erscheinung in der Kaiserzeit bei ERNST KORNEMANN: Die unsichtbaren Grenzen des römischen Kaiserreiches, in: ders.: Staaten, Völker, Männer. Leipzig 1934, S. 96 ff. — Vgl. auch seinen Schüler JOHANNES KLOSE: Roms Klientelrandstaaten an Rhein und Donau. Breslau 1934.

[65] Vgl. JOSEPH VOGT: Vom Reichsgedanken der Römer (Aufsatzsammlung). Leipzig 1942. — MATTHIAS GELZER: Gemeindestaat und Reichsstaat in der römischen Geschichte; die Anfänge des römischen Weltreiches. In: Gelzer: Vom römischen Staat I, S. 6 ff., Leipzig 1943. (= Kleine Schriften II, S. 3 ff.). — HELMUT BERVE: Imperium Romanum. In ders.: Gestaltende Kräfte der Antike. München 1949, S. 151. — HANS SCHAEFER: Das Problem der Entstehung des römischen Reiches. Hist. Jahrb. 68, 1949, S. 13 ff.

§ 47. Zu den Quellen der römischen Kaiserzeit

1. Die Annalistik. — 2. Die Biographie. — 3. Sonstige Literatur. — 4. Die Monumentalquellen. — 5. Die Spätantike.

1. Die Annalistik

Die römische Kaiserzeit zerfällt in drei Abschnitte, in die Zeit des Prinzipates, etwa bis Septimius Severus gehend, in die Übergangsperiode des dritten Jahrhunderts und, mit Diokletian einsetzend, in die Spätantike. Unsere Information über diese verschiedenen Abschnitte ist sehr ungleich und hängt stark von den Zufälligkeiten der Überlieferung ab. Es ist dabei auffallend, daß selbst die Prinzipatszeit nur ungenügend beleuchtet wird und die Farblosigkeit ihres Panoramas, d. h. der mehr evolutionäre als dramatische Zug ihres Geschehens, sich in dem Ausfall einer zusammenhängenden antiken Darstellung widerzuspiegeln scheint.

Das geht nun allerdings auf Rechnung sekundärer Umstände, denn aus der Feder des bedeutenden Historikers *Dio Cassius* hat es einmal wirklich eine große, bis zum Jahre 229 gehende Schilderung gegeben. Aber diese ist meistens nur in byzantinischen Auszügen erhalten und hört als Originalwerk mit dem Jahre 46 n. Chr. auf. Nur ein kleiner Ausschnitt, die Jahre 217—219 n. Chr. betreffend, ist in den Büchern 79 und 80, die allerdings auch nicht vollständig vorliegen, im ursprünglichen Wortlaut erhalten. Noch auffälliger muß uns anmuten, daß die reiche lateinische Historiographie des ersten Jahrhunderts n. Chr., abgesehen von dem kleinen Büchlein des *Velleius Paterculus,* einem kurzen, nicht ganz vollständig erhaltenen Abriß der römischen Geschichte mit Einschluß der Kaiserzeit bis 30 n. Chr., samt und sonders uns verlorengegangen ist. Das schließt selbstverständlich nicht aus, daß einiges davon in der Sekundärliteratur untergetaucht ist. Die Quellenanalyse hat es freilich gerade hier sehr schwer, klare Spuren aufzuzeigen.

Der klassische Autor ist bekanntlich *Tacitus.* Sein historiographisches Werk darf wohl als die Gipfelleistung römischer Prosaliteratur gelten und ist durch eine geistige Relevanz ausgezeichnet, welche für die Nachwelt immer wieder ihre Fruchtbarkeit erwies. Mit Tacitus in einer ihm entsprechenden Weise zu verkehren heißt, seinen geistigen sowie seinen ästhetischen Standpunkt ausfindig zu machen, denn selbstverständlich hat Tacitus zur Geschichte nicht nur ein besonderes Verhältnis gehabt, sondern es kam ihm ebenso darauf an, seine Vorstellungen in einer originellen Form wiederzugeben. Der moderne Historiker mit seinen Interessen kommt bei Tacitus nicht immer auf seine Kosten. Aber das gibt nicht das Recht, ihm die Potenz eines bedeutenden Historikers abzusprechen, wozu in der jüngsten Forschung wieder einige Neigung besteht, allerdings nicht in dem großen zusammenfassenden Werk von Syme[1]. Wenn man die gleichen Fragen, welche Tacitus für wichtig ansah, zu den seinigen macht, wird man objektiverweise zugestehen müssen, daß die Kenntnisse des Tacitus im Rahmen des einem antiken Historiker Zumutbaren doch sehr genau waren. Tacitus war übrigens Annalist, und schon der Zwang, der hierdurch auf ihn ausgeübt wurde, mußte ihn veranlassen, sich nicht mit subjektiven Impressionen zu begnügen, sondern eine beträchtliche Tatsachenfülle zu Wort kommen zu lassen.

---

[1] Ronald Syme: Tacitus. 2 Bde., Oxford 1958.

Leider sind die beiden Hauptwerke des Tacitus, die Historien und die Annalen, jene die Geschichte der Flavischen Dynastie, diese die der Julisch-Claudischen (nach Augustus) umfassend, nur fragmentarisch auf uns gekommen. Keine Regierungszeit von Tiberius bis Domitian ist vollständig erhalten. Am meisten liegt uns vor für Tiberius und Nero, bei jenem gibt es nur eine kleine Lücke zwischen 29 und 31, bei diesem fehlen die letzten drei Regierungsjahre. Eine gewisse Entschädigung ist die Tatsache, daß Tacitus in den Historien eine ziemlich ausführliche Schilderung des Dreikaiserjahres vorgespannt hat, die uns erhalten ist. Es fallen aber völlig aus die Regierung von Domitian und Titus und eigentlich auch die des Vespasian, von dem wir nur die Ereignisse, die zu seiner Thronbesteigung führten, bei Tacitus lesen können. Desgleichen fehlen völlig Caligula und ebenso die ersten sechs Jahre des Claudius. Es bleibt einem also die betrübliche Feststellung nicht erspart, daß der größere Teil nicht erhalten ist, wofür hinsichtlich Domitians Regierung die kleine (erhaltene) Monographie über Agricola, Schwiegervater des Autors und Statthalter in Britannien, kaum eine Entschädigung ist. Dagegen ist selbstverständlich die Existenz des nicht sehr umfangreichen Büchleins über Germanien für uns ein großes Glück, obschon wir dieses wahrscheinlich gerne eintauschen würden für die Erhaltung der umfangreichen Schilderung der Germanenkriege durch den älteren Plinius (23/24—79 n. Chr.).

Tacitus ist etwa 50 n. Chr. geboren und etwa zur gleichen Zeit wie Trajan gestorben (117 n. Chr.). Er hat aber erst nach Domitian begonnen zu schreiben und gehört seiner politischen Auffassung nach zu der Generation, welche aufatmete, als mit Nerva ein neues Zeitalter des kaiserlichen Regimentes begann.

2. Die Biographie

Neben der großen traditionsreichen annalistischen Geschichtsschreibung, wie sie eben durch Tacitus noch vertreten wird, ist für uns eine historische Hauptquelle die Biographie, genauer die Kaiserbiographie. Wir kennen ihre Bedeutung für die antike Geschichte überhaupt aus dem Werke *Plutarchs*. Obgleich Plutarch ein Mann der Kaiserzeit ist, ist doch seine Kunde dieser kaum zugute gekommen. Es gibt von ihm nur die Viten der drei Eintagskaiser Galba, Otho, Vitellius. Die biographische Auffassung der Geschichte ist für die Kaiserzeit in eigentümlicher Weise von der römischen Literatur übernommen worden. Der klassische Repräsentant ist *Sueton* (69—140 n. Chr.), ein etwas jüngerer Zeitgenosse des Tacitus, der wie dieser erst unter dem humanitären Kaisertum zum Schriftsteller wurde und damit, wie übrigens ebenfalls Tacitus, die Möglichkeit hatte, sich über das erste Jahrhundert der Kaiserzeit ohne Vorbehalt und recht freimütig zu äußern. Die Reihe seiner politischen Biographien (er hat auch andere geschrieben) ist erhalten und umfaßt sämtliche Kaiser von Caesar bis Domitian. Im neunzehnten Jahrhundert ist sein Ruf als Schriftsteller und Historiker im Gegensatz zu der Schätzung, die er früher genossen hatte, sehr schlecht gewesen. Er galt da schlechthin als der Literat der chronique scandaleuse der römischen Kaiser. Diese Verurteilung ist zum mindesten einseitig und leidet u. a. an dem Fehler, für die antiken Schriftsteller das Interesse an den gleichen Dingen, die wir für erheblich halten, zu fordern. Es ist hier nicht der Platz, auf die geistesgeschichtliche Einordnung Suetons einzugehen. Der Ausgangspunkt der betreffenden Diskussion ist ein berühmtes Buch von Friedrich Leo[2]. Wenn es sich um die Beurteilung des Sueton als historische

[2] Friedrich Leo: Die griech.-röm. Biographie nach ihrer literar. Form. Leipzig 1901. — Vgl. ferner jetzt auch Wolf Steidle, Sueton und die antike Biographie, München 1950; 1963².

Quelle handelt, hat man jedoch ausdrücklich hervorzuheben, daß es im Altertum wenig Literatur gibt, welche eine gleiche Fülle konkreter Mitteilungen und vor allem authentischen Materials enthält wie Sueton. Die Geschichtsforschung wäre ganz elend daran, wenn sie ihn nicht hätte. — Sueton hat mit seinen Kaiserbiographien Schule gemacht und eine weitläufige Schriftstellerei dieser Art ausgelöst. Für uns ist diese leider nur in einem Spätwerk aus dem vierten Jahrhundert, in den sog. *Scriptores Historiae Augustae,* erhalten. Über ihre historische Einordnung s. o. S. 475. Dieses Buch kann, zum großen Bedauern der Wissenschaft, nicht beanspruchen, mit Sueton in einem Atemzug genannt zu werden. Zu einem wesentlichen Teil ist es nichts als reine Schwindelliteratur. Die Entdeckung dieses Tatbestandes ist erst ein Verdienst der neueren Forschung und gilt mit Recht als eine der Ruhmestaten Hermann Dessaus[3]. An keinem Objekt der antiken Geschichtsschreibung ist die Quellenkritik zu ähnlich überraschenden und schlagenden Ergebnissen gelangt. Das Buch gibt sich aus als ein Sammelwerk verschiedener Autoren. In Wirklichkeit sind dies alles fingierte Namen. Die Biographien beginnen mit Hadrian und führen unmittelbar an Diokletian heran (ohne diesen zu behandeln). Ihre wissenschaftliche Behandlung kann als eine der Standarddiskussionen der althistorischen Forschung gelten. Ihre Hauptvertreter in neuester Zeit sind Norman Baynes, Ernst Hohl, Werner Hartke und Johannes Straub[4]. — Zur biographischen Literatur, allerdings anderer Provenienz, gehören die griechisch geschriebenen Kaiserbiographien (von 180—238 n. Chr.) des *Herodian,* der in der ersten Hälfte des dritten Jahrhunderts gelebt hat.

3. Sonstige Literatur

Dieser grobe Überblick dürfte zeigen, daß nach dem Erhaltungszustand die Prinzipatszeit wirklich nicht mit einer reichhaltigen Historiographie ausgestattet ist. Es kommt natürlich dies und jenes noch hinzu, etwa *Flavius Josephus,* der große Werke über die jüdische Geschichte, darunter auch speziell über den jüdischen Krieg unter Nero und Vespasian, geschrieben hat und selbst nicht nur Zeitgenosse, sondern auch Beteiligter an diesen Ereignissen war. Das ist natürlich alles für uns sehr wichtig, aber als Repräsentant der griechisch-römischen Geschichtsschreibung kann er doch nur mit Einschränkung gelten. Dieser wären eher einige dürftige historische Auszüge, kleine Büchlein im Taschenformat, sog. *Breviarien,* zumeist aus dem vierten Jahrhundert, zuzurechnen (Aurelius Victor, Eutrop u. a.), wenn ihr geistiges Gewicht nicht ganz unerheblich wäre. Der Kaiserzeit gehören auch die drei berühmten Geographen der Antike an, deren Werke auf uns gekommen sind: *Strabo* (63 v. Chr.—ca. 21 n. Chr.), *Plinius der Ältere* (23—79 n. Chr.) und *Claudius Ptolemaios* (2. Jh. n. Chr.), von denen vor allem Strabo, der griechisch geschrieben hat, und Plinius, ein lateinischer Schriftsteller, auch eine Menge historisch wertvoller Nachrichten überliefern.

[3] Hermann Dessau: Über Zeit und Persönlichkeit der Scriptores Historiae Augustae. Hermes 24, 1889, S. 337 ff. — [4] Norman Baynes: The Historia Augusta, its Date and Purpose. Oxford 1926. — Ernst Hohl: Das Problem der Historia Augusta. Neue Jahrb. f. d. klass. Altert. 23, 1914, S. 698 ff.; ders.: Über die Glaubwürdigkeit der Historia Augusta. Sitzungsber. d. Deutsch. Akad. d. Wiss., Kl. f. Gesellschaftswiss., Jahrg. 1953, Nr. 2. — Werner Hartke: Geschichte und Politik im spätantiken Rom. Leipzig 1940; ders.: Römische Kinderkaiser, Eine Strukturanalyse römischen Denkens und Daseins. Berlin 1951. — Johannes Straub: Studien zur Historia Augusta. Diss. Bernenses Ser. 1, Fasz. 4. Bern 1952. — Ders.: Heidnische Geschichtsapologetik in der christlichen Spätantike, Bonn 1963. Ferner Antiquitas Reihe 4, Beiträge zur Historia-Augusta-Forschung, Bonn 1963 ff. — Die bis 1937 erschienene Literatur über die Scriptores Historiae Augustae ist von Ernst Hohl in Bursians Jahresberichten 256, 1937, S. 127 ff. besprochen worden.

4. Die Monumentalquellen

Anders steht es mit den sog. Monumentalquellen. Im Gegensatz zu dem vorangehenden Hellenismus ist die allgemeine Literatur der Kaiserzeit für uns verhältnismäßig gut greifbar. Es wäre durchaus möglich, von ihr eine sog. Geistesgeschichte zu entwerfen. Und von einer solchen Geistesgeschichte ließe sich auch gar nicht bestreiten, daß sie zu einem wesentlichen Teile in den Horizont der allgemeinen Geschichte hineinragt. So ist vor allem die Veränderung der Denk- und Glaubenshaltung, wie sie sich in den ersten Jahrhunderten n. Chr. vollzieht, von höchster historischer Relevanz und auch im Besitz der mannigfachsten Berührungspunkte mit der politischen Geschichte, wie dies in der Darstellung, vor allem hinsichtlich des Christentums, zum Ausdruck kommen sollte. Es geht natürlich hier nicht an, nun eine Quellenkunde der Literaturgeschichte, Philosophiegeschichte, Religionsgeschichte und der Geschichte des Christentums zu entwerfen. Hierfür sind die betreffenden Spezialwissenschaften zuständig. Einen Hinweis verdient jedoch die Briefsammlung des *jüngeren Plinius,* eines Zeitgenossen Trajans. Sie verdankt ihre Entstehung literarischen Absichten, ist ihrem Inhalt nach jedoch für die sozialen und politischen Zustände des Kaiserreiches aufschlußreich, zumal durch das eine (zehnte) Buch, das den Briefwechsel zwischen dem Kaiser Trajan und Plinius enthält. Ebenso bedeutet der Panegyricus des Plinius auf Trajan eine wichtige Quelle für die Staatsauffassung des zweiten Jahrhunderts. Dergleichen Preisreden auf römische Kaiser von anderen, uns im einzelnen unbekannten Rhetoren, sind für das Ende des dritten und des vierten Jahrhunderts eine ganze Reihe auf uns gekommen (in den sog. panegyrici Latini). Zu diesem Thema läßt sich auch ein Teil der philosophischen Schriftstellerei des (jüngeren) *Seneca* rechnen. Auch die Schriften des (älteren) Redners Seneca lassen sich hier einbeziehen. Eine Entsprechung hierfür gibt es auch in der griechischen Literatur. Leute wie *Dion von Prusa* und *Aelius Aristides* sind ihre markanten Vertreter (s. u. S. 589).

Unter einem besonderen Gesichtspunkt hat diese sehr weitläufige Literatur der Kaiserzeit ebenfalls ihre Fruchtbarkeit erwiesen. Sie enthält nämlich indirekt sehr viele Aufschlüsse über die Art und Weise des täglichen Lebens. Daß immer wieder „Kulturgeschichten" der römischen Kaiserzeit geschrieben werden können, auch nach dem Standardwerk von Ludwig Friedlaender, hat darin seine Ursache[5].

Bei den Monumentalquellen denkt man natürlich in erster Linie an die Urkunden, und sie gehen den politischen Historiker ja auch vor allem an. Die römische Kaiserzeit, zumal die des Prinzipats, ist der klassische Horizont für die Unmasse *lateinischer Inschriften,* die wir heute, zumeist vereinigt im Corpus Inscriptionum Latinarum, besitzen. Wir haben durch sie zweifellos eine sehr große Erweiterung unserer Kenntnisse erfahren und können uns selbstverständlich ohne sie die Forschung gar nicht mehr vorstellen. Freilich Urkunden im engeren Sinne, d. h. wirklich rechtserhebliche Akte oder gar politische Dokumente großen Stiles, sind deswegen keineswegs in großer Anzahl ans Tageslicht gekommen. Letztere Kategorie läßt sich immer noch bequem mit einem Blick überschauen. Unter sie fällt etwa der berühmte Tatenbericht des Augustus, dazu darf man die Edikte von Kyrene und die jüngst gefundene Tabula Hebana (s. u. S. 586) zählen. Ebenso gehören hierher die spanischen Stadtgesetze, die zum Teil noch in Caesarische Zeit zurückreichen, die sehr umfangreiche sog. lex Julia municipalis oder etwa auch die oratio Claudii. Die meisten

[5] Siehe oben S. 526.

lateinischen Inschriften sind verhältnismäßig kurz und privaten Charakters (einen großen Raum unter ihnen nehmen die Grabsteine ein), so daß das einzelne Stück an sich wenig aufschlußreich ist und erst durch Vergleich mit der übrigen Menge Licht gewinnt.

Unter den verschiedenen historischen Themen, an die wir erst durch die Inschriften herankommen, hat vor allem das römische Heerwesen und auch die Verwaltungsgeschichte Aufklärung erfahren. Am unmittelbarsten ist die Ausbeute für die schlichte Personenkunde (Prosopographie), welche deshalb auch zu einem eigenen Zweig wissenschaftlicher Forschung geworden ist[6]. In neuerer Zeit versucht man von da weiter vorzustoßen in den größeren Raum der Sozialgeschichte. Die Hindernisse sind allerdings sehr erheblich, und selbst die bis jetzt erreichten bescheidenen Ergebnisse sind ohne die auf den literarischen Quellen beruhenden Kenntnisse der allgemeinen Verhältnisse nicht denkbar.

Im dritten Jahrhundert, in der wichtigen revolutionären Übergangszeit, stehen leider die Dinge ganz anders. Wir treten da richtig in ein großes Loch, und zwar für den gesamten Quellenbestand, sowohl für die Überlieferung wie für die Monumentalquellen. Das ist die eigentliche crux nicht nur im Hinblick auf das dritte Jahrhundert, sondern auch für die darauffolgende Geschichte. Wir sind dadurch um eine genauere Kenntnis der Voraussetzungen der Spätantike schlechthin betrogen. Die Hoffnung ist gering, daß sich daran einmal etwas ändern wird.

Zu den Monumentalquellen gehören stets auch die *Monumente* in der eigentlichen Bedeutung des Wortes, also die Relikte all dessen, was einst die Geschichte an architektonischer und künstlerischer Gestaltung hervorgebracht hat. Das ist an sich selbstverständlich und grundsätzlich für jede Periode der römischen Geschichte anzusetzen. Wenn hierauf an dieser Stelle besonders hingewiesen wird, so nur deshalb, weil diese Hinterlassenschaft in der Kaiserzeit so reich ist wie kaum in einer anderen Periode der griechisch-römischen Antike. Der weite Boden des römischen Kaiserreiches war von einem dichten Humus sinnfälliger Zeugen der antiken Weltzivilisation bedeckt. Jeder Reisende stößt noch heute darauf und braucht hierzu nicht einmal Rom, dessen antikes Antlitz auch ein primär kaiserzeitliches ist, zu besuchen. Vieles davon ist seit dem Altertum dauernde Kulisse für die Nachwelt geworden (wie bei uns etwa die sog. Porta Nigra in Trier), manches erst in neuerer Zeit dahingesunken (wie z. B. der astrologische Bau des Septimius Severus in Rom, das sog. Septizonium, welches die Renaissance noch gekannt hat), einen großen Teil hat uns der Spaten des Archäologen beschert, am eindrucksvollsten dokumentiert in den Ausgrabungen des im Jahre 79 n. Chr. vom Vesuv verschütteten Pompeji. Die geschichtliche Belehrung, die diesem Material entspringt, ist ihren Möglichkeiten nach so vielfältig, daß sie sich in diesem Rahmen nicht einmal andeuten läßt. Sie reicht von der Aufhellung der Alltäglichkeit und ihrer Requisiten über die Wirtschafts- und Sozialgeschichte bis zu den Einblicken in das bunte Gewirr des religiösen Lebens, von der Kunst, welche keines Hinweises bedarf, ganz zu schweigen. Und doch verfügt die Kaiserzeit noch über ein künstlerisches Denkmal, welches an historischer Relevanz seinesgleichen sucht: die histo-

---

[6] Prosopographia Imperii Romani saeculi I, II, III. Hrsg. von E. Klebs, H. Dessau, P. v. Rohden, 3 Bde., 1897—1898. 2. Auflage besorgt von E. Groag, A. Stein und L. Petersen (bisher A—L, 1933—1970). — Siehe u. S. 593 f.

rischen Reliefs der Trajans- und der Markussäule, ein Bilderbuch der Feldzüge dieser beiden Kaiser, und eine der wichtigsten Quellen für diesen Gegenstand[7].

Mitteilsamer als sonst sind in der Kaiserzeit auch die *Münzen*. Als Quelle der Wirtschafts- und Geldgeschichte haben sie überall, wo sie begegnen, ihren Platz. So natürlich auch in der Geschichte der Kaiserzeit, für die sie den wirtschaftlichen Niedergang mit seinen Münzverschlechterungen und den Versuch, mit Beginn der Spätantike wieder Boden unter die Füße zu bekommen, unmittelbar widerspiegeln. Aber die besondere Rolle, die die Münzen der Kaiserzeit spielen, liegt nicht darin, sondern in den Mitteilungen, welche sie über den Herrscher kundtun. Daß sie dessen Bild vermitteln, ist dabei noch das wenigste (für die meisten Kaiser stehen uns z. T. vorzügliche Porträtbüsten zur Verfügung. Es kommt aber in der Anarchie des dritten Jahrhunderts oft genug vor, daß die Münze beinahe zum einzigen Existenznachweis für einen Kaiser wird). Doch mit dem Bild gibt sich auch die Herrschersymbolik zu erkennen. Vieles läßt sich über das Wesen des Kaisertums als Herrschaftsform nur unter Berufung auf dieses Zeugnis aussagen. Und ebenso steht es mit der individuellen Sprache der Münzen und ihrer kaiserlichen Prägeherren. Diese besonderen Züge tun sich sowohl in bestimmten Bildelementen, als vor allem in der Münzdevise kund. Man spricht in der Forschung deshalb sogar von sog. Regierungsprogrammen auf den Münzen. Es mag dahingestellt bleiben, ob das nicht zu weit geht, aber jedenfalls enthalten die Münzen Hinweise auf bestimmte Vorstellungen der Kaiser (manchmal auch lediglich ihrer Münzmeister), und als ebenso sicher kann gelten, daß diese unter Umständen ein wichtiges historisches Zeugnis sein können (so etwa bei Konstantin dem Großen).

5. Die Spätantike

Mit der Spätantike tritt der Historiker auch hinsichtlich des Quellenbestandes in einen neuen Raum. Es gibt hier eine Menge sehr verschiedenartiger Quellen, entsprechend der Breite, welche das politische Geschehen damals angenommen hat. Wenn sich dieses streckenweise zur Kirchengeschichte ausweitet, schlagen natürlich auch die betreffenden kirchengeschichtlichen Zeugnisse ein. Trotzdem ist eine römische Geschichte, welche ihren Schwerpunkt nicht in der Spätantike hat, nicht der Ort, um diese Fragen abzuhandeln. Doch hiervon auch abgesehen, würde eine Skizzierung der Verhältnisse zu weit führen. Für das vierte Jahrhundert ist *Ammianus Marcellinus* der klassische Historiker (zu seinem geistigen Orte siehe oben S. 475 f.)[8]. Leider ist nur ein geringer Teil des Gesamtwerkes erhalten. Wenn wir es unversehrt besäßen, hätten wir eine Römische Geschichte vom Jahre 96 n. Chr. (d. h. dem Ende der Historien des Tacitus an) bis zum Jahre 378 n. Chr. aus der Feder eines bedeutenden Schriftstellers. Auf uns gekommen ist nur die vom Jahre 353 an. Allerdings umfaßt dieser Zeitraum die Hälfte des Gesamtwerkes. Heidnischer Herkunft ist auch die Kompilation des Griechen *Zosimos*, der hundert Jahre später als Ammianus Marcellinus (2. Hälfte des 5. Jahrhunderts) geschrieben hat. Da sie zum größten Teil erhalten ist, darf sie den Anspruch erheben, als Leitfaden für die Geschichte der Spät-

---

[7] Konrad Cichorius: Die Reliefs der Trajanssäule. 2. Bde., Berlin 1896—1900. — Vgl. auch dens.: Die römischen Denkmäler in der Dobrudscha. Berlin 1904. — Petersen, v. Domaszewski, Calderini: Die Markussäule. München 1897.

[8] Über ihn vgl. vor allem Wilhelm Ensslin: Zur Geschichtsschreibung und Weltanschauung des Ammianus Marcellinus. Leipzig 1923.

antike bis 410 n. Chr. zu gelten. Übrigens setzt Zosimos schon mit Septimius Severus ein, enthält also auch einen Abriß des 3. Jahrhunderts (Diokletian ist allerdings nicht erhalten), was bei der Quellensituation dieser Zeit nicht ohne Gewicht ist.

Der eigentliche Quellenreichtum für diese Zeit wird durch die Monumentalquellen dargestellt. So haben wir etwa von dem berühmten heidnischen Rhetoren *Libanios* (314—393) und *Themistios* (317—390) eine reiche Hinterlassenschaft. Christlicherseits entspricht dem die große Predigt- und Briefliteratur des *Johannes Chrysostomos* (gest. 407), *Ambrosius* (337—397), *Hieronymus* (347—420) und nicht zuletzt *Augustins* (354—430).

Vom Standpunkt des politischen Historikers muß jedoch hervorgehoben werden, daß wir eine Urkundensammlung besitzen, welche in der ganzen antiken Geschichte ihresgleichen sucht. Das ist eine große Sammlung von Kaiserkonstitutionen, angelegt unter dem Kaiser Theodosius II. (408—450) und daher unter dem Namen *Codex Theodosianus* gehend. Das Material stammt aus dem vierten und Anfang des fünften Jahrhunderts. Ihm verdanken wir es in erster Linie, daß uns der komplizierte Aufbau des spätantiken Staates verhältnismäßig genau bekannt ist. Chronologisch aufgeschlossen ist er durch das wichtige Regestenwerk Otto Seecks[9].

Dem Codex Theodosianus an die Seite zu stellen ist das *Corpus Iuris* Justinians, soweit es sich auf historisch relevante Verhältnisse bezieht. Freilich liegt hierin nicht sein Schwergewicht. Im zweiten Band des Corpus, im sogenannten Codex, finden sich zahlreiche Doubletten zum Codex Theodosianus, allerdings in verkürzter Form. Der Hauptteil des Corpus, die sogenannten Digesten, mit seinen Auszügen aus der klassischen juristischen Literatur schlägt für uns vor allem ein mit seinem 50. Buch, das sich übrigens bereits auf die Verhältnisse des dritten Jahrhunderts bezieht und deshalb für die Ausfüllung der für diese Zeit charakteristischen Quellenlücke wichtig ist.

§ 48. Hinweise und Erläuterungen zur Epoche des Prinzipates (VI-VIII)

1. Periodeneinteilung. — 2. Darstellung und Beurteilung des Augustus. — 3. Die Prinzipatsverfassung. — 4. Urkunden der Augustuszeit. — 5. Zur Entwicklung des Prinzipates. — 6. Das Reich und seine Landschaften. — 7. Zur politischen und sozialen Verfassung des Römischen Reiches. — 8. Rom und die Juden. — 9. Zum Charakter des zweiten Jahrhunderts. — 10. Das Christentum.

1. Periodeneinteilung

Wenn man in der Forschung von der Prinzipatszeit als einer historischen Periode spricht, geht man von der Verfassungsgeschichte aus. Man legt dabei die Konzeption von Mommsen zugrunde, der ja überhaupt erst den Begriff wenn nicht gar geschaffen, so doch in der Wissenschaft heimisch gemacht hat. Das begriffliche Gegenstück im Sinne Mommsens ist der sogenannte Dominat, und da dessen eigentliche und endgültige Begründung durch Diokletian erfolgte, ergibt sich nach dieser Berechnung der Zeitraum von Augustus an (genauer dem Jahre 27 v. Chr.) bis zum Jahre 284 n. Chr. Mit diesem Zeitpunkt stehen wir auch zweifellos im Raum der Spätantike. Die chronologische Entsprechung von Dominat und Spätantike ist unbedenklich.

[9] Otto Seeck: Regesten der Kaiser und Päpste. 2 Bde., Stuttgart 1918 ff.

Allerdings kann die scharfe Abgrenzung heute nicht mehr als historisch befriedigend gelten. Mit dem Jahre 27 v. Chr. hat es seine Richtigkeit, aber das dritte Jahrhundert ist ganz gewiß im Spiegel des Prinzipatsbegriffes nicht adäquat aufzufassen. Das Augusteische Prinzipat hat praktisch seit der Severerzeit nicht mehr bestanden. Erst recht verrät diese Periodisierung ihr Ungenügen, wenn man die allgemeinen politischen und sozialen Zustände im Auge hat. Der innere und äußere Zusammenbruch des Reiches im dritten Jahrhundert gibt dann einen deutlichen Epocheneinschnitt an. Es wird sich deshalb empfehlen, zumindest mit einer Übergangszeit zwischen Prinzipat und Spätantike bzw. Dominat zu rechnen und das Ende des ersteren durch die Severerdynastie zu bezeichnen. Sofern man eine lediglich verfassungsrechtlich vorgehende Charakterisierung als zu eng ansieht (was nicht unbedingt bestritten werden kann), bietet sich der französische Sprachgebrauch an. Nach ihm heißt die Periode von Augustus bis zu den Severern Haut-Empire, dem dann die Spätantike als Bas-Empire gegenübertritt. Mit einer Phase des Überganges muß man allerdings auch bei dieser Nomenklatur rechnen.

2. Darstellung und Beurteilung des Augustus

Der notwendige Ausgangspunkt für das Verständnis der römischen Kaiserzeit ist die Regierung des *Augustus*. Dies in einem doppelten Sinne. Erstens hat Augustus die politische Ordnung geschaffen, auf der die Folgezeit beruhte. Zweitens bietet das Römische Reich zum ersten Male unter ihm dasjenige Panorama, das wir als typisch für die Kaiserzeit ansehen können. Diese Perspektive wird in gewissem Sinne bestätigt durch die Geschichte des Christentums. Die Umwelt Jesu Christi, mit der notwendigerweise ein ganz elementares europäisches Geschichtsverständnis umzugehen gewohnt ist, ist das Römische Reich des Augustus. In der historisch-theologischen Lehrtradition findet dieser Tatbestand seinen Ausdruck im Begriff der sogenannten neutestamentlichen Zeitgeschichte[1].

Eine geistig überragende Zeichnung der Person des Augustus und seiner historischen Stellung, wie wir sie etwa von Alexander und Caesar durch DROYSEN und MOMMSEN haben, fehlt bezeichnenderweise. MOMMSEN wurde durch die Disposition seiner Römischen Geschichte nicht zu Augustus geführt. Zudem fehlte ihm für ihn völlig die Sympathie, mit der er Caesar begegnete. Trotz einer reichen monographischen Literatur ist diese Lücke nie ausgefüllt worden.

Die ausführlichste und erschöpfendste Behandlung des Stoffes hat vor einem halben Jahrhundert VICTOR GARDTHAUSEN geliefert[2]. Das große Werk ist für die Forschung heute noch unentbehrlich. Der Laie wird nicht so schnell nach ihm greifen, obgleich die Darstellung eigentlich ganz flüssig geschrieben ist. Auch die neuere Behandlung von DESSAU in seiner Geschichte der Kaiserzeit kann schwerlich höheren Ansprüchen genügen[3]. Der historisch Interessierte ist deshalb gezwungen, zu kleineren Skizzen

[1] CARL SCHNEIDER: Einführung in die neutestamentliche Zeitgeschichte. Leipzig 1934. — Vgl. etwa HERBERT PREISKER: Neutestamentliche Zeitgeschichte. Berlin 1937. — WERNER FOERSTER: Neutestamentliche Zeitgeschichte. Bd. 2: Das römische Weltreich zur Zeit des Neuen Testamentes. Hamburg 1956. — C. K. BARRETT: Die Umwelt des Neuen Testamentes. Ausgewählte Quellen, hrsg. und übersetzt von C. COLPE. Tübingen 1959 (englische Originalausgabe: London 1957).

[2] VICTOR GARDTHAUSEN: Augustus und seine Zeit. 2 Teile in 3 Bänden. Leipzig 1891—1904.

[3] HERMANN DESSAU: Geschichte der römischen Kaiserzeit. 2 Bde. Berlin 1924—1930.

zu greifen, wie sie natürlich immer wieder geschrieben werden[4]. Einzelne biographische Abschnitte aus dem Leben des Augustus haben bis jetzt eine intensivere Behandlung erfahren, vor allem die Genesis seines Machtanstieges. Nach Levis Ottaviano Capoparte[5] ist in diesem Zusammenhang jetzt nicht zuletzt das bekannte Buch von Ronald Syme über die Römische Revolution zu nennen[6], das sich bemüht, auch für die Zeit nach 27 v. Chr. einer sozusagen noch revolutionären Dynamik auf die Spur zu kommen.

Im Gefolge eines wichtigen Aufsatzes von Eduard Meyer[7] hat sich in der Forschung, zumal der deutschen, die historische Würdigung des Augustus vor allem auf den Gegensatz zu Caesar eingespielt. Hier ist der Begriff des konstitutionellen Prinzips zum Schlüssel geworden, mit dem sich die ganze Politik des Augustus aufschließen lassen sollte. Nicht nur seine verfassungsrechtlichen Maßnahmen, sondern ebenso seine Bürgerrechtspolitik, seine Reichspolitik und vor allem seine ganze Außenpolitik, all dies erscheint als Ausfluß einer einheitlichen, von Caesar abgehobenen Position. Dort (bei Caesar) der in die Weite schweifende, schrankenlose Herrscher, hier die Moderiertheit des besonnenen Realisten. Obgleich diese Interpretation von den besten Geistern der deutschen Altertumsforschung, etwa Wilamowitz, geteilt worden ist und sich letztlich von der Mommsenschen Konstruktion des Prinzipats ableitet, kann sie doch schwerlich als befriedigend gelten und hat wohl auch deshalb heute sehr an Boden verloren.

Niemand wird selbstverständlich bestreiten, daß Augustus andere Wege als Caesar gegangen ist, nur muß man die Unterschiede dort feststellen, wo sie tatsächlich bestehen, nämlich in der juristischen Begründung des Prinzipats, worüber eine gute Information P. L. Strack vermittelt[8]. Die anderen Themen jedoch sind zumeist im Verhältnis zu Caesar schon deshalb inkommensurabel, weil sie sich in dessen kurzer Regierungszeit gar nicht zu Worte melden konnten.

Eines der auffallendsten Charakteristika der Regierung des Augustus ist die von ihm in Szene gesetzte oder sehr geförderte *Ideologiebildung*. Leider sind wir mit ihrer historischen Erklärung noch nicht sehr weit gekommen. Die lange Zeit herrschende Neigung, in ihr eine selbstverständliche Äußerung römischen Geistes zu sehen und die betreffenden Aussagen gleichsam als bare Münze hinzunehmen, sind nicht gerade sehr förderlich gewesen. Es käme darauf an, die hier zugrunde liegende Selbstbespiegelung ihrer Struktur und ihrer geistigen Herkunft nach zu erkennen. Daß sie lediglich ein arcanum imperii des Augustus war, ist natürlich ausgeschlossen; sie muß über echte geistige Wurzeln verfügen. Einen wichtigen Hinweis in dieser Richtung hat Ulrich Knoche gegeben[9]. Ein Urteil über die Restaurationsmaßnahmen des Augustus

[4] Neuerdings Friedrich Vittinghoff: Kaiser Augustus. Göttingen 1959. — Einen besonderen Rang in dieser Gattung nimmt ein John Buchan: Augustus. Leipzig (Tauchnitz) 1938.

[5] M. A. Levi: Ottaviano Capoparte. 2 Bde. Florenz 1933.

[6] Siehe oben S. 558 f.

[7] Eduard Meyer: Kaiser Augustus. Kleine Schriften I². Halle 1924, S. 423 ff.

[8] P. L. Strack: Der Augusteische Staat. In: Probleme der augusteischen Erneuerung. Heft 6 von „Auf dem Wege zum nationalpolitischen Gymnasium". Frankfurt 1938, S. 5 ff.

[9] Ulrich Knoche: Die geistige Vorbereitung der Augusteischen Epoche durch Cicero. In: Das neue Bild der Antike. Hrsg. v. H. Berve. II, S. 200 ff. — Eine auf diese historischen Fragen indes gar nicht eingehende Schilderung der augusteischen Geistigkeit bei Richard Heinze: Die Augusteische Kultur. Hrsg. v. A. Körte. Leipzig 1930; 1933². Darmstadt 1960³.

müßte man mit diesem Fragenkreis in Verbindung bringen, wennschon es dadurch nicht allein bestimmt wird, sondern im Gegenteil der unvermittelte Eindruck, den sie hervorrufen, geeignet ist, ein Licht auf die historische Relevanz des geistigen Hintergrundes zu werfen.

Durch die dominierende Einstellung auf das Verfassungsproblem ist viel zu sehr aus der Mitte des Bewußtseins gerückt, daß Augustus der Begründer des römischen Kaisertums vor allem hinsichtlich der Reichsgestaltung ist. Auch hier hat die Antithese gegen Caesar viel Unheil angerichtet. Dabei ergaben sich die Aufgaben, die Augustus gestellt waren, mit einer gewissen Selbstläufigkeit aus dem Gang der römischen Geschichte und galten für Caesar nicht minder als für ihn. Für den Sektor der römischen Kolonisation ist dieser Sachverhalt kürzlich dankenswerterweise von FRIEDRICH VITTINGHOFF klargestellt worden.[10] Über den ‚Imperialisten' Augustus braucht man hoffentlich kein eigenes Buch zu schreiben. Die Dinge liegen klar genug von den Augen jedes unvoreingenommenen Beobachters. Die eigenen Äußerungen des Augustus gegen jede Expansion gehören in sein Greisenalter und sind durch die Erfahrungen der letzten Regierungsjahre hervorgerufen. Es geht nicht an, solche Zeichen offenbarer Resignation zum Generalthema seiner Regierung zu machen.

3. Die Prinzipatsverfassung

Seit MOMMSEN hat bis auf den heutigen Tag das Hauptinteresse an Augustus der rechtlichen Gestaltung des römischen Kaisertums durch seinen Begründer gegolten. Gegenüber einer naiven Anschauung bzw. naiv erscheinenden Anschauung, welche das römische Kaisertum seinem sinnfälligen Gehalt nach einfach als Monarchie nahm, hat MOMMSEN das ganze Ausmaß seiner juristischen Konstruktionskraft und seiner verfassungsrechtlichen Kenntnisse einer Fixierung der rechtsförmigen Elemente des Kaisertums zugute kommen lassen (Röm. Staatsrecht II, 2). Da deren Syntax nun zumeist sich aus den formalen Traditionen der Republik ergab, gelangte MOMMSEN zu dem erstaunlichen Ergebnis, daß das römische Kaisertum in der Form, wie es Augustus als Prinzipat geschaffen hat, eine Magistratur sei. Folgerichtig wird es deshalb auch im römischen Staatsrecht in diesem Zusammenhange abgehandelt. Ferner zeichnete er in dieses Bild ein paritätisches Verhältnis zwischen Prinzeps und Senat ein, wohl nicht unbeeinflußt von den konstitutionellen Theorien des neunzehnten Jahrhunderts und deklarierte dementsprechend das Prinzipat zur Dyarchie (Zweiherrschaft).

Nachdem diese Theorie lange Zeit unbestritten gegolten hatte, hat sich etwa seit dem Ersten Weltkrieg an sie eine sehr lebhafte kritische Diskussion angeschlossen. Sie wurde sowohl von Rechtshistorikern als auch von allgemeinen Historikern durchgeführt. Unter jenen haben sich vor allem ERNST SCHÖNBAUER[11] und HEINRICH SIBER[12], unter diesen, nachdem schon JOHANNES KROMAYER mit seiner Dissertation vorangegan-

---

[10] FRIEDRICH VITTINGHOFF: Römische Kolonisation und Bürgerrechtspolitik unter Caesar und Augustus. Abhandlungen der Mainzer Akademie 1951, Nr. 14.

[11] ERNST SCHÖNBAUER: Wesen und Ursprung des Prinzipates. Ztschr. d. Savigny-Stiftg., Rom. Abt. 47, 1927, S. 264 ff.

[12] HEINRICH SIBER: Zur Entwicklung der römischen Prinzipatsverfassung. — Ders.: Das Führeramt des Augustus (s. o. S. 524 A. 29). Für den jüngsten Diskussionsstand siehe DIETER TIMPE: Untersuchungen zur Kontinuität des frühen Prinzipats, Historia-Einzelschriften 5, Wiesbaden 1962 (mit reicher Literaturangabe).

gen war[13], ANTON VON PREMERSTEIN[14] Gehör verschafft. Als Ergebnis dieser Auseinandersetzungen darf man gewiß feststellen, daß der MOMMSENschen Theorie, so wie er sie gefaßt hatte, der Boden entzogen wurde. Es gibt wohl heute niemanden mehr, der die Theorie der Dyarchie vertritt, und es herrscht im großen und ganzen auch darin Übereinstimmung, daß es neben der Prinzipatsgewalt keine ernsthaft konkurrierende andere mehr gab. — Dagegen ist eine andere Basis der MOMMSENschen Betrachtungsweise beibehalten worden: nämlich das Bestreben, das Prinzipat nicht nur auf eine Reihe von Rechtssätzen festzulegen, sondern diese auch als genau begrenzte Zuständigkeiten zu fassen. So sehr die Antworten im einzelnen hierbei differieren, mußte sich doch als gemeinsamer Trend die thematische Einstellung auf die Verbindung der kaiserlichen Gewalten mit dem republikanischen Staatsrecht herausbilden.

Dieses Verfahren hat seine Berechtigung. Denn es kann sich auf den evidenten Tatbestand stützen, daß Augustus nicht nur so verfahren ist, sondern darin gerade auch die Legitimierung der kaiserlichen Gewalt gesucht hat. Das Kaisertum des Augustus ist die Legalisierung und Legitimierung der in der Revolutionszeit von ihm usurpierten Allmacht. In dem formalen Rückbezug auf die Republik bestand für Augustus ein wesentliches Stück der Rechtfertigung seiner Herrschaft. Sie war also ein Ausschnitt aus der Ideologie des Prinzipates und ist auch später, als andere Gedankenkomplexe ihr an die Seite traten, nicht verlorengegangen.

Allerdings muß man diesen Zusammenhang seiner Funktion nach streng fassen und darf nicht der Täuschung unterliegen, als wenn nun auch in Wirklichkeit durch den formalen Bezug auf die Republik die Vereinigung dieser Gewalten in einer Hand die Republik am Leben erhalten hätte. Materiell mußte ja mit ihnen eine entscheidende Wandlung vor sich gehen: Wenn ein Prokonsul nach der Sullanischen Verfassung ein Heer für begrenzte Zeit führte, war das etwas ganz anderes, als wenn Augustus in vielen Provinzen das Heer auf die Dauer allein kommandierte. Wenn ein Tribun oder zehn Tribunen für ein Jahr sakrosankt waren, war das etwas anderes, als wenn der Prinzeps auf Grund seiner tribunicia potestas im Besitze der lebenslänglichen Sakrosanktizität war. Wenn der republikanische Senatspräsident, also zumeist der Konsul, Senatsbeschlüsse herbeiführen konnte, so war es wohl formell dieses gleiche Recht, was Augustus und die späteren Kaiser auf Grund der ihnen zugestandenen Vollmachten (wie sie auch immer heißen) in Anspruch nahmen. Aber diese selbe Zuständigkeit war selbstverständlich denn doch nicht die gleiche, wenn sie erstens lebenslänglich und zweitens von einem so mächtigen Mann wie dem Kaiser gehandhabt wurde. Die berühmte (normative) Kraft des Faktischen hat sich denn auch hier Geltung verschafft, indem später, seit Ende des zweiten Jahrhunderts, ein solcher kaiserlicher Antrag, die sogenannte oratio principis, ipso iure rechtsgültig war[14a].

Schon von diesem Ausgangspunkt her ergibt sich also die Unvermeidlichkeit, das römische Kaisertum auch als Prinzipat als eine Größe sui generis aufzufassen. Dieser Eindruck wird noch deutlicher, wenn man der Frage nach der Souveränität nicht aus

---

[13] JOHANNES KROMAYER: Die rechtliche Begründung des Prinzipats. Diss. Straßburg, Marburg 1888.

[14] ANTON v. PREMERSTEIN: Vom Werden und Wesen des Prinzipats (aus dem Nachlaß hrsg. von H. Volkmann). Abhandlungen d. Bayr. Akad. d. Wiss., Phil.-hist. Abt. N. F. Heft 15, 1937.

[14a] Lehrreicher Beitrag zur informellen Entstehung dieser Institution neuerdings JOCHEN BLEICKEN: Senatsgericht und Kaisergericht, Abh. Ak. Göttingen, 53, 1962.

dem Wege geht. Aus den verschiedensten Gründen sowohl formeller als vor allem materieller Art muß sie nämlich dahin beantwortet werden, daß die Souveränität nirgends anders als beim Kaiser gelegen hat.

Nun hat sich aber die Gestalt des Kaisertums nicht lediglich in Vollmachten realisiert, sondern sie besaß zugleich einen großen und juristisch keineswegs abgesteckten Spielraum sinnfälliger Intregration. Durch die auf MOMMSEN zurückgehende und durch ihn allein herrschend gewordene Betrachtungsweise war diese Seite des Kaisertums lange Zeit völlig verdeckt. Es ist das große Verdienst von ANDREAS ALFÖLDI, durch ein ausgedehntes Studium der Repräsentationsformen des römischen Kaisers, vor allem des Hofzeremoniells, diese Dimension gleichsam entdeckt zu haben[15]. Unter diesem Thema ließ sich noch manches andere auffassen, etwa der Kaiserkult in den Provinzen. Man darf überhaupt nicht vergessen, daß seit Augustus die Relation ‚Kaiser und Rom' nur ein Teilaspekt sein kann und daß die Wirklichkeit des Reichsuntertanenverbandes (je länger desto mehr) das eigentliche politische Gewicht besaß.

Das römische Kaisertum des Prinzipats ist eine sehr komplexe Gestalt, und die eigentliche wissenschaftliche Aufgabe besteht darin, ihre verschiedenen Elemente in das richtige Verhältnis zueinander zu setzen. Die gegenwärtige Forschung oszilliert noch ziemlich und hat sich noch nicht auf einen befriedigenden Standpunkt eingependelt. Die einzelnen Tatsachen sind im großen bekannt, aber ihre begriffliche Bewältigung ist noch nicht zum Ziele gelangt. Das kommt z. T. daher, weil uns hierin die Geschichte wenig vorgearbeitet hat und die römischen Juristen keine Staatstheoretiker waren. Es handelt sich auch nicht darum, wie man manchmal in recht unzulänglicher Weise hört, eine juristische, angeblich formalistische Betrachtungsweise durch eine sogenannte politische zu verdrängen, sondern darum, die dem Phänomen angemessenen Rechtsbegriffe zu finden. — Das, was Augustus mit Prinzeps und Prinzipat sagen wollte, ist selbstverständlich eine historische Realität, nicht minder als die Tatsache, daß er die Hebel der Macht für sich monopolisiert hat. Man kann nicht das eine gegen das andere ausspielen, sondern muß beides miteinander verrechnen. Sonst kommt eine Art von Vexierbild heraus, wie es die Forschung in den zwei neuesten und in mancher Hinsicht sehr aufschlußreichen Arbeiten zeigt[16].

In der Arbeit von WICKERT (vgl. Anm. 16) ist übrigens das große Material für den Sprachgebrauch von princeps seit der Republik zusammengefaßt und damit eine Handhabe geboten, den Vorstellungen, welche sich mit diesem Wort jeweils verbanden, nachzugehen und in einer Geschichte des Begriffes aufzureihen. Ferner gibt WICKERT hier einen sehr dankenswerten Überblick über die weitverstreute moderne Forschung.

Unter den verschiedenen Prinzipatstheorien hat die von v. PREMERSTEIN[17] in den letzten Jahrzehnten den größten Anklang gefunden. Er subsumiert begrifflich das Prinzipat unter den als Kompetenz gefaßten Begriff der auctoritas mit dem Inhalt der tutela rei publicae und leitet ihn real, wie er meint ‚soziologisch', von dem

[15] ANDREAS ALFÖLDI: Die Ausgestaltung des monarchischen Zeremoniells am römischen Kaiserhofe. Röm. Mitt. 49, 1934, S. 1 ff.; ders.: Insignien und Tracht der römischen Kaiser. Ebd. 50, 1935, S. 1 ff., ist gleich Die monarchische Repräsentation im römischen Kaiserreich, Darmstadt 1970. — [16] JEAN BÉRANGER: Recherches sur l'aspect idéologique du principat. Schweiz. Beitr. z. Altertumswiss. VI. Basel 1953. — LOTHAR WICKERT: RE XXII 2, s. v. princeps (civitatis). Vgl. zu beiden Arbeiten WOLFGANG KUNKEL: Ztschr. d. Savigny-Stiftg., Rom. Abt. 75, 1958, S. 302 ff. — [17] Siehe oben Anm. 14.

politischen Klientelwesen der späten Republik ab. Der Verfasser der vorstehenden Darstellung hat sich von der Richtigkeit dieser Auffassung nicht überzeugen können.

Obgleich das Prinzipat und überhaupt das römische Kaisertum durch sein Dasein nicht nur notwendig, sondern auch rechtmäßig geworden war, hat es sich als Institution doch nicht dauernd soweit abgerundet, daß es über einen unbestrittenen und automatisch funktionierenden Nachfolgemechanismus verfügte. Hier bestand ein offenes Problem, das für die ganze Erscheinung charakteristisch ist und es verständlich macht, warum Augustus auf diese Frage soviel Mühe verwandte. Seine verschiedenen Prozeduren haben sowohl im Ansatz als auch durch die von ihm verfolgten Absichten eine paradigmatische Bedeutung. Damit rechtfertigt sich die verhältnismäßig große Ausführlichkeit, mit der dieser Problemkreis in der Darstellung berücksichtigt wurde. In der Forschung hat vor allem Ernst Kornemann auf diesen Punkt den Finger gelegt[18], ist aber zu keinem letztlich befriedigenden Ergebnis gekommen. Selbst Mommsen hat, im Grund entgegen seinem eigenen Standpunkt, die Unruhen, denen das Prinzipat an dieser Stelle ausgesetzt war, erkannt (Staatsrecht II, 1133).

4. Urkunden der Augustuszeit

Im einzelnen bietet natürlich die lange Regierung des Augustus noch manche Blickpunkte. Auch wird sie dokumentarisch verhältnismäßig leicht illustriert, so daß schon von den einzelnen Urkunden und Zeugnissen her das Interesse in besonderer Weise in Anspruch genommen wird. An der Spitze dieser Monumente steht der sogenannte *Tatenbericht des Augustus* (res gestae), der im Zusammenhang des feierlichen Staatsbegräbnisses öffentlich verlesen und danach inschriftlich vor dem Mausoleum des Augustus verewigt wurde. Von ihm sind einige Abschriften auf Stein in Kleinasien gefunden worden, die wichtigste und am besten erhaltene in Ankyra (Ankara), weshalb diese bedeutende Quelle auch gemeinhin das Monumentum Ancyranum genannt wird. Mommsen hat diese Inschrift ‚Königin der Inschriften' genannt und ihr einen großen, ein ganzes Buch umfassenden Kommentar gewidmet[19]. Auf dieser Grundlage sind dann späterhin noch viele Ausgaben erfolgt, jeweils bereichert um die inzwischen gefundenen anderen Fragmente. Am bequemsten findet man jetzt alles, sowohl Text als Erläuterungen, zusammen bei Jean Gagé[20].

Nicht ganz mit Unrecht erblickt die moderne Forschung in dem Monumentum Ancyranum einen der wichtigsten Zugänge zum Verständnis des Prinzipates. Wilhelm Weber[21] hat denn auch den ersten (und einzigen) Band seiner Studien über Augustus nahezu mit einer Betrachtung dieses Quellenstückes ausgefüllt. Man darf freilich nicht vergessen, daß hier von Augustus die eine Seite seiner Regierung, nämlich die von ihm aus der Republik entwickelte, nachdrücklichst stilisiert worden ist. In der überlegten und beinahe raffinierten Weise, wie dies geschieht, liegt der eigentliche Reiz des Dokuments[21a]. Daneben enthält es die Mitteilung einzelner nicht unwichtiger

---

[18] Ernst Kornemann: Doppelprinzipat und Reichsteilung im Imperium Romanum. Leipzig und Berlin 1930.

[19] Theodor Mommsen: Res gestae divi Augusti. 2. Auflage. Berlin 1883 (1865[1]) (noch ohne Kenntnis der später, vor allem seit 1914 im pisidischen Antiocheia gefundenen Fragmente).

[20] Jean Gagé: Res gestae divi Augusti. Paris 1935; 1950[2]. Hans Volkmann, RGDA, Berlin 1969[3].

[21] Wilhelm Weber: Princeps I. Stuttgart 1936.

[21a] Des näheren hierzu: A. Heuss: Zeitgeschichte als Ideologie. In: Monumentum Chiloniense (Festschrift Burck). Amsterdam 1975, S. 55 ff.

Daten. Die Forschung der letzten Generation hat sich hiermit allerdings viel weniger befaßt als mit dem letztlich unbefriedigenden Versuch, eine Genesis dieses Textes nachzuweisen und Augustus beinahe seit Beginn seiner Regierungszeit bei der Verfertigung dieser Schrift über die Achsel zu gucken. Vor allem Ernst Kornemann hat sich um diese Frage sehr bemüht[22]. Die Antike besaß übrigens noch andere Möglichkeiten, mit Augustus als Schriftsteller umzugehen. Unter anderem hat der Kaiser auch eine Autobiographie verfaßt (commentarii de vita sua). Die spärlichen Fragmente sind von Henrica Malcovati gesammelt[23].

Ein großer Fund für die Geschichte des Augustus ist dann viel später (das Monumentum Ancyranum war schon seit der Renaissance bekannt), nach dem Ersten Weltkrieg, bei den italienischen Ausgrabungen in Kyrene gemacht worden, die sogenannten *Edikte von Kyrene,* jetzt am bequemsten zugänglich in der Dokumentarsammlung zu der Regierung des Augustus und Tiberius von Victor Ehrenberg und A. H. M. Jones[24]. Die Bedeutung dieser Inschriften liegt in der Einsicht, welche sie für die Ingerenz des Augustus in die Senatsprovinzen gewährt. Und schließlich betrifft unmittelbar die Regierung des Augustus der wichtigste Inschriftenfund zur römischen Geschichte nach dem letzten Kriege, nämlich die Tafel von Magliano (auch *tabula Hebana* genannt). Für uns in Deutschland am bequemsten zugänglich durch den lehrreichen Kommentar von Herbert Nesselhauf in Historia 1, 1950, S. 105 f. Interessant ist diese Inschrift durch die Aufhellung des an sich bekannten Faktums, daß die Volkswahlen von Tiberius abgeschafft wurden. Es zeigt sich jetzt, daß diese Regelung schon von Augustus eingeleitet worden war, wie es ja auch der historischen Wahrscheinlichkeit entspricht. Ferner kennen wir jetzt die Modalitäten, durch die das geschah. Die Wahlen wurden nämlich nicht in aller Form beseitigt, sondern lediglich so arrangiert, daß de facto nicht mehr gewählt werden konnte, sondern bestimmte Vorschläge nur noch zu akzeptieren waren. Dieselben wurden von einer aus Senatoren und Rittern (von letzteren wußte man in diesem Zusammenhang auch nichts) bestehenden Kommission bestimmt (destinatio). Unter Augustus bestand noch ein kleiner Übergang, bei Tiberius war die Zahl der destinierten Kandidaten genau auf die Zahl der zu wählenden Beamten beschränkt.

Wenn eine neuerdings geäußerte rechtshistorische Theorie (von Wolfgang Kunkel[25]) recht hat (was der Verfasser dieser Zeilen annehmen möchte), gibt es zu der zweigleisigen Politik des Augustus gegenüber dem Senatorenstande noch eine instruktive Jllustration. Wie oben im Text auseinandergesetzt wurde, hat Augustus die Senatoren politisch neutralisiert und sozial privilegiert. In diese soziale Privilegierung läßt sich nun vielleicht das dem Juristen geläufige und berühmte *ius respondendi ex auctoritate principis* einordnen. Nach Kunkel beinhaltet es nämlich jegliche Rechtsgutachtertätigkeit, welche bis dahin ein selbstverständlicher Ausfluß der privaten wissenschaftlichen Tätigkeit der Juristen gewesen war und jetzt zu einem konzessionierten Vorzug wurde.

[22] Ernst Kornemann: Mausoleum und Tatenbericht des Augustus. Leipzig 1921.

[23] Caesaris Augusti imperatoris operum fragmenta. Ed. Henrica Malcovati. Padua 1947³.

[24] Documents Illustrating the Reigns of Augustus and Tiberius. Collected by Victor Ehrenberg and A. H. M. Jones. Oxford 1949. M. McCrum and A. G. Woodhead: Select Documents of the Principates of the Flavian Emperors, Cambridge 1961.

[25] Wolfgang Kunkel: Das Wesen des ius respondendi. Ztschr. d. Savigny-Stiftg., Rom. Abt. 66, 1948, S. 423 ff. — Im Grunde schon so Mommsen: Staatsrecht II, S. 912.

Nur der Kaiser konnte es als Privileg verleihen. Praktisch war von Augustus offenbar daran gedacht, im Sinne der früheren Zustände es den Senatoren als Standesprivileg vorzubehalten. Vielleicht war es auch so, um damit eine leichte Modifikation dieser Theorie anzudeuten, daß das ius respondendi sogar in dem Sinne als inhärierender Bestandteil des senatorischen Standes angesehen wurde, daß der Kaiser es als Privileg lediglich verlieh, wenn der Betreffende nicht zum ordo senatorius gehörte.

Die oben gegebene Darstellung des Augustus ist ausschließlich unter dem Gesichtspunkt erfolgt, seine Rolle als Begründer des römischen Kaisertums herauszustellen. Das hat die unvermeidliche Folge, daß die biographischen Züge mehr oder weniger verschwinden und auch die ganze Regierung in einer Einheitlichkeit erscheint, welche ihr, sofern man sie Schritt für Schritt verfolgt, natürlich nicht zukommt. Diese Verkürzung der Perspektive ist unvermeidlich innerhalb einer knapp gefaßten Römischen Geschichte, aber der Leser darf beanspruchen, auf den Mangel aufmerksam gemacht zu werden.

5. Zur Entwicklung des Prinzipates

Die *Geschichte der römischen Kaiser* ist in dieser Darstellung unter das Thema ‚Entwicklung des Prinzipates' gestellt worden. Dies aus einem besonderen Grunde. Nämlich nur unter diesem Gesichtspunkt, d. h. bei der Überlegung, wie die Nachfolger des Augustus mit der von ihm gestellten Aufgabe fertig wurden, dem römischen Kaisertum die Anerkennung bei den führenden Schichten der römischen und dann auch der griechischen Gesellschaft zu erhalten, bekommen die Begebenheiten eine geschichtliche Physiognomie und lassen sich in einem thematischen Rahmen begreifen. Die allgemeine Reichsgeschichte läßt sich auf die einzelnen Kaiser nicht beziehen, nicht nur deshalb, weil wir von ihr innerhalb der jeweiligen Zeiträume viel zuwenig wissen, sondern auch, weil der originelle Beitrag der einzelnen Kaiser zu ihr, von bestimmten Ausnahmen abgesehen, bei weitem zu gering ist, als daß er auf diesem Hintergrunde Plastizität gewinnen könnte.

Man findet diesen Sachverhalt klar bestätigt an dem bescheidenen Ertrag, den eine monographische Behandlung der römischen Kaiser für die römische Geschichte abgeworfen hat. Es existiert selbstverständlich eine reiche wissenschaftliche Literatur über die römischen Kaiser. Sie ist vor allem ausländischer Herkunft. Die deutsche Forschung hat sich im großen und ganzen diesem Themenkreise ferngehalten. Sie ist da in erster Linie durch ein einst viel gelesenes Buch von Alfred von Domaszewski[26] vertreten, das freilich nicht ahnen läßt, daß sein Verfasser zu den führenden Forschern auf dem Gebiete der römischen Kaiserzeit gehört. Sodann hat sich die deutsche Forschung vor allem niedergeschlagen in den verschiedenen Artikeln der RE[27]. Sie sind zum Teil ausgezeichnet und enthalten die Summe der Aussagemöglichkeiten, welche bei diesem Gegenstand vertretbar ist. Neuerdings hat H.-G. Pflaum auf kurzem Raum eine verhältnismäßig eingehende und sehr genaue Kaisergeschichte geliefert[27a].

Bekanntlich erscheinen sehr viele, um nicht zu sagen die meisten der Nachfolger des Augustus bei den antiken Autoren in einem sehr ungünstigen Licht. Es ist deshalb begreiflich, daß die moderne Forschung hier und da der Versuchung, Ehrenrettungen

---

[26] Alfred v. Domaszewski: Geschichte der römischen Kaiser. 2 Bde. Leipzig 1922[3].

[27] Vgl. etwa für Tiberius (X, 1, S. 478 ff.) und Caligula (X, 1, S. 381 ff.) die Artikel von Matthias Gelzer; für Claudius (III, 2, S. 2778 ff.) den von E. Groag und für Nero (Suppl. III, S. 349 ff.) den von Ernst Hohl.

[27a] H.-G. Pflaum in Propyläen-Weltgeschichte IV, 1963, S. 319 ff.

zu bewerkstelligen, erlegen ist und auch bei den unglaublichsten Exzessen das Element einer selbstverständlich immer noch vorhandenen Sinnhaftigkeit in ungerechtfertigter Weise vergrößert hat. Manchmal kommt dann ein viel schieferes historisches Urteil heraus, als wenn man in naiver Weise Sueton oder Tacitus ad notam nimmt. Daß bei den Julisch-Claudischen Kaisern vieles ins Gebiet der Psychopathologie gehört, läßt sich auch bei der größten Skepsis gegen die Tradition nicht verhehlen. Es ist deshalb gerechtfertigt, wenn dieser Komplex kürzlich von sachkundiger Seite ausführlich untersucht worden ist[28]. Mit dem bloßen Begriff ‚Caesarenwahnsinn', den Ende des neunzehnten Jahrhunderts Ludwig Quidde[29] bei uns in Umlauf gebracht hat, ist an sich noch wenig geholfen. — Auffällig wird immer bleiben, daß gerade das erste Jahrhundert so viele Versager auf dem Kaiserthron sah, d. h. diejenigen Generationen, die eigentlich noch am ehesten von dem Beispiel des Augustus geprägt sein mußten. Nun hat gewiß Augustus selbst sein eigenes Konzept durch seine unglückliche Nachfolgepolitik verpfuscht, aber allein kommt man damit als Erklärung wohl nicht aus. Man hat wohl auch zu bedenken, daß in jener, politisch sonst recht ungestörten Zeit und beim Fehlen einer monarchischen Tradition die Macht, welche das römische Kaisertum einem einzelnen verlieh, eben viel zu groß war, als daß ein Durchschnittsmensch oder noch weniger sich bei ihrem Besitze im geistigen und seelischen Gleichgewicht halten konnte. — Für die Opposition gegen dieses Kaisertum ist man noch immer auf eine ältere und heute veraltete Monographie von Gaston Boissier als Zusammenfassung angewiesen[30].

Unter den modernen Kaiserbiographien sind vor allem zu nennen für Tiberius Marsh[31], für Caligula Balsdon[32], für Claudius Momigliano[33], für Nero und übrigens auch Hadrian Henderson[34], für Vespasian Homo[35], für Domitian S. Gsell[36], für Trajan Paribeni[37]; für Hadrian hat die Grundlage gelegt Wilhelm Weber[38], Antoninus Pius, von dem wir sehr wenig wissen, hat eine breite Materialsammlung durch Hüttl[39] gefunden, Mark Aurel zieht immer wieder das historiographische Interesse auf sich[40], für Commodus fehlt eine zusammenfassende Darstellung aus neuerer Zeit[41], für Sep-

---

[28] Albert Esser: Caesar und die Julisch-Claudischen Kaiser im biologisch-ärztlichen Blickfeld. Leiden 1958. — Psychoanalytische Spekulationen bei Hanns Sachs: Bubi Caligula. Wien 1932². — [29] Ludwig Quidde: Caligula, eine Studie über römischen Caesarenwahnsinn. Leipzig o. J. (1894) (ursprünglich in „Die Gesellschaft" 10, 1894).

[30] Gaston Boissier: L'opposition sous les Césars. Paris 1875; 1900⁴.

[31] Frank B. Marsh: The Reign of Tiberius. London 1931.

[32] J. P. V. D. Balsdon: The Emperor Gaius (Caligula). Oxford 1934.

[33] Arnaldo Momigliano: L'opera dell' imperatore Claudio. Firenze 1932. — Ferner V. M. Scramuzza: Emperor Claudius. Cambridge (Mass.) 1940.

[34] B. W. Henderson: The Life and Principate of the Emperor Nero. London 1903; ders.: The Life and Principate of the Emperor Hadrian. London 1923. Vgl. auch Five Roman Emperors (Vespasian bis Trajan). Cambridge 1927. — Zu Nero ferner M. A. Levi: Nerone e i suoi tempi. Milano 1949. — [35] Léon Homo: Vespasien, l'empereur du bon sens. Paris 1949.

[36] Stéphane Gsell: Essai sur le règne de l'empereur Domitien. Paris 1894.

[37] R. Paribeni: Optimus Princeps. 2 Bde. Messina 1926—1927.

[38] Wilhelm Weber: Untersuchungen zur Geschichte des Kaisers Hadrian. Leipzig 1907.

[39] Willy Hüttl: Antoninus Pius. I. Prag 1936. II, 1939.

[40] Vgl. etwa H. D. Sedgwick: Marcus Aurelius, a Biography. Yale 1921.

[41] Vgl. statt dessen den gut orientierenden Artikel von J. Straub in der Realencykl. f. Antike u. Christentum III, S. 252 ff.

timius Severus sind quellenkritische Grundlagen gelegt durch Hasebroek[42], und eine entsprechende Behandlung für Alexander Severus gibt es von Jardé[43]. Eine erschöpfende Bibliographie ist hier sowenig wie sonst Aufgabe dieses Buches[44].

Das humanitäre Kaisertum erscheint in den Geschichtsbüchern zumeist unter der Bezeichnung *Adoptivkaiser*. Diese Bezeichnung ist zumindest mißverständlich insofern, als sie den Anschein erwecken könnte, als wenn es vorher eine genaue Sukzession des Blutes in aller Form gegeben hätte und jetzt erst die Adoption an deren Stelle getreten wäre. Daß dem nicht so ist, lehrt schon eine flüchtige Betrachtung der Abfolge der Julisch-Claudischen Kaiser. Ferner ist Adoption hier prägnant so zu verstehen, daß keine Blutsverwandten adoptiert werden. Daß die sogenannten Adoptivkaiser im übrigen weder den ausdrücklichen Willen noch auch die Möglichkeit besaßen, zwischen den beiden Prinzipien frei zu optieren und die Nachfolge von Leibeserben zugunsten der Adoption auszuschließen, geht sowohl aus den näheren Umständen der Nachfolge der Kaiser zwischen Nerva und Mark Aurel hervor, indem hier eben die faktischen Voraussetzungen der Übergabe an den Sohn fehlten, als es auch durch die Selbstverständlichkeit bewiesen wird, mit der Mark Aurel seinen Sohn Commodus destinierte. Adoption als Gegenbegriff zur Blutsnachfolge, von Hause aus als solcher selbstverständlich gar nicht bestehend, da jede Adoption bekanntlich den Blutserben ersetzen soll, ist eine rein ideologische Größe und kann in dieser Funktion bequem dem Panegyricus auf Trajan aus der Feder des jüngeren Plinius abgelesen werden. Wenn die Wirklichkeit sich dieser Fassung des Begriffes auch über das Verhältnis von Nerva zu Trajan hinaus, das Plinius im Auge hatte, späterhin fügte, so ist das ein merkwürdiger Zusammenfall von Idee und Wirklichkeit, ohne daß man behaupten kann, daß diese nach jener sich gerichtet hätte. Ebenso merkwürdig und keineswegs in unmittelbarer Kausalität zur Befolgung oder Nichtbefolgung dieser Maxime stehend ist dann die negative Bestätigung dieser Idee durch Commodus. Gerade einem Manne wie Mark Aurel, der das humanitäre Kaisertum mit am eindrucksvollsten verkörperte, wird man kaum zur Last legen wollen, daß er sich bewußt gegen die Idee seines Zeitalters kehrte. Das Kernstück der damaligen Normvorstellung war denn auch gar nicht die Adoption als solche, sondern die Versittlichung der kaiserlichen Macht, und lediglich als deren Verkörperung wurde im Hinblick auf eine bereits eingetretene Tatsache die Adoption von Plinius verstanden. — Plinius der Jüngere ist einer der Literaten, welche den neuen Geist reflektieren. Es gab aber noch andere. Von ihnen kennen wir am besten die Griechen Dion von Prusa[45] und Aelius Aristides[46].

6. Das Reich und seine Landschaften

Eine Betrachtung des römischen Kaiserreiches in seiner politischen, sozialen und geistigen Struktur führt eine kürzer gefaßte römische Geschichte in höherem Maße

[42] Johannes Hasebroek: Untersuchungen zur Geschichte des Kaisers Septimius Severus. Heidelberg 1921. — Mehr auf die Darstellung abgestellt M. Platnauer: The Life and Reign of the Emperor Septimius Severus. 1918.

[43] A. Jardé: Etudes critiques sur la vie et le règne de Sévère Alexandre. Paris 1925.

[44] Hinzuweisen wäre noch auf die deutsche Ausgabe seiner Beiträge für die Cambridge Ancient History von Wilhelm Weber: Rom, Herrscher und Reich im 2. Jahrhundert. Stuttgart und Berlin 1937.

[45] Vgl. Hans v. Arnim: Leben und Werke des Dio von Prusa. Berlin 1898.

[46] André Boulanger: Aelius Aristide et la sophistique de la province d'Asie au IIe siècle de notre ère. Paris 1923.

an die ihr gesteckten Grenzen als irgendein anderes Thema. Man darf dies bei der Lektüre des 8. Kapitels nicht aus dem Auge verlieren. Für sehr wichtige Seiten hätte die Kultur- und Geistesgeschichte einen zentralen Platz einzunehmen. Abgesehen jedoch von der Unzuständigkeit des Verfassers in dieser Hinsicht, fehlt in der Forschung auch bis heute eine zusammenfassende Würdigung des geistesgeschichtlichen Aspektes. Für die Kulturgeschichte im Sinne eines Panoramas der äußeren Zivilisation stehen die bekannten Kulturgeschichten zur Verfügung[47]. — Ebenso könnten mit Recht in diesem Zusammenhang die einzelnen Landschaften des Römischen Reiches eine Beschreibung fordern, wenn dies der Umfang dieser Darstellung erlaubte. In der Geschichte der wissenschaftlichen Forschung ist gerade ihre Entdeckung als notwendiger Gegenstand der Geschichtswissenschaft der vornehmlichste Ausdruck für die Ersetzung der bloßen Kaisergeschichte durch die des Reiches gewesen. Schon MOMMSEN hat damit begonnen und deshalb den fünften Band seiner Römischen Geschichte, der in Wahrheit ein völlig selbständiges Werk ist, geschrieben. In seinen Spuren ist die Forschung dann weitergegangen. Ihre Zusammenfassung in ROSTOVTZEFFS Wirtschafts- und Sozialgeschichte[48] ist der nächste Markstein. Es ist lehrreich, die beiden Bücher miteinander zu vergleichen. MOMMSEN hatte der pragmatischen Geschichte, d. h. den äußeren Ereignissen, noch einen verhältnismäßig großen Raum eingeräumt. Von ROSTOVTZEFF werden viel mehr die sozialen und wirtschaftlichen Verhältnisse ins Auge gefaßt. Auf seiner Grundlage hat dann neuerdings KAHRSTEDT eine lebendige Schilderung gegeben[49] und auch selbst mit großen Beiträgen in die Forschung eingegriffen[50].

Für die Intensität und Ergiebigkeit der Provinzialforschung ist die Zugänglichkeit der betreffenden Territorien für die europäischen Kulturnationen eine wichtige Voraussetzung gewesen. So kommt es, daß hier England für Britannien[51], Deutschland für die römischen Rheinlande[52], Schweiz und Österreich für Ostgallien, Raetien und

---

[47] LUDWIG FRIEDLAENDER: Siehe o. S. 526. — SAMUEL DILL: Roman Society from Nero to Marcus Aurelius. New York 1957. (Neudruck der Ausgabe 1904.) — LÉON HOMO: La civilisation romaine. Paris 1930. — FREDERIC POULSEN: Römische Kulturbilder. Kopenhagen 1949. — UGO ENRICO PAOLI: Das Leben im alten Rom. Bern 1948. — A. AYMARD/J. AUBOYER: Rome et son Empire. In: Histoire Générale des Civilisations, Bd. II, Paris 1954. — JEROME CARCOPINO: So lebten die Römer während der Kaiserzeit. Stuttgart 1959. (Titel der französischen Originalausgabe: La vie quotidienne à Rome à l'apogée de l'Empire. Paris 1939.)

[48] Siehe oben S. 526 f.

[49] ULRICH KAHRSTEDT: Kulturgeschichte der römischen Kaiserzeit. München 1944. 1958^2.

[50] Vgl. vor allem U. KAHRSTEDT: Die wirtschaftliche Entwicklung Griechenlands in der Kaiserzeit. Baden-Baden 1957.

[51] Vgl. vor allem F. HAVERFIELD: Romanization of Roman Britain. 1907. 4. Aufl. von G. MACDONALD. Oxford 1924. — R. G. COLLINGWOOD: Roman Britain. 3. Aufl., Oxford 1934. — R. G. COLLINGWOOD/J. N. L. MYRES: Roman Britain and the English Settlements. Oxford 1936. 1937^2. — J. A. RICHMOND: Roman Britain. London 1947.

[52] HANS DRAGENDORFF: Westdeutschland zur Römerzeit. Leipzig 1912. 1919^2. — FRIEDRICH KOEPP: Die Römer in Deutschland. Leizpig 1912. 1926^3. — K. SCHUHMACHER: Siedlungs- und Kulturgeschichte der Rheinlande. 2 Bde., Mainz 1923. — Über die römischen Grenzbefestigungen in Deutschland unterrichtet das Monumentalwerk der deutschen Limesforschung „Der obergermanisch-rätische Limes des Römerreiches". Hrsg. von F. HETTNER, O. v. SARWEY und zuletzt E. FABRICIUS allein, 14 Bde. Heidelberg 1894—1938. Neuerdings HANS SCHÖNBERGER: Neuere Grabungen am obergermanischen und rätischen Limes, Limesforschung 2, 1962. — Vgl. auch den großen Artikel von FABRICIUS in: RE XIII, S. 571 ff. s. v. limes (auch über die anderen limites). Für die praktische Orientierung im Gelände ist jetzt sehr nützlich D. BAATZ: Der römische Limes. Archäologische Ausflüge zwischen Rhein und Donau. Berlin 1974. — Der Erforschung der Rheinlande in prähistorischer und römischer Zeit widmen sich auch die Zeit-

Noricum[53], Frankreich für Gallien und Nordafrika[54] an der Spitze stehen. Die Donaugebiete haben durch die Initiative ALFÖLDIS[55] zwischen den beiden Weltkriegen einen starken Auftrieb erhalten, Ägypten ist durch die internationale Papyrologie gefördert worden[56], für Syrien können die Franzosen auf Grund der Arbeiten ihres Institutes in Beirut und der von ihnen herausgegebenen Zeitschrift „Syria" beträchtliche Verdienste in Anspruch nehmen, die USA haben durch ihre großen Ausgrabungen in Dura-Europos[57] eine große und in vielem sensationelle Aufklärungsarbeit für die parthisch-römische Randzone geleistet.

Eine Geschichte der römischen *Außenpolitik* während der Kaiserzeit ist als besonderer Gegenstand nicht exponiert worden. Man findet sie selbstverständlich in den Darstellungen der römischen Kaiserzeit, auf dem relativ modernsten Stand innerhalb

---

schrift „GERMANIA", Korrespondenzblatt (Anzeiger) der Röm.-Germ. Kommission des Deutschen Archäologischen Instituts (1917 ff.) und die Berichte über die Fortschritte der Röm.-Germ. Forschung (1904 ff.). — Über die nach dem letzten Krieg mit besonderer Energie aufgenommene Ausgrabungstätigkeit in Deutschland unterrichtet das Sammelwerk: NEUE AUSGRABUNGEN IN DEUTSCHLAND, hrsg. von der Röm.-Germ. Kommission des Deutschen Archäologischen Instituts. Berlin 1958.

[53] FRIEDRICH WAGNER: Die Römer in Bayern. München 1924. — FRIEDRICH PICHLER: Austria Romana. Wien 1902—1904. — LUDWIG REINHARDT: Helvetien unter den Römern. Berlin/Wien 1924 (Popularisierung). — FELIX STAEHELIN: Die Schweiz in römischer Zeit. 3. Aufl., Basel 1948. — Für Österreich, wo diese Forschungen offenbar eine gute Resonanz beim breiteren Publikum finden, gibt es auch populäre Darstellungen: ARNOLD SCHOBER: Die Römerzeit in Österreich und in angrenzenden Gebieten von Slovenien. Wien 1935. 1953². — ARTUR BETZ: Aus Österreichs römischer Vergangenheit. Wien 1956. — Zum Forschungsstand: BALDUIN SARIA: Historia 1, 1950. S. 436 ff

[54] CAMILLE JULLIAN: Histoire de la Gaule. 8 Bde., Paris 1913—1926. — CH. ANDRÉ JULIEN: Histoire de l'Afrique du Nord. Paris 1931. — Unter der Leitung von A. BLANCHET wird seit 1931 ein genaues Kartenwerk über Gallien angefertigt: Carte archéologique de la Gaule, bisher erschienen 10 Faszikel. — Die Zeitschrift „GALLIA" (1943 ff.) ist das Zentralorgan der provinzialgallischen Forschung. — Italien ist an diesem Komplex beteiligt auf Grund seiner früheren Herrschaft über Tripolis und die Cyrenaica. Vgl. hierzu u. a. Publikationsreihen: Africa Italiana. Roma 1925 ff. Quaderni die Archeologia della Libia. Roma 1950 ff. Ferner die Monographie von PIETRO ROMANELLI: La Cirenaica romana. — Zusammenfassung für ganz Afrika: PIETRO ROMANELLI: Storia delle provincie dell'Africa. Roma 1959.

[55] ANDREAS ALFÖLDI: Der Untergang der Römerherrschaft in Pannonien. 2 Bde., Berlin und Leipzig 1924—1926. — Ders.: Siscia. Budapest 1931. Über die von ihm inaugurierten Studien unterrichten seine Dissertationes Pannonicae. — Wichtig auch die Forschungen des deutschen Geographen CARL PATSCH: Beiträge zur Völkerkunde von Südosteuropa III ff.; Sitz.-Ber. Ak. Wien 1928 ff.

[56] In der historischen Papyrologie (Gegensatz die literaturgeschichtlich-philologische Papyrologie) gibt es zwei Arbeitsrichtungen: Hellenismus und Kaiserzeit. Für beide Zweige hat ULRICH WILCKEN (1862—1944) die Grundlage geschaffen, obgleich das Schwergewicht seiner Forschungen dem Hellenismus galt. Doch erfaßt das bedeutende Werk, das er zusammen mit dem berühmten Rechtshistoriker LUDWIG MITTEIS schuf (MITTEIS-WILCKEN: Grundzüge und Chrestomathie der Papyruskunde. 4 Bde., Leipzig 1912), alle zwei Gebiete. Dort findet man auch heute noch neben einer Auswahl von typischen Urkunden die gründlichsten Angaben über Verwaltung und Leben des kaiserzeitlichen Ägyptens. Eine geschichtliche Darstellung hat WILHELM SCHUBART, ebenfalls ein bekannter Papyrologe, gegeben (Ägypten von Alexander dem Großen bis auf Mohammed. Berlin 1922). Vgl. ferner JOSEPH VOGT: Römische Politik in Ägypten (Beiheft zum Alten Orient). Leipzig 1924. — Über Ägypten gibt es im übrigen eine unendliche Spezialliteratur.

[57] Vgl. die große Publikation der Ausgrabungen durch die YALE UNIVERSITY: The Excavations of Dura-Europos. Preliminary Reports. New Haven 1929 ff.; Final Reports, ebd. 1949 ff.

der Cambridge Ancient History. Am ehesten kommt einer eigenständigen Behandlung der fünfte Band von MOMMSENS Römischer Geschichte nahe. Dicht benachbart diesem Themenkreis ist eine Kenntnis der um das Römische Reich herumliegenden Völker. Damit betritt man freilich einen Boden, der nicht mehr der der römischen Geschichte ist. Eine Einführung in diesen Problembereich bietet neuerdings MORTIMER WHEELER[58]. Die germanische Vorgeschichte hat in HANS JÜRGEN EGGERS Fundstatistik neuerdings einen lehrreichen Beitrag geliefert[59]. Die ältere Forschung wird durch die Monumentalwerke von KASPAR ZEUSS[60] und KARL MÜLLENHOFF[61] vertreten, die spätere durch LUDWIG SCHMIDTS „Geschichte der deutschen Stämme bis zum Ausgang der Völkerwanderung"[62]. Eine Aufarbeitung des gesamten Stoffes unter Verwendung der archäologisch-prähistorischen Ergebnisse steht noch aus. Unter den vielen Behandlungen von Tacitus' Germania ist in quellen- und stilkritischer Hinsicht jetzt am wichtigsten das Buch von EDUARD NORDEN[63].

Der andere welthistorische Gegenspieler Roms sind die *Parther*, und gerade von ihnen als einer alten Kulturnation wüßten wir gerne mehr. Doch unsere Information ist sehr schlecht, und deshalb müssen auch die besten iranistischen Darstellungen viele Fragen offenlassen[64]. Eine in gewissem Sinn neue Beleuchtung hat die sassanidische Geschichte in einer speziellen Frage durch das vor einiger Zeit gefundene Selbstzeugnis von Schapur I. erfahren, die sog. Res gestae divi Saporis. Hier berichtet der Begründer des neupersischen Reiches von seinen Feldzügen, Eroberungen und Siegen (darunter ausführlich von dem über den römischen Kaiser Valerian) und von seiner frommen Haltung gegenüber den Göttern (Begründung und Ausstattung von Kultstätten). Die Inschrift ist dreisprachig (griechisch, mittelpersisch und parthisch; das Original bzw. die Vorlage war wahrscheinlich mittelpersisch, die Schrift für die mittelpersische und parthische Version aus der aramäischen entwickelt)[65].

---

[58] MORTIMER WHEELER: Rome beyond the Imperial Frontiers. London 1954.

[59] HANS JÜRGEN EGGERS: Der römische Import im freien Germanien. Atlas der Urgeschichte, Bd. 1. Glückstadt 1951.

[60] KASPAR ZEUSS: Die Deutschen und die Nachbarstämme. 1837; wieder abgedruckt in German. Bibliothek II 18. Heidelberg 1925.

[61] KARL MÜLLENHOFF: Deutsche Altertumskunde. 5 Bde., Berlin 1870—1900, 2. Aufl., 1890 bis 1929.

[62] LUDWIG SCHMIDT: Geschichte der deutschen Stämme bis zum Ausgang der Völkerwanderung. I. Die Ostgermanen, 2. Aufl., München 1934; II. Die Westgermanen, 2. Aufl., 1938. (1. Aufl., Berlin 1910—1918). Vgl. ders.: Geschichte der Wandalen. 2. Aufl., 1942. — E. SCHWARZ: Germanische Stammesgeschichte. Heidelberg 1956. — Von sprachwissenschaftlicher Seite fundamental ERNST GAMILSCHEGG: Romania Germanica. Sprach- und Siedlungsgeschichte der Germanen auf dem Boden des alten Römerreiches. 3 Bde., Berlin und Leipzig 1934—1936.

[63] EDUARD NORDEN: Die germanische Urgeschichte in Tacitus' Germania. Leipzig 1920. 1959[4]. — Zur Kritik des Tacitus: GEROLD WALSER: Rom, das Reich und die fremden Völker in der Geschichtsschreibung der früheren Kaiserzeit. Baden-Baden 1951. — Sachkommentar zu Tacitus' Germania von RUDOLF MUCH. Heidelberg 1937. 1959[2].

[64] ARTHUR CHRISTENSEN: L'Iran sous les Sasanides. Kopenhagen 1936. 1944[2]. — N. C. DEBEVOISE: A Political History of Parthia. Chicago 1938.

[65] ANDRÉ MARICQ: Syria 35, 1958, S. 295 ff.; weitere Literatur daselbst, S. 358. — Zum Verhältnis Rom-Perser vgl. auch WILHELM ENSSLIN: Die weltgeschichtliche Bedeutung der Kämpfe zwischen Rom und Persien. Neue Jahrb. für Altert. u. Jugendbild. 4, 1928, S. 399 ff.

Die *arabische* und die *südrussische* Randzone haben in neuerer Zeit durch die Initiative von ROSTOVTZEFF ihre hauptsächliche Aufklärung erfahren[66]. Das sind nur ein paar paradigmatische Hinweise, die nicht die geringste Vollständigkeit beanspruchen. Der *Fernhandel,* zumal der ostwestliche, ist für ein größeres Publikum u. a. von M. P. CHARLESWORTH zugänglich gemacht worden[67].

7. Zur politischen und sozialen Verfassung des Römischen Reiches

Für die politische und soziale Verfassung des römischen Kaiserreiches ist, wie überhaupt für die Geschichte der römischen Kaiserzeit, ROSTOVTZEFFS berühmtes Buch die Grundlage für jede Anschauung und Information (s. a. oben S. 527 f.). Bei der Beurteilung der politischen Struktur empfiehlt es sich, sich der in der modernen Literatur beliebten Überbetonung der Vorrangstellung Italiens nicht allzu sehr anzuvertrauen. Mit ihr ist in die Geschichte der römischen Kaiserzeit ein Spannungsmoment hineingezaubert worden, das kaum zu Recht besteht.

Die Arbeit an den römischen Inschriften, wie sie MOMMSEN durchgeführt hat, ist zuerst der institutionellen Seite zugute gekommen. HIRSCHFELDS kaiserliche Verwaltungsbeamte[68] sind der sichtbare Ausdruck dafür. Auf seiner Grundlage hat PFLAUM weitergebaut[69]. Allerdings hat er den Horizont beträchtlich erweitert durch den personengeschichtlichen Aspekt, womit er einen genauen Einblick in den sozialen Aufstiegsvorgang des Römischen Reiches gewann. — Sehr schlecht sind leider immer noch die Reformen *Hadrians* bekannt. Das Wichtigste steht in den Gesamtdarstellungen (vor allem bei HIRSCHFELD, Verwaltungsbeamte). Die am wenigsten verfängliche Einschränkung des groben Allgemeineindruckes besteht in der Möglichkeit, die Anfänge dieser Maßnahmen schon früher (etwa unter Trajan) anzusetzen und ihre deutliche Ausbildung späterer Zeit vorzubehalten (etwa bei der Justizreform). Am unangenehmsten ist, daß auch die Justizreform Hadrians und die durch ihn erfolgte Heranziehung des Juristenstandes für die kaiserliche Verwaltung viele strittige Fragen offenläßt und dadurch selbst in eine summarische Skizze wie bei dieser Darstellung mehr Hypothesen zu stehen kommen als im Grunde zulässig ist[70].

Personengeschichte (Prosopographie) ist überhaupt in den letzten Jahrzehnten der Forschung als eine methodische Möglichkeit erkannt worden, mit Hilfe des inschriftlichen Materials in den Aufbau der kaiserzeitlichen Gesellschaft hineinzuleuchten.

---

[66] MICHAEL ROSTOVTZEFF: Caravan Cities. Oxford 1932. Ders.: Iranians and Greeks in South Russia. Oxford 1922. — FR. ALTHEIM und RUTH STIEHL: Die Araber in der alten Welt, Berlin 1964.

[67] M. P. CHARLESWORTH: Trade Routes and Commerce of the Roman Empire. Cambridge 1924. Vgl. auch A. HERRMANN: Die Verkehrswege zwischen China, Indien und Rom. Leipzig 1922.

[68] OTTO HIRSCHFELD: Die kaiserlichen Verwaltungsbeamten bis auf Diocletian. 2. Aufl., Berlin 1905. — Von der neueren Literatur zu den Problemen der kaiserlichen Verwaltung vgl. JOHN CROOK: Consilium Principis. Cambridge 1955. — JOHN MAURICE KELLY: Princeps Iudex (zur kaiserlichen Gerichtsbarkeit). Weimar 1957. — A. M. DUFF: Freedmen in the Early Roman Empire. Cambridge 1928. 1958². — WOLFGANG KUNKEL: Herkunft und soziale Stellung der römischen Juristen. Weimar 1952.

[69] H. G. PFLAUM: Les procurateurs équestres sur le Haut Empire Romain. Paris 1950. Ders.: Essai sur le cursus publicus sous le haut-empire romain. Mémoires Acad. des Incr. XIV. Paris 1940. Ders.: Les carrières procuratoriennes equestres sous le haut empire romain 3 Bde., Paris 1960. — Zusammenfassend ders.: RE 2. R. XXII, S. 1240 ff. (s. v. procurator).

[70] Aus der Literatur vgl. etwa: FRANZ WIEACKER: Studien zur hadrianischen Justizpolitik. Freiburg 1935. — BERNARD D'ORGEVAL: L'empereur Hadrien. Oeuvre législatif et administratif. Paris 1950. — Vgl. auch KUNKEL a. O. (s. o. S. 546 A. 27), S. 290 ff.

Es handelt sich hierbei in erster Linie darum, die Zusammensetzung der höheren Stände kennenzulernen und die Herkunft derjenigen Männer, die sie repräsentierten, festzustellen. Auf diese Weise gewann die grundlegende Tatsache, daß aus der italischen Aristokratie allmählich eine Reichsaristokratie wurde, eine genauere Beleuchtung. Die wissenschaftliche Arbeit an diesem Thema verbirgt sich hinter unscheinbaren Titeln. Es handelt sich um eine Reihe von Untersuchungen, welche sich mit der Zusammensetzung des Senates in den verschiedenen Zeiten befassen[71]. Auch die des öfteren vorgenommene Zusammenstellung der Statthalter einzelner Provinzen ergibt für diese Fragestellung einen gewissen Ertrag[72]. Das sind natürlich alles Vorstudien, auf welche eine substantiierte Auswertung noch zu folgen hat. Bereits auf dieser Höhe steht ein bekanntes Buch von ARTHUR STEIN über den römischen Ritterstand[73].

Das andere Gebiet, das durch die Inschriften am meisten gefördert worden ist, ist die Geschichte des römischen *Heerwesens*. Da hat MOMMSEN selbst schon die entscheidenden Einsichten gehabt[74]. In einem berühmten Buch ist dann DOMASZEWSKI dem hierarchischen Aufbau des Heeres nachgegangen[75], und seitdem gibt es zahlreiche Untersuchungen zur Geschichte der einzelnen Heereskörper, deren Verfertigung auch heute noch nicht abreißt. Zusammenfassungen hat diese weit verstreute Forschung vor allem durch RITTERLING u. a. erhalten[76].

---

[71] P. et J. WILLEM: Le Sénat romain en l'an 65 ap. J.-C. Musée Belge 4, 1900, S. 236 ff. — B. STECH: Senatores Romani qui fuerint inde a Vespasiano usque ad Traiani exitum. Klio-Beiheft 10. Leipzig 1912. — PIERRE LAMBRECHTS: La composition du sénat romain de l'accession d'Hadrien à la mont de Commode. Antwerpen 1936. — Ders.: La composition du sénat romain de Septime Sévère à Diocletien (193—284). Budapest 1937. — SIEGFRIED J. DE LAET: De Samenstellung van den romeinischen Senat gedurende de eerste eeuw van het principaat. Antwerpen 1941. — GUIDO BARBIERI: L'albo senatorio da Settimio Severo a Carino, Rom 1952. Zusammenfassende Übersicht M. HAMMOND; Journ. Rom. Stud. 47, 1957, S. 74 ff. — Neuerdings: W. ECK: Senatoren von Vespasian bis Hadrian. München 1970.

[72] Vgl. etwa EMIL RITTERLING: Fasti des römischen Deutschland unter dem Prinzipat. Beiträge zur Verwaltung u. Heeresgesch. von Gallien und Germanien, II. Wien 1932. — EDMUND GROAG: Die römischen Reichsbeamten von Achaia bis auf Diokletian. Schriften der Balkankommission, Antiquarische Abt. IX. Wien u. Leipzig 1939. — ARTHUR STEIN: Die Präfekten von Ägypten in der römischen Kaiserzeit. Diss. Bernenses Ser. 1, Fasz. 1. Bern 1950. — WALTER REIDINGER: Die Statthalter des ungeteilten Pannonien und Oberpannoniens von Augustus bis Diokletian. Antiquas Reihe 1, Bd. 2. Bonn 1956. — ADOLF JAGENTEUFEL: Die Statthalter der römischen Provinz Dalmatia von Augustus bis Diokletian. Schriften der Balkankommission, Antiquarische Abt. XII. Wien 1958. — BENGT E. THOMASSON: Die Statthalter der römischen Provinzen Nordafrikas von Augustus bis Diokletian, 2 Bde. Lund 1960.

[73] ARTHUR STEIN: Der römische Ritterstand. München 1927.

[74] THEODOR MOMMSEN: Praetorium (1900, Ges. Schrift. VI, S. 128 ff.). Die Gardetruppen der römischen Republik und der Kaiserzeit (1879—1881, Ges. Schrift. VI, S. 1 ff.). Die römischen Provinzialmilizen (1887, Ges. Schrift. VII, S. 145 ff.). Die Conscriptionsordnung der römischen Kaiserzeit (1884, Ges. Schrift. VI, S. 20 ff.). — Auseinandersetzung mit und Fortführung von MOMMSEN bei CHEESMAN (s. Anm. 76) und KONRAD KRAFT: Zur Rekrutierung von Alen und Kohorten an Rhein und Donau. Bern 1951. — HORST CALLIES: Die fremden Truppen im römischen Heer und das Problem der sog. nationalen Numeri, i. 45. Ber. d. Röm. Germ. Kommission 1964.

[75] A. v. DOMASZEWSKI: Die Rangordnung d. röm. Heeres. Bonner Jahrb. 117, 1908, S. 1 ff. 2. Aufl., besorgt von B. DOBSON. Beiheft 14 der Bonner Jahrbücher, Köln, Graz 1967.

[76] E. RITTERLING: RE XII, 1, s. v. legio (1924). — Vgl. ferner H. M. D. PARKER: The Roman Legions. Oxford 1928. — CONRAD CICHORIUS: RE IV, 1, s. v. cohors (1900). — G. L. CHEESMAN: The Auxilia of the Roman Imperial Army. Oxford 1914. — M. DURRY: Les cohortes prétoriennes. Paris 1938. — [77] Linguistisch fundierte Darstellung durch WALTHER VON WARTBURG: Die Entstehung der romanischen Völker. Halle/S. 1939.

Reichsorganisation und Heerwesen sind freilich nicht nur ein Phänomen der Verwaltung, sondern beinahe in noch höherem Maße gehen sie die soziale Struktur des Römischen Reiches an. Unter diesem Gesichtspunkt ist es bedauerlich, daß die Erfassung eines der wichtigsten Themenkreise, nämlich die der *Romanisierung* bei unserem Quellenstande sich noch immer einer plastischen und genauen Darstellung entzieht[77]. Selbst die bedeutende Rolle, welche das römische Heer in diesem Zusammenhange gespielt hat, ist trotz der großen militärgeschichtlichen Forschung noch nicht zu einer über das Grundsätzliche hinausgehenden überschaubaren Evidenz gelangt.

Auch für das *Städtewesen* steht an Gesamtdarstellungen eigentlich nur die mehr antiquarische von Liebenam zur Verfügung[78]. Wenn man etwas von der Gesinnung der höheren Gesellschaftskreise des Römischen Reiches, vor allem im griechischen Osten unmittelbar verspüren will, hat man sich an die dem Aelius Aristides zugeschriebene Romrede zu halten[79]. Für die Bürgerrechtspolitik hat in der modernen Forschung vor allem die *constitutio Antoniniana* vom Jahre 212 Epoche gemacht, dies insbesondere im Hinblick auf einen Papyrusfund, der offenbar ein Fragment dieser sonst sehr schlecht bekannten Verordnung überliefert. Daran hat sich eine bis heute dauernde sehr weitläufige Literatur angeschlossen[80]. Es ist allerdings sehr fraglich, ob die generelle Bürgerrechtsverleihung als solche so revolutionär war, wie sie uns heute erscheint. Der Verfasser dieser Darstellung neigt mehr zu der Ansicht, daß diese offenbar von den Zeitgenossen nicht als Sensation empfundene Maßnahme eher ein Symptom dafür ist, daß die Bürgerrechtsverleihung ihre bisherige soziale Funktion bereits eingebüßt hatte und damit von Caracalla der ephemere fiskalische Zweck einer Erhöhung des Steuersolls durch Ausdehnung der Erbschaftssteuer auf sämtliche Einwohner verfolgt werden konnte[80a].

Zur Geschichte des Reiches und seiner sozialen Verfassung gehört auch die *Rechtsordnung*, nach der die reichsangehörigen Untertanen lebten. Es konnte dies selbstverständlich nicht bloß das römische Recht sein. Im Osten traten die Römer in ein Gebiet alter Rechtskultur, der griechischen und griechisch-orientalischen ein und dachten natürlicherweise gar nicht daran, diese zu verdrängen. Inwieweit sich hieran etwas durch die constitutio Antoniniana geändert hat (insofern als von Hause aus römisches Bürgerrecht auch Unterstellung unter das römische [bürgerliche] Recht bedeutete), ist unter den Rechtshistorikern sehr umstritten. Bestehen bleibt die Tatsache, daß die einheimischen Formen fortlebten und unvermeidlich auch in das römi-

---

[78] W. Liebenam: Römische Städteverwaltung. Leipzig 1900 (Neudruck Rom 1967). — Vgl. ferner Joachim Marquardt: Römische Staatsverwaltung. 3 Bde., 2. Aufl., Leipzig 1881—1885; J. S. Reid: The Municipalities of the Roman Empire. Cambridge 1913, und F. A. Abbott/A. C. Johnson: The Municipal Administration in the Roman Empire. Princeton 1926 (mit Quellenbeilagen). — H. M. Jones: The Cities of the Eastern Roman Provinces. Oxford 1937. — W. Langhammer: Die rechtliche und soziale Stellung der magistratus municipales und der Decuriones. Wiesbaden 1973.

[79] James H. Oliver: The Ruling Power. A Study of the Roman Empire in the Second Century after Christ through the Roman Oration of Aelius Aristides. Transactions of the Americ. Philos. Soc., NS. Vol. 43, Part 4. Philadelphia 1953.

[80] Ein Referat über sie rechtfertigt sogar ein eigenes Buch: Christoph Sasse: Die constitutio Antoniniana. Wiesbaden 1958. — [80a] Dieser Eindruck wird jetzt bekräftigt durch eine kürzlich gefundene und noch nicht veröffentlichte Inschrift aus Banasa in Marokko. Vgl. den vorläufigen Bericht von Seston, Comptes Rendus de l'Academie d'inscriptions et belles lettres 1961, Paris 1962, S. 317 ff. —

sche Recht eindrangen. Als die Wissenschaft vom römischen Recht dieses ganze Phänomen und seine Probleme entdeckte, war das eine Sensation. Dies auch nicht zuletzt deshalb, weil dieses wissenschaftsgeschichtliche Ereignis gerade mit dem Verlust der dogmatischen Relevanz des römischen Rechts, d. h. mit dem Ende der sog. Pandektistik zusammentraf und deren Ablösung durch reine Rechtsgeschichte sich eben auch im Hinblick auf die neue Entdeckung vollzog. Der Gelehrte, in dessen Person sich dieser Prozeß repräsentativ abbildete, ist LUDWIG MITTEIS (1859—1921), und sein berühmtes Werk, das in diesem Sinne Epoche machte, ist eben deshalb auch dem Thema des römischen Rechtes im Verhältnis zum einheimischen gewidmet[81].

8. Rom und die Juden

In der sehr evolutionistischen Geschichte des römischen Kaiserreichs hat eigentlich einzig das Verhältnis zu den Juden eine dramatisch zugespitzte Variation hervorgebracht. Hier handelt es sich um Dinge von weltgeschichtlicher Bedeutung, nur erhalten sie ihr adäquates Relief nicht innerhalb der römischen, sondern ausschließlich im Rahmen der jüdischen Geschichte[82]. Das ist nur insoweit anders, als in diesen Zusammenhang noch die mit Herodes und seinem Haus zu Ende gehende Geschichte der jüdischen Staatlichkeit hineinragt. Sie fällt unter das Thema des großen Werkes von EMIL SCHÜRER, das als Ganzes noch immer seinen Stand behauptet[83]. Die Friktionen zwischen Juden und Heiden bis zum Vespasianischen Krieg sind uns verhältnismäßig gut bekannt. Wir verdanken das dem Umstand, daß in Josephus und Philo (letzterer auch sonst eine sehr interessante Figur der jüdisch-griechischen Symbiose[84]) Zeitgenossen der Ereignisse zu uns sprechen. Dazu tritt dann von nichtjüdischer Seite eine merkwürdige, aus Alexandrien stammende Literatur, wohl zum großen Teil fingierte Prozeßakten, in denen die Griechen nicht nur ihre Empörung dem judenfreundlichen römischen Kaiser gegenüber äußern, sondern auch die Prinzipien ihrer antijüdischen Gesinnung darlegen[85]. In der modernen wissenschaftlichen Literatur spricht man nicht sehr glücklich von antikem Antisemitismus, richtiger wäre Antijudaismus. Nach unserem Quellenstand ist hierfür das bekannteste und am bequemsten greifbare Zeugnis der Judenexkurs des Tacitus in den Historien[86]. Eine (ältere) breite Gesamtdarstellung der Juden im Römischen Reich hat JUSTER geliefert[87].

9. Zum Charakter des zweiten Jahrhunderts

Die warme und freundliche Atmosphäre, die über das zweite Jahrhundert, d. h. die Zeit des humanitären Kaisertums, ausgebreitet ist, ist eine Entdeckung von GIBBON.

---

[81] L. MITTEIS: Reichsrecht und Volksrecht in den östlichen Provinzen des römischen Kaiserreiches. Leipzig 1891.

[82] A. SCHLATTER: Geschichte Israels von Alexander dem Großen bis Hadrian. Stuttgart 1925³. — F.-M. ABEL: Histoire de la Palestine depuis la conquête d'Alexandre jusqu' à l'invasion Arabe. 2 Bde., Paris 1952. — Vgl. jetzt auch den Abriß bei MARTIN NOTH: Geschichte Israels. Göttingen 1950; 1954².

[83] EMIL SCHÜRER: Geschichte des jüdischen Volkes im Zeitalter Jesu Christi. Leipzig 1873, 3 Bde., 1901—1911⁴. — Monographisch behandelt worden ist natürlich Herodes d. Gr., am eingehendsten und gelehrtesten von WALTER OTTO: RE Suppl. II, S. 1 ff. (1913). — Vgl. ferner A. H. M. JONES: Herods of Judaea. Oxford 1938.

[84] E. R. GOODENOUGH: The Politics of Philon Judaeus. Practice and Theory. New Haven 1938.

[85] Text, Kommentar und Literaturübersicht jetzt bei HERBERT A. MUSURILLO: The Acts of the Pagan Martyrs. Acta Alexandrinorum. Oxford 1954. — Vgl. IDRIS BELL: Juden und Griechen im römischen Alexandrien. Beihefte zum Alten Orient 9. Leipzig 1926.

[86] Hist. V, 1—13.

[87] JEAN JUSTER: Les Juifs dans l'empire romain. 2 Bde., Paris 1914.

Ihre positiven Elemente sind auch nicht zu übersehen, und wenn auch vieles Stimmung und Idee ist, so ist andererseits nicht zu bestreiten, daß die Praxis des Lebens in einem erheblichen Umfang von ihr ergriffen wurde. Die bessere Behandlung der Sklaven, worüber neben den Kulturgeschichten neuerdings auch das Buch von WESTERMANN (mit Hinweisen auf die ältere Literatur) zu vergleichen ist[88], und schließlich auch ein erhöhtes Interesse an der Kindererziehung[89] sind ein sprechender Beweis dafür. Der geistige Ausgangspunkt ist der Menschheitsbegriff der Stoa.

Das neunzehnte Jahrhundert mit seiner Vorliebe für das kritische Entlarven des historischen Scheines hat sich allerdings mehr für den verborgenen düsteren Hintergrund des Zeitalters interessiert und dabei gerne betont, daß die humanitären Kaiser keineswegs liberal waren und gerade unter ihnen die kaiserliche Macht sich zusehends verfestigte. Das ist nicht unrichtig, nur setzt es das Faktum der Gesinnung nicht außer Kraft. Bedeutsamer ist die Aufdeckung der allmählich ins Wanken geratenden gesellschaftlichen Ordnung, ein Vorgang, der sich nur ganz unmerklich vollzog und dessen Aufhellung eines der Verdienste von ROSTOVTZEFFS großem Werk ist.

Die *geistige Situation* des römischen Kaiserreiches mit ihren konvergierenden Tendenzen ist von den verschiedensten Seiten angegangen worden. Die Äußerungen sind im einzelnen sehr verschieden. Es handelt sich einerseits um die Fortsetzung strengerer Schultraditionen, sodann um ihre Aufweichung durch Annäherung und Vermischung mit anderem Gedankengut. Es gibt eine höchst zwielichtige theosophische Literatur; es meldet sich das zum Wort, was unter den vielfältigen und nicht nur auf das Christentum beschränkten Begriff der Gnosis fällt[90]. Dem allgemeineren historischen Interesse ist freilich die gerade in letzter Zeit sehr angewachsene Spezialliteratur hierüber nur schwer zugänglich, und ein Hinweis auf sie ist innerhalb einer Römischen Geschichte auch nicht gerechtfertigt.

Man wird sich von diesem Standpunkt aus eher den zusammenfassenden Darstellungen der Religionsgeschichte, welche diese Probleme auch berücksichtigen, anvertrauen. In der Religionsgeschichte der Kaiserzeit ist Ende des neunzehnten und Anfang des zwanzigsten Jahrhunderts viel geforscht worden. Inzwischen hat das Interesse beträchtlich nachgelassen, und damit hat sich die Gefahr eingestellt, daß der Anschluß der allgemeinen Geschichtswissenschaft an die s. Z. gewonnenen Erkenntnisse verlorengeht. Es bedeutet deshalb einen eminenten Glücksfall, daß ein markanter Vertreter der älteren Generation die vielfältig zerstreute Forschung noch zu einer sorgfältig gearbeiteten und geschlossenen Gesamtdarstellung in souveräner Weise vereinigt hat. Es ist dies MARTIN NILSSON mit dem zweiten Band seiner Griechischen Religionsgeschichte[91], eine Leistung, die um so erstaunlicher ist, als NILSSON von Hause

---

[88] WILLIAM L. WESTERMANN: The Slave Systems of Greek and Roman Antiquity. Philadelphia 1955. Vgl. auch denselben in RE Suppl. VI, S. 994 ff.

[89] HENRI IRÉNÉE MARROU: L'histoire de l'éducation dans l'antiquité. Paris 1948; 1955³. Deutsche Übersetzung: Geschichte der Erziehung im klassischen Altertum. Hrsg. von Richard Harder. Freiburg i. B. 1957.

[90] Hierfür jetzt vor allem wichtig HANS JONAS: Gnosis und spätantiker Geist I, II, 1. Göttingen 1934; 1954².

[91] MARTIN NILSSON: Geschichte der griechischen Religion II. München 1950.

aus gar nicht zu den speziellen Religionshistorikern der römischen Kaiserzeit gehört. Unter ihnen steht an erster Stelle FRANZ CUMONT[92].

10. Das Christentum

Am genauesten erforscht und auch im Besitze der besten Forschungsmöglichkeiten ist die Geschichte des Christentums. Die historische Theologie des neunzehnten und zwanzigsten Jahrhunderts ist durch die Monumentalwerke ADOLF HARNACKS[93] und HANS LIETZMANNS[94] am eindrucksvollsten repräsentiert. Ihr Studium ist für den Historiker unentbehrlich. Die Konvergenzen des Christentums mit der antiken, zumal griechischen Geistesgeschichte sind mit bewußter Einstellung auf diesen Aspekt neuerdings herausgearbeitet in dem großen Werk von CARL SCHNEIDER[95]. Für die Erhellung des Ursprunges enthalten die Schriften von BULTMANN scharfe Fragestellungen und präzise Aussagen[96]. Das Verhältnis von Christentum und römischem Staat ist unzählige Male behandelt worden. Leider fehlt uns für die genauen Auffassungen der Rechtsgrundlagen immer noch das nötige Material. Ohne einen gewissen Spielraum für Wahrscheinlichkeitsvermutungen kommt man nicht aus. Trotzdem sollte man nicht mehr daran zweifeln, daß Nero sich nicht gegen die Christen als solche gewandt hat, sondern sie als angebliche Brandstifter verfolgte. Die Interpretation der berühmten Tacitusstelle (ann. 15, 44) gibt, wenn man den Stil des Tacitus berücksichtigt, ein ganz eindeutiges Bild. Vergleiche in diesem Sinne statt vieler HUGH LAST[97].

Für die Beurteilung der Rechtsbeziehungen zwischen Christentum und römischem Staat kommt es darauf an, wodurch dieser den notorischen Rechtszustand herbeiführte, daß das Christentum de iure eine religio non licita war. An dieser Tatsache selbst wird wohl in der modernen Forschung kaum gezweifelt; nur ihre Voraussetzung ist strittig. MOMMSEN hat einst in einem berühmten Aufsatz[98] die Theorie aufgestellt, die Grundlage der Verurteilung des Christentums hätte in der sog. Koerzition der römischen Magistrate bestanden, d. h. — in unsere Sprache übertragen — ihrem polizei-

---

[92] FRANZ CUMONT: Les réligions orientales dans le paganisme romain. Paris 1906; 1929[4]. (Deutsche Übersetzung: Die orientalischen Religionen im römischen Heidentum. Leipzig u. Berlin 1910. Darmstadt 1959. Ders.: Textes et monuments figurés relatifs aux mystères de Mithra publiés avec une introduction critique. 2 Bde., Brüssel 1896—1899, und daraus der Auszug in deutscher Übersetzung: Die Mysterien des Mithra. Ein Beitrag zur Religionsgeschichte der römischen Kaiserzeit. Leipzig 1911[2]; 1923[3].

[93] ADOLF HARNACK: Mission und Ausbreitung des Christentums in den ersten drei Jahrhunderten. 2 Bde., 1902, 4. Aufl., Leipzig 1924. — Ders.: Lehrbuch der Dogmengeschichte. 3 Bde., Tübingen 1909 f.

[94] HANS LIETZMANN: Geschichte der Alten Kirche. I[2]. Berlin 1937; II, 1936; III, 1938; IV, 1, 1944; der letzte Halbband hrsg. von W. Eltester. Neuerdings: C. ANDRESEN: Die Kirchen der alten Christenheit. Stuttgart 1971. Von dem gleichen Verf. auch die instruktive Zusammenfassung: Gesch. d. Christentums I. Stuttgart 1975.

[95] CARL SCHNEIDER: Geistesgeschichte des antiken Christentums. 2 Bde., München 1954. — Vgl. auch das ältere, den Zusammenhängen zwischen Christentum und griechischer Antike nachgehende Werk von PAUL WENDLAND: Die hellenistisch-römische Kultur in ihren Beziehungen zu Judentum und Christentum. Tübingen 1912[2/3].

[96] RUDOLF BULTMANN: Das Urchristentum im Rahmen der antiken Religionen. Zürich 1949; 1954[2].

[97] Reallexikon für Antike und Christentum II, 1954, s. v. Christenverfolgung (juristisch), S. 1210 f.

[98] TH. MOMMSEN: Der Religionsfrevel nach römischem Recht. Gesammelte Schriften III, S. 389 ff. —

mäßigen Ermessen. Diese Theorie ist des öfteren in Zweifel gezogen worden und auch der Schreiber dieser Zeilen kann sich von ihr nicht überzeugen; trotzdem findet sie heute nicht nur noch Anhänger, sondern wird auch in dem neuesten ausgezeichneten Abriß des Problems von LAST[99] vertreten. Der instruktive Briefwechsel von Plinius und Trajan (Plin. ep. ad Trai. 96—97) ist nicht nur für die Situation des Christentums überhaupt das interessanteste heidnische Zeugnis, sondern enthält ebenso den Ausgangspunkt und, wie ich meinen möchte, den Schlüssel zu dem genannten Problem. Ein Ausschnitt aus der reichen Literatur ist in dem eben angegebenen Artikel von LAST genannt. Die tatsächlichen Verhältnisse und damit die im allgemeinen ganz günstige Situation des Christentums sind einer genauen Prüfung der sog. Christenverfolgungen zu entnehmen. Zu ihnen zusammenfassend jetzt JOSEPH VOGT[100] und das hübsche kleine Büchlein von JACQUES MOREAU[101]. Daselbst auch die weitere Literatur.

§ 49. Hinweise und Erläuterungen zur Spätantike (IX - XI)

1. Spätantike und römische Geschichte. — 2. Die Erforschung der Spätantike. — 3. Der Beginn der Spätantike. — 4. Die verdeckten Voraussetzungen der Spätantike. — 5. Zu Diokletian. — 6. Zu Konstantin dem Großen. — 7. Zur Spätantike nach Konstantin. — 8. Zum Untergang der Antike.

1. Spätantike und römische Geschichte

Eine Darstellung der Spätantike innerhalb einer römischen Geschichte unterliegt einem optischen Gesetz, das vom Leser nicht außer acht gelassen werden darf. Die Spätantike ist eine Epoche, welche sich nahezu vollständig von den Grundlagen der römischen Geschichte, wie sie in der vorangehenden Zeit noch immer bestimmend gewesen waren, gelöst hat. Die Spätantike hat sich mehr ihre eigenen Voraussetzungen geschaffen als dieselben von der Vergangenheit übernommen. Infolgedessen sind auch die Beziehungen, welche sie mit der Folgezeit verknüpfen, inniger als diejenigen, welche rückwärts weisen. Daraus ergibt sich, daß man der Gestalt der Epoche eigentlich nur gewahr wird, wenn man die Geschichte weit in die byzantinische Zeit hineinverfolgt. Nur dann wird einem auch klar, worin ihre weltgeschichtliche Funktion bestand. GIBBON hatte insofern nicht ganz unrecht, wenn er überhaupt die ganze byzantinische Geschichte dazuschlug und erst mit dem Fall Konstantinopels 1453 ein Ende setzte. Doch auch wenn man nicht so radikal verfährt, bleibt doch ganz unerläßlich, wenigstens die Geschichte des frühbyzantinischen Staates einzubeziehen, d. h. Justinian zu behandeln (527—565) und darüber hinaus auszugreifen bis zur arabischen Invasion (ab 636). — Bei einem solchen Verfahren würde jedoch, wie leicht zu sehen ist, die Kompetenz nicht nur der römischen, sondern überhaupt der antiken Geschichte weit

---

[99] a. a. O., S. 1214 ff.

[100] a. a. O., s. v. Christenverfolgung (historisch), S. 1159 ff.

[101] JACQUES MOREAU: La persécution du christianisme dans l'empire romain. Paris 1956; Deutsche Übers. Die Christenverfolgung im Römischen Reich, Berlin 1961.

überschritten. Ihr Rahmen würde völlig gesprengt werden, und man hätte es in erster Linie nicht mehr mit dem Altertum, sondern mit dem Mittelalter zu tun.

Die Spätantike als eigene historische Größe ist also von der römischen Geschichte her nicht mehr adäquat zu umfassen. Sie rückt nur zum Teil in ihren Prospekt und wird da nur soweit sichtbar, als sie bestimmte Entwicklungslinien zu Ende gehen läßt, genauer, sie in einen neuen Zusammenhang hinüberführt. Sie muß sich also notwendigerweise eine starke perspektivische Verkürzung gefallen lassen und kann nur in einzelnen ungefähren Umrissen zum Vorschein kommen.

2. Die Erforschung der Spätantike

Ihr Entwurf in der vorliegenden Darstellung ist ganz von dieser Gegebenheit diktiert, und man wird danach verstehen, daß man an ihn nicht die Anforderungen stellen darf, den Stoff in einer seinem Gewicht als selbständige Größe entsprechenden Weise vermittelt zu bekommen. Das zeigt sich schon darin, daß der äußere Umfang der Darstellung stark beschnitten und die pragmatische Geschichte fast völlig eliminiert ist.

Auch in der Forschung hat sich die Spätantike längst als eigener Problemkreis abgesetzt, der mit der Arbeit an der vorangehenden Zeit nur wenig zu tun hat. Zwar hat auch hier MOMMSEN Pionierarbeit geleistet. Wichtige Quellen wie der Codex Theodosianus, Cassiodor und Jordanes u. a. sind durch ihn zugänglich gemacht worden, und einzelne Untersuchungen, wie etwa die „Ostgotischen Studien“[1], sind noch immer unentbehrliche Beiträge zum Verständnis des spätantiken Staates. Aber in der Folgezeit wurde, auch von der Person der beteiligten Forscher her gesehen, die Spätantike ein verhältnismäßig selbständiger Arbeitsbereich und fällt heute zur Hauptsache unter die Zuständigkeit der sog. Byzantinistik.

Noch von MOMMSEN ausgegangen sind seine beiden Schüler LUDO MORITZ HARTMANN[2] und OTTO SEECK[3]. Jener stößt mit seinem Hauptwerk schon weit ins Mittelalter vor, dieser ist, abgesehen von zahlreichen Einzelarbeiten, der Verfasser der ersten und eigentlich auch einzigen ganz selbständig von Grund aus aufgebauten Geschichte der Spätantike. Leider hat er sich durch starke Anlehnung an darwinistische Gedankengänge um die ihm und seiner großen Kennerschaft von Rechts wegen zukommende Anerkennung gebracht. Trotzdem ist die spätere Forschung ohne ihn gar nicht denkbar und, was die Flüssigkeit der Darstellung und ihre Breite angeht, hat das Werk auch späterhin nicht seinesgleichen gefunden. Es ist, zumal für den deutschen Leser, auch heute noch unentbehrlich.

Gesamtdarstellungen gibt es ferner von J. B. BURY[4] und ERNST STEIN[5], sodann für die

---

[1] THEODOR MOMMSEN: Ostgotische Studien. Ges. Schr. VI, S. 362 ff.

[2] Siehe oben S. 522; vgl. L. M. HARTMANN: Ein Kapitel vom spätantiken und frühmittelalterlichen Staate. Berlin/Stuttgart/Leipzig 1913. Ders.: Der Untergang der antiken Welt. Sechs volkstümliche Vorträge. Das Wissen für Alle. Jahrg. 1903.

[3] OTTO SEECK: Geschichte des Untergangs der antiken Welt. 6 Bde., Berlin 1895—1920; in 3. bzw. 2. Aufl., Berlin 1920—1921.

[4] J. B. BURY: History of the Later Roman Empire from the Death of Theodosius I. to the Death of Justinian. 2 Bde., London 1923. Vgl. auch denselben: The Constitution of the Later Roman Empire. Cambridge 1910.

[5] ERNST STEIN: Geschichte des spätrömischen Reiches. I. Wien 1928; Paris 1960[2] (französisch) II (von 476—565 n. Chr.,) in französischer Sprache. Paris/Brüssel/Amsterdam 1949. Vgl. jetzt A. H. M. JONES: The later Roman Empire 284—602. A social, economic, and administrative survey. 3 Bde. nebst Kartenbeilage. Oxford 1964.

spätere Zeit Behandlungen innerhalb byzantinischer Geschichten. Die CAMBRIDGE ANCIENT HISTORY geht mit 324 zu Ende und gibt die Spätantike an die CAMBRIDGE MEDIEVAL HISTORY ab. Die Histoire Générale von GLOTZ überschreitet mit 395 die Grenze zwischen Altertum und Mittelalter und schließt mit einer guten Darstellung des vierten Jahrhunderts aus der Feder PIGANIOLS ab[6]. Interessant und geistvoll ist ferner eine kürzere Schilderung von WILLIAM SESTON[6a]. Eine schöne Schilderung des Übergangs vom Altertum zum Mittelalter, welche in beiden Richtungen weit ausgreift, liegt jetzt vor aus der Feder des Mediävisten HEINRICH DANNENBAUER[6b].

3. Der Beginn der Spätantike

So fließend die Grenze zwischen Altertum und Mittelalter ist und so sehr die Antworten auf diese Frage bei den einzelnen Gelehrten auseinandergehen, so fest scheint der Beginn der Spätantike zu stehen mit seiner konventionellen Fixierung auf die Thronbesteigung Diokletians (284). Wenn die hier gegebene Schilderung von ihr nur einen eingeschränkten Gebrauch macht, so ist damit keineswegs beabsichtigt, diese Periodisierung in Frage zu ziehen. Aber da es hier nicht möglich war, die Spätantike als eigenes Thema abzuhandeln, ließ sich auch keine besondere Eingangspforte zu ihr anbringen und entfiel damit die Möglichkeit, Diokletian in dieser Funktion einzuführen. Im Zusammenhang einer Römischen Geschichte mußte infolgedessen der Schwerpunkt auf die Verbindung mit der vorangehenden Zeit fallen und Diokletian als deren Abschluß dienen. Diese selbst nun wieder konnte dadurch eine stärkere Profilierung auf das ihr immanente Ziel erfahren und damit sichtbar machen, daß der Untergang der im engeren Sinne kaiserzeitlichen Epoche und die Vorbereitung der Spätantike im dritten Jahrhundert erfolgt. Mit erheblicher Berechtigung ließe sich in diesen Zusammenhang sogar die Kaisergeschichte seit Commodus einbeziehen, doch ist auf diese strenge Stringenz mit Rücksicht auf die Konsistenz der Severischen Dynastie verzichtet worden und diese als Abbruch der Prinzipatszeit an deren Schilderung angeschlossen worden. Übergangszeiten sind immer ambivalent, und was das Ende des einen ist, erscheint zugleich als Anfang des anderen. Im Spiegel der Geschichte der römischen Kaiser wird erst mit den Soldatenkaisern nach 235 voll und ganz sichtbar, was die Stunde geschlagen hatte. Der hintergründige geschichtliche Prozeß beginnt selbstverständlich früher. Die Dinge greifen wie oft bei solchen Verwandlungen ineinander über.

Mit den Grundlinien der Entwicklung eine genaue Kaisergeschichte zu verweben, ist aus zwei Gründen nicht angängig. Erstens läßt sich auf den kleinen Grundriß die chaotische Vielfalt nicht projizieren, und zweitens sind wir über die einzelnen Erscheinungen viel zuwenig orientiert. Nur ganz wenigen Gestalten läßt sich unter einem besonderen Gesichtspunkt ein schärferer Umriß abgewinnen. — Die folgende Liste verdeutlicht diesen Sachverhalt auf die einfachste Weise: Maximinus (Thrax) 235—238. Pupienus 238 und Balbinus 238. Gordianus (I.) 238 und Gordianus (II.) 238. Gordianus (III.) 238—244. Sabinianus 240. Philippus (Arabs) 244—249. Philippus (Sohn des vorigen) 247—249. Jotapianus 248. Marinus 249. Decius 249—251. Decius (Sohn des vorigen) 251. Hostilianus 251. Gallus 251—253. Volusianus (Sohn des vorigen) 251—253. Aemilianus

[6] ANDRÉ PIGANIOL: L'Empire chrétien. Paris 1947.
[6a] WILLIAM SESTON in Propyläen-Weltg. IV, 1963, S. 489 ff. — Vgl. dort auch L. RUBIN, S. 607 ff.
[6b] HEINRICH DANNENBAUER: Die Entstehung Europas, 2 Bde., Stuttgart 1959 u. 1962.

253. Valerianus 253—259 oder 260. Gallienus (Sohn des vorigen) 253—268. Ingenuus 258. Regalianus 260. Macrianus und Quietus 260/261. Postumus 259—268. Victorinus 268 bis 270. Tetricus 270—273 (die letzten drei als Gegenkaiser in Gallien). Aureolus 261 bis 268. Claudius (Gothicus)[7] 268—270. Quintillus 270. Aurelianus 270—275. Septiminus 271. Urbanus 271. Domitianus (etwa gleichzeitig in Gallien). Tacitus 275—276. Florianus 276. Probus[8] 276—282. Proculus 279. Bonosus 280. Saturninus 281. Carus 282—283. Julianus 283. Carinus 283—285. Numerianus[9] 283—284.

Die wenigen Kaiser, welche in dieser Flut von Namen nicht einfach untergehen, sondern die Handhabe zu irgendeiner wenn auch noch so bescheidenen Charakterisierung bieten, sind oben im Text vermerkt. Es wäre höchstens noch hinzuzufügen, daß *Philippus,* von einem in Mesopotamien stehenden Heer auf den Thron gesetzt, der Sohn eines arabischen Scheichs war, was im Grunde nicht so erstaunlich ist, wie es scheint, wenn man bedenkt, daß die Kaiser aus dem Heere hervorgingen und dieses eben längst kein genuin römisches (der Abstammung nach) mehr war. Paradox war eigentlich nur, daß gerade an diesen Kaiser die Aufgabe fiel, in Rom die Tausendjahrfeier für das Bestehen der Stadt zu veranstalten (248). In der Forschung hat man erst allmählich gelernt (und ist damit übrigens noch nicht allenthalben durchgedrungen), das Gewicht solcher landsmannschaftlicher Provenienzen in damaliger Zeit nicht zu überschätzen. Deshalb besagt auch das Kaisertum von *Postumus* und seinen Nachfolgern, das sich auf Gallien stützte, nichts für eine nationale oder gar in diesem Zeichen separatistisch verfahrende Sonderbildung.

Seit Decius entstammen die meisten Kaiser der *illyrisch-pannonischen Bevölkerung.* Lange Zeit hat man diesen Umstand nicht nur zur Erklärung ihrer Roheit herangezogen, sondern darin auch den Grund für das Soldatenkaisertum überhaupt gesehen und die allgemeine Signatur des Zeitalters damit in Verbindung gebracht. Es bedeutete deshalb eine völlige Umkehrung unserer Vorstellungen, als vor dreißig Jahren Alföldi[10] darauf aufmerksam machte, daß diese Bevölkerung nicht nur die kriegstüchtigste des ganzen Reiches war, sondern auch ihre Soldaten das Römische Reich als römisches so ernst nahmen wie keine anderen, infolgedessen auch das Chaos, das durch sie notwendigerweise versinnbildlicht wurde, von daher in stetigem Bemühen dann überwunden wurde. Unter ihnen nehmen übrigens, neben Männern wie Decius, Aurelian und dann Diokletian, auch *Claudius,* der die Gotenplage beseitigte, und *Probus,* dem im Westen die Wiederherstellung des Reiches gelang, einen ehrenvollen Platz ein.

Die interessante Gestalt des *Gallienus,* über den unsere in Senatsvorurteilen befangene Tradition sehr negativ urteilt, ist desgleichen erst durch Alföldi ins richtige Licht gerückt worden. — *Tacitus,* ein Senatskaiser, zeigt, daß selbst (oder vielleicht gerade) verworrene Zeiten einem ephemeren Anachronismus Spielraum gewähren.

---

[7] P. Damerau: Kaiser Claudius II. Gothicus. Leipzig 1934.

[8] Giovanni Vitucci: L'imperatore Probo. Roma 1952.

[9] P. Meloni: Il regno di Caro, Numeriano e Carino. Cagliari 1948.

[10] **Andreas Alföldi: Die Vorherrschaft der Pannonier im Römerreich und die Reaktion des Hellenentums unter Gallienus. In: 25 Jahre Röm.-German. Kommission. Frankfurt a. M.** 1930, S. 11 ff., jetzt zusammen mit anderen wichtigen einschlägigen Arbeiten in Alföldi: Studien zur Geschichte der Weltkriege etc., Darmstadt 1967. —

Über *Aurelian* gibt es eine Monographie von Léon Homo[11]. Die geistigen Hintergründe seiner Politik sind allerdings erst später klargeworden[12].

Zur Geschichte des dritten Jahrhunderts gibt es eine interessante und beinahe berühmt gewordene Theorie Rostovtzeffs (ausgeführt in seiner Wirtschafts- und Gesellschaftsgeschichte der römischen Kaiserzeit) zur Erklärung der permanenten Anarchie. Rostovtzeff meint, die Entfesselung der Soldateska habe einen sozialpsychologischen Grund gehabt. In den römischen Soldaten, welche ihrer Abstammung nach nicht mehr der städtischen Bevölkerung, sondern dem flachen Lande angehörten, habe sich das seit Generationen angestaute Ressentiment des Bauern und Landarbeiters gegen die städtische Bourgeoisie, von der sie kraft des in der Antike herrschenden Sozialsystems ausgesaugt worden waren, nun ein Ventil geschaffen, nachdem sie durch die Umstrukturierung des Heeres die Waffe in die Hand gedrückt bekommen hatten. Die Anarchie wäre also in Wirklichkeit eine Revolution des flachen Landes gegen das Bürgertum gewesen. Zu dieser Interpretation ist Rostovtzeff durch die Erfahrungen der Russischen Revolution von 1917 angeregt worden. Sie hat sich jedoch nicht durchgesetzt, und auch in dieser Darstellung ist von ihr abgesehen worden. Gewiß ist es nicht nur berechtigt, sondern sogar notwendig, sozialpsychologische Motive für die mannigfachen Exzesse ins Feld zu führen, aber sie sind einfacher zu finden (die Geschichte ist nicht arm an Beispielen, daß die Zivilbevölkerung unter Soldaten zu leiden hat) und bedürfen keiner Berufung auf eine klassenkämpferische Disposition.

Die äußere Reichsgeschichte, in der Hauptsache sich in den Überflutungen der Reichsgrenze und den *Einfällen der Germanen* darstellend, ist wie alles im einzelnen sehr schlecht bekannt. Viel mehr als die nackten Fakten läßt sich nicht ausmachen. Für diese Darstellung kam nur eine Skizzierung des allgemeinen Zustandes in Betracht[12a].

4. Die verdeckten Voraussetzungen der Spätantike

Wenn die Voraussetzungen der Spätantike im dritten Jahrhundert liegen, eine Annahme, die schon nach der zeitlichen Position unvermeidlich ist, dann müßte das Studium dieser Zeit die wichtigsten Aufhellungen vermitteln. Leider kann einem solchen Erkenntnisbedürfnis infolge des verderbten Quellenstandes in keiner Weise entsprochen werden. Wir müßten sehr konkrete Einblicke in den sozialen Zustand des Kaiserreiches haben. Statt dessen sind wir mehr oder weniger auf Mutmaßungen angewiesen und können selbst die Phänomene in nur verhältnismäßig blassen Reflexen wahrnehmen. Sie mit dem höchsten Grade der möglichen Schärfe beleuchtet zu haben, ist das Verdienst von Rostovtzeff. Es sind vor allem Probleme der Agrarverfassung, um die es hierbei geht. Deren Trend läßt sich auf Grund einiger Urkunden, die sogar noch in das zweite Jahrhundert gehören und kaiserliche Domänenanordnungen in Afrika betreffen, erschließen. In besonderen, bis auf das hellenistische Ägypten zurückgreifenden Untersuchungen hat sie Rostovtzeff in einen großen Zusammen-

---

[11] L. Homo: Essai sur le règne de l'empereur Aurélien. Paris 1904.

[12] Zusammenfassung der verstreuten Einzelforschung bei Nilsson: Griechische Religionsgeschichte II (s. o.) und K. Gross: s. v. Aurelianus in dem Reallexikon für Antike und Christentum I, S. 1004 ff.

[12a] Literaturbericht über die Jahre 1939—1959: Gerold Walser und Thomas Pekary, Die Krise des Römischen Reiches, Berlin 1962.

hang hineingestellt[13]. Ihre Behandlung durch ihn ist der letzte wesentliche Beitrag zu ihrer Erklärung.

In der Spätantike mündet das Problem in die vielerörterte Frage des *Kolonates* ein. Seine Existenz kennen wir auf Grund der Rechtsurkunden. Trotzdem stellt sich einer genauen Erfassung noch mancherlei Schwierigkeit entgegen. Die Untersuchungen hierzu haben schon eine lange Geschichte, die zurückgeht auf die sozialistisch inspirierten Interessen aus der Mitte des neunzehnten Jahrhunderts (Rodbertus 1805—1875). Einen Überblick über dieses interessante Stück Wissenschaftsgeschichte gibt Roth Klausing[14].

Das andere große Feld der sozialen Verwandlungen ist der Untergang der munizipalen Autonomie und die Drepravierung der Städte zu Frontträgern. Diese Dinge sind etwas besser bekannt, und in den einschlägigen Darstellungen der Spätantike wird im allgemeinen von ihnen ein plastisches Bild entworfen.

Leider ist das Hauptproblem dieses Fragenkreises vorderhand noch ganz unzugänglich: Die Entstehung der *spätantiken Aristokratie*. Sie betrifft ja ein sehr merkwürdiges Phänomen, wenn man die herrschende Tendenz des Zeitalters in der Ausgestaltung des bürokratischen Verwaltungsstaates sieht. Wie konnten sich in ihm Ansätze zu feudaler Entwicklung ausbilden? Welche Zusammenhänge bestehen zwischen dieser Aristokratie und der der Prinzipatszeit? Hierfür benötigte man eine genaue Kenntnis der personenkundlichen Materialien für das dritte Jahrhundert, aber gerade die sind für diese Zeit ganz ungenügend. Für die spätere Zeit ist mit der Erfassung des Stoffes noch kaum ein Anfang gemacht[15], geschweige, daß man von den Hintergründen eine Vorstellung besäße.

5. Zu Diokletian

Man hat überhaupt zu bedenken, daß der Eindruck völliger Neuschöpfung durch *Diokletian und Konstantin* zu einem erheblichen Grade auf unserer mangelnden Kenntnis dessen beruht, was sich während der Anarchie im dritten Jahrhundert vollzogen hat. Zufällig kennen wir Gallienus als einen Vorläufer Diokletians, aber gewiß nehmen die Vorstadien einen breiteren Raum ein, als für uns zum Vorschein kommt. Neuerdings ist diesen Dingen van Berchem in einem interessanten Buche nachgegangen[16], der in der anderen Richtung feststellt, daß Diokletian die Trennung von Militär- und Zivilgewalt noch nicht durchführte und dem Provinzialstatthalter gewisse militärische Kompetenzen beließ und daß auch in der höchsten Verwaltungsspitze Diokletian noch keine Trennung der beiden Gewalten kannte. Der praefectus praetorio war für beide zuständig. Erst Konstantin hätte das Prinzip konsequent durchgeführt, wie er auch hinsichtlich der Militärverfassung als der eigentliche Schöpfer der Mobilarmee zu gelten habe. Diese Fragen befinden sich also noch durchaus in der Diskussion,

---

[13] Michael Rostovtzeff: Studien zur Geschichte des römischen Kolonates. 1. Beiheft z. Archiv f. Papyrusforschung. Leipzig 1910. — Kurze, wenn auch nicht gerade sehr tiefgreifende Zusammenfassung dieses Problemkreises bei Ernst Kornemann: RE Suppl. IV, S. 83 ff. (s. v. Bauernstand) und S. 227 ff. (s. v. Domänen).

[14] Roth Klausing: The Roman Colonate. Studies in History, Economics, and Public Law, Columbia Univ. 117, 1. New York 1925.

[15] Vgl. aber immerhin Karl Friedrich Strohecker: Der senatorische Adel im spätantiken Gallien. Tübingen 1948 (mit einer Prosopographie). — Neuerdings: The Prosopography of the Later Roman Empire, hrsg. von A. H. M. Jones, J. R. Martindale, J. Morris. Bd. I: A. D. 260 bis 395. Cambridge 1971.

[16] Denis van Berchem: L'armée de Dioclétien et la réforme Constantinienne. Paris 1952.

und da es in der vorliegenden Darstellung lediglich auf das Ergebnis der Entwicklung ankommt, ist von der traditionellen Gewohnheit, Diokletian und Konstantin als Einheit zu fassen, nicht abgewichen worden.

Die Verlagerung des militärtechnischen Schwergewichtes von den Fußsoldaten auf die Reiterei ist als solche längst bekannt. Weniger kann man dies sagen von den eigentlichen Gründen. Die Frage, warum der römische Legionär seine taktische Überlegenheit verloren hat, ist mit der bloßen Feststellung der Tatsache noch nicht beantwortet. In neuerer Zeit hat vor allem ALTHEIM diesen Vorgängen auf dem Hintergrund der Nachbarn des Römischen Reiches Aufmerksamkeit geschenkt[17]. Eine Zusammenfassung der älteren militärgeschichtlichen Forschung gibt GROSSE[18]. Der neueste größere Beitrag stammt von D. HOFFMANN (Das spätrömische Bewegungsheer und die Notitia dignitatum. Epigraphische Studien 7. 2 Bde. Düsseldorf 1969/70).

Gemessen an der Schlüsselfunktion, die Diokletian für die historische Entwicklung besitzt, ist unsere Kenntnis von ihm sehr bescheiden[18a]. Die ausführlichste Behandlung hat er früher bei COSTA und jetzt bei ENSSLIN gefunden[19]. Wichtige Spezialuntersuchungen sind, außer VAN BERCHEM (s. o.), die Studien STADES zur Christenverfolgung[20] und die SESTONS zur Tetrarchie[21]. Über Diokletian hinaus führt das Problem seiner Auffassung von der kaiserlichen Majestät. Da ist das meiste selbstverständlich in der vorangegangenen Entwicklung angelegt gewesen, wie sich vor allem aus den Untersuchungen ALFÖLDIS ergibt[22]. Es handelt sich sodann um das Phänomen, das von ENSSLIN durch die Antithese Gottkaiser und Kaiser von Gottes Gnaden bezeichnet wird[23]. Auf ideengeschichtlicher Basis werden diese Fragen vor allem für die spätere Zeit behandelt von JOHANNES STRAUB[24]. Die Majestät des christlichen Kaisers wird am besten sichtbar in ihrem byzantinischen Reifestadium[25].

6. Zu Konstantin dem Großen

Mit *Konstantin dem Großen* wird ein zu großer Problemkreis abgesteckt, als daß er außerhalb von speziellen Monographien die ihm zukommende Behandlung erfahren könnte. Gerade in letzter Zeit ist die Forschung außerordentlich emsig gewesen. Man

---

[17] FRANZ ALTHEIM: Die Krise der Alten Welt im 3. Jahrhundert n. Zw. und ihre Ursachen. Mit Beiträgen von Erika Trautmann-Nehring, Bd. 1, 3. Berlin 1943. = Niedergang der Alten Welt. Eine Untersuchung der Ursachen. 2 Bde., Frankfurt a. M. 1952.

[18] ROBERT GROSSE: Römische Militärgeschichte von Gallienus bis zum Beginn der byzantinischen Themenverfassung. Berlin 1920. — [18a] Das berühmteste Quellenstück ist Dokletians Preisedikt. Neueste Ausgabe von S. Lauffer, Berlin 1971. — [19] GIOVANNI COSTA: C. Valerius Diocletianus. In: Dizionario Epigrafico di Antichità Romane s. v., Roma 1912. — WILHELM ENSSLIN: RE 2. R., VII, S. 2419 ff. (1949). — Vgl. auch W. SESTON: Reallexikon für Antike und Christentum. Bd. III (1957) s. v. Diocletianus, S. 1036 ff. — [20] KURT STADE: Der Politiker Diokletian und die letzte große Christenverfolgung. Diss. Frankfurt a. M. 1926. — [21] W. SESTON: Dioclétien et la tétrachie. I. Guerres et réformes (284—300). Paris 1946. — [22] Siehe oben S. 584 A. 15.

[23] WILHELM ENSSLIN: Gottkaiser und Kaiser von Gottes Gnaden. Sitzungsberichte d. Bayr. Akad. d. Wiss., Philos.-hist. Abt., Jahrg. 1943, Heft 6. — Ders.: Der Kaiser in der Spätantike. Hist. Zeitschr. 177, 1954, S. 449 ff. — Vgl. FRITZ TAEGER: Zur Geschichte der spätkaiserlichen Herrscherauffassung. Saeculum 7, 1956, S. 182 ff.

[24] JOHANNES STRAUB: Vom Herrscherideal in der Spätantike. Stuttgart 1939.

[25] OTTO TREITINGER: Die oströmische Kaiser- und Reichsidee nach ihrer Gestaltung im höfischen Zeremoniell. Jena 1938. — Ders.: Vom oströmischen Staats- und Reichsgedanken. Leipziger Vierteljahrsschrift für Südosteuropa 4, 1940 (beide Abhandlungen jetzt in unveränderter 2. Aufl., Darmstadt 1956).

spricht bereits von einer Konstantinischen Frage[26]. Im neunzehnten Jahrhundert hielt man mehr auf Abstand. Ausdrücklich oder unausdrücklich galt die Auffassung, der JACOB BURCKHARDT einen klassischen Ausdruck verliehen hatte[27]. Es ist das bekannte Bild vom kühlen Rechner Konstantin, das sich da Geltung verschafft hatte. Offenbar sind wir gegenwärtig am Gegenpol dieser Deutung angelangt, denn die derzeitige Forschung scheint ohne den Begriff einer „Bekehrung" Konstantins nicht mehr auskommen zu können.

Unter Bekehrung kann, sofern man exakte Vorstellungen mit diesem Begriff verbindet, nur ein innerer Umbruch in der geistigen und religiösen Haltung des Kaisers verstanden werden. Von dieser berichtet denn auch schon die zeitgenössische christliche Überlieferung. Sie liegt in zwei Versionen vor. Die eine, und zwar die frühere (Lactanz), behauptet, Konstantin wäre im Schlafe vor ponte Molle dahin inspiriert worden, seine Soldaten im Zeichen des Kreuzes fechten zu lassen; die andere, etwas spätere (Euseb), bringt die bekannte Geschichte von dem Kreuzeszeichen, das dem Kaiser am Himmel erschienen wäre. Wenn es auch ohne gewisse Abstriche, schon wegen der hier vorliegenden Divergenzen, nicht abgeht, so muß sich doch die moderne Auffassung, sofern sie mit einer Bekehrung als einem historischen Faktum rechnet, zu dieser Tradition in ein positives Verhältnis setzen. Es ist hier nicht der Ort, um das Für und Wider zu diskutieren und den Standpunkt des Verfassers, der keineswegs die heute herrschende Neigung teilt, zu begründen.

Ein Referat über die weitläufige Literatur wäre überhaupt nicht nur sehr umständlich, sondern würde auch kaum darum herumkommen, auf die einzelnen Gesichtspunkte einzugehen, wozu hier keineswegs der Platz ist. Nur so viel: in neuerer Zeit spielt eine sehr große Rolle in der Konstantinforschung die Ausdeutung der Münzen für die christliche Haltung des Kaisers[28]. Ferner haben auf die Forschung als stimulus sehr die kritischen Angriffe gewirkt, die der belgische Byzantinist HENRI GREGOIRE und seine Schule gegen die Konstantinsvita des Euseb, ein wichtiges und gegenwärtig (früher war man zurückhaltender) hoch geschätztes Quellenstück, gerichtet haben[29]. Seine Vorstöße riefen Gegenstöße hervor, und sehr vieles von dem, was den Eindruck der Lebendigkeit der gegenwärtigen Situation erweckt, ist im Grunde mehr Reaktion auf diese Angriffe als spontaner Zugriff. Es wäre schon deshalb angebracht, auch auf die frühere Literatur zurückzugreifen[30].

---

[26] Vgl. die Forschungsberichte von ANDRÉ PIGANIOL: L'état actuel de la question constantinienne. Historia 1, 1950, S. 82 ff. — J. VOGT und W. SESTON: Die Constantinische Frage. In X. Congresso Internazionale di Scienze Storiche (10. Internationaler Historikerkongreß), Relazioni VI, S. 733 ff. — K. F. STROHECKER: Das konstantinische Jahrhundert im Lichte der Neuerscheinungen 1940—1951. Saeculum 3, 1952, S. 654 ff.

[27] JACOB BURCKHARDT: Die Zeit Constantins des Großen. Basel 1852, 5. Aufl. (mit einer Einleitung von F. Stähelin). Stuttgart 1929.

[28] Repräsentativ hierfür etwa H. VON SCHOENEBECK: Beiträge zur Religionspolitik des Maxentius und Constantin. Leipzig 1939. — ANDREAS ALFÖLDI: The Conversion of Constantin and Pagan Rome. Oxford 1948.

[29] Siehe die Literaturangaben gleich zu Anfang in dem oben bei Anm. 26 genannten Aufsatz von JOSEPH VOGT.

[30] Aus ihr sei hingewiesen etwa auf: N. H. BAYNES: Constantin the Great and the Christian Church. Proc. Brit. Ac. 15, 1929, S. 341 ff. — K. MÜLLER: Konstantin d. Gr. und die christliche Kirche. Hist. Z. 140, 1929, S. 261 ff. — und vor allem auf ANDRÉ PIGANIOL: L'empereur Constantin. Paris 1932. Siehe im übrigen die Literaturangaben bei J. VOGT im Reallexikon für Antike und Christentum s. v. Constantin.

Unter den zusammenfassenden Darstellungen sind in Deutschland jetzt vor allem die von Joseph Vogt[31] und Hermann Doerries[32] zugänglich.

Doerries hat der Behandlung von Konstantins Christlichkeit eine breite Forschungsgrundlage geschaffen durch die Sammlung der Selbstzeugnisse Konstantins[33]. Die Frage geht letztlich dahin, worin denn Konstantins christlicher Glaube bestand, ein Problem, zu dem man Lietzmanns knappe und präzise Ausführungen nicht vergessen sollte heranzuziehen[34]. Da diese Fragen noch sehr im Flusse sind und es wahrscheinlich auch bleiben werden, besteht kein Anlaß, auf die Hilfe der festen Position, welche der größte Kenner der früheren Generation, nämlich Eduard Schwartz, eingenommen hat, zu verzichten[35]. — Zu welchen Lösungen man auch immer kommen wird[36], so bleibt davon unberührt die Tatsache, daß Konstantins Verhältnis zum Christentum eines der interessantesten welthistorischen Probleme ist und jeden Historiker zwingt, sich zu einer Auffassung zu bekennen. Die in diesem Text gegebene bedarf trotz ihrer knappen Formulierung hoffentlich keines weiteren Kommentars.

7. Zur Spätantike nach Konstantin

Einer gewissen Rechtfertigung bedarf höchstens der Blickpunkt, unter dem die *Geschichte des vierten Jahrhunderts* hier skizziert wurde. Es ist dies im Hinblick auf das fundamental Neue geschehen, das durch Konstantin in die Welt getreten war, d. h. unter Bezug auf das Thema ‚Staat und Kirche'. Gerechtfertigt erscheint diese Disposition nicht nur wegen Konstantin, sondern allein schon dadurch, daß wirklich die Hauptenergien der kaiserlichen Politik unter seinen Nachfolgern durch diese Fragen in Anspruch genommen wurden[36a]. Daß es daneben auch andere Probleme, vor allem solche der Außenpolitik gab, ist selbstverständlich unbestritten. Aber wenn einmal, wie oben ausgeführt wurde, eine Verkürzung des Prospektes unvermeidlich ist, muß eine historische Darstellung sich dahin entscheiden, was sie im Vordergrunde und was sie im Hintergrunde anbringt. Im übrigen steht auch die ganze Außenpolitik im Schatten des großen Zusammenbruches nach 395 und verliert schon dadurch beträchtlich an Eigengewicht. Auch die sehr komplizierten pragmatischen Zusammenhänge zwischen den verschiedenen Kaisern nach Julian können im Hinblick auf die daran anschließende Zukunft kein ausgedehntes Interesse beanspruchen und vertragen deshalb nur eine summarische Behandlung. Auf die Valentinianische Dynastie, die von

---

31 Joseph Vogt: Constantin der Große und sein Jahrhundert. München 1949; 1960².

32 Hermann Doerries: Konstantin der Große. Stuttgart 1958 (Urban-Bücherei 29).

33 Ders.: Das Selbstzeugnis Kaiser Konstantins. Abhandlungen d. Akad. Göttingen, Phil.-hist. Kl. 3. Folge Nr. 34, 1954.

34 Hans Lietzmann: Der Glaube Konstantin des Großen. Sitzungsberichte d. Preuß. Akad. d. Wiss., Phil.-hist. Kl. 1937, S. 263 ff. (= Kleine Schriften I, Berlin 1958, S. 186 ff.). — Vgl. auch H. Kraft: Kaiser Konstantins religiöse Entwicklung. Tübingen 1955 (mit berechtigter Skepsis gegen die „Bekehrung").

35 Eduard Schwartz: Kaiser Konstantin und die christliche Kirche. Fünf Vorträge. Leipzig und Berlin 1913; 1936².

36 Beispielsweise ist auch die Gründung von Konstantinopel gegen weit verbreitete Mißverständnisse zu schützen. Vgl. hierzu jetzt Franz Hampl: Die Gründung von Konstantinopel, Südostforschungen XIV, 1955, S. 10 ff. (mit weiterer Literatur).

36a In dieser Hinsicht wird jetzt sehr schön beleuchtet die Persönlichkeit des Constantius und Constans durch J. Moreau: Jb. f. Antike u. Chr. 2, 1959, S. 158 ff.

der bisherigen Forschung in einem ziemlichen Zwielicht gehalten wurde, fällt jetzt ein hellerer Schein positiver Beurteilung durch ANDREAS ALFÖLDI[37].

Über die *geistige Lage der Spätantike,* vor allem die jeweilige Situation, in der sich Heidentum und Christentum befanden, gibt es eine reiche Literatur, von der hier nur auf die Hauptwerke von BOISSIER[38], GEFFCKEN[39], LABRIOLLE[40] und DILL[41] verwiesen wird. Interessante Einzelstudien zur heidnischen Reaktion gibt ALFÖLDI[42]. Die wichtige Rolle, welche der Neuplatonismus in diesem Zusammenhange gespielt hat, lernt man jetzt am anschaulichsten kennen an Hand der bekannten Biographie *Julians* von BIDEZ[43]. Die christliche Seite ist von der Kirchengeschichte bearbeitet und kann hier keine speziellen Nachweise erhalten. In neuerer Zeit finden mit Recht die Donatisten in Afrika auch profanhistorische Aufmerksamkeit unter sozialgeschichtlichem Gesichtspunkt[44]. — Ganz draußen gelassen worden aus dieser Schilderung ist die Geschichte des Papsttums, aus dem einfachen Grunde, weil der Beginn seiner welthistorischen Rolle später liegt und innerhalb der zeitlichen Grenzen dieser Darstellung nicht zu erfassen ist.

8. Zum Untergang der Antike

Zu dem Problem des Untergangs der Antike gibt ROSTOVTZEFF, Gesellschaft und Wirtschaft im römischen Kaiserreich II, S. 374 ff., einen freilich jetzt veralteten Literaturüberblick, der aber immer noch unentbehrlich ist[45]. Noch nicht angeführt sind dort die wichtigen Bücher von DOPSCH[46] und PIRENNE[47]. Das sogenannte *Kontinuitätsproblem* ist in Auseinandersetzung mit DOPSCH und PIRENNE am gründlichsten von

---

[37] ANDREAS ALFÖLDI: A Conflict of Ideas in the Late Roman Empire. The Clash between the Senate and Valentinian I. Oxford 1952.

[38] GASTON BOISSIER: La fin du paganisme. 2 Bde., 2. Aufl., Paris 1894. — [39] JOHANNES GEFFCKEN: Der Ausgang des griechisch-römischen Heidentums. Heidelberg 1920. 1929².

[40] P. DE LABRIOLLE: La réaction païenne, étude sur la polémique antichrétienne du Ier au VIe siècle. Paris 1934.

[41] SAMUEL DILL: Roman Society in the Last Century of the Western Empire. London 1898. 1905². — Vgl. auch PAUL PETIT: Libanius et la vie municipale à Antioche au IVe siècle apres J.-C. Paris 1955. JOSEPH VOGT: Der Niedergang Roms, Metamorphose der antiken Kultur. Zürich 1965.

[42] ANDREAS ALFÖLDI: A Festival of Isis in Rome under the Christian Emperors of the IVth Century. Diss. Pannonicae Ser. 2, Fasz. 7. Budapest 1937. — Ders.: Die Kontorniaten. Ein verkanntes Propagandamittel der stadtrömischen heidnischen Aristokratie in ihrem Kampfe gegen das christliche Kaisertum. Budapest 1943. — Vgl. auch als Beispiel einer knappen Skizze FRIEDRICH KLINGNER: Vom Geistesleben in Rom des ausgehenden Altertums. In seiner Aufsatzsammlung Römische Geisteswelt. München 1961⁴, S. 473 ff.

[43] JOSEPH BIDEZ: Kaiser Julian. Hamburg 1956 (Titel der französischen Originalausgabe: La vie de l'empereur Julien).

[44] Vgl. W. H. C. FREND: The Donatist Church. Oxford 1952. — JEAN-PAUL BRISSON: Autonomisme et christianisme dans l'Afrique romaine de Septime Sévère à l'invasion vandale. Paris 1958.

[45] Vgl. auch MICHAEL ROSTOVTZEFF: The Decay of the Ancient World and its Economic Explanations. The Economic History Review II, 1950, S. 197 ff. — Vgl. auch N. H. BAYNES: The Decline of the Roman Power in Western Europe: Some Modern Explanations, Journ. Rom. St. 33, 1943, S. 29 ff.

[46] ALFONS DOPSCH: Wirtschaftliche und soziale Grundlagen der europäischen Kulturentwicklung aus der Zeit von Caesar bis auf Karl den Großen. 2 Bde. Wien 1918 f. 1923—1924².

[47] HENRI PIRENNE: Geburt des Abendlandes. Untergang der Antike am Mittelmeer und Aufstieg des germanischen Mittelalters. Leipzig o. J. (1939) (Titel der französischen Originalausgabe: Mahomet et Charlemagne).

HERMANN AUBIN behandelt worden[48]. Einen Überblick über die Problemlage gibt neuerdings auch P. E. HÜBINGER[49]. Abgesehen von der leicht sich einschleichenden Neigung zur ungenauen Fragestellung leidet eine wirklich weiterführende Behandlung des Problems an dem Mangel unserer Information über die soziale Kraft des Römischen Reiches in Ost und West während des fünften Jahrhunderts, d. h. im Zeitalter der Katastrophen. Es käme viel auf die Beantwortung der Frage an, ob sich in der Feudalisierung der Gesellschaft wesentliche Unterschiede zwischen den beiden Reichsteilen zeigen und worin gegebenenfalls die Gründe hierfür zu suchen wären.

Der sogenannte *Romgedanke,* der eine lange Geschichte hat, erfuhr in dem Milieu der lateinisch-heidnischen Reaktion am Ende des vierten Jahrhunderts eine bezeichnende Wiederbelebung. Unter anderen ist hierfür ein berühmtes Gedicht des gallischen Grundbesitzers und zeitweiligen Präfekten von Rom, Rutilius Namatianus, ein eindrucksvolles Zeugnis[50]. Eine erschöpfende und die strukturellen Wandlungen herausarbeitende Behandlung des Problemkreises für die Antike haben wir noch nicht[51].

---

48 HERMANN AUBIN: Vom Altertum zum Mittelalter. Absterben, Fortleben und Erneuerung. München 1949. — Ferner ders.: Die Fragen nach der Scheide zwischen Altertum und Mittelalter. Hist. Zeitschr. 172, 1951, S. 245 ff. — Vgl. auch seine Darstellung der Übergangszeit, Propyläenweltgesch. II, 1940².

49 PAUL EGON HÜBINGER: Spätantike und frühes Mittelalter. Ein Problem historischer Periodenbildung. Deutsche Vierteljahrsschrift f. Literaturwiss. u. Geistesgeschichte 26, 1952, S. 1 ff. Neu abgedruckt von der Wissenschaftlichen Buchgesellschaft Darmstadt in der Reihe ,Libelli' Bd. 40, 1959. Vgl. auch die beiden Aufsatzsammlungen: Zur Frage der Periodengrenze zwischen Altertum und Mittelalter, Wege der Forschung Nr. 51, Darmstadt 1969. Kulturbruch oder Kulturkontinuität im Übergang von der Antike zum Mittelalter, Wege der Forschung Nr. 201, ebenda 1967 (beide herausgegeben von P. E. HÜBINGER). Vgl. auch: S. MAZZARINO: La fine del mondo antico. Mailand 1959 (deutsch München 1961).

50 Vgl. HARALD FUCHS: Zur Verherrlichung Roms und der Römer in dem Gedichte des Rutilius Namatianus. Basler Zeitschr. f. Gesch. usw. 1943, S. 37 ff.

51 Vgl. aber den kurzen Aufsatz von FRIEDRICH KLINGNER: Rom als Idee, a. a. O. (s. o. A. 42), S. 561 ff. — Besser steht es um das Gegenstück, die negative Romidee der Gegner Roms: HARALD FUCHS: Der geistige Widerstand gegen Rom. Berlin 1934; 1964².

Nachträge zum Forschungsüberblick

Abkürzungsverzeichnis

A.H. = ALFRED HEUSS, Römische Geschichte, 4. ergänzte Auflage Braunschweig 1976

ANRW = Aufstieg und Niedergang der Römischen Welt. Geschichte und Kultur Roms im Spiegel der neueren Forschung, Berlin 1972ff.

ALBRECHT, Literatur = MICHAEL VON ALBRECHT, Geschichte der römischen Literatur: von Andronicus bis Boethius; mit Berücksichtigung ihrer Bedeutung für die Neuzeit, 2 Bde., 2. Aufl. Bern 1994

ALFÖLDY, Gesellschaft = GEZA ALFÖLDY, Die römische Gesellschaft, Stuttgart 1986

BLEICKEN, Römische Republik = JOCHEN BLEICKEN, Geschichte der römischen Republik, 4. Aufl. München 1992 (Oldenbourg-Grundriß der Geschichte Bd. 2)

BLEICKEN, Vfgs/Sozialgeschichte = JOCHEN BLEICKEN, Verfassungs- und Sozialgeschichte des Römischen Kaiserreiches, Bd. 1 in 4. Aufl. Paderborn 1995, Bd. 2 in 3. Aufl. Paderborn 1994

CHRIST, Kaiserzeit = KARL CHRIST, Geschichte der römischen Kaiserzeit von Augustus bis Konstantin, 3. Aufl. München 1995

DAHLHEIM, Kaiserzeit = WERNER DAHLHEIM, Geschichte der römischen Kaiserzeit, 2. Aufl. München 1989 (Oldenbourg-Grundriß der Geschichte Bd. 3)

DEMANDT, Spätantike = ALEXANDER DEMANDT, Die Spätantike. Römische Geschichte von Diocletian bis Justinian, 284-565 n.Chr., in: Handbuch der Altertumswissenschaft III 6, München 1989

HEUSS, Ges. Schriften = ALFRED HEUSS, Gesammelte Schriften I-III, Stuttgart 1995

KIENAST, Kaisertabelle = DIETMAR KIENAST, Römische Kaisertabelle: Grundzüge einer römischen Kaiserchronologie, 2. Aufl. Darmstadt 1996

MARTIN, Spätantike = JOCHEN MARTIN, Spätantike und Völkerwanderung, 3. Aufl. München 1995 (Oldenbourg-Grundriß der Geschichte Bd. 4)

VITTINGHOFF, Wirtschafts- und Sozialgeschichte = FRIEDRICH VITTINGHOFF (Hrsg.), Europäische Wirtschafts- und Sozialgeschichte in der römischen Kaiserzeit, in: W. FISCHER u.a. (Hrsgg.), Handbuch der europäischen Wirtschafts- und Sozialgeschichte Bd. 1, Stuttgart 1990

VITTINGHOFF, Civitas = FRIEDRICH VITTINGHOFF, Civitas Romana. Stadt und politisch-soziale Integration im Imperium Romanum, hrsg. von WERNER ECK, Stuttgart 1994

Hans-Joachim Gehrke

Die Republik

I. Übergreifende Darstellungen

Jüngst erschienen zwei mehrbändige handbuchartige Zusammenstellungen, die von jeweils zahlreichen renommierten Gelehrten verfaßt sind und mit reichen Quellen- und Literaturhinweisen für jede weitere Information einen gut orientierenden Ausgangspunkt bilden, die Storia di Roma des Verlages Einaudi[1] und die zweite Auflage der Cambridge Ancient History (CAH)[2]. Als Überblicksdarstellungen, die bei aller Knappheit plastisch geschrieben sind und wichtige Quellenzeugnisse zitieren, haben sich die beiden einschlägigen Bände der Fontana History of the Ancient World auch in deutscher Taschenbuchausgabe bewährt.[3] Dazu treten jetzt die eingängig formulierte und die großen Linien herausstreichende Darstellung von DAHLHEIM[4], die knappe, klar strukturierte Skizze von BRINGMANN[5] und das informative Werk BELLENS[6] . Zur allgemeinen Orientierung und als Arbeitsinstrument, insbesondere dank der pointierten Darlegung der Forschungsgeschichte und der großen Kontroversen, ist nach wie vor unverzichtbar die Behandlung der Republik im Oldenbourg-Grundriß durch BLEICKEN.[7] Eine von Fachleuten für ein breiteres Publikum verfaßte Gesamtdarstellung, die nicht

1 ALDO SCHIAVONE (Hrsg.), Storia di Roma, vol. I. Roma in Italia, Turin 1988; vol. II 1. L'impèro mediterraneo. La repubblica imperiale, EBD. 1990.

2 The Cambridge Ancient History. Second Edition, vol. VII 2. The Rise of Rome to 220 B.C., ed. by W. WALBANK, A.E. ASTIN, M.W. FREDERIKSEN, R.M. OGILVIE, A. DRUMMOND, 1990; vol. VIII. Rome and the Mediterranean to 133 B.C., ed. by A.E. ASTIN, F.W. WALBANK, M.W. FREDERIKSEN, R.M. OGILVIE, 1989; vol. IX. The Last Age of the Roman Republic, 146-43 B.C., ed. by J.A. CROOK, A. LINTOTT, E. RAWSON, 1994; vol. X. The Augustan Empire, 43 B.C. – A.D. 69, ed. by A.K. BOWMAN, E. CHAMPLIN, A. LINTOTT, 1996.

3 ROBERT M. OGILVIE, Das frühe Rom und die Etrusker, München 1983 (orig. 1976); MICHAEL CRAWFORD, Die römische Republik, ebd. 1984 (orig. 1978).

4 WERNER DAHLHEIM, Die griechisch-römische Antike, Bd. 2, Stadt und Imperium: Die Geschichte Roms und seines Weltreiches, Paderborn u.a. ^{3}1997 (UTB-Taschenbuchausgabe), 16-195; in erweiterter Form in DERS., Die Antike. Griechenland und Rom, ebd. ^{4}1995, 301-468.

5 KLAUS BRINGMANN, Römische Geschichte. Von den Anfängen bis zur Spätantike, München 1995.

6 HEINZ BELLEN, Grundzüge der römischen Geschichte I. Von der Königszeit bis zum Übergang der Republik in den Prinzipat, Darmstadt ^{2}1995.

7 JOCHEN BLEICKEN, Geschichte der römischen Republik, München ^{4}1992; einen Überblick über die neuere Forschung gibt Allen M. WARD, The Roman Republic, in: CAROL G. THOMAS (Hrsg.), Ancient History: Recent Work and New Directions, Claremont/Calif. 1997, 55-78.

zuletzt durch ihre brillanten Abbildungen besticht, hat MARTIN herausgegeben.[8] Die Geschichte Roms als Stadtgeschichte hat nunmehr KOLB[9] in einer umfassenden Weise rekonstruiert, mit souveräner Kenntnis der Quellen, gerade auch der archäologischen Überreste, einleuchtenden urbanistischen Konzepten und unter kritischer Auseinandersetzung mit der umfangreichen neueren Literatur. Die Geschichte der Stadt ist vergegenwärtigt mit dem ständigen Blick auf die wirtschaftliche, gesellschaftliche, politische und kulturelle Entwicklung. Für die wichtigen Bereiche der Verfassung und Gesellschaft liegen anerkannte und vielgelesene Einführungen von BLEICKEN und ALFÖLDY vor.[10]

In den letzten Jahrzehnten sind Bereiche der historischen Lebenswelt, die zuvor eher sektoral, als Randgebiete, behandelt wurden, stärker ins Zentrum gerückt. Der lange Zeit, nicht zuletzt dank des Einflusses von MOMMSEN, dominierende juristische Zugriff ist durch eine soziologische Perspektive flankiert, teilweise abgelöst worden, und immer stärker machen sich in diesem Rahmen anthropologische, mentalitätsgeschichtliche und kulturwissenschaftliche Zugänge geltend. Daher gewinnt die Erforschung von Familien- und Verwandtschaftsstrukturen, aber auch von geschlechts- und altersspezifischer Differenz ein neues Gewicht. Der Philologe BETTINI[11] hat eine Reihe anthropologisch ausgerichteter Untersuchungen vorgelegt, MARTIN und ZOEPFFEL[12] vergleichende Beiträge zum Geschlechterverständnis herausgegeben, und von EYBEN[13] stammt eine zusammenfassende Studie zur römischen Jugend.

II. Zur Quellenlage

In der Einschätzung der Quellenlage machen sich, vor allem im Blick auf die Königszeit und die frühe Republik, zwei eher gegenläufige Tendenzen bemerkbar. Die Kritik gegenüber der historiographischen, insbesondere annalistischen Überlieferung, um deren Erforschung sich vor allem TIMPE[14] verdient gemacht hat, ist zunehmend verstärkt worden: UNGERN-STERNBERG[15] hat hierbei auf das ethnologische Konzept der „oral tra-

8 JOCHEN MARTIN (Hrsg.), Das Alte Rom. Geschichte und Kultur des Imperium Romanum, München 1994.

9 FRANK KOLB, Rom. Die Geschichte der Stadt in der Antike, München 1995.

10 JOCHEN BLEICKEN, Die Verfassung der Römischen Republik, Paderborn u.a. ^{7}1995; GEZA ALFÖLDY, Römische Sozialgeschichte, Wiesbaden ^{3}1984.

11 MAURIZIO BETTINI, Familie und Verwandtschaft im antiken Rom, Frankfurt-New York 1992 (orig. 1986).

12 JOCHEN MARTIN / RENATE ZOEPFFEL (Hrsg.), Aufgaben, Rollen und Räume von Frau und Mann, Freiburg-München 1989, vgl. ferner die Hinweise bei WARD (wie Anm. 7) 77, Anm. 91-95.

13 EMILE EYBEN, Restless Youth in Ancient Rome, London-New York 1993.

14 bes. DIETER TIMPE, Fabius Pictor und die Anfänge der römischen Historiographie, ANRW I 2, 1972, 928-969; DERS., Mündlichkeit und Schriftlichkeit als Basis der frührömischen Überlieferungen, in: J. VON UNGERN-STERNBERG/H. REINAU (Hrsg.), Vergangenheit in mündlicher Überlieferung, Stuttgart 1988, 266-286.

15 JÜRGEN VON UNGERN-STERNBERG, Überlegungen zur frühen römischen Überlieferung im Lichte der Oral-Tradition-Forschung, in: GREGOR VOGT-SPIRA (Hrsg.), Studien zur vorliterarischen Periode im frühen Rom, Tübingen 1989, 11-27.

dition" aufmerksam gemacht, nach der lediglich für eine Spanne von zwei bis drei Generationen halbwegs zuverlässige Informationen zu erwarten sind, und davor ein „floating gap" existiert, das zwischen dieser Spanne und einer als mythischen Anfangszeit verstandenen ‚Frühgeschichte' liegt, und er hat dieses mit der Struktur der römischen Überlieferung parallelisiert. RÜPKE[16] hat in mehreren Studien die Existenz älterer chronikartiger Schriftdenkmäler, der *fasti* und der *annales maximi* des Pontifex maximus, vor der Mitte des 3. Jahrhunderts in Zweifel gezogen: diese wären in ihren vermeintlich älteren Teilen dann nicht die Quellen, sondern ihrerseits ein Konstrukt der Annalistik. Mit Hilfe einer genauen Schichtenanalyse der verschiedenen Varianten hat WISEMAN[17] jüngst in einer richtungweisenden Untersuchung die Genese des römischen Gründungsmythos in das Milieu zwischen der Mitte des 4. und des 3. Jahrhunderts verlegt, und generell verdichtet sich immer mehr der Eindruck, die Darstellungen der römischen Frühzeit sagten mehr über ihre Entstehungszeit als über die erzählte Periode aus.[18]

Andererseits läßt sich in jüngerer Zeit, provoziert durch neuere archäologische Untersuchungen und das Bedürfnis zu ihrer Erklärung, eine massive Tendenz beobachten, sich dieser Überlieferung weitgehend anzuvertrauen, selbst wenn sie durch und durch legendenhaft ist wie im Zusammenhang mit der Gründung Roms und der Königszeit. Repräsentativ hierfür sind die Arbeiten von QUILICI und GRANDAZZI.[19] Recht geläufig ist die Tendenz, zwar auf die geschichtliche Problematik der Tradition zu verweisen, aber dennoch bei Gelegenheit auf sie zurückzugreifen. Sie begegnet auch in wichtigen Arbeiten.[20]

Über die historiographischen Quellen unterrichten in knapper und zuverlässiger Weise die Einführung von FLACH[21] und die jeweiligen Artikel in dem Lexikon von REINHARDT[22] sowie natürlich die Literaturgeschichten[23], jeweils mit weiterführenden Hinweisen. Besonderes Interesse findet nach wie vor Livius, dessen erzählerische Technik mit Blick auf seinen Zeitbezug jetzt durch VON HAEHLING im Anschluß an HEUSS[24] näher untersucht worden ist.

---

16 JÖRG RÜPKE, Livius, Priesternamen und die *annales maximi*, in: Klio 75, 1993, 155-179; DERS., *Fasti*: Quellen oder Produkte römischer Geschichtsschreibung?, ebd. 77, 1995, 184-202.

17 TIMOTHY PETER WISEMAN, Remus. A Roman Myth, Cambridge 1995.

18 Vgl. etwa DAGMAR GUTBERLET, Die erste Dekade des Livius als Quelle zur gracchischen und sullanischen Zeit, Hildesheim 1985.

19 LORENZO QUILICI, Roma primitiva e le origini della civiltà laziale, Rom 1979; ALEXANDRE GRANDAZZI, La fondation de Rome, Paris 1991.

20 DIETER FLACH, Die Gesetze der frühen römischen Republik. Text und Kommentar. In Zusammenarbeit mit STEFAN VON DER LAHR, Darmstadt 1994; BERNHARD LINKE, Von der Verwandtschaft zum Staat. Die Entstehung politischer Organisationsformen in der frührömischen Geschichte, Stuttgart 1995.

21 DIETER FLACH, Römische Geschichtsschreibung, Darmstadt ³1998.

22 VOLKER REINHARDT (Hrsg.), Hauptwerke der Geschichtsschreibung, Stuttgart 1997.

23 MICHAEL VON ALBRECHT, Geschichte der römischen Literatur, 2 Bde., München ²1994; A. DIHLE, Die griechische und lateinische Literatur der Kaiserzeit, München 1989; vgl. ansonsten die Hinweise bei BLEICKEN (wie Anm. 7) und in den neueren Handbüchern (wie Anm. 1.2).

24 A. H., Zur inneren Zeitform bei Livius, in: E. LEFÈVRE / E. OLSHAUSEN (Hrsg.), Livius. Werk und Rezeption. Festschrift für ERICH BURCK zum 80. Geburtstag, München 1983, 175-215 (Ges. Schriften II 1482-1522); RABAN VON HAEHLING, Zeitbezüge des Livius in der ersten Dekade sei-

III. Das frühe Rom

Es versteht sich fast von selbst, daß die rapiden Fortschritte der Archäologie auch für die Vor- und Frühgeschichte Roms wichtige neue Erkenntnisse geliefert haben und ständig bieten. Dies gilt für Italien noch in besonderer Weise, da dessen archäologische Erforschung und überhaupt die ‚römische' Archäologie sehr stark von historischen Fragestellungen geleitet ist. Hinzu kommt die enge interdisziplinäre Verbindung zur Etruskologie und zur indogermanistischen Dialektforschung. Zu den wichtigen Zusammenfassungen von MOSCATI[25] und PALLOTTINO[26] kommt jetzt eine Reihe neuerer Studien, die einen guten Überblick über den Stand der Forschung geben.[27] Auf Grund der Quellenlage und unserer Kenntnisse ist der griechische Hintergrund am besten erforscht, dank der Bemühungen um die Geschichte des westlichen Griechentums in Sizilien und Unteritalien. Repräsentativ hierfür ist jetzt das Buch von VALLET.[28] Besonders PALLOTTINO hat den griechischen Einfluß auf das frühe Rom hervorgehoben, und RIDGWAY ist ihm jetzt darin gefolgt.[29]

Die Etrusker bleiben nach wie vor ein besonderes Fascinosum. Zweifellos haben auch hier neuere Ergebnisse der Archäologie unser Bild erweitert. Vor allem diese bilden die Grundlage für die neuere Gesamtdarstellung von TORELLI.[30] Generell hat sich die Autochthonie-Theorie, also die enge Anbindung an die Villanova-Kultur, weitestgehend durchgesetzt. In der Kenntnis der etruskischen Sprache ist trotz erheblicher Forschungsanstrengungen und beachtlicher Erfolge – als repräsentativ sei hier die neue Edition von RIX[31] erwähnt – noch kein entscheidender Durchbruch erreicht worden. Ein jüngerer sozialhistorischer Überblick[32] zeigt, wie stark wir noch im Hypothetischen stecken.

Zu den Italikern gibt es wichtige neuere Informationen in einem großen Sammelwerk[33], das von PALLOTTINO, MANSUELLI und PROSDOCIMI koordiniert worden ist, sowie

nes Geschichtswerks: *nec vitia nostra nec remedia pati possumus*, Stuttgart 1989; vgl. ferner WOLFGANG SCHULLER (Hrsg.), Livius. Aspekte seines Werkes, Konstanz 1993.

[25] SABATINO MOSCATI, Italia archeologica. Centri greci punici etruschi italici, 2 Bde., Novara 1973.

[26] MASSIMO PALLOTTINO, Italien vor der Römerzeit, München 1987 (orig. 1984).

[27] DAVID und FRANCESCA R. RIDGWAY (Hrsg.), Italy before the Romans, London 1989; R. ROSS HOLLOWAY, The Archaeology of Early Rome and Latium, London-New York 1984; TIMOTHY J. CORNELL, The Beginning of Rome: Italy and Rome from the Bronze Age to the Punic Wars (c. 1000-264 B.C.), ebd. 1995; C. J. SMITH, Early Rome and Latium: Economy and Society c. 1000 to 500 B.C., Oxford 1996.

[28] GEORGES VALLET, Le monde grec colonial d'Italie du Sud et de Sicile, Rom 1996.

[29] PALLOTTINO (wie Anm. 26); David RIDGWAY, The First Western Greeks, Cambridge 1992.

[30] MARIO TORELLI, Die Etrusker: Geschichte, Kultur, Gesellschaft, Frankfurt 1988. Das von A.H. 452 Anm. 5 erwähnte Buch von MASSIMO PALLOTTINO ist mittlerweile in mehreren Auflagen auch auf Deutsch erschienen: Etruskologie, Basel u.a. 1988, vgl. im übrigen jetzt auch den knappen, aber lehrreichen Überblick von FRIEDHELM PRAYON, Die Etrusker. Geschichte, Religion, Kunst, München 1996.

[31] HELMUT RIX, Etruskische Texte. Editio minor, 2 Bde., Tübingen 1994.

[32] BRUNO D'AGOSTINO, Military Organization and Social Structure in Archaic Etruria, in: O. MURRAY/S. PRICE, The Greek City, Oxford 1990, 59-82.

[33] Popoli e civiltà dell'Italia antica, 8 Bde., Rom 1974-1986, Coordinamento generale di M. PALLOTTINO / G. MANSUELLI / A.L. PROSDOCIMI.

verschiedene Einzelstudien.[34] Zwar bleiben unsere Kenntnisse auch hier noch ziemlich fragmentarisch, doch ist man durch zähe und durchdachte Studien im Hinblick auf die politische Organisation und die Relation zu römischen Institutionen etwas weitergekommen.[35] Über die Dialekte informiert PROSDOCIMI.[36]

Zu der frühen Siedlungsgeschichte und zur Frage der Gründung Roms ist die Forschungslage noch unübersichtlicher, als A. H. sie seinerzeit (S. 543) charakterisiert hatte. Zu der bei ihm erwähnten Auffassung des Zusammenschlusses aus zwei Siedlungskernen sind andere Synoikismos-Theorien getreten, dazu verschiedene Vorstellungen einer allmählichen Stadtwerdung (in bestimmten Etappen). Dazu sind auch GJERSTADs Ergebnisse zu den Hüttenbauten im Forumsbereich durch neuere Untersuchungen von AMMERMANN[37] in Frage gestellt worden. Aus guten Gründen verweist KOLB[38] auf den rituellen Akt der Gründung, der ganz im etruskischen Horizont verwurzelt ist. Er sieht deshalb in Rom eine etruskische Stadt, deren Gründung er gegen das Ende des 7. Jahrhunderts datiert und mit der Entwässerung, Erhöhung und Pflasterung des Forumsareals[39] in Verbindung bringt.

IV. Römische Verfassungsgeschichte

Den modernen Zugang zur Verfassungsgeschichte kennzeichnet der intensive Rückgriff auf soziologische Modelle und ethnologisch-anthropologische Vergleichsformen, in welche die Verfassung gleichsam eingebettet wird. Für die früheste Entwicklung ist in diesem Zusammenhang die Dissertation von LINKE charakteristisch:[40] Tief zurückgreifend auf indogermanistische Hypothesenbildung und Schlüsselbegriffe wie sakrales Königtum, Verwandtschafts- und Gentilsystem, Klientelwesen versucht dieser, die Lücken und Mängel in unseren Quellen durch linguistische Analysen und geschickte Rückgriffe auf Modelle auszugleichen. So kommt es zu einer Reihe plausibler Hypothesen auf generell-struktureller Ebene, die freilich vom Rückgriff auf die problematische Tradition abhängig sind. Gerade der Weg über die Verwandtschaftsstrukturen, wie sie etwa in der Namensgebung[41] zum Ausdruck kommen, hilft gelegentlich weiter, wenn sich

---

34 EDWARD T. SALMON, Samnium and the Samnites, Cambridge 1967; A. PONTRANDOLFO, I Lucani, Mailand 1982; Martin W. FREDERIKSEN, Campania, Rom 1984.

35 E. CAMPANILE / C. LETTA, Studi sulle magistrature indigene e municipali in area Italica, Pisa 1979.

36 ALDO LUIGI PROSDOCIMI, Lingue e dialetti dell'Italia antica, Padua 1978 (mit einem Aggiornamento von ANNA MARINETTI, 1982); zur Aktualisierung des Handbuchs von VETTER s. PAOLO POCCETTI, Nuovi documenti italici a complemento del manuale di E. VETTER, Pisa 1979.

37 A.J. AMMERMANN, On the Origins of the Forum Romanum, American Journal of Archaeology 94, 1990, 627-645.

38 KOLB (wie Anm. 9), 54-84, vgl. generell auch MASSIMO PALLOTTINO, Origine e storia primitiva di Roma, Mailand 1993.

39 Zum Forum jetzt grundlegend FILIPO COARELLI, Il Foro Romano I: Periodo arcaico, Rom 1983; zum Sagenhintergrund vgl. o. Anm. 17, ferner J.N. BREMMER / N.M. HORSFALL, Roman Myth and Mythography, London 1987 und ATTILIO MASTROCINQUE, Romolo, Rom 1993.

40 LINKE (wie Anm. 20).

41 Bes. HELMUT RIX, Zum Ursprung des römisch-mittelitalischen Gentilnamensystems, ANRW I 2, 700-758.

spezifische traditionelle Verhaltensregeln über die Jahrhunderte erhalten haben, wie dies THOMAS[42] am Beispiel des Zusammenhanges von öffentlicher Ordnung und *patria potestas* zu zeigen versucht hat.

Dies ähnelt der klassischen Methode, die auf der Perseveranz der römischen Institutionen aufbaut. Gestützt auf diese hat BLEICKEN[43] an Hand der Begriffe für die Amtsgewalt (*auspicium, potestas, imperium*) nachgewiesen, daß die Römer ursprünglich keinen umfassenden Amtsbegriff kannten. Auf dieser Grundlage hat HEUSS[44] eine Rekonstruktion der frühen Verfassungsentwicklung gegeben, die auf der in der ‚Römischen Geschichte' entwickelten Linie liegt. Verschiedenste Facetten zu der Gesamtthematik bietet das Sammelwerk von EDER[45], dessen Autoren exemplarisch und methodisch das gesamte Feld umschreiten. Ein ähnlich breites Spektrum gibt das von RAAFLAUB[46] herausgegebene Buch über die Ständekämpfe, in dem besonders der Herausgeber selbst ein eindrucksvolles Resümee gibt und interessante Forschungsstrategien entwickelt, insbesondere in Richtung auf die historische Komparatistik. Freilich bleibt die schon von WARD (wie Anm. 7, S. 59) gestellte Frage offen „what other times and places do provide real and, consequently, useful parallels".

Naturgemäß bilden die Ständekämpfe und ihre historischen Bedingungen und Folgen den wesentlichen Themenschwerpunkt. Auch dabei muß oft das Wichtigste offenbleiben. Das beginnt bereits mit der Frage nach der sozialen Zusammensetzung bzw. Herkunft der Plebejer, darunter insbesondere ihrer Relation zu den Klienten. Generell hält man derzeit die Plebejer für eine aus verschiedenen Gruppen zusammengewachsene Bevölkerung, die nicht in den traditionellen *gentes* organisiert war, aber demgegenüber von dem etruskischen Königsregiment profitierte. Ihre Benachteiligung gegenüber den Patriziern wurde durch die Vertreibung der Könige verstärkt.[47] Nach RICHARD[48] waren ihre Anführer Angehörige der älteren Eliten, die von den Patriziern zurückgedrängt worden waren. Angesichts der weitgehenden Unklarheiten verwundert es nicht, wenn MITCHELL[49] gute Beobachtungen zu anachronistischen Mißverständnissen in der Beschreibung und Deutung der Ständekämpfe durch die annalistische Überlieferung anstellen kann.

Die für die republikanische Verfassung wesentlichen Entwicklungen und Lösungen der Ständekämpfe sind in der Forschung demgegenüber etwas klarer konturiert worden: Zur Centurienordnung hat KIENAST[50] eine solide Studie vorgelegt. Diese wird nun-

---

42 YAN THOMAS, Vitae necisque potestas. Le père, la cité, la mort, in: Du châtiment dans la cité. Supplices corporels et peine de mort dans le monde antique, Paris-Rom 1984, 499-548; DERS., Remarques sur la juridiction domestique à Rome, in: J. ANDREAU / H. BRUHNS (Hrsg.), Parenté et stratégies dans l'antiquité romaine, EBD. 1990, 449-474.

43 JOCHEN BLEICKEN, Zum Begriff der römischen Amtsgewalt, Nachrichten der Göttinger Akademie der Wiss., Phil.-Hist. Kl. 1981, Nr. 9.

44 ALFRED HEUSS, Gedanken und Vermutungen zur frühen römischen Regierungsgewalt, EBD. 1982, Nr. 10 (= Ges. Schriften II 908-985).

45 WALTER EDER (Hrsg.), Staat und Staatlichkeit in der frühen römischen Republik, Stuttgart 1990.

46 KURT A. RAAFLAUB (Hrsg.), Social Struggles in Archaic Rome, Berkeley u.a. 1986.

47 Vgl. den Überblick bei LINKE (wie Anm. 20) 134f.

48 JEAN-CLAUDE RICHARD, Les origines de la plèbe romaine, Rom 1978.

49 RICHARD E. MITCHELL, Patricians and Plebeians: The Origins of the Roman State, Ithaca-London 1990.

50 DIETMAR KIENAST, Die politische Emanzipation der Plebs und die Entwicklung des Heerwesens im frühen Rom, in: Bonner Jahrbücher 175, 1975, 83-112.

mehr gut flankiert durch STEMMLERS[51] Arbeit über die frühe Geschichte der Ritter und deren Herauswachsen aus dem rein militärischen Kontext zu einer sozialen Schicht.

Für die Zwölftafelgesetze hat jetzt FLACH[52] die antiken Notizen gesammelt und einen eingehenden Kommentar geliefert, und für alle Fragen der republikanischen Rechtsentwicklung (einschließlich der der Gelehrsamkeit) wird WIEACKERS[53] Handbuch auf lange Sicht das wesentliche Referenzwerk sein. Angesichts der allgemeinen Bedeutung der republikanischen Aristokratie kommt der Untersuchung von HÖLKESKAMP[54] über die Genese der Nobilität besondere Bedeutung zu. Diese zeichnet den Vorgang unter Betonung seiner Prozeßhaftigkeit aus den Ständekämpfen heraus bis hin zur „Konsolidierung" der neuen Führungselite nach, immer in Zusammenhang mit den außenpolitischen Entwicklungen und Entscheidungen. Sie läßt auch genügend Platz für die Analyse der internen Konfliktpotentiale und Konkurrenzmechanismen sowie die Darlegung der Einbindung von Volk und Klienten.

Darüberhinaus lassen sich derzeit – ausgehend von einem Artikel von MILLAR[55] – Tendenzen beobachten, die Rolle des Volkes gegenüber der mächtigen Aristokratie stärker zu gewichten. Dazu hat jetzt JEHNE[56] eine differenzierendes Sammelwerk herausgegeben, in dem insbesondere auf bestimmte Praktiken (Rhetorik: HÖLKESKAMP; ambitus: JEHNE) und Formen der Kommunikation und Interaktion (FLAIG) abgehoben wird. Auch hier zeigt sich, wie der Rahmen unserer Analyse durch die Überwindung eines primär oder gar ausschließlich verfassungsgeschichtlichen Blickwinkels erweitert wird und daß dabei ein angemessenes Verständnis des Gegenstandes erreicht wird, welches über die letztlich antike Alternative Aristokratie versus Demokratie hinausweist. In demselben Zusammenhang sind auch Studien über die Volksversammlungen wichtig.[57] Eine grundlegende Darstellung der römischen Verfassungsgeschichte, die auf einer eingehenden Kritik der antiken Überlieferung und der Begriffsjurisprudenz Mommsens fußt und die soziopolitische Rahmenbedingungen angemessen miteinbezieht, hat schon vor einiger Zeit BLEICKEN vorgelegt.[58] Angesichts der Verquickung der sakralen und der rechtlichen Elemente ist das gewachsene Interesse an der römischen Religion, so-

---

[51] MICHAEL STEMMLER, Eques Romanus – Reiter und Ritter. Begriffsgeschichtliche Untersuchungen zu den Entstehungsbedingungen einer römischen Adelskategorie im Heer und in den comitia centuriata, Frankfurt/Main 1997.

[52] FLACH (wie Anm. 20) Nr. 26, S. 109-207.

[53] FRANZ WIEACKER, Römische Rechtsgeschichte I. Einleitung, Quellenkunde, Frühzeit und Republik, München 1988.

[54] KARL-JOACHIM HÖLKESKAMP, Die Entstehung der Nobilität. Studien zur sozialen und politischen Geschichte der Römischen Republik im 4. Jhdt. v. Chr., Stuttgart 1987; für die – spätere – Arbeitsweise im Senat und die Rolle der besonderen Eliten (Consulare) dabei s. generell MARIANNE BONNEFOND-COUDRY, Le sénat de la république romaine de la guerre d'Hannibal à Auguste: pratiques déliberatives et prise de décision, Paris 1989.

[55] FERGUS MILLAR, The Political Character of the Classical Roman Republic, 200-151 B.C., Journal of Roman Studies 74, 1984, 1-19.

[56] MARTIN JEHNE (Hrsg.), Demokratie in Rom? Die Rolle des Volkes in der Politik der römischen Republik, Stuttgart 1995.

[57] FRANCISCO PINA POLO, Las contiones civiles y militares en Roma, Zaragoza 1989; weiteres bezieht sich überwiegend auf die ausgehende Republik, s.u.

[58] JOCHEN BLEICKEN, Lex publica. Gesetz und Recht in der römischen Republik, Berlin-New York 1975.

fern es sich gerade auf soziologisch und politisch relevante Aspekte konzentriert, besonders zu beachten.[59]

V. Außenpolitik und Welteroberung

Die Eroberung Italiens ist, dank der fragwürdigen Quellenlage gerade in den früheren Phasen, teilweise noch bis in das frühe 3. Jh. hinein, nur schwer zu rekonstruieren. Für die Vorgänge in Mittelitalien ist das Werk von HARRIS[60] wichtig, hinzu kommen eine Reihe von Studien zu den verschiedenen Städten und Stämmen, mit denen sich die Römer auseinandergesetzt haben.[61] Einen Überblick über das Potential Italiens bietet das Standardwerk von BRUNT[62], das gleichwertig neben BELOCH's Bevölkerungsgeschichte steht. Großes Interesse hat die Organisation Italiens durch Rom gefunden: GALSTERER untersucht sie mit besonderem Blick auf die jeweiligen konkreten Rahmenbedingungen und Wechselbeziehungen, HANTOS auf der Basis konsequent durchgehaltener herrschaftssoziologischer Begrifflichkeit unter entwicklungsgeschichtlichen Perspektiven und HUMBERT in traditionell rechtshistorischer Orientierung.[63] Sie machen auf unterschiedliche Weise die hohe Integrationskapazität des römischen Bundesgenossensystems deutlich.

Daß die Fragen nach den Beweggründen und Formen der römischen Expansion auch unter dem Blickwinkel des Imperialismus immer wieder erörtert werden, ist nur zu natürlich. Dabei wird neuerdings die offensiv-aggressive Seite der römischen Politik wesentlich stärker betont, vor allem mit dem Blick auf die ökonomischen Motive (Landverteilung, Beute) und die standesethischen Orientierungen (auf Ruhm und Ehre im Wettstreit der Adligen), zugleich aber auch die „Eigendynamik" (BLEICKEN [wie Anm. 7] 159). Mit entsprechend eindeutigen Thesen hat HARRIS diese ‚Neuvermessung' des römischen Expansionismus eingeleitet.[64] Sie wurden in erster Linie als Impuls zu

[59] Hier sind vor allem zu nennen GEORGE J. SZEMLER, The Priests of the Roman Republic: A Study of Interactions between Priesthoods and Magistracies, Brüssel 1972; JERZY LINDERSKI, The Augural Law, ANRW II 16,3,1986, 2146-2312; GÉRARD FREYBURGER, FIDES. Étude sémantique et religieuse depuis les origines jusqu'à l'époque augustéenne, Paris 1986; JÖRG RÜPKE, Domi militiae. Die religiöse Konstruktion des Krieges in Rom, Stuttgart 1990.

[60] WILLIAM V. HARRIS, Rome in Etruria and Umbria, Oxford 1971.

[61] Vgl. die o. Anm. 33. 34 gegebenen Hinweise, ferner CHRISTIANE SAULNIER, L'armée et la guerre chez les peuples samnites (VII-IVe siècle), Paris 1984.

[62] PETER A. BRUNT, Italian Manpower. 225 B.C. – 14 A.D., Oxford 1971.

[63] HARTMUT GALSTERER, Herrschaft und Verwaltung im republikanischen Italien, München 1976; THEODORA HANTOS, Das römische Bundesgenossensystem in Italien, ebd. 1983; MICHEL HUMBERT, Municipium et civitas sine suffragio. L'organisation de la conquête jusqu'à la guerre sociale, Paris-Rom 1978.

[64] WILLIAM V. HARRIS, War and Imperialism in Republican Rome 327-70 B.C., Oxford 1979, vgl. auch den von diesem herausgegebenen Sammelband The Imperialism of Mid-Republican Rome, Rom 1984; CHESTER G. STARR, The Beginnings of Imperial Rome: Rome in the Mid-Republic, Ann Arbor 1980; zum religiösen Hintergrund der damit verbundenen Formen und Praktiken s. neben RÜPKE (wie Anm. 59) vor allem H.S. VERSNEL, Triumphus. An Inquiry into the Origin, Development and Meaning of the Roman Triumph, Leiden 1970.

einer neuen Einzelanalyse der Kriege Roms und insbesondere von deren jeweiligen Ursachen verstanden. Hier können wir nun auch und gerade für die sog. weltpolitische Phase auf zahlreiche wichtige Untersuchungen zurückgreifen.

Zur Beurteilung der Auseinandersetzung mit Karthago ist jetzt das Handbuch von HUSS heranzuziehen, das für die Phase der Expansion in Spanien durch BARCELÓ ergänzt wird.[65] Jüngst hat AMELING eine sehr forcierte Umdeutung der karthagischen Gesellschaft und Verfassung versucht, mit der gerade die charakteristische Ausrichtung der Karthager auf Handel und Kommerz bestritten wird.[66] Die Diskussion um die Vorgeschichte des 1. Punischen Krieges ist vor allem durch die Auffassung MOLTHAGENS,[67] der Krieg sei in den ersten Jahren lediglich eine römisch-syrakusanische Auseinandersetzung gewesen, belebt worden. Ihm gegenüber hat WELWEI die frühe Orientierung auf Karthago als Gegner erneut erhärtet, und dies wird durch die quellenkritische Studie RUSCHENBUSCHs bestätigt.[68]

Noch intensiver ist die Debatte um den Ausbruch des 2. Punischen Krieges, bei der die Datierung der Vorgeschichte sowie der Status der Beziehungen zwischen Rom und Sagunt traditionell eine Rolle spielen und neuerdings wieder der Ebro-Vertrag bzw. die Frage nach der Identifizierung des in unseren Quellen genannten Flusses Iber in den Vordergrund gerückt ist. Eine gründliche Darstellung der Gesamtproblematik, die vor allem die Sicht- und Arbeitsweisen in unseren verschiedenen Quellen herausarbeitet, gibt SCHWARTE, während VOLLMER versucht, das römische Verhalten gegenüber den Karthagern in den Gesamtrahmen der römischen Außenpolitik einzufügen.[69]

Unabhängig davon, welche Akzente in der Vorgeschichte des Krieges gesetzt werden, bleibt unstrittig, daß Hannibals Politik zu den treibenden Faktoren in diesem historischen Ereigniszusammenhang gehört. In der neueren Forschung, die ihm nach wie vor höchste Aufmerksamkeit schenkt[70], hat – ebenfalls traditionell – die Frage nach dem Alpenübergang und dessen Lokalisierung einen festen Platz: Nach eingehenden Studien nimmt SEIBERT eine Aufsplitterung des Heeres in mehrere Marschsäulen an, doch hat z.B. SCHMITT, der fast zu subtile quellenanalytische Erörterungen zu Polybios und Livius angestellt hat[71], unter Hinweis auf unsere antiken Gewährsmänner die-

---

65 WERNER HUSS, Geschichte der Karthager, München 1985, dazu die Aufsatzsammlung DERS. (Hrsg.), Karthago, Darmstadt 1992; PEDRO A. BARCELÓ, Karthago und die iberische Halbinsel vor den Barkiden, Bonn 1988.

66 WALTER AMELING, Karthago. Studien zu Militär, Staat und Gesellschaft, München 1993.

67 JOACHIM MOLTHAGEN, Der Weg in den Ersten Punischen Krieg, in: Chiron 5, 1975, 89-127; Der Triumph des M.' Valerius Messalla und die Anfänge des Ersten Punischen Krieges, ebd. 9, 1979, 89-127.

68 KARL WILHELM WELWEI, Hieron II. von Syrakus und der Ausbruch des Ersten Punischen Krieges, in: Historia 27, 1978, 573-587; EBERHARD RUSCHENBUSCH, Der Ausbruch des 1. Punischen Krieges, in: Talanta 12/13, 1980/81, 55-76.

69 KARL-HEINZ SCHWARTE, Der Ausbruch des Zweiten Punischen Krieges – Rechtsfragen und Überlieferung, Wiesbaden 1983; DANKWARD VOLLMER, Symploke. Das Übergreifen der römischen Expansion in den griechischen Osten, Stuttgart 1990.

70 Exemplarische Auswahl älterer Artikel bei KARL CHRIST (Hrsg.), Hannibal, Darmstadt 1974, neuerdings JACOB SEIBERT, Hannibal, ebd. 1993; DERS., Forschungen zu Hannibal, ebd. 1993; SERGE LANCEL, Hannibal, Paris 1995.

71 TASSILO SCHMITT, Hannibals Siegeszug. Historiographische und historische Studien vor allem zu Polybios und Livius, München 1991.

se Auffassung bereits in Frage gestellt. Gerade hier kann man sich des Eindrucks nicht erwehren, daß sich die Forschung gelegentlich im Kreise bewegt.

Die interne Entwicklung in den fraglichen Jahrzehnten ist Gegenstand allgemeiner Untersuchungen zu den Rahmenbedingungen und Interaktionsformen politischen Handelns gewesen. Hier sind die älteren, im Anschluß an die prosopographische Methode von MÜNZER und SCULLARD entwickelten Versuche, immer wieder feste Verbindungen und politische Gruppierungen herauszufiltern, einer gesunden Skepsis gewichen, die vor allem in der grundlegenden Auseinandersetzung mit der ‚faktionalistischen' Position durch DEVELIN zum Ausdruck kommt.[72] Deutlich wird auch – im Studium der Reproduktion der Elite und von deren spezifischen Erinnerungsformen[73] –, daß die noch in der ‚italischen Phase' vorhandene, für die Entstehung der Nobilität wichtige Offenheit gegenüber qualifizierten ‚Aufsteigern' (HÖLKESKAMP [wie Anm. 54]) einer zunehmenden Exklusivität weicht. Man glaubt die Voraussetzungen für die von HEUSS skizzierte Politik des C. Flaminius hier mit Händen greifen zu können. Doch läßt unsere Quellenlage bei allem Aufwand von Gelehrsamkeit eine echte Beweisführung nicht zu: Immerhin hat OEBEL jetzt für Flaminius' wichtige Kolonisierungspolitik archäologische Denkmäler erschlossen, während die Arbeit von WILD über den bisherigen Forschungsstand nicht hinauskommt.[74]

Die „Wendung nach Osten" stellt für die Debatte des römischen Imperialismus eine besondere Herausforderung dar, schon von Anfang an, in dem unmittelbaren Anschluß des 2. Makedonischen Krieges an den Hannibalkrieg (201/0 v. Chr.). Schon deshalb verdient die neue Detailanalyse von WARRIOR[75], die nicht zuletzt eine Quellenanalyse ist (übrigens mit einer positiveren Einschätzung des Livius, als gängig ist), Beachtung. Daß die Römer – unabhängig von der Konstellation im Osten und den Intentionen der Mächte, die sich um ihre Intervention bemühten – durchaus einen aktiven Part spielten, kommt klar zum Ausdruck und ist zu bedenken, auch wenn man ihr vordringliches Interesse (mit VOLLMER [wie Anm. 69], S. 144ff.) in der Illyrienfrage sieht.

Der grundlegende Ausgangspunkt zur weiteren Erforschung der römischen Politik gegenüber den hellenistischen Mächten generell ist nunmehr die umfassende Darstellung von GRUEN[76], die sehr quellennah ist, auf zeitgenössische Motivationen und Entscheidungsnormen zurückgreift und somit die auf den beiden Seiten jeweils waltenden Mentalitäten und Vorstellungen mitdenkt. Ihr Tenor ist hinsichtlich der Expansion bzw. des Expansionswillens der Römer eher zurückhaltend: Sie gehen kaum gezielt

---

[72] ROBERT DEVELIN, The Practice of Politics at Rome 366-167 B.C., Brüssel 1985, der besonders auf die Wahlen und die Möglichkeiten, sie zu manipulieren, eingeht; dazu ist zu konsultieren ROLF RILINGER, Der Einfluß des Wahlleiters bei den römischen Konsulwahlen von 366 bis 50 v. Chr., München 1976.

[73] G. P. BURTON / K. HOPKINS, Political Succession in the Late Republic (249-50 B.C.), in: KEITH HOPKINS, Death and Renewal, Cambridge 1983 (für die spätere Zeit ferner ERNST BADIAN, The Consuls, 179-49 B.C., in: Chiron 20, 1990, 371-413); H. FLOWER, Ancestor Masks and Political Power in Rome, Oxford 1996.

[74] LOTHAR OEBEL, C. Flaminius und die Anfänge der römischen Kolonisation im *ager Gallicus*, Frankfurt/Main u.a. 1993; Helmut WILD, Untersuchungen zur Innenpolitik des Gaius Flaminius, Diss. München 1994.

[75] VALERIE M. WARRIOR, The Initiation of the Second Macedonian War. An Explication of Livy, Book 31, Stuttgart 1996.

[76] ERIC S. GRUEN, The Hellenistic World and the Coming of Rome, 2 Bde., Berkeley u.a. 1986.

vor, schlittern eher hinein, werden mehr gezogen – und das nahezu fortwährend. Das ist im Ansatz sehr beherzigenswert, bleibt aber insgesamt zu schematisch und läßt wenig Raum für historischen Wandel. Unabhängig davon behält die analysierende Gesamtdarstellung von WILL, die es noch stärker erlaubt, die Ereignisse von der soz. hellenistischen Seite her zu sehen, ihren Wert.[77]

Daß sich in diesem Zusammenhang das Interesse auch auf T. Quinctius Flamininus und seine politischen Partner, also die ‚Griechenlandspezialisten' unter den römischen Politikern, richtete, ist nur zu natürlich. Daß sie sich in einem Spannungsfeld zwischen „Philhellenismus und Realpolitik" befanden, wurde schon vor einiger Zeit beobachtet, und was dies bedeutete, hat jetzt eingehend, auf breitem Fundament und mit dem Blick auf die verschiedenen ideologischen Facetten auch für die folgenden Jahrzehnte, FERRARY untersucht.[78] Die Auffassung von der „Krise" des Imperialismus, im Sinne einer Zuspitzung, ja Brutalisierung seit dem Perseuskrieg und insbesondere der Schlacht von Pydna (168 v. Chr.), ist durch verschiedene neuere Arbeiten sowohl aus der Sicht der makedonischen[79] wie der der römischen Politik[80] erhärtet worden. Dies zeigen auch Studien wie die von KALLET-MARX über den Ausbau der Provinzialverwaltung in Griechenland, welche die wirtschaftlichen Interessen des römischen Volkes deutlich betont, oder die von BRAUND über die Klientelfürstentümer.[81] Die Veränderungen in der griechischen Poliswelt, die damit einhergingen, hat vor allem BERNHARDT untersucht.[82]

Während DAHLHEIM die provinziale Herrschaft schon vor geraumer Zeit unter systematisch-völkerrechtlichen Gesichtspunkten analysiert hatte[83], liegen neuerdings aus der Feder von LINTOTT und SCHULZ zwei umfangreiche Studien vor, die den konkreten Praktiken der Administration der Römer in den Provinzen detailliert nachge-

---

[77] EDOUARD WILL, Histoire politique du monde hellénistique (323-30 a.v.J.-C.), 2 Bde., Nancy [2]1979. 1982; generell vgl. auch die Zusammenfassungen bei HANS-JOACHIM GEHRKE, Geschichte des Hellenismus, München 1990, S. 114ff. 208ff.

[78] ERNST BADIAN, Titus Quinctius Flamininus. Philhellenism and Realpolitik, Cincinnati 1970; JEAN-LOUIS FERRARY, Philhellénisme et impérialisme. Aspects idéologiques de la conquête Romaine du monde hellénistique, de la seconde guerre de Macédonie à la guerre contre Mithridate, Rom 1988.

[79] N.G.L. HAMMOND / F.W. WALBANK, A History of Macedonia III, Oxford 1988, bes. S. 502f.

[80] WILLIAM REITER, Aemilius Paullus. Conqueror of Greece, London u.a. 1988, bes. S. 109ff.

[81] ROBERT M. KALLET-MARX, Hegemony to Empire. The Development of the Roman Imperium in the East from 148 to 62 B.C., Los Angeles-Oxford 1995; DAVID BRAUND, Rome and the Friendly King: The Character of Client Kingship, London u.a. 1984. – Zur Entwicklung in Spanien vgl. JOHN S. RICHARDSON, Hispaniae. Spain and the Development of Roman Imperialism, 218-82 B.C., Cambridge 1986 und LEONHARD A. CURCHIN, Romain·Spain. Conquest and Assimilation, London-New York 1991.

[82] RAINER BERNHARDT, Polis und römische Herrschaft in der späten Republik (149-31 v.Chr.), Berlin 1985; vgl. ferner HARALD NOTMEYER, Polybios und das Ende des Achaierbundes, München 1995 (historisches Umfeld der Zerstörung von Korinth 146 v.Chr.) und DANIEL STRAUCH, Römische Politik und griechische Tradition. Die Umgestaltung Nordwest-Griechenlands unter römischer Herrschaft, München 1996, S. 11-75 (Veränderung der Verwaltungsstruktur). – Zum 3. Punischen Krieg vgl. jetzt die neueren Diskussionen in dem Sammelwerk H. DEVIJVER / E. LIPINSKI (Hrsg.), Studia Phoenicia 10. Punic Wars, Leuven 1989, ferner bes. Karl-Wilhelm WELWEI, Zum „metus Punicus" in Rom um 150 v.Chr., in: Hermes 117, 1989, 314ff.

[83] WERNER DAHLHEIM, Gewalt und Herrschaft. Das provinziale Herrschaftssystem der römischen Republik, Berlin-New York 1977.

hen.[84] Sie zeigen hohen Sinn auch für die informellen Regeln im Umgang und geben somit einen lebendigen Einblick in den römischen Herrschaftsbereich.

VI. Folgen der Expansion

Starke Aufmerksamkeit hat die Forschung den ökonomischen Folgen der Expansion schon von jeher geschenkt. Dabei ging es immer auch um den Stellenwert wirtschaftlichen Denkens bei den Römern, insbesondere bei den oberen Schichten, sowie um die Bedeutung von Handel und Bankwesen, aber auch um Prozesse, die sich mit Schlagwörtern wie Agrarkapitalismus umschreiben lassen. Es hat sich deshalb angesichts der ‚Wende' zur anthropologischen Schule, wie sie durch FINLEY[85] vollzogen wurde, auch eine lebhafte Diskussion zur Ökonomie Roms in der fraglichen Zeit entwickelt, die in dem Spannungsfeld zwischen dem sog. Primitivismus und der modernistischen Sichtweise angesiedelt ist. Den derzeitigen Stand repräsentieren Werke von GARNSEY, SALLER und DUNCAN-JONES.[86] Heute ist man eher geneigt, von FINLEYs zurückhaltender Position gegenüber einer dem modernen Marktdenken vergleichbaren Mentalität wieder abzugehen,[87] was keineswegs immer begründet ist und oft auf einem Mißverständnis der wirtschaftsanthropologischen Sichtweise beruht.

Besonders interessant ist in diesem Rahmen das Verhalten der Senatoren, über deren Vermögensverhältnisse (mit Blick auf ihr politisches Engagement) SCHNEIDER und SHATZMAN gearbeitet haben.[88] Zu der hier vor allem relevanten Frage der Einstellung der Senatoren in ökonomischen Dingen hat SCHLEICH einen klug orientierenden Überblick gegeben.[89] Bei der Erörterung dieser Themen kommt der Münzprägung eine besondere Rolle zu. Auf der Grundlage des Handbuchs von CRAWFORD, das die römisch-republikanische Numismatik umfassend repräsentiert, hat jetzt HARL den Münzausstoß untersucht und bereits für das 2. Jh. einen hohen Grad an Monetarisierung festgestellt.[90]

---

84 ANDREW LINTOTT, Imperium Romanum. Politics and Administration, London-New York 1993 (der erste Teil ist der Republik gewidmet); RAIMUND SCHULZ, Herrschaft und Regierung. Roms Regiment in den Provinzen in der Zeit der Republik, Paderborn u.a. 1997.

85 MOSES I. FINLEY, The Ancient Economy, London ^{2}1985 (dt. München 1989).

86 P. GARNSEY / R. SALLER, The Roman Empire: Economy, Society and Culture, Berkeley-Los Angeles 1987; RICHARD DUNCAN-JONES, Structure and Scale in the Roman Economy, Cambridge 1990; vgl. auch P. GARNSEY / K. HOPKINS / C.R. WHITTAKER (Hrsg.), Trade in the Ancient Economy, London1995.

87 So z.B. JOHN H. D'ARMS, Commerce and Social Standing in Ancient Rome, Cambridge/Mass. 1981.

88 HELMUTH SCHNEIDER, Wirtschaft und Politik. Untersuchungen zur Geschichte der späten römischen Republik, Erlangen 1974; ISRAEL SHATZMAN, Senatorial Wealth and Roman Politics, Brüssel 1975.

89 THOMAS SCHLEICH, Senatorische Wirtschaftsmentalität in moderner und antiker Deutung. Überlegungen zum Problem senatorischer Handelsaktivitäten, in: Münstersche Beiträge zur antiken Handelsgeschichte 2,2, 1983, 65-90. 3,1, 1984, 37-72.

90 MICHAEL H. CRAWFORD, Roman Republican Coinage, 2 Bde., Cambridge 1974; Kenneth W. HARL, Coinage in the Roman Economy, 300 B.C. to A.D. 700, Baltimore-London 1996, 21-72.

Fundamental blieb nach wie vor die Landwirtschaft, über deren Strukturen jetzt die Handbücher von White und Flach allgemein und in einem eher antiquarischen Sinne unterrichten.[91] Die wesentlichen Veränderungen, die sich in den neuen Formen der Gutswirtschaft und der extensiven Weidewirtschaft (mit extrem hohem Flächenbedarf) vollzogen, sowie deren Folgen für die Bauern sind durch Gabba, Pasquinucci und de Neeve zusammenfassend dargelegt worden;[92] auf die wachsend problematische Getreidezufuhr nach Rom geht Rickman ausführlich ein.[93] Ein wichtiges Teilgebiet im Schnittfeld von Wirtschaft, Politik und Verwaltung, dazu relevant auch für den Zusammenhang von Raumordnung und Rechtsstruktur, ist das System der römischen Landvermessung, der sogenannten gromatischen Institutionen. Mit einer Reihe von Untersuchungen hat Hinrichs[94] die lange Zeit vernachlässigten Forschungen auf diesem Gebiet wieder aufgenommen, was jetzt zu einem wahren ‚Boom' geführt hat, der in den Werken von Chouquer und Favory und ihren Mitarbeitern zum Ausdruck kommt[95] sowie in einem von Behrends und Capogrossi Colognesi organisierten Projekt, das sich vornehmlich den juristischen Aspekten widmet.[96]

In diesem Zusammenhang verdient die Erforschung der Sklaverei besondere Beachtung, die sich schon seit den 60er Jahren allmählich von ihrer Instrumentalisierung im Zeichen des Ost-West-Gegensatzes freizumachen begonnen hatte. Die differenzierte Sichtweise, die Finley in seinem schon klassischen Überblick an den Tag gelegt hatte, ist für die meisten Werke, die den heutigen Forschungsstand repräsentieren, kennzeichnend geblieben.[97] Für die ausgehende Republik und die dort gehäuft begegnenden Sklavenkriege und Aufstände hat Bradley eine wichtige Studie vorgelegt und neuerdings durch eine zusammenfassende Arbeit mit Heranziehung interkulturellen Vergleichsmaterials erweitert.[98]

---

91 K.D. White, Roman Farming, London 1970; Dieter Flach, Römische Agrargeschichte, München 1990.

92 E. Gabba / M. Pasquinucci, Strutture agrarie e allevamento transumante nell'Italia romana (III-I sec. a.C.), Pisa 1979; Pieter-Willem de Neeve, Peasants in Peril. Location and Economy in Italy in the Second Century B.C., Amsterdam 1984; vgl. auch K.D. White, Latifundia, in: Helmuth Schneider (Hrsg.), Zur Sozial- und Wirtschaftsgeschichte der späteren römischen Republik, Darmstadt 1976, 311-347.

93 Geoffrey Rickman, The Corn Supply of Ancient Rome, Oxford 1980.

94 Focke Tannen Hinrichs, Die Geschichte der gromatischen Institutionen. Untersuchungen zu Landverteilung, Landvermessung, Bodenverwaltung und Bodenrecht im römischen Reich, Wiesbaden 1974.

95 s. bes. G. Chouquer / F. Favory, Les paysages de l'Antiquité: terres et cadastres de l'Occident romain, Paris 1991; dies., Les arpenteurs romains. Théorie et pratique, Paris 1992 (darauf beruhend: Charlotte Schubert, Land und Raum in der römischen Republik. Die Kunst des Teilens, Darmstadt 1996); vgl. auch Philipp von Cranach, Die Opuscula Agrimensorum und die Entstehung der römischen Limitationstheorie, Basel 1996.

96 O. Behrends / L. Capogrossi Colognesi (Hrsg.), Die römische Feldmeßkunst: Interdisziplinäre Beiträge zu ihrer Bedeutung für die Zivilisationsgeschichte Roms, Göttingen 1992.

97 Moses I. Finley, Ancient Slavery and Modern Ideology, London 1980 (dt.: Die Sklaverei in der Antike, München 1981); ferner s. bes. Keith Hopkins, Conquerors and Slaves, Cambridge 1978; Thomas Wiedemann, Greek and Roman Slavery, London 1981; Zvi Yavetz, Slaves and Slavery in Ancient Rome, New Brunswick/N.J.-London 1988.

98 Keith R. Bradley, Slavery and Rebellion in the Roman World, 140 B.C. – 70 B.C., London 1990; ders., Slavery and Society at Rome, Cambridge 1994.

Die Rückwirkungen der Expansion, besonders in der hellenistischen Staatenwelt, auf das römische Normengefüge, die damit verbundenen Akkulturationsprozesse und mentalen Auswirkungen sowie politisch-sozialen Konsequenzen rücken in der letzten Zeit stärker in das Zentrum der Forschung, die sich zunehmend als eine kulturwissenschaftliche versteht. Den Rahmen abgesteckt hat GRUEN mit einer Serie von Studien, die die Wechselbeziehungen zwischen griechischer und römischer Zivilisation exemplarisch fassen und wichtige Beobachtungen beisteuern.[99] Die Bedeutung des griechischen Einflusses, insbesondere der Philosophie, im Rahmen der römischen Bemühungen zur Korrektur der *mores*[100] im Sinne des *mos maiorum* erörtert GEHRKE[101], während BEHRENDS sehr detailliert die Wirkungen der griechischen Philosophie (auch und gerade der Erkenntnistheorie) auf die Entwicklung des römischen Rechts untersucht.[102] Daß sich dabei auch im Bereich des leitenden, für das politische Verhalten wesentlichen Wertesystems qualitative und mithin folgenreiche Veränderungen ergaben, wird allmählich immer deutlicher. Jüngst hat GOTTER dies am Beispiel Ciceros gezeigt.[103] Auch Wandlungen im Bereich der Religion und Religionsausübung finden Beachtung.[104] Es versteht sich von selbst, daß gerade auf diesem Gebiet der Mentalität und der kulturellen Symbolik die interdisziplinäre Kooperation mit den traditionellen Nachbarfächern (Archäologie und Philologie) deutlich an Gewicht gewinnt. Dank entsprechender Ausrichtungen auf diesen Gebieten wird das noch wesentlich verstärkt.[105]

---

[99] ERIC S. GRUEN, Studies in Greek Culture and Roman Policy, Leiden 1990; DERS., Culture and National Identity in Republican Rome, Ithaca 1992; vgl. auch FERRARY (wie Anm. 78).

[100] ERNST BALTRUSCH, Regimen morum. Die Reglementierung des Privatlebens der Senatoren und Ritter in der römischen Republik und frühen Kaiserzeit, München 1989, S. 30-131.

[101] HANS-JOACHIM GEHRKE, Römischer *mos* und griechische Ethik, in: Historische Zeitschrift 258, 1994, 593-622.

[102] OKKO BEHRENDS, Gesetz und Sprache. Das römische Gesetz unter dem Einfluß der hellenistischen Philosophie, in. DERS./W. SELLERT (Hrsg.), Nomos und Gesetz. Ursprünge und Wirkungen des griechischen Gesetzesdenkens, Göttingen 1995, 135-249.

[103] ULRICH GOTTER, Cicero und die Freundschaft, in: H.-J. GEHRKE / A. MÖLLER (Hrsg.), Vergangenheit und Lebenswelt, Tübingen 1996, 339-360; DERS., Der Platonismus Ciceros und die Krise der römischen Republik, in: BERND FUNCK (Hrsg.), Hellenismus. Beiträge zur Erforschung von Akkulturation und politischer Ordnung in den Staaten des hellenistischen Zeitalters, ebd. 1996, 543-559.

[104] Hierzu generell JOHN SCHEID, Le délit religieux dans la Rome tardo-républicaine, in: Le délit religieux dans la cité antique, Paris-Rom 1981, 117-171; CLAUDIA BERGEMANN, Politik und Religion im spätrepublikanischen Rom, Stuttgart 1992; wichtige Aspekte: J. RUFUS FEARS, The Theology of Victory at Rome, in: ANRW II 17,2, 1981, 736-826; JEAN-MARIE PAILLER, Le repression de 186 av. J.C. à Rome et en Italie. Vestiges, images, traditions, Paris 1988 (zu den Bacchanalien).

[105] Für Historiker besonders wichtige Beiträge sind in diesem Zusammenhang TONIO HÖLSCHER, Die Anfänge römischer Repräsentationskunst, in: Rhein. Museum 85, 1978, 315-357; GÖTZ LAHUSEN, Untersuchungen zur Ehrenstatue in Rom, Rom 1983; LUCA GIULIANI, Bildnis und Botschaft. Hermeneutische Untersuchungen zur Bildkunst der römischen Republik, Frankfurt/Main 1986; PAUL ZANKER, Augustus und die Macht der Bilder, München 1987, 15-41; LEENA PIETILÄ-CASTRÉN, Magnificentia publica. The Victory Monuments of the Roman Generals in the Era of the Punic Wars, Helsinki 1987. – Zur Literatur vgl. generell VON ALBRECHT (wie Anm. 23) I 3-507; eine zentrale Fallstudie ist CARL JOACHIM CLASSEN, Recht, Rhetorik, Politik. Untersuchungen zu Ciceros rhetorischer Strategie, Darmstadt 1985.

VII. Die sog. Revolutionszeit: Von den Gracchen bis Sulla

Mit seinem Rekurs auf den Begriff „Revolution" zur Bezeichnung der Epoche der ausgehenden Republik (133 – 31 v. Chr.) hat sich HEUSS nicht durchsetzen können. Viel ‚populärer' ist heutzutage – nicht zuletzt dank der Arbeiten von CH. MEIER[106] – der Begriff „Krise", obgleich man sich natürlich fragen kann, ob er für die Charakterisierung eines Zeitraumes von rund 100 Jahren geeignet ist. Gerade MEIER geht es zudem auch darum, die Ausweglosigkeit der Krise herauszuarbeiten. Ob sie denn wirklich keine Alternative hatte, wird immer wieder lebhaft erörtert und ist geradezu eine der Leitfragen der historischen Würdigung dieses Zeitraumes geworden. Unstrittig ist dagegen weitestgehend, daß es sich um eine besondere Epoche handelt, die mit dem Tribunat des Tiberius Gracchus beginnt und deren Ende mit Caesars Diktatur oder dem Sieg Octavians über Marcus Antonius verbunden wird. Einen zuverlässigen Überblick über sie gibt CHRIST, viele Anregungen – oft recht pointiert – bietet BRUNT.[107]

Im Rahmen der Vorgeschichte (zu der auch der vorangehende Abschnitt zu konsultieren ist) hat man vor allem auf die Veränderungen auf dem agrarischen Sektor (Okkupation von Land, Strukturveränderungen) hingewiesen. BRINGMANN gibt eine klare Zusammenfassung des Kenntnis- und Forschungsstandes, indem er vor allem auf das Abbrechen der üblichen Landversorgung durch Kolonisierung schon bald nach dem Hannibalkrieg sowie auf den massiven Zugriff seitens der Elite hinweist und für das ältere Ackergesetz (zwischen180 und 167 v. Chr.) einleuchtende Erklärungen bietet.[108] Hiervon kann auch die neuere Einschätzung von Tiberius Gracchus' Wirksamkeit ausgehen, die durch eine prägnante Studie BADIANS[109] sehr gefördert wurde und über die STOCKTON[110] einen pragmatischen Überblick bietet.

Generell herrscht die Tendenz vor, die sozialreformerischen Aspekte zugunsten der militärischen zu reduzieren, also das Rekrutierungsproblem stärker zu akzentuieren[111], wobei sich fragt, ob das nicht lediglich zwei Seiten einer Medaille sind. Daneben wird das persönliche Karrieredenken des Tib. Gracchus vor allem von BERNSTEIN und BLEICKEN markant herausgestellt:[112] Die Furcht vor einem Scheitern mit dem Projekt des Ackergesetzes nach einer nur kurze Zeit zurückliegenden Fehlleistung im Krieg gegen Numantia (137) könnte in der Tat die Radikalität des Tiberius während seines Tribunats erklären und würde auch gut zu BRINGMANNS eher reduktionistischem Bild

---

[106] dessen „Res publica amissa" jetzt (mit einem ausführlichen Nachwort) in zweiter Auflage (Frankfurt/Main 1980) vorliegt.

[107] KARL CHRIST, Krise und Untergang der römischen Republik, Darmstadt 1979. ³1993; PETER A. BRUNT, The Fall of the Roman Republic and Related Essays, Oxford 1988.

[108] KLAUS BRINGMANN, Die Agrarreform des Tiberius Gracchus. Legende und Wirklichkeit, Stuttgart 1985; DERS., Das ‚Licinisch-Sextische' Ackergesetz und die gracchische Agrarreform, in: JOCHEN BLEICKEN (Hrsg.), Symposion für Alfred Heuß, Kallmünz 1986, 51-66.

[109] ERNST BADIAN, Tiberius Gracchus and the Beginning of the Roman Revolution, in: ANRW I 1, 1972, 668-731.

[110] DAVID STOCKTON, The Gracchi, Oxford 1979.

[111] BADIAN (wie Anm. 109) 682ff.; gegen die Existenz derartiger Probleme allerdings YANIR SHOCHAT, Recruitement and the Programme of Tiberius Gracchus, Brüssel 1980.

[112] ALVIN H. BERNSTEIN, Tiberius Gracchus. Tradition and Apostasy, Ithaca 1978; JOCHEN BLEICKEN, Überlegungen zum Volkstribunat des Tiberius Sempronius Gracchus, in: Historische Zeitschrift 247, 1988, 265-293.

passen. Damit gewinnt auch die Eigendynamik der Ereignisse in dieser Zeit an Gewicht mit der Frage, an welcher Stelle eigentlich der definitive Bruch mit Herkommen und Verfassung lag? Hier hat BLEICKEN (wie Anm. 7, 277-291) gegen Versuche, die Interzession des Tribunen C. Octavius gegen das gracchische Ackergesetz zum entscheidenden Vorgang zu machen[113], mit dem Hinweis auf die Quellenlage und die politischen Usancen der Römer gewichtige Gründe für den Akt der Absetzung des Octavius durch Tib. Gracchus ins Feld geführt. Generell stellt sich gerade an diesem Punkt die Frage nach der Rolle des Volkstribunats in der Polarität von Tradition und Neuerung. Hierüber orientiert THOMMEN.[114]

Das Spannungsfeld zwischen persönlicher Motivation und programmatischer Ausrichtung ist im Falle von Gaius Gracchus noch wesentlich größer, zudem noch verbunden mit der traditionellen These der Demokratisierung als möglicher Zielsetzung; zu dieser Problematik hat jetzt NICOLET einen wichtigen Band herausgegeben.[115] Uns ist ein ganzes Bündel von Gesetzen bekannt, die von STOCKTON vorgestellt werden.[116] Deren Deutung ist in jeder Richtung vorangetrieben worden: Waren sie von Rachedurst getragen, zur Absicherung und zu persönlichem Machtgewinn ohne weiterreichendes Konzept realisiert, oder sollten sie eine grundsätzliche Neuordnung der politischen Landschaft in Rom bringen, mit einer Reduzierung der Macht des Senats zugunsten des neuen Machtzentrums im Tribunat, sekundiert durch den aufgewerteten Ritterstand?[117] – zwischen diesen Polen bewegen sich die Interpretationen. Angesichts der verbreiteten Problemlösungskompetenz (wenigstens auf konzeptioneller Ebene) sowie der Fülle, Kohärenz und Tragweite der Gesetze wird man einer aus-

---

[113] BADIAN (wie Anm. 109) 706ff. 712ff.; STOCKTON (wie Anm. 110) 69. 78. 81; BERNSTEIN (wie Anm. 112) 185ff. 207ff.

[114] LUCAS THOMMEN, Das Volkstribunat der späten römischen Republik, Stuttgart 1989; vgl. auch JOCHEN BLEICKEN, Das römische Volkstribunat. Versuch einer Analyse seiner politischen Funktion in republikanischer Zeit, in: Chiron 11, 1981, 87-108; Jean-Michel DAVID, Conformisme et transgression: à propos du tribunat de la plèbe à la fin de la République romaine, in: Klio 75, 1993, 219-227.

[115] CLAUDE NICOLET (Hrsg.), Demokratia et aristokratia. A propos de Caius Gracchus, mots grecs et réalités romaines, Paris 1983.

[116] (wie Anm. 110) 114-161; chronologische Überlegungen 226-239; zu einzelnen Gesetzen s. bes. G. WOLFF, Historische Untersuchungen zu den Gesetzen des C. Gracchus. Leges de iudiciis und leges de sociis, München 1972; KLAUS MEISTER, Die Bundesgenossengesetzgebung des Gaius Gracchus, in: Chiron 6, 1976, 113-125; ETHELLA HERMON, Le programme agraire de Caius Gracchus, in: Athenaeum 60, 1982, 258-272 (mit Heranziehung archäologischer Indizien); A.N. SHERWIN-WHITE, The lex repetundarum and the Political Ideas of Gaius Gracchus, in: Journal of Roman Studies 72, 1982, 18-31; zur lex repetundarum und lex agraria auf der sog. tabula Bembina hat jetzt Andrew LINTOTT eine neue Ausgabe mit Übersetzung und gediegenem Kommentar vorgelegt (Judicial Reform and Land Reform in the Roman Republic, Cambridge 1992). – Zur Liquidierung der gracchischen Agrarreformen s. bes. KLAUS MEISTER, Die Aufhebung der Gracchischen Agrarreform, in: Historia 23, 1974, 86-97; ROBERT DEVELIN, The Dismantling of the Gracchan Agrarian Programme, Antichthon 13, 1979, 48-55.

[117] Zum Ritterstand sind jetzt besonders zu beachten die Rezension von JOCHEN MARTIN zum Werk von NICOLET (in: Gnomon 39, 1967, 795-803) sowie der Überblick bei JOCHEN BLEICKEN, Cicero und die Ritter, Göttingen 1995, 8-14; BADIANS anregendes opusculum liegt jetzt auf deutsch vor: Zöllner und Sünder. Unternehmer im Dienst der römischen Republik, Darmstadt 1997.

schließlich oder vorwiegend personalisierenden Auslegung Skepsis entgegenbringen. Man hat wenigstens an ein „correcting and counterbalancing“ (STOCKTON [wie Anm. 110] 150) gegenüber dem Senat zu denken.

In der Beurteilung der in der Forschung geläufigen Gruppenbezeichnungen Populare und Optimaten gilt nach wie vor der traditionelle Standpunkt: Danach geht es weniger um Programme und Inhalte als um Formen und Methoden. Dabei verbindet man die populare Politik[118] zunächst mit den Tribunen und deren Agieren mit der plebejischen Volksversammlung, während die der Optimaten in ihrer Bindung an den Senat und dessen Prärogative gesehen wird. Dabei erscheint gerade letztere, da sie auf den traditionellen Praktiken fußt, nunmehr eher als eine Verhinderungsstrategie, die nur selten inhaltliche Fragen vorantrieb. Das wird in dem Werk von BURCKHARDT sehr deutlich, der konsequent die geringen Möglichkeiten der Optimaten zur Lösung der anstehenden Probleme aufzeigt.[119] Wie massiv die Spannungen zwischen den genannten Gruppen waren, wird vor allem in der gegensätzlichen, im Grunde unvereinbaren Haltung gegenüber dem Staatsnotstand deutlich, den UNGERN-STERNBERG zusammenfassend behandelt hat.[120] Daneben freilich gibt es eine deutliche und derzeit zunehmende Tendenz, dem Volk selbst, d.h. der *plebs urbana* in Rom, ein stärkeres Eigengewicht zuzuschreiben und sie nicht lediglich als bloße Manövriermasse zu sehen: Den wesentlichen Impuls dazu hatte Brunt[121] gegeben, und jetzt trifft sich das mit der oben erwähnten generellen Aufwertung der ‚demokratischen‘ Elemente in Rom.[122]

In diesem Zusammenhang liefert die Untersuchung von VANDERBROECK[123] klare Informationen zur sozialen Zusammensetzung des Volkes, zu den diversen Binnengruppen und dem Grad ihrer Mobilisierung wie auch zu den unterschiedlichen Niveaus der ‚Volksführer‘ und der wechselseitigen Kommunikation. Generell ist das Auftreten von Rednern in den Volksversammlungen und damit die Rolle der Rhetorik (durch PINA

---

118 Vgl. neuerdings URSULA HACKL, Die Bedeutung der popularen Methode von den Gracchen bis Sulla im Spiegel der Gesetzgebung des jüngeren Livius Drusus, Volkstribun 91 v.Chr., in: Gymnasium 94, 1987, 109-127; GEORG DOBLHOFER, Die Popularen der Jahre 111-99 v.Chr., Wien-Köln 1990.

119 LEONHARD ALEXANDER BURCKHARDT, Politische Strategien der Optimaten in der späten römischen Republik, Stuttgart 1988; zum Versagen der Elite finden sich deutliche Worte auch bei BRUNT (wie Anm. 107) S. 81f. – Zu einem bezeichnenden Aspekt der politischen Methodik s. LORETANA DE LIBERO, Obstruktion. Politische Praktiken im Senat und in der Volksversammlung der ausgehenden römischen Republik (70-49 v.Chr.), Stuttgart 1992.

120 JÜRGEN VON UNGERN-STERNBERG, Untersuchungen zum spätrepublikanischen Notstandsrecht, München 1970; vgl. auch BURCKHARDT (wie Anm. 119) 86-158.

121 PETER A. BRUNT, Der römische Mob, in: SCHNEIDER (wie Anm. 92) S. 271-310 (engl. Orig. 1966), s. ferner bes. HELMUTH SCHNEIDER, Die politische Rolle der plebs urbana während der Tribunate des L. Appuleius Saturninus, in: Ancient Society 13/14, 1982/83, 193-221 und neuerdings vor allem Wolfgang WILL, Der römische Mob. Soziale Konflikte in der späten Republik, Darmstadt 1991, mit massiven Hinweisen auf die ideologischen Aspekte im wissenschaftlichen Geschehen.

122 FERGUS MILLAR, Popular Politics at Rome in the Late Republic, in: I. MALKIN / W.Z. RUBINSOHN (Hrsg.), Leaders and Masses in the Roman World. Studies in Honor of Zvi Yavetz, Leiden 1995, 91-113.

123 PAUL J. VANDERBROEK, Popular Leadership and Collective Behaviour in the Late Roman Republic (ca. 80-50 B.C.), Amsterdam 1987.

POLO) sowie die Veränderung der sozialen Beziehungen durch die neuen Formen der Rechtsprechung mit ihrer besonderen Betonung der forensischen Beredsamkeit (durch DAVID) eingehend beschrieben und analysiert worden.[124] Im Rahmen einer generellen Studie über die öffentliche Ordnung in Rom hat NIPPEL[125] gezeigt, daß die Beziehung zwischen Volk und Demagoge unter Clodius eine andere Dimension bekam, im Sinne einer Perpetuierung der Anhängerschaften.

Die Etappen der Entwicklung nach den Gracchen bis auf Sulla sind in unterschiedlicher Intensität erforscht worden. Die sog. Heeresreform des Marius wurde deutlich relativiert, besonders durch AIGNER, der selbst im Hinblick auf die rein militärischen Neuerungen zurückhaltend ist, erst recht aber im Hinblick auf den grundsätzlichen Charakter der Heranziehung der *capite censi* zum Militärdienst.[126] Selbstverständlich war mit Marius' durchaus ad hoc getroffenen Maßnahmen noch keine Berufsarmee geschaffen worden, dennoch hatte die zunehmende Praktizierung solchen Verfahrens erhebliche Konsequenzen, wie neben AIGNER auch ERDMANN[127] herausgearbeitet hat. Vor allem wegen der ständigen Aufgabe der Veteranenversorgung kam es zu neuen Nahbeziehungen zwischen Feldherren und Truppen (sog. Heeresklientel) mit entsprechenden Loyalitätskonflikten.[128]

Über die Gesetzgebung des Appuleius Saturninus und des Servilius Glaucia hat FERRARY mit dem Blick auf die gracchischen Traditionen wichtige Beobachtungen beigesteuert.[129] Zum Bundesgenossenkrieg liegt jetzt eine ereignisgeschichtlich orientierte, quellennahe Studie von KEAVENEY vor. Für die Ausgangsbedingungen und die Vorgeschichte sind vor allem GALSTERER und SALMON zu konsultieren.[130] Die Ereignisse des ‚Schlüsseljahres' 88 sind von LINTOTT, KATZ und KEAVENEY en detail rekonstruiert worden[131], für die folgenden politischen Ereignisse hat KATZ[132] wichtige Hinweise gegeben. Immer noch gilt, daß eine angemessene Beurteilung Cinnas offenbleibt und wohl auch – angesichts unserer Quellenlage – offenbleiben muß. Immerhin sehen wir in Bezug

124 FRANCISCO PINA POLO, Contra arma verbis. Der Redner vor dem Volk in der späten römischen Republik, Stuttgart 1996; JEAN MICHEL DAVID, Le patronat judiciaire au dernier siècle de la république romaine, Rom 1992.

125 WILFRIED NIPPEL, Aufruhr und „Polizei" in der römischen Republik, Stuttgart 1988, bes. 108-152. 237-262.

126 HERIBERT AIGNER, Die Soldaten als Machtfaktor in der ausgehenden römischen Republik, Innsbruck 1974.

127 ELISABETH ERDMANN, Die Rolle des Heeres in der Zeit von Marius bis Caesar. Militärische und politische Probleme einer Berufsarmee, Neustadt/Aisch 1972.

128 HANS-CHRISTIAN SCHNEIDER, Das Problem der Veteranenversorgung in der späten römischen Republik, Bonn 1977; L. DE BLOIS, The Roman Army and Politics in the First Century B.C., Amsterdam 1987.

129 JEAN-LOUIS FERRARY, Recherches sur la législation de Saturninus et de Glaucia, in: Mélanges de l'École Française de Rome 89, 1977, 619-660. 91, 1979, 85-134; zu den politischen Umständen vgl. SCHNEIDER (wie Anm. 121); DOBLHOFER (wie Anm. 118).

130 ARTHUR KEAVENEY, Rome and the Unification of Italy, London 1989; GALSTERER (wie Anm. 63); EDWARD T. SALMON, The Making of Roman Italy, London 1982.

131 ANDREW LINTOTT, The Tribunate of P. Sulpicius Rufus, in: Classical Quarterly 21, 1971, 442-453; BARRY R. KATZ, The First Fruits of Sulla's March, in: L'Antiquité Classique 44, 1975, 100-125; ARTHUR KEAVENEY, What Happened in 88, in: Eirene 20, 1983, 53-86.

132 BARRY R. KATZ, Studies on the Period of Cinna and Sulla, in: L'Antiquité Classique 45, 1976, 497-549.

auf die wirtschaftliche Entwicklung, die vor allem durch das Problem der Verschuldung gekennzeichnet war, etwas klarer.[133]

Sullas Regiment und seine Gesetzgebung stoßen aus naheliegenden Gründen nach wie vor auf große Aufmerksamkeit. Eine neuere zusammenfassende Darstellung stammt von KEAVENEY[134], einem der besten Kenner der Zeit. Sie ist stellenweise gegenüber den sulla-freundlichen Quellen zu unkritisch und wirkt dadurch deutlich apologetisch, so daß BADIAN[135] – nicht nur als Korrektiv – wichtig bleibt. Mit einem der beklemmendsten Phänomene, den Proskriptionen, hat sich HINARD beschäftigt, der überdies auch eine ausführliche Gesamtdarstellung zu Sulla vorgelegt hat.[136] Die Frage nach Sullas Persönlichkeit tritt in den neueren Arbeiten eher zurück. HURLET greift die alte Fragestellung von CARCOPINO wieder auf und erörtert sie auf verfassungsrechtlicher Grundlage.[137] HANTOS konzentriert sich auf die legislativen Maßnahmen Sullas (mit Ausnahme der Gesetze zu den *quaestiones*), die sie im wesentlichen immanent-funktionalistisch interpretiert.[138] Die religiösen Aspekte hat ALFÖLDI schon vor einiger Zeit markant vor allem an Hand von Sullas Münzprägung herausgestellt.[139] Ob die besondere Betonung von Schutzgöttern mit dem Begriff des „Gottesgnadentums“ richtig erfaßt wird, sei dahingestellt.

Erstaunlich viel Interesse hat die in der Spannung zwischen Verrat und Weitblick angesiedelte und wohl deshalb faszinierende Gestalt des Sertorius gefunden: Neben der Monographie von SPANN[140] aus der prosopographischen Schule, die der Position BERVES nahesteht, existiert eine genaue historische Analyse der Hauptquelle durch KONRAD.[141] Eine verbindende Würdigung, die den Rechtsstandpunkt des Sertorius herausarbeitet und ihm auch ein Konzept zur Integration der Provinzialen zuschreibt, hat jetzt VON HAEHLING[142] vorgelegt.

VIII. Die sog. Revolutionszeit: Das Ende der Republik

Die Phase der ausgehenden Republik erlaubt auf Grund der günstigen Quellenlage detaillierte Rekonstruktionen und Analysen wie sonst keine andere Epoche der Antike.

133 CHARLES T. BARLOW, The Roman Government and the Roman Economy, 92-80 B.C., in: American Journal of Philology 101, 1980, 202-219 weist auf die prekäre wirtschaftliche Situation und macht damit deutlich, welchem Handicap die populare Politik dieser Jahre unterlag.

134 ARTHUR KEAVENEY, Sulla. The Last Republican, London 1982.

135 ERNST BADIAN, Lucius Sulla, the Deadly Reformer, Sidney 1970.

136 FRANÇOIS HINARD, Les proscriptions de la Rome républicaine, Paris 1985; DERS., Sylla, Paris 1985.

137 FRÉDÉRIC HURLET, La dictature de Sylla: Monarchie ou magistrature républicaine? Essai d'histoire constitutionelle, Brüssel-Rom 1993.

138 THEODORA HANTOS, Res publica constituta. Die Verfassung des Dictators Sulla, Stuttgart 1988.

139 ANDREAS ALFÖLDI, Redeunt Saturnia regna V: Zum Gottesgnadentum des Sulla, Chiron 6, 1976, 143-158.

140 PHILIP O. SPANN, Quintus Sertorius and the Legacy of Sulla, Fayetteville 1987; zur Laufbahn vgl. die kritischen Hinweise bei BARRY R. KATZ, Notes on Sertorius, in: Rhein. Museum 126, 1983, 44-68.

141 CHRISTOPH F. KONRAD, Plutarch, Sertorius. A Historical Commentary, Chapel Hill-London 1994.

142 RABAN VON HAEHLING, Sertorius – Restitutor oder Verräter Roms? Zur Ambivalenz historischer Wertung, in: Klassisches Altertum, Spätantike und frühes Christentum. Adolf Lippold zum 65. Geburtstag gewidmet, Würzburg 1993, 147-161.

Gelegentlich ist bereits in Abschnitt VII hierauf Bezug genommen worden. Ganz im Vordergrund des historischen Interesses stehen nach wie vor die wichtigsten Akteure und Potentaten. Von diesen ist Pompeius (anders als Cicero und Caesar) letzthin wenig in konzeptioneller Hinsicht analysiert worden, obwohl das lohnend wäre. Eine Ausnahme bildet in gewisser Weise GREENHALGH, der vor allem Pompeius' Reichspolitik und deren konstruktive Richtung herausstreicht.[143] Ansonsten dominieren eher pragmatische Darstellungen mit mehr oder weniger positiven Würdigungen, die schon daraus resultieren, daß die Autoren die Geschichte gleichsam aus der Optik des Pompeius rekonstruieren.[144]

Ähnliche Tendenzen zu einem freundlicheren Bild, die immer auch, wie bei Pompeius, vor dem Hintergrund des harschen Verdikts Mommsens zu sehen sind, finden sich auch in der Behandlung Ciceros in den neueren Monographien von FUHRMANN und HABICHT.[145] Bei diesem ist naturgemäß eine zentrale Frage die nach dem Verhältnis von Theorie und Praxis, zumal angesichts seines philosophischen Spätwerks, welches durch BRINGMANN und vor allem STRASBURGER stärker in das Blickfeld der Historie geraten ist.[146] Das Problem wurde besonders am Beispiel von Ciceros Schrift „de legibus" (Die Gesetze), insbesondere von deren 3. Buch, durchdekliniert, vor allem von LEHMANN und GIRARDET, die dem Werk eine deutliche Programmatik[147], nicht zuletzt auch in Richtung auf eine gerechte Reichsverwaltung, zusprechen. Auch wenn dies da und dort zu weit gehen mag, hat doch die eingehende Untersuchung von HEUSS[148] gezeigt, daß Ciceros Theorie mindestens von ihrer Analyse her auf praktische Gegebenheiten abgestellt ist.

Wenn Cicero oft als *der* Vorkämpfer der res publica erscheint, so darf nicht übersehen werden, daß wir damit zunächst nur Ciceros Selbstbild erfassen, dem wir nicht unkritisch folgen sollten – zumal er oft unser einziger Gewährsmann ist und bekanntlich rhetorische Überzeugungsmittel in besonders virtuoser Weise zu handhaben wußte.[149] Die Rekonstruktion der Geschehnisse nach Caesars Ermordung durch GOTTER[150] macht demgegenüber deutlich, daß auch Cicero seinen Anteil an der Katastrophe der Republik hatte, gerade weil auch er seine genuin persönlichen Interessen und Sichtweisen (kon-

143 PETER GREENHALGH, Pompey, the Roman Alexander, London 1980; DERS., Pompey, the Republican Prince,. ebd. 1981.

144 JOHN LEACH, Pompey the Great, London 1978; Robin SEAGER, Pompey. A Political Biography, ebd. 1979.

145 MANFRED FUHRMANN, Cicero und die römische Republik, München-Zürich 1990; CHRISTIAN HABICHT, Cicero der Politiker, München 1990.

146 KLAUS BRINGMANN, Untersuchungen zum späten Cicero, Göttingen 1971; HERMANN STRASBURGER, Ciceros philosophisches Spätwerk als Aufruf gegen die Herrschaft Caesars, Hildesheim 1990.

147 GUSTAV ADOLF LEHMANN, Politische Reformvorschläge in der Krise der späten römischen Republik, Meisenheim 1980; KLAUS M. GIRARDET, Die Ordnung der Welt. Ein Beitrag zur philosophischen und politischen Interpretation von Ciceros Schrift De Legibus, Wiesbaden 1983.

148 ALFRED HEUSS, Ciceros Theorie vom römischen Statat, Nachrichten der Akademie der Wiss. zu Göttingen, Phil.-hist. Kl. 1975, Nr. 8 = Ges. Schriften II 1222-1299.

149 Vgl. bes. CLASSEN (wie Anm. 105). Dies relativiert den Wert der Arbeit von JÖRG SPIELVOGEL, Amicitia und res publica. Ciceros Maxime während der innenpolitischen Auseinandersetzungen der Jahre 59-50 v.Chr., Stuttgart 1993.

150 ULRICH GOTTER, Der Diktator ist tot! Politik in Rom zwischen den Iden des März und der Begründung des Zweiten Triumvirats, Stuttgart 1996, bes. S. 107-130.

kret: seine unversöhnliche Feindschaft zu Antonius) verabsolutierte bzw. mit denen der res publica identifizierte. Das stimmt skeptisch auch gegenüber Versuchen, in Ciceros Konzepten eine realistische Chance für den Fortbestand der Republik zu sehen.

Ganz im Vordergrund des Interesses steht nach wie vor Caesar.[151] Das liegt nicht zuletzt an der dominierenden Position, die CH. MEIERS strukturalistische Sichtweise der ausgehenden Republik besonders im deutschsprachigen Bereich hat. Sie faßt die Rahmenbedingungen ins Auge und hebt die starken Bedingt- und Beschränktheiten des Handelns hervor, gerade und besonders pointiert bei Caesar. Wenn der allmächtige Diktator Caesar ohnmächtig war, Macht nur in den, nicht über die Verhältnisse hatte, wird ganz besonders deutlich, daß es in der Krise der Republik keine Alternative gab. Diese schon in der „Res publica amissa" (s.o. Anm. 106) vertretene Position ist in einer brillanten Skizze über den Bürgerkrieg entfaltet worden und bildet das Herzstück einer umfassenden Caesar-Biographie.[152] Wichtige Aspekte wurden von Meiers Schülern RAAFLAUB und BRUHNS vertieft.[153] MEIERS Deutung ist nicht unwidersprochen geblieben[154], nicht zuletzt wegen des geradezu teleologischen Blickwinkels, den man hinter der „Krise ohne Alternative" erkennen kann, und JEHNE hat, gestützt auf eine minutiöse Analyse der Quellen und Sekundärliteratur, den Versuch unternommen, mit dem Rückgriff auf Caesars institutionelle Position (bes. die Diktatur) und seine sozialen Bindungen die caesarische Ordnung als eine solche Alternative zu interpretieren.[155] Daß damit eine gerade für die bisherige herrschende Schicht jemals akzeptable Organisationsform gefunden wurde, ist allerdings in Zweifel gezogen worden, besonders durch BOTERMANN.[156]

Gute Orientierung über Caesar insgesamt geben die beiden anregend geschriebenen Bücher von DAHLHEIM und JEHNE.[157] Einen materialreichen und gelehrten Überblick über die Beurteilung Caesars von der Antike bis heute hat CHRIST vorgelegt.[158] Aus der Fülle der Detailuntersuchungen seien die von MAIER und MALITZ herausgehoben, die in überzeugender Weise zwei besonders folgenreiche Handlungen bzw. Maßnahmen Caesars, die Eroberung Galliens und die Kalenderreform, behandeln.[159]

Die auf Caesars Ermordung bis zur Errichtung des Zweiten Triumvirats folgenden Ereignisse hat jetzt GOTTER (wie Anm. 150) eingehend rekonstruiert und reflektiert, so-

---

151 Über die ältere Forschung orientiert HELGA GESCHE, Caesar, Darmstadt 1976.

152 CHRISTIAN MEIER, Caesars Bürgerkrieg, in: DERS., Entstehung des Begriffs ‚Demokratie'. Vier Prolegomena zu einer historischen Theorie, Frankfurt/Main 1970. [4]1981, 70-150; DERS., Caesar, Berlin 1982; Taschenbuchausgabe München 1986. [2]1988.

153 KURT RAAFLAUB, Dignitatis contentio. Studien zur Motivation und politischen Taktik im Bürgerkrieg zwischen Caesar und Pompeius, München 1974; HINNERK BRUHNS, Caesar und die römische Oberschicht in den Jahren 49-44 v.Chr., Göttingen 1978.

154 Vgl. bes. die Rezension von Ernst BADIAN in: Gnomon 62, 1990, 22-39.

155 MARTIN JEHNE, Der Staat des Dictators Caesar, Köln-Wien 1987.

156 HELGA BOTERMANN, in: Gnomon 60, 1988, 613-620, vgl. auch grundsätzlich DIES., Rechtsstaat oder Diktatur. Cicero und Caesar 46-44 v.Chr., in: Klio 74, 1992, 179-196.

157 WERNER DAHLHEIM, Julius Caesar. Die Ehre des Kriegers und der Untergang der Römischen Republik, München-Zürich 1987; MARTIN JEHNE, Caesar, München 1997.

158 KARL CHRIST, Caesar. Annäherungen an einen Diktator, München 1994.

159 ULRICH MAIER, Caesars Feldzüge in Gallien (58-51 v.Chr.) in ihrem Zusammenhang mit der stadtrömischen Politik, Bonn 1978; JÜRGEN MALITZ, Die Kalenderreform Caesars, in: Ancient Society 18, 1987, 103-131.

wohl mit dem Blick auf die Interessen und Sichtweisen der Hauptbeteiligten (Antonius, Cicero, Brutus) als auch mit dem Sinn für die strukturellen Bedingungen. Die Quintessenz seiner Überlegungen liegt darin, daß es gerade angesichts der spezifischen und zugleich zeittypischen Verhaltensweise aller Akteure keine Alternative gab, obwohl niemand gezielt auf die Auflösung der Republik hinsteuerte.

Wie stark schon das Zweite Triumvirat, trotz der Fixierung der zeitlichen Grenze, gleichsam auf Dauer angelegt war, hat BLEICKEN[160] in einer grundlegenden Untersuchung vor allem der rechtlichen Gestalt, aber auch der realen Bedingtheiten (etwa der Kommandostrukturen) gezeigt. So war die Monarchie von dieser Seite her gleichsam vorgezeichnet. Ihre unmittelbare Vorgeschichte, insbesondere der letzte große Kampf zwischen Antonius und Octavian, ist gerade jüngst von GURVAL[161] eingehend beschrieben worden.

Daß die Außenpolitik der ausgehenden Republik von der römischen Innenpolitik determiniert war, wie in diesem Endkampf besonders prägnant zum Ausdruck kam, ist auch generell in der neuen Forschung betont worden. Man hat vor allem die Politik Mithridates VI. auch von ihren Voraussetzungen her gedeutet[162], aber überwiegend werden die Mithridatischen Kriege doch aus römischer Perspektive behandelt, wobei besonders Pompeius und seine Maßnahmen im Osten intensiv diskutiert werden.[163] Überhaupt genießt die Frage der Reichsorganisation hohe Priorität, wie bes. GIRARDETs Studie über Cicero (wie Anm. 147) verdeutlicht. FREBER[164] unterstellt sogar Caesar ein einheitliches Konzept von Reichspolitik, aber hier läßt sich – wie auch sonst – vieles leichter als Ergebnis praktischer Effizienz deuten, ohne daß man an eine bestimmte Programmatik zu denken hat. Weit deutlicher ist dagegen, daß der Krieg gegen die Germanen und die Eroberung Galliens von Caesar aus eindeutig persönlichem Interesse zur Verbesserung seiner Position im innerrömischen Machtkampf eingeleitet wurde. Daß und wie Caesar das selbst in seinem Bericht verschleiert hat, weist jetzt WALSER[165] unter Rückgriff auf ältere Kritiken nach. Somit erscheint auch dieses folgenreichste Faktum der äußeren Entwicklung Roms in der späten Republik als ein markantes Symptom für deren letale Krise.

---

160 JOCHEN BLEICKEN, Zwischen Republik und Prinzipat. Zum Charakter des Zweiten Triumvirats, Göttingen 1990; zur Rechtslage im Jahre 32, einem traditionell intensiv bearbeiteten Thema, ist jetzt wichtig KLAUS M. GIRARDET, Der Rechtsstatus Octavians im Jahre 32 v.Chr., Rhein. Museum 133, 1990, 322-350 (wonach die triumvirale Gewalt das proconsularische Imperium implizierte).

161 ROBERT ALAN GURVAL, Actium and Augustus. The Politics and Emotions of Civil War, Ann Arbor 1995; vgl. ferner ELEANOR G. HUZAR, Mark Antony – A Biography, Minneapolis 1978; Christopher B.R. PELLING, Plutarch, Life of Antony, Oxford 1988; JOHN WHITEHORNE, Cleopatra, London-New York 1994; MANFRED CLAUSS, Kleopatra, München 1994.

162 BRIAN C. MCGING, The Foreign Policy of Mithridates VI Eupator King of Pontos, Leiden 1986; vgl. aber andererseits ARTHUR KEAVENEY, Lucullus. A Life, London-New York 1992.

163 Vgl. etwa ALOIS DREIZEHNTER, Pompeius als Städtegründer, in: Chiron 5, 1975, 213-245; GERHARD WIRTH, Pompeius – Armenien – Parther. Mutmaßungen zur Bewältigung einer Krisensituation in: Bonner Jahrbücher 183, 1983, 1-60; UWE BAUMANN, Rom und die Juden. Die römisch-jüdischen Beziehungen von Pompeius bis zum Tode des Herodes, Bern 1983; s. auch o. Anm. 143.

164 PHILIPP-STEPHAN G. FREBER, Der hellenistische Osten und das Illyricum unter Caesar, Stuttgart 1993.

165 GEROLD WALSER, Bellum Helveticum. Studien zum Beginn der caesarischen Eroberung von Gallien, Stuttgart 1998; zum innerrömischen Kontext des gallischen Krieges s. auch MAIER (wie Anm. 159).

Werner Dahlheim

Die Kaiserzeit

I. Die Quellen

Die philologische Forschung hat für jede Generation neu in zusammenfassenden Überblicken den literarischen Nachlaß der Kaiserzeit gewürdigt. Er ist zweisprachig, lateinisch wie griechisch geschrieben, und ihn als Einheit zu erfassen und zu beschreiben, bleibt ein großes Ziel (A.H. 525f.). Es zu erreichen hat DIHLE versucht, der Dichtung und Prosa ebenso wie die gelehrte Brief- und Fachliteratur unter Einschluß der christlich-theologischen Schriften behandelte.[1] Die Notwendigkeit dieses weit ausholenden Zugriffs ergibt sich mit der Frage, wie weit der Gedanke eines weltumspannenden Imperiums, das allen in gleicher Weise die Segnungen einer neuen Friedensordnung verhieß, tatsächlich das Denken und Handeln der Untertanen bestimmt und die Einheit des Reiches gefördert hat. Die Stimmen der von Rom sozial und politisch gestützten griechischen Eliten sind die einzigen, die deutlich vernehmbar sind. SWAIN hat ihren wichtigsten Vertretern Plutarch, Dio Chrysostomos, Aelius Aristides, Lukian, Pausanias, Galen, Philostratos, Arrian, Appian und Cassius Dio aufmerksam zugehört und dabei die Einschätzung des Imperiums durch seine griechischen Bürger erfahren. Bei allen fand er ein erstaunliches Selbstbewußtsein, unverhüllten Stolz auf ihr Griechentum und eine gewisse innere Distanz zu Rom auch bei denen, die in römischen Diensten groß geworden waren.[2] Dies wirft ein bezeichnendes Licht auf das, was kam: Während die neue Staatsidee, die zwischen Herrschern und Beherrschten nicht mehr unterscheiden wollte, dem Druck der Krise des 3. Jahrhunderts widerstand, zerbrach sie am Ende des 4. Jahrhunderts schließlich doch und die Wege von West und Ost, der lateinischen und der griechischen Reichshälfte, trennten sich.

Dihle hat keine Nachfolger gefunden. Auf die römische Literatur konzentriert sich die umfängliche Literaturgeschichte VON ALBRECHTS; sie enthält ebenso wie die neue *Einleitung in die Altertumswissenschaft* eine Fülle von Literaturhinweisen, die auch die Rezeptionsgeschichte berücksichtigen.[3] Die christlichen Quellen, von den Briefen

---

1 ALBRECHT DIHLE, Die griechische und lateinische Literatur der Kaiserzeit. Von Augustus bis Justinian, München 1989.

2 SIMON SWAIN, Hellenism and Empire. Language, Classicism, and Power in the Greek World, AD 50-250, Oxford 1996.

3 MICHAEL VON ALBRECHT, Geschichte der römischen Literatur: von Andronicus bis Boethius; mit Berücksichtigung ihrer Bedeutung für die Neuzeit, 2 Bde., 2. Aufl. Bern 1994; FRITZ GRAF,

des Paulus und den Evangelien bis hin zu den großen Kirchenvätern, erfassen im Überblick FRANK und die Autoren des *Neuen Handbuchs der Literaturwissenschaft*.[4]

Erleichtert wird das Quellenstudium durch eine Reihe neuer Textsammlungen mit deutscher Übersetzung.[5] Dabei rücken jetzt auch die christlichen Quellen in das Blickfeld der Historiker.[6] Zwei neu gefundene Inschriften bereichern unsere Kenntnisse über die Regierungszeit des Tiberius: Die *Tabula Siarensis* enthält den Senatsbeschluß vom Dezember 19 n.Chr., der die Ehrungen für den im Oktober desselben Jahres verstorbenen Germanicus regelte,[7] und eine in der spanischen Provinz Baetica gefundene Inschrift bezeugt das *Senatus consultum de Cn. Pisone patre*, mit dem der Prozeß gegen Calpurnius Piso, angeklagt wegen Mordes an Germanicus, beendet wurde.[8] Die Methoden der historischen Quellenkritik führte in richtungsweisenden Untersuchungen TIMPE auf den heute gültigen Stand.[9]

II. Die Kaiserzeit als Epoche

Wer sich in der Unendlichkeit der Geschichte zuhause fühlen will, muß sie gliedern und in Abschnitte teilen – dies verlangt das menschliche Bedürfnis nach Ordnung und

---

(Hrsg.), Einleitung in die lateinische Philologie, Stuttgart 1997, 192ff. und HEINZ-GÜNTHER NESSELRATH (HRSG.), Einleitung in die griechische Philologie, Stuttgart 1997, 269ff. (von mehreren Autoren lehrbuchartig verfaßter Überblick über Sprache, Geschichte, Literatur, Recht, Religion, Philosophie und Kunstgeschichte). Über Wichtiges und Unwichtiges unterrichten die Bände 29,1-34,4 der Reihe ANRW.

4 KARL SUSO FRANK, Lehrbuch der Geschichte der Alten Kirche, Paderborn 1996 (von der Heidenmission des Paulus bis zur 2. Trullanischen Synode 692); J. LODEWIJK ENGELS/HEINZ HOFMANN, (Hrsgg.), Spätantike, in: Neues Handbuch der Literaturwissenschaft 4, Wiesbaden 1997, 89-172 (D. DORMEYER über die Bibel, B. STUDER über die theologische Literatur).

5 HELMUT FREIS, Historische Inschriften zur römischen Kaiserzeit, Darmstadt [2]1994; WERNER ECK/JOHANNES HEINRICHS, Sklaven und Freigelassene in der Gesellschaft der römischen Kaiserzeit, Darmstadt 1993; WILHELM G. GREWE (Hrsg.), Fontes Historiae Iuris Gentium. Quellen zur Geschichte des Völkerrechts Bd. 1: 1380 v.Chr.-1493, Berlin/New York 1995 (Sammlung und Übersetzung; systematisch geordnet); JOACHIM HERRMANN (Hrsg.), Griechische und lateinische Quellen zur Frühgeschichte Mitteleuropas bis zur Mitte des 1. Jahrtausends n. Chr., 4 Bde., Berlin 1988/1992 (Quellentexte mit Übersetzung und Kommentar).

6 PETER GUYOT/RICHARD KLEIN, Das frühe Christentum bis zum Ende der Verfolgungen, Darmstadt 1997 (zweisprachig; systematisch geordnet), ADOLF MARTIN RITTER, Alte Kirche, in: Kirche und Theologiegeschichte in Quellen, hrsg. von H.A. OBERMAN u.a., Bd. I, 6. überarb. Aufl. Neukirchen/Vluyn 1994 (Quellen vornehmlich zur innerkirchlichen Entwicklung) und die fortlaufend erscheinenden FONTES CHRISTIANI (FCh), Zweisprachige Ausgabe christlicher Quellentexte aus Altertum und Mittelalter, hrsg. von N. BROX/S. DÖPP u.a., Freiburg 1991ff. (Texte mit Übers. und Kommentar; bisher 36 Bde.).

7 WOLFGANG D. LEBEK, Welttrauer um Germanicus: Das neu gefundene Originaldokument und die Darstellung des Tacitus, in: Antike und Abendland 36, 1990, 93-102.

8 WERNER ECK u.a., Senatus consultum de Cn. Pisone patre, München 1996; die Ergebnisse zusammenfassend: WERNER ECK, Die Täuschung der Öffentlichkeit. Der Prozeß gegen Cnaeus Calpurnius Piso im Jahre 20 n.Chr., in: U. MANTHE/J. VON UNGERN-STERNBERG, Große Prozesse der römischen Antike, München 1997, 128-145.

9 DIETER TIMPE, Romano-Germanica. Gesammelte Studien zur Germania des Tacitus, Stuttgart 1995.

Übersichtlichkeit. So wenig der Anfang der Kaiserzeit Probleme bereitet – das Ende der Bürgerkriege und die Einrichtung der Monarchie setzen deutliche Zäsuren –, um so schwieriger ist eine überzeugende Bestimmung ihres Endes. Wer sich an die Konvention hält, teilt die Geschichte der römischen Kaiserzeit in zwei Epochen: Prinzipat (30 v.Chr. bis 284) und Spätantike (284 bis spätestens Muhammad und dem Zerfall der Einheit der Mittelmeerwelt durch die arabischen Eroberungskriege). Für das Jahr 284 plädiert die Verfassungsgeschichte (A.H. 581f.). Sie folgt dabei der Konzeption von Mommsens Staatsrecht, macht den Wandel der kaiserlichen Rechte zum Ausgangspunkt der Periodisierung und sieht folgerichtig seit Diokletian auf dem Thron des Augustus nicht mehr den *princeps*, sondern den *dominus*. Diesen bindet das Recht nicht mehr, und seine Macht leitet sich allein aus der sakralen Weihe seiner Person ab; vor allem aber besitzt er ein „unbedingtes und unbeschränktes Herrenrecht über die Personen wie über das Gut aller Untertanen."[10]

Das Unbehagen an dieser Zäsur entzündet sich bereits an der Begrifflichkeit: Wer von der Zeit des Dominats spricht, zentriert zum einen alles auf die Figur des Kaisers, „so als ob die gesamte Staatlichkeit sich auf ihn beschränkt hätte"[11], und belastet zum anderen eine ganze historische Epoche mit einem negativen Werturteil. Konsequent verlangte daher 1978 BLEICKEN den Verzicht auf das Begriffspaar Prinizipat/Dominat, da es weder der rechtlichen noch der sozialen Funktion des Kaisertums gerecht wird und der Einsicht im Wege steht, „daß sich die formale und politische Stellung des römischen Kaisers am Beginn der Kaiserzeit nur wenig von der des entwickelten und späten Kaisertums unterscheidet."[12] Der Wandel in der Art und Weise, in der sich monarchische Macht zur Schau stellte, legt diesen Schluß nicht nahe. Zunächst gebunden in republikanische Formen, die eine Selbstdarstellung verlangte, die nicht selbstherrlich oder gar omnipotent wirken durfte, zeigte sie sich später ungeschminkt als „übermächtige Instanz in hieratischer Unberührbarkeit."[13] Macht, nunmehr angesiedelt jenseits aller irdischen Rechenschaftspflicht und demonstrativ zur Schau gestellt, spiegelte sich jetzt in riesigen Statuen mit roh gehauenen Leibern und Gesichtern mit weit aufgerissenen, starr blickenden Augen, die von Götternähe und Menschenferne künden wollten und Gehorsam und Verehrung zugleich forderten.[14]

Ein zweites Problem erschwert die Periodisierung. Wer das Schicksal des Imperiums und die politischen und sozialen Veränderungen seit Mark Aurel studiert, zweifelt nicht, daß bereits in den Jahrzehnten vor Diokletian die Welt des Augustus und des Hadrian zusammen mit dem Frieden, den sie für immer zu garantieren versprach, dahin war. Die zuständigen Forscher dekretierten daher lange unangefochten ein Zeitalter der „Krise" und des „Zusammenbruchs" und sind sich allenfalls über den Beginn des Übels uneins: Die einen diagnostizieren es bereits unter Mark Aurel (161) oder

---

[10] THEODOR MOMMSEN, Abriss des Römischen Staatsrechts, 2. Aufl. 1907, Nachdruck Darmstadt 1974, 279.

[11] ALFRED HEUSS, Das spätantike römische Reich kein „Zwangststaat"?, in: Geschichte in Wissenschaft und Unterricht 37, 1986, 612 (= HEUSS, Ges. Schriften II, 1450).

[12] JOCHEN BLEICKEN, Prinzipat und Dominat. Gedanken zur Periodisierung der römischen Kaiserzeit, Wiesbaden 1978.

[13] PAUL ZANKER, Provinzielle Kaiserporträts. Zur Rezeption der Selbstdarstellung des Princeps, München 1983, 46; 49.

[14] HANS PETER L'ORANGE, Das römische Reich. Kunst und Gesellschaft, Darmstadt 1985, 179ff.

der Dynastie der Severer (seit 193), die anderen sehen es erst unter den Soldatenkaisern seit dem Regierungsantritt des Maximinus Thrax (235) seinen Lauf nehmen.[15] Als auslösendes Element erscheint hier wie dort eine so noch nicht gekannte äußere Bedrohung: Rom verlor vom Ärmelkanal bis zum Persischen Golf die militärische Initiative und verstrickte sich für Jahrzehnte in einen verlustreichen Mehrfrontenkrieg, in dessen Folge die bestehende innere Ordnung erst wankte, dann stürzte. KOLB brachte die weitgehende Übereinstimmung der Forschung in diesem Punkt auf den richtigen Nenner: „Außenpolitische Ereignisse und der aus ihnen resultierende Machtzuwachs von Militär und Bürokratie, nicht die Dialektik von Produktivkräften und Produktionsverhältnissen, waren die geschichtsbewegenden Kräfte im 3. Jahrhundert n.Chr."[16]

So offen die Probleme des Reiches zutage liegen, so schwer tut sich die Forschung mit ihrer Bewertung. Vor allem die Sinnfälligkeit des Leitbegriffs „Krise" geriet ins Wanken, auch wenn niemand den Wandel der Zeit unterschätzen will. Geradezu symptomatisch ist der 1977 von KOLB geäußerte Wunsch, „Krise" durch das Wortungetüm *Phänomen des beschleunigten Wandels in allen Lebensbereichen* zu ersetzen (wie Anm. 16, 277). Vorangetrieben wird die Suche nach einer neuen Zeitbestimmung durch den guten Vorsatz, alle Urteile des historischen Rückblicks als Besserwisserei der Nachgeborenen zu verwerfen und nur das Bewußtsein der Zeitgenossen gelten zu lassen. So verwies MACMULLEN auf die in einem Weltreich notwendig unterschiedlichen Erfahrungen der Menschen und verwarf die Möglichkeit der Verallgemeinerung zufälliger Quellenaussagen. Er fand einen entschiedenen Bundesgenossen in STROBEL.[17] Dieser verhörte gründlich die Zeitzeugen, durchleuchtete die Motive ihrer Einschätzungen und kam zu dem Schluß, „daß aus den untersuchten Zeugnissen eine zeitgenössische realitätsbezogene Krisenwahrnehmung oder ein die mentalen Strukturen bestimmendes Krisenbewußtsein respektive eine allgemeine Krisenmentalität in der Zeit vor 270 n.Chr. nicht zu erweisen sind."

Zweifler an dieser These verweisen auf HERRMANN, der die inschriftlich erhaltenen Bittschriften aus entlegenen Gebieten des Imperiums genau studierte. Es sind einfache Leute, die an Kaiser und Statthalter schreiben. Ihr Flehen um staatliche Hilfe bezeugt unüberhörbar die Not des kleinen Mannes, aber auch das Elend der großen Politik. Denn diese fällt als Geisel in die Hände unersättlicher Militärs und kann angesichts der Ausbreitung von Willkür und Gewalttätigkeit schließlich nur noch das

---

15 Zum Forschungsstand siehe die Aufsatzsammlung von KLAUS-PETER JOHNE (Hrsg.), Gesellschaft und Wirtschaft des Römischen Reiches im 3. Jahrhundert, Berlin 1993.

16 FRANK KOLB, Wirtschaftliche und soziale Konflikte im Römischen Reich des 3. Jhdts. n.Chr., in: Bonner Festgabe Johannes Straub, Bonn 1977, 277-295; grundlegend zur römischen Abwehr der Barbareninvasionen: EMILIENNE DEMOUGEOT, La formation de l'Europe et les invasions barbares. Des origines germaniques à l'avènement de Diocletien, Paris 1969; zu den Kriegen an den Ostgrenzen: FERGUS MILLAR, The Roman Near East, 31 BC – AD 337, Oxford 1994, 80-220.

17 RAMSAY MACMULLEN, Roman Government's Response to Crisis A. D. 235-337, New Haven/London 1976; KARL STROBEL, Das Imperium Romanum im 3. Jahrhundert. Modell einer historischen Krise? Zur Frage mentaler Strukturen breiterer Bevölkerungsschichten in der Zeit von Marc Aurel bis zum Ausgang des 3. Jh. n.Chr., Stuttgart 1993, 299 gegen GEZA ALFÖLDY, Die Krise des Römischen Reiches. Geschichte, Geschichtsschreibung und Geschichtsbetrachtung, Stuttgart 1989, 384f. u.ö. (Der Band enthält Aufsätze und Rezensionen des Autors mit Nachträgen).

Unvermögen der kaiserlichen Regierung bekennen, „den Mißständen mit den herkömmlichen Mitteln auf der lokalen Verwaltungsebene beizukommen.“[18]

III. Gesamtdarstellungen zur Kaiserzeit

Wer sich in die Geschichte Roms vertieft, denkt und schreibt europäische Geschichte. Denn ohne das Erbe Roms, ohne die in den Jahrzehnten der Renaissance begonnene und in den folgenden Jahrhunderten vorangetriebene Wiederentdeckung der Antike hätte Europa ein anderes Gesicht.[19] „Ich wage zu behaupten“, belehrte bereits RANKE 1854 den bayerischen König, „daß die ganze Geschichte nichts wäre, wenn die Römer nicht existiert hätten“, und zur Begründung verwies er auf vier Leistungen der Kaiserzeit: Eine allgemeine Weltliteratur, die Ausbildung der monarchischen Verfassung und damit im Zusammenhang die Bildung einer durchgreifenden Verwaltung, das römische Recht und die Erhebung der christlichen Kirche zur Herrschaft.[20] Nicht anders sah dies BURCKHARDT: „Rom ist an allen Enden die bewußte oder stillschweigende Voraussetzung unseres Anschauens und Denkens; denn wenn wir jetzt in den wesentlichsten geistigen Dingen nicht mehr dem einzelnen Volk und Land, sondern der okzidentalen Kultur angehören, so ist dies eine Folge davon, daß einst die Welt römisch, universal war und daß diese antike Gesamtkultur in die unsrige übergegangen ist.“[21]

Die in den letzten beiden Jahrzehnten erschienenen übergreifenden Darstellungen versuchen mit unterschiedlichen Schwerpunkten solche Überlegungen zu vertiefen. Allen voran die Geschichte der Kaiserzeit von CHRIST: „Auf seine Weise möchte auch dieses Buch beitragen zur Präsenz des Imperium Romanum.“[22] Unter diesem Motto soll ein großer Kreis gebildeter Leser verstehen lernen, daß die bis heute sichtbaren Spuren der römischen Vergangenheit mehr bedeuten als exotische Zeugnisse einer versunkenen Kultur, die es wie beliebige andere auch zu bestaunen gilt.

---

[18] PETER HERRMANN, Hilferufe aus römischen Provinzen. Ein Aspekt der Krise des römischen Reiches im 3. Jahrhundert n.Chr., Hamburg 1990, 66 (3-16: Forschungsüberblick).

[19] A.H. 507ff. Die Erforschung der Rezeptionsgeschichte ist die Aufgabe der für die jeweilige Epoche zuständigen historischen, kunsthistorischen und literaturwissenschaftlichen Disziplinen; vgl. etwa den Forschungsüberblick von ERICH MEUTHEN, Das 15. Jahrhundert, 3. Aufl. München 1996, 180-199. Zusammenfassende Darstellungen schrieben ALEXANDER DEMANDT, Was wäre Europa ohne die Antike?, in: Alte Geschichte und Wissenschaftsgeschichte, Darmstadt 1988, 113-129, WERNER DAHLHEIM, Die Antike, 4. Aufl. Paderborn 1995, 669-734 und HAGEN SCHULZE, Die Wiederkehr der Antike. Renaissancen und der Zusammenhang der europäischen Geschichte, in: Weltbürgerkrieg der Ideologien, hrsg. von THOMAS NIPPERDEY, Frankfurt 1993, 361-383.

[20] LEOPOLD VON RANKE, Über die Epochen der neueren Geschichte. Vorträge dem Könige Maximilian II. von Bayern gehalten, Darmstadt 1954. Die jüngste, ebenso knappe wie glänzende Zusammenfassung der römischen Geschichte steht ganz unter diesem Motto: KLAUS BRINGMANN, Römische Geschichte, München 1995.

[21] JAKOB BURCKHARDT, Historische Fragmente, hrsg. von E. DÜRR, Stuttgart 1957, 13f.

[22] KARL CHRIST, Geschichte der römischen Kaiserzeit von Augustus bis Konstantin, 3. Aufl. München 1995; CHRIST, Von Caesar zu Konstantin. Beiträge zur römischen Geschichte und ihrer Rezeption, München 1996 (Gesammelte Aufsätze des Verfassers) und HEINZ BELLEN, Grundzüge der römischen Geschichte II: Die Kaiserzeit von Augustus bis Diocletian, Darmstadt 1998.

Wer unter dieser Prämisse schreibt, tut dies im Schatten der Kardinalfrage, die jeden bedrängt, der weit zurückblickt: Soll die nur für die Nachgeborenen erkennbare Bedeutung des römischen Imperiums für die Geschichte Europas die Darstellung prägen? Oder reicht es aus, die den Römern gegebene (notwendig begrenzte) Einsicht in die Zusammenhänge und die Folgen ihres Handelns darzustellen? Eine historische Bilanz kommt ohne den ersten Punkt nicht aus, eine historische Darstellung kann auf den zweiten nicht verzichten.

Methodische Schwierigkeiten kommen hinzu. Sie beginnen mit der Ordnung des Stoffes: Ist eine chronologische oder eine systematische Gliederung dem Gegenstand – einem monarchisch regierten Weltreich – angemessen?

Wählt man die erste Möglichkeit, sind die Regierungszeiten der kaiserlichen Dynastien die einzig sinnvolle Vorgabe. Ihr folgt KÖNIG, der die Kaiserdynastien bis zum Ende der Spätantike behandelt und erst in einem zweiten Teil den Staat begriffsgeschichtlich unter den Aspekten Kaiser, Verwaltung, Steuer-, Militär- und Rechtswesen erfaßt.[23] Die in den letzten Jahren wieder zu Ehren gekommene biographische Forschung tat das ihre: Unter der Federführung von CLAUSS schrieb ein Autorenkollektiv die Lebensläufe von 55 römischen Monarchen.[24] Unverzichtbar ist die Kaiserchronologie von KIENAST, der die wichtigsten Kaiserdaten – geordnet nach Herkunft, Laufbahn, Erhebung zum Kaiser, Titulatur und Einzeldaten aus der Regierungszeit – mit ausgewählten Literatur- und Quellenangaben an die Hand gibt.[25]

Wer sich für die zweite Möglickeit entscheidet – die systematische Gliederung der Geschichte –, sucht der Gefahr zu entgehen, aus einer Geschichte der Kaiserzeit letztlich doch eine Kaisergeschichte zu machen. Also sieht er von der Persönlichkeit und den Taten der einzelnen Herrscher weitgehend ab und ordnet den Stoff nach den die ganze Epoche beherrschenden sachlichen Gesichtspunkten. Das Risiko, damit den Wandel zu unterschätzen, dem jeder historische Gegenstand unterliegt, ist angesichts der stabilen sozialen und imperialen Verhältnisse der Kaiserzeit gering (A.H. 525). Am konsequentesten verfahren BLEICKEN und DAHLHEIM. Dieser schildert von den Kaisern allein Augustus, um anschließend die Monarchie, die politischen Eliten, die Bürger der Stadt und die Bauern, das Heer, das Weltreich und die Entstehung des Christentums systematisch zu erfassen.[26] Jener gliedert nach Verfassung, Gesellschaft und Herrschaft (s. S. 643f.).

Leichter hat es, wer sich um den Raum nicht sorgen muß. Er hält sich an das allseits empfehlenswerte „sowohl als auch“ und widmet sich gleichermaßen Problemen der Ereignis- und der Strukturgeschichte. Dies gilt für alle mehrbändigen Zusammenfassungen, unter denen die zu Beginn der 90er Jahre von MOMIGLIANO und SCHIAVONE herausgegebene „Storia di Roma“ herausragt.[27] Aber auch die umfassendste Dar-

---

23 INGEMAR KÖNIG, Der römische Staat II: Die Kaiserzeit, Stuttgart 1997.

24 MANFRED CLAUSS (Hrsg.), Die römischen Kaiser, München 1997.

25 DIETMAR KIENAST, Römische Kaisertabelle: Grundzüge einer römischen Kaiserchronologie, 2. Aufl. Darmstadt 1996; nützlich auch OTTO VEH, Lexikon der römischen Kaiser, 3. Aufl. München 1990.

26 WERNER DAHLHEIM, Geschichte der römischen Kaiserzeit, 2. Aufl. München 1989, 3. Aufl. 1999 (= DAHLHEIM, Kaiserzeit). Rein systematisch verfährt auch ein von mehreren Autoren verfaßter und vorzüglich bebilderter Sammelband: JOCHEN MARTIN (Hrsg.), Das Alte Rom. Geschichte und Kultur des Imperium Romanum, Gütersloh 1994.

27 ARNALDO MOMIGLIANO/ALDO SCHIAVONE (Hrsgg.), Storia di Roma II 2: I principi e il mondo, Torino 1991; II 3: La cultura e l'impero, 1992; III 1: Crisi e trasformazioni, 1993; jeder Band besteht aus Einzelbeiträgen von Spezialisten.

stellung der Kaiserzeit in deutscher Sprache von CHRIST (wie Anm. 22) hält sich an dieses Prinzip: Der erste Teil folgt den Ereignissen von Caesars Tod bis zum Ende des Commodus, der zweite erfaßt Gesellschaft, Wirtschaft, Herrschaftspolitik, Zivilisation und Kultur; Teil drei nimmt den chronologischen Faden bei den Severern wieder auf und folgt ihm bis Diokletian; das zusammenfassende Schlußkapitel vergleicht die Regierungen der Kaiser Augustus und Konstantin und gliedert nach den Gesichtspunkten, die die Leitideen des ganzen Buches noch einmal verdeutlichen: die militärischen Grundlagen der kaiserlichen Macht, ihre Legitimation, der politische Einfluß der Eliten, Aufbau und Administration des Reiches, Gesellschaftsstruktur, Wirtschaftsleben, Kultur und Religion. Wenig anders verfährt WELLS in seiner Geschichte des Imperium Romanum: Dort folgen Kapiteln, welche die politische Ereignisgeschichte unter den einzelnen Herrschern erzählen, Schilderungen übergreifender Themen, unter denen die Verhältnisse in den Provinzen des Reiches einen besonderen Platz beanspruchen.[28]

IV. Übergreifende Darstellungen mit thematischen Schwerpunkten

Flächendeckende Zugriffe bergen die Gefahr, alles zu wollen und das Entscheidende aus dem Auge zu verlieren. Um ihr zu entkommen, schrieb BLEICKEN seine Geschichte der Kaiserzeit bewußt als „Verfassungs- und Sozialgeschichte.“[29] Damit jenseits der üblichen Epocheneinteilung der Leser 600 Jahre römischer Geschichte (27 v. bis um 550 n. Chr.) als welthistorische Epoche begreifen kann, wird der Stoff in Längsschnitte zerlegt. Sie handeln von der monarchischen Herrschaftsordnung, der kaiserlichen Reichsverwaltung samt dem sozialen Rahmen ihrer Träger, der Gliederung der Reichsbevölkerung in Stände und den wirtschaftlichen Bedingungen ihres täglichen Lebens, der Stadt als Organisationseinheit und Lebensform sowie der Romanisierung der Provinzen. Ein Kapitel über den Wandel der Religiosität bis hin zum Triumph des Gekreuzigten über alle seine Widersacher schließt das Buch, das einer Leitidee gehorcht: Die wichtigsten Faktoren, die zur inneren Einheit des Imperiums führten, sollen jenseits aller historischen Wandlungen sichtbar werden.

BLEICKEN folgt damit MOMMSEN und HEUSS.[30] Für alle drei erschließt sich die weltgeschichtliche Bedeutung des kaiserzeitlichen Weltreiches im Gedanken einer urbanen Reichszivilisation, die erst die Geschichte der in Griechenland und Italien begründeten städtischen Freiheit vollendete und dann die barbarischen Völker des Westens und Mitteleuropas daran teilhaben ließ. Unter diesem Blickwinkel schrumpft der Kaiser (A.H. 321): Seine Entscheidungen treffen das Leben in den Städten Italiens und der Provinzen nur partiell, und das höfische Treiben der Hauptstadt ist schon im italischen Pompeji unendlich fern und fremd. Seine Bürger und die hunderter anderer Städte verkörpern jedoch den historisch bedeutsamen Teil einer Zeit, die nur dank einer prak-

---

28 COLIN WELLS, The Roman Empire, 1984, dt.: Das Römische Reich, München 1985.

29 BLEICKEN, Vfgs/Sozialgeschichte.

30 Grundlegend zur Heuß'schen Sicht DIETER TIMPE, Kaiserzeit und Weltgeschichte bei Alfred Heuß, in: Alfred Heuß – Ansichten seines Lebenswerkes, hrsg. von HANS-JOACHIM GEHRKE, Frankfurt 1998, 79-114.

tisch gewordenen Konvention als „Kaiserzeit" in den Geschichtsbüchern steht. Tatsächlich war es der kommunale Bürgersinn[31], der ein echtes Reichsbewußtsein und damit die entscheidende Existenzgrundlage des Imperiums schuf; der Kaiser hat diesen Prozeß gefördert, und seine historische Bedeutung ist hier zu entdecken.

HEUSS selbst hat 1978 in einem grundlegenden Aufsatz festgehalten, daß dem Phänomen des römischen Herrschers zentrale Bedeutung zukommen müsse, wenn die welthistorische Leistung Roms nach Wirkung und Werk gemessen und ihr Rang nach ihrer Dauer bestimmt werden soll. Denn in der Geschichte müssen sich die Römer in der Rolle des Herrschers ausweisen, da sie gewaltsam in eine Welt eingebrochen waren, die sie nicht geschaffen hatten. So können nur ihr Reich und seine Dauer für sie zeugen, was heißt: eine Herrschaft, welche die griechische Zivilisation in sich aufnahm, ein imperiales Gebilde, das der mediterranen Stadt in der Gestalt von Munizipium, Kolonie und Civitas weltweite Geltung verschaffte, ein Regierungsssystem, das die Selbstorganisation der Gesellschaft und die Freiheit der Städte förderte, und eine Ideologie, welche die Eliten zwang, dem Imperium zu geben, was immer es verlangte.[32] Diesen Gedanken am nächsten steht TIMPE, der die Identifizierung der römischen Territorialherrschaft mit der Kulturwelt hervorhebt: „räumlich, indem sie ihrem eigenen Verständnis nach die Grenzen der Zivilisation umspannte, und im Inneren, indem sie sich auf die Hauptkräfte der antiken mittelmeerischen Zivilisation stützte und sie zur vollen Entfaltung kommen ließ."[33]

Neue Schwerpunkte traten in den letzten Jahren hinzu. So räumt die soziologisch beeinflußte Forschung, vertreten etwa von GARNSEY/SALLER, den Bereichen Wirtschaft und Gesellschaft energisch den Vorrang vor Politik, Verfassung, Reichsregiment, Krieg und Außenpolitik ein.[34] Familie, persönliche Bindungen und die materiellen Folgen der römischen Herrschaft für die Unterworfenen verlangen als neue Themenschwerpunkte ihren Platz. Sie alle schärfen das Bewußtsein für die Frage, ob die Einheit der von Rom geprägten Welt oder die weiterbestehenden tiefen Unterschiede der zivilisatorisch und organisatorisch auf ganz verschiedenem Niveau lebenden Provinzen des Weltreiches zu betonen sind. Schließlich tritt auch die Kulturgeschichte, die lange als Domäne der philologischen und archäologischen Disziplinen galt, wieder in das Blickfeld der Historiker zurück.[35]

---

[31] MAX WEBER, den Heuß genau studiert hatte, sprach von „Verbrüderung" und meinte damit den „Zusammenschluß zu einem Verband rechtlich wie religiös prinzipiell gleichberechtigter und nach außen solidarischer Individuen": WILFRIED NIPPEL, in: CHRISTIAN MEIER (Hrsg.), Die okzidentale Stadt nach Max Weber, München 1994, 35ff.

[32] ALFRED HEUSS, Die Römer: eine Bilanz, in: K. BÜCHNER (Hrsg.), Latein und Europa, Stuttgart 1978, 313-339 (= HEUSS, Ges. Schriften II, 1523-1549.

[33] DIETER TIMPE, Die politische Wirklichkeit und ihre Folgen, in: KARL BÜCHNER (Hrsg.), Latein und Europa, Stuttgart 1978, 47ff.; 73.

[34] PETER GARNSEY/RICHARD SALLER, The Roman Empire, London 1987; dt.: Das Römische Kaiserreich. Wirtschaft, Gesellschaft, Kultur, Hamburg 1989 (thematisch gegliedert).

[35] A.H. 578; KARL CHRIST, Die Römer. Eine Einführung in ihre Geschichte und Zivilisation, 3. Aufl. 1994; MICHAEL GRANT/ RICHARD KITZINGER (Hrsgg.): Civilization of the Ancient Mediterranean, 3 Bde., New York 1988 (nach Sachthemen geordnete, von mehreren Autoren bearbeitete Darstellung der griechisch-römischen Zivilisation), GALINSKY (wie Anm. 43).

V. Die Begründung der Monarchie und das augusteische Zeitalter

„Augustus ist geradezu ein Musterbeispiel dafür, daß ein langes Leben beinahe vollständig mit der objektiven Geschichte gleichzusetzen ist." HEUSS nennt damit einen gewichtigen Grund für den Verzicht vor allem der deutschen Forschung, Augustus im Rahmen einer Monographie zu behandeln.[36] So verstand auch KIENAST, der 1982 den Mangel zu beheben suchte, sein Werk nicht als Monographie, sondern als die Geschichte des Staatsmannes, der die Monarchie in Rom gründete. Dieses Ziel soll bereits der junge Octavian vor Augen gehabt und in den Jahren der Anarchie bis Aktium konsequent verfolgt haben. Seine neue Ordnung habe denn auch im Schatten der gemachten Erfahrungen vornehmlich der Sicherung der Macht gedient, deren Aufgaben auf die Beendigung des Bürgerzwists für immer, auf die Integration der politischen Eliten und die Fürsorge für die Reichsbevölkerung konzentriert worden wären.[37]

Kienast hat lange keine Nachfolger gefunden.[38] So konzentriert sich die Forschung weiterhin auf das Zeitalter des Augustus, in dem die politische Ordnung des Prinzipats geschaffen wurde und das Imperium sein für lange Zeit gültiges Gesicht erhielt. „The Augustan Empire" heißt denn auch der Titel des zehnten Bandes der neuen CAMBRIDGE ANCIENT HISTORY. Seine Autoren schildern die Zeit von der Gründung des Triumvirats 43 v.Chr. bis zum Regierungsantritt Vespasians und behandeln nach einem gründlichen Abriß der Ereignisse systematisch die Regierung und Verwaltung des Imperiums, die Verhältnisse in den einzelnen Provinzen, den Zustand der Gesellschaft und der Kultur (Religion, die Anfänge des Christentums, Literatur, Kunst und Recht).[39] Den Weg des Kaisers zur Macht und den Aufbau eines politischen Systems, dessen Bezugspunkt außerhalb des Regelsystems der Republik lag und das die Zeitgenossen nur als monarchisch empfinden konnten, schildert BLEICKEN.[40]

Einen besonderen Rang beansprucht die archäologische Forschung. Sie wertete die Bauwerke und Bilder der neuen Zeit als historische Zeugnisse aus und entschleierte ihre politische Botschaft. Denn Bauwerke und Bilder, so formulierte ZANKER den Forschungsgegenstand, „spiegeln den Zustand einer Gesellschaft, ihre Wertvorstellungen ebenso wie ihre Krisen und Aufbruchstimmungen." Sein Buch über die augusteische Kunst folgt daher konsequent der Leitidee, daß die um ihre Anerkennung ringende Monarchie eine ei-

[36] ALFRED HEUSS, Ges. Schriften II, 1595 in einem Nachwort zur originellen und hellsichtigen Biographie von JOHN BUCHAN (Lord Tweedsmuir), Augustus, 1937 (dt. Übers. Frankfurt 1979).

[37] DIETMAR KIENAST, Augustus. Prinzeps und Monarch, Darmstadt 1982, DERS., Der augusteische Prinzipat als Rechtsordnung, in: Z. Sav. Stift. R.A. 101, 1984, 115-141.

[38] Die besten Kurzbiographien schrieben FRIEDRICH VITTINGHOFF, Kaiser Augustus, 3. Aufl. Zürich 1991, MARION GIEBEL, Augustus, Hamburg 1984, WERNER ECK, Augustus, München 1998; in Kürze erscheint eine ausführliche Biographie aus der Feder von JOCHEN BLEICKEN. Zu den Nachfolgern des Augustus existieren gute Biographien; verwiesen sei auf ANTHONY A. BARRETT, Caligula: the Corruption of Power, London 1989; DERS., Agrippina, Mother of Nero, London 1996 und MIRIAM T. GRIFFIN, Nero: the End of a Dynasty, London 1984.

[39] Cambridge Ancient History (CAH) X: The Augustan Empire, 43 B.C.-A.D. 69, hg. v. ALAN K. BOWMAN u.a., 2. Aufl. Cambridge 1996; eine dreibändige Aufsatzsammlung zu Herrschaft und Gesellschaft, Religion und Literatur, Kunst und Bildersprache gab GERHARD BINDER, Saeculum Augustum, Darmstadt 1987-1991, heraus.

[40] JOCHEN BLEICKEN, Zwischen Republik und Prinzipat. Zum Charakter des Zweiten Triumvirats, Göttingen 1990.

gene Bildsprache entworfen haben muß, um allen sozialen Schichten ihre Sinnfälligkeit und Überlegenheit gegenüber der alten Ordnung verständlich zu machen.[41] Wie weit der Princeps dabei ging, verrät ein spektakulärer Fund auf dem Marsfeld in Rom: Grabungen förderten dort eine gewaltige Sonnenuhr zu Tage, deren Bauplan das Mausoleum des Kaisers und die Ara pacis verband und den vergöttlichten Frieden und seinen Schöpfer, dessen Empfängnis, Geburt und Tod, in ein kosmisches System einband.[42]

Die Summe aller literarischen, religiösen und architektonischen Umsetzungen der augusteischen Idee von der Wiederkehr des goldenen Zeitalters zog GALINSKY.[43] Er beschreibt die Kultur einer Epoche, in der die Überlebenden das Glück, noch einmal davongekommen zu sein, kaum fassen konnten.[44] Von ihren Erwartungen jenseits einer kaum betrauerten Republik erzählen die Dichter dieser Zeit, allen voran Ovid, Vergil und Horaz. Ihr Verhältnis zum Kaiser, der zugleich ihr großer Gönner war, schwankte zwischen devoter Dienerschaft – „bösartige Werbetexter der Macht" nannte sie HOCHHUTH – und selbstbewußter Behauptung – von seinem eigenen Weg zur Unsterblichkeit sprach Ovid.[45] Wie immer man dies sehen mag: Die Dichter bestimmten das Wesen der neuen Ordnung nach anderen Kriterien, als sie Augustus in seinem Tatenbericht wichtig waren: Statt Res publica und Kaiser waren es die sittliche Erneuerung der Gesellschaft, die imperiale Ausdehnung des Reiches und die Vergöttlichung des Kaisers, die gepriesen werden, da sie Rom das Tor zur Zukunft öffneten.[46] Augustus selbst hat in der Art und Weise, in der er seine militärischen Taten schilderte (res gestae 25-33), fast unverhüllt den Herrn der Welt zutage treten lassen, indem er sich als der Vollstrecker des von der Republik erhobenen Weltherrschaftsanspruches vorstellte.[47]

VI. Der Kaiser und seine Helfer

Lange Jahrzehnte konzentrierte sich die Erforschung der Monarchie auf die Herrschaftsform, ihre sozialen Grundlagen und die Formen der Legitimation. Am Rande

---

[41] PAUL ZANKER, Augustus und die Macht der Bilder, München 1987.

[42] EDMUND BUCHNER, Die Sonnenuhr des Augustus, Mainz 1982.

[43] KARL GALINSKY, Augustan Culture. An Interpretive Introduction, Princeton 1996.

[44] Was es bedeutete, zu den Spänen zu zählen, als gehobelt wurde, lehrt die Grabschrift einer vornehmen Römerin: DIETER FLACH, Die sogenannte Laudatio Turiae, Darmstadt 1991.

[45] Metamorphosen 15,871-879. ROLF HOCHHUTH, Täter und Denker, Stuttgart 1987; die Korrektur dieser bewußten Provokation bei HERRMANN STRASBURGER, Vergil und Augustus, in: Gymnasium 90, 1983, 41-76. Alle neueren Biographien beachten das damit angeschlagene Thema: NIKLAS HOLZBERG, Ovid. Dichter und Werk, München 1997, ECKARD LEFÈVRE, Horaz: Dichter im augusteischen Rom, München 1993, PETER WHITE, Promised Verse: Poets in the Society of Augustan Rome, Oxford 1993.

[46] KLAUS BRINGMANN, Weltherrschaft und innere Krise Roms im Spiegel der Geschichtsschreibung des zweiten und ersten Jahrhunderts v. Chr., in: Antike und Abendland 22, 1977, 28-49, bes. 46ff.

[47] ALFRED HEUSS, Zeitgeschichte als Ideologie. Bemerkungen zu Komposition und Gedankenführung der Res gestae Divi Augusti, in: Monumentum Chiloniense, Studien zur augusteischen Zeit, hrsg. von E. LEFÈVRE, Amsterdam 1975, 55-95 (= HEUSS, Ges. Schriften II, 1319-1359); ebenso ERICH S. GRUEN, Augustus and the Ideology of War and Peace, in: The Age of Augustus, hrsg. von R. WINKES, Louvain-la-Neuve 1985, 51ff.; umfassend zum Tatenbericht EDWIN S. RAMAGE, The Nature and Purpose of Augustus' „Res gestae", Wiesbaden 1987 (mit kommentierender Bibliographie).

des Interesses blieben Fragen nach der Regierungstätigkeit und dem Regierungsstil des Kaisers. 1977 versuchte MILLAR diese Lücke zu schließen und entwarf das Bild eines unermüdlich tätigen, aber passiven Herrschers: Dieser habe zwar auf den fast uferlosen Strom von Fragen und Bitten seiner Untertanen reagiert, aber nicht mit einem klaren Regierungsprogramm regiert.[48] Der Grund dafür läge im System: In ihrer Struktur sei die römische Monarchie patronal, d.h. der Kaiser ist für seine Schutzbefohlenen da, soweit sie ihn benötigen und anrufen, ansonsten nicht. Einspruch dagegen kam von BLEICKEN, der die Aufgaben hervorhob, in denen der Kaiser politische Aktivitäten mit langfristig wirksamen Zielen entfaltete: die Ordnung des Heeres, die Veteranenversorgung, die Bürgerrechtsvergabe, die Religionspolitik und die Eingriffe in die Belange der Städte.[49] Die damit ausgelöste Kontroverse öffnete die Perspektive für weitere monarchische Tätigkeitsbereiche: CAMPBELL prüfte das Verhältnis des Kaisers zu seinen Soldaten und blickte in das Gesicht eines Militärmonarchen, HALFMANN begleitete ihn auf seinen Reisen und sah einen Herrscher am Werk, der fern von Rom und seinen Untertanen nahe das Regierungshandwerk ausübte.[50]

Regieren setzt das Vorhandensein einer dazu fähigen und willigen politischen Elite voraus. Ihr Herz waren, solange Rom denken konnte, die Senatoren. Die Republik kannte sie als die Herren des Staates, die Kaiserzeit als die ersten Diener des Monarchen. Ihre Herkunft, die Modalitäten ihrer Karriere, die Zusammensetzung ihres Standes und das Ausmaß ihrer Beteiligung an der Macht klärt die prosopographische Forschung (siehe Anm. 66). Die Funktion des Gremiums Senat würdigte umfassend TALBERT. Dessen Träger hatten sich dem Machtanspruch des Monarchen gebeugt, da nur er den inneren Friedens bewahren konnte. Von der Zusammensetzung des Senats über die Verfahrensweisen der Meinungsabgabe bis hin zum Auftritt des Kaisers spannt TALBERT einen weiten Bogen, an dessen Enden sich zeigt, daß die wachsende Macht des Monarchen die emsige Tätigkeit des Senats nicht zum Erlahmen gebracht hatte. Rang, Besitz und Ruhm wurden seinen Mitgliedern nun allerdings nicht mehr nur nach Leistung, sondern jetzt auch nach Verdienst und kundgetaner Loyalität zugemessen.[51]

Mit einer gewissen Verspätung holten auch soziologische Betrachtungsweisen die althistorische Debatte um die römische Monarchie ein. FLAIG, erfüllt vom heiligen Zorn gegen „veraltete Verfassungskonzepte", forderte 1992, die Macht des Kaisers müsse aus den „Praktiken des Umgangs mit den Beherrschten und mit den Standesgenossen, demnach aus den Praktiken der Interaktion, den Regeln der Kommunikation und dem Habitus der maßgeblichen Gruppen" erschlossen werden.[52] Die Monarchie sei als Instituti-

---

48 FERGUS MILLAR, The Emperor in the Roman World, 2. Aufl. London 1991; vgl. DERS., L'empereur romain comme décideur, in: CLAUDE NICOLET (Hrsg.), Du pouvoir dans l'antiquité: mots et réalités, Genève 1990, 207-220, insbes. 212ff.

49 JOCHEN BLEICKEN, Zum Regierungsstil des römischen Kaisers. Eine Antwort auf Fergus Millar, Wiesbaden 1982, BLEICKEN, Vfgs/Sozialgeschichte I, 17ff.

50 J.B. CAMPBELL, The Emperor and the Roman Army 31 B.C.-A.D. 235, Oxford 1984, DERS., The Roman Army, 31 BC-AD 337. A Sourcebook, London 1994; HELMUT HALFMANN, Itinera principum. Geschichte und Typologie der Kaiserreisen im Römischen Reich, Stuttgart 1986.

51 RICHARD J.A. TALBERT, The Senate of Imperial Rome, Princeton 1984; BARBARA LEVICK, in: T.P. WISEMAN (Hrsg.), Roman Political Life 90 BC-AD 69, Exeter 1985, 45-68.

52 EGON FLAIG, Den Kaiser herausfordern. Die Usurpation im Römischen Reich, Berlin 1992, 174. Flaig vertiefte seine These durch einen Blick auf die Majestätsprozesse: Loyalität ist keine Gefälligkeit. Zum Majestätsprozeß gegen C. Silius 24 n.Chr., in: Klio 75, 1993, 289-305.

on seit Augustus nie umstritten gewesen, wohl aber habe jeder Kaiser lernen müssen, daß seine Herrschaft ohne die Aktzeptanz der maßgeblichen Gruppen (Plebs urbana, Senatsaristokratie, Legionen) und der ständigen Kommunikation mit ihnen nicht von Dauer sein konnte – kurz: die römische Monarchie sei ein „Aktzeptanz-System" und damit potentiell instabil gewesen. Zu ähnlichen Ergebnissen kommt PABST: Der Kaiser habe das Einverständnis der Mitwelt (*consensus*) suchen müssen, da ihm eine permanente Bestätigung seines Führungsanspruches abverlangt wurde; von besonderem Gewicht sei dabei die Übertragung der Befugnisse durch die Komitien gewesen (*comitia imperii* nach Tacitus Historien 1,14,1) – dieser letzte Punkt markiert den Unterschied zu Flaig.[53]

Beide Autoren lassen unerörtert, wovon unzählige Weihinschriften und Statuen sprechen: die Dankbarkeit der Untertanen, die unter dem korrupten Schwindel der Republik genug gelitten hatten (Tacitus, Annalen 1,2,2), und die Göttlichkeit des Kaisers, der seinen gehorsamen Untertanen Frieden und Wohlstand versprach. „Der *princeps* war Gott", betont CLAUSS, und „er war dies von Anfang an, seit Caesar und Augustus, er war es zu Lebzeiten, er war es nicht nur im Osten, sondern auch im Westen des römischen Reiches."[54]

Der Widerstand gegen die Kaiser war denn auch seit Tiberius gering und wenig effektiv – selbst der mit Mord und Bürgerkrieg einhergehende Untergang des julisch-claudischen Hauses hat daran nichts ändern können. Persönliche Feindschaften, zersplitterte kleine Gruppen und das Fehlen einer klaren Zielsetzung und eines gedanklichen Rückhalts an einem sachlichen Programm kennzeichnen einen Widerstand, der der kaiserlichen Macht niemals gefährlich werden konnte. Unter dem Titel „Oppositon et résistances" liegt ein Sammelband vor, der die geistige und politische Auseinandersetzung mit den Kaisern von Tiberius bis Domitian behandelt.[55]

Das örtliche Zentrum der Macht war der Hof des Kaisers. Um seine politische Funktion war es nach FRIEDLÄNDERS Untersuchung still geworden. 1997 nahm WINTERLING den Faden wieder auf, indem er methodisch vergleichend die strukturelle Eigentümlichkeit des Hofes und die Macht seiner Höflinge untersuchte.[56] Sie, die von der Nähe zum Kaiser und seiner Gunst lebten, ermöglichten oder verhinderten den Zugang zu

---

[53] ANGELA PABST, Comitia imperii. Ideelle Grundlagen des römischen Kaisertums, Darmstadt 1997; die faktische Abhängigkeit der Stabilität des kaiserlichen Regiments von der Zustimmung des Volkes von Rom sucht JULIA SÜNSKES THOMPSON, Demonstrative Legitimation der Kaiserherrschaft im Epochenvergleich. Zur politischen Macht des stadtrömischen Volkes, Stuttgart 1993, zu beweisen (vgl. THOMAS WIEDEMANN [wie Anm. 92], 163ff. zur Macht des Volkes in der Arena).

[54] MANFRED CLAUSS, Deus praesens. Der römische Kaiser als Gott, in: Klio 78, 1996, 400-433. Das Problem der Vergöttlichung wird zumeist unter dem Stichwort „Herrscherkult" erfaßt; die Literatur dazu ist ebenso kontrovers wie anschwellend. Verwiesen sei auf DUNCAN FISHWICK, The Imperial Cult in the Latin West. Studies in the Ruler Cult of the Western Provinces of the Roman Empire, 2 Bde. in 4, Leiden 1987-1992 (mit anderer Gewichtung als CLAUSS) und ANTONIE WLOSOCK (Hrsg.), Römischer Kaiserkult, Darmstadt 1978 (Aufsatzsammlung). Mit den Methoden der sozialen Anthropologie arbeitet in einer Fallstudie über das kaiserzeitliche Kleinasien S.R.F. PRICE, Rituals and Power. The Roman Imperial Cult in Asia Minor, Cambridge 1984.

[55] OLIVIER REVERDIN (Hrsg.), Opposition et Résistances à l'Empire d'Auguste à Trajan, Genève 1987 (herausragend S. 65-102: DIETER TIMPE, Geschichtsschreibung und Prinzipatsopposition).

[56] LUDWIG FRIEDLÄNDER, Der Hof, in: DERS., Darstellungen aus der Sittengeschichte Roms in der Zeit von Augustus bis zum Ausgang der Antonine, Bd. 1, 10. Aufl. Leipzig 1922, 33-103; ALOYS WINTERLING, Hof ohne „Staat". Die aula Caesaris im 1. und 2. Jahrhundert n.Chr., in: Zwischen „Haus" und „Staat". Antike Höfe im Vergleich, München 1997, 1-28; 91-112. Ergänzend: HEINZ

ihm, beeinflußten seine Entscheidungen und konkurrierten mit den informellen und institutionalisierten Formen der Einflußnahme, die die Tradition in der Gestalt von Klientel und Freundschaft bezw. von Magistratur und Senat bereit hielt. Fragen dieser Art schärften am Ende auch den Blick auf den Kaiser als Privatmann und die Art und Weise der täglichen Kommunikation am Hof.

Die Alte Geschichte folgt damit einem Trend der historischen Forschung, ab und an die Perspektiven zu wechseln: Statt Politik und Verwaltung, statt Wirtschaft und Gesellschaft nun die individuelle Erfahrung und Bewältigung des Lebens. Was es heißt, ein Leben 24 Stunden am Tage zu leben, soll der Historiker spüren und spüren lassen.[57] Praktisch bedeutet dies die Rückkehr von früher als „antiquarisch" abgeschriebenen Themen wie Alltag, individuelle Lebenszusammenhänge und Privatleben.[58] Das des Kaisers war in den Augen der Zeitgenossen unendlich aufregend, und davon zu hören, ist auch zweitausend Jahre später amüsant und entspricht dem launischen Geschmack des Publikums. Dies fühlt sich ohnehin von Theorie und Ideologie über Gebühr strapaziert und kann der zu Beginn der 70er Jahre modisch gewordenen Definition von Geschichte als „Historischer Sozialwissenschaft" immer weniger abgewinnen. So streckt es seit dem Ende der 80er Jahre beide Hände nach Fleisch und Blut aus und freut sich über Familiengeschichten ebenso wie über Biographien.[59] Damit kehrte auch die von MOMMSEN verachtete „Hof- und Senatsgeschichte in der Weise des Tacitus" in die Gelehrtenstuben zurück.[60]

VII. Wirtschaft und Gesellschaft

Die antike Welt hat keine soziale Umwälzung erlebt, die mit dem tiefen Einschnitt der industriellen Revolution vergleichbar wäre. Solange das Imperium stand, mußte keine

---

BELLEN, Die germanische Leibwache der römischen Kaiser des julisch-claudischen Hauses, Wiesbaden 1981.

57 Zu dieser von der französischen Forschung angestoßenen Entwicklung, die in Deutschland mit dem wenig präzisen Begriff „Alltagsgeschichte" betrieben wird, siehe LOTHAR GALL, Europa auf dem Weg in die Moderne 1850-1890, 3. Aufl. München 1997, 168-174.

58 Symptomatisch hierfür sind eine Reihe von Sammelbänden: ANDREA GIARDINA (Hrsg.), L'Uomo Romano, 1989 (dt.: Der Mensch der römischen Antike, Frankfurt 1991), fand Autoren, die in der Form von Idealporträts den antiken Menschen vom Juristen bis zum Banditen, vom Sklaven bis zum Aristokraten zum Leben erwecken wollen. In diese Kategorie fallen auch die von PHILIPPE ARIÈS/GEORGES DUBY herausgegebene „Geschichte des privaten Lebens" (Frankfurt 1989), die „Geschichte der Frauen", die „Geschichte der Familie" und die „Geschichte der Jugend." Alle diese Bände versprechen, die Vielfalt gesellschaftlicher Organisationsformen und Wertvorstellungen mit Anschauung zu füllen.

59 Am besten abzulesen an der ansteigenden Flut der Jesus-Literatur: In den letzten Jahren erschienen mehr Biographien zu diesem Untertan des Augustus als in den Jahrzehnten davor; vgl. nur den kurzen Überblick über die Forschungsgeschichte von GERD THEISSEN/ANNETTE MERZ, Der historische Jesus, Göttingen 1996, S. 21-29 und die Analyse der Trivialliteratur von ROMAN HEILIGENTHAL, Der verfälschte Jesus, Darmstadt 1997.

60 ALEXANDER DEMANDT, Das Privatleben der römischen Kaiser, München 1996; ROBERT TURCAN, Vivre à la cour des Césars d'Auguste à Dioclétien, Paris 1987 (Untersuchungen über das Palastpersonal, die Feste, Lebens- und Eßgewohnheiten, Religiosität und Dienstpflichten).

Generation erleben, daß die alten Lebensweisen so zerstört wurden, daß neue zu entdecken gewesen wären. Diese innere Festigkeit der sozialen Ordnung zu erklären, ist denn auch die erste Aufgabe der für die Wirtschafts- und Sozialgeschichte zuständigen Forscher. Die lange Zeit gültige Summe ihrer Bemühungen hatte ROSTOVTZEFF gezogen (A.H. 526ff.). Erst die 1973 erschienene „Ancient Economy“ von FINLEY[61] und die ihr 1975 folgende „Römische Sozialgeschichte“ von ALFÖLDY lösten eine neue und heftige Diskussion aus. Sie entzündete sich an der von Finley heraufgeführten Max Weber-Renaissance und an der von Alföldy der Soziologie entlehnten Terminologie; in der Sache konzentrierte sie sich auf die innere Gliederung der Gesellschaft während der Kaiserzeit.[62] Heute richtungsweisend ist der Bd. 1 der *Wirtschafts- und Sozialgeschichte Europas.*[63] Verschiedene Autoren behandeln Italien, die Westprovinzen, den Balkan- und Donauraum und die außerhalb des Reiches lebenden Germanen und Reiternomaden – das antike Nordafrika und Vorderasien gehören nach der Auffassung der Herausgeber nicht zu Europa. Wie wenig Sinn das macht, wissen und sagen sie selbst, so daß VITTINGHOFF die Gesellschaft (S. 161-369) und PLEKET die Wirtschaft (S. 25-160) generalisierend unter Einbeziehung des gesamten Mittelmeerraumes würdigen.

Zentrales Thema der Wirtschaftsgeschichte sind und bleiben die Agrarverhältnisse. Sie waren verhältnismäßig unkompliziert, so daß die Gründe, die zum Wandel der Bewirtschaftungsformen und dem Aufstieg des Kolonats geführt haben, leicht zu finden waren. Unentbehrlich sind die eng an den Quellen gearbeitete Agrargeschichte FLACHs und die einschlägigen Arbeiten JOHNEs.[64]

Weite Bereiche der sozialgeschichtlichen Forschung werden von der prosopographischen Methode beherrscht (A.H. 595f.). Sie verspricht die Rekonstruktion einer Gesellschaft, in der alle sozialen Schichten auf Ehren- und Grabinschriften penibel genau Buch über ihre zivile und militärische Laufbahn führten. Über die Methode ist viel gestritten worden.[65] Ihre Erfolge allerdings sind bemerkenswert, macht sie doch die regionale und soziale Zusammensetzung und die Rangstufen der senatorischen

---

61 MOSES I. FINLEY, The Ancient Economy, Berkeley 1973, erweiterte Ausgabe 1984; dt.: Die antike Wirtschaft, 3. Aufl. München 1993; der beigefügte Forschungsüberblick von MARTINA TSCHIRNER ist erschöpfend. Die wichtigsten Einwände gegen Finley formulierte M.W. FREDERIKSEN, in: Journal of Roman Studies 65, 1975, 164-171.

62 GEZA ALFÖLDY, Römische Sozialgeschichte, 3. Aufl. Wiesbaden 1984; die Auseinandersetzung mit seinen Gegnern findet sich in der Sammlung seiner Aufsätze: Die römische Gesellschaft. Ausgewählte Beiträge, Stuttgart 1986; weiterführend vor allem ROLF RILINGER, Moderne und zeitgenössische Vorstellungen von der Gesellschaftsordnung der römischen Kaiserzeit, in: Saeculum 36, 1985, 299-325 (zum Streit vgl. DAHLHEIM, Kaiserzeit, 207ff.). Heranzuziehen ist die Sammlung wichtiger Aufsätze von HELMUTH SCHNEIDER, Sozial- und Wirtschaftsgeschichte der Römischen Kaiserzeit, Darmstadt 1981.

63 VITTINGHOFF, Wirtschafts- und Sozialgeschichte; zusammenfassend: Soziale Struktur und politisches System der Hohen Römischen Kaiserzeit, in: Historische Zeitschrift 230, 1980, 31-55 (= VITTINGHOFF, Civitas, 253-271).

64 DIETER FLACH, Römische Agrargeschichte (HdAW Abt. 3, Teil 9), München 1990, K.-P. JOHNE/J. KÖHN/V. WEBER, Die Kolonen in Italien und den westlichen Provinzen des Römischen Reiches. Eine Untersuchung der literarischen, juristischen und epigraphischen Quellen vom 2. Jahrhundert v.u.Z. bis zu den Severern, Berlin 1983, und JOHNE (wie Anm. 15), 64-99.

65 Dazu DAHLHEIM, Kaiserzeit, 168-173; WERNER ECK (Hrsg.), Prosopographie und Sozialgeschichte. Studien zur Methodik und Erkenntnismöglichkeit der kaiserzeitlichen Prosopographie, Köln 1993 (Aufsatzsammlung).

Führungsschicht ebenso wie die Art und Weise und das Ausmaß der Integration der provinzialen Führungsschichten in die Reichsverwaltung und in die römische Gesellschaft deutlich.[66]

Im Rahmen der Erforschung der Unterschichten ragen die Untersuchungen KRAUSEs zu den Witwen und Waisen heraus: Ihre weit verbreitete Existenz – den Anteil der Witwen an der weiblichen Gesamtbevölkerung schätzt Krause auf ein Viertel bis ein Drittel – bezeugen eindringlich die Instabilität der römischen Ehen und Familien.[67] In den Jahrzehnten davor beanspruchten die Untersuchungen zur sozialen und rechtlichen Stellung der Sklaven und Freigelassenen einen besonderen Platz.[68] Ihrer Beurteilung in der modernen Wissenschaft widmete FINLEY ein eigenes, umstrittenes Buch.[69] Weiterführend sind insbesondere zwei Fallstudien von BELLEN und VEYNE: Der eine analysiert den Bericht des Tacitus (Annalen 14,42-45) über die Voraussetzungen des Strafprozesses, der in Rom wegen der Ermordung des Stadtpräfekten Pedanius Secundus durch einen seiner Sklaven anhängig wurde[70], der andere verfolgt mit Herz und Verstand den Lebensweg eines Freigelassenen namens Trimalchio: Ihm hatte Petronius, arbiter elegantiarum am Hofe Neros, ein Denkmal als großmäuligen Emporkömmling gesetzt, da die Tugenden, die einen jungen Sklaven in einen harten und erfolgreichen Geschäftsmann verwandelten, in einer Gesellschaft wenig zählten, die soziale Geltung nach Herkunft und ererbten Grundstücken zumaß.[71]

Ein neues Untersuchungsfeld erschloß die Frauenforschung. Nach dürren Jahren der Opfergeschichtsschreibung schrieb GARDNER, wissenschaftlich geprägt von den strengen Regeln des römischen Rechts, das heute gültige Standardwerk über die Frauen im antiken Rom.[72] Denn sie kann verständlich machen, daß die von Recht und Gesetz dem Mann gegebenen Möglichkeiten nicht notwendig mit den wirklichen Handlungen der Menschen übereinstimmen. Von ihnen sprechen vor allem nichtliterarische Zeugnisse, Inschriften und Papyri. Ergänzt ihre Aussage die juristischen Texte, so lehren sie, das Leben von Frauen richtig zu verorten: in der rechtlich sanktionierten Hierarchie als

---

66 Verwiesen sei auf GEZA ALFÖLDY, Konsulat und Senatorenstand unter den Antoninen, Bonn 1977, HELMUT HALFMANN, Die Senatoren aus dem östlichen Teil des Imperium Romanum bis zum Ende des 2. Jh. n. Chr., Göttingen 1979, HUBERT DEVIJVER, Prosopographia militiarum equestrium quae fuerunt ab Augusto ad Gallienum [PME], 5 Bde. 1976-1993 und WERNER ECK, Die Statthalter der germanischen Provinzen vom 1.-3. Jahrhundert, Köln 1985.

67 JENS-UWE KRAUSE, Witwen und Waisen im römischen Reich, 4 Bde., Stuttgart 1994/95 (Band IV zum frühen Christentum).

68 E. HERRMANN/N. BROCKMEYER, Bibliographie zur antiken Sklaverei I-II, Bochum 1983 und der Forschungsbericht von HEINZ BELLEN, Die antike Sklaverei als Herausforderung, in: DERS.: Politik – Recht – Gesellschaft, Studien zur Alten Geschichte, Stuttgart 1997, 307-318.

69 MOSES I. FINLEY, Die Sklaverei in der Antike, München 1981.

70 HEINZ BELLEN, Antike Staatsräson (wie Anm. 68), 283-297. Zu den Freigelassenen generell: WOLFGANG WALDSTEIN, Operae libertorum. Untersuchungen zur Dienstpflicht freigelassener Sklaven, Stuttgart 1986.

71 PAUL VEYNE, Leben des Trimalchio, in: DERS., Die Originalität des Unbekannten, Frankfurt 1988, S. 43-89, vgl. auch KLAUS ROSEN, Römische Freigelassene als Aufsteiger und Petrons Cena Trimalchionis, in: Gymnasium 102, 1995, 79-92.

72 JANE GARDNER, Women in Roman Law and Society, 1986, dt.: Frauen im antiken Rom, München 1995; vgl. auch die Aufsatzsammlung von MARIA H. DETTENHOFER (Hrsg.), Reine Männersache? Frauen in Männerdomänen der antiken Welt, Köln 1994.

Freie, Sklavinnen und Freigelassene, in der sozialen Ordnung als Adlige und Arbeiterin, in der Familie als Töchter, Ehefrauen und Mütter.[73]

VIII. Die Herrschaft über das Imperium

Rom herrschte über sein Imperium durch militärische Gewalt, das Regiment seiner weisungsgebundenen Statthalter und die Patronate seiner Großen. Der Kaiser kontrollierte alle drei Formen der Machtausübung entweder als Kriegsherr oder kraft seiner politischen und sozialen Übermacht. Die Felder der Forschung sind damit abgesteckt. Insbesondere das provinziale Herrschaftssystem ist hinsichtlich seiner äußeren Organisation immer neu diskutiert worden.[74] Dabei zweifelt niemand, daß die Verwaltung des Reiches auf Gedeih und Verderb auf die Unterstützung durch die lokalen Behörden der Gemeinden angewiesen war und sich vornehmlich in den östlichen Provinzen den vorgefundenen Gegebenheiten anzupassen hatte.[75] So fordern nicht zufällig die Städte des Ostens und die sie regierenden Notabeln das besondere Interesse der Forschung heraus.[76] Für die Westprovinzen bleiben die Untersuchungen VITTINGHOFFS grundlegend.[77]

Auffallend ist die Aspektumkehr der neueren Forschung, die weniger die Institutionen als die Erfahrungen und Erwartungen von Herr und Untertan thematisiert. Damit rückt die Aufteilung der Herrschaftsausübung in einen amtlichen und einen privaten Bereich wieder in den Vordergrund, werden die Patronagen großer Familien und ihre herrschaftsstabilisierende Funktion deutlicher faßbar. SALLER schrieb dazu die wichtigste Fallstudie über Nordafrika mit dem Schluß, daß die quantitativ geringe amtliche Verwaltung (und damit das ganze Herrschaftssystem) dank der Patron-Klient-Beziehungen nicht entscheidend verändert werden mußte, ja die Integration der Provinzialen durch diese persönliche Form einer auf Fürsorge ausgerichteten Herrschaft spürbar gefördert wurde.[78] Auf den Umgang mit der Macht fällt damit neues

---

[73] Für die Familienpolitik der Kaiserzeit legte Augustus mit seinen Ehegesetzen, die der moralischen Erneuerung der römischen Gesellschaft dienen sollten, den Grundstein. Dazu ERNST BALTRUSCH, Regimen morum [wie Anm. 94], S. 162-183, ANGELIKA METTE-DITTMANN, Die Ehegesetze des Augustus. Eine Untersuchung im Rahmen der Gesellschaftspolitik des Princeps, Stuttgart 1991.

[74] Die großen Linien der Entwicklung bei BLEICKEN, Vfgs/Sozialgeschichte I, 125ff. und ANDREW LINTOTT, Imperium Romanum. Politics and Administration, London 1993. Die Leistung der Forschung verbirgt sich in einer unendlichen Fülle von Einzeluntersuchungen; herausragend die Aufsatzsammlungen von PETER ASTBURY BRUNT, Roman Imperial Themes, Oxford 1990 und WERNER ECK, Die Verwaltung des Römischen Reiches in der Hohen Kaiserzeit. Ausgewählte Beiträge, 2 Bde., Basel 1995/98.

[75] Dazu die Aufsätze von GLENN W. BOWERSOCK, Studies on the Eastern Roman Empire. Social, Economic and Administrative History, Religion, Oxford 1995.

[76] MAURICE SARTRE, L'Orient romain. Provinces et societés provinciales en Méditerranée orientale d'Auguste aux Sévères (31 avant J.C.-235 après J.-C.), Paris 1991. Eine zusammenfassende Gesamtdarstellung des römischen Ostens bietet auch FERGUS MILLAR, The Roman Near East 31 B.C.-AD 337, Cambridge 1993.

[77] VITTINGHOFF, Civitas, 11-249.

[78] RICHARD SALLER, Personal Patronage under the Early Empire, Cambridge 1982, bes. 145ff. Um die Macht und ihren Erhalt durch Klientelbildung geht es auch PAUL VEYNE, Le pain et le

Licht. So blickt LENDON auf ein vielfältiges Netzwerk von Wertvorstellungen und Verhaltensmustern, die geprägt waren durch das Streben nach Ehre und Ansehen. An ihnen hatte jedermann nach Stand und Verdienst Anteil. Damit waren Normen gesetzt, die, solange sie galten, alle in den Städten bestehenden Abhängigkeitsverhältnisse und damit den Machtanspruch Roms und des Kaisers sicherten.[79]

IX. Der Schutz des Reiches und das Heer

Rom hat bis Mark Aurel zur Behauptung seines Reiches keine besonderen Energien entfalten müssen (A.H. 361ff.). Nach den Eroberungen des Augustus war das Imperium umgeben von einer Welt, in der es keinen Zusammenhalt gab und in der sich wenig veränderte. Wie sie von denen gesehen und eingeordnet wurde, die das angenehme Joch der römischen Zivilisation trugen, hing mit dem Modus der römischen Raumerfassung[80], den strategischen Sachentscheidungen der kaiserlichen Außenpolitik[81] und den ideologischen Schablonen einer weit verbreiteten Barbarenvorstellung zusammen.[82]

Innerhalb der Grenzen des Reiches blieben Aufstände der Unterworfenen die Ausnahme[83], da es jenseits der Grenzen keine mächtigen Gegner gab, auf deren Unterstützung Rebellen hätten zählen können. Für alle schien die „unermeßliche Majestät des römischen Friedens“ (Plinius) Himmel und Erde zu füllen, gültig für alle Zeiten. Trotzdem hat Rom, dem Augustus die europäischen Binnenräume zu Füßen gelegt hatte, nicht die Politik einer im großen und ganzen friedlichen Koexistenz verfolgt.[84] Noch für lange Jahrzehnte sollte es zu den ersten Pflichten seiner Kaiser gehören, den Anspruch auf den Thron durch erfolgreiche Kriege zu legitimieren.[85] Die Fähigkeit dazu

---

cirque, 1976 (dt.: Brot und Spiele. Gesellschaftliche Macht und politische Herrschaft in der Antike, Frankfurt 1988).

[79] JOHN E. LENDON, Empire of Honour. The Art of Government in the Roman World, Oxford 1997.

[80] KAI BRODERSEN, Terra Cognita. Studien zur römischen Raumerfassung, Hildesheim 1995; DIETER TIMPE, Entdeckungsgeschichte, in: Reallexikon der Germanischen Altertumskunde, Bd. 7, 2. Aufl. Berlin 1989, S. 307-337.

[81] Vgl. dazu die Fallstudie zur Eroberung Germaniens und der Anpassung der militärischen Taktik an die geographischen Gegebenheiten von DIETER TIMPE, Geographische Faktoren und politische Entscheidungen in der Geschichte der Varuszeit, in: WIEGELS, R./WOESLER, W. (Hrsgg.): Arminius und die Varusschlacht, Paderborn 1995, S. 13-27.

[82] DIETER TIMPE, Rom und die Barbaren des Nordens, in: Die Begegnung mit dem Fremden, hrsg. von M. SCHUSTER, Stuttgart 1996, S. 34-50; I. OPELT/W. SPEYER, in: RAC Suppl. I, 1992, Sp. 613-895 s.v. Barbar.

[83] Eine Aufstellung aller Revolten findet sich bei THOMAS PEKARY, Seditio. Unruhen und Revolten im Römischen Reich von Augustus bis Commodus, in: AncSoc 18, 1987, 133-150.

[84] MARCELO TILMAN SCHMITT, Die römische Außenpolitik des 2. Jahrhunderts n.Chr., Stuttgart 1997, bestätigt die grundsätzliche Bereitschaft Roms zu weiteren Eroberungen. Zusammenfassend DAHLHEIM, Kaiserzeit, 79-97.

[85] Den Nachweis für Nero etwa führte MATTHÄUS HEIL, Die orientalische Außenpolitik des Kaisers Nero, München 1997. So hat es denn auch zu keiner Zeit einen ausdrücklichen Verzicht auf die Eroberung Germaniens gegeben: DIETER TIMPE, Der römische Verzicht auf die Okkupation Germaniens, in: Chiron 1, 1971, 267-284.

war allerdings seit der Heeresreform des Augustus[86], die zugleich die Geburtsstunde der Auxiliartruppen war, begrenzt. Das nun stehende Heer, an die Grenzen der zivilisierten Welt verlegt und dort bewußt und ängstlich festgehalten, taugte nicht mehr zu großen Heerzügen und weiträumig geplanten Operationen.[87]

Die Folgen erleichterten das Regieren: So wie der Schweiß des Exerzierens das Blut der großen Schlachten vergessen machte, ersetzten neue Aufgaben die alten. Soldaten rückten nun in die Amtsstuben der provinzialen Verwaltung, überwachten Bergwerke, betrieben Ziegelfabriken, bauten Straßen. Nach ihrer Entlassung kehrten nur wenige in ihre alten Dörfer und Städte zurück, aus denen sie zu den Fahnen geeilt waren. In den Grenzprovinzen seßhaft und heimisch geworden, verkörperten sie dort ein militantes Neurömertum, das seinen Teil zur Romanisierung des bunten Völkergemischs des Imperiums beitrug.[88] Die Welt des Mittelmeerraumes trennte sich leicht von ihnen. Nach den traumatischen Erlebnissen der Bürgerkriege und des Vierkaiserjahres 68/69 waren sie zu einer Gefahr für die zivilisierte Welt geworden. Der Friede des Weltreiches förderte solche Einschätzungen noch: Ohne Drachen besteht kein Bedarf an Drachentötern, und friedliche Grenzen verwischen den Gedanken daran, daß der Tag kommen mag, an dem man sie verteidigen muß.[89]

X. Lebens- und Denkformen

HEUSS hat eine Geistesgeschichte gefordert (A.H. 578), welche die Veränderungen der Denk- und Glaubensvorstellungen aufspürt und erklären kann, wie sich die Lebensrhythmen und ihre moralischen Fundamente im Lauf der Zeit wandelten. Bereits 1956 hatte SEEL, seiner Zeit weit voraus, eine „Morphologie des Römertums" versucht und wissen wollen, wie das Selbstgefühl der Römer aussah, wie sie die Welt erlebten und wie sie darin ihren eigenen Ort bestimmten.[90] Umschrieben war damit eine Aufgabe für alle Disziplinen der Altertumswissenschaft. Den Historikern ist dabei aufgegeben, das Wechselverhältnis zwischen politischem Herrschaftsanspruch und privater Moral, zwischen öffentlichen Pflichten und privater Zurückgezogenheit, zwischen den Erfahrungen des Einzelnen und den Werten der Gemeinschaft zu klären. Typisch für die

---

[86] Dazu KURT RAAFLAUB, Die Militärreform des Augustus, in: Saeculum Augustum I (wie Anm. 39), 264-307.

[87] GEZA ALFÖLDY, Römische Heeresgeschichte. Beiträge 1962-1985, Amsterdam 1987 (Aufsätze und Rezensionen des Autors zum Thema); YANN LE BOHEC, Die römische Armee, Stuttgart 1993.

[88] FRIEDRICH VITTINGHOFF, Militärdiplome, römische Bürgerrechts- und Integrationspolitik, in: W. ECK/H. WOLFF (Hrsgg.), Heer und Integrationspolitik, Köln 1986, 535-555 (= VITTINGHOFF, Civitas, 282-298); PAUL LE ROUX, L'armée romaine et l'organisation des provinces ibériques. D'Auguste à l'invasion de 409, Paris 1982, der die Geschichte der in Spanien stationierten Einheiten als Teil der Verwaltungs- und Sozialgeschichte Spaniens behandelt. Zusammenfassend: MICHAEL A. SPEIDEL, Das Römische Heer als Kulturträger, in: REGULA FREI-STOLBA (Hrsg.), La politique édilitaire dans les provinces de l'Empire romain, Frankfurt 1995, 187-209.

[89] Zusammenfassend WERNER ECK/HARTMUT WOLFF (Hrsgg.), Heer und Integrationspolitik, Köln 1986 (Aufsatzsammlung), WERNER DAHLHEIM, Die Armee eines Weltreiches: Der römische Soldat und sein Verhältnis zu Staat und Gesellschaft, in: Klio 74, 1992, 197-220.

[90] OTTO SEEL, Römertum und Latinität, Stuttgart 1964, 79-415.

antike Welt (und ganz anders als für die moderne) ist das Bedürfnis nach öffentlicher Gemeinschaft.[91] So liegt es nahe, dieser dorthin zu folgen, wo sie sich in besonders spektakulären Formen entfaltete: im Circus, im Kampf der Gladiatoren, im monströsen Schauspiel des Ringens von Mensch und Tier. Mehrere wichtige Untersuchungen sind diesem Thema gewidmet: HOPKINS sieht auf den Rängen der Amphitheater Menschen, deren Leben Krieg und Eroberung prägten und deren kriegerische Gesinnung sich in den Gladiatorenspielen spiegelte, WIEDEMANN folgert aus der raschen Verbreitung der Spiele in einem kulturell so unterschiedlichen Reich den Vormarsch einer Einheit stiftenden Symbolik und erkennt im Triumph der Gladiatoren über ihre Gegner den Sieg der römischen Zivilisation über ihre Feinde.[92] Am weitesten wagt sich BARTON auf dem Feld mentalitätsgeschichtlicher Interpretation vor: Dort, sagt sie, wo vor den Augen aller sozialen Schichten das Töten zur Kunst wurde, dort, wo der sozial Ausgegrenzte als Gladiator zum Vorbild für reich und arm aufstieg, enthüllt sich die römische Seele wie nirgends sonst.[93]

Fragen nach den Lebensformen und der Moral ferner Zeiten verweisen schnell auf bestimmte und von der Gesellschaft einstudierte Verhaltensweisen, die auf der Bühne der Öffentlichkeit wie in der Abgeschiedenheit des privaten Raums gelten. Denn sie sprechen von sozialer Distanz, vornehmer Exklusivität oder unterwürfiger Abhängigkeit. Wer sich richtig zu benehmen weiß, wer die rechte Sprechweise gelernt hat und wer seine Gesten zu kontrollieren weiß, kann mit Fug und Recht Beachtung verlangen, da ihn sein Verhalten als bedeutsam und mächtig ausweist. In einer aristokratisch geordneten und monarchisch geführten Gesellschaft wie der römischen, deren Funktionsfähigkeit eine homogene Elite, die Unanstößigkeit des kaiserlichen Amtes und eine klare Unterscheidung zwischen oben und unten forderte, war auch die private Sphäre von öffentlicher Bedeutung und konnte daher jederzeit zum Gegenstand staatlicher Gesetze werden.[94]

Dort, wo die Erfahrungen des privaten Einzelnen mit den Werten der Gemeinschaft übereinstimmen müssen und zwischen politischem Herrschaftsanspruch und privater Moral ein unauflösbarer Zusammenhang besteht, tritt auch die sexuelle und eheliche Moral in das grelle Licht des öffentlichen Interesses. Aristokratische Exklusivität spiegelte sich auch in der rechten Einstellung zur Sexualität. Von ihr handelt STAHLMANN, die die Vorbedingungen der Askese und der geschlechtlichen Enthaltsamkeit christlicher Frauen untersucht.[95] Dem Phänomen selbst hat BROWN ein meisterliches Buch

[91] Die Individualität eines Aristokraten etwa war nur in dem Maße bemerkenswert, wie sie sich innerhalb des Kanons der geltenden Werte entfaltete: GEZA ALFÖLDY, Die Rolle des Einzelnen in der Gesellschaft des Römischen Kaiserreiches, in: Die römische Gesellschaft, Stuttgart 1986, 334-377, PETER BROWN, Die „vornehmen" Wenigen, in: Geschichte des privaten Lebens (wie Anm. 58), 233ff.

[92] KEITH HOPKINS, Death and Renewal, Cambridge 1983, 1-30; THOMAS WIEDEMANN, Emperors and Gladiators, London 1992.

[93] CARLIN A. BARTON, The Sorrows of the Ancient Romans: The Gladiator and the Monster, Princeton 1993.

[94] Grundlegend ERNST BALTRUSCH, Regimen morum. Die Reglementierung des Privatlebens der Senatoren und Ritter in der römischen Republik und frühen Kaiserzeit, München 1988.

[95] INES STAHLMANN, Der gefesselte Sexus. Weibliche Keuschheit und Askese im Westen des Römischen Reiches, Berlin 1997.

gewidmet: Es zeigt die Motive und Folgen der Verwandlungen, welche die christliche Einstellung zur Sexualität bis in die Zeit des Augustinus prägten, es vergleicht das christliche Nachdenken über die Rolle der Geschlechter mit den heidnischen und jüdischen Anschauungen und führt dabei alle großen Kirchenväter, von Paulus bis Augustinus, von Tertullian bis Ambrosius, in den Zeugenstand.[96]

Die philologische Forschung hat sich in mehreren Arbeiten mit der Furcht der Mächtigen beschäftigt, die nach Tacitus zum Leben unter dem Principat dazugehörte. Die Ausweitung dieser Fragestellung auf eine ganze Epoche oder bestimmte soziale Schichten lag als Aufgabe nahe, nachdem bereits 1965 DOODS den Menschen des zweiten und dritten Jahrhunderts die Diagnose einer tiefsitzenden Angstneurose gestellt hatte.[97] 1994 erschienen zwei Bücher zu den Ängsten, die die Menschen des ersten und zweiten Jahrhunderts plagten: BARGHOP versucht es mit den Methoden der historischen Anthropologie und richtet den Blick auf die Senatoren, KNEPPE hält sich an die philologische Tradition, analysiert die Ängste als Teil des allgemeinen Zeitgefühls und konzentriert sich auf die Krisenjahre 9, 69 und 193.[98]

Mit diesen (und anderen) Arbeiten sucht die Alte Geschichte den Anschluß an die von der französischen Forschung inspirierte Mentalitätsgeschichte. Diese hatte sich schon Anfang der dreißiger Jahre aufgemacht, unter dem Stichwort der „Grande Peur", die nach dem 14. Juli 1789 Frankreich für einige Wochen schüttelte, ein massenpsychologisches Phänomen zu klären, das keine rational faßbaren Ursachen hatte (LUCIEN FÈBVRE, La Grande Peur de 1789, 1932). Seitdem beanspruchen die Gefühle, Haß und Liebe, Furcht und Grausamkeit, als Gegenstand des historischen Interesses ernstgenommen zu werden. Für die deutsche Althistorie ist der Weg zu solchen Themen allerdings noch weit. Denn er verlangt als erstes, längst vergangene Träume, Wünsche und Phantasien ernst zunehmen, und als zweites, entschlossen hinabzusteigen in die Niederungen einer wenig geachteten Literatur. Dort, in den Romanen, Reiseberichten, Volksdichtungen, Zauberbüchern und nicht zuletzt in den zu Andacht und Erbauung geschriebenen christlichen Wundergeschichten findet sich das Material, aus dem antike Denkgewohnheiten zu rekonstruieren sind. Dieser Stoff kann fesselnder sein als manches, was die offizielle Philologie immer wieder umwälzt; dies demonstrieren die kulturhistorischen Monographien von GRAF und HERMES [99], dies zeigen aber auch theologische Arbeiten zu den christlichen Wundergeschichten und dem Umgang der Frommen mit den Forderungen ihres Glaubens.[100] Diese Menschen, so lehren solche Un-

---

[96] PETER BROWN, The Body and Society, New York 1988, dt.: Die Keuschheit der Engel. Sexuelle Entsagung, Askese und Körperlichkeit am Anfang des Christentums, München 1991.

[97] ERIC R. DOODS, Heiden und Christen in einem Zeitalter der Angst, Frankfurt 1985 (engl. 1965).

[98] DIRK BARGHOP, Forum der Angst. Eine historisch-anthropologische Studie zu Verhaltensmustern von Senatoren im Römischen Kaiserreich, Frankfurt 1994, und ALFRED KNEPPE, Metus temporum. Zur Bedeutung von Angst in Politik und Gesellschaft der römischen Kaiserzeit des 1. und 2. Jhdts. n.Chr., Stuttgart 1994; siehe auch KARL STROBEL (wie Anm. 17), 21ff.

[99] FRITZ GRAF, Gottesnähe und Schadenzauber. Die Magie in der griechisch-römischen Antike, München 1996; LAURA HERMES, Traum und Traumdeutung in der Antike, Düsseldorf 1996 und die Sammlung einschlägiger Aufsätze von GLENN WARREN BOWERSOCK, Fiction as History. Nero to Julian, Berkeley 1994.

[100] GERD THEISSEN, Urchristliche Wundergeschichten, 5. Aufl. 1987; KLAUS BERGER, Historische Psychologie des Neuen Testaments, Stuttgart 1991.

tersuchungen, waren anders: Sie bewerteten ihre Erfahrungen nicht nur anders, sie machten sie auch anders.

Am weitesten fortgeschritten auf diesem Weg ist dank PAUL ZANKER die archäologische Forschung. Sie betrachtet die Bauten der Amphitheater, Thermen, Wasserleitungen und Straßen in den alten Römerstädten als steinerne Zeugnisse vergangener Lebensart und liest die Triumphbögen, Statuen und Grabdenkmäler als Dokumente politischer Rechtfertigung und sozialer Selbstdarstellung.[101] Damit weitet sich der Blick über die aristokratische Herrlichkeit hinaus: Wer sich mit ZANKER über die Grabreliefs von Freigelassenen beugt, entschlüsselt das fast rührende Bemühen des kleinen Mannes, zu sein wie der große Herr.[102] Formalästhetische Kategorien oder stilgeschichtliche Positionen sind dabei nicht gefragt; wohl aber kann das Studium des sich wandelnden Kunstgeschmacks die Eigenart des Lebensgefühls der Menschen bestimmter Perioden der Kaiserzeit, ihre Empfindungen und sentimentalen Erinnerungen zum Sprechen zu bringen.[103] Am Ende werden fast zwangsläufig das Publikum und seine Erwartungen zum Thema: Nicht nur was gezeigt, sondern wie, wo und wem es gezeigt wird, ist von Bedeutung. Denn gerade politisierte Kunst, die in allen ihren Ausdrucksformen eine bestimmte Botschaft vermitteln will, muß die Interessen ihrer Adressaten auch dann berücksichtigen, wenn sie diese verändern will.[104]

---

101 So z.B. PAUL ZANKER, Pompeji. Stadtbilder und Wohngeschmack, Zabern 1995; FRANK KOLB, Rom. Die Geschichte der Stadt in der Antike, München 1995; zur augusteischen Zeit, die zu Recht besondere Aufmerksamkeit verlangt, siehe Seite 645 f.

102 PAUL ZANKER, Grabreliefs römischer Freigelassener, in: Jahrbuch des Dt. Archäolog. Instituts 90, 1975, 267-315.

103 PAUL ZANKER, Klassizistische Statuen. Studien zur Veränderung des Kunstgeschmacks in der römischen Kaiserzeit, Mainz 1974.

104 TONIO HÖLSCHER, Staatsdenkmal und Publikum. Vom Untergang der Republik bis zur Festigung des Kaisertums in Rom, Konstanz 1984; SALVATORE SETTIS, Die Trajanssäule: Der Kaiser und sein Publikum, in: Die Lesbarkeit der Kunst, hrsg. von ANDREAS BEYER, Berlin 1992, 40-52.

Jochen Bleicken

Spätantike

I. Übergreifende Darstellungen

Seit den sechziger Jahren erschien eine ganze Reihe übergreifender Werke zur Spätantike. Der in dritter, überarbeiteter und erweiterter Auflage 1995 im Oldenbourg-Grundriß der Geschichte publizierte Band über Spätantike und Völkerwanderung von MARTIN[1] enthält neben einer gerafften Darstellung der Zeit einen detaillierten Bericht über den Stand der Forschung, der dem religiösen Wandel besondere Rechnung trägt, und ein knapp 1.400 Nummern umfassendes Register zu Quellen und Sekundärliteratur. Er eignet sich hervorragend für eine erste Information über die Publikationen zu den einzelnen Bereichen der Spätantike und den Stand der Forschung zu strittigen Fragen. Einen großen Überblick legte DEMANDT im „Handbuch der klassischen Altertumswissenschaft" vor, der, mit Schwergewicht auf der politischen Geschichte, doch alle Bereiche des gesellschaftlichen und religiösen Lebens anspricht.[2] Er wird vornehmlich mit dem Blick auf den Übergang zum Mittelalter ergänzt durch den ersten, von SCHIEFFER herausgegebenen Band des „Handbuchs der europäischen Geschichte", der, von ca. 400 n. Chr. ausgehend, sich auf den Wandel der politischen und sozialen Verhältnisse sowie den Ansturm fremder Völker auf das Reich und die Bildung germanischer Herrschaften auf Reichsboden konzentriert.[3] Für die Spätantike kommen die ersten vier Kapitel in Betracht; sie enthalten auch knappe Hinweise auf Quellen und Sekundärliteratur. Unter den großen Handbüchern zeichnet sich die „Cambridge Ancient History" durch die Vielzahl fachkompetenter Mitarbeiter und eine eindringliche Würdigung der Forschung aus; sie liegt jetzt in zweiter, völlig erneuerter Auflage vor.[4] Eine wichtige Gesamtdarstellung stellen auch die beiden, von SCHIAVONE herausgegebenen Bände der „Storia di Roma" zur Spätantike dar, an der zahlreiche Gelehrte mitgearbeitet haben[5]; sie enthalten u. a. breite Überblicke über die einzelnen Regionen des Reiches. Unter den übergreifenden

1 JOCHEN MARTIN, Spätantike und Völkerwanderung, OGG 4, München 1995³.

2 ALEXANDER DEMANDT, Die Spätantike. Römische Geschichte von Diocletian bis Justinian, 284-565 n. Chr., Handbuch der Altertumswissenschaft III 6, München 1989 (vgl. dazu HANS-JOACHIM DIESNER, in: Gnomon 62, 1990, 135-140).

3 THEODOR SCHIEFFER (Hrsg.), Europa im Wandel von der Antike zum Mittelalter, Handbuch der europäischen Geschichte I, Stuttgart 1976.

4 AVERIL CAMERON/PETER GARNSEY (Hrsgg.), The Late Empire, AD 337-425, Cambridge Ancient History XIII², Cambridge 1998.

5 ALDO SCHIAVONE (Hrsg.), Storia di Roma III: L'età tardoantica: 1. Crisi e trasformazione, 2. I luoghi e le culture, Torino 1993-1994.

Werken neueren Datums hat die von JONES verfaßte, umfangreiche Geschichte der Spätantike vor allem wegen der teils ausführlichen Erörterung der strittigen Probleme einen herausragenden Rang.[6] Trotz eines breiten Durchgangs durch die spätantike Kaiserzeit liegt ihr Schwergewicht auf der Erörterung der administrativen und sozialen Probleme (Staat, Wirtschaft, Erziehung, Kirche), gegenüber denen die religiösen Fragen zurücktreten. Innerhalb seiner „Verfassungs- und Sozialgeschichte des Römischen Kaiserreiches“ hat BLEICKEN die Spätantike in gesonderten Abschnitten behandelt und hier auch der religiösen Entwicklung Beachtung geschenkt.[7] – Zwei dem Umfang nach eher kleine, aber von einer Kennerin der spätantiken Geschichte und Literatur geschriebene (und fast gleichzeitig veröffentlichte) Darstellungen stammen aus der Feder von AVERIL CAMERON, die durch die Verbindung mannigfacher Lebens- und Sachbereiche herausragt. Das erste Buch endet, für die Autorin bezeichnend, mit dem Tode Augustins, das zweite ist bis ca. 600 weitergeführt. Eine Skizze des geistig/religiösen Wandels zur Spätantike und in ihr, welche die Zeit von Mark Aurel bis Mohammed umgreift, hat, als Essay konzipiert und meisterhaft geschrieben, BROWN vorgelegt.[8]

Einen kurzen Überblick über die Geschichte der Forschung zur Spätantike bietet DEMANDT, Spätantike XIIIff. – Über die Quellen (Autoren und deren Werke) informieren DEMANDT, Spätantike 1ff. und MARTIN, Spätantike 225ff. – Ein unentbehrliches Hilfsmittel stellt die nun schon seit längerem vollständige Prosopographie zur Spätantike dar, die das entsprechende Werk zur älteren römischen Kaiserzeit (Prosopographia Imperii Romani) fortsetzt.[9]

II. Die Spätantike als selbständige Epoche

Die Diskussion um die Spätantike als selbständige Periode bricht nicht ab. Es wird insbesondere die Eigenständigkeit der spätrömischen Kaiserzeit, ihre Nähe oder Ferne zum Prinzipat und die Ausdehnung der als „Spätantike“ bezeichneten Epoche diskutiert.

Die Auffassung von HÜBINGER, daß die Zeit von Constantin dem Großen bis zu Karl dem Großen auf Grund der für sie konstitutiven Verbindung von Antike, Christentum und Germanen beanspruchen darf, als eine eigene Epoche zu gelten[10], hat wenig An-

---

6 A. H. M. JONES, The Later Roman Empire. A social, economic and administrative survey, 284-602, 3 Bde., Oxford 1964. Nachdr. 1973.

7 JOCHEN BLEICKEN, Verfassungs- und Sozialgeschichte des Römischen Kaiserreiches, Paderborn I 1995^4, II, 1994^3.

8 AVERIL CAMERON, Das späte Rom, 284-430 n. Chr., München 1994 (engl. Originalausgabe 1993); dies., The mediterranean world in Late Antiquity AD 395-600, London 1993. – PETER BROWN, Die letzten Heiden, Berlin 1986 (TB 1995; engl. Originalausgabe 1978); vgl. auch PETER BROWN, Welten im Aufbruch: Die Zeit der Spätantike von Mark Aurel bis Mohammed, Bergisch Gladbach 1981 (engl. Originalausgabe 1971).

9 A. H. M. JONES/J. R. MARTINDALE/J. MORRIS, The Prosopography of the Later Roman Empire I (260-395), II (395-527), IIIA-B (527-641), Cambridge 1971-1992. – Für die ältere Kaiserzeit: Prosopographia Imperii Romani I, II, III = PIR, 3 Bde. 1897-1898, seit 1933 in 2. Auflage (1997 bis zum Buchstaben P gelangt).

10 PAUL EGON HÜBINGER, Spätantike und frühes Mittelalter, Darmstadt 1959 (zuerst erschienen in: Deutsche Vierteljahrsschr. für Literaturwiss. und Geistesgesch. 26, 1952, 1-48); vgl. auch die

klang gefunden. Im Gegenteil wurde die Ansicht vertreten, daß die gemeinhin mit Diokletian angesetzte Epochenschwelle nicht zu stark betont werden dürfe, vielmehr gerade die Gemeinsamkeiten zwischen dem, was als Prinzipat und Dominat bezeichnet wird, zu bedenken seien.[11] Darüber hinausgehend ist, allerdings nicht unwidersprochen[12], auch versucht worden, den besonderen Charakter des spätantiken Staates als „Zwangsstaat" zu bestreiten. Zum ganzen Komplex vgl. DEMANDT, Spätantike 477ff. und über die „Spätantike" als eigene Epoche HEUSS.[13]

III. Wirtschafts- und Sozialgeschichte

Wohl den größten Fortschritt der vergangenen Jahrzehnte erzielte die Forschung auf dem Gebiet der spätantiken Wirtschafts- und Sozialgeschichte; hier haben sich auch teils neue Bewertungen ergeben. Da die Bereiche von Wirtschaft und Gesellschaft schwer voneinander zu trennen sind, sollen sie hier gemeinsam behandelt werden.

Eine umfangreiche Gesamtdarstellung zur Spätantike, welche die sozialen und wirtschaftlichen Verhältnisse in den Mittelpunkt rückt, hat unter Mitwirkung von zahlreichen Gelehrten ANDREA GIARDINA herausgegeben.[14] Sie stellt eine große Sammlung von Einzelstudien dar, die neben den Überblicken und Spezialstudien zur Hauptthematik auch Erörterungen zur Entwicklung von Landschaften und Städten einschließen, und ist, obwohl nicht jeder Bereich systematisch erfaßt wurde, für eine Beschäftigung mit der Spätantike ein unentbehrliches Handbuch. Von neueren Überblicken nenne ich die Wirtschaftsgeschichte von DE MARTINO, die Sozialgeschichte von ALFÖLDY (zur Spätantike 165ff.) und das von VITTINGHOFF herausgegebene Handbuch über Wirtschaft und Gesellschaft der Kaiserzeit (zur Spätantike 277ff.), das unter Mitarbeit etlicher Autoren Italien und den Provinzen eigene Darstellungen widmet.[15] Auf den privaten Bereich zielt der erste Band der groß angelegten „Geschichte

Aufsatzsammlung von PAUL EGON HÜBINGER (Hrsg.), Zur Frage der Periodengrenze zwischen Altertum und Mittelalter, Wege d. Forschg. 51, Darmstadt 1969 (dort S. 145ff. der zitierte Aufsatz von HÜBINGER erneut abgedruckt).

11 JOCHEN BLEICKEN, Prinzipat und Dominat. Gedanken zur Periodisierung der römischen Kaiserzeit, Frankfurter Historische Vorträge 6, Wiesbaden 1978.

12 ALFRED HEUSS, Das spätantike römische Reich kein „Zwangsstaat"? Von der Herkunft eines historischen Begriffs, in: Gesch. in Wiss. u. Unterr. 37, 1986, 603-618 (= DERS., Ges. Schriften II, 1995, 1439-1454).

13 HERMANN JOSEF HORSTKOTTE, Die Theorie vom spätrömischen „Zwangsstaat" und das Problem der Steuerhaftung, Königstein/Ts. 1984. 1988[2] sowie ROLF RILINGER, Die Interpretation des späten Imperium Romanum als „Zwangsstaat", in: Gesch. in Wiss. u. Unterr. 36, 1985, 321-340; vgl. auch MARTIN, Spätantike 189.197 und DEMANDT, Spätantike 477ff. – ALFRED HEUSS, Antike und Spätantike, in: J. KUNISCH (Hrsg.), Spätzeit. Studien zu den Problemen eines historischen Epochenbegriffs, Berlin 1990, 27-90 (= DERS., Ges. Schriften II, 1995, 1375-1438).

14 ANDREA GIARDINA (Hrsg.), Società romana e impero tardoantico (1. Istituzioni, ceti, economie, 2. Roma: Politica, economia, passaggio urbano, 3. Le merci, gli insediamenti, 4. Tradizione dei classici, transformazioni della cultura), Bari 1986.

15 FRANCESCO DE MARTINO, Wirtschaftsgeschichte des alten Rom, München 1985, 391ff. (italien. Originalausgabe 1979/80); GEZA ALFÖLDY, Römische Sozialgeschichte, Wiesbaden 1984[3];

des privaten Lebens" von VEYNE, der die Zeit des römischen und byzantinischen Kaiserreiches umfaßt;[16] er läßt bei allem Gewinn, den die engagiert geschriebenen Beiträge im einzelnen bringen, eine die Entwicklung gliedernde, sie ordnende und vor allem auf die gewonnenen Ergebnisse reflektierende Gesamtbetrachtung vermissen.

Die Veränderungen der wirtschaftlichen Gesamtsituation zeigten sich auf dem Gebiete der Agrarverfassung besonders deutlich. Es wandelten sich nicht nur die allgemeinen Bedingungen des Agrarlebens – an die Stelle von Sklavenarbeit rückte überall das, allerdings auch in der hohen Kaiserzeit bereits stark vertretene und zu keiner Zeit der römischen Geschichte verschwundene Pachtsystem –, sondern es institutionalisierte sich auch die Abhängigkeit der Bauern von den Großgrundbesitzern im Kolonat. Abgesehen von neueren Handbüchern, die dieser Entwicklung den ihr zukommenden Rang einräumen (s. o.), hat in den vergangenen Jahrzehnten das Kolonat die besondere Aufmerksamkeit der Forschung gefunden. Es wurde u. a. herausgehoben, daß für die Bindung des Kolonen an den Boden das Bedürfnis des Staates nach Sicherung des Steueraufkommens und, da letzteres sich sowohl nach dem Boden als auch nach den ihn bearbeitenden Personen bemaß, ebenso nach Sicherung des Bestandes der Kolonen verantwortlich gemacht werden muß, daher auch Steuersystem und Kolonat nicht getrennt voneinander betrachtet werden könnten (so etwa GOFFART[17]). Es hat auch nicht an Stimmen gefehlt, welche die durch die Gesetzestexte verursachte Fixierung vieler Forscher auf das Kolonat kritisierten und demgegenüber sowohl den Status der Kolonen als auch die Frage in den Vordergrund rückten, inwieweit andere Arbeitskräfte mit anderem Status oder anderen Vertragsverhältnissen verwendet wurden.[18] Auch die regionalen Unterschiede werden heute nicht nur in den Details schärfer gesehen, als es in älteren Darstellungen geschehen ist; vor allem haben die afrikanischen Provinzen, begünstigt durch eine gute epigraphische Basis, mehrfache Bearbeitung erfahren, so daß für dieses Gebiet eine zusammenfassende Bearbeitung erwartet werden darf.[19] Die Formen erscheinen heute vielfältiger, und die Bodenbearbeitung durch Sklaven ist durchaus verbreiteter, als es manche älteren Werke zum Kolonat zu erkennen geben.[20] Auch die durch den Begriff des *patrocinium* gekennzeichnete besondere herrschaftspolitische Situation auf dem Lande ist erneuter Kritik unterzogen, dabei von KRAUSE nicht, wie früher durchweg üblich, einseitig als

---

FRIEDRICH VITTINGHOFF (Hrsg.), Europäische Wirtschafts- und Sozialgeschichte in der römischen Kaiserzeit, Handb. der europäischen Wirtschafts- und Sozialgeschichte I, Stuttgart 1990.

16 PAUL VEYNE (Hrsg.), Geschichte des privaten Lebens I: Vom Römischen Imperium zum Byzantinischen Reich, Frankfurt a.M. 1989.

17 WALTER GOFFART, Caput and Colonate. Towards a history of late Roman taxation, Toronto 1974.

18 Vgl. etwa A. H. M. JONES, Der römische Kolonat, in: H. SCHNEIDER (Hrsg.), Sozial- und Wirtschaftsgeschichte der Römischen Kaiserzeit, Wege d. Forschg. 552, Darmstadt 1981, 81-99 (engl. Originalbeitrag 1958); sowie DIETHER EIBACH, Untersuchungen zum spätantiken Kolonat in der kaiserlichen Gesetzgebung unter besonderer Berücksichtigung der Terminologie, Köln 1977.

19 DIETER FLACH, Die Pachtbedingungen der Kolonen und die Verwaltung der kaiserlichen Güter Nordafrikas, in: ANRW II 10,2, Berlin 1982, 427-493; D. P. KEHOE, The Economics of Agriculture on Roman Estates in North Africa, Göttingen 1988; JERZY KOLENDO, Le colonat en Afrique sous le Haut-Empire, Paris 1976. 1991².

20 Vgl. etwa den Aufsatz von C. R. WHITTAKER, Rural labour in three Roman provinces, in: P. GARNSEY (Hrsg.), Non-slave Labour in the Greco-Roman World, Cambridge 1980, 73-99 und MARTIN, Spätantike 179ff.

ein Element der Auflösung der römischen Staatsgewalt vor allem im Westen des Reiches interpretiert worden.[21]

Alte Positionen sind auch darin ins Wanken geraten, daß die wirtschaftlichen Verhältnisse zumindest im 4. Jahrhundert nicht mehr so negativ gesehen werden. Bei aller Zurückhaltung und allen regionalen Unterschieden ist die Situation auf dem Lande doch vielerorts als gut oder zumindest zufriedenstellend zu bezeichnen, sind jedenfalls die alten Klagen (auch von A. H. M. JONES) über den Mangel an Arbeitskräften, über menschenleere Äcker und eine unmäßige Besteuerung jedenfalls in ihrer Verallgemeinerung übertrieben.[22] Viele Städte erlebten im 4. Jahrhundert eine neue Blüte.

Zu den spätantiken Oberschichten gibt es mehrere neuere Überblicke. Das Schwergewicht liegt nach wie vor auf Darstellung und Interpretation der Senatsaristokratie. Neben dem Überblick von ARNHEIM und der auf die Aristokratie des Westens in nachkonstantinischer Zeit ausgerichteten Arbeit von MATTHEWS[23] sind mehrere Untersuchungen zu wichtigen Einzelaspekten dieses Standes getreten, insbesondere zu den Rangverhältnissen und zum Verhältnis von Rang und Staatsdienst, zur Laufbahn der Senatoren, zu deren Verhältnis zum Kaiser, zum Standesbewußtsein, zum Eintritt der Senatoren in den Senat und zu ihren allgemeinen Lebensverhältnissen.[24]

IV. Zur politischen Geschichte des 4. und 5. Jahrhunderts

Zur politischen Geschichte vgl. die oben genannten Handbücher; insbesondere die diokletianisch-konstantinische Zeit wird durchweg auch von allen Arbeiten zum spätantiken Staat berücksichtigt. Darüber hinaus haben die großen Gestalten unter den Kaisern gesonderte Biographien erhalten, darunter wie eh und je vor allem Diokletian und Konstantin. Zu ersterem hat WILLIAMS eine zusammenfassende, durch Urteilsfähigkeit herausragende Darstellung geschrieben;[25] zu Konstantin gibt es eine ganze Reihe neuerer Abhandlungen, darunter eine von MACMULLEN, einem ausgezeichneten

[21] JENS-UWE KRAUSE, Spätantike Patronatsformen im Westen des Römischen Reiches, München 1987; vgl. DERS., Das spätantike Städtepatronat, in: Chiron 17, 1987, 1-57.

[22] Vgl. EVELYNE PATLAGEAN, Pauvreté économique et pauvreté sociale à Byzance, 4e-7e siècles, La Haye 1977; CLAUDE LEPELLEY, Les cités de l'Afrique romaine au Bas-Empire, 2 Bde., Paris 1979/81; dort auch zu den Städten. – Das spätantike Besteuerungssystem ist weiterhin Gegenstand umfangreicher und teils auch umständlicher Forschungen geblieben. Nach den Büchern von FERDINAND LOT (L'impôt foncier et la capitation personnelle sous le Bas-Empire et à l'époque franque, Paris 1928 und Nouvelles recherches sur l'impôt foncier et la capitation personnelle sous le Bas-Empire, Paris 1955) hat JEAN DURLIAT, Les finances publiques de Dioclétien aux Carolingiens (284-889), Sigmaringen 1990, eine Gesamtdarstellung vorgelegt. Zu den Münzen vgl. MICHAEL CRAWFORD, Finance, coinage and money from the Severans to Constantine, in: ANRW II 2, Berlin 1975, 500-593.

[23] M. T. W. ARNHEIM, The Senatorial Aristocracy in the Later Roman Empire, Oxford 1972; JOHN MATTHEWS, Western Aristocracies and Imperial Court, A.D. 364-425, Oxford 1975.

[24] HENRIK LÖHKEN, Ordines dignitatum. Untersuchungen zur formalen Konstituierung der spätrömischen Führungsschicht, Köln 1982; DIRK SCHLINKERT, *Ordo senatorius* und *nobilitas*. Die Konstitution des Senatsadels in der Spätantike, Stuttgart 1996; BEAT NÄF, Senatorisches Standesbewußtsein in spätrömischer Zeit, Freiburg/Schweiz 1995; vgl. Anm. 33.

[25] STEPHEN WILLIAMS, Diocletian and the Roman Recovery, London 1985.

Kenner der Zeit, und ein Taschenbuch, das sich durch einen Blick für das Wesentliche und ein distanziertes Urteil auszeichnet, von BLECKMANN.[26] Auch Julian hat mehrere Bearbeiter gefunden, neben dem kurzen Abriß von BOWERSOCK sei hier die vor allem den geistig-religiösen Hintergrund des Kaisers ausleuchtende Biographie von ATHANASSIADI genannt. Von den neueren Biographien zu Theodosius darf die von LIPPOLD als eine umsichtige Prüfung des Forschungsstandes gelten, die von WILLIAMS/FRIELL stellt vor allem das differenzierte Verhältnis des Kaisers zur Kirche und die sehr selbständige und erfolgreiche Außen- und Militärpolitik heraus.[27]

Als eine Geschichte des 4. Jahrhunderts unter besonderer Berücksichtigung der Teilungen und Dynastiebildungen ist die Schrift von PABST anzusehen. Sie wurde von ihr erweitert und ergänzt durch eine Arbeit, welche die Erhebung zum Kaiser in den Vordergrund rückt und dabei mit teils provozierenden Thesen weit in die römische Geschichte zurückgreift.[28]

V. Zum spätantiken Staat

Den spätantiken Staat hat A.H. im Zusammenhang der Reformen Diokletians und Konstantins behandelt. Die neuere Forschung hat dem Charakter des spätantiken Kaisertums, das vor allem durch die Arbeiten von A. ALFÖLDI bestimmt gewesen war, weiter rege Aufmerksamkeit geschenkt, wobei auch hier wieder die Rolle, die Diokletian und Konstantin jeweils einnahmen, breiter erörtert wird.[29] Einen instruktiven Abriß zum spätantiken Kaisertum, der alte Fragestellungen mit neuen verbindet, hat MARTIN vorgelegt.[30] Im Hinblick auf den Charakter und das Ziel der tetrarchischen Herrschaft gewinnt die auch von KOLB vertretene Position immer deutlicher an Boden, daß die Tetrarchie bei aller Beweglichkeit im einzelnen ein auf Dauer eingerichtetes System darstellen sollte. Zum Begriff der Tetrarchie vgl. VOLLMER.[31]

---

26 RAMSAY MACMULLEN, Constantine, London 1970; BRUNO BLECKMANN, Konstantin der Große, Reinbek 1996. Zu Konstantin vgl. auch die Aufsatzsammlung von HEINRICH KRAFT (Hrsg.), Konstantin der Große, Wege d. Forschg. 131, Darmstadt 1974 und THOMAS GRÜNEWALD, Constantinus Maximus Augustus. Herrschaftspropaganda in der zeitgenössischen Überlieferung, Stuttgart 1990. Vgl. auch FRANÇOISE PASCHOUD/JOACHIM SZIDAT (Hrsgg.), Usurpationen in der Spätantike, Stuttgart 1997 (Aufsatzsammlung).

27 G. W. BOWERSOCK, Julian the Apostate, London 1978; POLYMNIA ATHANASSIADI, Julian and Hellenism, Oxford 1981 (als Paperback, Julian. An intellectual biography, 1992); ADOLF LIPPOLD, Theodosius der Große und seine Zeit, München 1968; STEPHEN WILLIAMS/GERARD FRIELL, Theodosius: The Emperor at Bay, New Haven 1994. Vgl. auch JÖRG ERNESTI, Princeps Christianus und Kaiser aller Römer. Theodosius d. Gr. (379-395) im Lichte zeitgenössischer Quellen, Paderborn 1998.

28 ANGELA PABST, Divisio regni. Der Zerfall des Imperium Romanum in der Sicht der Zeitgenossen, Bonn 1986; dies., Comitia imperii. Ideelle Grundlagen des römischen Kaisertums, Darmstadt 1997.

29 Es sei nur darauf verwiesen, daß Diokletian anders, als es noch ANDREAS ALFÖLDI annahm, auch im Hinblick auf den Ornat und die *adoratio* bereits den späteren Usus vorwegnahm; vgl. LÖHKEN (wie Anm. 24), 48ff.

30 JOCHEN MARTIN, Zum Selbstverständnis, zur Repräsentation und Macht des Kaisers in der Spätantike, in: Saeculum 35, 1984, 115-131.

31 FRANK KOLB, Diocletian und die Erste Tetrarchie. Improvisation oder Experiment der Organisation monarchischer Herrschaft?, Berlin 1987; DANKWARD VOLLMER, Tetrarchie. Bemerkungen zum Gebrauch eines antiken und modernen Begriffs, in: Hermes 119, 1991, 435-449.

Das Schwergewicht der Forschung zum spätantiken Staat liegt nach wie vor auf der staatlichen Verwaltung und einzelnen Ämtern. Eine den Staat der diokletianisch-konstantinischen Zeit zusammenfassende Darstellung stammt von BARNES; neben dem administrativen Aufbau und der Beamtenschaft werden von ihm vor allem die kaiserlichen Familien, die Selbstauffassung der Kaiser und deren Familienverbindungen behandelt.[32] Zur Verwaltung im engeren Sinne sind eine Reihe wichtiger Arbeiten mit teils gegenüber der älteren Forschung originellen Ansätzen erschienen. Sie betreffen die Dienstordnung, die Laufbahnen und die Bildung der Beamten[33] ebenso wie den allgemeinen Aufbau der Beamtenpyramide. Besonders zahlreich sind die Untersuchungen zu einzelnen Ämtern bzw. Ämtergruppen.[34]

Fruchtbar und weiterführend sind Ansätze, die Schwächen des spätantiken Staates aus dem Schwinden eines das ganze Reich umfassenden, auch die Städte einschließenden Netzes von traditionsbewußten und in der Öffentlichkeit engagierten Gruppen der Gesellschaft verstehen. MACMULLEN hat versucht, diesem Phänomen durch das Studium der Gesetzessprache näher zu kommen, die durch ihre Abstraktheit und gequälte Kunstfertigkeit, auch durch die Härte ihrer Strafandrohungen gleichsam einen Ersatz für den mangelnden gesellschaftlichen Comment herstellen zu wollen scheint und dadurch gerade das Defizit offenlegt. Die Frage, ob auch die Korruption ein die spätantike Verwaltung charakterisierendes und sie stabilisierendes Verhalten und nicht vielmehr eine Abweichung von der Norm ist, wird wohl im letzteren Sinne zu beantworten sein.[35]

Von den einzelnen Beamten und Beamtengruppen haben vor allem die Hofbeamten Interesse gefunden. Hier sind wichtige, die ältere Forschung teils in nicht geringem Umfang berichtigende Spezialstudien zum Consistorium, zu den beiden zentralen Hofämtern, dem des *magister officiorum* und des *quaestor sacri palatii*, sowie zu den Hofeunuchen (*praepositus sacri cubiculi*) erschienen.[36] Im Hinblick auf den Hofeunu-

---

[32] TIMOTHY D. BARNES, The New Empire of Diocletian and Constantine, Cambridge/Mass. 1982.

[33] KARL LEO NOETHLICHS, Beamtentum und Dienstvergehen. Zur Staatsverwaltung in der Spätantike, Wiesbaden 1981; WOLFGANG KUHOFF, Studien zur zivilen senatorischen Laufbahn im 4. Jahrhundert n. Chr. Ämter und Amtsinhaber in Clarissimat und Spektabilität, Frankfurt a.M. 1983; DIETER NELLEN, Viri litterati. Gebildetes Beamtentum und spätrömisches Reich im Westen zwischen 284 und 395 n. Chr., Bochum 1981²; vgl. ANDREA GIARDINA, Aspetti della burocrazia nel Basso Impero, Roma 1977.

[34] KARL LEO NOETHLICHS, Zur Entstehung der Diözesen als Mittelinstanz des spätantiken Verwaltungssystems, in: Historia 21, 1982, 70-81 und JOACHIM MIGL, Die Ordnung der Ämter. Prätorianerpräfektur und Vikariat in der Regionalverwaltung des Römischen Reiches von Konstantin bis zur Valentinianischen Dynastie, Frankfurt a.M. 1994.

[35] RAMSAY MACMULLEN, Roman bureaucratese, in: DERS., Changes in the Roman Empire, Princeton 1990, 67-77ff. (zuerst 1962 erschienen). – PAUL VEYNE, Clientèle et corruption au service de l'Etat. La venalité des offices dans le Bas-Empire romain, in: Annales E.S.C. 36, 1981, 339-360; WOLFGANG SCHULLER, Grenzen des spätrömischen Staates. Staatspolizei und Korruption, in: Zeitschr. f. Papyr. u. Epigr. 16, 1975, 1-21 und MARTIN, Spätantike, 193ff.

[36] PETER B. WEISS, Consistorium und comites consistoriani. Untersuchungen zur Hofbeamtenschaft des 4. Jahrhunderts n. Chr. auf prosopographischer Grundlage, Würzburg 1975; MANFRED CLAUSS, Der magister officiorum in der Spätantike (4.-6. Jahrhundert), München 1980; GIOVANNI DE BONFILS, Il comes et quaestor nell'età della dinastia costantiniana, Napoli 1981; JILL HARRIES, The Roman imperial quaestor from Constantine to Theodosius II., in: Journ. Rom. Stud. 78, 1988, 148-172; KEITH HOPKINS, Eunuchs in politics in the Later Roman Empire, in:

chen hat eine Besinnung auf seine körperlich bedingte soziale Ausgrenzung zu einer klareren Beurteilung seiner politischen Möglichkeiten in dem Spannungsfeld zwischen Kaiser und Aristokratie geführt. Ein von WINTERLING herausgegebener Sammelband zum spätantiken Hof behandelt die *comitiva*.[37] Eine Sonderrolle nimmt das von mehreren Autoren herausgegebene umfangreiche Werk zu den spätantiken Konsuln ein; es geht hier auch, aber nicht in erster Linie um die Entwicklung des Konsulats und die Bedeutung der Konsuln innerhalb von Politik und senatorischer Gesellschaft, sondern um die Bereitstellung einer zuverlässigen Konsulliste für die Jahre 284-541, die für eine sichere Chronologie unentbehrlich ist.[38]

Wie dem Senatorenstand ist auch dem Senat als Institution weiterhin große Aufmerksamkeit zuteil geworden. Unter den hier einschlägigen Arbeiten bedeutet das Buch von SCHÄFER über die Rolle des römischen Senats in gotischer Zeit eine wichtige Ergänzung zu dessen Spätgeschichte. An dieser Stelle sei auch die große Abhandlung von CHASTAGNOL über die Stadtpräfektur nachgetragen.[39]

Zum spätantiken Heer sind unter anderem zwei bedeutende Monographien herausgekommen. Eine erschöpfende Geschichte der obersten Generalität, der *magistri militum*, bis zum Jahre 474 hat DEMANDT vorgelegt, HOFFMANN das Problem der Verteilung der Heereseinheiten im 4. Jahrhundert und deren Datierung, die ein eingehendes Studium der *notitia dignitatum* verlangt, aufgegriffen und diskutable Ergebnisse vorgelegt. Eine nützliche Übersicht über die Organisation der römischen Armee, deren Rekrutierung und die Kriegführung in nachkonstantinischer Zeit bietet ELTON.[40]

VI. Zur spätantiken Stadt

Eine vor allem durch die spätantiken Rechtskodifikationen gegebene breite Quellenbasis bringt immer wieder neue, darunter weiterführende Arbeiten zur spätantiken Stadt hervor. Eine zusammenfassende Darstellung, welche die Hohe Kaiserzeit einschließt und dem Übergang zum Mittelalter besondere Bedeutung gibt, hat VITTINGHOFF vorge-

---

Proc. Cambr. Phil. Soc. 189, 1963, 62-80; DIRK SCHLINKERT, Der Hofeunuch in der Spätantike: Ein gefährlicher Außenseiter?, in: Hermes 122, 1994, 342-359; HELGA SCHOLTEN, Der Eunuch in Kaisernähe. Zur politischen und sozialen Bedeutung des *praepositus sacri cubiculi* im 4. und 5. Jahrhundert n. Chr., Frankfurt a.M. 1995.

37 ALOYS WINTERLING (Hrsg.), Comitatus. Beiträge zur Erforschung des spätantiken Kaiserhofes, Berlin 1998.

38 ROGER S. BAGNALL/ALAN CAMERON/SETH R. SCHWARZ/KLAAS A. WORP, Consuls of the Later Roman Empire, Atlanta 1987.

39 CHRISTOPH SCHÄFER, Der weströmische Senat als Träger antiker Kontinuität unter den Ostgotenkönigen (490-540 n. Chr.), St. Katharinen 1991; ANDRÉ CHASTAGNOL, La préfecture urbaine à Rome sous le Bas-Empire, Paris 1960.

40 ALEXANDER DEMANDT, Magister militum, RE Suppl. XII, 1970, 553-790; DIETRICH HOFFMANN, Das spätrömische Bewegungsheer und die Notitia Dignitatum, 2 Tle., Düsseldorf 1969/70. In einem Aufsatz (Der spätrömische Militäradel, in: Chiron 10, 1980, 609-636) hat DEMANDT eine deutlichere Trennung zwischen dem „Militäradel“ und der Senatsaristokratie herauszuarbeiten versucht. – HUGH ELTON, Warfare in Roman Europe, AD 350-425, Oxford 1996.

legt.[41] Bedingt durch eine günstige Quellenlage wird die Frage nach der Zusammensetzung und den steuerlichen Belastungen des Dekurionenstandes besonders häufig behandelt (dazu etwa NEESEN). Großes Interesse beanspruchen auch die Eingriffe der Zentralverwaltung in die Stadt, die u. a. im *defensor plebis* (*civitatis*) gerade aufgrund der Übergriffe der städtischen Oberschichten eine Bastion erhielt[42], ferner, neuerdings verstärkt, das Stadtvolk (*plebs*). Hier geht es nicht nur um die Versorgung der Plebs, sondern auch um deren gesamte öffentliche Aktivität; dazu vgl. KNEPPE, zur Versorgungssituation KOHNS.[43] Soweit diese sich in öffentlichen Veranstaltungen, insbesondere im Zirkus, manifestierte, kam den beiden Hauptstädten, vor allem Konstantinopel, eine Sonderrolle zu. VEYNE weitet seine große Untersuchung zur Bevölkerung in Stadt und Land unter dem Stichwort „Brot und Spiele" zu einer Analyse der Beziehungen zwischen Kaiser bzw. Oberschichten und den verschiedenen Gruppen der Bürger/Untertanen und stellt dabei, darin einen neuen Aspekt historischer Darstellung eröffnend, das Maecenatentum des römischen Kaisers (Euergetismus) als eine das römische Kaisertum charakterisierende Herrschaftsgrundlage vor.[44] Für künftige Forschung unentbehrlich, leidet diese wichtige Schrift an der unsystematischen Behandlung des Gegenstandes; die Kernthesen findet der nach Aufklärung dürstende, durch zahllose Nebenbetrachtungen erschöpfte Leser durchweg an völlig unerwarteter Stelle. Der Städtepolitik des Kaisers Julian hat PACK eine Monographie gewidmet, die in kritischer Distanz zu einer breiten Literatur, die den Kaiser zu verherrlichen neigt, die Maßnahmen des Kaisers gegenüber den Städten in erster Linie als eine Reaktion auf allgemeine Notwendigkeiten (nicht auf Mißwirtschaft vorangehender christlicher Kaiser) interpretiert.[45] In einer von RICH herausgegebenen Sammlung von Aufsätzen, die vor allem regionale Aspekte der Stadt im Westen des Reiches berücksichtigen, hat LIEBESCHUETZ einen ausgezeichneten Überblick zur städtischen Entwicklung in der Spätantike vorgelegt (mit reicher Bibliographie). Der zunächst wenig spürbare, dann immer deutlicher werdende Wandel der Stadt wird nicht nur im Hinblick darauf diskutiert, daß die spätantike und eben auch die städtische Gesellschaft einer immer härteren Reglementierung unterworfen ist, sondern auch darauf, daß die Stadt dabei ihre Identität als eine in sich ruhende städtische Lebenswelt, die sie im Übergang von der Republik zum Kaiserreich zunächst noch behalten hat, verliert (MARTIN).[46]

---

41 FRIEDRICH VITTINGHOFF, Zur Entwicklung der städtischen Selbstverwaltung, in: DERS. (Hrsg.), Stadt und Herrschaft. Römische Kaiserzeit und Hohes Mittelalter, Histor. Zeitschr. Beiheft 7, München 1982, 107-144.

42 LUTZ NEESEN, Die Entwicklung der Leistungen und Ämter (munera et honores) im römischen Kaiserreich des zweiten bis vierten Jahrhunderts, in: Historia 30, 1981, 203-235. – Zum *defensor civitatis* vgl. VITTINGHOFF (wie Anm. 41) 124ff.; vgl. auch KRAUSE (wie Anm. 21).

43 ALFRED KNEPPE, Untersuchungen zur städtischen Plebs des 4. Jahrhunderts n. Chr., Bonn 1979. – Zur Versorgung der Hauptstädte: HANS PETER KOHNS, Versorgungskrisen und Hungerrevolten im spätantiken Rom, Bonn 1961.

44 PAUL VEYNE, Brot und Spiele. Gesellschaftliche Macht und politische Herrschaft in der Antike, Frankfurt a.M. 1988 (leicht gekürzte Fassung der franz. Originalausgabe 1976; TB 1994). Vgl. auch AVERIL CAMERON, Circus Factions. Blues and Greens at Rome and Byzantium, Oxford 1976.

45 EDGAR PACK, Städte und Steuern in der Politik Julians. Untersuchungen zu den Quellen eines Kaiserbildes, Bruxelles 1986.

46 JOHN RICH (Hrsg.): The City in Late Antiquity, London 1992; JOCHEN MARTIN, Der Verlust der Stadt, in: CH. MEIER (Hrsg.): Die okzidentale Stadt nach Max Weber. Zum Problem der Zu-

Mit großer Intensität werden weiterhin der Übergang der Stadt von der Spätantike zum Mittelalter und die Grundlagen der mittelalterlichen Stadt diskutiert; beides hat sich zu einem eigenen Forschungszweig entwickelt.[47]

VII. Zur Christianisierung des Reiches seit Konstantin

Die Anfänge und Motive der Christianisierung des Staates bleiben weiter kontrovers. Gegenüber der Vermutung, Konstantin sei schon vor dem als „konstantinische Wende" bezeichneten Jahr 312 (Schlacht an der Milvischen Brücke) zum christlichen Glauben übergetreten – als Hauptvertreter dieser These in jüngerer Zeit darf BARNES bezeichnet werden –, erwägt BLEICKEN, unter Wiederbelebung von Gedanken GREGOIRES (vgl. A.H. S. 607f.), eine allmähliche, durch die religionspolitischen Verhältnisse besonders des Ostens hervorgerufene Annäherung Konstantins an das Christentum, die zunächst auch ohne Bruch mit der alten Religiosität erfolgt sei. Die Mehrheit der Forscher dürfte hingegen weiterhin eine Position vertreten, die Konstantin bereits seit 312 in einer Nähe zum Christengott sieht, ohne daß er damit die nichtchristlichen Religionen abrupt zurückgewiesen hätte. Einen völligen inneren Umbruch in den religiösen Grundauffassungen Konstantins („Bekehrung"), der von aller politischen Opportunität abgesehen hätte, vermuten heute nur wenige (vgl. aber KUHOFF).[48]

Angesichts des aristokratischen Charakters auch des spätantiken Staates hat die allmähliche Hinwendung vor allem der Senatoren zum Christentum eigene Beachtung gefunden; sie ist von ECK für die frühe Zeit, von v. HAEHLING für das 4. und 5. Jahrhundert untersucht worden.[49]

VIII. Zur Entwicklung des Christentums und der christlichen Kirchen in der Spätantike

In den vergangenen Jahrzehnten ist eine Fülle von umfangreichen Handbüchern und Kurzlehrbüchern zur Entwicklung des christlichen Glaubens, der christlichen Ge-

---

gehörigkeit in Antike und Mittelalter, Histor. Zeitschr. Beiheft 17, München 1994, 95-114, bes. 110ff.

47 DIETRICH CLAUDE, Die byzantinische Stadt im 6. Jahrhundert, in: Byzant. Archiv 13, München 1969; H. JANKUHN/W. SCHLESINGER/H. STEUER (Hrsgg.), Vor- und Frühformen der europäischen Stadt im Mittelalter, Abh. Akad. d. Wiss. Göttingen, 3. Folge, Nr. 83, Göttingen 1973.

48 TIMOTHY D. BARNES Constantine and Eusebius, Cambridge/Mass. 1981; JOCHEN BLEICKEN, Constantin der Große und die Christen, Histor. Zeitschr. Beiheft 15, München 1992; WOLFGANG KUHOFF, Ein Mythos in der römischen Geschichte. Der Sieg Konstantins des Großen über Maxentius vor den Toren Roms am 28. Oktober 312 n. Chr., in: Chiron 21, 1991, 127-174; MARTIN, Spätantike 155f. Vgl. zu diesem Komplex VOLKMAR KEIL, Quellensammlung zur Religionspolitik Konstantins des Großen, Darmstadt 1989.

49 WERNER ECK, Das Eindringen des Christentums in den Senatorenstand bis zu Konstantin d. Gr., in: Chiron 1, 1971, 381-406; RABAN v. HAEHLING, Die Religionszugehörigkeit der hohen Amtsträger des Römischen Reiches seit Constantins I. Alleinherrschaft bis zum Ende der Theodosianischen Dynastie (324-450 bzw. 455 n. Chr.), Bonn 1978.

meinden in den Städten und der Großkirche erschienen. Neben dem bewährten und immer wieder auf den letzten Stand gebrachten Kompendium von HEUSSI seien vor allem die alle Kirchen umfassende, großangelegte Geschichte des Christentums von ANDRESEN und die von BAUS und anderen aus dem Jedinschen Handbuch der Kirchengeschichte genannt. Das neue Lehrbuch von FRANK besticht durch eine übersichtliche Gliederung des Stoffes und eine breite Berücksichtigung auch des Alltagslebens der Christen. – Die Handbücher werden durch einen großen Atlas zur Kirchengeschichte von JEDIN, LATOURETTE und MARTIN ergänzt.[50] Die altchristlichen Schriftsteller, die bislang in der seit 1903 immer wieder aufgelegten und vervollständigten Patrologie von ALTANER bequem greifbar waren, sind in Kürze auch in einem von DÖPP und GEERLINGS herausgegebenen Lexikon zugänglich.[51]

Einen ausgezeichneten Einblick in das Alltagsleben eines Christen und dessen auch von inneren Widersprüchen gekennzeichnetes Leben zwischen einem himmlischen Jerusalem und einem diesseitigen, römischen Dasein vermittelt MARKSCHIES, und ebenso konzentriert sich eine von MARTIN und QUINT herausgegebene Aufsatzsammlung auf die Zwitterstellung des Christen zwischen antiker Gesellschaft und seinem auf das Jenseits gerichteten Lebensziel (dort u. a. die wichtigen Beiträge von SCHÖLLGEN über das Leben des Christen in der römischen Stadt anhand von Schriften Tertullians und über die „Macht der Heiligen“ von MARTIN).[52]

Da in der Spätantike die große Politik engstens mit den dogmatischen Streitigkeiten verknüpft war, ist deren Kenntnis für ein richtiges Verständnis der politischen Entscheidungen von Kaisern, Beamten und Kirchenführern unerläßlich. Dazu gehört nicht nur ein guter Überblick über die älteren und jüngeren Kirchenväter, zu denen man die genannten Kompendien und Handbücher sowie die kurzen Überblicke von CAMPENHAUSEN einsehen möge, sondern auch die Geschichte der Dogmen und deren Verzweigungen. Zu ihnen vergleiche man neben dem alten, noch immer unentbehrlichen Werk von ADOLF v. HARNACK auch das bis in die jüngere Zeit reichende Kompendium von LOOFS und ALAND.[53]

---

50 KARL HEUSSI, Kompendium der Kirchengeschichte, Tübingen 1979^{15}; RUDOLF LORENZ, Das vierte bis sechste Jahrhundert, in: K. D. SCHMIDT/E. WOLF (Hrsgg.), Die Kirche in ihrer Geschichte. Ein Handbuch I, Göttingen 1970; CARL ANDRESEN, Die Kirchen der alten Christenheit, Stuttgart 1971; K. BAUS/H. G. BECK/E. EWIG/H. J. VOGT, Von der Urgemeinde zur frühchristlichen Großkirche. Die Reichskirche nach Konstantin, Handb. der Kirchengeschichte I-II 1-2, Freiburg i. Br. 1965^{3}. 1973-1975; KARL SUSO FRANK, Lehrbuch der Geschichte der Alten Kirche, Paderborn 1997^{2}. – H. JEDIN/K. S. LATOURETTE/J. MARTIN, Atlas zur Kirchengeschichte, Freiburg i.Br. 1970.

51 In erweiterter Neuauflage erschien: B. ALTANER/A. STUIBER, Patrologie. Leben, Schriften und Lehre der Kirchenväter, Freiburg i. Br. 1980^{9}; jetzt vgl. auch S. DÖPP/W. GEERLINGS (Hrsgg.), Lexikon der antiken christlichen Literatur (erscheint 1998).

52 CHRISTOPH MARKSCHIES, Zwischen den Welten wandern. Strukturen des antiken Christentums, Frankfurt a.M. 1997; J. MARTIN/B. QUINT (Hrsgg.), Christentum und antike Gesellschaft, Wege d. Forschg. 649, Darmstadt 1990.

53 S. o. Anm. 50 und 51 sowie HANS Freiherr v. CAMPENHAUSEN, Griechische Kirchenväter, Stuttgart 1955. 1977^{5} und DERS., Lateinische Kirchenväter, Stuttgart 1960. 1978^{4}. – ADOLF v. HARNACK, Lehrbuch der Dogmengeschichte, 3 Bde., Tübingen 1885-1889. 1909^{4}. ND Tübingen 1990; F. LOOFS/K. ALAND, Leitfaden zum Studium der Dogmengeschichte. Alte Kirche, Mittelalter und Katholizismus bis zur Gegenwart, 2 Tle., Halle 1906. Tübingen 1968^{7}. Vgl. auch den knappen Überblick von MANFRED JACOBS, Die Reichskirche und ihre Dogmen. Von der Zeit Konstantins bis zum Niedergang des weströmischen Reiches, Göttingen 1987.

Die kaiserliche Politik folgte den Windungen der dogmatischen Streitigkeiten, gab den verschiedenen Positionen teils nach oder spaltete sich. Gemeinsamkeiten und auch Unterschiede zu Kirche, Kaiser und Dogma zwischen Ost und West ergaben sich vor allem aus dem Kampf gegen oder für dogmatische Positionen, aus der davon abhängigen Einstellung zum Kaisertum und aus der Beurteilung der politischen Gesamtlage. Die Unterschiede sind teils beträchtlich, dürfen aber angesichts offensichtlicher Gemeinsamkeiten nicht einseitig, die jeweiligen Varianten nicht als feste östliche bzw. westliche Positionen gesehen werden, wie die Untersuchung von LEPPIN über die Kirchenhistoriker der Zeit Theodosius' II. lehrt.[54]

Die von der geltenden Glaubenslehre abweichenden religiösen und kirchlichen Positionen reichten teils bereits in das frühe Christentum zurück. Dasselbe gilt für die Einstellung zu den Juden; dazu neuerdings NOETHLICHS, der, mit Blick auf die Zeit seit den ersten Kontakten Roms mit den Juden, die Sicht der römischen Gesellschaft wiedergibt und u. a. die römische Integrationspolitik heraushebt.[55] Die Irrlehren (Häresien) sind in den oben genannten Handbüchern zur Kirchengeschichte, Dogmengeschichte und zu den altchristlichen Schriftstellern greifbar. Entsprechend der Bedeutung der Donatisten und Monophysiten bzw. Dyophysiten für die allgemeine Reichspolitik, die zu ihnen einen zeitweilig schwankenden Standpunkt einnahm, haben diese Glaubensrichtungen eine besonders breite Behandlung erfahren. Die Donatisten und Monophysiten sind neuerdings wieder von FREND untersucht worden. Die donatistische Richtung in Afrika wurde und wird u. a. auch im Zusammenhang der Annäherung Konstantins an die Christen (vgl. dazu in der Nachfolge von INSTINSKY vor allem GIRARDET) und ihrer Abhängigkeit von älteren afrikanischen Traditionen diskutiert (FREND).[56] – Die religionspolitische Gesetzgebung des 4. und 5. Jahrhunderts haben NOETHLICHS und JOANNOU behandelt.[57]

Einen besonderen Bereich der Untersuchung bilden die großen Reichskonzilien des 4.-6. Jahrhunderts. Sie sind von DALLMAYER und SIEBEN zusammenfassend untersucht worden.[58] Während der erstere eine kürzere, überblicksartige Skizze bietet, stellt das Buch von SIEBEN eine umfangreiche, bis in das 9. Jahrhundert fortgeführte Konzilsge-

---

54 HARTMUT LEPPIN, Von Constantin dem Großen zu Theodosius II. Das christliche Kaisertum bei den Kirchenhistorikern Socrates, Sozomenus und Theodoret, Göttingen 1996.

55 KARL LEO NOETHLICHS, Das Judentum und der römische Staat. Minderheitenpolitik im antiken Rom, Darmstadt 1996, bes. 91ff. Zu den Juden vgl. ferner M. AVI-YONAH, The Jews under Roman and Byzantine Rule, London 1976. ND Jerusalem 1984² und GIOVANNI DE BONFILS, Gli schiavi degli ebrei nella legislazione del IV secolo, Bari 1992.

56 W. H. C. FREND, The Donatist Church, Oxford 1952; KLAUS MARTIN GIRARDET, Kaisergericht und Bischofsgericht. Studien zu den Anfängen des Donatistenstreits (313-315) und zum Prozeß des Athanasius von Alexandrien (328-346), Bonn 1975; W. H. C. FREND, The Rise of the Monophysite Movement, Cambridge 1972. – Zu Homoousios, dem zentralen Begriff im Trinitätsstreit, vgl. FRAUKE DINSEN, Homoousios. Die Geschichte des Begriffs bis zum Konzil von Konstantinopel (381), Kiel 1976.

57 KARL LEO NOETHLICHS, Die gesetzgeberischen Maßnahmen der christlichen Kaiser des 4. Jahrhunderts gegen Häretiker, Heiden und Juden, Köln 1971; P.-P. JOANNOU, La législation impériale et la christianisation de l'Empire Romain (311-476), Rome 1972.

58 HORST DALLMAYER, Die großen vier Konzilien: Nicaea, Konstantinopel, Ephesus, Chalcedon, München 1961. 1963²; HERMANN JOSEF SIEBEN, Die Konzilsidee der Alten Kirche, Paderborn 1979. Zu den vornikänischen Konzilien (Synoden) vgl. JOSEPH ANTON FISCHER/ADOLF LUMPE, Die Synoden von den Anfängen bis zum Vorabend des Nicaenums, Paderborn 1997.

schichte dar, die das Schwergewicht auf die Konzilsidee und -lehre sowie auf den Konzilsbegriff legt.

Zu den Anfängen des Mönchtums, die von A.H. (S. 481) noch behandelt wurden, vgl. LOHSE und FRANK, zum Märtyrerwesen und Heiligenkult BROWN.[59]

IX. Zur spätantiken Geistigkeit und zum Widerstand gegen das Christentum

Die nichtchristliche Geistigkeit war mit der Christianisierung des Kaisertums nicht erloschen; die verschiedenen, unter dem Begriff des „Heidentums" zusammengefaßten nichtchristlichen Glaubensrichtungen lebten sogar zunächst, wenn auch geschwächt, weiter. Einen besonderen Hinweis verdient in diesem Zusammenhang das Buch von DODDS, der die religiöse Verinnerlichung seit der Zeit Mark Aurels, gleicherweise für die christlichen wie nichtchristlichen Religionen, durch Schuldgefühle verursacht sieht, welche die Menschen zu einer Geringschätzung der diesseitigen Welt geführt hätten.[60] Die noch ungebrochene Kraft der alten Geistigkeit zeigte sich zum einen darin, daß viele Gebräuche des alten Glaubens im Christentum aufgingen, zum anderen in dem Einfluß der verschiedenen philosophischen Richtungen auf die Ausbildung der christlichen Lehren und Dogmen, der schon seit den frühesten Anfängen christlicher Gemeinden, verstärkt dann seit dem 2. Jahrhundert alles Christliche durchdrang (vgl. A.H. S. 473ff.607).

Abgesehen davon, daß das Christentum gleichsam eine Dependance antiker Geistigkeit wurde, waren im 4. und 5. Jahrhundert die alten Religionen und philosophischen Schulen noch nicht abgestorben; die Philosophie und quasiphilosophische Gedanken erlebten in der Spätantike sogar eine neue Blüte und wurden für viele, die dem alten Glauben nachhingen, eine Zuflucht. Die Erforschung der nichtchristlichen, spätantiken und hier insbesondere griechisch geprägten Geistigkeit, die allein schon wegen ihres Einflusses auf die christlichen Lehren besonderer Berücksichtigung bedarf [61], aber auch selbständige Beachtung verlangt, hat darum immer ein lebhaftes wissenschaftliches Interesse gefunden und ist auch in den vergangenen Jahrzehnten mit guten, teils hervorragenden Ergebnissen weiter betrieben worden. Eine zusammenfassende Übersicht, die auch das Christentum mit einbezieht, hat neuerdings FUHRMANN vorgelegt; sie erfaßt alle geistigen Richtungen und die gesamte literarische Hinterlassenschaft bis zur Zeit der Germanenreiche auf römischem Boden, sogar bis hin zum Klosterwesen und den Bildungsbestrebungen in Irland und Britannien vom 5. bis 7. Jahrhundert.[62]

---

[59] BERNHARD LOHSE, Askese und Mönchtum in der Antike und in der alten Kirche, München 1969; KARL SUSO FRANK, Grundzüge der Geschichte des christlichen Mönchtums, Darmstadt 1983; PETER BROWN, Die Heiligenverehrung. Ihre Entstehung und Funktion in der lateinischen Christenheit, Leipzig 1991 (engl. Originalausgabe 1981).

[60] ERIC ROBERTSON DODDS, Heiden und Christen in einem Zeitalter der Angst. Aspekte religiöser Erfahrung von Mark Aurel bis Konstantin, Frankfurt a.M. 1985 (engl. Originalausgabe 1965).

[61] Dazu G. W. BOWERSOCK, Hellenism in Late Antiquity, Cambridge 1990.

[62] MANFRED FUHRMANN, Rom in der Spätantike. Porträt einer Epoche, München/Zürich 1994; vgl. auch DERS., Die Romidee der Spätantike, in: Histor. Zeitschr. 207, 1968, 529-561. Zur „heidni-

Der Schwerpunkt der Forschungen liegt hier nach wie vor auf dem Studium der Schriften Plotins, für dessen Verständnis die Einführung von DÖRRIE hervorragend geeignet ist[63], und auf der Erfassung und Interpretation gnostischer Gedanken, die, nach Erklärung der Welt und Befreiung aus ihr suchend, in vielfältiger Brechung und mit fast ungehemmter spekulativer Kraft auch die christliche Glaubenslehre erfaßten und gefährdeten.[64]

Einen eigenen Bereich der Forschung bilden traditionsgemäß die Auseinandersetzungen zwischen dem Christentum und dem Heidentum, insbesondere der Widerstand der Anhänger alter Glaubensrichtungen gegen die totale Christianisierung. Da letzterer in der stadtrömischen Gesellschaft, insbesondere im Senat, eine Bastion fand, steht er im Mittelpunkt des Interesses, und dies vor allem im Streit um die Rückführung des Victoria-Altars.[65] Der heidnischen Opposition unter dem oströmischen Kaiser Valens (364-378) ist eine eigene Monographie gewidmet (WIEBE). Einen breiteren Überblick über die Streitpunkte und Probleme geben MOMIGLIANO und BARCELO.[66]

X. Die außenpolitische Lage im 4. und 5. Jahrhundert und der Untergang des weströmischen Kaisertums

Die außenpolitische Situation ist von A.H. lediglich bis in die zweite Hälfte des 5. Jahrhunderts geführt, die Etablierung der Germanenreiche auf römischem Boden zwar noch angesprochen, aber die Errichtung des ostgotischen Reiches auf Reichsboden und die beginnende fränkische Suprematie nicht mehr in den Blick genommen worden.

Eine übergreifende, bis in das 7. Jahrhundert fortgeführte Behandlung der Einfälle „barbarischer" Stämme stammt von MUSSET, doch bleibt die große Darstellung von DEMOUGEOT, die, eng an den Quellen orientiert, die älteren Forschungen einbezogen hat, die wichtigste Hilfe zu den Invasionen fremder Völker in das Reich.[67] Für die Zeit der

---

schen" Religiosität allgemein vgl. RAMSAY MACMULLEN, Paganism in the Roman Empire, New Haven 1981.

63 HEINRICH DÖRRIE, Plotin. Philosoph und Theologe, in: Die Welt als Geschichte 23, 1963, 1-12.

64 Zur Gnosis vgl. KURT RUDOLPH, Die Gnosis. Wesen und Geschichte einer spätantiken Religion, Göttingen 1977. 1980² und die Aufsatzsammlung KURT RUDOLPH (Hrsg.), Gnosis und Gnostizismus, Wege d. Forschg. 262, Darmstadt 1975 sowie die Quellensammlung von CARL ANDRESEN (Hrsg.), Die Gnosis I (Zeugnisse der Kirchenväter), II (koptische und mandäische Quellen), III (Der Manichäismus), München/Zürich 1969-1980. ND 1995.

65 RICHARD KLEIN, Der Streit um den Victoriaaltar. Die dritte Relatio des Symmachus und die Briefe 17, 18 und 57 des Mailänder Bischofs Ambrosius. Einführung, Text, Übersetzung und Erläuterungen, Darmstadt 1972.

66 FRANZ JOSEF WIEBE, Kaiser Valens und die heidnische Opposition, Bonn 1995; ARNALDO MOMIGLIANO (Hrsg.), The Conflict between Paganism and Christianity in the Fourth Century, Oxford 1963; PEDRO BARCELO, Zur Begegnung, Konfrontation und Symbiose von religio Romana und Christentum, in: G. GOTTLIEB/P. BARCELO (Hrsgg.), Christen und Heiden in Staat und Gesellschaft des zweiten bis vierten Jahrhunderts, München 1992, 151-208.

67 LUCIEN MUSSET, Les invasions: Les vagues germaniques, Paris 1969² (engl. Übers. 1975); EMILIENNE DEMOUGEOT, La formation de l'Europe et les invasions barbares I: des origines germaniques à l'avènement de Dioclétien, II 1-2: de l'avènement de Dioclétien (284) à l'occupation germanique de l'Empire romain d'Occident (début du VIe siècle), Paris 1969-1979.

durch Germaneneinbrüche höchsten Gefährdung des Reiches (375-425 n. Chr.) liegt eine interessante, eigenwillige, aber durch ihre Argumentationen beeindruckende Spezialstudie von BURNS vor, die diese Jahrzehnte vor allem vom militärischen Aspekt und von den Verhandlungen und Verträgen zwischen Römern und Barbaren her sieht.[68] Einen ausgezeichneten Überblick über die Probleme des Gegeneinander und Nebeneinander von Römern und Germanen, die Ursache des Erfolgs der Germanen, ihrer Versuche der Anpassung und ihres Scheiterns bis zur Schwelle der fränkischen Suprematie hat WOLFRAM vorgelegt.[69]

Zu den einzelnen Stämmen der Germanen, welche die Reichsgrenzen bestürmten und sie schließlich durchbrachen, sind besondere Studien erschienen, die auch die Fortschritte der Archäologie berücksichtigen; unter ihnen ragt das auch die frühe Stammesgeschichte einschließende Buch von WOLFRAM über die Goten heraus. Einen neueren, bis ca. 1970 reichenden Forschungsbericht zu den römisch-gotischen Beziehungen im 3. und 4. Jahrhundert hat SCARDIGLI erstellt. Einige gute Einführungen zu den Germanen (WOLFRAM, MILDENBERGER) und Einzelabhandlungen zu den Stämmen (GEUENICH, ZÖLLNER, DIESNER und CLAUDE seien genannt) schließen dem Nichtfachmann die Probleme auf, welche die Interpretation der antiken Quellen, die archäologischen Denkmäler und die Überreste germanischer Sprachen aufwerfen.[70]

Die nicht-germanischen Völker vor der Ostgrenze des Reiches und die Einbrüche insbesondere der Slawen ins Reich sind schon aus Gründen sprachlicher Kompetenz gesondert betrachtet und insgesamt eher stiefmütterlich behandelt worden; die mit ihnen verbundenen Probleme blieben jedenfalls dem Nichtfachmann schwer zugänglich. Es ist ein Glücksfall, daß die verschiedenen Arbeiten von SCHRAMM zu den Völkern vor der römischen Donaugrenze und deren Wanderungen und Siedlungen auf Reichsboden, die auch die Rückzugsgebiete der Romanen erörtern und zudem gute, breit erklärte Karten liefern, jetzt, vereint mit Originalbeiträgen, in einer großen Ausgabe vorliegen.[71]

---

68 THOMAS S. BURNS, Barbarians within the Gates of Rome. A study of Roman military policy and the barbarians, ca. 375-425 A.D., Bloomington/Indianapolis 1994.

69 HERWIG WOLFRAM, Das Reich und die Germanen. Zwischen Antike und Mittelalter, Berlin 1990.

70 HERWIG WOLFRAM, Geschichte der Goten von den Anfängen bis zur Mitte des sechsten Jahrhunderts. Entwurf einer historischen Ethnographie, München 1990³; vgl. auch PETER J. HEATHER, Goths and Romans 332-489, Oxford 1991; BARBARA SCARDIGLI, Die gotisch-römischen Beziehungen im 3. und 4. Jahrhundert n. Chr. Ein Forschungsbericht 1950-1970, in: ANRW II 5,1, Berlin 1976, 200-285. – DIETER GEUENICH, Zur Landnahme der Alamannen, in: Frühmittelalterliche Studien 16, 1982, 25-44; ERICH ZÖLLNER, Geschichte der Franken bis zur Mitte des sechsten Jahrhunderts, München 1970; HANS-JOACHIM DIESNER, Das Vandalenreich, München 1966; DIETRICH CLAUDE, Geschichte der Westgoten, Stuttgart 1970. – Vgl. ferner ERNST SCHWARZ, Germanische Stammeskunde, Heidelberg 1956; HEINRICH BECK (Hrsg.), Germanenprobleme in heutiger Sicht, Berlin 1986 (Symposionsbeiträge von 20 Autoren; der Schwerpunkt liegt auf der Diskussion der Sprache als Kriterium der Zugehörigkeit zu den Germanen) und die kleinen Einführungen von HERWIG WOLFRAM, Die Germanen, München 1995, die durch ihre kritische Distanz zum Germanenproblem und die Breite der angeschnittenen Aspekte besticht, und GERHARD MILDENBERGER, Sozial- und Kulturgeschichte der Germanen. Von den Anfängen bis zur Völkerwanderungszeit, Stuttgart 1977². Vgl. auch WALTER GOFFART: Barbarians and Romans, Princeton 1980.

71 GOTTFRIED SCHRAMM, Ein Damm bricht. Die römische Donaugrenze und die Invasionen des 5. – 7. Jahrhunderts im Lichte von Namen und Wörtern, München 1997.

Der römischen Außenpolitik des vierten Jahrhunderts haben sich in jüngerer Zeit mehrere überblicksartige Arbeiten gewidmet (STALLKNECHT und BARCELO[72]). Obwohl die äußeren Beziehungen im 4. und 5. Jahrhundert, verglichen mit denen der früheren Zeit, außergewöhnlich vielfältig und rege waren und die Römer auch gegenüber den mannigfaltigen Situationen und Völkern flexibel reagierten, haben sich die vertraglichen Verhältnisse und völkerrechtlichen Rechtsformen, wie SCHULZ gezeigt hat[73], doch nicht soweit fortentwickelt, daß eine den veränderten Umständen entsprechende, eigenständige Systematik entstanden wäre; es werden vielmehr die alten Formen und Begriffe (wie *amicitia, deditio* usw.) in veränderter Bedeutung weiter gebraucht.

Der Untergang des weströmischen Reiches wird immer weniger als eine Zäsur begriffen; in diesem Sinne mit guten Argumenten KRAUTSCHIK. Eine ansprechende wissenschaftliche Darstellung aller mit dem Aufhören des weströmischen Kaisertums verbundenen Fragen findet sich bei WES, doch werden die älteren Bücher überschattet von der großen, auch für einen breiteren Leserkreis verständlichen und gut geschriebenen Darstellung DEMANDTs über den „Fall Roms" (gemeint ist der Zusammenbruch des Westreiches).[74] DEMANDT erörtert sowohl die Frage der Periodisierung als auch das Kontinuitätsproblem, legt jedoch das Schwergewicht auf die zahlreichen Erklärungen über die Ursache des Verfalls und bezieht dabei auch ältere Urteile ein.

---

[72] BERND STALLKNECHT, Untersuchungen zur römischen Außenpolitik in der Spätantike (306-395 n. Chr.), Bonn 1969; PEDRO BARCELO, Roms auswärtige Beziehungen unter der constantinischen Dynastie (306-363), Regensburg 1981.

[73] RAIMUND SCHULZ, Die Entwicklung des römischen Völkerrechts im vierten und fünften Jahrhundert n. Chr., Stuttgart 1993. Zum Verhältnis von Römern und „Barbaren" auf Reichsboden vgl. auch die Aufsatzsammlung von WALTER POHL (Hrsg.), Kingdoms of the Empire. The integration of barbarians in late antiquity, 1997.

[74] STEFAN KRAUTSCHIK, Zwei Aspekte des Jahres 476, in: Historia 35, 1986, 344-371; M. A. WES, Das Ende des Kaisertums im Westen des Römischen Reiches, ˢ-Gravenhage 1967; ALEXANDER DEMANDT, Der Fall Roms. Die Auflösung des römischen Reiches im Urteil der Nachwelt, München 1984 (vgl. die Rezension von A.H., in: Merkur 39, 1985, 65-70 = Ges. Schriften II 1589-1594).

Zeittafel

Vorgeschichte

um 1800	Erstes Eindringen von Indogermanen nach Italien (sog. Terramare-Kultur)
um 1000	Indogermanisierung Italiens (sog. Villanova-Kultur)
900—800	Die Etrusker nehmen Besitz von der Toscana
753	Traditionelles Gründungsdatum Roms
seit etwa 750	Griechische Kolonien in Süditalien
600—474	Etruskische Herrschaft in Italien

Die italische Phase der römischen Geschichte

8./7. Jh.	Gründung der Stadt Rom durch die Etrusker
509	Vertrag der etruskischen Römer mit den Karthagern
etwa 470	Befreiung Roms von der etruskischen Herrschaft und Beseitigung des Königtums
etwa 450	Die Kodifizierung des Rechtes (XII-Tafel-Gesetzgebung)
nach 450	Einrichtung der Zenturiatcomitien (sog. Servianische Verfassung), Einrichtung der Tributcomitien
396	Eroberung und Zerstörung Veiis
387	Einnahme Roms durch die Kelten (Gallierkatastrophe)
nach 387	Neubegründung des Bundes zwischen Rom und Latium (foedus Cassianum)
367/366	Leges Liciniae-Sextiae (Zulassung der Plebejer zum Konsulat)
340—338	*Unterwerfung von Latium* (Latinerkrieg)
326—304	Sogenannter *Zweiter Samnitenkrieg*
321	Römische Niederlage bei Caudium und sog. ‚Waffenstillstand'
316	Wiederausbruch des Krieges
312	Zensur des Appius Claudius Caecus
298—290	Sogenannter *Dritter Samnitenkrieg* (Kampf mit Samniten, Kelten und Etruskern)
295	Großer Sieg der Römer bei Sentinum über diese Gegner
287/286	Lex Hortensia
285—282	*Keltenkrieg*
284	Rom besetzt keltisches Land an der Adria (Gründung von Sena Gallica)
283	Römischer Sieg beim Vadimonischen See
280—272	*Krieg gegen Pyrrhos, Samniten und Lukaner*
280	Schlacht bei Herakleia
279	Schlacht bei Ausculum
275	Schlacht bei Beneventum (?)
272	Tod des Pyrrhos

Die Begründung der Weltherrschaft

264—241	*Erster Punischer Krieg*
237	Sardinien und Korsika an Rom
229	Erster Illyrischer Krieg
225—222	*Keltenkrieg*
232	Tribunat des Flaminius
225	Römischer Sieg bei Telamon
219	Zweiter Illyrischer Krieg
218	Lex Claudia de nave senatorum
218—201	*Zweiter Punischer (Hannibal-)Krieg*
217	Schlacht am Trasimenischen See
216	Schlacht bei Cannae
215	Bündnis zwischen Hannibal und Philipp V. von Makedonien
207	Untergang Hasdrubals am Metaurus
205	Friede zwischen Rom und Philipp V. (Ende des Ersten Makedonischen Krieges)
202	Schlacht von Zama
200—197	*Zweiter Makedonischer Krieg*
197	Sieg des Flamininus bei Kynoskephalae
191—188	*Krieg gegen Antiochos d. Großen*
190	Römischer Sieg bei Magnesia a. Sipylos
179	Thronwechsel in Makedonien: Perseus König
171—168	*Dritter Makedonischer Krieg*
168	Römischer Sieg bei Pydna
153—133	*Spanische Kriege*
149—146	*Dritter Punischer Krieg*
146	Zerstörung Karthagos
146	Zerstörung Korinths
133	Aufgabe von Pergamon zugunsten der Römer

Revolutionszeit

136—132	*Erster Sizilischer Sklavenkrieg*
133	Tribunat des Tiberius Gracchus
123—122	Tribunat des Gaius Gracchus
112—105	*Jugurthinischer Krieg*
107	Erstes Konsulat des Marius
105	Niederlage der Römer bei Arausio durch die Germanen
104—100	Marius Konsul
104—100	*Zweiter Sizilischer Sklavenkrieg*
102/101	Sieg über Kimbern und Teutonen bei Aquae Sextiae und Vercellae
100	Wiederaufnahme und abermaliges Scheitern der Gracchischen Politik (Appuleius Saturninus und Servilius Glaucia)

91	Marcus Livius Drusus Volkstribun
91—89	*Bundesgenossenkrieg*
88	Volkstribunat des Sulpicius Rufus und Sullas erster Marsch auf Rom
87—83	*Krieg Sullas gegen Mithridates*
83/82	Sullas zweiter Marsch auf Rom
82—79	Sullas Diktatur
78	Tod Sullas
74—64	*Krieg gegen Mithridates* (Lucullus, Pompeius)
73—71	*Sklavenaufstand des Spartacus*
70	Sturz der Sullanischen Verfassung durch Pompeius und Crassus
67—63	*Pompeius im Osten*
63	Cicero Konsul; Unterdrückung von Catilinas Putschversuch
60	Erstes Triumvirat (Caesar, Pompeius, Crassus)
59	Erstes Konsulat Caesars
58—49	*Caesar in Gallien*
56	Wiederbefestigung des Triumvirats in Luca
55	Pompeius und Crassus Konsuln
53	Katastrophe des Crassus bei Carrhae (gegen die Parther)
49	Beginn des offenen Bürgerkrieges von Caesar gegen Senat und Pompeius
48	Schlacht bei Pharsalus; Ende des Pompeius
48/47	Caesar in Ägypten: Kleopatra
46	Schlacht bei Thapsus, Selbstmord Catos
15. 3. 44	Ermordung Caesars
43	Zweites Triumvirat (Antonius, Octavian, Lepidus)
43	Proskriptionen; Tod Ciceros
42	Sieg über die Republikaner bei Philippi
33/32	Ende des Triumvirates und Bruch zwischen Octavian und Antonius
31	Sieg Octavians bei Actium
30	Tod des Antonius und der Kleopatra; Ägypten wird römisch

Kaiserzeit

13. 1. 27	Begründung des Prinzipates
16. 1. 27	Verleihung des Namens Augustus an Octavian
26/25	Die Iberische Halbinsel vollständig unterworfen
23—21	Regierungskrise
20	Rückgabe der römischen Feldzeichen durch die Parther
15—12	Unterwerfung der Zentralalpen durch Tiberius und Drusus
12—9	Drusus in Germanien
12—9	Tiberius in Illyrien; Unterwerfung Jugoslawiens
8/7	Tiberius in Germanien
6	Tiberius zieht sich vom öffentlichen Leben zurück
4—6 n. Chr.	Vorbereitung der endgültigen Unterwerfung Germaniens durch Tiberius
6—9	Pannonischer Aufstand, durch Tiberius niedergekämpft

9	Schlacht im Teutoburger Wald
14	Tod des Augustus
14—68	*Julisch-Claudische Dynastie*
14—37	Tiberius
26	Tiberius siedelt nach Capri über
31	Sturz Seians
37—41	Caligula
41—54	Claudius
43	Eroberung Britanniens durch Aulus Plautius
54—68	Nero
64	Christenverfolgung in Rom
67—70	Jüdischer Krieg. Zerstörung Jerusalems (70).
68/69	Vierkaiserjahr (Galba, Otho, Vitellius, Vespasian)
69—96	*Flavische Dynastie*
69—79	Vespasian
79—81	Titus
79	Verschüttung von Pompeji
81—96	Domitian
77—84	Endgültige Befriedung Britanniens durch Agricola
96—180	*Das humanitäre Kaisertum*
96—98	Nerva
98—117	Trajan
107	Dakien Provinz
117—138	Hadrian
132—135	Jüdischer Aufstand unter Bar Kochba
138—161	Antoninus Pius
161—180	Mark Aurel
180—192	Commodus
193/94	Fünfkaiserjahr: Pertinax, Didius Julianus, Pescennius Niger, Septimius Severus, Clodius Albinus
193—235	*Severische Dynastie*
193—211	Septimius Severus
212—217	Caracalla
212	Constitutio Antoniniana
218—222	Elagabal
222—235	Severus Alexander
224—241	Ardaschir, Gründung des neupersischen Reiches der Sassaniden
235—284	*Soldatenkaiser*
235—238	Maximinus Thrax
249—251	Decius
249/250	Christenverfolgung
253—268	Gallienus
260	Gefangennahme des Kaisers Valerian durch Schapur I. von Persien
270—275	Aurelian
284—305	Diokletian

Spätantike

299—311	Christenverfolgung
306	Thronbesteigung Konstantins
312	Sieg Konstantins am ponte Molle
313—324	Konstantin mit Licinius Kaiser
324—337	Konstantin Alleinherrscher
325	Konzil von Nicäa
340—350	Constantius und Constans Kaiser
350—361	Constantius Alleinherrscher
361—363	Julianus Apostata
364 ff.	Valentinian I. (Westen) und Valens (Osten) Kaiser
375	Valentinian gestorben; Nachfolger Gratian (seit 367 nominell Augustus)
378	Schlacht bei Adrianopel, Valens gefallen; Nachfolger Theodosius I.
381	Konzil von Konstantinopel
383	Ermordung Gratians
383—392	Valentinian II. (im Westen)
394	Theodosius Alleinherrscher
395—423	Honorius Kaiser im Westen
395—408	Arcadius Kaiser im Osten
406/408	Räumung Britanniens
410	Eroberung Roms durch die Westgoten
408—450	Theodosius II. (im Osten)
424—455	Valentinian III. (im Westen)
429	Übergang der Vandalen nach Afrika
451	Schlacht auf den ‚Katalaunischen Feldern'
450—457	Marcianus
451	Konzil von Chalkedon
457—474	Leo I.
474—491	Zenon der Isaurier
476	Romulus Augustulus von Odoaker abgesetzt
480	Ende einer weströmischen Regierung
491—518	Anastasius
518—527	Justinus
527—565	Justinianus

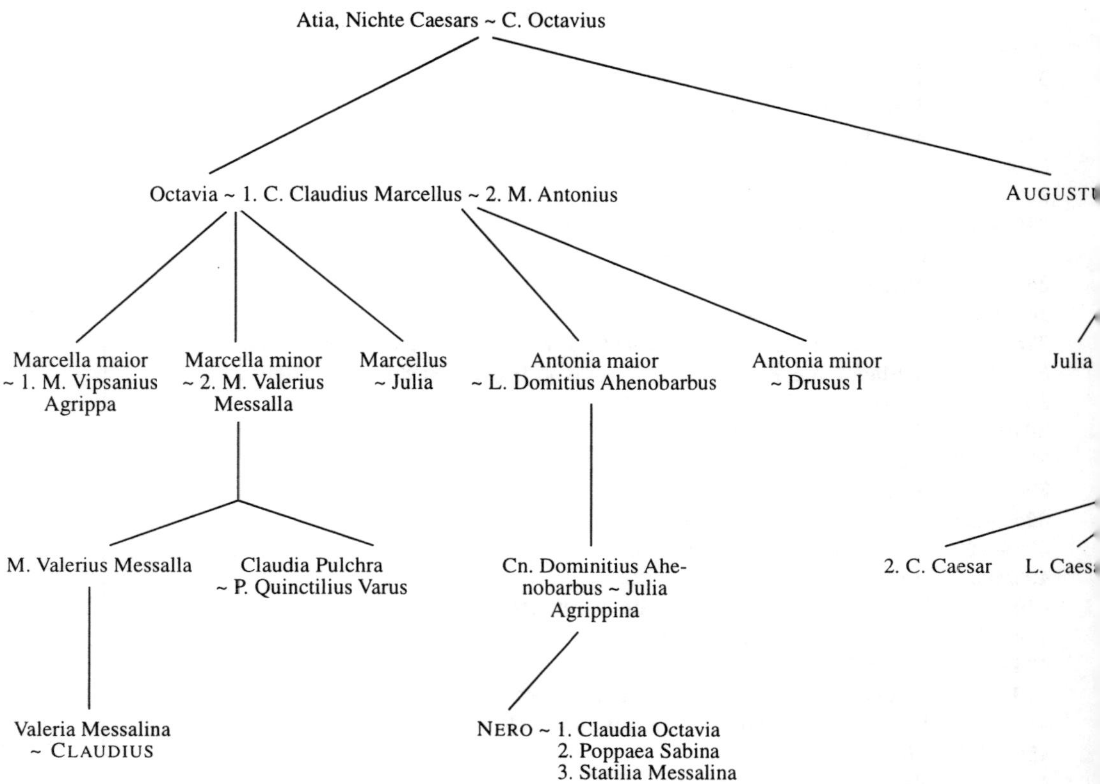

II. Die Familie des Septimius Severus

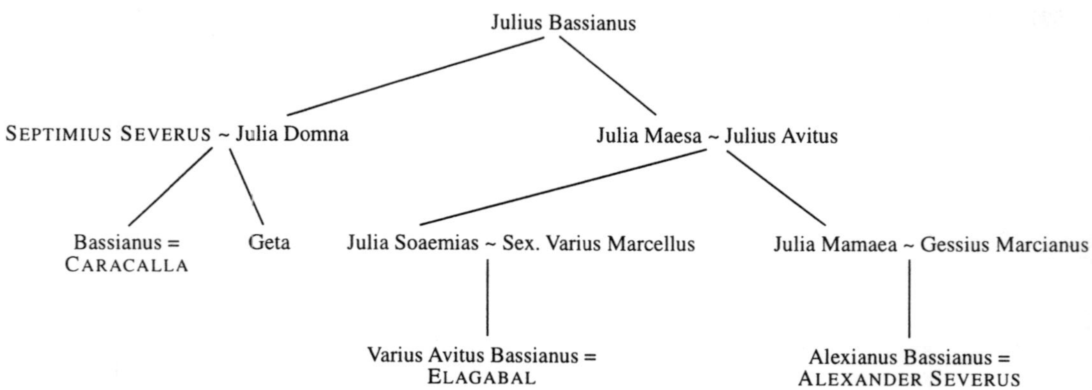

STAMMBÄUME

1. Die Julisch-Claudische Familie

siehe RE X S. 288

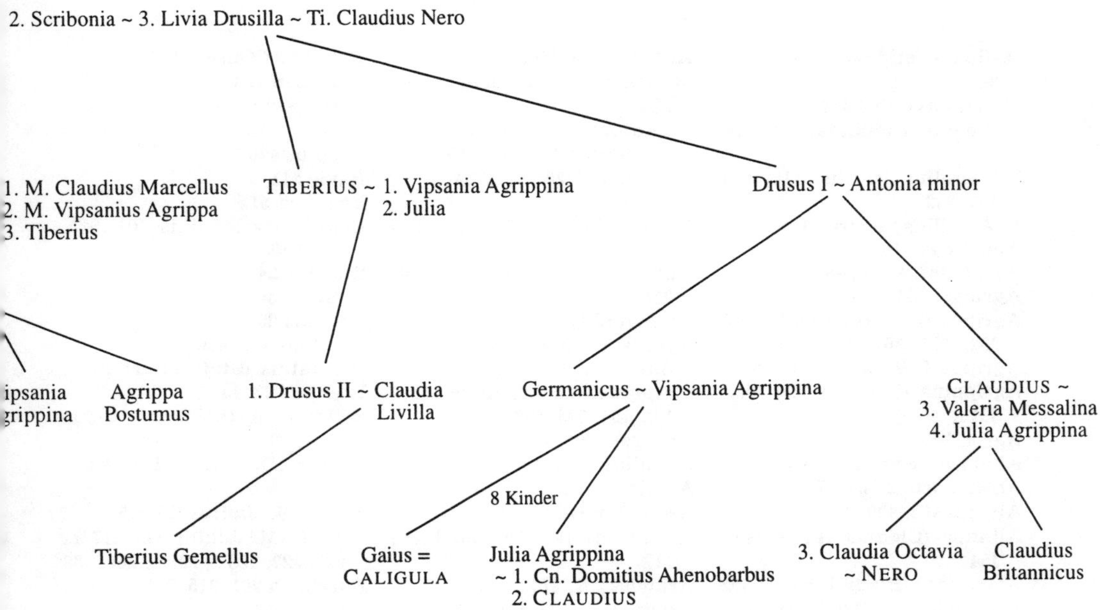

III. Die Familie Konstantins des Großen

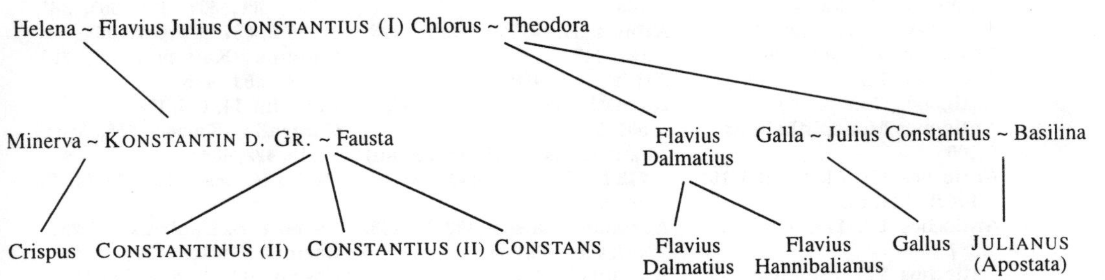

I. Personenregister

II. Sachregister